南水北调中线工程文物保护项目
河南省考古发掘报告
第26号

淅川阎杆岭墓地

河南省文物局 编著

科学出版社
北京

内 容 简 介

本书是南水北调中线丹江口水利枢纽加高工程河南省淹没区文物保护项目——淅川阎杆岭墓地的考古发掘报告。本书系统地介绍了阎杆岭墓地发掘的墓葬208座，这些墓葬包括战国时期的楚墓，战国晚期至西汉初期的秦人墓以及两汉时期的墓葬。全书就发掘成果，对墓葬形制、主要随葬品的类型学、年代、分期、文化内涵、埋葬制度等方面进行了分析探讨，为研究豫西南地区楚、秦、汉时期墓葬的发展序列以及丧葬习俗提供了丰富的实物资料。

本书可供从事考古学、历史学的研究者和爱好者参考、阅读。

图书在版编目（CIP）数据

淅川阎杆岭墓地 / 河南省文物局编著. —北京：科学出版社，2016.5
（南水北调中线工程文物保护项目河南省考古发掘报告；第26号）
ISBN 978-7-03-048117-7

Ⅰ. ①淅…　Ⅱ. ①河 …　Ⅲ. ①墓葬（考古）-发掘报告-淅川县　Ⅳ. ①K878.85

中国版本图书馆CIP数据核字（2016）第089440号

责任编辑：张亚娜　田　媛 / 责任校对：邹慧卿
责任印制：肖　兴 / 封面设计：陈　敬

科学出版社 出版
北京东黄城根北街16号
邮政编码：100717
http://www.sciencep.com

中国科学院印刷厂 印刷

科学出版社发行　各地新华书店经销

*

2016年5月第　一　版　开本：889×1194　1/16
2016年5月第一次印刷　印张：36 3/4　插页：72
字数：1058 000

定价：328.00 元

Reports on the Cultural Relics Conservation
in the South-to-North Water Diversion Project
Henan Vol.26

Yanganling Cemetery in Xichuan County

Administration of Cultural Heritage of Henan Province

Science Press
Beijing

南水北调中线工程文物保护项目

河南省第26号

《淅川阎杆岭墓地》

主　编

胡永庆

副主编

朱树政　祝　贺

项目承担单位

河南省文物考古研究院

前　言

作为举世瞩目的特大型水利建设项目，南水北调中线工程的文物保护工作在河南是史无前例的。无论是工程涉及区域之广大，还是文物点分布的密集程度和价值之高，在河南的考古史上都是前所未有的。因此，当黄河小浪底水利枢纽工程和长江三峡库区的文物保护工作结束后不久，随着南水北调中线工程设计规划和施工的渐次展开，世人的目光便开始聚焦古老的中原大地。如何在配合特大型工程建设的同时，使中原大地珍贵的文化遗产得到有效保护，成为河南文物部门的重要任务。

南水北调中线工程包括水源地和总干渠两个主要项目。水源地丹江口水库地跨河南、湖北两省，总淹没面积达370平方公里，其中河南省境内占170平方公里，约占总面积的46%。总干渠起自河南省淅川县的陶岔，流经河南、河北、北京、天津等省市，全长1276公里，其中河南境内达731公里，约占总长度的58%。从南阳盆地沿太行山东麓北行，流经南阳、平顶山、许昌、郑州、焦作、新乡、鹤壁、安阳8个省辖市32个县（市、区），南水北调中线工程纵贯了古代中原的核心区域。在淹没区和总干渠沿线及其附近分布的文物点，既有旧石器时代的化石地点和古人类遗迹，也有新石器时代的大型聚落，更有数量众多、内涵丰富的反映不同文化风格及其交融过程的历史时期的城址、墓葬群、古代建筑和石刻艺术等。可以说，纵贯河南南北的总干渠，在中原大地形成了一条极为难得的融汇各个文化发展时期和各种文化因素的古代文化廊道。

南水北调中线工程河南段的文物保护工作，有以下几个显著特点：

一是全国文物考古队伍积极参与。1994～2005年，河南省组织协调省内外有关文物考古、科研和工程设计单位，对南水北调中线工程丹江口河南淹没区和总干渠沿线进行文物调查、复核和确认工作。经国家有关部门复核确认，南水北调中线工程共涉及河南境内文物点330处。2005年，南水北调中线工程河南段文物保护抢救工作正式启动。河南省文物考古研究所和中国社会科学院考古研究所、武汉大学历史系、陕西省考古研究院等来自全国各地的50余家文物考古单位，先后参加南水北调中线工程河南段的文物保护抢救工作。河南省文物局积极组织协调，在工作中强化大局意识、质量意识、安全意识和服务意识，组织专家现场指导，安排部署市县文物部门进行巡视，为考古发掘单位提供优良的工作环境，确保工程建设和文物保护工程顺利进行。

二是保护抢救了一大批珍贵文物。南水北调文物保护不仅工程浩大，而且总干渠绝大部分是开挖明渠，更容易造成文物的破坏和损害。我们组织考古队伍提前介入，对将要开工渠段的已知文物点进行抢救发掘，有效地保护了文物。其中不乏历史价值、科学价值、艺术价值颇高的珍贵文物。如徐家岭墓地清理的一座战国早期楚国贵族墓葬，出土的一件小口鼎上铸有多达49字的清晰铭文，铭文上有岁星纪年和墓主人身份等，对于研究墓葬年代及墓主人身份提供了重要资料；鹤壁关庄墓地发现的清代西安府守备之墓，出土了一批金质头饰，造型优美，制作精细，特别是一件印有喜鹊登梅图案的金冠，工艺精良，有极高的艺术价值；博爱聂村墓地出土的4件唐代三彩钵，做工精湛，造型精美，是唐三彩器物中不可多得的精品。

三是考古发现具有重要的科学研究价值。如鹤壁刘庄遗址在全国首次发现分布密集、排列规律的大面积先商文化墓地，填补了先商文化发掘和研究工作的一项空白，是该研究领域的重大学术突破；安阳固岸墓地在我国第一次发现了以二十四孝为题材的东魏时期围屏石榻，首次发现了明确纪年的东魏墓葬，出土了大批北齐时期陶俑、瓷器和多方北齐、东魏墓志等重要文物，是研究豫北地区北朝时期的丧葬习俗和陶塑艺术，白瓷、黑瓷的起源和制作工艺，以及北齐和东魏时期的书法艺术的宝贵资料；卫辉大司马墓地唐代乞扶令和夫妇合葬墓的发掘，为研究我国隋唐时期的官吏体制、书法艺术和社会的繁盛提供了新证据；温县徐堡发现了龙山、西周、春秋、战国、汉、宋、明和清时期连续叠压的古城址，是目前黄河流域所发现的龙山文化城址中保存较好、规模较大的一座城址，填补了豫西北龙山城址发现的空白；荥阳薛村遗址为二里头文化晚期到早商文化时期的大型遗址，该遗址的发掘保护工作，对于研究薛村遗址聚落的结构、内部功能区的划分及其特点，探讨夏、商文化的演变的态势和更替有重要的学术意义和科学研究价值；荥阳关帝庙遗址发现了保存完整的商代晚期小型聚落，聚落功能齐全，分居住区、制陶区、祭祀区、墓葬区四部分，在我国商代考古发掘中尚属首次；新郑唐户遗址发现了大面积裴李岗文化时期的居住基址，房址形制结构特点和排水系统的使用，反映了裴李岗文化时期较为先进的建筑理念。

四是考古发掘与课题研究有机结合。在发掘过程中，不仅注重各类文物的抢救保护，而且采用现代科技手段，最大可能地采集各类标本。特别是对于出土的人骨、兽骨进行了性别、年龄、病理以及DNA等方面的鉴定；按照国家地理信息标准，对每处文物点都测量绘制了要素齐全的总平面图，为今后文物普查和保护奠定了基础。如武汉大学历史系对辉县大官庄墓地的一座9个墓室的大型汉墓，进行了发掘现场三维重建和近景摄影测绘技术的全面测绘，通过数字测绘技术、计算机虚拟现实技术，建立了三维的考古对象模型；山东大学在博爱西金城遗址发掘中，设立了主要涉及古地貌、动物、植物、石器、陶器以及遗址资源域十余个子课题的环境考古课题，是开展多学科综合研究的一次重大尝试。

河南省南水北调工程文物保护工作走过了艰辛而光荣的历程。我们积极探索大型项目建设中文物保护抢救工作的新路子，更新管理理念，创新管理机制，培育专业队伍，提升研究层次，取得了非凡的荣誉。安阳固岸墓地、鹤壁刘庄遗址、荥阳娘娘寨遗址、荥阳关帝庙遗址、新郑唐户遗址、新郑胡庄墓地6个项目先后被评为“全国十大考古新发现”。鹤壁刘庄遗址、荥阳娘娘寨遗址、荥阳关帝庙遗址、新郑唐户遗址、新郑胡庄墓地、淅川沟湾遗址6个项目荣获“全国田野考古质量奖”。国家文物局授予河南省文物局南水北调文物保护办公室“全国文化遗产保护工作先进集体”荣誉称号。

河南省南水北调中线工程文物保护工作一直受到各级领导的关心和社会各界的支持。全国政协张思卿副主席曾率团视察河南省南水北调工程文物保护工作。国务院南水北调办公室和国家文物局各位领导多次亲临一线检查指导，帮助排忧解难。河南省委、省政府多次召开会议，研究解决文物抢救保护工程中的重大问题。南水北调中线干线工程建设管理局、南水北调中线水源有限责任公司、河南省南水北调中线干线工程领导小组办公室、河南省人民政府移民工作领导小组办公室对南水北调文物保护工作也给予了大力支持和帮助。国家诸多考古学家多次深入到文物保护抢救现场，对重大学术问题和考古发掘质量给予帮助指导。社会各界特别是新闻媒体给予了极大关注和广泛宣传。

为了更好地利用考古资料开展学术研究，充分展示河南省南水北调中线工程文物保护项目考古发掘的巨大成果，河南省文物局积极组织考古发掘单位及时对考古发掘资料进行整理和研究，编辑出版考古发掘报告，以期进一步推动文物保护和考古学研究工作。

河南省文物局

2010年5月

目　　录

插 图 目 录

图版目录

第一章　概　　述

第一节　地理位置和环境

淅川位于河南省西南边陲，豫、鄂、陕三省交界，地处秦岭山系东南余脉的延伸地段，因淅水纵贯境内形成百里冲积平川而得名。其行政区划属南阳市，地理坐标为东经110°58′～111°53′，北纬32°55′～33°23′。县境东、北两面与内乡县、邓州市、西峡县相接，西北与陕西省商南县相连，西与湖北郧县毗邻，全县总面积2798平方千米。

淅川属北亚热带大陆性季风半湿润气候，气候温和，四季分明，雨量充沛。县内不仅矿藏丰富，而且南北方动植物均适宜在此生长。地理特征大体为“七山一水二分田”。淅川县纵横交错的山川河流和独特的地理位置，使其在古代交通上占据了重要地位，成为历代兵家必争之地。

陆路交通，有修于周显王二十八年（前341年）的“商于古道”和秦始皇二十六年（前221年）“武关驰道”。这两条道路修筑时代虽有不同，但其方向大略相当，均由陕西商南县东南至淅川县荆紫关，经大石桥乡、老城镇、马蹬镇至内乡县。

水路交通，沿丹江也十分繁荣兴盛。丹江，古称丹水、淅江、粉青江，源出陕西凤凰山，自商南县月亮湾入淅川境，流经荆紫关、寺湾、大石桥、滔河、老城、盛湾、黄庄、仓房、香花九个乡，从香花乡西南部出境，入湖北省，至丹江口市注入汉江。根据史书记载，自明代以来，由于丹江流域内植被屡遭破坏，水土流失日益严重，每遇暴雨，河水夹带大量泥沙沉积下游，致使河床不断抬高，主河道摆动无常。由于河床不断抬高，水运渐衰，古代丹江大水时船只可达商州（即陕西省商南县）。1966～1973年，丹江口水库蓄水后，自滔河乡申明铺村以下成为库区，以上逐渐断航。

其实不论陆路还是水路，均是沿丹江或者丹江北岸的河滩地进行交通。这条“丹江通道”，纵贯全境，西接秦川，南通鄂渚，东达南阳，水陆联运，颇为便利。

阎杆岭墓地位于淅川县滔河镇水田营村南阎杆岭上，墓葬分布在连绵起伏的岗丘上，面积20000平方米，中心地理坐标是北纬32°59′20″，东经111°18′50″，海拔167～173米。阎杆岭地处水田营村南或西南，大体呈东西走向，东南有肖河由南向北注入丹江，墓地北边为上（上集乡）盛（盛湾镇）公路。北有水田营遗址和水田营汉墓群，再北为丹江（图一）。

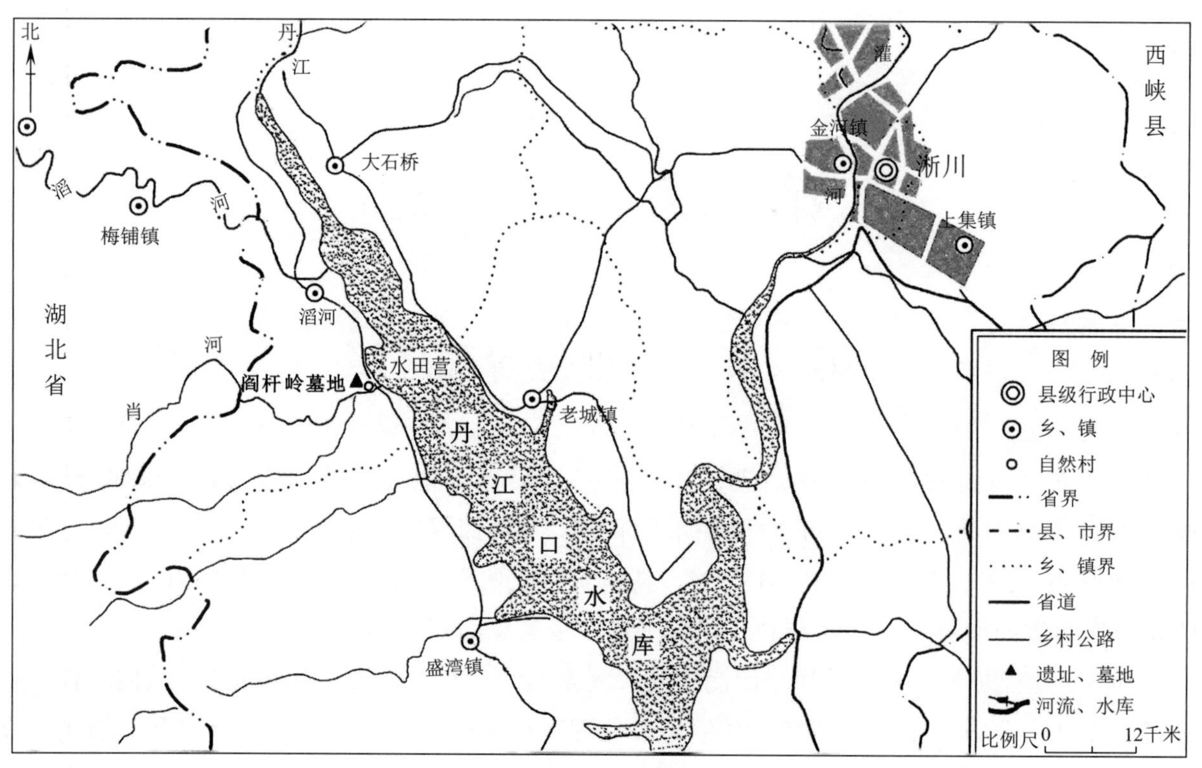

图一　淅川阎杆岭墓地位置示意图

第二节　历史沿革

淅川历史悠久，文化荟萃。远在六七十万年前的旧石器时代，华夏民族的先祖就在这里生息繁衍。目前，淅川境内已发现下王岗、马岭、黄楝树、沟湾、门伙、下集等二十余处新石器时代遗址。这些遗址不仅有黄河流域的仰韶文化，而且有汉江流域的屈家岭文化，说明自古以来丹淅地区就是中国南北文化的交汇地带。

据传，舜帝时该地即为尧子丹朱的封地，在老城乡石门村现还有丹朱墓（县级文物保护单位）屹立。有研究认为，楚族大约在西周中晚期由今陕西商南县沿丹水南下，定居于今淅川县境内的丹、淅交汇处之“丹阳”。近年来，在下寺、和尚岭、徐家岭、毛坪等诸多墓区发掘了总数已达2000多座的楚墓，无疑表明这里就是楚文化的发祥地之一。众多惊世文物的出土，让越来越多的学者认为，丹江口水库很可能就是司马迁所说的楚国最初的封地丹阳。西周时，鄀国亦曾由河南汝水流域南迁至今丹淅流域。据《淅川县文物志》记载：“（鄀国）位于今大石桥乡柳家泉附近，王子山南麓，清风岭西侧，与鲇鱼崖隔江相望”。也有人考证，鄀国可分上、下鄀，其中下鄀应在淅川寺湾一带。战国时，“秦发兵击之，大破楚师于丹淅”。在该地曾发生过秦楚之间惨烈的战争。秦始皇二十六年（前221年），秦灭楚后，在该地设丹水、中乡二县，归属南阳郡管辖。据《淅川县文物志》，此丹水县位于今大石桥乡柳家泉附近。而据晏昌贵等人的实地调查，认定汉晋丹水县故城应为寺湾乡党岗村的古城址。西汉时，该地分属三县：北、中部属析县，西南部为丹水县，属弘农郡；东南部为顺阳县，属南阳郡。哀帝时（前7年），封孔光为博山侯，因置博山县，即改顺阳为博山，并封为侯国。

东汉明帝时，博山复名顺阳，仍为侯国，与丹水县同属荆州南阳郡；并封南乡三户亭为侯地。东汉末年，建安十三年（208年），南阳郡西南部设置了南乡郡，即升南乡为郡，下辖丹水县、南乡县和顺阳侯国。《晋书·地理志》于“荆州”前序云：“后汉献帝建安十三年，魏武尽得荆州之地……分南阳西界立南乡郡。”《晋书·宣帝纪》云：“帝又言荆州刺史胡惰粗暴，南乡太守傅方骄奢，并不可居边。魏武不之察。及蜀将关羽围曹仁于樊，于禁等七军皆没，惰、方果降羽，而仁围甚急焉。”此事于《资治通鉴》中系建安二十四年八月后十月前，随后建安二十四年十一月《三国志·吴志·陆逊传》云：陆逊“攻房陵太守邓辅、郭睦，大破之”。此郭睦为南乡太守，当为蜀国所立者。三国时期，该地大部分时间属曹魏管辖，设有丹水、南乡、顺阳三县，属南乡郡。“逮晋封宣帝孙畅为顺阳王，因立为顺阳郡，而南乡为县。”即将郡改称，并移治顺阳，南乡降郡为县，其丹水县仍旧。南北朝时期，北魏由荆州分置析州析阳郡，下辖东、西二淅阳县。南部的顺阳郡治南乡，并领丹水、顺阳等县。西魏改东西淅（析）阳县为中乡和淅川二县（淅川之名始见于此），并移淅（析）州治南乡、顺阳、丹川、秀山等郡十余县及侨县。北周，淅川并入中乡，属淅阳郡。其他郡县合并撤销后，设南乡郡与顺阳郡，辖丹水、清乡、南乡三县，均属荆州。

隋改南乡郡为县，并改清乡为顺阳。大业十三年（617年）撤丹水县。唐置淅州（治马蹬），并置淅川、丹水、顺阳三县，属南东道邓州。旋废，并入内乡。五代时期梁复置淅川县，属邓州。宋太平兴国六年（981年），增设顺阳县。金初，淅川县废，并入内乡。正大年间（1224～1231年）复置，属邓州。元代淅川、顺阳并入内乡，属河南省南阳府邓州。

明成化六年（1470年），淅川自内乡分出置县，属南阳府邓州，治马蹬；次年，建县城（老城）。清初属南阳府。道光十二年（1832年），改县为厅；光绪三十一年（1905年），升厅为直隶厅，直属于省；宣统三年（1911年），属南汝光淅道。

1948年5月，淅川解放，置淅川县人民民主政府，属南阳地区行政公署。1949年3月改为淅川县人民政府。1956年1月改为淅川县人民委员会。1968年5月改称淅川县革命委员会。1981年5月复改为淅川县人民政府，属河南省南阳地区行政公署（1994年改称南阳市）至今。

第三节　墓地发掘情况

阎杆岭墓地是1974年淅川县文管会调查发现的，1983年公布为县级文保单位。1994年河南省文物考古研究院会同南阳市文物考古研究所、淅川县文化局对其进行了调查，发现有土坑墓、砖室墓以及铜鼎、剑、汉砖等。2003年受河南省文物局委托，河南省文物考古研究院等单位对该墓地进行了复查。2004年配合长江水利委员会长江规划设计院对该墓地进行了核查，阎杆岭墓地被定为B级文物点。

为配合南水北调中线丹江口水利枢纽加高工程，2005年5月，经报请国家文物局批准，河南省文物考古研究院对阎杆岭墓地进行了发掘。2005年6月，淅川县文化局文物办公室对阎杆岭墓地进行了钻探。根据钻探情况，将阎杆岭墓地分为三区，一区位于水田营村东南阎杆岭东端，二区居阎杆岭中部的北侧，三区在阎杆岭西部北侧一高地上（图二；图版一，1、2；图版二，1）。发掘工作可分为四个阶段，共发掘墓葬208座。

第一阶段：从2005年6月12日至7月20日，对阎杆岭墓群一区进行发掘，共发掘清理了32座墓葬。由于天气炎热，加之正值农忙季节，所以在一区发掘结束后，暂时告一段落。

第二阶段：从2005年9月8日至12月29日，对阎杆岭墓群二、三区进行发掘。二区的发掘从9月8日开始，到9月15日结束，共发掘清理了7座墓葬，另外还发掘清理了2个扰坑。由于2个扰坑为现代所为，故在报告中不再叙述。三区的发掘从9月15日至12月29日，共发掘清理墓葬57座。

第三阶段：从2006年3月20日至7月12日，继续对三区墓葬进行发掘，共发掘墓葬65座。另外还发掘清理了1个扰坑，由于扰坑较浅，又没有遗物出土，故在报告中不再叙述。

第四阶段：从2005年9月22日至12月6日，共发掘墓葬47座，另外还发掘清理了2个探沟。之所以布探沟进行发掘，是因为在探沟的位置经钻探发现了大片五花土，但五花土的分布又没有规律可循。经发掘和调查询问可知，这一带原来是一条东西向的自然冲沟，在早年的农田基本建设中，为了平整土地，将附近墓葬的封土拉来填平，于是就形成了毫无规律的五花土分布。这2个探沟在报告中也不再叙述。

综上所述，三个区共发掘清理墓葬208座，其中一区32座（图三）、二区7座（图四）、三区169座（图五），共出土各类文物1500余件。

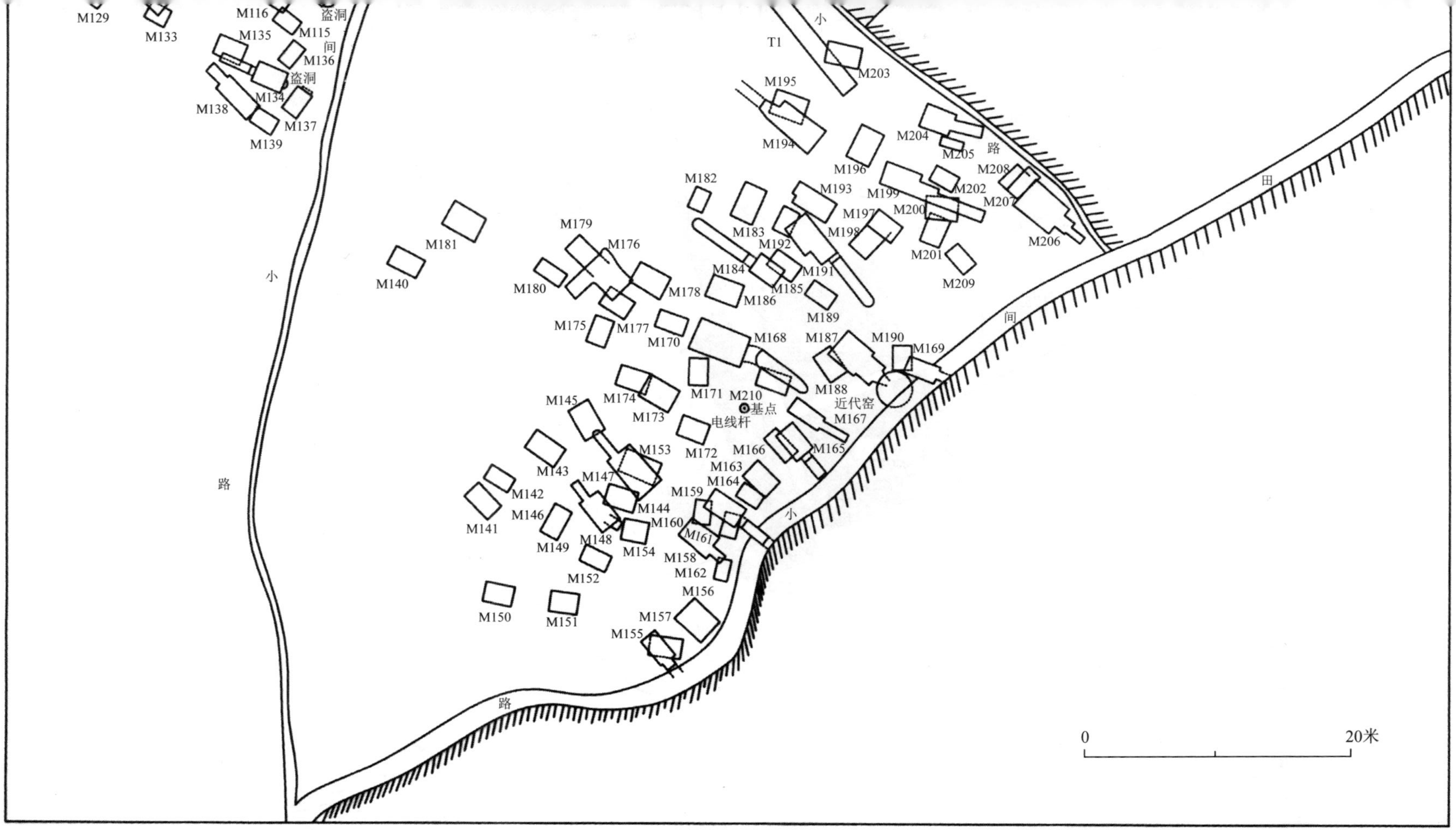

图五　淅川阎杆岭墓地三区墓葬分布图

北
田
M98
M99
盗洞
M100
M83
M105
M101
M89
M88
M84
M103
M104
M109
扰沟
M106
M108
M102
盗洞
M90
M91
M93
M92
M94
M95
M97
M96
M87
M85
M86
间
T2
田
M127
M125
M107
M124
扰沟
M123
M128
M126
M110
M118
M111
M121
M119
M130
M122
盗洞
M114
M113
M112
M132
M131
M120
M72
M74
M71
M73
M75
M82
M76
M70
M69
M81
M80
M77
M79
M78
M68
M43
M42
M44
M41
M50
M48
M49
M55
M56
K3
M40
M58
M54
M47
M46
M60
M59
M53
M52
M45
M63
M61
M62
M57
M51
M66
M65
M67
M64

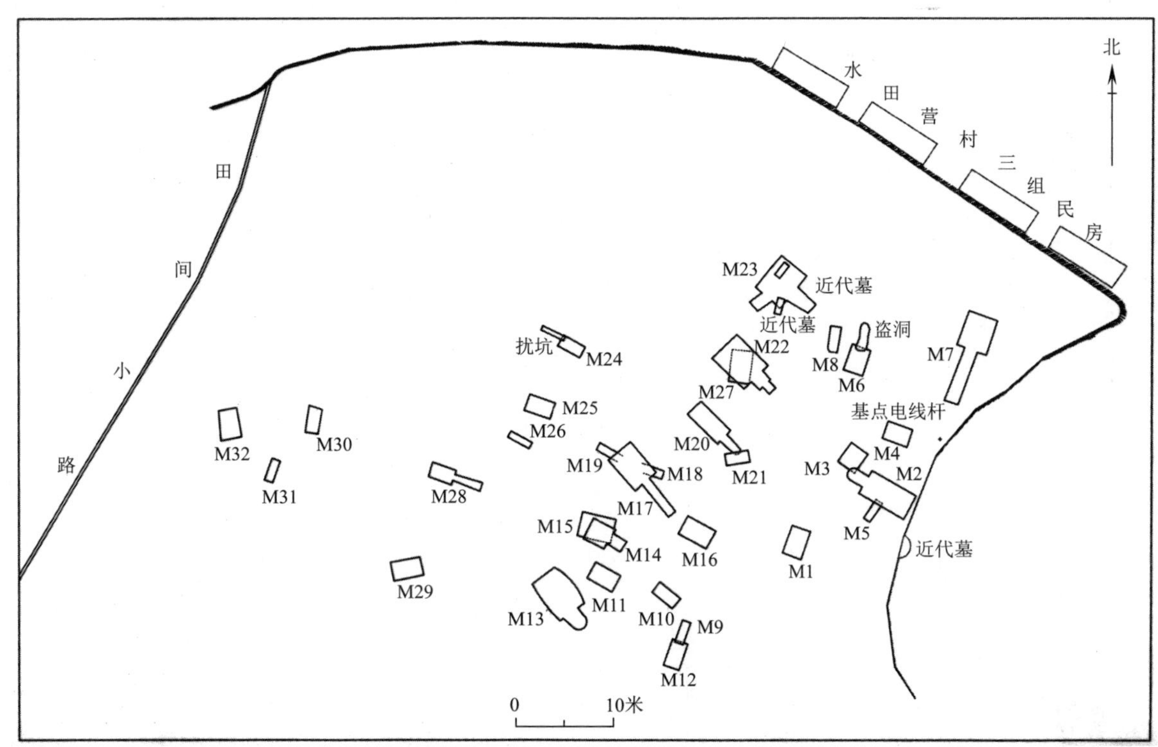

图三 淅川阎杆岭墓地一区墓葬分布图

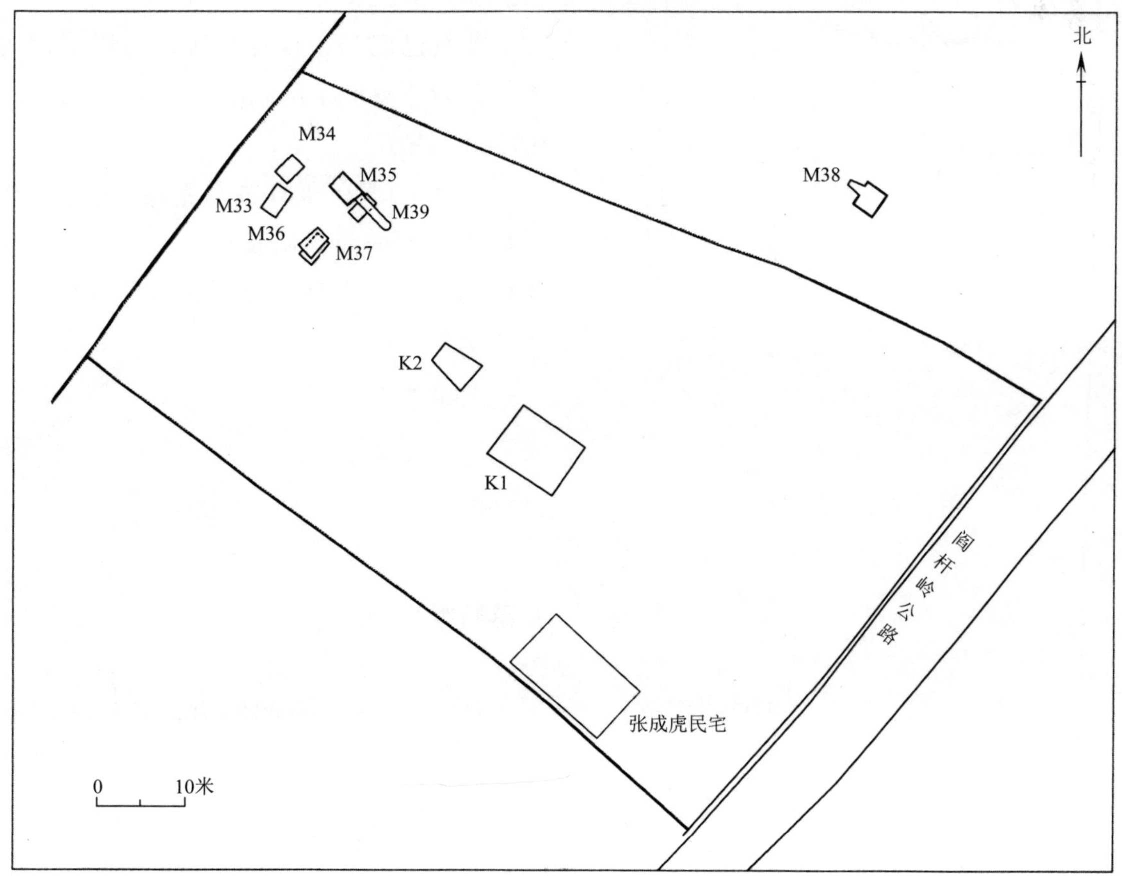

图四 淅川阎杆岭墓地二区墓葬分布图

第二章 墓葬概述

一、M1

M1位于一区东南部，开口于耕土层下，距地表0.25米。方向200°。口大底小，墓口长2.5米，宽1.65～1.8米；墓底长2.30米，宽1.34~1.48米；墓深3.35米。坑四壁规整，向下微内收，壁面光滑，经人工修整，底较平坦。墓底四周有熟土二层台，东、南、西、北台面宽分别为0.34～0.38、0.1、0.3～0.36、0.2米，台高0.3米（图六）。

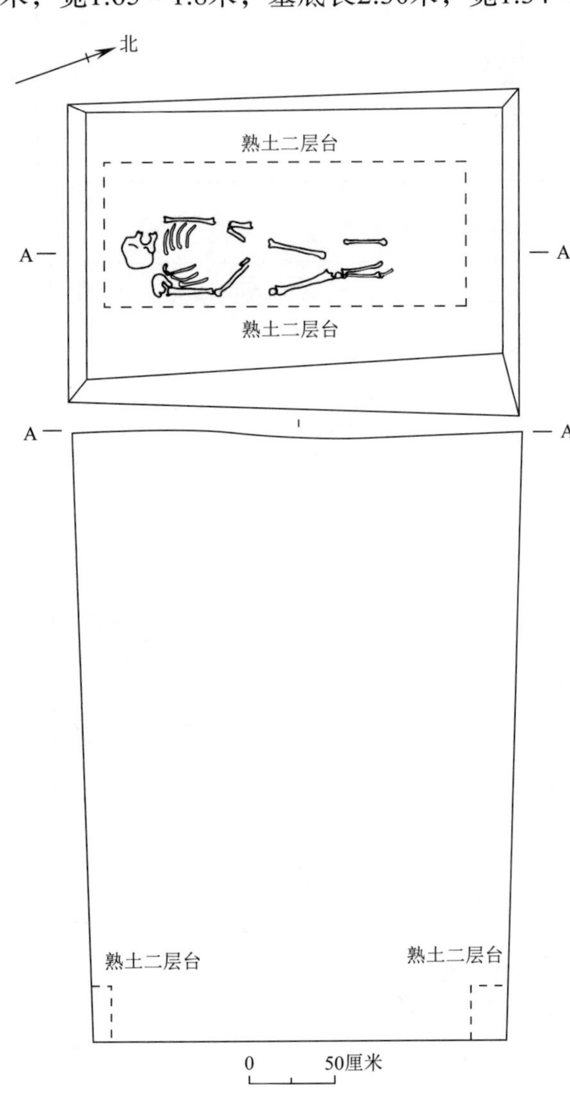

图六 M1平、剖面图

填红褐色五花土，土质较硬。

葬具已腐朽，仅存痕迹，可以看出为一棺，放置于墓底中部偏南处，棺痕长2米，宽0.72~0.74米。

人骨架1具，保存基本完好，长1.48米，头向南，面向西，仰身直肢葬，双臂交叉放于腹部。根据头骨、盆骨和肢骨可判定死者应为男性。

无随葬品。

二、M2

1. 墓葬概况

M2位于一区东部偏南，开口于耕土层下，距地表0.3米，墓葬破坏严重，墓道西北角打破M3，墓室南部打破M5。方向300°。由墓道、甬道和墓室三部分组成。

墓道向西北，东南与甬道相连，呈长方形斜坡状，口长1.32米，宽0.9～1.3米，底坡长1.5米，坡度28°；下端宽1.3米，深0.7米，直壁。

甬道居中而设于墓室前壁，西北与墓道相连，平面为长方形，进深1.36米，宽1.3米，残高0.65米。墙体砌于铺底砖上，残存14层，砌法为条砖直行错缝叠砌。墓门设于甬道前端，封门砖为直行错缝叠砌，残存12层，残高0.6米。从封门砖下压的铺底砖看，为“人”字形平铺。

墓坑平面为两侧壁中部外弧长方形，口底同大，长3.6米，宽2.3～2.5米，深0.7米。砖砌墓室，砖墙紧贴坑壁，平面呈两侧壁中部外弧的长方形，长3.3米，宽2～2.2米，残高0.4米。墙体砌于铺底砖上，残存8层，砌法为条砖直行错缝叠砌。铺底砖多已不存，从墓室前部残存的四块铺底砖看，为“人”字形平铺（图七）。

墙砖和铺底砖均为青灰色条形，长0.3米，宽0.15米，厚0.05米，单长侧面饰“五”字形花纹。

填灰褐色五花土，土质较硬，含大量残砖。

葬具、人骨架和随葬品不详。

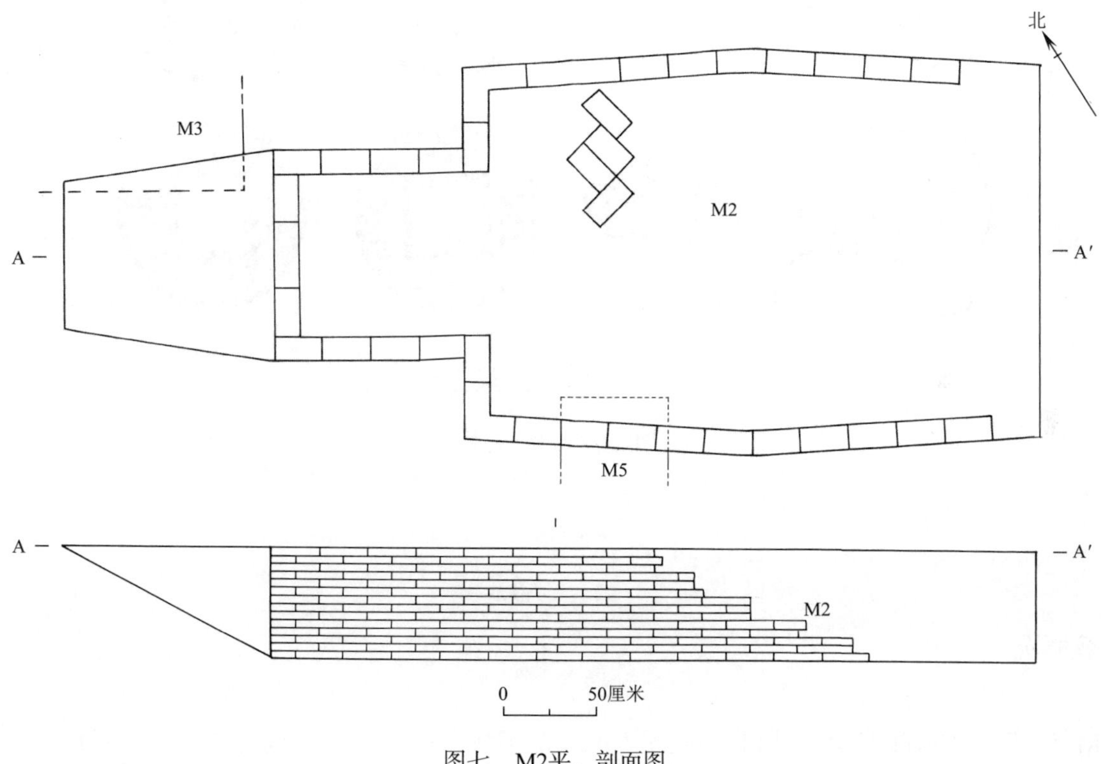

图七 M2平、剖面图

2. 出土器物

在扰土中发现有陶猪1件，铜五铢钱18枚及部分器物残片。

陶猪 1件。标本M2：1，泥质灰陶。呈站立状，抬头闭嘴，圆睁眼，两耳微卷，脊背鬃毛直立，短尾直立。高6.9厘米，长12.8厘米（图八，1）。

铜五铢钱 18枚。可分两型。

A型　1枚。标本M2：2-1，钱的正面边缘有一周凸起的周郭，正方形穿，穿之左右有篆书“五铢”两字。钱的背面边缘有周郭，穿四边也有郭。“五”字中间两笔是直的或近乎直的，整个字形如两个对顶三角形；“铢”字不太清楚，“铢”字的“金”字头近似三角形；“铢”字的“朱”字头圆折。郭径2.5厘米，钱径2.3厘米，穿边长1厘米（图八，2）。

B型　17枚。标本M2：2-2，钱的正面边缘有一周凸起的周郭，正方形穿，穿之左右有篆书“五铢”两字；钱的背面边缘有周郭，而且穿四边也有郭。“五”字中间两笔是弯曲的，中间两笔和上下两划相接的地方略向内靠拢，“五”字如两个相对的炮弹形；“铢”字笔划清晰，“金”字四点较长，“朱”字头方折。有的为剪轮五铢。郭径2.5厘米，钱径2.3厘米，穿边长0.9厘米（图八，3）。

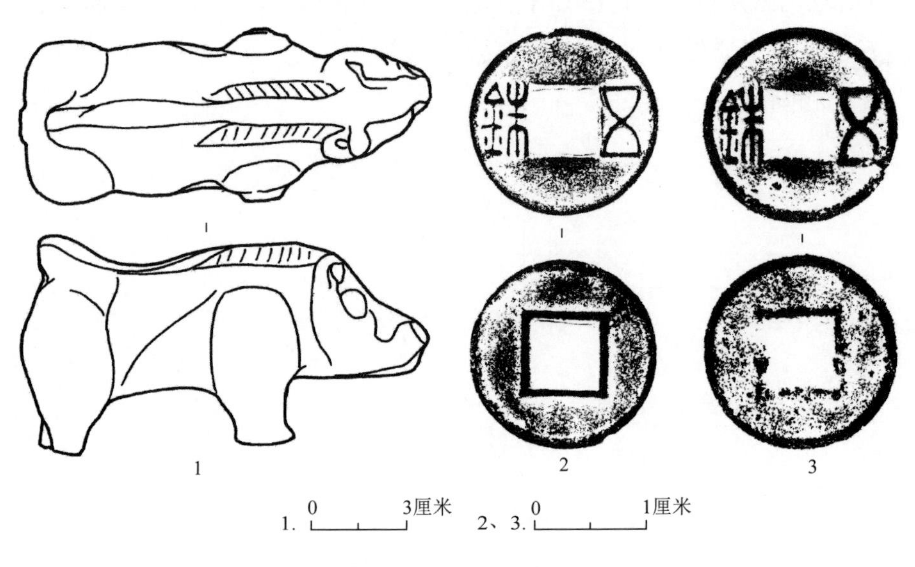

图八　M2出土遗物

1.陶猪（M2：1）　2、3.铜五铢钱（M2：2-1、M2：2-2）

三、M3

1. 墓葬概况

M3位于一区东部偏南，开口于耕土层下，坑口距地表0.3米，东南部被M2墓道打破。方向35°。口大底小，墓口长2.02米，宽1.62米；墓底长1.7米，宽1.1～1.3米；墓深2米。坑四壁规整，向下微内收，距墓口深1.8米处南、北两壁有生土二层台，台面外高内低，台壁垂直，东台中部呈弧形，台面宽0.1～0.2米，高0.2米，墓底平坦（图九）。

填灰褐色五花土，含黄色颗粒，土质较疏松。

葬具已腐朽，仅存痕迹，可以看出为一棺，尺寸不详。

人骨架1具，已腐朽殆尽，葬式不详。

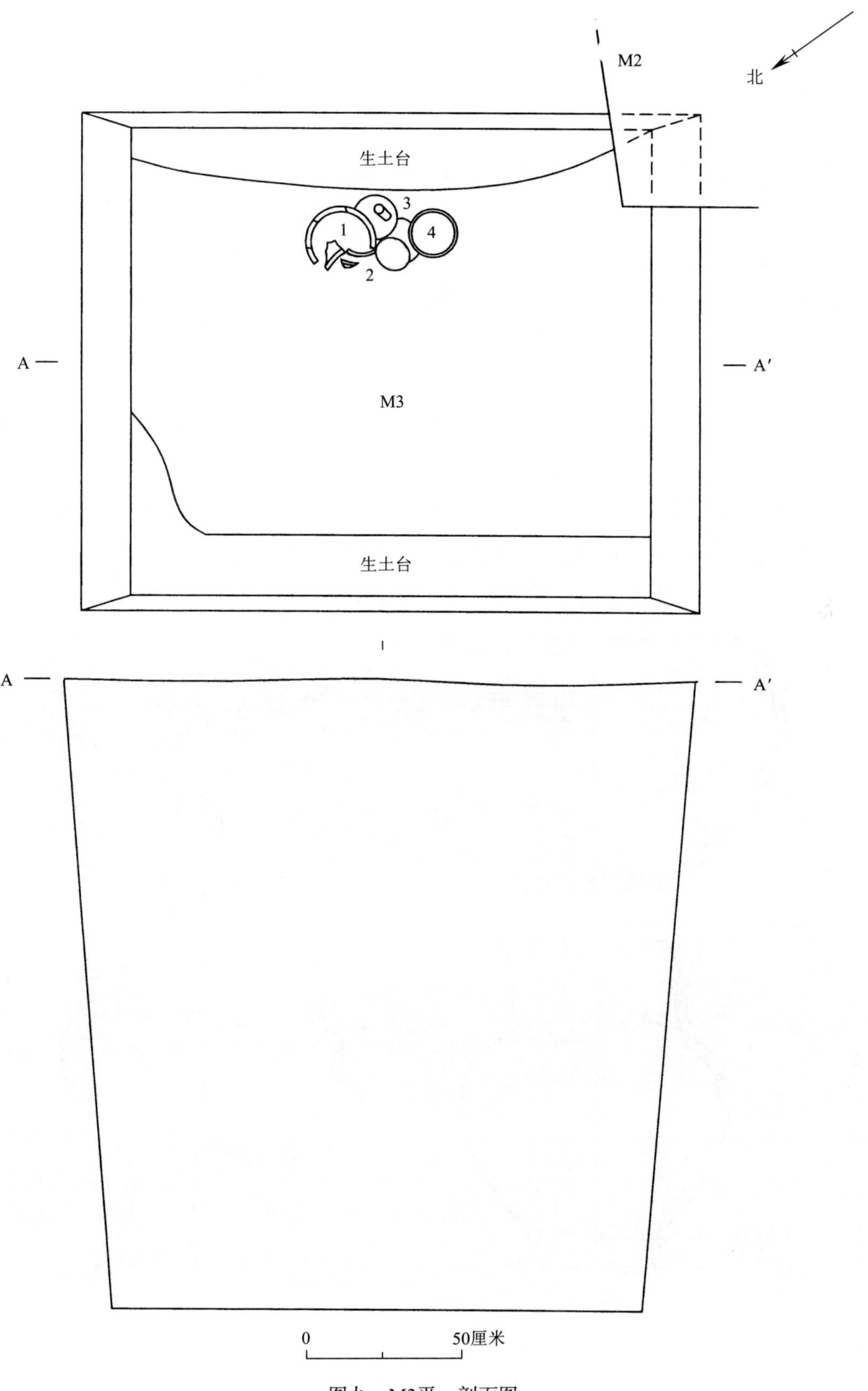

图九 M3平、剖面图
1.陶盂 2.陶豆 3.陶壶 4.陶鬲

2. 出土器物

随葬品4件，均为陶器，放置于墓底东部，由北向南依次为盂、豆、壶、鬲，其中豆和壶东西并列放置（图版二，2）。

陶鬲　1件。标本M3：4，泥质灰陶。折沿，方唇，短颈微内束，圆肩，鼓腹，弧裆近平，锥状足较短，足底近平。口沿内侧有一周凹弦纹，肩部、腹部饰两周凹弦纹，腹下部及足底有削痕，四周有修削痕迹。通高14.7厘米，口径14.8厘米，腹径16.4厘米（图一〇，4）。

陶豆　1件。标本M3：2，泥质灰陶。敞口，方唇，浅盘，细柄，柄壁凹弧，喇叭状圈足。素面。通高16.4厘米，口径12.9厘米，盘深2.9厘米，底径8厘米（图一〇，3）。

陶壶　1件。标本M3：3，泥质红灰陶。侈口，方唇，束颈，溜肩，鼓腹，下腹内收，平底，矮圈足，微外撇。素面。通高19.3厘米，口径11.8厘米，底径7.6厘米，圈足径8.8厘米（图一〇，2）。

陶盂　1件。标本M3：1，泥质灰陶。口微侈，沿外折，方唇，短颈，微内收，圆肩，鼓腹，下腹内收，凹圜底。口沿内侧有一周凹弦纹，肩部有四周凹弦纹，下腹和底部饰细绳纹。通高14.8厘米，口径23.6厘米，底径9厘米（图一〇，1）。

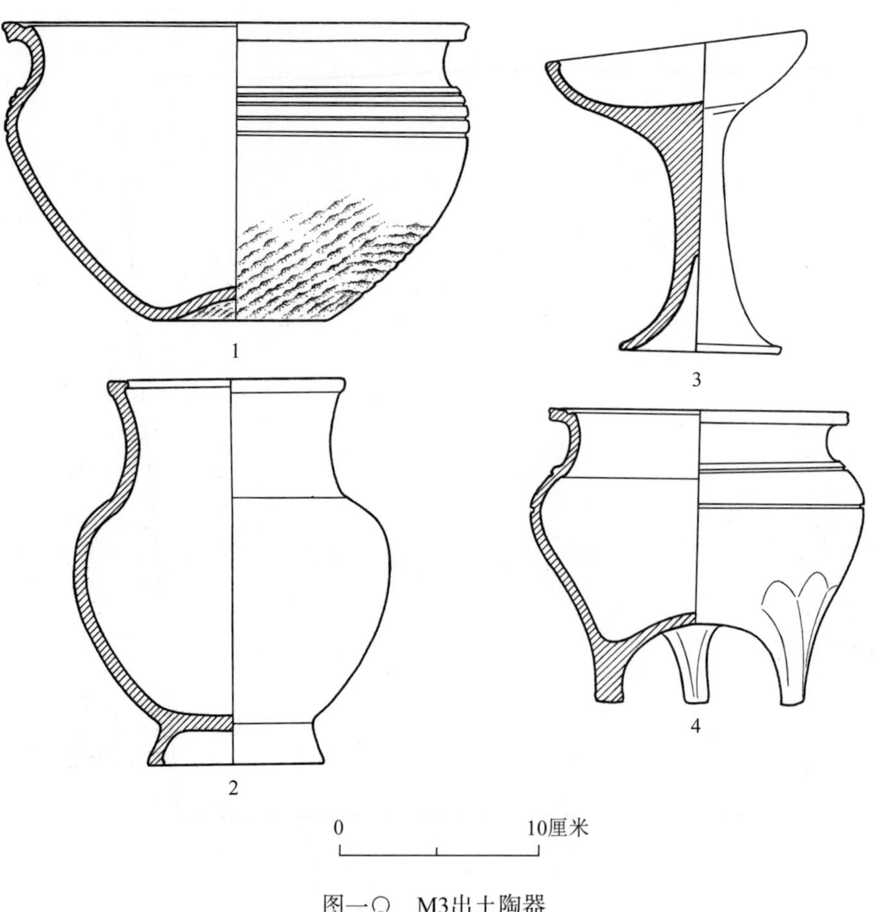

图一〇　M3出土陶器

1.陶盂（M3：1）　2.陶壶（M3：3）　3.陶豆（M3：2）　4.陶鬲（M3：4）

四、M4

1. 墓葬概况

M4位于一区东部，开口于耕土层下，距地表0.3米。方向110°。口大底小，墓口长2.3米，宽1.6米；墓底长1.7米，宽1.08米；墓深2.5米。坑四壁规整，向下微内收，距墓口深2.14米处四壁有生土二层台，台面平整，台壁垂直，西台面宽0.28米，另外三台面宽0.2米，高0.36米，墓底平坦，并铺一薄层青膏泥（图一一；图版三，1）。

填灰褐色五花土，含红、黄色颗粒，土质较硬。

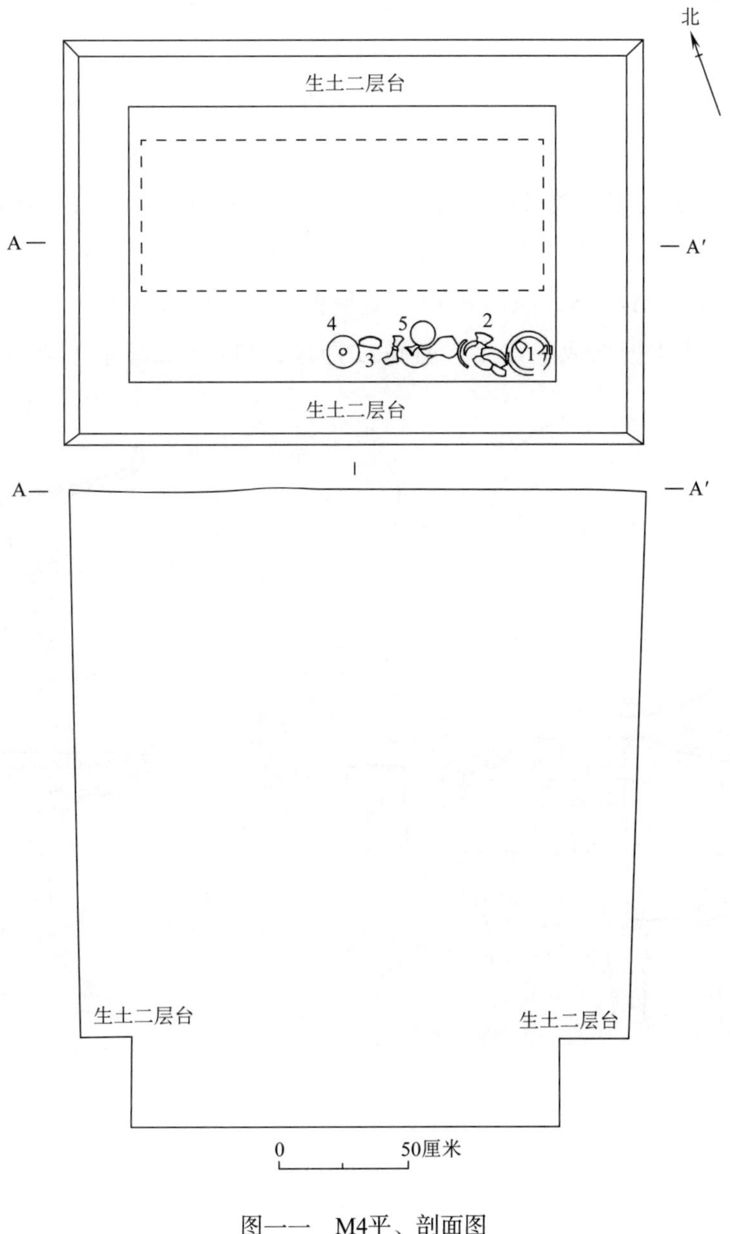

图一一 M4平、剖面图

1.陶鼎 2.陶敦 3.陶豆 4.陶豆 5.陶器盖

葬具已腐朽，仅存痕迹，可以看出为一棺，放置于墓底中部，两端紧靠生土二层台壁，长1.6米，宽0.6米。

人骨架1具，已腐朽殆尽，仅存下肢骨痕迹，据此可知头向西，葬式不详。

2. 出土器物

随葬品5件，均为陶器，放置于墓底棺外北侧偏西处，由西向东依次为鼎1件、敦1件、豆2件和器盖1件。其中陶敦破碎严重，无法复原（图版三，2）。

陶鼎　1件。标本M4：1，泥质灰黑陶。子口承盖，盖为覆盘状，弧顶，顶中间纽已残，周边有三个乳状纽。器为子口，两侧有两个对称的长方形附耳，耳微外撇，弧腹近直，圜底近平，三蹄足较直。盖顶和腹部各饰一周凹弦纹，足上有手捏痕。鼎内装有乳猪骨骼。通高17.8厘米，口径15.8厘米，腹径18.8厘米（图一二，1）。

陶豆　2件。标本M4：3，泥质灰陶。敞口，圆唇，浅盘斜弧腹，柄较细高，喇叭状圈足，中空较小至柄中部。素面。通高14.2厘米，口径13.4厘米，盘深2.2厘米，底径8.3厘米（图一二，3）。标本M4：4，泥质灰陶。敛口近直，圆唇，浅盘弧腹，柄较细高，喇叭状圈足，中空较小至柄中部。素面。通高13.6厘米，口径13.2厘米，盘深2.4厘米，底径7.4厘米（图一二，4）。

陶器盖　1件。标本M4：5，泥质灰陶。盖呈覆盘状，盖顶近平，盖顶有一长扁状小纽，周边有三个扁状纽，皆手捏而成。素面。通高2.7厘米，口径11.2厘米（图一二，2）。

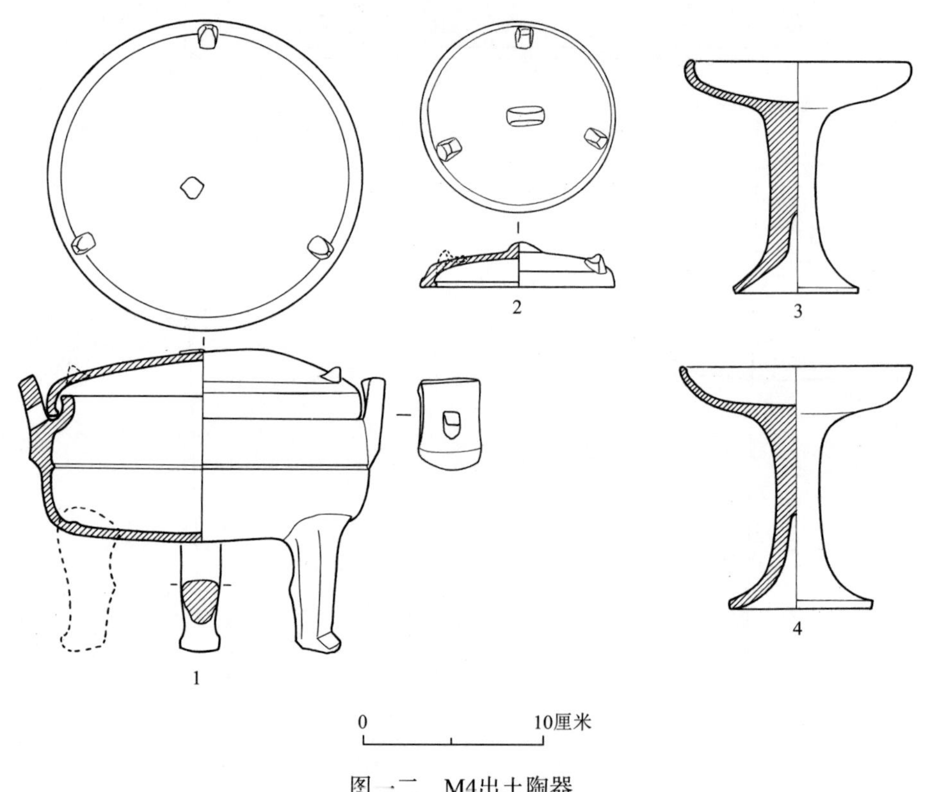

图一二　M4出土陶器

1.陶鼎（M4：1）　2.陶器盖（M4：5）　3、4.陶豆（M4：3、M4：4）

五、M5

1. 墓葬概况

M5位于一区东部偏南，开口于耕土层下，距地表0.3米，北部被M2打破。方向215°。口底同大，墓口残长1.6米，宽0.7米；墓底长1.9米，宽0.7米；墓深1.3米。坑四壁陡直，壁面规整光滑，经过人工修整，墓底平坦，并铺一薄层青膏泥。南壁距墓口0.7米深处设长方形壁龛，宽0.7米，高0.24米，进深0.2米。龛壁不规整，底部较平，龛底距墓底深0.36米（图一三；图版四，1）。

填褐色五花土，含少量白膏泥，土质较硬。在填土中发现铁锸1件，已破碎，体呈“U”形，弧刃。

葬具已腐朽，仅存痕迹，可以看出为一棺，放置于墓底中部偏东处，长1.80米，宽0.3～0.45米。

人骨架1具，已腐朽殆尽，仅在棺内西端发现破碎的牙齿，据此可知头向西，但葬式不详。

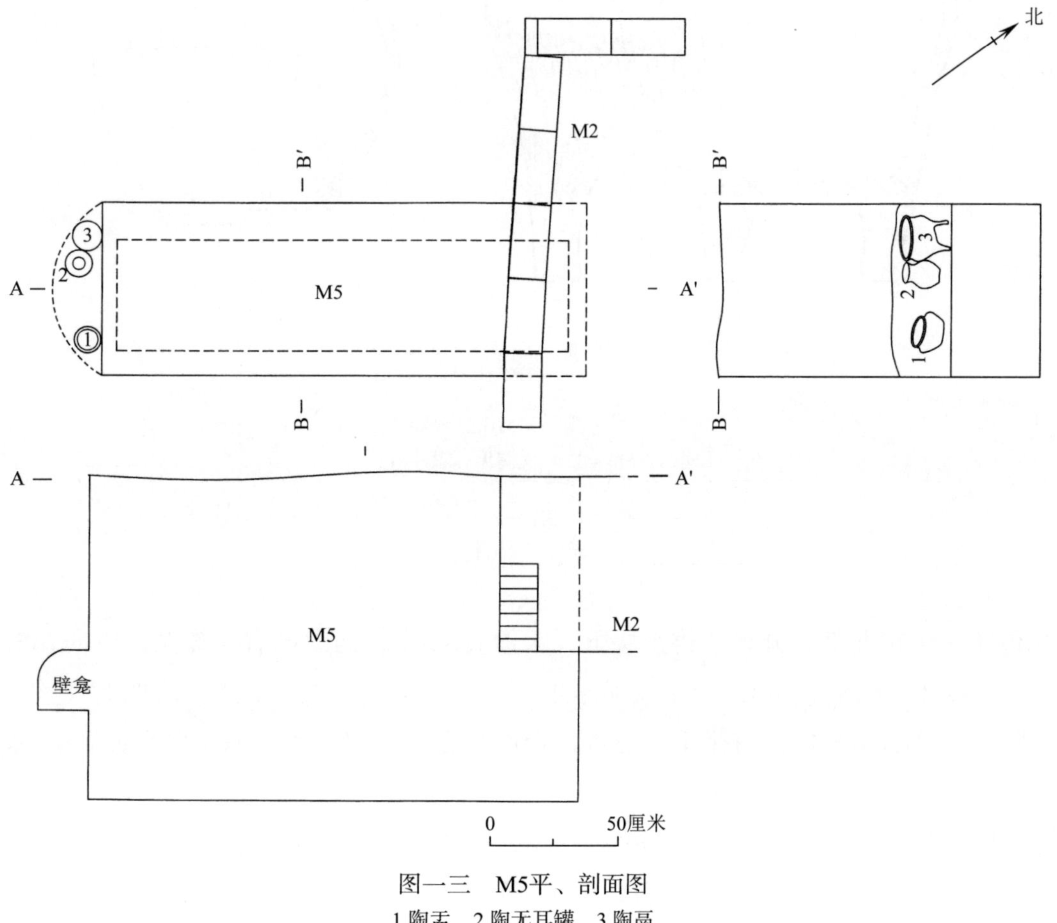

图一三　M5平、剖面图
1.陶盂　2.陶无耳罐　3.陶鬲

2. 出土器物

随葬品3件，均为陶器，放置于壁龛内，由东向西依次为盂、无耳罐、鬲（图版四，2）。

陶鬲　1件。标本M5：3，泥质灰陶。敞口，折沿，圆唇，沿面内斜，微束颈，圆肩，鼓腹，下腹微内收，弧裆近平，三锥足，足底较平。沿面有三周凹弦纹，颈部饰较浅的绳纹，上腹饰竖绳纹间以一周抹痕，下腹及底部饰横斜交错的绳纹，足上饰绳纹。通高18.1厘米，口径19厘米，腹径20.2厘米（图一四，1）。

陶盂　1件。标本M5：1，残，无法修复。泥质灰陶。敞口，折沿，尖唇，短颈微束，圆肩，弧腹缓收，平底。肩部饰一周凹弦纹。

陶无耳罐　1件。标本M5：2，泥质灰陶。侈口，圆唇，束颈，溜肩，鼓腹，下腹弧形内收，平底。上腹饰三周凹弦纹。通高15.6厘米，口径9.5厘米，腹径13厘米，底径7厘米（图一四，2）。

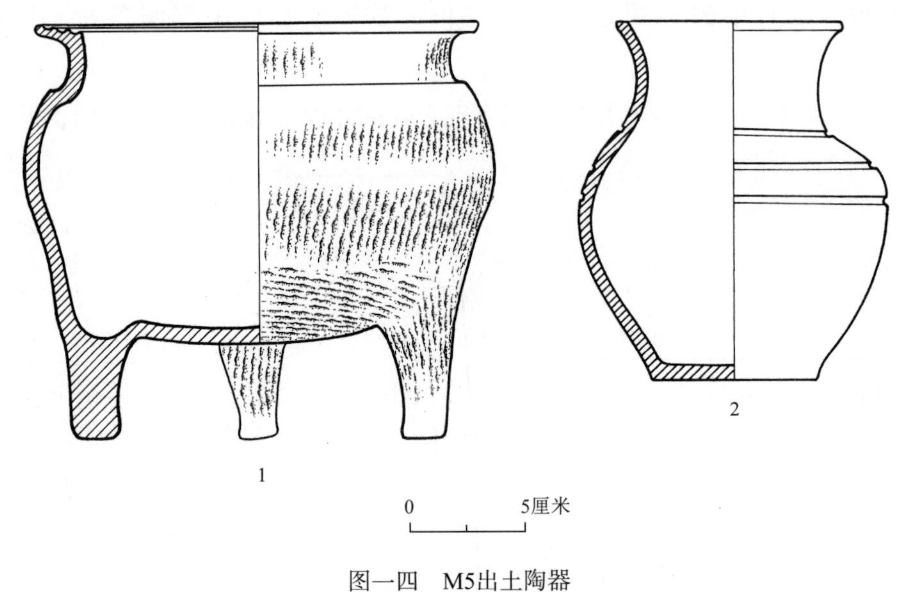

图一四　M5出土陶器
1.陶鬲（M5：3）　2.陶无耳罐（M5：2）

六、M6

M6位于一区东北部，开口于耕土层下，距地表0.3米，西北部有一盗洞。方向135°。墓葬口大底小，墓口长2.2米，宽1.72米；墓底长1.8米，宽1.2米；墓深1.3米。坑四壁规整，向下微内收，距墓口深1.1米处四壁有生土二层台，台面平整，台壁垂直，东、西台面宽0.1米，南、北台面宽0.2米，高0.2米，墓底平坦（图一五）。

盗洞为椭圆形，口长径2.8米，口短径1.12米，深1米。盗洞内填褐色五花土，土质疏松。

填灰褐色五花土，含红、黄色颗粒，土质坚硬。

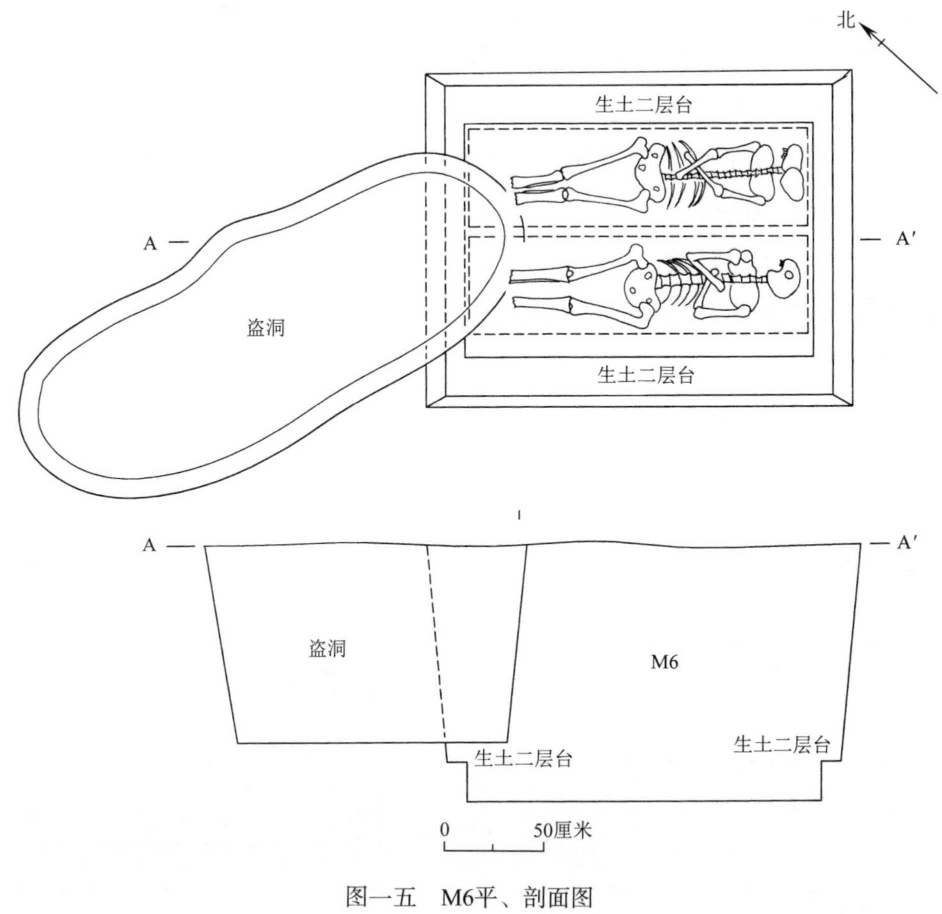

图一五　M6平、剖面图

葬具已腐朽，仅存棺痕，可以看出为2棺，大体呈南北并列放置。北棺棺痕长1.75米，宽0.5米；南棺棺痕长1.75米，宽0.5米。

人骨架2具，已腐朽，轮廓尚清晰。葬式为仰身直肢，头向东南，面向东北。北边一具人骨架的双臂交叉放置于腹部，南边一具人骨架的双臂交叉放置于胸部。根据骨骼粗细和盆骨大小判断，北部为男性，南部为女性。该墓应为夫妻合葬墓。

无随葬品。

七、M7

1. 墓葬概况

M7位于一区东北部，开口于耕土层下，距地表0.3米。方向200°。由墓道和墓室两部分组成。

墓道居中设于墓室南部，口略大于底，上端底部有4级呈不规则性的台阶，台面倾斜，台阶宽0.26～0.28米，高0.2米，向下至底端呈斜坡状。墓道口长4.9米，宽1.1米；底坡长5.8米，坡度23°；下端宽1.05米，深2.2米。

墓室平面呈长方形，口大底小，墓口长3.2米，宽2.6米；墓底长2.35米，宽1.55米；墓深3.2米。坑四壁规整，向下微内收，距墓口1米深处四壁有生土二层台，台面平整，台壁微收，东、西台宽均为0.47米，南、北台宽均为0.37米，高2.2米。四壁平整光滑，经过人工修整，墓底平坦，并铺一层较薄的青膏泥。墓底四周有熟土二层台，台面平整，台壁垂直，台宽0.17米，高0.4米（图一六；图一七）。

填灰褐色五花土，土质坚硬。

葬具已腐朽，从痕迹可以看出为一椁一棺。椁痕长2米，宽1.2米；棺位于椁室东部，棺痕长1.5米，宽0.35米。

人骨架1具，已腐朽，仅存痕迹，葬式为仰身直肢，头向南，面向上，双臂交叉放置于腹部。人骨架痕长1.5米。

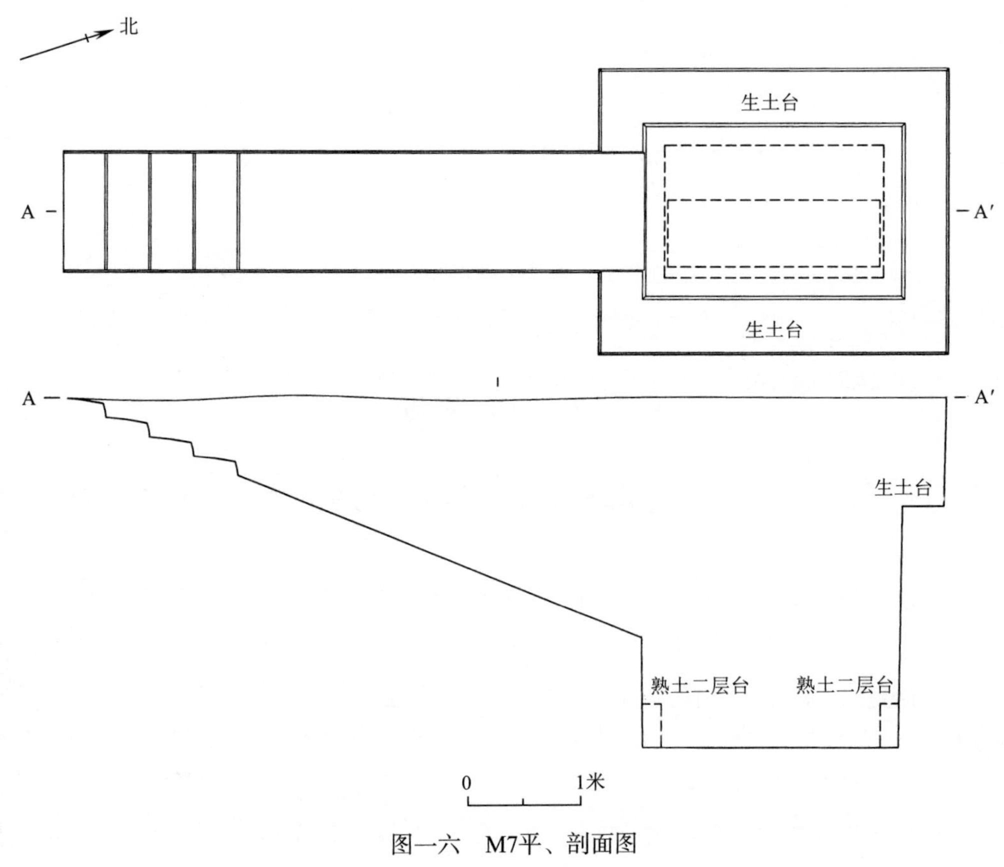

图一六　M7平、剖面图

2. 出土器物

随葬品11件，均为陶器，放置于椁内西侧，由南向北依次为鼎2件、壶2件、盘1件、豆4件、敦2件。

陶鼎　2件。皆已破碎，无法复原。泥质黑衣褐陶。标本M7：1，盖顶微隆。鼎为柱状足，向下渐细，有刮削痕。

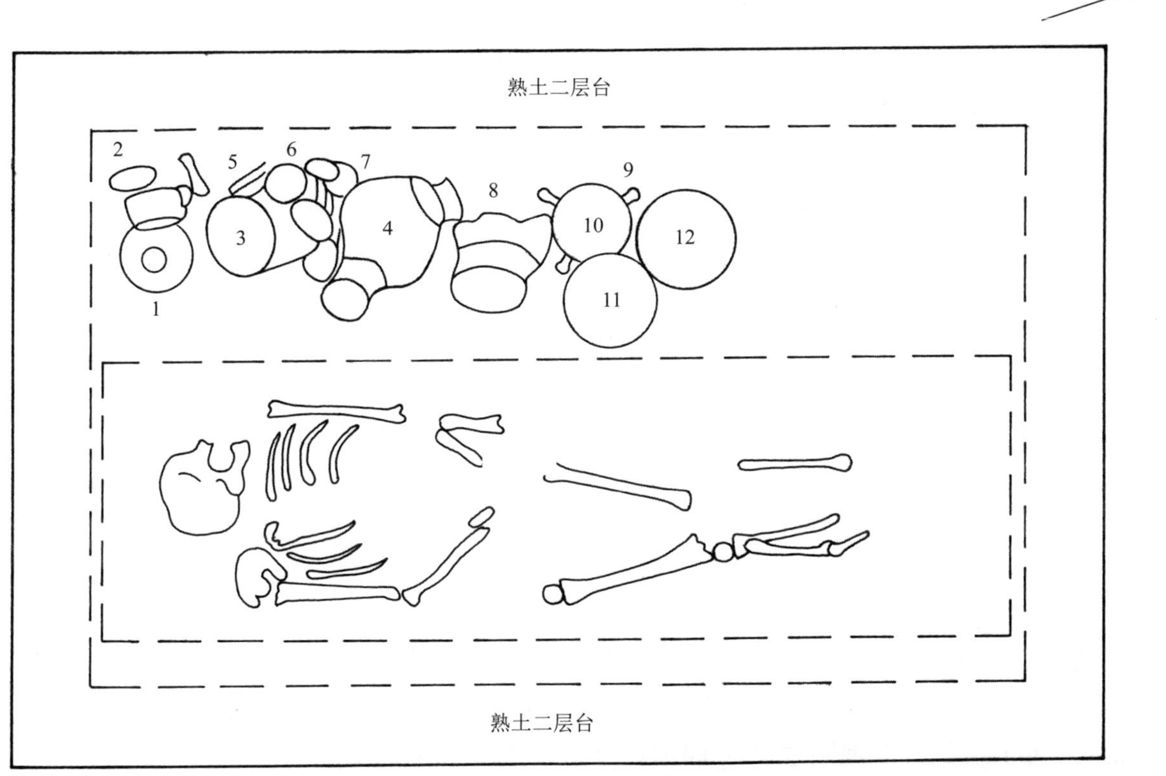

图一七　M7随葬器物分布图
1、2.陶鼎　3、4.陶壶　5.陶盘　6~9.陶豆　10~12.陶敦

陶豆　4件。其中2件破碎，无法复原。标本M7：8，泥质灰陶。敛口近直，盘较深，上腹近直，下腹内收，柄壁近直，喇叭状圈足。素面。通高15厘米，口径10.8厘米，盘深3.2厘米，底径8厘米（图一八，1）。标本M7：9，泥质灰陶。敞口，盘较深，上腹近直，下腹内收，外壁下端微突，柄壁近直，喇叭状圈足残。素面。通高15厘米，口径10.8厘米，盘深2.8厘米，底径8厘米（图一八，2）。标本M7：6，泥质灰陶。盘底近平，长柄。标本M7：7，泥质灰陶。敞口，浅盘，长柄，中空至柄中部。

陶敦　2件。皆已破碎，无法复原。泥质灰陶。标本M7：10，盖顶周边纽呈卧兽状。标本M7：11、M7：12，盖顶隆起，顶部有三个“S”形纽，底呈半圆形，下部有三个“S”形纽。

陶壶　2件。皆已破碎，无法复原。标本M7：3，泥质灰陶。盖顶微隆，顶部有三个弯头小纽。器为溜肩，喇叭状圈足。标本M7：4，泥质黑衣灰陶。器为溜肩，喇叭状圈足。

陶盘　1件。已破碎，无法复原。泥质黑衣灰陶。敞口折沿，弧腹内收，平底。

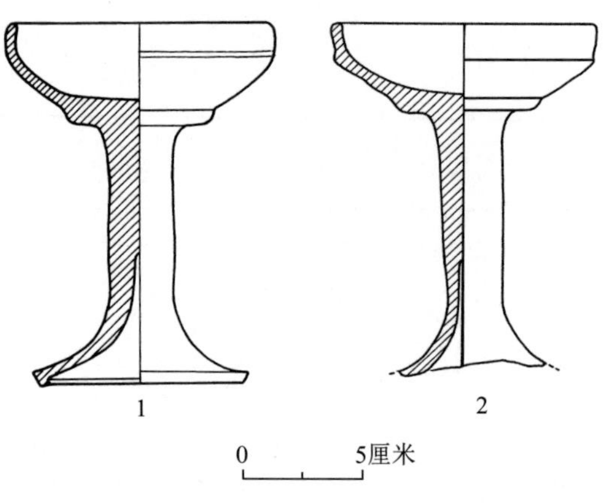

图一八　M7出土陶豆
1.陶豆（M7：8）　2.陶豆（M7：9）

八、M8

M8位于一区东北部，开口于扰土层下，距地表0.6米，扰土层厚0.3米，方向30°。墓葬口大底小，墓口长2.56米，宽0.9米；墓底长2.06米，宽0.9米；墓深0.7米。坑四壁规整，坑南、西、北三壁垂直至底，东壁距墓口深0.4米处有生土二层台，台面平整，台壁垂直，宽0.5米，高0.3米，墓壁粗糙，墓底平坦（图一九）。

填灰褐色五花土，土质坚硬。

葬具、人骨架不存，无随葬品。

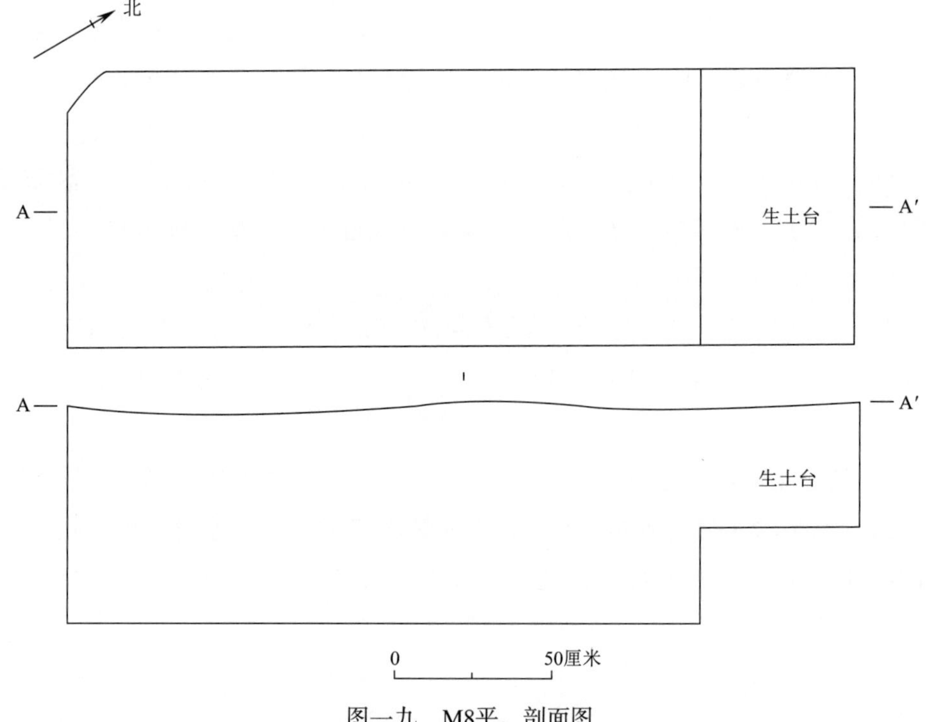

图一九　M8平、剖面图

九、M9

M9位于一区南部，开口于扰土层下，距地表0.55米，扰土层厚0.3米，南部打破M12。方向200°。口大底小，墓口长2.5～2.54米，宽0.82米；墓底长1.98～2.02米，宽0.72米；墓深1.2米。坑四壁规整，向下微内收，南壁距墓口深1米处有生土二层台，台面平整，台壁垂直，宽0.5米，高0.2米，四壁规整，墓底平坦（图二〇）。

填灰褐色五花土，土质较软。

葬具和人骨架已不存，无随葬品。

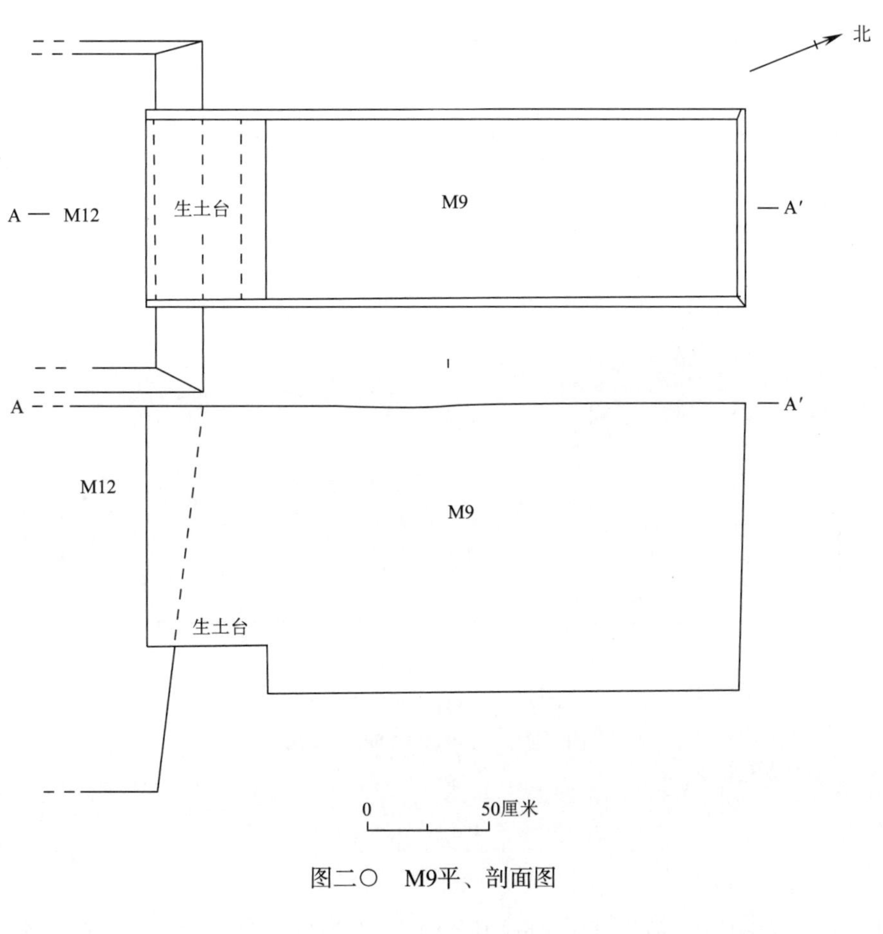

图二〇　M9平、剖面图

一〇、M10

1. 墓葬概况

M10位于一区南部，开口于耕土层下，距地表0.2米。方向130°。口大底小，墓口长2.32米，宽1.04米；墓底长1.72米，宽0.8米；墓深1.9米。坑四壁规整，向下微内收，东壁距墓口深1.66米处有生土二层台，台面平整，台壁垂直，宽0.46米，高0.24米，四壁平整光滑，经过人工修整，墓底不太平坦，东部略高于西部（图二一；图版五，1）。

填红褐色五花土，结构紧密，土质较硬。

葬具和人骨架已不存。

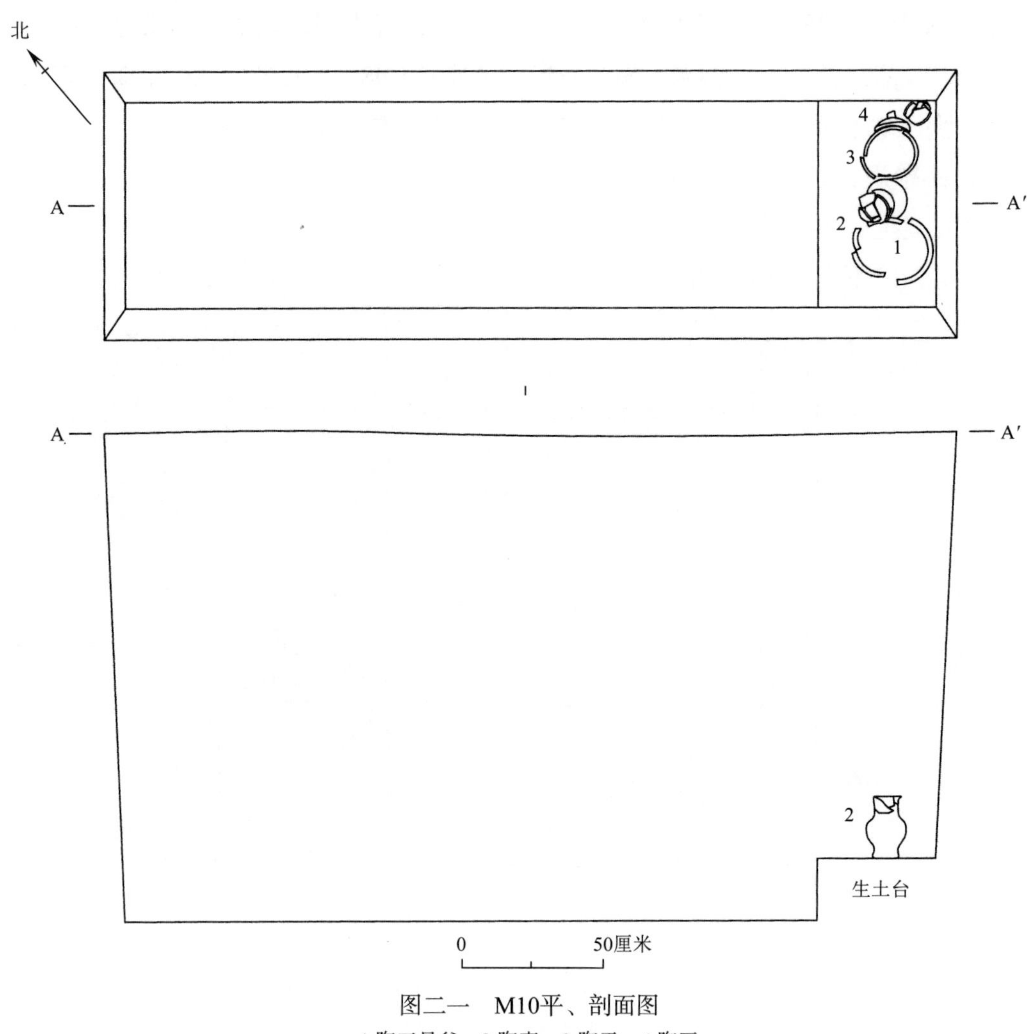

图二一　M10平、剖面图

1.陶三足釜　2.陶壶　3.陶盂　4.陶豆

2. 出土器物

随葬品4件，均为陶器，放置于东部生土台上，由南向北依次为三足釜、壶、盂、豆各1件（图版五，2）。

陶三足釜　1件。标本M10：1，泥质灰陶。卷沿，尖唇，沿面内斜，微束颈，圆肩，弧腹，下腹缓收，圜底，三乳丁状足。上腹饰竖绳纹间以一周抹痕，下腹饰横斜交错的绳纹间以抹痕，底部饰横、斜、竖交错绳纹，足上有手捏痕。通高16.2厘米，口径26.7厘米，腹径26.4厘米（图二二，2）。

陶豆　1件。标本M10：4，泥质灰陶。敞口，圆唇，浅盘，折腹，柄已残。素面。

陶壶　1件。标本M10：2，泥质灰陶。敞口承盖，盖为覆盘状，弧顶近平，周边饰三纽，纽已残，直口纳入器口内，器为敞口，尖唇，束颈，溜肩，鼓腹，平底，筒形圈足，下端微外撇。颈、肩、上腹饰四组八周凹弦纹，中腹饰一周凹弦纹。通高28.5厘米，盖高2.8厘米，口径9.6厘米；器高26.2厘米，口径12.8厘米，底径11.4厘米（图二二，3）。

陶盂　1件。标本M10：3，泥质灰陶。敞口，折沿，圆唇，束颈，肩部微突，弧腹缓收，凹圜底。肩部饰一周凸弦纹。通高12.7厘米，口径20.6厘米，腹径20.8厘米，底径8.8厘米（图二二，1）。

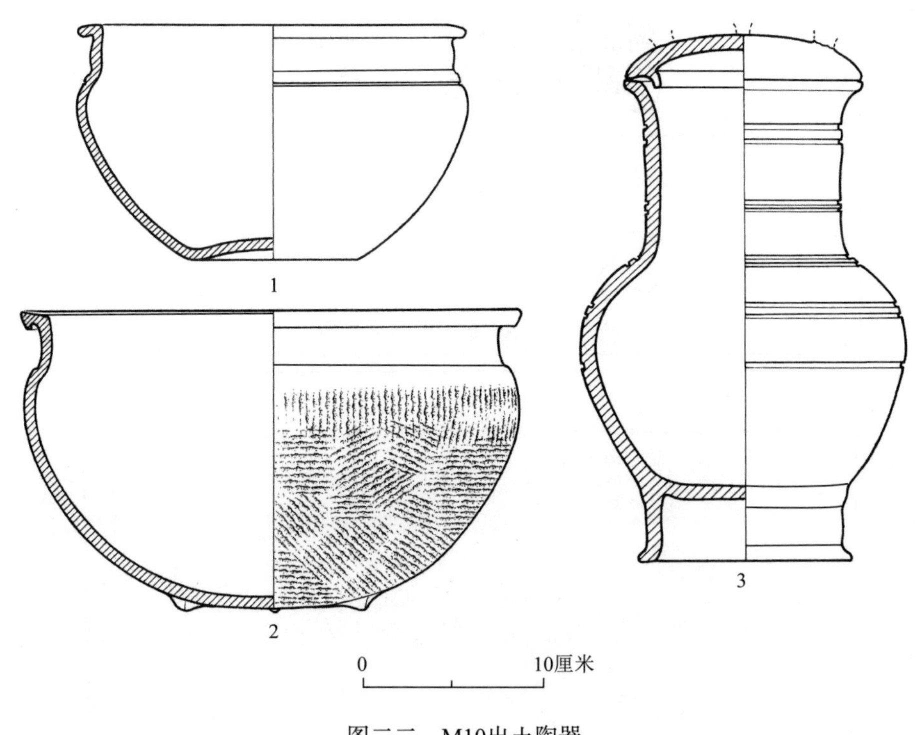

图二二　M10出土陶器

1.陶盂（M10：3）　2.陶三足釜（M10：1）　3.陶壶（M10：2）

一一、M11

1. 墓葬概况

M11位于一区南部，开口于耕土层下，距地表0.3米。方向300°。口大底小，墓口长2.5米，宽1.6米；墓底长2.4米，宽1.5米；墓深2.5米。坑四壁规整，向下微内收，墓底平坦。墓底四周有熟土二层台，西台面宽0.3米，其余三台面宽0.2米，高0.5米（图二三；图版六，1）。

填红褐色五花土，土质坚硬。

葬具已腐朽，仅存棺椁痕，为一椁一棺。椁痕长1.9米，宽1.1米。棺置于椁内北侧，棺痕长1.85米，宽0.58米。

人骨架1具，已腐朽，轮廓尚清晰。葬式为仰身直肢，头向西，面向南，双臂交叉放置于腹部。

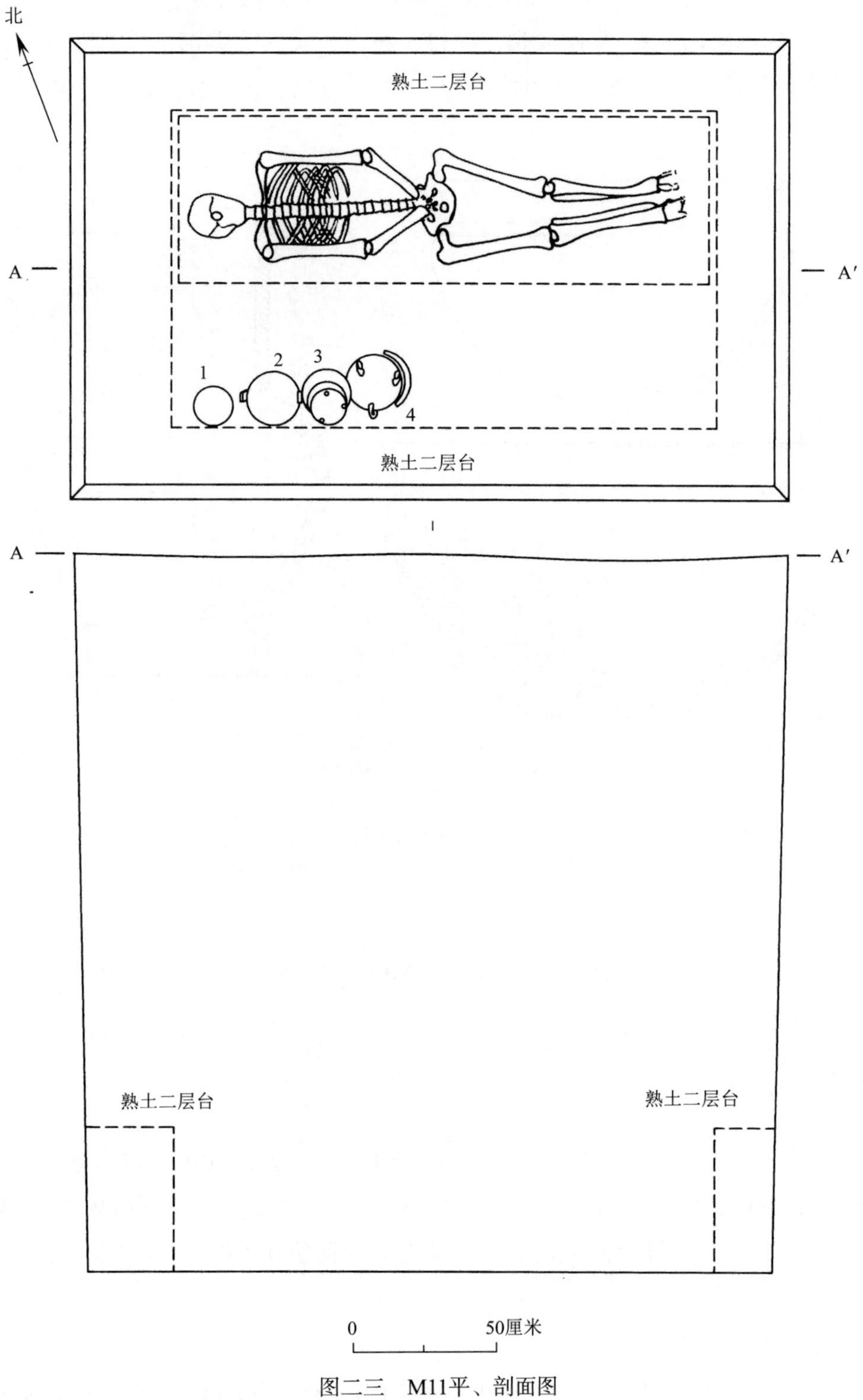

图二三　M11平、剖面图

1. 陶豆　2. 陶鼎　3. 陶壶　4. 陶敦

2. 出土器物

随葬品4件，均为陶器，放置于椁内南部，由西向东依次为豆、鼎、壶、敦（图版六，2）。

陶鼎 1件。标本M11：2，泥质灰陶。子口承盖，盖为覆盘状，弧顶近平，盖顶中部贴一环形纽，周边饰三个乳状纽。器为子口，两侧有两个长方形耳，上端微外撇，腹壁近直，近平底，三蹄足。盖顶饰两周凹弦纹，腹部饰一周凹弦纹，底部饰横斜交错的绳纹，足上有刀削痕。通高21.5厘米，口径14.6厘米（图二四，1）。

陶豆 1件。标本M11：1，泥质黑灰陶。敞口，微内收，圆唇，浅盘，折腹，柄壁近直，喇叭状圈足，中空较小至柄中部。素面。通高15.2厘米，口径13.6厘米，盘深2.5厘米，底径9.8厘米（图二四，4）。

陶敦 1件。标本M11：4，泥质灰陶，盖、器扣合近扁圆形，口径和高大体相等，盖、器上各有三个“S”状纽。素面。通高19.8厘米，身高10厘米，口径17.8厘米（图二四，3）。

陶壶 1件。标本M11：3，泥质灰陶。敞口承盖，盖为覆盘状，弧顶，周边饰三个乳状纽，直口纳入器口内。器为敞口，微束颈，溜肩，肩部贴两个对称环形纽，鼓腹，平底微凹。盖顶饰两周凹弦纹，口沿下部和颈中部饰两组四周凹弦纹。通高24.8厘米，器高22.2厘米，口径10.4厘米，底径9.4厘米（图二四，2）。

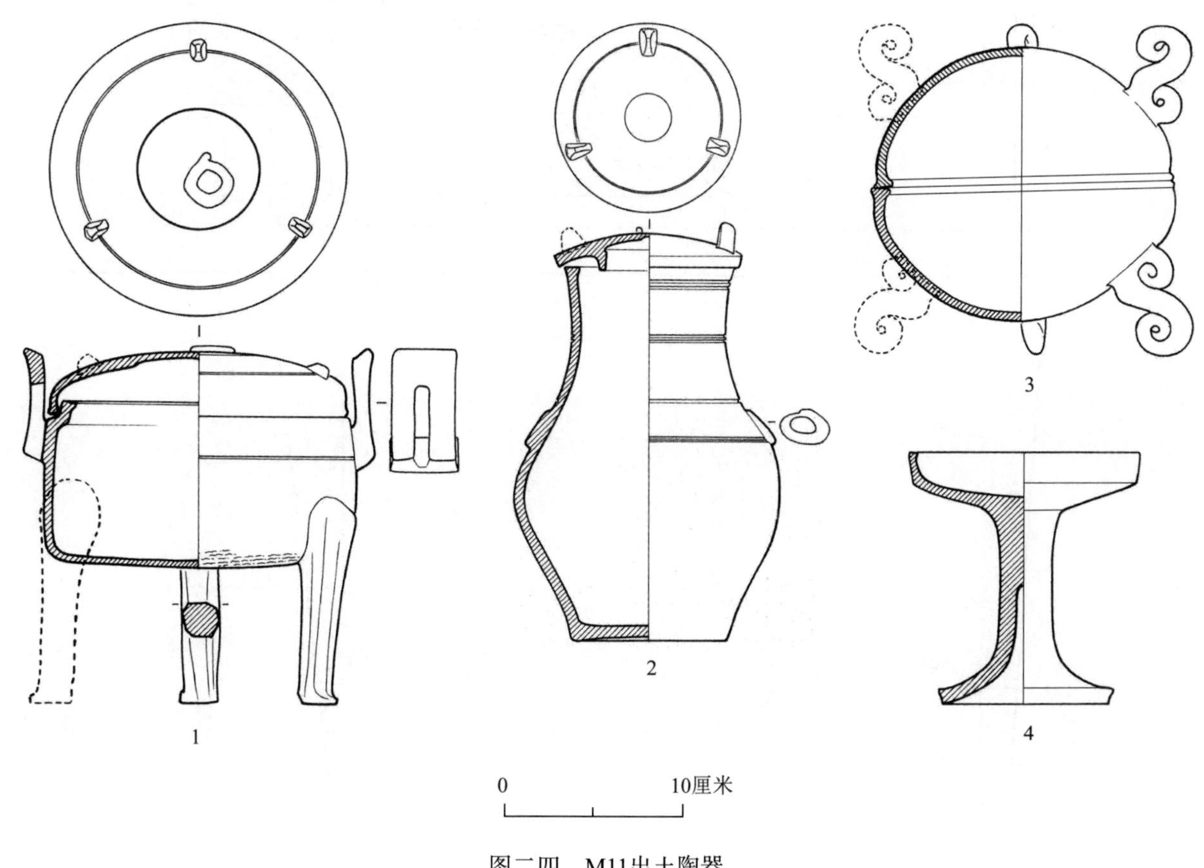

图二四 M11出土陶器

1. 陶鼎（M11：2） 2. 陶壶（M11：3） 3. 陶敦（M11：4） 4. 陶豆（M11：1）

一二、M12

1. 墓葬概况

M12位于一区南部，开口于扰土层下，距地表0.55米，扰土层厚0.3米，北部被M9打破。方向200°。口大底小，墓口长2.4～2.46米，宽1.46米；墓底长2.1米，宽1.3米；墓深1.6米。坑四壁规整，向下微内收，四壁光滑，经过人工修整，墓底平坦。墓底四周有熟土二层台，东、南、西、北台面宽分别为0.26、0.1、0.24、0.1米，高0.3米（图二五；图版七，1）。

填褐色五花土，土质坚硬。在填土中发现铁镭1件，已破碎，体呈"U"形，弧刃。

葬具已腐朽，仅存椁痕，应为为一椁一棺。椁痕长1.9米，宽0.8米。

人骨架1具，已腐朽，仅存下肢骨痕迹，据此可知头向南，但葬式不详。

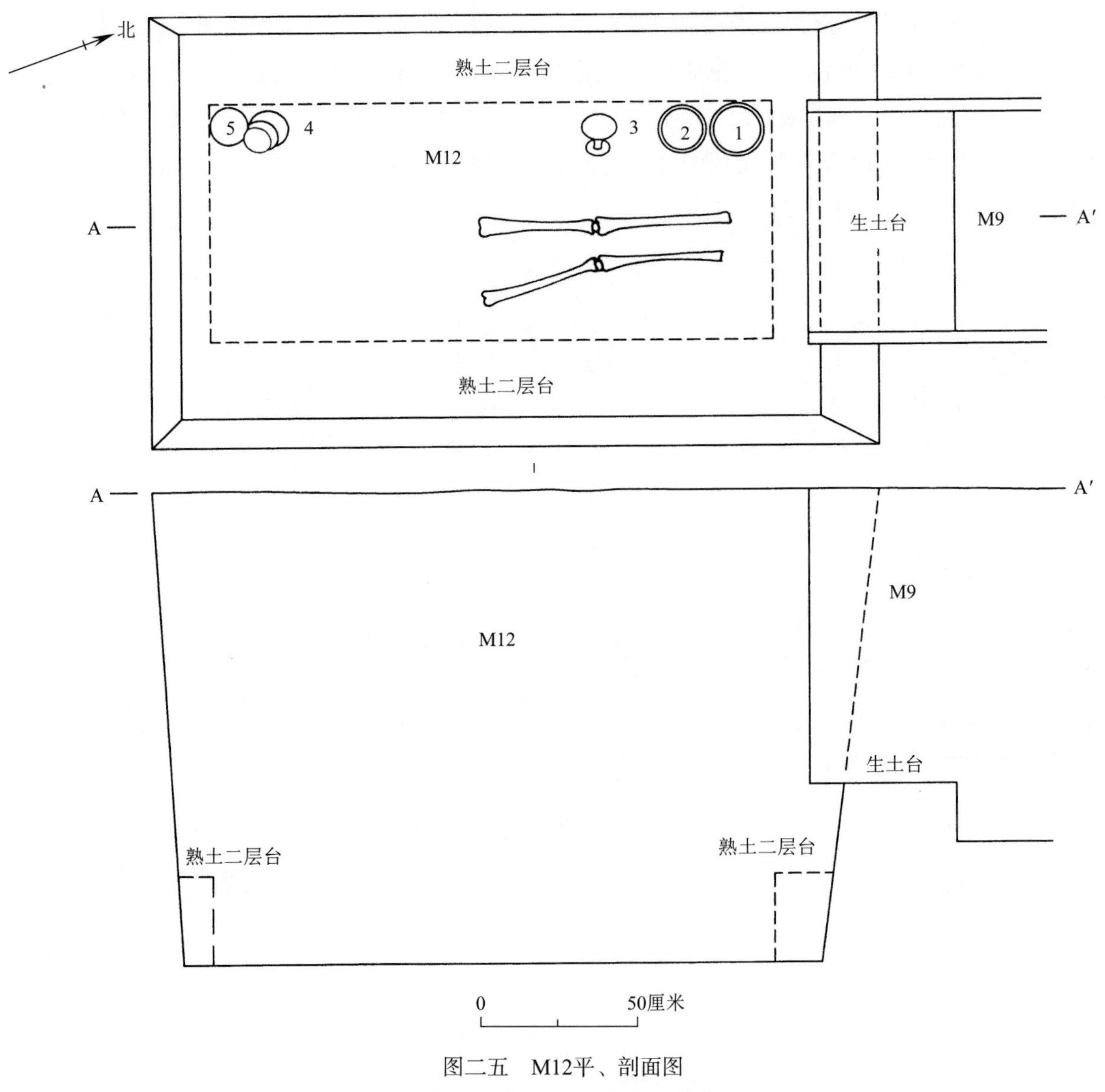

图二五　M12平、剖面图

1.陶鬲　2.陶盂　3、5.陶豆　4.陶壶

2. 出土器物

随葬品5件，均为陶器，放置于椁内西部，由北向南依次为鬲、盂、豆、无耳罐、豆（图版七，2）。

陶鬲　1件。标本M12：1，夹砂灰陶。敞口，折沿，方唇，斜面内斜，束颈，肩部突起，上腹鼓，下腹内收，弧裆，三柱足，横端面呈多边形，足下部为红色。沿面饰一周凹弦纹，肩部和上腹饰三周凹弦纹，下腹饰斜绳纹间以抹痕，足部和底部有抹削痕。通高17.2厘米，口径17.5厘米，腹径18厘米（图二六，1）。

陶豆　2件。形制相同。泥质灰陶。敞口，圆唇，浅盘，弧腹，底近平，柄壁微束，喇叭状圈足。素面。标本M12：3，通高14.6厘米，口径13.2厘米，底径8厘米（图二六，4）。标本M12：5，通高13.4厘米，口径13.2厘米，底径8厘米（图二六，5）。

陶无耳罐　1件。标本M12：4，泥质灰陶。微侈口，尖圆唇，束颈，溜肩，鼓腹，下腹内收，平底微凹。沿面饰一周凹弦纹，上腹饰两周凹弦纹，近底部有刀削痕。通高17厘米，口径4.6厘米，底径8.2厘米（图二六，3）。

陶盂　1件，标本M12：2，泥质灰陶。敛口，折沿，束颈，鼓肩，弧腹缓收，平底。沿面饰一周凹弦纹，上腹和肩部各饰一周凹弦纹，近底部有刀削痕。通高10.8厘米，口径16.3厘米，底径8.7厘米（图二六，2）。

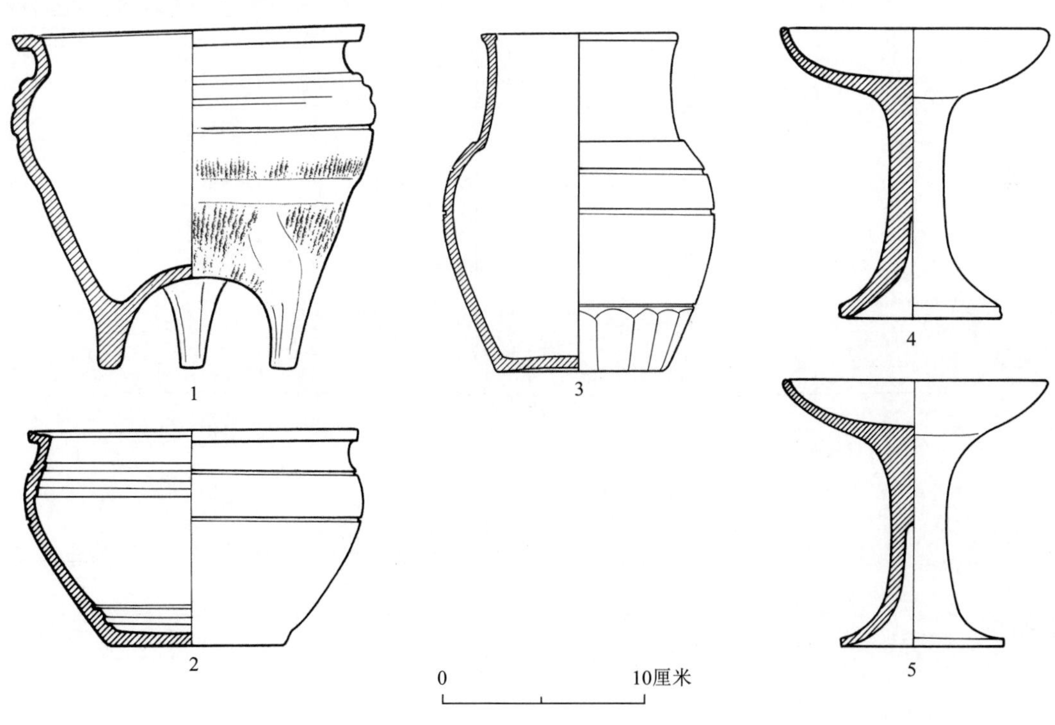

图二六　M12出土陶器

1.陶鬲（M12：1）　2.陶盂（M12：2）　3.陶无耳罐（M12：4）　4、5.陶豆（M12：3、M12：5）

一三、M13

1. 墓葬概况

M13位于一区南部，开口于耕土层下，距地表0.3米，墓葬破坏严重。方向145°。由墓道、甬道和墓室三部分组成。

墓道向东南，西北与甬道相连，呈长方形斜坡状，前端呈弧形，口残长0.82米，宽1.2米；底坡长1米，坡度33°；下端深0.54米。

甬道设于墓室前壁，偏左，东南与墓道相连，砖已不存，圹平面为长方形，进深1米，宽1.2～1.36米，残深0.54米。

墓坑平面呈左右两侧壁外弧的长方形，坑口底同大，长4米，宽2.3～2.9米，深0.35～0.55米。从残存的坑底看，墓室分前堂和后室，前堂略低于后室0.2米。前堂进深1.4米，后室进深2.6米（图二七）。

填土呈灰白色，白土较多，土质较硬，含大量残砖。

葬具、人骨架和随葬品不详。

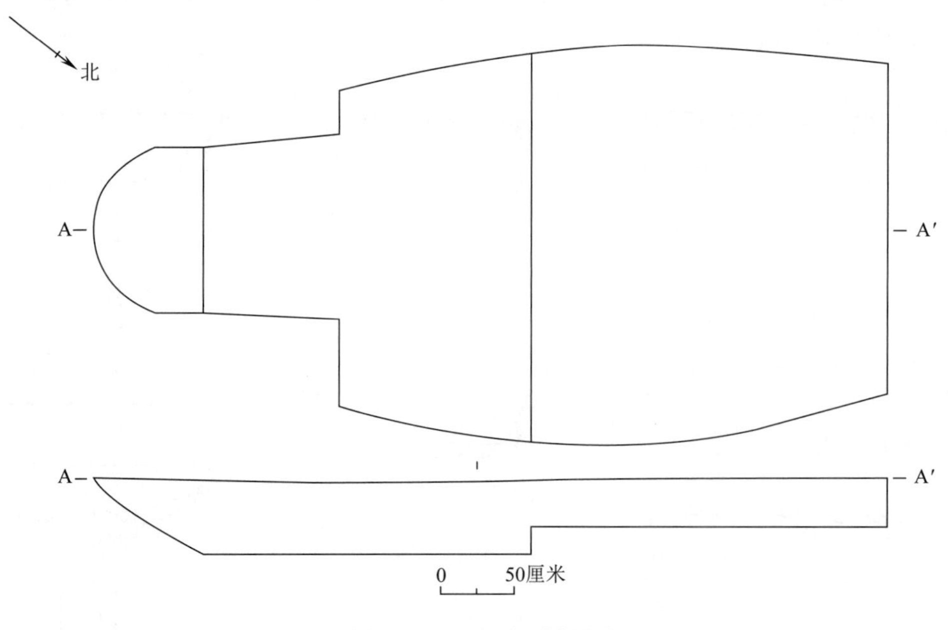

图二七　M13平、剖面图

2. 出土器物

在扰土中出土有陶耳杯1件、铜五铢钱1枚及部分器物残片。

陶耳杯　1件。标本M13：1，泥质灰陶。杯口、底呈椭圆形，敞口，尖圆唇，两耳弧似新月，弧腹，平底。素面。通高5厘米，杯口长13.1厘米，宽9.7厘米；底长7.6厘米，宽4.2厘米（图二八）。

铜五铢钱　1枚。标本M13：2，残。钱的正面边缘有一周凸起的周郭，正方形穿，穿之左右有篆书“五铢”两字；钱的背面边缘有周郭，而且穿四边也有郭。钱文的书体特点明显，“五”字中间两笔是弯曲的，中间两笔和上下两划相接的地方略向内靠拢，中间两笔和上下两横相接的地方是垂直的；“铢”字笔划清晰，“金”字四点较长，“朱”字头方折。郭径2.5厘米，钱径2.3厘米，穿边长1厘米。

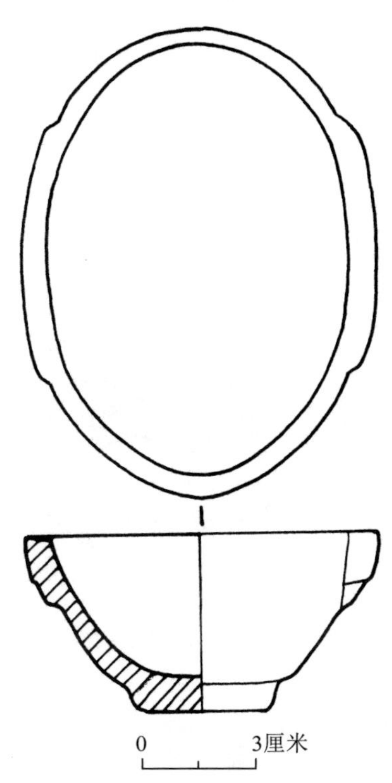

图二八　M13出土陶耳杯（M13：1）

一四、M14

1. 墓葬概况

M14位于一区南部，开口于扰土层下，距地表0.25米，扰土层厚0.15米，墓葬破坏至墓底，仅存几块铺底砖，并打破M15的南部。方向140°。应由墓道、甬道和墓室三部分组成，墓道已不存。

甬道向东南，居中而设于墓室前壁，平面为长方形，进深1.6米，宽0.8米，残高0.12米。墙体砌于生土上，残存2层，砌法为直行错缝叠砌。铺底砖不存。

墓坑平面为长方形，长1.85米，宽1.72米，深0.12米。砖砌墓室，砖墙紧贴坑壁，长1.53米，宽1.40米，残高0.12米。墙体砌于生土上，残存2层，砌法为直行错缝叠砌。铺底砖仅存1块，铺法不详，应为斜铺或“人”字铺法（图二九）。

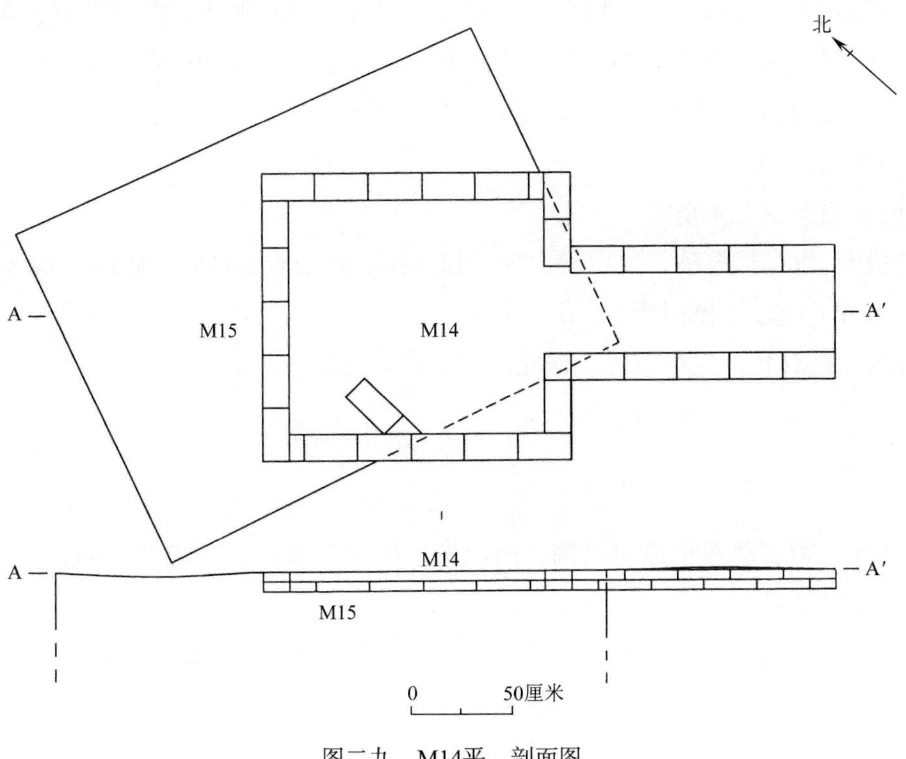

图二九　M14平、剖面图

墙砖和铺底砖为青灰色长条形，长0.32米，宽0.16米，厚0.06米。单长侧面饰“五”字形花纹。

填灰褐色五花土，土质松软，含碎砖块。

葬具、人骨架不详。

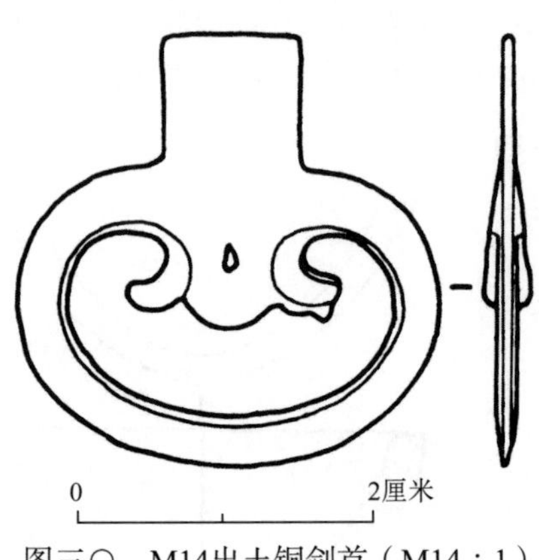

图三〇　M14出土铜剑首（M14：1）

2. 出土器物

在扰土中发现有1枚残铜五铢钱和1件铜剑首柄。

铜剑首柄　1件。标本M14：1，体呈扁平状，前端为方形，后端为椭圆形。长4.3厘米，宽4.2厘米（图三〇）。

铜五铢钱　1枚。标本M14：2，残。钱的正面边缘有一周凸起的周郭，正方形穿，钱的背面边缘有周郭。锈蚀严重，看不清字迹。郭径2.5厘米，钱径2.3厘米，穿边长0.9厘米。

一五、M15

1. 墓葬概况

M15位于一区南部，开口于扰土层下，距地表0.5米，扰土层厚0.2米，南部被M14打破。方向285°。口大底小，墓口长3米，宽2.08～2.18米；墓底长2.6米，宽1.54米；墓深3.42米。坑四壁规整，向下微内收，距墓口深2.34米处有生土二层台，台面平整，台壁垂直，东台面宽0.26米，北台面宽0.3米，南台面宽0.28～0.36米，西台面宽0.2米，高1.08米，墓底平坦。墓底四周有熟土二层台，西台面宽0.3米，东台面宽0.26米，南台面宽0.22米，北台面宽0.26米，高0.5米（图三一；图版八，1）。

填灰褐色五花土，土质坚硬。

葬具已腐朽，仅存棺椁痕，可以看出为一椁一棺，椁痕长2.04米，宽1～1.06米。棺置于椁内南侧，棺痕长2.04米，宽0.64米。

人骨架1具，已腐朽，仅存肢骨，据此可知为仰身直肢葬，头向西。

2. 出土器物

随葬品11件，陶器放置于椁内北侧，由西向东依次为壶2件、敦2件、鼎2件、盘1件、匜1件、豆2件，石环1件置于墓主人头顶部（图版八，2）。

陶鼎　2件。形制相同。夹砂灰陶。子口承盖，盖为覆盘状，盖顶近平，一环形纽贴于中间，周边饰三个扁状纽。器为子口，腹壁近直，下腹弧折，两侧有两个对称长方形耳，上端微侈，平底，三蹄足，横断面呈多边形。盖顶饰两周凹弦纹，腹部饰一周凸弦纹，底部饰横斜交

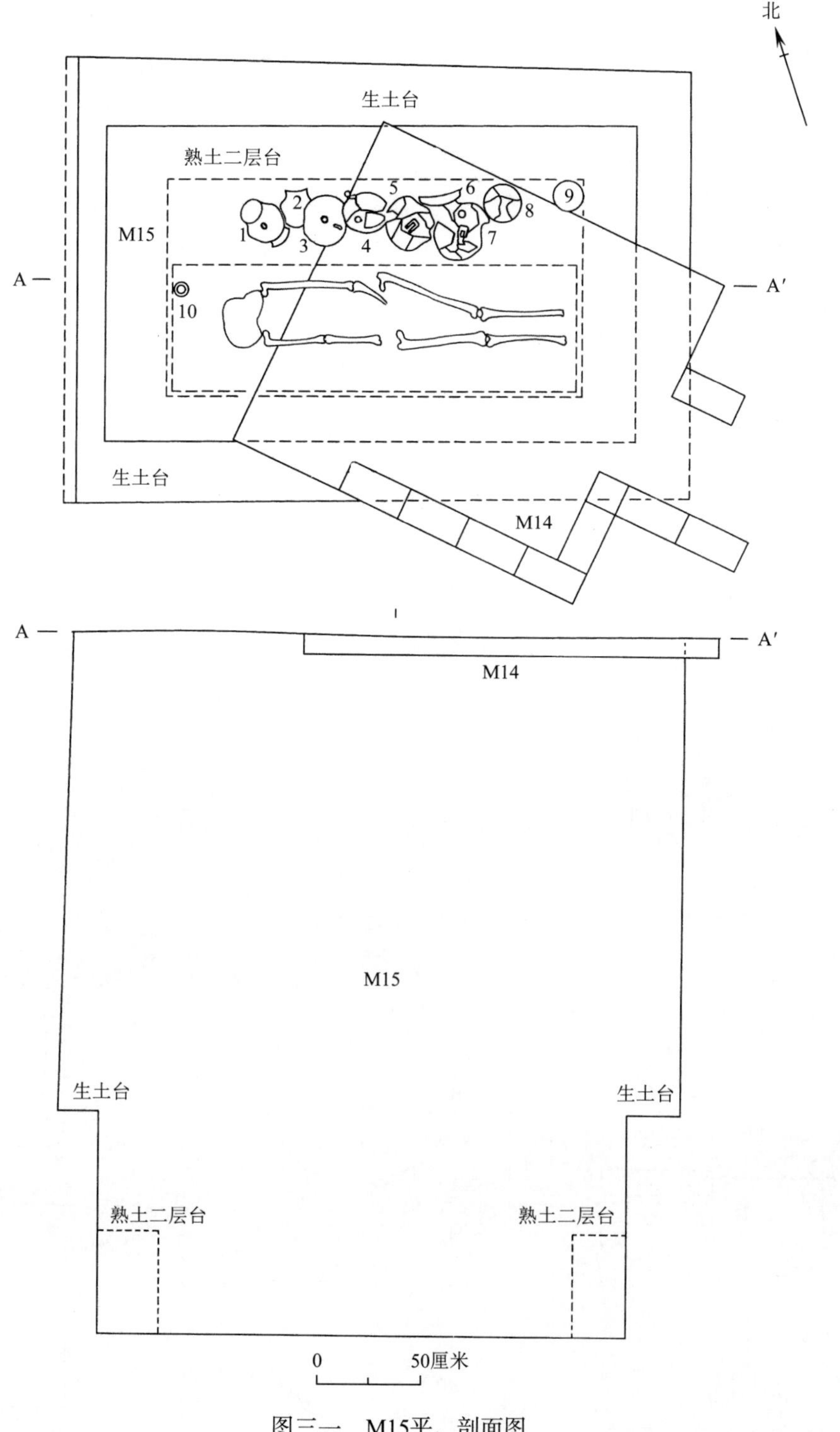

图三一 M15平、剖面图

1、2.陶壶 3、4.陶敦 5、6.陶鼎 7.陶盘、陶匜 8、9.陶豆 10.石环

错的绳纹，足上有刀削痕。标本M15：5，通高22.6厘米，口径16.4厘米；盖高4.5厘米，口径18.4厘米（图三二，1）。标本M15：6，通高19.6厘米，口径16.7厘米；盖高4厘米，口径18.8厘米（图三二，2）。

陶豆　2件。形制相同。夹细砂灰陶。敞口，圆唇，弧腹微折，柄壁微束，喇叭状圈足，中空较小至柄中部。标本M15：8，圈足外壁饰一周凹弦纹。通高18.7厘米，口径16.8厘米，盘深3.6厘米，底径10.4厘米（图三二，9）。标本M15：9，素面。通高18.6厘米，口径15.4厘米，盘深3.8厘米，底径10.2厘米（图三二，10）。

陶敦　2件。形制相同。夹砂灰陶。盖、器扣合近扁圆形，口径小于器高，盖、器上各有三个对称"S"状纽。标本M15：3，通高21.1厘米，口径19.2厘米（图三二，7）。标本M15：4，通高21.4厘米，口径20.3厘米（图三二，8）。

图三二　M15出土陶器

1、2.陶鼎（M15：5、M15：6）　3.陶盘（M15：7-1）　4、5.陶壶（M15：1、M15：2）
6.陶匜（M15：7-2）　7、8.陶敦（M15：3、M15：4）　9、10.陶豆（M15：8、M15：9）

陶壶 2件。形制相同。夹砂灰陶。侈口承盖，盖为覆盘状，盖顶近平，上饰乳状纽，直口纳入器口内。器为侈口，平沿，方唇，束颈，溜肩，两环状纽对称贴于肩部，鼓腹，下腹缓收，最大径近肩部，圜底，喇叭状圈足。标本M15：1，上腹饰一周凹弦纹。通高23.5厘米，口径11.1厘米，底径10.8厘米；盖高2.8厘米，口径9.6厘米（图三二，4）。标本M15：2，盖顶饰两周凹弦纹，上腹饰一周凹弦纹。通高23.5厘米，口径11.2厘米，底径10.6厘米；盖高2.8厘米，口径9.6厘米（图三二，5）。

陶盘 1件。标本M15：7-1，夹砂灰陶。折沿，方唇，沿面内斜，折腹，上腹近直，下腹弧收，平底微凹。沿面饰两周浅凹弦纹。高6厘米，口径19.4厘米，底径7厘米（图三二，3）。

陶匜 1件。标本M15：7-2，泥质灰陶。体圆形，敞口，弧腹内收，平底，扁圆形小流。素面。高3.9厘米，口径14厘米，流长2厘米（图三二，6）。

石环 1件。标本M15：10，已破碎，无法复原。

一六、M16

1. 墓葬概况

M16位于一区中南部，开口于耕土层下，距地表0.3米。方向130°。口大底小，墓口长2.8米，宽1.8米；墓底长2.5米，宽1.5米；墓深2.4米。坑四壁规整，向下微内收，壁面光滑，经过人工修整，墓底平坦，并铺一层较薄的青膏泥。墓底四周有熟土二层台，东、西台面宽0.24米，南、北台面宽0.12米，高0.4米（图三三；图版九，1）。

填红褐色五花土，土质坚硬。

葬具已腐朽，仅存棺椁痕，可以看出为一椁一棺，椁痕长2.12米，宽1.3米。棺置于椁内南侧，棺痕长1.68米，宽0.65米。

人骨架1具，已腐朽，轮廓基本清楚，仰身直肢葬，头向东南，面向东北，双臂交叉放置于腹部。

2. 出土器物

随葬品15件，包括陶器3件和铜铃12件，陶器放置于椁内西北角，计有陶无耳罐1件、豆2件，铜铃散见于墓主人胸部以及颈部两侧（图版九，2）。

陶豆 2件。标本M16：14，泥质灰陶。敞口，圆唇，浅盘，柄壁凹弧，喇叭状圈足，中空较小至柄中下部。盘底外侧有一周凸弦纹。通高17.6厘米，口径17.5厘米，盘深3.5厘米，底径10.6厘米（图三四，2）。标本M16：15，泥质灰陶。敞口，圆唇，浅盘，盘外壁呈瓦垄形，柄壁较直，喇叭状圈足，中空较小至柄中部。素面。通高16.4厘米，口径12.6厘米，盘深2.4厘米，底径7.7厘米（图三四，3）。

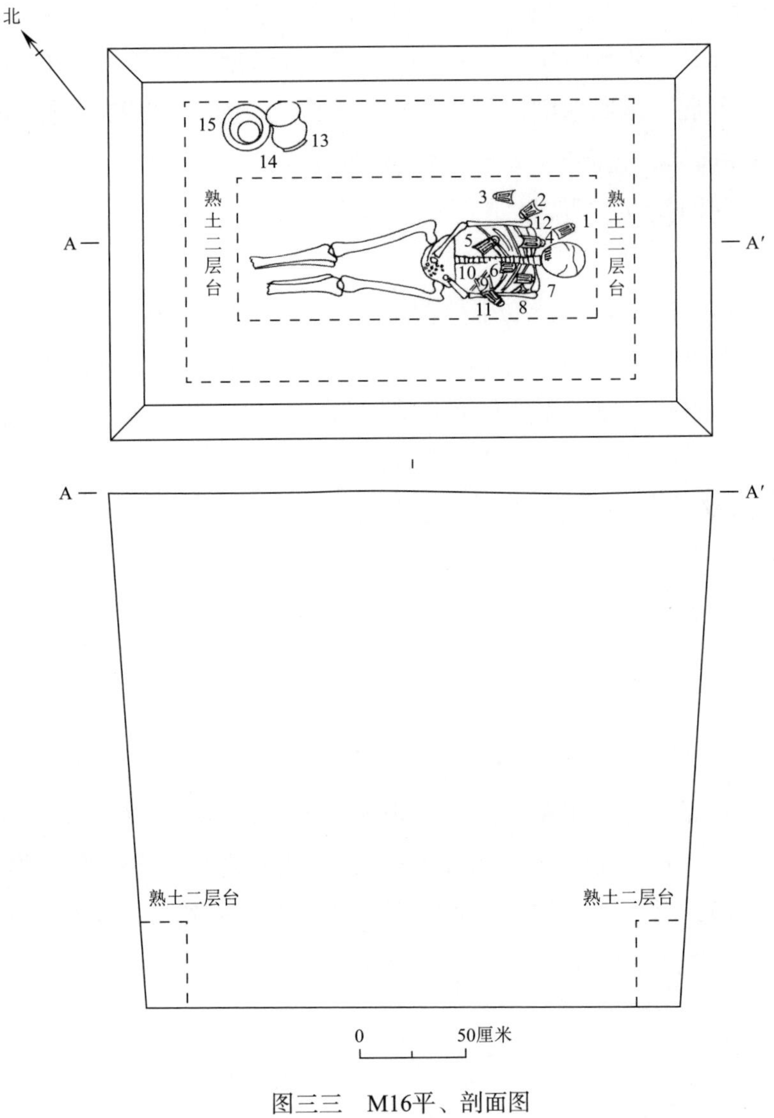

图三三　M16平、剖面图

1～12.铜铃　13.陶无耳罐　14、15.陶豆

陶无耳罐　1件。标本M16：13，泥质灰陶。侈口，方唇，微束颈，溜肩，鼓腹，下腹缓收，平底微凹。素面。通高17厘米，口径13厘米，底径10厘米（图三四，1）。

铜铃　12件。标本M16：1～M16：12，青灰色。多已残。呈瓦形，下宽与上宽的差距较小，两侧边斜直，微撇，前后两面各有两个长方形穿孔，无舌，半圆形纽。大小不一，出土时分布于墓主人头骨四周。标本M16：1，残高4.1厘米，上宽2厘米，下宽2.75厘米，上厚1.5厘米，下厚2.1厘米（图三五，1）。标本M16：2，高3.5厘米，上宽1.9厘米，上厚0.9厘米（图三五，2）。标本M16：3，青灰色。已残碎（图三五，3）。标本M16：4，高5.2厘米，上宽2.2厘米，下宽2.85厘米，上厚1.1厘米，下厚1.35厘米（图三五，4）。标本M16：5，残高3.25厘米，上宽1.9厘米，上厚0.9厘米（图三五，5）。标本M16：6，残高3.4厘米（图三五，6）。标本M16：7，高3.6厘米，上宽1.9厘米，下宽2.5厘米，上厚0.8厘米，下厚1.2厘米（图三五，

7）。标本M16：8，高4.5厘米，上宽2厘米，下宽2.85厘米，上厚0.9厘米（图三五，8）。标本M16：9，高5.2厘米，上宽2.2厘米，下宽2.85厘米，上厚1.1厘米，下厚1.35厘米（图三五，9）。标本M16：10，高5.3厘米，上宽2.2厘米，下宽3.1厘米，上厚1.1厘米，下厚1.3厘米（图三五，10）。标本M16：11，残高1.35厘米，上宽1.9厘米，上厚0.9厘米（图三五，11）。

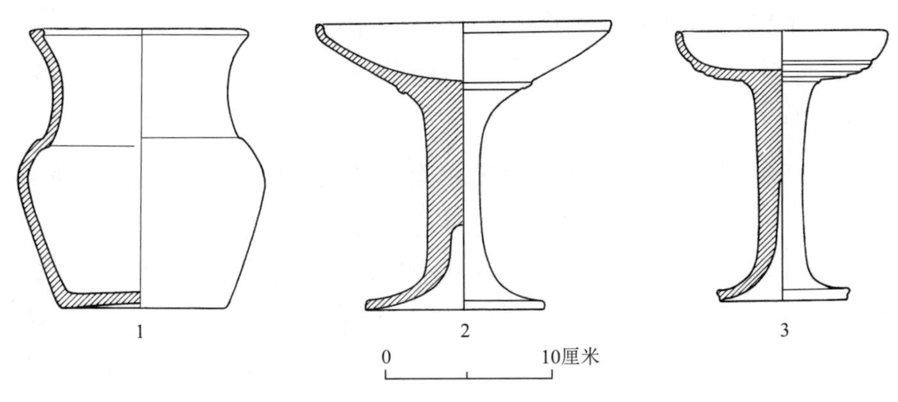

图三四 M16出土陶器

1.陶无耳罐（M16：13） 2、3.陶豆（M16：14、M16：15）

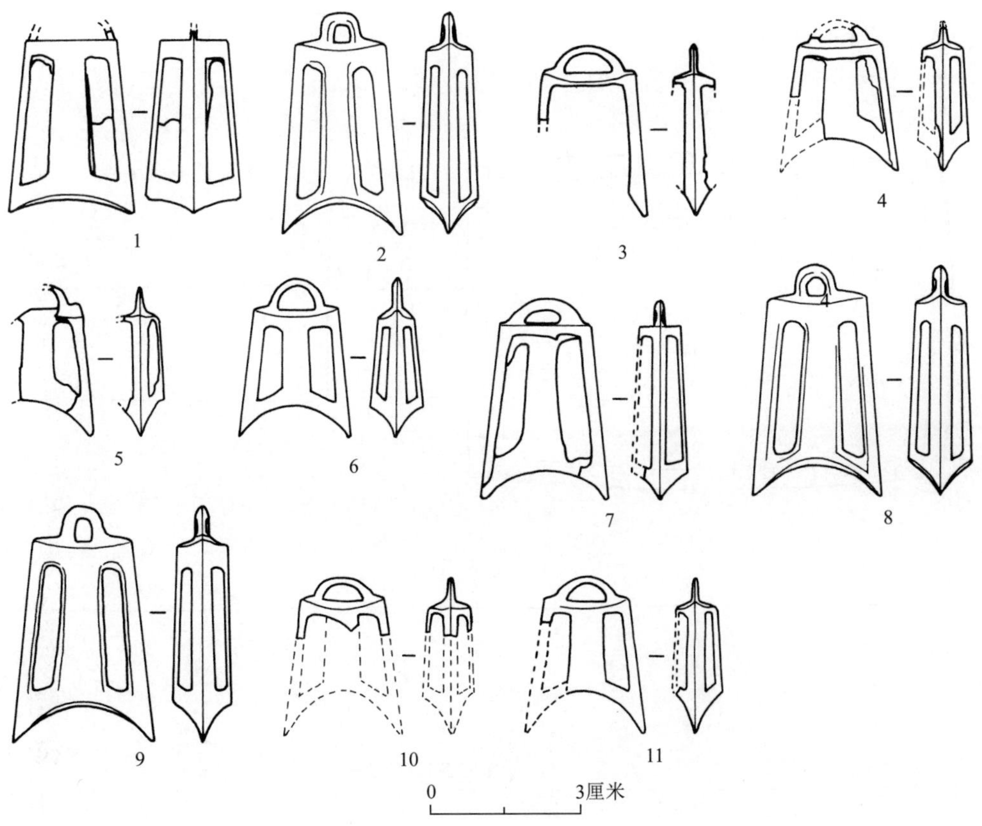

图三五 M16出土铜铃

1.M16：1 2.M16：2 3.M16：3 4.M16：4 5.M16：5 6.M16：6 7.M16：7 8.M16：8 9.M16：9 10.M16：10 11.M16：11

一七、M17

M17位于一区中部，开口于耕土层下，距地表0.3米，墓葬破坏严重，东北部打破M18，西南部打破M19。方向140°。由墓道、甬道和墓室三部分组成。

墓道向东南，西北与甬道相连，呈长方形斜坡状，口长2.5米，前端宽0.8米，后端宽0.9米；底坡长2.96米，坡度32°；下端深1.55米。

甬道设于墓室前壁，稍偏左，东南与墓道相连，平面为长方形，进深1.2米，宽0.8米，残高0.4米。墙体砌于生土上，残存8层，砌法为直行错缝叠砌。铺底砖不存。

墓坑平面为两侧壁和后壁中部外弧的长方形，口底同大，长3.5～3.6米，宽2.3～2.5米，深1.55米。砖砌墓室，砖墙紧贴坑壁，平面为两侧壁和后壁中部外弧的长方形，长3.2～3.3米，宽2～2.2米，残高0.35米。墙体砌于生土上，残存7层，砌法为直行错缝叠砌。铺底砖不存（图三六）。

墙砖为青灰色长条形，长0.3米，宽0.15米，厚0.05米。单长侧面饰“五”字形花纹。

填灰褐色五花土，土质较软，含大量残砖。

葬具、人骨架和随葬品不详。

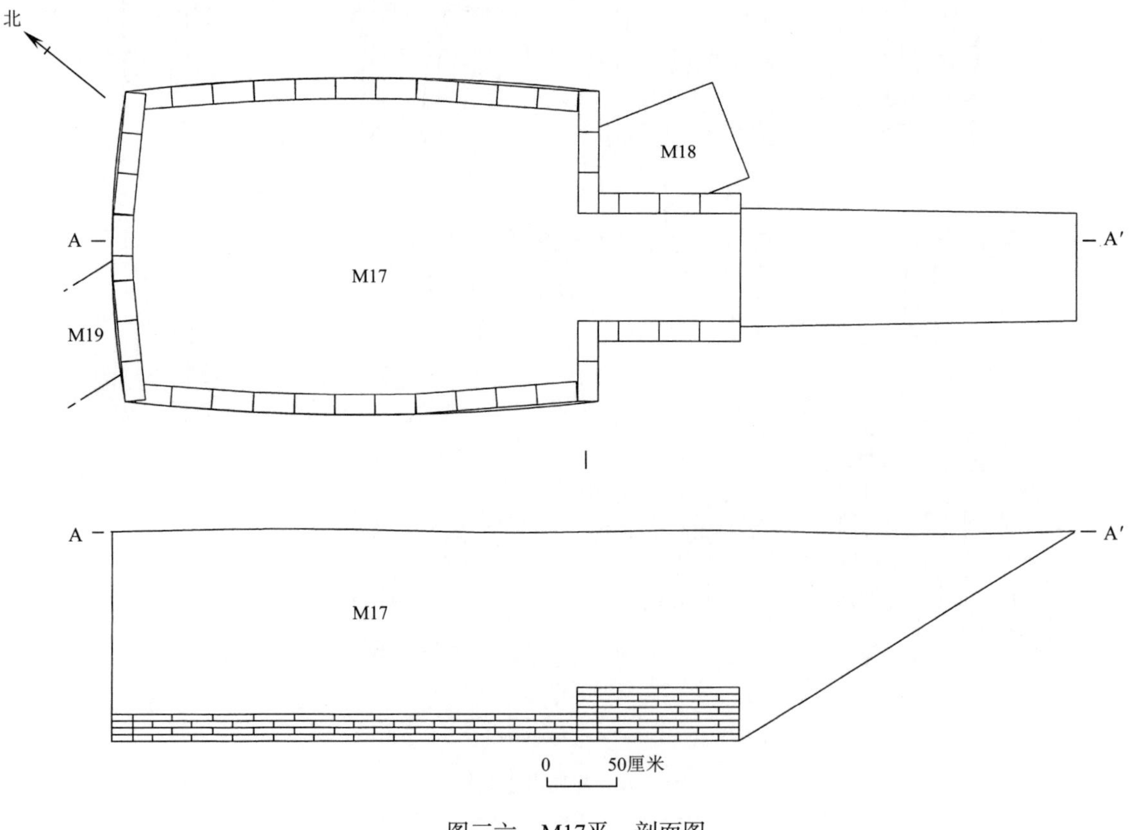

图三六　M17平、剖面图

一八、M18

M18位于一区中部，开口于耕土层下，距地表0.3米，西部被M17打破至底。方向290°。口底同大，墓口残长0.9米，宽0.75米，墓深1.5米。坑壁陡直，壁面光滑，经过人工修整，墓底较平，并铺有一层很薄的青膏泥。墓底有熟土二层台，已变形，台面宽0.2米，高0.4米（图三七）。

填红褐色五花土，土质坚硬。

葬具已腐朽，仅存棺痕，可以看出为单棺，棺痕残长0.64～0.78米，宽0.35米。

人骨架1具，已腐朽，从残存的人骨架痕迹可看出墓主人头向西，但葬式不详。未发现随葬品。

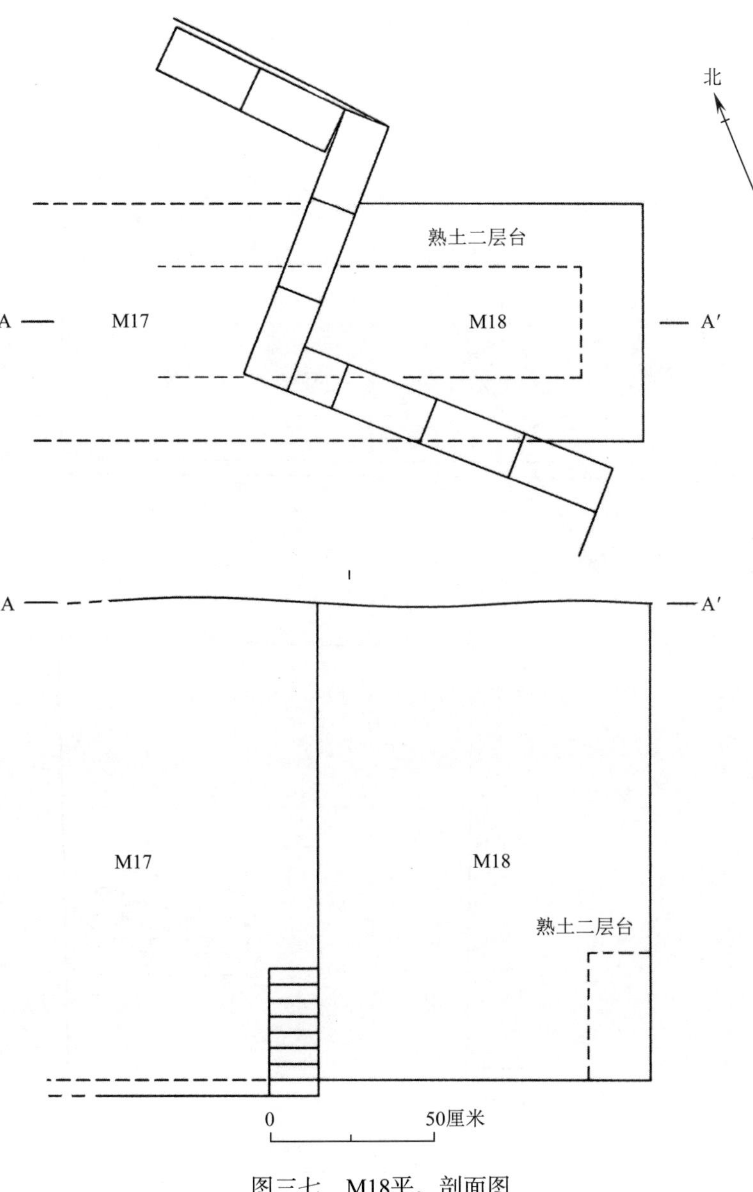

图三七　M18平、剖面图

一九、M19

1. 墓葬概况

M19位于一区中部，开口于耕土层下，距地表0.3米，东部被M17打破至底。方向300°。口大底小，墓口残长1.2～1.6米，宽0.75米；墓底残长1.18～1.52米，宽0.65米；墓深1.5米。坑四壁规整，向下微内收，壁面粗糙，墓底平坦，并铺有一层很薄的青膏泥。南壁西部距墓口深0.86米处设一长方形壁龛，宽0.58米，进深 0.24米，高0.26～0.36米，龛壁不规整，底部较平坦，龛底距墓底深0.4米（图三八；图版一〇，1）。

填红褐色五花土，土质较硬。

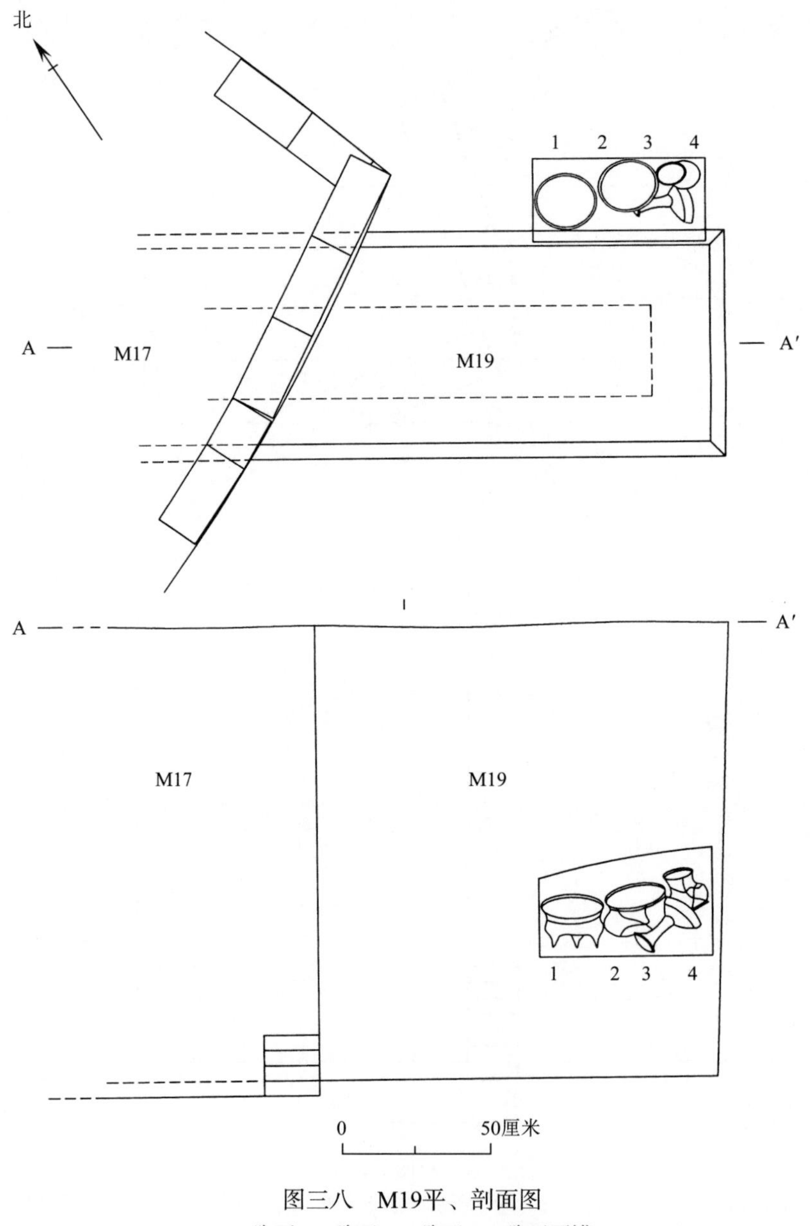

图三八　M19平、剖面图

1. 陶鬲　2. 陶盂　3. 陶豆　4. 陶无耳罐

葬具已腐朽，仅存棺痕，可以看出为单棺，棺痕残长1.1～1.26米，宽0.3米。

人骨架已腐朽不存，葬式不详。

2. 出土器物

随葬品4件，均为陶器，放置于壁龛内，由东向西依次为鬲、盂、豆、无耳罐（图版一〇，2）。

陶鬲　1件。标本M19：1，泥质灰陶。侈口，卷沿，圆唇，微束颈，鼓腹较浅，下腹弧收，弧裆近平，三锥状足，足底较平，足上有刀削痕。上腹部饰一周凹弦纹，腹部饰斜绳纹间以抹痕，底部饰横斜交错的绳纹。通高11.5厘米，口径17.8厘米，裆高3.6厘米（图三九，1）。

陶盂　1件。标本M19：2，泥质灰陶。敛口，折沿，方唇，束颈，鼓肩，弧腹缓收，凹圜底。素面。通高9.6厘米，腹径19厘米，底径8厘米（图三九，4）。

陶豆　1件。标本M19：3，泥质灰陶。敞口，圆唇，弧腹，浅盘，盘底外壁微突，柄壁微弧，喇叭状圈足，中空较小至柄上部。素面。通高13厘米，口径12.8厘米，底径7.2厘米（图三九，2）。

陶无耳罐　1件。标本M19：4，泥质灰陶。侈口，圆唇，沿向微凹，束颈，溜肩，上腹鼓，下腹缓收，平底。素面。器高15.5厘米，口径10.6厘米，底径6.6厘米（图三九，3）。

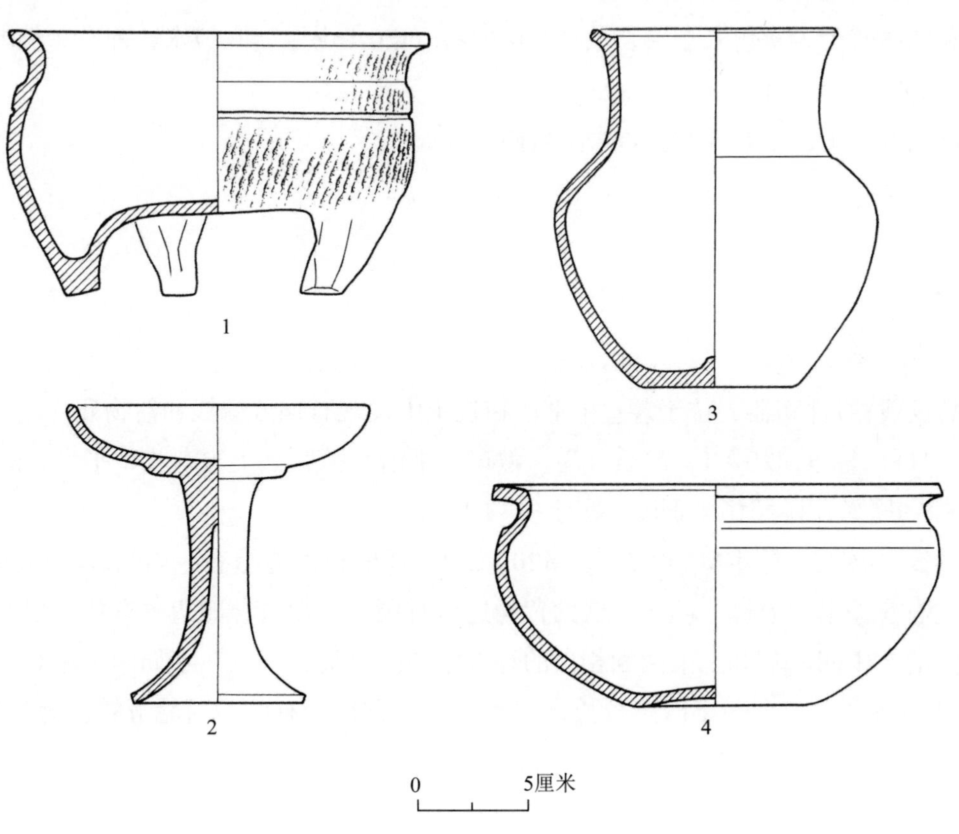

图三九　M19出土陶器

1. 陶鬲（M19：1）　2. 陶豆（M19：3）　3. 陶无耳罐（M19：4）　4. 陶盂（M19：2）

二〇、M20

1. 墓葬概况

M20位于一区中东部，开口于耕土层下，距地表0.3米，墓葬破坏严重，仅存少量壁砖和铺底砖，墓道东南端打破M21的西壁。方向135°。由墓道、甬道和墓室三部分组成。

墓道向东南，西北与甬道相连，呈长方形斜坡状，东南端呈弧形，口长3.62米，宽0.74米；底坡长3.8米，坡度18°；下端深1.1米。

甬道设于墓室前壁，稍偏左，东南与墓道相连，平面为长方形，进深0.48米，宽0.74米，残高0.49米。墙体砌于铺底砖上，残存7层，砌法为直行错缝叠砌。墓门位于甬道前端，封门砖纵向砌于铺底砖之上，残存2层，砌法为侧立斜砌，正视呈倒“人”字形，残高0.18米。铺底砖为横向齐缝平铺。

墓坑平面为长方形，口底同大，长3.7米，宽1.7米，深1.17米。砖砌墓室，墙砖紧贴坑壁，平面为长方形，长3.38米，宽1.38米，残高0.91米。墙体砌于铺底砖上，残存12层，砌法为条砖直行错缝叠砌。铺底砖为横向平铺，第1～4行铺底砖以及6～8行的铺底砖为齐缝平铺，其余的铺底砖为错缝平铺（图四〇；图版一一，1）。

墙砖和铺底砖为青灰色长条形，墙砖长0.37米，宽0.16米，厚0.07米，铺底砖长0.32米，宽0.16米，厚0.07米。单长侧面饰菱形几何纹和“五”字形花纹。

填灰黄色五花土，土质较软，含大量残砖。

葬具、人骨架不存。

2. 出土器物

随葬品仅残存1件陶器，位于墓室中部。在扰土中发现有铜五铢钱和器物残片。

陶器　1件。标本M20：1，泥质红陶。敞口，平沿，弧腹，下腹渐收，平底，圈足已残。素面。残高7.9厘米，口径16.4厘米（图四一，1）。

铜五铢钱　40枚。标本M20：2-1、M20：2-2，钱的正面边缘有一周凸起的周郭，正方形穿，穿之左右有篆书“五铢”两字；钱的背面边缘有周郭，而且穿四边也有郭。“五”字中间两笔是弯曲的，中间两笔和上下两划相接的地方略向内靠拢，“五”字如两个相对的炮弹形；“铢”字笔划清晰，“金”字四点较长，“朱”字头方折。有的为剪轮五铢。郭径2.5厘米，钱径2.3厘米，穿边长0.9厘米（图四一，2、3）。

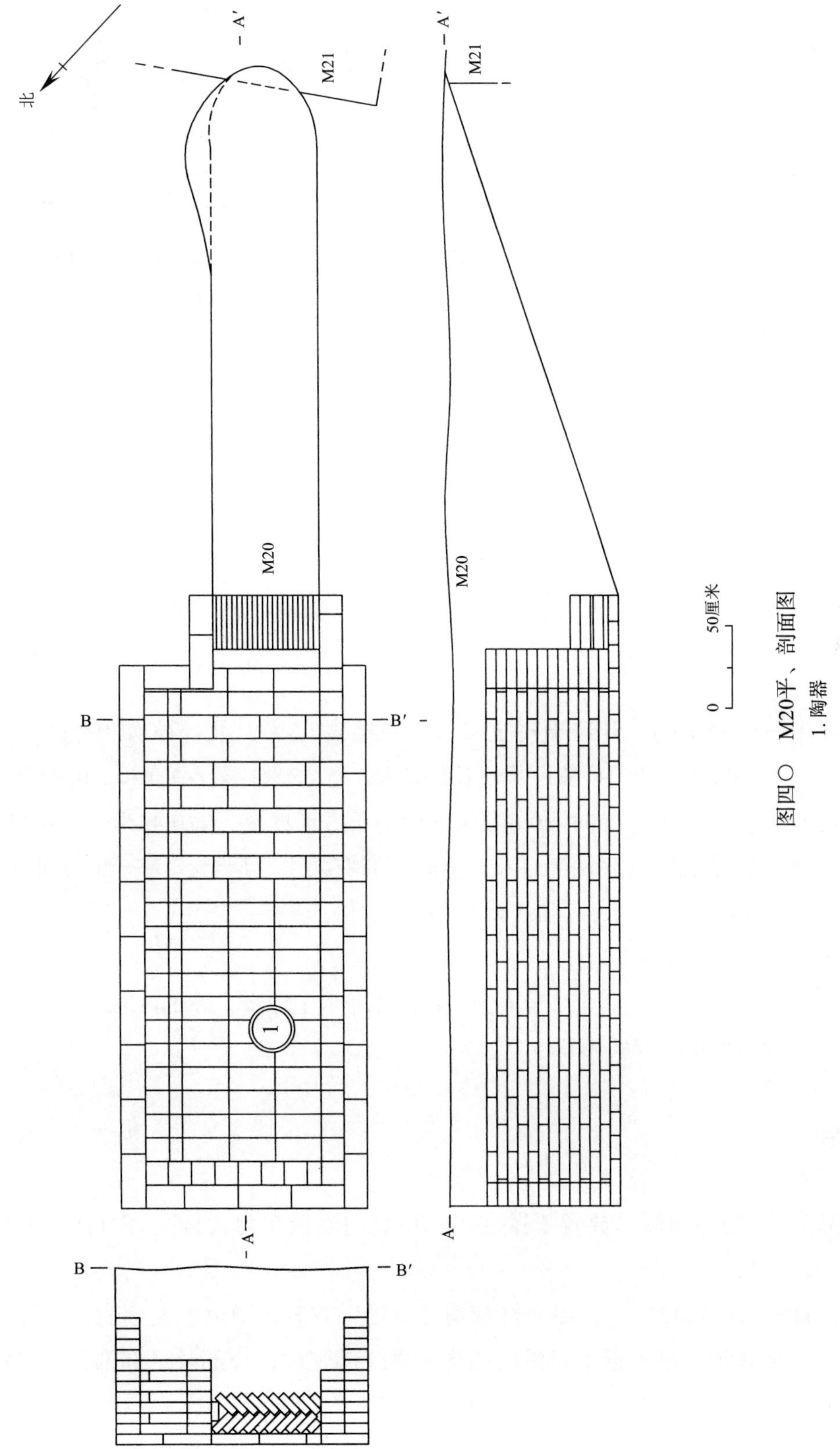

图四〇 M20平、剖面图
1. 陶器

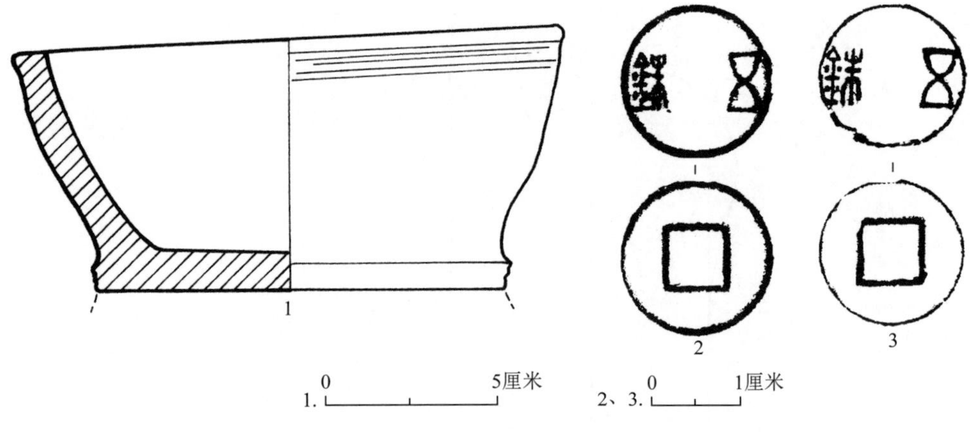

图四一　M20出土遗物

1.陶器（M20：1）　2、3.铜五铢钱（M20：2-1、M20：2-2）

二一、M21

1. 墓葬概况

M21位于一区中东部，开口于耕土层下，距地表0.3米，北部被M20打破。方向260°。口大底小，墓口长2.04米，宽0.94米；墓底长2.04米，宽0.8米；墓深1.4米。坑四壁规整，向下微内收，墓底较平。西壁距墓口向下0.6米深处设一长方形壁龛，宽0.44米，高0.25米，进深0.24米，龛壁不规整，龛底距墓底深0.55米。墓底四周有熟土二层台，南、北台面宽0.18米，东、西台面宽分别为0.12米、0.2米，高0.3米（图四二；图版一一，2）。

填红褐色五花土，土质较硬。

葬具已腐朽，仅存棺痕，可以看出为一棺，棺痕长1.72米，宽0.45米。

人骨架已腐朽不存，葬式不详。

2. 出土器物

随葬品5件，均为陶器，放置于壁龛内，由北向南依次为鬲1件、盂1件、无耳罐1件、豆2件（图版一二，1、2）。

陶鬲　1件。标本M21：1，泥质红灰陶。折沿，方唇，微束颈，圆肩，鼓腹，下腹内收，弧裆近平，三锥状足，足尖近平。沿内侧饰一周浅凹弦纹，腹部及足部饰斜横交错的细绳纹间以一周抹痕。通高20.2厘米，口径21.4厘米（图四三，1）。

陶盂　1件。标本M21：2，泥质灰陶。敞口，折沿，方唇，微束颈，圆肩，鼓腹，下腹内收，凹圜底。沿面饰两周浅凹弦纹。通高14.6厘米，口径22厘米，底径8.8厘米（图四三，2）。

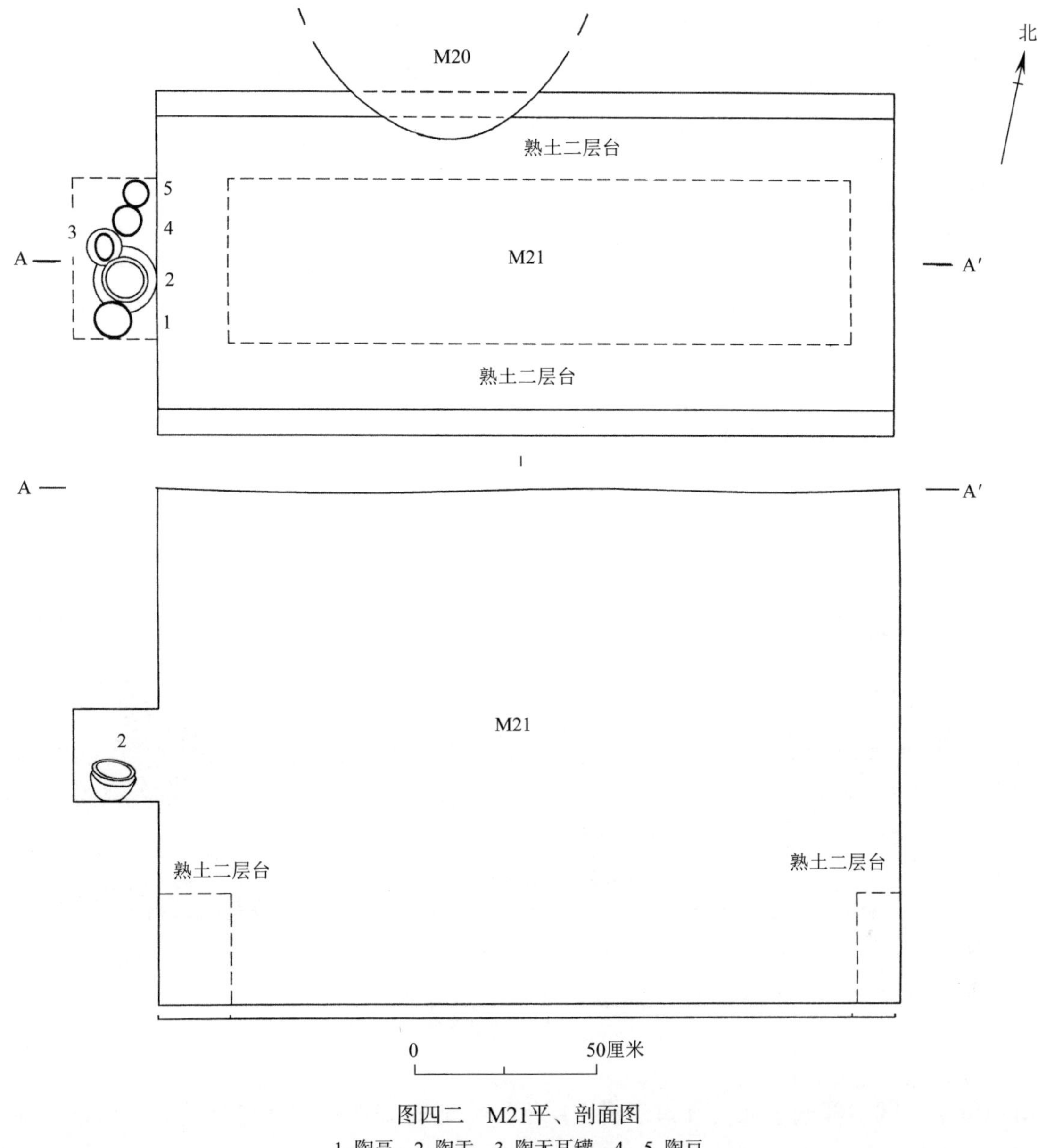

图四二　M21平、剖面图

1. 陶鬲　2. 陶盂　3. 陶无耳罐　4、5. 陶豆

陶无耳罐　1件。标本M21：3，泥质灰陶。侈口，方唇，沿面内斜，束颈，圆肩，鼓腹，下腹内收，凹圜底。肩部饰三周凸弦纹，腹部及底部饰横斜交错的绳纹。通高20.2厘米，口径14.2厘米，底径5.8厘米（图四三，5）。

陶豆　2件。形制相同。泥质红灰陶。敞口，圆唇，弧腹，浅盘，柄壁微凹弧，喇叭状圈足，中空较小至柄中下部。素面。标本M21：4，盘底外壁有三周凸棱，腹部有刀削痕。通高17.7厘米，口径15.8厘米，盘深2.6厘米，底径9.8厘米（图四三，3）。标本M21：5，盘底外壁有两周凸棱。通高17.6厘米，口径15.8厘米，盘深2.6厘米，底径9.2厘米（图四三，4）。

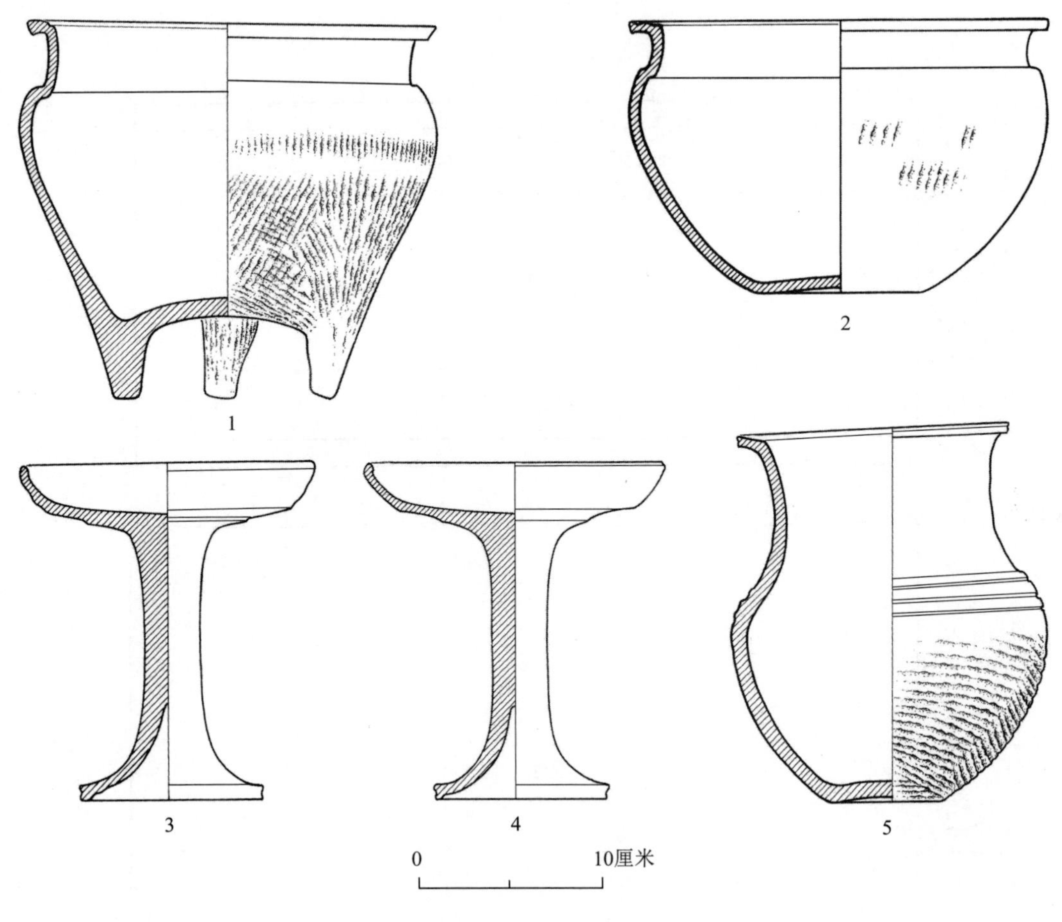

图四三　M21出土陶器

1. 陶鬲（M21：1）　2. 陶盂（M21：2）　3、4. 陶豆（M21：4、M21：5）　5. 陶无耳罐（M21：3）

二二、M22

M22位于一区中部偏东北，开口于耕土层下，距地表0.3米，墓葬破坏严重，仅墓室前壁存一层砖，并打破M27。方向135°。由墓道、甬道和墓室三部分组成。

墓道向东南，西北与甬道相连，呈长方形斜坡状，口残长0.8米，宽0.8米；底坡长0.94米，坡度33°；下端深0.5米。

甬道居中而设于墓室前壁，东南与墓道相连，砖已不存，平面为长方形，进深1.32米，宽1.38米，深0.5米。

墓坑平面为长方形，口底同大，长3.76米，宽3米，深0.5米。砖砌墓室，墙砖紧贴坑壁，仅墓角残存少量条砖，平面为长方形，长3.44米，宽2.68米。铺底砖不存（图四四）。

砖为青灰色长条形，长0.38米，宽0.16米，厚0.05米。素面无纹饰。

填灰黄色五花土，土质较软，含大量残砖。

葬具、人骨架和随葬品不详。

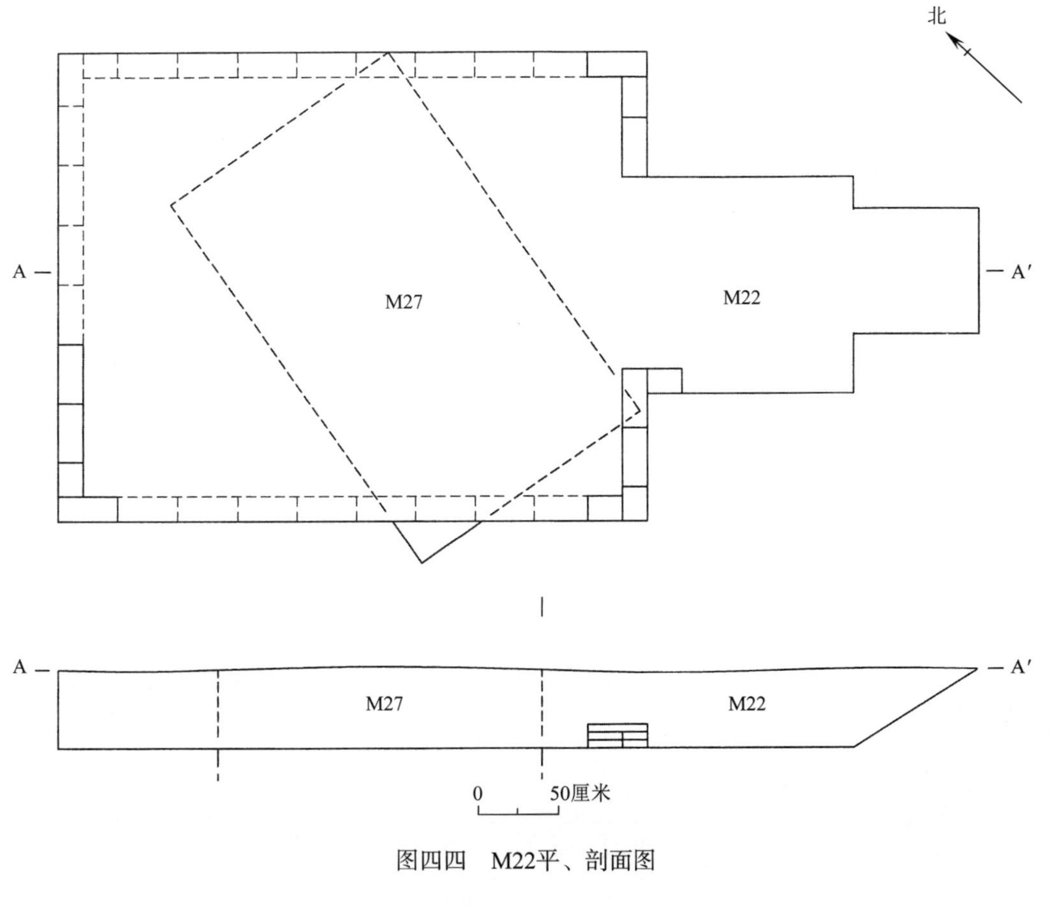

图四四　M22平、剖面图

二三、M23

1. 墓葬概况

M23位于一区北部偏东，开口于耕土层下，距地表0.4米，有两座近代墓坐落并打破该墓，墓葬破坏严重，壁砖和铺底砖已不存。方向130°。由墓道、甬道、墓室和耳室四部分组成。

墓道向东南，西北与甬道相连，呈长方形斜坡状，口残长0.6米，宽1～1.04米；底坡长0.72米，坡度34°；下端深0.4米。

甬道居中而设于墓室前壁，东南与墓道相连，平面为长方形，进深1.6米，宽1.04～1.14米，深0.4米。

墓室坑平面为长方形，口底同大，长3.6米，宽2.9米，深0.4米。

耳室设于墓室右壁，平面为长方形，口底同大，长1.5米，宽1.2米，深0.4米（图四五）。

填灰白色五花土，土质较软，含大量汉代残砖。并在填土中发现有五铢钱和绿釉陶楼顶部。

葬具、人骨架不详。

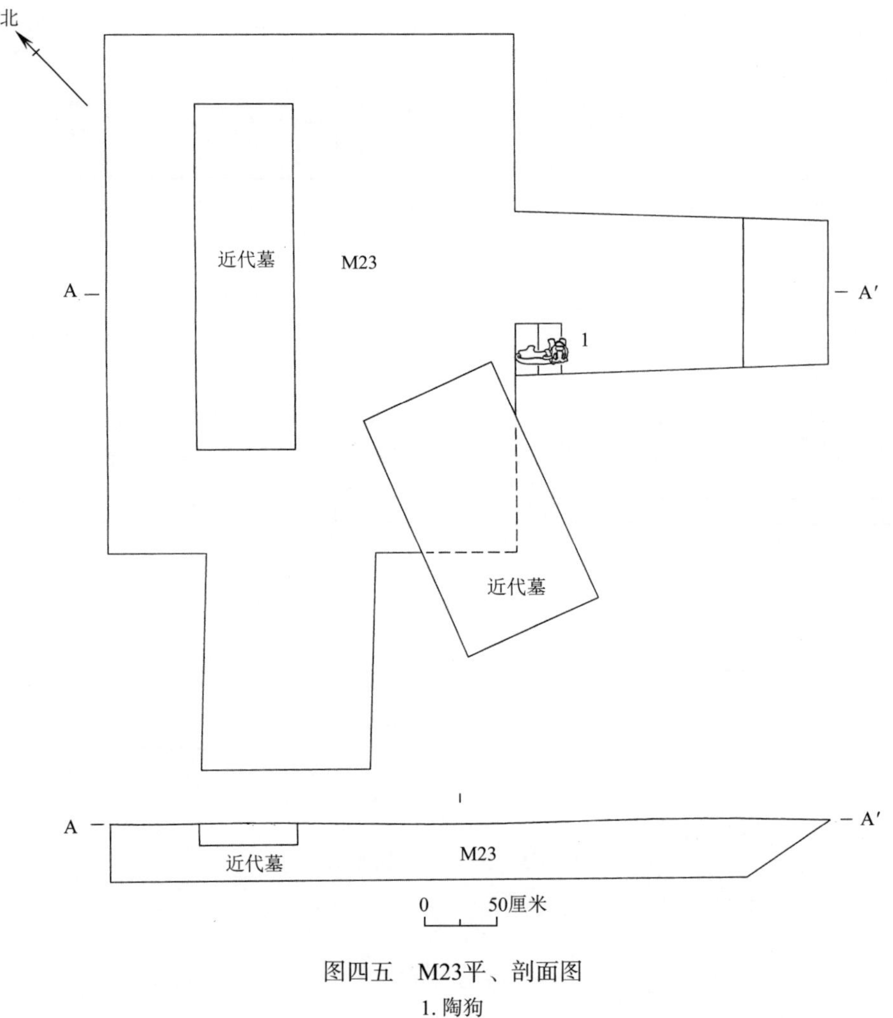

图四五　M23平、剖面图
1. 陶狗

2. 出土器物

随葬品1件，绿釉陶狗置于甬道南侧。在扰土中发现有五铢钱和绿釉陶楼房顶部。

陶狗　1件。标本M23：1，泥质红胎，表面施绿釉。卧伏式，昂首侧望，两耳直立，上端已残，圆睁眼，嘴微张，颈及前胸系带，带上饰“五”字纹，腹中空，短尾盘翘。通长19.2厘米，高15.4厘米（图四六，1；图版一三，1）。

陶楼顶部　1件。标本M23：2，泥质红胎，表面施绿釉。四面坡式房顶，平面呈正方形，中脊呈元宝状，四个子脊分别通向四角。坡面雕瓦垄形。高5.4厘米，长10.9厘米（图四六，2；图版一三，2）。

铜五铢钱　15枚。可分两型。

A型　1枚。标本M23：3-1，钱的正面边缘有一周凸起的周郭，正方形穿，穿之左右有篆书“五铢”两字；钱的背面边缘有周郭，而且穿四边也有郭。钱文的书体特点明显。“五”字中间两笔是弯曲的，中间两笔和上下两划相接的地方略向内靠拢，中间两笔和上下两横相接的地方是垂直的；“铢”字笔划清晰，“金”字四点较长，“朱”字头方折。郭径2.5厘米，钱径2.3厘米，穿边长1厘米（图四七，1）。

B型　14枚。标本M23：3-2，钱的正面边缘有一周凸起的周郭，正方形穿，穿之左右有篆书“五铢”两字；钱的背面边缘有周郭，而且穿四边也有郭。“五”字中间两笔是弯曲的，中间两笔和上下两划相接的地方略向内靠拢，“五”字如两个相对的炮弹形；“铢”字笔划清晰，“金”字四点较长，“朱”字头方折。郭径2.5厘米，钱径2.3厘米，穿边长0.9厘米（图四七，2）。

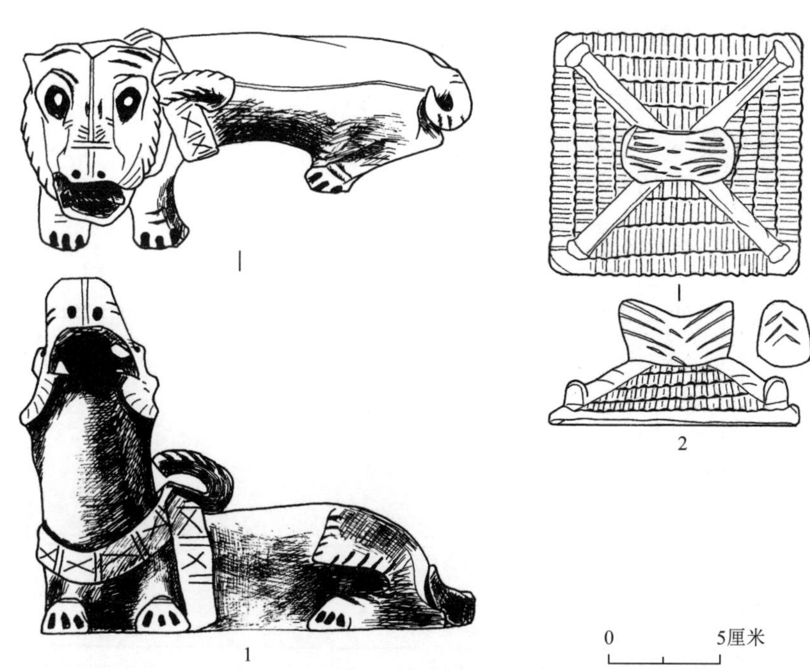

图四六　M23出土陶器

1.陶狗（M23：1）　2.陶楼顶部（M23：2）

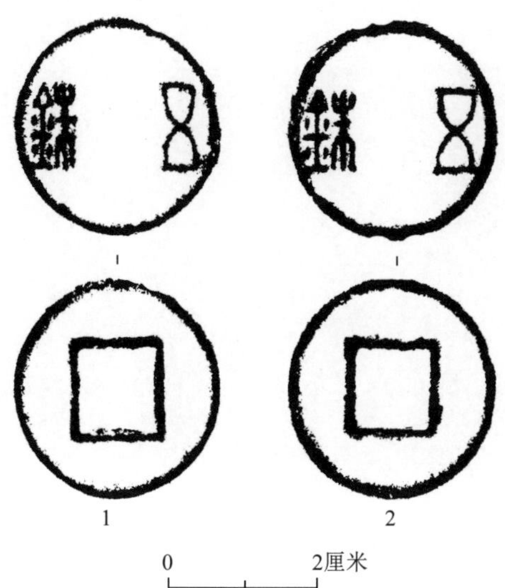

图四七　M23出土铜五铢钱

1.A型（M23：3-1）　2.B型（M23：3-2）

二四、M24

M24位于一区中北部，开口于扰土层下，距地表0.55米，扰土层厚0.25米，西部有一条东西走向的扰沟，宽0.56～0.64米，深0.05～1.1米，打破该墓西部。方向300°。口大底小，墓口长1.92米，宽1.06米；墓底长1.92米，宽0.58米；墓深1.36米。坑四壁规整，向下微内收，距墓口深 1.32米处有生土二层台，台面平整，坑四壁规整，向下微内收，南、北台面宽分别为0.1、0.26米，高0.06米，墓底平坦（图四八）。

填红褐色五花土，土质较软。

葬具已腐朽，仅存棺痕，可以看出为一棺，棺痕长1.92米，宽0.55米。

人骨架已腐朽不存。无随葬品。

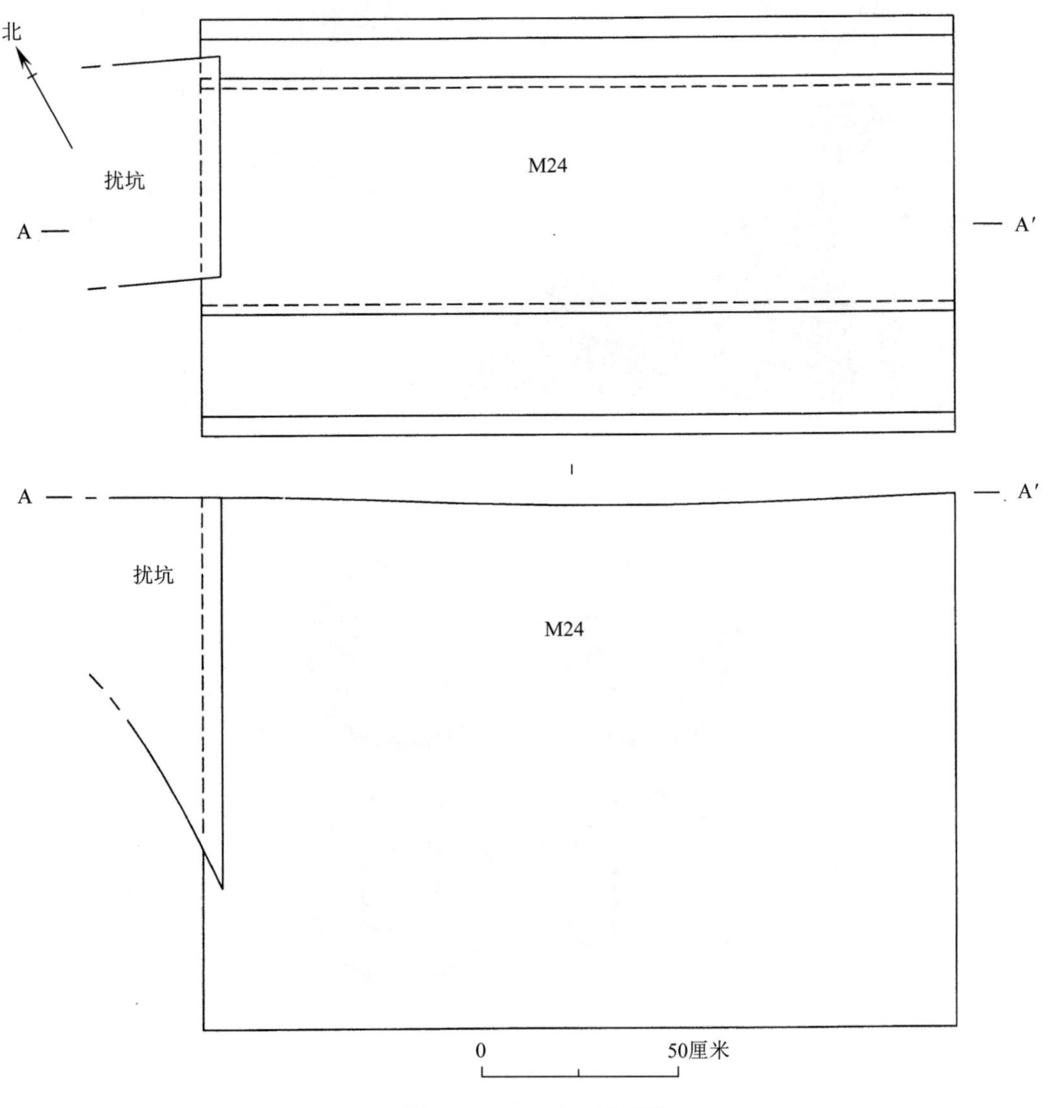

图四八　M24平、剖面图

二五、M25

1. 墓葬概况

M25位于一区中部，开口于耕土层下，距地表0.3米。方向290°。口大底小，墓口长2.5米，宽1.5米；墓底长2.4米，宽1.4米；墓深2.1米。坑四壁规整，向下微内收，壁面规整平滑，经过人工修整，墓底平坦，并铺一薄层青膏泥。墓底四周有熟土二层台，东、南、西、北台面宽分别为0.35、0.11、0.15、0.3米，高0.3米（图四九）。

填褐色五花土，含红色颗粒，土质较软。

葬具已腐朽，仅存棺椁痕，可以看出为一椁一棺。椁痕长1.9米，宽1米。棺置于椁内中部偏北处，棺痕长1.8米，宽0.35米。

人骨架已腐朽不存，仅棺室西端残存少量牙齿。

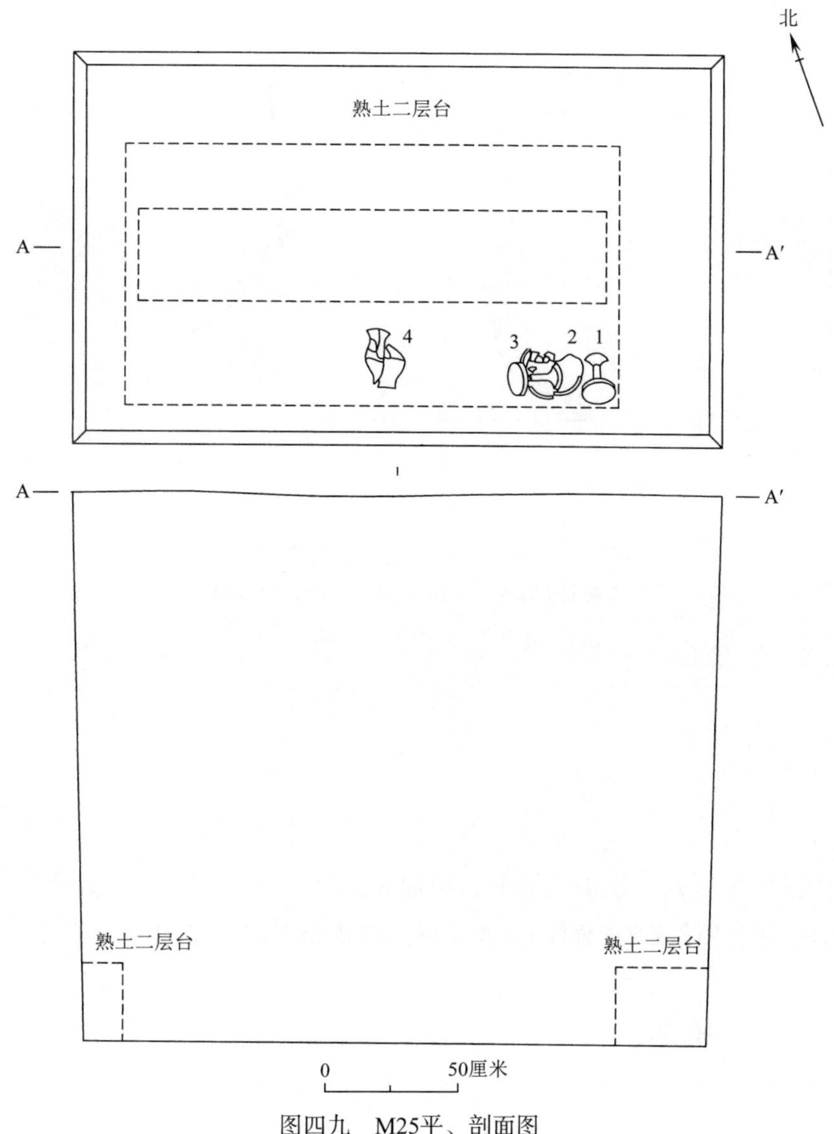

图四九　M25平、剖面图
1、3.陶豆　2.陶盂　4.陶壶

2. 出土器物

随葬品4件，均为陶器，放置于椁内南侧，由东向西依次为豆、盂、豆、罐（图版一三，3）。

陶豆　2件。形制基本相同。泥质灰陶。敞口，圆唇，折腹，浅盘，盘内底近平，柄壁较直，喇叭状圈足。素面。标本M25：1，圈足上有一周突棱。通高18.7厘米，口径14.5厘米，盘深2.6厘米，底径11.6厘米（图五〇，2）。标本M25：3，通高19.2厘米，口径14.2厘米，盘深2.5厘米，底径10.6厘米（图五〇，1）。

陶罐　1件。标本M25：4，泥质灰陶。上部已残，鼓腹，下腹弧收，平底，假圈足。下腹有两周凸棱，素面。

陶盂　1件。标本M25：2，泥质灰陶。敞口，折沿，圆唇，束颈，突肩，弧腹缓收，凹圜底。沿面饰四周凹弦纹，肩部饰三周凹弦纹，上腹饰竖绳纹，下腹及底部饰横斜交错的绳纹。通高14.6厘米，口径21.8厘米，底径9.4厘米（图五〇，3）。

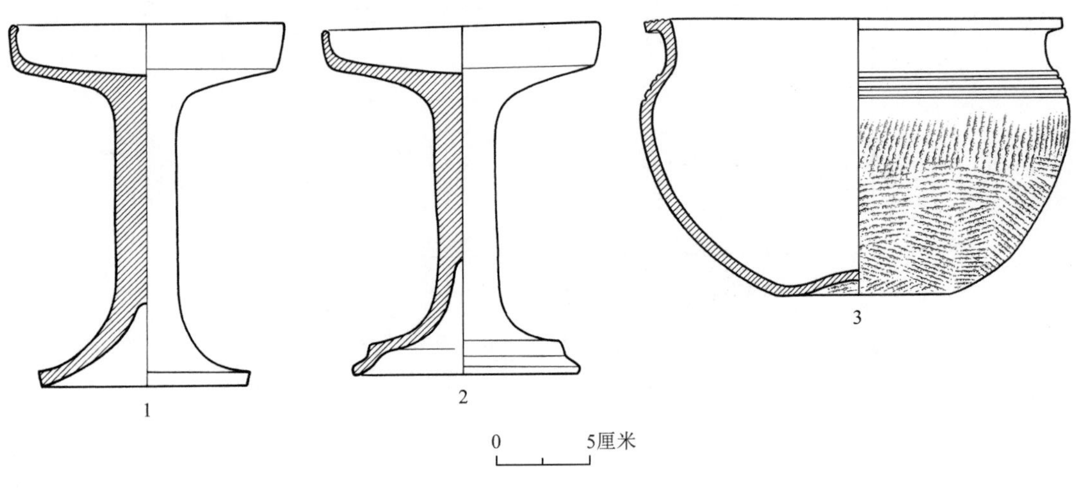

图五〇　M25出土陶器

1、2.陶豆（M25：3、M25：1）　3.陶盂（M25：2）

二六、M26

1. 墓葬概况

M26位于一区中部，开口于耕土层下，距地表0.3米。方向120°。口大底小，墓口长2.1米，宽0.6米；墓底长2米，宽0.5米；墓深1.4米。坑四壁规整，向下微内收，墓底平坦。东壁下部设一长方形壁龛，宽0.6米，高0.3米，进深0.34米。龛壁较规整，底与墓底平（图五一）。

填褐色五花土，土质较硬。

葬具已腐朽，仅存棺痕，可以看出为一棺，棺痕长1.7米，宽0.36米。

人骨架已腐朽，仅在墓底东南端发现有零星牙齿，可知墓主人头向东南，但葬式不详。

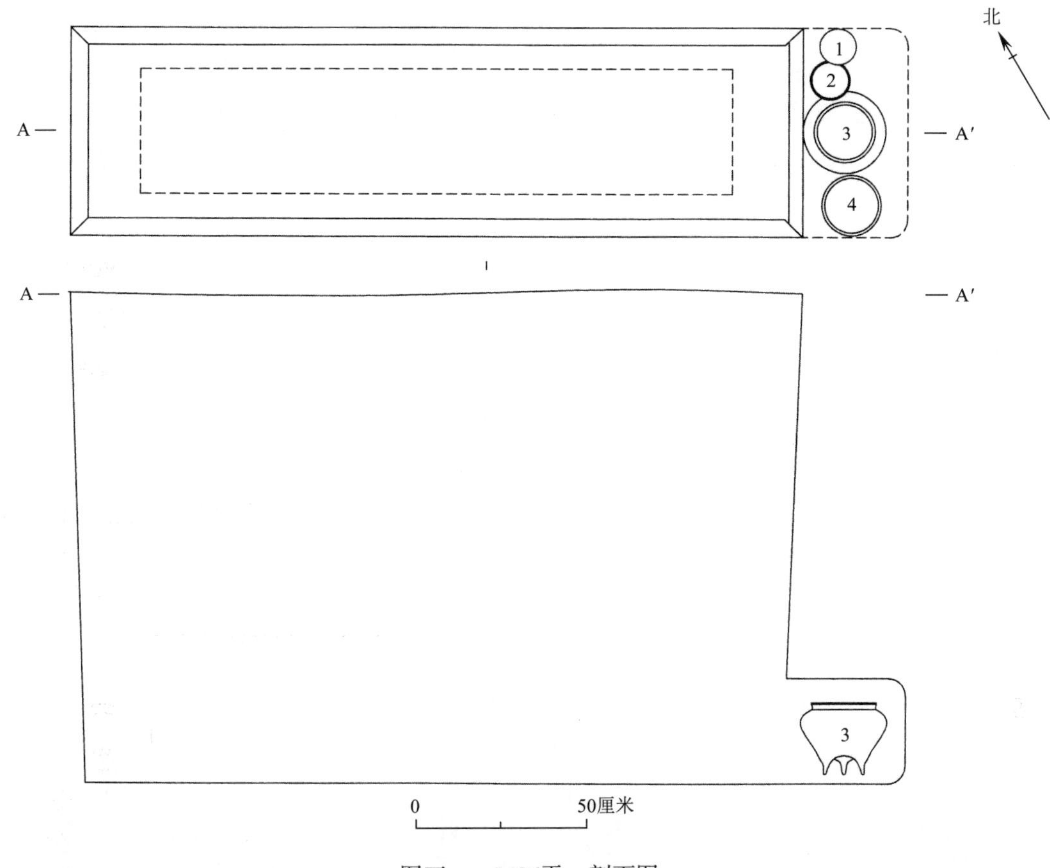

图五一　M26平、剖面图
1.陶豆　2.陶双桥耳罐　3.陶鬲　4.陶盂

2. 出土器物

随葬品4件，均为陶器，放置于壁龛内，由西北向东南依次为豆、双桥耳罐、鬲、盂（图版一四，1、2）。

陶鬲　1件。标本M26：3，泥质灰陶。敞口，折沿，方唇，微束颈，鼓肩，上腹鼓，下腹内收，弧裆近平，三锥状足微内收。沿面饰一周凹弦纹，腹部饰竖绳纹间以一周抹痕，下腹及底部饰竖斜交错的绳纹，足部及足底皆饰竖绳纹。通高19厘米，口径11.3厘米，裆高3.8厘米（图五二，1）。

陶盂　1件。标本M26：4，泥质灰陶。敞口，折沿，方唇，束颈，鼓肩，弧腹，下腹缓收，最大径近肩部，凹圜底。沿面饰一周浅凹弦纹，肩部饰三周凹弦纹，下腹及底部饰横斜交错的绳纹。通高15.4厘米，口径21厘米，底径7厘米（图五二，2）。

陶豆　1件。标本M26：1，泥质红灰陶。敞口，圆唇，弧腹，柄壁凹弧，喇叭状圈足，中空较小至盘底。腹部有刀削痕，素面。通高11.8厘米，口径14.3厘米，盘深3.4厘米，底径8.6厘米（图五二，3）。

陶双桥耳罐　1件。标本M26：2，泥质灰陶。敞口，平沿，微束颈，溜肩，肩部有两个对称的半圆形纽，鼓腹，下腹缓收，凹圜底。沿面饰一周凹弦纹，颈、肩及腹部饰五周凹弦纹，底饰横斜交错的绳纹。通高17.3厘米，口径11.2厘米，底径7厘米（图五二，4）。

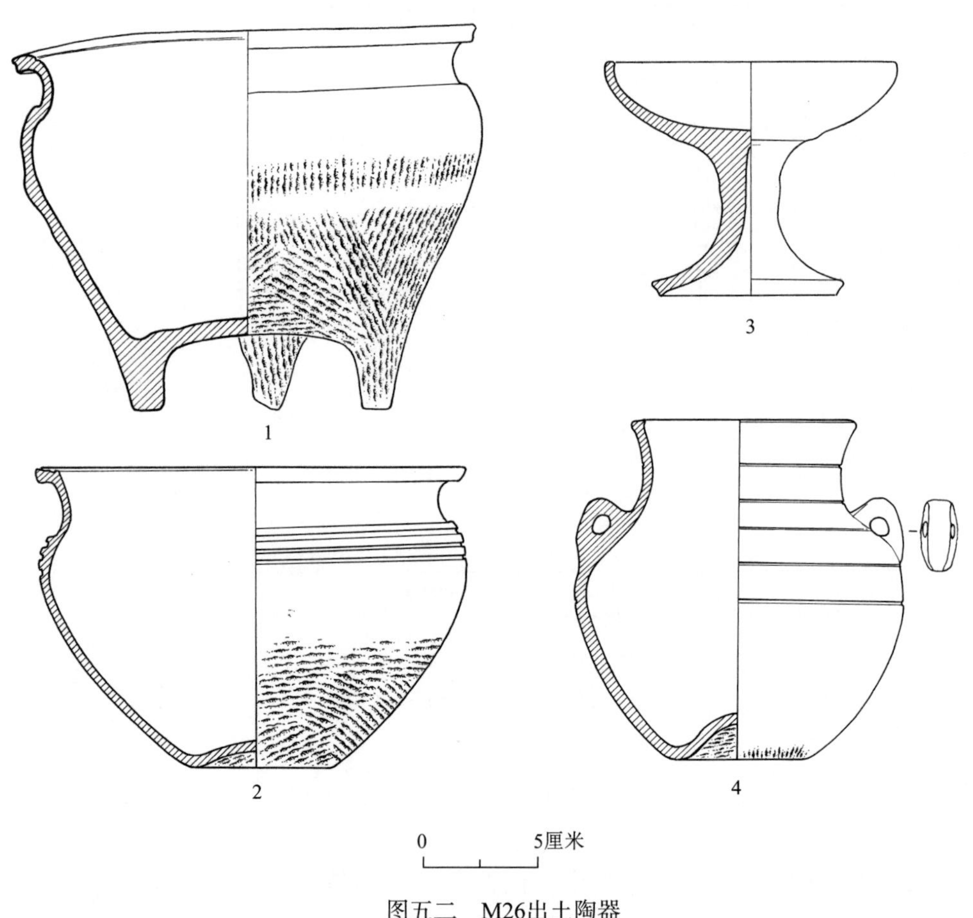

图五二　M26出土陶器

1.陶鬲（M26：3）　2.陶盂（M26：4）　3.陶豆（M26：1）　4.陶双桥耳罐（M26：2）

二七、M27

1. 墓葬概况

M27位于一区中部偏东北，开口于耕土层下，距地表0.3米，被M22叠压打破，耕土层下仅残存墓葬的西南角。方向190°。口大底小，墓口向下0.5米深处，墓口长2.8米，宽1.7米；墓底长2.76米，宽1.66米；墓深3.15米。坑四壁规整，向下微内收，墓壁规整光滑，经过人工修整，墓底平坦，并铺一层较薄的青膏泥。墓底四周有熟土二层台，东台面宽0.28米，南台面宽0.26米，西台面宽0.18米，北台面宽0.5米，台高0.5米（图五三；图版一五，1）。

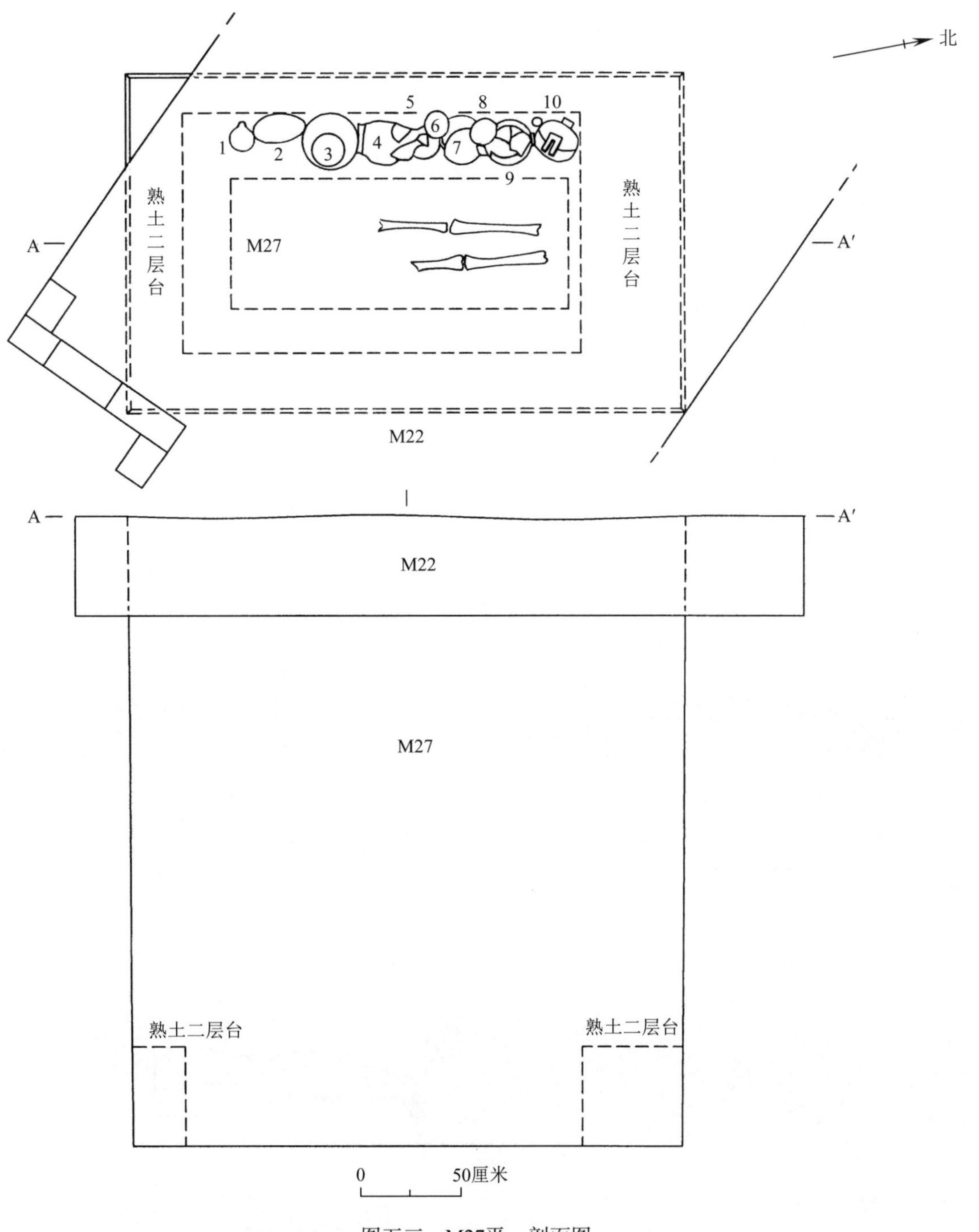

图五三 M27平、剖面图

1.陶匜 2.陶盘 3、4.陶壶 5、7.陶敦 6、8.陶豆 9、10.陶鼎

填褐色五花土，含红色颗粒以及料姜石，土质坚硬。

葬具已腐朽，仅存痕迹，可以看出为一椁一棺。椁痕长2米，宽1.2米。棺痕长1.7米，宽0.65米。

人骨架1具，已腐朽，仅存头骨和肢骨痕迹，仰身曲肢葬，头向南。

2. 出土器物

随葬品10件，均为陶器，放置于椁内西侧，由南向北依次为匜1、盘1、壶2、敦1、豆1、敦1、豆1、鼎2件（图版一五，2）。

陶鼎　2件。形制相同。泥质灰陶。子口承盖，盖为覆盘状，盖顶近平，周边有三个菱形纽。器为子口，两侧有两个对称长方形附耳，附耳较直，弧腹，下腹缓收，上下腹间有明显分界，圜底，三蹄足，横断面呈多边形。盖顶饰两组四周凹弦纹，下腹有刀削痕。标本M27：9，通高24.6厘米，口径18厘米；盖高4.8厘米，口径20.2厘米（图五四，4；图版一六，1）。标本M27：10，通高24.6厘米，口径18厘米；盖高5.2厘米，口径20.8厘米（图五四，1）。

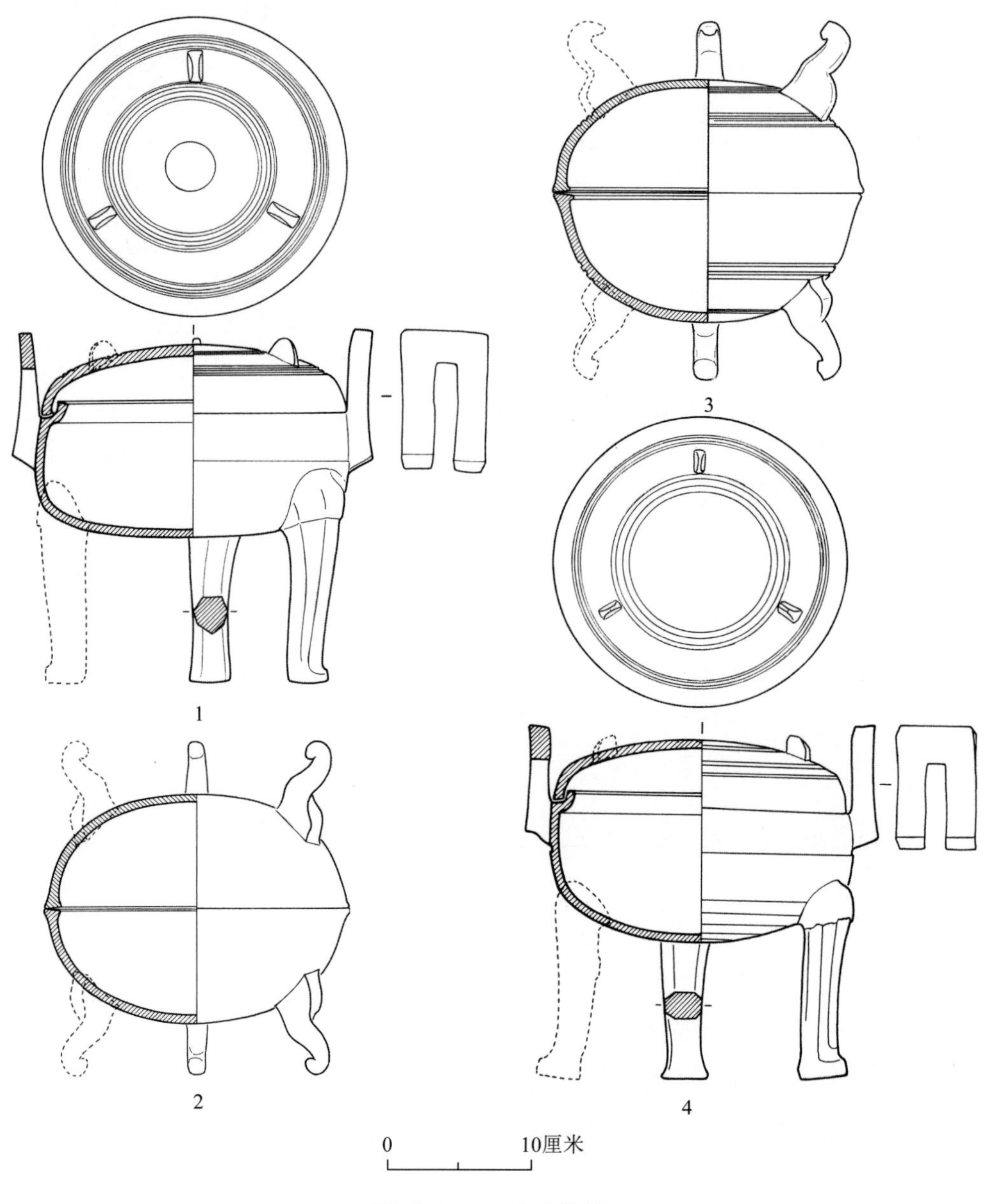

图五四　M27出土陶器

1、4.陶鼎（M27：10、M27：9）　2、3.陶敦（M27：7、M27：5）

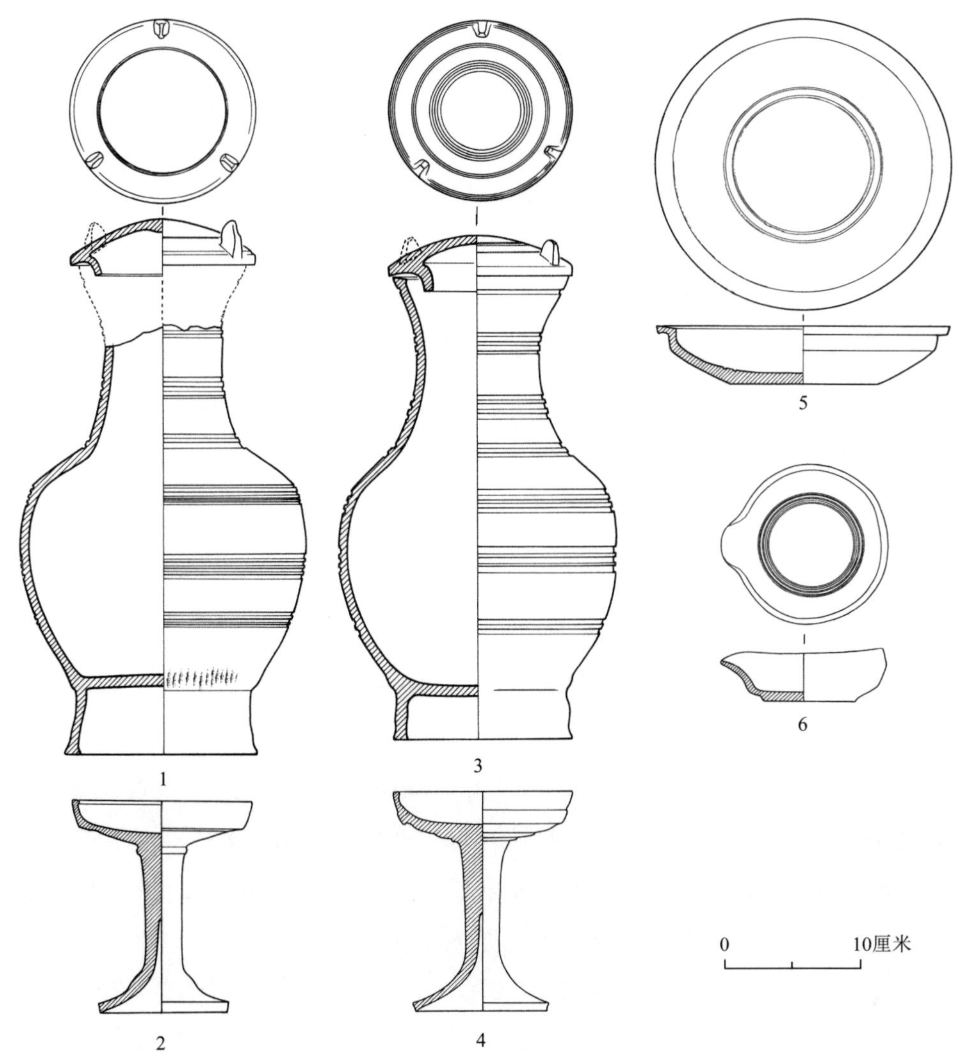

图五五 M27出土陶器

1、3陶壶（M27：3、M27：4） 2、4.陶豆（M 27：8、M27：6） 5.陶盘（M27：2） 6.陶匜（M27：1）

陶豆 2件。标本M27：6，泥质灰陶。敞口，腹壁折弧，呈瓦垄状，浅盘，内底较平，柄壁近直，喇叭状圈足，中空较小至柄中部。素面。通高17.1厘米，口径13.8厘米，盘深2.4厘米，底径10厘米（图五五，4）。标本M27：8，泥质灰陶。敞口，浅盘，折腹，柄壁凹弧，喇叭状圈足，中空较小至柄中部。盘底与柄上端相连处饰一周凸弦纹。通高16.6厘米，口径13.5厘米，底径9.8厘米（图五五，2；图版一六，4）。

陶敦 2件。形制相同。泥质黑灰陶。盖、器扣合近扁圆形，口径小于高，盖、器上各有三个对称鸟形纽。盖、器上各饰三周凹弦纹。标本M27：5，通高25厘米，口径21.4厘米（图五四，3；图版一六，2）。标本M27：7，通高23.2厘米，口径21厘米（图五四，2）。

陶壶 2件。标本M27：3，泥质灰陶。口已残，上承盖，盖为覆盘状，周边饰三个菱形纽，束颈，溜肩，鼓腹，平底，筒形圈足微外撇。盖顶饰两周凹弦纹，颈部饰两组四周凹弦纹，肩部、腹部饰四组十四周凹弦纹。残高33.4厘米，底径14.8厘米；盖高4.4厘米，口径10.4厘米（图五五，1）。标本M27：4，泥质灰陶。敞口承盖，盖为覆盘状，弧顶，周边饰三个菱形纽，直口纳入器口内。器为敞口，微束颈，溜肩，鼓腹，平底，筒形圈足微外撇。盖顶饰漫漶不清的细凹弦纹，颈部、腹部饰六周凹弦纹。通高39.3厘米，口径13.4厘米，底径13.6厘米；盖高4.5厘米，口径9.4厘米（图五五，3；图版一六，3）。

陶盘　1件。标本M27：2，泥质灰陶。敞口，折沿，沿面内斜，弧腹，平底。盘内底饰两周凹弦纹，腹部有刀削痕，素面。通高4.5厘米，口径22.4厘米，底径11.6厘米（图五五，5；图版一六，5）。

陶匜　1件。标本M27：1，泥质灰陶。平面呈圆形，口微敛，半圆形短流，鼓腹，平底。底部内外均有旋痕，素面。通高4.2厘米，口径12.6厘米，流长7厘米（图五五，6；图版一六，6）。

二八、M28

1. 墓葬概况

M28位于一区中西部，开口于耕土层下，距地表0.25米。方向110°。由墓道和墓室两部分组成。

墓道向东，居中而设于墓室前壁，呈长方形，由东向西渐窄，两壁斜直，墓道底部前端为斜坡状，下端即近墓室处有2级不规则形的台阶。口长2.4米，东端0.71米，西端宽0.6米，底坡宽0.5～0.7米，下端深0.7米，底坡长2.1米，坡度12°。第一台阶高0.16米，台面宽0.12米；第二台阶高0.12米，台面宽0.14米。第二台阶面距墓底深1.26米。

墓坑平面为长方形，口大底小，墓口长2.3米，东端宽1.3米，西端宽1.26米；墓底长2.12米，宽1.22米，墓深1.96米。坑四壁规整，向下微内收，墓壁光滑，经过人工修整，墓底平坦。墓底四周有熟土二层台，台面平整，壁直，东、南、西、北台面宽分别为0.1米、0.22米、0.2米、0.18米，高0.36米（图五六；图版一七，1）。

填红褐色五花土，土质坚硬。

葬具已腐朽，仅存棺椁痕，可以看出为一椁一棺。椁痕长1.82米，宽0.82米。棺置于椁内中部偏北处，棺痕长1.82米，宽0.44～0.48米。

人骨架1具，已腐朽，仅存头骨和部分肢骨，仰身直肢葬，头向东。

2. 出土器物

随葬品5件，均为陶器，放置于椁内东南部，由东向西依次为鼎1件、敦1件、壶1件、豆2件（图版一七，2）。

陶鼎　1件。标本M28：1，泥质黑皮褐陶。已残碎，仅知为子口，长方形附耳，蹄足，足上有削痕。

陶豆 2件。标本M28：4，泥质灰陶。敞口，圆唇，弧盘较浅，柄壁较直，喇叭状圈足。柄壁上有手捏痕，素面。通高15.2厘米，口径13.4厘米，底径8厘米（图五七，1）。标本M28：5，泥质灰陶。敞口近直，圆唇，折腹，盘较浅，柄壁较直，喇叭状圈足，中空较小至柄中部。素面。通高14.4厘米，口径13厘米，底径8.8厘米（图五七，2）。

陶敦 1件。标本M28：2，泥质黑皮褐陶。已残碎，残存有"S"形纽，盖顶盒器底均有几周凹弦纹。

陶壶 1件。标本M28：3，泥质黑皮褐陶。已残碎，仅知有喇叭状矮圈足。

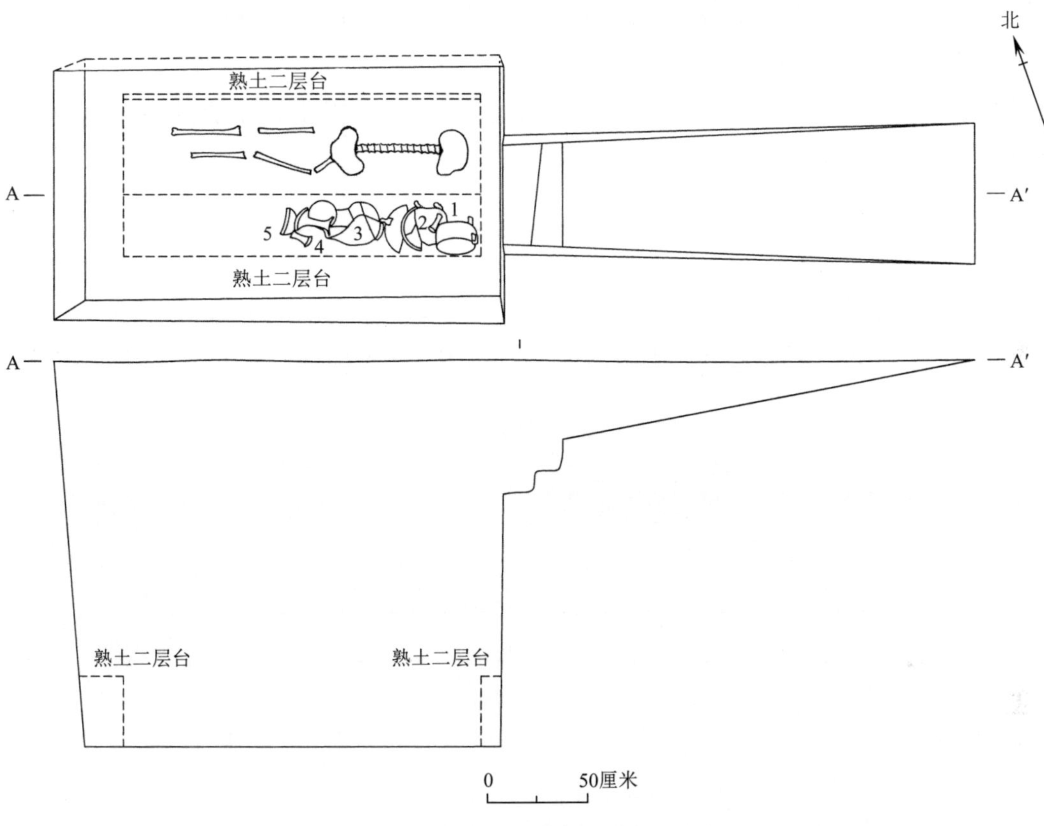

图五六 M28平、剖面图
1.陶鼎 2.陶敦 3.陶壶 4、5.陶豆

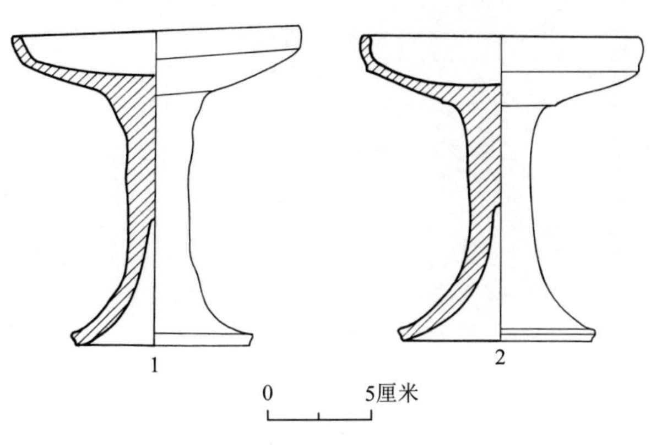

图五七 M28出土陶豆
1.M28：4 2.M28：5

二九、M29

1. 墓葬概况

M29位于一区西南部，开口于耕土层下，距地表0.3米。方向260°。口大底小，墓口长2.7米，宽1.6米；墓底长2.5米，宽1.4米；墓深2.3米。坑四壁规整，向下微内收，墓壁光滑，经过人工修整，墓底平坦，并铺一层较薄的青膏泥。墓底四周有熟土二层台，西台面宽0.24米，其余三台面宽0.2米，台高0.3米（图五八）。

填红褐色五花土，上部以红土为主，下部白土较多，土质坚硬。在距墓口深1.85米处填土中出土一件铁锸，已破碎。

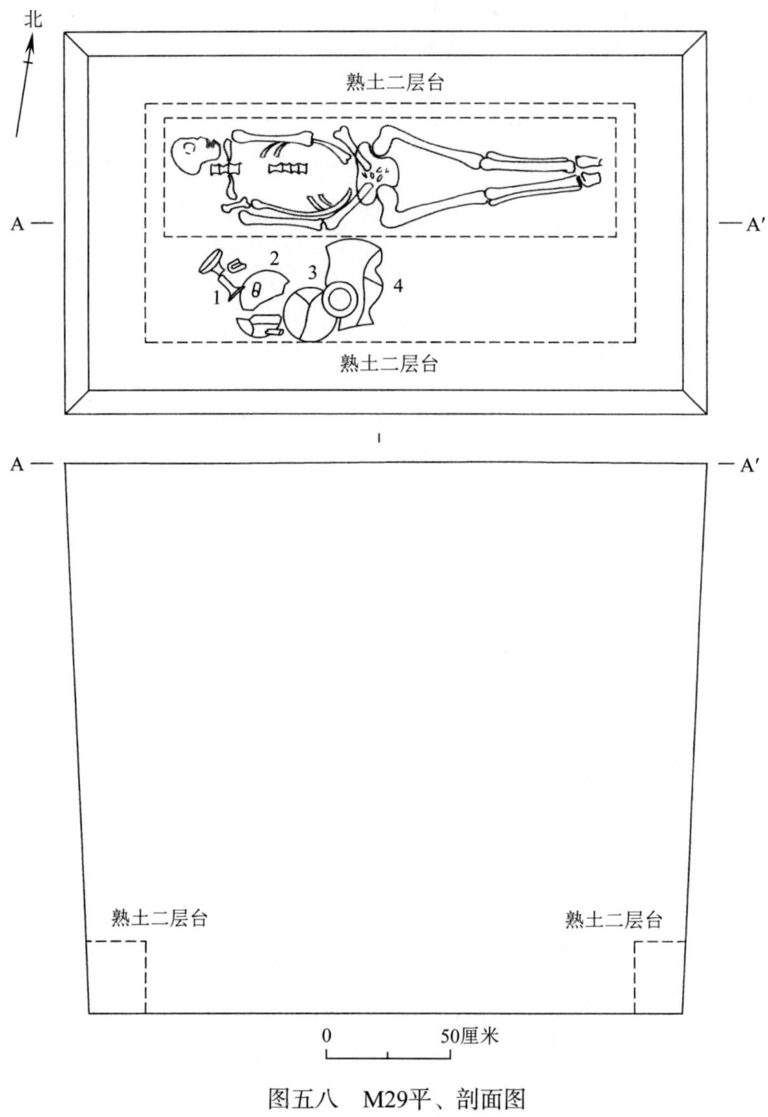

图五八　M29平、剖面图
1.陶豆　2.陶鼎　3.陶器盖　4.陶壶

葬具已腐朽，仅存棺椁痕迹，可以看出为一椁一棺。椁痕长2.06米，宽1.00米；棺置于椁内北侧，棺痕长1.9米，宽0.5米。

人骨架1具，已腐朽，轮廓清晰，仰身直肢葬，头向南西，面向北，双臂交叉放置于腹部。根据头骨、盆骨和肢骨可判定墓主人为男性。

2. 出土器物

随葬品4件，均为陶器，放置于椁内西南部，由西向东依次为豆、鼎、器盖、壶。

陶鼎　1件。标本M29：2，泥质黑皮灰陶。已残碎，仅知鼎足上有削痕。

陶豆　1件。标本M29：1，泥质灰陶。敞口，圆唇，弧腹，浅盘，盘底外侧微凸，柄壁微凹弧，喇叭状圈足，中空较小至柄中部。通高15.7厘米，口径13.2厘米，盘深2.6厘米，底径8厘米（图五九）。

陶壶　1件。泥质黑皮灰陶。已残碎。

陶器盖　1件。泥质黑皮灰陶。已残碎。

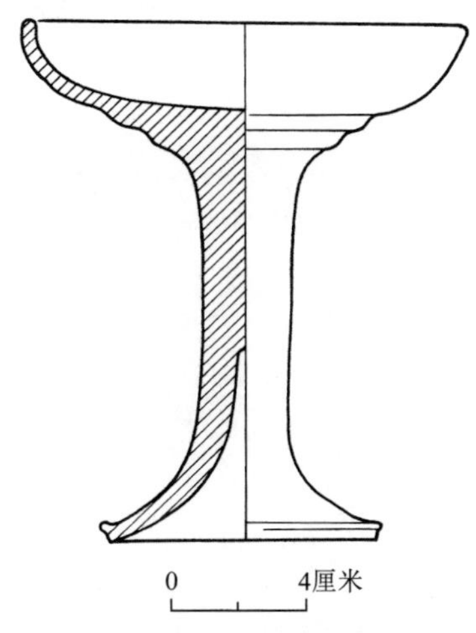

图五九　M29出土陶豆（M29：1）

三〇、M30

1. 墓葬概况

M30位于一区西部，开口于耕土层下，距地表0.25米。方向190°。口大底小，墓口长2.24～2.4米，宽1.3～1.4米；墓底长2.16～2.32米，宽1.52～1.36米；墓深1.8米。坑四壁规整，向下微内收，壁面粗糙，墓底平坦。墓底四周有熟土二层台，东、南、西、北台面宽分别为0.28、0.3、0.12～0.2、0.22～0.36米，台高0.4米（图六〇；图版一八，1）。

填红褐色五花土，土质坚硬。

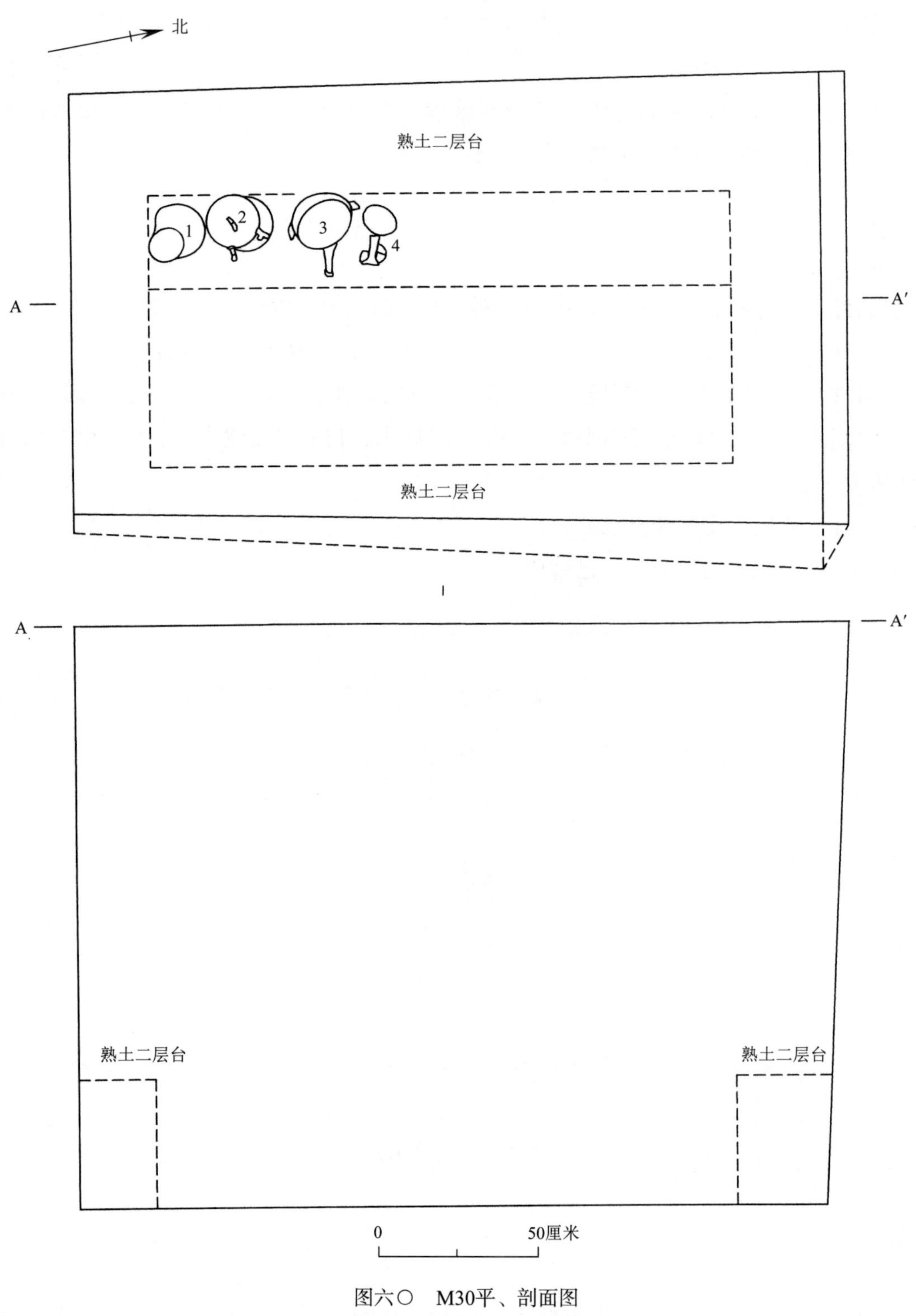

图六〇　M30平、剖面图
1.陶壶　2.陶敦　3.陶鼎　4.陶豆

葬具已腐朽，仅存棺椁痕迹，可以看出为一椁一棺。椁痕长1.8米，宽0.84米；棺置于椁内南侧，棺痕长1.8米，宽0.55米。

人骨架已朽尽，无发现痕迹。

2. 出土器物

随葬品4件，均为陶器，放置于椁内西北部，由西向东依次为壶、敦、鼎、豆（图版一八，2）。

陶鼎 1件。标本M30：3，夹砂黑皮灰陶。子口承盖，盖为覆盘状，盖顶近平，周边有三个鸟形纽。器为子口，弧腹近直，腹底折弧，两侧有两个对称的长方形附耳，耳上端微撇，三蹄足，横断面呈圆形。盖顶饰两组五周凹弦纹，腹部饰一周凸弦纹，底部饰横竖交错的绳纹。通高23.4厘米，口径18.6厘米，腹径21.2厘米（图六一，1）。

陶豆 1件。标本M30：4，泥质灰陶。敞口，圆唇，弧腹，浅盘，柄壁较直，喇叭状圈足，中空较小至柄中部。素面。通高17.4厘米，口径13.4厘米，底径8.4厘米（图六一，2）。

陶敦 1件。标本M30：2，泥质灰陶。盖、器扣合近圆形，口径小于高，盖、器上各有三个“S”形纽。素面。通高27.4厘米，口径18.2厘米（图六一，3）。

陶壶 1件。标本M30：1，夹砂灰陶。已残，无法复原。敞口承盖，盖为覆盘状，弧顶，周边有三个乳丁状纽，直口纳入器口内。器为敞口，平沿，微束颈，溜肩，鼓腹，腹部已残，平底，筒形圈足微外撇。口沿、颈、肩、腹部饰四组八周凹弦纹。

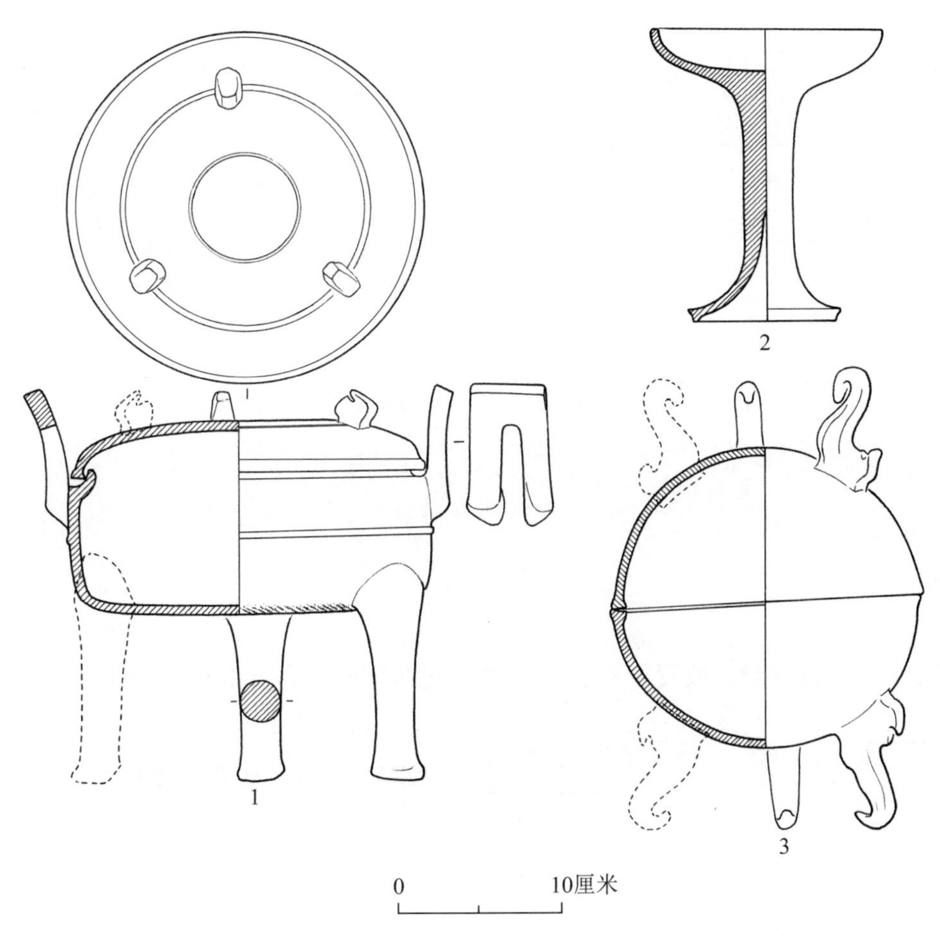

图六一 M30出土陶器

1.陶鼎（M30：3） 2.陶豆（M30：4） 3.陶敦（M30：2）

三一、M31

1. 墓葬概况

M31位于一区西部，开口于耕土层下，距地表0.3米。方向200°。口底同大，墓长2米，宽0.7米，墓深0.6米。坑壁陡直规整，墓底平坦，并铺一层较薄的青膏泥。南壁距墓口0.05米深处居中而设一长方形壁龛，宽0.46米，高0.25米，进深0.16米，龛壁不规整，龛底距墓底深0.3米。墓底四周有熟土二层台，台面宽0.2米，高0.1米（图六二；图版一九，1）。

填红褐色五花土，土质较硬。

葬具已腐朽，仅存棺痕，可以看出为一棺，棺痕长1.6米，宽0.3米。

人骨架已朽尽，无发现痕迹。

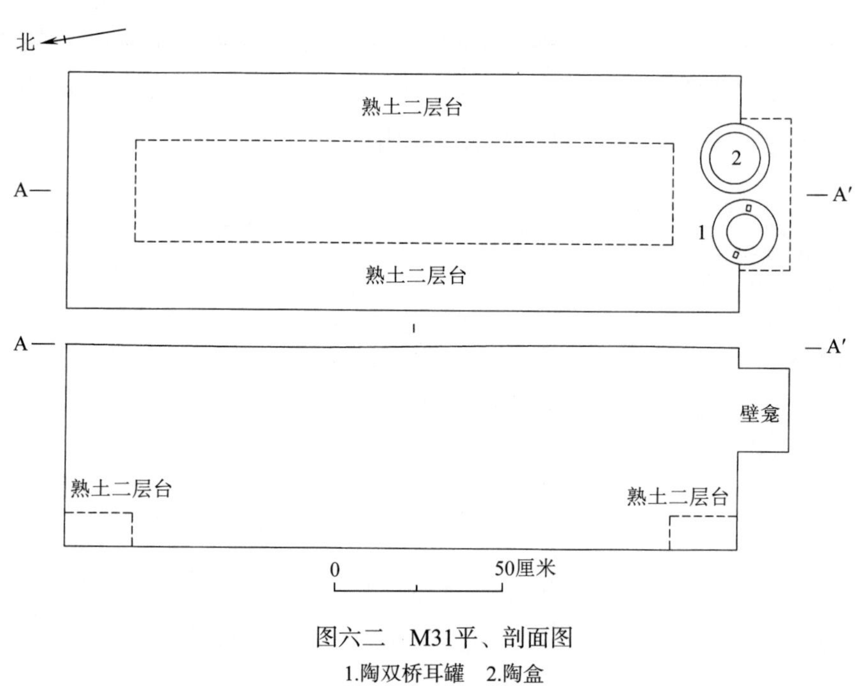

图六二　M31平、剖面图
1.陶双桥耳罐　2.陶盒

2. 出土器物

随葬品2件，均为陶器，放置于壁龛内，由东向西依次为盒、双桥耳罐（图版一九，2）。

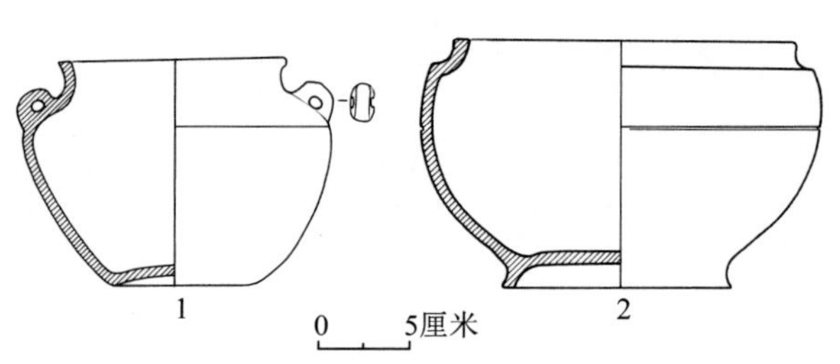

图六三　M31出土陶器
1.陶双桥耳罐（M31：1）　2.陶盒（M31：2）

陶双桥耳罐　1件。标本M31：1，泥质红灰陶。侈口，平沿，微束颈，溜肩，肩部有两个对称半环形纽，鼓腹，下腹弧收，凹圜底。素面。通高12.8厘米，口径12.5厘米，底径8厘米（图六三，1）。

陶盒　1件。标本M31：2，泥质灰陶。

子口内敛，鼓腹，下腹缓收，平底，矮圈足，微外撇。腹部饰一周凹弦纹。通高14厘米，口径19厘米，底径12.7厘米（图六三，2）。

三二、M32

1. 墓葬概况

M32位于一区西部，开口于耕土层下，距地表0.3米。方向170°。口大底小，墓口长2.78米，宽1.65～1.7米；墓底长2.58米，宽1.48米；墓深2.32米。坑四壁规整，向下微内收，墓壁粗糙，墓底平坦。墓底四周有熟土二层台，东台面宽0.16～0.3米，北台面宽0.3米，南、西台面宽分别为0.4、0.16～0.18米，台高0.62米（图六四；图版二〇，1）。

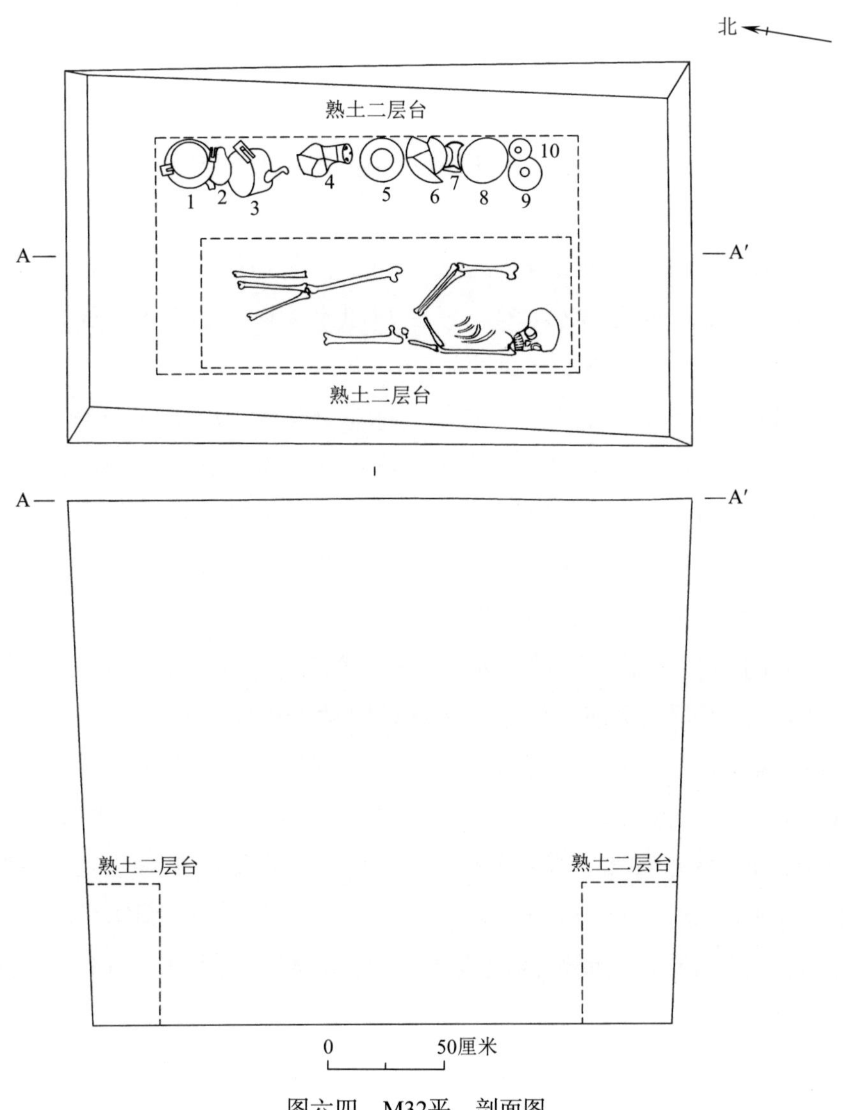

图六四 M32平、剖面图
1、3.陶鼎 2.陶匜、陶盘 4、5.陶壶 6、8.陶敦 7、9、10.陶豆

填红褐色五花土，土质坚硬。

葬具已腐朽，仅存棺椁痕迹，可以看出为一椁一棺。椁痕长1.88米，宽1～1.05米；棺置于椁内西侧，棺痕长1.68米，宽0.6～0.7米。

人骨架1具，已腐朽，保存不完整，仅存头骨和部分肢骨，仰身直肢葬，头向南，面向西，双臂交叉放置于腹部。

2. 出土器物

随葬品11件，均为陶器，放置于椁内东部，其中豆3件，鼎、敦、壶各2件，盘、匜各1件（图版二〇，2）。

陶鼎　2件。形制相同。泥质黑皮灰陶。子口承盖，盖为覆盘状，盖顶近平，一环形纽贴于中间，周边饰三个乳丁状纽。器为子口，弧腹近直，腹底折弧，两侧有两个对称的长方形附耳，上端微撇，三蹄足，横断面呈多边形。盖顶饰两组五周凹弦纹，腹部饰一周凸弦纹，底部饰横竖交错绳纹。标本M32∶1，通高22.4厘米，口径17厘米；盖高4.4厘米，口径19.8厘米（图六五，1；图版二一，1）。标本M32∶3，通高23.5厘米，口径17厘米；盖高4.2厘米，口径20.4厘米（图六五，2）。

陶敦　2件。形制相同。泥质灰陶。盖、器扣合呈扁圆形，盖、器上各有三个卷尾形纽。素面。标本M32∶6，通高23.6厘米，口径22厘米（图六五，3；图版二一，2）。标本M32∶8，通高23.6厘米，口径21.6厘米（图六五，4）。

陶豆　3件。其中2件残碎，仅1件可复原。标本M32∶10，泥质灰陶。敞口，圆唇，弧腹，浅盘，柄壁微内凹，喇叭状圈足，中空较小至柄中下部。素面。通高13.8厘米，口径12.8厘米，底径7.2厘米（图六五，5；图版二一，4）。标本M32∶7，泥质红灰陶。盘、圈足已残，内底平，盘下部有一周抹痕，长柄，中空近柄中部。标本M32∶9，泥质黑皮褐陶。盘已残，内底平，长柄，中空近柄中部，喇叭状圈足。

陶壶　2件。形制相同。泥质灰陶。侈口承盖，盖为覆盘状，周边饰三个菱形纽，直口纳入器口内，器为侈口，束颈，溜肩，两个对称环状纽贴于肩部，鼓腹，下腹弧收，圜底，喇叭状圈足。盖顶饰两周凹弦纹，肩部、腹部各饰一周凹弦纹。标本M32∶4，通高24.4厘米，口径11.4厘米，底径10厘米；盖高2.2厘米，口径7厘米（图六六，1）。标本M32∶5，通高23.2厘米，口径10.5厘米，底径10.4厘米；盖高2.8厘米，口径7.2厘米（图六六，2；图版二一，3）。

陶盘　1件。标本M32∶2-1，泥质灰陶，盘为敞口，折沿，沿面内斜，圆唇，折腹，上腹近直，下腹斜内收，凹圜底。沿面饰两周凹弦纹。盘高4.2厘米，口径12.8厘米，底径9.4厘米（图六六，4；图版二一，5）。

陶匜　1件。标本M32∶2-2，泥质灰陶，体呈圆形，敞口，弧腹缓收，扁圆形小流，近平底。素面。高4.4厘米，流长3.8厘米，底径4.6厘米（图六六，3；图版二一，6）。

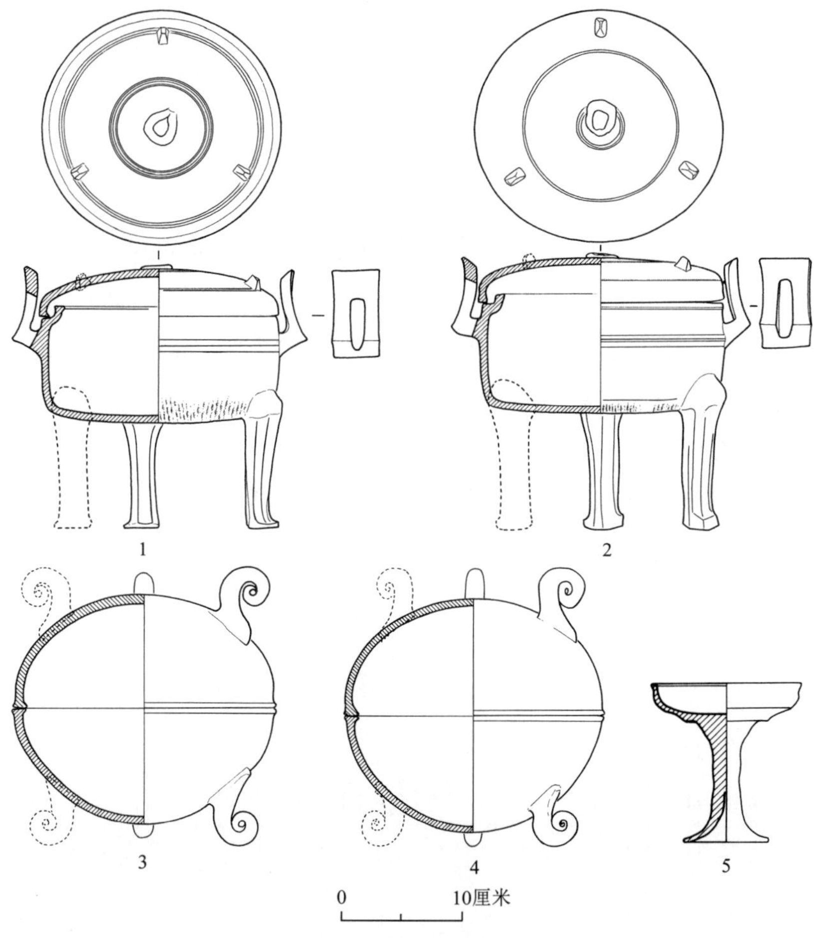

图六五　M32出土陶器

1、2.陶鼎（M32、1、M32：3）　3、4.陶敦（M32：6、M32：8）　5.陶豆（M32：10）

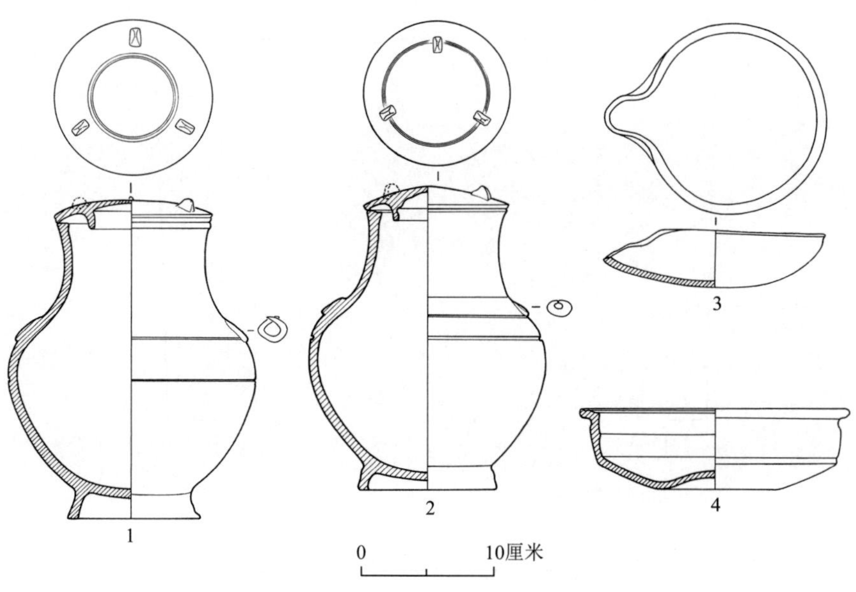

图六六　M32出土陶器

1、2.陶壶（M32：4、M32：5）　3.陶匜（M32：2-2）　4.陶盘（M32：2-1）

三三、M33

1. 墓葬概况

M33位于二区北部，开口于耕土层下，坑口距地表0.25米。方向34°。口大底小，墓口长2.8米，宽1.7米；墓底长2.22米，宽1.18米；墓深2.65米。坑四壁规整，向下内收，距墓口1.90米深处四壁有生土二层台，台面外高内低，台面宽0.18～0.22米，高0.75米。墓底四周有熟土二层台，台面宽0.12米，高0.34米，墓底平坦（图六七）。

填褐色五花土，土质坚硬，黏性大。

葬具已腐朽，仅存棺椁痕迹，可以看出为一椁一棺。椁痕长2.04米，宽1.02米；棺置于椁内东南部，棺痕长1.66米，宽0.5～0.6米。

人骨架朽尽，无发现痕迹。

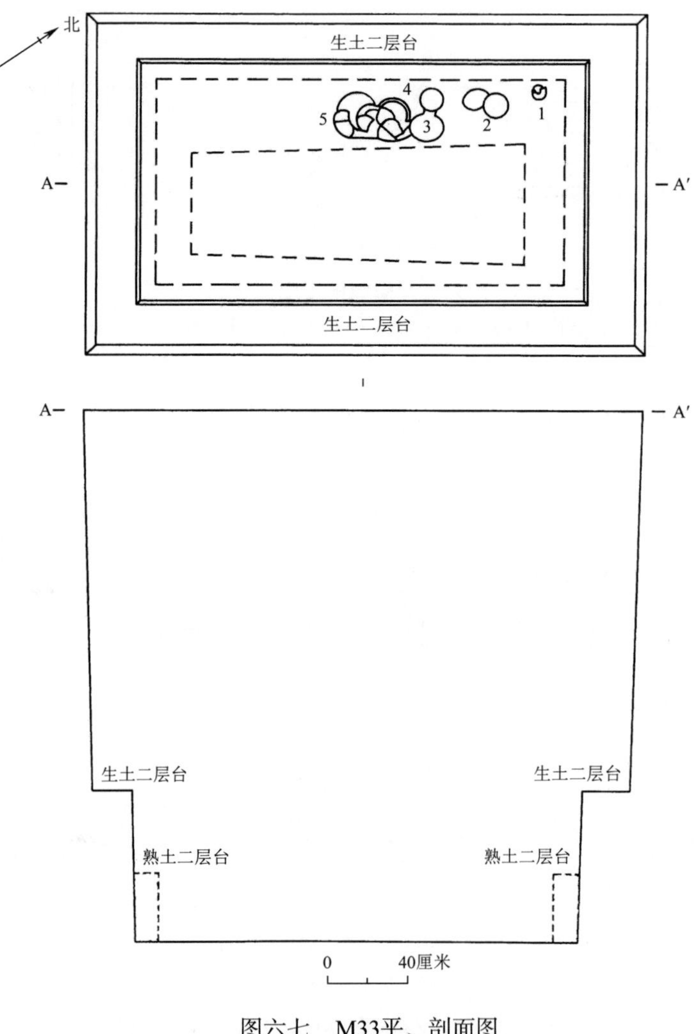

图六七　M33平、剖面图

1、2.陶盂　3、5.陶壶　4.陶鼎

2. 出土器物

随葬品5件，均为陶器，放置于椁内西北东部，由东北向西南依次为盂2、壶1、鼎1、壶1件。均破碎严重，无法修复。

三四、M34

1. 墓葬概况

M34位于二区西北部，西南部开口于耕土层下，东北部开口于扰土层下，距地表0.3米，扰土层厚0.3～0.7米。在西南部有一不规则形盗洞，直径0.68米，深至墓底。方向35°。口大底小，墓口长2.4米，宽1.7米；墓底长2.4米，宽1.35～1.5米；墓深0.2～0.9米。坑四壁规整，向下垂直，东、西两壁距墓口深0.75米处有生土二层台，台面平整，宽窄不一，东台面宽0.15米～0.20米，西台面最宽处0.15米，高0.15米，壁面粗糙，墓底不甚平坦，并铺一层较薄的青膏泥（图六八）。

填灰褐色五花土，土质较软。

葬具、人骨架腐朽不详。

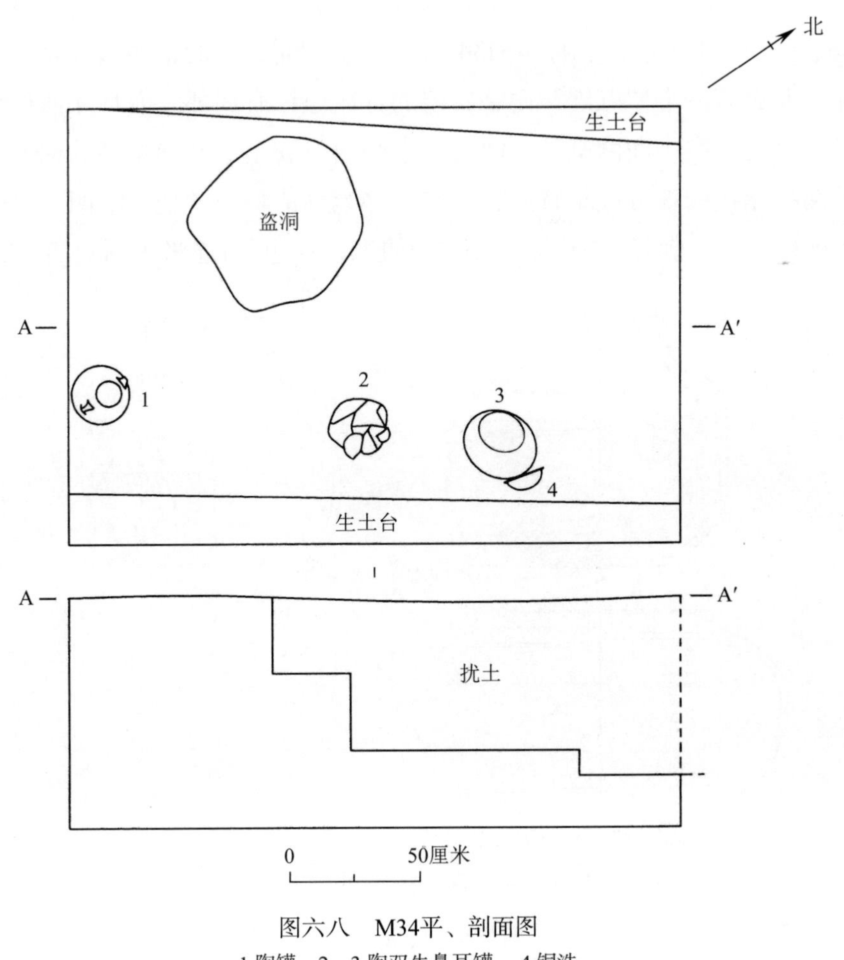

图六八 M34平、剖面图

1.陶罐 2、3.陶双牛鼻耳罐 4.铜洗

2. 出土器物

随葬品4件，放置于墓底东南部，其中陶双牛鼻耳罐2件、陶罐1件、铜洗1件。铜洗已破碎，无法复原。另在填土中发现铜五铢钱24枚。

陶双牛鼻耳罐　2件。标本M34：2，泥质灰陶。侈口，尖圆唇，沿面微弧，束颈，溜肩，肩部有两个对称牛鼻形耳，垂腹，下腹缓收，凹圜底。肩部及上腹饰竖绳纹间以两周抹痕，下腹及底部饰横斜交错的绳纹。通高24.6厘米，口径13.2厘米，底径8厘米（图六九，3）。标本M34：1，泥质灰陶。口残，束颈，溜肩，肩部有两个对称牛鼻形耳，垂腹，下腹缓收，凹圜底。肩部及上腹有两周抹痕，下腹及底部饰横斜交错的绳纹。残高21.3厘米，底径7.6厘米（图六九，1）。

陶罐　1件。标本M34：3，泥质灰陶。直口，竖颈，圆肩，鼓腹，下腹弧收，平底。肩部饰一周凹弦纹，腹部饰两周凹弦纹。通高20厘米，口径19厘米，底径18.2厘米（图六九，2）。

铜五铢钱　24枚。分两型。

A型　6枚。标本M34：5-1，钱的正面边缘有一周凸起的周郭，正方形穿，穿之左右有篆书“五铢”两字，大部分钱上的“铢”字不太清楚；钱的背面边缘有周郭，而且穿四边也有郭。“五”字中间两笔是直的或近乎直的，整个字形如两个对顶三角形；“铢”字的“金”字头近似三角形；“铢”字的“朱”字头圆折。郭径2.5厘米，钱径2.3厘米，穿边长1厘米（图七〇，1）。

B型　18枚。标本M34：5-7和标本M34：5-8形制相同，钱的正面边缘有一周凸起的周郭，正方形穿，穿之左右有篆书“五铢”两字；钱的背面边缘有周郭，而且穿四边也有郭。钱文的书体特点明显。“五”字中间两笔是弯曲的，中间两笔和上下两划相接的地方略向内靠拢，中间两笔和上下两横相接的地方是垂直的；“铢”字笔划清晰，“金”字四点较长，“朱”字头方折。有的为剪轮五铢。郭径2.5厘米，钱径2.3厘米，穿边长1厘米（图七〇，2、3）。

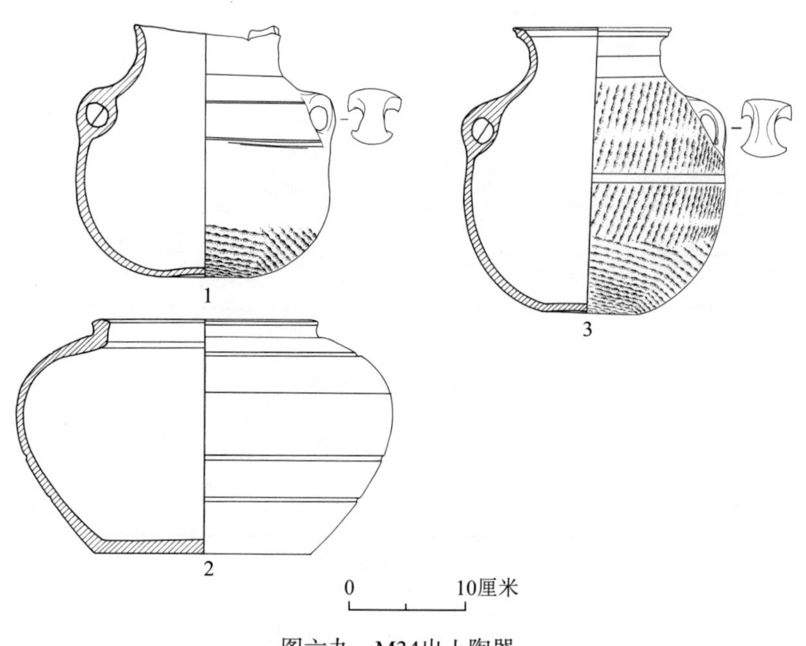

图六九　M34出土陶器

1、3.陶双牛鼻耳罐（M34：1、M34：2）　2.陶罐（M34：3）

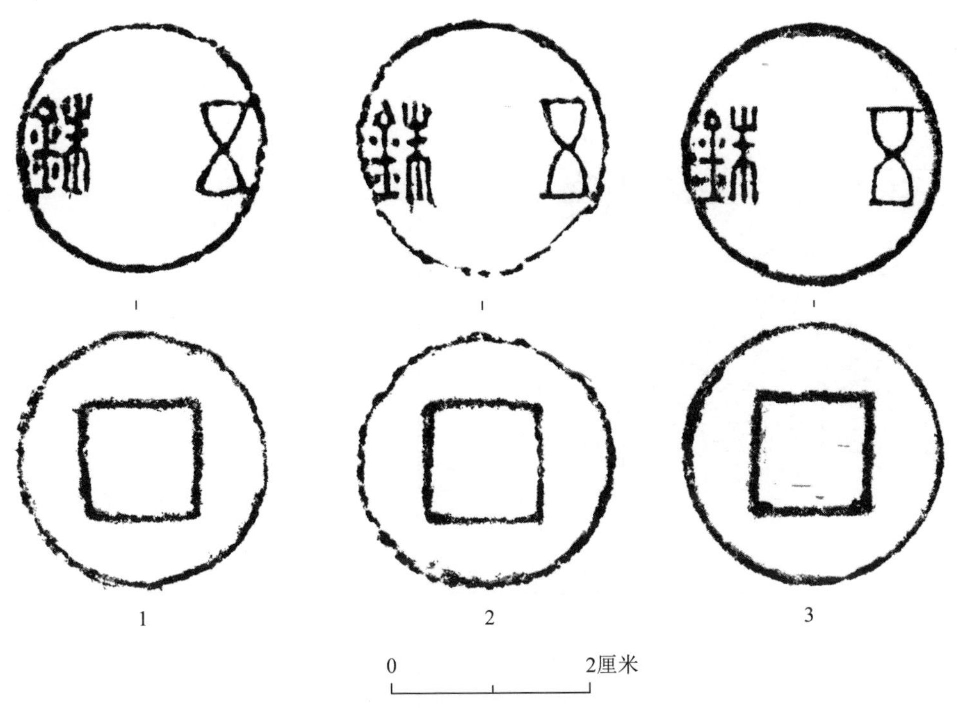

图七〇　M34出土铜五铢钱
1.A型（M34：5-1）　2、3.B型（M34：5-7、M34：5-8）

三五、M35

1. 墓葬概况

M35位于二区西北部，开口于扰土层下，距地表0.3米，扰土层厚0.5米，墓道打破M39。方向135°。由墓道、甬道和墓室三部分组成。

墓道向东南，西北与甬道相连，呈长方形，口长3.2米，宽0.78米；前端为斜坡状，底坡长3.10米，坡度22°；深1.14米。后端即近甬道处呈平底，且低于甬道0.14米。

甬道设于墓室前壁右侧，平面呈长方形，进深1.2米，宽0.78米，深1米。近墓室处堆积有毫无规律的河卵石，应系封门石倒塌所致。

墓室平面为长方形，口大底小，墓口长2.6米，宽1.9米；墓底长2.4米，宽1.7米；墓深1米。四壁积石积炭，积石间夹杂一些木炭，南、北两壁保存较好，厚0.1～0.2米；东、西两壁保存较差，仅残留零星的河卵石。墓底平坦，并铺一层河卵石，较为规整。河卵石大小不等，长0.06～0.14米（图七一；图版二二，1、2）。

填灰褐色五花土，土质较软。

无发现葬具。

人骨架1具，已腐朽，仅存部分粗大的下肢骨，由此可知墓主人头向东，但葬式不详。

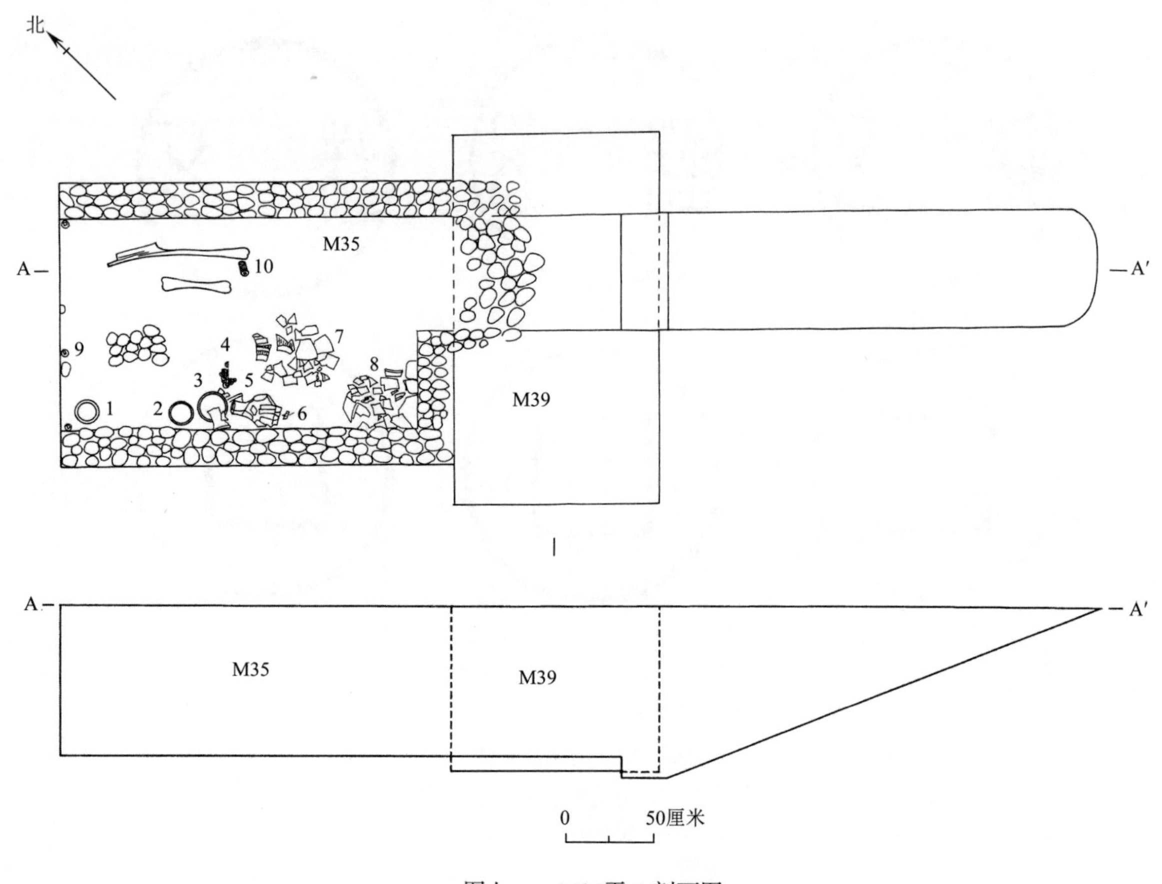

图七一　M35平、剖面图

1.铜洗　2.陶器盖　3、5.陶壶　4、9、10.铜钱　6.铜弩机　7.陶双牛鼻耳罐　8.陶瓮

2. 出土器物

随葬品9件（组），置于墓室中南部，其中有陶壶2件，陶双牛鼻耳罐、陶瓮、铜洗、铜弩机各1件，铜五铢钱3组。

陶壶　2件。形制相同。泥质灰陶。侈口承盖，盖呈锥形，博山状。器为侈口，盘状，束颈，溜肩，肩部贴两个铺首衔环，鼓腹，下腹弧收，圜底，喇叭状圈足。标本M35∶3，盖顶模印山丘、树木、行走的象、舞动的人等图案，下部饰一周菱形回纹，肩部及上腹饰三组六周凹弦纹，下腹饰一周凹弦纹。通高43.5厘米，器高34.3厘米，口径16.6厘米，底径15.6厘米；盖口径16.2厘米，高9.2厘米（图七二，1；图版二三，2）。标本M35∶5，盖顶模印山丘、树木、行走的象、舞动的人等图案，下部饰一周菱形回纹，沿外壁饰较浅的绳纹，肩部及上腹饰三组六周凹弦纹，下腹饰一周凹弦纹，圈足外壁呈瓦垄状。通高35.2厘米，口径16.2厘米，底径15.4厘米（图七二，3；图版二三，1）。

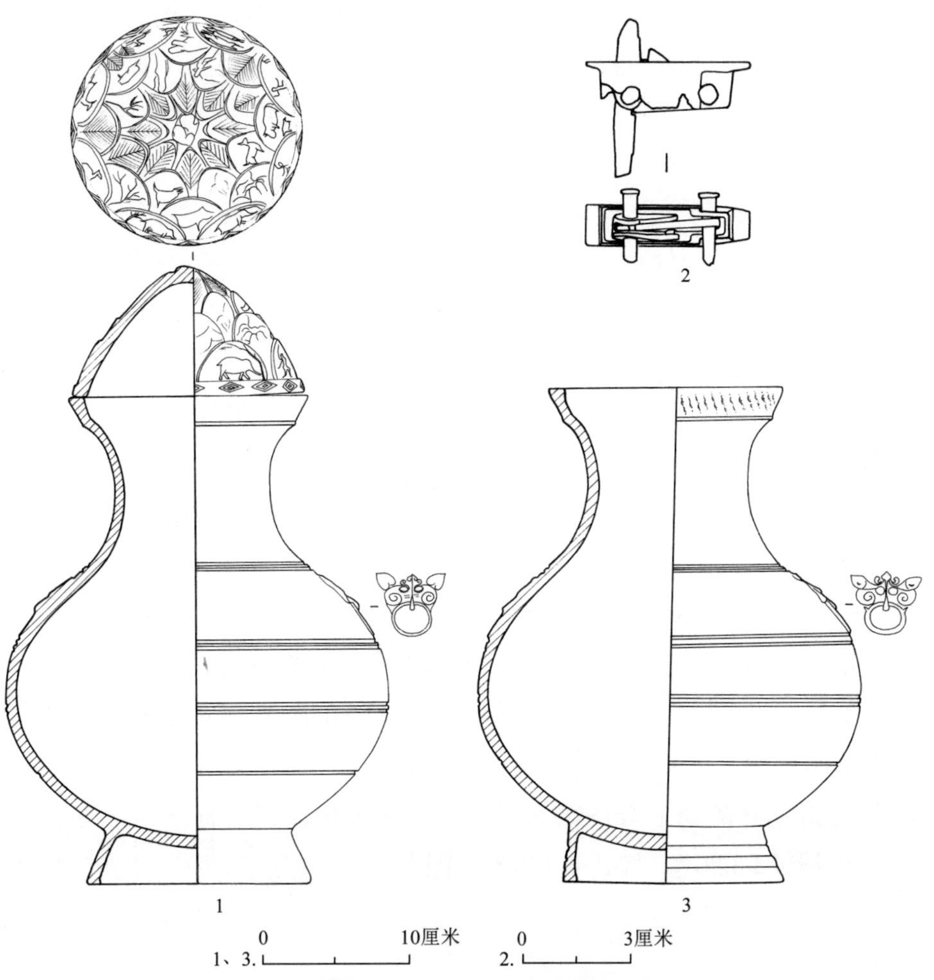

图七二　M35出土遗物

1、3.陶壶（M35：3、M35：5）　2.铜弩机（M35：6）

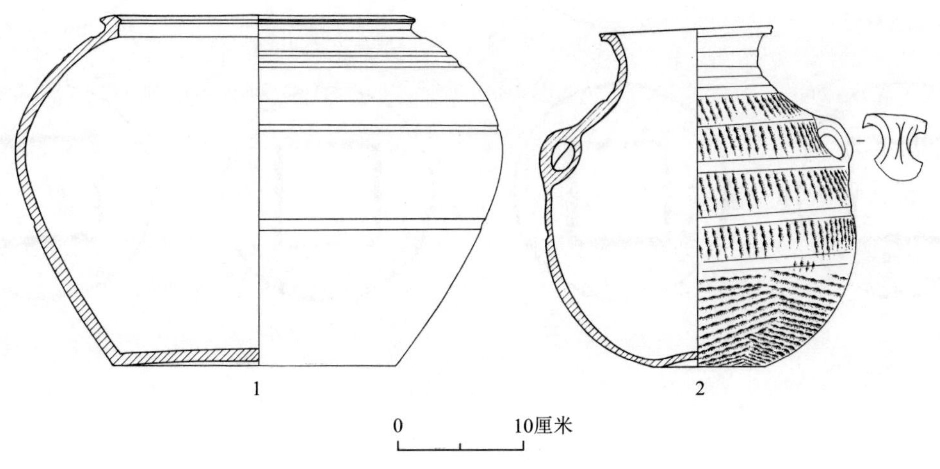

图七三　M35出土陶器

1.陶瓮（M35：8）　2.陶双牛鼻耳罐（M35：7）

陶双牛鼻耳罐　1件。标本M35：7，泥质灰陶。侈口，折沿，方唇，束颈，溜肩，肩部有两个对称牛鼻形耳，垂腹，下腹缓收，凹圜底。颈部呈瓦垄状，肩及上腹饰竖绳纹间以四周抹痕，下腹及底部饰横斜交错的绳纹。通高28.2厘米，口径14.2厘米，底径9厘米（图七三，2；图版二三，4）。

陶瓮　1件。标本M35：8，泥质灰陶。直口微敛，尖唇，直颈，圆肩，鼓腹，下腹斜收，平底微凹。肩部及腹部饰数周抹痕，素面。通高28.4厘米，口径26.2厘米，底径23.5厘米（图七三，1；图版二三，3）。

铜洗　1件。标本M35：1，已残，无法修复。

铜弩机　1件。标本M35：6，由牙、郭、键、悬刀等部分组成。牙呈三角形，分左右两片；郭呈倒梯形，郭身有二键通穿，固定了牙、悬刀的位置，郭面上刻出箭槽，中容箭括；键一端有帽，另一端有一圆形穿孔。郭长4.6厘米，望山高1.15厘米，前端宽0.8厘米，后端宽1.1厘米（图七二，2）。

铜五铢钱　69枚。标本M35：4-1~M35：4-4，四件标本形制相同，均是钱的正面边缘有一周凸起的周郭，正方形穿，穿之左右有篆书“五铢”两字；钱的背面边缘有周郭，而且穿四边也有郭。钱文的书体特点明显。“五”字中间两笔是弯曲的，中间两笔和上下两划相接的地方略向内靠拢，中间两笔和上下两横相接的地方是垂直的；“铢”字笔划清晰，“金”字四点较长，“朱”字头方折。有的钱上有特殊的记号，即在钱正面穿上有横郭一道。有的为剪轮五铢。郭径2.5厘米，钱径2.3厘米，穿边长1厘米（图七四）。

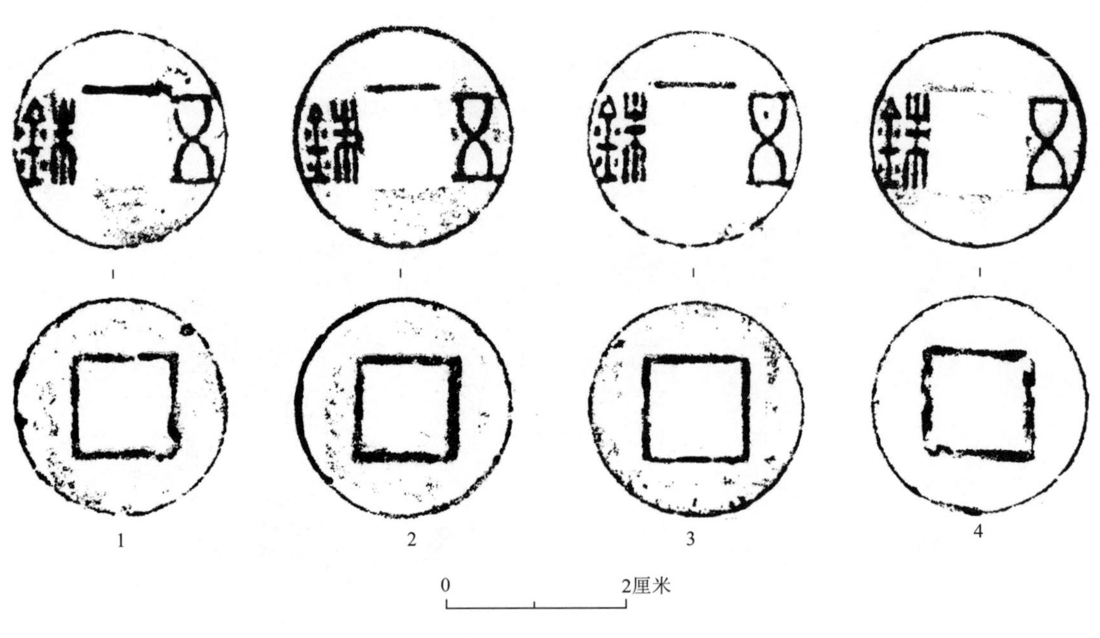

图七四　M35出土铜五铢钱

1.M35：4-1　2.M35：4-2　3.M35：4-3　4.M35：4-4

三六、M36

1. 墓葬概况

M36位于二区西北部，开口于耕土层下，距地表0.3米，东南打破M37西北部。方向45°。口大底小，墓口长2.53米，宽1.8～1.89米；墓底长2.4米，宽1.68～1.75米；墓深0.9米。坑四壁规整，向下微内收，北壁距墓口0.85米深有生土二层台，台面平整，台壁垂直，宽0.42～0.55米，高0.05米，壁面光滑，经人工修整，墓底平坦，并铺一层较薄的草木灰（图七五；图版二四，1）。

填灰褐色五花土，土质较软。

葬具已腐朽，仅存痕迹，可知为一棺，放置于墓底东侧，棺痕长2.4米，宽0.66米。

人骨架腐朽不详。

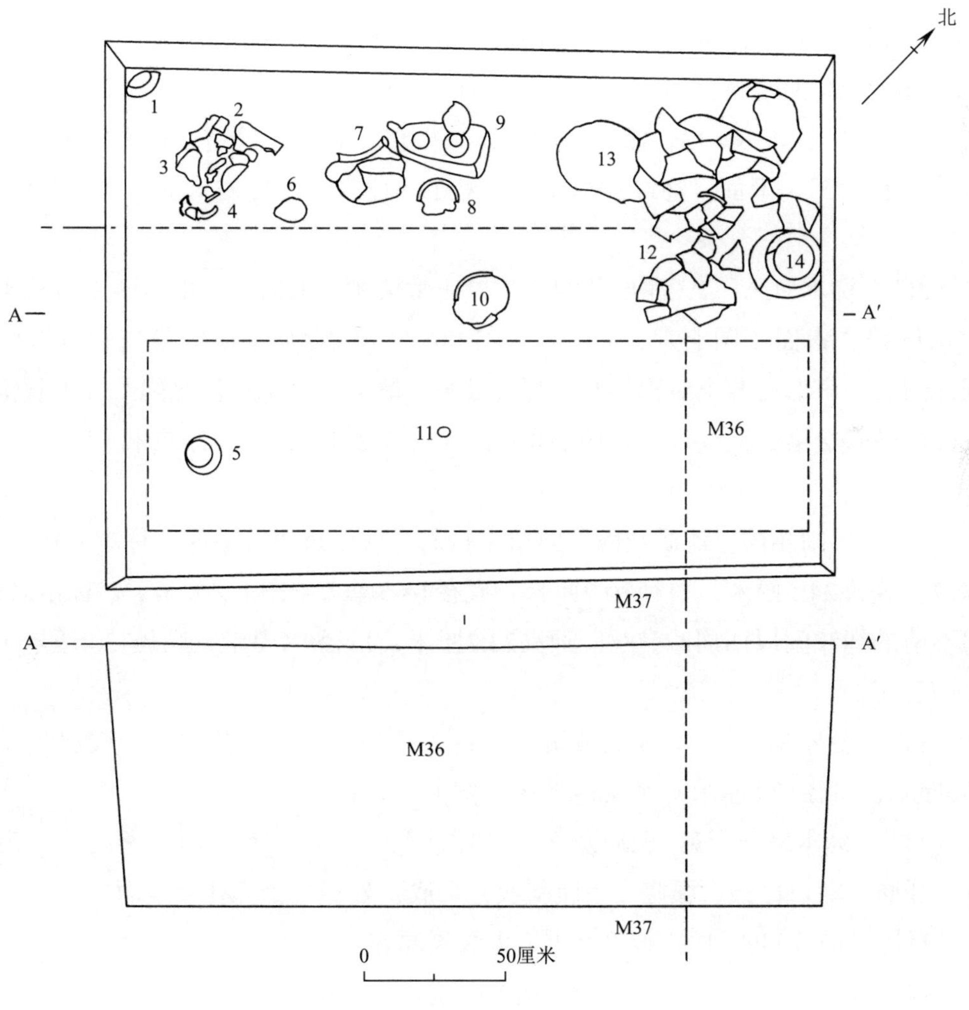

图七五　M36平、剖面图

1、4~6.陶罐　2、3.陶仓　7、14.陶鍪　8.陶盆　9.陶灶　10.铜洗　11.铜钱　12.陶双牛鼻耳罐　13.陶瓮

2. 出土器物

随葬品14件（组），多放置于西部的生土台上，由南向北依次有陶仓2件、陶罐2件、陶双牛鼻耳罐1件、陶盆1件、陶鍪2件、陶灶1件、陶瓮1件，在墓底西部有铜洗1件、陶罐2件，棺内有陶鍪1件和铜钱1串。

陶双牛鼻耳罐　1件。标本M36：12，泥质灰陶。敞口，方唇，束颈，溜肩，肩部有两个对称牛鼻形耳，鼓腹，下腹弧收，凹圜底。肩及上腹饰斜绳纹间以抹痕，下腹饰横斜交错的绳纹。通高23.6厘米，口径12.3厘米，底径8厘米（图七六，11；图版二五，5）。

陶罐　4件。形制相同。泥质灰陶。直口，圆肩，鼓腹，下腹缓收，平底。标本M36：1，素面。通高7.8厘米，口径7厘米，底径4.5厘米（图七六，1）。标本M36：4，内底有旋涡纹。素面。通高7.7厘米，口径7.6厘米，底径5.4厘米（图七六，4；图版二五，3）。标本M36：5，腹部饰一周凹弦纹，下腹有刀削痕。通高8.6厘米，口径8厘米，底径5厘米（图七六，2；图版二五，4）。标本M36：6，腹部有削痕，内底有旋涡纹，素面。通高7.8厘米，口径7厘米，底径4.8厘米（图七六，3）。

陶瓮　1件。标本M36：13，泥质灰陶。直口微侈，直颈，圆肩，最大径近肩部，鼓腹，下腹弧收，平底微凹。素面。通高33厘米，口径24.3厘米，底径23.8厘米（图七六，5；图版二五，1）。

陶鍪　2件。标本M36：7，泥质灰陶。敞口，微束颈，溜肩，肩部有两个对称半圆形耳，下腹及底部已残。素面（图七六，8）。标本M36：14，泥质灰陶。敞口，口沿略外翻，尖唇，束颈，溜肩，肩部有两个对称半圆形耳，鼓腹，圜底。颈部饰浅竖绳纹，上腹饰斜绳纹，下腹及底部饰横斜交错的绳纹。通高19.2厘米，口径17.2厘米，腹径22厘米（图七六，9；图版二五，2）。

陶仓　2件。形制相同。泥质灰陶。敛口，折肩，腹壁近直，平底。标本M36：2，腹部饰四周凹弦纹。通高24.5厘米，口径10.2厘米，底径14.5厘米（图七六，6）。标本M36：3，腹部饰漫漶不清的绳纹间以四周凹弦纹。通高23.2厘米，口径9.4厘米，底径13.8厘米（图七六，7；图版二五，6）。

陶盆　1件。标本M36：8，泥质灰陶。敞口，折沿，方唇，弧腹，下腹斜收，平底。素面。通高6厘米，口径12.8厘米，底径5.4厘米（图七六，10）。

陶灶　1件。标本M36：9，泥质灰陶。灶体已残，上置一釜一甑。釜已残，为敞口，折沿，方唇，弧腹。甑口已残，弧腹，下腹斜收，平底，残存两个箅孔。素面。

铜洗　1件。标本M36：10，破碎严重，无法复原。

铜五铢钱　1串。标本M36：11，残破锈蚀严重，无法拓片。

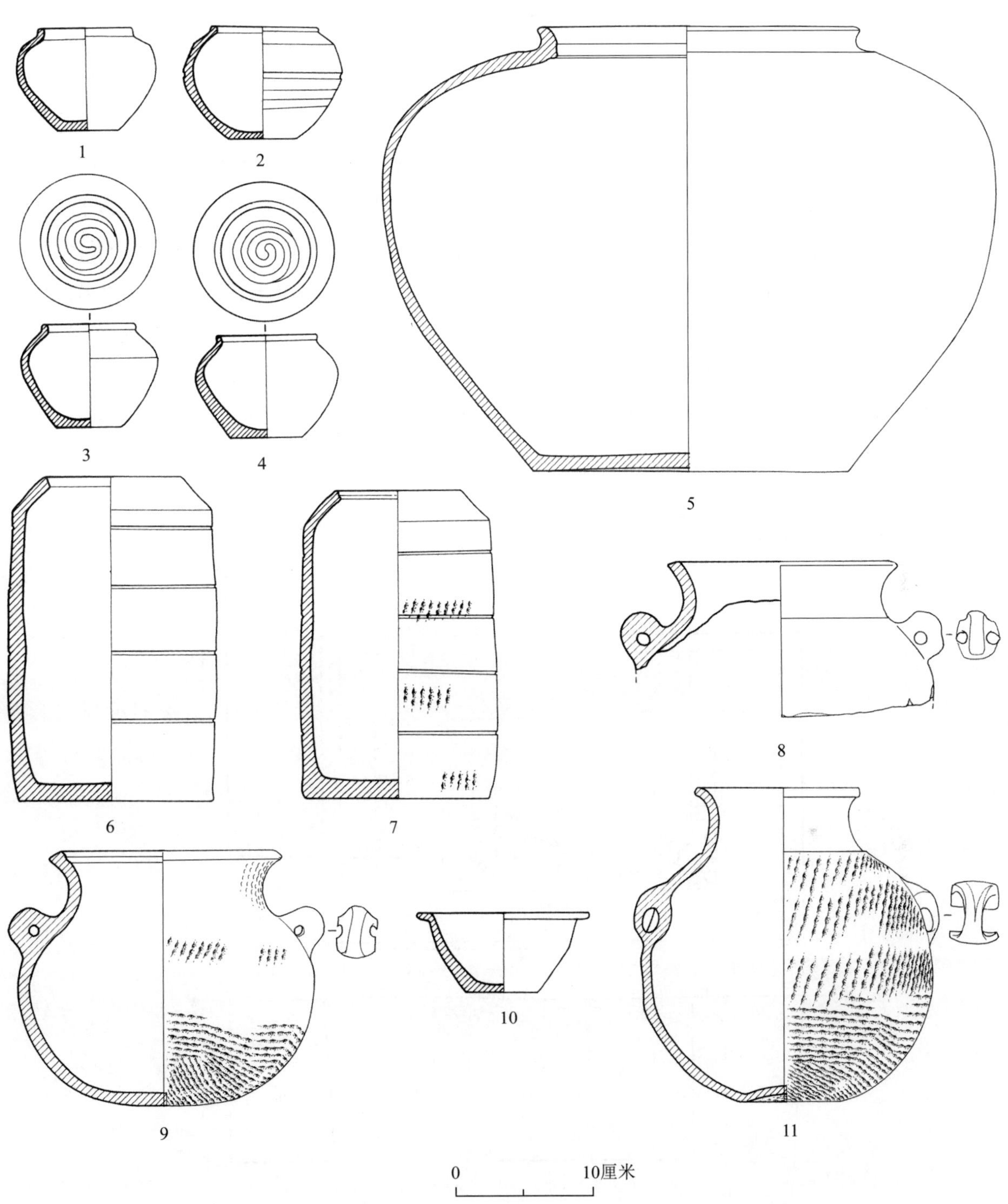

图七六 M36出土陶器

1～4.陶罐（M36：1、M36：5、M36：6、M36：4） 5.陶瓮（M36：13） 6、7.陶仓（M36：2、M36：3） 8、9.陶鍪（M36：7、M36：14） 10.陶盆（M36：8） 11.陶双牛鼻耳罐（M36：12）

三七、M37

1. 墓葬概况

M37位于二区西北部，开口于耕土层下，距地表0.3米，西北部被M36打破。方向215°。口大底小，墓口长2.64米，宽1.68米；墓底长2.42米，宽1.6米；墓深1.76米。坑四壁规整，向下微内收，墓壁粗糙，墓底平坦，并铺一层较薄的青膏泥。墓底四周有熟土二层台，台面宽窄不一，东、南、西、北台面宽分别为0.2、0.26～0.32、0.35、0.34～0.4米，台高0.6米（图七七；图版二四，2）。

填红褐色五花土，土质坚硬。

葬具已腐朽，仅存痕迹，可知为一椁一棺。椁痕长1.87米，宽0.94米，棺痕不清晰。

人骨架腐朽不详。

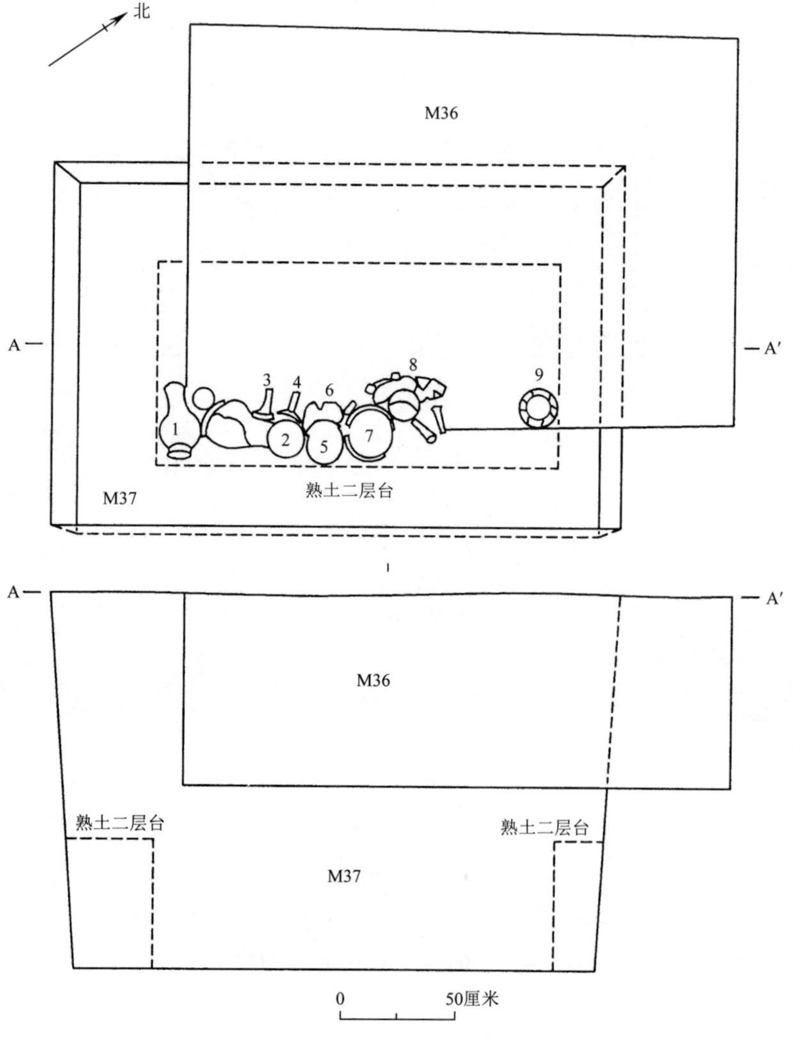

图七七　M37平、剖面图

1、2.陶壶　3、4.陶豆　5、6.陶敦　7、8.陶鼎　9.陶盘

2. 出土器物

随葬品9件，均为陶器，放置于椁室东部，由南向北依次有壶、豆、敦、鼎各2件，陶盘1件。

陶鼎 2件。泥质灰陶。破碎严重，无法复原。仅知为子口，高蹄足，足面有削痕。

陶豆 2件。泥质灰陶。破碎严重，无法复原。仅知盘底较平，短柄，中空至柄中部。

陶敦 2件。泥质黑皮灰陶。破碎严重，无法复原。有卧兽状矮纽。

陶壶 2件。泥质黑皮灰陶。破碎严重，无法复原。标本M37：1，盖顶有树杈状纽，每个纽有四个分叉。器为长颈近直，颈部饰几周凹弦纹。

陶盘 1件。标本M37：9，泥质黑皮灰陶。破碎严重，无法复原。仅知为敞口，底近平。

三八、M38

1. 墓葬概况

M38位于二区东北部，开口于耕土层下，坑口距地表0.3米。方向334°。由墓道和墓室两部分组成，墓道向西北，设于墓室前壁，稍偏左，为长方形斜坡状，口大底小，由西北向东南渐宽，口长1.44米，宽0.55～0.94米；底坡长0.94米，坡度33°；下端宽0.84米，下端深0.46米。下端高于墓室底部0.24米。

墓室平面呈长方形，口底同大，长2.72米，宽2.48米，深0.5～0.7米。墓壁竖直，周边和墓底积石积炭，周边积石积炭的厚度在9～12厘米，东、西两壁稍厚。河卵石大小不等，长5～10厘米，与炭混杂在一起。墓底积石积炭保存较差，河卵石比墓壁上的稍大，稀稀疏疏，没有规律。墓底高低不平，由南向北渐低（图七八；图版二六，1、2）。

墓室近墓道处有一不规则形盗洞，口大底小，周壁向下内收，底部近圜形，打破墓底并破坏生土。长1米，宽0.76米，深0.8米。

填红褐色五花土，土质松软。

葬具已不存。

残存的人骨架头部和部分肢骨散置三处，葬式无从判定。

2. 出土器物

随葬品较为丰富，计51件（铜钱按4件计），几乎分布于整个墓室。随葬品主要为陶器，计有鼎、壶、罐、瓮、仓、灶、釜、甑、井、磨、坛、盆、器盖以及筒瓦，另外还有铜五铢钱、铜弩机、铁剑和石片。随葬品的放置无规律可循，陶仓分布在墓室的东部和西北部，陶壶、博山形器盖放置在东北部和中东部，陶坛、小陶壶位于西北部，筒瓦置于西部，陶鼎、灶、井、瓮及铜弩机、铁剑等放置于中南部和中东部，铜钱在西南部、中部和东北部皆有分布。由于墓室被盗扰，属于陶仓附件的陶釜、甑移至中东部，属于陶井附件的陶水斗却置于陶仓上。由此可以推知，其他随葬器物也并非全在原来的放置位置。

陶器的陶质大多为泥质灰陶，仅2件陶壶、1件陶鼎、1件陶仓为泥质灰皮红陶。陶土似未经精细淘洗，多含有微量的细砂。另有1件蹄足陶鼎、2件小陶罐、3件有唇折肩仓、3件灰陶壶的含细砂量稍大。有少量陶器火候不充分，颜色不均匀，部分呈灰黑色或灰黄色。陶器的制法以轮制为主，模制和手制较少。单纯的用一种制法制成完整成品的，只有少量的瓮、罐、仓、小陶壶等。多数器物都是用几种制法。圆形器物多为轮制。鼎耳、鼎褪、灶、铺首、博山形器盖等为模制。手制主要应用在、模制已成型器物的加工上，如磨足、鼎足、罐耳等。大多数器物有纹饰，主要有绳纹、弦纹，另有菱形纹、对顶三角纹、卷云纹、直线纹、戳印纹以及人物、动物和树的图案等。

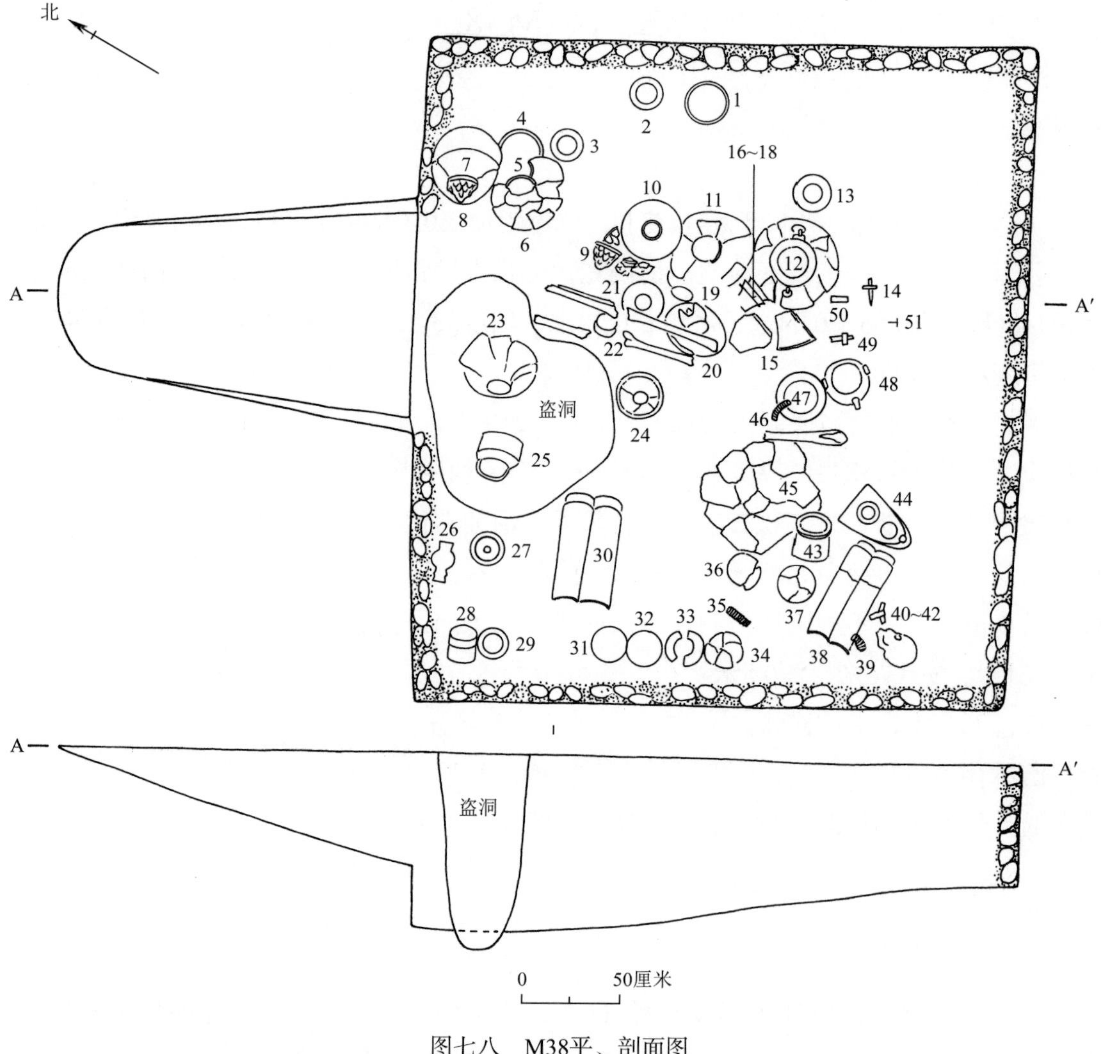

图七八　M38平、剖面图

1、4、8、9、15～17、24、37.陶器盖　2、3、25、28、29、31～34.陶仓　5、35、39、46.铜钱　6、7、10～12、26.陶壶　13、21～23.陶罐　14、49.铁剑　18.陶甑　19.陶釜　20.陶磨　27.陶坛　30、38.陶筒瓦　36.陶盆　40～42.石片　43.陶井　44.陶灶　45.陶瓮　47、48.陶鼎　50.铜弩机　51.铜棺钉

陶鼎　2件。形制不同。标本M38：48，器身轮制，耳与足模制后加于器上。子口，两侧有对称的模制两耳，鼓腹较浅，平底，下附三个模制的蹄形足。腹部有两周凹弦纹，两耳外侧模印菱形纹，足根部模印兽面纹。通高17.5厘米，口径12.6厘米，底径10厘米（图七九，1；图版二七，1）。标本M38：47，器身轮制，足似手捏而成，制作粗糙。子口，两耳已残，鼓腹较浅，最大腹径近口部，圜底近平，下附三个根部外侧凸起的不规整的柱状足。器表素面。残高12厘米，口径12.8厘米，底径9.6厘米（图七九，2）。

陶壶　5件。其中泥质灰皮红陶壶2件，火候较低，皆已破碎，无法修复；泥质灰陶壶3件，形制基本相同，大小相次，盘形口，有领，领中部微凹，细颈，鼓腹，最大腹径稍偏下，上腹部有两个对称的铺首衔环，环内有凸起的圆点，折曲状圈足。仅标本M38：9的盘形口外敞，颈腹间有明显分界，腹部饰三组凹弦纹，每组三周。另外两件陶壶的盘形口较直，颈腹间无明显分界，腹部饰四组凹弦纹，每组三周。标本M38：12，为最大的一件。通高36.4厘米，口径16.1厘米，最大腹径28.6厘米，底径17厘米（图七九，4；图版二七，6）。标本M38：10，为最小的一件。通高31.3厘米，口径15.6厘米，最大腹径25.5厘米，底径14.4厘米（图七九，5；图版二七，5）。

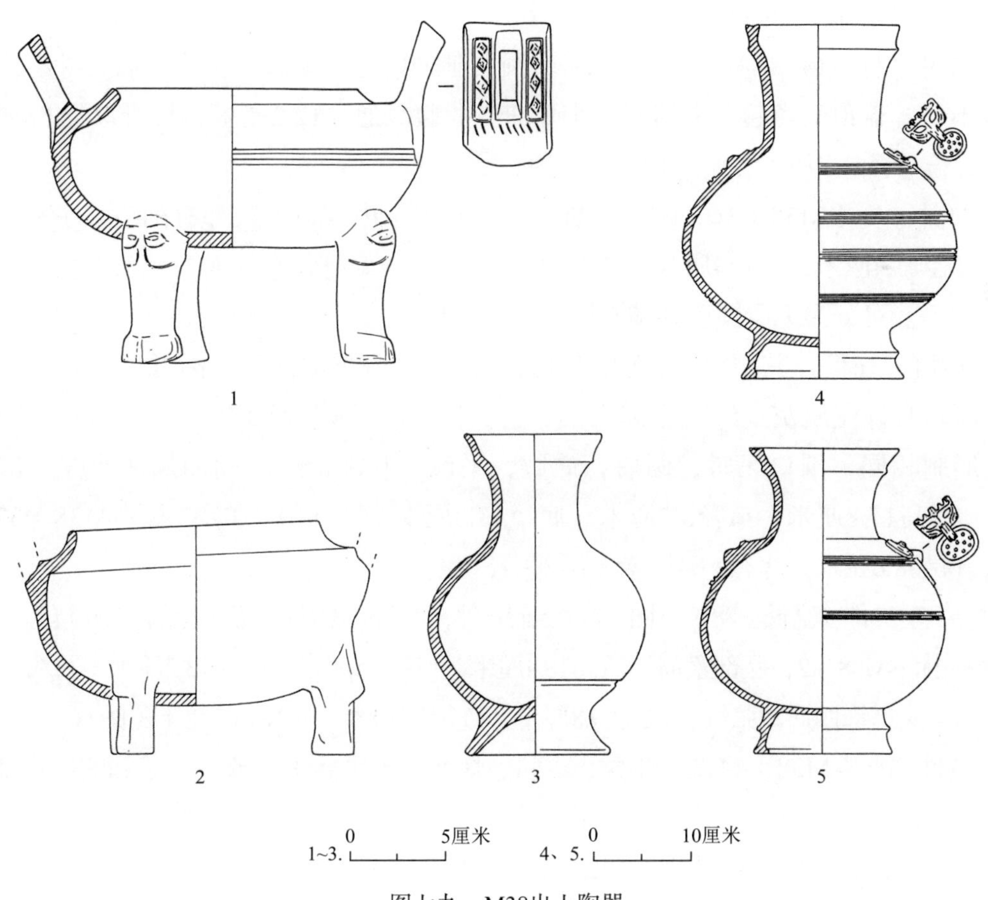

图七九　M38出土陶器

1、2.陶鼎（M38：48、M38：47）　3.小陶壶（M38：26）　4、5.陶壶（M38：12、M38：10）

小陶壶　1件。标本M38：26，盘形口，有领，领中部微凹，细颈，颈腹间没有明显的分界，鼓腹，喇叭形圈足。素面。通高16.4厘米，口径7.2厘米，最大腹径11.3厘米，底径7.5厘米（图七九，3）。

陶罐　4件。可分为双牛鼻耳罐、弦纹罐和素面罐三种。

陶双牛鼻耳罐　1件。标本M38：23，口已残，有颈，颈腹间有明显分界，鼓腹，上腹部有两个对称的竖状扁环耳，凹圜底。上腹部斜向饰绳纹间三周较宽的凹弦纹，下腹部及底部饰横向绳纹。残高21.5厘米，最大腹径21.3厘米（图八〇，1；图版二七，4）。

陶弦纹罐　2件。形制相同，大小相次。直口，圆肩，鼓腹，最大腹径位于中部，平底。腹部上下饰两组凹弦纹，上面一组为三周，下面一组为两周。标本M38：22，通高8.2厘米，口径8厘米，底径7.2厘米（图八〇，4；图版二七，3）。标本M38：21，通高7.5厘米，口径8.2厘米，底径6.1厘米（图八〇，3）。

陶素面罐　1件。标本M38：13，直口，圆肩，鼓腹，最大腹径位于上腹部，下腹部有削痕，平底。下腹部有因火候低而露出的部分红胎。通高10厘米，口径7.6厘米，底径8厘米（图八〇，5；图版二七，2）。

陶瓮　1件。标本M38：45，直口，尖唇，圆肩，扁圆腹，最大腹径近肩部，平底。器物已变形，口部不平，腹部有内凹现象。肩部有两周凹弦纹，上腹部有一周凹弦纹。通高24厘米，口径20.3厘米，底径20.8厘米（图八〇，6）。

陶坛　1件。标本M38：27，子口承盖，圆唇延伸向上，弧腹，下腹内收，并有削痕，小平底,高低不一。盖顶微隆起，中间有一小抓纽，曲腹。通高12.2厘米，坛身口径7.8厘米，底径6.4厘米，盖口径11.6厘米（图八〇，7）。

陶盆　1件。标本M38：36，敞口，折沿，弧腹向下内收，下腹部有削痕，小平底。通高5.9厘米，口径13.4厘米，底径4厘米（图八〇，2）。

陶仓　9件。可分为无唇圆肩仓和有唇折肩仓两种。

无唇圆肩仓　6件。其中5件为泥质灰陶，1件为泥质灰皮红陶。高低、粗细不同。其中3件泥质灰陶和1件泥质灰皮红陶仓高而细，另2件泥质灰陶仓低而粗。标本M38：29和标本M38：32形制相同，圆口无唇，圆肩，筒腹，平底。腹部饰绳纹间四周凹弦纹。其中标本M38：29，通高17.8厘米，口径8.7厘米，底径13.8厘米（图八一，2）。标本M38：32，通高18.5厘米，口径8.6厘米，底径13.4厘米（图八一，1）。

有唇折肩仓　3件。高低、粗细不同。高而细者1件，低而粗者2件。形制相同，圆口有唇，折肩，筒腹，平底。标本M38：2，腹部素面。通高18.4厘米，口径8.5厘米，底径13.2厘米（图八一，6）。标本M38：3，腹部饰四周凹弦纹。通高19.8厘米，口径9.4厘米，底径13.3厘米（图八一，7）。

陶灶　1件。标本M38：44，由灶身、火门、灶面、火眼、釜、甑（一釜和甑因扰乱而移至他处，另外介绍）等部分构成。灶身平面作顶角为弧角的三角形，无底，后端有一圆柱壮烟囱，由下向上渐细，中有小孔，直穿灶腹；火门为半圆形；灶面上有两个火眼，前大后小。前面的火眼上有一陶釜，口内敛，圆肩，鼓腹，圜底，下腹部和底部有削痕，通高5厘米，口径5.5厘米。灶身通高10.2厘米，长24.8厘米，前端宽19厘米（图八一，4；图版二八，2）。

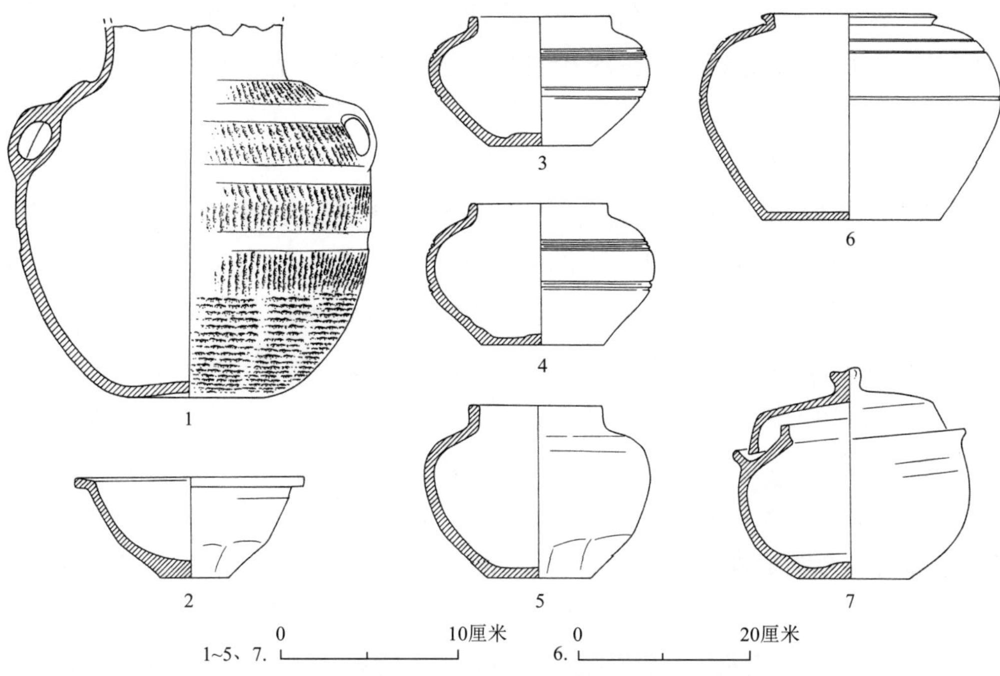

图八〇 M38出土陶器

1.陶双牛鼻耳罐（M38：23） 2.陶盆（M38：36） 3～5.陶罐（M38：21、M38：22、M38：13）
6.陶瓮（M38：45） 7.陶坛（M38：27）

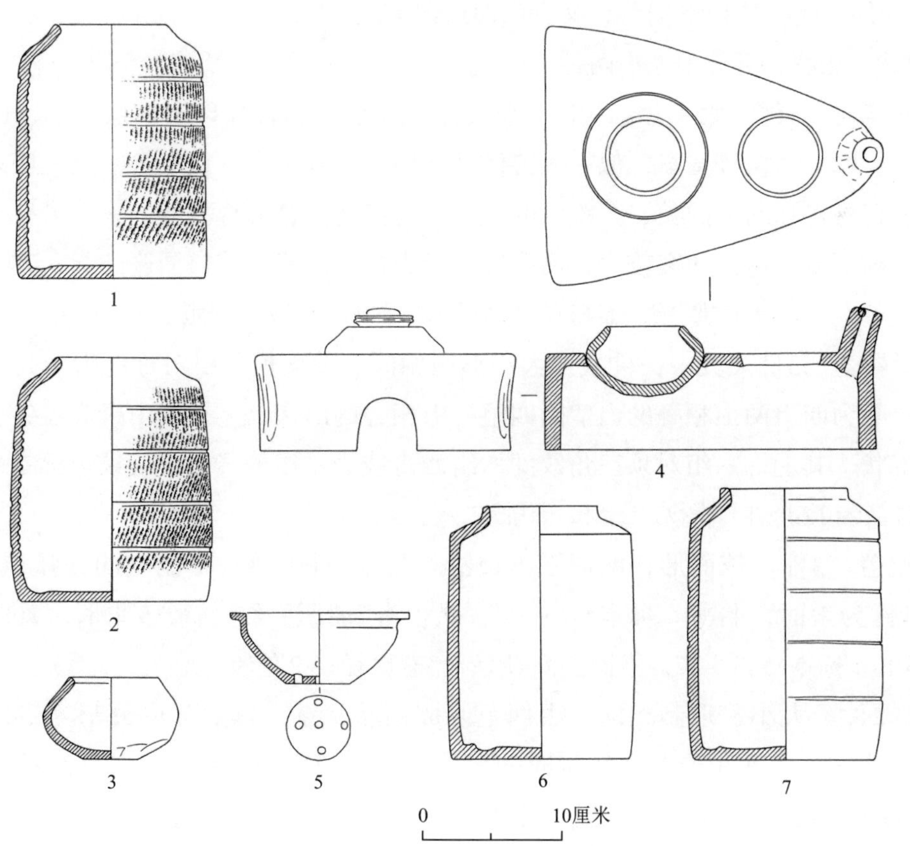

图八一 M38出土陶器

1、2、6、7.陶仓（M38：32、M38：29、M38：2、M38：3） 3.陶釜（M38：19） 4.陶灶（M38：44） 5.陶甑（M38：18）

陶甑　1件。标本M38：18，原应放置于陶灶上。敞口，折沿，弧腹向下内收，下腹部有削痕，小平底，底部由下往上穿5孔。通高5.2厘米，口径13.2厘米，底径4.7厘米（图八一，5）。

陶釜　1件。标本M38：19，原应放置于陶灶上。口内敛，圆肩，鼓腹，下腹部有削痕，平底。通高6厘米，口径6.6厘米，底径4.4厘米（图八一，3）。

陶井　1件。标本M38：43-1，圆筒形，井口沿平折向下，口小底大，平底。井口沿面印打有圆点纹，周边饰复线波折纹，井身上部饰一组四周凹弦纹，其下饰复线波折纹间复线卷云纹。通高11.2厘米，口内11.6径厘米，外径16.2厘米，底径16厘米（图八二，6）。该井附有陶水斗，标本M38：43-2，出土时置于陶灶之上，系盗扰所致。敞口，束颈，鼓腹，下腹部有削痕，小平底。通高11.2厘米，口径15.9厘米，底径16厘米（图八二，4；图版二八，1）。

陶磨　1件。标本M38：20，由上、下扇及磨盘三部分组成。上扇顶部有两个对接半圆形槽，槽内各有一个圆形穿孔；侧面有两个圆形榫眼，插入小木柄以便固定推磨的木柄；凹底中央即两穿孔之间有一个圆形榫眼，与下扇中央的圆形穿孔对应，插入木柄以固定上、下扇的位置。下扇顶部为圆形凸起以与上扇的凹底吻合，直腹，下与磨盘相连。磨盘为敞口，方唇，弧腹内收，小平底，盘外侧下部附三个根部外侧凸起的不规整的柱状足。上扇的上面、侧面和底部以及下扇的顶部皆戳印有麻坑。通高12厘米，扇径9.1厘米，盘口径20厘米（图八二，3；图版二八，3）。

陶器盖　9件。既有博山形器盖，又有球面形器盖。

博山形器盖　6件。可分为大小两种。

大博山形器盖　3件。大小形制相同。整体呈圆锥状，盖面模印出四层山峦，山坡上模印出象、鹿、人、犀牛、树等图案，似有一兽伏卧于顶部。其中由下往上的一至三层多为人物和动物图案，既有行走和站立的象、奔跑状的鹿，还有持物奔跑似狩猎状的人，另有一些动物和人物图案已模糊不清，树的图案较少，而第四层皆为树的图案。盖口周遍凸起，其上有一周菱形纹。标本M38：24，高9.2厘米，盖口径16.3厘米（图八二，7；图版二八，5）。

小博山形器盖　3件。其中一件残。大小形制相同。盖面模印出对称的山峦，山坡上有竖向线纹。其中下为四组两山相叠的山峦间四组三山相叠的山峦，上为四山聚成盖尖。盖口周遍凸起形成宽带状，其上饰六组对顶三角纹间六组四直线为一组的竖向直线纹。标本M38：16，高9厘米，盖口径12.6厘米（图八二，8；图版二八，4）。

球面形器盖　3件。球面形，四周平出边沿。其中2件大小、形制相同，弧顶有7周凹弦纹，胎厚；1件为素面，胎薄。标本M38：4，弧顶有7周凹弦纹。高5.9厘米，盖口径17厘米（图八二，5）。标本M38：37，素面。高4厘米，盖口径16.2厘米（图八二，2）。

陶筒瓦　2件。大小、形制相同。由两范制成筒状瓦壁，然后居中分割为二，故瓦的断面弧度约等于半圆。一头留有瓦垄衔接时的荀口，较瓦身略细。瓦面有直线绳纹，留有荀口的一端以及另一端的大部分绳纹经湿手抹平。内部有布纹，两侧遗留有切割的痕迹。标本M38：38，瓦通长42.3厘米，外径17.6厘米，内径15厘米，荀口长2.6厘米（图八二，1；图版二八，6）。

铜弩机　1件。标本M38：47，已残，个体极小，应为明器。由郭、望山、钩心、悬刀等部件组成。郭前端较窄，面上刻出箭槽。郭身有二键穿通，固定了钩心、悬刀的位置。键一端有帽，另一端有一孔横穿。残高3.4厘米，郭长4.5厘米，宽0.8～1.2厘米（图八三，6）。

铜棺钉　1件。标本M38：51，钉帽呈盔状，钉尖已残。残长1.1厘米，钉帽最大径1.45厘米（图八三，3）。

铁剑　2件。从残存的情况观察，大小、形制相同。剑身、剑茎扁平，身、茎交接处有铜坛。坛皆平素无纹饰，中间隆起成脊，一端中间稍向前凸，另一端中间向内稍凹入。标本M38：49，残长11.5厘米（图八三，1）。标本M38：14，残长5.1厘米（图八三，2）。

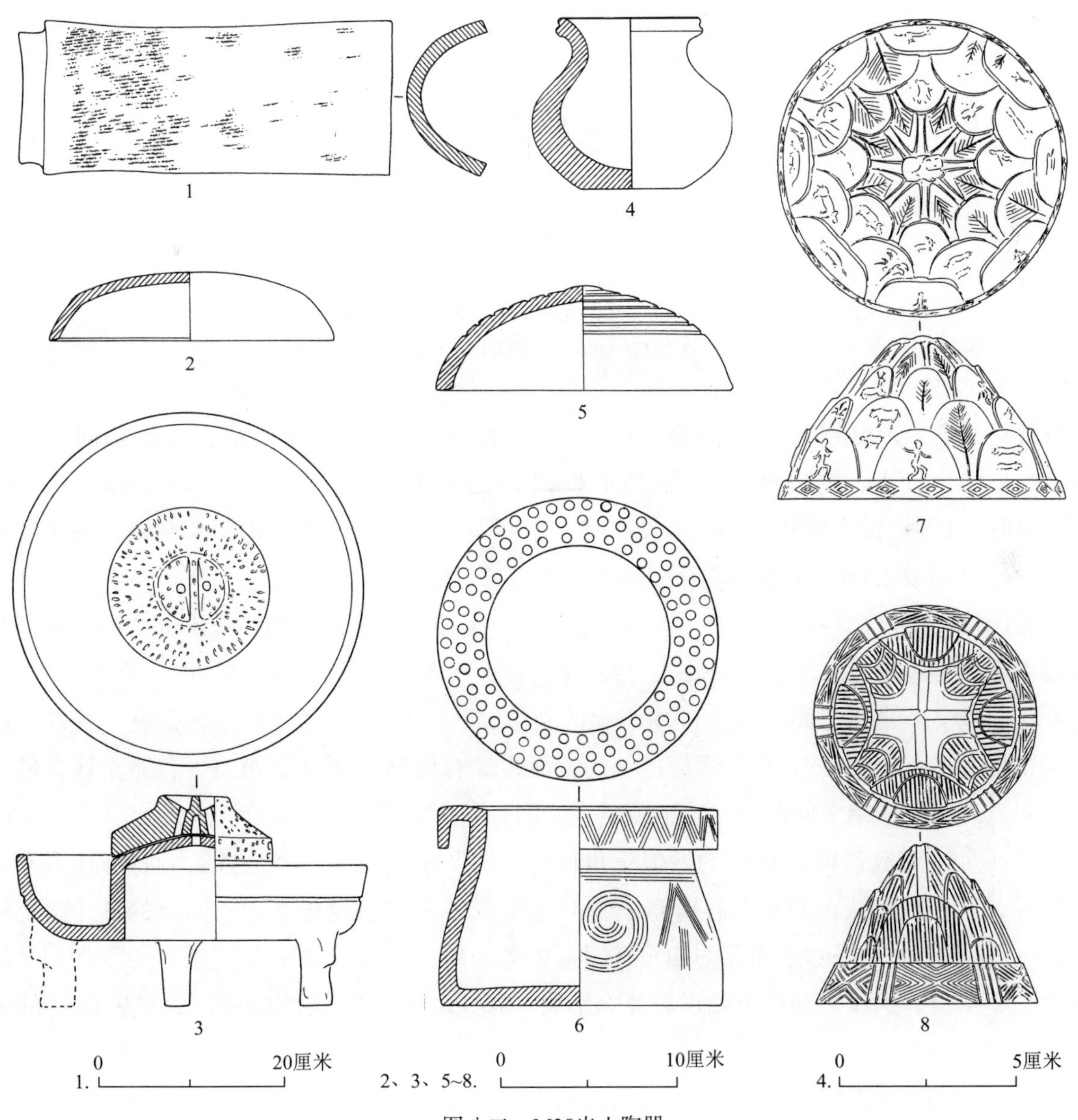

图八二　M38出土陶器

1.陶筒瓦（M38：38）　2、5、7、8.陶器盖（M38：37、M38：4、M38：24、M38：16）　3.陶磨（M38：20）
4.陶斗（M38：43-2）　6.陶井（M38：43-1）

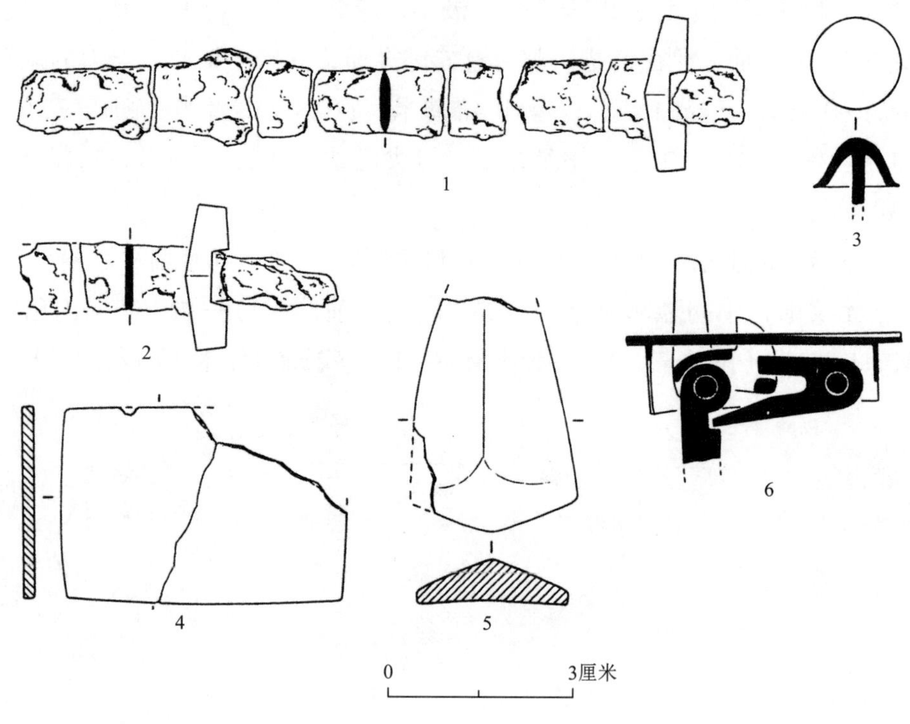

图八三　M38出土遗物

1、2.铁剑（M38：49、M38：14）　3.铜棺钉（M38：51）　4.石片（M38：41）
5.石口唅（M38：40）　6.铜弩机（M38：50）

石片　2件。皆已残，石质很差，易碎，呈白色，为长方形薄片状，大小相同。标本M38：41，长4.6厘米，宽3.1厘米，厚0.25厘米（图八三，4）。

石口唅　1件。标本M38：40，似戈头状，中间厚，向两侧渐薄，中间似起脊，尖头。残长3.9厘米，中部宽2.5厘米，最厚处0.65厘米（图八三，5）。

铜五铢钱　151枚，4串。其中一串锈蚀在一起，从出土的情况分析，在随葬之前，先用绳将铜钱串起，再用布包裹。根据另外三串共118枚五铢钱的大小、形制、书体可分两型。

A型　17枚。钱的正面边缘有一周凸起的周郭，正方形穿，穿之左右有篆书“五铢”两字，大部分钱上的“铢”字不太清楚；钱的背面边缘有周郭，而且穿四边也有郭。钱文的书体特点明显。“五”字中间两笔是直的或近乎直的，整个字形如两个对顶三角形；“铢”字的“金”字头如一带翼箭镞，也有的近似三角形；“铢”字的“朱”字头方折。有的钱上有特殊的记号，一种是在钱正面穿上有横郭一道（4枚）；一种是在穿的下面有凸起的月牙状记号（5枚）；还有一种是钱的正面穿的四角有四条短文（1枚）。这三种带记号的钱与不带记号的钱在大小、重量、铜质、钱纹方面没有什么不同。郭径2.5厘米，钱径2.3厘米，穿边长0.9厘米（图八四，1～3）。

B型　101枚。钱的正面边缘有一周凸起的周郭，正方形穿，穿之左右有篆书“五铢”两字；钱的背面边缘有周郭，而且穿四边也有郭。钱文的书体特点明显。“五”字中间两笔是弯曲的，中间两笔和上下两划相接的地方略向内靠拢，基本上垂直的，也有的弯曲程度更厉害；

“铢”字与A型的相比没有什么变化，只是笔划更清晰。这与铸造技术的进步有关。有的钱上有特殊的记号，一种是在钱正面穿上有横郭一道（16枚）；一种是在穿的下面有凸起的月牙状记号（20枚）。这两种带记号的钱与不带记号的钱在大小、重量、铜质、钱纹方面没有什么不同。郭径2.5厘米，钱径2.3厘米，穿边长0.9厘米（图31，4～6）。该型钱中还有一些剪轮五铢，但周郭被磨去的程度不一，有的仅磨去郭的一部分，有的刚好把郭磨去，有的磨去的更多（图八四，4～10）。

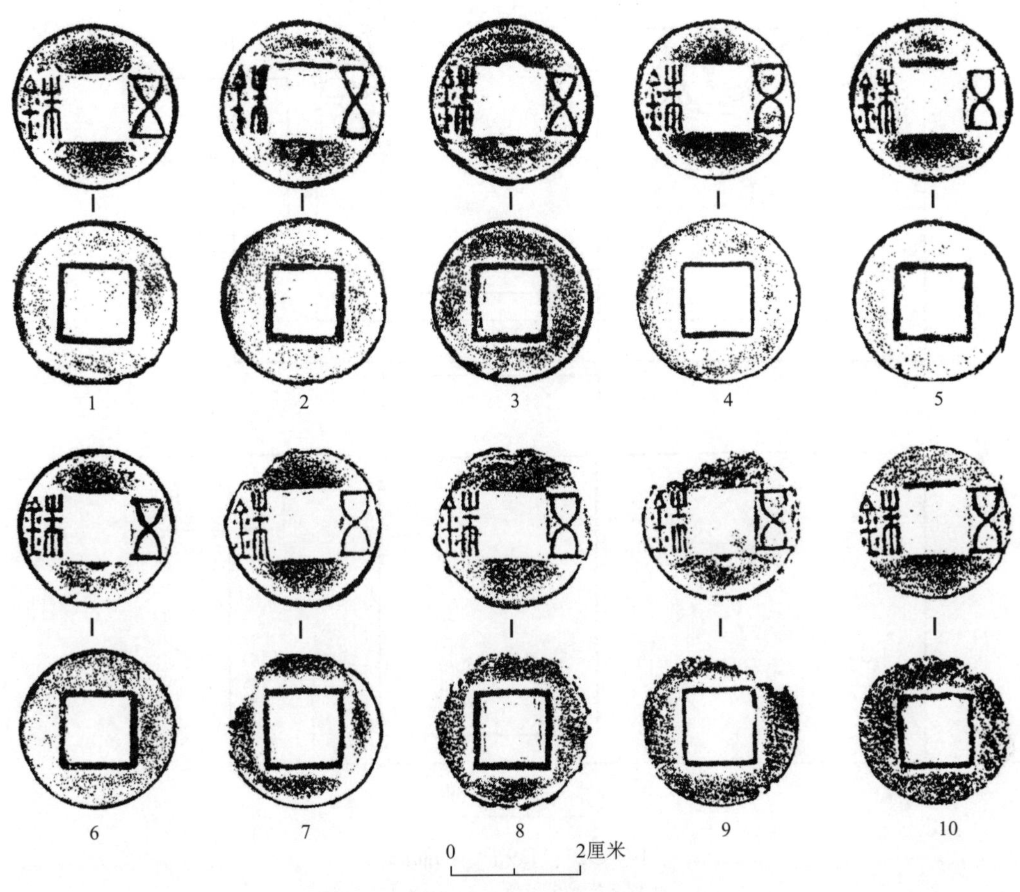

图八四　M38出土铜五铢钱
1～3.A型（M38：35）　4～10.B型（M38：39）

三九、M39

1. 墓葬概况

M39位于二区西北部，开口于扰土层下，距地表0.3米，扰土层厚0.5米，北部被一座近代墓打破，中部被M35打破至墓底。方向200°。口底同大，长2.5米，宽1.4米，深1.1米。墓壁陡直，墓底平坦，并铺一层较薄的青膏泥。墓底四周有熟土二层台，从残存部分知，东、南台面宽0.15米，西、北台面宽分别为0.2、0.3米，台高0.3米（图八五）。

填红褐色五花土，土质坚硬。

葬具已腐朽，仅存痕迹，可知为一椁一棺。椁痕长2.05米，宽1.05米，棺痕不清晰。

人骨架1具，已腐朽，仅存少量肢骨，可看出墓主人头向南，但葬式不详。

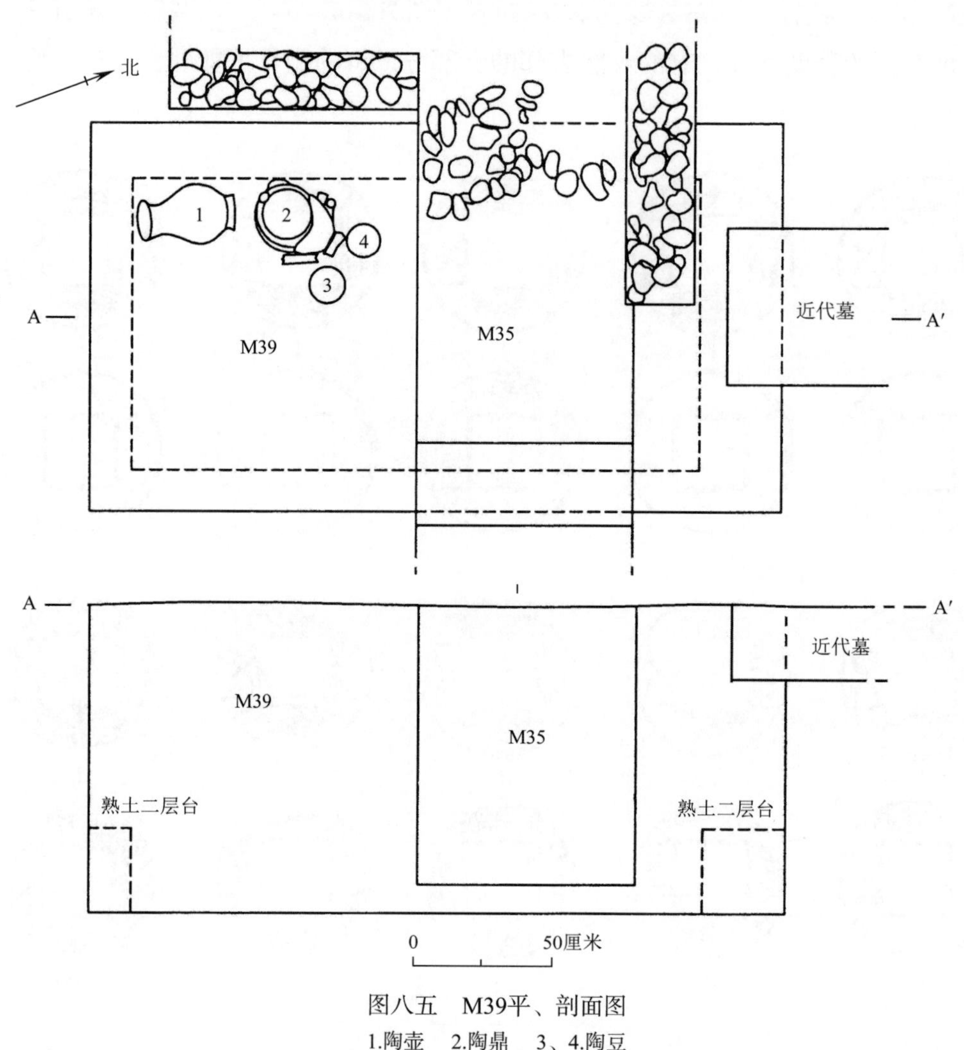

图八五　M39平、剖面图

1.陶壶　2.陶鼎　3、4.陶豆

2. 出土器物

随葬品4件，均为陶器，放置于椁室西南部，由南向北依次有壶1件、鼎1件、豆2件。破碎严重，均无法修复。

四〇、M40

1. 墓葬概况

M40位于三区东北部，开口于耕土层下，坑口距地表0.4米，地势西北高东南低，墓葬破坏严重。方向130°。由墓道、甬道和墓室三部分组成。

墓道向东南，西北与甬道相连，与甬道不在一条直线上，而是向左偏。墓道呈长方形竖穴，口大底小，由前端向后端渐宽，口长7.4米，宽0.4～0.94米；底长7.24米，宽0.25～0.4米，深0.52~0.92米。

甬道设于墓室前壁，稍偏左，东南与墓道相连，平面为长方形，进深0.68米，宽0.88～0.94米，残高0.42米。墙体砌于生土上，残存6层，砌法为条砖直行错缝叠砌。铺底砖不存。

墓坑平面呈长方形，口底同大，长3.82米，宽2.14米。砖砌墓室，砖墙紧贴坑壁，平面呈长方形，因挤压而变形，长3.48米，宽1.82米，残高0.84米。墙体砌于铺底砖上，残存12层，砌法为条砖直行错缝叠砌。铺底砖多已不存，从残存的铺底砖看，铺底砖分上下两层，下层用长方形条砖横向齐缝平铺，上层用大方砖齐缝平铺。

墓道、甬道和墓室前端的底部设置有一条排水道，首先在底中部挖一道沟槽，长8.22米，宽0.17米，深0.28米，再在沟槽底部纵向平铺一层底砖，然后在底砖两侧各侧立一砖，最后在侧立砖上面纵向平盖一层砖，这样就形成了一条排水道。排水道内空宽0.04米，高0.16米（图八六；图版二九，1、2）。

该墓用砖有两种规格，墙砖、墓室下层铺底砖和排水道用砖多为青灰色长方形条砖，个别因欠火候而呈红色或灰红色，一种规格为：长0.34米，宽0.16米，厚0.07米；另一种规格为：长0.34米，宽0.16米，厚0.06米，单长侧面饰“五”字形花纹；上层铺底砖为青灰色方砖，边长0.4米，厚0.07米，通体素面。

填灰褐色无花土，土质较软，内含碎砖较多。

葬具和人骨架不存。

2. 出土器物

随葬品已被扰乱，仅存9件，均为陶器，放置在墓室前部右侧，计有陶仓2件，陶罐、陶壶、陶坛、陶樽、陶案、陶耳杯、陶井各1件。另外在填土中发现有陶器残片，可复原者有陶盘2件，陶壶、陶罐、陶案各1件。

陶壶　2件。形制相同。泥质红陶，胎表面施绿釉。盘口，束颈，溜肩，肩部有两个对称的铺首衔环，鼓腹，最大径在中腹，下腹弧收，喇叭状假圈足，平底。颈壁及圈足壁呈瓦棱状，肩部饰两周凹弦纹，腹部有几周加工痕迹。标本M40：1，高33.9厘米，口径15.1厘米，底径18厘米（图八七，1；图版三〇，1）。标本M40：12，在填土中出土。高35厘米，口径15.2厘米，底径17.6厘米（图八七，2）。

陶坛　1件。标本M40：2，泥质灰陶。双口坛，直口，短直领，内口圆唇，外口尖唇，内口高于外口，外口微侈，鼓腹，最大径在中腹偏上处，下腹弧收，平底。上腹饰两周凹弦纹间饰一周竖向细绳纹。高10厘米，口径8厘米，底径7厘米（图八七，3；图版三〇，3）。

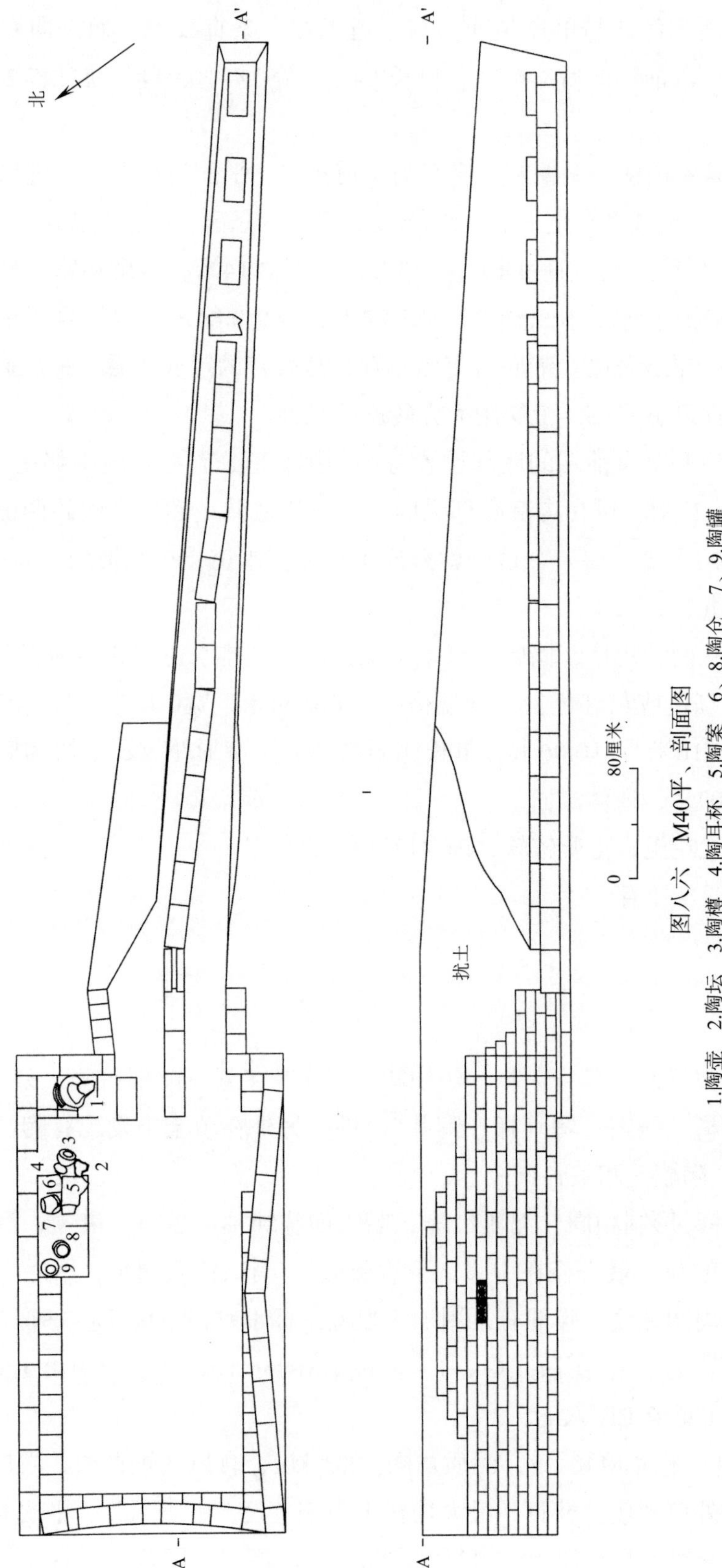

图八六　M40平、剖面图

1.陶壶　2.陶坛　3.陶樽　4.陶耳杯　5.陶案　6、8.陶仓　7、9.陶罐

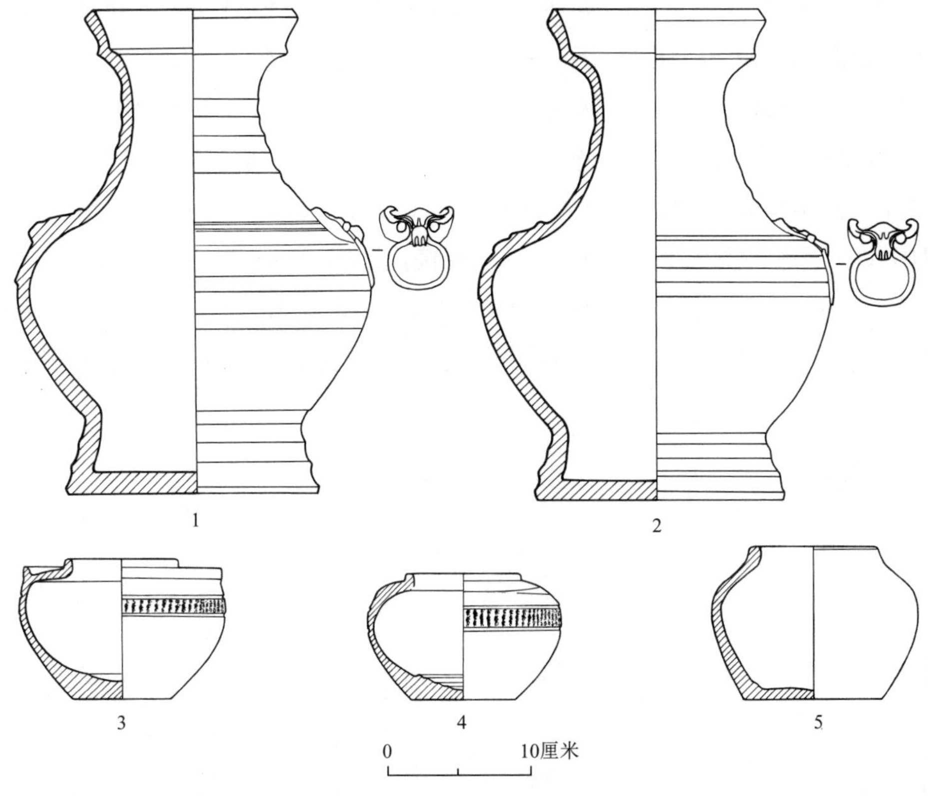

图八七　M40出土陶器

1、2.陶壶（M40：1、M40：12）　3.陶坛（M40：2）　4、5.陶罐（M40：7、M40：13）

陶罐　2件。标本M40：7，泥质灰陶。直口，圆唇，广肩，圆鼓腹，最大径在中腹偏上处，下腹弧收，平底。中腹饰两周凹弦纹间饰一周竖向细绳纹。高9厘米，口径8.1厘米，腹径13.8厘米，底径7.4厘米（图八七，4；图版三〇，2）。标本M40：13，在填土中出土。直口，圆唇，短直领，溜肩，圆鼓腹，最大径在中腹偏上处，下腹弧收，平底。素面。器高10.9厘米，口径9.1厘米，底径9.8厘米，腹径14.8厘米（图八七，5）。

陶樽　1件。标本M40：3，泥质红陶，胎表面施绿釉。直口，方唇，腹壁直，平底，底部有三鸟头形足。上腹、下腹分别饰三周、两周凹弦纹。高11厘米，口径14厘米，底径14厘米（图八八，9；图版三〇，4）。

陶耳杯　1件。标本M40：4，泥质褐陶，表面施黑釉。直口，杯口、底呈椭圆形，尖圆唇，两耳弧似新月，弧腹，下腹呈弧形曲收，平底，内底凹弧。素面。高3.5厘米，口长11.3厘米，口宽8.3厘米，底长6.6厘米，底宽3.6厘米（图八八，5；图版三〇，5）。

陶案　2件。形制相同。表面施绿釉。长方形，四边有高边栏，平底，底部四角均有扁矮足一个。素面。标本M40：5，泥质红陶。高8.6厘米，长44厘米，宽28.6厘米（图八八，1）。标本M40：14，在填土中出土。泥质灰陶，表面施黄釉。高7.8厘米，长48.8厘米，宽31.6厘米（图八八，2；图版三〇，6）。

陶仓　2件。形制相同。泥质灰陶，敛口，圆唇，斜折肩，中腹偏上处微鼓，下腹弧收，平底。素面。标本M40：6，高13.2厘米，口径9.1厘米，底径11厘米（图八八，7）。标本M40：8，高12.6厘米，口径9.3厘米，底径10.9厘米（图八八，6）。

陶井　1件。标本M40：9，泥质灰陶。敛口，方唇，宽折沿，外沿上有一周凹槽，中腹偏上处微鼓，下腹弧收，平底。素面。高12.6厘米，口径12厘米，底径11.4厘米（图八八，8）。

陶盘　2件。标本M40：10，在填土中出土。泥质红陶，表面施绿釉。敞口，尖圆唇，卷沿，斜弧腹内收，平底。盘内底有一周凸棱，突棱内部露红陶胎。素面。高3.6厘米，口径19厘米，底径12.8厘米（图八八，3）。标本M40：11，在填土中出土。泥质红陶，表面施绿釉。敞口，方唇，卷沿，斜弧腹内收，近底部处凹弧，平底。素面。高3.4厘米，口径17.8厘米，底径11.2厘米（图八八，4）。

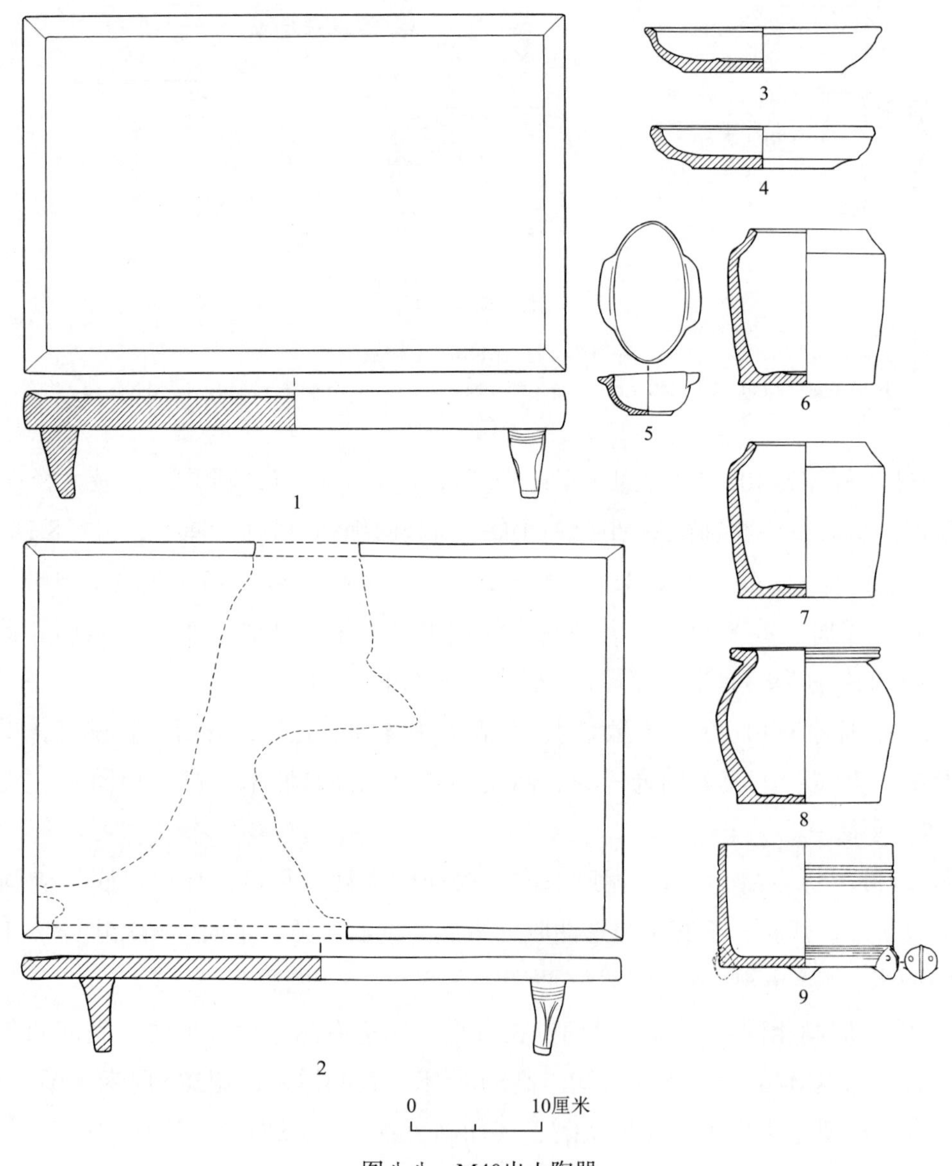

图八八　M40出土陶器

1、2.陶案（M40：5、M40：14）　3、4.陶盘（M40：10、M40：11）　5.陶耳杯（M40：4）　6、7.陶仓（M40：8、M40：6）　8.陶井（M40：9）　9.陶樽（M40：3）

四一、M41

M41位于三区东北部，开口于扰土层下，距地表0.3米，扰土层厚0.1米。方向320°。口大底小，坑口长2. 12米，宽1.16～1.24米；墓底长1.74米，宽0.98～1.02米；墓深1.83米。坑四壁规整，向下微内收，距墓口0.84米深处有生土二层台，台面平整，台壁垂直，宽窄不一，东、西台面宽0.12米，南、北台面宽0.06米，高0.99米。壁面光滑，经人工修整，墓底平坦。墓底四周有熟土二层台，东、南、西、北台面宽分别为0.12、0.16～0.17、0.14、0.3～0.32米，台高0.6米（图八九）。

填红褐色五花土，土质较硬。

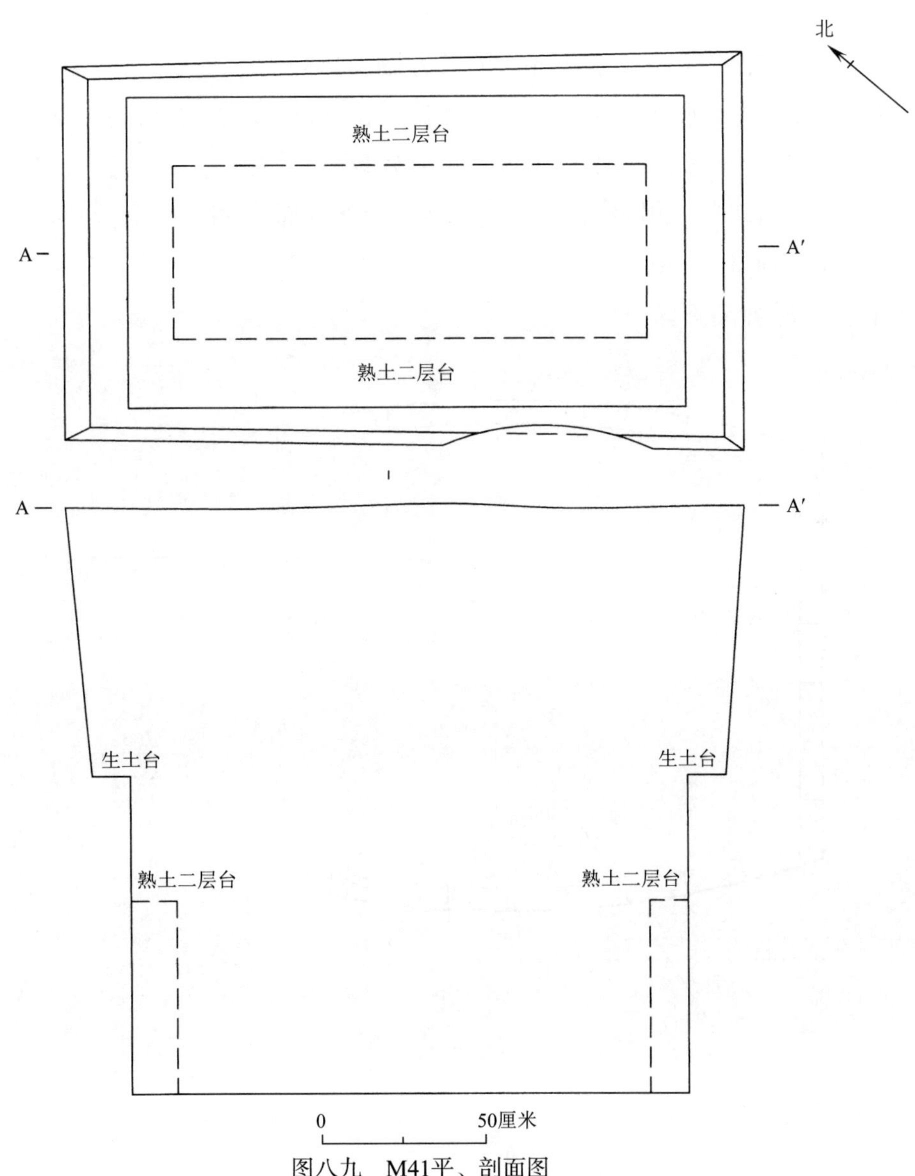

图八九 M41平、剖面图

葬具已腐朽，仅存棺椁痕迹，可知为一棺一椁。椁痕长1.74米，宽0.98～1.02米；棺痕长1.48米，宽0.54米。

人骨架1具，已腐朽殆尽，葬式不详。

无随葬品。

四二、M42

M42位于三区东北部，开口于扰土层下，距地表0.3米，扰土层厚0.1米，墓葬破坏严重，西南角打破M43。方向115°。由墓道、甬道和墓室三部分组成。墓道被破坏不存。

甬道向东偏南，居中而设于墓室前壁，已破坏至底部。甬道残进深0.6米，东端宽1.12米，西端宽1.2米。

墓坑口底同大，平面呈两侧壁中部外弧的长方形，长3.9米，宽2.48～3.14米，深0.22米。砖砌墓室，砖墙紧贴坑壁，平面呈左右壁中部外弧的长方形，长3.62米，宽2.2～2.86米，残高0.12米，最下一层与铺底砖平。墙体砌于生土上，残存3层，砌法为条砖直行错缝叠砌。铺底砖多已不存，从墓室前部残存的铺底砖看，为“人”字形平铺（图九〇）。

砖长0.34米，宽0.14米，厚0.06米。

葬具、人骨架、随葬品不详。

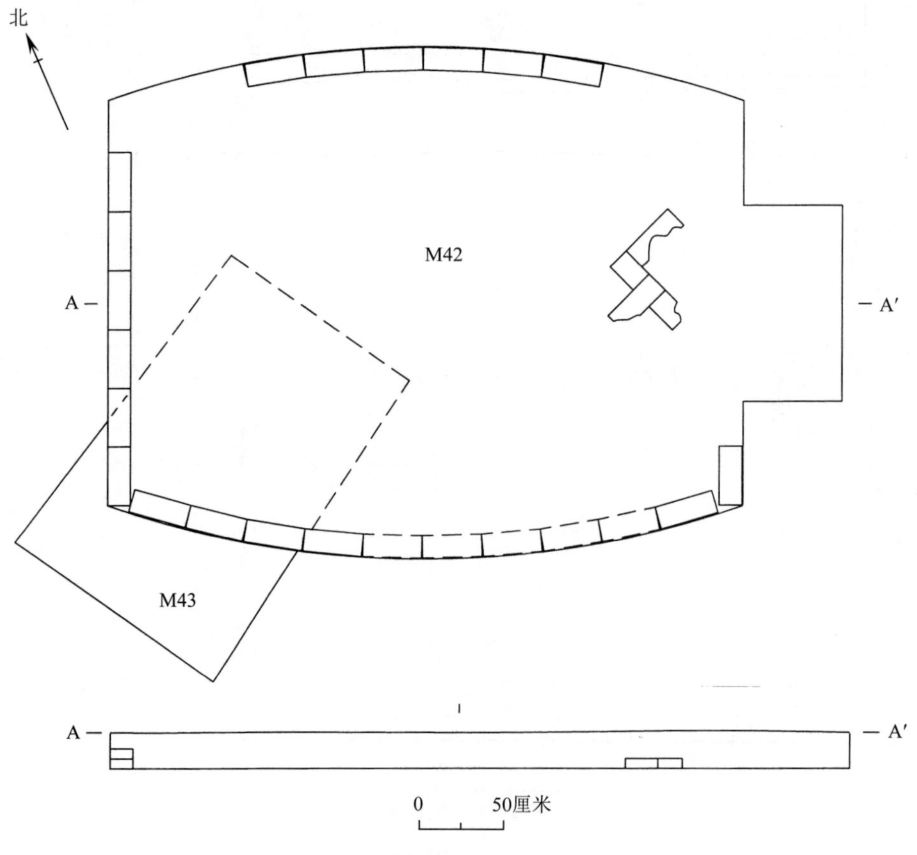

图九〇　M42平、剖面图

四三、M43

M43位于三区东北部，开口于扰土层下，距地表0.3米，扰土层厚0.1米，东部被M42打破。方向60°。口大底小，墓口长0.94米，宽1.34～1.48米；墓底长1.4米，宽0.4～0. 44米；墓深1.24米。坑四壁规整，向下微内收，距墓口0.8米深处有生土二层台，台壁垂直，台面变形并坍塌，东、南、西、北台面宽分别为0.2、0.22～0.32、0.45、0.34～0.4米，高0.44米，壁面粗糙，墓底不平整（图九一）。

填红褐色五花土，土质较硬。

葬具已腐朽，仅存痕迹，可知为一棺，棺痕长1.40米，宽0.4~0.44米。

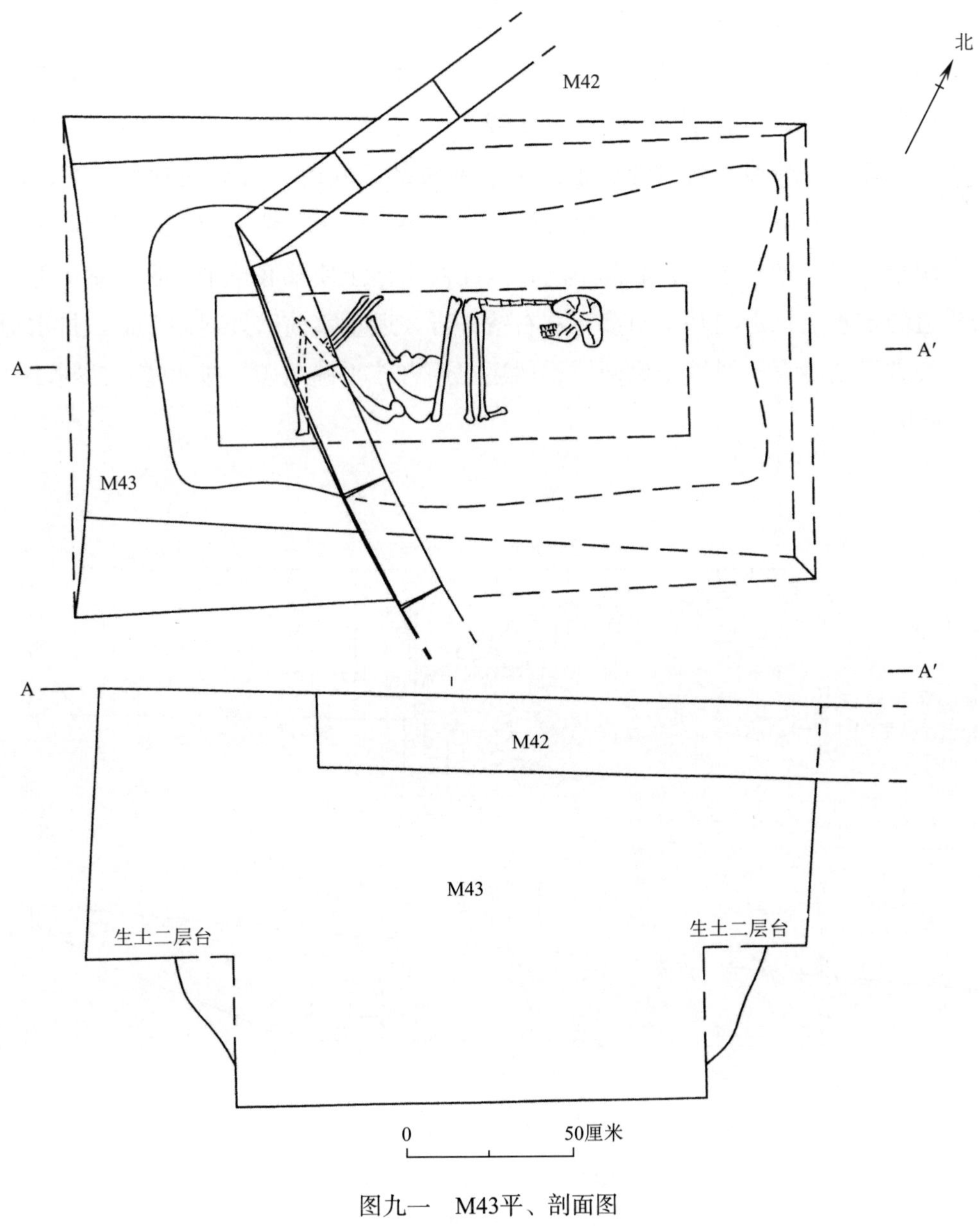

图九一 M43平、剖面图

人骨架1具，仅存头骨和肢骨，为侧身屈肢葬，头向东，面向南，双臂置于腹部。

无随葬品。

四四、M44

1. 墓葬概况

M44位于三区东北部，开口于耕土层下，距地表0.3米，墓葬破坏严重。方向215°。由墓道和墓室两部分组成。

墓道向西南，设于墓室前壁右侧，呈长方形竖穴，壁陡直，口长2.3米，宽0.9米；底呈斜坡状，底坡长2.6米，坡度17°；深0.15～0.82米。墓门位于墓道后端，封门砖残存5层，用完整砖和半截砖纵横相间叠砌而成，封门砖下面铺有垫土，垫土厚0.26米，封门砖高0.36米。

墓坑平面呈长方形，口底同大，长3.6米，南端宽1.8米，北端宽1.90米，深0.65~0.82米。砖砌墓室，砖墙紧贴坑壁，平面呈长方形，长3.32米，宽1.52～1.62米，残高0.6米。墙体砌于生土上，残存8层，砌法为条砖直行错缝叠砌。从墓室底部铺底砖看可分前堂和后室，后室高于前堂。前堂铺三层砖，砖下垫一层土。后室铺四层砖并垫一层土，垫土位于第三层砖下。铺底砖不甚整齐，多用半截砖，种类繁多，后薄不均，因此使用垫土使墓底持平。在墓室中部设置一条由后室通向墓道的排水道，走向基本与墓室左右壁平行，近墓室前壁处斜向墓道。排水道底部为生土，两壁用长方形条砖直行错缝平砌两层，然后再用方砖平铺封盖。排水道长3.3米，宽0.14米，高0.15米（图九二）。

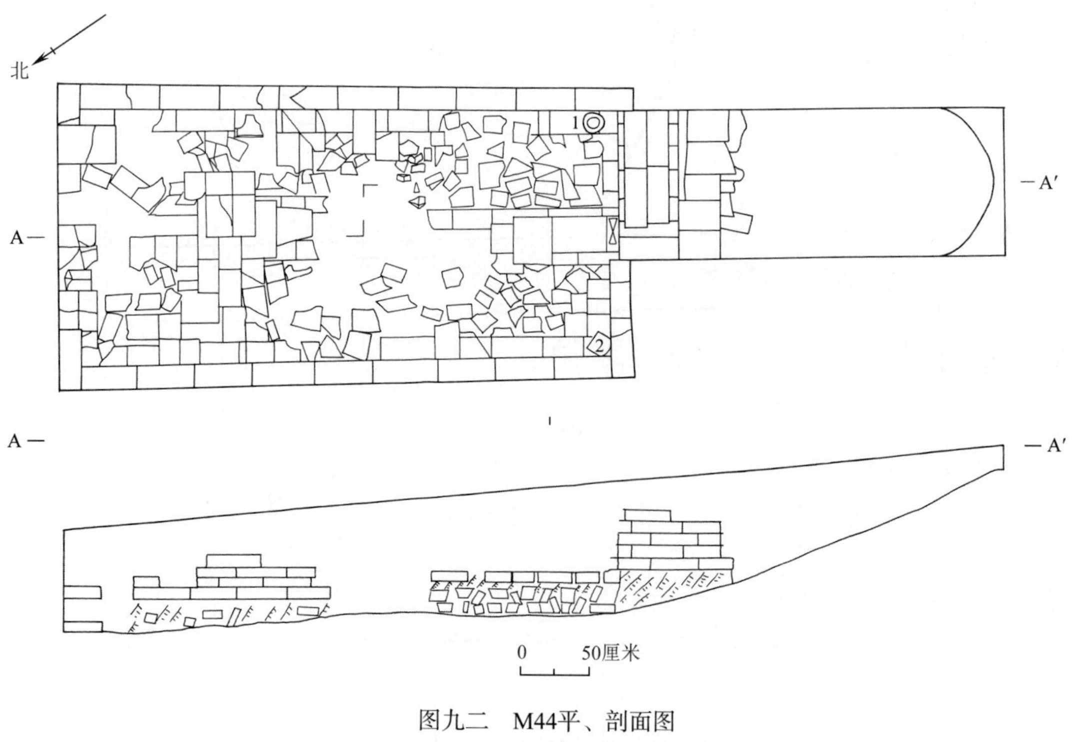

图九二　M44平、剖面图

1、2.陶仓

墙砖长0.32米，宽0.14米，厚0.75米；方砖残长0.3米，宽0.24米，厚0.06米。红条砖长0.33米，宽0.17米，厚0.08米。铺底砖均为长条形砖，用砖较杂，从颜色上看可分为青灰色、红色和红灰色几种。纹饰有“五”字形花纹、网纹、同心圆纹和素面。其尺寸可分3种。排水道上部的封盖砖为方砖，红色，火候低，长0.34米，宽0.3米，厚0.06米（图九二；图版三一，1）。

填灰褐色无花土，土质较软，内含碎砖较多。

葬具和人骨架不存。

2. 出土器物

随葬品已被扰乱，仅存2件，均为陶仓，置于墓室前壁与左右壁的交角处。在扰土内发现有铜薄片形饰、铜筒形器、铜圆帽形器和银饰。

陶仓　2件。形制相同。泥质红陶。敛口，斜折肩，腹壁斜直，向下微撇，平底。腹内外壁呈瓦垄状，内底有旋涡纹。标本M44：1，高12厘米，口径7.2厘米，底径13厘米（图九三，2）。标本M44：2，高14.2厘米，口径8.5厘米，底径13.2厘米（图九三，1）。

铜筒形器　2件。扰土中出土，器作筒形，口端外张，顶端封闭。器身饰两周凹弦纹。标本M44：10，高1.7厘米，口径1.5厘米（图九四，4）。标本M44：11，高1.6厘米，口径1.6厘米（图九四，5）。

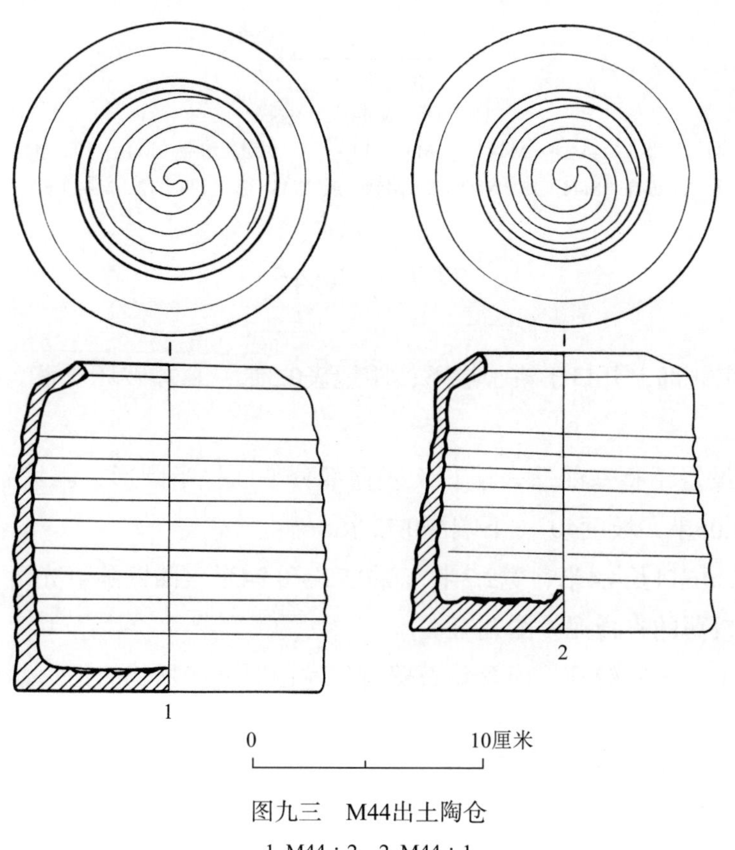

图九三　M44出土陶仓

1. M44：2　2. M44：1

铜圆帽形器　3件。扰土中出土，均已残。形制相同，大小略有差别。帽呈蘑菇状，下有两个钉。标本M44：4，帽径1.5厘米。（图九四，1）。标本M44：5，帽径1.8厘米（图九四，2）。标本M44：14，帽径1.4厘米（图九四，3）。

银饰　6件。扰土中出土，均残破。呈薄片状，有的呈椭圆形，如标本M44：7、M44：12、M44：13；有的呈圆形，如标本M44：8；有的呈不规则形，如标本M44：6、M44：9（图九四，6～11）。

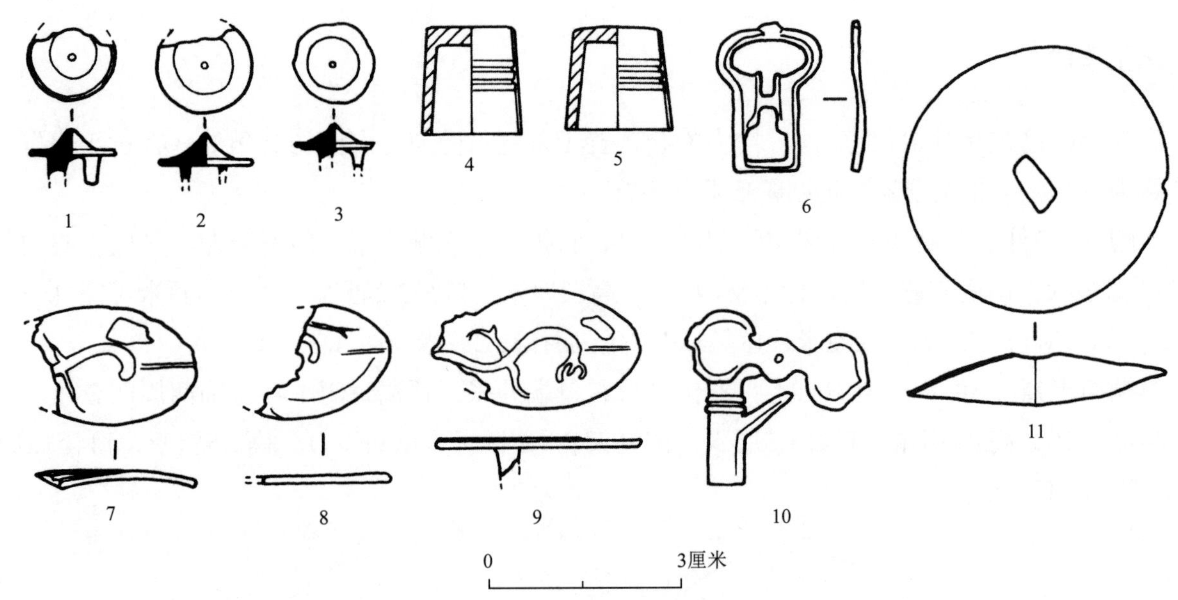

图九四　M44出土遗物

1～3.铜圆帽形器（M44：4、M44：5、M44：14）　4、5.铜筒形器（M44：10、M44：11）
6～11.银饰（M44：13、M44：6、M44：9、M44：7、M44：12、M44：8）

四五、M45

M45位于三区东北部，开口于耕土层下，距地表0.3米，墓葬破坏严重。方向130°。由墓道和墓室两部分组成。

墓道向东南，设置于墓室前壁，偏右，残存部分平面呈半圆形，斜坡状，口长0.8米，宽1.10米；底坡长的1.06米，坡度40°；下端深0.72米。

墓坑口底同大，坑口长4.4米，宽2.2米，深0.72～0.94米。四壁陡直光滑，经人工修整，墓底平坦，铺有一层较薄的青膏泥（图九五）。

填灰褐色五花土，土质较硬。内含新石器时代龙山时期的器物口沿、鼎足及篮纹、方格纹陶片。

葬具、人骨架、随葬品不详。

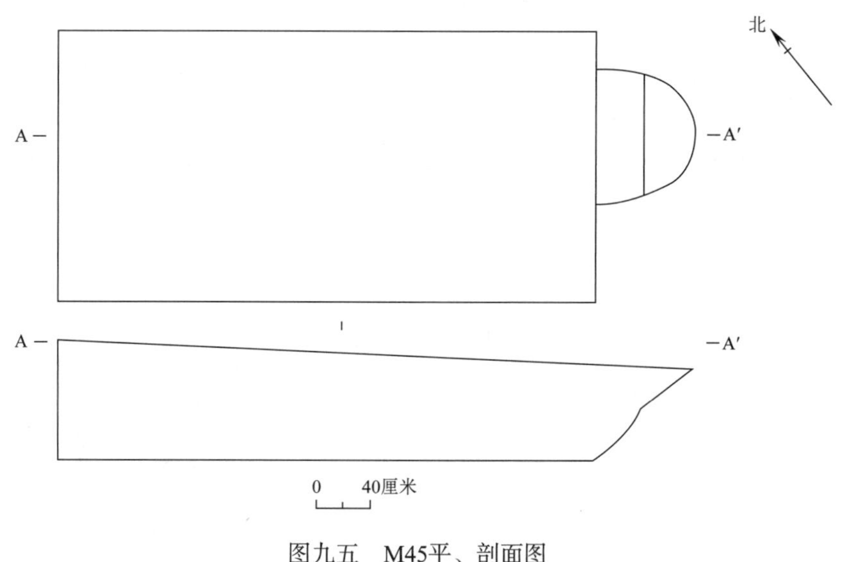

图九五 M45平、剖面图

四六、M46

1. 墓葬概况

M46位于三区东北部，开口于耕土层下，距地表0.3米，墓葬被破坏至底部，墓室西南角打破M47东北部。方向135°。由墓道、甬道和墓室三部分组成。墓道已不存。

甬道设置于墓室前壁，稍偏右，平面呈长方形，残进深0.76米，宽0.94～1米，残高0.16米。墙体砌于生土之上，残存2层，砌法为条砖直行错缝叠砌。铺地砖仅残存1块，紧贴甬道右壁纵向平铺。

墓坑平面呈长方形，口底同大，长4.06米，宽2.6米，残深0.5米。砖砌墓室，砖墙紧贴坑壁，平面呈长方形，长3.74米，宽2.28米，残高0.32米。墙体砌于铺底砖上，残存4层，砌法为条砖直行错缝叠砌。根据墓室后部残存的铺底砖分析，墓室分前堂后室，后室高于前堂0.25米。前堂的铺底砖已不存，后室的铺底砖分三层，上、下层砖为平铺，中层砖为横向侧立，前后行有间隔（图九六）。

墙砖和铺底砖均为青灰色条形，墙砖长0.37米，宽0.16米，厚0.08米；铺底砖长0.34米，宽0.2米，厚0.08米，单长侧面饰“五”字形间圆点花纹。其中一砖上有“凡千二百一十八”铭文（图九八，3）。

葬具和人骨架不详。

2. 出土器物

随葬品已被扰乱，仅存5件，陶壶、仓紧靠墓室左前壁，铜五铢钱5枚（按1件计）、骨珠、铜镜散落于墓室前部左侧。其中陶壶、铜镜、骨珠残破严重，无法复原。

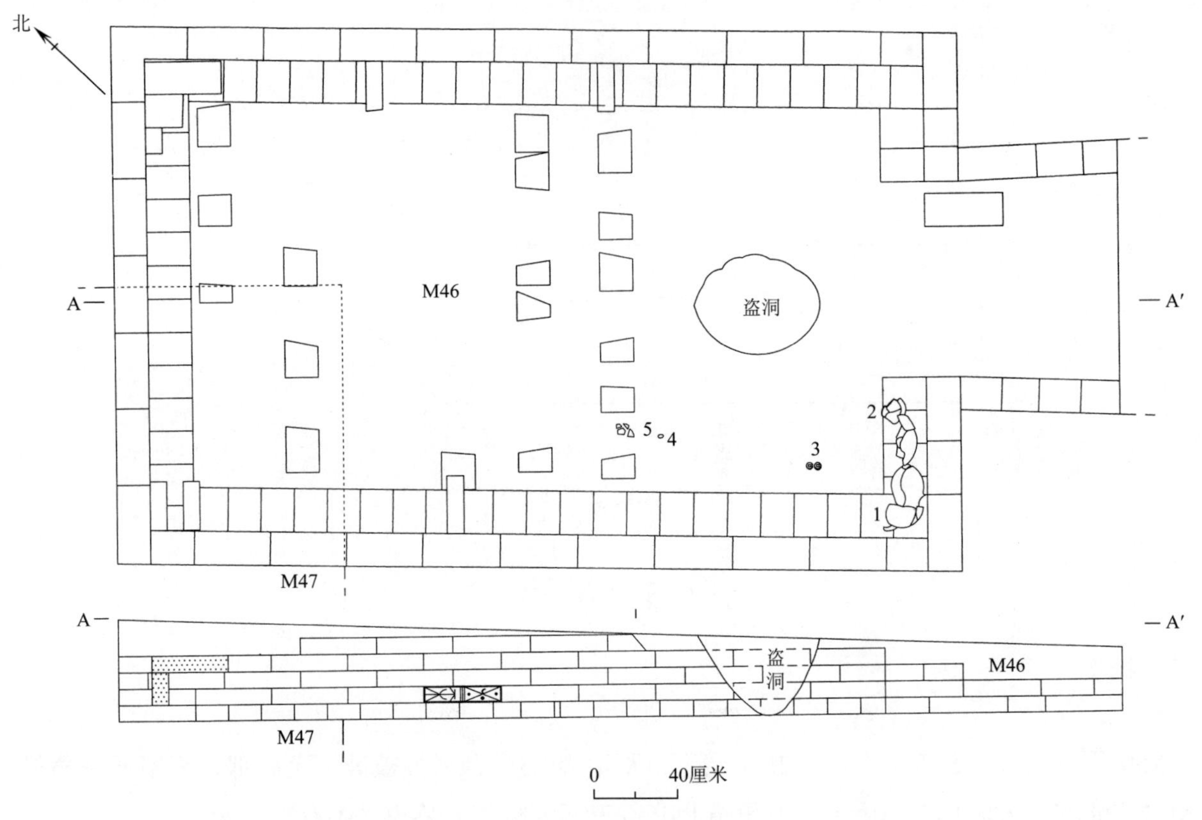

图九六　M46平、剖面图
1.陶壶　2.陶仓　3.铜钱　4.骨珠　5.铜镜

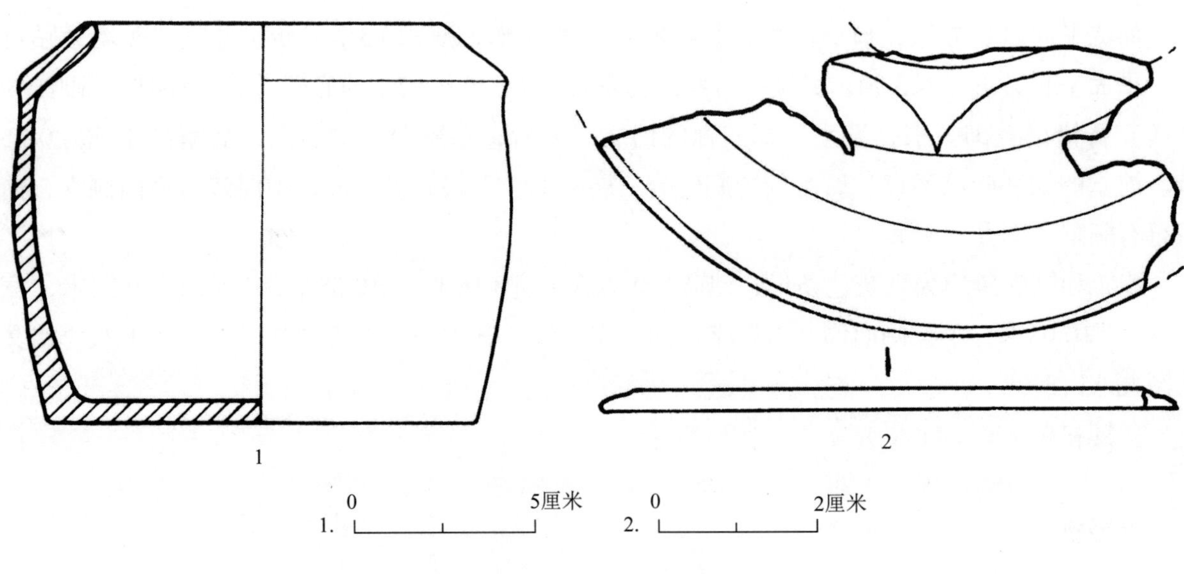

图九七　M46出土遗物
1.陶仓（M46：2）　2.铜镜（M46：5）

陶仓　1件。标本M46：2，泥质灰陶。敛口，圆唇，斜折肩，腹微鼓，平底。底部有加工痕迹，素面。高11.1厘米，口径9.8厘米，底径11.6厘米（图九七，1）。

铜镜　1件。标本M46：5，仅剩一小片。残长5.5厘米（图九七，2）。

铜五铢钱　5枚。标本M46：3-1和标本M46：3-2形制相同，钱的正面边缘有一周凸起的周郭，正方形穿，穿之左右有篆书“五铢”两字；钱的背面边缘有周郭，而且穿四边也有郭。“五”字中间两笔是弯曲的，中间两笔和上下两划相接的地方略向内靠拢，“五”字如两个相对的炮弹形；“铢”字笔划清晰，“金”字四点较长，“朱”字头方折。郭径2.5厘米，钱径2.3厘米，穿边长0.9厘米（图九八，1、2）。

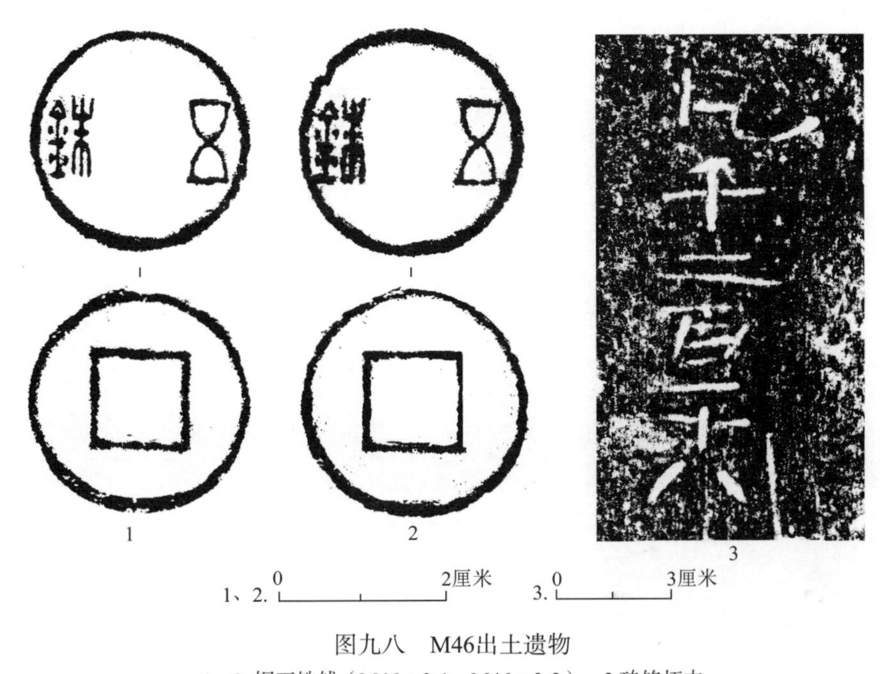

图九八　M46出土遗物

1、2. 铜五铢钱（M46：3-1、M46：3-2）　3.砖铭拓本

四七、M47

1. 墓葬概况

M47位于三区东北部，开口于耕土层下，距地表0.4米，东北部被M46墓室的西南部打破。方向315°。口大底小，墓口长3米，宽2米；墓底长2.14米，宽1.24米；墓深1.94米。坑四壁粗糙，东壁陡直，南、西、北三壁向下外张。距墓口0.94米深处有生土二层台，台面不平整，台面宽0.3～0.4米，高0.84米，墓底平坦，并铺一层较薄的青膏泥（图九九；图版三一，2）。

填褐色五花土，土质较硬。

葬具已腐朽，仅存痕迹，可知为一棺，棺痕长1.5米，宽0.5～0.6米。

人骨架1具，已腐朽，仅存少量肢骨，可知头向西，但葬式不详。

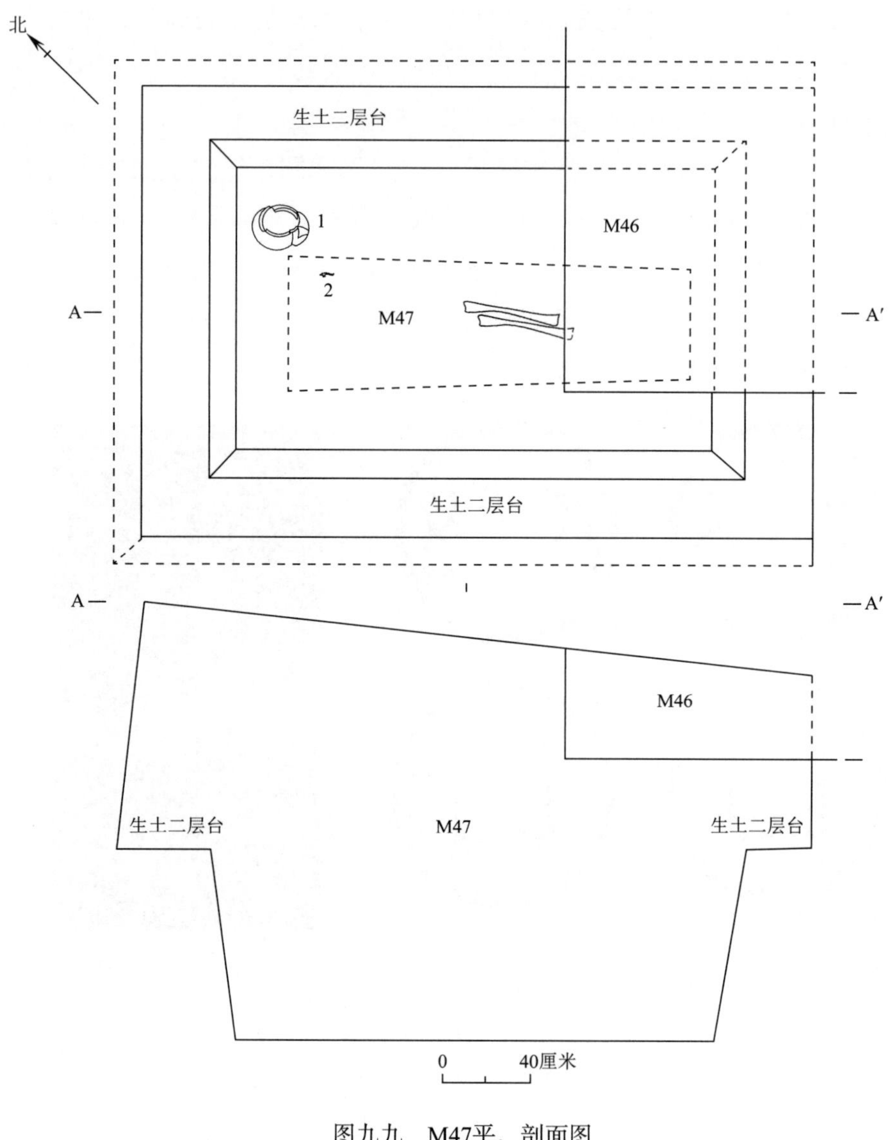

图九九　M47平、剖面图
1.陶双牛鼻耳罐　2.铜带钩

2. 出土器物

随葬品2件，陶罐置于墓底西北角，铜带钩放于棺内西北角。

陶双牛鼻耳罐　1件。标本M47：1，泥质灰陶。侈口，方唇，折沿，沿面上有一周宽凹槽，颈壁斜直，溜肩，肩部有两个对称的牛鼻形耳，鼓腹，最大径在中腹，下腹弧收，凹圜底。肩部及中腹饰竖向细绳纹间饰几周抹痕，下腹饰横向粗绳纹，底部饰交错粗绳纹。高30.6厘米，口径14.8厘米，腹径27.6厘米，底径9.8厘米（图一〇〇，1）。

铜带钩　1件。标本M47：2，整体作琵琶状，钩为兽首形，背部有一圆纽，腹部较长，鼓起成三平面。长9.35厘米，腹宽2.2厘米，纽径1.1厘米（图一〇〇，2）。

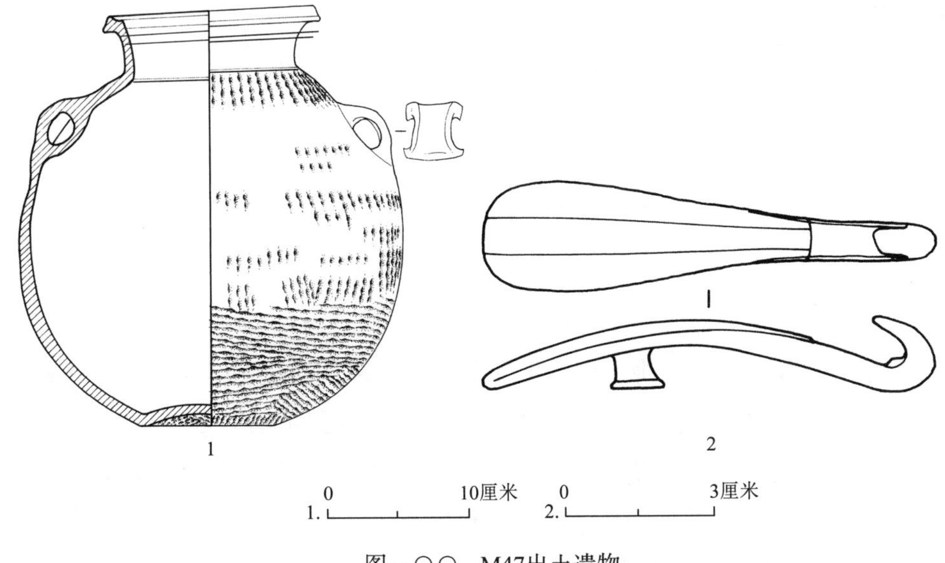

图一〇〇 M47出土遗物

1.陶双牛鼻耳罐（M47：1） 2.铜带钩（M47：2）

四八、M48

M48位于三区东北部，开口于扰土层下，距地表0.3米，扰土层厚0.1米，墓葬破坏严重，墓砖皆不存。方向310°。由墓道和墓室两部分组成。

墓道向西北，居中而设于墓室前，呈长方形斜坡状，口长4.4米，宽0.76米；底坡长4.2米，坡度 20°；下端深1.16米。

墓坑平面呈长方形，口小底大，口长2.92～3米，宽1.74米；底长3.08米，宽1.88～1.9米；墓深1.16～0.96米。四壁由底向上内收，是因挤压所致，墓底不太平整。坑壁和墓底残存有砌砖、铺底砖的痕迹（图一〇一）。

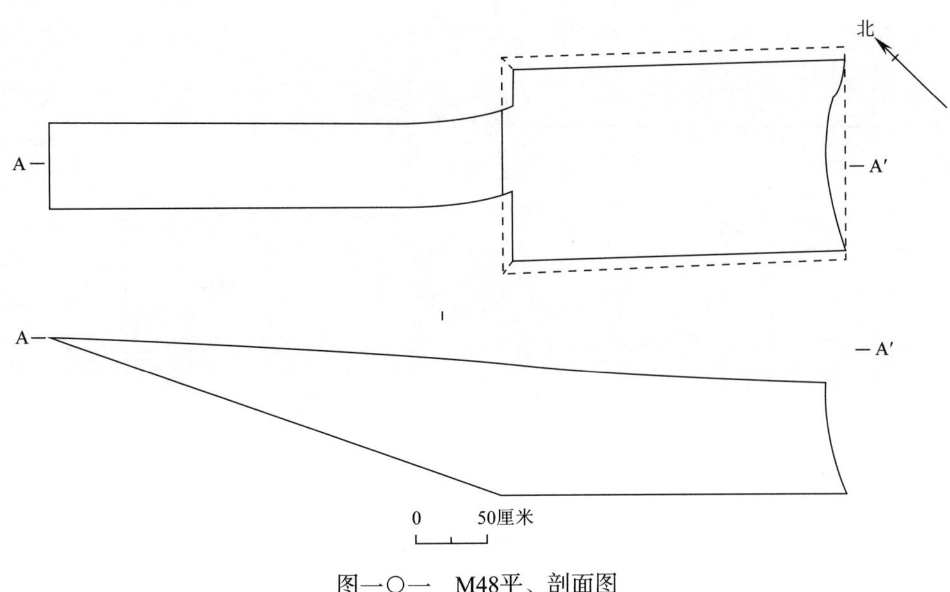

图一〇一 M48平、剖面图

填红褐色五花土，土质较硬。

葬具、人骨架和随葬品不详。

四九、M49

1. 墓葬概况

M49位于三区东北部，开口于耕土层下，距地表0.34米。方向50°。西部被一座灰坑打破。口大底小，墓口残长0.52米 ，宽0.68米；墓底长1.2米，宽0.56米；墓深0.76米。西壁垂直至底，南、北两壁距墓口向下内斜收进0.06米至底，东壁距墓口垂直向下0.48米深处平伸出生土二层台，台面平整，宽0.3米，然后再垂直向下0.16米至底（图一〇二）。

填红褐色五花土，土质较软。

葬具已腐朽，仅存痕迹，为一棺，棺痕残长1.02米，宽0.4米。

人骨架已腐尽。

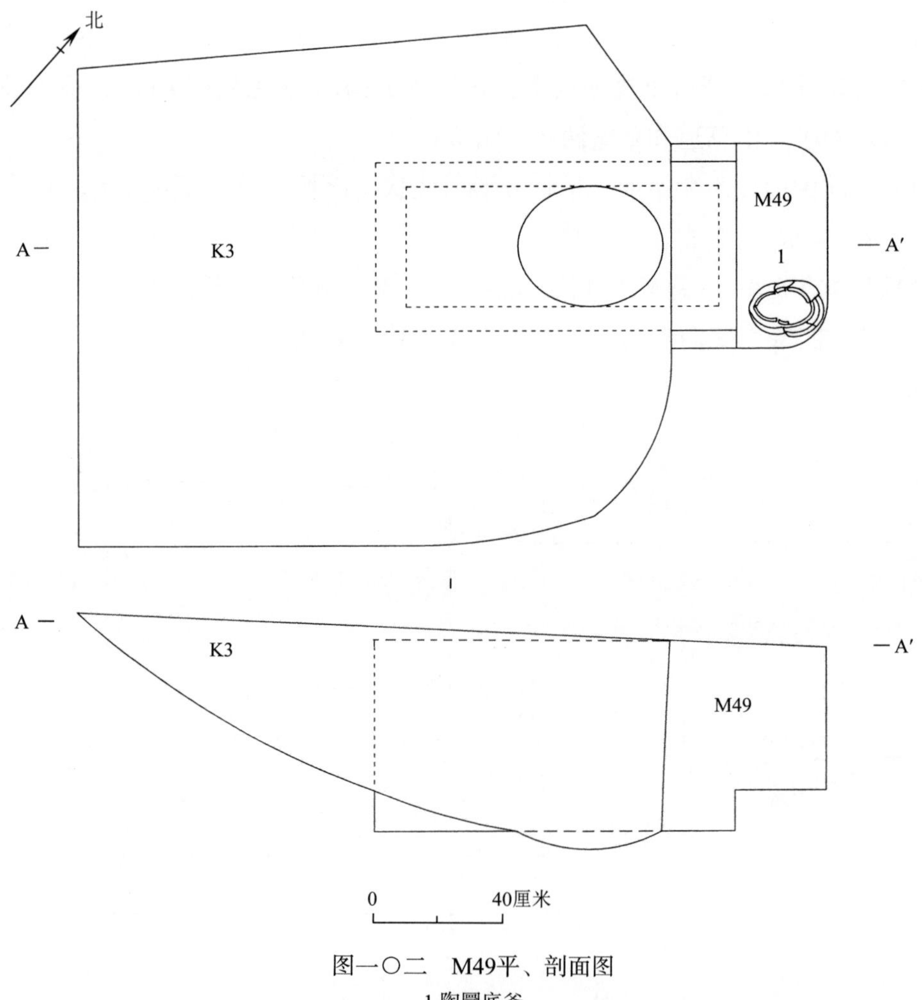

图一〇二　M49平、剖面图

1.陶圜底釜

2. 出土器物

随葬品1件，陶圜底釜置于生土台上。

陶圜底釜　1件。标本M49：1，夹砂灰陶。敛口，方唇，折沿，沿面内斜，短颈，颈壁凹弧，向下外张，折肩，鼓腹，上腹壁直，下腹内折弧收至底，最大径在中腹，圜底，上腹及中腹饰竖绳纹，下腹及底部饰交错绳纹。高17.3厘米，口径18.2～19.8厘米（图一〇三）。

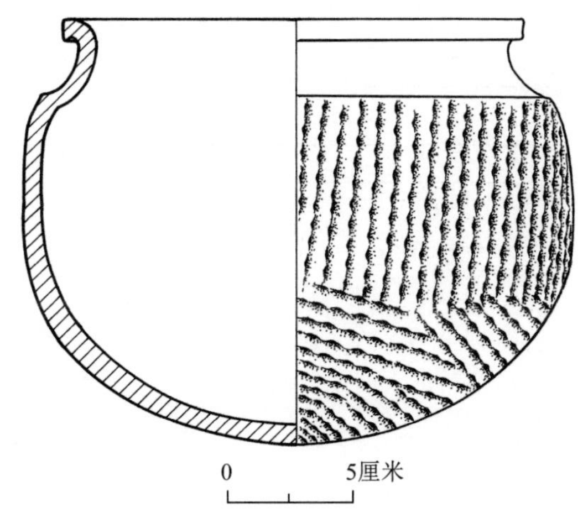

图一〇三　M49出土陶圜底釜（M49：1）

五〇、M50

1. 墓葬概况

M50位于三区东北部，开口于耕土层下，距地表0.3米。方向215°。口大底小，墓口长2.66米，宽1.66米；墓底长2.34米，宽1.4米；墓深1.64～1.74米。坑四壁规整，向下微内收，壁面光滑，经人工修整，墓底平坦。墓底四周有熟土二层台，宽窄不一，南、北台面宽分别为0.28、0.14米，东、西台面宽0.2米，台高0.8米（图一〇四；图版三二，1）。

填红褐色五花土，土质较软。

葬具已腐朽，仅存棺椁痕迹，可知为一棺一椁。椁痕长1.96米，宽0.9～1米。棺放于椁内东侧，棺痕长1.4米，宽0.52米。

人骨架1具，保存较差，头向南，面向上，为仰身曲肢葬。

2. 出土器物

随葬品4件，陶釜、陶双牛鼻耳罐、陶盂放置于椁室西南部，铜带钩置于墓主人腹部（图版三二，2）。

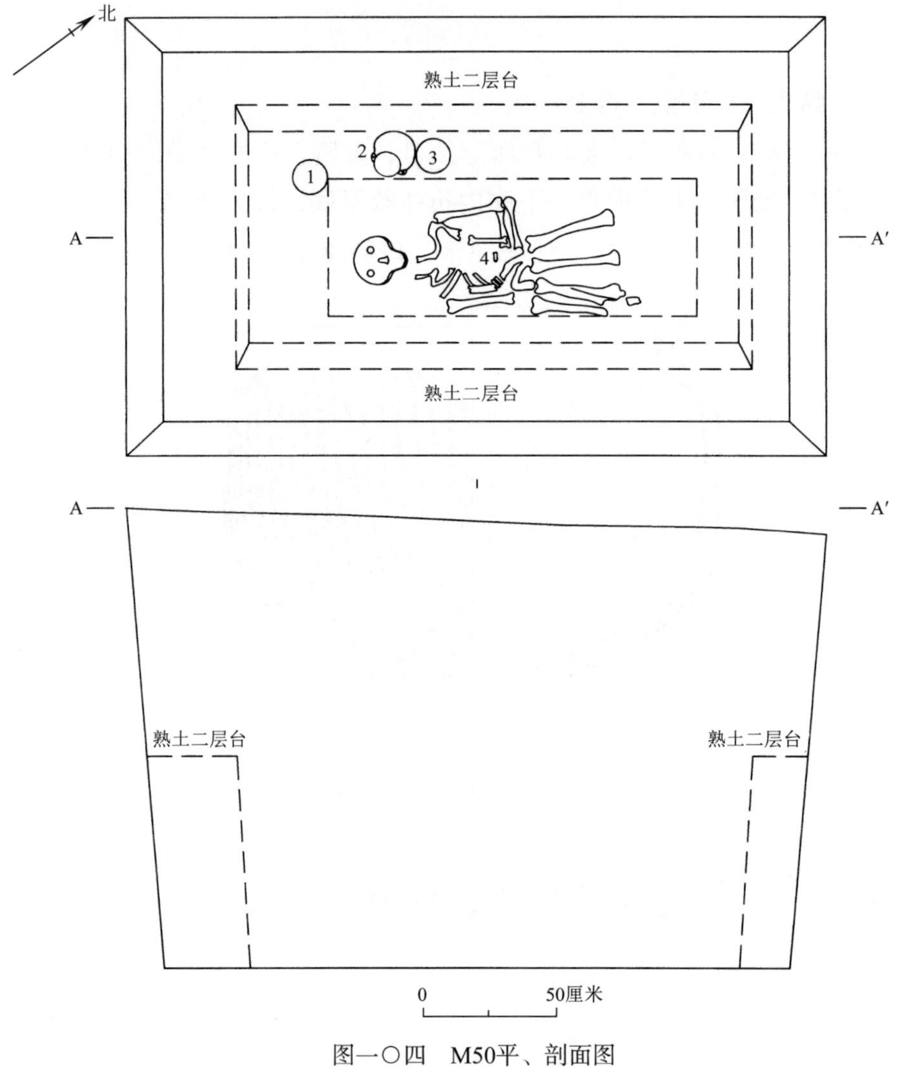

图一〇四　M50平、剖面图
1.陶釜　2.陶双牛鼻耳罐　3.陶盂　4.铜带钩

陶双牛鼻耳罐　1件。标本M50∶2，泥质灰陶。侈口，尖圆唇，束颈，圆肩，肩部有两个对称牛鼻形耳，鼓腹，下腹缓收，凹圜底。颈部饰较浅的绳纹，上腹饰竖绳纹间两周抹痕，下腹及底部饰横斜交错的绳纹。高20厘米，口径13.4厘米，底径6.8厘米（图一〇五，4）。

陶盂　1件。标本M50∶3，泥质灰陶。侈口，圆唇，束颈，弧腹缓收，平底。近底部饰绳纹，底内中部有一多边形印记。高7.5厘米，口径17.6厘米，底径8.6厘米（图一〇五，2）。

陶釜　1件。标本M50∶1，泥质黑灰陶。侈口，圆唇，内壁斜收，束颈，鼓肩，鼓腹，下腹弧收，圜底。上腹饰竖绳纹间以一周凹弦纹，下腹及底部饰横斜交错的绳纹。高13.5厘米，口径14.9厘米，腹径18厘米（图一〇五，1）。

铜带钩　1件。标本M50∶4，已残。背部有一圆纽，腹部鼓起。残长93.6厘米，纽径1.3厘米（图一〇五，3）。

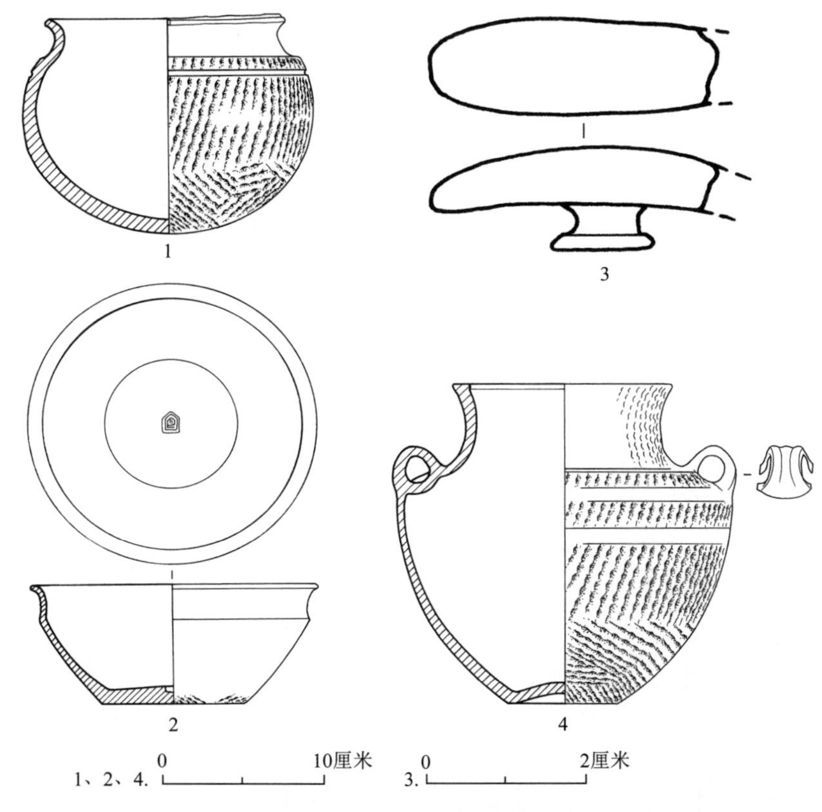

图一〇五 M50出土遗物

1.陶釜（M50：1） 2.陶盂（M50：3） 3.铜带钩（M50：4） 4.陶双牛鼻耳罐（M50：2）

五一、M51

1. 墓葬概况

M51位于三区东北部，开口于耕土层下，距地表0.3米，墓葬破坏严重，北部打破M52。方向125°，由墓道和墓室两部分组成。

墓道向东南，居中而设于前室前壁，呈长方形斜坡状，口长1.45米，前端宽0.72米，后端宽1.08米；底坡长1.52米，坡度18°；下端深0.5米。

墓坑前堂平面为梯形，后室平面为长方形，口底同大，通长4.8米，宽2～2.18米，深0.5～1.12米。砖砌墓室，砖墙紧贴坑壁，可分为前堂、后室。

前堂东南与墓道相连，平面呈梯形，进深0.64米，前端宽2米，后端宽2.18米，残高0.56～1.05米。两侧壁没有砌砖，前后壁有砖砌成，墙体最高处残存15层，砌法为直行错缝叠砌。无铺底砖。前堂之后壁即后室之前壁，中部应有门相通，因残而不详。后室平面为长方形，进深3.88米，宽2.08米，残高1.05米。墙体砌于铺底砖上，残存15层，砌法为条砖直行错缝叠砌。铺底砖残存较少，应为横向错缝平铺（图一〇六）。

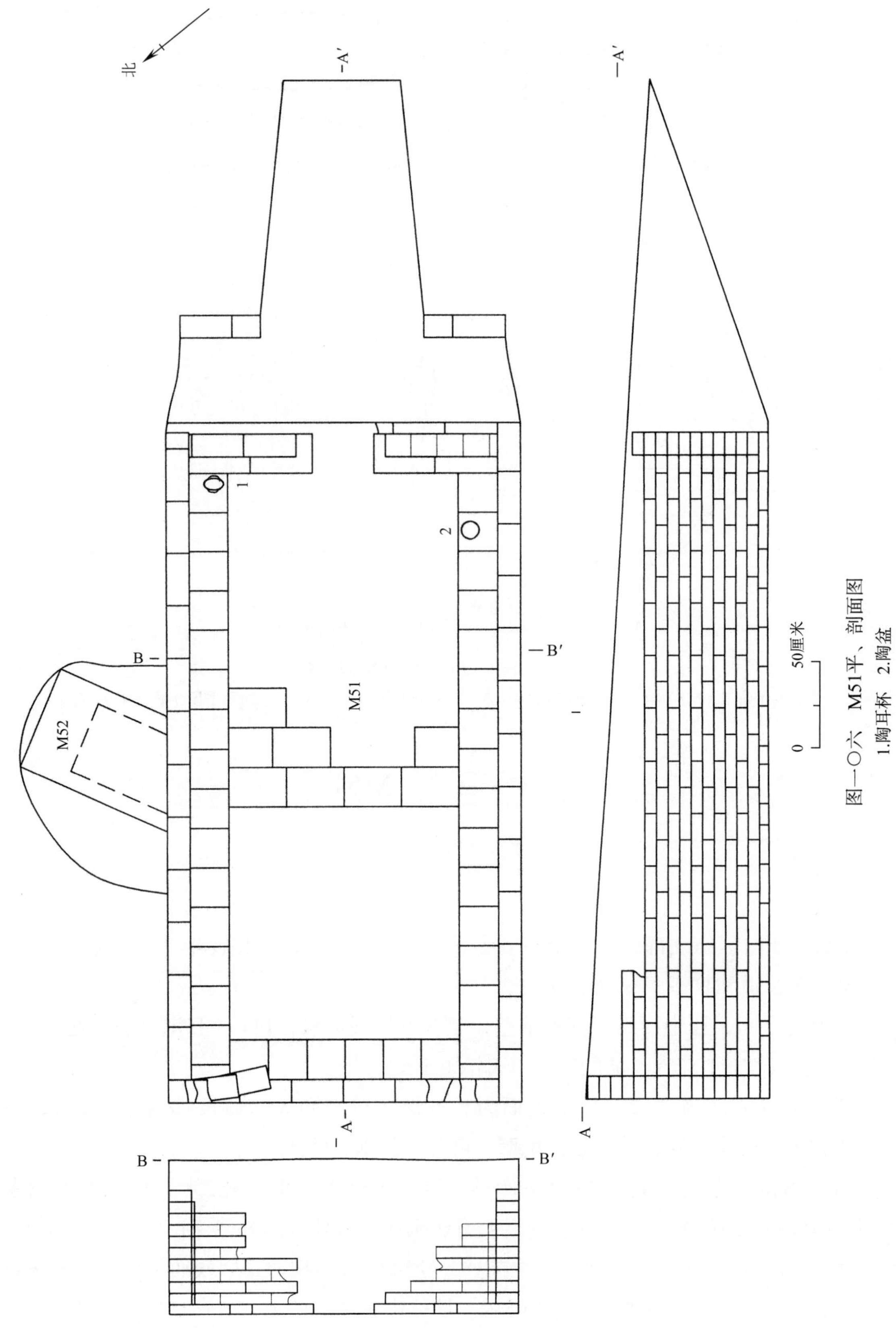

图一〇六　M51平、剖面图
1.陶耳杯　2.陶盆

墙砖和铺底砖均为青灰色长条砖，墙砖长0.32米，宽0.14米，厚0.07米，单长侧面饰“五”字形花纹；铺底砖长0.38米，宽0.24米，厚0.06米，通体素面。

填灰褐色五花土，土质较软，含大量残砖。

葬具、人骨架不详。

2. 出土器物

随葬品仅存2件，陶耳杯放于后室东北角，陶盆放于后室东南角。

陶耳杯　1件。标本M51∶1，泥质红陶。杯口、底呈椭圆形，敞口，尖圆唇，两耳弧似新月，弧腹，平底。素面。高3.5厘米，杯口长11.5厘米，宽9厘米，底长6.2厘米，宽3.6厘米（图一〇七，1）。

陶盆　1件。标本M51∶2，泥质灰陶。敞口，平沿，圆唇，弧腹缓收，平底。素面。高5.5厘米，口径11厘米，底径5.6厘米（图一〇七，2）。

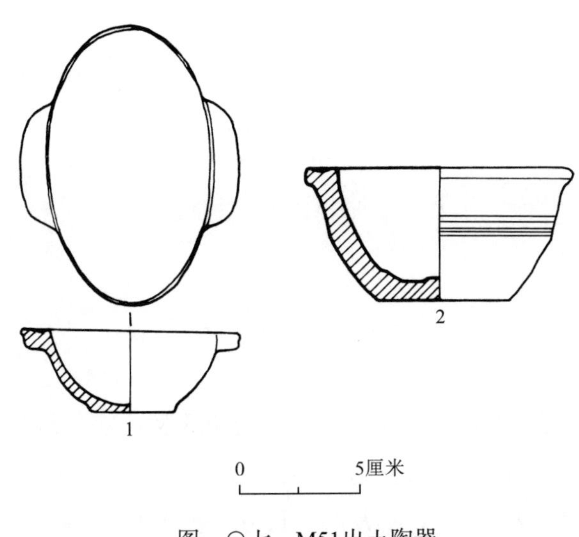

图一〇七　M51出土陶器

1.陶耳杯（M51∶1）　2.陶盆（M51∶2）

五二、M52

M52位于三区东北部，开口于耕土层下，距地表0.3米，南部被M51破坏至底。方向50°。墓坑上部坍塌，坑口尺寸不详，墓底残长0.72～1米，宽0.64米，残深0.34米，墓壁陡直而粗糙，墓底平坦（图一〇八）。

填红褐色五花土，土质较硬。

葬具已腐朽，从残存痕迹看为一棺，棺痕残长0.48～0.66米，宽0.44米。棺底铺一层较薄的草木灰。

人骨架1具，仅存头骨，头向东北，面向上，葬式不详。

无发现随葬品。

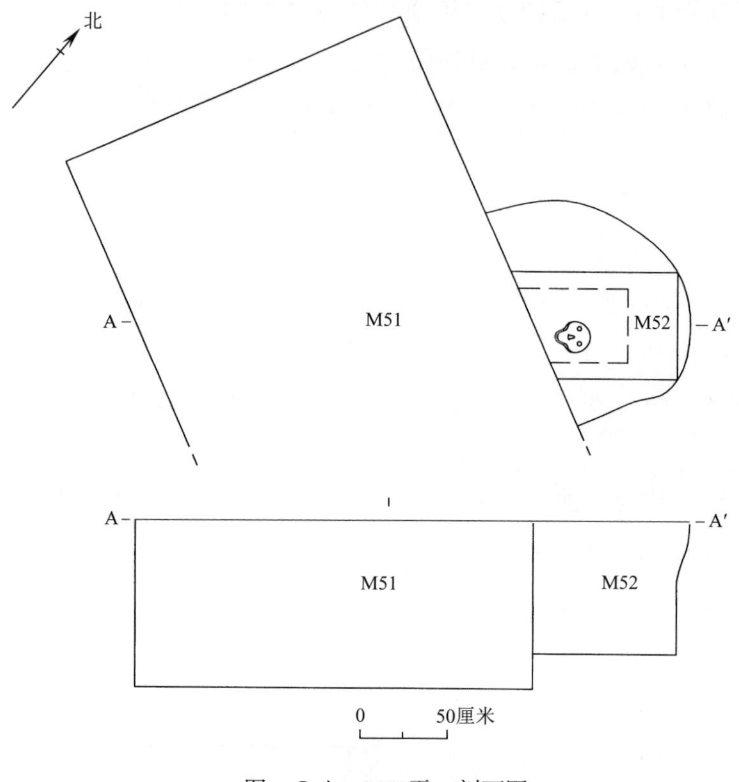

图一〇八　M52平、剖面图

五三、M53

M53位于三区东北部，开口于耕土层下，距地表0.3米，墓葬破坏严重，墓室及甬道打破M54，墓室南部打破M57。方向35°。由墓道、甬道和墓室三部分组成。

墓道向东北，西南与甬道相接，呈长方形斜坡状，长1.3米，前端宽1米，后端宽0.9米；底坡长1.4米，坡度21°；下端深0.52米。

甬道居中而设于墓室前壁，东北与墓道相连，平面呈长方形，进深0.7米，宽0.9米，残高0.4米。墙体砌于生土上，残存6层，砌法为直行错缝叠砌。铺底砖仅存两块平铺的砖。

墓坑平面呈长方形，口底同大，长3.88米，宽3～3.12米，深0.52～0.7米。砖砌墓室，砖墙紧贴坑壁，平面呈东西两侧壁中部稍外弧的长方形，长3.54米，宽2.7～2.8米，残高0.63米。墙体砌于生土之上，残存10层，砌法为直行错缝叠砌。从墓室西北角和东南角残存的铺底砖看，分前堂后室，前堂低于后室。前堂的铺底砖为纵向齐缝平铺；后室铺底砖的铺法是，先在生土面上纵向侧立一层砖，砖与砖横向间隔0.06米，再在上面横向错缝平铺一层砖（图一〇九）。

墙砖和铺底砖均为青灰色长方形条砖，长0.32米，宽0.16米，厚0.07米，单长侧面饰“五”字形花纹和同心圆纹。

填褐色五花土，土质较硬，含大量残砖。

葬具、人骨架、随葬品不详。

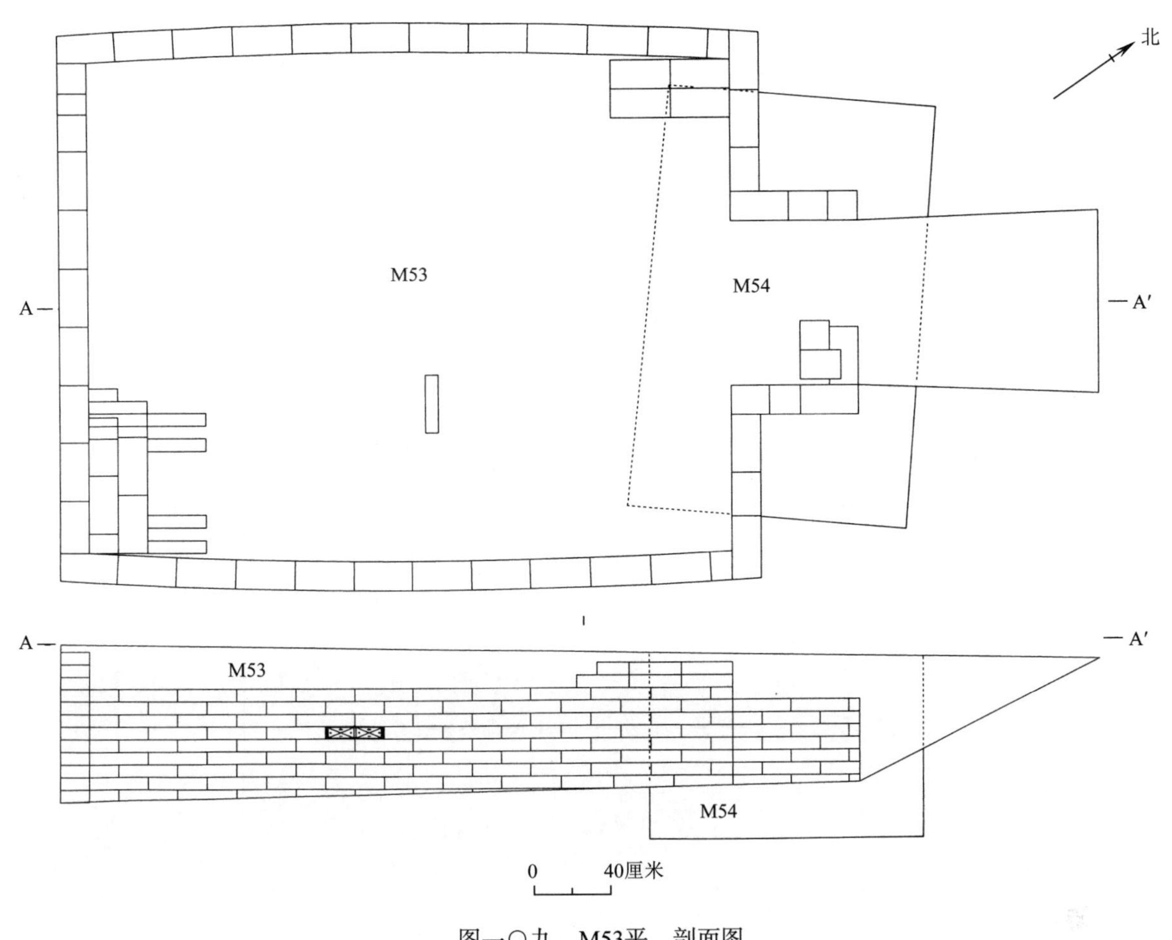

图一〇九　M53平、剖面图

五四、M54

1. 墓葬概况

M54位于三区东北部，开口于耕土层下，距地表0.3米，被M53打破，墓口仅存西北和东北角。方向310°。口大底小，墓口长2.32米，宽1.46～1.52米；墓底长2米，宽0.9米；墓深1.76～1.8米。坑四壁垂直向下至1.04米深处平伸出一级生土二层台，台面较平，台面宽0.08～0.12米，台壁向下内收，高0.76米，墓底平坦（图一一〇；图版三三，1）。

填褐色五花土，土质较软。

葬具已腐朽，从仅存痕迹看为一棺，棺痕长1.48米，东端宽0.50米，西端宽0.58米。棺下铺一层较薄的草木灰。

人骨架1具，仅存两下肢骨，可看出头向西，面向、葬式不详。

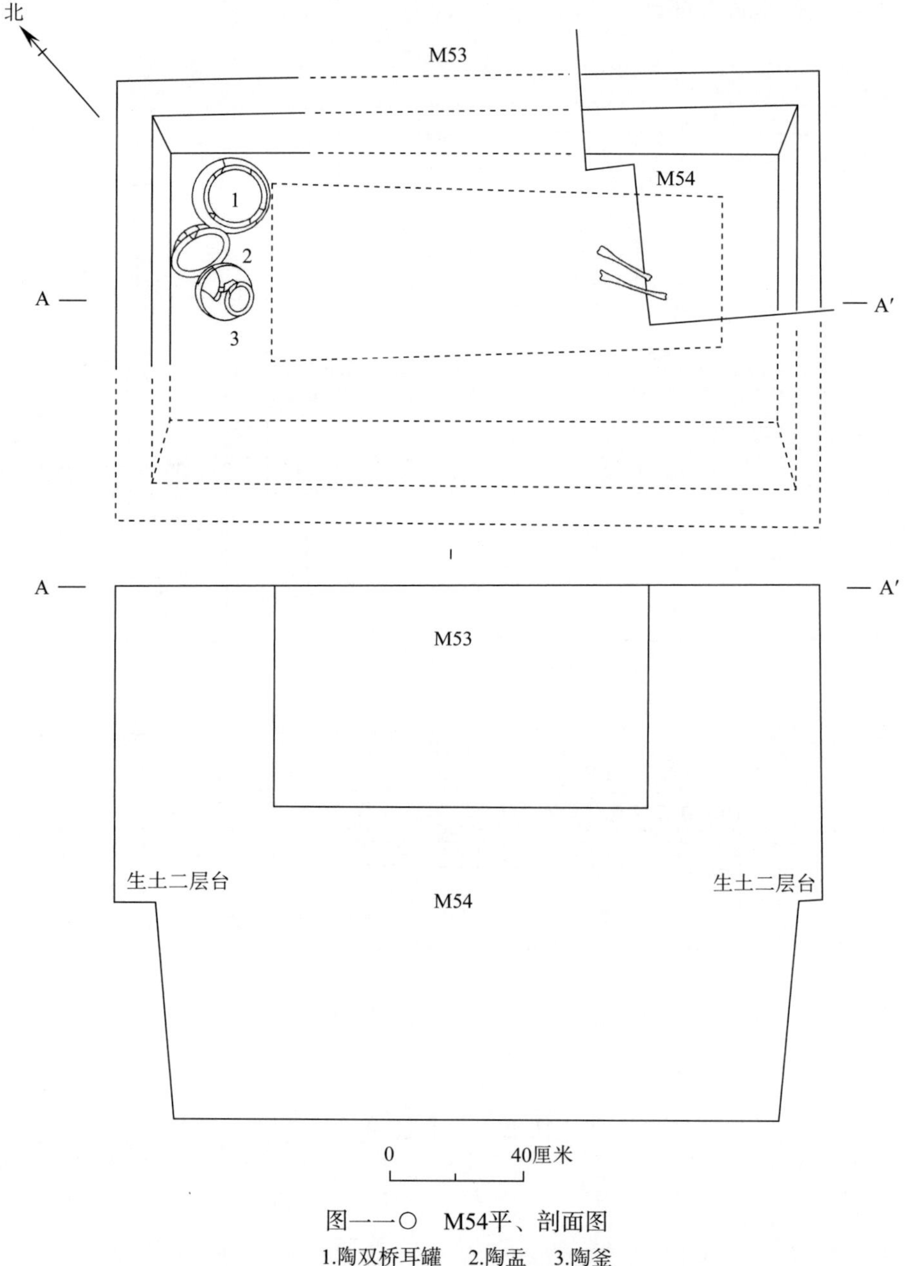

图一一〇　M54平、剖面图
1.陶双桥耳罐　2.陶盂　3.陶釜

2. 出土器物

随葬品3件，均为陶器，放置于墓底西部，由北向南依次为陶双桥耳罐、盂、壶（图版三三，2）。

陶双桥耳罐　1件。标本M54：3，泥质灰陶。侈口，圆唇，折沿，束颈，溜肩，肩部有两个对称的半圆形耳，鼓腹，中腹壁直，下腹近斜直状内收至底，最大径在中腹偏上处，平底。颈壁呈瓦棱形。素面。高19.2厘米，口径11.1厘米，底径8.5厘米（图一一一，3）。

陶盂　1件。标本M54：2，泥质灰陶。敛口，方唇，平折沿，颈壁近直，腹壁弧收，平底。颈部饰四周凹弦纹。高8.3厘米，口径18.6～19.1厘米，底径8.9厘米（图一一一，2）。

陶釜　1件。标本M54：1，夹砂灰陶。敛口，尖唇，折沿，束颈较短，肩部微突，鼓腹，最大径在中腹，下腹弧收，圜底。上腹及中腹饰竖向细绳纹间饰一周抹痕，下腹及底部饰交错粗绳纹。高18.5厘米，口径19.5厘米（图一一一，1）。

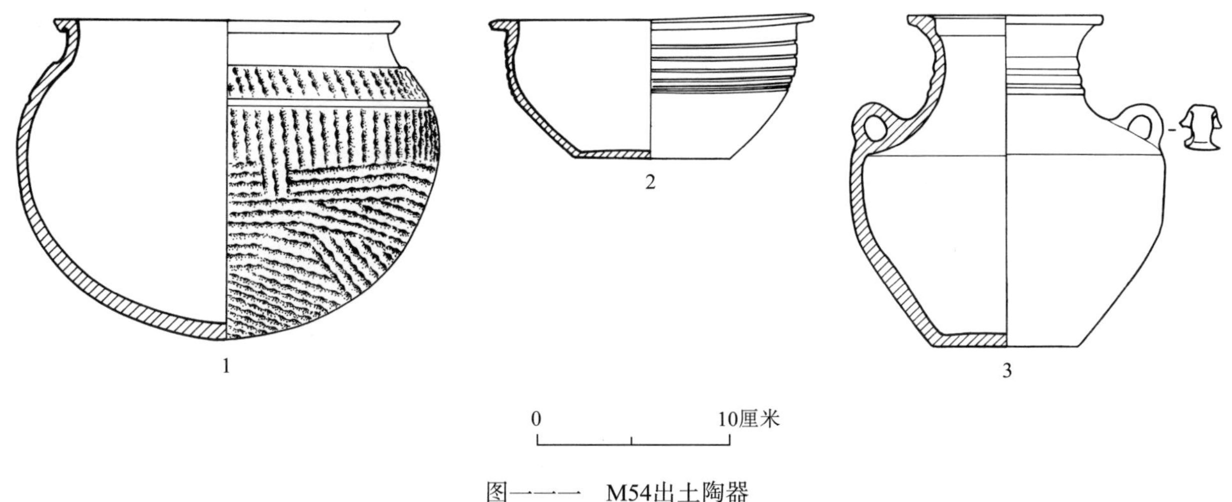

图一一一　M54出土陶器
1.陶釜（M54：1）　2.陶盂（M54：2）　3.陶双桥耳罐（M54：3）

五五、M55

M55位于三区东北部，开口于扰土层下，距地表0.3米，扰土层厚0.2米，墓葬遭到严重破坏，墓室东南部打破M56西北部。方向300°。由墓道和墓室两部分组成。

墓道向西北，设于墓室前壁左侧，呈长方形斜坡状，长0.86米，前端宽0.8米，后端宽0.96米；底坡长0.98米，坡度35°；下端深0.56米。

墓坑平面呈长方形，口底同大，长3.64～3.74米，前端宽1.8米，后端宽1.93米，深0.62～0.5米。砖砌墓室，砖墙紧贴坑壁，平面呈长方形，长3.34～3.44米，前端宽1.5米，后端宽1.63米。从墓室残存的铺底砖看，分前堂后室，前堂长0.94～1.04米，残高0.24米；后室长2.4米，残高0.06米，前堂低于后室0.12米。墙体砌于生土之上，前堂残存5层，后室残存2层，砌法为直行错缝叠砌。前堂的铺底砖为半截砖错缝平铺，在前堂后端横向侧立一行砖，上面与后室铺底砖面平；后室的铺底砖残存2块，为纵向齐缝平铺（图一一二）。

墙砖和铺底砖均为青灰色长条砖。墙砖长0.32米，宽0.15米，厚0.06米，长侧面饰“五”字形花纹。方砖长0.30米，宽0.25米，厚0.06米，通体素面。

填褐色五花土，土质较硬，含大量残砖。

葬具、人骨架、随葬品不详。

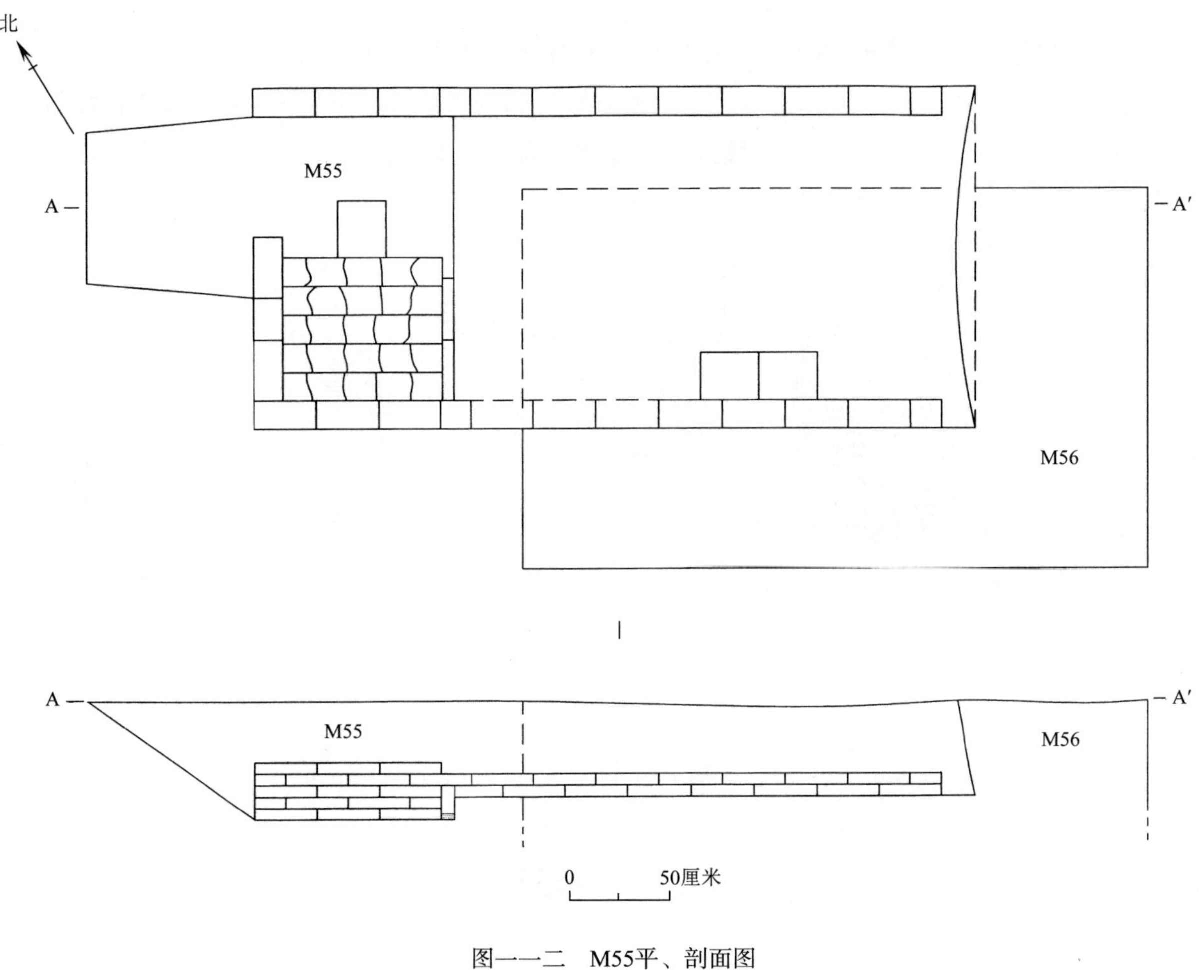

图一一二　M55平、剖面图

五六、M56

M56位于三区西北部，开口于耕土层下，距地表0.3米，西北部被M55打破。方向300°。口大底小，墓口长3.24米，宽2米；墓底长1.8米，东端宽0.56米，西端宽0.46米；墓深2.52米。坑四壁规整，向下微内收，距墓口1.72米深处有生土二层台，台面因坍塌不甚平整，台壁垂直，东、南、西、北台面宽分别为0.74、0.72～0.84、0.78、0.8～0.78米，高0.8米，壁面较规整，墓底平坦（图一一三）。

填红褐色五花土，土质较硬。

葬具已腐朽，从残存痕迹看为一棺，棺痕长1.8米，东端宽0.56米，西端宽0.46米。棺下铺一层较薄的草木灰。

人骨架已朽尽，面向、葬式不详。

无随葬品。

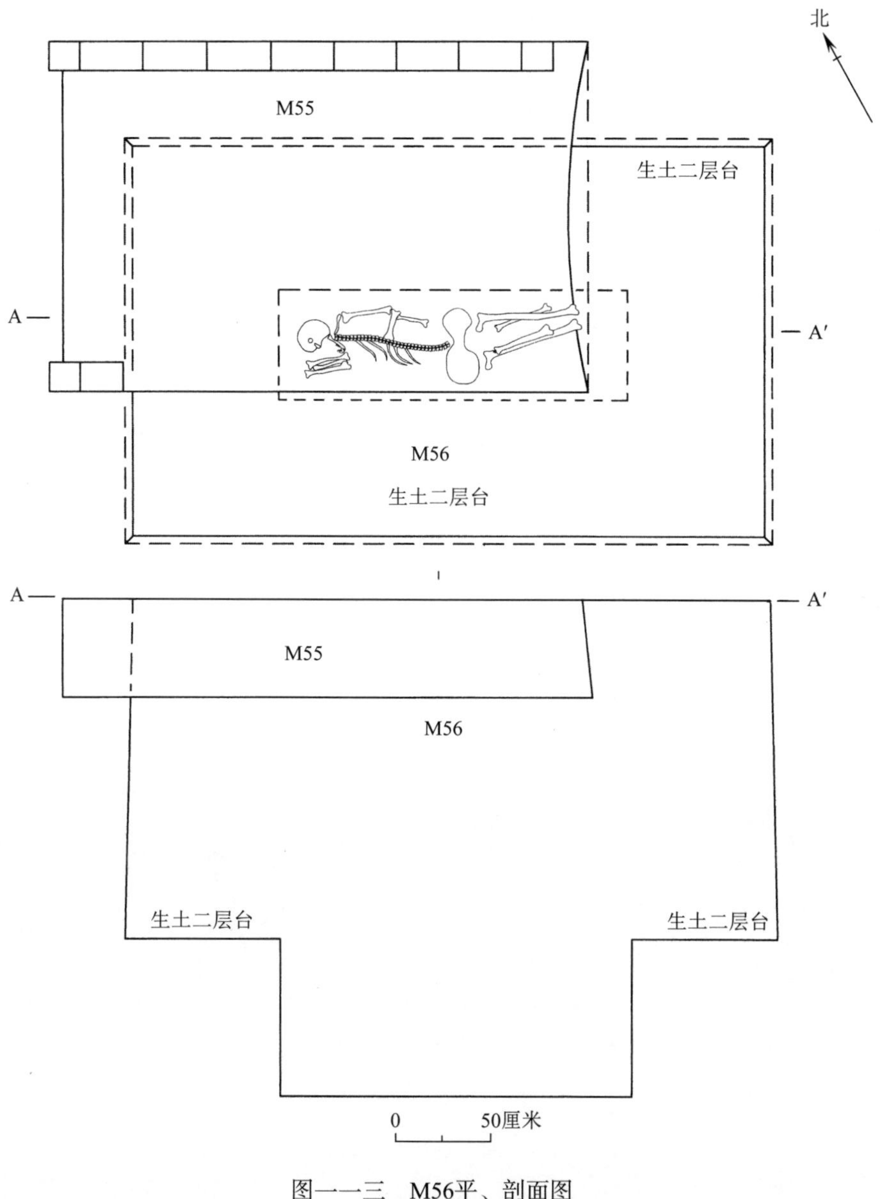

图一一三 M56平、剖面图

五七、M57

M57位于三区东北部，开口于耕土层下，距地表0.3米，墓室北部被M53打破。方向325°。口大底小，口长2米，东端宽1米，西端宽1.2米；墓底长1.86米，东端宽0.8米，西端宽1米；墓深0.93米。坑四壁规整，壁面光滑，经人工修整，四壁向下内收，墓底平坦（图一一四）。

填褐色五花土，土色发黄，土质较软。

葬具已腐朽，从残存痕迹看为一棺，棺痕长1.83米，东端宽0.34米，西端宽0.6米。

人骨架保存基本完好，仰身直肢葬式，头向西，面向上，双臂放于腹部。根据肢骨、盆骨和头骨判断应为成年男性。

无随葬品。

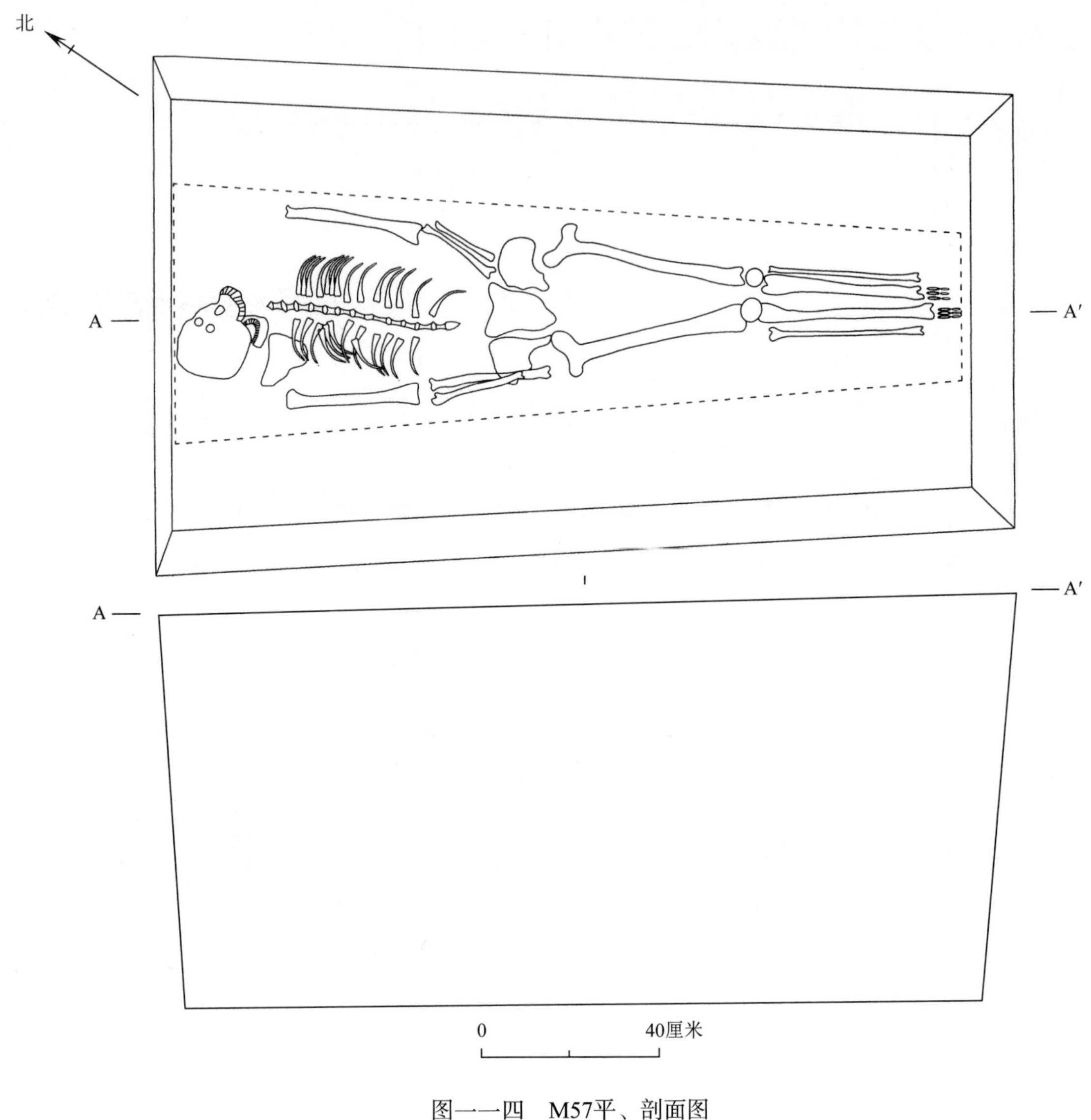

图一一四　M57平、剖面图

五八、M58

M58位于三区东北部，开口于扰土层下，距地表0.3米，扰土层厚0.2米，墓室遭到严重破坏，墓室东部打破M59。方向305°。由墓道和墓室两部分组成。

墓道向西北，设于墓室前壁左侧，由于伸向一高台地，故只发掘了一部分。已发掘部分呈长方形斜坡状，长1.46～1.56米，宽0.7～0.8米，深0.38～0.6米；坡长1.54米，坡度9°。

墓坑平面呈长方形，口底同大，长3.12～3.28米，前端宽1.84米，后端宽1.86米，深0.56～0.6米。砖砌墓室，砖墙紧贴坑壁，平面呈长方形，长2.84～3米，前端宽1.56米，后端宽1.58米，残高0.06米。墙体砌于生土之上，残存2层，砌法为直行错缝叠砌。铺底砖不存（图一一五）。

铺底砖均为青灰色长条砖，墙砖长0.34米，宽0.14米，厚0.06米，长侧面饰网纹。

墓道填褐色五花土，土质较硬。

葬具、人骨架、随葬品不详。

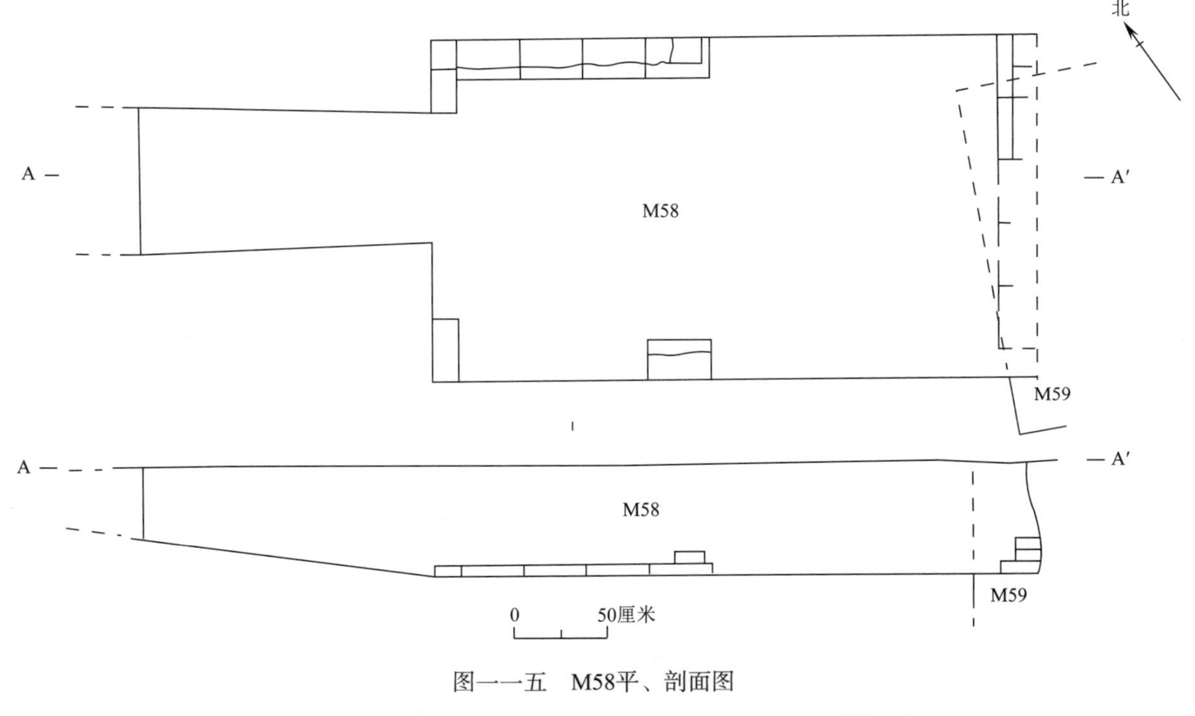

图一一五 M58平、剖面图

五九、M59

1. 墓葬概况

M59位于三区东北部，开口于扰土层下，距地表0.3米，扰土层厚0.2米，墓西部被M58打破。方向295°。口小底大，墓口长2.54米 ，宽1.9米；墓底长2.77米，东端宽1.93米，西端宽2.05米；墓深1.6米。坑四壁规整，向下微内收，壁面平整，墓底平坦（图一一六；图版三四，1）。

填红褐色五花土，土质较硬。

葬具已腐朽，从残存痕迹看为一棺一椁，椁痕长2.04米，宽1.1米。棺痕不清。

人骨架已朽尽，葬式不详。

2. 出土器物

随葬品9件，放置于南壁墓底中部，器物叠放成堆。其中陶器8件，铜器1件。陶器分别为双桥耳罐2、豆4 、盂1、三足釜1件，铜器为铜杯形器1件。

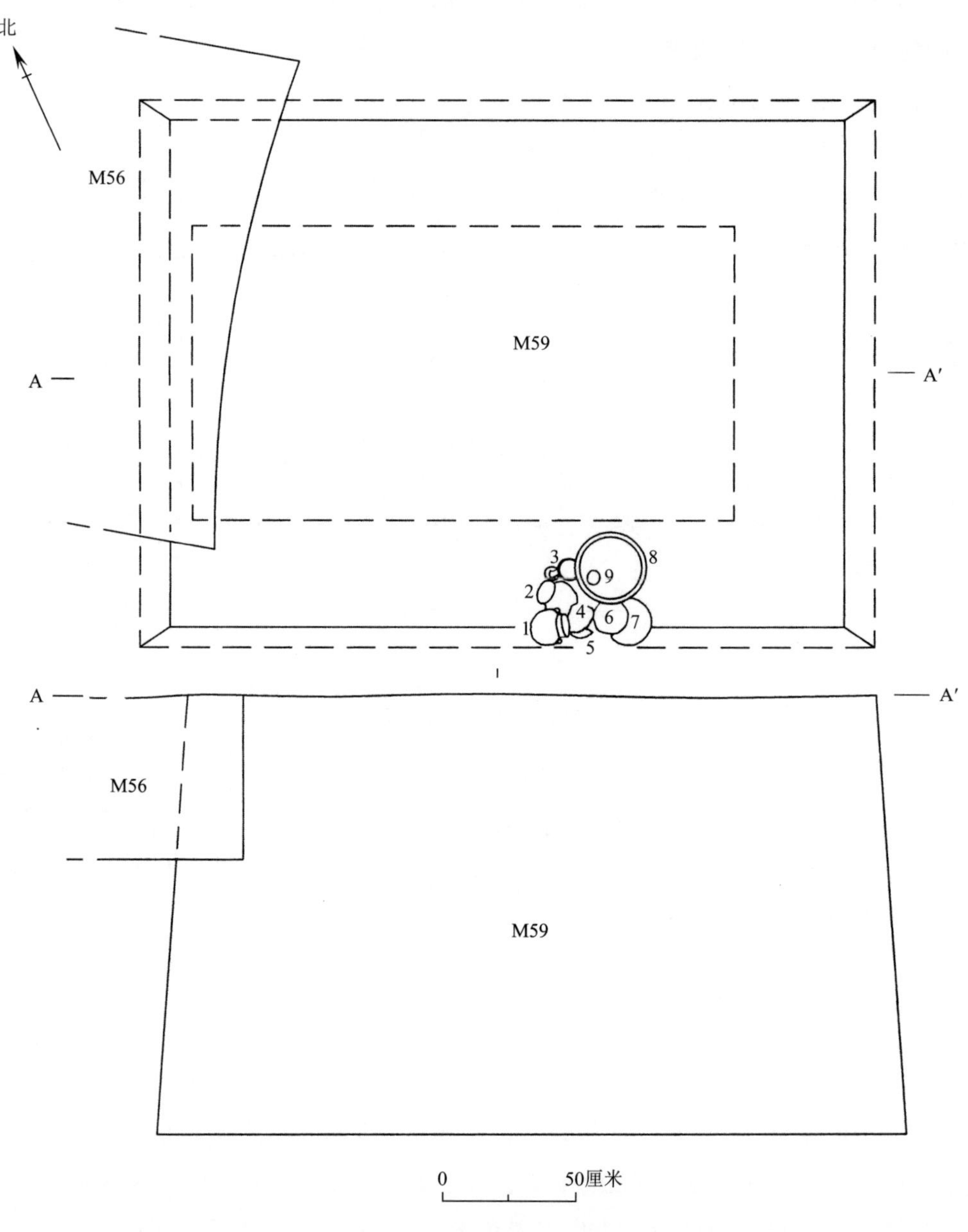

图一一六　M59平、剖面图
1、2.陶双桥耳罐　3～6.陶豆　7.陶鼎　8.陶三足釜　9.铜杯形器

陶三足釜　1件。标本M59：8，夹砂红灰陶。敞口，折沿，束颈，肩部微突，弧腹，下腹缓收，圜底，三蹄足。腹及底部饰横斜交错的绳纹。高23.7厘米，口径29.2厘米（图一一七，1；图版三四，2）。

陶豆　4件。形制相同。泥质灰陶。敞口，圆唇，浅盘，弧腹微折，盘底较平，柄壁凹弧，喇叭状圈足。素面。标本M59：3，喇叭状圈足中空至盘底。高13.4厘米，口径12.5厘米，盘深2.4厘米，底径7.2厘米（图一一七，3）。标本M59：4，喇叭状圈足中空至柄下部。高13.2厘米，口径12厘米，盘深2.3厘米，底径7.5厘米（图一一七，4）。标本M59：5，喇叭状圈足中空至柄中部。高15厘米，口径13.8厘米，盘深2.8厘米，底径7.8厘米（图一一七，7）。标本M59：6，已残，喇叭状圈足中空至柄中部。

陶盂　1件。标本M59：7，已残，泥质灰陶。敞口，折沿，圆唇，微束颈，突肩，弧腹，下腹缓收，凹圜底。素面。

陶双桥耳罐　2件。形制相同。泥质灰陶。敞口，折沿，圆唇，束颈，溜肩，肩部有两个对称半圆形耳，鼓腹，下腹缓收，平底。标本M59：1，沿面饰三周凹弦纹，腹部饰七周凹弦纹，近底部有抹痕。高13.9厘米，口径10.4厘米，底径8.8厘米（图一一七，5）。标本M59：2，腹部饰三周凹弦纹。高14.4厘米，口径10.7厘米，底径8.2厘米（图一一七，6；图版三四，3）。

铜杯形器　1件。标本M59：9，敞口，腹壁向内凹弧，平底微内凹。高2.5厘米，口径6.6厘米，底径5.9厘米（图一一七，2）。

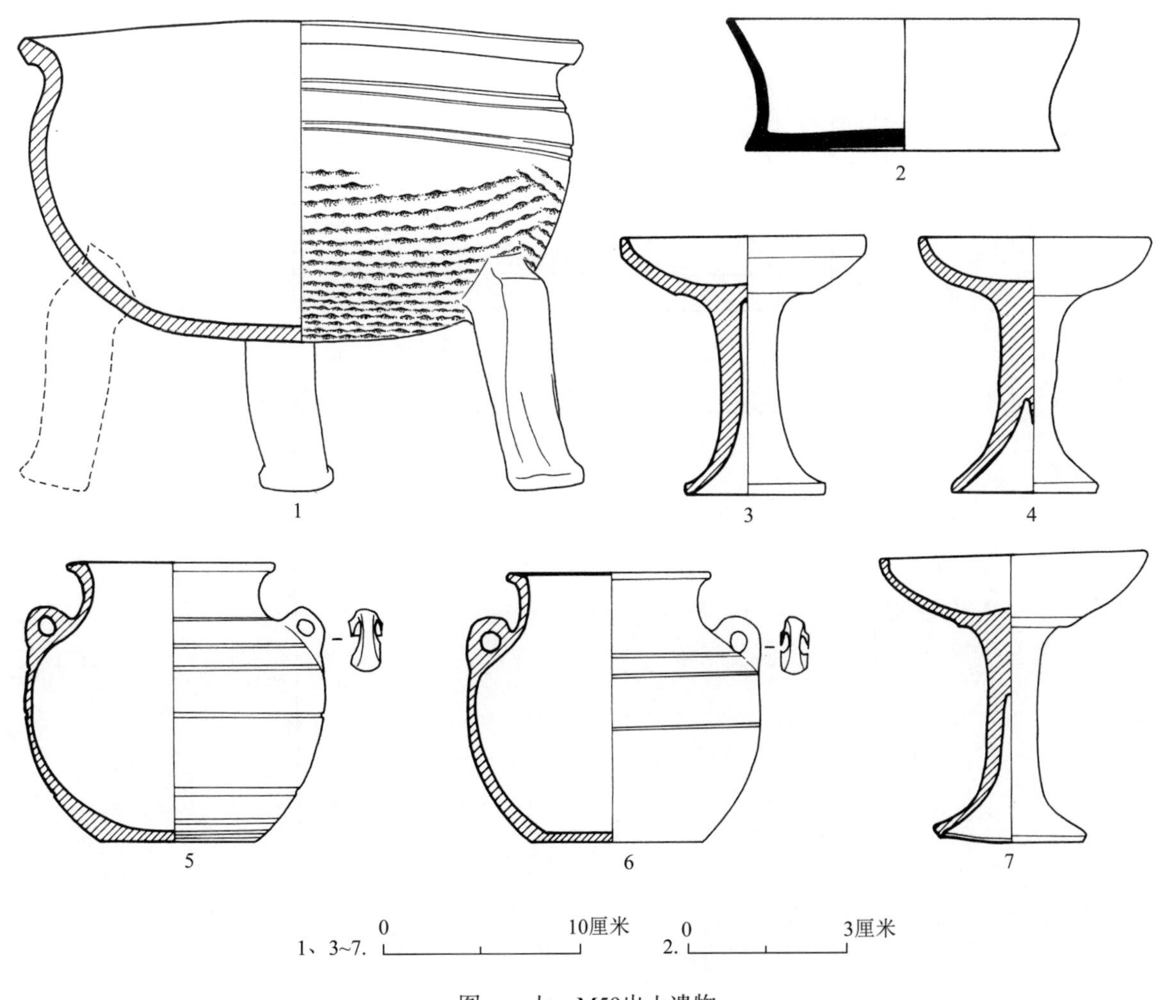

图一一七　M59出土遗物

1.陶三足釜（M59：8）　2.铜杯形器（M59：9）　3、4、7.陶豆（M59：3、M59：4、M59：5）　5、6.陶双桥耳罐（M59：1、M59：2）

六〇、M60

1. 墓葬概况

M60位于三区东北部，开口于耕土层下，距地表0.3米，方向295°。口大底小，墓口长2.8米，东端宽2.04米，西端宽2米；墓底长1.64米，宽0.7～0.78米；墓深2.63米。坑四壁规整，向下微内收，距墓口1.8米深处有生土二层台，台面平整，台壁斜直，东、南、西、西台面宽分别为0.26、0.36～0.38、0.2、0.36～0.4米，高0.83米，壁面平滑，经人工修整，墓底平坦（图一一八）。

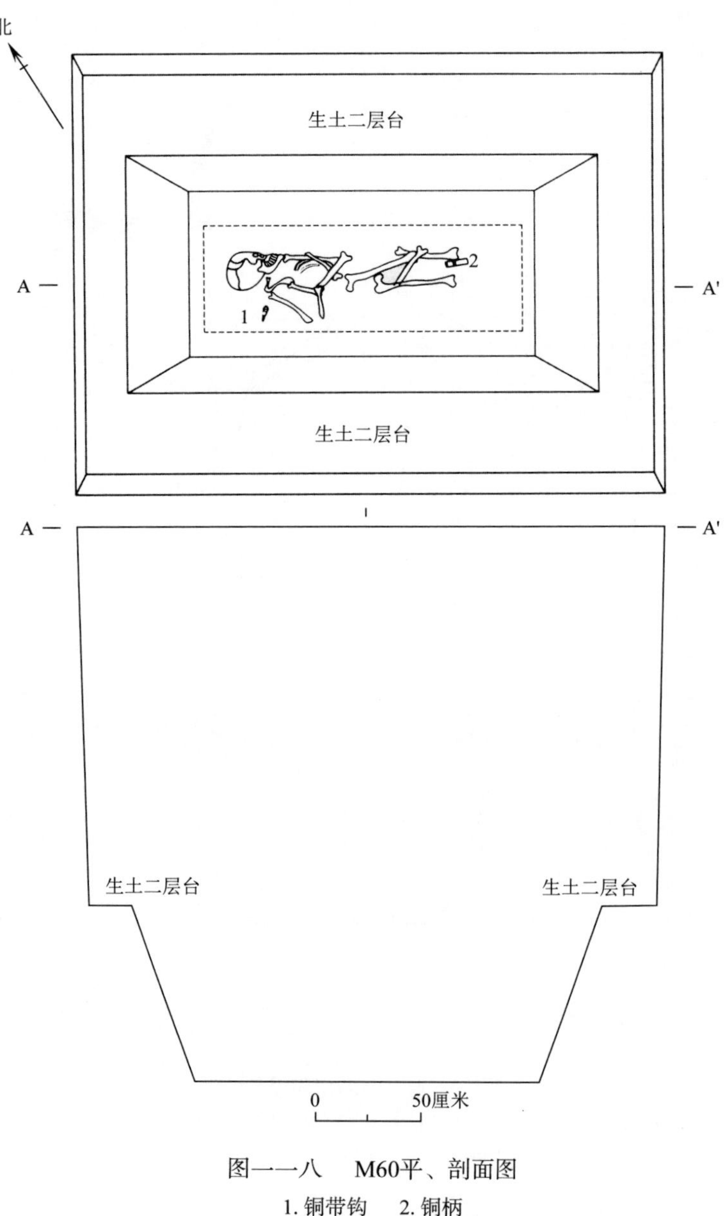

图一一八　M60平、剖面图
1. 铜带钩　2. 铜柄

填红褐色五花土，土质较软。

葬具已腐朽，从残存痕迹看为一棺，棺痕长1.51米，宽0.5米。

人骨架1具，仅存头骨和肢骨，头向西，面向北，侧身直肢葬。

2. 出土器物

随葬品2件，铜带钩置于棺内西南部，铜柄置于棺内东北部。

铜带钩　1件。标本M60：1，整体作琵琶状，钩弯度小，为兽首形，背部有一圆纽，腹部较长，鼓起成三平面。长7.5厘米，腹宽2.3厘米，纽径0.8厘米（图一一九，2）。

铜柄　1件。标本M60：2，体呈一端封闭的扁筒状，并有一周较宽的箍，器中部有一圆形穿。长11.85厘米（图一一九，1）。

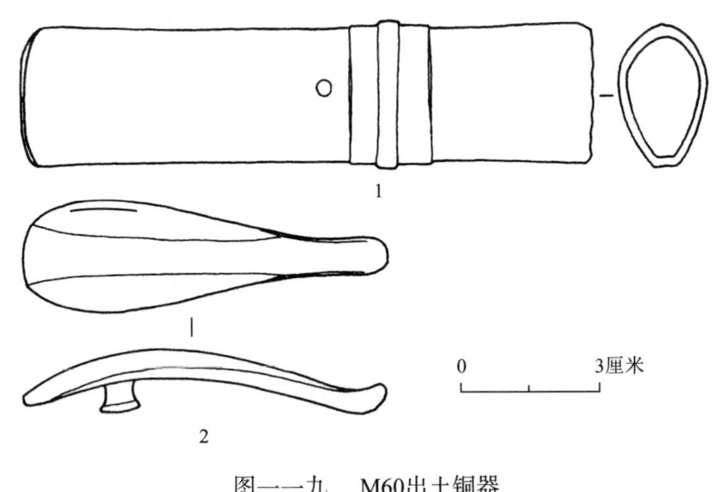

图一一九　M60出土铜器

1. 铜柄（M60：2）　2. 铜带钩（M60：1）

六一、M61

1. 墓葬概况

M61位于三区东北部，开口于耕土层下，距地表0.3米，墓葬遭到严重破坏，墓室东部打破M62西南角，南部打破M63东北角。方向300°。由墓道和墓室两部分组成。

墓道向西北，设于墓室前壁左侧。该墓道只清理一部分，呈长方形斜坡状，前窄后宽，已清理部分口长2.8米，宽0.8～0.86米，深1.7～2.56米，底坡长2.94米，坡度15°。

墓门开于墓室前壁左侧，封门砖为横向错缝叠砌，残存11层。

墓坑平面呈长方形，口底同大，长4.84米，宽2.3米，深2.4～2.6米。砖砌墓室，墙砖紧贴坑壁，平面呈长方形，长4.56米，宽2.02米，残高1.61米。墙体砌于铺底砖上，残存23层砖，砌法为直行错缝叠砌。铺底砖铺法不详（图一二〇）。

墙砖和铺底砖均为青灰色长方形条砖，长0.33米，宽0.14米，厚0.07米，单长侧面饰“五”字形花纹和同心圆纹。

墓道填褐色五花土，土质较硬。

葬具、人骨架不详。

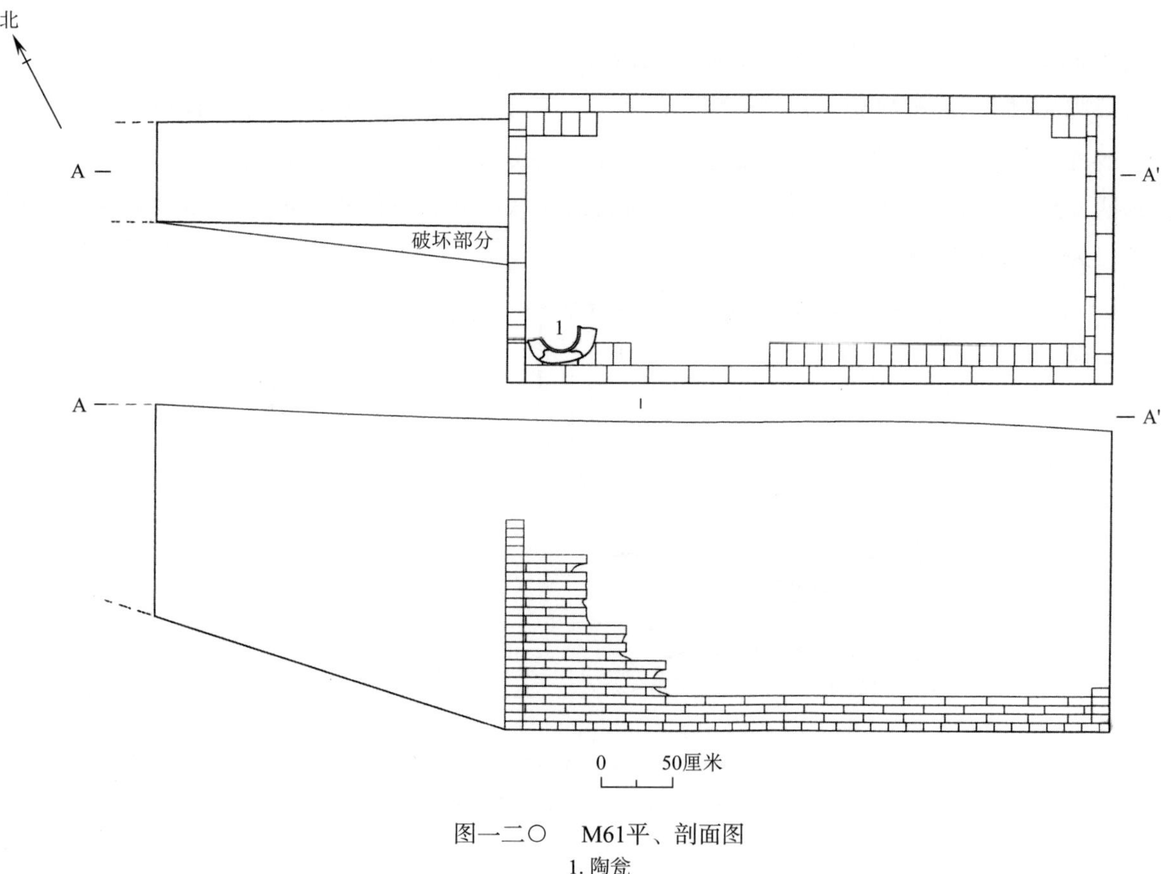

图一二〇　M61平、剖面图

1. 陶瓮

2. 出土器物

随葬品仅存1件，为残陶瓮，置于墓室东南角。在扰土中发现有铜钱及陶器残片，有的陶器可修复，计有陶瓮、陶耳杯、陶樽、陶器盖。

陶瓮　2件。标本M61：1，泥质灰陶。敞口近直，圆肩，鼓腹，下腹弧收，平底微凹。下腹饰较浅的竖绳纹间以抹痕。高41.1厘米，口径27.3厘米，底径22.4厘米（图一二一，2）。标本M61：6，在扰土中出土。泥质灰陶。敞口，圆肩，鼓腹，下腹弧收，平底微凹。下腹饰较浅的竖绳纹。高29.2厘米，口径20.7厘米，底径18厘米（图一二一，1）。

陶耳杯　2件。在扰土中出土。形制相同，大小有别。泥质红陶。杯口、底呈椭圆形，敞口，尖圆唇，两耳弧似新月，弧腹，平底。素面。标本M61：2，高4.6厘米，口长14.5厘米，宽11.5厘米（图一二一，5）。标本M61：3，高3.3厘米，口长11.7厘米，宽9.3厘米（图一二一，4）。

陶樽 1件。标本M61：4，在扰土中出土。泥质红胎，表面施绿釉。敛口，圆唇，腹壁近直，平底微凹，三乳丁状足。近口处饰两周凹弦纹。高8.7厘米，口径12.6厘米（图一二一，6）。

陶器盖 1件。标本M61：5，在扰土中出土。泥质红胎，表面施红黄釉，盖内见红胎。盖顶微弧，盖顶模印“双龙戏珠”，周边微凸一周。高3.2厘米，口径16.4厘米（图一二一，3）。

铜钱 79枚。在扰土中出土。可分两型。

A型 14枚。标本M61：7-1，钱的正面边缘有一周凸起的周郭，正方形穿，穿之左右有篆书“五铢”两字，大部分钱上的“铢”字不太清楚；钱的背面边缘有周郭，而且穿四边也有郭。“五”字中间两笔是直的或近乎直的，整个字形如两个对顶三角形；“铢”字的“金”字头近似三角形；“铢”字的“朱”字头圆折。郭径2.5厘米，钱径2.3厘米，穿边长0.9厘米（图一二二，1）。

B型 65枚。标本M61：7-15，钱的正面边缘有一周凸起的周郭，正方形穿，穿之左右有篆书“五铢”两字；钱的背面边缘有周郭，而且穿四边也有郭。钱文的书体特点明显。“五”字中间两笔是弯曲的，中间两笔和上下两划相接的地方略向内靠拢，中间两笔和上下两横相接的地方是垂直的；“铢”字笔划清晰，“金”字四点较长，“朱”字头方折。郭径2.55厘米，钱径2.3厘米，穿边长1厘米（图一二二，2）。

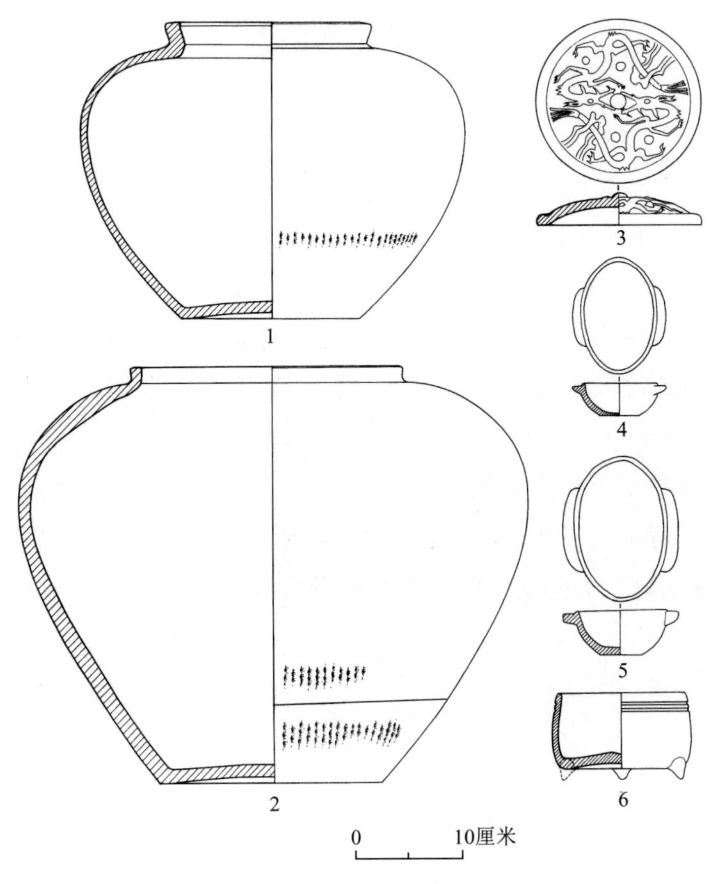

图一二一 M61出土陶器

1、2. 陶瓮（M61：6、M61：1） 3. 陶器盖（M61：5） 4、5. 陶耳杯（M61：3、M61：2） 6. 陶樽（M61：4）

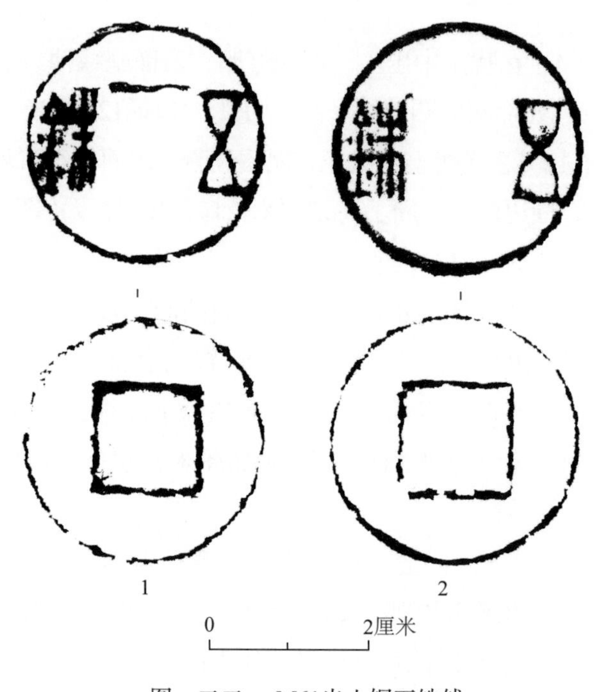

图一二二　M61出土铜五铢钱
1. A型（M61：7-1）　2. B型（M61：7-15）

六二、M62

1. 墓葬概况

M62位于三区东北部，开口于耕土层下，距地表0.3米，墓室西北角被M61打破。方向40°。口大底小，墓口长2.6米，宽2米；墓底长2米，宽1米；墓深1.25米。坑四壁规整，垂直，距墓口0.7米深处有生土二层台，台面平整，台壁垂直，东、西台面均宽为0.5米，南、北台面宽0.3米，高0.55米，壁面光滑，经人工修整，墓底平坦，并铺一层较薄的青膏泥（图一二三）。

填褐色五花土，土色泛黄，土质较硬。

葬具已腐朽，从残存痕迹看为一棺，棺痕长1.45米，宽0.55米。

人骨架1具，保存较好，头向北，面向西，仰身直肢葬。根据骨骼判定为成年男性。

2. 出土器物

随葬品1件，陶罐放置于墓底北部。

陶罐　1件。标本M62：1，泥质灰陶。口已残，溜肩，鼓腹，最大径近肩部，下腹斜收，平底。上腹饰两周凹弦纹。残高13.6厘米，腹径15厘米，底径7.4厘米（图一二四）。

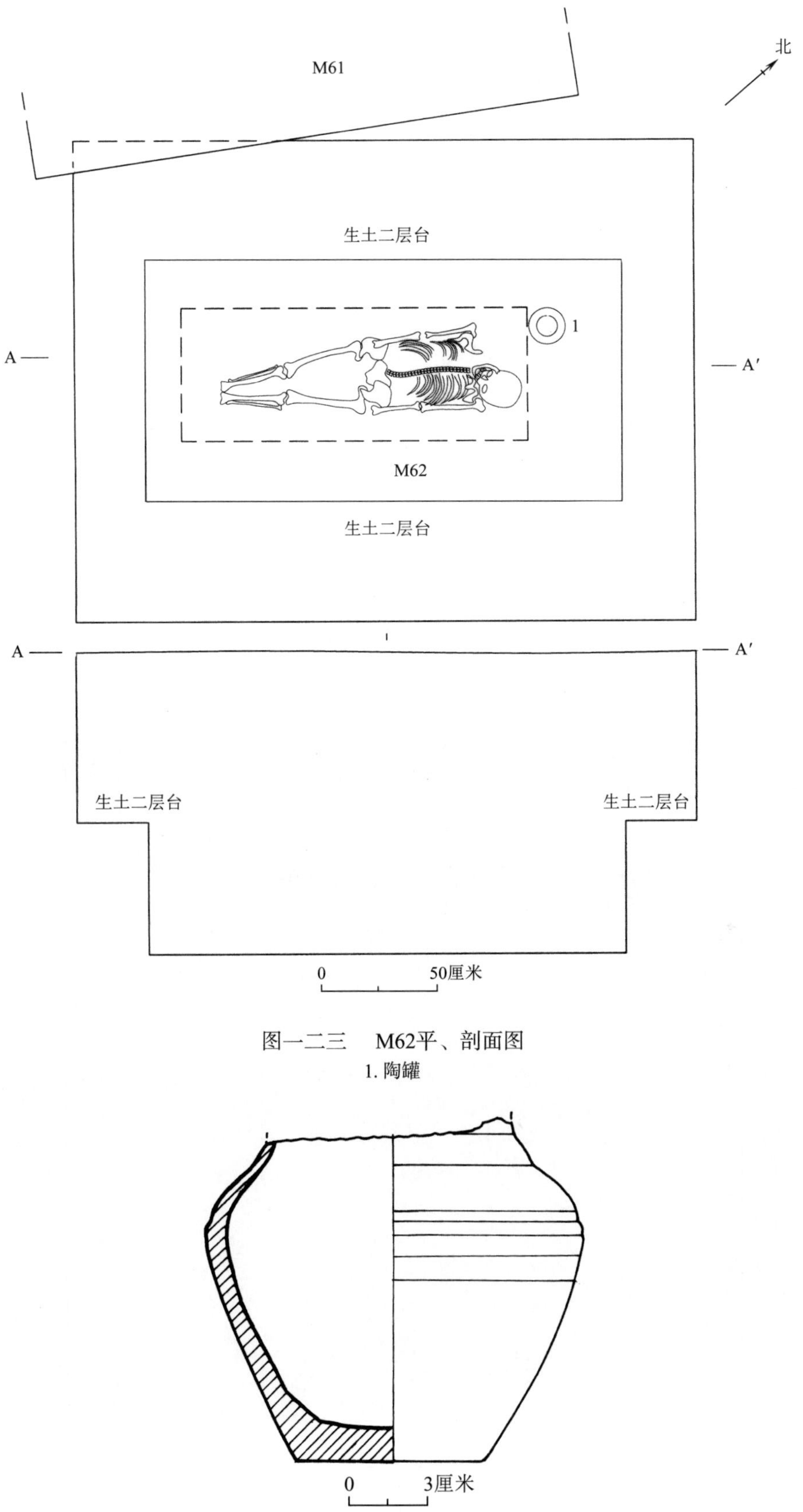

图一二三 M62平、剖面图
1. 陶罐

图一二四 M62出土陶罐（M62：1）

六三、M63

1. 墓葬概况

M63位于三区东北部，开口于耕土层下，距地表0.3米，墓室东北角被M61打破。方向85°。口底同大，长2.72米，宽1.56米，墓深1.6米。墓壁陡直平滑，经人工修整，墓底平坦，并铺一层较薄的青膏泥（图一二五；图版三五，1）。

填褐色五花土，土色泛黄，土质较硬。填土中发现铁锸1件。

葬具已腐朽，从残存痕迹看为一椁一棺，椁痕长2.5米，宽1.2米；棺位于椁室北部，棺痕长2.3米，宽0.7米。

人骨架1具，仅存下肢骨，尚能看出头向东，葬式不详。

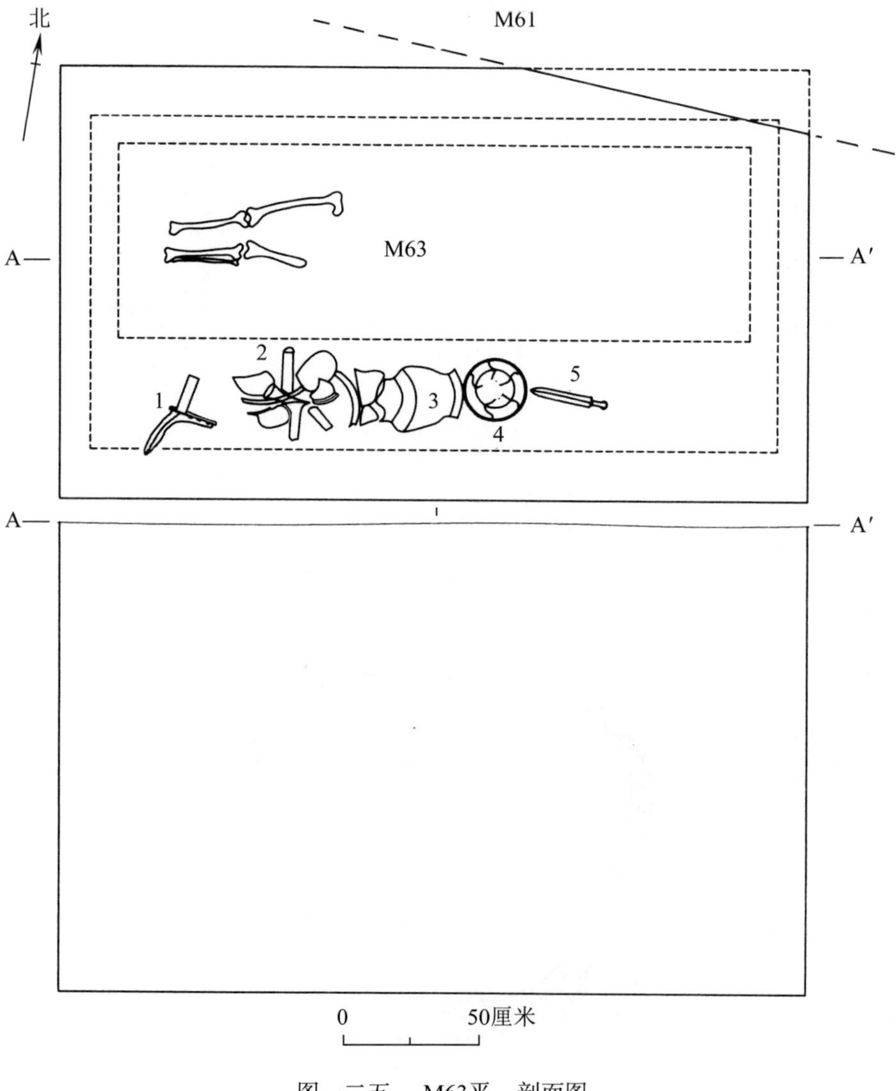

图一二五　M63平、剖面图

1. 铜戈　2. 陶鼎　3. 陶壶　4. 陶盂　5. 铜剑

2. 出土器物

随葬品5件，放置于椁内北侧，由西向东为铜戈、陶三足釜、陶壶、陶盂、铜剑（图版三五，2）。

陶三足釜　1件。标本M63：2，夹砂黑陶。敞口，折沿，沿面内斜，方唇，束颈，圆肩，腹下部已残，三蹄足，横断面呈圆形。沿面饰两周凹弦纹，肩部饰两周凹弦纹，腹部及腹部饰横斜交错的绳纹。

陶壶　1件。标本M63：3，泥质灰陶。敞口，平沿，尖唇，微束颈，溜肩，腹已残，平底，筒状圈足微外撇。颈部饰三组六周凹弦纹，肩部饰一周凹弦纹，上下腹有明显分界。口径15.5厘米，底径13.6厘米（图一二六，1）。

陶盂　1件。标本M63：4，泥质灰陶。敞口，折沿，方唇，微束颈，圆肩，弧腹缓收，凹圜底。素面。高11.4厘米，口径22厘米，底径10.8厘米（图一二六，2）。

铜剑　1件。标本M63：5，剑身窄长，前锋锐利，双面刃，中起脊，镡略宽，圆柱状空茎，圆剑首。长41.9厘米，宽4厘米，茎长8.6厘米，首径3.5厘米（图一二六，3；图版三六，1）。

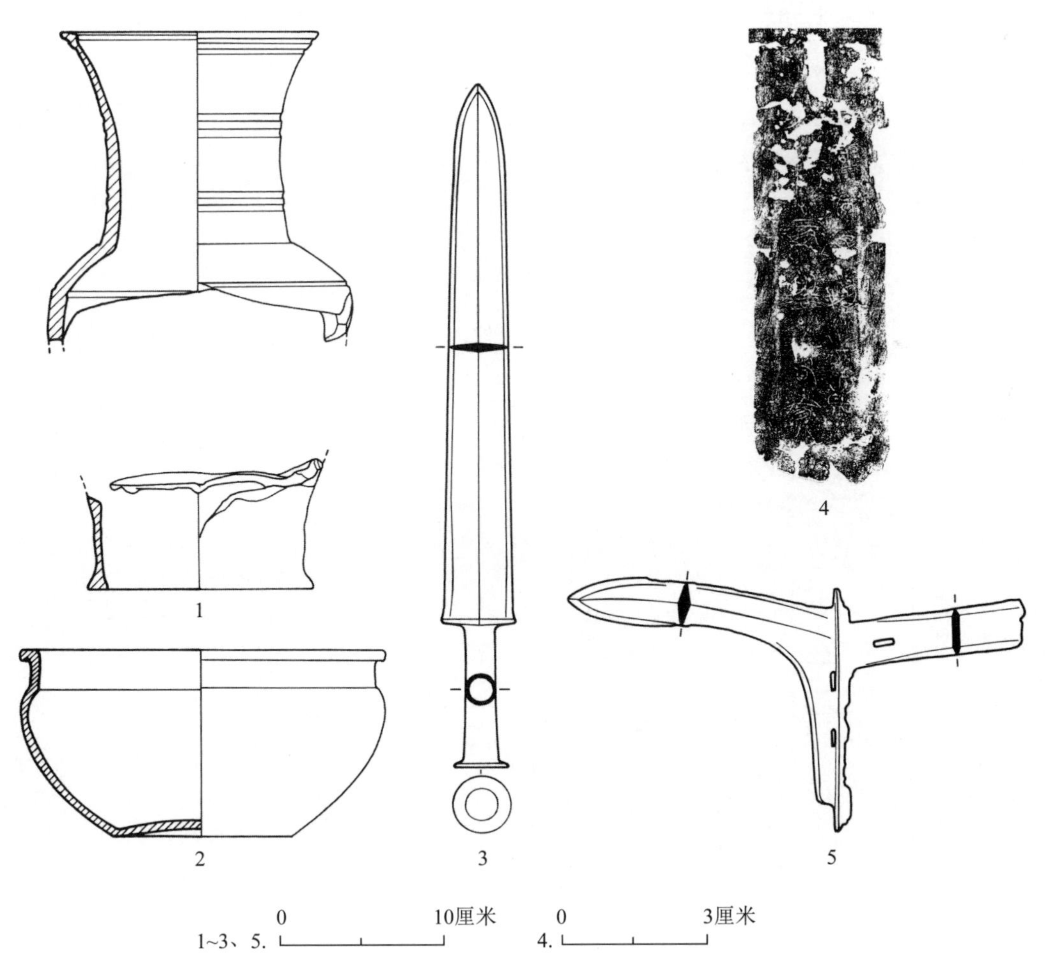

图一二六　M63出土遗物及拓本

1. 陶壶（M63：3）　2. 陶盂（M63：4）　3. 铜剑（M63：5）　4. 铜戈（M63：1）铭文拓本　5. 铜戈（M63：1）

铜戈　1件。标本M63∶1，短援较宽，前锋锐利，双面刃，有脊，援胡交角大于90°，胡下端近直角，栏侧有两个长方形穿，长内，内下角缺，内上有一长方形穿。内上有两行铭文："易翟公子□之造□□冢（？）铸之右府（？）"。铜戈总长27.6厘米；援长16厘米，援宽2.6厘米；内长11.6厘米，内宽3厘米（图一二六，4、5；图版三六，2、3）。

六四、M64

M64位于三区东北部，开口于耕土层下，距地表0.3米，墓葬严重破坏，墓室东部打破M65南部。方向130°。由墓道、甬道和墓室三部分组成。

墓道向东南，西北与甬道相连，呈长方形斜坡状，残长0.4米，宽0.8米；底坡长0.44米，坡度20°。下端深0.2米。

甬道居中设于墓室前壁，西北与墓道相连，平面呈长方形，进深0.78米，宽0.8米，残高0.2米。墙体砌于生土上，残存3层，砌法为条砖直行错缝叠砌。壁砖稍下陷。铺底砖不存。

墓坑平面呈左右壁中部外弧的长方形，口底同大，长3.8米，宽2.32～2.56米，深0.9米。砖砌墓室，砖墙紧贴坑壁，平面呈左右壁中部外弧的长方形，长3.44米，宽2.02～2.24米，残高0.48米。墙体砌于生土上，残存6层，砌法为条砖直行错缝叠砌。铺底砖砌法不详（图一二七）。

墙砖和铺底砖均为青灰色长条砖，砖长0.38米，宽0.16米，厚0.08米。长侧面饰网纹。

墓道填褐色五花土，土质较硬。

葬具、人骨架、随葬品不详。

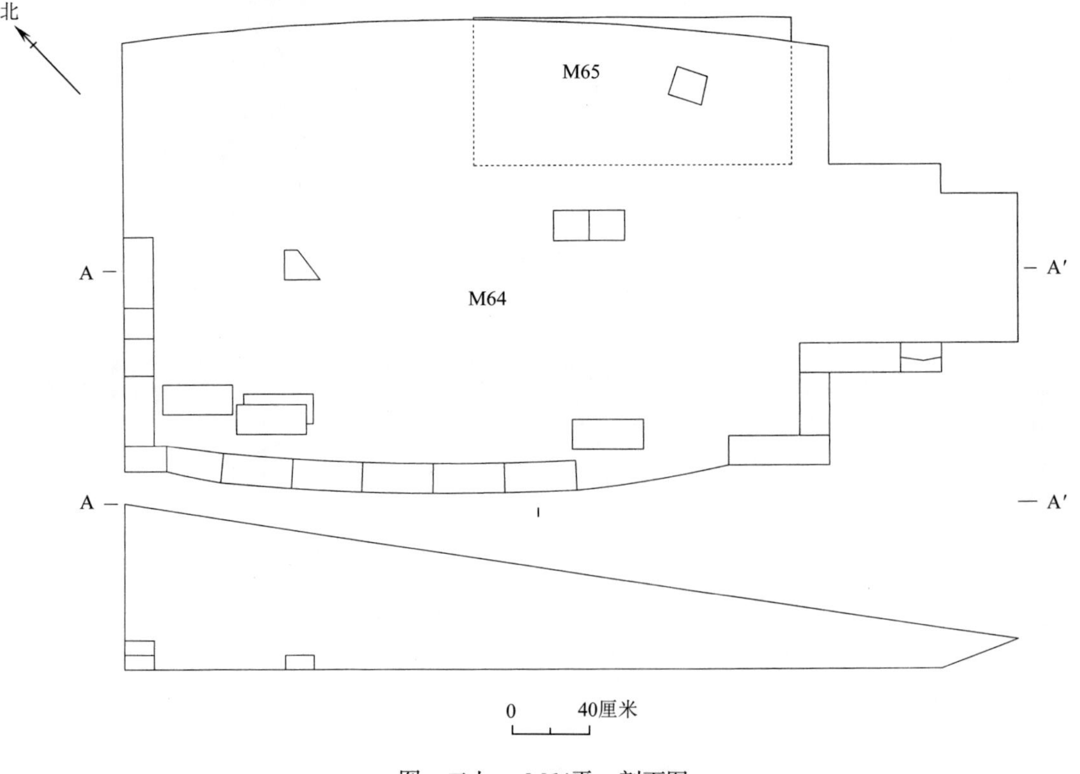

图一二七　M64平、剖面图

六五、M65

M65位于三区东北部，开口于耕土层下，距地表0.3米，墓室南部被M64打破。方向310°。口底同大，长1.7米 ，宽0.8米，墓深0.98～1.2米。墓壁陡直，墓底平坦，并铺一层较薄的青膏泥（图一二八）。

填褐色五花土，土质较硬。

葬具已腐朽，从残存痕迹看为一棺，棺痕长1.40米，宽0.46～0.5米。

人骨架1具，仅存骨痕，尚能看出头向西，葬式为侧身屈肢。

无随葬品。

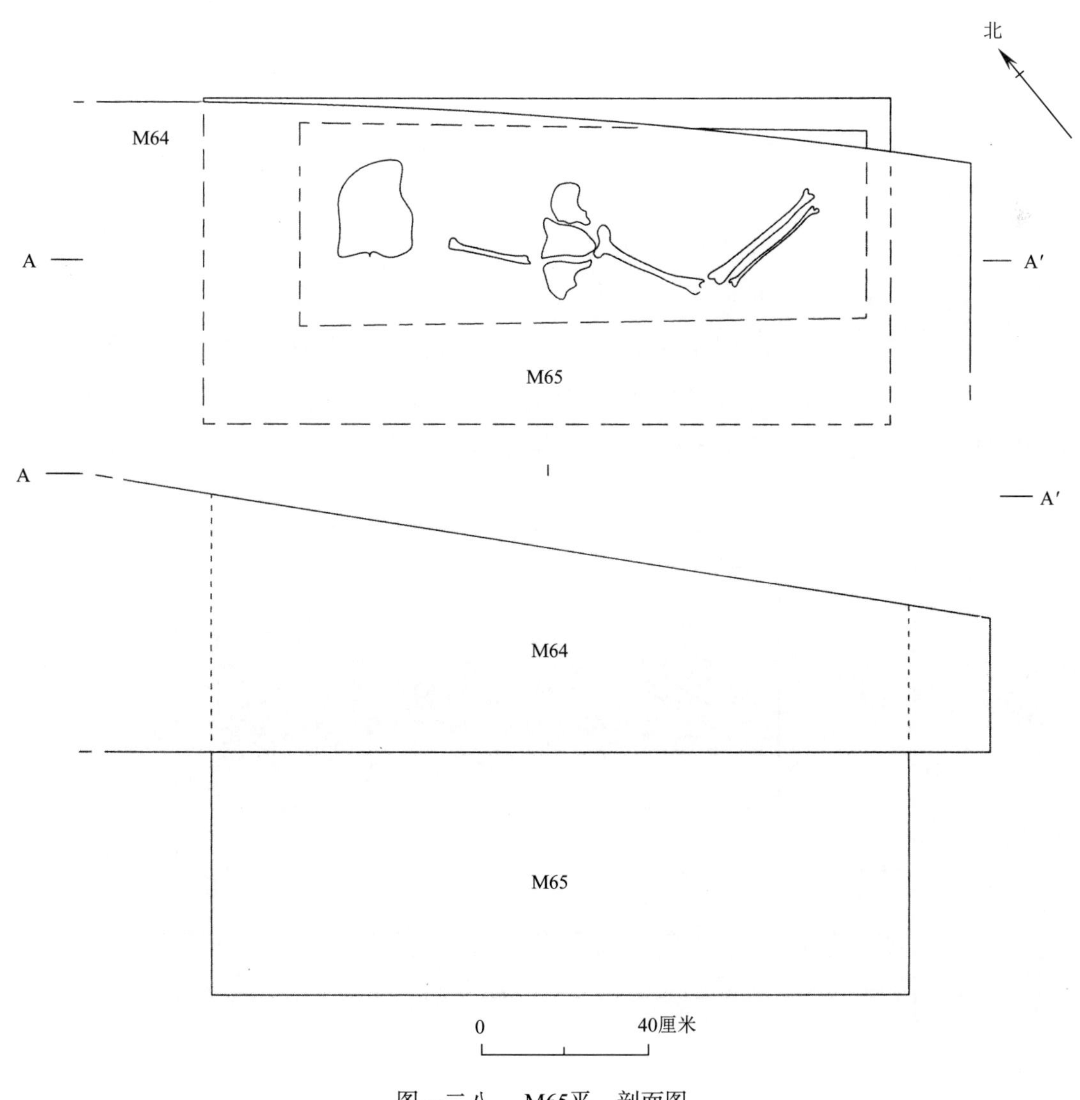

图一二八 M65平、剖面图

六六、M66

1. 墓葬概况

M66位于三区东北部，开口于耕土层下，距地表0.3米，方向50°。口底同大，长1.42米，东端宽0.68米，西端宽0.64米，墓深0.24米。墓壁陡直平滑，经人工修整，墓底平坦（图一二九；图版三七，1）。

填褐色五花土，土质较硬。

葬具已腐朽，从残存痕迹看为一棺，棺痕长1.08米，宽0.4～0.46米。

人骨架1具，保存较好，头向北，面向上，葬式为仰身屈肢，双手放于腹部。

2. 出土器物

随葬品4件，陶盂、圜底釜置于头骨东侧，铜印章置于头骨西侧，铜带钩置于墓主人腹部（图版三七，2）。

陶圜底釜　1件。标本M66：1，夹砂灰陶。敛口，方唇，翻沿，外沿上有一周浅凹槽，短颈，溜肩，鼓腹，最大径在中腹，下腹弧收，圜底。颈部饰竖向粗绳纹，大多被抹去已漫漶不清，肩部及中腹饰竖向粗绳纹间饰一周抹痕，下腹及底部饰交错粗绳纹，大多已漫漶不清。高11.9厘米，口径15厘米，腹径18厘米（图一三〇，4）。

陶盂　1件。标本M66：2，泥质灰陶。敞口，尖唇，卷沿，肩部微突，斜直腹内收至底，平底。内底中部有一五边形印记，颈部饰竖向粗绳纹，大多被抹去已漫漶不清，腹壁近底部处饰斜向细绳纹。高6.9厘米，口径15.1厘米，底径7.4厘米（图一三〇，1）。

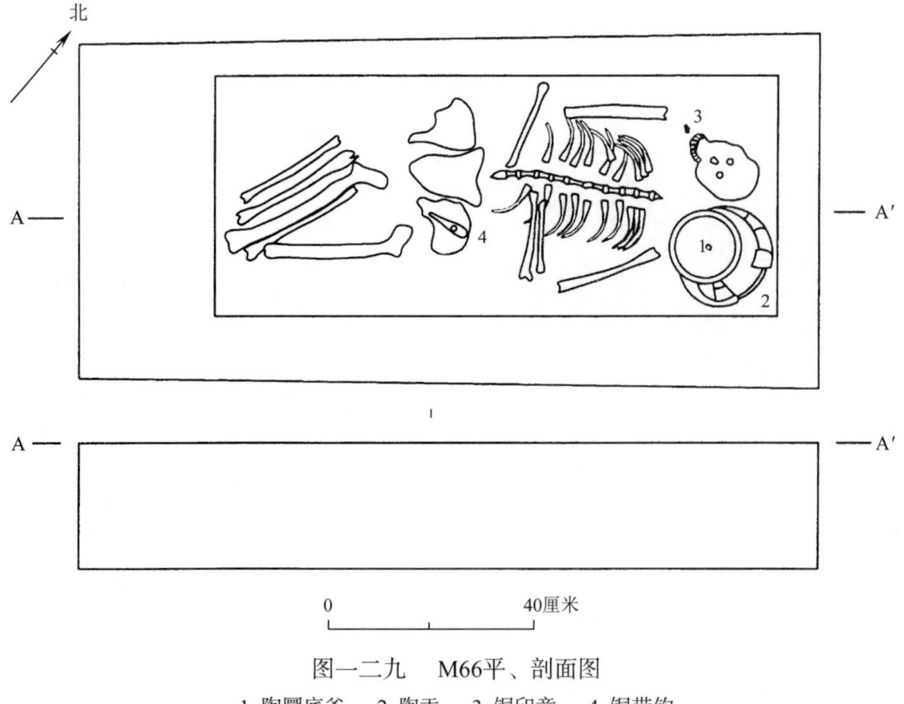

图一二九　M66平、剖面图

1. 陶圜底釜　2. 陶盂　3. 铜印章　4. 铜带钩

铜带钩　1件。标本M66：4，已残。钩弯度小，为兽首形，背部有一圆纽，腹部较长且隆起。残长5.6厘米，腹宽1.15厘米，纽径1.2厘米（图一三○，3）。

铜印章　1件。标本M66：3，器作长方形，背部有一拱形纽。正面有阴刻篆文二字“私印”。高0.8厘米，印面长1.7厘米，宽1.1厘米（图一三○，2）。

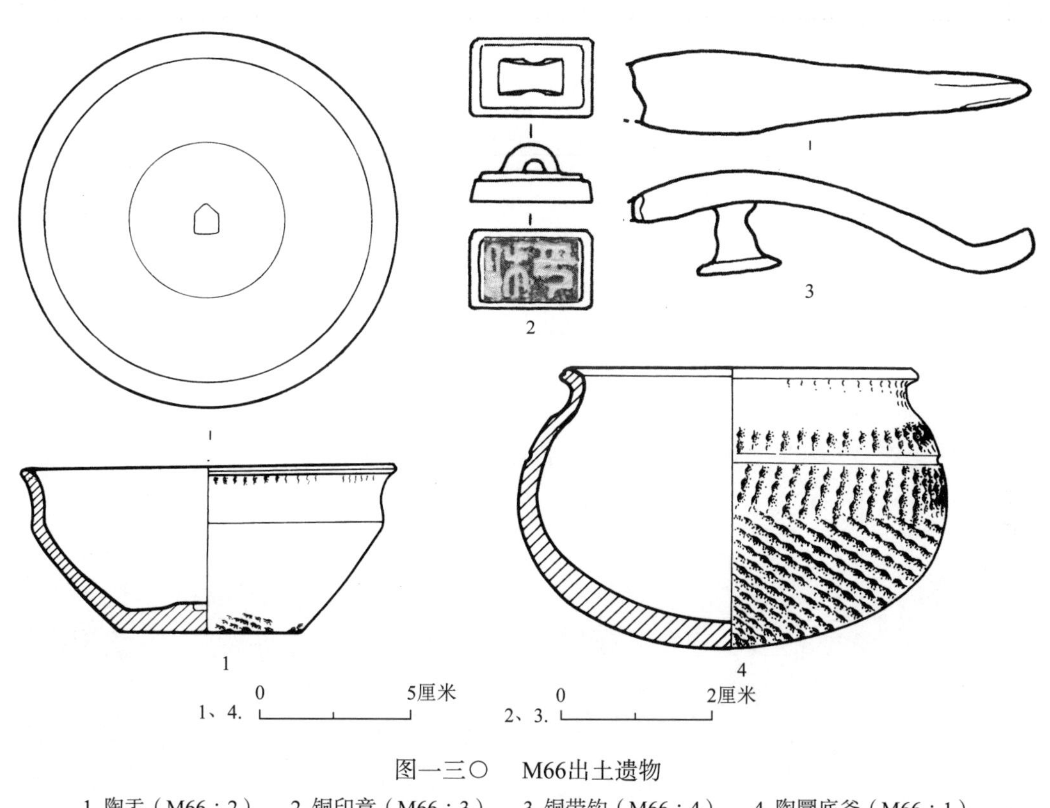

图一三○　M66出土遗物

1. 陶盂（M66：2）　2. 铜印章（M66：3）　3. 铜带钩（M66：4）　4. 陶圜底釜（M66：1）

六七、M67

1. 墓葬概况

M67位于三区东北部，开口于耕土层下，距地表0.3米，方向300°。口大底小，墓口长2.44米，宽1.66米；墓底长1.84米，宽0.85米；墓深2米。坑四壁规整，向下外张，自墓口向下0.96～1.16米深处有生土二层台，台面平整，台面宽0.16～0.26米，台壁向下内收，高0.84米，壁面平整，墓底平坦（图一三一；图版三八，1）。

填褐色五花土，土色较黄，土质较硬。

葬具已腐朽，从残存痕迹看为一棺，棺痕长1.64米，宽0.64～0.8米。

人骨架已朽尽，葬式不详。

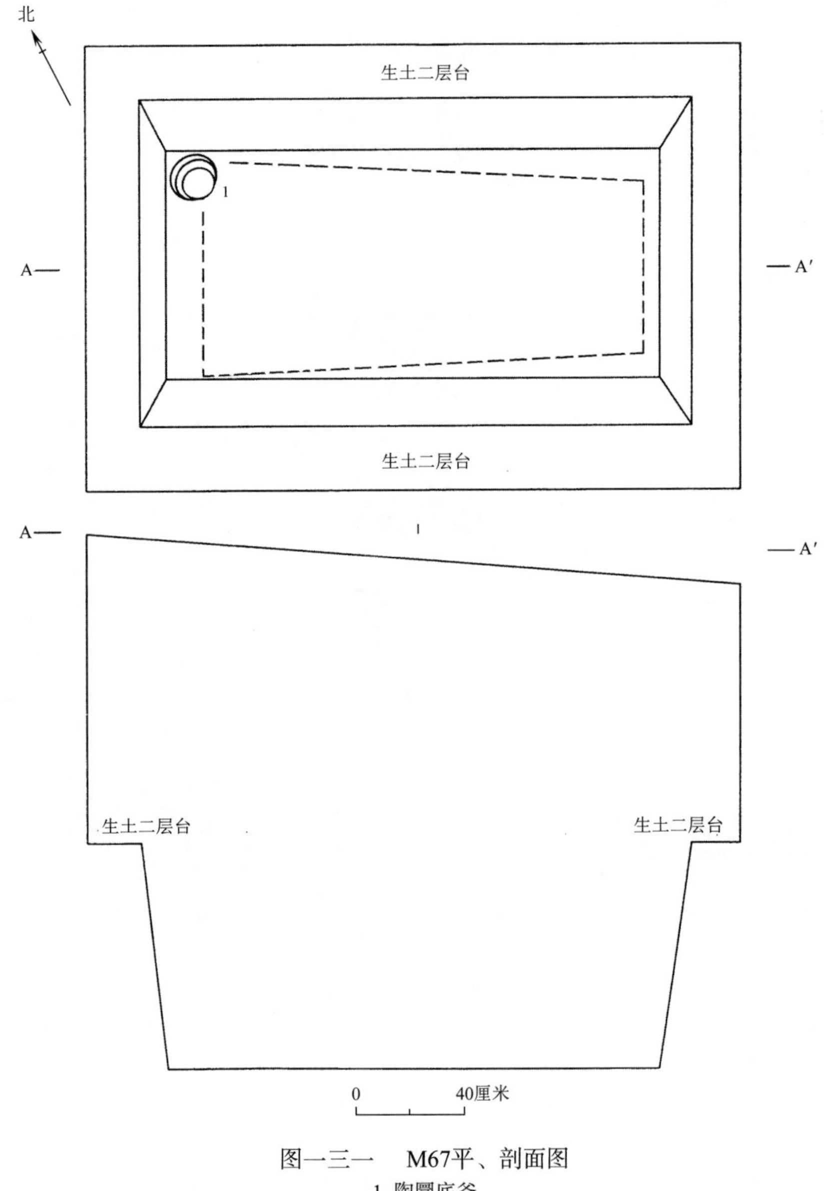

图一三一　M67平、剖面图
1. 陶圜底釜

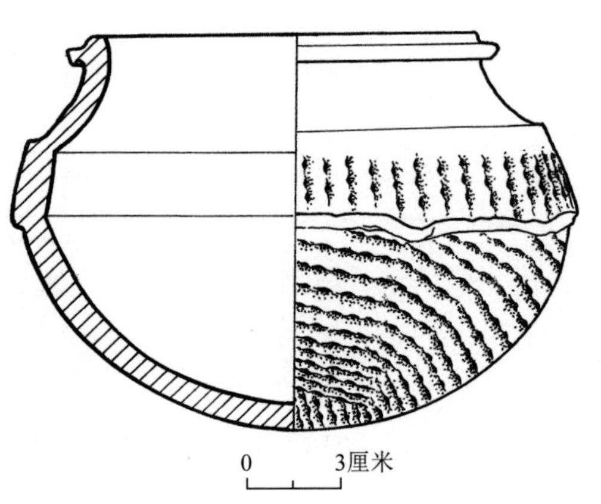

图一三二　M67出土陶圜底釜（M67：1）

2. 出土器物

随葬品1件，陶圜底釜放于墓底西北角。

陶圜底釜　1件。标本M67：1，夹砂灰陶。敛口，圆唇，口沿下部有一较厚的宽边，束颈较短，肩部微突，鼓腹，最大径在中腹，下腹弧收，圜底。上腹饰竖向细向细向细绳纹，下腹及底部饰交错细向绳纹。高13.1厘米，口径12.6厘米，腹径18.2厘米（图一三二）。

六八、M68

1. 墓葬概况

M68位于三区东北部，开口于耕土层下，距地表0.3米，方向300°。口大底小，墓口长2.54米，宽1.86米；墓底长1.7米，宽0.85米；墓深3.2米。坑四壁规整，向下内收，自墓口向下2.40～2.56米深处有生土二层台，台面平整，台面宽0.2～0.24米，台壁向下内收，高0.8米，壁面平滑，经人工修整，墓底平坦（图一三三；图版三八，2）。

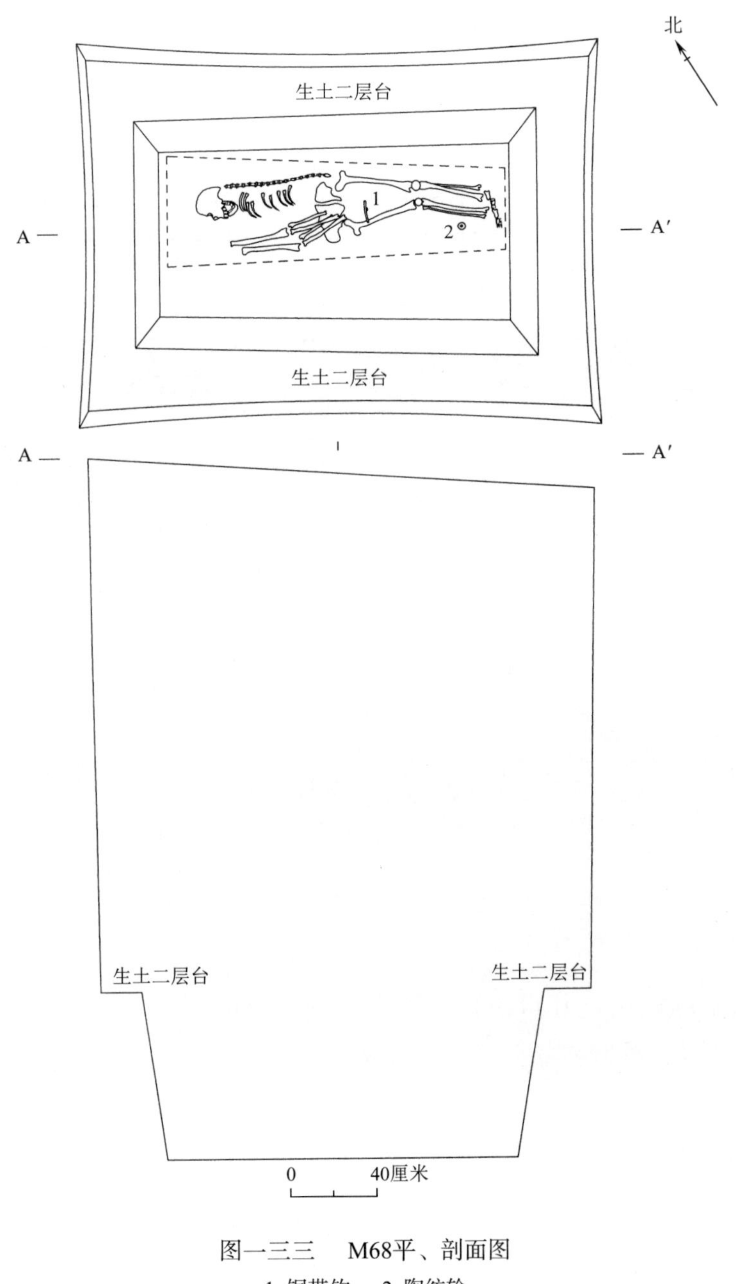

图一三三 M68平、剖面图
1. 铜带钩 2. 陶纺轮

填褐色五花土，土色泛黄，土质较软，有料姜石。

葬具已腐朽，从残存痕迹看为一棺，棺痕长1.64米，宽0.4～0.54米。

人骨架1具，保存较好，头向西，面向南，仰身直肢。

2. 出土器物

随葬品2件，陶纺轮置于棺内东南部，铜带钩置于棺内中部下肢骨之上。

陶纺轮　1件。标本M68：2，体作算盘子状，两面平，四周中部外鼓。厚2厘米，直径3.9厘米（图一三四，1）。

铜带钩　1件。标本M68：1，已残。体作长条状，背部有一圆纽，腹部较长。残长11.4厘米，腹宽0.75厘米，纽径1.6厘米（图一三四，2）。

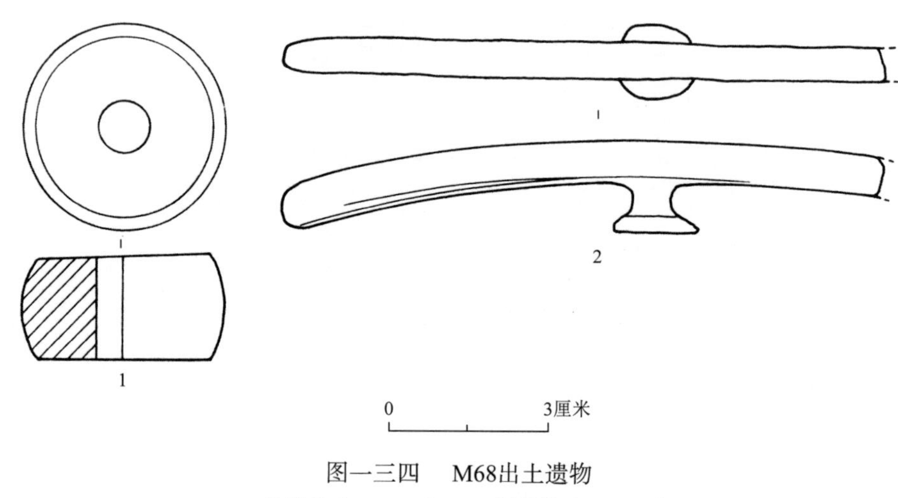

图一三四　M68出土遗物

1. 陶纺轮（M68：2）　2. 铜带钩（M68：1）

六九、M69

1. 墓葬概况

M69位于三区中部偏东，开口于扰土层下，距地表0.3米，扰土层厚0.2米，墓葬破坏严重。方向320°。由墓道、甬道和墓室三部分组成。

墓道向西北，东南与甬道相连，呈长方形斜坡状，长1.92米，前端宽0.8米，后端宽1米；底坡长2.1米，坡度16°；下端深0.5米。

甬道设于墓室前壁左侧，西北与墓道相接，平面为长方形，进深0.64米，前端宽1米，后端宽1.12米，残高0.48米。墙体砌于生土上，残存8层，砌法为条砖直行错缝叠砌。墓门设于甬道前端，封门砖为纵向侧立斜置，呈倒“人”字形，残存4层。

墓坑平面呈长方形，口底同大，长2.86～3.06米，宽1.58～1.67米，深0.18～0.36米。砖砌墓室，砖墙紧贴坑壁，平面呈长方形，长2.58～2.78米，宽1.30～1.39米，残高0.36米。墙体砌于生土上，残存9层，砌法为条砖直行错缝叠砌。残存铺底砖可分两层，下层为纵向侧立，上层为横向齐缝平铺（图一三五）。

墙砖和铺底砖均为青灰色长条砖。墙砖长0.34米，宽0.14米，厚0.06米，长侧面饰网纹。铺底砖长0.32米，宽0.14米，厚0.06米，素面。

墓道填褐色五花土，土质较硬。

葬具、人骨架不详。

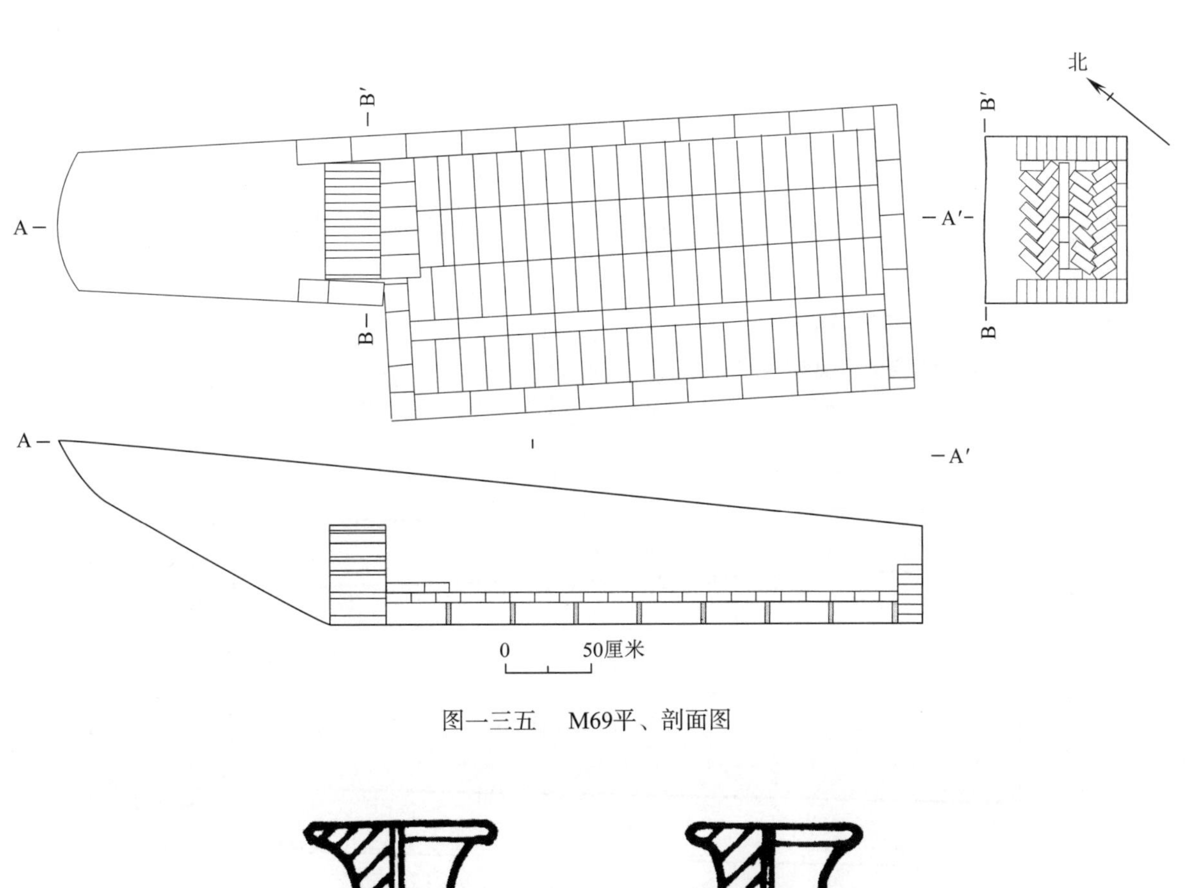

图一三五　M69平、剖面图

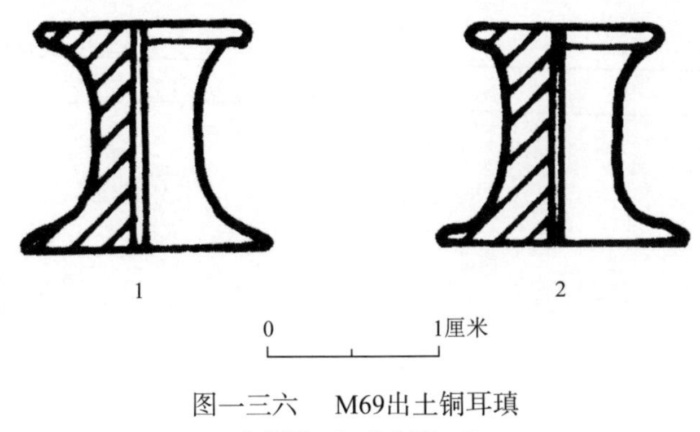

图一三六　M69出土铜耳瑱

1. M69：1　2. M69：2

2. 出土器物

随葬品不存。在扰土中发现2件铜耳瑱。

铜耳瑱　2件。大小、形制相同。标本M69：1、M69：2，体作圆形，上端小，下端大，腰细，如喇叭形，中间穿一孔。长1.15厘米，上端直径1厘米，下端直径1.3厘米（图一三六，1、2）。

七〇、M70

1. 墓葬概况

M70位于三区中部偏东，开口于扰土层下，距地表0.3米，扰土层厚0.2米。方向130°。口大底小，墓口长2.2米 ，东端宽0.7米，西端宽0.8米；墓底长1.66米，宽0.44～0.52米；墓深0.5米。墓口清晰，墓壁陡直，距墓口0.28米深处有生土二层台，台面平整，台壁垂直，东、北台面宽分别为0.4、0.14米，南、西台面宽0.14米，高0.22米，壁面粗糙，墓底平坦（图一三七）。

填色褐色五花土，土质较硬。

葬具、人骨架已腐朽，痕迹不详。

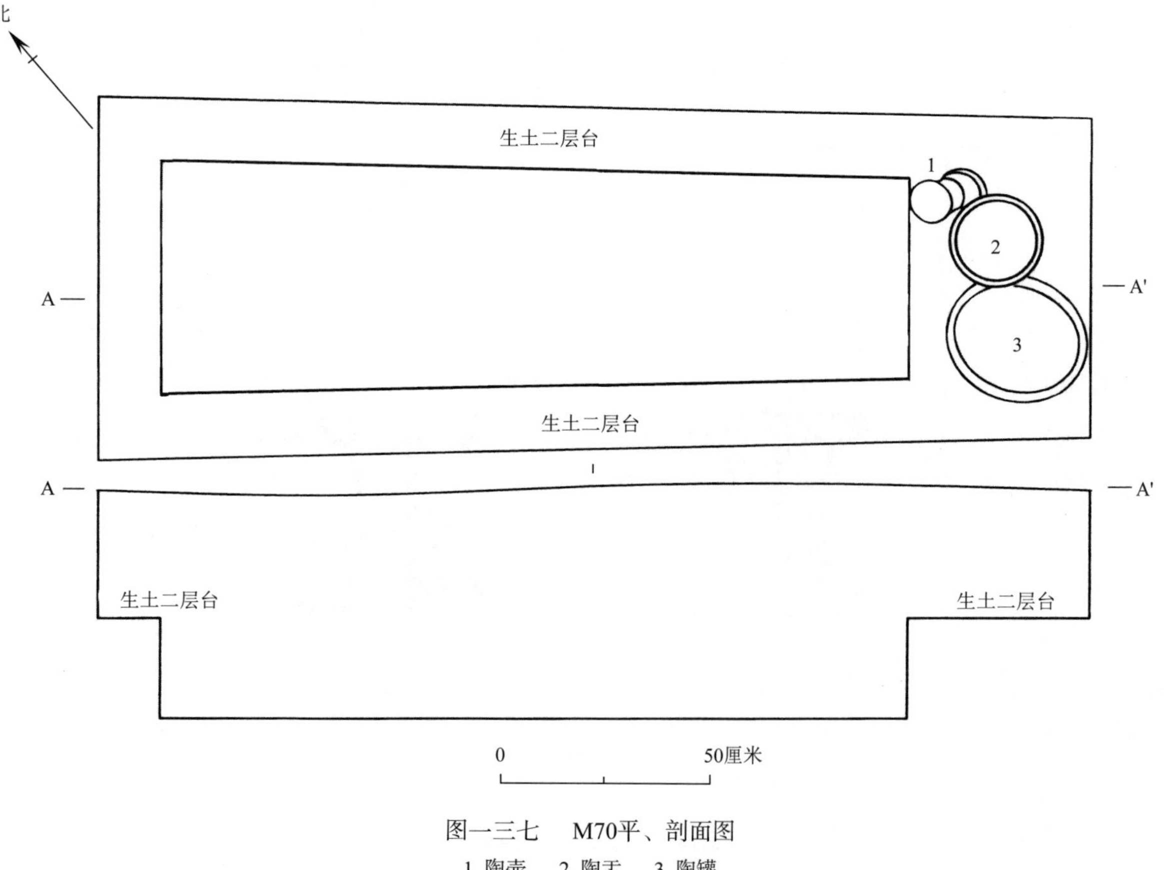

图一三七　M70平、剖面图

1. 陶壶　2. 陶盂　3. 陶罐

2. 出土器物

随葬品3件，放于东端生土台面上，由北向南依次为壶、盂、罐。陶器破碎严重，无法复原。

七一、M71

1. 墓葬概况

M71位于三区中部，开口于耕土层下，距地表0.3米，券顶塌陷，墓室西端打破M72东部。方向220°。由墓道、甬道和墓室三部分组成。

墓道向西南，东北与甬道相连，呈长方形斜坡状，壁直，口长2.76米，前端宽1米，后端宽1.2米；底坡长3.16米，坡度28 °；下端深1.5米。

甬道居中设于墓室前壁，东北与墓道相连，平面为长方形，进深0.82米，宽0.86米，残高0.66米。墙体砌于铺底砖之上，砌法为条砖直行错缝叠砌，残存12层。墓门设于甬道前端，封门砌于甬道内，砖已倒塌，可以看出为条砖横向错缝叠砌3排，残存8层。铺底砖为条砖横向齐缝平铺。

墓坑平面呈长方形，受地层挤压变形，长3.8米，宽1.76～2米，深1.5米。砖砌墓室，砖墙紧贴坑壁，平面呈长方形，长3.48米，前端宽1.44米，后端宽1.68米，高1.06米。墓墙砌于铺底砖之上，砌法为条砖直行错缝叠砌，在19层处开始起券。券顶已坍陷，高1.24米，用楔形条砖错缝起券。墓室的铺底砖，前部为横向齐缝平铺，后部为条砖横向错缝平铺（图一三八；图版三九，1、2）。

墙砖和铺底砖均为青灰色条形，长0.32米，宽0.16米，厚0.06米；楔形砖长0.32米，宽0.16米，厚0.06～0.08米，单长侧面饰“五”字形花纹和半圆纹。铺底砖通体素面。

葬具为3棺，其中1副木棺，2副砖棺。木棺位于墓室底中东部，棺木已朽尽，仅存朱色漆皮痕迹。棺下有砖砌棺床，即在棺两端用条砖横向各叠砌3层而成，间距0.98米，紧贴中部砖棺。一副砖棺位于墓室中部，棺下有棺床，平面呈长方形，棺长1.96米，宽0.32米，高0.32米；棺床长宽与棺同，高0.16米。棺床是在铺底砖上纵向侧立两行砖，并在两端各用一半截砖横向填塞而成，两行砖的间距0.2米。砖棺置于棺床上，在棺床上面横向平铺一层砖作为棺底，再在横铺砖的两端纵向侧立两行砖作为棺壁，两端各用一砖横向侧立封挡，最后在上面横向平铺一层砖作为棺盖，这样就形成了内空长1.8米、宽0.2米、高0.16米的砖棺。另一副砖棺位于墓室西北部，平面呈长方形，棺长1.6米，宽0.32米，高0.16米。砖棺是在铺底砖上纵向侧立两行砖而成，其中一行砖紧贴墓左壁，北端紧贴墓后壁，上部没发现盖砖，南端也没有发现挡砖。

人骨架5具，均已腐朽，分别置于4处。东部木棺内置1具人骨架，仅存头骨和部分肢骨；中部砖棺内置1具人骨架，仅存肢骨；西北部砖棺内置2具人骨架，虽腐朽在一起，单仍可看出为并列摆放；紧贴墓室左壁近前壁处置还有1具人骨架，仅存下肢骨。人骨架的头均朝向墓道。

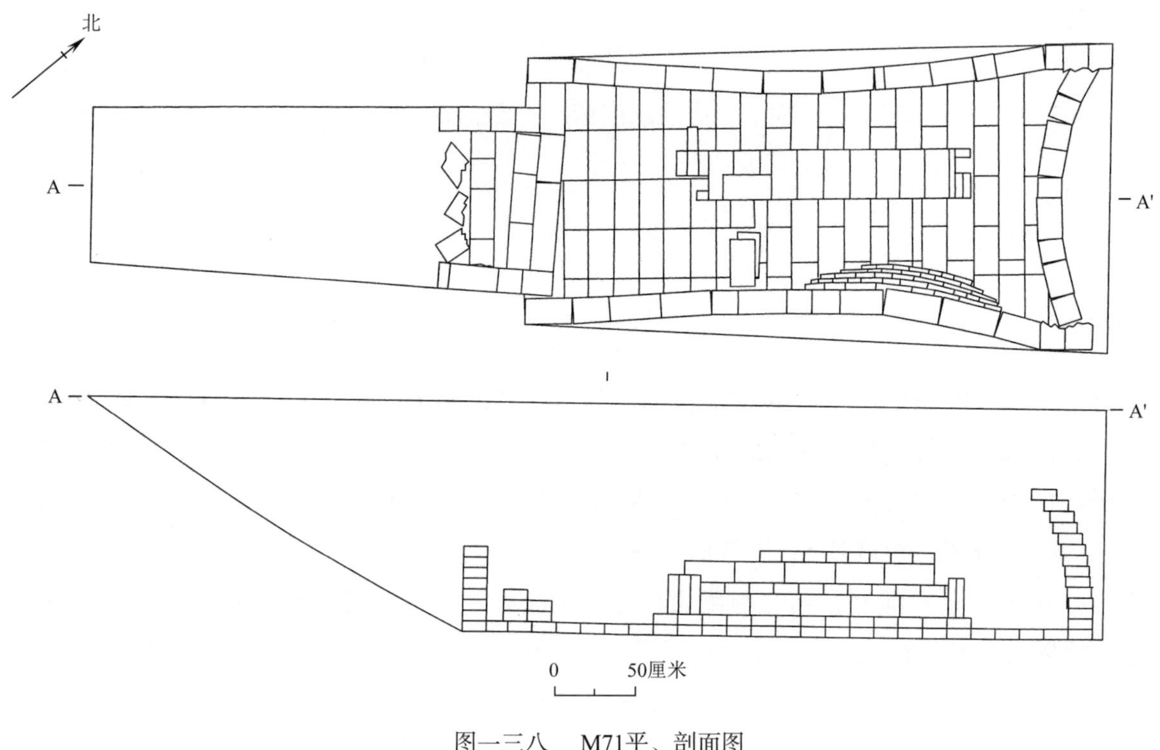

图一三八　M71平、剖面图

2. 出土器物

随葬品30件，计有陶罐4件，陶仓3件，陶鸡2件，陶盆4件，陶盘、陶盂、陶奁盖、陶耳杯、陶釜、陶井、陶磨、陶甑、陶狗、陶猪圈各1件，铜钱6串共185枚，铜镜1件。随葬陶器多置于墓室前端右侧，少数置于墓室后端，铜钱置于墓室中部的人骨架上面或附近。其中陶耳杯破碎严重，无法复原（图一三九）。

陶罐　2件。形制相同。泥质灰陶。直口，方唇，短直领，溜肩，下腹弧收，平底。下腹至底部有刀削痕，底部有加工痕迹。素面。标本M71：11，高10.9厘米，口径9.6厘米，底径8.4厘米（图一四〇，3；图版四〇，1）。标本M71：1，高10.1厘米，口径10厘米，底径8.7厘米（图一四〇，4）。

陶双牛鼻耳罐　2件。标本M71：3，泥质灰陶。侈口，方唇，折沿，沿面中部有一周凹槽，颈壁直，溜肩，肩部有两个对称的牛鼻形耳，鼓腹，下腹弧收，凹圜底。肩部及中腹饰斜向细绳纹间饰五周抹痕，下腹饰横向细绳纹，底部饰交错细绳纹。高33.4厘米，口径16.2厘米，底径12.6厘米（图一四〇，1；图版四〇，2）。标本M71：17，泥质灰陶。颈以上部分已残失，颈壁斜直，溜肩，肩部有两个对称的牛鼻形耳，鼓腹，中腹壁近直，下腹弧收，凹圜底。颈部饰竖向细绳纹，大多被抹去已漫漶不清，肩部及中腹饰斜向细绳纹间饰四周抹痕，下腹饰横向细绳纹，底部饰交错细绳纹。残高15.7厘米，底径11厘米（图一四〇，2；图版四〇，3）。

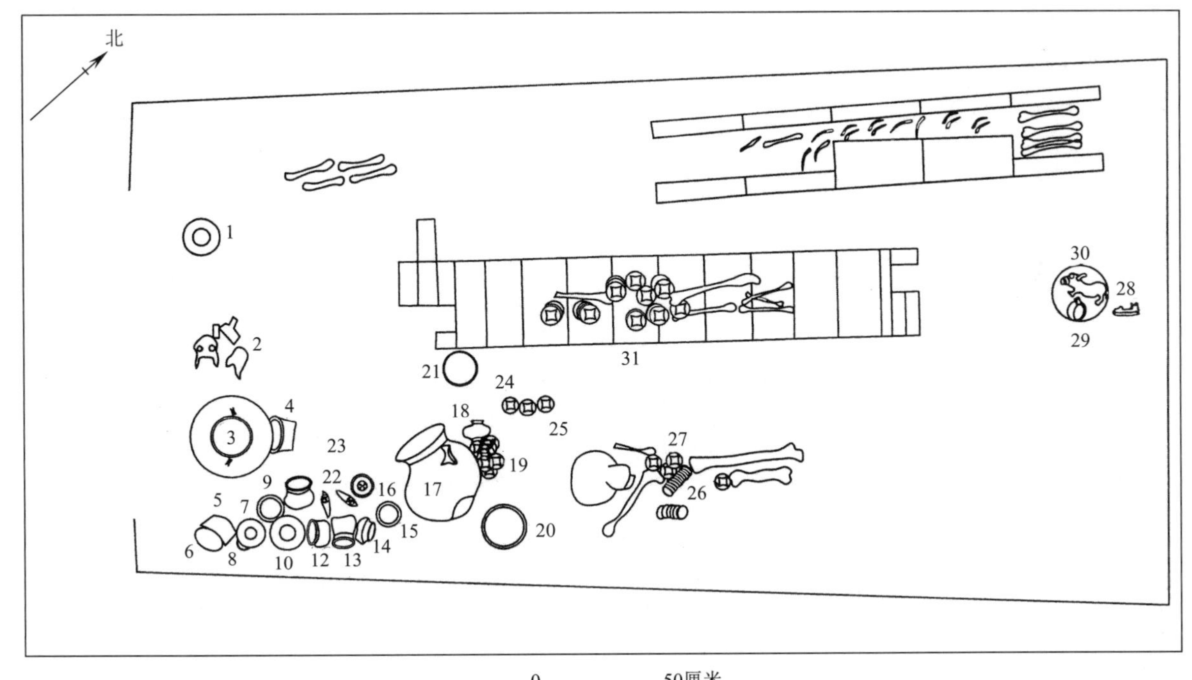

图一三九 M71随葬器物分布图

1、11.陶罐 2.陶狗 3、17.陶双牛鼻耳罐 4、9、15、20.陶盆 5、7、10.陶仓 6.陶奁盖 8.陶磨 12.陶盂 13.陶井 14.陶釜 16.陶甑 18.陶耳杯 19、24~27、31.铜钱 21.铜镜 22、23.陶鸡 28.陶猪 29.陶猪圈 30.陶盘

陶盆 4件。标本M71：4，泥质红陶。敞口，尖圆唇，弧腹缓收，平底。下腹至底部有刀削痕，素面。高3.9厘米，口径9.6厘米，底径4.8厘米（图一四〇，9）。标本M71：9，泥质红陶。敞口，尖唇，微翻沿，斜弧腹内收至底，平底。素面。高5厘米，口径9.8厘米，底径4厘米（图一四〇，6）。标本M71：15，泥质红陶。敞口，尖圆唇，斜直腹内收至底，平底。下腹至底部有加工痕迹，素面。高4.8厘米，口径10.2厘米，底径4.5厘米（图一四〇，8）。标本M71：20，泥质红陶，内施绿釉。敞口，尖唇，斜直腹内收至底，平底。素面。高4.5厘米，口径9.6厘米，底径5.2厘米（图一四〇，7）。

陶奁盖 1件。标本M71：6，泥质红陶，胎表面施绿釉。盖隆起，腹壁斜直。盖腹壁饰三周凹弦纹。高7.7厘米，口径13厘米（图一四〇，10）。

陶盂 1件。标本M71：12，泥质灰陶。直口微敛，圆唇，平折沿，颈壁直，颈肩分界不明显，弧腹内收，平底。腹部饰斜向细绳纹。高10.8厘米，口径23.6厘米，底径11.3厘米（图一四〇，11）。

陶盘 1件。标本M71：30，泥质红陶。敞口，尖唇，斜直腹内收至底，平底。素面。高2厘米，口径14.8厘米，底径11.2厘米（图一四〇，5）。

陶仓 3件。标本M71：5，泥质灰陶。敛口，尖圆唇，斜折肩，斜直腹内收至底，平底。素面。高11.6厘米，口径7.6厘米，底径9.6厘米（图一四一，3；图版四〇，4）。标本

M71：7，泥质灰陶。敛口，尖唇，斜折肩，斜直腹内收至底，平底。素面。高12.6厘米，口径6.2厘米，底径9.8厘米（图一四一，2；图版四〇，5）。标本M71：10，泥质灰陶。敛口，尖唇，斜折肩，腹微鼓，下腹弧收，平底。素面。高12.4厘米，口径8.2厘米，底径12厘米（图一四一，4）。

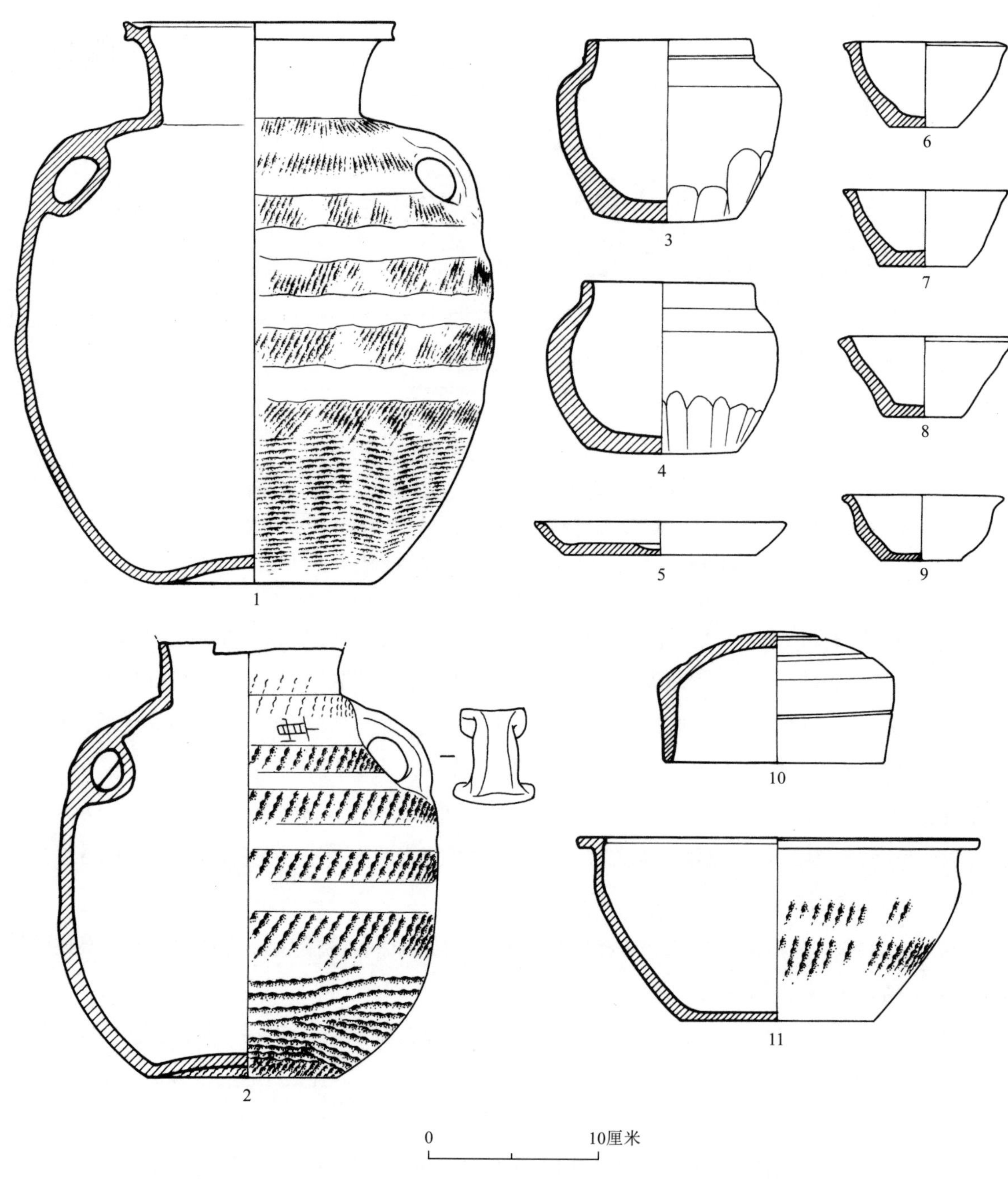

图一四〇　M71出土陶器

1、2. 陶双牛鼻耳罐（M71：3、M71：17）　3、4. 陶罐（M71：11、M71：1）　5. 陶盘（M71：30）
6~9. 陶盆（M71：9、M71：20、M71：15、M71：4）　10. 陶奁盖（M71：6）　11. 陶盂（M71：12）

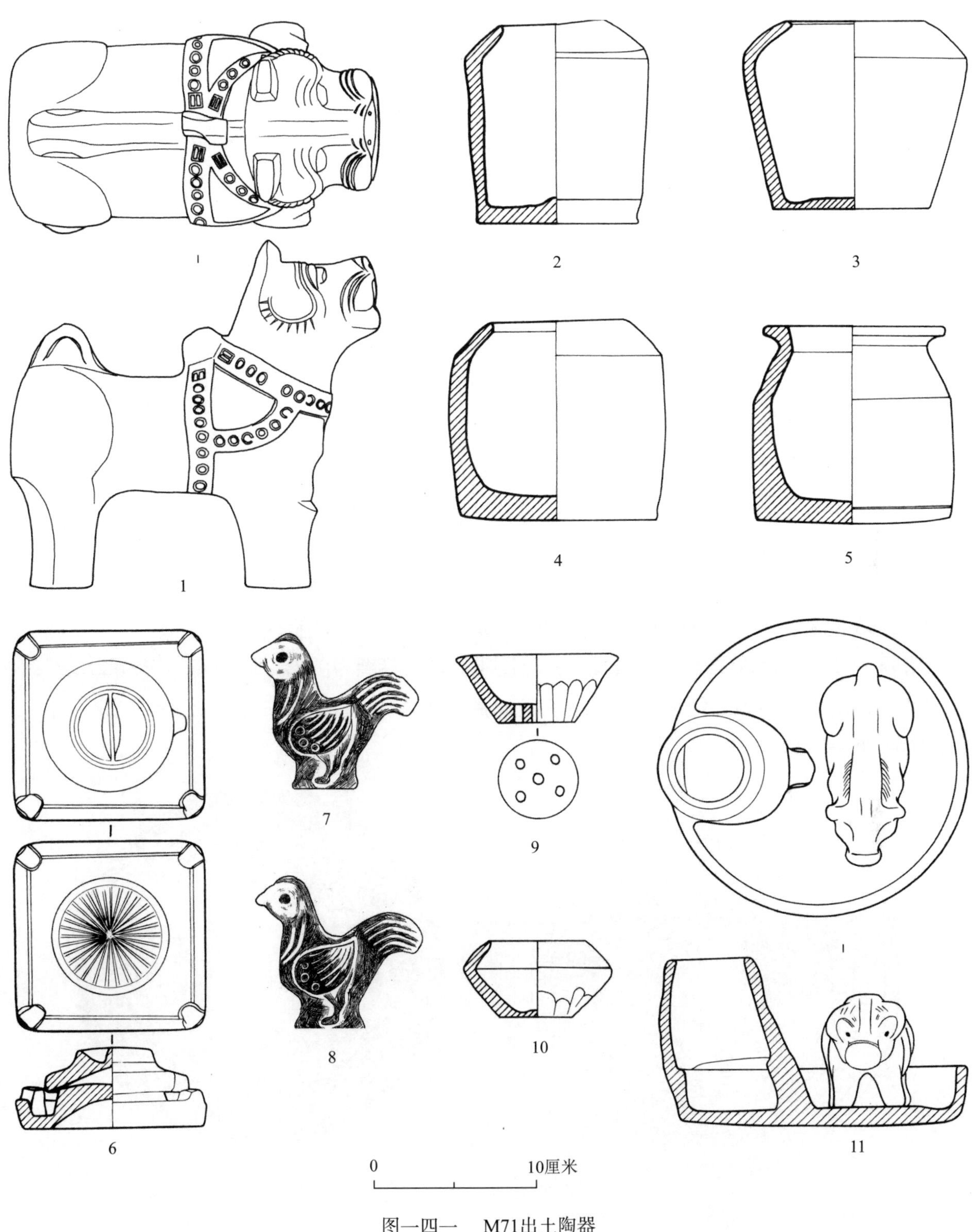

图一四一 M71出土陶器

1. 陶狗（M71：2） 2～4. 陶仓（M71：7、M71：5、M71：10） 5. 陶井（M71：13） 6. 陶磨（M71：8） 7、8. 陶鸡（M71：23、M71：22） 9. 陶甑（M71：16） 10. 陶釜（M71：14） 11.陶猪和陶猪圈（M71：28、M71：29）

陶釜　1件。标本M71：14，泥质灰陶。敛口，尖折腹，下腹弧收，平底。下腹至底部有刀削痕，素面。高4.7厘米，口径5.9厘米，底径4.4厘米（图一四一，10）。

陶甑　1件。标本M71：16，泥质灰陶。敞口，圆唇，斜直腹内收至底，平底，底部有五个箅孔。素面。高4.2厘米，口径9.9厘米，底径4.7厘米（图一四一，9）。

陶磨　1件。标本M71：8，泥质红陶。有上扇、下扇及磨盘三部分组成。上扇表面中部凿两个对接的半月形凹槽，肩部一侧有一半圆形手柄；下扇中部微隆，斜直腹向下内收与盘相连，腹中空；磨盘作方形，四边有高边栏，四角有四个不规则的柱形纽。上扇有一排条牙印的坑条纹。通高5厘米，扇径7.2厘米，盘边长11.7厘米（图一四一，6；图版四一，1）。

陶井　1件。标本M71：13，泥质灰陶。圆唇，折沿，斜折肩，腹壁近直，平底。素面。高12.2厘米，口径11厘米，底径11.8厘米（图一四一，5；图版四〇，6）。

陶狗　1件。标本M71：2，泥质灰陶。站立状，昂首前望，嘴微张，两耳竖立，圆睁眼，短尾向上卷翘，颈及前胸系带，带上均匀的饰圆形纹，打结处饰“日”字纹，腹中空。高21.5厘米，长22.7厘米（图一四一，1；图版四一，3）。

陶鸡　2件。形制相同。昂首，高冠，长尾后垂，双翅上翘，翅根部有三个小乳丁，腹中空，下部有筒形圈足，圈足两侧均鼓凸一直立的鸡腿。标本M71：22，泥质红陶。高9.6厘米，通长10.1厘米，底径4厘米（图一四一，8；图版四一，4）。标本M71：23，泥质红陶，表面施绿釉。高9.6厘米，通长10.2厘米，底径4厘米（图一四一，7；图版四一，5）。

猪圈　1件。标本M71：28、M71：29，泥质红陶。猪圈为圆形，周围高起作为圈墙，一侧有圆筒状建筑立于圈内，圈内有一头站立状的猪。通高10.4厘米，直径18.2厘米（图一四一，11；图版四一，2）。

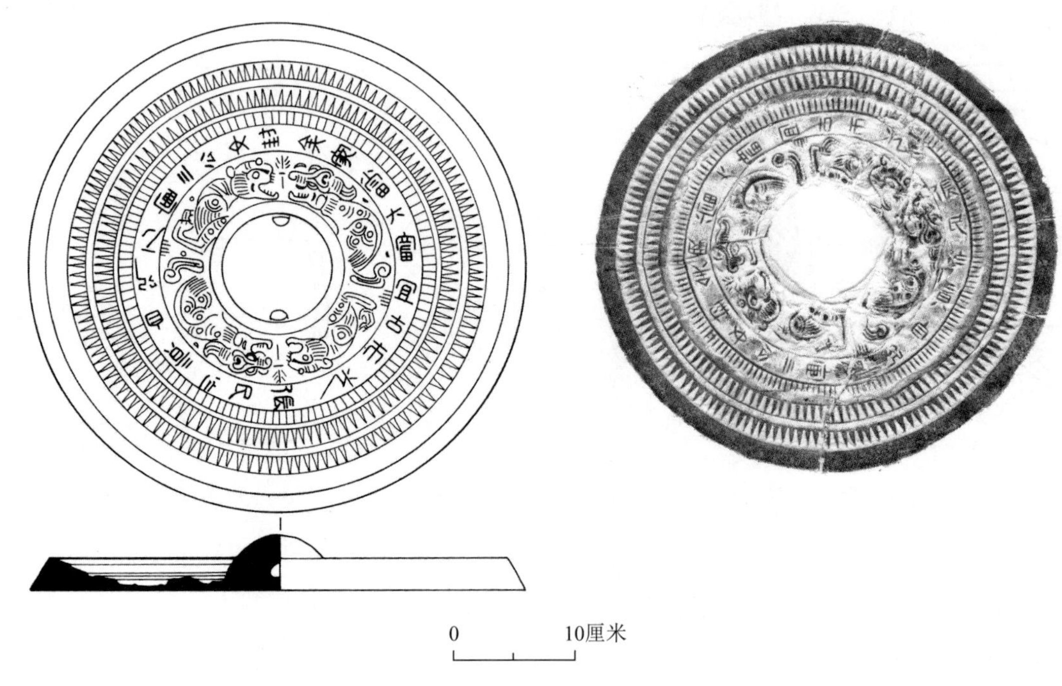

图一四二　M71出土铜镜及拓本（M71：21）

铜镜　1件。标本M71：21，圆形。中部及边缘较厚，中央有一半圆形纽，并有一圆形穿。背部纽外饰四只神兽，两两相对；其外为一周铭文："张氏做竟（镜）自（有）纪，男宦三公女封侯，家当大富，宜古（贾）市兮"；再外饰一周平行线纹和两周三角形放射状纹。直径12.4厘米，厚0.8厘米（图一四二；图版四一，6）。

铜钱　6串185枚。标本M71：27-1～M71：27-4，形制相同。钱的正面边缘有一周凸起的周郭，正方形穿，穿之左右有篆书"五铢"两字；钱的背面边缘有周郭，而且穿四边也有郭。"五"字中间两笔是弯曲的，中间两笔和上下两划相接的地方略向内靠拢，"五"字如两个相对的炮弹形；"铢"字笔划清晰，"金"字四点较长，"朱"字头方折。郭径2.55厘米，钱径2.3厘米，穿边长1厘米（图一四三，1～4）。

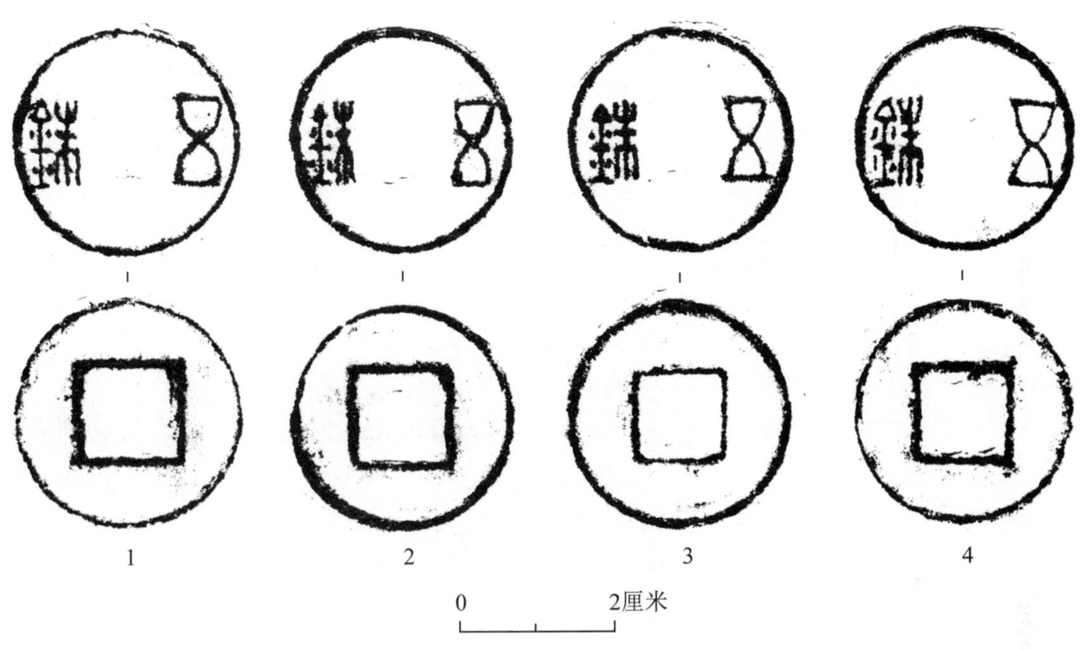

图一四三　M71出土铜五铢钱

1. M71：27-1　2.M71：27-2　3.M71：27-3　4.M71：27-4

七二、M72

1. 墓葬概况

M72位于三区中部偏，开口于耕土层下，距地表0.3米，墓室东部被M71打破。方向125°。口大底小，墓口长3.44米，宽2.64米；墓底长2.3米，宽1.1米；墓深3.46米。坑四壁规整，向下外张，自墓口向下2.4～2.46米深处有生土二层台，台面平整，台面宽0.42米～0.56米，台壁向下内收，高1米，壁面光滑，经人工修整，墓底平坦（图一四四；图版四二，1）。

填黄褐色五花土，土质较软，内含料姜石较多。

葬具已腐朽，从残存痕迹看为一椁一棺，椁痕长2.18米，宽0.98米；棺位于椁室中南部，棺痕长2米，宽0.4～0.58米。

人骨架1具，长1.84米，保存较好，头向东，面向上，仰身直肢葬。根据骨架的长度和粗壮情况，墓主人为壮年男性。

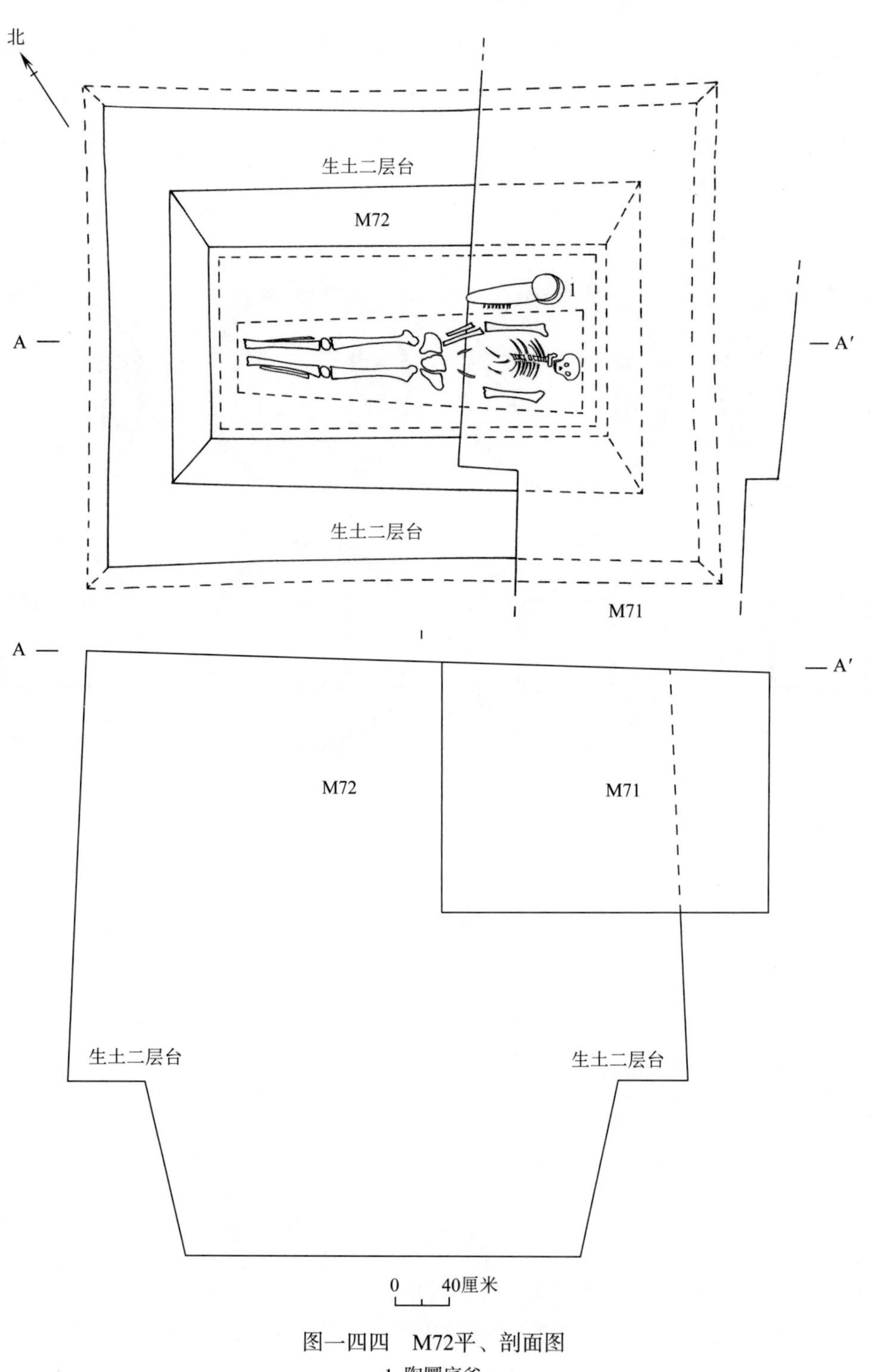

图一四四　M72平、剖面图
1. 陶圜底釜

2. 出土器物

随葬品1件，陶圜底釜置于椁内东北部。陶釜西部残存有小动物脊骨痕迹，可能为殉葬所用。

陶圜底釜　1件。标本M72：1，夹砂灰陶。敛口，尖唇，束颈，肩部微突，弧腹缓收，最大径在肩部，凹圜底。上腹饰竖向细绳纹，下腹及底部饰交错细绳纹。高12.3厘米，口径14.8厘米（图一四五）。

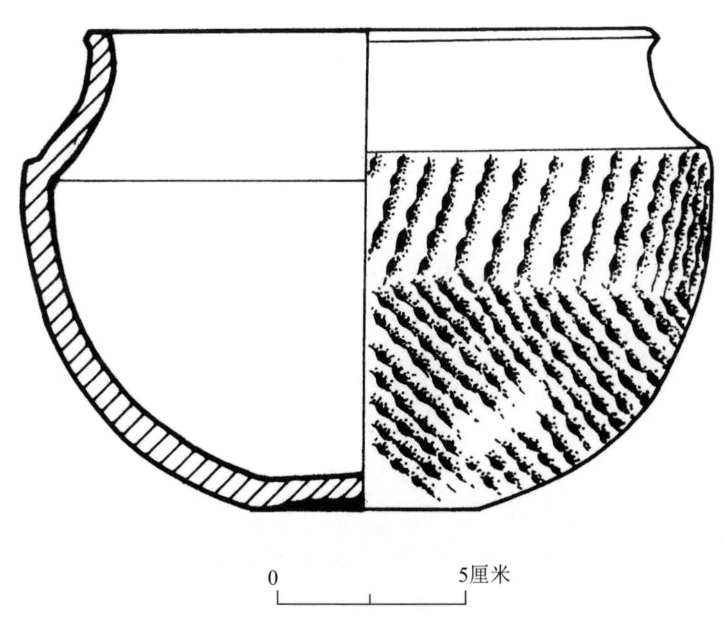

图一四五　M72出土陶圜底釜（M72：1）

七三、M73

M73位于三区中部，开口于耕土层下，距地表0.3米，墓葬严重破坏，墓道北壁打破M74南壁。方向120°。由墓道和墓室两部分组成。

墓道向东南，设于墓室前壁，稍偏右，呈长方形斜坡状，长3.36米，宽0.6～0.73米；底坡长3.58米，坡度20°；下端深1.28米。

墓坑平面呈长方形，口小底大，口长3.16米，宽1.04～1.24米；底长3米，宽0.72～0.92米；深1.28米。墓室左右壁和后壁用砖砌，砖墙紧贴坑壁，平面呈长方形，长3米，宽0.72米～0.92米，残高0.28米。墙体砌于生土上，残存4层，砌法为条砖直行错缝叠砌。无铺底砖（图一四六）。

墙砖为青灰色长条砖，墙砖长0.32米，宽0.16米，厚0.07米，单长侧面饰菱形纹。

墓道填褐色五花土，土质较硬。

葬具、人骨架、随葬品不详。

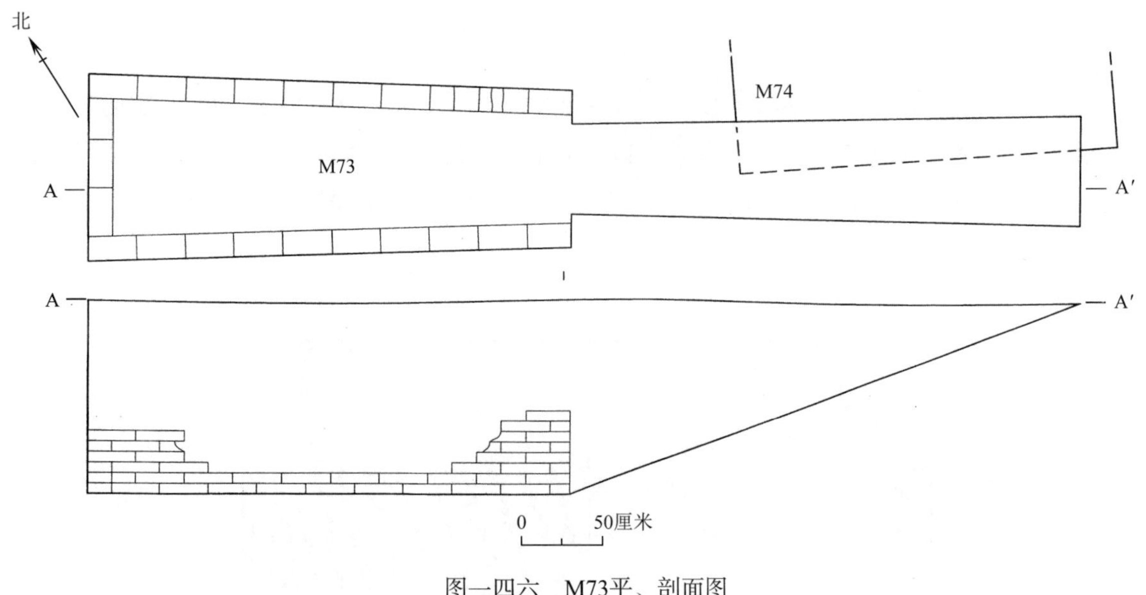

图一四六　M73平、剖面图

七四、M74

1. 墓葬概况

M74位于三区中部，开口于耕土层下，距地表0.3米，墓室被M73墓道打破。方向115°。口大底小，墓口长2.5米，宽1.78～1.84米；墓底长2.5米，宽1.64～1.7米；墓深2.88米。坑四壁规整，向下微内收，壁面规整，墓底平坦，并铺一层较薄的青膏泥。墓底四周有熟土二层台，东、西两壁台面宽分别为0.16、0.12米，南、北台面宽0.2米，二层台高0.68米（图一四七）。

填黄褐色五花土，土质较硬。

葬具已腐朽，从残存痕迹看为一椁一棺，椁痕长2.22米，宽1.24米；棺位于椁室中东部，棺痕长1.66米，宽0.52米。

人骨架1具，已腐朽，头向东，面向南，侧身屈肢。根据骨骼粗壮情况来判断为成年男性。

2. 出土器物

随葬品7件，陶壶、陶双牛鼻耳罐置于椁室东北部，头骨顶端出土铜铃4件（图版四二，2）。

陶壶　1件。标本M74：1，泥质灰陶。敞口，束颈，溜肩，两半圆形耳对称于肩部，弧腹，下腹斜收，平底。下腹饰较浅的竖绳纹。高22厘米，口径11.2厘米，底径11.4厘米（图一四八，1）。

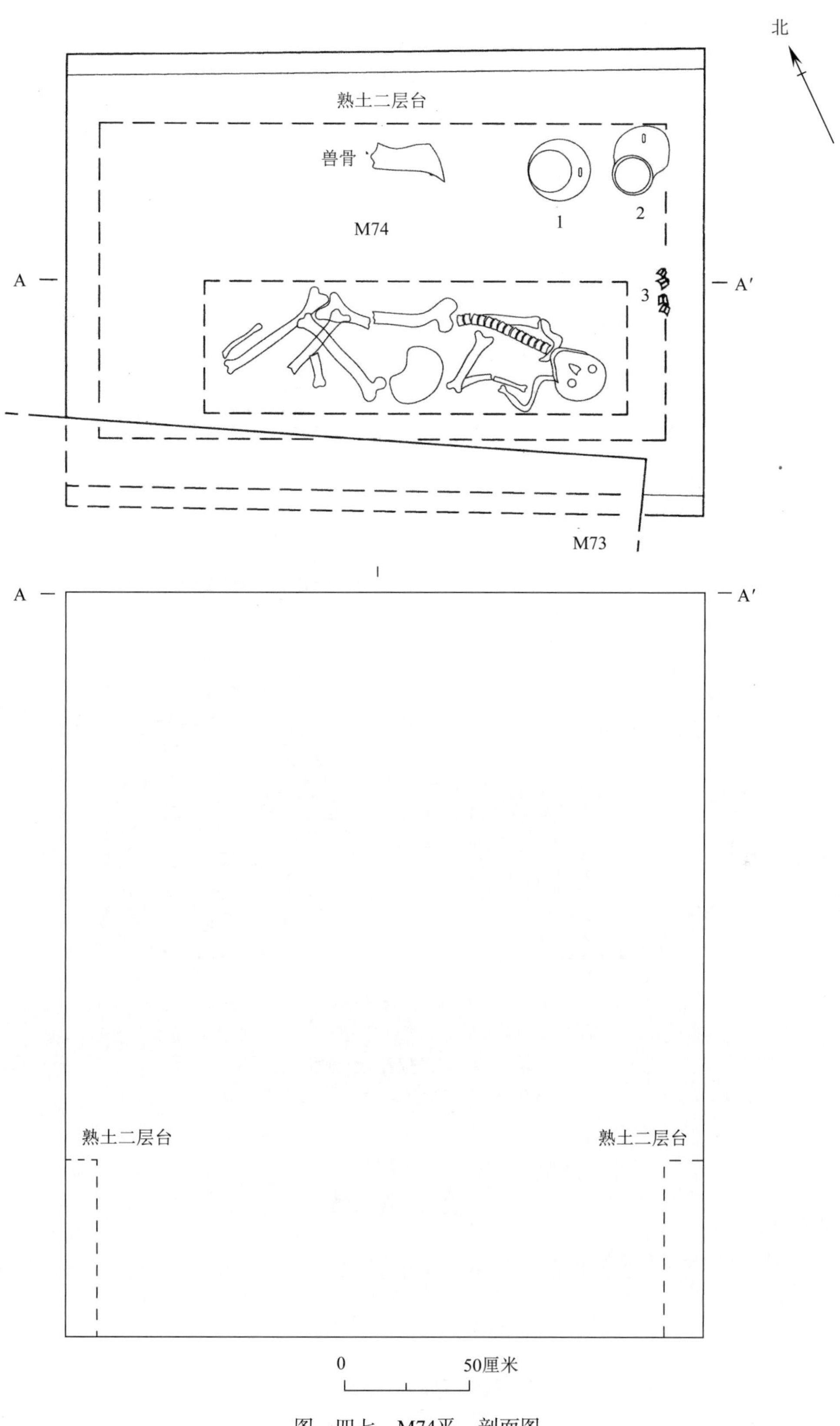

图一四七 M74平、剖面图
1. 陶壶 2. 陶双牛鼻耳罐

陶双牛鼻耳罐　1件。标本M74：2，泥质灰陶。敞口，圆唇，束颈，溜肩，两牛鼻形耳对称于肩部，鼓腹，下腹缓收，凹圜底。上腹饰竖绳纹，下腹饰斜绳纹，底部饰横斜交错的绳纹。高14.4厘米，口径13.7厘米，底径5.4厘米（图一四八，2）。

铜铃　4件。均残，其中2件破碎严重，另外2件尚可看出器形。合瓦形，上有方形纽，下宽与上宽的差距较大，两侧边斜直，下缘两角下垂，器内部顶上有一半环形纽，纽下悬一薄片状铜舌。铃身上饰网格纹，内填乳丁。标本M74：3，残高3厘米，上宽2.7厘米（图一四八，3）。标本M74：4，残高3.5厘米，上宽2.75厘米（图一四八，4）。

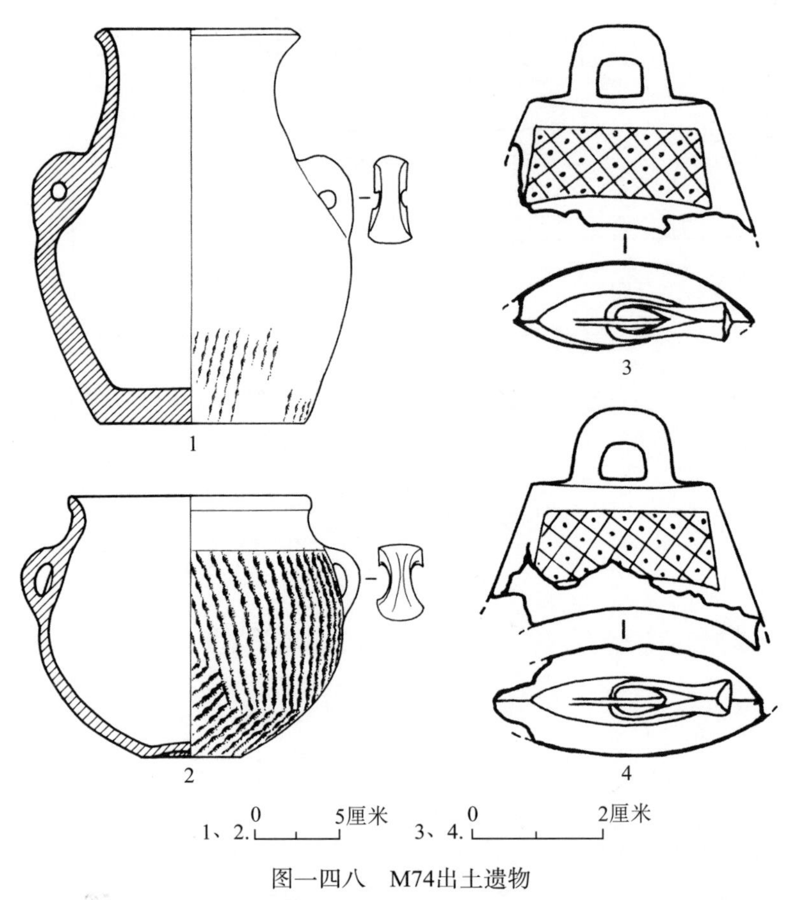

图一四八　M74出土遗物

1. 陶壶（M74：1）　2. 陶双牛鼻耳罐（M74：2）　3、4. 铜铃（M74：3、M74：4）

七五、M75

1. 墓葬概况

M75位于三区中部，开口于耕土层下，距地表0.3米。方向125°。口大底小，墓口长2.32米，东端宽1.68米，西端宽1. 48米；墓底长2.2米，宽1.4～1.6米；墓深2.3米。坑四壁规整，向下微内收。壁面平滑，经人工修整，墓底平坦，并铺一层较薄的青膏泥。墓底四周有熟土二层台，东、南、西、北台面分别宽0.12、0.24~0.14、0.2、0.1～0.2米，高0.4米（图一四九；图版四三，1）。

填黄褐色五花土，土质较软。

葬具已腐朽，从残存痕迹看为一椁一棺，椁痕长1.88米，宽1.16米；棺位于椁室中部，棺痕1.60米，宽0.54米。

人骨架1具，已腐朽，头向东，面向上，仰身直肢。根据骨骼粗壮情况来判断为成年男性。

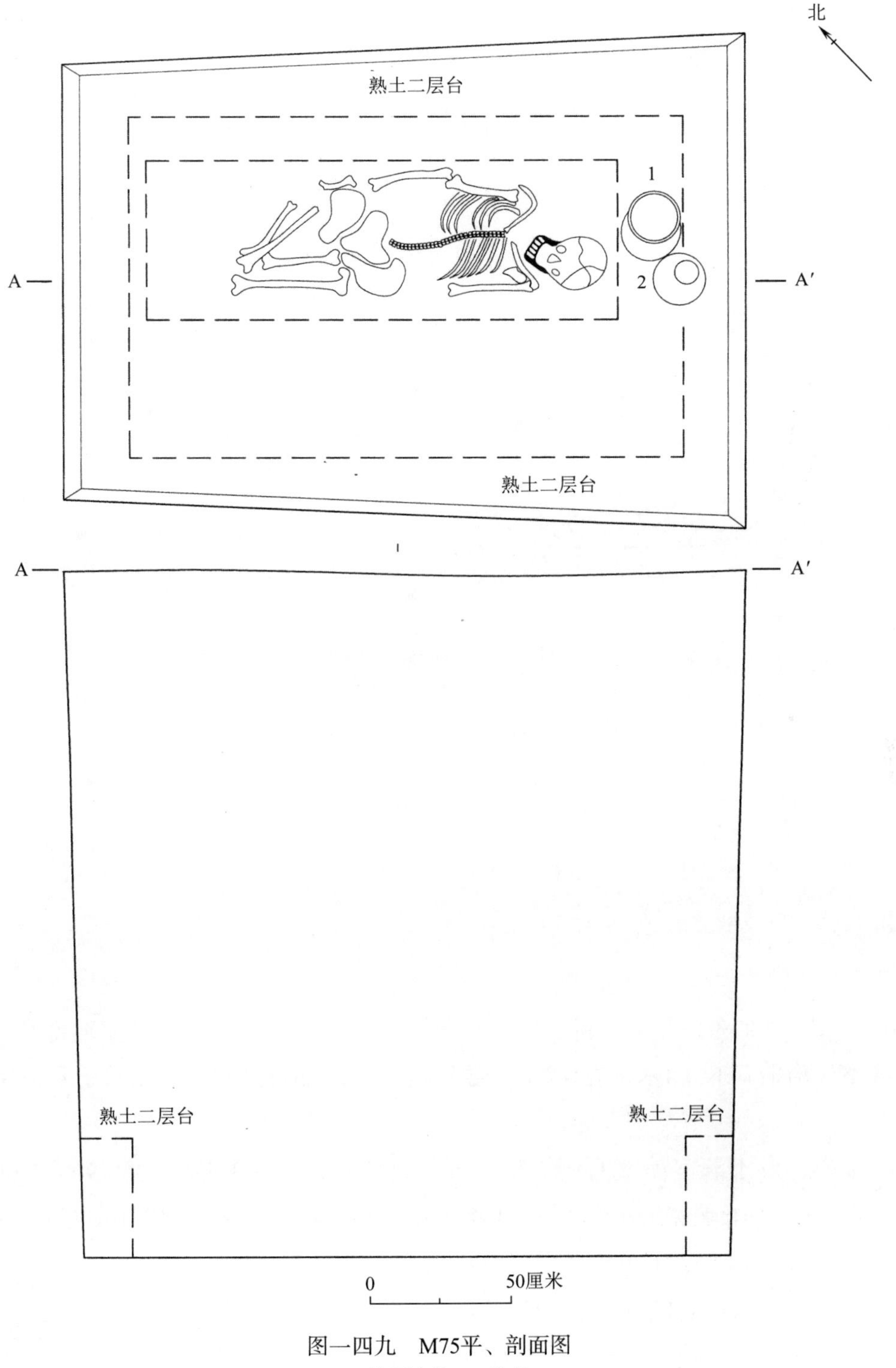

图一四九　M75平、剖面图
1. 陶圜底釜　2. 陶壶

2. 出土器物

随葬品2件，陶圜底釜和陶壶置于墓主人头顶端（图版四三，2）。

陶圜底釜　1件。标本M75：1，夹砂灰陶。敛口，折沿，束颈，肩部微突，鼓腹，下腹缓收，圜底。上腹饰竖绳纹间以抹痕，下腹及底部饰横斜交错的绳纹。高14.8厘米，口径18.8~19.3厘米（图一五〇，2）。

陶壶　1件。标本M75：2，泥质红陶。敞口，圆唇，束颈，溜肩，鼓腹，下腹弧收，平底。近底部有刀削痕。素面。高21厘米，口径10.6厘米，底径11.2厘米（图一五〇，1）。

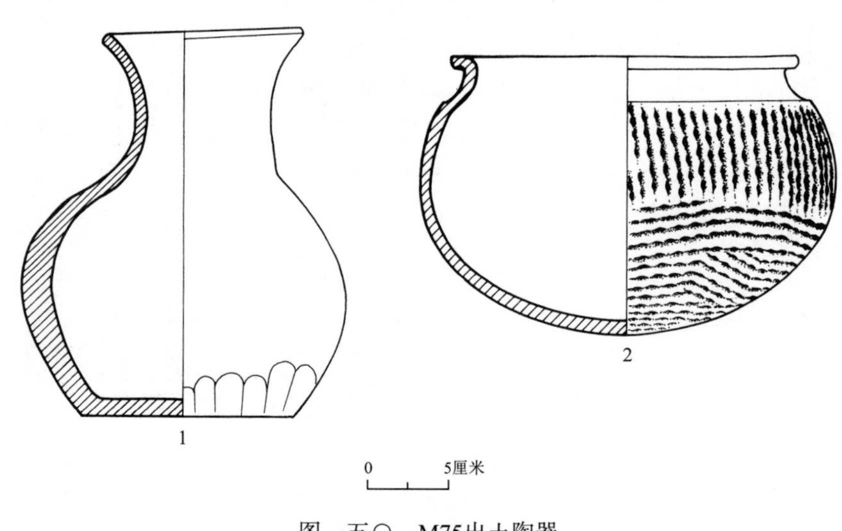

图一五〇　M75出土陶器
1. 陶壶（M75：2）　2. 陶圜底釜（M75：1）

七六、M76

1. 墓葬概况

M76位于三区中北部，开口于耕土层下，距地表0.3米。方向120°。墓室西部有一半圆形盗洞，斜进墓室，盗洞口长0.4米，宽0.3米。券顶坍塌，西部打破M82。由墓道和墓室两部分组成。

墓道向东南，设于墓室前壁右侧，呈长方形斜坡状，口长3.5米，宽0.96 ~ 1.00米；底坡长3.42米，坡度18°；下端宽0.96米，深1.1米。墓门设在墓道后端，封门砖的砌法为条砖纵向齐缝叠砌，计11层。其上部用条砖横向错缝叠砌作为墓室前挡墙。

墓坑平面呈长方形，口底同大，长3.58米，宽1.4 ~ 1.42米，深1.18 ~ 1.28米。砖砌墓室，墙砖紧贴坑壁，平面呈长方形，长3.48米，宽1.12 ~ 1.14米，高1.2米。墙体砌于铺底砖上，由画像砖和条砖混合砌筑，即先在地砖上紧贴坑壁立砌一周画像砖，在画像砖顶端平砌一层直行条砖，再在条砖之上错缝侧立两层条砖，然后开始起券。券顶用楔形砖纵向齐缝券成，共10排，每排20块砖。铺底砖用残画像砖铺和条砖混合平铺而成（图一五一、图一五二；图版四四，1）。

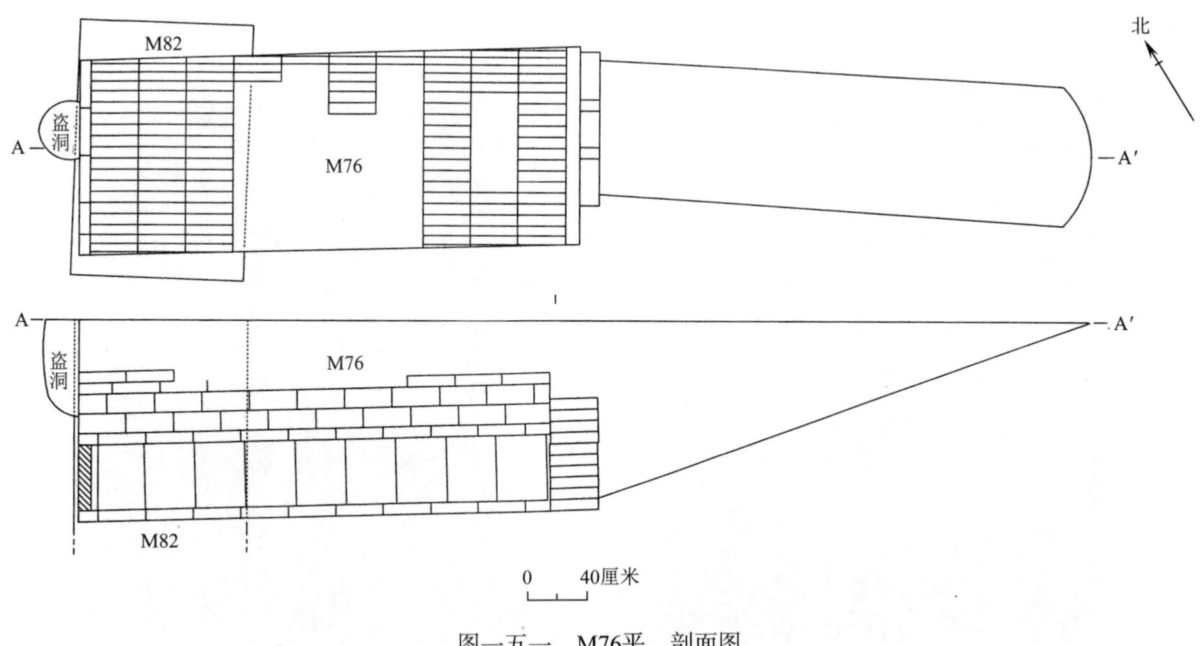

图一五一 M76平、剖面图

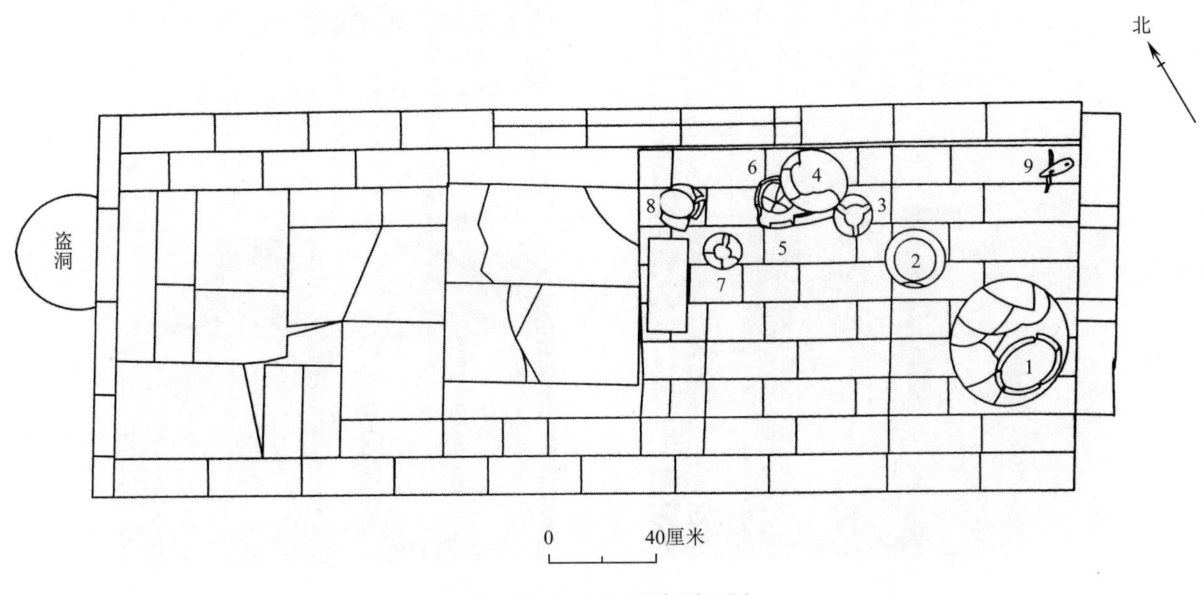

图一五二 M76墓底平面图

1. 陶瓮 2. 陶井 3、7、8. 陶仓 4. 陶平底带系釜 5. 陶灶 6. 陶盆 9. 铜车马器墙砖两种，青灰色画像砖长0.47米，宽0.36米，厚0.05米， 单平面饰人物、龙凤、楼阁、树木、方格麻点纹等图案；灰色长条砖长0.34米，宽0.14米，厚0.08米，单面长侧面饰网纹和"五"字形花纹（图一五三~图一五六；图版四五，1~6）。

填灰褐色无花土，土质较软，内含碎砖较多。

葬具和人骨架不详。

1

2

3

4

0　　10厘米

图一五三　M76出土画像砖拓本

1.1号砖　2.2号砖　3.3号砖　4.4号砖

2. 出土器物

随葬品18件，计有陶仓3件，陶釜、陶瓮、陶井、陶灶、陶盆各1件，铜车马饰1组，计有铜筒形器4件，铜軎2件，铜车軎、铜当卢、铜衔镳、铜盖弓帽各1件，均置于墓室前部（图版四四，2）。

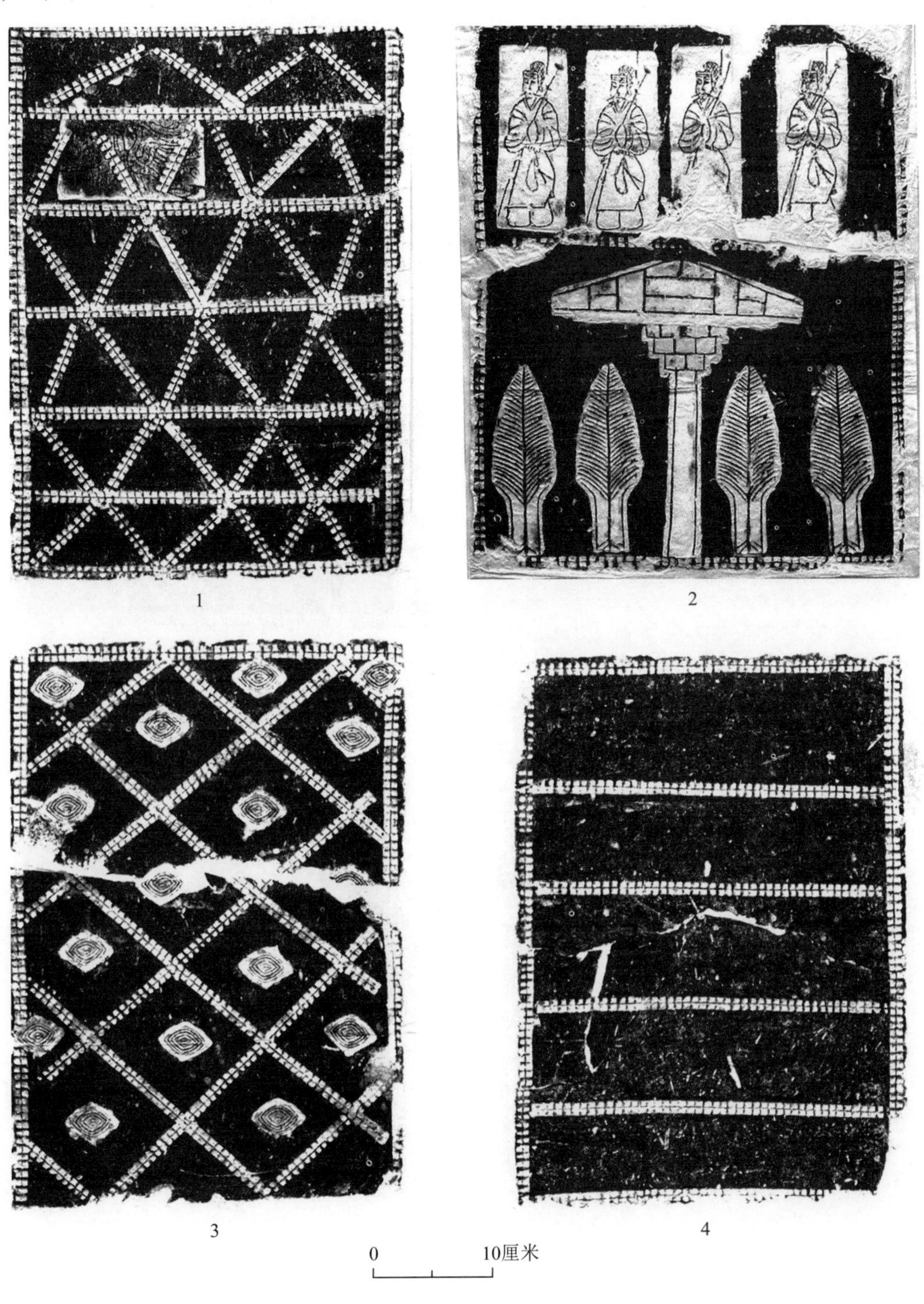

图一五四 M76出土画像砖拓本
1.5号砖 2.6号砖 3.7号砖 4.8号砖

陶平底带系釜　1件。标本M76：4，泥质灰陶。敛口，圆唇，溜肩，肩部有三个半圆形纽，纽中部均有一圆穿孔，鼓腹，下腹弧收，平底。器壁呈瓦棱状。素面。高10.9厘米，口径12.1厘米（图一五七，6）。

瓮　1件。标本M76：1，泥质灰陶。直口微侈，圆唇，沿面外斜，上部有两周浅凹槽，短领，领中部内束，溜肩，圆鼓腹，下腹弧收，平底微内凹。腹部饰竖向细绳纹。高35.9厘米，口径22.9厘米，底径23.8厘米（图一五七，1）。

图一五五　M76出土画像砖拓本
1.9号砖　2.10号砖　3.11号砖　4.12号砖

仓　3件。形制相同。泥质灰陶。敛口，圆唇，斜折肩，腹壁近直，平底。下腹至底部有刀削痕。素面。标本M76：3，高13厘米，口径5.4厘米，底径10.2厘米（图一五七，3）。标本M76：7，高13.2厘米，口径4.8厘米，底径10.8厘米（图一五七，5）。标本M76：8，高11.8厘米，口径5.6厘米，底径9.8厘米（图一五七，4）。

井　1件。标本M76：2，泥质灰陶。敛口，宽折沿，方唇，束短颈，溜肩，鼓腹，下腹弧收，平底。素面。井内有一陶斗，侈口，尖圆唇，溜肩，鼓腹，下腹弧收，小平底。下腹至底部有刀削痕，素面。高7.7厘米，口径16.5厘米，底径13.8厘米；陶斗高5厘米，口径3.9厘米，底径1.8厘米（图一五七，8）。

灶　1件。标本M76：5，泥质灰陶。灶体前宽后窄，灶壁向下内收，前墙中部有一半圆形灶门，前部无挡墙，灶面不规则，灶面上有一火眼，上置一盆（标本M76：6），灶面后部有一不规则方形烟孔，烟道通穿，腹中空，素面。高5.4厘米，体长22.8厘米，宽13.2厘米（图一五七，2）。

陶盆　1件。标本M76：6，泥质灰陶。敞口，圆唇，折沿，斜直腹向下内收，平底。素面。高3.8厘米，口径9厘米，底径4厘米（图一五七，7）。

铜筒形器　4件。大小、形制相同。标本M76：9-1~M76：9-4，圆筒形，中空成銎，口底同大，平顶。中部饰一周凸弦纹。器高1.9厘米，口径1.2厘米（图一五八，2～5）。

铜辖　2件。大小、形制相同。标本M76：9-5和M76：9-6，体作半圆形，断面近桃形。直径2.9厘米（图一五八，6）。

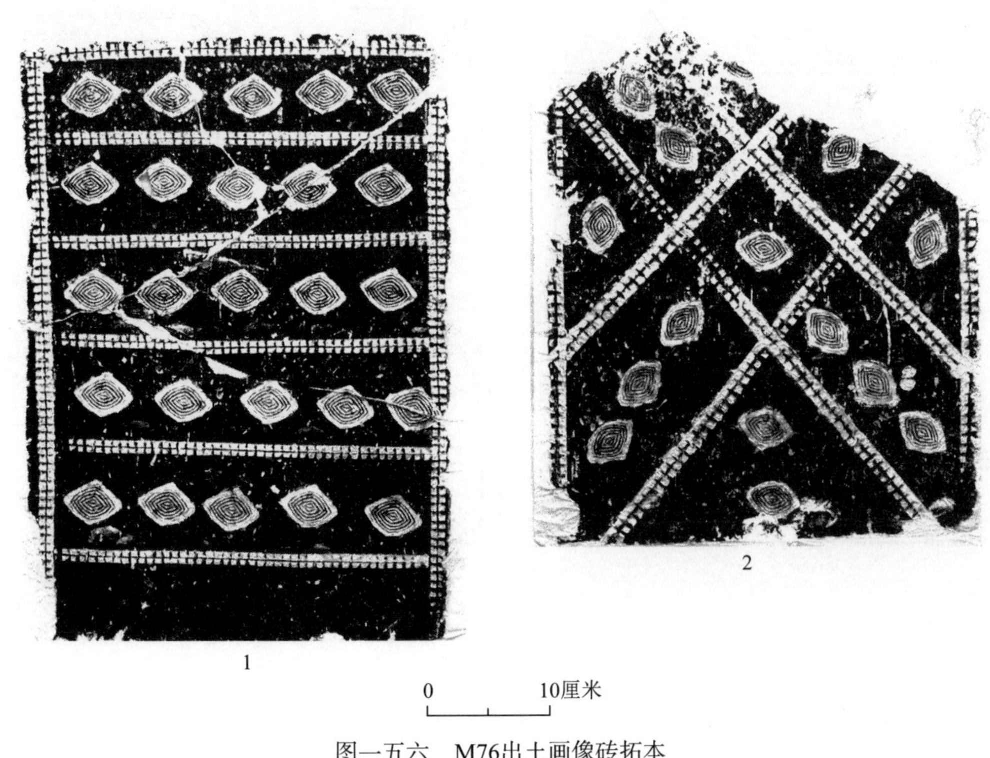

图一五六　M76出土画像砖拓本

1.13号砖　2.14号砖

铜车軎　1件。标本M76：9-7，体呈圆筒形，口端外张，壁向内曲折，平顶，器壁上有三周凸弦纹，下部有一穿，无辖。高3.4厘米，口径2.3厘米（图一五八，1）。

铜当卢　1件。标本M76：9-8，整器作柳叶形，顶部有脊，脊向两边斜伸并起一棱，上部成三平面，背部下垂两半圆形环。长10.9厘米，最宽3.45厘米，厚1厘米（图一五八，8）。

铜衔镳　1件。标本M76：9-9，衔由两端带圆环的三个铜柱套合而成，一铜柱已残，中间铜柱较短，中部呈一圆球，长铜柱一端的圆环上均有一缺口，“S”形叶状镳套于圆环内，中间扁平，有两个小圆穿孔，镳的两端为弧形薄片。衔残长7.7厘米，镳长10.2～10.5厘米（图一五八，7）。

铜盖弓帽　1件。标本M76：9-10，已残。圆筒形，中空成銎，顶部半圆球形，口缘处略宽大，上端稍小，在器中部偏上处向上挑起一钩，出土时内存残木。

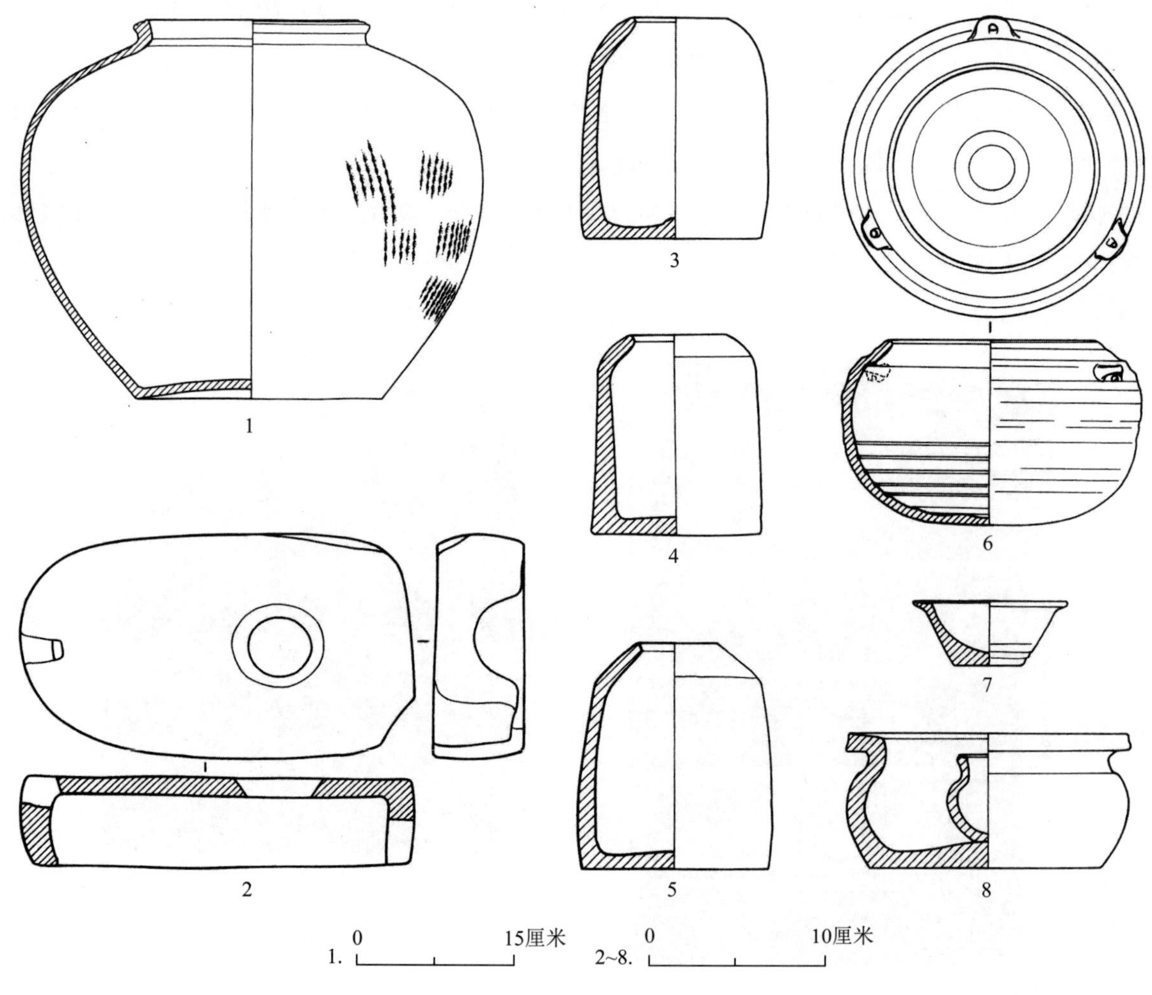

图一五七　M76出土陶器

1. 陶瓮（M76：1）　2. 陶灶（M76：5）　3~5. 陶仓（M76：3、M76：8、M76：7）
6. 陶平底带系釜（M76：4）　7. 陶盆（M76：6）　8. 陶井和陶斗（M76：2）

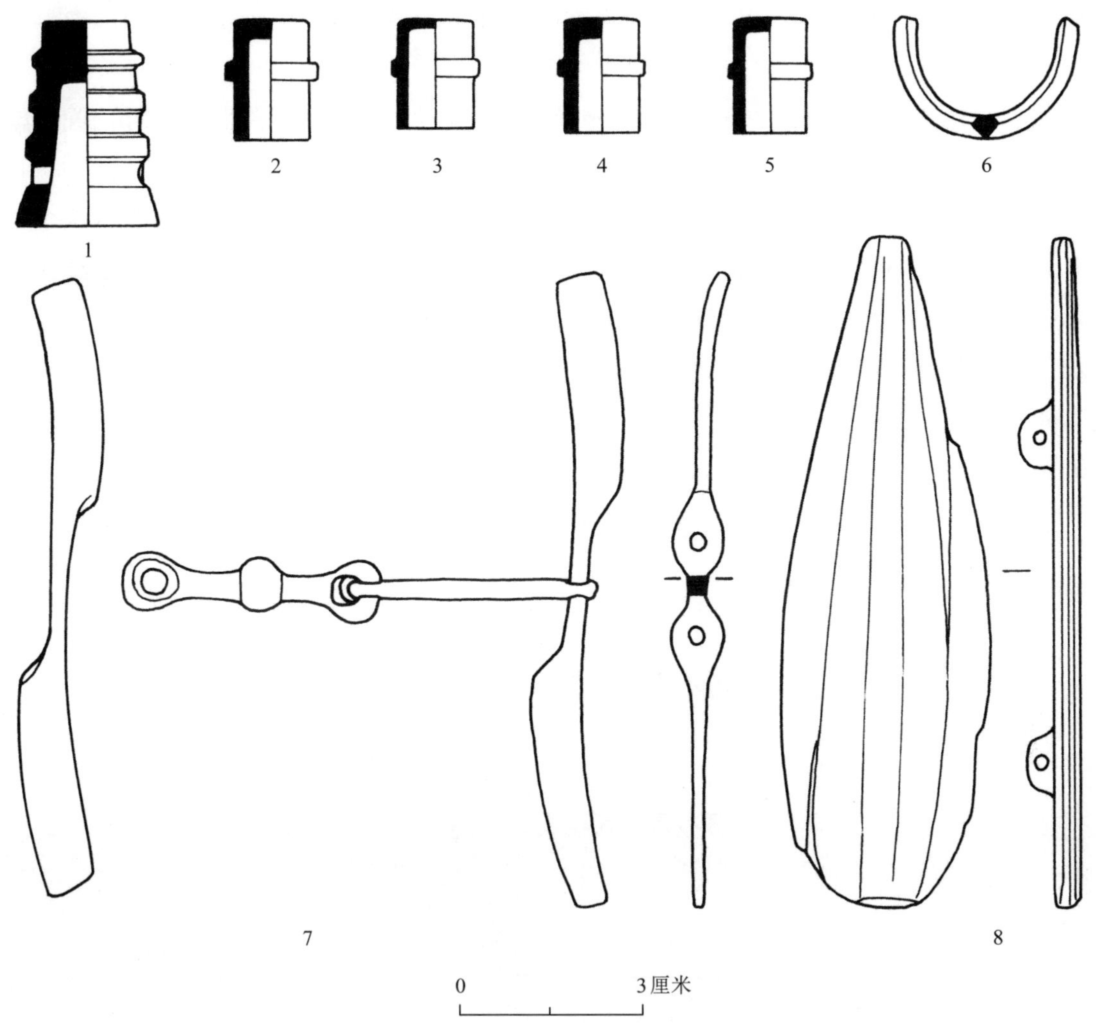

图一五八 M76出土铜车马器

1. 铜车軎（M76：9-7） 2~5. 铜筒形器（M76：9-1~M76：9-4） 6. 铜轙（M76：9-5）
7. 铜衔镳（M76：9-9） 8. 铜当卢（M76：9-8）

七七、M77

1. 墓葬概况

M77位于三区中部，开口于扰土层下，距地表0.3米，扰土层厚0.2米。方向120°。口大底小，墓口长2.65米，宽1.76米；墓底长2.6米，宽1.4米；墓深2.78米。坑四壁规整，向下微内收，壁面光滑，经人工修整，墓底平坦，并铺一层较薄的青膏泥（图一五九；图版四六，1）。

填红褐色五花土，土质较硬。

葬具已腐朽，从残存痕迹看为单棺，位于墓底中部，棺痕长1.84米，宽0.52～0.56米。

人骨架1具，已腐朽，头向东，侧身屈肢。

2. 出土器物

随葬品3件，均为陶器，陶双牛鼻耳罐1件、陶钵1件，另一陶器器形不明，置于棺外东南部。

陶双牛鼻耳罐　1件。标本M77：1，泥质灰陶。敞口，束颈，溜肩，肩部有两个对称牛鼻形耳，鼓腹，下腹缓收，凹圜底。肩及上腹饰竖绳纹间以三周抹痕，中腹饰横绳纹，下腹及底部饰横斜交错的绳纹。高26.3厘米，口径16.4厘米，底径7.7厘米（图一六〇，1）。

陶器　1件。标本M77：3，泥质红褐陶。破碎严重，无法复原。

陶钵　1件。标本M77：2，泥质灰陶。敞口近直，圆唇，弧腹，下腹缓收，平底。素面。高8.7厘米，口径20.4厘米，底径8.1厘米（图一六〇，2）。

图一五九　M77平、剖面图

1. 陶双牛鼻耳罐　2. 陶盂　3. 陶器

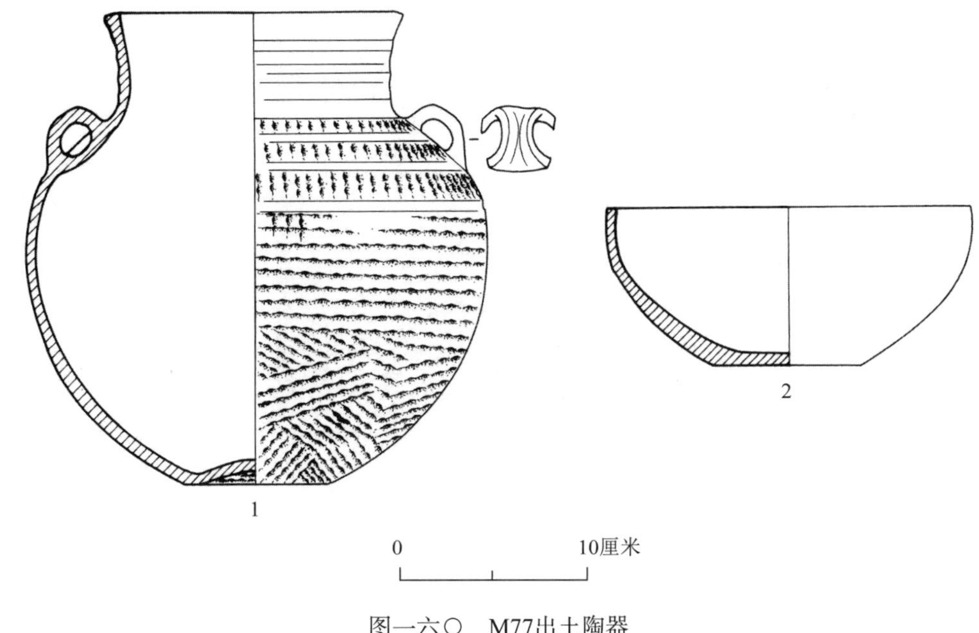

图一六〇 M77出土陶器
1. 陶双牛鼻耳罐（M77：1） 2. 陶钵（M77：2）

七八、M78

1. 墓葬概况

M78位于三区中部，开口于扰土层下，距地表0.3米，扰土层厚0.2米。方向30°。口大底小，东、西两壁因受挤压中部内弧，墓口长2.42米 ，宽1.46～1.60米；墓底长1.69～1.76米，宽1.52～1.54米；墓深1.2米。坑四壁规整，向下微内收，距墓口深0.7～0.76米处有生土二层台，台面平整，台壁垂直，东、南、西、北台面宽分别为0.2～0.3、0.08～0.2、0.35～0.5、0.22～0.28米，高0.48米，墓底平坦，并铺一层较薄的青膏泥（图一六一）。

填红褐色五花土，土质较硬。

葬具已腐朽，从残存痕迹看为单棺，位于墓底西部，棺痕1.69～1.76米，宽0.52～0.54米。

人骨架1具，已腐朽，头向北，面向东，侧身屈肢。

2. 出土器物

随葬品1件，铜带钩置于墓主人头顶部。

铜带钩 1件。标本M78：1，整体作长条状，钩弯为兽首形，背部有一圆纽，腹部较长且微鼓。长11.5厘米，腹宽1厘米，纽径1.6厘米（图一六二）。

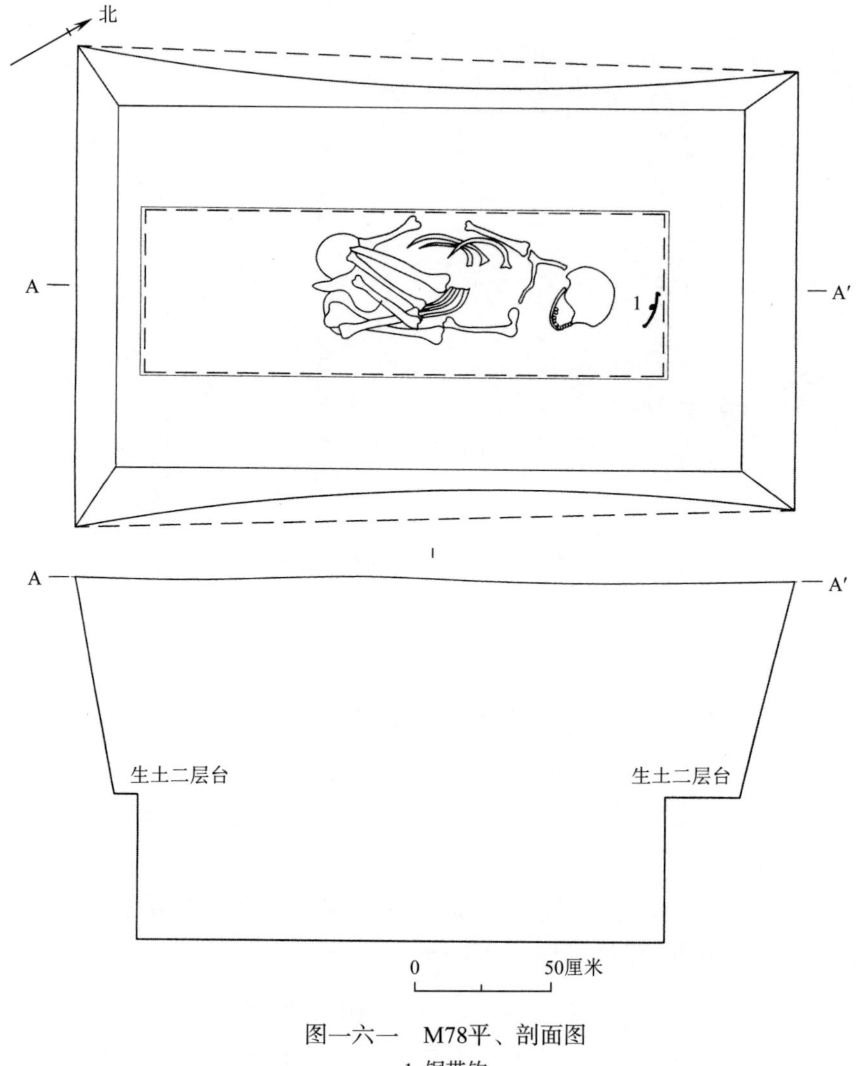

图一六一　M78平、剖面图
1. 铜带钩

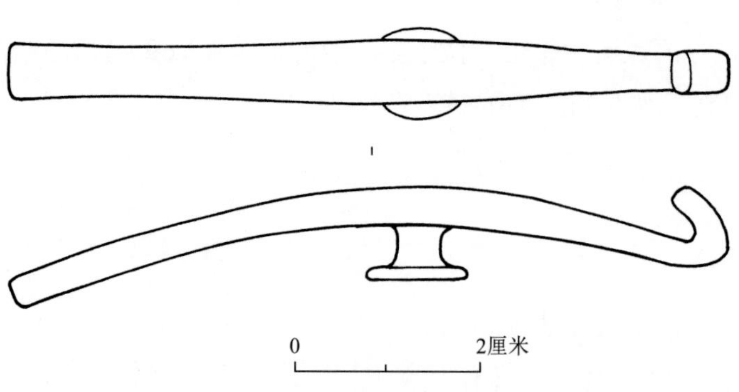

图一六二　M78出土铜带钩（M78：1）

七九、M79

M79位于三区中部，开口于扰土层下，距地表0.3米，扰土层厚0.2米。方向30°。口大底小，墓口长2.34米 ，宽1.54～1.62米；墓底长1.82米，宽0.56～0.6米；墓深1.2米。坑四壁规整，向下微内收，距墓口深0.72米处有生土二层台，台面平整，台壁垂直，东、西、南、北台面宽分别为0.38米～0.48、0.21、0.3～0.32、0.16米，高0.48米，墓底平坦，并铺一层较薄的青膏泥（图一六三）。

填红褐色五花土，土质较硬。

葬具已腐朽，从残存痕迹看为单棺，位于墓底中部。

人骨架1具，已腐朽，头向北，面向东，侧身直肢。

无随葬品。

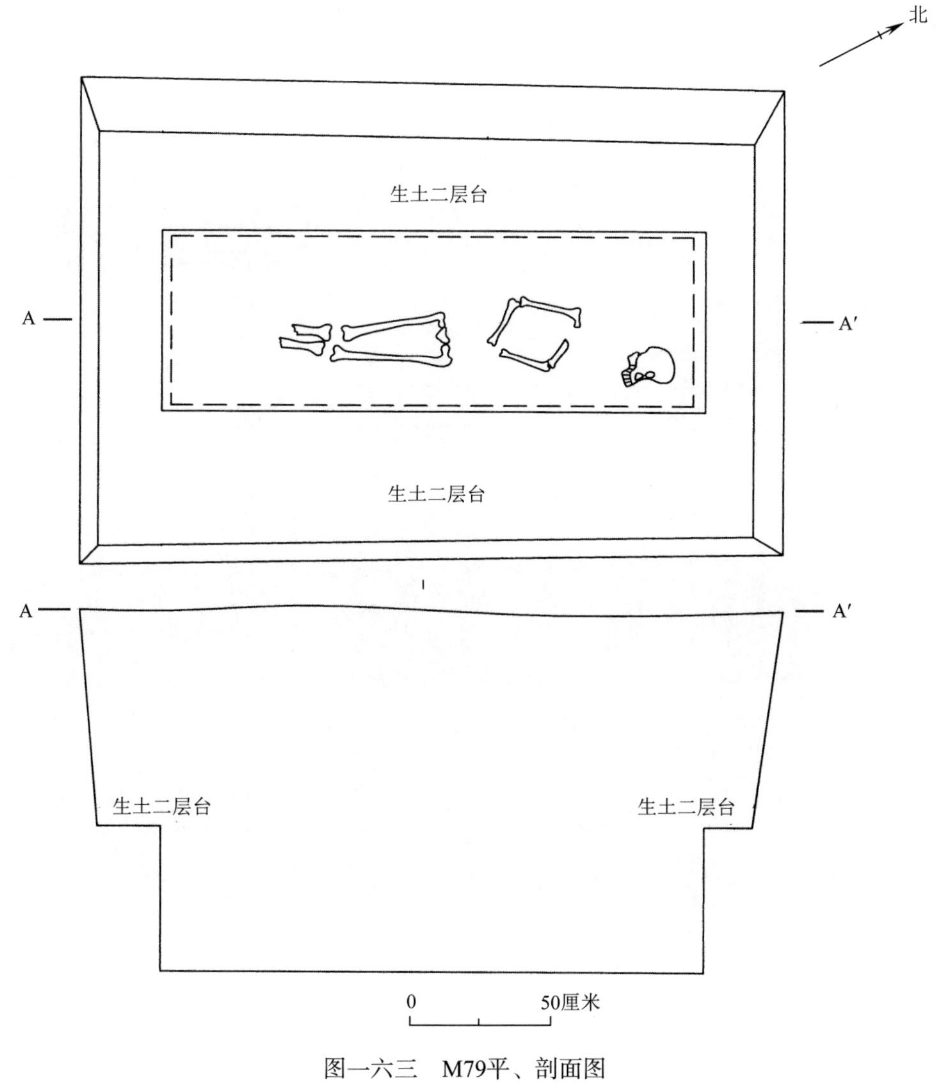

图一六三 M79平、剖面图

八〇、M80

1. 墓葬概况

M80位于三区中部，开口于耕土层下，距地表0.3米。方向30°。口大底小，墓口长3.18米，宽2.26米；墓底长2.2米，宽1.24～1.3米；墓深3.14米。坑四壁向下内收，壁面光滑，经人工修整，墓底平坦（图一六四）。

填黄褐色五花土，土质较软，含有料姜石。

葬具已腐朽，从残存痕迹看为单棺，棺痕长1.72米，宽0.46～0.5米。

人骨架1具，已腐朽，仅存头骨和部分肢骨痕迹，头向北，面向上，仰身直肢。

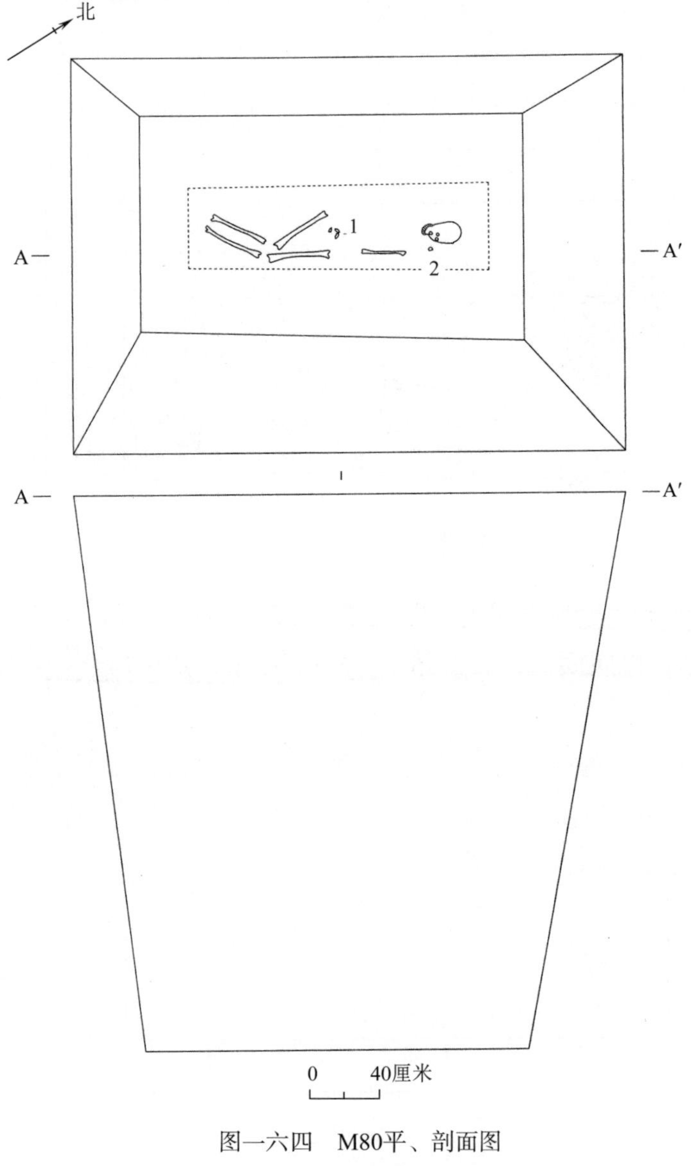

图一六四　M80平、剖面图

1、2. 玉环

2. 出土器物

随葬品2件，玉环置于人骨架中部，碎玉置于头骨东侧。

玉环2件。均残为一小段。均饰谷纹。标本M80：1，残长4.1厘米，厚0.5厘米（图一六五，2）。标本M80：2，残长2.7厘米，厚0.6厘米（图一六五，1）。

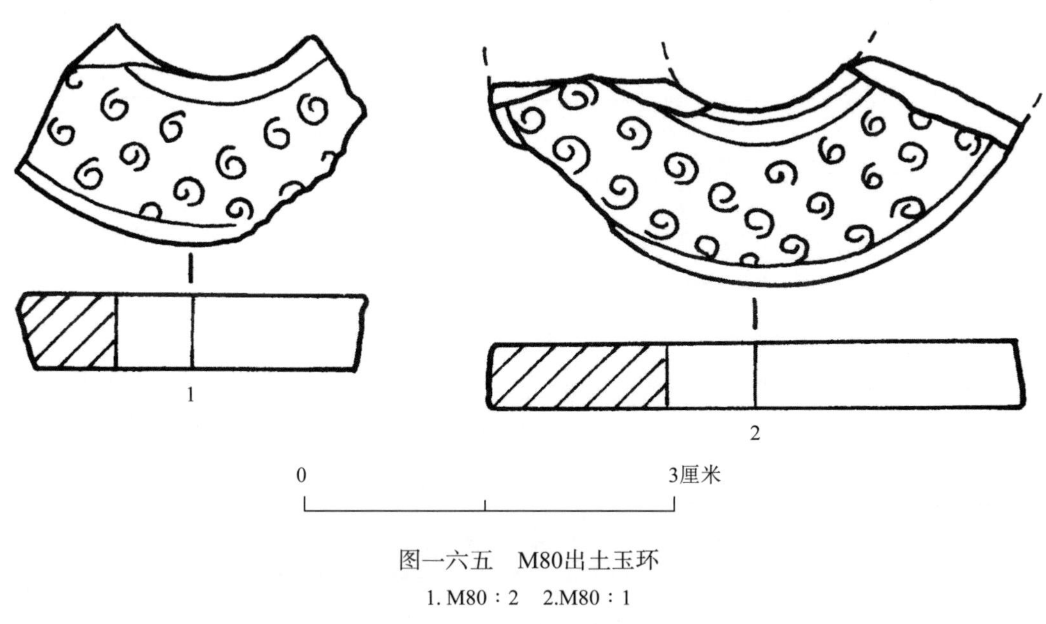

图一六五 M80出土玉环
1. M80：2 2.M80：1

八一、M81

1. 墓葬概况

M81位于三区中部，开口于耕土层下，距地表0.3米。方向310°。

墓坑平面呈长方形，口底同大，长2.56米，宽1.12米，深0.74米。砖砌墓室，墙砖紧贴坑壁，平面呈长方形，长2.4米，宽0.96米，残高0.7米。墙体砌于生土上，残存5层，砌法为直行侧立错缝叠砌。因受地层挤压，四壁变形。无铺底砖，墓底平坦。墓底有棺床，为条砖横向平铺2行，每行一层2块砖。墓底一端中部置3块齐缝平铺的条砖（图一六六；图版四六，2）。

墙砖为青灰色长方形条砖，长0.32米，宽0.14米，厚0.08米，长单侧面饰“五”字形花纹和半圆纹。

填红褐色五花土，土质较软，含有料姜石。

葬具、人骨架不详。

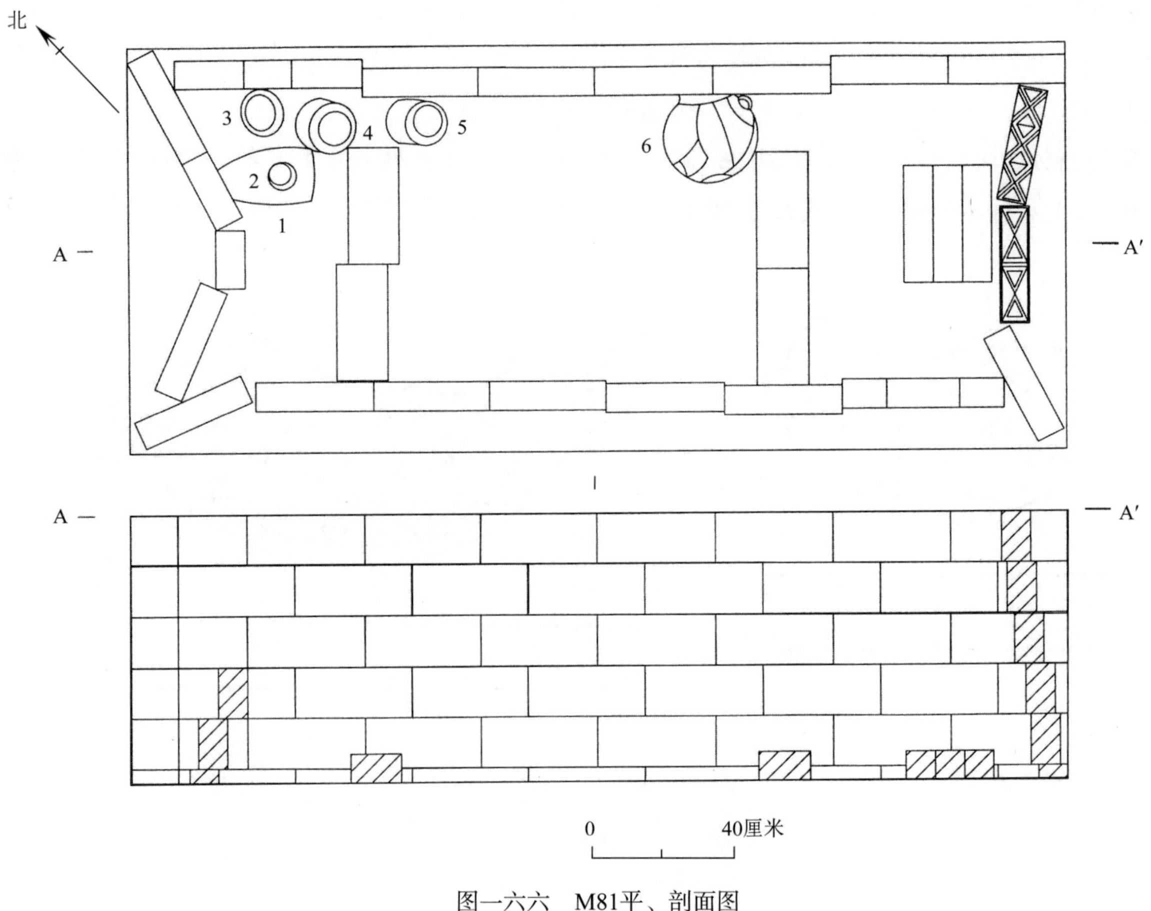

图一六六　M81平、剖面图
1. 陶灶　2. 陶釜　3~5. 陶仓　6. 陶双牛鼻耳罐

2. 出土器物

随葬品6件，均为陶器，放于墓底西北部，由东向西依次为仓3件，灶、釜、罐各1件。

陶双牛鼻耳罐　1件。标本M81：6，泥质灰陶。颈以上部分已残失，束颈，溜肩，肩部有两个对称的牛鼻形耳，鼓腹，中腹壁近直，下腹弧收，凹圜底。肩部及中腹饰斜向粗绳纹，下腹饰横向细绳纹，底部饰交错细绳纹。残高24.3厘米，底径6.8厘米（图一六七，1）。

陶仓　3件。标本M81：3，泥质灰陶。敛口，圆唇，斜溜肩，腹微鼓，平底微内凹。肩部及上腹饰竖向细绳纹，肩部饰一周抹痕。高9.1厘米，口径8.1厘米，底径11.4厘米（图一六七，5）。标本M81：4，泥质灰陶。敛口，尖唇，斜折肩，腹壁近直，底已残失。肩部饰斜向细绳纹。高12厘米，口径8厘米，底径11.4厘米（图一六七，4）。标本M81：5，泥质灰陶。敛口，圆唇，斜折肩，中腹微鼓，平底内凹。肩部及腹部饰竖向和斜向细绳纹间有几周加工痕迹，肩部有一周抹痕。高9.3厘米，口径9厘米，底径12.8厘米（图一六七，6）。

陶灶　1件。标本M81：1，泥质灰陶。灶体前宽后窄，灶壁近直，前墙中部有一拱形灶门，前部无挡墙，灶面前方后圆，灶面上有一火眼，灶面后部有一圆形烟囱，已残，仅存下半部分，烟道通穿，腹中空。灶壁上饰竖向细绳纹。高7.5厘米，体长23.2厘米，宽15厘米（图一六七，2）。

陶釜 1件。标本M81：2，泥质灰陶。敛口，尖唇，鼓腹，平底。腹壁上有刀削痕。素面。高5.3厘米，口径4.9厘米，底径1.6厘米（图一六七，3）。

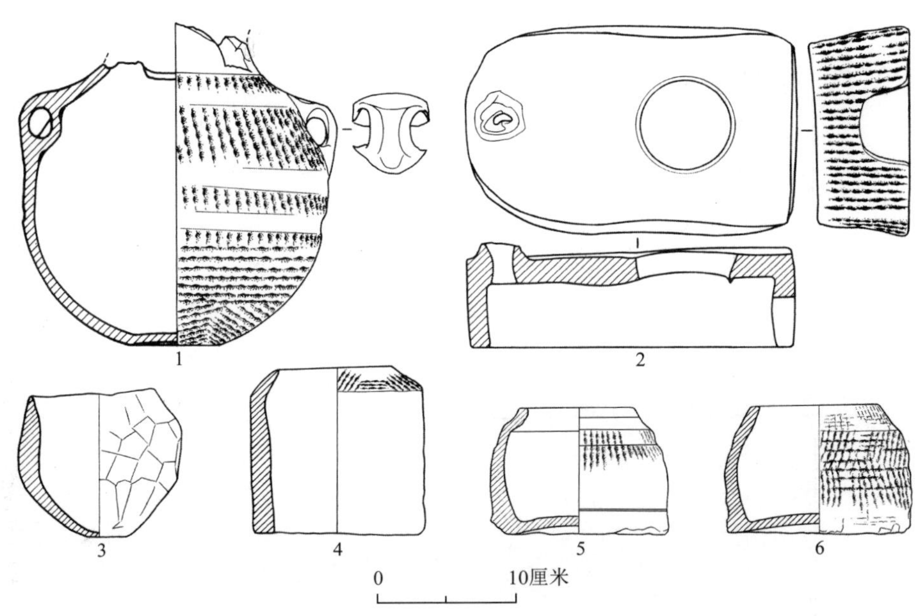

图一六七 M81出土陶器

1. 陶双牛鼻耳罐（M81：6） 2. 陶灶（M81：1） 3. 陶釜（M81：2）
4~6. 陶仓（M81：4、M81：3、M81：5）

八二、M82

1. 墓葬概况

M82位于三区中部，开口于耕土层下，坑口距地表0.3米，方向35°。被M76墓室打破。口大底小，墓口长1.84米 ，宽1.24米；墓底长1.62米，宽0.8～0.94米；墓深1.84米。坑四壁自墓口垂直向下1.68米深处有生土二层台，台面平整，台面宽0.14~0.28米、高0.16米，壁面光滑，经人工修整，墓底平坦（图一六八）。

填褐色五花土，土质较软。

葬具已腐朽，从残存痕迹看为一椁一棺，椁痕长1.6米，宽0.6米；棺痕长1.50米，宽0.44米。

人骨架一具，仅存头骨，头向北，面向上，葬式不详。

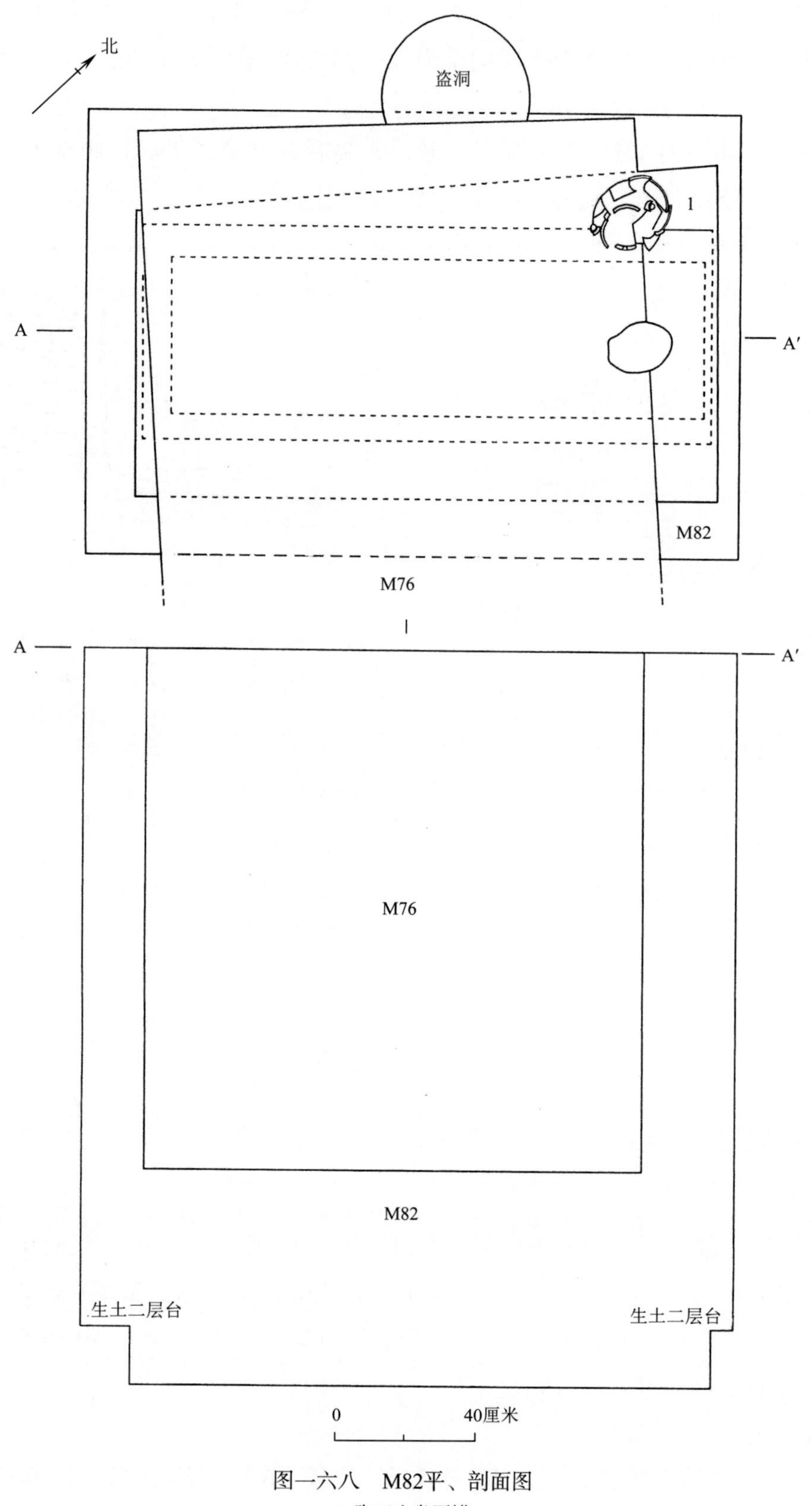

图一六八　M82平、剖面图
1. 陶双牛鼻耳罐

2. 出土器物

随葬品1件，陶双牛鼻耳罐置于椁内西北角。

陶双牛鼻耳罐　1件。标本M82：1，泥质灰陶。敛口微侈，折沿，尖圆唇，束颈，溜肩，肩部有两个对称的牛鼻形耳，鼓腹，下腹弧折内收至底，凹圜底。颈部饰竖向细绳纹，大多被抹去已漫漶不清，肩部饰竖向细绳纹间饰两周抹痕，下腹及底部饰交错细绳纹。高19.5厘米，口径14.6厘米，底径6.8厘米（图一六九）。

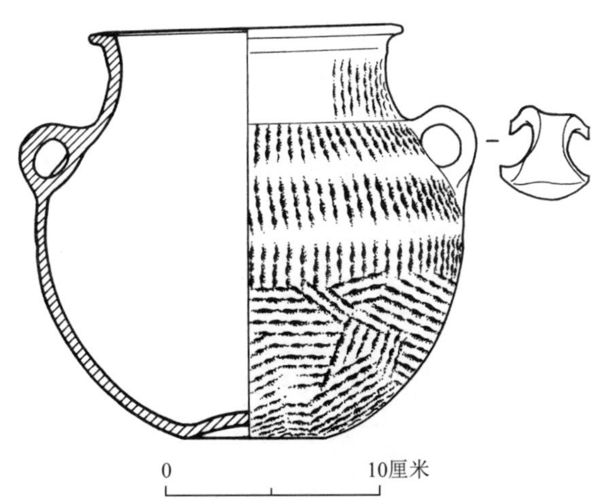

图一六九　M82出土陶双牛鼻耳罐（M82：1）

八三、M83

1. 墓葬概况

M83为“甲”字形积石积炭墓，开口于耕土层下,距地表0.30米，方向295°。由墓道、甬道和墓室三部分组成（图版四七，1）。

墓道向西，为斜坡状，口大底小，近甬道处为平底。墓道口长5.08米，宽0.96米；下端宽1.14米，深1.98米；坡长5.06米，平底部分长0.54米。墓道与甬道结合处用5块画像空心砖封堵（图版四八，1），下用小汉砖铺垫，上部用汉砖塞缝。

甬道为砖砌，保存较好。两壁用半圆纹砖错缝平砌，纹饰皆朝里，砖长34厘米，宽16厘米，厚8厘米。在两壁高1.2米时开始起券，券用“五”字形花纹楔形砖齐缝垒砌，楔形砖长34厘米，宽16厘米，厚6～8厘米。底部铺底砖为错缝平铺，砖的大小与壁砖相同。甬道进深1.7米，宽1.3米，高1.56米。甬道上部的熟土杂乱而不成形，且与墓道和墓室壁之间也没有规律的连接，经过清理发现，甬道上部的熟土范围比甬道大，且向下挖了一定深度，这可能与便于修建甬道有关（图版四七，2）。

墓室呈长方形竖穴土坑，南北长3.08米，东西宽2.92米；墓底长宽皆为2.92米；墓坑深

2.12米。墓壁竖直，南北两壁距墓口0.4米深处各有一小台，宽0.04～0.12米。墓室周边和墓底积石积炭，上部基本不见积石，积炭厚度仅0.02米。下部积石渐多，并与炭混杂在一起。墓底的河卵石也不多，仅是零零星星的分布。河卵石大小不等，长在5～15厘米（图一七〇）。

墓室南部东西向并列两棺，从残存的棺痕可知，北棺长1.96米，宽0.5~0.6米；南棺长1.96米，宽0.48~0.52米。在北棺北侧的东端和近西端有两块汉砖，根据其所处的位置，可推知是为垫棺木而设置的。由于骨架大多朽蚀不存，故性别和年龄无法鉴定，仅可知头向西。从两棺所处的位置分析，该墓应为夫妻合葬墓，北棺居中，且大于南棺，应为主棺，男性；南棺稍小，居于南侧，且头部有铜镜随葬，应为女性（图版四八，2）。

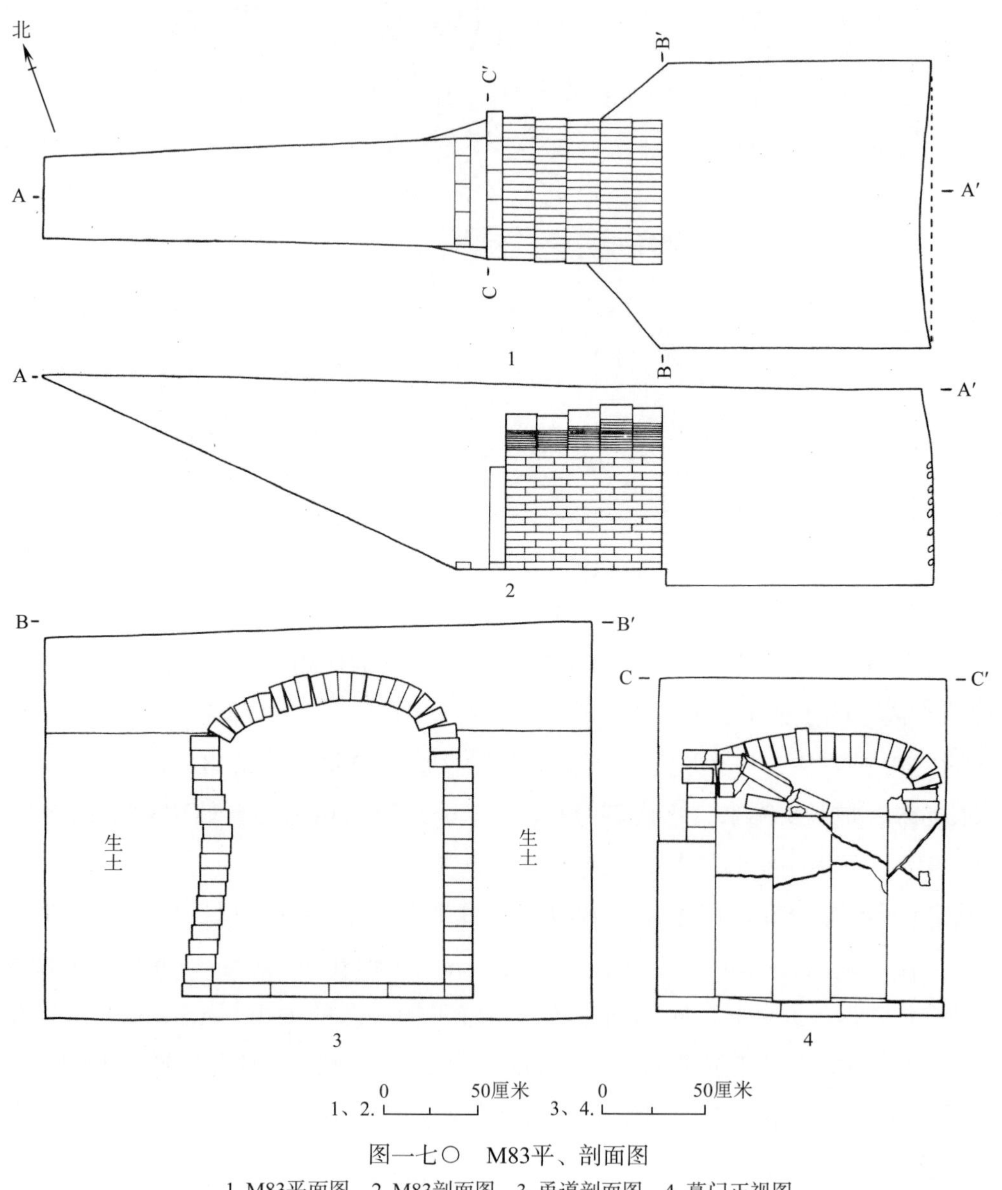

图一七〇　M83平、剖面图

1. M83平面图　2. M83剖面图　3. 甬道剖面图　4. 墓门正视图

五块画像空心砖大小相同，长1.02米，宽0.32米，厚0.18米。空心砖正面有画像，其中1、2号画像砖画像内容相同，3、4、5号画像砖画像内容相同。1号画像砖正面上部为二层楼阁画像，楼阁下层中间有一站立的人，上方和左右两侧有常青树图案。画面中部长方框内有“S”形云纹图案。画面下部也为二层楼阁画像，上方有常青树和飞禽图案。画像两侧用连续的交叉十字纹作边框，上、下边框漫漶不清（图一七一，2）。3号画像砖正面上部为两座相对的门阙，中间有两人持节相对而立，门阙两侧各有一棵常青树。其下为轺车画像，一匹马拉一辆带华盖的车，舆内似坐两人。画面中部为建鼓舞画像，有人站立击鼓，有人坐着伴奏。画像下部又有一轺车画像。其下有一只呈奔跑状的异兽。画像四周用连续的交叉十字纹作边框，上部边框漫漶不清（图一七一，1）。

图一七一　M83画像空心砖拓本

1.3号空心砖　2.1号空心砖

2. 出土器物

墓内随葬品较为丰富，计99件（铜钱按2件计），主要分布于甬道内和墓室北部，棺内及其周围也有少量随葬品。甬道内的随葬品为明器，无规律可循，主要有铜车軎、铜衔镳、铜盖弓帽、铜圆帽形器、铜弩机、铜剑、铜戈、铜U形器、铜圆片形器、铜瓢形器、铜车軜、铜筒形器、铜兽面饰、铁剑等。大多锈蚀严重，无法提取（图一七二）。墓室内主要随葬陶器，有陶鼎1件、陶壶4件、陶圜底釜1件、陶罐1件、陶瓮1件、陶盆5件、陶仓9件、陶灶3件、陶甑2件、陶平底带系釜1件、陶井1件等；另外还有铜釜、铜甑、铜盆、铜车軎、铜车轴、铜弩机、铜带钩、铜U形器、铜钱、铜镜、铁剑、铁削等。其中陶仓置于墓室西北角，紧靠西壁，且两两上下相叠；陶壶在墓室西北部和东北部皆有分布；两件陶灶，一件在北中部，另一件在东北部；北中部还置有陶鼎、陶甑、陶碗、陶井等；东北部还置有陶罐、陶瓮、铜釜等，铜釜压于陶瓮下。北棺中部随葬3串铜钱和1件铜带钩；南棺中部也随葬两串铜五铢钱，南侧中部有1件铁剑，西部即墓主人头顶部还随葬一面铜镜。两棺周围散见有铜弩机、铜车轴、铜车軎、铜棺钉等。在墓室南侧和西南角分别置有铜五铢钱和铁剑。其中一些铁器、铜器和铜棺钉锈蚀严重，无法提取（图一七三）。

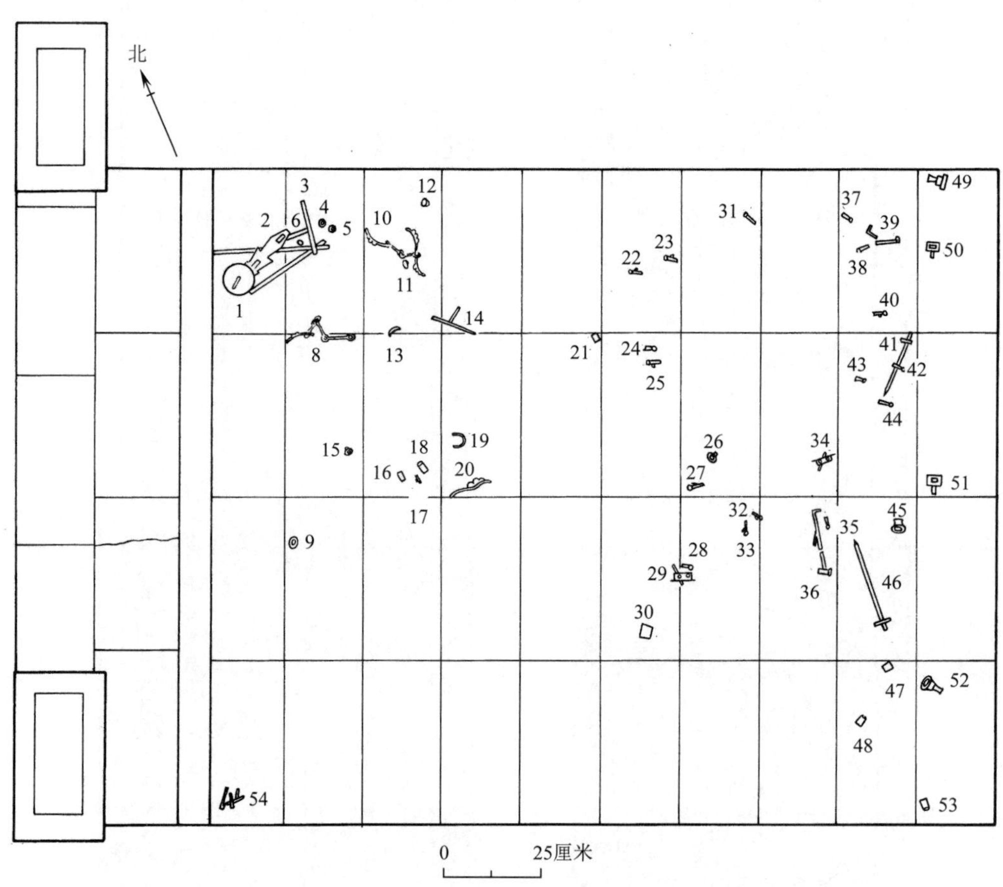

图一七二　M83甬道底部器物分布图

1. 铜圆片形器　2、3、14. 铜丁字形器　4、5、11、16、17、21、26、30. 铜圆帽形器　6、7、41、46. 铁剑　8、10、20.铜衔镳　9、15. 铜瓢形器　12、13、19. 铜车軜　18、39、45、49、52. 铜车軎　22~25、27、28、31~33、35、37、38、40、42~44. 铜盖弓帽　29、34、47. 铜弩机　36. 铜U形器　48. 铜筒形器　50、51. 铜兽面饰　53. 铜扁筒形器　54. 铜器

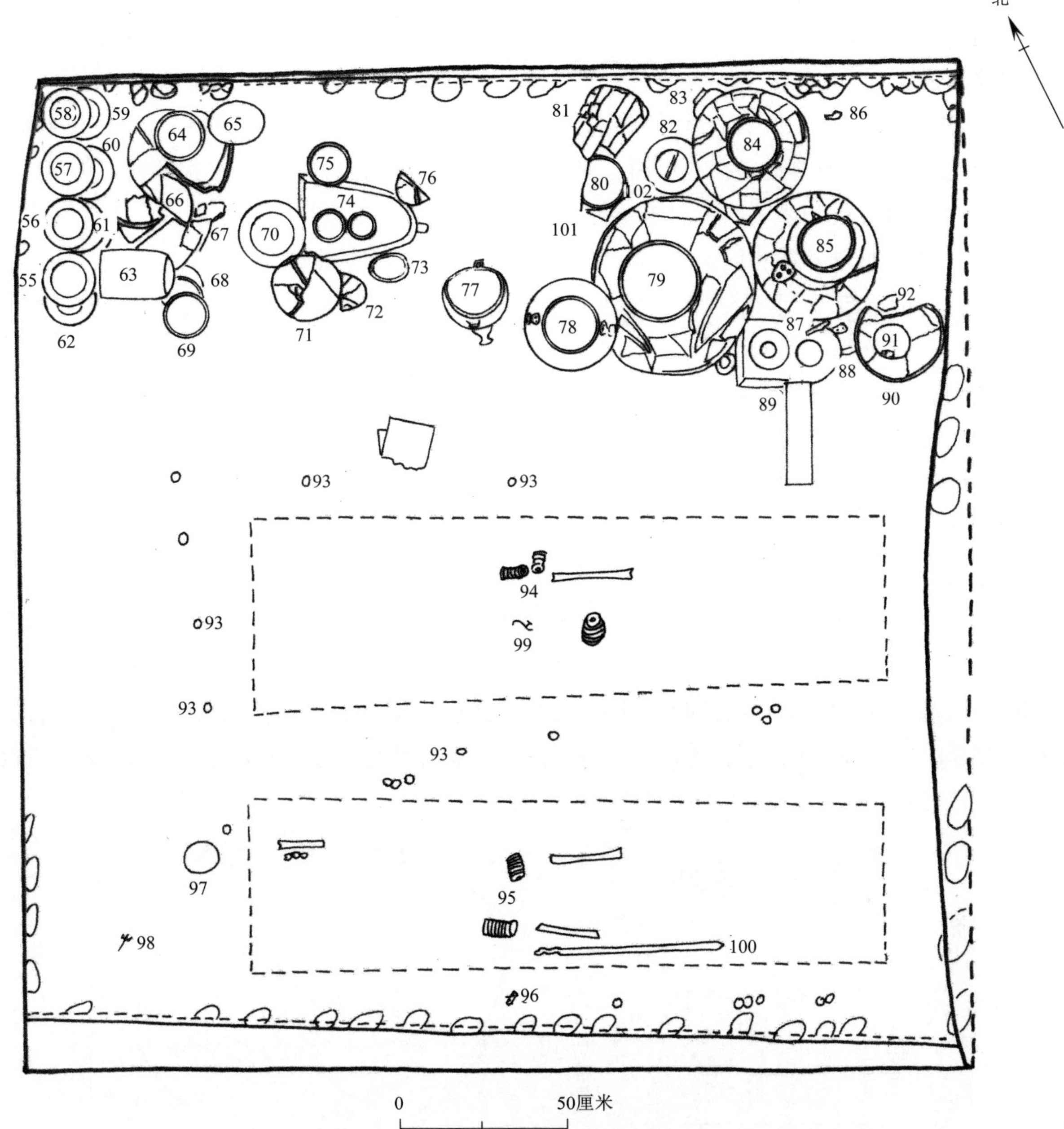

图一七三　M83墓室器物分布图

55～63.陶仓　64、67、78、85.陶壶　65、66、71.陶器盖　68、69、73、76、90.陶盆　70.陶井　72.陶釜　74、80、89.陶灶　75、102.陶甑　77.陶鼎　79.陶瓮　84.陶罐　81.陶平底带系釜　82.铜盆　83.铜甑　86、91. 铜车軎　87.铜车轴　88、96.铜弩机　92.铁器　93.铜棺钉　94、95.铜钱　97.铜镜　98.铁削　99.铜带钩　100.铁剑　101.铜釜　102.陶甑

陶器的陶质大多为泥质灰陶，仅4件陶壶和1件陶灶为泥质红陶。陶土似未经精细淘洗，多含有微量的细砂，尤以9件深灰色陶仓含细砂量较大。有少量陶器火候不充分，颜色不均匀。陶器的制法以轮制为主，模制和手制较少。单纯的用一种制法制成完整成品的只有少量的瓮、罐、仓

等，多数器物都是用几种制法。圆形器物多为轮制，鼎耳、鼎足、灶、铺首、博山形器盖等为模制。手制主要应用在模制已成型的器物加工上，如鼎足、鼎耳、罐耳等。大多数器物有纹饰，主要有绳纹、弦纹，另有瓦楞纹、乳丁纹、三角折线纹、双龙戏珠纹以及兽、鸟图案等。

陶鼎　1件。标本M83：77，泥质灰陶。器身轮制，耳与足模制后加于器上。子口，两侧有对称的模制两耳，两耳外撇较甚，鼓腹，圜底，下附三个模制的蹄形足。足根部模印兽面纹。高15.7厘米，口径13.6厘米（图一七四，3；图版四九，1）。

陶壶　4件。形制基本相同，大小有别。盘形口，口上有博山形盖，细颈，鼓腹，上腹部有两个对称的铺首衔环，圜底，圈足外撇。标本M83：64，泥质红陶。博山形盖顶饰柿蒂纹间直角折线纹，其外饰一周四角形和三角形组成的纹带，再外饰两周折线三角纹，其间点缀心形或乳丁纹。颈部饰两周凸弦纹，颈腹间饰一周凸弦纹，腹部和圈足上各饰一周凹弦纹。高42.8厘米，口径17.6厘米，圈足径16.8厘米（图一七五，3；图版四九，4）。标本M83：66和M83：67形制相同，其中标本M83：66为泥质红陶。博山形盖顶饰柿蒂纹间直角折线纹，其外饰一周四角形和三角形组成的纹带，再外饰两周折线三角纹，其间点缀心形或乳丁纹。颈部饰一周凸弦纹，颈腹间和腹部各饰一周凹弦纹。高42厘米，口径17.8厘米，圈足径16.8厘米（图一七五，1）。标本M83：71和标本M83：78形制相同，其中标本M83：71为泥质红陶。博山形盖上饰有三只走兽和一只鸟等图案。器口沿下饰一周凸弦纹，颈腹间和腹部各饰一周较宽的凹弦纹。高39.4厘米，口径15厘米，圈足径17.6厘米（图一七五，4；图版四九，5）。标本M83：85，泥质灰陶。博山形盖上饰双龙戏珠图案。盖面上残留有红色痕迹，可能为朱砂。高41厘米，口径17.4厘米，圈足径16.6厘米（图一七五，2）。

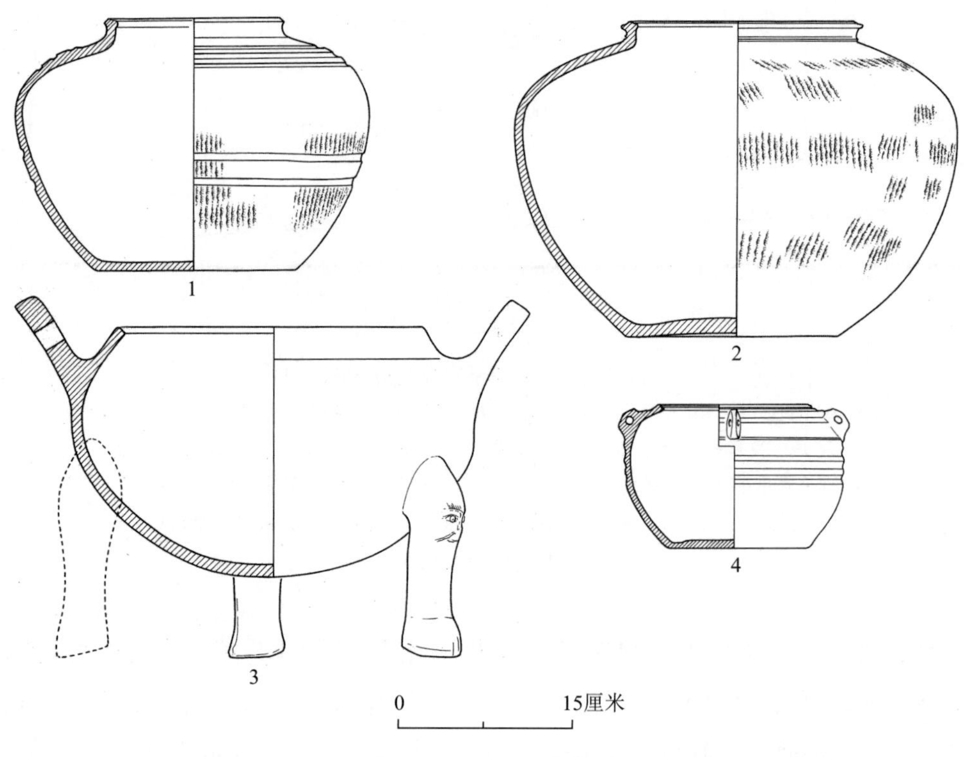

图一七四　M83出土陶器

1. 陶罐（M83:84）　2. 陶瓮（M83:79）　3. 陶鼎（M83:77）　4. 陶平底带系釜（M83:81）

陶平底带系釜 1件。标本M83：81，泥质灰陶。子口，口下有四个对称的小纽，鼓腹，平底。上腹部饰瓦楞纹。高12.7厘米，口径13厘米，底径12.2厘米（图一七四，4；图版四九，2）。

陶罐 1件。标本M83：84，直口，尖唇，短颈，广肩，扁圆腹，最大腹径近肩部，平底。肩部饰三周凹弦纹，腹部饰两周凹弦纹。高21.8厘米，口径15.2厘米，底径17.6厘米（图一七四，1；图版四九，3）。

陶瓮 1件。直口，尖唇，短颈，广肩，扁圆腹，最大腹径近肩部，平底。标本M83：79，器表饰绳纹，纹饰漫漶不清。高27.3厘米，口径20厘米，底径19厘米（图一七四，2）。

陶仓 9件。形制相同，大小有别。圆口无唇，圆肩，筒腹，平底。泥质深灰陶5件，器表饰绳纹间三周凹弦纹；泥质浅灰陶4件，器表饰绳纹间三周或四周凹弦纹。标本M83：55，泥质深灰陶。器表饰绳纹间三周凹弦纹。高21.8厘米，口径10.2厘米，底径13.4厘米（图一七六，1；图版五〇，1）。标本M83：56，泥质深灰陶。器表饰绳纹间三周凹弦纹。高22厘米，口径10厘米，底径13厘米（图一七六，2；图版五〇，2）。标本M83：57，泥质深灰陶。器表饰绳纹间三周凹弦纹。高21.2厘米，口径10.8厘米，底径14厘米（图一七六，3；图版五〇，3）。标本M83：58，泥质深灰陶。器表饰绳纹。高21厘米，口径10.2厘米，底径13.2厘米（图一七六，4；图版五〇，4）。标本M83：59，泥质浅灰陶。器表饰绳纹间四周凹弦纹。高22.7厘米，口径11.2厘米，底径17.8厘米（图一七六，5）。标本M83：60，泥质浅灰陶。器表饰绳纹间四周凹弦纹。高22.2厘米，口径11.8厘米，底径15.4厘米（图一七六，6）。标本M83：61，泥质浅灰陶。器表饰绳纹间四周凹弦纹。高21.6厘米，口径10.2厘米，底径16.2厘米（图一七六，7；图版五〇，5）。标本M83：62，泥质浅灰陶。器表饰绳纹间三周凹弦纹。高21.6厘米，口径9.8厘米，底径15厘米（图一七六，8）。标本M83：63，泥质深灰陶。器表饰绳纹间三周凹弦纹。高21.8厘米，口径10.4厘米，底径13.8厘米（图一七六，9；图版五〇，6）。

陶灶 3件。可分为三角形陶灶和长方形陶灶两种。

三角形陶灶 2件。泥质灰陶。形制基本相同，大小有别。由灶身、火门、灶面、火眼、釜等部分构成。灶身平面作后端为弧角的三角形，无底，后端有一圆柱状烟囱，中有小孔，直穿灶腹；火门为半圆形；灶面上有2个火眼，前大后小。两个火眼上各有一件陶釜。陶釜形制相同，大小有别。口内敛，圆肩，鼓腹，圜底，下腹部和底部有削痕。标本M83：74，烟囱稍向后倾。灶通高14.1厘米，长33.4厘米，前端宽23.4厘米；大陶釜高6.7厘米，口径8.8厘米；小陶釜高6.2厘米，口径7.8厘米（图一七七，1；图版五一，2）。标本M83：89，火门上有挡墙，烟囱向后倾较甚。灶身通高13.1厘米，长27.2厘米，前端宽20.6厘米。大陶釜高6.4厘米，口径7.3厘米。小陶釜高5厘米，口径6.2厘米（图一七七，2）。

长方形陶灶 1件。标本M83：80，泥质红陶。由灶身、火门、灶面、火眼等部分构成，前后有挡墙。灶身平面作长方形，无底，后端有一圆柱状烟囱模制于后挡墙中部；火门为半圆形；灶面上有3个火眼，中间大，两端小，两侧各有两道凹槽。前挡墙上部呈弧形，其前面，即火门上方模制一阙，阙内有一人面，头上有双角；后挡墙上部平，前面模制两个阙，两阙之间为烟囱。灶通高20.2厘米，长38厘米，宽16厘米（图一七七，3；图版五一，1）。

陶圜底釜　1件。标本M83：72，原应放置于陶灶上。泥质灰陶。敞口，弧腹，下腹部有削痕，圜底。口下有一周凹弦纹。高6.3厘米，口径9.8厘米（图一七七，6）。

陶甑　2件。形制基本相同，大小有别。泥质灰陶。敞口，折沿，束颈，弧腹向下内收，下腹部有削痕，小平底，底部由下往上穿5孔。标本M83：75，高7.9厘米，口径13.2厘米，底径3.6厘米（图一七七，5；图版五一，6）。标本M83：102，高5.4厘米，口径12.6厘米，底径4.8厘米（图一七七，4）。

图一七五　M83出土陶壶

1. M83:66　2. M83:85　3. M83:64　4. M83:71

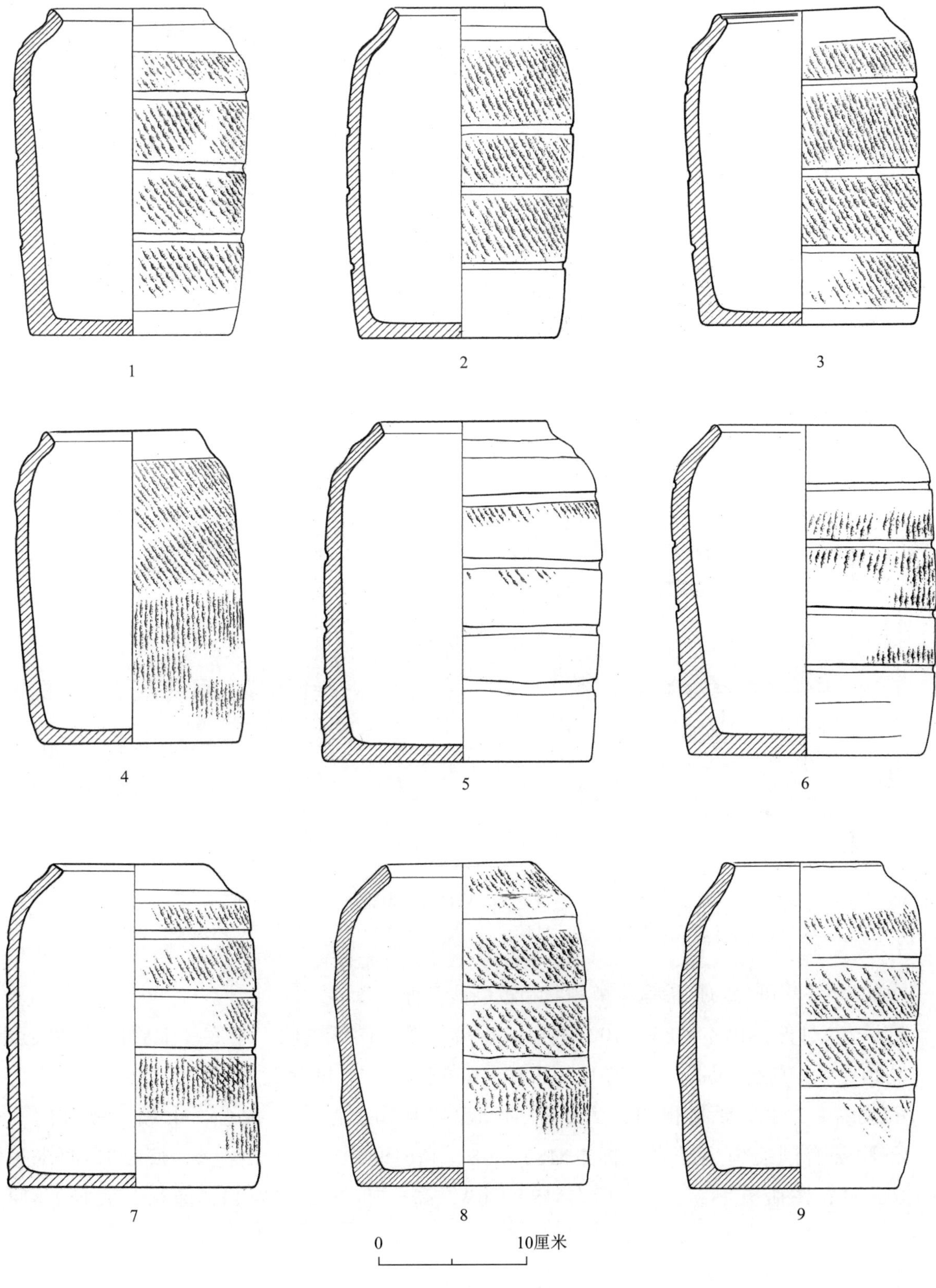

图一七六 M83出土陶仓

1. M83:55 2. M83:56 3. M83:57 4. M83:58 5. M83:59 6. M83:60 7. M83:61 8. M83:62 9. M83:63

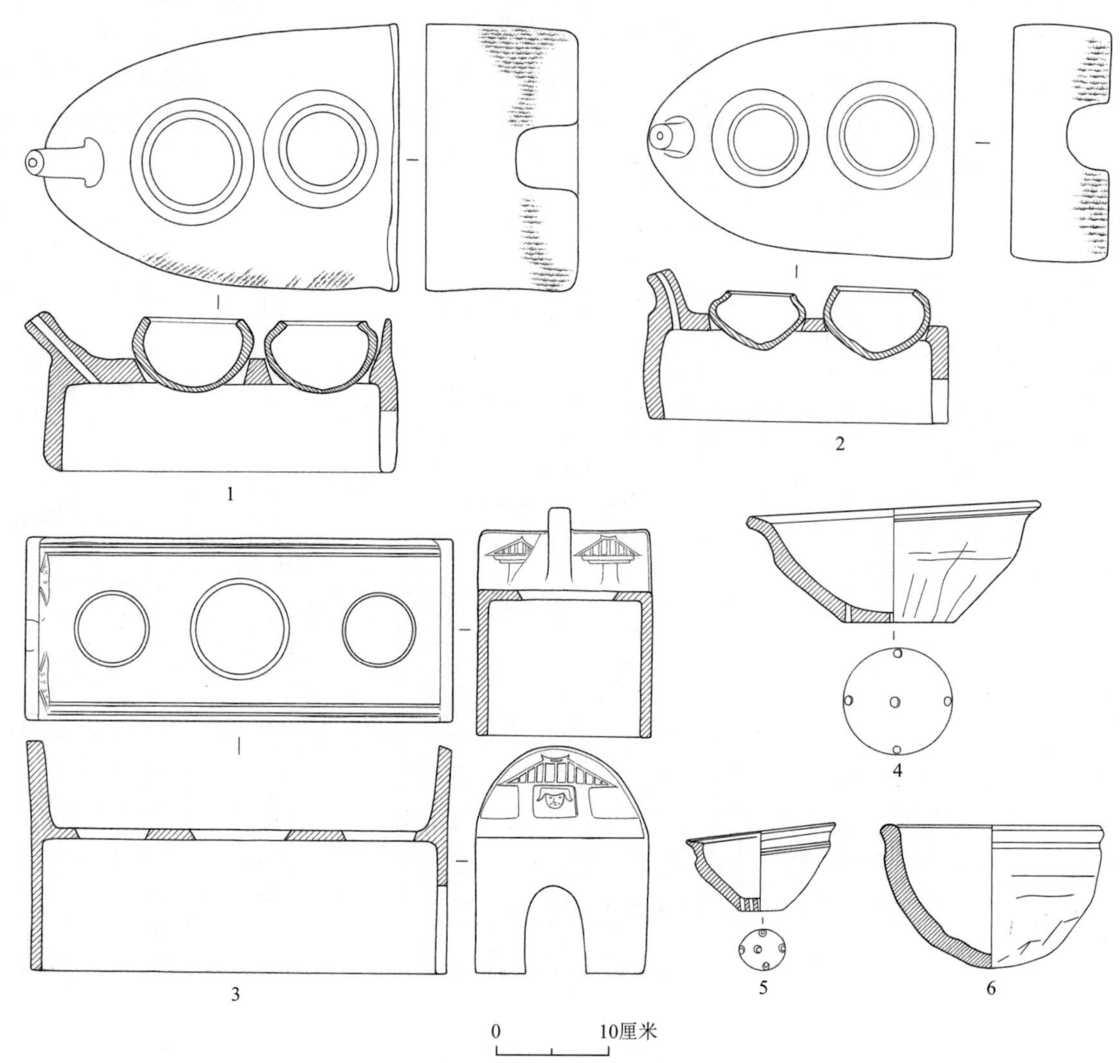

图一七七　M83出土陶器

1. 陶灶（M83:74）　2. 陶灶（M83:89）　3. 陶灶（M83:80）　4. 陶甑（M83:102）
5. 陶甑（M83:75）　6. 陶釜（M83:72）

陶盆　5件。可分为折沿盆、束颈盆和敞口盆三种。

折沿盆　1件。标本M83：90，敞口，折沿，弧腹向下内收，平底。上腹部轮制痕迹明显。高14厘米，口径30厘米，底径15.4厘米（图一七八，3；图版五一，4）。

束颈盆　2件。形制相同，大小有别。泥质灰陶。敞口，折沿，束颈，弧腹向下内收，下腹部有削痕，小平底。标本M83：68，高6厘米，口径12厘米，底径3.8厘米（图一七八，1；图版五一，5）。标本M83：69，高5.7厘米，口径11.8厘米，底径2.8厘米（一七八，2）。

敞口盆　2件。形制相同，大小有别。泥质灰陶。敞口，尖唇，弧腹向下内收，下腹部有削痕，小平底。标本M83：73，高6.1厘米，口径13.5厘米，底径5.2厘米（图一七八，5）。标本M83：76，高5.3厘米，口径12.8厘米，底径4.2厘米（图一七八，4）。

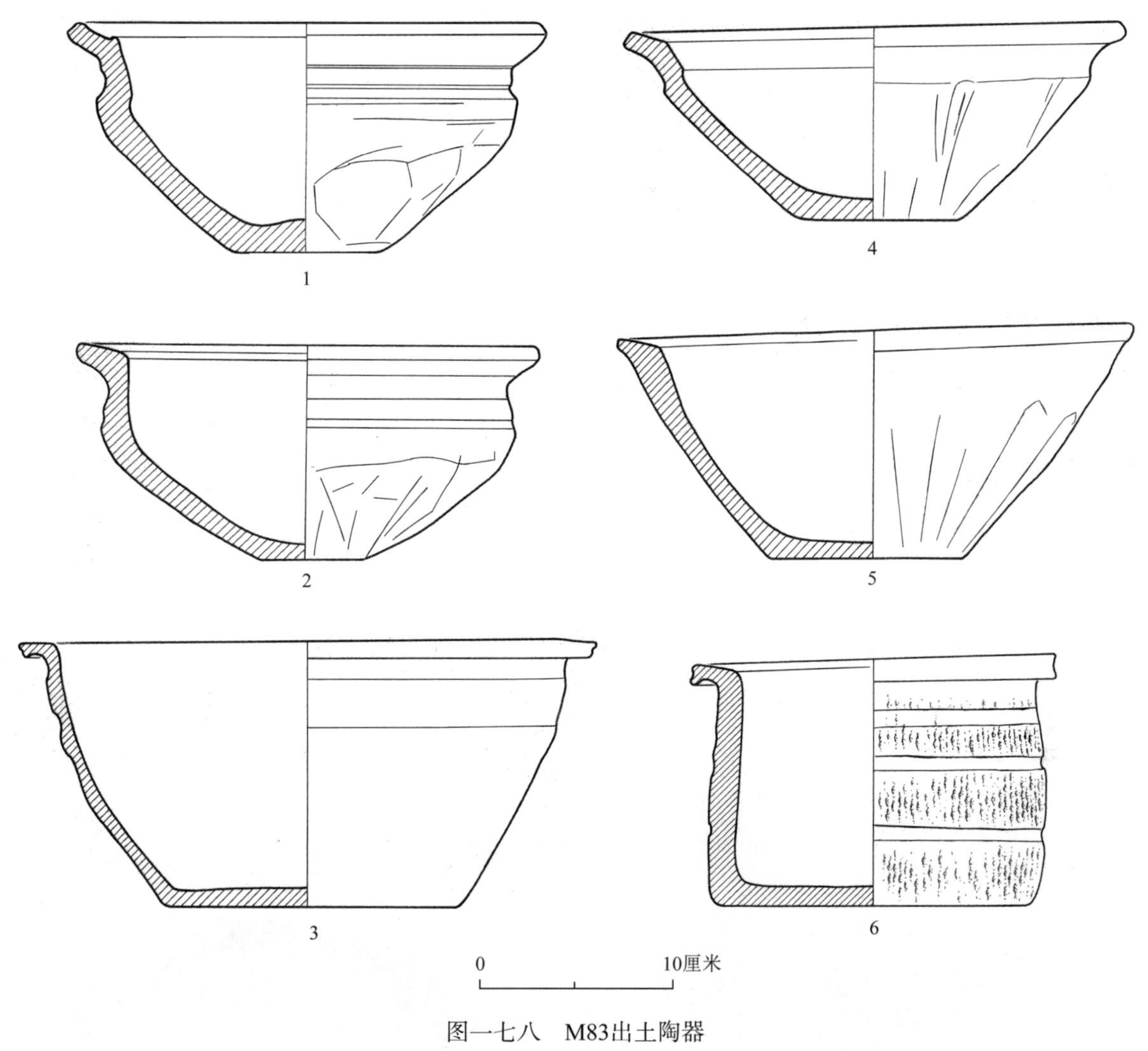

图一七八　M83出土陶器

1. 束颈盆（M83:68）　2. 束颈盆（M83:69）　3. 折沿盆（M83:90）
4. 敞口盆（M83:76）　5. 敞口盆（M83:73）　6. 陶井（M83:70）

陶井　1件。标本M83：70，泥质灰陶。圆筒形，井口沿平折向下，口小底大，平底。器表饰绳纹间三周凹弦纹。高13.1厘米，口径18.8厘米，底径16.2厘米（图一七八，6）。该井附有陶水斗，出土时置于陶井内，敛口，尖唇，鼓腹，腹部有两个对称的竖纽下腹部有削痕，圜底（图版五一，3）。

铜盆　1件，标本M83：82，敞口，折沿，沿面内斜，弧腹缓收，平底，矮圈足较直，器底中部有一条加固的铜条。高11.7厘米，口径12.2厘米，圈足径9厘米（图一七九，2；图版五二，1）。

铜甑　1件。标本M83：83，敞口，折沿，沿面内斜，尖唇，弧腹缓收，平底，矮圈足较直，器底有条状箅孔。高12.6厘米，口径19.7厘米，圈足径8.8厘米（图一七九，1；图版五二，3）。

铜釜　1件，标本M83：101，直口，短直领，鼓腹，腹部有一周较窄的箍，平底。高12.2

厘米，口径7.5厘米，底径5.8厘米（图一七九，3；图版五二，2）。铜甑与铜釜可组合成铜甗（图版五二，4）。

铜镜　1件。标本M83：97，圆形，圆纽，圆座，圆纽有一穿。座外两周绳索纹之间有一周铭文："内而清而以昭而明而光而象夫而日之月而不"。直径9厘米，厚0.2厘米（图一八○，1、2；图版五二，5）。

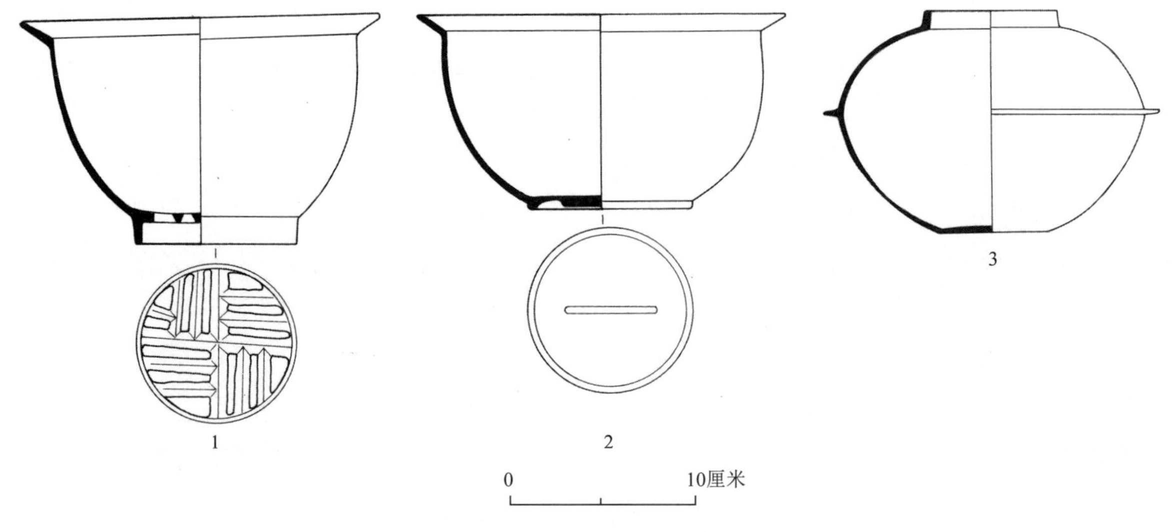

图一七九　M83出土铜器

1. 铜甑（M83:83）　2. 铜盆（M83:82）　3. 铜釜（M83:101）

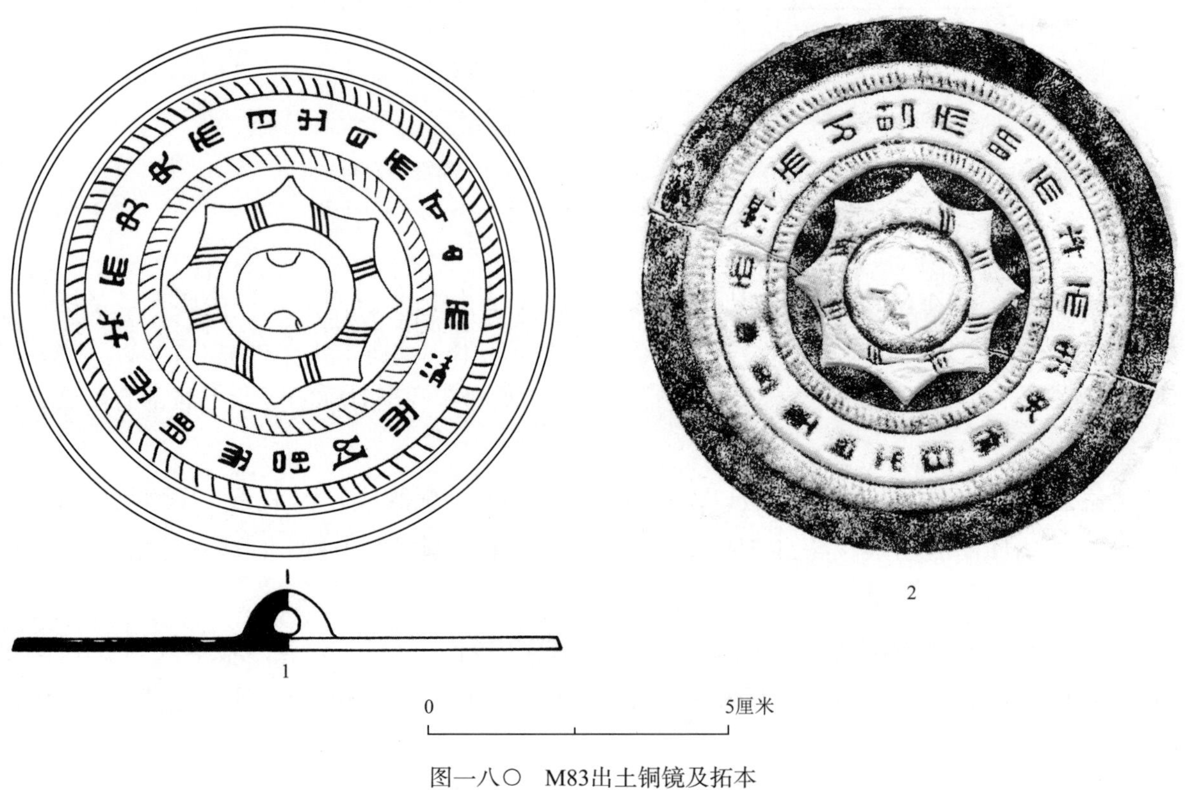

图一八○　M83出土铜镜及拓本

1. 铜镜（M83:97）　2.铜镜（M83:97）拓本

铜带钩 1件。标本M83：99，钩弯为兽首形，背部有一圆纽，腹部较长且微鼓。长6.75厘米，体宽1.05厘米，纽径1～1.2厘米（图一八一，5；图版五二，6）。

铜弩机 5件。皆残。形制相同。由牙、望山、郭、键等部件组成，牙呈三角形，分左右两片，中容箭括，与长方形望山连铸为一体，郭呈倒梯形，面上刻出箭槽，郭固定了牙、悬刀的位置，郭身有二键通穿，其键一端有帽，另一端有一孔横穿。标本M83：29，望山高0.4厘米，郭长4.4厘米，前端宽1厘米，后端宽1.3厘米（图一八一，10）。标本M83：34，望山高0.7厘米，郭长4.45厘米，前端宽0.8厘米，后端宽1.2厘米（图一八一，12）。标本M83：88，望山高0.7厘米，郭长4.6厘米，前端宽1厘米，后端宽1.3厘米（图一八一，13）。标本M83：96，望山高0.5厘米，郭长4.6厘米，前端宽1厘米，后端宽1.3厘米（图一八一，11）。

铜车軎 7件。形制相同，有的锈蚀严重，无法提取。体呈圆筒形，口端外张，壁向内曲折，平顶。器中部偏上处饰两周凸弦纹，下部有一穿，内套长条形辖，一端有帽，其帽略倾斜，以适应軎口的弧度。标本M83：49，高3厘米，口径2.65厘米（图一八一，16）。标本M83：52，高3厘米，口径2.7厘米（图一八一，17）。标本M83：86，高3厘米，口径2.75厘米（图一八一，19）。标本M83：91，高3厘米，口径2.8厘米（图一八一，18）。

铜车轴 1件。标本M83：87，残。器呈两端不闭塞的圆筒，中部有三周较细的凸弦纹，近两端处各有一周较粗的凸弦纹。直径1.6厘米（图一八一，4）。

铜盖弓帽 16件。大多锈蚀严重，无法提取。标本M83：28，圆筒形，中空成銎，顶部呈半圆球形，口缘处略宽大，口缘部分已残，上端稍小，在器中部偏上处向上挑起一钩。出土时内存残木。残长2.25厘米（图一八一，6）。

铜衔镳 3件。皆残，有的锈蚀严重，无法提取。标本M83：8，衔由两端带圆环的两个铜柱套合而成，铜柱两端的圆环一大一小。“S”形镳套于环内，中间扁平，有两个小圆穿孔，镳的两端有连弧形的装饰。衔单铜柱残长4厘米，镳残长3.2厘米（图一八一，1）。标本M83：10，衔由两端带圆环的三个铜柱套合而成，中间铜柱较短，两侧的铜柱较长，铜柱两端的圆环一大一小，其上均有一缺口。“S”形镳套于环内，中间扁平，有两个小圆穿孔，镳的两端有连弧形的装饰。衔单铜柱残长2.9厘米，镳长10.2厘米（图一八一，2）。

铜车辕 3件。有的锈蚀严重，无法提取。标本M83：19，残。体呈半环形，断面近似桃形。

铜兽面饰 2件。皆残，形制相同。正面为上饰一人面，眼睛、鼻轮廓清晰，背面凹进。标本M83：50，残高1.9厘米，宽2.35厘米（图一八一，14）。标本M83：51，残高1.7厘米，残宽2厘米（图一八一，15）。

铜圆帽形器 8件。大小、形制相同，有的锈蚀严重，无法提取。圆形，顶部中心有一乳突，背部下垂一半圆形环。标本M83：4、M83：11、M83：17三件标本形制、大小相同，长1.1厘米，直径1.2厘米（图一八一，21~23）。

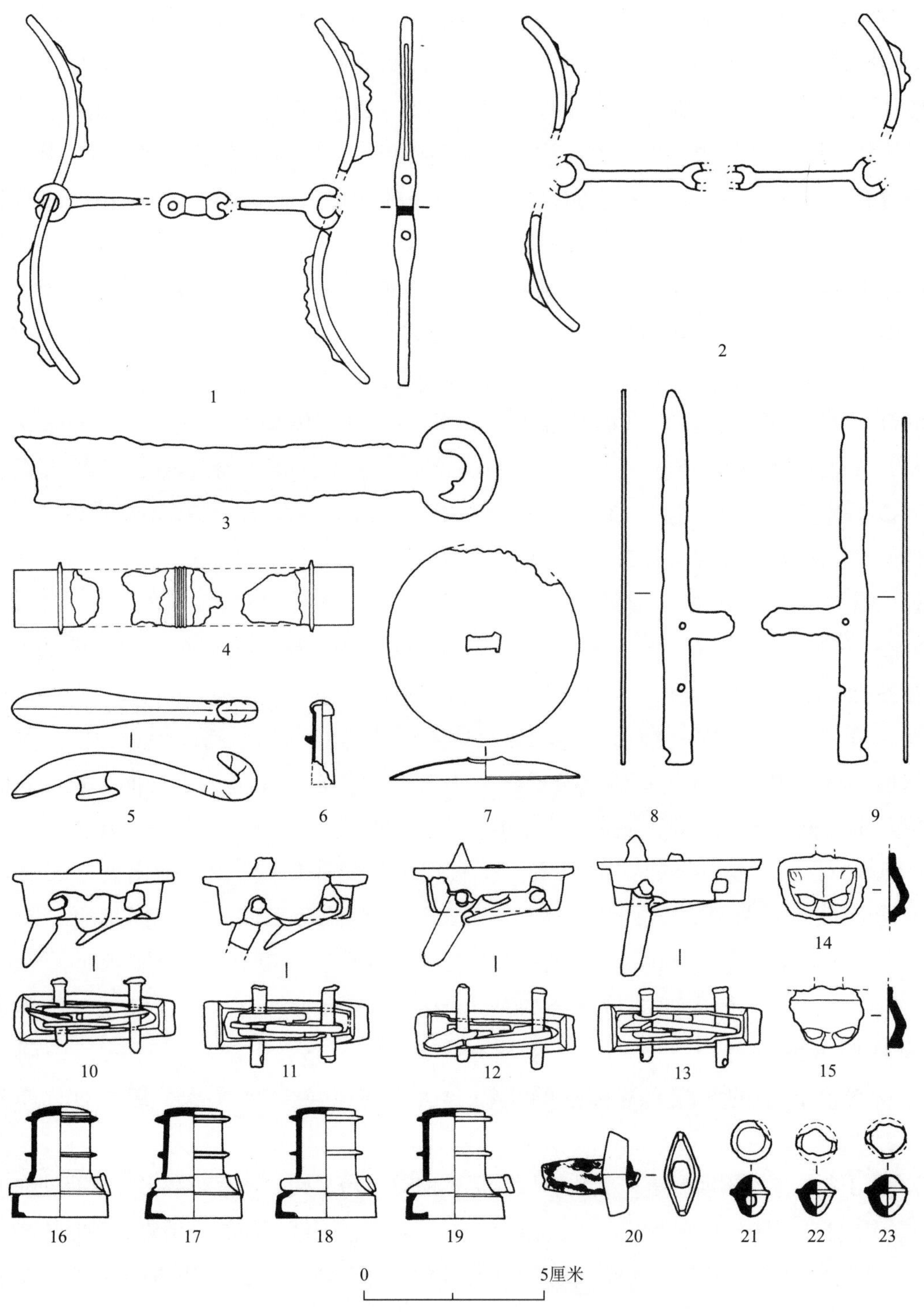

图一八一　M83出土遗物

1、2.铜衔镳（M83：8、M83：10）　3.铁削（M83：98）　4.铜车轴（M83：87）
5.铜带钩（M83：99）　6.铜盖弓帽（M83：28）　7.铜圆片形器（M83：1）
8、9.铜丁字形器（M83：3、M83：14）　10～13.铜弩机（M83：29、M83：96、M83：34、M83：88）
14、15.铜兽面饰（M83：50、M83：51）　16～19.铜车軎（M83：49、M83：52、M83：91、M83：86）
20.铁剑（M83：41）　21～23.铜圆帽形器（M83：11、M83：17、M83：4）

铜筒形器 1件。残破严重。体呈圆筒形，中空成銎，口径略大于底径。器中部偏上处饰一周凸弦纹。

铜扁筒形器 1件。标本M83：53，残破严重。体呈扁筒形，平顶，中空成銎。

铜瓢形器 2件。残破严重。大小、形制相同。标本M83：9和标本M83：15，器如无把的瓢。

铜圆片形器 1件。标本M83：1，扁平体，作圆形，中部微鼓，器中部有一长方形穿孔。直径5.3厘米（图一八一，7）。

铜丁字形器 3件。形制相同，有的锈蚀严重，无法提取。器作“丁”字形，扁平状，丁字口及其上端均有一小圆穿孔，近一端处有一三角形缺口。标本M83：3，长10.4厘米，宽0.8厘米，厚0.1厘米（图一八一，8）。标本M83：14，长9.6厘米，宽0.8厘米，厚0.1厘米（图一八一，9）。

铜U形器 1件。标本M83：36，残破严重。器作“U”形，横断面呈圆形。

铜棺钉 21件（按1件计）。皆锈蚀严重，无法提取。顶为圆形，下有短钉尖。

铜五铢钱 22枚（按2件计），还有许多铜钱锈蚀严重，无法计数。标本M83：94-1和标本M83：94-2形制相同，钱的正面边缘有一周凸起的周郭，正方形穿，穿之左右有篆书“五铢”两字；钱的背面边缘有周郭，而且穿四边也有郭。钱文的书体特点明显。“五”字中间两笔是弯曲的，中间两笔和上下两划相接的地方略向内靠拢，中间两笔和上下两横相接的地方是垂直的；“铢”字笔划清晰，“金”字四点较长，“朱”字头方折。有的为剪轮五铢。郭径2.5厘米，钱径2.3厘米，穿边长0.9厘米（图一八二，1、2）。

铁剑 5件。大多锈蚀严重，无法提取。标本M83：41，剑身、剑茎已残，镡中部隆起成脊，一端中部稍向前突出，另一端中部向内稍凹入。残长2.8厘米，镡宽2.3厘米（图一八一，20）。

铁削 1件。标本M83：98，已残。体呈片状，首尾环状。残长13.3厘米，刀身最宽处1.9厘米（图一八一，3）。

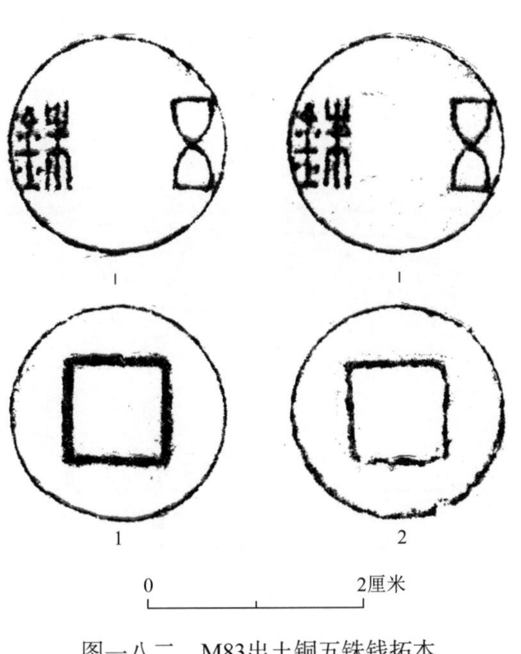

图一八二 M83出土铜五铢钱拓本

1. M83:94-1 2. M83:94-2

八四、M84

1. 墓葬概况

M84位于三区中部，开口于耕土层下，距地表0.3米，墓葬破坏严重，西部打破M82。方向130°。由墓道和墓室两部分组成。

墓道向东南，设于墓室前壁左侧，呈长方形斜坡状，口长1.5米，宽0.84～0.9米；底坡长1.56米，坡度13.5°；下端宽0.8米，深0.42米。墓道下端高于墓底0.24米。

墓坑平面呈长方形，口底同大，长3.3米，宽1.16～1.26米，深0.56～0.70米。砖砌墓室，墙砖紧贴坑壁，平面呈长方形，长3.06米，宽0.92～1.02米，残高0.12米。墙体砌于生土上，残存2层，砌法为直行错缝叠砌。铺底砖不存（一八三）。

墙砖为灰色长条砖，砖长0.32米，宽0.12米，厚0.06米。单长侧面饰菱形纹、“五”字形花纹和同心圆纹。

填灰褐色无花土，土质较软，内含碎砖较多。

葬具和人骨架不详。

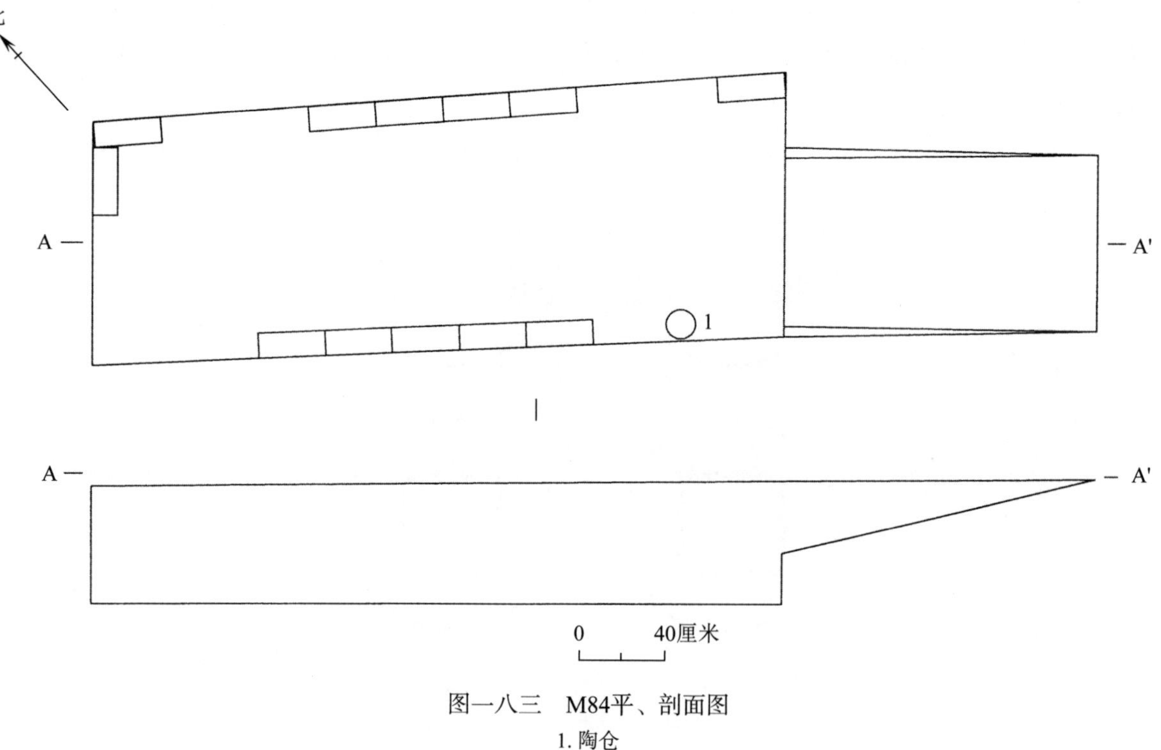

图一八三　M84平、剖面图

1. 陶仓

2. 出土器物

随葬品1件，陶仓位于墓室前端左侧，位置已移动。

陶仓　1件。标本M84：1，泥质灰陶。上半部分已残，仅存下半部分，腹壁直，平底。器内壁有瓦棱状加工痕迹，器内底有凹螺旋纹状加工痕迹，素面。残高14.1厘米，底径13.5厘米（图一八四）。

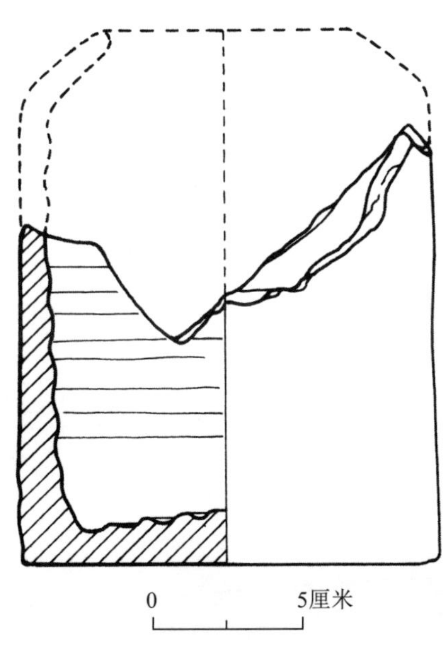

图一八四　M84出土陶仓（M84：1）

八五、M85

1. 墓葬概况

M85位于三区中部，开口于扰土层下，距地表0.3米，扰土层厚0.3～0.67米。墓室严重破坏，墓道打破M87东北角，墓室打破M86北部。方向305°。由墓道、甬道和墓室三部分组成。

墓道向西北，东南与甬道相连，呈长方形斜坡状，口长2～2.14米，宽0.88～1.04米；底坡长2.18米，坡度26°；下端宽1.04米，深1.2米。

甬道居中设于墓室前壁，西北与墓道相连，平面呈长方形，进深0.64米，宽1.24米，残高1.14～1.2米。墙体砌于生土上，残存4层，砌法为直行错缝叠砌。铺底砖不存。

墓坑平面呈长方形，口底同大，长3.50～3.56米，宽1.78～1.94米，深0.8～1.14米。砖砌墓室，墙砖紧贴坑壁，平面呈长方形，长3.18～3.24米，宽1.46～1.62米，残高0.12米。墙体砌于宽0.16米、深0.12米的基槽内生土上，残存4层，砌法为直行错缝叠砌。铺底砖仅存1块，铺法不详（图一八五）。

墙砖为青灰色长条砖，墙砖长0.34米，宽0.16米，厚0.06米。长侧面饰菱形纹、“五”字形花纹和同心圆纹。

墓道填褐色五花土，土质较硬。

葬具、人骨架、随葬品不详。

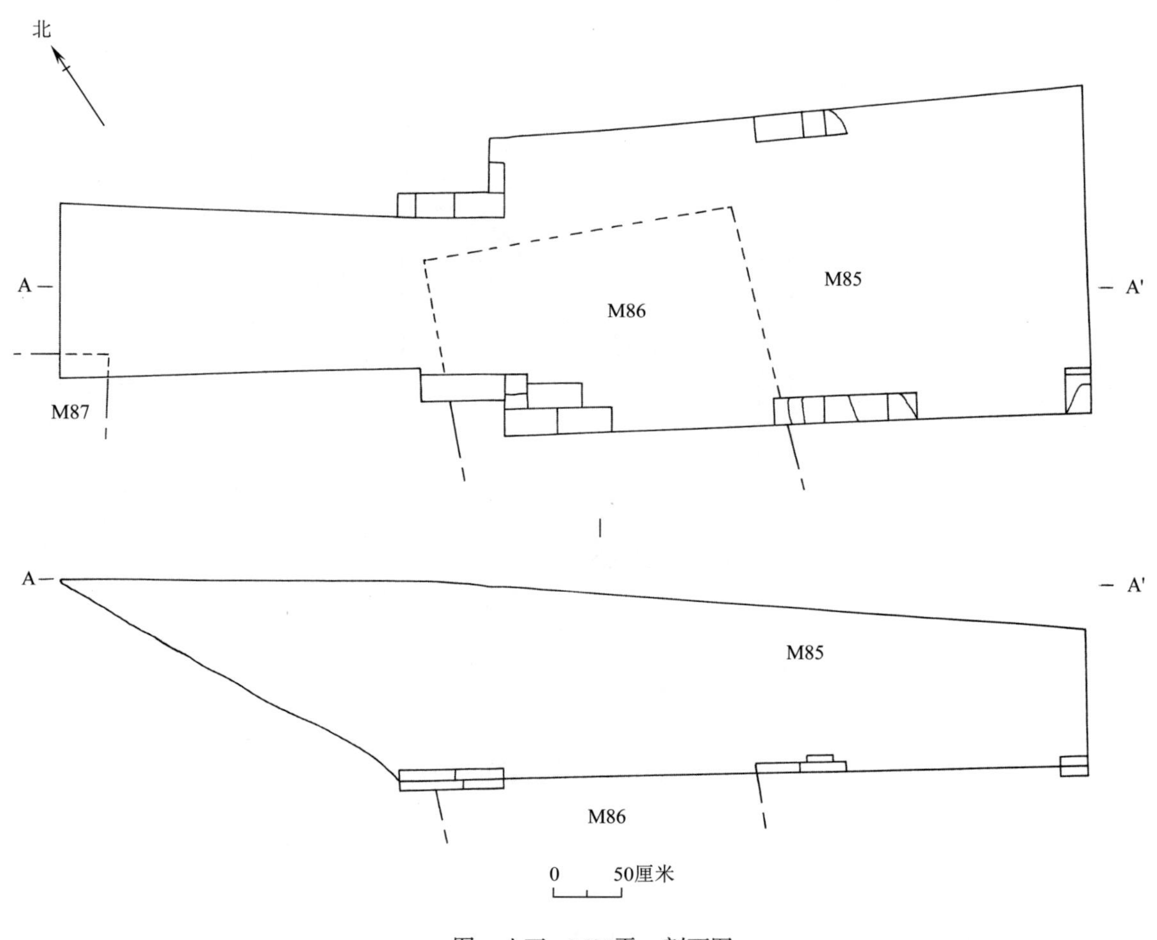

图一八五　M85平、剖面图

2. 出土器物

在扰土中发现一些陶器残片，可复原的有陶罐、陶仓、陶釜、陶耳杯、陶案各1件。

陶罐　1件。标本M85：1，泥质灰陶。直口，圆肩，鼓腹，下腹缓收，平底。素面。高9.3厘米，口径13.8厘米，底径8.6厘米（图一八六，3）。

陶仓　1件。标本M85：3，泥质灰陶。敛口，斜折肩，腹壁较直，下腹微收，平底。素面。高11.2厘米，口径9.2厘米，底径9.6厘米（图一八六，2）。

陶釜　1件。标本M85：2，泥质灰陶。敛口，圆唇鼓腹，下腹斜收，平底。素面。高4.6厘米，口径9.2厘米，底径9.6厘米（图一八六，4）。

陶耳杯　1件。标本M85：4，泥质灰陶。杯口、底呈椭圆形，敞口，尖圆唇，两耳弧似新月，弧腹，平底。素面。口长11.7厘米，宽9.2厘米；底长7.4厘米，宽3.7厘米；高4.5厘米（图一八六，5）。

陶案 1件。标本M85：3，泥质灰胎，表面施红釉。器呈长方形，四周有边栏，平底，四柱状足。素面。高6.2厘米，长47厘米，宽30厘米（图一八六，1）。

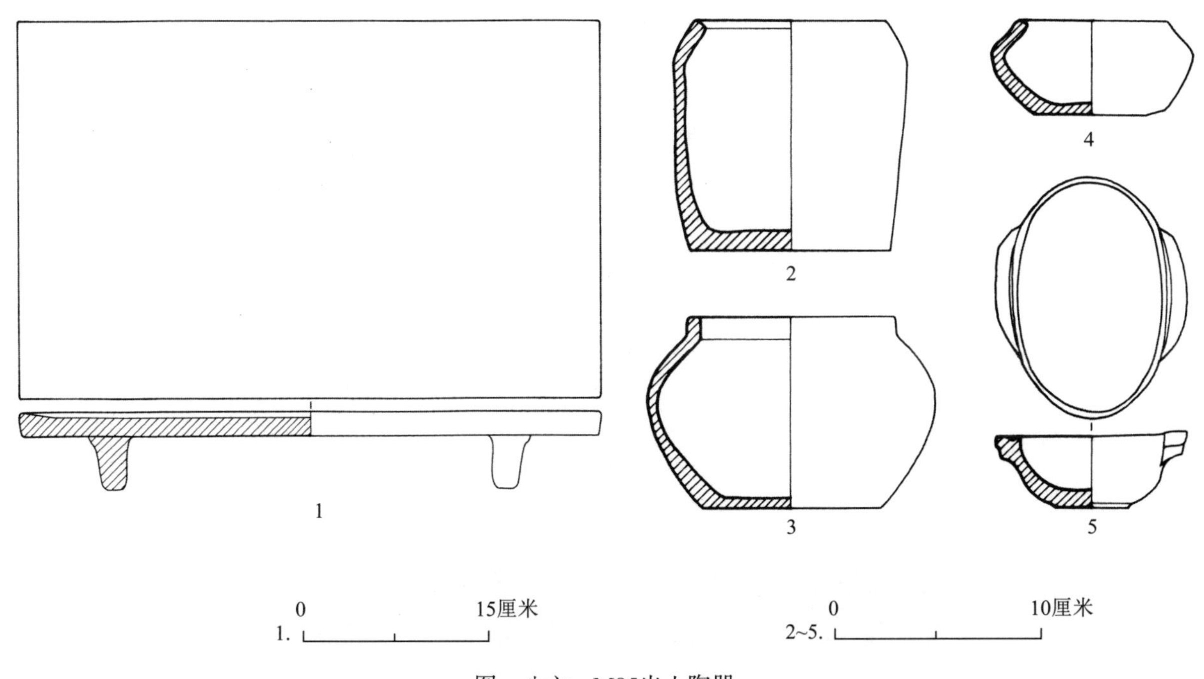

图一八六 M85出土陶器

1. 陶案（M85：5） 2. 陶仓（M85：3） 3. 陶罐（M85：1） 4. 陶釜（M85：2） 5. 陶耳杯（M85：4）

八六、M86

1. 墓葬概况

M86位于三区中部，开口于扰土层下，距地表0.3米，扰土层由东向西渐薄，厚0.4~0.7米，墓室北部被M85打破。方向25°。口大底小，口残长1.6~2.12米，宽2~2.06米；墓底长2.18米，宽1.28米；墓深2.68~2.88米。坑东、北壁向下内收，南、西壁向下外斜，自墓口向下1.9米深处有生土二层台，台面外高内低，台面宽0.2~0.44米，高0.94米，壁面平滑，墓底平坦（图一八七；图版五三，1）。

填红褐色五花土，土质较硬。

葬具已腐朽，从残存痕迹看为一椁一棺，椁痕长2.18米，宽1.28米；棺位于椁室东部，棺痕长1.95米，宽0.46~0.57米，棺底铺一层较薄的草木灰。

人骨架1具，已腐朽，头向北，仰身直肢。

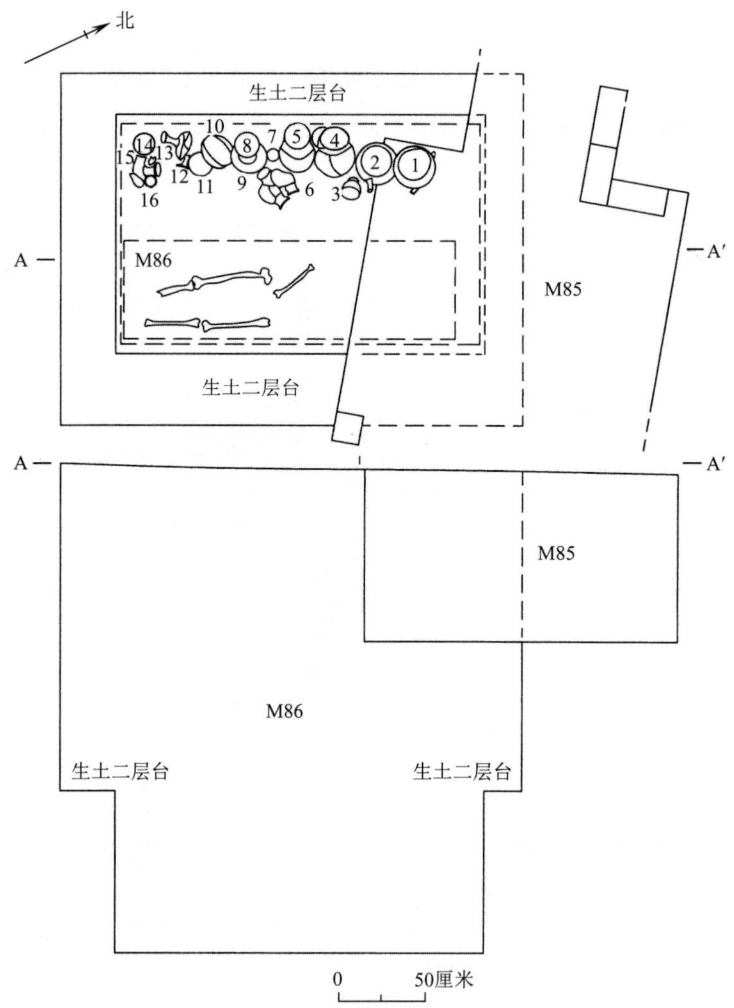

图一八七　M86平、剖面图

1、2、8. 陶鼎　3.陶杯　4~6. 陶壶　7、16. 陶环　9、10. 陶盒　11. 陶盒盖

12~15. 陶豆

2. 出土器物

随葬品15件，均为陶器，置于椁室西部，由北向南依次为鼎3、杯1、壶3、环2、盒2、豆4件（图版五三，2）。

陶鼎　3件。可分为高足鼎和矮足鼎两种。

高足鼎　2件。形制相同，大小有别。泥质灰陶。子口，上呈弧盘状盖，盖隆起，顶近平。器为子口，弧腹缓收，腹部有两个对称的方形附耳，上端外撇，圆耳孔对穿，器壁及耳根部有一扁形戳孔，为粘耳所用，圜底，下附三高蹄足，足上有削痕，其横断面呈多边形。标本M86∶1，素面。通高18.6厘米，口径18.2厘米（图一八八，2；图版五四，1）。标本M86∶2，盖腹壁上有红色彩绘，纹样已漫漶不清。通高19.4厘米，口径17.9厘米（图一八八，3）。

矮足鼎　1件。标本M86：8，泥质灰陶。子口，上呈弧盘状盖，盖隆起，顶近平。器为子口，弧腹缓收，圜底，下附三矮蹄足，足上有削痕，其横断面呈多边形。盖顶有几周红色彩绘，纹样已漫漶不清。高10.7厘米，口径10.2厘米（图一八八，1；图版五四，2）。

陶豆　4件。可分为深腹弧腹豆、深腹折腹豆和浅腹豆三种。

深腹弧腹豆　2件。形制相同。泥质灰陶。敞口，尖圆唇，腹壁向下缓收，盘较深，柄粗短，喇叭状圈足。标本M86：13，圈足中空至盘底。圈足上有一周凸弦纹。高14.5厘米，口径15.2厘米，盘深4.6厘米，圈足径10.5厘米（图一八八，7）。标本M86：15，盘壁呈瓦棱状，圈足中空至柄下部。高13.5厘米，口径14.8厘米，盘深4.6厘米，圈足径8.7厘米。（图一八八，6）

深腹折腹豆　1件。标本M86：12，泥质灰陶，敞口，尖圆唇，腹微折，腹壁向下缓收，盘较深，柄粗短，喇叭状圈足，圈足中空至柄中下部。高13.2厘米，口径15.3厘米，盘深3.9厘米，圈足径9厘米（图一八八，4；图版五四，5）。

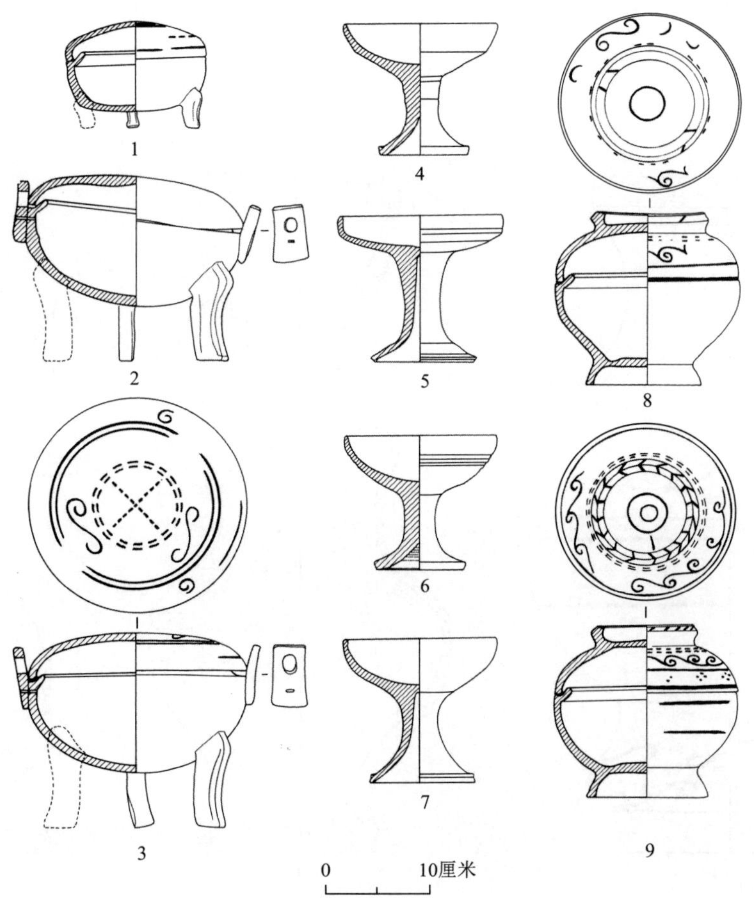

图一八八　M86出土陶器

1~3. 陶鼎（M86：8、M86：1、M86：2）　4~7. 陶豆（M86：12、M86：14、M86：15、M86：13）
8、9. 陶盒（M86：9、M86：10）

浅腹豆　1件。标本M86∶14，泥质灰陶。直口，尖圆唇，折弧腹，腹壁向下内收，盘较浅，柄粗短，喇叭状圈足，圈足中空至盘底。圈足外壁有加工痕迹，圈足外沿上有一周浅凹槽。高14.8厘米，口径16.4厘米，盘深3厘米，圈足径9.9厘米（图一八八，5）。

陶盒　2件。标本M86∶9，泥质灰陶。子口，上呈覆碗状盖，盖隆起，平顶，上附浅环状捉手，盖、器扣合成扁圆形，器深约为盖深的两倍。器为子口，弧腹内收，平底，喇叭状圈足。盖顶及盖腹有红色彩绘，盖顶饰两周同心圆，纹样已漫漶不清。通高17.3厘米，口径15厘米，底径11.4厘米（图一八八，8）。标本M86∶10和标本M86∶11形制相同。其中标本M86∶10为泥质灰陶。子口，上呈覆碗状盖，盖隆起，平底，上附浅环状捉手，盖、器扣合成扁圆形，器深约为盖深的两倍。器为子口，弧腹缓收，平底，喇叭状浅圈足。盖和器上有红色彩绘，盖顶饰两周同心圆，纹样已漫漶不清。通高17.3厘米，口径15厘米，底径12厘米（图一八八，9；图版五四，6）。

陶壶　3件。其中一件破碎严重，无法复原。可分为圈足壶和假圈足壶两种。

圈足壶　1件。标本M86∶4，泥质灰陶。浅盘口，方唇，束颈，溜肩，圆鼓腹，下腹弧收，圜底，喇叭状圈足。腹壁及圈足壁上有红色彩绘，纹样已漫漶不清。高34.4厘米，口径15厘米，底径17.6厘米（图一八九，1；图版五四，3）。

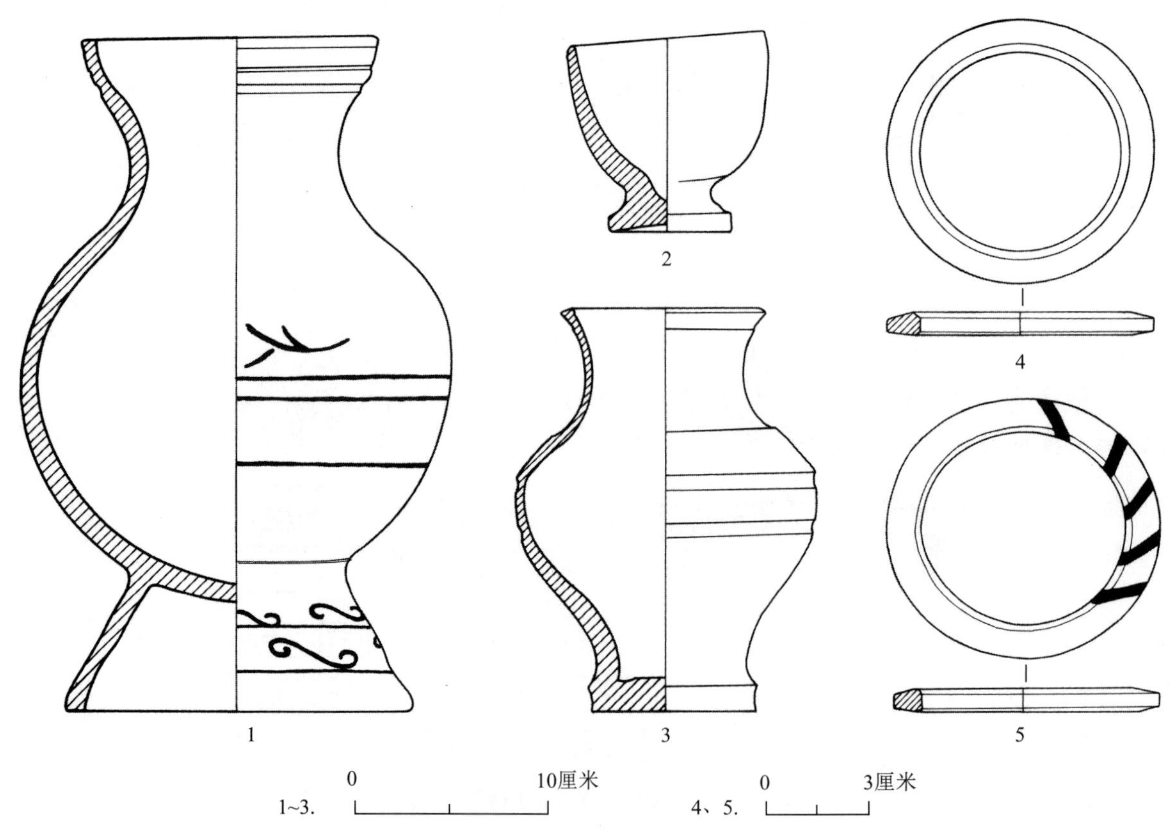

图一八九　M86出土陶器

1、3. 陶壶（M86∶4、M86∶6）　2. 陶杯（M86∶3）　4、5. 陶环（M86∶7、M86∶16）

假圈足壶　1件。标本M86：6，泥质灰陶。侈口，尖唇，溜肩，鼓腹，下腹弧收，筒形假圈足，平底。腹壁上有加工痕迹。素面。高20.6厘米，口径10.4厘米，底径8.3厘米（图一八九，3；图版五四，4）。

陶杯　1件。标本M86：3，泥质灰陶。敞口，尖圆唇，腹壁向下缓收，腹较浅，向下呈漏斗状，平底外撇。素面。高10.3厘米，口径9.8厘米，底径6.2厘米（图一八九，2）。

陶环　2件。形制相同。环呈扁平状，其横断面呈多边形。素面。标本M86：7，泥质灰陶。直径8厘米，厚0.7厘米（图一八九，4）。标本M86：16，泥质褐陶。环上残存几道红色彩绘痕迹。直径8.2厘米，厚0.7厘米（图一八九，5）。

八七、M87

1. 墓葬概况

M87位于三区中部，开口于耕土层下，距地表0.3米，东南角被M85墓道打破。方向40°。口大底小，墓口长2.68米，宽1.86～1.9米；墓底长2.19米，宽1.23～1.29米；墓深2.87～2.98米。坑东、南、西三壁壁向下外张，北壁向下内收，自墓口向下2～2.04米深处有生土二层台，台面平整，台面宽0.12～0.24米，台壁向下内收，高0.9米，壁面平滑，经人工修整，墓底平坦（图一九〇）。

填红褐色五花土，土质较硬。

葬具已腐朽，从残存痕迹看为一椁一棺，椁痕长2.24米，宽1.43米；棺位于椁室西部，棺痕长1.8米，宽0.56～0.6米。

人骨架1具，已腐朽，头向东北，仰身直肢。

2. 出土器物

随葬品13件，1件铜器，其他均为陶器。铜镜1件置于棺中部，陶器均置于椁内东部，由北向南依次为鼎4、壶2、豆4、陶器3件（不辨器形）。陶器大多破碎严重，无法复原，有的甚至看不清器形。

陶鼎　3件。皆已破碎。标本M87：12和标本M87：13形制相同，其中标本M87：12为泥质褐陶。仅存下部，腹壁近直平底，下附三足，足上有削痕，断面呈多边形。残高11.4厘米（图一九一，3）。

陶壶　2件。其中一件仅存下部。标本M87：7，泥质灰陶。浅盘口，上呈弧盘状盖。盖作子口，向下内收且纳入器口内，盖隆起，顶部有三组弯钩纽，每组一大一小两个。器为浅盘口，束颈，溜肩，鼓腹，下腹弧收，圜底，喇叭状圈足。盖顶和器壁上有红色彩绘，纹样已漫漶不清。通高39.8厘米，口径15.4厘米，底径17厘米（图一九一，1）。标本M87：9，泥质褐陶，仅存下部。弧腹，圜底，喇叭状圈足。残高14厘米，圈足径12.4厘米。

铜镜　1件。标本M87：14，圆形，中央有半环形纽。纽外有两周凸弦纹。直径7.3厘米，厚0.1厘米（图一九一，2）。

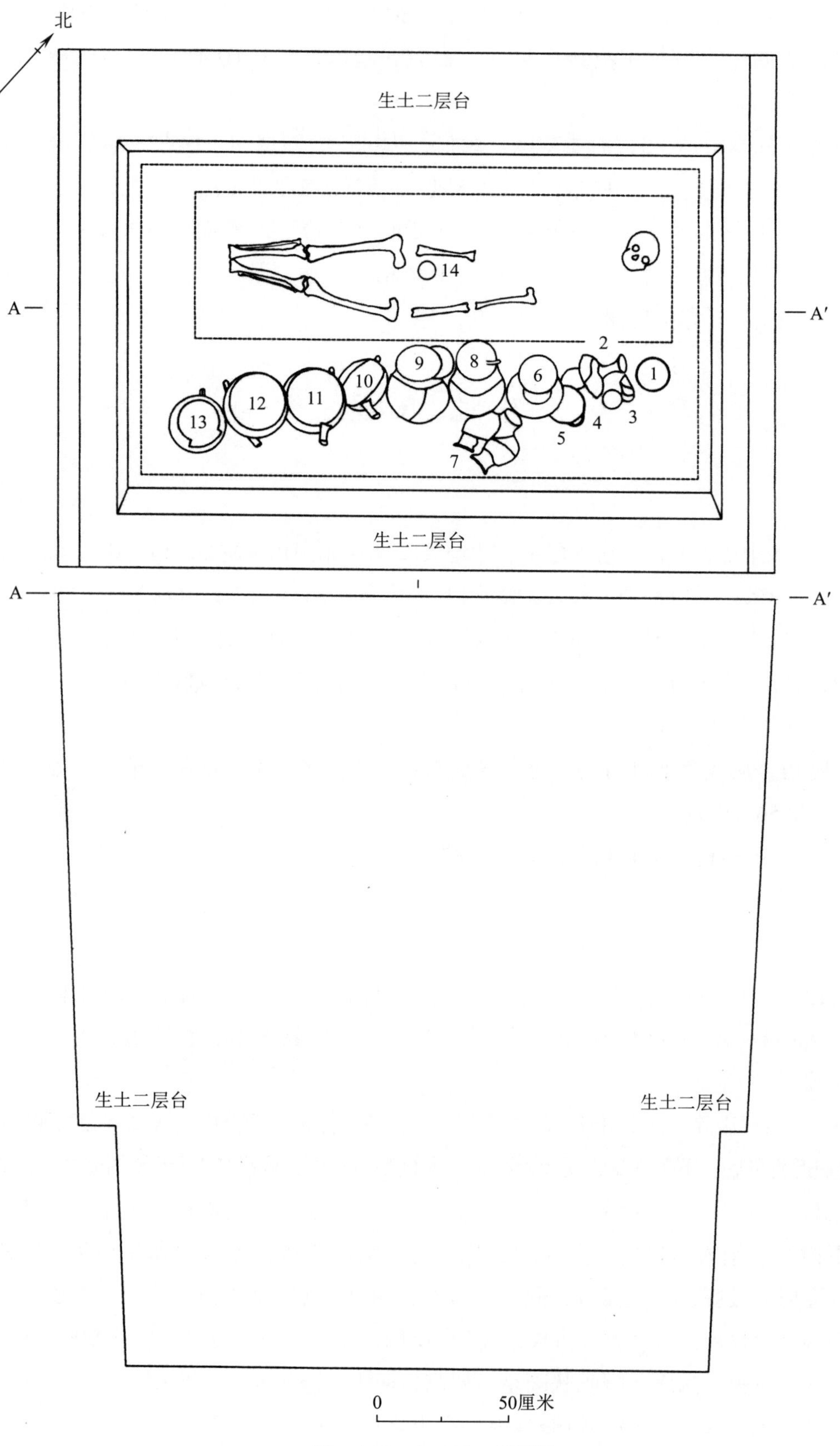

图一九〇　M87平、剖面图

1、2、4、5. 陶豆　3、6、8. 陶器　7、9. 陶壶　10～13. 陶鼎　14. 铜镜

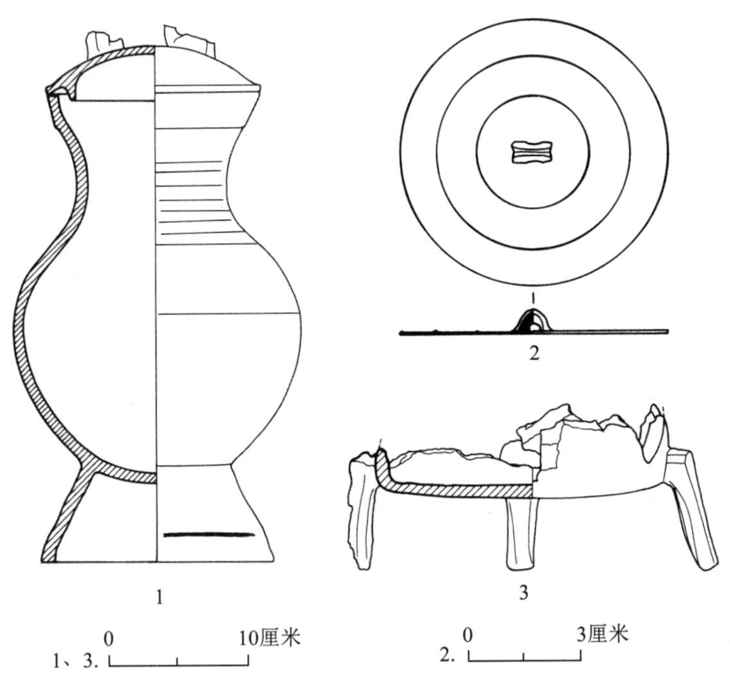

图一九一　M87出土器物

1. 陶壶（M87：7）　2. 铜镜（M87：14）　3. 陶鼎（M87：12）

八八、M88

1. 墓葬概况

M88位于三区中部，开口于耕土层下，距地表0.3米，墓室东角被一扰坑破坏。方向115°。口大底小，墓口长2.9米，宽1.9～2.04米；墓底长2.3米，宽1.5～1.6米；墓深4.12米。坑东、西壁垂直，南、北壁向下内收，自墓口向下3.3米深处有生土二层台，台面平整，部分坍塌，台面宽0.16～0.3米，高0.82米，壁面平滑，经人工修整，墓底平坦（图一九二；图版五五，1）。

填褐色五花土，土质较硬，含有料姜石。

葬具已腐朽，从残存痕迹看为一椁一棺，椁痕长1.9米，宽1.1米。棺位于椁室北侧，棺痕长1.7米，宽 0.6米。

人骨架1具，已腐朽，头向东，仰身直肢。

2. 出土器物

随葬品12件，均为陶器，均放于椁内南部，由东向西依次为陶豆3、陶盒1、陶杯1、陶盘1、陶勺1、陶壶1、陶鼎1、陶甑1、双牛鼻耳罐1、陶罐1件。其中陶勺和一陶罐破碎严重，无法复原（图版五五，2）。

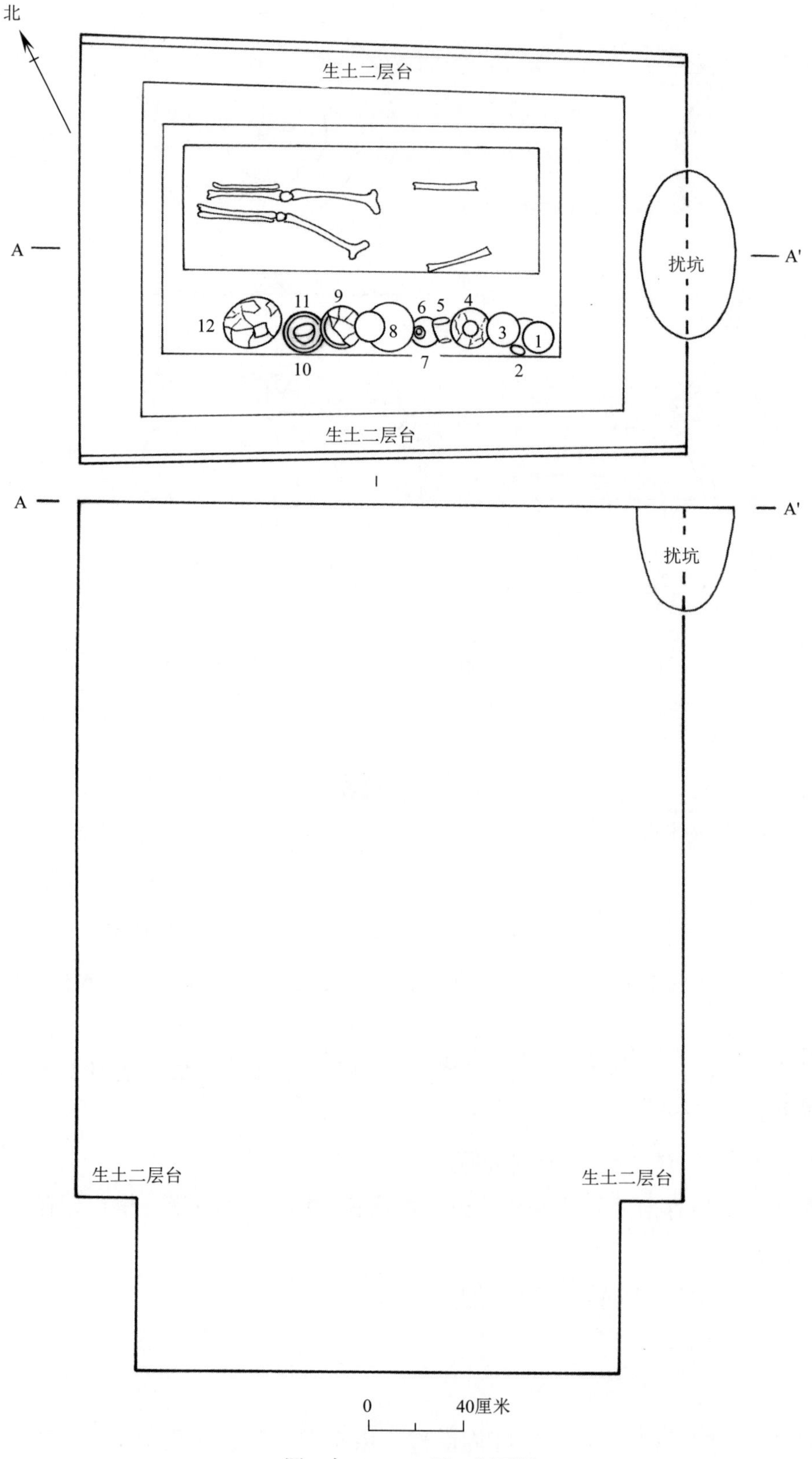

图一九二　M88平、剖面图

1~3. 陶豆　4. 陶盒　5. 陶杯　6. 陶盘　7. 陶勺　8. 陶壶　9. 陶鼎　10. 陶甑
11. 陶双牛鼻耳罐　12. 陶罐

陶鼎 1件。标本M88：9，泥质褐陶。子口，上呈弧盘状盖，盖隆起，顶近平。器为子口，弧腹缓收，腹部有两组对称的圆穿孔，应为粘耳所留。盖顶有两周宽刮痕，器壁上有红色彩绘。器口下绘一周斜线，其下绘两周线条，线条之间绘卷云纹。通高18.8厘米，口径14.6厘米；盖高3.2厘米，口径17.6厘米（图一九三，1）。

陶豆 3件。可分为无盖豆和有盖豆两种。

无盖豆 2件。形制相同。泥质褐陶。敞口，尖圆唇，盘壁向下弧收，盘内底近平，柄短，中空至柄上部，喇叭状圈足。标本M88：1，盘壁及柄上有红色彩绘，盘壁和柄壁上绘十字交线纹间圆点纹，纹样已漫漶不清。高14.1厘米，口径15.2厘米，圈足径9.2厘米（图一九三，2）。标本M88：3，盘壁及柄上有红色彩绘，盘壁和柄壁上绘十字交线纹间圆点纹，纹样已漫漶不清。高13.6厘米，口径15.2厘米，圈足径9厘米（图一九三，3）。

有盖豆 1件。标本M88：2，器已破碎，无法复原，仅剩器盖。泥质黑衣褐陶。盖呈覆碗状，盖隆起，顶部平。盖顶绘四周红色同心圆纹间四周圆点纹。高3.3厘米，口径11.7厘米（图一九三，4）。

陶盒 1件。标本M88：4，泥质褐陶。子口，上呈覆碗状盖，盖隆起，顶部平，上附浅环状捉手，盖、器扣合成扁圆形，器深约为盖深的两倍。器为子口，弧腹内收，平底，喇叭状浅圈足。盖腹及器腹有红色痕迹，大多已脱落，纹样已漫漶不清。通高15厘米，口径14.8厘米，圈足径11.5厘米；盖高6.1厘米口径17.4厘米（图一九三，5）。

陶壶 1件。标本M88：8，泥质褐陶。侈口，尖圆唇，束颈，溜肩，鼓腹，下腹弧收，圜底，喇叭状圈足。颈部饰竖向细绳纹，大多被抹去，已漫漶不清，颈部及肩部均饰一周凹弦纹，腹壁上有红色彩绘，纹样已漫漶不清。高36.9厘米，口径13.8厘米，圈足径14.7厘米（图一九四，1）。

陶双牛鼻耳罐 1件。标本M88：11，泥质灰陶。敛口，圆唇，唇上有两周浅凹槽，束颈，肩部微突，肩部有两个对称的牛鼻形耳，鼓腹，下腹弧收，凹圜底。颈部饰竖向细绳纹，大多被抹去，已漫漶不清，肩部饰竖向细绳纹间饰三周抹痕，下腹及底部饰交错细绳纹。高15.3厘米，口径13厘米（图一九四，3）。

陶盘 1件。标本M88：6，泥质褐陶。敞口，尖圆唇，斜弧腹内收，平底。器内壁上有红色彩绘，以器底中部为中心绘一个七角星，内部绘一个同心圆间绘一些圆点。高3.2厘米，口径14.8厘米，底径6.6厘米（图一九四，4）。

陶甑 1件。标本M88：10，泥质褐陶。敞口，折沿，尖圆唇，弧腹向下内收，平底，底部有一圆形箅孔。腹部饰数周阴线纹。高6.6厘米，口径11.1厘米，底径3.2厘米（图一九四，2）。

陶杯 1件。标本M88：5，泥质褐陶。敞口，尖唇，腹壁向下缓收，腹较深，向下呈漏斗状，平底外撇。腹壁上有红色彩绘，纹样已漫漶不清。高10.8厘米，口径7.6厘米，底径5.6厘米（图一九四，5）。

图一九三　M88出土陶器

1.陶鼎（M88：9）　2、3.陶豆（M88：1、M88：3）　4.陶器盖（M88：2）　5.陶盒（M88：4）

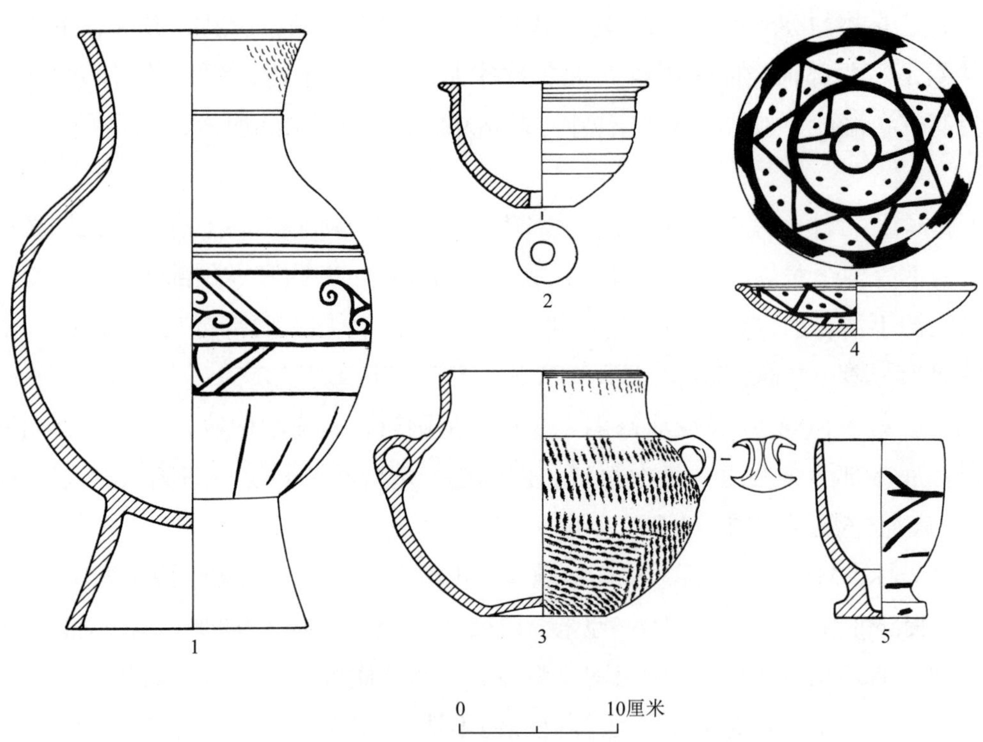

图一九四　M88出土陶器

1. 陶壶（M88：8）　2. 陶甑（M88：10）　3. 陶双牛鼻耳罐（M88：11）
4. 陶盘（M88：6）　5. 陶杯（M88：5）

八九、M89

1. 墓葬概况

M89位于三区中部，开口于耕土层下，距地表0.3米，方向295°，墓葬破坏严重，墓室东北角被一扰坑打破。由墓道和墓室两部分组成。

墓道向西偏北，设于墓室前壁，稍偏右，该墓道只清理一部分，呈长方形斜坡状，已清理部分口长1.65米，宽0.8米，深1～1.14米；底坡长1.68米，坡度8°。墓门设于墓道后端，封门砖用整砖或残砖横向叠砌，残存4层，残高0.28米。

墓坑平面呈长方形，口底同大，长2.98米，前端宽1.72米，后端宽1.64米，深1.05～1.2米。因受地层挤压，后壁中部向内鼓。砖砌墓室，墙砖紧贴坑壁，平面呈长方形，长2.7米，宽1.36～1.44米，残高0.42米。墙体砌于生土上，残存6层，砌法为直行错缝叠砌。铺底砖所剩无几，铺法不详（图一九五）。

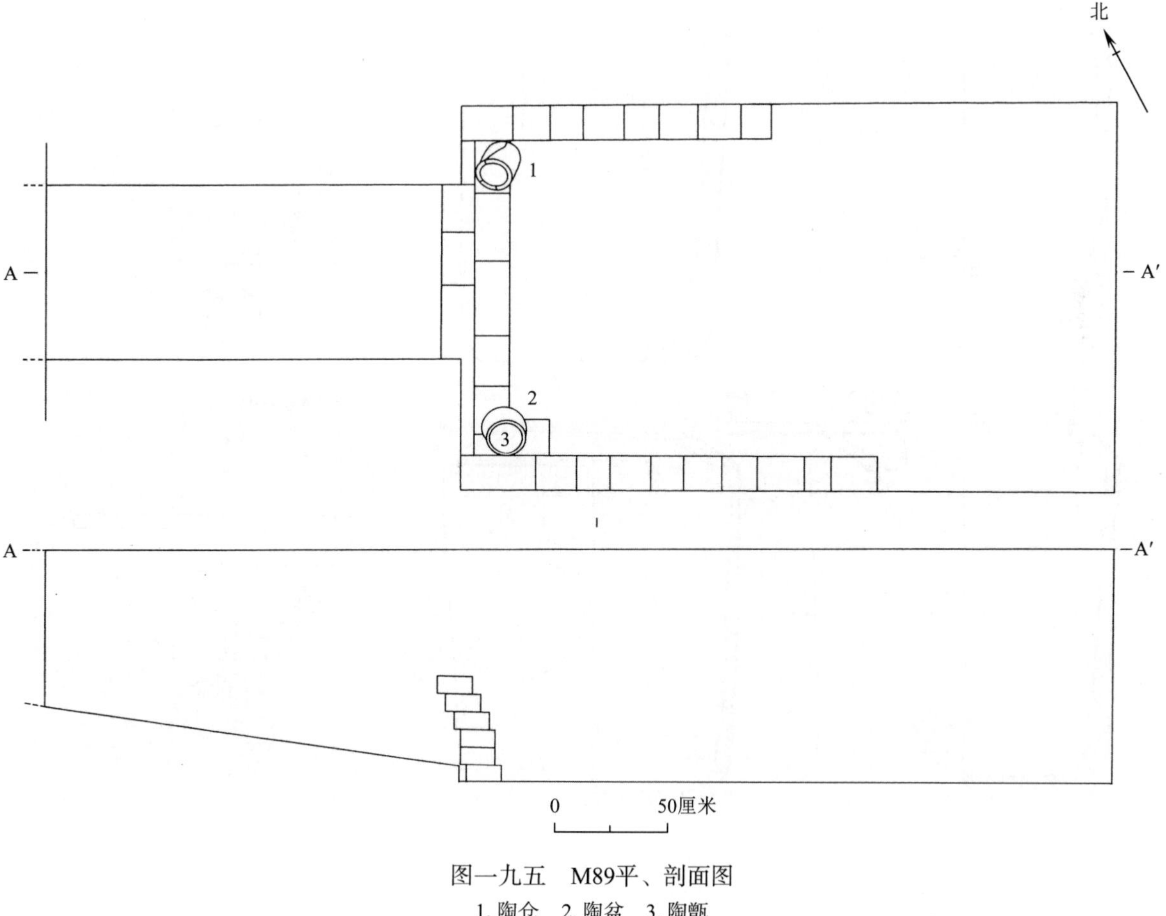

图一九五　M89平、剖面图
1. 陶仓　2. 陶盆　3. 陶甑

墙砖为青灰色长条砖，墙砖长0.32米，宽0.14米，厚0.07米，长侧面饰菱形纹、“五”字形花纹和同心圆纹。

墓道填褐色五花土，土质较硬。

葬具、人骨架不存。

2. 出土器物

随葬品3件，已被扰乱，仅存西北角陶仓1件，西南角陶盆、陶甑各1件，甑放于盆内。另在扰土中发现有铜钱17枚、铜洗残片和陶器残片，其中4件陶仓可以复原。

陶仓　4件。形制相同。泥质灰陶。敛口，圆唇，斜折肩，腹壁斜收，平底。近底部有刀削痕。标本M89：1，腹部饰两周浅凹弦纹。高16.2厘米，口径7.7厘米，底径10厘米（图一九六，1）。标本M89：6，在扰土中出土。高17.6厘米，口径8.7厘米，底径10.7厘米（图一九六，2）。标本M89：4，在扰土中出土。腹部饰六周浅凹弦纹。高16.8厘米，口径7厘米，底径9.6厘米（图一九六，3）。标本M89：5，在填土中出土。腹内壁呈瓦垄状。高16.7厘米，口径8.2厘米，底径10厘米（图一九六，4）。

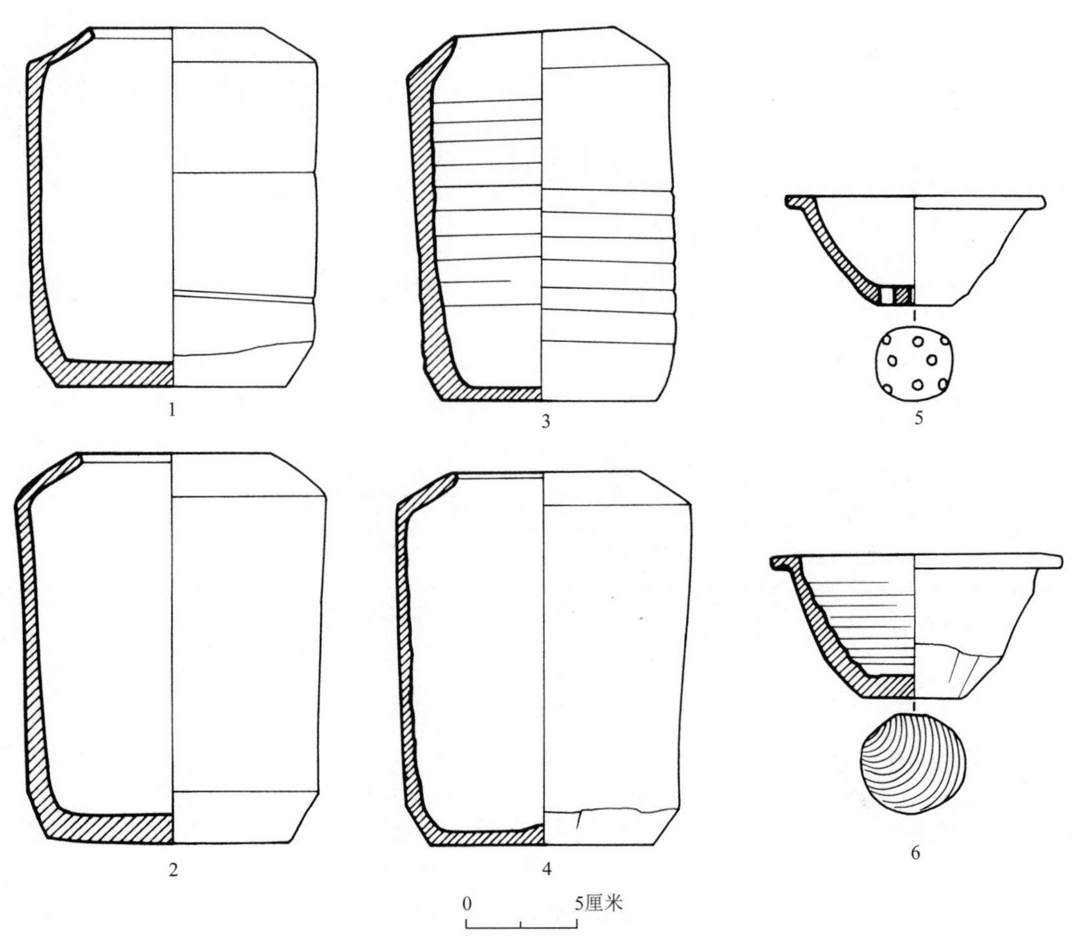

图一九六　M89出土陶器

1~4. 陶仓（M89：1、M89：6、M89：4、M89：5）　5. 陶甑（M89：3）　6. 陶盆（M89：2）

陶盆 1件。标本M89：2，泥质灰陶。敞口，折沿，方唇，弧腹斜收，平底。内壁呈瓦垄状，近底部有刀削痕，底部有旋痕。素面。高6.9厘米，口径13.8厘米，底径4.8厘米（图一九六，6）。

陶甑 1件。标本M89：3，泥质灰陶。敞口，折沿，方唇，腹壁斜收，平底，底部有八个圆形箅孔。近底部有刀削痕。素面。高5.2厘米，口径12.2厘米，底径3.4厘米（图一九六，5）。

铜钱 17枚。在扰土中出土。可分为大泉五十和货泉两种。

大泉五十 12枚。可分三型。

A型 3枚。标本M89：7-1，钱的正面边缘有一周凸起的周郭，正方形穿外也有郭，穿之上下左右有篆书“大泉五十”四字；钱的背面边缘有周郭，而且穿四边也有郭。“五”字中间两笔是近直的。郭径2.65厘米，钱径2.4厘米，穿边长0.9厘米（图一九七，1）。

B型 6枚。标本M89：7-4，钱的正面边缘有一周凸起的周郭，正方形穿外也有郭，穿之上下左右有篆书“大泉五十”四字；钱的背面边缘有周郭，而且穿四边也有郭。“五”字中间两笔和上下两横相交处是垂直的。郭径2.65厘米，钱径2.4厘米，穿边长0.9厘米（图一九七，2）。

C型 3枚。标本M89：7-10，钱的正面边缘有一周凸起的周郭，正方形穿外也有郭，穿之上下左右有篆书“大泉五十”四字；钱的背面边缘有周郭，而且穿四边也有郭。“五”字中间两笔是屈曲的，“五”字如两个相对的炮弹形。郭径2.65厘米，钱径2.4厘米，穿边长0.9厘米（图一九七，3）。

货泉 5枚。标本M89：7-13，钱的正面边缘有一周凸起的周郭，正方形穿，穿之左右有篆书“货泉”两字；钱的背面边缘有周郭，而且穿四边也有郭。郭径2.35厘米，钱径2.2厘米，穿边长0.65厘米（图一九七，4）。

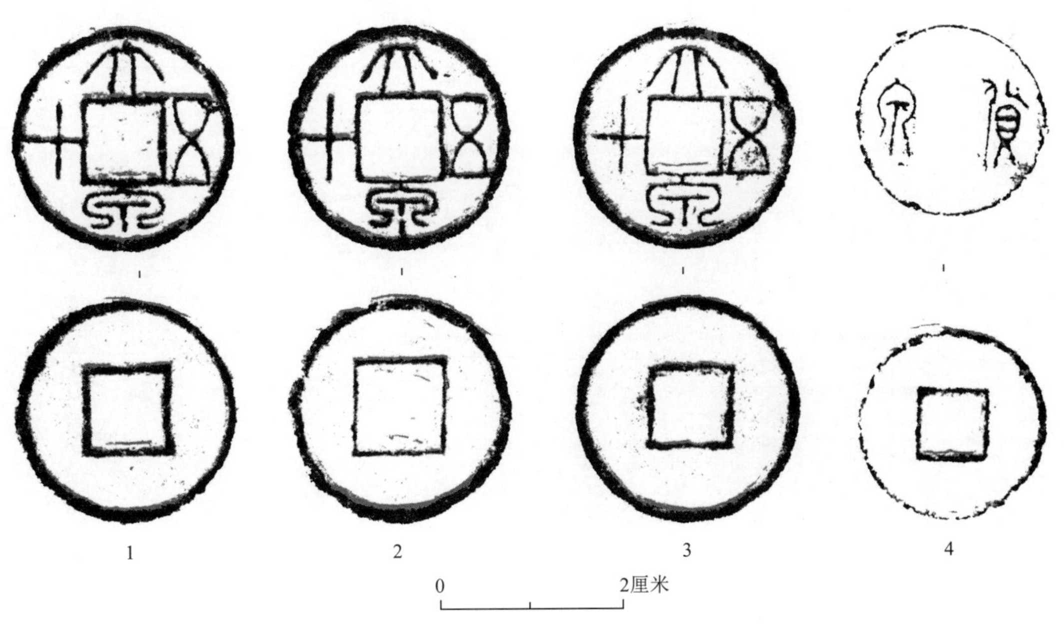

图一九七 M89出土铜钱拓本

1. A型大泉五十（M89：7-1） 2. B型大泉五十（M89：7-4） 3. C型大泉五十（M89：7-10） 4. 货泉（M89：7-13）

九〇、M90和M97

M90 和M97为一座墓葬。根据发掘情况分析，编号为M97的墓道可能是因为方向的问题或其他因素，开挖不久就停工并回填了，接着又改变墓道方向开挖编号为M90的墓道，于是就形成了M90墓道打破M97墓道的现象。编号为M97的墓道向东南，残存部分呈长方形斜坡状，口残长2.6米，宽0.88～0.94米，深1.12米。

M90位于三区中部，开口于耕土层下，距地表0.3米，墓室破坏严重。方向130°。由墓道、甬道和墓室三部分组成。

墓道向东南，西北与甬道相连，呈长方形斜坡状，口长2.74米，宽0.8～0.92米；底坡长3米，坡度23°；下端宽2米，深1.2米。

甬道而设于墓室前壁，稍偏左，西北与墓道相连，低于墓道下端0.06米，平面呈长方形，进深0.7米，宽1.32米，深1.26米。

墓坑平面呈长方形，口底同大，长3.46米，宽1.9米，深1.2～1.26米。砖砌墓室，砖不存，仅存砌砖的痕迹（图一九八）。

墓道填褐色五花土，土质较硬。

葬具、人骨架、随葬品不详。

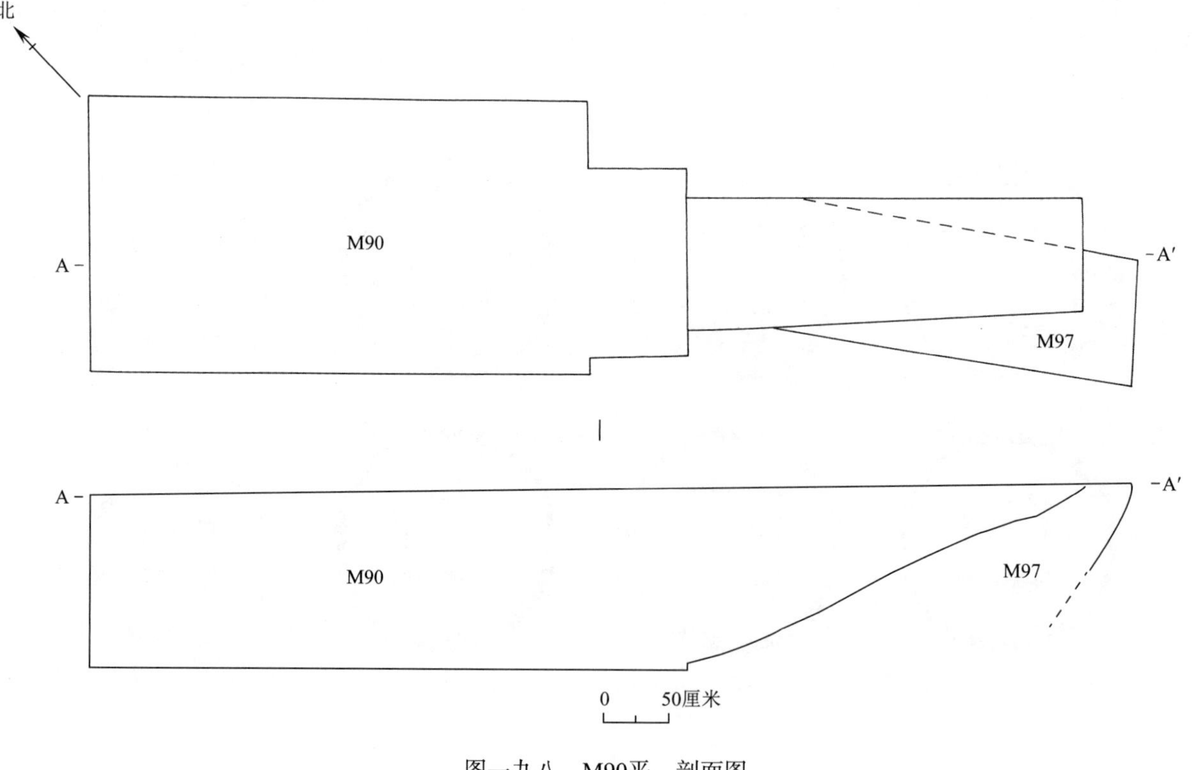

图一九八　M90平、剖面图

九一、M91

1. 墓葬概况

M91位于三区中部，开口于耕土层下，距地表0.3米。向290°。口大底小，墓口长2.56米，宽1.7～1.76米；墓底长2.02米，宽0.88米；墓深2.36米。坑四壁向下内收，自墓口向下1.8米深处有生土二层台，台面平整，台面宽0.16～0.2米，台壁向下内收，高0.56米，壁面平滑，经人工修整，墓底平坦，并铺一层较薄的草木灰（图一九九；图版五六，1）。

填红褐色五花土，土质较硬。

葬具已腐朽，从残存痕迹看为一椁一棺，椁痕长1.94米，宽0.84米，两挡板两端外伸出椁壁板0.16～0.18米。棺位于椁室北侧，棺痕1.7米，宽 0.5～0.54米。

人骨架1具，已腐朽，仅存头骨和部分肢骨，头向西，面向北，侧身屈肢。

2. 出土器物

随葬品7件，均为陶器，均放于椁内北侧偏东，由西向东依次为无耳罐1、豆2、盂2、釜2件（图版五六，2）。

陶豆 2件。形制相同。泥质灰陶。敞口，尖圆唇，盘较深，盘壁向下弧收，盘内底近平，柄短，喇叭状圈足。素面。标本M91：2，喇叭口中空至柄中下部。高12.8厘米，口径15.2厘米，盘深3.6厘米，圈足径9厘米（图二〇〇，2）。标本M91：3，喇叭口中空至柄下部。高13厘米，口径16厘米，盘深4.4厘米，圈足径8.2厘米（图二〇〇，3）。

陶无耳罐 1件。标本M91：1，泥质灰陶。侈口，尖唇，束颈，溜肩，圆鼓腹，下腹弧收，最大径在中腹偏上处，平底。颈肩结合处饰竖向细绳纹，大多被抹去，已漫漶不清，中腹饰竖向细绳纹间饰两周抹痕。高24.4厘米，口径11厘米，底径11.8厘米（图二〇〇，1）。

陶盂 2件。标本M91：4，泥质灰陶。敞口，尖唇，平折沿，颈壁斜直，肩部微突，腹壁近斜直状内收至底，平底。腹中部饰竖向细绳纹。高11.6厘米，口径29.4厘米，底径13厘米（图二〇〇，4）。标本M91：5，泥质灰陶。无法复原。

陶釜 2件。形制相同。夹砂灰陶。敛口，方唇，折沿，束颈较短，肩部微突，鼓腹，下腹弧收，最大径在中腹偏上处，圜底。标本M91：5，颈部饰竖向细绳纹，大多被抹去已漫漶不清，肩部饰斜向细绳纹，下腹饰横向粗绳纹，底部饰交错粗绳纹。高11.6厘米，口径17.2厘米（图二〇〇，5）。标本M91：6，颈部饰竖向细绳纹，大多被抹去已漫漶不清，肩部饰竖向细绳纹，下腹及底部饰交错粗绳纹。高11.3厘米，口径17.4厘米（图二〇〇，6）。

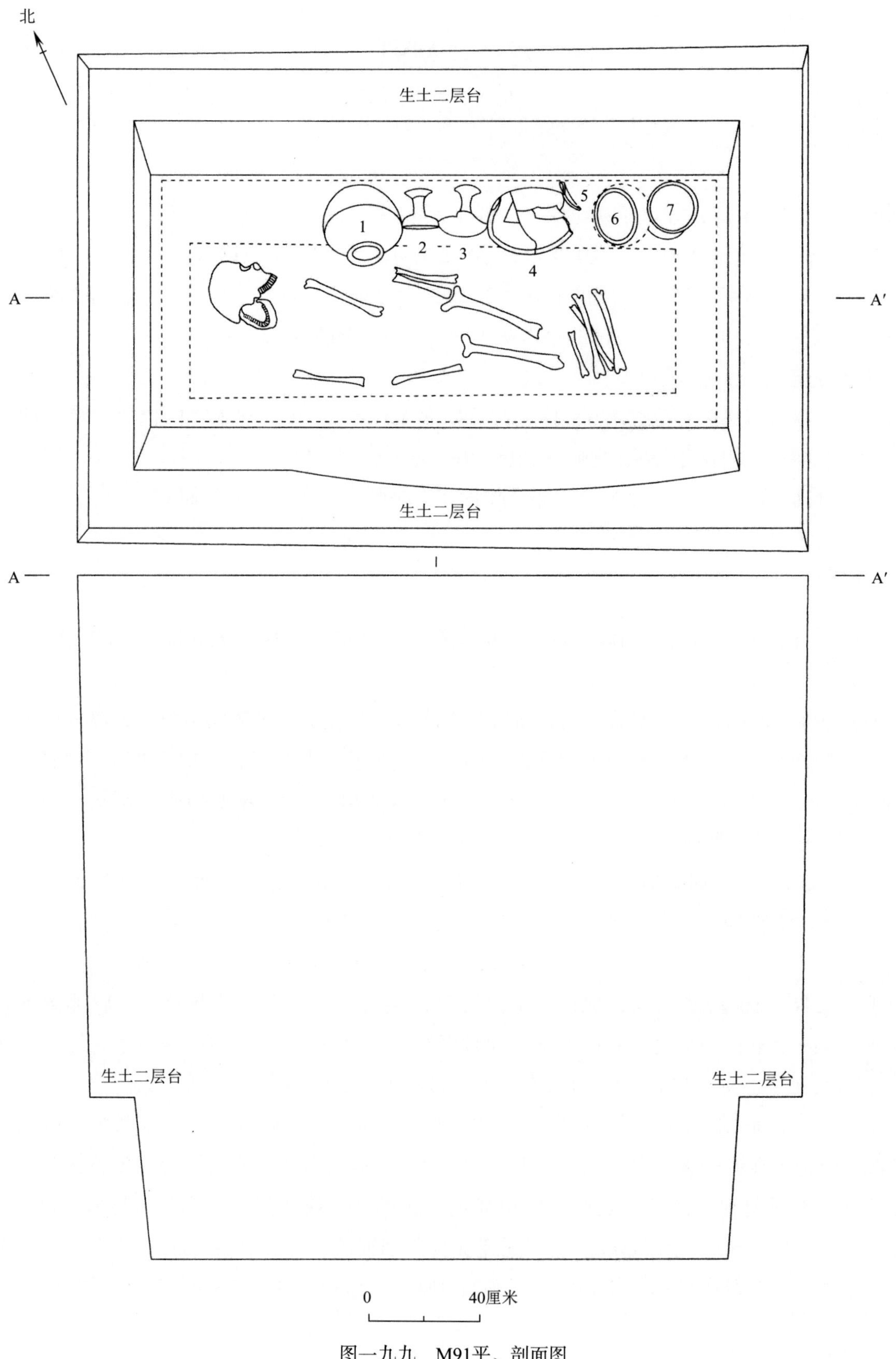

图一九九　M91平、剖面图

1. 陶无耳罐　2、3. 陶豆　4、5. 陶盂　6、7. 陶釜

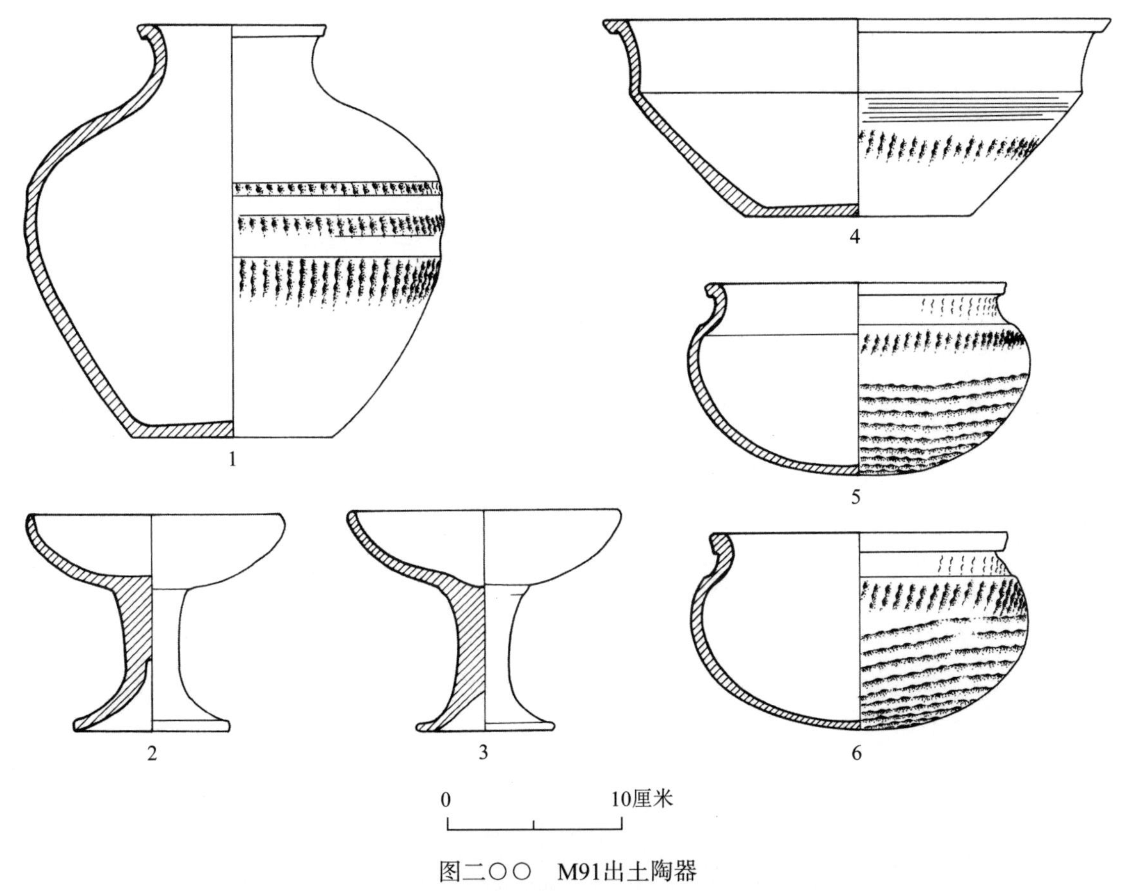

图二〇〇 M91出土陶器

1. 陶无耳罐（M91：1） 2、3. 陶豆（M91：2、M91：3） 4. 陶盆（M91：4）
5、6. 陶釜（M91：5、M91：6）

九二、M92

1. 墓葬概况

M92位于三区中部，开口于耕土层下，距地表0.3米。方向302°。口大底小，墓口长3米，宽2～2.1米；墓底长2.1米，宽1～1.06米；墓深3.8米。坑四壁规整，向下微内收，距墓口深2.85米处有生土二层台，台面平整，台壁斜直，南、北台面宽0.28米，东、西台面宽分别为0.3、0.32米，高0.95米，壁面平滑，经人工修整，墓底平坦（图二〇一；图版五七，1）。

填红褐色五花土，土质较硬。

葬具已腐朽，从残存痕迹看为一椁一棺，椁痕长2.02米，宽0.94米；棺位于椁室南部，棺痕长1.84米，宽 0.48米。

人骨架已腐尽。

图二〇一　M92平、剖面图

1. 陶壶　2. 陶盘　3. 陶勺　4. 陶器盖　5、6. 陶鼎　7. 陶环　8、11. 陶豆　9. 陶罐
10. 陶器　12. 陶杯

2. 出土器物

随葬品12件，均为陶器，均置于椁内北侧，由西向东依次为陶壶1件、陶盘1件、陶勺2件、陶鼎2件、陶环1件、陶豆1件、陶罐1件、陶盒1件、陶豆1件、陶杯1件。其中有些陶器破碎严重，无法复原。

陶鼎　2件。可复原1件。标本M92：5，泥质黑陶。器盖已残，覆盘状，弧顶。顶部和器身都有漫漶不清的红色彩绘。器为子口，弧腹，上腹近直，肩部有两个对称长方形附耳，三蹄足，断面呈半圆形。腹部饰一周凹弦纹，下部有模压痕，足上部饰一鬼脸。高20.8厘米，口径18.8厘米（图二〇二，1）。标本M92：6，泥质黑陶。仅知其器盖为覆盘状，顶近平。顶部有漫漶不清的红色彩绘。

陶豆　2件。形制相同，其中1件无法修复。标本M92：8，泥质黑陶。敞口，圆唇，深盘，弧腹，短柄，柄壁凹弧，喇叭状圈足。盘内外及柄上饰漫漶不清的红色彩绘。高10.5厘米，口径14.2厘米，盘深4.2厘米，底径8.6厘米（图二〇二，3）。

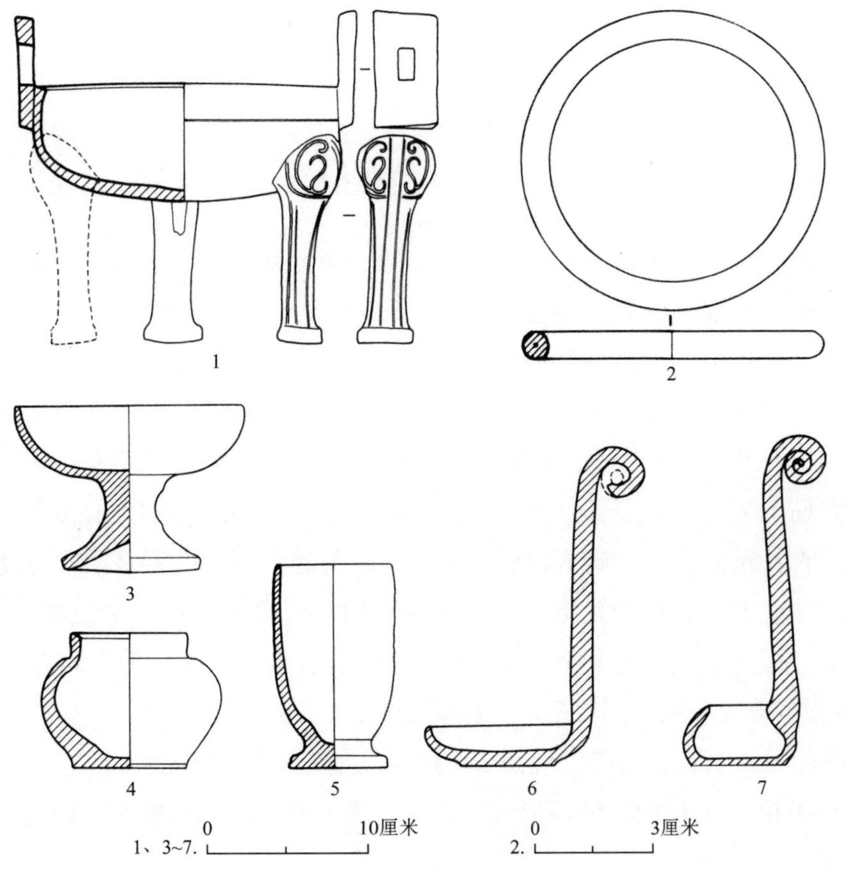

图二〇二　M92出土陶器

1. 陶鼎（M92：5）　2. 陶环（M92：7）　3. 陶豆（M92：8）　4. 陶罐（M92：9）　5. 陶杯（M92：12）　6、7. 陶勺（M92：3-1、M92：3-2）

陶盒　1件。标本M92：10，泥质黑陶。器已残，尖圆唇。腹部饰凹弦纹两周，器内壁及表面饰漫漶不清的红色彩绘。

陶壶　1件。标本M92：1，泥质黑皮红陶。敞口承盖，盖为覆盘状，弧顶饰三个“S”形纽，直口纳入器口内。器为敞口，束颈，溜肩，鼓腹，上腹及铺首已残，下腹弧收，平底，筒状圈足，下端微撇。

陶罐　1件。标本M92：9，泥质黑灰陶。直口，尖唇，圆肩，鼓腹，下腹缓收，平底。素面。高8.5厘米，口径7.4厘米，底径7厘米（图二〇二，4）。

陶杯　1件。标本M92：12，泥质黑皮灰陶。敞口，圆唇，腹壁近直，下腹内收，呈漏斗状，平底外撇。内外壁饰有漫漶不清的彩绘。高12.8厘米，口径7.2厘米，底径6.2厘米（图二〇二，5）。

陶勺　2件。标本M92：3-1，泥质灰陶。勺体圆形，敛口，圆唇，鼓腹，平底，圆柱形柄，上部呈卷尾状。高19.9厘米，口径8.8厘米，底径5.9厘米（图二〇二，6）。标本M92：3-2，泥质黑皮灰陶。勺体圆形，敛口，圆唇，鼓腹，平底，圆柱形柄，上部呈卷尾状。勺体及柄上饰漫漶不清的红色彩绘，多已脱落。高20.7厘米，口径3.6厘米，底径5.9厘米（图二〇二，7）。

陶环　1件。标本M92：7，泥质灰陶。平面及横断面均呈圆形。素面。直径7.5厘米，断面直径0.7厘米（图二〇二，2）。

九三、M93

M93位于三区中部，开口于耕土层下，距地表0.3米。墓室南壁中部有一半圆形盗洞，长径0.4米，短径0.42米，并进入墓室。方向305°。由墓道和墓室两部分组成。

墓道向西北，居中设于墓室前壁，呈竖井式墓道，前壁从口向下内斜收进0.24～0.5米深，然后再内斜收进0.08米至底，两侧壁垂直至底。口长0.62米，宽0.66米；底长0.3米，深1.36米。

墓坑平面呈长方形，口底同大，长3.08米，前端宽1.2米，后端宽1.3米，深1.38～1.4米。砖砌墓室，墙砖紧贴坑壁，平面呈长方形，长2.94米，宽1.02～0.92米，高1.26米。墙体砌于生土上，砌法为条砖直行错缝叠砌，砌至14层后用楔形砖起券，券顶已塌陷。墓门设于墓室前壁，宽0.84米，高0.7米。封门砖的砌法是：1、2层为纵向齐缝叠砌，且于左侧侧立一砖；3层为纵向齐缝叠砌；4～8层为横向齐缝叠砌；9、10层为纵横混砌。铺底砖为纵向齐缝平铺，但紧靠左壁处的2行多为半截砖平铺（图二〇三；图版五七，2）。

墙砖和楔形砖为青灰色长条砖，墙砖长0.33米，宽0.14米，厚0.07米；楔形砖长0.33米，宽0.14米，厚0.07～0.06米。长侧面饰菱形纹、“五”字形花纹和同心圆纹。铺底砖长0.32米，宽0.19米，厚0.07米。

墓道填褐色五花土，土质较硬。

葬具、人骨架和随葬品不详。

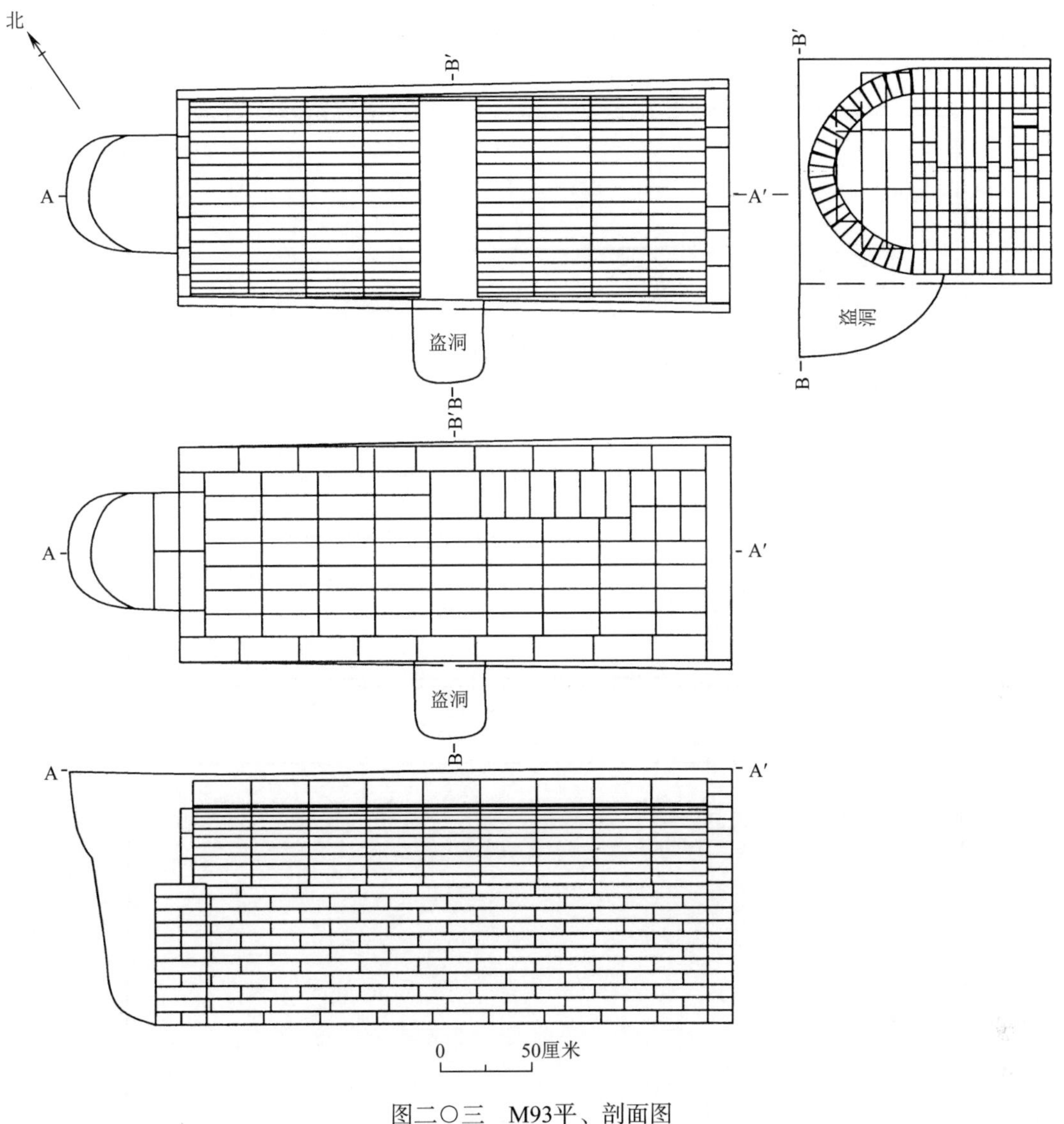

图二〇三 M93平、剖面图

九四、M94

1. 墓葬概况

M94位于三区中部，开口于耕土层下，距地表0.3米，方向315°。口大底小，墓口长2.08米，宽1.44米；墓底长1.66米，宽0.7米；墓深1.88米。坑四壁规整，东、西两壁向下外张，南、北两壁向下内收，自墓口向下1.22米深处有生土二层台，台面平整，台面宽0.2～0.34米，高0.66米，壁面平滑，经人工修整，墓底平坦（图二〇四；图版五八，1）。

填褐色五花土，土质较硬，含有料姜石。

葬具已腐朽，从残存痕迹看为单棺，棺痕1.3米，宽 0.4 ~ 0.46米。

人骨架1具，已腐朽，仅存头骨和部分肢骨，头向东，面向北，侧身屈肢。

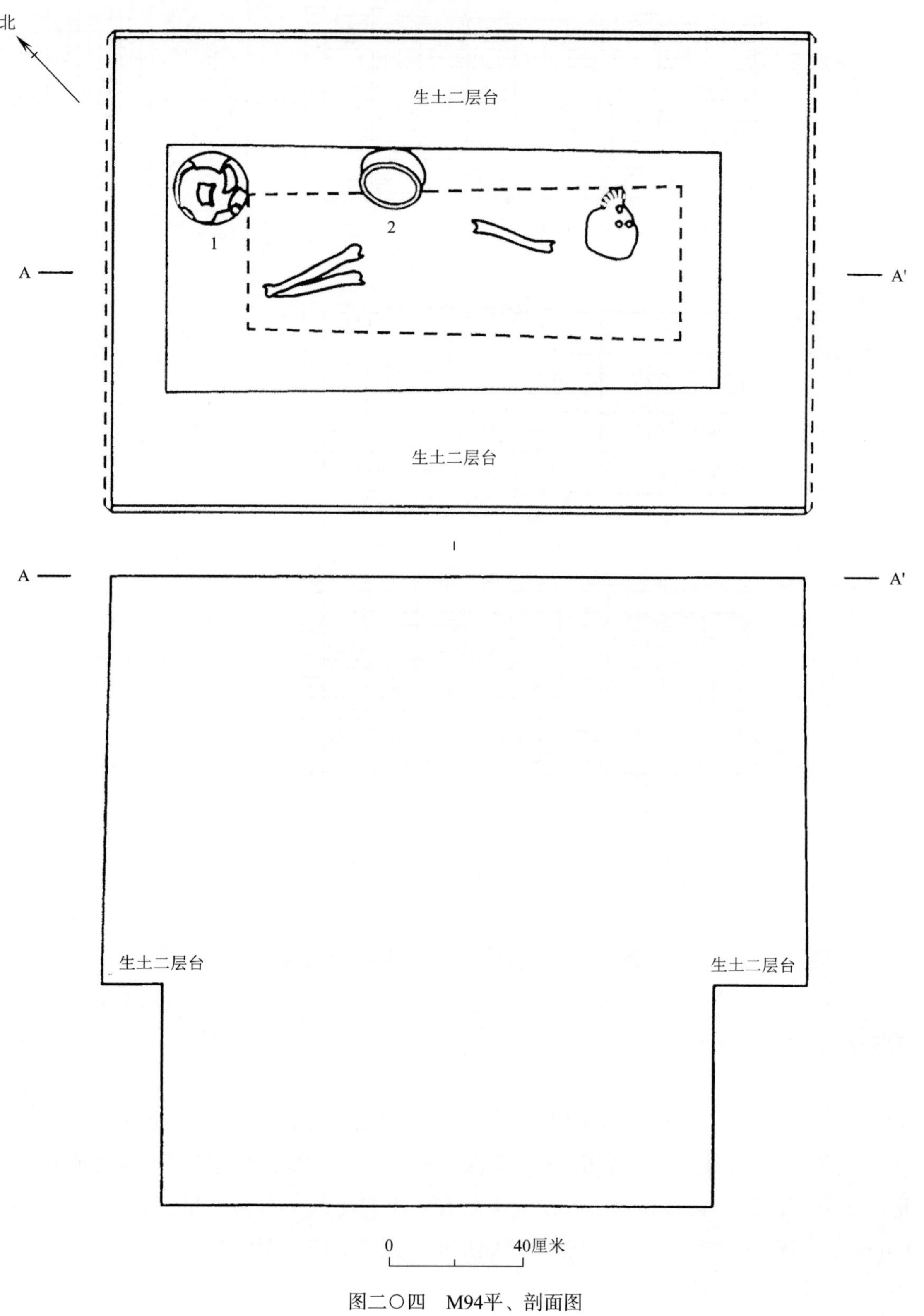

图二〇四　M94平、剖面图

1. 陶双牛鼻耳罐　2. 陶釜

2. 出土器物

随葬品2件，均为陶器，陶双牛鼻耳罐、陶釜置于棺外西南部（图版五八，2）。

陶双牛鼻耳罐 1件。标本M94：1，泥质灰陶。侈口，束颈，肩部微突，肩部有两个对称的牛鼻形耳，鼓腹，最大径在中上腹，下腹弧收，凹圜底。颈部饰竖向细绳纹，大多被抹去已漫漶不清，肩部及中腹饰竖向细绳纹间饰两周抹痕，下腹及底部饰交错细绳纹。高21.1厘米，口径14.7厘米，底径8.6厘米（图二〇五，1）。

陶釜 1件。标本M94：2，夹砂灰陶。近直口，尖唇，折沿，微束颈，肩部微突，鼓腹，下腹弧收，最大径在中腹偏上处，圜底。颈部饰竖向细绳纹，大多被抹去已漫漶不清，肩部饰竖向细绳纹间饰一周抹痕，下腹及底部饰交错粗绳纹。高11.7厘米，口径19.4厘米（图二〇五，2）。

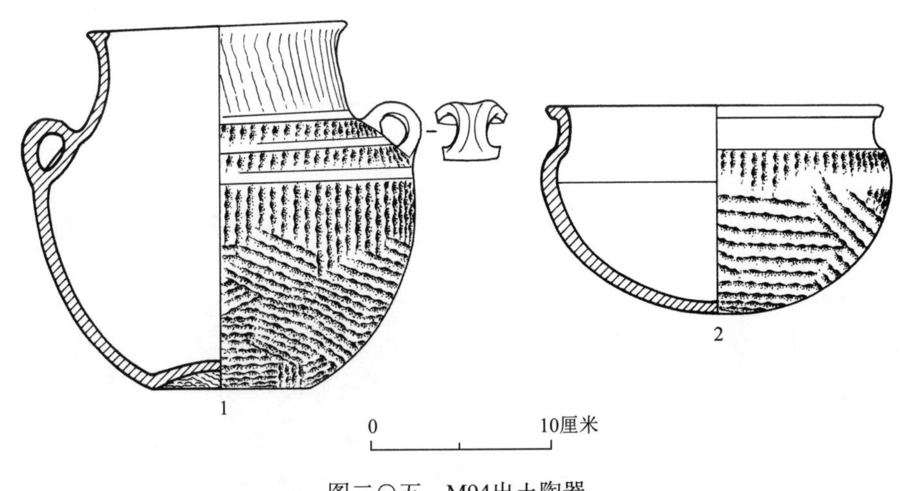

图二〇五 M94出土陶器

1. 陶双牛鼻耳罐（M94：1） 2. 陶釜（M94：2）

九五、M95

1. 墓葬概况

M95位于三区中部，开口于耕土层下，距地表0.3米。方向320°。口大底小，墓口长2.66～2.74米，宽1.76米；墓底长2.04～2.08米，宽1.12～1.26米；墓深2.64米。坑四壁规整，向下外张，自墓口向下1.86米深处有生土二层台，台面平整，台面宽0.24～0.32米，台壁向下内收，高0.78米，壁面平滑，经人工修整，墓底平坦（图二〇六；图版五九，1）。

填褐色五花土，土质较硬，含有料姜石。

葬具已腐朽，从残存痕迹看为一椁一棺，椁痕长2～2.12米，宽1.08～1.22米；棺位于椁室东侧，棺痕1.70米，宽 0.5～0.6米。

人骨架1具，已腐朽，从残存痕迹，可以看出头向西，但葬式不详。

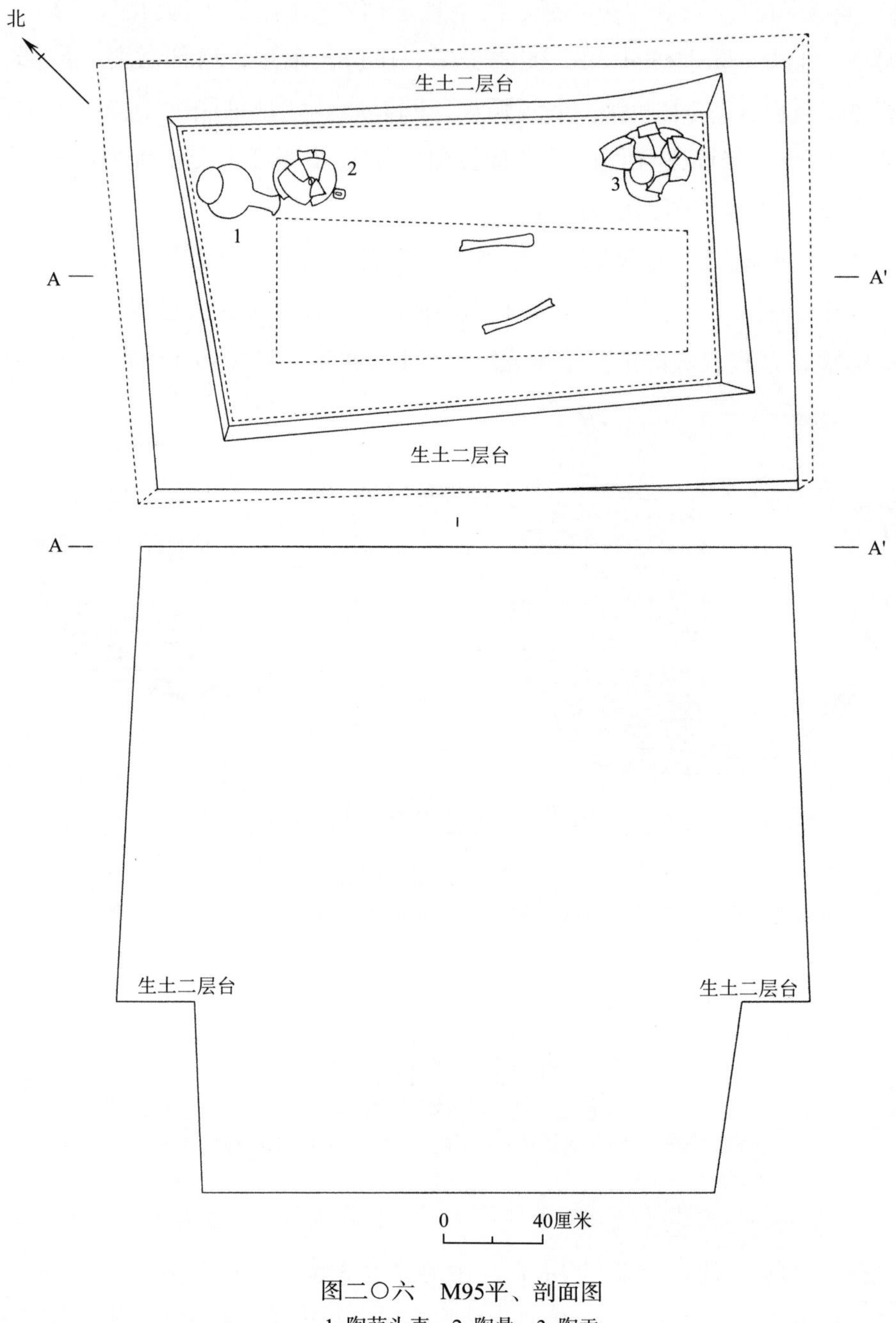

图二〇六　M95平、剖面图

1. 陶蒜头壶　2. 陶鼎　3. 陶盂

2. 出土器物

随葬品3件，均为陶器，陶蒜头壶、陶鼎、陶盂放于椁内西北和东北部（图版五九，2）。

陶鼎　1件。标本M95：2，夹砂褐陶。子口，上呈覆盘状盖，顶平，盖顶有三个弯头饼形纽。器为子口，腹部有两个对称的方形附耳，上端外撇，方耳孔对穿，弧腹缓收，圜底，下附三矮足，足尖外撇，足上有削痕，其横断面呈多边形。盖腹壁饰四周凹弦纹，器中腹饰竖向细绳纹，下腹及底部饰交错细绳纹。通高19.5厘米，口径18厘米；盖高7.2厘米，口径21.2厘米（图二〇七，1）。

陶盂　1件。标本M95：3，泥质黑皮灰陶。敞口，尖唇，折沿，沿面外斜，折腹，下腹壁斜直内收，平底。素面。高9.9厘米，口径26.4厘米，底径11.5厘米（图二〇七，3）。

陶蒜头壶　1件。标本M95：1，泥质灰陶。敛口作蒜头状，方唇，束长直颈，溜肩，圆鼓腹，最大颈在中腹，下腹弧收，平底，矮圈足，向下微外撇。肩部饰一周凹弦纹。高34.8厘米，口径4.6厘米，圈足径13.6厘米（图二〇七，2）。

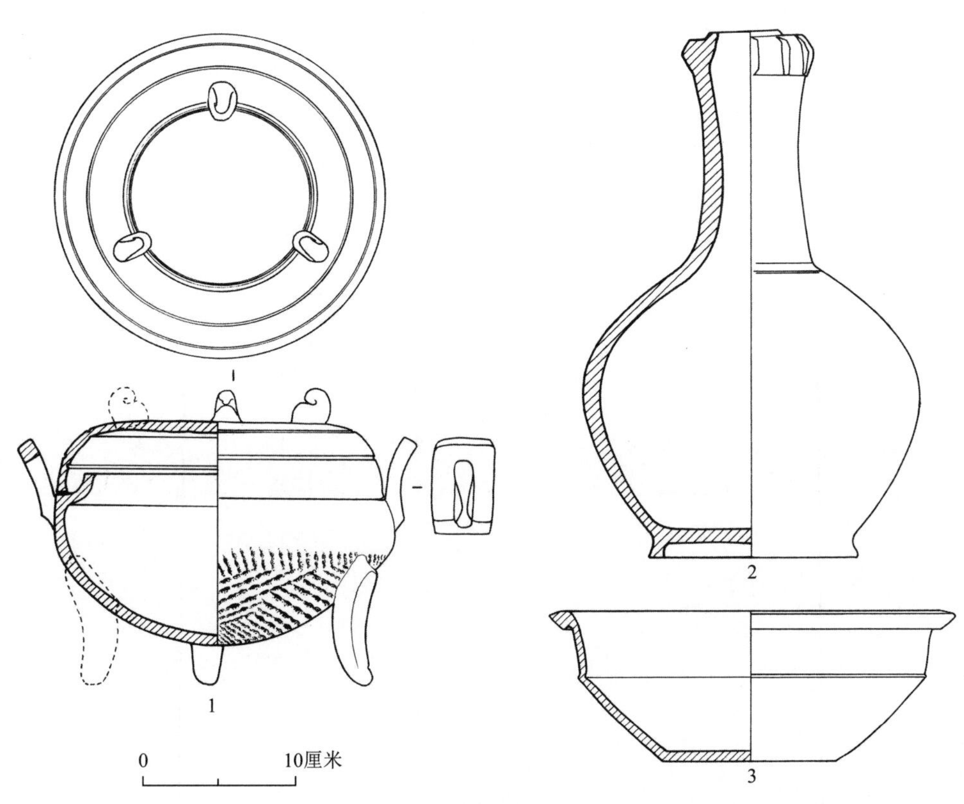

图二〇七　M95出土陶器

1. 陶鼎（M95：2）　2. 陶蒜头壶（M95：1）　3. 陶盂（M95：3）

九六、M96

1. 墓葬概况

M96位于三区中部，开口于扰土层下，距地表0.3米，扰土层厚0.2米。方向295°。口大底小，墓口长3.08米，宽1.9～2米；墓底长2.5米，宽1.3～1.4米；墓深4.9～5米。坑四壁规整，向下外张，自墓口向下4.1～4.2米深处有生土二层台，台面平整，台面宽0.34～0.36米，高0.8米，由于墓室较深，墓室四壁变形，壁面光滑，墓底平坦（图二〇八；图版六〇，1）。

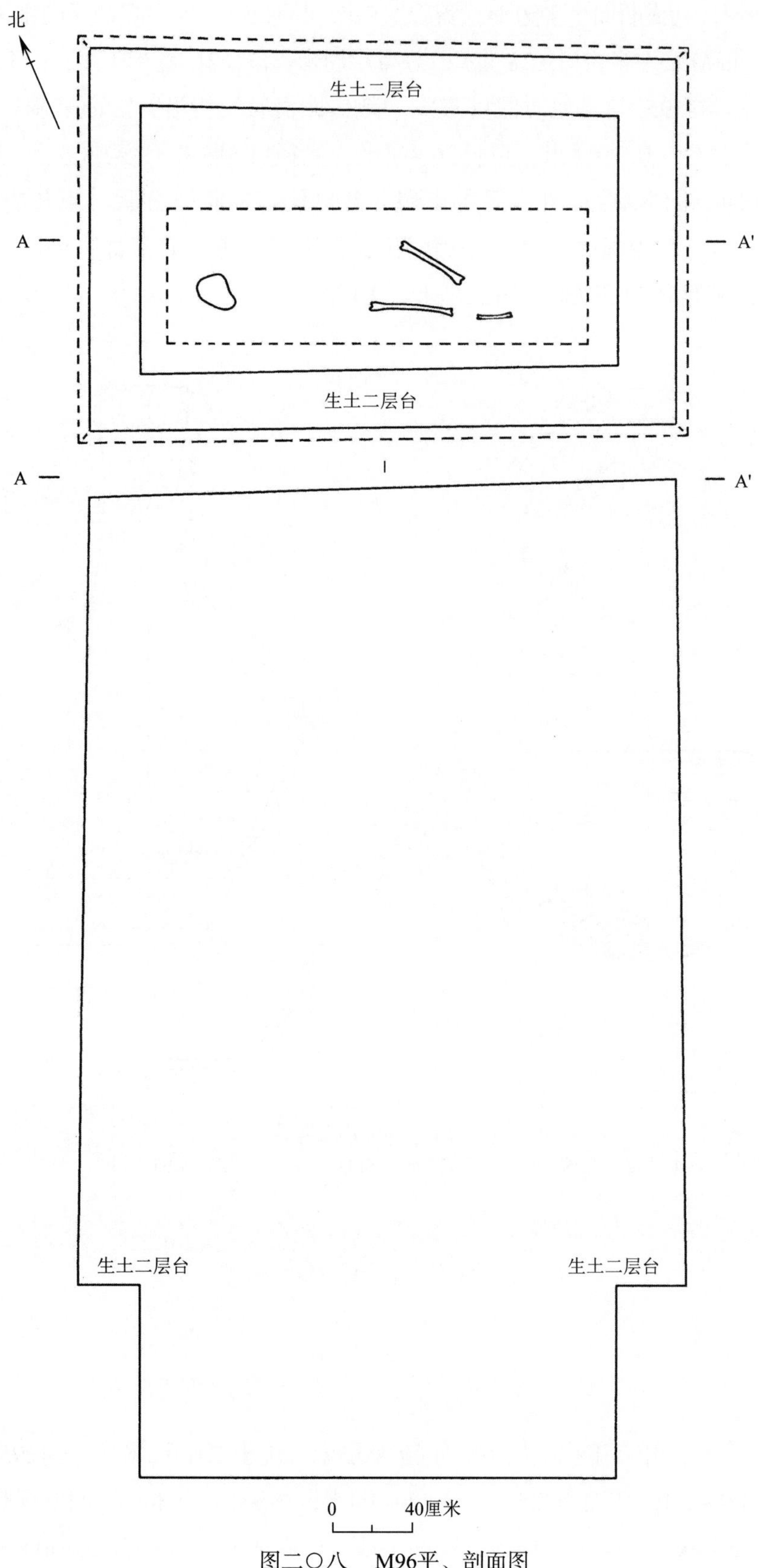

图二〇八　M96平、剖面图

填黄褐色五花土，土质较硬，含有料姜石。墓室填土夯实，自墓口深2米时夯层明显，厚0.20米左右，夯窝为方形，口大底小，边长0.08米。

葬具已腐朽，从残存痕迹看为一椁一棺，椁痕长2.40米，宽1.24米；棺位于椁室南侧，棺痕长2.2米，宽 0.7米。

人骨架1具，已腐朽，仅存头骨和部分肢骨痕迹，可以看出头向西，但葬式不详。

2. 出土器物

随葬品21件，均为陶器，放于椁内北侧，陶鼎3件，陶豆5件，陶盒、陶壶、陶杯各2件，陶罐、陶盘、陶匜、陶甑、陶勺、陶环、陶鸟各1件。其中有些陶器破碎严重，无法复原（图二〇九；图版六〇，2）。

陶鼎　3件。可分为蹄足鼎和柱足鼎两种。

蹄足鼎　2件。形制相同。泥质灰陶。子口，弧腹缓收，腹部有两个对称的扁穿孔，应为粘接附耳所用，可惜耳已失，圜底，下附三蹄足，足上首削痕，其横断面呈多边形。标本M96：1，器腹和足面上有红色彩绘，纹样已漫漶不清。高16.7厘米，口径17.4厘米（图二一〇，2）。标本M96：4，器腹壁上有红色彩绘，纹样已漫漶不清。高16.9厘米，口径17厘米（图二一〇，4）。

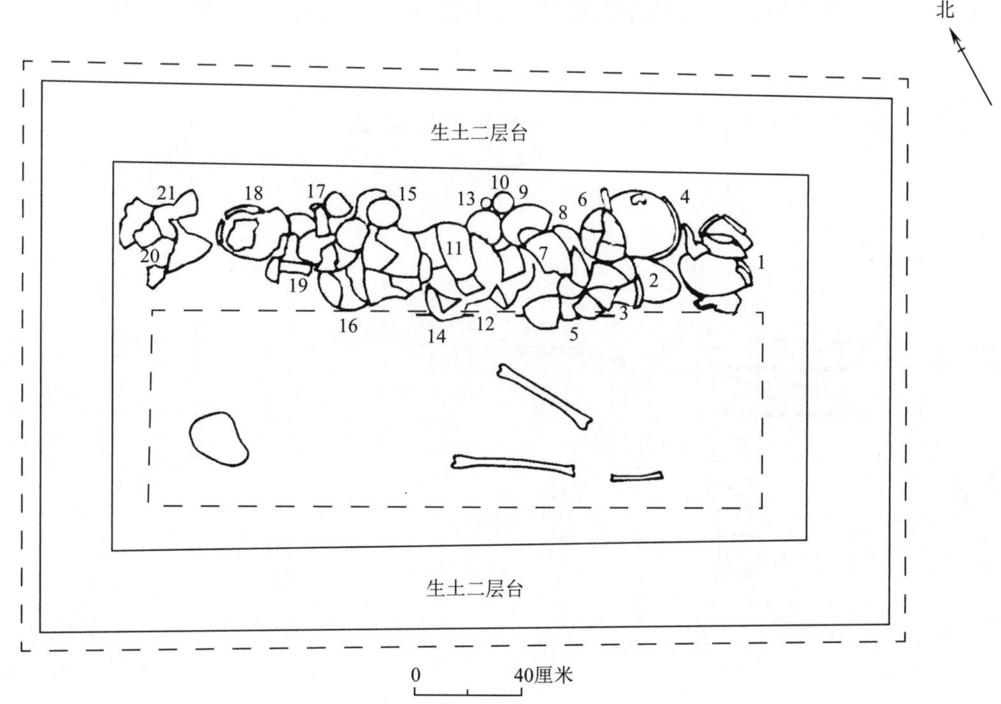

图二〇九　M96随葬品分布图

1、4、5. 陶鼎　2.陶匜　3.陶盘　6. 陶甑　7、11. 陶壶　8. 陶勺　9. 陶罐　10. 陶环　12、14、16、17、19. 陶豆　13、15. 陶杯　18、21. 陶盒　20. 陶鸟

柱足鼎　1件。标本M96：5，子口，弧腹缓收，平底，下附三柱足，足上粗下细。高5.8厘米，口径8.8厘米（图二一〇，3）。

陶豆　5件。可复原2件。标本M96：14，泥质灰陶。敞口，圆唇，盘壁向下弧收，短柄，喇叭状圈足，中空至柄上部。口下有一周凹弦纹。高14.4厘米，口径14.8厘米，圈足径9.3厘米（图二一〇，5）。标本M96：17，泥质灰陶。近直口，盘壁向下弧折缓收，短柄，喇叭状圈足。柄上有两周凸弦纹。高15.4厘米，口径15.1厘米，圈足径10厘米（图二一〇，6）。标本M96：19，泥质灰陶。盘上部已残，盘壁向下弧收，短柄，喇叭状圈足。素面。

陶盒　2件。标本M96：18，泥质灰陶。器为子口，弧腹内收，平底，筒状假圈足。素面。高9.5厘米，口径15.3厘米，圈足径11厘米（图二一〇，1）。标本M96：21，泥质灰陶。子口，上呈覆碗状盖，盖隆起，顶部平，上附浅环状捉手，盖、器扣合成扁圆形，器深约为盖深的两倍。器为子口，弧腹内收，底部已残失。素面。

陶壶　2件。形制相同。泥质灰陶。盘口，上呈覆盘状盖，子口内收且纳入器口内，盖隆起，顶部近平。顶部有三组弯头纽，每组一高一低两个，皆残。器为盘口，方唇，束颈，溜肩，鼓腹，下腹弧收，圜底，喇叭状圈足。标本M96:7，颈部、腹部及圈足壁上有红色彩绘，有三角形纹和卷云纹等图案，大部分已脱落，纹样已漫漶不清。高49厘米，口径17.2厘米，圈足径17.1厘米（图二一一，1）。标本M96:11，盖腹及器颈部有红色彩绘，有三角形纹和卷云纹等图案，大部分已脱落，纹样已漫漶不清。高45.6厘米，口径16.5厘米，圈足径16.4厘米（图二一一，7）。

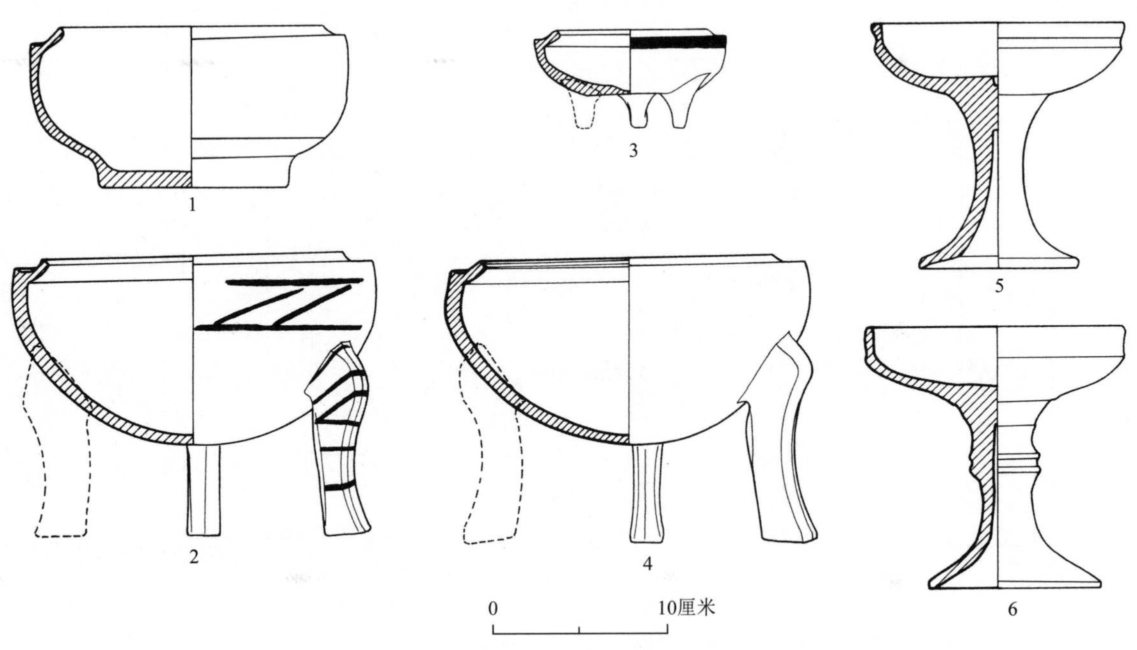

图二一〇　M96出土陶器

1. 陶盒（M96：18）　2~4. 陶鼎（M96：1、M96：5、M96：4）　5、6. 陶豆（M96：14、M96：17）

陶罐 1件。标本M96：9，泥质灰陶。直口，圆唇，短直颈，溜肩，鼓腹，下腹弧收，平底。下腹至底部有刀削痕。颈部饰竖向细绳纹，大多已漫漶不清。高6.8厘米，口径7.7厘米，底径5.8厘米（图二一一，6）。

陶甑 1件。标本M96：6，泥质灰陶。直口微侈，折沿，圆唇，微束颈，弧腹向下内收，平底，底部有七个圆形箅孔。素面。高5.9厘米，口径11.8厘米，底径5厘米（图二一一，5）。

陶匜 1件。标本M96：2，泥质灰陶。敞口，短流，尾部微凹，腹壁弧折内收，平底。素面。高3.7厘米，口径11.2厘米，底径4.8厘米（图二一一，2）。

陶杯 2件。形制相同。泥质灰陶。敞口，尖唇，腹壁向下缓收，腹较浅，向下呈漏斗状，平底外撇。素面。标本M96：13，高8.8厘米，口径8厘米，底径5.8厘米（图二一一，3）。标本M96：15，高9.5厘米，口径9厘米，底径6厘米（图二一一，4）。

陶环 1件。标本M96：10，泥质褐陶。环呈扁平状，其横断面呈四边形。素面。

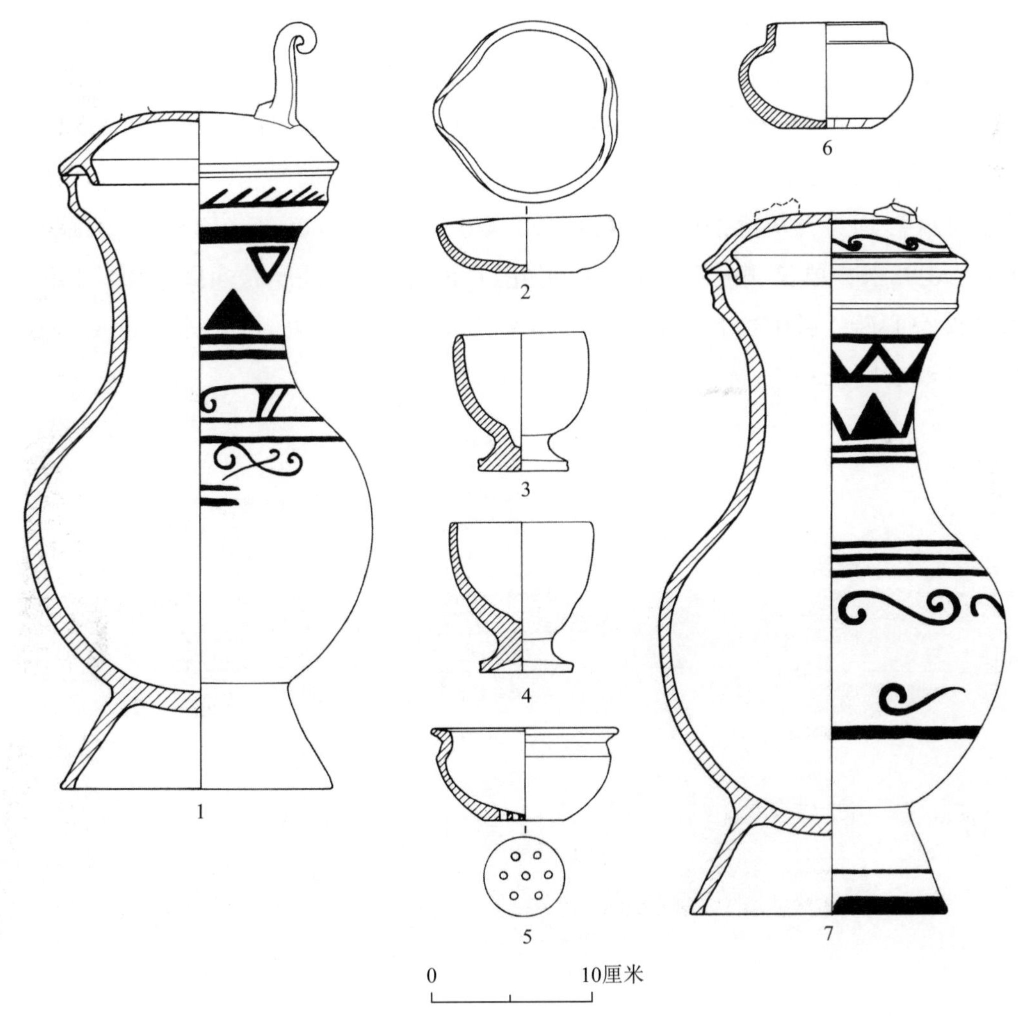

图二一一 M96出土陶器

1、7. 陶壶（M96：7、M96：11） 2. 陶匜（M96：2） 3、4. 陶杯（M96：13、M96：15） 5. 陶甑（M96：6） 6. 陶罐（M96：9）

九七、M98

1. 墓葬概况

M98位于三区中北部，开口于耕土层下，距地表0.3米，墓葬破坏严重。方向300°。由墓道、甬道和墓室三部分组成。

墓道向西北，东南与甬道相连，平面呈长方形斜坡状，长3.1米，前端宽0.9米，后端宽0.8米；下端宽0.8米，深1.9米。底坡长3.44米，坡度25°。

甬道居中设于墓室前壁，西北与墓道相连，为土洞穴式，呈拱形，顶部由前向后渐低，前低后高，壁直，底部大致顺着墓底的坡度向下延伸，坡度变小。甬道进深0.7米，宽0.8米，高0.8～0.9米（图版六一，1）。

墓坑平面呈长方形，口底同大，口长3.24米，宽1.76～1.78米，深2.08～2.28米。砖砌墓室，砖墙紧贴墓壁，平面呈长方形，长2.92米，宽1.44～1.46米，高1.74米。墙体砌于铺底砖上，砌法为条砖直行错缝叠砌，砌至14层后用楔形砖起券。券顶保存较好，顶中部两排砖为齐缝，两侧为错缝。墓门设于墓室前壁，用并立的5块画像空心砖封门。铺底砖为横向齐缝平铺（图二一二；图版六一，2）。

墙砖和铺底砖均为青灰色条形，长0.34米，宽0.16米，厚0.08米；楔形砖长0.34米，宽0.16米，厚0.06～0.08米，单长侧面饰“五”字形花纹和菱形纹。铺底砖通体素面。封门砖为青灰色长条形画像空心砖，长0.82米，宽0.24米，厚0.2米。画像空心砖已破碎为残块，砖上模印有柿蒂纹和树叶纹（图二一三）。

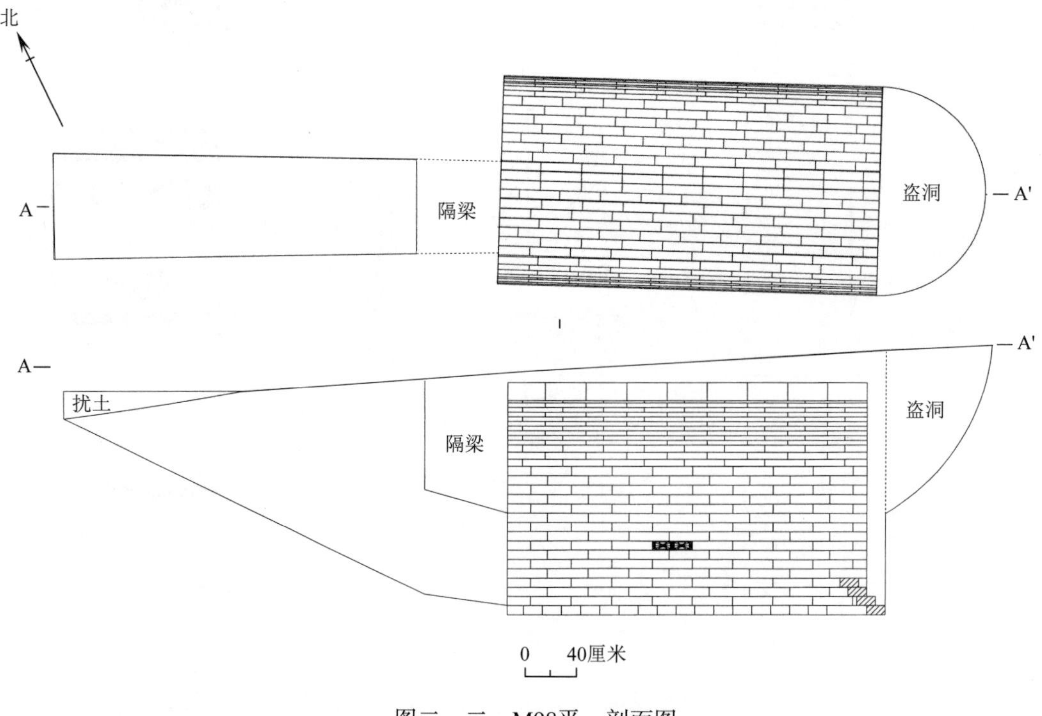

图二一二　M98平、剖面图

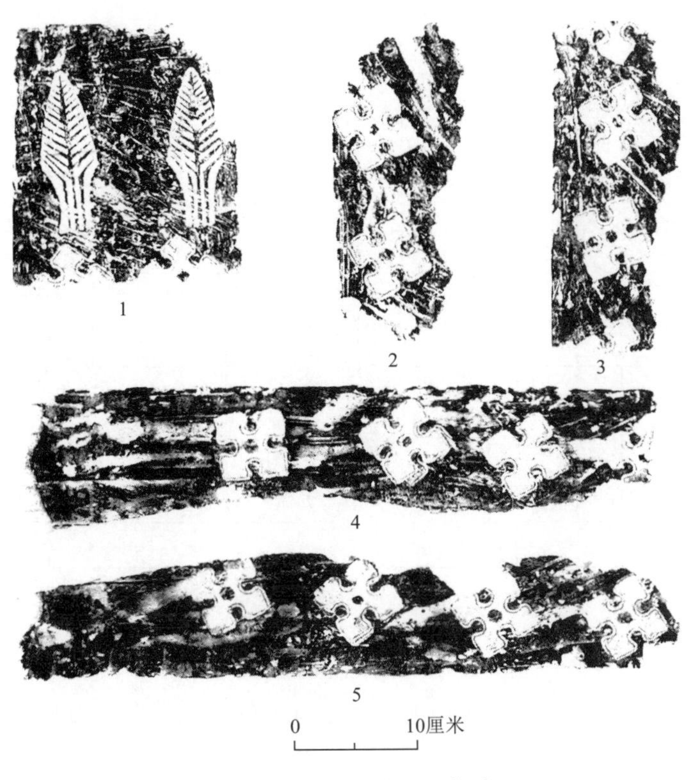

图二一三　M98出土画像砖
1.树叶纹　2～5.柿蒂纹

未发现葬具和人骨架，底部左侧中后部发现有用砖砌成的棺床，棺床为3排横向平置砖，每排用两块半砖，排间距为0.62～0.68米。

2. 出土器物

随葬品29件，其中陶仓6件，陶罐4件，陶鼎、陶壶、陶井各2件，陶盆、陶瓮、陶甑、陶灶、陶磨各1件，铜五铢钱2处38枚，铜车害、铁剑各2件，铜带钩、铜柄各1件。多置于墓底右侧中后部，铜钱、带钩置于棺床中部，车马器置于墓室前部左侧。其中铜柄和铁剑破碎严重，无法提取（图二一四）。

陶鼎　2件。形制相同。泥质红陶，表面施酱釉。子口，上呈博山盖，盖呈覆盘状，盖隆起，尖顶，顶部有一圆形乳突。器作子口，鼓腹，腹部有两个对称的方形附耳，上端外撇较甚，方耳孔对穿，下腹弧折缓收，最大径在下腹，圜底近平，下附三棱形蹄足，向下内收，其横断面呈四边形，足面上模印一站立的动物。标本M98：7，博山盖上模印动物图案，有行走的虎、鸟等动物造型，口边模印一周三角形波折纹。器腹部饰两周凹弦纹。通高20.8厘米，口径14.2厘米；盖高5.6厘米，口径16厘米（图二一五，1）。标本M98：8，博山盖顶以乳突为中心模印几周螺旋纹，盖腹壁模印动物图案，有小鸟、鹿等动物图案，图案周边间饰波浪纹，口边处模印一周小乳丁和一周三角形间四边形纹。通高21.1厘米，口径14.2厘米；盖高5.5厘米，口径17.2厘米（图二一五，2；图版六二，1）。

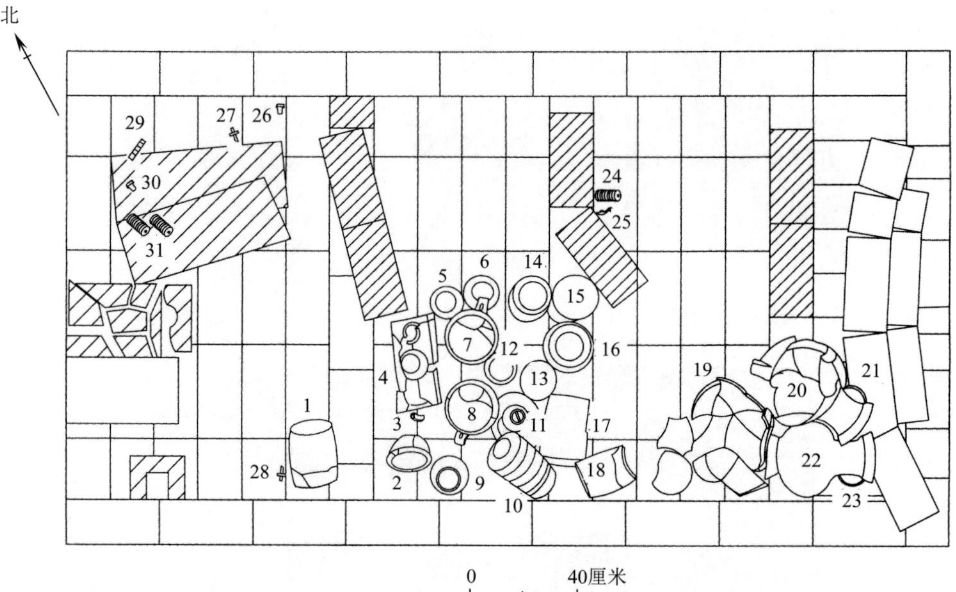

图二一四　M98随葬器物分布图

1、10、14、15、17、18. 陶仓　2. 陶盆　3. 陶甑　4. 陶灶　5、6、9、13. 陶罐　7、8. 陶鼎　11. 陶磨　12、16. 陶井　19. 陶瓮　20、22. 陶壶　21、23. 陶壶盖　24、31. 铜钱　25. 铜带钩　26、30. 铜车軎　27、28. 铜柄铁剑　29. 铜柄

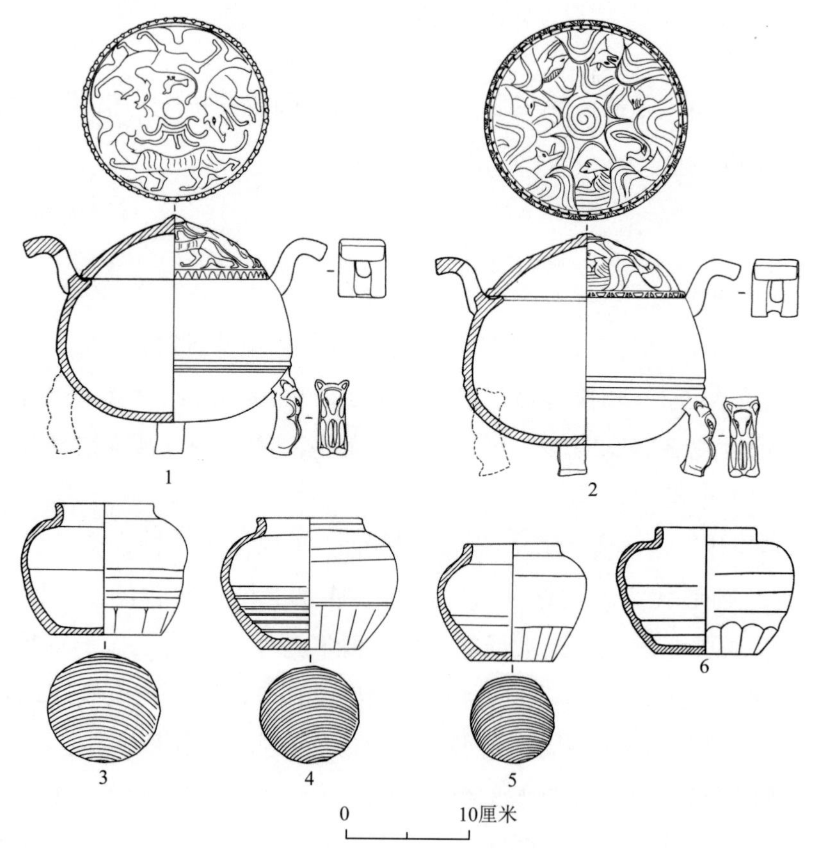

图二一五　M98出土陶器

1、2. 陶鼎（M98：7、M98：8）　3~6. 陶罐（M98：6、M98：9、M98：5、M98：13）

陶壶　2件。形制相同。泥质红陶，表面施酱釉。盘口，上呈形博山盖，盖隆起，顶尖。器为盘口，束颈，溜肩，肩部有两个对称的铺首衔环，圆鼓腹，下腹弧收，最大径在中腹，平底，喇叭状圈足。标本M98：20、M98：21，博山盖腹壁模印四神兽图案，昂首阔步行走的玄武背上坐一人，伸着手在喂昂首阔步行走的白虎，有一人双手牵着白虎并骑在其背上，腾云的青龙张着大口在吞云吐雾，朱雀口中衔珠站在朱雀台上，盖口边模印一周波浪纹，波浪高低起伏。器口沿下有一周凸弦纹，颈腹间和上腹部各饰一周凹弦纹。通高51.8厘米，口径19.6厘米，圈足径19.3厘米；盖高8.2厘米，口径20厘米（图二一六，1）。标本M98：22、M98：23，博山盖腹壁模印动物、植物及人物图案，动物有行走及飞奔的鹿，行走的小鸟及孔雀等，植物有树，人有狩猎的人，其间点缀云纹，盖口边模印一周三角形纹。器口沿下有一周凸弦纹，颈腹间和上腹部各饰一周凹弦纹。通高48.1厘米，口径18.9～19.5厘米，圈足径19.4厘米；盖高6.5厘米，口径20.7厘米（图二一六，2；图版六二，2）。

陶罐　4件。形制基本相同。泥质灰陶。直口，圆唇，短直领，溜肩，圆鼓腹，下腹弧收，最大径在中腹偏上处，平底。下腹至底部有刀削痕，器底有加工痕迹。标本M98：5，素面。高10.2厘米，口径8.2厘米，底径7.2厘米（图二一五，5）。标本M98：6，中腹下部呈瓦棱形。高11.5厘米，口径8.4厘米，底径9.6厘米（图二一五，3）。标本M98：9，素面。高11.4厘米，口径9厘米，底径8.3厘米（图二一五，4）。标本M98：13，中腹下部呈瓦棱形。高11厘米，口径8.8厘米，底径8.8厘米（图二一五，6）。

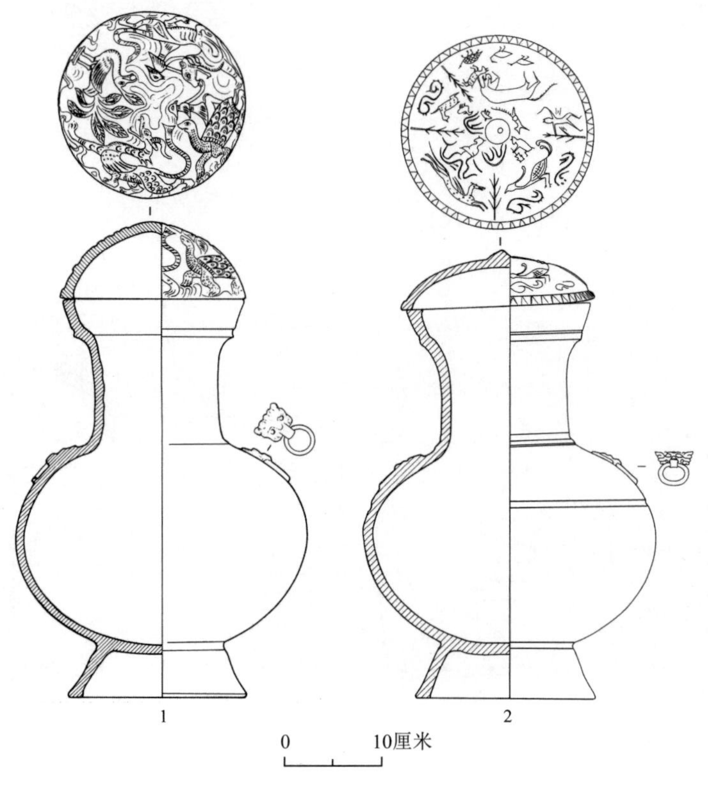

图二一六　M98出土陶壶

1. M98：20　2. M98：22

陶瓮　1件。标本M98：19，泥质灰陶。圆唇，短直领，圆肩，鼓腹，最大径在上腹部，平底微内凹。中下腹饰竖向细绳纹，多已漫漶不清。高33厘米，口径24.8厘米，底径22.4厘米（图二一七，1）。

陶仓　6件。形制基本相同。敛口，圆唇，斜折肩，中腹偏上处微鼓，下腹弧收或斜直腹，平底或平底微内凹。标本M98：1，泥质灰陶。器内壁呈瓦棱状。高20.2厘米，口径10.6厘米，底径14厘米（图二一七，5）。标本M98：10，泥质红陶。腹部有五周较宽的凹弦纹，器底有加工痕迹。高25.4厘米，口径9.2厘米，底径13.6厘米（图二一七，3）。标本M98：14，泥质灰陶。腹内壁呈瓦棱状面。高19.6厘米，口径10.6厘米，底径14.4厘米（图二一七，4）标本M98：15，泥质红陶。腹壁饰六周凹弦纹。高25.2厘米，口径8.3厘米，底径13.8厘米（图二一七，7）。标本M98：17，泥质红陶。腹部饰六周凹弦纹，器底有加工痕迹。高26.2厘米，口径9厘米，底径14.6厘米（图二一七，2）。标本M98：18，泥质灰陶。器底有加工痕迹。高21.2厘米，口径9.6厘米，底径14厘米（图二一七，6；图版六二，4）。

陶灶　1件。标本M98：4，泥质红陶。灶体呈长方体，灶壁向下近直，前墙中部有一拱形灶门，前部无挡墙，灶面呈长方形，灶面上有一大一小两个火眼，小火眼位于灶面前端，上面均置一釜，灶面后部立一弯头烟囱，其横断面呈多边形，有烟孔，烟道不通，腹中空。素面。小陶釜敞口，圆唇，弧腹缓收，圜底。腹壁上饰一周凹弦纹。大陶釜敛口，圆唇，折腹，下腹

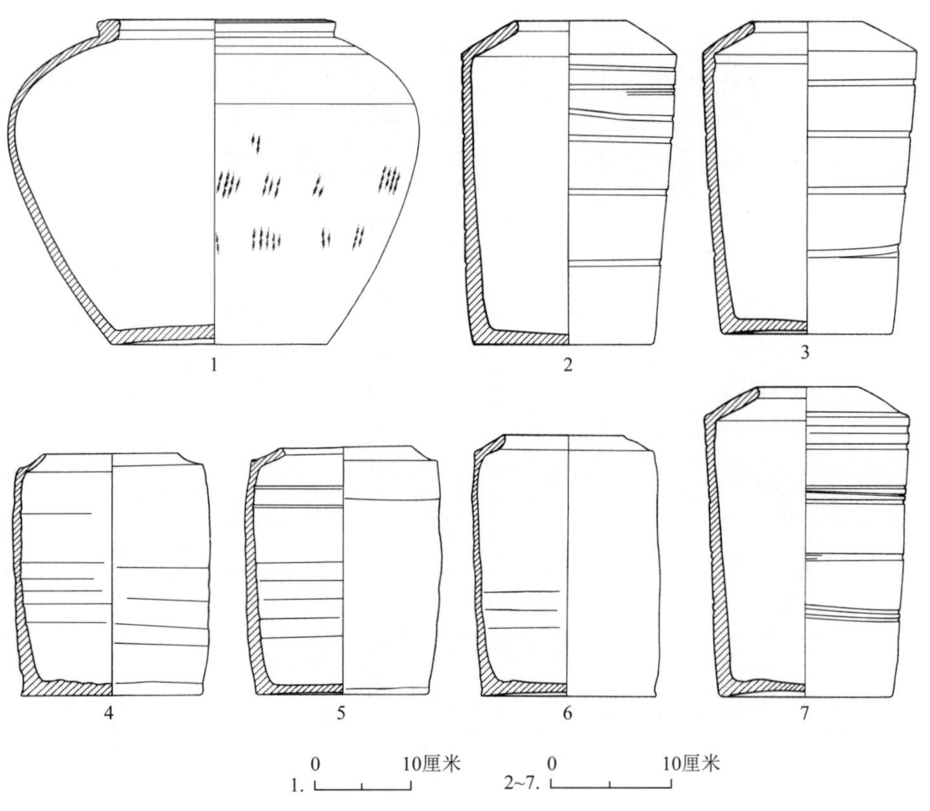

图二一七　M98出土陶器

1. 陶瓮（M98：19）　2~7. 陶仓（M98：17、M98：10、M98：14、M98：1、M98：18、M98：15）

弧收，圜底。下腹至底部有刀削痕。素面。通高17.6厘米，体长36.6厘米，宽16.7厘米；大陶釜高6.8厘米，口径7.4厘米；小陶釜高4.4厘米，口径6.4厘米（图二一八，1；图版六二，5）。

陶盆　1件。标本M98：2，泥质红陶。敞口，方唇，折沿，腹壁弧收，平底。腹壁呈瓦棱状，下腹至底部有刀削痕。高8.1厘米，口径16厘米，底径4厘米（图二一八，2）。

陶甑　1件。标本M98：3，泥质红陶，内壁施黄釉。敞口，方唇，折沿，斜弧腹缓收至底，平底，底部有五个圆形箅孔。腹壁呈瓦棱形。高8.3厘米，口径16.4厘米，底径4厘米（图二一八，3）。

陶磨　1件。标本M98：11，泥质红陶。有上扇、下扇及磨盘三部分组成。上扇表面中部凿两个对接的半月形凹槽，每个凹槽中部均有一通穿的圆孔，肩部一侧有一半圆形手柄，手柄上有一圆形乳突，上扇内底中部有一圆孔，未穿。下扇中部隆起，扇面中央有一通穿的圆孔，斜直腹向下内收与盘底相连，腹中空。磨盘作圆形，敞口，方唇，斜弧腹内收，盘底一侧有一圆形流，盘底平。上扇中部有一排条牙印的坑条纹，顶部有一周牙印的坑条纹，肩部有两周牙印的坑条纹，其中一周仅有半周，下扇腹壁中部有一道较浅的抹痕。通高12厘米，扇径11.6厘米，盘口径25.2厘米（图二一八，7；图版六二，6）。

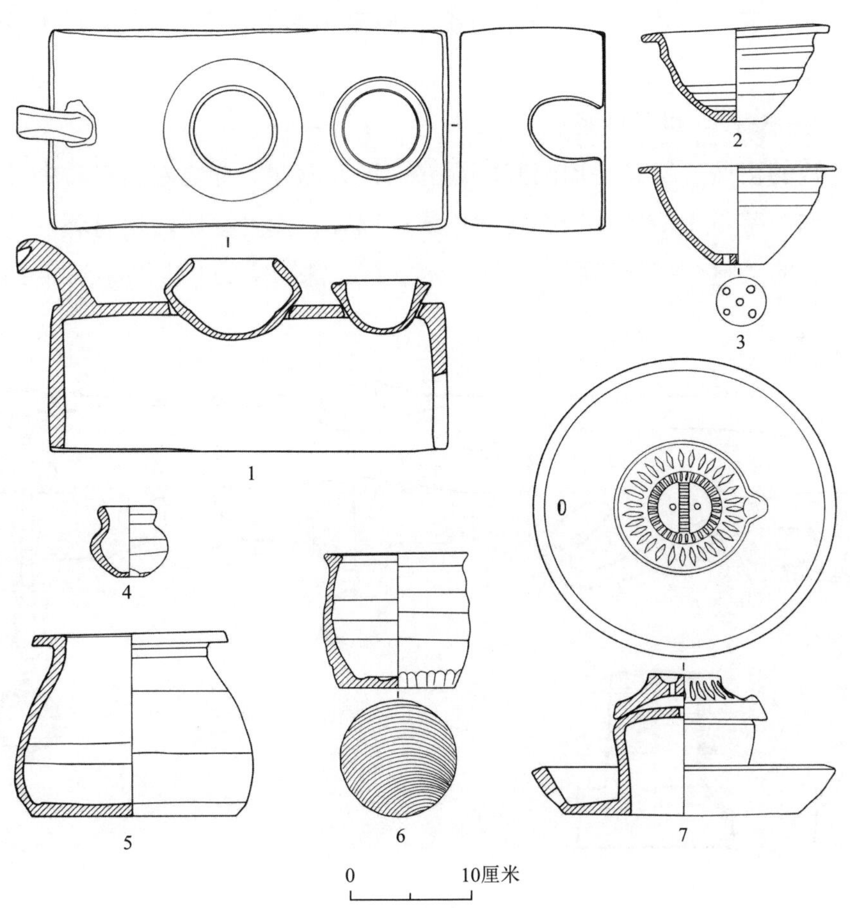

图二一八　M98出土陶器

1. 陶灶（M98：4）　2. 陶盆（M98：2）　3. 陶甑（M98：3）　4. 陶斗（M98：16-2）
5. 陶井（M98：16-1）　6. 陶井（M98：12）　7. 陶磨（M98：11）

陶井　2件。标本M98：12，泥质灰陶。敛口，圆唇，翻沿，中腹微鼓，下腹弧收，平底。腹壁呈瓦棱状，下腹至底部有刀削痕，器底有加工痕迹。高11.4厘米，口径12厘米，底径9.7厘米（图二一八，6）。标本M98：16-1，泥质红陶。敛口，方唇，折沿，鼓腹，最大径在下腹近底部处，下腹弧收，平底。下腹至底部有刀削痕，器底有加工痕迹。井内有一陶斗（标本M98：16-2），侈口，圆唇，束颈，鼓腹，下腹弧收，平底。下腹至底部有刀削痕。井高15.5厘米，口径16.4厘米，底径17.2厘米（图二一八，5）；陶斗高6厘米，口径4.6厘米，底径2.2厘米（图二一八，4；图版六二，3）。

铜带钩　1件。标本M98：25，钩弯为兽首形，背部有一圆纽，腹部较长且微鼓。素面。长7厘米，体宽1.4厘米，纽径1.2厘米（图二一九，1）。

铜车軎　2件。形制相同。圆筒形，口端外张，壁向内曲折，平顶。下部有一穿，内套长条形辖，一端有冒，其冒略倾斜，以适应軎口的弧度。器中部偏上处饰两周凸弦纹。标本M98：26，高3厘米，口径2.6厘米（图二一九，2）。标本M98：30，高3厘米，口径2.6厘米（图二一九，3）。

铁剑　2件。仅剩铜剑镡，形制相同。镡皆平素无纹饰，中间隆起成脊，一端中间稍向前凸，另一端中间稍凸起。标本M98：27，镡长4.8厘米（图二一九，4）。标本M98：28，镡长4.5厘米（图二一九，5）。

铜五铢钱　两串38枚。可分两型。

A型　5枚。钱的正面边缘有一周凸起的周郭，正方形穿，穿之左右有篆书“五铢”两字，大部分钱上的“铢”字不太清楚；钱的背面边缘有周郭，而且穿四边也有郭。“五”字中间两笔是直的或近乎直的，整个字形如两个对顶三角形；“铢”字的“金”字头如一带翼箭镞，也

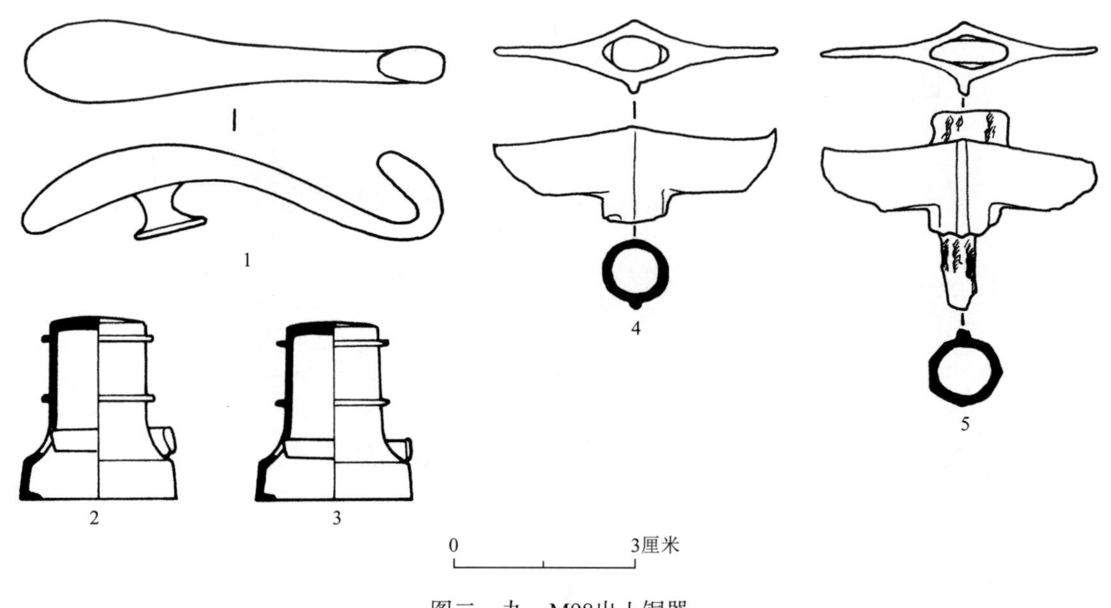

图二一九　M98出土铜器

1. 铜带钩（M98：25）　2、3. 铜车軎（M98：26、M98：30）　4、5. 铜剑镡（M98：27、M98：28）

有的近似三角形；“铢”字的“朱”字头圆折。有的钱上有特殊的记号，即在穿的下面有凸起的月牙状记号。有的为剪轮五铢。标本M98：24-1和标本M98：24-2形制、大小相同，两者均郭径2.5厘米，钱径2.3厘米，穿边长1厘米（图二二〇，1、2）。

B型 33枚。钱的正面边缘有一周凸起的周郭，正方形穿，穿之左右有篆书“五铢”两字；钱的背面边缘有周郭，而且穿四边也有郭。钱文的书体特点明显。“五”字中间两笔是弯曲的，中间两笔和上下两划相接的地方略向内靠拢，中间两笔和上下两横相接的地方是垂直的；“铢”字笔划清晰，“金”字四点较长，“朱”字头方折。标本M98：31-1，郭径2.5厘米，钱径2.3厘米，穿边长1厘米（图二二〇，3）。

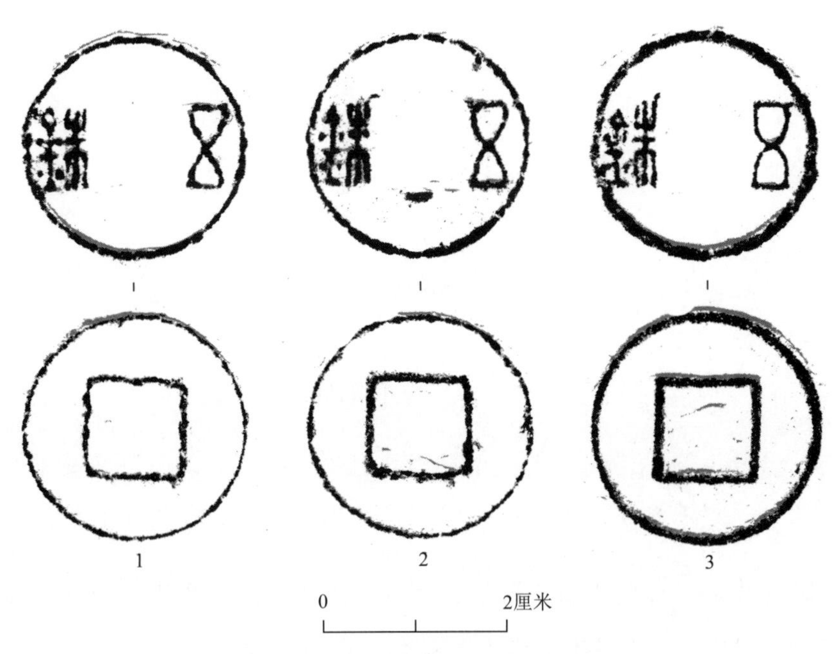

图二二〇 M98出土铜五铢钱

1、2. A型（M98：24-1、M98：24-2） 3. B型（M98：31-1）

九八、M99

M99位于三区中北部，开口于扰土层下，距地表0.3米，扰土层厚0.1～0.2米，墓葬破坏严重，仅剩土坑。方向310°。由墓道和墓室两部分组成。

墓道向西北，设于墓室前壁，稍偏左，为长方形斜坡状，平面呈长方形，口长3.36米，宽0.76米，深0.3～1.1米；底坡长3.42米，坡度12°。

墓坑平面呈长方形，口底同大，壁已变形，口长3.2米，宽1.98米，深1.50～1.6米。砖砌墓室被破坏，砖皆不详，仅存砖砌痕（图二二一）。

葬具、人骨架、随葬品不详。填土中发现有陶器残片和铜盖弓帽残片。

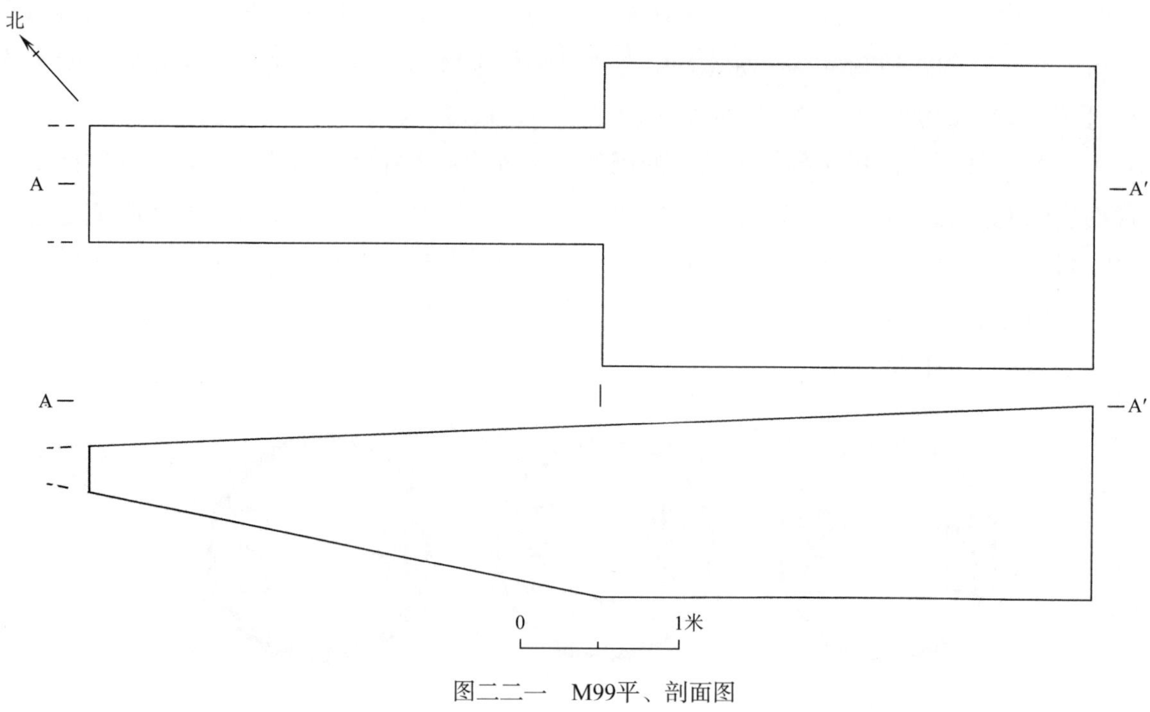

图二二一　M99平、剖面图

九九、M100

1. 墓葬概况

M100位于三区中北部，开口于耕土层下，距地表0.25米，墓葬破坏严重，墓道被一扰沟破坏，扰沟深0.3米。方向308°。由墓道、甬道和墓室三部分组成。

墓道向西北，东南与甬道相连，呈长方形斜坡状，口长3.4米，宽0.9～1米；底坡长3.6米，坡度17°；下端深1.42米。

甬道设于墓室前壁，偏右，西北与墓道相连，平面为长方形，进深0.5米，宽1米，深1.5米。墙体砌于生土之上，仅存右侧墙体下部，残存12层，残高0.84米，砌法直行错缝叠砌。铺底砖不存。

墓坑平面呈长方形，口底同大，长4米，宽1.96米，深1.4～1.5米。砖砌墓室，前壁墙砖与坑壁之间有0.08米空隙，两侧及后墙墙砖紧贴坑壁，平面呈长方形，长3.44～3.6米，宽1.64米，残高0.7米。墙体砌于生土之上，残存10层，砌法直行错缝叠砌。铺底砖残存较少，铺法不详。根据墓底后部高出前部0.1米分析，墓室应分为前堂和后室（图二二二）。

墙砖和铺底砖均为青灰色长条砖，墙砖长0.37米，宽0.16米，厚0.07米，长侧面饰“五”字形花纹。铺底砖残长0.26米，宽0.21米，厚0.06米，通体素面。

墓道填褐色五花土，土质较硬。

葬具、人骨架和随葬品不详。

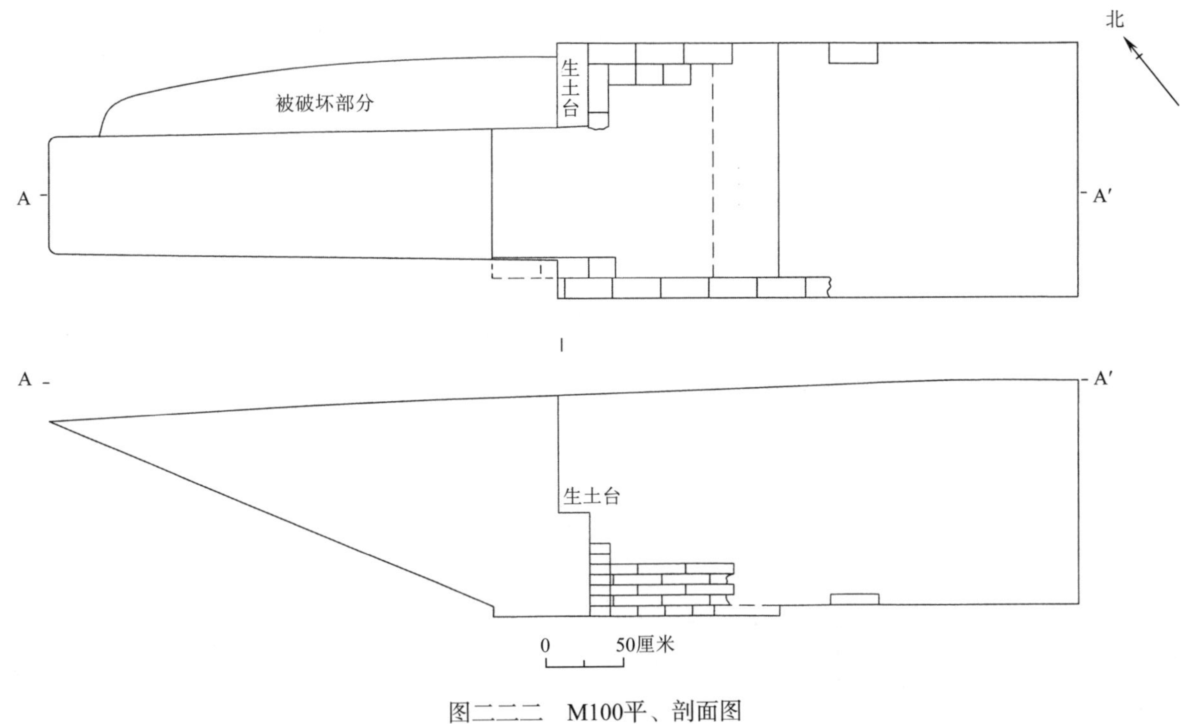

图二二二 M100平、剖面图

2. 出土器物

在扰土中发现有陶鼎、罐、仓、盆、瓮、灶、案、奁、甑、耳杯等陶器残片。可复原的有陶仓、陶盆各2件，陶罐、陶甑、陶案各1件。

陶罐 1件。标本M100：1，泥质灰陶。直口，短竖颈，圆肩，鼓腹，最大径近肩部，下腹弧收，平底。近底部有削痕。高10.9厘米，口径10.8厘米，底径7.7厘米（图二二三，7）。

陶仓 2件。形制基本相同。泥质灰陶。敛口，尖圆唇，斜折肩，腹壁近直，平底。近底部有刀削痕。标本M100：2，高18.2厘米，口径9厘米，底径11.2厘米（图二二三，2）。标本M100：3，口沿饰一周凹弦纹。高19.8厘米，口径10厘米，底径14.1厘米（图二二三，3）。

陶盆 2件。形制相同。泥质灰陶。敞口，折沿，方唇，沿面内斜，弧腹，下腹缓收，平底。素面。标本M100：4，高6.2厘米，口径14.7厘米，底径8厘米（图二二三，4）。标本M100：5，上腹及近底部有刀削痕。高5.4厘米，口径11.4厘米，底径5.7厘米（图二二三，5）。

陶甑 1件。标本M100：6，泥质灰陶。敞口，折沿，方唇，沿面微凹，弧腹，下腹缓收，平底，底部有五个圆形箅孔。近底部有刀削痕。高6.1厘米，口径11.6厘米，底径4厘米（图二二三，6）。

陶案 1件。标本M100：7，泥质红胎陶，表面施绿釉。长方形，四周有边栏，平底，四扁足。足上有加工痕迹。高8.1厘米，长47厘米，宽32.4厘米（图二二三，1）。

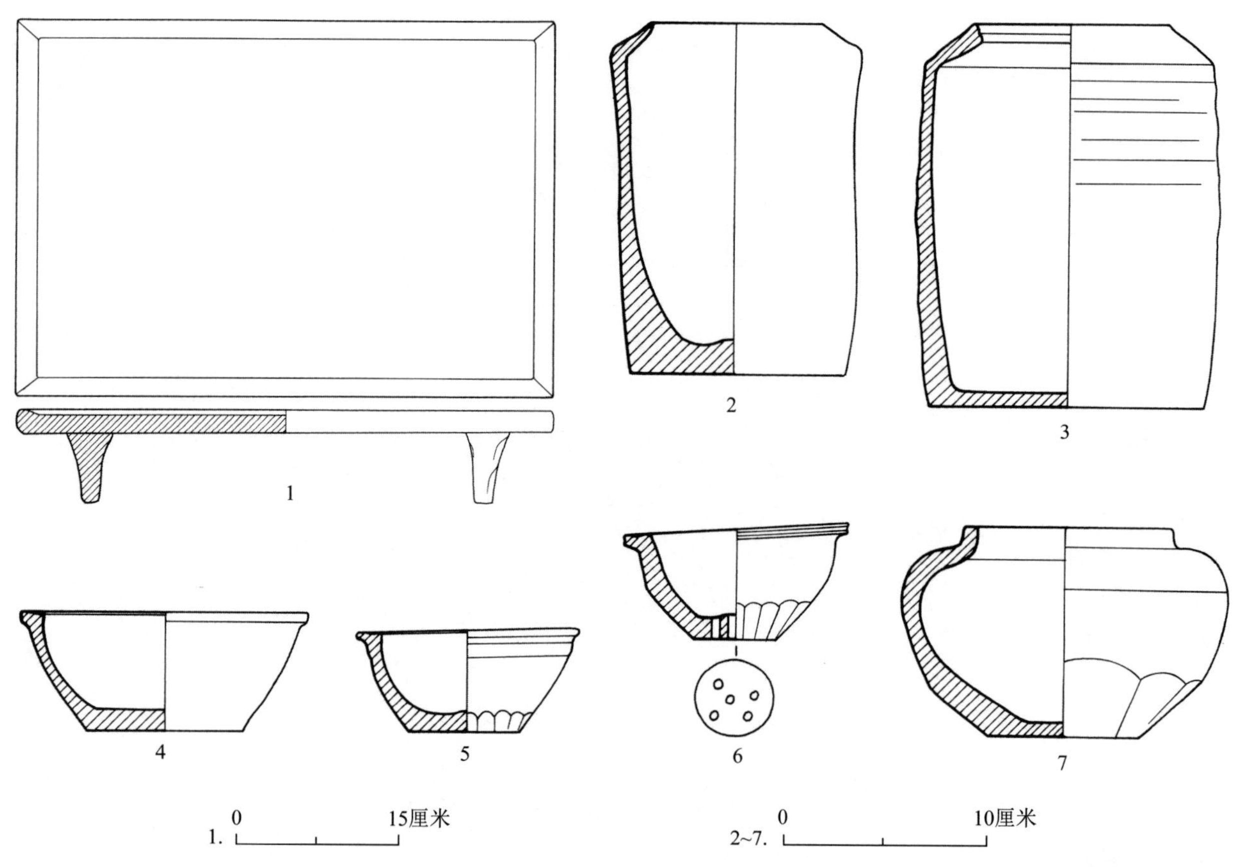

图二二三 M100出土陶器

1. 陶案（M100：7） 2、3. 陶仓（M100：2、M100：3） 4、5. 陶盆（M100：4、M100：5）
6. 陶甑（M100：6） 7. 陶罐（M100：1）

一〇〇、M101

1. 墓葬概况

M101位于三区中西部，开口于耕土层下，距地表0.25米。方向135°。口大底小，墓口长2.45米，宽1.6～1.7米；墓底长2.06米，东端宽1.12米，西端宽1.04米；墓深3.12米。坑四壁规整，向下微内收，自墓口向下2.68米深处有生土二层台，台面平整，台面宽0.12~0.2米，高0.44米，壁面平滑，经人工修整，墓底平坦（图二二四；图版六三，1）。

填灰褐色五花土，含红、黄色颗粒，土质较硬。

葬具已腐朽，仅存痕迹，可以看出为一椁一棺。椁痕长1.9米，宽0.8米；棺置于椁内南侧，棺痕长1.8米，宽0.6米。

人骨架1具，已腐朽殆尽，仅存下肢骨痕迹，据此可知头向东，仰身直肢。

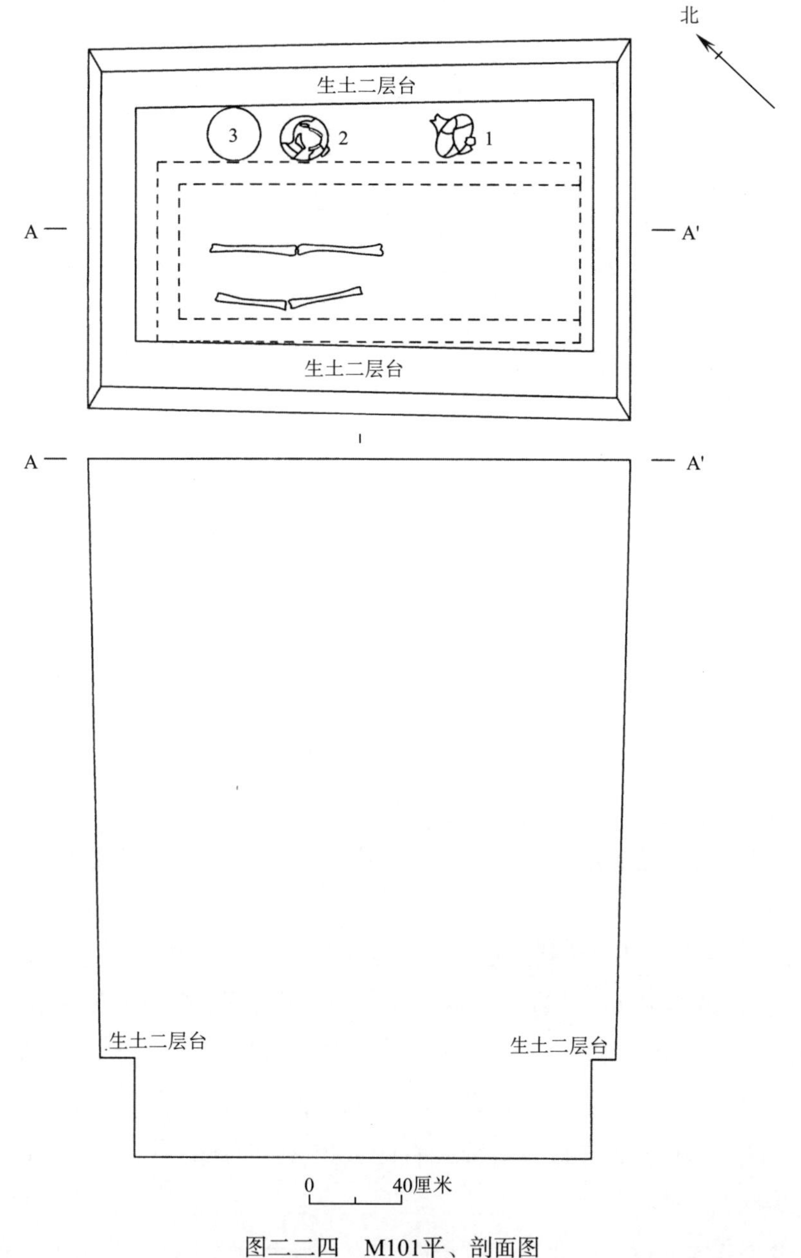

图二二四 M101平、剖面图
1. 陶蒜头壶 2. 陶圜底釜 3. 陶盒

2. 出土器物

随葬品3件，均为陶器，陶蒜头壶、陶圜底釜、陶盒置于椁内北部（图版六三，2）。

陶圜底釜 1件。标本M101：2，泥质灰陶。敛口，折沿，尖圆唇，颈壁斜直，肩部微突，鼓腹，下腹弧收，圜底。肩部及上腹饰竖向细绳纹，下腹及底部饰交错粗绳纹。高16.2厘米，口径13.7厘米（图二二五，1）。

陶盒 1件。标本M101：3，泥质灰陶。子口，弧腹内收，平底微内凹。腹部饰三周凹弦纹。高7.6厘米，口径20.2厘米，底径9厘米（图二二五，2）。

陶蒜头壶　1件。标本M101：1，破碎严重，无法复原。仅可知为泥质黑衣红陶。颈部较细，鼓腹。颈腹部有三周凹弦纹。

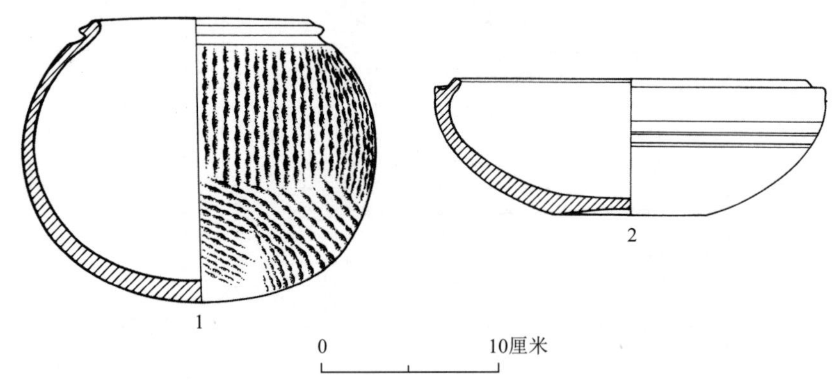

图二二五　M101出土陶器

1.陶圜底釜（M101：2）　2.陶盒（M101：3）

一〇一、M102

1. 墓葬概况

M102位于三区中西部，开口于耕土层下，距地表0.3米，墓葬破坏严重。墓坑后端有一半圆形盗洞，长径1.12米，打破券顶和后墙进入墓室。方向302°。由墓道、甬道和墓室三部分组成。

墓道向西北，东南与甬道相连，呈长方形斜坡状，口长3.92～4米，前端宽1.72米，后端宽1.54米；底坡长4.20米，坡度20°；下端深1.45米。该墓为二次合葬墓，入葬有先后，并且先后开挖各自的墓道入棺。两条墓道并列而置，右侧墓道先于左侧墓道。右墓道宽0.7～0.8米，左墓道宽0.84～0.92米。

甬道居中而设于墓室前壁，西北与墓道相连，呈土洞式，口大体呈长方形，顶部较平，壁直，底部呈斜坡状，顺着墓底的坡度向下延伸。进深0.58米，宽1.3米，前端高0.9米，后端高1.06米。

墓门设于墓室前端，宽1.4米。封门砖因是两次封堵，所以封法不同。右半部1～2层横向错缝叠砌，3、4层为横向平砌与纵向侧立而砌相结合，5～8层为纵向侧立叠砌，9～11层为纵向与横向混合叠砌，宽0.58米。左半部1～8层为横向与纵向相间叠砌，9～12层为横向齐缝叠砌，宽0.82米。

墓坑平面呈长方形，口底同大，长4.3米，宽1.92米，深1.84～1.88米。坑口受地层挤压而变形。砖砌墓室，墙砖紧贴坑壁，平面呈长方形，长4.02米，宽1.64米。墙体砌于生土上，砌至15层后用楔形砖起券。部分券顶已塌陷，为纵向齐缝。铺底砖为条砖纵向齐缝平铺（图二二六）。

墙砖和铺底砖均为青灰色条砖，长0.34米，宽0.14米，厚0.07米，单长侧面饰“五”字形花纹。券砖规格为，长0.34米，宽0.14米，厚0.06～0.07米。

葬具和人骨架不详。

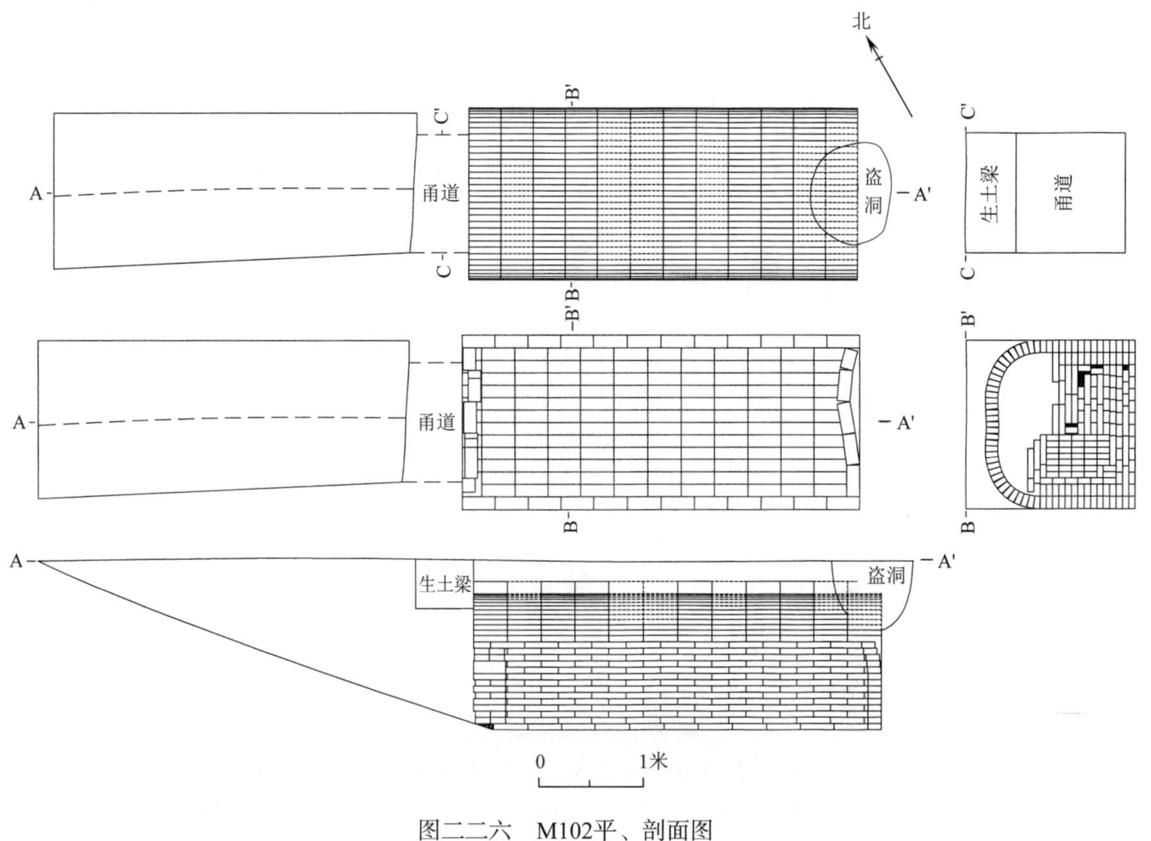

图二二六　M102平、剖面图

2. 出土器物

随葬品已被扰乱，在扰土中发现陶仓、铜车軎、铁剑各1件，圆帽形铜器2件，铜盖弓帽4件，铜钱2枚。

陶仓　1件。标本M102：1，泥质灰陶。敛口，尖唇，斜折肩，腹壁斜直，向下微收，平底。器中下部饰有漫漶不清的竖向绳纹。高19.1厘米，口径8厘米，底径14厘米（图二二七，1）。

铜车軎　1件。标本M102：7，顶部微鼓，口端向下外张器中上部有两周突棱，近口部有一个长方形辖穿，内套长条形辖。辖端有扁平帽。高3厘米，口径2.5厘米（图二二七，9）。

铜盖弓帽　4件。形制相同。顶部为半圆球形，中部偏上处向上挑起一勾，中空成銎。标本M102：2，高2.7厘米，口径0.7厘米（图二二七，3）。标本M102：3，高2.65厘米（图二二七，4）。标本M102：4，高2.6厘米，口径0.7厘米（图二二七，5）。标本M102：9，高2.6厘米，口径0.65厘米（图二二七，2）。

铜圆帽形器　2件。形制相同。上部有一乳突，背部下垂一环。标本M102：5，高1.1厘米，直径1.3厘米（图二二七，6）。标本M102：7，残高0.6厘米，直径1.2厘米（图二二七，7）。

铁剑　1件。标本M102：8，仅剩剑镡，镡平素无纹饰，中间隆起成脊， 两端平。长2.2厘米（图二二七，8）。

铜钱　2枚。皆为大泉五十。标本M102：10-1和标本M102：10-2形制、大小相同，钱的正面边缘有一周凸起的周郭，正方形穿外也有郭，穿之上下左右有篆书“大泉五十”四字；钱的背面边缘有周郭，而且穿四边也有郭。“五”字中间两笔是弯曲的，“五”字如两个相对的炮弹形。郭径2.65厘米，钱径2.4厘米，穿边长0.9厘米（图二二八，1、2）。

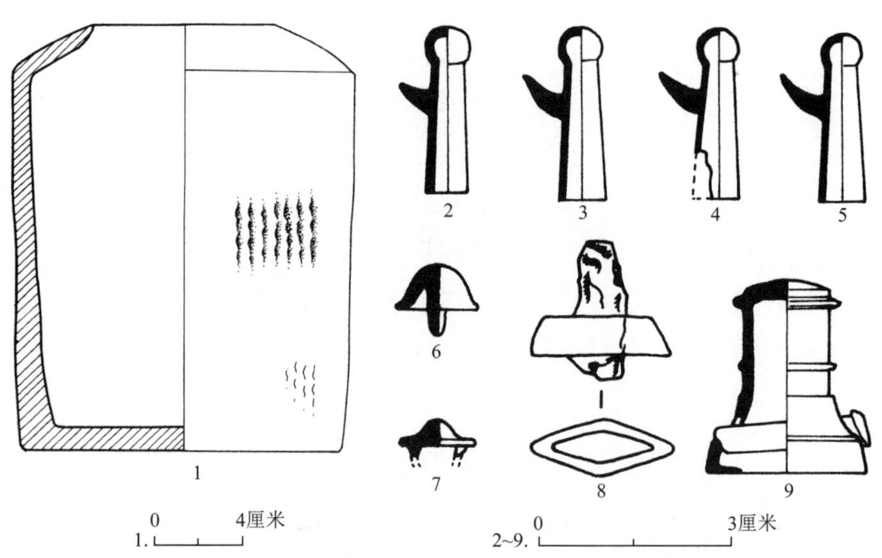

图二二七　M102出土遗物

1. 陶仓（M102：1）　2～5. 铜盖弓帽（M102：9、M102：2、M102：3、M102：4）　6、7. 铜圆帽形器（M102：5、M102：6）　8. 铜剑（M102：8）　9. 铜车軎（M102：7）

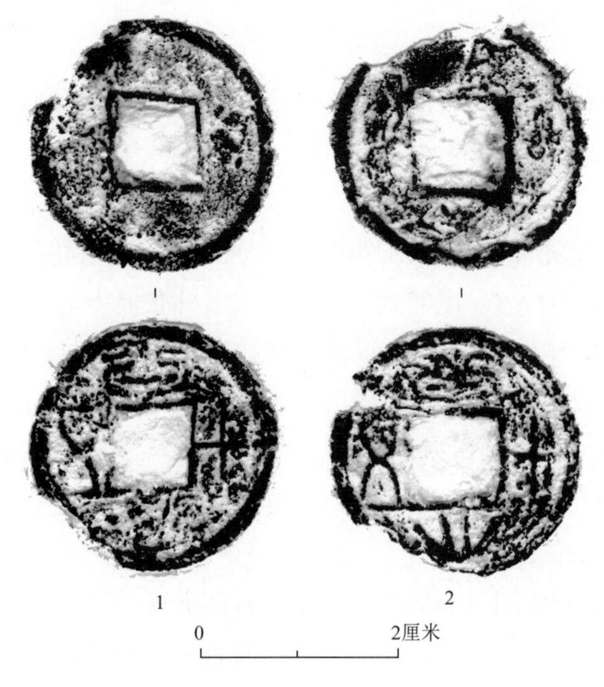

图二二八　M102出土铜大泉五十

1.M102：10-1　2.M102：10-2

一〇二、M103

1. 墓葬概况

M103位于三区西部，开口于耕土层下，距地表0.3米。方向130°。口大底小，墓口长2.8米，南端宽1.56米，北端宽1.6米；墓底长2米，南端宽0.88米，北端宽0.8米；墓深2.3～2.26米。坑四壁规整，向下垂直，距墓口深1.66～1.7米处有生土二层台，台面平整，台壁斜直，东、西台面宽0.28～0.34米，南台面宽0.3米，北台面宽0.32米，高0.6米，壁面平滑，墓底平坦，并铺一层较薄的青膏泥（图二二九；图版六四，1）。

填灰褐色五花土，含红、黄色颗粒，土质较硬。

葬具已腐朽，仅存痕迹，可以看出为单棺，棺痕长1.72米，宽0.76米。

人骨架1具，已腐朽殆尽，仅存部分牙齿，据此可知头向南，葬式不详。

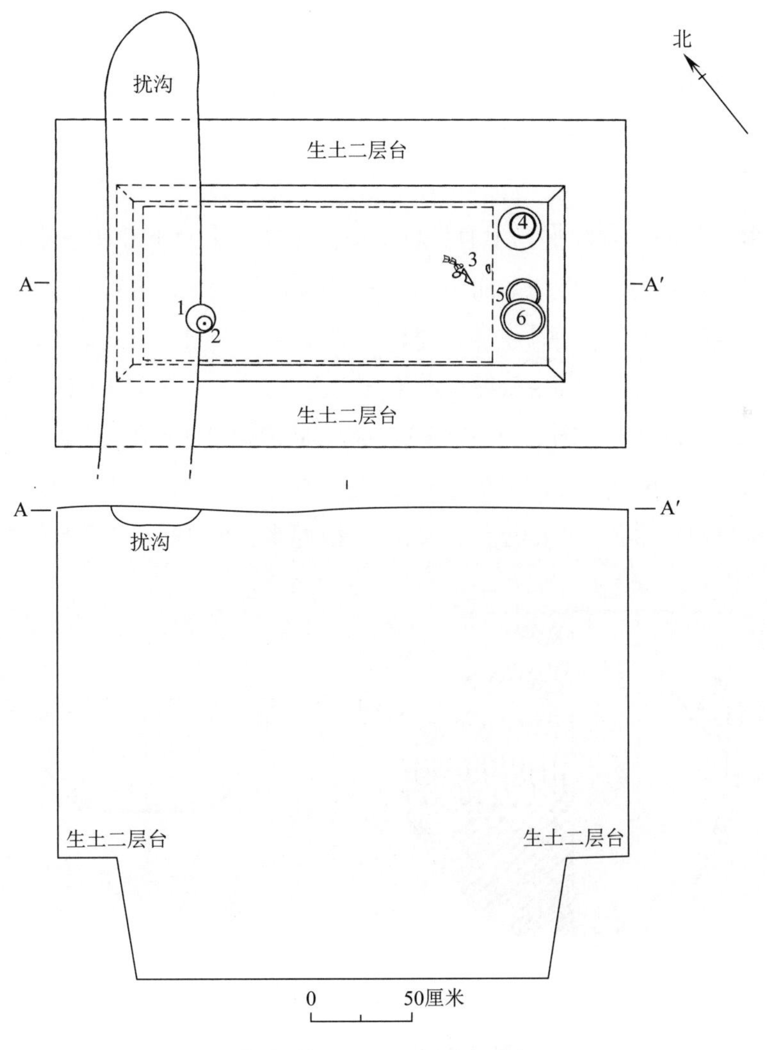

图二二九　M103平、剖面图

1.陶奁　2.铜镜　3.铜铃、铜珩、料珠　4.陶双牛鼻耳罐　5.陶盂　6.陶釜

2. 出土器物

随葬品15件，陶奁、铜镜、铜铃（6件）、铜珩（2件）、料珠（2件）置于墓底西北部和南部，陶双牛鼻耳罐、陶釜、陶盂各1件置于南部。其中陶奁、陶釜、料珠破碎严重，无法复原（图版六四，2）。

陶双牛鼻耳罐　1件。标本M103：4，泥质灰陶。敞口，沿面外斜，束颈，突肩，肩部有两个对称牛鼻形耳，鼓腹，凹圜底。颈部饰浅凹弦纹，上腹饰竖绳纹间以一周抹痕，下腹及底部饰竖斜交错绳纹。高19厘米，口径12.4厘米，底径6.7厘米（图二三〇，1）。

陶盂　1件。标本M103：5，泥质灰陶。敛口，折沿，方唇，沿面外斜，颈微束，鼓肩，弧腹缓收，平底。素面。高6.7厘米，口径15.8厘米，底径7.4厘米（图二三〇，2）。

陶釜　1件。标本M103：6，夹砂灰陶。敞口，折沿，方唇，束颈，圆肩，鼓腹，圜底。上腹饰竖绳纹间以抹痕，下腹及底部饰横斜交错的绳纹。

铜镜　1件。标本M103：2，圆形，环形纽，背部有两周凸弦纹。直径7.3厘米，厚0.1厘米（图二三一，1、2）。

铜珩　2件。形制相同。扁平状，呈等腰三角形，顶角有一不规则形穿，底边中部内凹一半圆。标本M103：3-7，长8.6厘米，厚0.1厘米（图二三一，10）。标本M103：3-8，长12.1厘米，厚0.1厘米（图二三一，11）。

铜铃　6件。形制相同。合瓦形，上有半环形纽，下宽与上宽的差距较小，两侧边斜直，下缘两角下垂，器内部顶上有一半环形纽，纽下悬一薄片状铜舌。铃身上饰网格纹，内填乳丁。标本M103：3-1，高4.6厘米，宽3.2～4.1厘米，厚1.8～2.45厘米（图二三一，3）。标本M103：3-2，高4.4厘米，宽3.3～4.1厘米，厚1.8～2.45厘米（图二三一，4）。标本M103：3-3，高4.4厘米，宽3.15～4.1厘米，厚1.8～2.5厘米（图二三一，5）。标本M103：3-4，高4.5厘米，宽3.2～4.2厘米，厚1.8～2.5厘米（图二三一，6）。标本M103：3-5，高4.6厘米，宽3.1～4.1厘米，厚1.8～2.45厘米（图二三一，7）。标本M103：3-6，高4.4厘米，宽3.2～4.1厘米，厚1.8～2.5厘米（图二三一，8）。

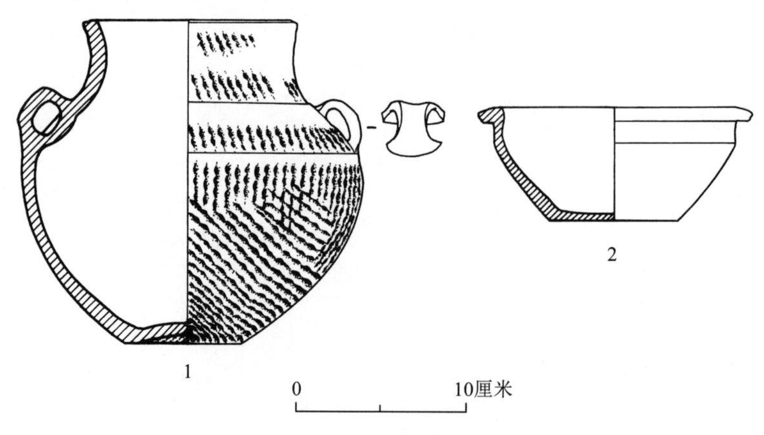

图二三〇　M103出土陶器

1. 陶双牛鼻耳罐（M103：4）　2.陶盂（M103：5）

料珠 2件。形制相同。灰白色。体呈扁柱状，中部有一圆形穿孔。标本M103：3-9，直径0.75厘米，厚0.4厘米（图二三一，9）。标本M103：3-10，直径0.7厘米，厚0.3厘米。

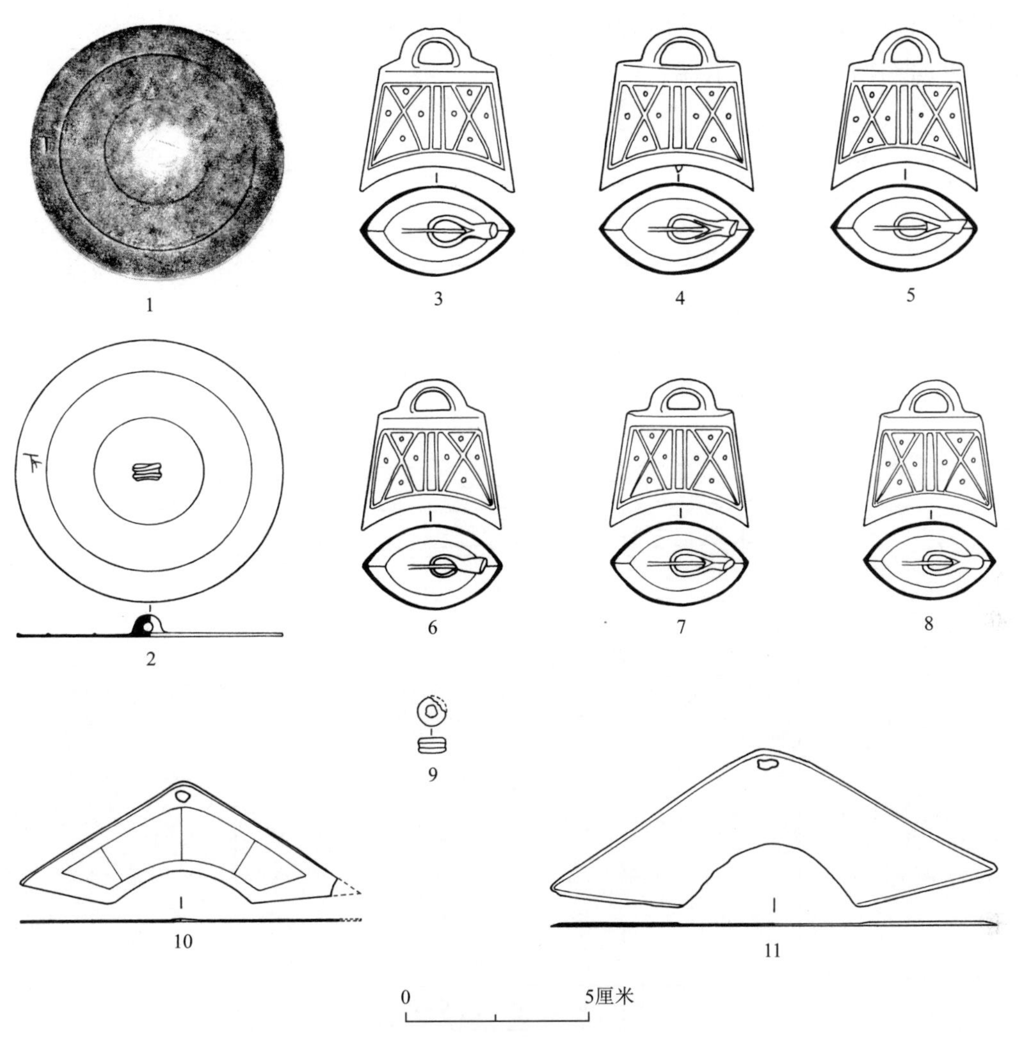

图二三一 M103出土遗物

1.铜镜（M103：2）拓本 2.铜镜（M103：2） 3～8.铜铃（M103：3-1～M103：3-6）
9.料珠（M103：3-9） 10、11.铜珩（M103：3-7、M103：3-8）

一〇三、M104

1. 墓葬概况

M104位于三区西部，开口于耕土层下，距地表0.3米，墓坑北部被一东西向扰沟破坏。方向125°。口大底小，墓口长2.14米，宽1.32～1.5米；墓底长2.14米，宽0.8～0.86米；墓深1.26米。坑四壁规整，向下垂直，东、西两壁距墓口深0.66米处有生土二层台，生土台坍塌，台壁垂直，从残存的情况分析，东台面宽0.3米，西台面宽0.34～0.22米，高0.6米，壁面粗糙，墓底平坦（图二三二；图版六五，1）。

填灰褐色五花土，含红、黄色颗粒，土质较硬。

葬具已腐朽，从残存痕迹可看出为单棺，棺痕长1.76米，宽0.76米。

人骨架已腐朽殆尽，葬式不详。

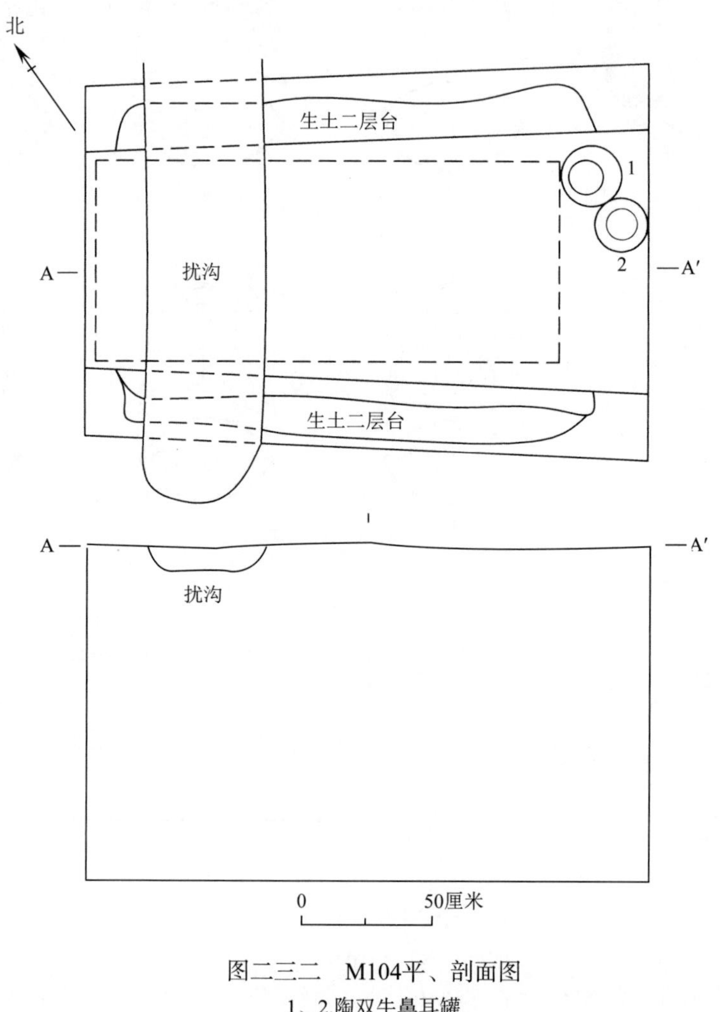

图二三二　M104平、剖面图

1、2.陶双牛鼻耳罐

2. 出土器物

随葬品2件，均为陶双牛鼻耳罐，置于墓底东端（图版六五，2）。

陶双牛鼻耳罐　2件。形制相同。泥质灰陶。敞口，尖唇或方唇，束颈，肩部微突，肩部有两个对称牛鼻形耳，弧腹，下腹缓收，凹圜底。标本M104：1，尖唇。颈部饰浅凹弦纹，上腹饰竖绳纹，下腹及底部饰或横、或竖、或斜交错绳纹。高22.8厘米，口径14.8厘米，底径7.4厘米（图二三三，1）。标本M104：2，方唇。上腹饰竖绳纹间以三周抹痕，下腹及底部饰或横、或竖、或斜交错绳纹。高21.7厘米，口径12.5厘米，底径7.4厘米（图二三三，2）。

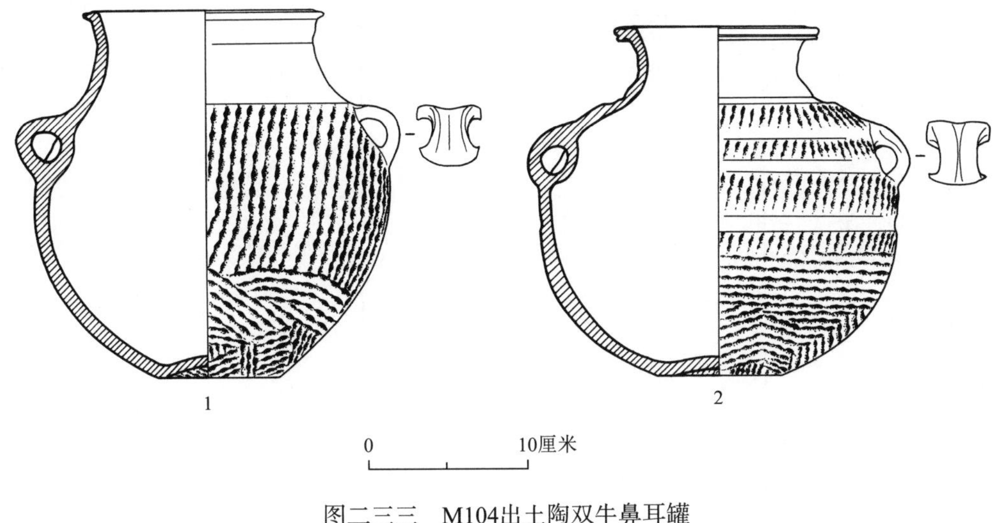

图二三三　M104出土陶双牛鼻耳罐
1.M104：1　2. M104：2

一〇四、M105

1. 墓葬概况

M105位于三区西部，开口于扰土层下，距地表0.3米，扰土层厚0.6米，墓葬破坏严重。方向143°。由墓道和墓室两部分组成。

墓道向东南，设于墓室前壁，偏右，呈长方形斜坡状，口长6.35米，宽0.8米；底坡长6.6米，坡度19°；下端深1.66米。

墓坑平面呈长方形，口底同大，长3.05米，宽2.2米，深1.6～1.76米。砖砌墓室，墙砖紧贴坑壁，平面呈长方形，长2.77米，宽1.92米，残高0.42米。墙体砌于铺底砖上，墙体下陷，残存6层，砌法为条砖直行错缝叠砌。墓门设于墓室前端，封门砖残存3层，第一层为条砖纵向平砌，第二、三层为条砖横向叠砌。从墓底残存的铺底砖看，左边为条砖纵向齐缝平铺，右边为条砖横向齐缝平铺（图二三四；图版六六，1）。

墙砖和铺底砖均为青灰色长条砖，长0.32米，宽0.14米，厚0.07米，单长侧面饰“五”字形花纹。

葬具、人骨架和随葬品不详。

2. 出土器物

在扰土中发现有陶仓、陶罐残片及铜车马器饰残件。

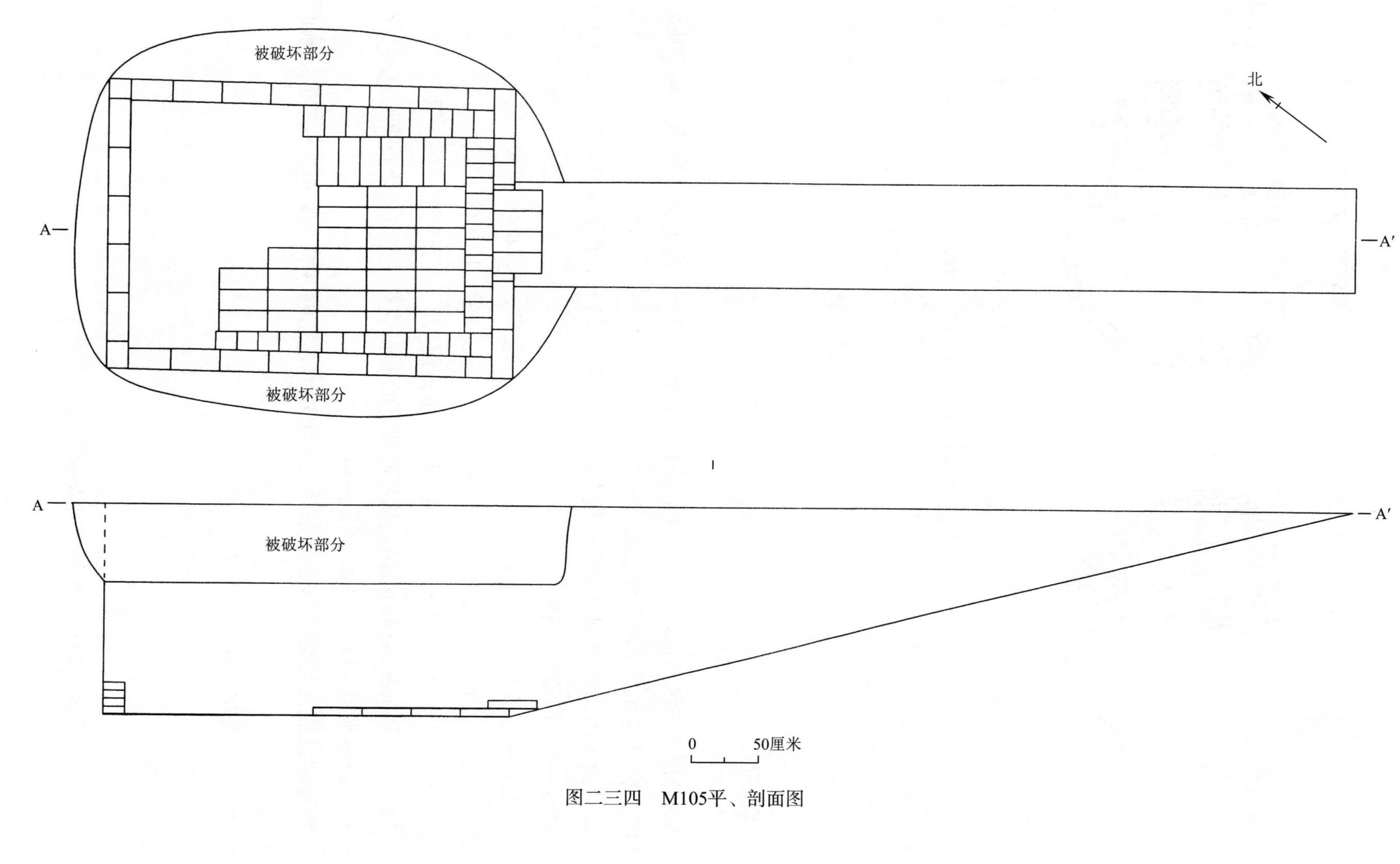

图二三四　M105平、剖面图

一〇五、M106

1. 墓葬概况

M106位于三区西部，开口于耕土层下，距地表0.3米，墓葬破坏严重。方向315°。由墓道和墓室两部分组成。

墓道向西北，设于墓室前壁，偏左，呈长方形斜坡状，口长1.9米，宽0.8米；底坡长2.14米，坡度27°；下端深1.04米。

墓坑平面呈长方形，口底同大，长4.30米，前端宽1.76米，后端宽1.80米，深1.10米（前端）~1.34米（后端）。砖砌墓室，墙砖紧贴坑壁，长3.98米，宽1.44~1.48米，残深0.72米。墙体砌于生土上，残存10层，砌法为条砖直行错缝叠砌。根据墓室前部残存的铺底砖看，为条砖纵向和横向混合齐缝平铺（图二三五；图版六六，2）。

墙砖和前堂铺底砖均为青灰色条形，可分为两类。墙砖规格为：长0.34米，宽0.16米，厚0.08米，单长侧面饰“五”字形花纹；后室地砖规格为：长0.34米，宽0.22米，厚0.08米。

未发现葬具和人骨架。

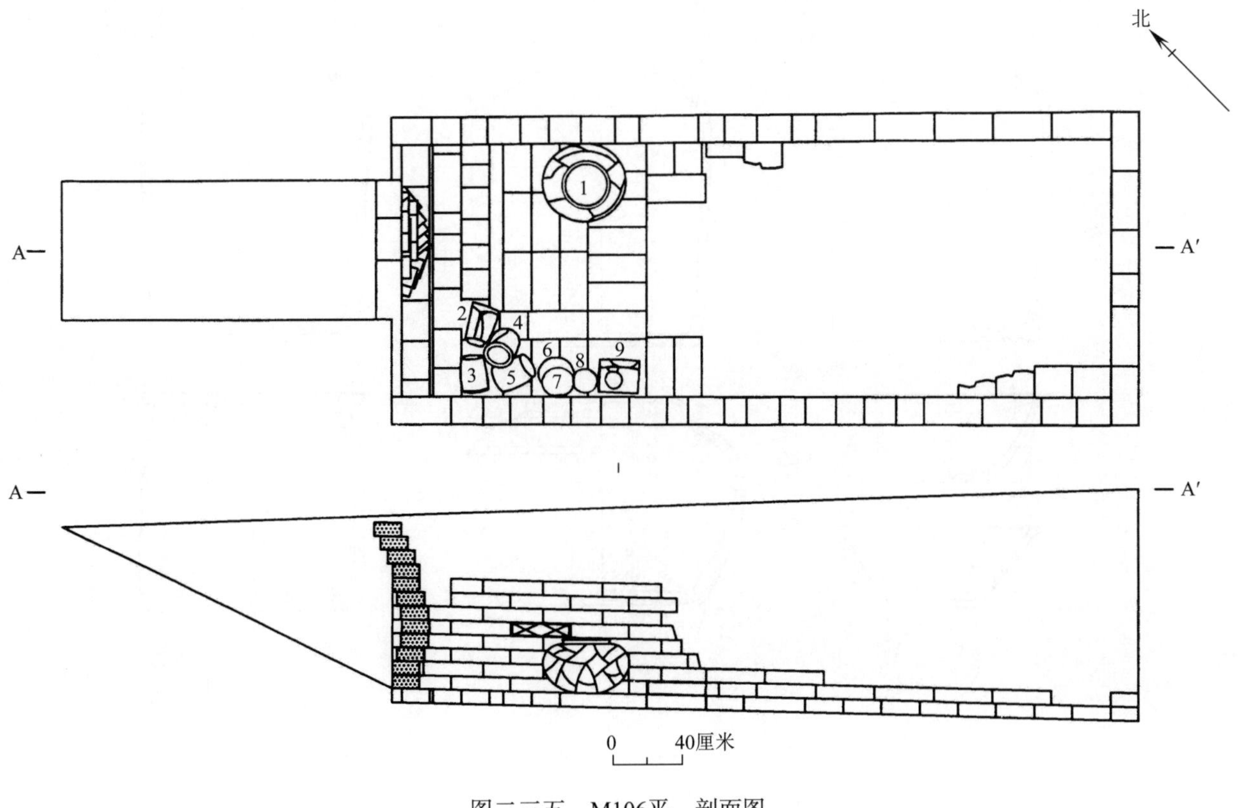

图二三五　M106平、剖面图

1.陶瓮　2、3、5.陶仓　4.陶井　6.陶罐　7.陶盆　8.陶甑　9.陶灶

2. 出土器物

随葬品9件，均为陶器，陶瓮1件置于墓室前部左侧，陶仓3、陶罐1、陶井1、陶盆1、陶甑1、陶灶1件置于墓室前部右侧。

陶罐　1件。标本M106：6，泥质灰陶。直口，圆唇，短直领，溜肩，圆鼓腹，下腹弧收，平底微内凹。底部有加工痕迹。素面。高12.6厘米，口径9.3厘米，底径12.3厘米（图二三六，8；图版六七，1）。

陶瓮　1件。标本M106：1，泥质灰陶。直口，方唇，领中部内束，圆肩，圆鼓腹，下腹弧收，平底微内凹。素面。高30.5厘米，口径25.4厘米，底径21.6厘米（图二三六，1；图版六七，2）。

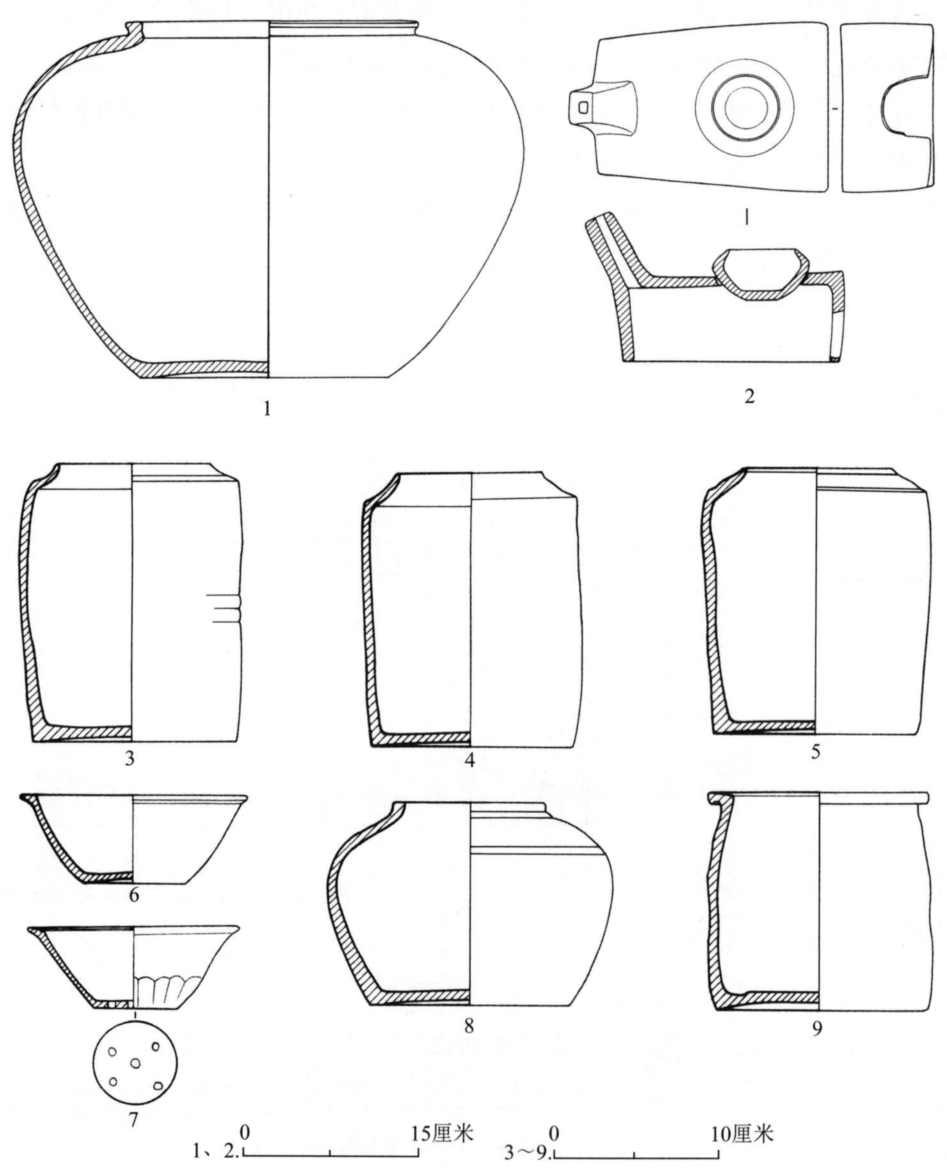

图二三六　M106出土陶器

1.陶瓮（M106：1）　2.陶灶（M106：9）　3～5.陶仓（M106：5、M106：2、M106：3）　6.陶盆（M106：7）　7.陶甑（M106：8）　8.陶罐（M106：6）　9.陶井（M106：4）

陶仓　3件。形制相同。泥质灰陶。敛口，尖唇，斜折肩，腹壁近直，平底微内凹。下腹至底部有刀削痕。素面。标本M106：2，高17厘米，口径9厘米，底径12.4厘米（图二三六，4）。标本M106：3，高16.4厘米，口径9厘米，底径12.4厘米（图二三六，5）。标本M106：5，高17.2厘米，口径9.3厘米，底径12.4厘米（图二三六，3；图版六七，3）。

陶灶　1件。标本M106：9，泥质灰陶。灶体前宽后窄，灶壁斜直向下内收，前墙中部有一拱形灶门，前部无挡墙，灶面呈梯形，灶面上有一火眼，上置一釜，灶面后部斜立一四棱柱状烟囱，扁圆烟道通穿，腹中空。素面。釜敛口，尖唇，折腹，下腹弧收，平底。下腹至底部有刀削痕。素面。灶通高13厘米，体长22厘米，宽14.6厘米；釜高4.4厘米，口径5.8厘米，底径2.8厘米（图二三六，2；图版六七，6）。

陶盆　1件。标本M106：7，泥质灰陶。敞口，尖唇，弧腹内收，平底微内凹。素面。高5.5厘米，口径14厘米，底径6.4厘米（图二三六，6）。

陶甑　1件。标本M106：8，泥质灰陶。敞口，尖唇，斜直腹向下内收，平底，底部有五个圆形箅孔。底部有加工痕迹。素面。高5.2厘米，口径12.9厘米，底径5.1厘米（图二三六，7；图版六七，5）。

陶井　1件。标本M106：4，泥质灰陶。敛口，方唇，折沿，沿面内斜，上腹斜直外张，下腹近直，平底微内凹。底部有加工痕迹。素面。高13.5厘米，口径13.6厘米，底径13.1厘米（图二三六，9；图版六七，4）。

一〇六、M107

1. 墓葬概况

M107位于三区西部，开口于耕土层下，距地表0.6米，墓葬破坏严重。 方向130°。由墓道、甬道和墓室两部分组成。

墓道向东南，西北与甬道相连，平面呈长方形，口长7.1米，前端宽0.8米，后端宽1.2米；前部为斜坡状，底坡长6.76米，坡度24°，下端为一级台阶，且宽于墓道前部。墓道壁向下内收，自墓道前端斜坡向下6.76米处形成一台阶，台面向下微倾斜，台面长1.2米，宽0.74米，高0.16米，与甬道相接。墓道两壁下部残存一层较薄的青膏泥，应为人工涂抹而成。

甬道设于墓室前壁左侧，东南与墓道相连，平面呈梯形形，前窄后宽，前端宽1.54米，后端宽1.66米，右壁长1.70米，左壁长1.72米，深2.96～3.04米。右壁下部有积石，紧贴坑壁，长0.96米，高0.4米，厚0.14米。河卵石大小不一，大者长0.14米，小者长0.05米，河卵石间夹有砂土。

墓室平面呈长方形，口底同大，长2.82米，宽2米，深2.82～2.96米。壁面平整，墓底平坦

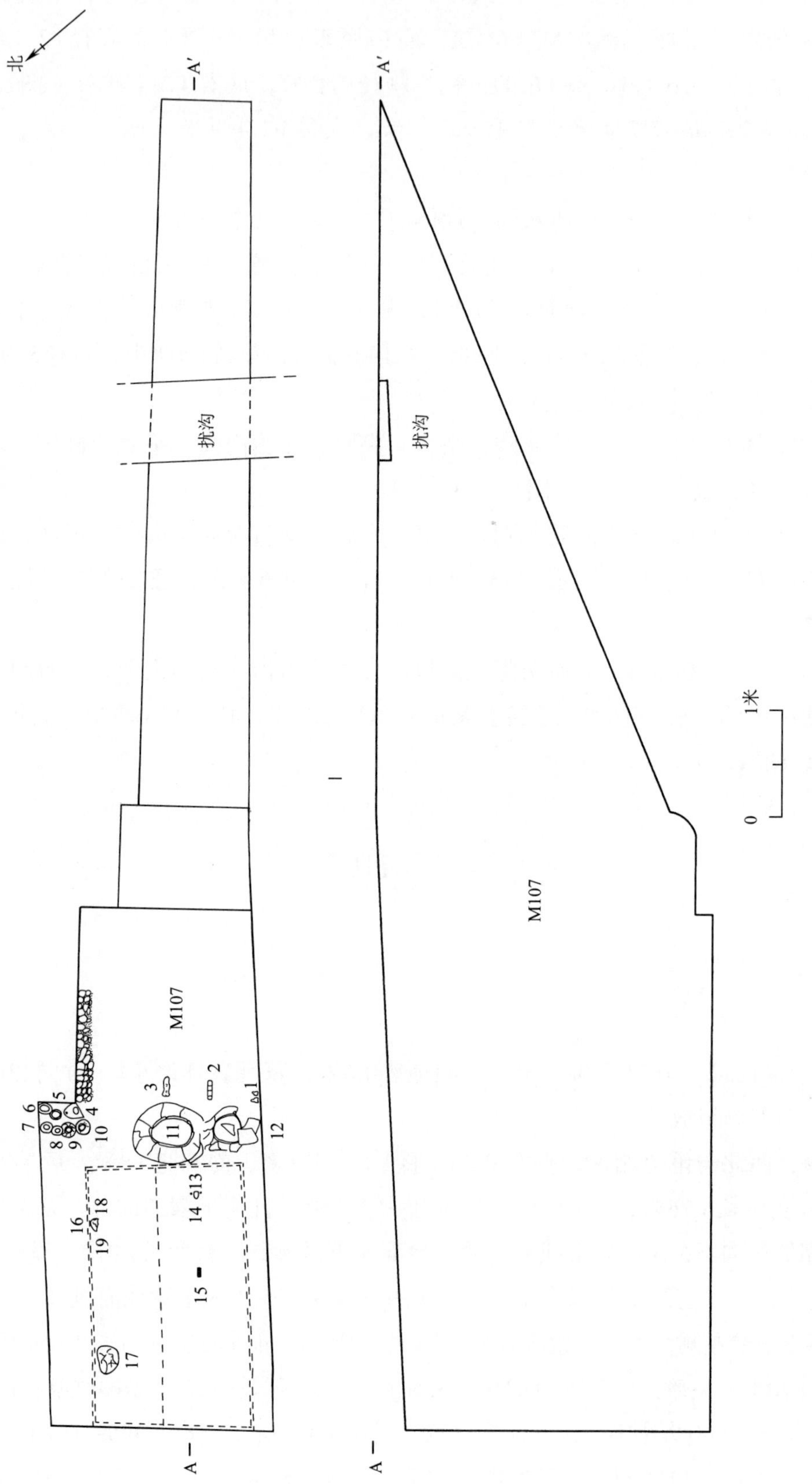

图二三七 M107平、剖面图

1.铜车軎 2.铜车轴 3.铜当卢 4.陶灶 5.铜釜 6～8.陶仓 9、10.陶双牛鼻耳罐 11.陶罐 12.陶瓮 13.石蝉 14.石鼻塞 15.铜五铢钱 16.铜衔镳 17.铜匜 18.铜瓢形器 19.铜筒形器

（图二三七；图版六八，1、2）。

填灰褐色五花土，含红、黄色颗粒，土质较硬。

葬具已腐朽，仅存痕迹，可以看出为一椁双棺，椁痕长2.16～2.32米，宽1.46 米；北部棺痕长2.2米，宽0.6米，南部棺痕长2.22～2.27米，宽0.76～0.8米。

人骨架2具，已腐朽殆尽，在南部棺痕的东端发现数枚牙齿，可知头向东，但葬式不详。

2. 出土器物

随葬品21件，铜车軎2、铜车轴1、铜当卢各1件位于甬道后端，陶仓3、陶瓮1、陶双牛鼻耳罐2、陶罐1、陶灶1、铜釜1件置于墓室前端，铜匜、铜衔镳、铜筒形器、铜瓢形器各1件置于棺痕北部，铜五铢钱13枚、石口含1、石鼻塞2件位于棺痕南部。其中铜匜破碎严重，无法复原。

陶双牛鼻耳罐　2件。形制相同，可修复1件。标本M107：9，泥质灰陶。侈口，方唇，束颈，颈壁斜直，溜肩，肩部两侧有两个对称的牛鼻形耳，鼓腹，下腹弧收，凹圜底。颈部饰竖向细绳纹，大多被抹去已漫漶不清，肩部及上腹饰竖向细绳纹间四周抹痕，下腹及底部饰交错细绳纹。高23.7厘米，口径12.4厘米，底径8.4厘米（图二三八，8；图版六九，1）。标本M107：10，肩部及上腹饰竖向细绳纹间两周抹痕，下腹饰斜向和竖向细绳纹。口径12.4厘米（图二三八，7）。

陶罐　1件。标本M107：11，泥质灰陶。近直口，尖圆唇，短直领，领中部内束，圆肩，圆鼓腹，最大径在上腹，下腹弧收，平底微内凹。腹部饰两周凹弦纹。高26.5厘米，口径25.2厘米，底径19.4厘米（图二三八，3；图版六九，2）。

陶瓮　1件。标本M107：12，泥质灰陶。近直口，圆唇，短直领，领中部内束，圆肩，圆鼓腹，最大径在上腹，下腹弧收，平底微内凹。腹部饰竖向粗绳纹间抹痕。高29.4厘米，口径26.2厘米，底径23.8厘米（图二三八，1；图版六九，3）。

陶仓　3件。形制相同。泥质灰陶，敛口，圆唇，斜折肩，中腹微鼓，平底。下腹至底部有刀削痕，器内壁有加工痕迹。标本M107：6，肩部饰斜向细绳纹，大多被抹去已漫漶不清，腹部饰竖向及斜向细绳纹间饰四周凹弦纹。高17.2厘米，口径9.8厘米，底径12.6厘米（图二三八，5；图版六九，4）。标本M107：7，高18厘米，口径8.6厘米，底径12.4厘米（图二三八，4；图版六九，5）。标本M107：8，高17.5厘米，口径9厘米，底径12.2厘米（图二三八，6）。

陶灶　1件。标本M107：4，泥质灰陶。灶体前宽后窄，灶壁向下近直，前墙中部有一拱形灶门，前部无挡墙，灶面呈不规则三角形，灶面上有一火眼，灶面后部斜立一圆柱形烟孔，腹中空。素面。通高13.1厘米，长26厘米，宽18.2厘米（图二三八，2；图版六九，6）。

铜釜　1件。标本M107：5，胎薄，腐蚀严重，已残。敞口，方唇，斜折沿，上腹鼓，下腹缓收。

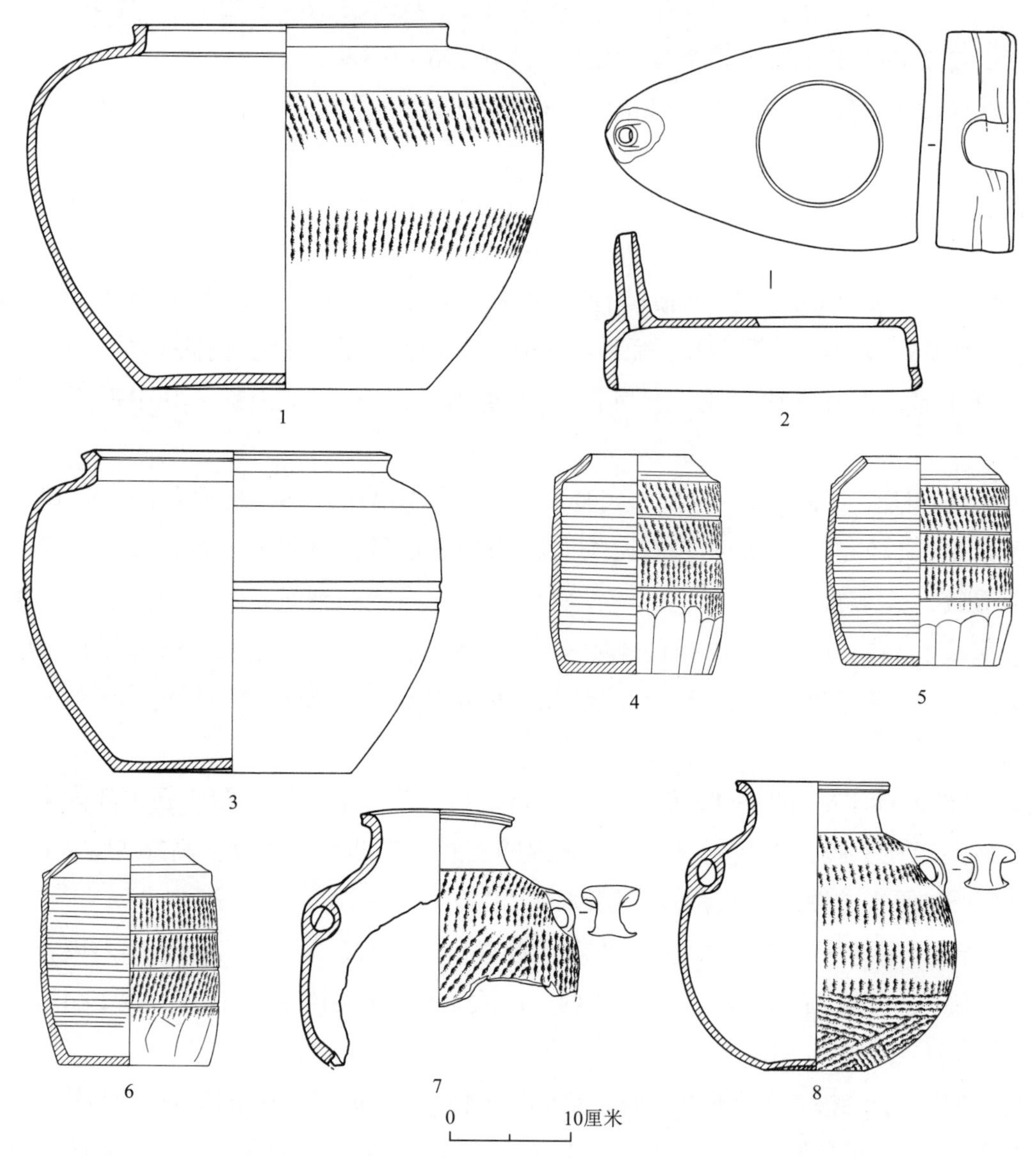

图二三八　M107出土陶器

1.陶瓮（M107：12）　2.陶灶（M107：4）　3.陶罐（M107：11）
4～6.陶仓（M107：7、M107：6、M107：8）　7、8.陶双牛鼻耳罐（M107：10、M107：9）

铜匜　1件。标本M107：17，胎薄，已残。作扁平状，两侧有对称的半圆形环。

铜车軎　2件。形制相同。内折口，首端外张，顶微凸，器身有两周铜箍，口端有长条形辖孔。辖扁平呈长条形，一端有圆形帽。标本M107：1-1，高2.85厘米，口径2.2厘米（图二三九，8）。标本M107：1-2，高2.8厘米，口径2.2厘米（图二三九，7）。

铜车轴　1件。标本M107：2，器如两端不闭塞的直筒，中部饰三周凸弦纹，两端各饰一周凸弦纹。长9.5厘米，直径1.6厘米（图二三九，5）。

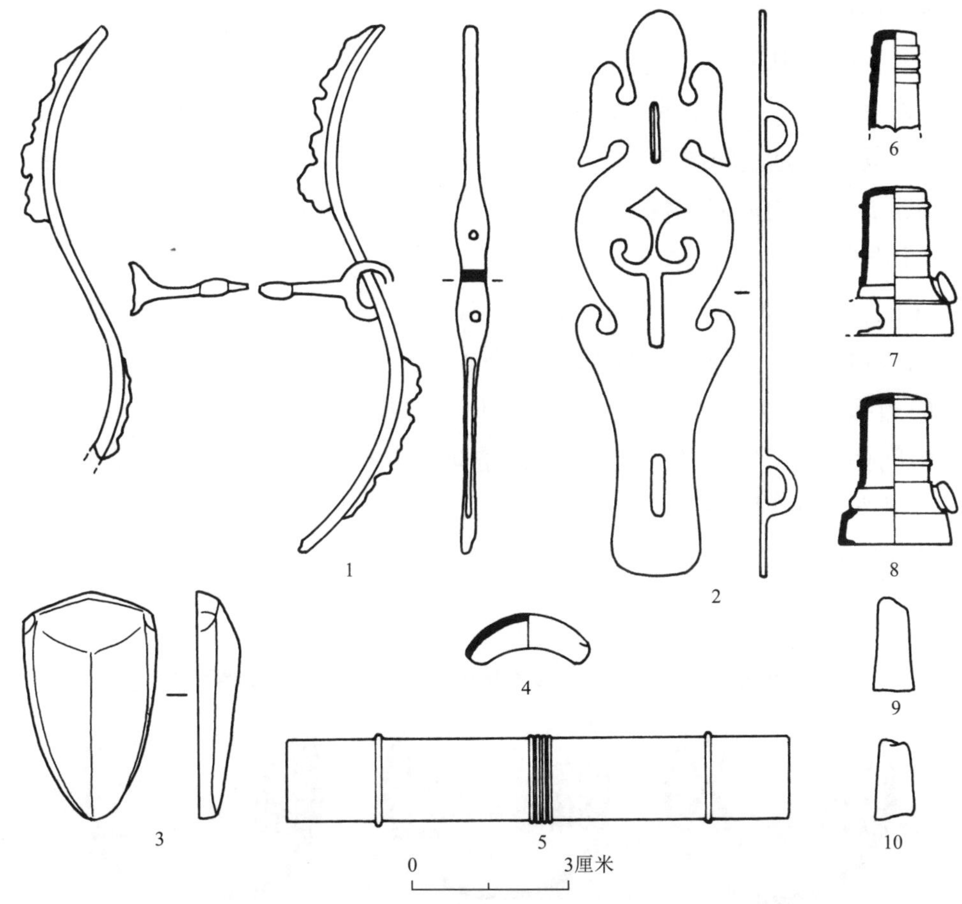

图二三九 M107出土遗物

1.铜衔镳（M107：16） 2.铜当卢（M107：3） 3.石蝉（M107：13）
4.铜瓢形器（M107：18） 5.铜车轴（M107：2） 6.铜筒形器（M107：19）
7、8.铜车軎（M107：1-2、M107：1-1） 9、10.石鼻塞（M107：14-1、M107：14-2）

铜当卢 1件。标本M107：3，其轮廓如正视的马脸，中间镂空，背部下垂两个半环形纽。长10.9厘米，最宽3厘米，厚0.1厘米（图二三九，2）。

铜衔镳 1件。标本M107：16，衔已残，衔由两端带圆环的两个铜柱套合而成，“S”形镳套于环内，中间扁平，有两个小圆穿孔，镳的两端有连弧形的装饰，内部镂空。镳长10.2厘米（图二三九，1）。

铜筒形器 1件。标本M107：19，圆筒形，中空成銎，平顶，口径略大于底径。器中部偏上处饰三周凸弦纹。长1.85厘米（图二三九，6）。

铜瓢形器 1件。标本M107：18，器如无把的瓢。残长2.4厘米（图二三九，4）。

石蝉 1件。标本M107：13，正面简单刻出蝉的头部、双翼，背部平齐。长4.4厘米，最宽2.5厘米（图二三九，3）。

石鼻塞 2件。作锥形，下端平。标本M107：14-1，长1.8厘米，直径0.8厘米（图二三九，9）。标本M107：14-2，长1.55厘米，直径0.8厘米（图二三九，10）。

铜五铢钱　13枚。可分两型。

A型　2枚。标本M107：15-1，钱的正面边缘有一周凸起的周郭，正方形穿，穿之左右有篆书“五铢”两字，大部分钱上的“铢”字不太清楚；钱的背面边缘有周郭，而且穿四边也有郭。“五”字中间两笔是直的或近乎直的，整个字形如两个对顶三角形；“铢”字的“金”字头如一带翼箭镞，也有的近似三角形；“铢”字的“朱”字头方折。郭径2.5厘米，钱径2.3厘米，穿边长1厘米（图二四〇，1）。

B型　11枚。标本M107：15-3和标本M107：15-4形制、大小相同。其中标本M107：15-3，钱的正面边缘有一周凸起的周郭，正方形穿，穿之左右有篆书“五铢”两字；钱的背面边缘有周郭，而且穿四边也有郭。钱文的书体特点明显，“五”字中间两笔是弯曲的，中间两笔和上下两划相接的地方略向内靠拢，中间两笔和上下两横相接的地方是垂直的；“铢”字笔划清晰，“金”字四点较长，“朱”字头方折。有的为剪轮五铢。郭径2.5厘米，钱径2.3厘米，穿边长1厘米（图二四〇，2、3）。

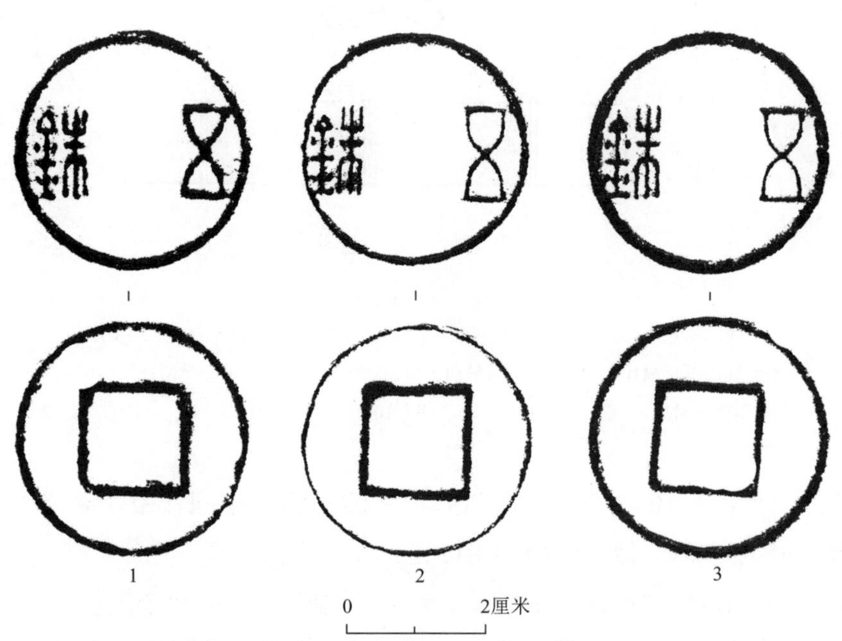

图二四〇　M107出土铜五铢钱

1.A型（M107：15-1）　2、3. B型（M107：15-3、M107：15-4）

一〇七、M108

M108位于三区西部，开口于耕土层下，距地表0.3米，墓室破坏严重，墓道西端被一条南北走向的扰沟打破，沟宽0.7米，深0.08～0.12米；墓道打破M109东南部。方向315°。由墓道和墓室两部分组成。

墓道向西北，居中设于墓室前壁，呈长方形斜坡状，长2.42米，宽0.74米；底坡长2.46

米，坡度13°；下端深0.66米。墓门设于墓道与墓室连接处，残存一层封门砖，封门砖为横向侧立。

墓坑平面呈长方形，口底同大，长3.16米，宽1～1.06米，深0.66米。砖砌墓室，但砖已不详，仅在墓室与墓道连接处残存几块残砖（图二四一）。

葬具、人骨架和随葬品无存。

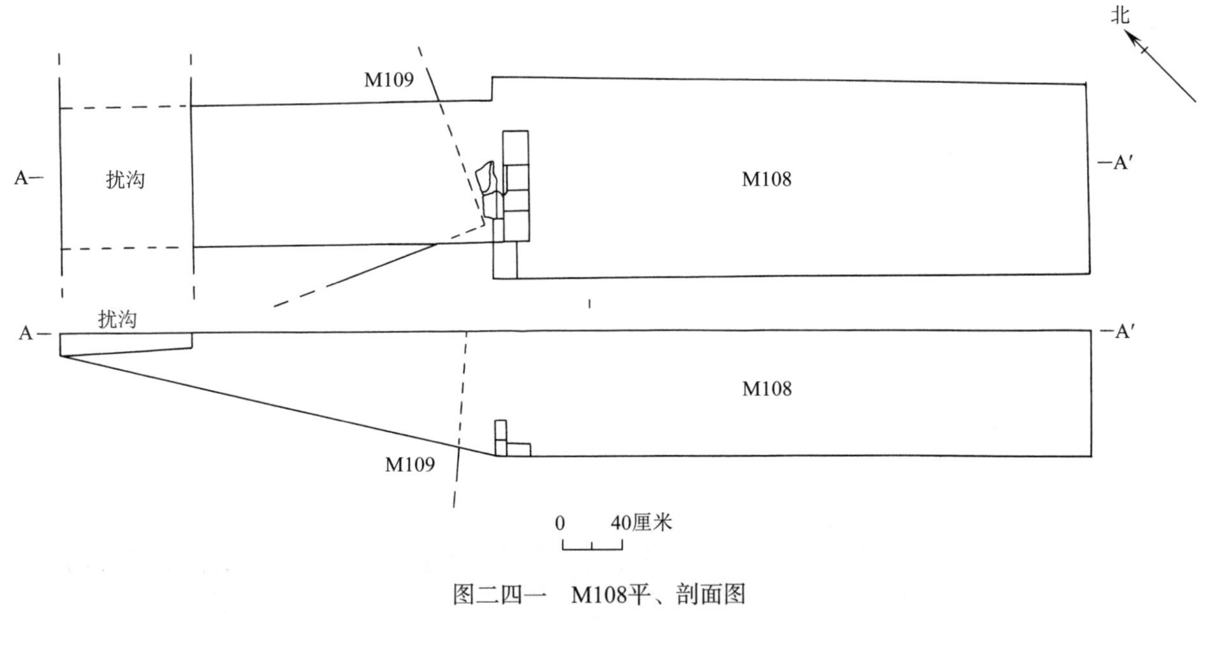

图二四一　M108平、剖面图

一〇八、M109

1. 墓葬概况

M109位于三区西部，开口于耕土层下，距地表0.3米，墓坑中部被一南北走向的扰沟破坏，沟宽0.7米，深0.08～0.12米；东南部被M108墓道打破。方向120°。口大底小，墓口长3.1米，东端宽2米，西端宽2.14米；墓底长2.35米，东端宽1.37米，西端宽1.4米；墓深3.86米。坑四壁规整，北壁陡直，东、南、西壁向下内收，自墓口向下2.94米深处有生土二层台，台面平整，部分坍塌，台面宽0.14～0.32米，高0.9米，墓底平坦（图二四二）。

填灰褐色五花土，含红、黄色颗粒，土质较硬。

葬具已腐朽，仅存痕迹，可以看出为一椁一棺。椁室平面呈“井”字形，通长2.75米，通宽1.80米，椁内空痕长2.35米，宽1.37～1.4米，椁板四角外伸0.2米；棺痕位于椁内北部，棺痕长1.8米，宽0.6～0.65米。

人骨架1具，已腐朽殆尽，仅存头骨和部分肢骨痕迹，可知头向东，但葬式不详。

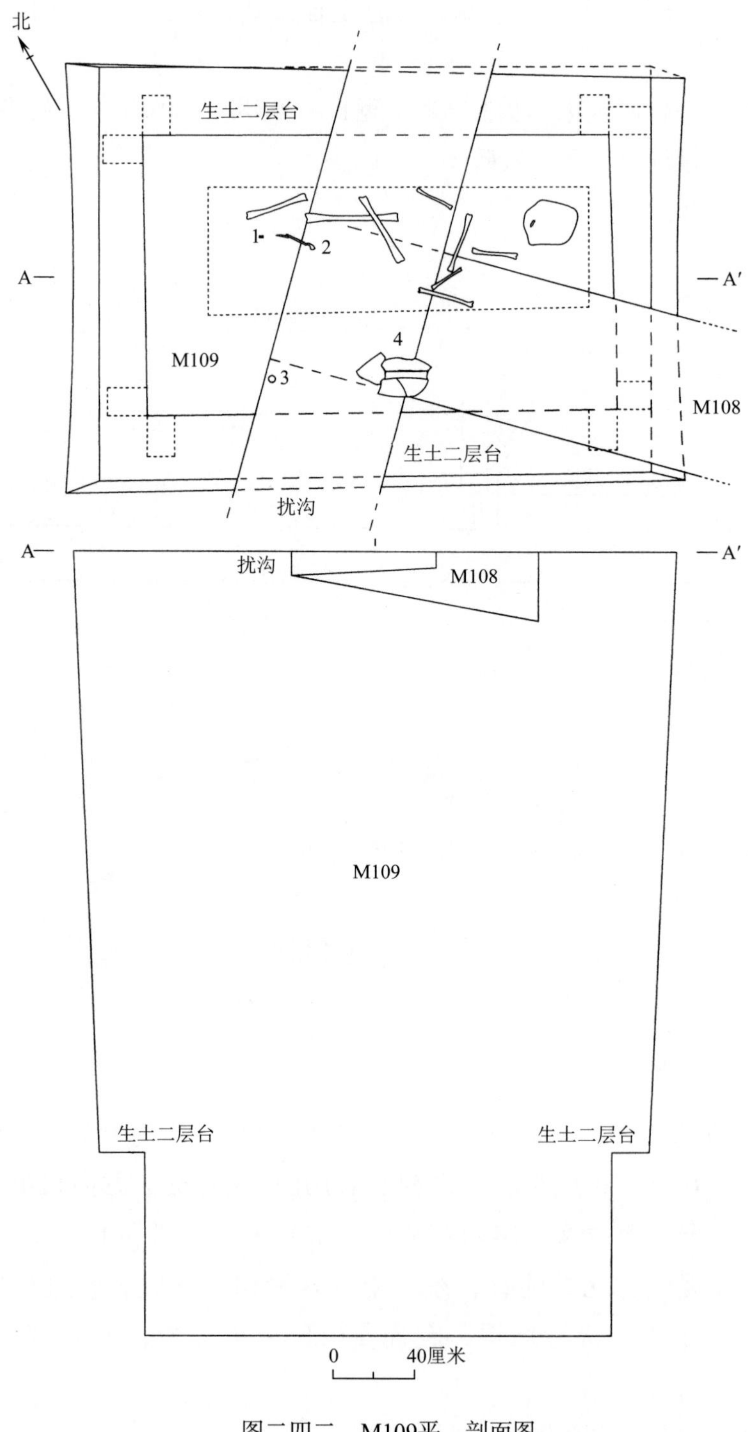

图二四二　M109平、剖面图

1.铜印章　2.铁剑　3.陶纺轮　4.陶盂

2. 出土器物

随葬品4件，铜印章、铁剑置于棺内西部，陶纺轮、陶盂置于棺南部。

陶盂　1件。标本M109：4，泥质灰陶。直口微侈，方唇，折沿，圆唇，颈壁近直，弧腹向下缓收，凹圜底。颈部饰竖向细绳纹，下腹及底部饰网格纹。高10.8厘米，口径23.2厘米（图二四三，1）。

陶纺轮　1件。标本M109：3，泥质黑陶。体呈算珠状，圆形，周边外鼓，上下平，中间有一圆形穿孔。直径3.1厘米，厚1.9厘米（图二四三，3）。

铜印章　1件。标本M109：1，器呈长方形，上有一扁形环纽，上壁作叠涩状，下壁直。印面有“篆书”二字，字体漫漶不清。高1.4厘米，长1.8厘米宽1厘米（图二四三，2）。

铁剑　1件。标本M109：2，由于腐蚀严重，已残断为数节。剑身起脊，尖峰，双面刃。

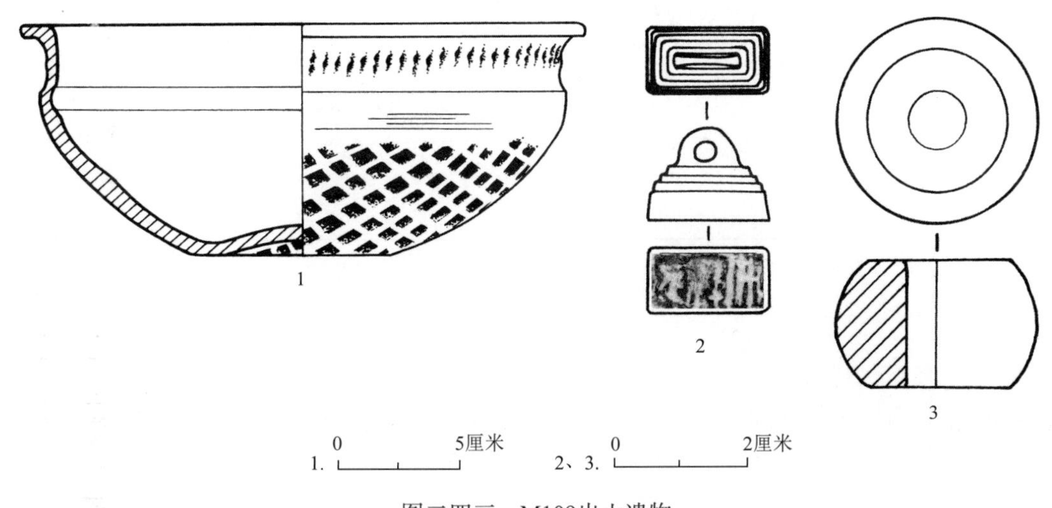

图二四三　M109出土遗物
1.陶盂（M109：4）　2.铜印章（M109：1）　3.陶纺轮（M109：3）

一〇九、M110

1. 墓葬概况

M110位于三区西部，开口于耕土层下，距地表0.3米。方向120°。墓口东高西低，口大底小，墓口长3～3.06米，东端宽1.86米，西端宽2米；墓底长2.46米，东端宽1.18米，西端宽1.26米；墓深3.62～3.7米。由于挤压，致使墓坑东、南、西三壁中部向内弧，四壁向下内收，自墓口向下2.72米深处有生土二层台，台面平整，部分坍塌，台面宽0.14～0.34米，高0.9米，壁面平滑，经人工修整，墓底平坦（图二四四；图版七〇，1）。

填灰褐色五花土，含红、黄色颗粒，土质较硬。

葬具多已腐朽，尚存2小块未朽尽的柏木椁，可看出为一椁一棺。椁室平面呈两侧板两端外出两挡板的长方形，长2.36米，宽1.1米，椁板四角外出0.2米；棺位于椁内北部，棺痕长1.8米，宽0.6～0.65米。

人骨架1具，已腐朽殆尽，从残存痕迹看，可知头向东，但葬式不详。

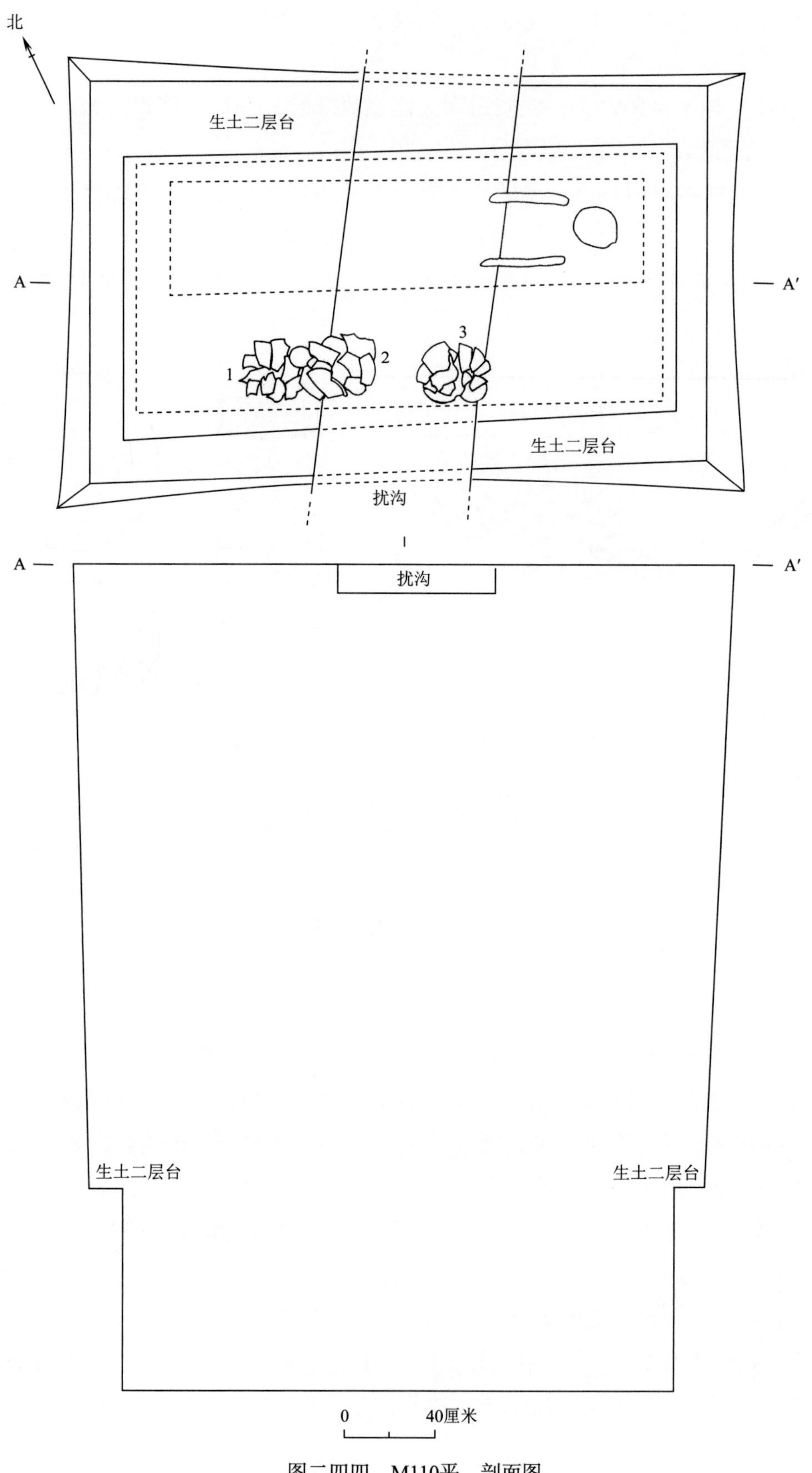

图二四四　M110平、剖面图
1.陶壶　2.陶双牛鼻耳罐　3.陶鼎

2. 出土器物

随葬品3件，陶壶、陶双牛鼻耳罐和陶鼎各1件，置于椁室南部（图版七〇，2）。

陶鼎 1件。标本M110：3，泥质灰陶。子口，上呈覆盘状盖，盖隆起，顶圜。器为子口，腹部有两个对称的方形附耳，上端外撇较甚，拱形耳孔对穿，下腹弧形缓收，圜底近平，下附三柱足，足上有刀削痕，其横断面呈多边形。盖顶有红色痕迹，纹样已漫漶不清。通高21厘米，口径18.8厘米（图二四五，2）。

陶壶 1件。标本M110：1，泥质灰陶。侈口，折沿，方唇，束颈，溜肩，鼓腹，下腹弧收，喇叭状假圈足，平底。素面。高23.2厘米，口径11.4厘米，腹径19.6厘米，底径9.5厘米（图二四五，3）。

陶双牛鼻耳罐 1件。标本M110：2，泥质灰陶。侈口，尖圆唇，束颈，溜肩，肩部两侧有两个对称的牛鼻形耳，鼓腹，下腹弧收，凹圜底。颈部饰竖向细绳纹，大多被抹去已漫漶不清，肩部及中腹饰斜向细绳纹间饰两周抹痕，下腹及底部饰交错细绳纹。高22.4厘米，口径15.4厘米，底径9厘米（图二四五，1）。

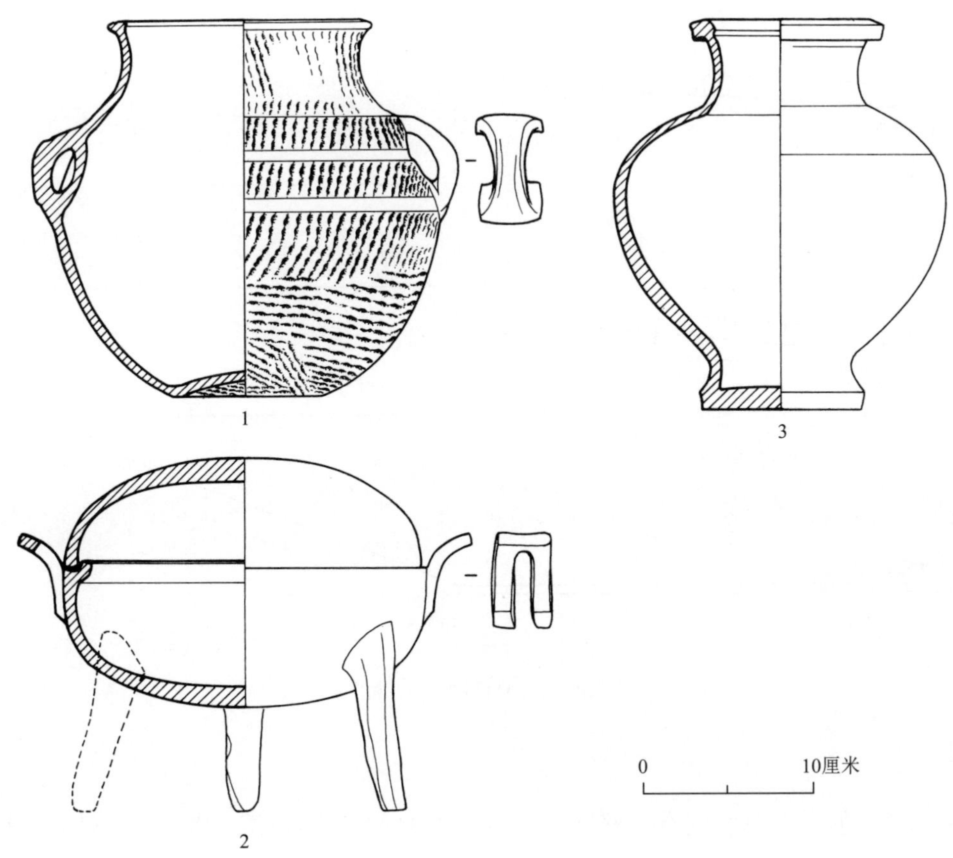

图二四五 M110出土陶器

1.陶双牛鼻耳罐（M110：2） 2.陶鼎（M110：3） 3.陶壶（M110：1）

一一〇、M111

1. 墓葬概况

M111位于三区西部，开口于耕土层下，距地表0.3米，墓葬破坏严重。方向130°。由墓道和墓室两部分组成。

墓道向东南，设于墓室前壁左侧，呈长方形斜坡状，口长2.94米，宽0.7米；底坡长3.18米，坡度21°；下端深1.16米。

墓坑平面呈长方形，口底同大，后壁向下内鼓，长3.40米，前壁宽1.86米，后壁宽1.98米，深1.16米。砖砌墓室，墙砖紧贴坑壁，平面呈长方形，长3.12米，前宽1.58米，后宽1.7米，残高0.06米。墙体砌于宽0.15、深0.06米的基槽内，残存3层，砌法为条砖直行错缝叠砌。从残存的铺底砖看，应为条砖纵向齐缝平铺（图二四六）。

墙砖和铺地砖均为青灰色条形，规格为：长0.34米，宽0.14米，厚0.06米，单长侧面饰“五”字形花纹。

葬具、人骨架无存。

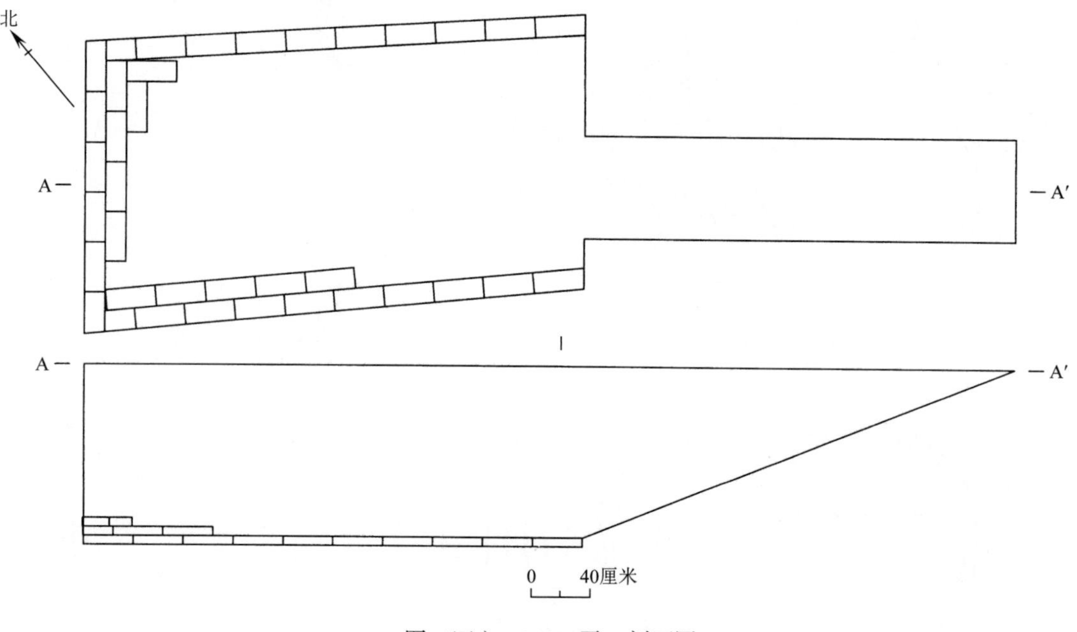

图二四六　M111平、剖面图

2. 出土器物

随葬品不详。在扰土中发现有一些陶器残片，可复原者有陶罐、钵、仓、灶各1件。

陶罐　1件。标本M111：1，泥质灰陶。直口，短直领，圆唇，溜肩，鼓腹，下腹弧收，平底。素面。高11.5厘米，口径10.6厘米，底径11.4厘米（图二四七，4）。

陶钵　1件。标本M111：2，泥质灰陶。敛口，方唇，肩部微突，下腹弧收，平底微内凹。高7.1厘米，口径19.2厘米，底径27.6厘米（图二四七，2）。

陶仓　1件。标本M111：3，泥质灰陶。敛口，尖圆唇，斜折肩，腹壁斜直内收，平底。素面。高15.4厘米，口径8厘米，底径10.6厘米（图二四七，3）。

陶灶　1件。标本M111：4，泥质灰陶。灶体前宽后窄，灶壁向下外张，前墙中部有一拱形灶门，前部无挡墙，灶面前方后圆，灶面上有二火眼，灶面后部有一圆形烟孔，烟道通穿，腹中空。腹壁上饰竖向细绳纹。通高17.7厘米，长33.8厘米，宽17厘米（图二四七，1）。

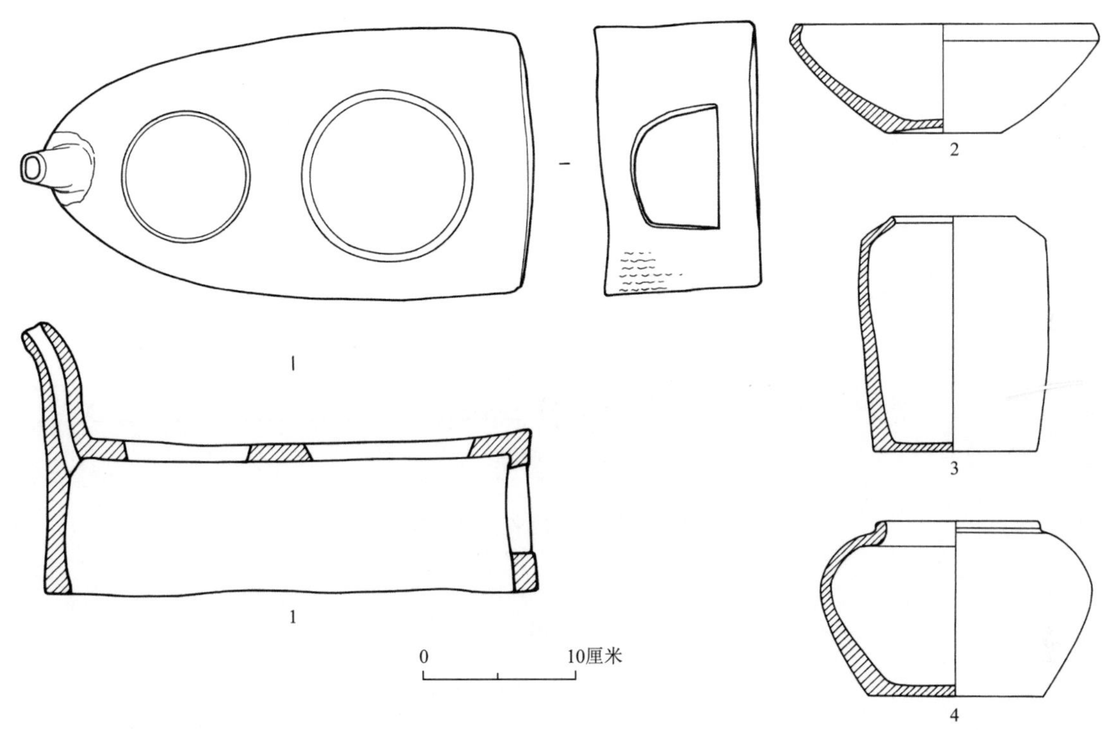

图二四七　M111出土陶器

1.陶灶（M111：4）　2.陶钵（M111：2）　3.陶仓（M111：3）　4.陶罐（M111：1）

一一一、M112

M112位于三区西部，开口于耕土层下，距地表0.3米，墓葬破坏严重，墓道打破M113北壁。方向310°。由墓道和墓室两部分组成。

墓道向西北，设于墓室前壁左侧，呈长方形斜坡状，口长3.16米，宽0.76米；底坡不规整，下部坡度渐小，坡长3.4米，坡度14°。下端深1.25米。

墓坑平面呈长方形，口底同大，墓口长3.32米，宽1.92米，深1.25米。东壁受地层挤压而变形。砖砌墓室，墙砖紧贴坑壁，平面呈长方形，长3.04米，宽1.64米，残高0.12米。墙体砌于宽0.15米、深0.06米的基槽内，残存4层，砌法为条砖直行错缝叠砌。仅存西北部铺底砖，为横行错缝平铺（图二四八）。

墙砖和铺底砖均为青灰色条形，为同一规格：长0.34米，宽0.14米，厚0.06米，单长侧面饰"五"字形花纹。

葬具、人骨架和随葬品无存。

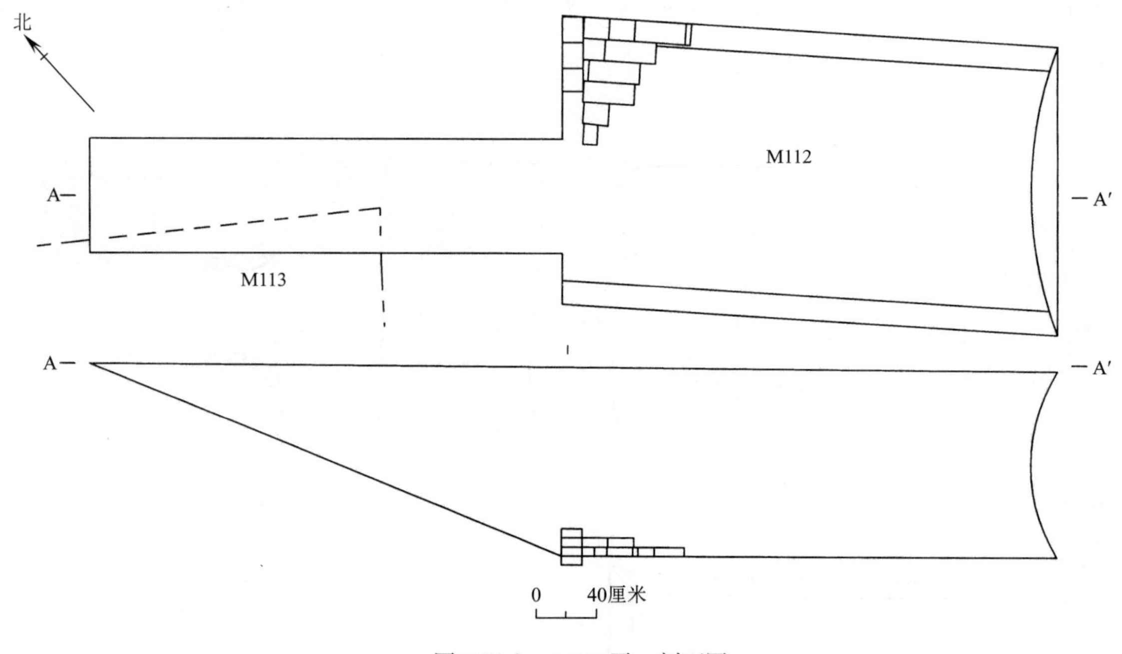

图二四八　M112平、剖面图

一一二、M113

1. 墓葬概况

M113位于三区西部，开口于耕土层下，距地表0.3米，墓坑北部被M112墓道打破。方向125°。口大底小，墓口长2.5米，宽1.74米；墓底长1.76米，宽0.98米；墓深2.38米。由于受地层的挤压，致使东、南、西三壁中部向墓室突出，四壁向下内收，自墓口垂直向下1.88米深处有生土二层台，台面较平，部分已坍塌，台面宽0.16～0.36米，高0.5 米，壁面平滑，墓底平坦（图二四九；图版七一，1）。

填灰褐色五花土，含红、黄色颗粒，土质较硬。

葬具已腐朽，仅存痕迹，可以看出为一椁一棺，椁痕长1.76米，宽0.98米；棺位于椁内北部，棺痕长1.62米，东端宽0.56米，西端宽0.50米。

人骨架1具，已腐朽，仅存头骨和部分肢骨痕迹，可知头向东，仰身直肢。

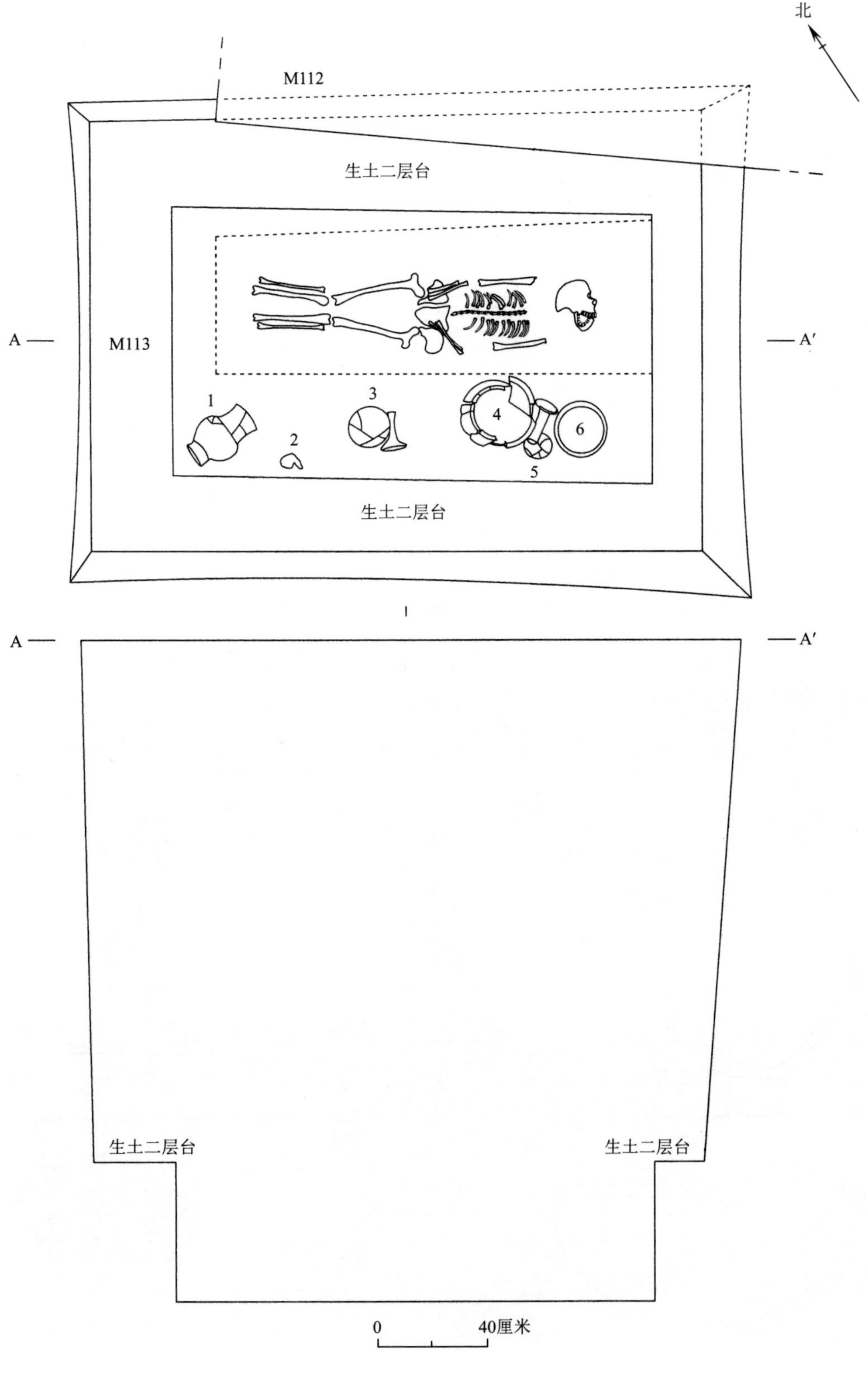

图二四九 M113平、剖面图
1.陶壶 2.铜饰 3、5.陶豆 4.陶釜 6.陶盒

2. 出土器物

随葬品6件，其中陶豆2件，陶盒、陶壶、陶釜、铜饰各1件，位于椁内南部。铜饰因残碎严重，无法提取（图版七一，2）。

陶豆　2件。形制相同。泥质灰陶。侈口，圆唇，腹壁向下内折急收，柄较长，柄壁呈螺旋状，喇叭状圈足。素面。标本M113：3，圈足中空至柄下部。高17.2厘米，口径15.2厘米，盘深3厘米，圈足径9.5厘米（图二五〇，2）。标本M113：5，圈足中空至盘底。高17.9厘米，口径15.2厘米，盘深3厘米，圈足径9.6厘米（图二五〇，3）。

陶盒　1件。标本M113：6，泥质灰陶。子口，弧腹内收，平底微内凹。素面。高9.5厘米，口径17.2厘米，底径7.3厘米（图二五〇，4）。

陶壶　1件。标本M113：1，泥质灰陶。侈口，圆唇，束颈，溜肩，鼓腹，下腹弧收，平底，筒状圈足。颈部饰竖向细绳纹，大多被抹去已漫漶不清，颈下部饰树纹，肩部饰一周凹弦纹，凹弦纹下饰一周带状网格纹，下腹饰斜向细绳纹大多已漫漶不清。高23厘米，口径11.4厘米，底径8.8厘米（图二五〇，1）。

陶釜　1件。标本M113：4，泥质灰陶。敛口微侈，沿弧折，束颈，溜肩，鼓腹，最大颈在中腹偏上处，下腹弧收，圜底残。上腹饰竖向细绳纹，下腹饰横向细绳纹。残高13.8厘米，口径20厘米（图二五〇，5）。

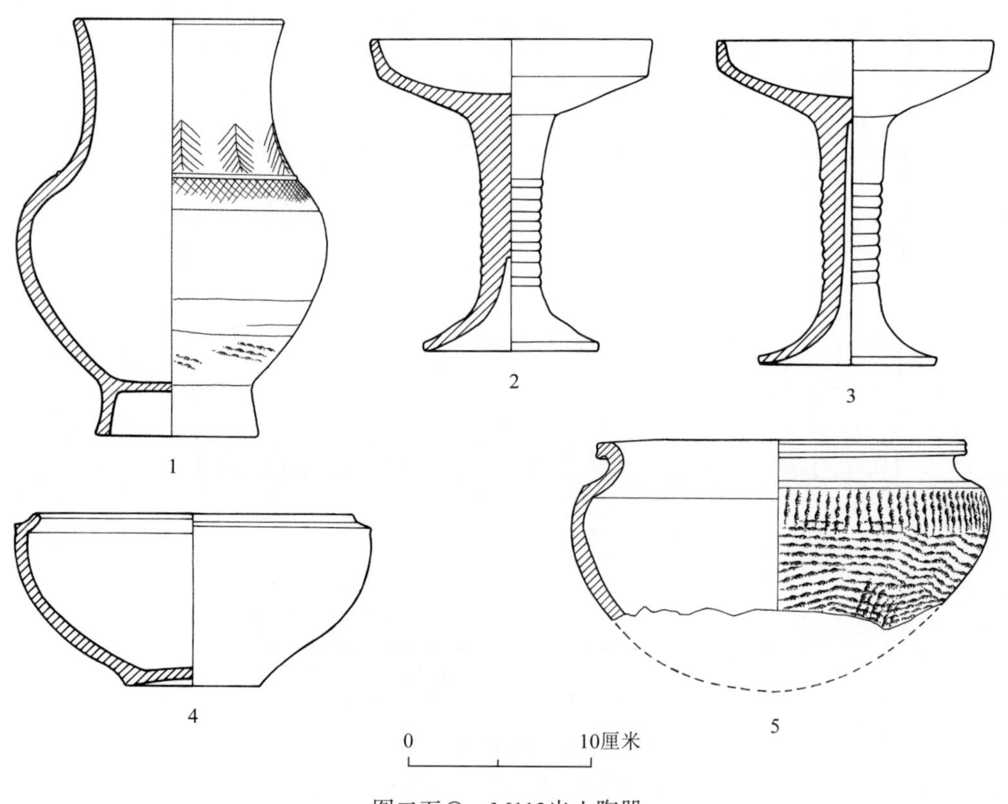

图二五〇　M113出土陶器

1.陶壶（M113：1）　2、3.陶豆（M113：3、M113：5）　4.陶盒（M113：6）　5.陶釜（M113：4）

一一三、M114

1. 墓葬概况

M114位于三区西部，开口于耕土层下，距地表0.3米，甬道和墓室后端各有一个椭圆形盗洞伸向墓室，将墓内器物洗劫一空。方向314°。由墓道、甬道和墓室三部分组成。

墓道向西北，东南与甬道相连，呈长方形斜坡状，口长4米，宽0.9米；底坡长4.38米，坡度22°；下端深1.75米。

甬道设于墓室前壁，偏右，西北与墓道相连。有一个直径0.9～1.3米的袋状盗洞破坏甬道至底部。甬道两壁没有用砖砌，圹平面呈长方形，进深1.8米，宽1.4米，深2.3米。铺底砖为纵向齐缝平铺，铺底砖下为0.1米厚的熟土。在甬道两端设两道门。第一道门位于墓道与甬道之间，封门砖残存2层，每层用6块条砖，共砌3排，砌法为立砖齐缝叠砌；第二道门位于甬道与墓室之间，砖砌门框，宽0.9米，残高1.52米，封门砖封于门外甬道内，残存2层，共砌2排，砌法为横向齐缝叠砌。

墓坑平面呈长方形，口底同大，长3.02～3.1米，前端宽2.06米，后端宽2.12米，深2.38米（前端）～2.4米（后端）。砖砌墓室，墙砖紧贴坑壁，长2.62米，前端宽1.76米，后端宽1.8米，高2米。墙体砌于铺底砖上，砌法条砖直行错缝叠砌，砌至19层后用楔形砖起券，为纵向齐缝，有些砖缝用陶片嵌塞以便加固。铺底砖为条砖“人”字形平铺（图二五一）。

墙砖、铺底砖均为青灰色条砖，规格为长0.34米，宽0.16米，厚0.08米。楔形砖长0.34米，宽0.16米，厚0.06～0.08米，单长侧面饰“五”字形花纹和菱形纹。

葬具、人骨架无存。

2. 出土器物

随葬品39件，置于甬道铺底砖下，为铜车马器和兵器。计有铜盖弓帽17件，铜筒形器5件，铜衔，镳、铜车軎、铜轙、铜U形器各2件，铜当卢、铜圆帽形器、铜弩机、铜兽面饰、铜瓢形器、铜车轴各1件。这些铜车马器和兵器皆为明器，多已残碎，无法提取（图二五二）。

铜弩机 1件。标本M114：8，由牙、望山、郭、键等部件组成。牙呈三角形，分左右两片，中容箭括，与长方形望山连铸为一体，郭呈倒梯形，面上刻出箭槽，郭固定了牙、悬刀的位置，郭身有二键通穿，其键一端有帽，另一端有一孔横穿。牙残高0.1厘米，望上高1.35厘米，郭长4.5厘米，前端宽0.8厘米，后端宽1.25厘米（图二五三，3）。

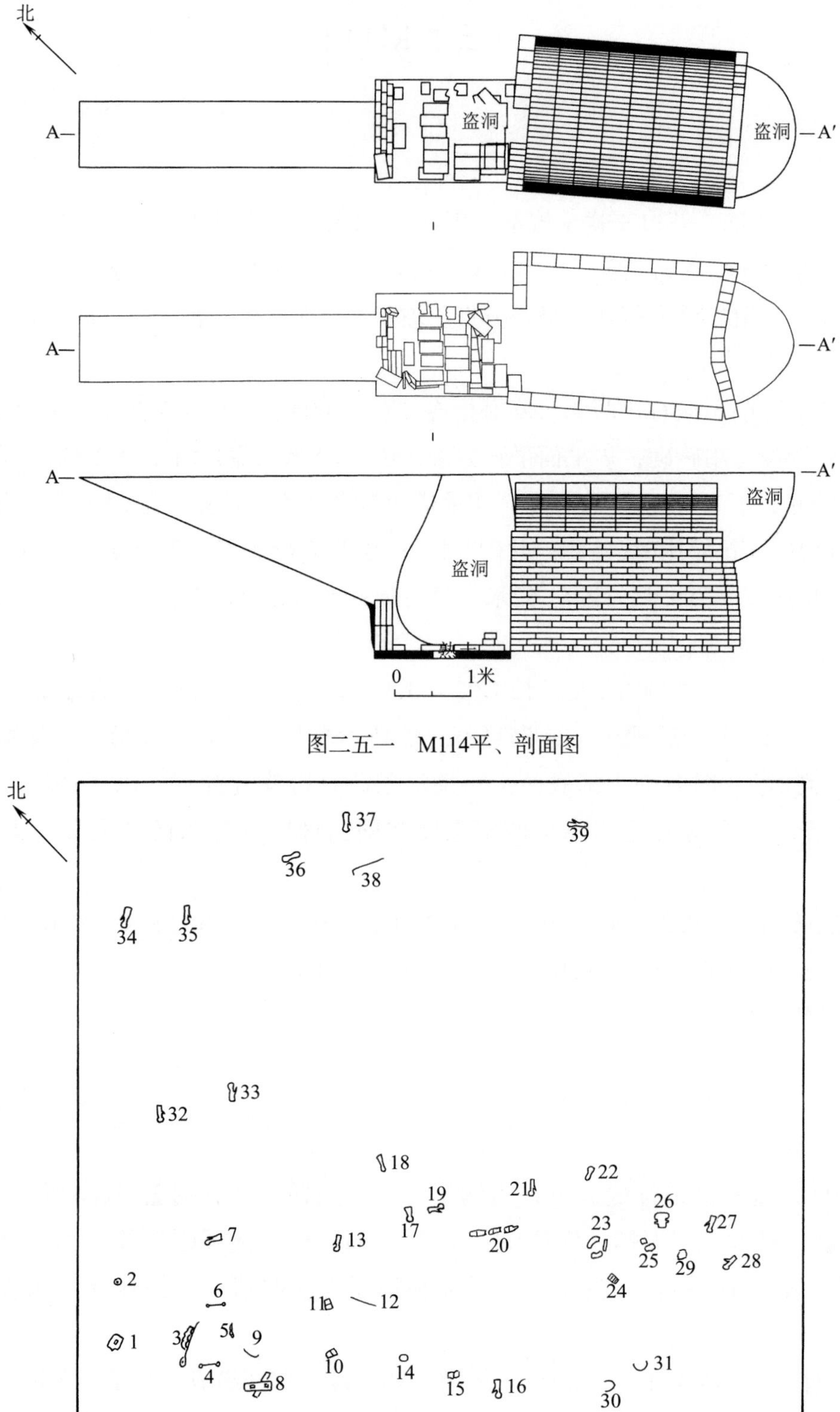

图二五一　M114平、剖面图

图二五二　M114甬道随葬器物分布图

1、25.铜器　2.铜圆帽形器　3～6、9.铜衔镳　7、13、16～19、21、22、27、28、32～37、39.铜盖弓帽　8.铜弩机　10、11、15、24、29.铜筒形器　12、38.铜U形器　14.铜瓢形器　20.铜车轴　23、26.铜车軎　30、31.铜輨

铜车軎 2件。形制相同，圆筒形，口端外张，壁向内曲折，平顶。器身有两周凸箍，下部有一穿，内套辖。辖呈长条形，一端有帽，其帽略倾斜，以适应軎口的弧度。标本M114：23，高2.8厘米，口径2.25厘米（图二五三，14）。标本M114：26，高2.8厘米，口径2.2厘米（图二五三，13）。

铜车轴 1件。标本M114：20，残。如一两端不闭塞的直筒，中部饰两周凸弦纹，近端部处均有凸箍。

铜当卢 1件。标本M114：1，已残，仅存残片。扁平体，背部有一半圆形环。

铜衔镳 2件。仅1件保存较好。标本M114：4，衔由两端带圆环的三个铜柱套合而成，中柱较短，柱中部呈一圆球，两端圆环已残，长柱两端的圆环一大一小，其上均有一缺口，“S”形镳套于环内。镳中间扁平，有两个小圆穿孔，镳的两端有连弧形的装饰，内部镂空。镳长10.3厘米（图二五三，1）。

铜轙 2件。标本M114：30和标本M114：31形制、大小相同。体作半环形，断面呈圆形。高1.85厘米，宽2.3厘米（图二五三，15、16）。

铜盖弓帽 17件。形制相同，大小有别。圆筒形，中空成銎，顶部半圆球形，口缘处略宽大，上端稍小，在器中部偏上处向上挑起一钩，出土时内存残木。标本M114：13，长2.8厘米，銎径0.8厘米（图二五三，5）。标本M114：18，长2.6厘米，前端銎径0.7厘米（图二五三，4）。

铜筒形器 5件。分长、短两种。

短筒形器 3件。圆筒形，中空成銎，平顶，口径略大于底径。器中部有凸箍。出土时内存残木。标本M114：10、M114：11和M114：14，大小、形制相同。长1.4厘米，銎径1.2厘米（图二五三，6～8）。

长筒形器 2件。圆筒形，中空成銎，平顶，口径大于底径，口缘处已残，器中上部有两周凸箍。出土时内存残木。标本M114：29和M114：24，大小、形制相同。长1.8厘米，銎径1厘米（图二五三，9、10）。

铜圆帽形器 1件。标本M114：2，圆形，顶部中心有一乳突，背部下垂一环。长0.9厘米，直径1.1厘米（图二五三，11）。

铜瓢形器 1件。标本M114：14，器如无把的瓢。残长2.25厘米（图二五三，17）。

铜兽面饰 1件。标本M114：25，正面饰一兽面，背面凹进。长2.8厘米，宽2.45厘米（图二五三，12）。

铜U形器 2件。形制相同。标本M114：12，体呈“U”形，横断面呈圆形，两端有齿。残长8.9厘米（图二五三，2）。

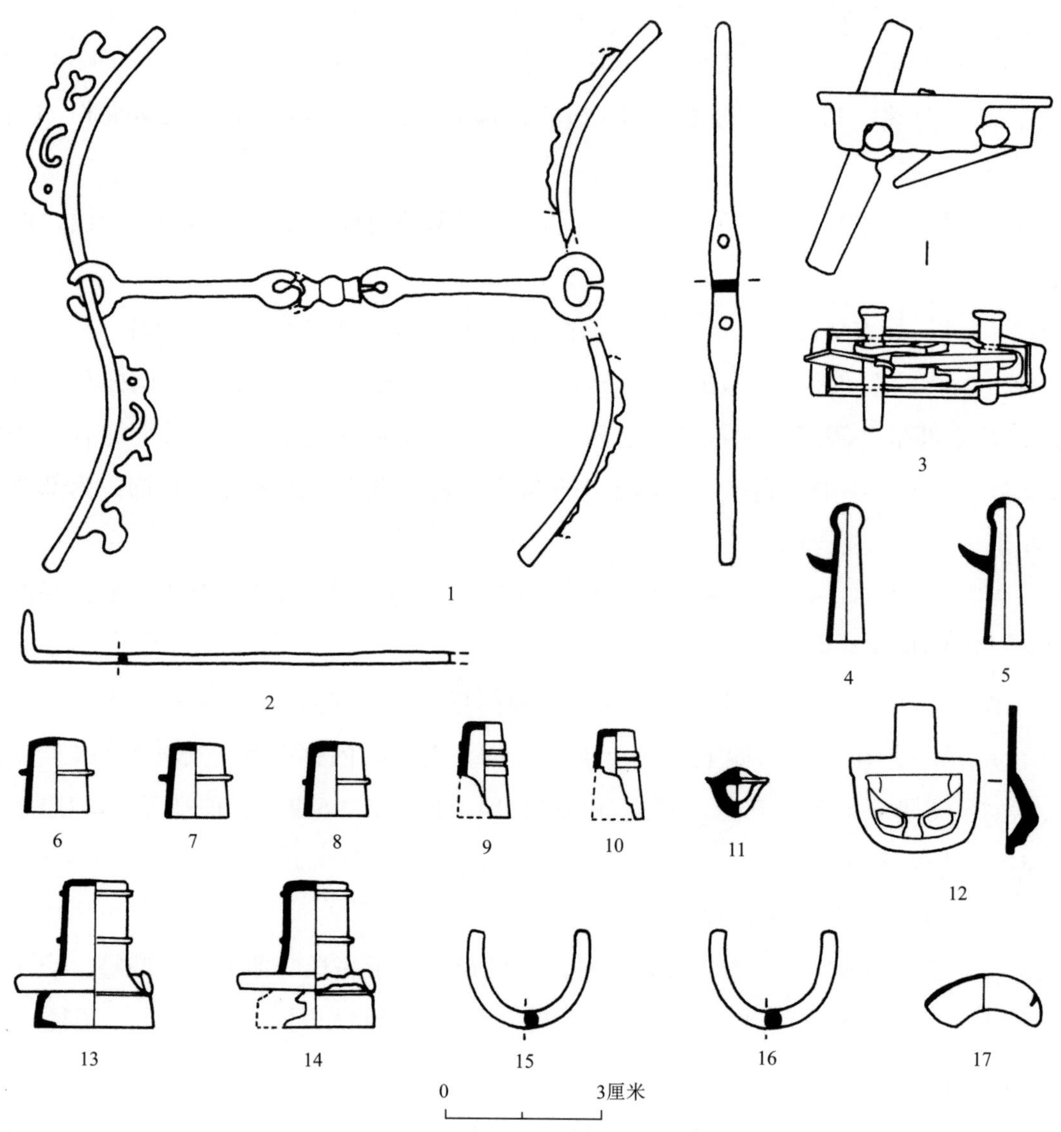

图二五三　M114出土铜车马器

1.铜衔镳（M114：4）　2.铜U形器（M114：12）　3.铜弩机（M114：8）
4、5.铜盖弓帽（M114：18、M114：13）　6～10.铜筒形器（M114：10、M114：11、M114：14、M114：29、M114：24）
11.铜圆帽形器（M114：2）　12.铜兽面饰（M114：7）　13、14.铜车軎（M114：26、M114：23）
15、16.铜轙（M114：30、M114：31）　17.铜瓢形器（M114：14）

一一四、M115

M115位于三区西部，开口于耕土层下，距地表0.3米，墓室破坏严重，东北部打破M116东南部。方向306°。墓坑平面呈长方形，口底同大，墓口长2.2米，宽1.28米，深0.5米。墓室应为砖砌，砖不详，壁面上留有砌砖痕。墓底仅存铺底砖2块（图二五四）。

铺底砖为青灰色长条砖，长0.36米，宽0.22米，厚0.06米，素面。

葬具、人骨架和随葬品无存。

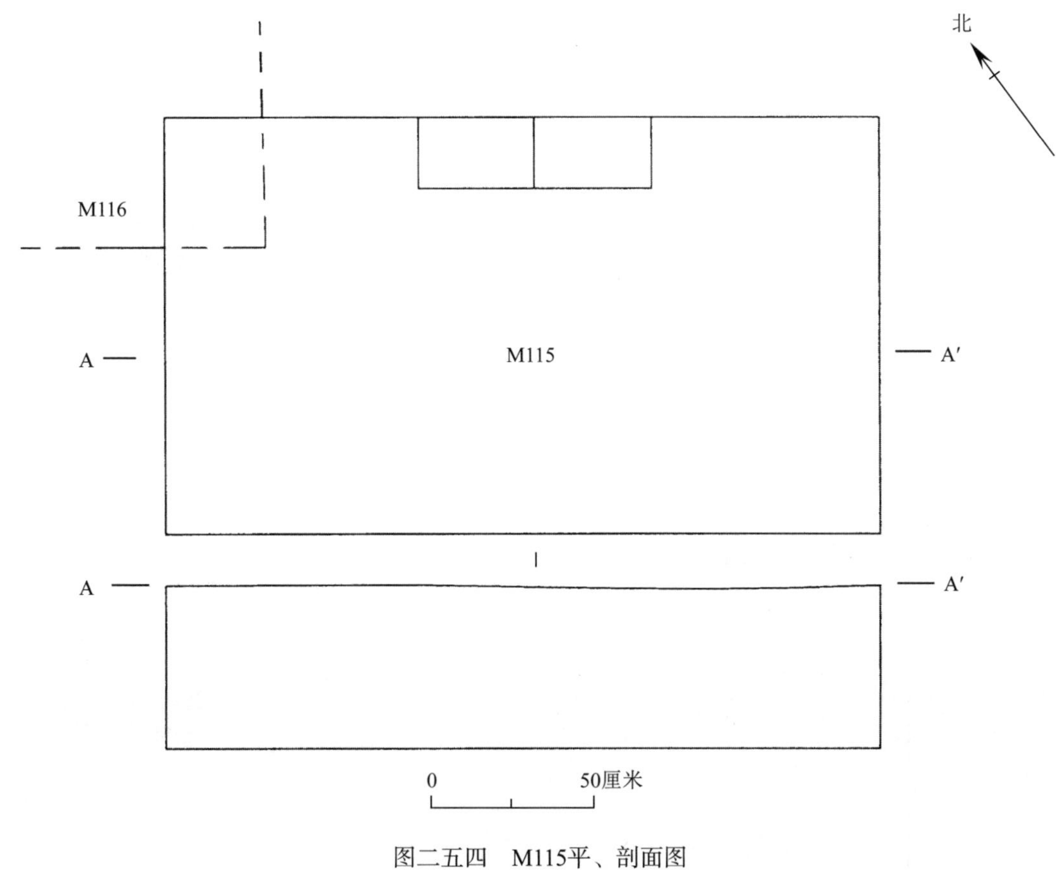

图二五四　M115平、剖面图

一一五、M116

1. 墓葬概况

M116位于三区西部，开口于耕土层下，距地表0.3米，墓坑东南角被M115东北部打破。方向40°。口大底小，墓口长2.34米，北端宽1.50米，南端宽1.60米；墓底长2.34米，宽0.88～0.98米；墓深1.48米（南部）～1.55米（北部）。坑四壁规整，向下垂直，东、西两壁距墓口深1.1米处有生土二层台，台面平整，台壁垂直，宽窄不一，东台面宽0.26～0.4米，西台面宽0.22～0.36米，高0.45米，壁面光滑，墓底平坦（图二五五；图版七二，1）。

填灰褐色五花土，含红、黄色颗粒，土质较硬。

葬具已仅存痕迹，可以看出为单棺，棺痕长1.5米，宽0.5米。

人骨架1具，已腐朽殆尽，仅存灰痕，可知头向北，仰身屈肢。

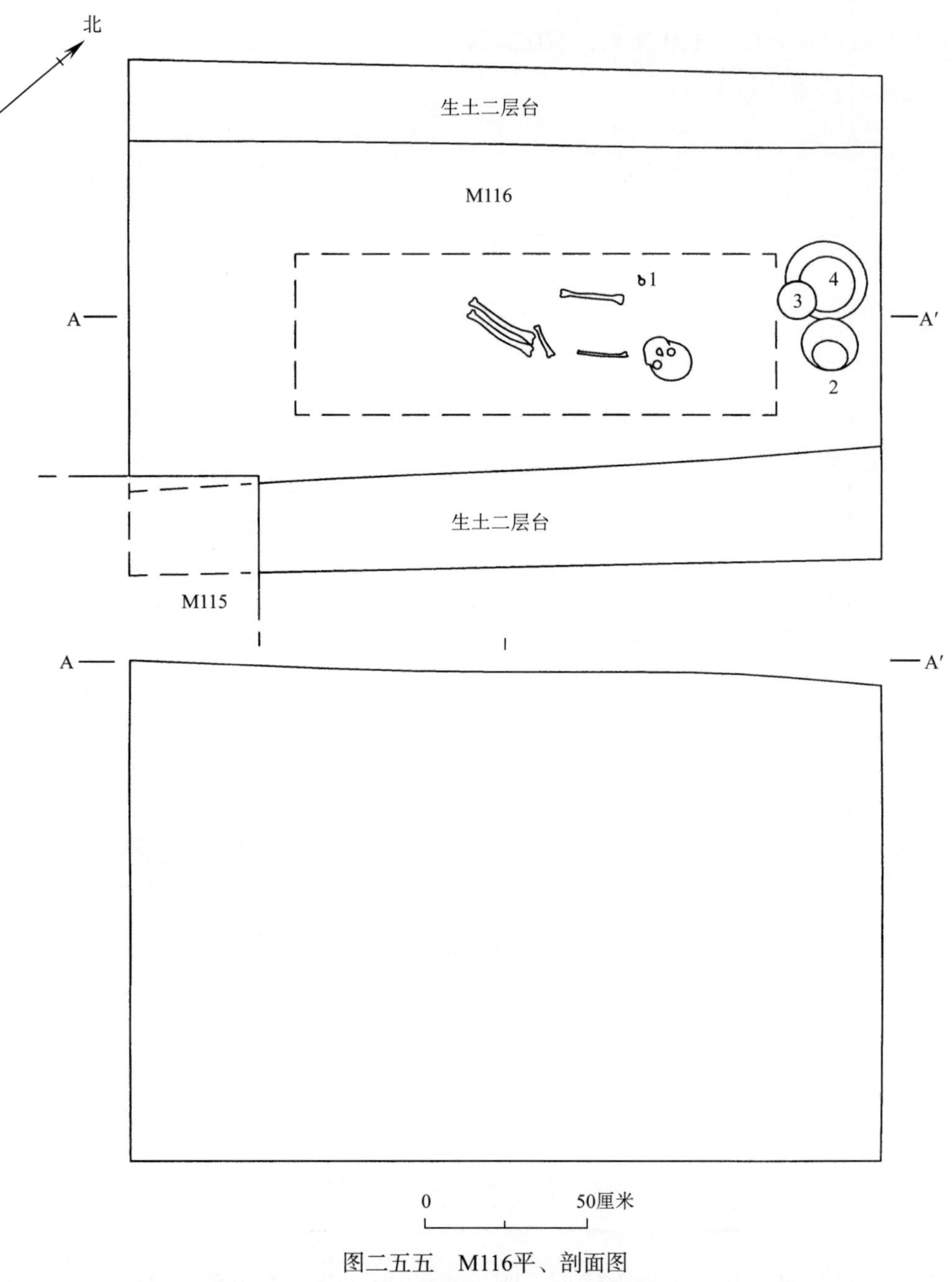

图二五五　M116平、剖面图

1.铜带钩　2.陶壶　3.陶盂　4.陶圜底釜

2. 出土器物

随葬品4件，铜带钩位于头骨西侧，陶壶、陶盂、陶圜底釜置于墓主人头端（图版七二，2）。

陶壶　1件。标本M116：2，泥质灰陶。敞口，尖唇，微束颈，溜肩，鼓腹，下腹斜收，平底。颈部饰三周凹弦纹，上腹饰两周凹弦纹，中腹饰一周凹弦纹。高20.8厘米，口径10.2厘米，底径10.8厘米（图二五六，1）。

陶盂 1件。标本M116：3，泥质灰陶。敛口，折沿，方唇，束颈，弧腹，最大径在上腹，下腹缓收，平底。素面。高7.5厘米，口径19厘米，底径9.8厘米（图二五六，4）。

陶圜底釜 1件。标本M116：4，夹砂灰陶。敞口，卷沿，尖唇，束颈，肩部微突，鼓腹，圜底。上腹饰竖绳纹间以两周抹痕，下腹及底部饰横斜交错的绳纹。高19.7厘米，口径20.2厘米（图二五六，2）。

铜带钩 1件。标本M116：1，钩端为圆球形，钩弯度小，背部有一圆纽，腹部较短，鼓起成圆泡形。纽面饰有涡纹。长3.2厘米，腹宽1.8厘米，纽残径1.3厘米（图二五六，3）。

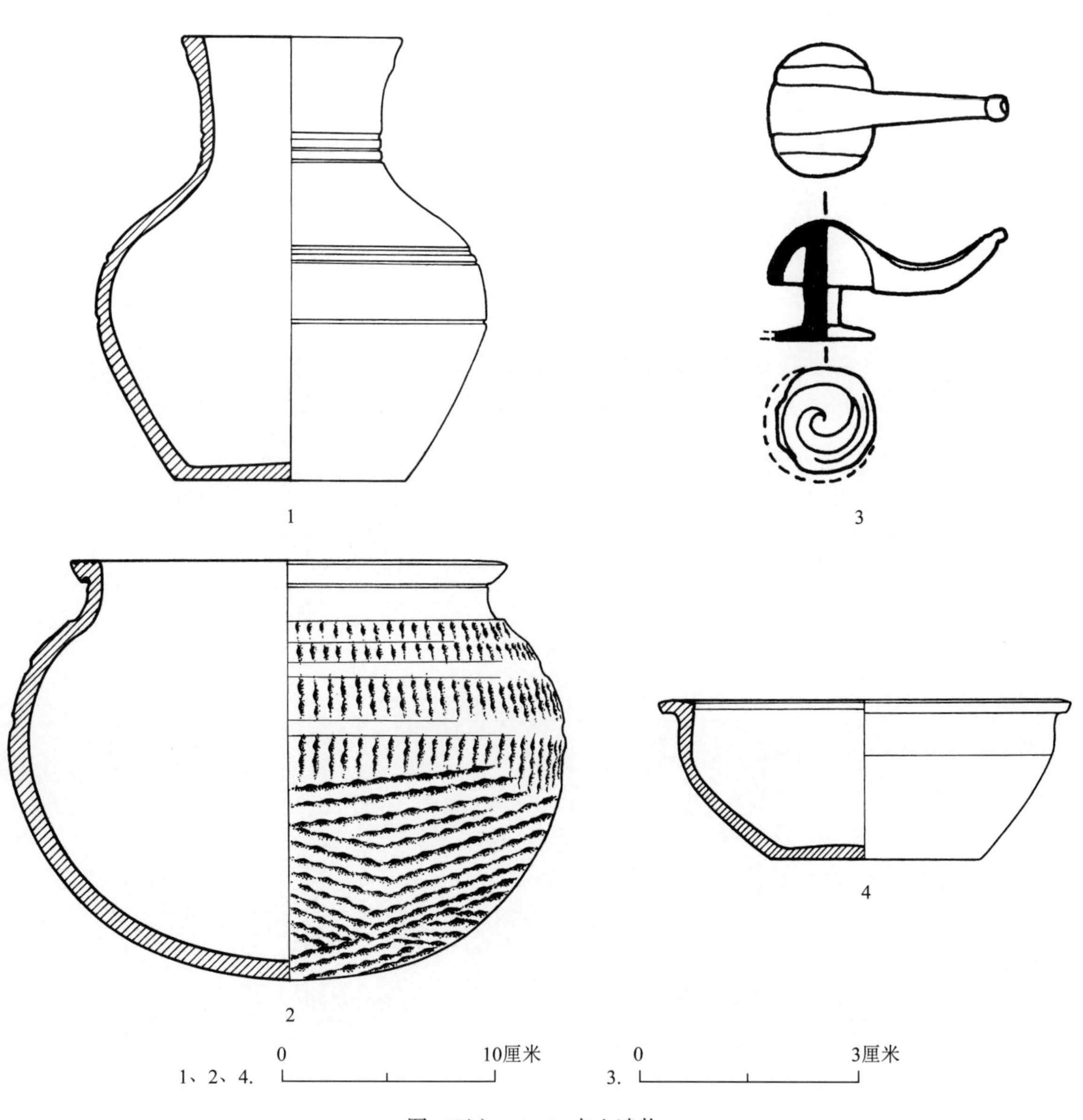

图二五六 M116出土遗物

1.陶壶（M116：2） 2.陶圜底釜（M116：4） 3.铜带钩（M116：1） 4.陶盂（M116：30）

一一六、M117

1. 墓葬概况

M117位于三区西部，开口于耕土层下，距地表0.3米。方向35°。口大底小，墓口长2.7米，宽1.88米；墓底长1.96米，宽1米；墓深2.6米。坑四壁规整，向下微内收，距墓口深2米处有生土二层台，台面平整，台壁斜直，西台面宽0.24米，南台面宽0.18米，东、北台面宽0.2米，高0.6米，壁面平滑，经人工修整，墓底平坦（图二五七；图版七三，1）。

填灰褐色五花土，含红、黄色颗粒，土质较硬。

葬具已腐朽，仅存痕迹，可以看出为一椁一棺，椁痕长1.9米，宽0.96米；棺位于椁内东部，棺痕长1.6米，宽0.52米。

人骨架1具，已腐朽殆尽，仅存牙齿数颗，可知头向北，但葬式不详。

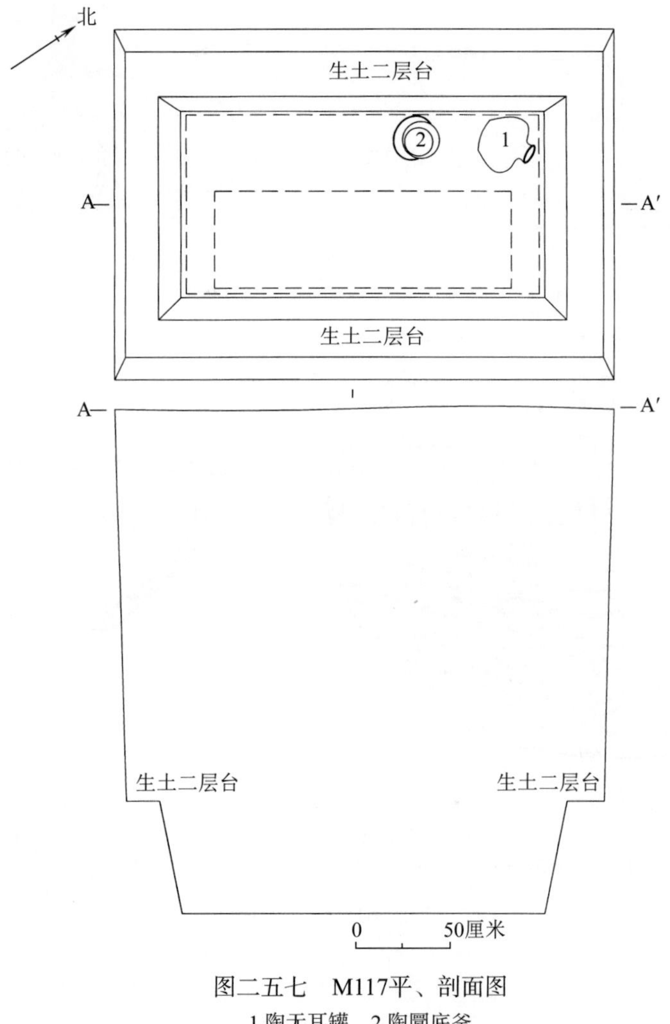

图二五七　M117平、剖面图
1.陶无耳罐　2.陶圜底釜

2. 出土器物

随葬品2件，陶圜底釜、陶无耳罐置于椁内西北部（图版七三，2）。

陶无耳罐　1件。标本M117：1，泥质灰陶。敞口，折沿，方唇，束颈，圆肩，鼓腹，下腹弧收，平底。腹部饰竖绳纹间以五周抹痕。高29.3厘米，口径11.9厘米，底径17.2厘米（图二五八，1）。

陶圜底釜　1件。标本M117：2，夹砂灰陶。敞口，折沿，方唇微凹，束颈，肩微突，鼓腹，下腹弧收，圜底。上腹饰竖绳纹间以一周抹痕，下腹及底部饰横斜交错的绳纹。高12.4厘米，口径18.2厘米（图二五八，2）。

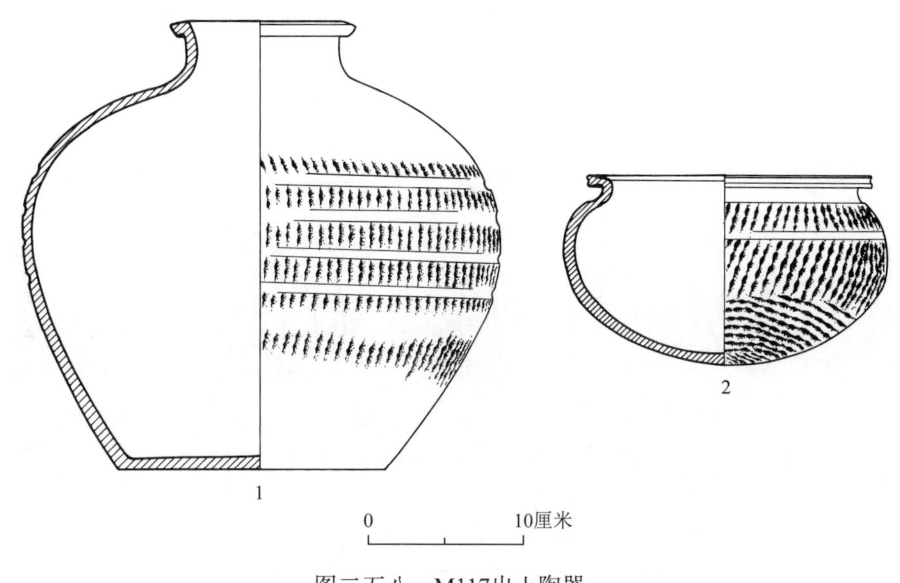

图二五八　M117出土陶器
1.陶无耳罐（M117：1）　2.陶圜底釜（M117：2）

一一七、M118

M118位于三区西南部，开口于耕土层下。距地表0.3米。方向314°。墓口清晰，墓坑平面西部呈长方形，东部呈弧形。墓葬口大底小。墓口长3.1米，宽1.04米；墓底长2.1米，宽0.72米；墓深0.28米。墓底不平。

瓦砌墓室，平面呈椭圆形，口长2.54米，宽0.96米，高0.25米，墓壁呈弧形内收。墓室顶部盖瓦已被破坏，墓室周围用规格不同、厚薄不均的板瓦、筒瓦砌成，紧贴墓壁。墓底平铺五块较大的弧面板瓦，这一排板瓦上放三排五块筒瓦，东部和中部各横放两块，西部横放一块，根据筒瓦的摆放形制可看出，其应为棺床（图二五九）。

填灰褐色五花土，含红、黄色颗粒，土质较硬。

板瓦规格为，残长0.36米，宽0.26米，厚0.03米。筒瓦规格为长0.4米，宽0.14米，厚0.01米。

葬具已朽殆尽。

人架已朽殆尽。头向、葬式不详。无随葬品。

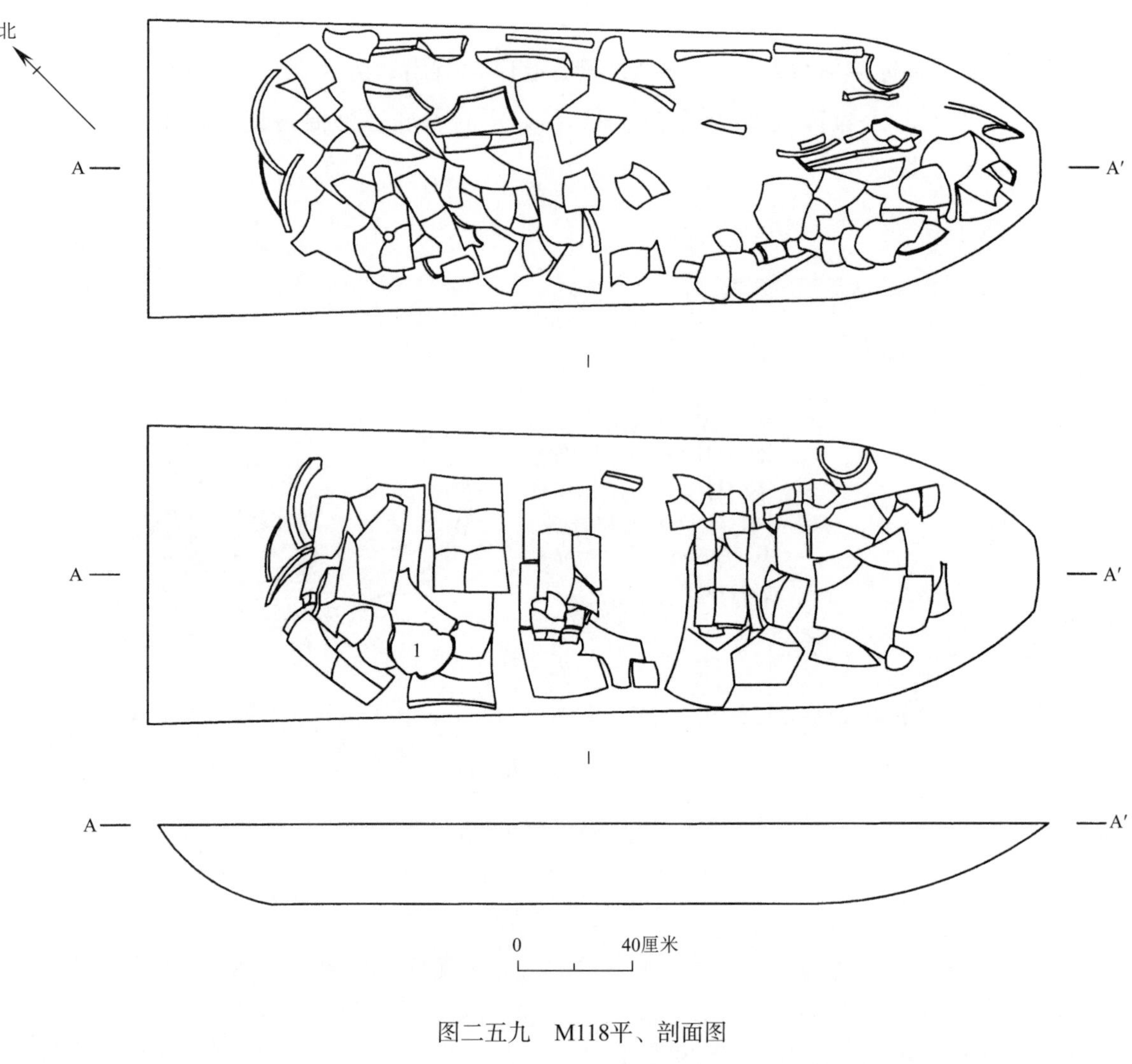

图二五九　M118平、剖面图

一一八、M119

M119于三区西部，开口于耕土层下，距地表0.3米，该墓已破坏至底，壁砖全无，坑壁上残留有砌砖痕。方向316°。墓坑平面呈长方形，口底同大，长2.8米，宽1.16米，深0.72～0.76米。坑壁受地层挤压而变形，墓底平坦（图二六〇）。

葬具、人骨架和随葬品无存。

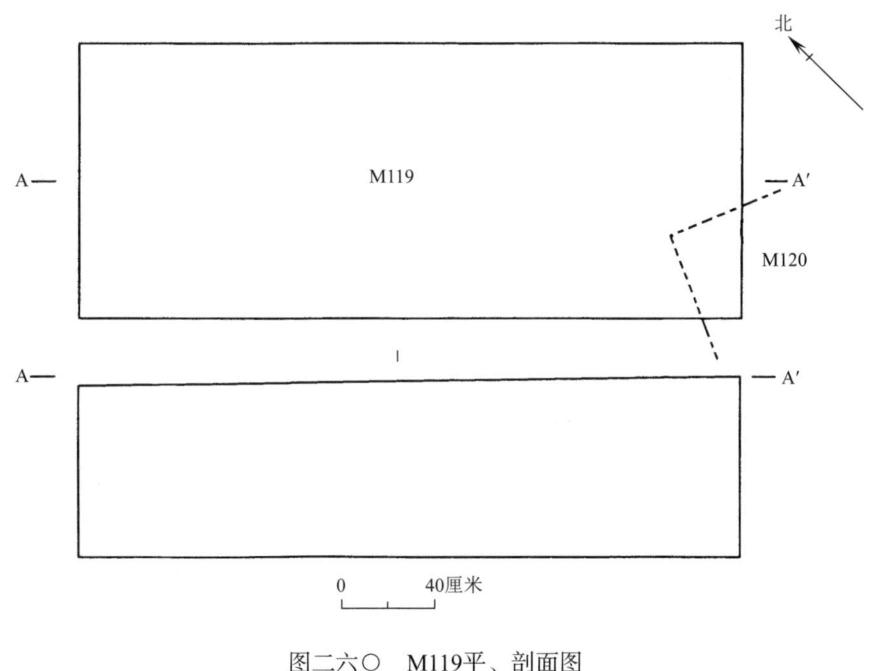

图二六〇　M119平、剖面图

一一九、M120

1. 墓葬概况

M120位于三区西部，开口于耕土层下，距地表0.3米。方向336°。口大底小，墓口长2.3米，北端宽1.52米，南端宽1.6米；墓底长2.18米，宽1米；墓深2.06米。坑四壁规整，向下微内收，东、西两壁自墓口向下1.56米深处有生土二层台，台面平整，台面宽0.18～0.22米，高0.5米，壁面规整，墓底平坦（图二六一；图版七四，1）。

填褐色五花土，土质较软。

葬具已腐朽，仅存痕迹，可以看出为单棺，棺位于墓室中部，棺痕长1.60米，宽0.56～0.6米。

人骨架1具，已腐朽殆尽，葬式均不详。

2. 出土器物

随葬品3件，陶圜底釜、陶双牛鼻耳罐、陶盂置于墓底北端（图版七四，2）。

陶双牛鼻耳罐　1件。标本M120：2，泥质灰陶。侈口，尖唇，束颈，溜肩，肩部有两个对称的牛鼻形耳，鼓腹，最大径在中腹偏上处，下腹弧收，凹圜底。颈部饰竖向细绳纹，大多被抹去已漫漶不清，肩部饰竖向细绳纹间饰两周抹痕，下腹及底部饰交错细绳纹。高17.2厘米，口径12厘米，底径7.2厘米（图二六二，3）。

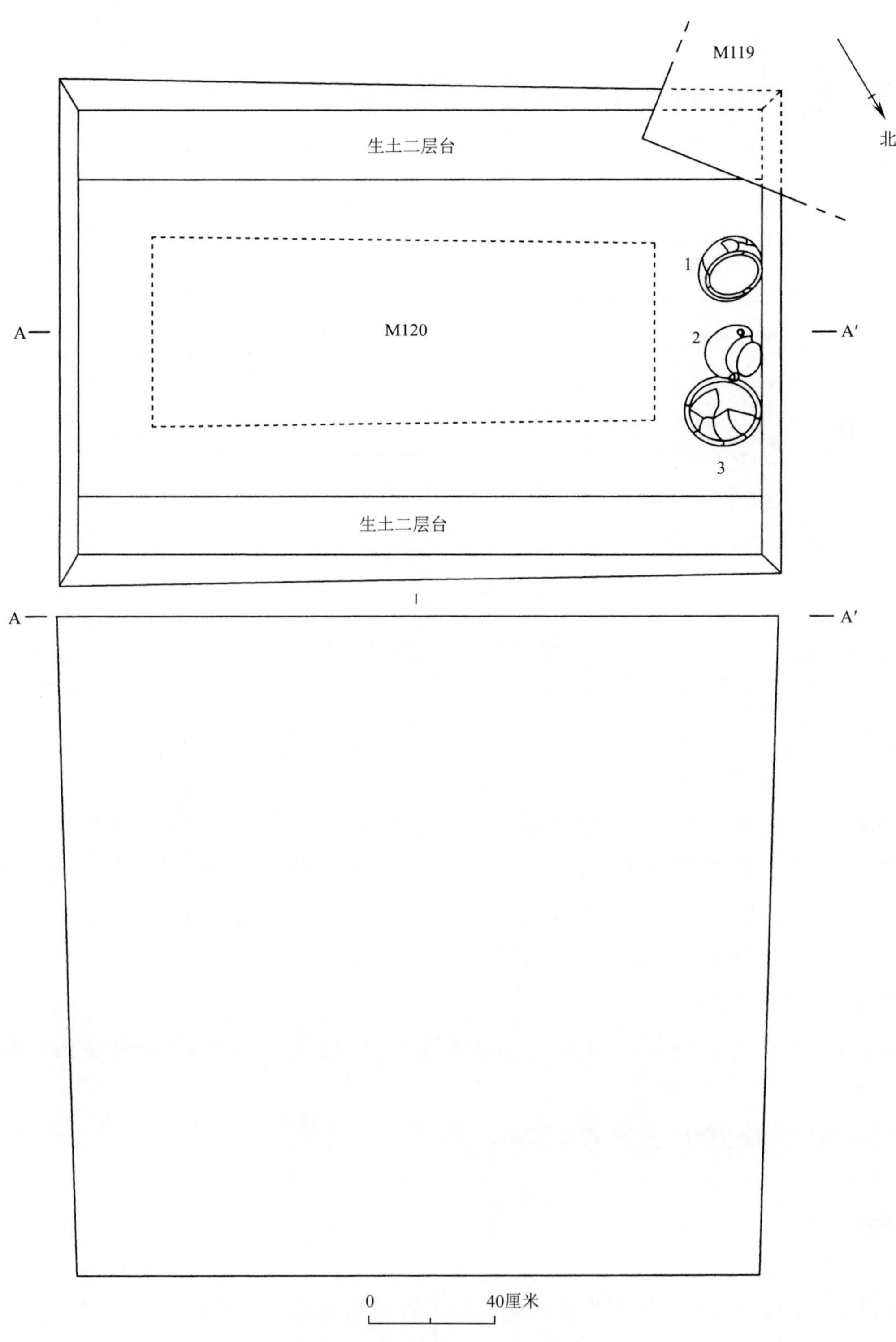

图二六一　M120平、剖面图
1.陶圜底釜　2.陶双牛鼻耳罐　3.陶盂

陶盂 1件。标本M120∶3，泥质灰陶。近直口，尖唇，平折沿，颈壁近直，肩部微突，弧腹缓收，平底微内凹。上腹壁饰竖向细绳纹。高10.2厘米，口径25.3厘米，底径10.8厘米（图二六二，2）。

陶圜底釜 1件。标本M120∶1，夹砂灰陶。敛口，尖唇，折沿，束颈粗短，肩部微突，鼓腹，最大径在中腹偏上处，下腹弧收，圜底。肩部饰竖向细绳纹，大多被抹去，已漫漶不清，中腹饰斜向细绳纹，下腹及底部饰交错细绳纹。高13.6厘米，口径17.8厘米（图二六二，1）。

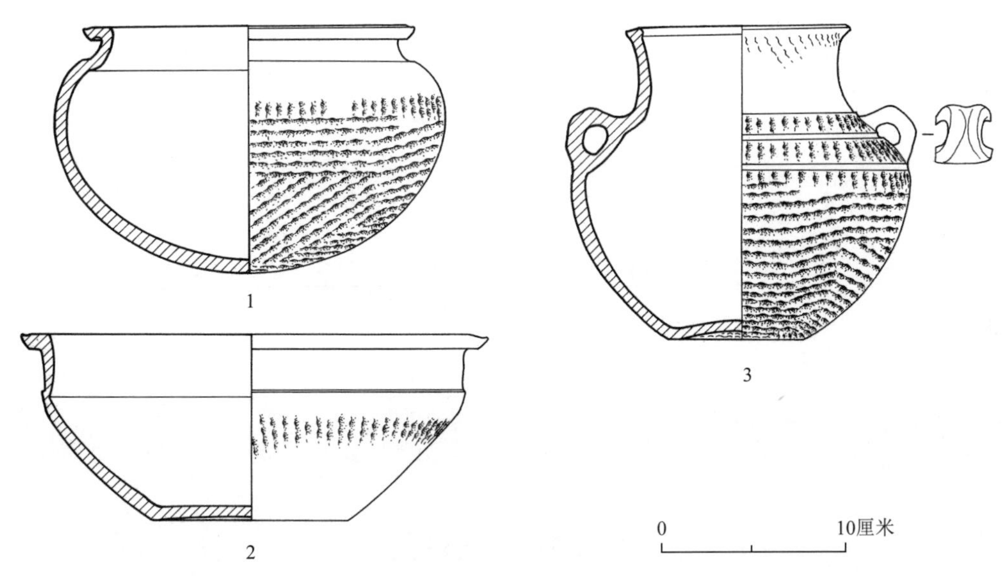

图二六二 M120出土陶器

1.陶圜底釜（M120∶1） 2.陶盂（M120∶3） 3.陶双牛鼻耳罐（M120∶2）

一二〇、M121

M121位于三区西部，开口于耕土层下，距地表0.3米，墓葬破坏严重，墓室北部打破M122墓道南部，墓道西部打破M123东南角。有一盗洞位于墓室后端，同时打破M122墓室，呈不规则形，长0.9米，宽0.66米，深2.5米。方向313°。由墓道和墓室两部分组成。

墓道向西北，设于墓室前壁，偏右，呈长方形斜坡间台阶状，口长2.64米，宽0.8～0.88米；自墓道前端斜坡向下0.5米处，垂直向下0.22米，形成一台阶，台面向下微倾斜，台面宽1.44米，然后再斜坡下0.62米与墓室相接。下端宽0.86米，深0.64米。

墓坑平面呈长方形，口底同大，长3.36～3.56米，宽1.86～1.92米，深0.82～0.9米。坑壁受地层挤压而变形，底部平坦。砖砌墓室，平面呈长方形，长3.1～3.3米，宽1.6～1.66米。墙砖紧贴坑壁，砌墙前左右壁下挖有宽0.22米、深0.44米墙基槽，残存2层，残高0.16米，砌法为条砖直行错缝叠砌。铺地砖无存（图二六三）。

墙砖为青灰色条形，规格为长0.32米，宽0.13米，厚0.08米，单长侧面饰“五”字形花纹。葬具、人骨架和随葬品无存。

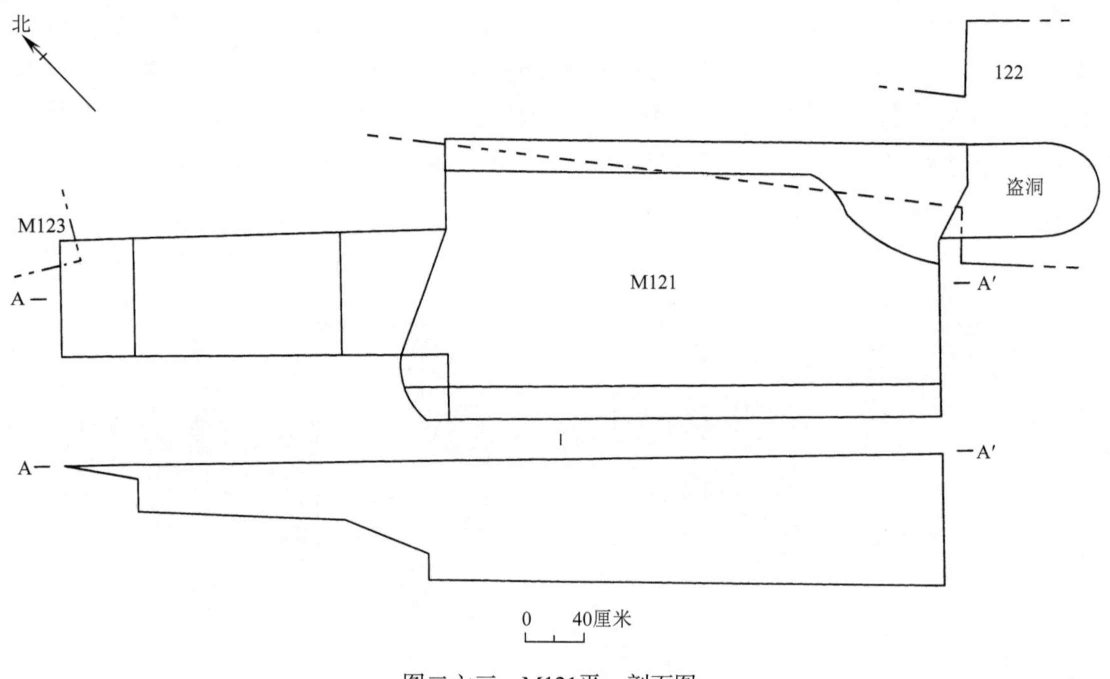

图二六三　M121平、剖面图

一二一、M122

1. 墓葬概况

M122位于三区西部，开口于耕土层下，距地表0.3米，墓室前端被一个椭圆形盗洞打破（同时也打破M121墓室一角），破坏三排券砖进入墓室，墓道被M121墓室打破。方向321°。由墓道和墓室两部分组成。

墓道向西北，设于墓室前壁，偏左，呈长方形斜坡状，口长4.7米，宽0.74米；底坡长5.1米，坡度15°；下端深2.40米。墓道底坡分两段，自墓道前端向下坡长2.88米处垂直向下0.26米，然后再斜坡向下2.22米与墓室相接。

墓坑平面呈长方形，口底同大，长2.8米，前端宽1.66米，后端宽1.78米，深2.40米（前端）~2.48米（后端）。砖砌墓室，墙砖紧贴坑壁，长2.48米，前端宽1.34米，后端宽1.46米，挡墙用21层条砖直行错缝叠砌，高1.68米。墙体砌于生土上，砌法条砖直行错缝叠砌，砌至11层后用楔形砖起券，为纵向齐缝，有些券顶已塌陷。铺底砖铺法较为复杂，墓底右少半部为条砖纵向错缝平铺，左大半部为条砖纵向和横向相间平铺（图二六四）。

墙砖、铺底砖均为青灰色条砖，长0.32米，宽0.16米，厚0.08米，楔形砖长0.32米，宽0.16米，厚0.06～0.08米，单长侧面饰“五”字形花纹间以菱形纹。

葬具、人骨架无存。

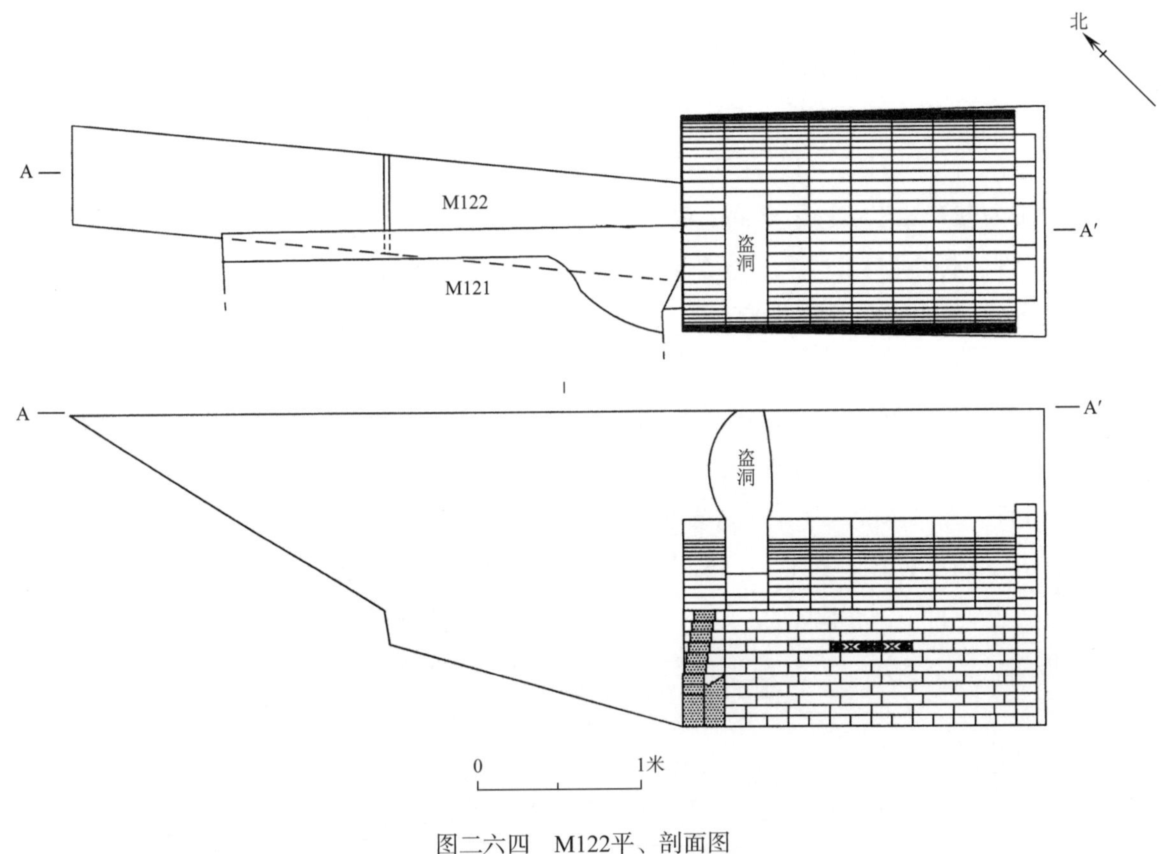

图二六四 M122平、剖面图

2. 出土器物

随葬品残存10件，均为陶器，计有陶仓3件，盆、釜、盒、瓮、罐、甑、灶各1件。其中有一件陶盆置于墓底前端右侧，其余皆置于墓底前部左侧。另外在填土中还发现一件长方形石器（图二六五）。

陶盒 1件。标本M122∶1，泥质灰陶。子口微敛，腹壁弧收，平底。内底有几周凹螺旋纹。高7厘米，口径14.6厘米，底径6.7厘米（图二六六，7）。

陶瓮 1件。标本M122∶2，泥质灰陶。直口，圆唇，短领，领中部内束，圆肩，圆鼓腹，下腹弧收，平底微内凹。素面。高32.5厘米，口径23.6厘米，底径22.4厘米（图二六六，1）。

陶仓 3件。形制相同。泥质灰陶。敛口，尖唇，斜折肩，中腹偏下处微鼓，下腹弧收，平底。腹壁饰三周凹弦纹。标本M122∶8，高15.2厘米，口径8.2厘米，底径12.6厘米（图二六六，8）。标本M122：9，高15.4厘米，口径9厘米，底径15厘米（图二六六，10）。标本M122：10，高15.2厘米，口径8.3厘米，底径12.9厘米（图二六六，9）。

陶灶　1件。标本M122：6，泥质灰陶。灶体前宽后窄，灶壁向下外张，前墙中部有一拱形灶门，前部无挡墙，灶面前方后圆，灶面上有一火眼，上置一釜，灶面后部有一圆形烟孔，烟道通穿，腹中空。腹壁上饰竖向细绳纹。釜敛口，圆唇，折腹，平底微内凹。素面。通高10厘米，长27.2厘米，宽17.6厘米；釜高5.2厘米，口径7.4厘米，底径4.8厘米（图二六六，2）。

陶罐　1件。标本M122：5，泥质灰陶。近直口，圆唇，短直颈，溜肩，鼓腹，下腹弧收，平底。器下腹内壁有加工痕迹。素面。高6.5厘米，口径5.8厘米，底径7厘米（图二六六，4）。

陶盆　1件。标本M122：7，泥质灰陶。敞口，尖唇，折沿，折腹，上腹斜直，下腹内折缓收至底，平底。内底有几周螺旋痕，下腹至底部有刀削痕。素面。高4.9厘米，口径11.6厘米，底径4.6厘米（图二六六，11）。

陶釜　1件。标本M122：3，泥质灰陶。直口，圆唇，溜肩，鼓腹，下腹弧收，平底微内凹。素面。高6.2厘米，口径6.7厘米，底径5.2厘米（图二六六，5）。

陶甑　1件。标本M122：4，泥质灰陶。敞口，圆唇，折沿，折腹，下腹内折缓收，平底，底部有五个圆形箅孔。素面。高5.7厘米，口径12.7厘米，底径5.3厘米（图二六六，6）。

长方形石器　1件。标本M122：11，已残。器呈扁体长方形。长14.9厘米，宽5.5厘米、厚0.5厘米（图二六六，3）。

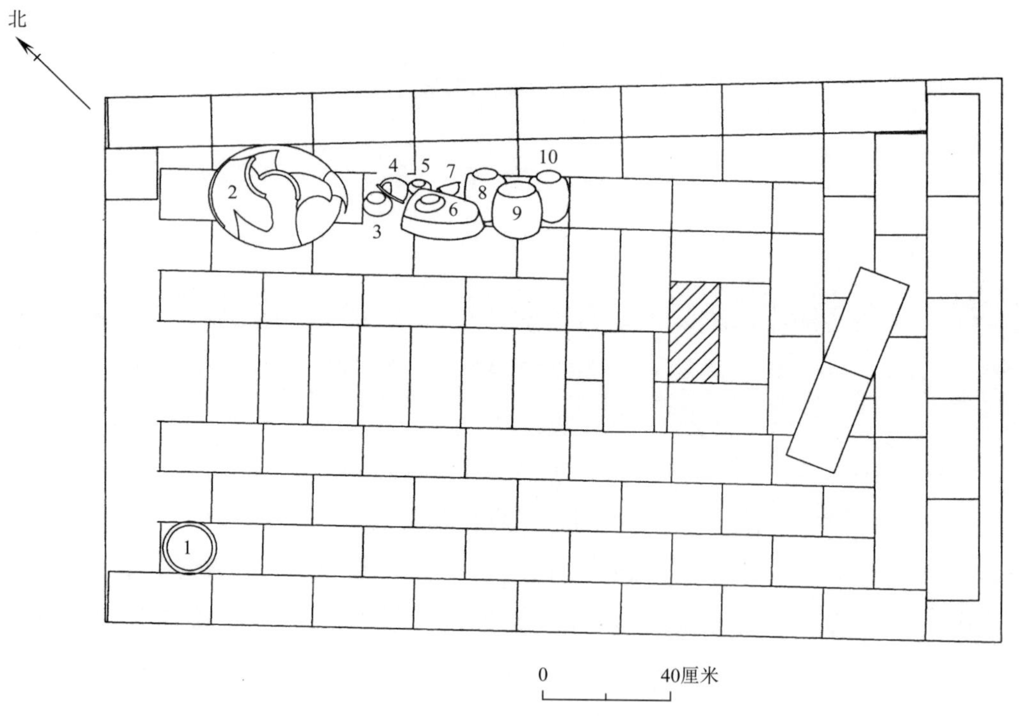

图二六五　M122随葬器物分布图

1.陶盒　2.陶瓮　3.陶釜　4.陶甑　5.陶罐　6.陶灶　7.陶盆　8～10.陶仓

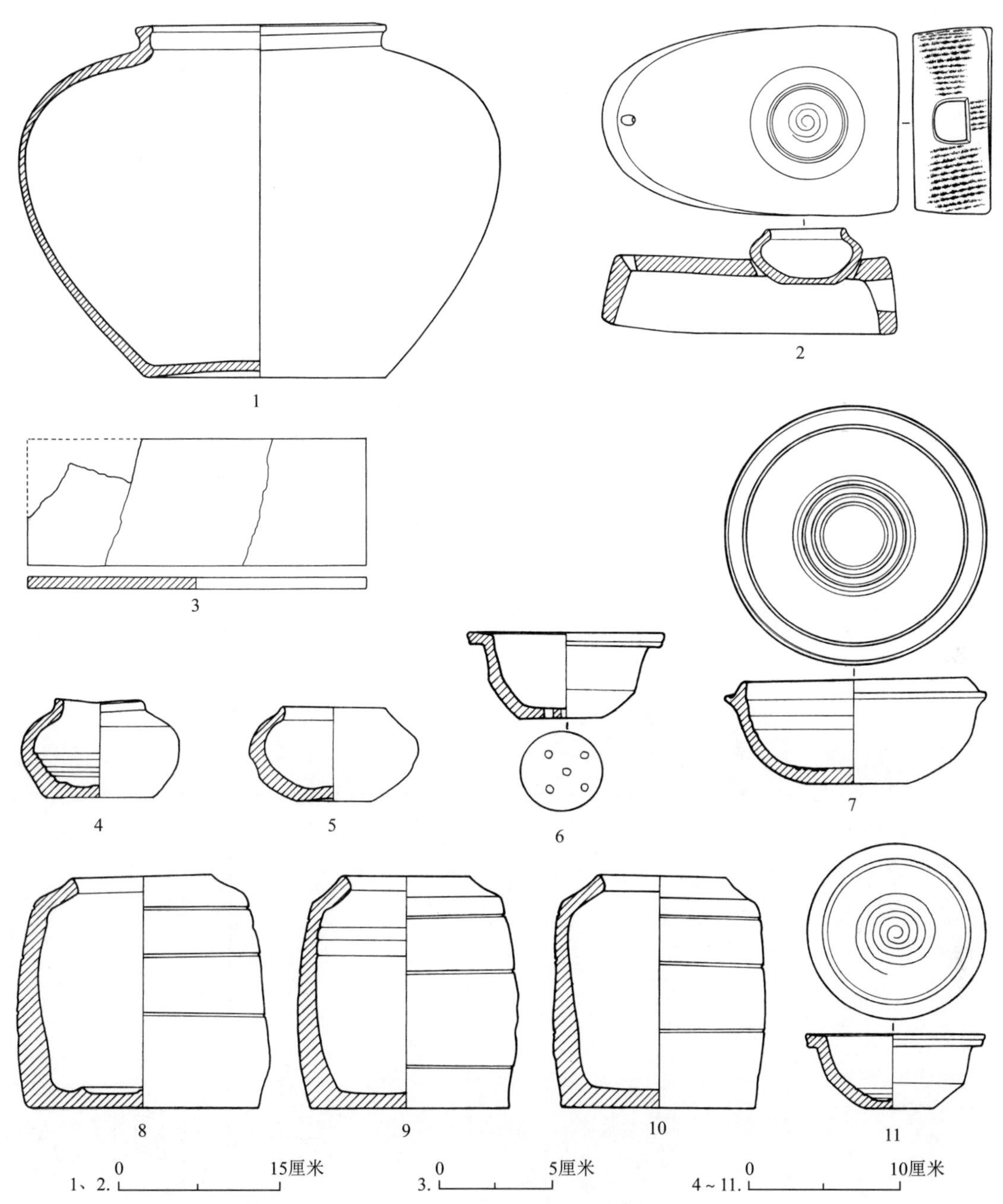

图二六六　M122出土遗物

1.陶瓮（M122：2）　2.陶灶（M122：6）　3.石器（M122：11）　4.陶罐（M122：5）　5.陶釜（M122：3）　6.陶甑（M122：4）　7.陶盒（M122：1）　8～10.陶仓（M122：8、M122：10、M122：9）　11.陶盆（M122：7）

一二二、M123

1. 墓葬概况

M123位于三区西部，开口于耕土层下，距地表0.3米，墓坑东南角被M121墓道打破。方向

30°。口小底大，墓口长2.4米，北端宽1.4米，南端宽1.44米；墓底长2.44米，宽1.52米；墓深2.9米。坑四壁规整，向下外张，墓底四周有熟土二层台，台面宽0.12～0.4米，高1米，壁面平滑，经人工修整，墓底平坦（图二六七；图版七五，1）。

填褐色五花土，土质较硬。

葬具已腐朽，仅存痕迹，可以看出为一椁一棺，椁痕长2.08米，宽0.9米，南、北部挡板均向两侧外出0.2米；棺位于椁痕内东部，棺痕长1.8米，宽0.5米。

人骨架1具，已腐朽殆尽，仅存灰痕，可知头向北，但葬式不详。

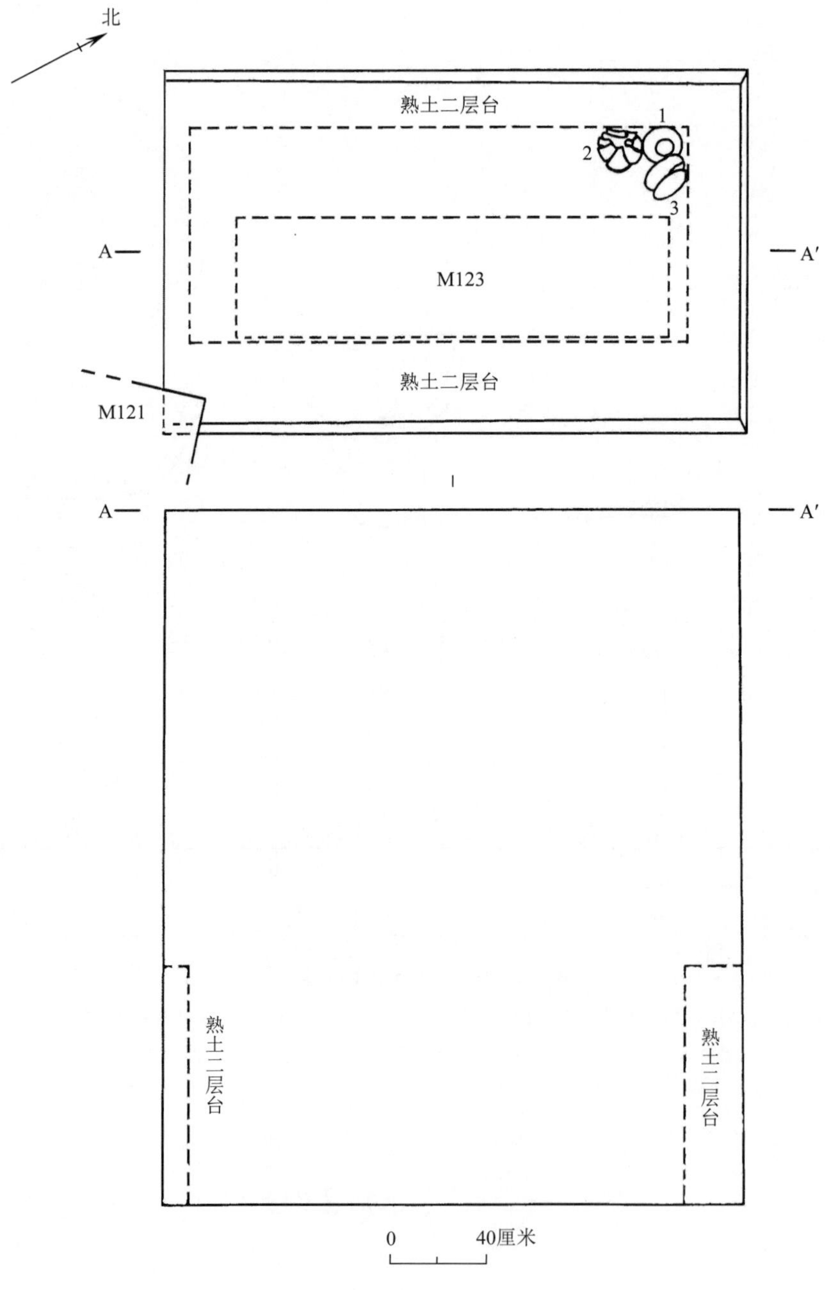

图二六七　M123平、剖面图
1.陶盂　2.陶圜底釜　3.陶双牛鼻耳罐

2. 出土器物

随葬品3件，陶盂、陶圜底釜、陶双牛鼻耳罐置于椁内西北部（图版七五，2）。

陶双牛鼻耳罐　1件。标本M123：3，泥质灰陶。侈口，尖唇，束颈，溜肩，肩部有两个对称的牛鼻形耳，鼓腹，最大径在中腹偏上处，下腹弧收，凹圜底。颈部饰竖向细绳纹，大多被抹去已漫漶不清，肩部及中腹饰竖向细绳纹间饰两周抹痕，下腹及底部饰交错细绳纹。高17.7厘米，口径12.6厘米，底径6厘米（图二六八，3）。

陶盂　1件。标本M123：1，泥质灰陶。敞口，尖唇，颈壁斜直，腹壁内折缓收，平底。素面。高7.1厘米，口径21.3厘米，底径8.2厘米（图二六八，2）。

陶圜底釜　1件。标本M123：2，夹砂灰陶。敛口，尖唇，折沿，束颈粗短，肩部微突，鼓腹，最大径在中腹偏上处，下腹弧收，圜底。肩部饰竖向细绳纹间饰一周抹痕，下腹及底部饰交错细绳纹。高11.8厘米，口径17.6厘米（图二六八，1）。

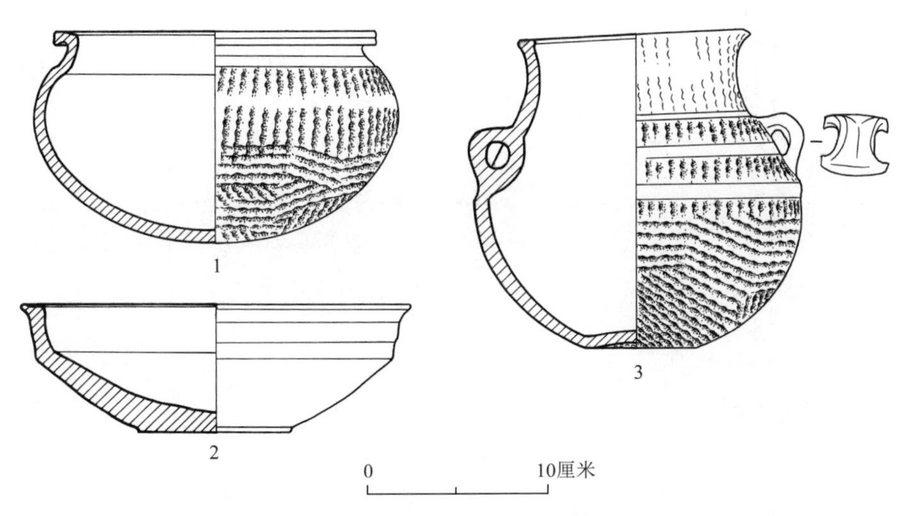

图二六八　M123出土陶器
1.陶圜底釜（M123：2）　2.陶盂（M123：1）　3.陶双牛鼻耳罐（M123：3）

一二三、M124

1. 墓葬概况

M124位于三区西部，开口于扰土层下，距地表0.3米，扰土层厚0.1米，墓坑上部坍塌呈近圆形，长3.36米，宽2.7米，深1米。方向135°。墓口应呈长方形，口大底小，墓坑深1米处，墓长2.34米，宽1.9～1.95米；墓底长2.2米，宽1.7米；墓残深1.65米。坑四壁规整，向下微内收，四壁变形，壁面平滑，残存有工具痕迹，墓底平坦（图二六九；图版七六，1）。

填深褐色五花土，含红、黄色颗粒，土质较硬。

葬具已腐朽，仅存痕迹，可以看出为一椁一棺，椁痕长2.12米，宽1.6米，从坑四角残存的椁痕可知椁高约1.05米。在椁的四周和底部填两层木炭间一层白膏泥，壁上厚0.07～0.1米，底部厚0.16米。棺位于椁内南部，棺痕长1.95米，宽0.58米。

人骨架1具，已腐朽殆尽，仅存牙齿数颗，可知头向东，但葬式不详。

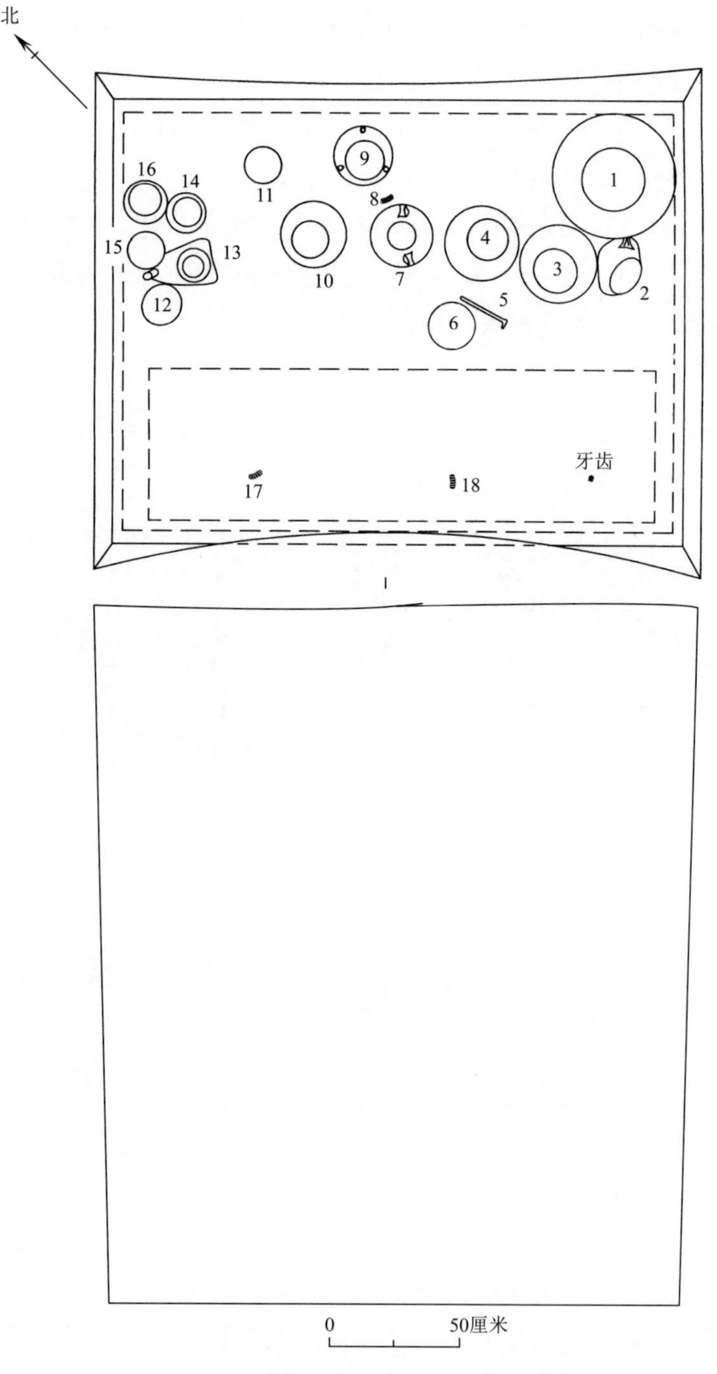

图二六九　M124平、剖面图

1.陶瓮　2、7.陶双牛鼻耳罐　3、4.陶壶　5.铁剑　6.铜洗

8、17、18.铜钱　9.陶鼎　10.陶平底带系釜　11.陶盆　12.陶甑　13.陶灶　14～16.陶仓

2. 出土器物

随葬品18件，计有陶仓、陶罐各3件，陶壶2件，陶鼎、陶瓮、陶盆、陶甑、陶灶各1件，铁剑、铜洗各1件置于椁内北部，铜五铢钱三串33枚分别置于棺内和椁室北侧。其中陶鼎、铁剑、铜洗破碎严重，无法复原。

陶壶 2件。形制相同。泥质灰陶。浅盘状口，尖唇，束颈，溜肩，鼓腹，下腹弧收，圜底，圈足呈覆盘状。腹部饰较浅的绳纹和抹痕。标本M124：3，高35.2厘米，口径17.3厘米，圈足径17.2厘米（图二七〇，1；图版七六，3）。标本M124：4，高34.7厘米，口径16.5厘米，圈足径17.8厘米（图二七〇，2；图版七六，2）。

陶瓮 1件。标本M124：1，泥质灰陶。直口，尖唇，束颈，圆肩，鼓腹，下腹弧收，平底微凹。肩部饰一周凹弦纹，上腹饰浅竖绳纹间以抹痕，下腹饰竖斜交错的浅绳纹。高32厘米，口径26厘米，底径24厘米（图二七〇，3）。

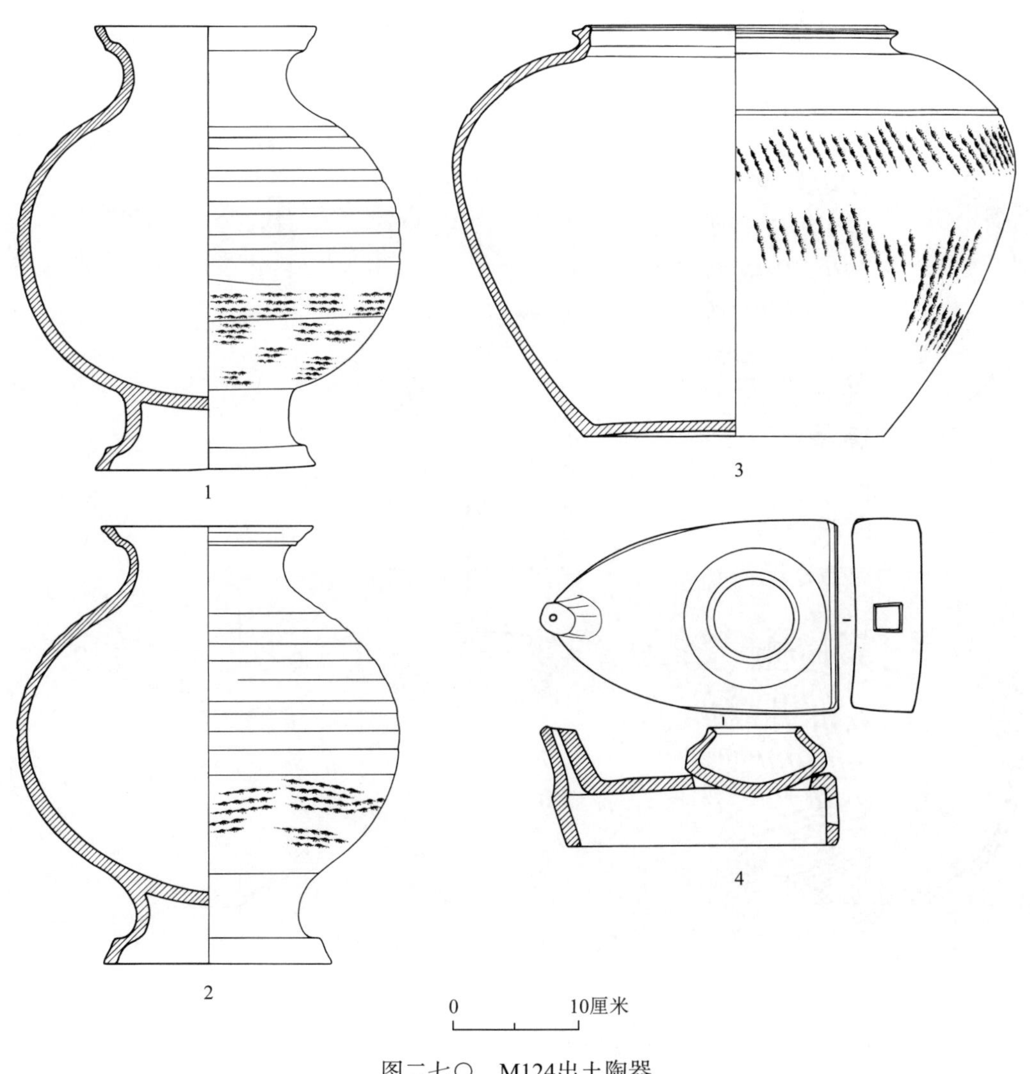

图二七〇 M124出土陶器

1、2.陶壶（M124：3、M124：4） 3.陶瓮（M124：1） 4.陶灶（M124：13）

陶双牛鼻耳罐　2件。形制相同。泥质灰陶。敞口，折沿，方唇，束颈，圆肩，肩部有两个对称的牛鼻形耳，鼓腹，下腹弧收，凹圜底。标本M124：2，沿面饰一周凹弦纹，唇部饰一周凹弦纹，上腹饰竖绳纹间以三周抹痕，下腹及底部饰或竖、或横、或斜交错的绳纹。高24.6厘米，口径14.4厘米，底径9.2厘米（图二七一，2）。标本M124：7，沿面饰一周凹弦纹，上腹饰竖绳纹间以四周抹痕，下腹饰横斜交错的绳纹，底部饰交错绳纹。通高24.9厘米，口径13.7厘米，底径7.8厘米（图二七一，1）。

陶平底带系釜　1件。标本M124：10，泥质黑灰陶。子口，弧腹，上腹有三个半圆形纽，圆形纽孔对穿，下腹缓收，平底。素面。高14.1厘米，口径15厘米，底径6.6厘米（图二七一，8）。

陶仓　3件。泥质灰陶。敛口，圆唇，斜折肩，腹壁斜直，平底。近底部有刀削痕，腹内壁有旋痕。标本M124：14，腹部饰竖绳纹间以四周凹弦纹。高16厘米，口径9.8厘米，底径11.8厘米（图二七一，3）。标本M124：15，腹部呈瓦垄状，并饰竖绳纹间抹痕。高14厘米，口径10.5厘米，底径13.2厘米（图二七一，4）。标本M124：16，腹部饰竖绳纹间以两周抹痕。高16.4厘米，口径8.4厘米，底径14.2厘米（图二七一，7）。

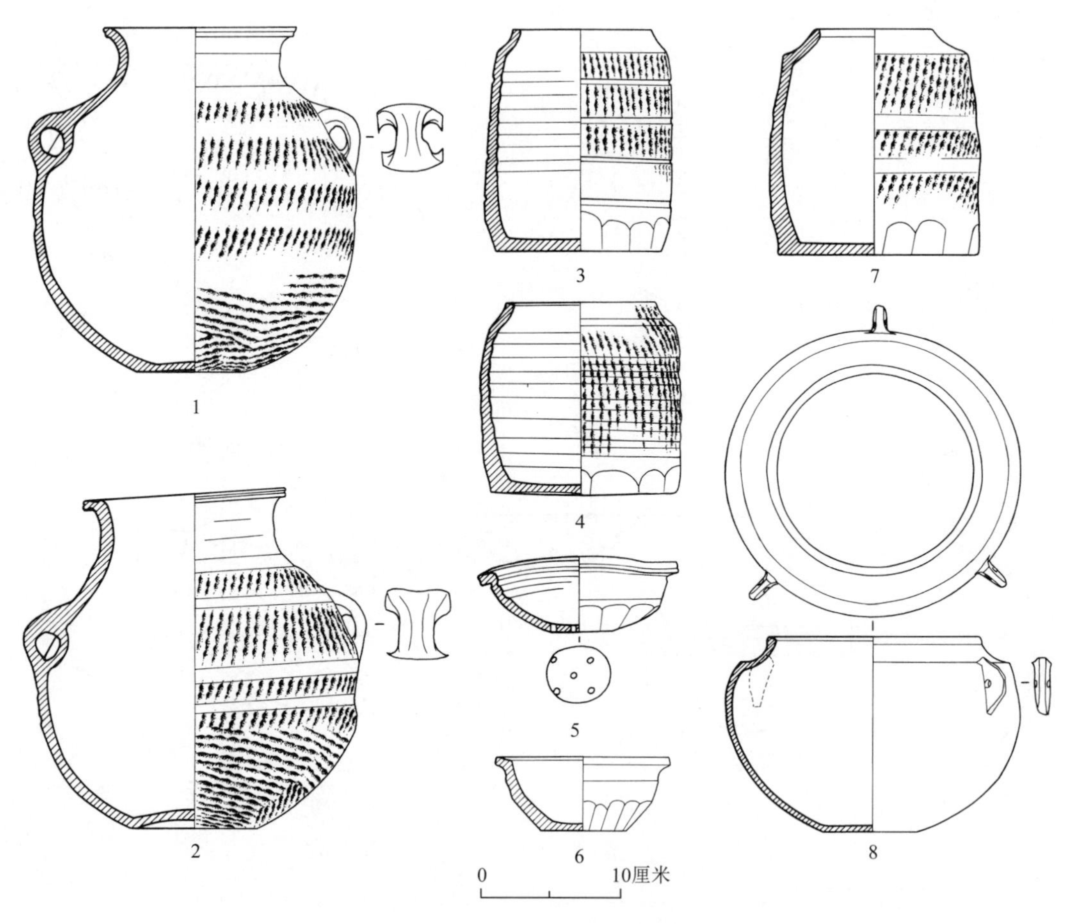

图二七一　M124出土陶器

1、2.陶双牛鼻耳罐（M124：7、M124：2）　3、4、7.陶仓（M124：14、M124：15、M124：16）　5.陶甑（M124：12）　6.陶盆（M124：11）　8.陶平底带系釜（M124：10）

陶灶　1件。标本M124：13，泥质灰陶。灶体呈三角形，壁垂直，后壁微斜，前壁居中设一方形灶门，前端有一火眼，上置一釜，后端斜立一圆柱形烟囱，烟囱中通。釜为敛口，方唇，扁鼓腹，圜底。素面。灶高9.6厘米，长23.2厘米，宽15.4厘米；釜高5.6厘米，口径7.2厘米（图二七〇，4）。

陶盆　1件。标本M124：11，泥质灰陶。敞口，折沿，沿面内斜，方唇，弧腹缓收，平底。下腹有刀削痕。素面。高5.3厘米，口径12.4厘米，底径6厘米（图二七一，6）。

陶甑　1件。标本M124：12，泥质灰陶。器已变形，敞口，折沿，方唇，弧腹缓收，平底，底部有五个圆形箅孔。内壁饰两周凹弦纹，近底部有刀削痕。素面。高5.5厘米，口长14.2厘米，宽12.1厘米，底径4.4厘米（图二七一，5）。

铜五铢钱　13枚（2串，标本M124：8、M124：17），另有1串20枚锈蚀在一起（标本M124：18）。钱的正面边缘有一周凸起的周郭，正方形穿，穿之左右有篆书“五铢”两字；钱的背面边缘有周郭，而且穿四边也有郭。“五”字中间两笔是弯曲的，中间两笔和上下两划相接的地方略向内靠拢，“五”字如两个相对的炮弹形；“铢”字笔划清晰，“金”字四点较长，“朱”字头方折。有的为剪轮五铢。标本M124：8-1，郭径2.35厘米，钱径2.25厘米，穿边长1厘米（图二七二）。

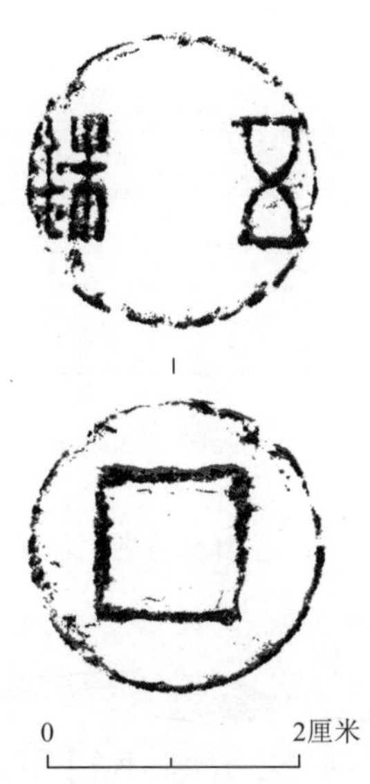

图二七二　M124出土铜五铢钱（M124：8-1）

一二四、M125

M125位于三区西部，开口于扰土层下，距地表0.3米，扰土层厚0.1米，墓道前端被一条东北—西南向的扰沟打破，墓葬破坏严重，打破M126和M127。方向154°。由墓道和墓室两部分组成。

墓道向东南，设于墓室前壁，偏左，呈长方形斜坡状，口残长0.92～1.02米，宽0.82～0.88米；底坡长1.2米，坡度25°；下端深0.52米。

墓坑平面呈长方形，口底同大，长3.46米，前端宽2.42米，后端宽2.48米，深0.52～0.42米。砖砌墓室，砖墙紧贴坑壁，平面呈长方形，长3.18米，前宽2.14米，后宽2.2米。墙体砌于生土上，残存6层，砌法为直行错缝叠砌。铺底砖无存（图二七三）。

墙砖为青灰色条砖，长0.32米，宽0.14米，厚0.07米，单长侧面饰“五”字形花纹。

葬具、人骨架和随葬品无存。

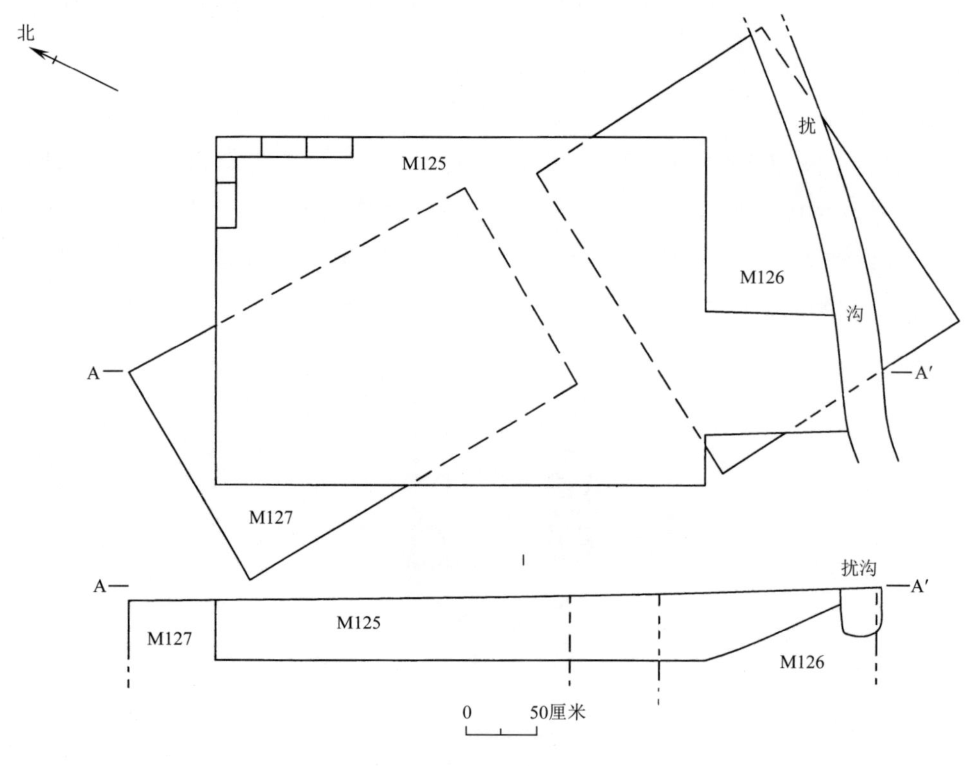

图二七三　M125平、剖面图

一二五、M126

1. 墓葬概况

M126位于三区西部，开口于耕土层下，距地表0.3米，墓室西端被M125打破。方向30°。口大底小，墓口长2.7米，宽1.6～1.7米；墓底长1.96米，宽0.7米；墓深3米。坑四壁规整，向下微内收，距墓口深2.42米处有生土二层台，台面平整，台壁斜直，东台面宽0.2米，南、西、北台面宽0.26米，高0.58米，壁面平滑，经人工修整，墓底平坦（图二七四）。

填红褐色五花土，含料姜石，土质较硬。

葬具已腐朽，仅存痕迹，可以看出为一椁一棺，椁痕长1.9米，宽0.7米；棺位于椁内西侧，棺痕长1.6米，宽0.5米。

人骨架1具，已腐朽殆尽，可知头向北，侧身屈肢。

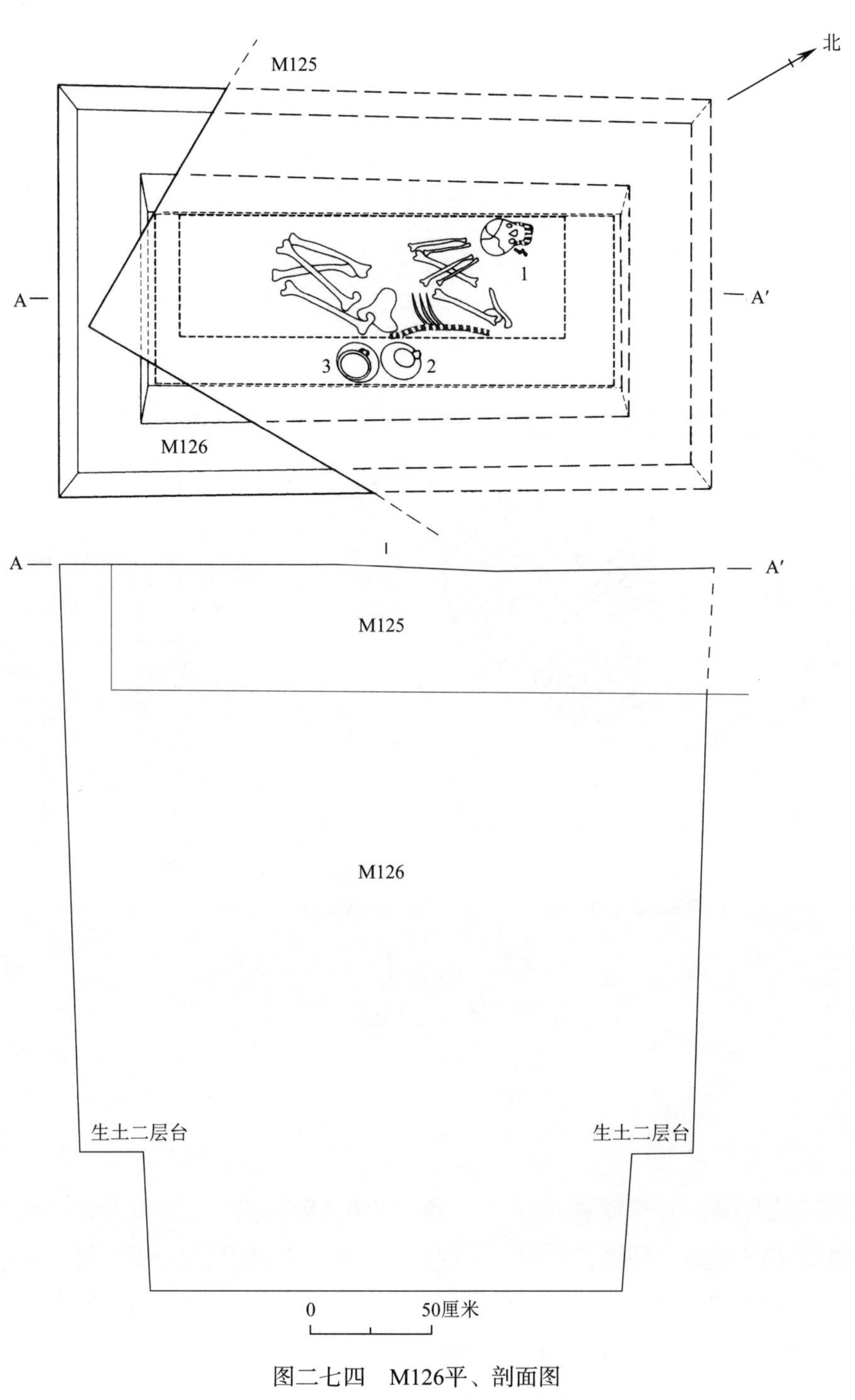

图二七四　M126平、剖面图

1.角鼻塞　2.陶双牛鼻耳罐　3.陶圜底釜

2. 出土器物

随葬品4件，角鼻塞2件，置于头骨东北部，陶双牛鼻耳罐、陶圜底釜各1件，置于椁内东侧中部。

陶双牛鼻耳罐　1件。标本M126：2，泥质黑灰陶。敞口，折沿，圆唇，微束颈，圆肩，肩部有两个对称牛鼻形耳，鼓腹，下腹已残，凹圜底。颈部饰较浅的绳纹，腹部饰或横、或斜、或竖的绳纹间以抹痕，底部饰横斜交错的绳纹。

陶圜底釜　1件。标本M126：3，夹砂灰陶。敛口，折沿，方唇，束颈，肩部微突，肩部有两个对称的牛鼻形耳，弧腹，最大径近肩部，下腹缓收，圜底。上腹饰竖绳纹，下腹及底部饰或横、或斜、或竖的交错绳纹。高17.5厘米，口径17.4厘米（图二七五，1）。

角鼻塞　2件。形制相同。黑色，角质。体呈柱状，一端粗，一端细，中间凹弧，断面呈圆形。标本M126：1-1，长5.2厘米，最大径2.1厘米（图二七五，2）。标本M126：1-2，长5.1厘米，最大径2厘米（图二七五，3）。

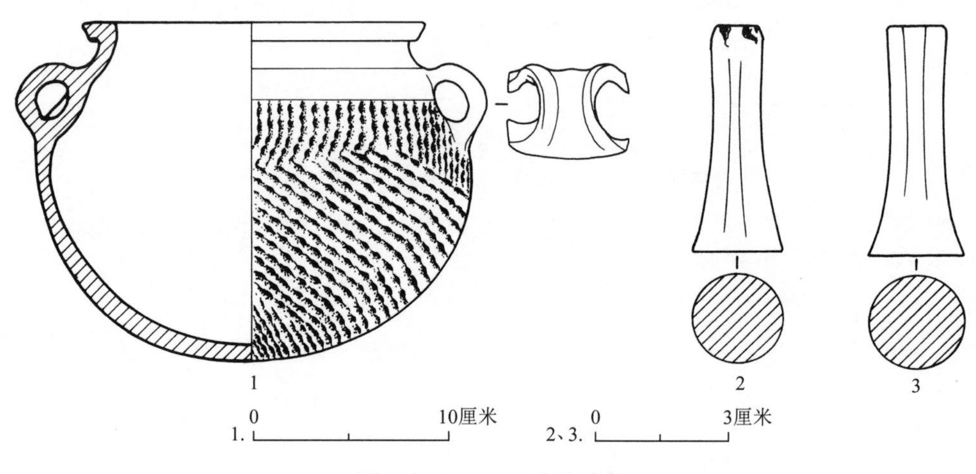

图二七五　M126出土遗物
1.陶圜底釜（M126：3）　2、3.角鼻塞（M126：1-1、M126：1-2）

一二六、M127

1. 墓葬概况

M127位于三区西部，开口于扰土层下，距地表0.3米，扰土层厚0.1米，墓室西端被M125打破。方向123°。口大底小，墓口长2.5米，宽1.9～2米；墓底长2.44米，宽1.82～1.92米；墓深2.4米。坑四壁规整，向下微内收，壁面光滑，经人工修整，墓底平坦（图二七六）。

填红褐色五花土，含少量细砂，土质较硬。

葬具已腐朽，仅存痕迹，可以看出为一椁一棺，椁痕长2.4米，宽1.84米；棺位于椁内北部，棺痕长2.25米，宽0.75米。

人骨架1具，已腐朽殆尽，仅存头骨和部分肢骨痕迹，可知头向东，面向上，仰身直肢。

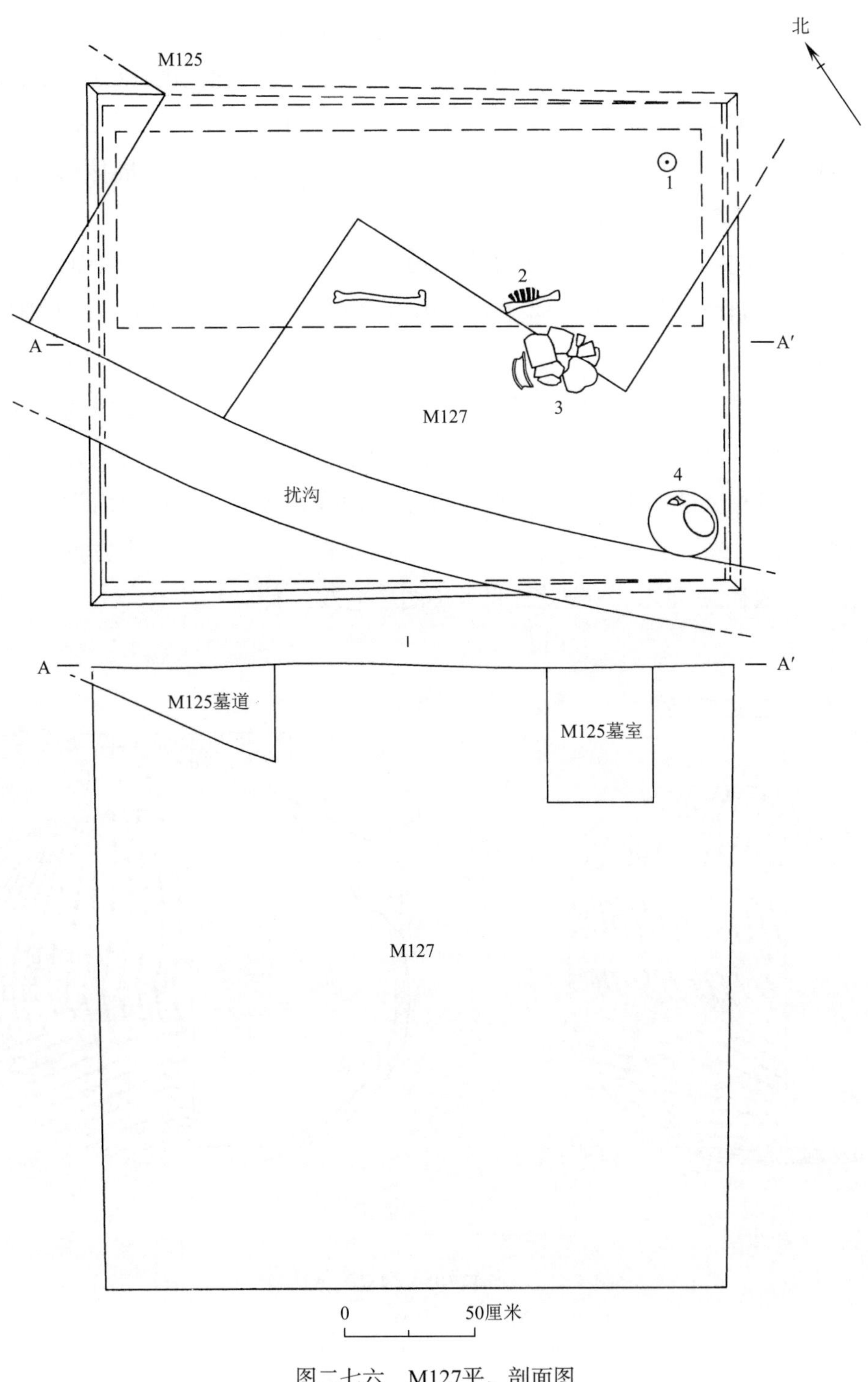

图二七六　M127平、剖面图
1.铜镜　2.铜五铢钱　3、4.陶双牛鼻耳罐

2. 出土器物

随葬品4件，铜镜1件置于棺内东北角，铜钱1串共8枚置于棺内北侧中部，陶双牛鼻耳罐2件置于椁室东南角。

陶双牛鼻耳罐　2件。形制基本相同。泥质灰陶。敞口，方唇，束颈，溜肩，肩部有两个对称的牛鼻形耳，垂腹，下腹弧收，凹圜底。标本M127：3，上腹饰竖绳纹，下腹及底部饰横斜交错的绳纹。高25.4厘米，口径12.5厘米，底径7.4厘米（图二七七，2）。标本M127：4，肩部及上腹饰竖绳纹间以三周抹痕，下腹及底部饰横斜交错的绳纹间以一周抹痕。高27.3厘米，口径14厘米，底径7.6厘米（图二七七，3）。

铜镜　1件。标本M127：1，残。圆形，半环形纽，圆座。纽外有两周铭文间两周绹索纹。内周铭文为“见日之光”；外周铭文为“内清以昭明，光象夫日月，心夫泄”。直径0.8厘米，厚0.2厘米（图二七八，1）。

铜五铢钱　8枚。标本M127：2-1和标本M127：2-2形制、大小相同，钱的正面边缘有一周凸起的周郭，正方形穿，穿之左右有篆书“五铢”两字；钱的背面边缘有周郭，而且穿四边也有郭。“五”字中间两笔是弯曲的，中间两笔和上下两划相接的地方略向内靠拢，“五”字如两个相对的炮弹形；“铢”字笔划清晰，“金”字四点较长，“朱”字头方折。有的为剪轮五铢。郭径2.5厘米，钱径2.3厘米，穿边长1厘米（图二七八，2、3）。

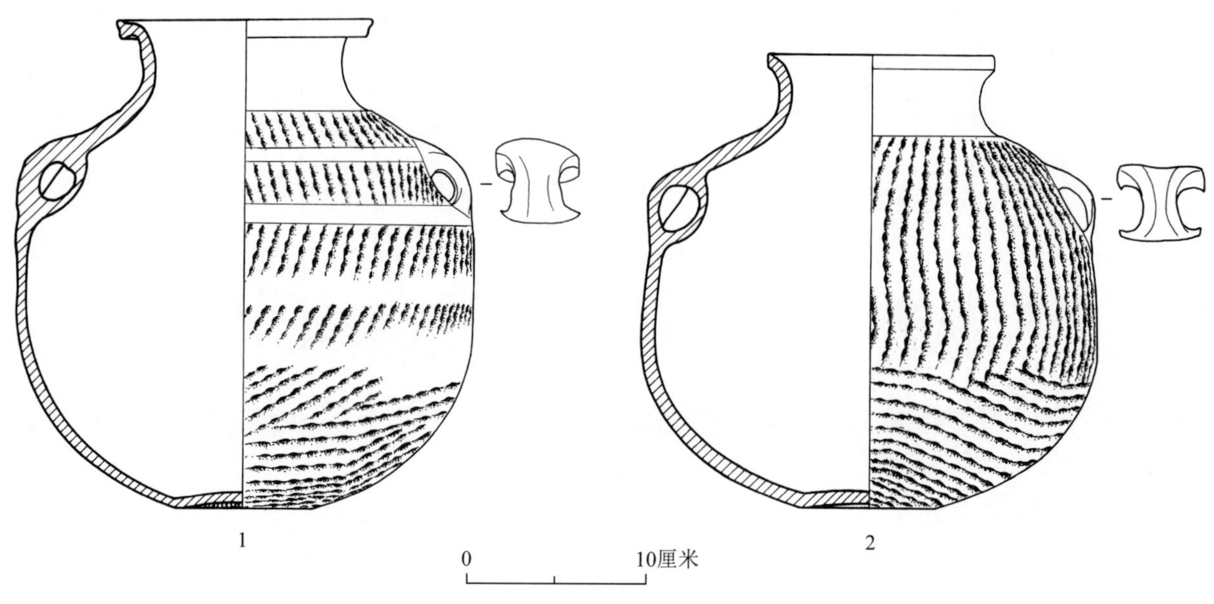

图二七七　M127出土陶双牛鼻耳罐

1. M127：4　2. M127：3

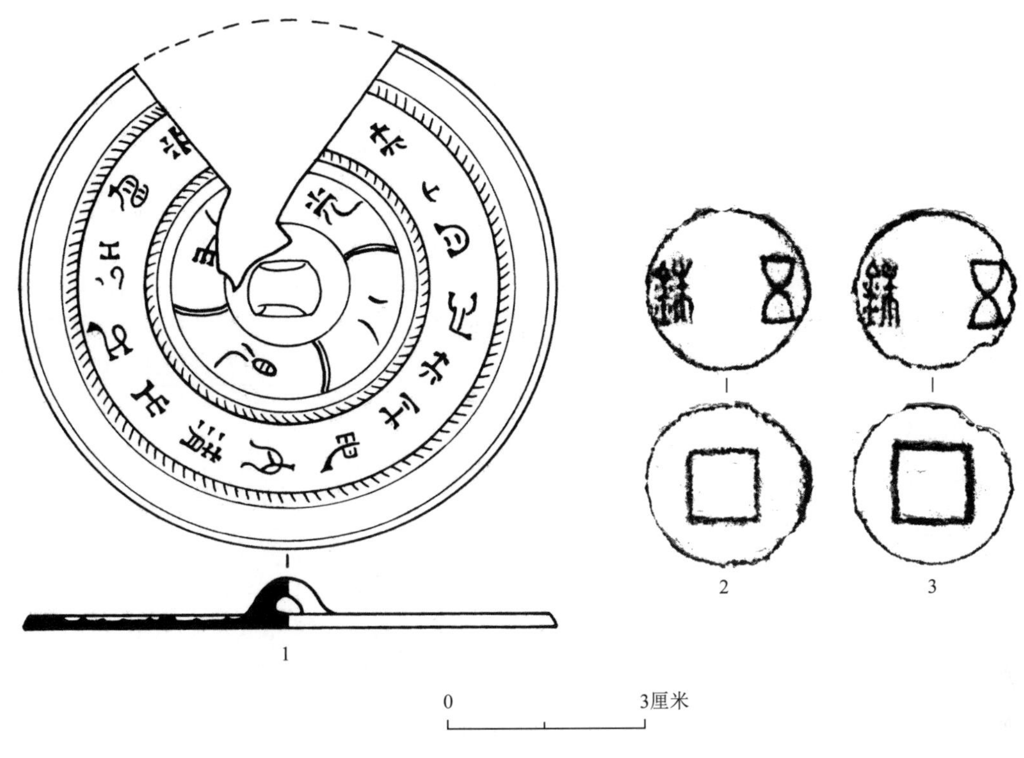

图二七八 M127出土铜器
1.铜镜（M127：1） 2、3.铜五铢钱（M127：2-1、M127：2-2）

一二七、M128

1. 墓葬概况

M128位于三区西部，开口于扰土层下，距地表0.3米，扰土层厚0.1米，墓葬破坏严重。方向132°。由墓道和墓室两部分组成。

墓道向东南，设于墓室前壁左侧，呈长方形斜坡状，口长3.08米，前端宽0.8米，后端宽0.9米；底坡长3.18米，坡度16°；下端深0.88米。墓道下端高于墓坑底部0.15米。墓门设于墓道下端，封门砖仅存3块，其中一砖纵向侧立紧贴墓道右壁，一砖紧贴侧立砖向左横向平砌，其上紧贴侧立砖纵向平砌一砖。

墓坑平面呈长方形，口底同大，口长3.62米，前壁宽2米，后壁宽2.12米，深1.04米。砖砌墓室，墙砖紧贴坑壁，平面呈长方形，长3.34米，前宽1.72米，后宽1.84米，残高0.16米。墙体砌于铺底砖上，残存2层，砌法为条砖直行错缝叠砌。铺底砖铺法不详（图二七九）。

墙砖为青灰色条形，一种规格为：长0.31米，宽0.14米，厚0.08米，铺底砖均另一种规格为：0.33米，宽0.22米，厚0.06米。单长侧面饰网纹。

葬具、人骨架和随葬品无存。

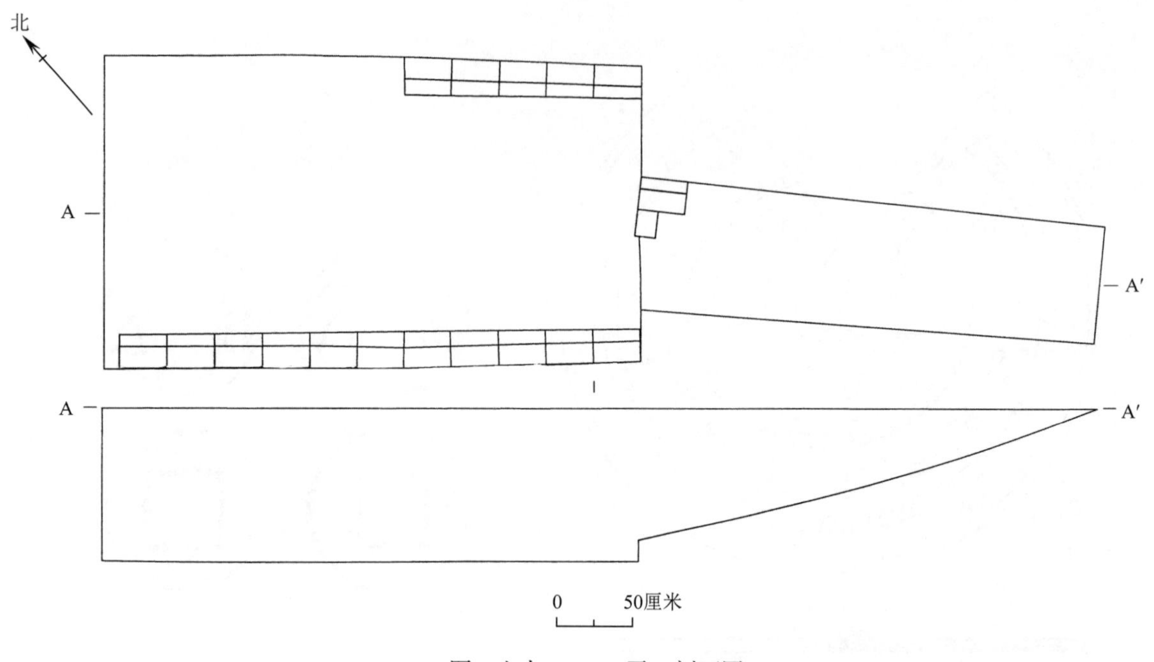

图二七九　M128平、剖面图

2. 出土器物

在扰土中发现有陶灶、陶仓、陶罐、陶器盖等器物残片及铜五铢钱7枚。

陶仓　3件。形制相同。泥质灰陶。敛口，圆唇，斜折肩，腹壁近直，平底。标本M128：1，腹部饰五周凹弦纹。高22.3厘米，口径8厘米，底径12.8厘米（图二八〇，1）。标本M128：2，腹部饰四周凹弦纹。高21.9厘米，口径7.6厘米，底径13.3厘米（图二八〇，3）。标本M128：3，腹部饰五周凹弦纹。高23厘米，口径7.6厘米，底径13.6厘米（图二八〇，2）。

陶器盖　1件。标本M128：4，泥质红胎陶，表面施红黄釉，内壁露红胎。盖呈覆盘形，顶部微弧。盖顶模印四神兽及波浪等图案。高7.7厘米，口径19.8厘米（图二八〇，4）。

陶灶　1件。标本M128：5，泥质灰陶。灶体呈长方形，壁垂直，前壁居中设一半圆形灶门前端有一半圆形挡墙，灶面上并列两个火眼，前端火眼较大，后端斜立一方柱形烟囱，烟囱中通。素面。通高10.5厘米，长28.8厘米，宽13.9厘米（图二八〇，5）。

五铢钱　7枚。可分二型。

A型　2枚。标本M128：6-1，钱的正面边缘有一周凸起的周郭，正方形穿，穿之左右有篆书“五铢”两字，大部分钱上的“铢”字不太清楚；钱的背面边缘有周郭，而且穿四边也有郭。“五”字中间两笔是直的或近乎直的，整个字形如两个对顶三角形；“铢”字的“金”字头近似三角形，“铢”字的“朱”字头方折。有的为剪轮五铢。郭径2.4厘米，钱径2.3厘米，穿边长1厘米（图二八一，1）。

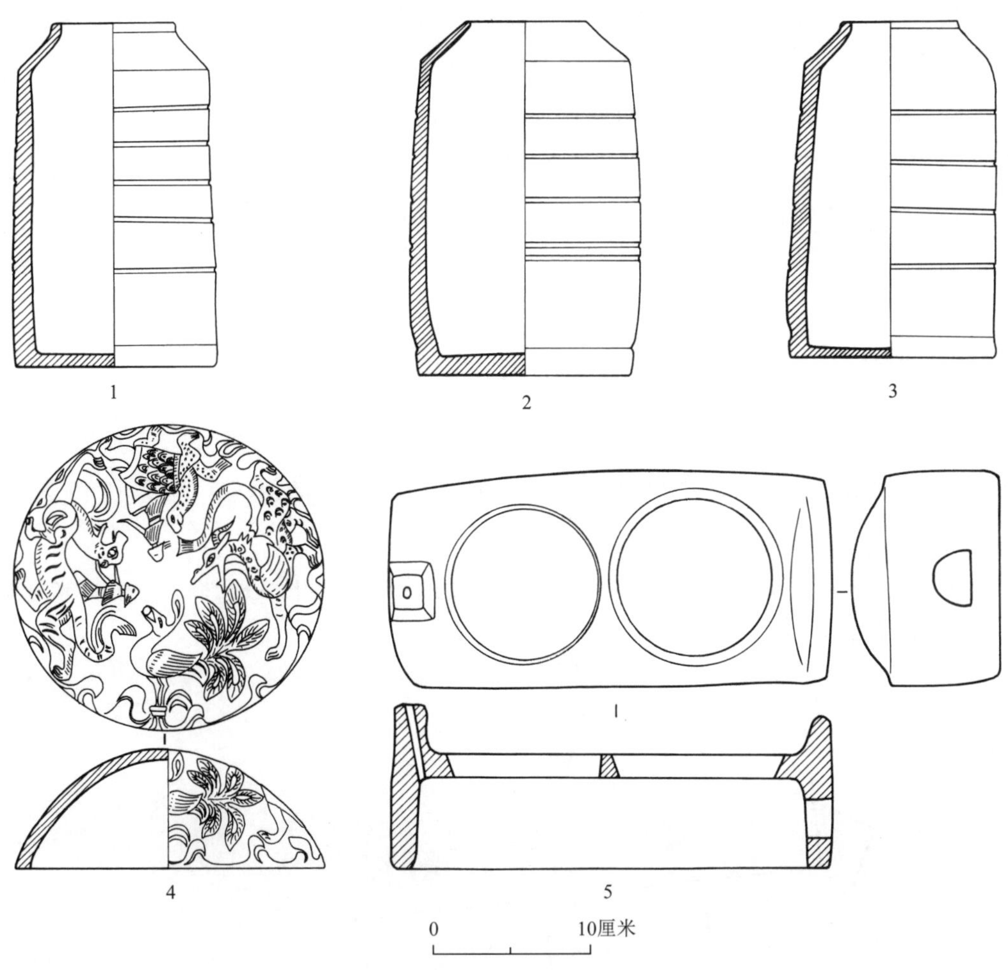

图二八〇　M128出土陶器
1～3.陶仓（M128：1、M128：3、M128：2）　4.陶器盖（M128：4）　5.陶灶（M128：5）

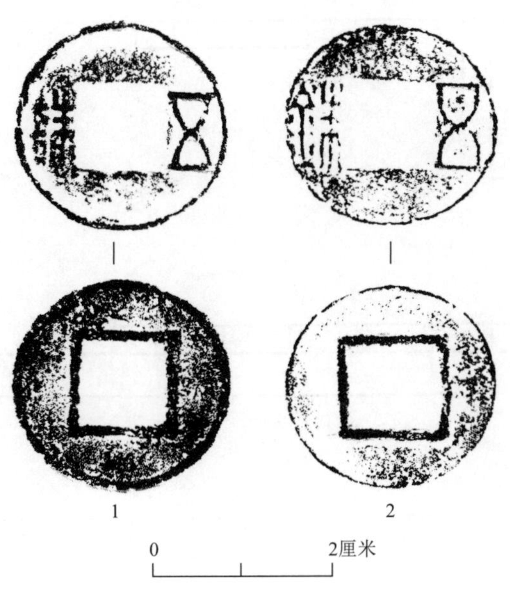

图二八一　M128出土铜五铢钱
1.A型（M128：6-1）　2.B型（M128：6-3）

B型　5枚。标本M128：6-3，钱的正面边缘有一周凸起的周郭，正方形穿，穿之左右有篆书“五铢”两字；钱的背面边缘有周郭，而且穿四边也有郭。钱文的书体特点明显。“五”字中间两笔是弯曲的，中间两笔和上下两划相接的地方略向内靠拢，中间两笔和上下两横相接的地方是垂直的；“铢”字笔划清晰，“朱”字头方折。有的为剪轮五铢。郭径2.55厘米，钱径2.35厘米，穿边长1厘米（图二八一，2）。

一二八、M129

M129位于三区西部，北部有过道与M130相通，两座墓应为为异穴夫妇合葬墓。开口于耕土层下，距地表0.3米，墓葬破坏严重，打破M132。方向306°。由墓道和墓室两部分组成。

墓道向西北，设于墓室前壁右侧，呈长方形斜坡状，口残长0.88米，宽0.82米；底坡长1米，坡度45°；下端深0.5米。

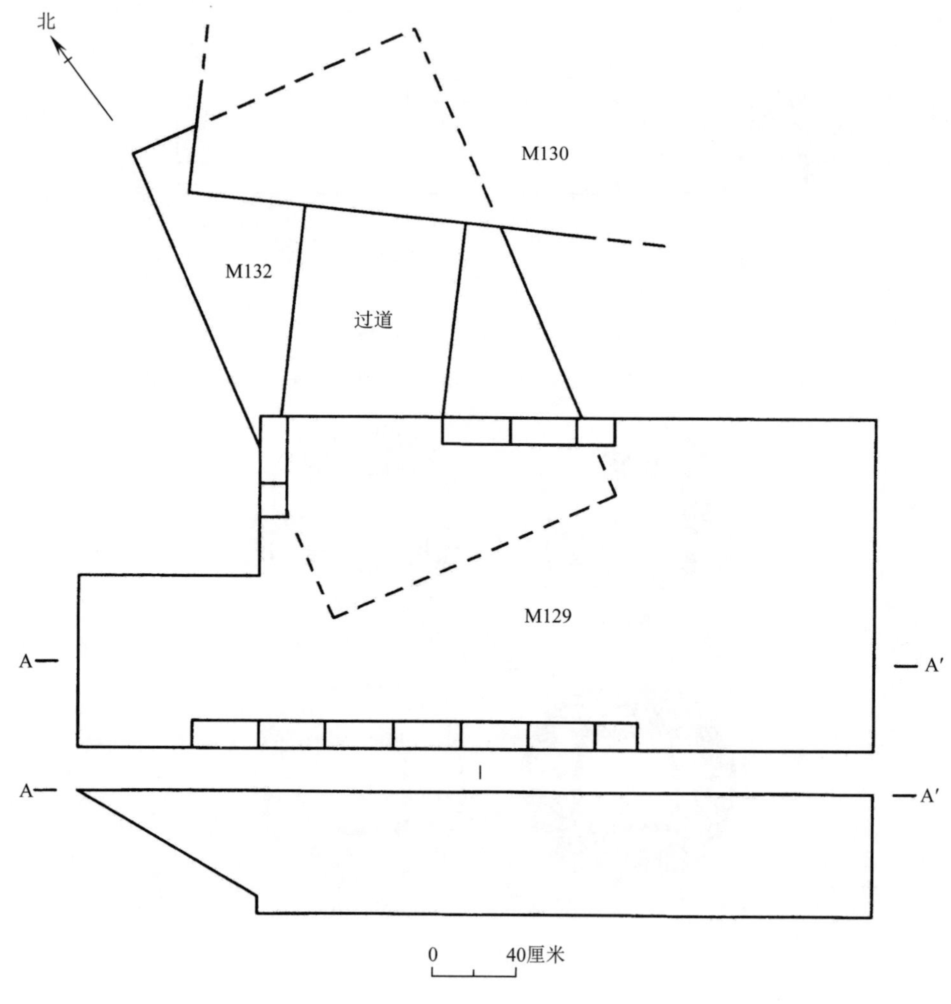

图二八二　M129平、剖面图

墓坑平面呈长方形，口底同大，长2.92米，宽1.58米，深0.58米。砖砌墓室，墙砖紧贴坑壁，平面呈长方形，长2.66米，宽1.32米，残高0.08米。墙体砌于生土之上，左右壁砌于预先挖好的深0.16米的基槽内，残存3层，砌法为条砖直行错缝叠砌。铺底砖不详，铺法不详（图二八二）。

过道设于M129左壁与M130右壁之间，平面呈长方形，长1米，宽0.76米，深0.58～0.6米。底部由南向北渐低。墙砖不详。

墓砖为青灰色条形，规格为：长0.32米，宽0.13米，厚0.08米，单长侧面饰“五”字形花纹。

葬具、人骨架和随葬品均无存。

一二九、M130

M130位于三区西部，南部有过道与M129相通，两座墓应为为异穴夫妇合葬墓。开口于耕土层下，距地表0.3米，墓葬破坏严重，打破M131。方向312°。由墓道和墓室两部分组成。

墓道向西北，设于墓室前壁左侧，呈长方形斜坡状，口残长1.94米，宽0.76米；底坡长2.04米，坡度18°；下端深0.6米。

墓坑平面呈长方形，口底同大，长3.58米，宽1.78米，深0.6米。砖砌墓室，墙砖紧贴坑壁，平面呈长方形，长3.32米，宽1.52米，残高0.08米。墙体砌于生土之上，左右壁砌于预先挖好的宽0.14米，深0.08米的基槽内，残存3层，砌法为条砖直行错缝叠砌。铺底砖不详，铺法不详（图二八三）。

墓砖为青灰色条形，规格为：长0.32米，宽0.13米，厚0.08米，单长侧面饰“五”字形花纹。

葬具、人骨架和随葬品均无存。

一三〇、M131

M131位于三区西部，开口于耕土层下，距地表0.3米，墓葬破坏严重，墓道被M130打破，墓室打破M132。方向320°。由墓道和墓室两部分组成。

墓道向西北，设于墓室前壁右侧，呈长方形斜坡状，口长5.12米，宽0.84～1.02米；底坡长5.54米，坡度22°；下端宽1.02米，深2.12米。

墓坑平面呈长方形，口底同大，长3.3米，宽1米，深2.3米。砖砌墓室，墙砖紧贴坑壁，平面呈长方形，长2.98米，宽1.48米，残高0.24米。墙体砌于生土上，残存4层，砌法为条砖直行错缝叠砌，墓墙砌于铺底砖之上。铺底砖不详，铺法不详（图二八四）。

墙砖和铺底砖均为青灰色条形，规格为：长0.34米，宽0.16米，厚0.08米，单长侧面饰“半圆”纹。

葬具、人骨架和随葬品无存。

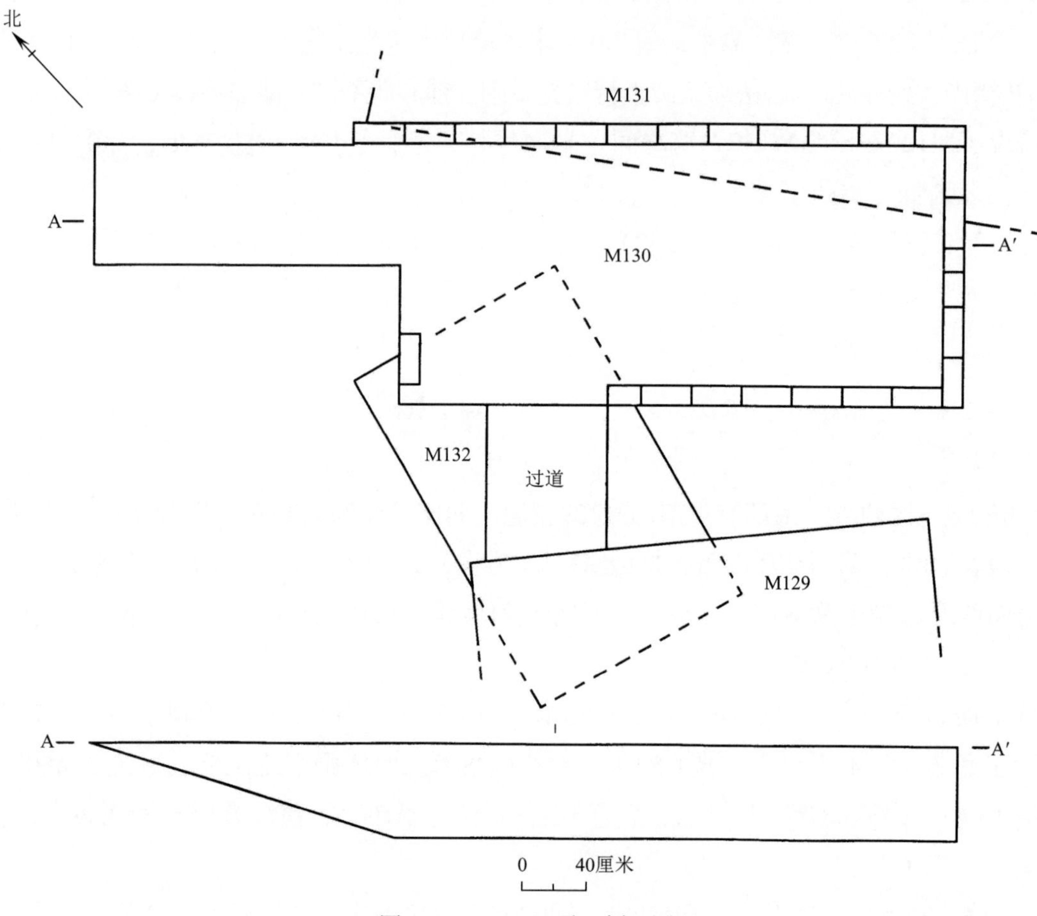

图二八三　M130平、剖面图

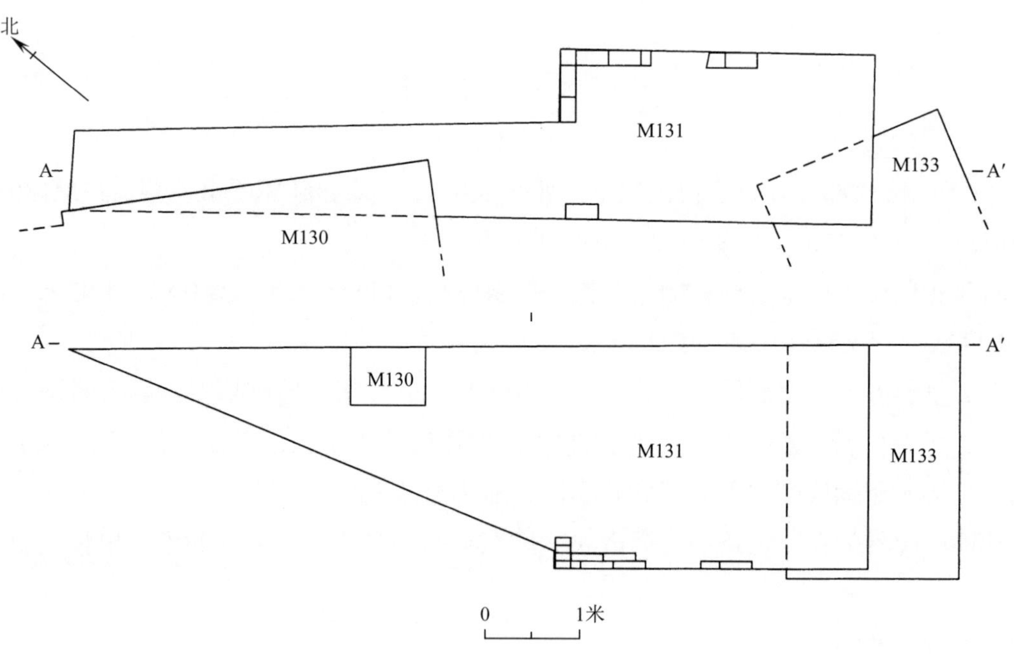

图二八四　M131平、剖面图

一三一、M132

1. 墓葬概况

M132位于三区西部，开口于耕土层下，距地表0.3米，被M129、M130打破。方向12°。口大底小，墓口残长1.84米，残宽0.36米；墓底长2.26米，宽1.3米；墓深2.7米。坑四壁规整，向下外张，自墓口向下2米深处有生土二层台，台面平整，台面宽0.14～0.16米，高0.7米，壁面规整，墓底平坦（图二八五；图版七七，1）。

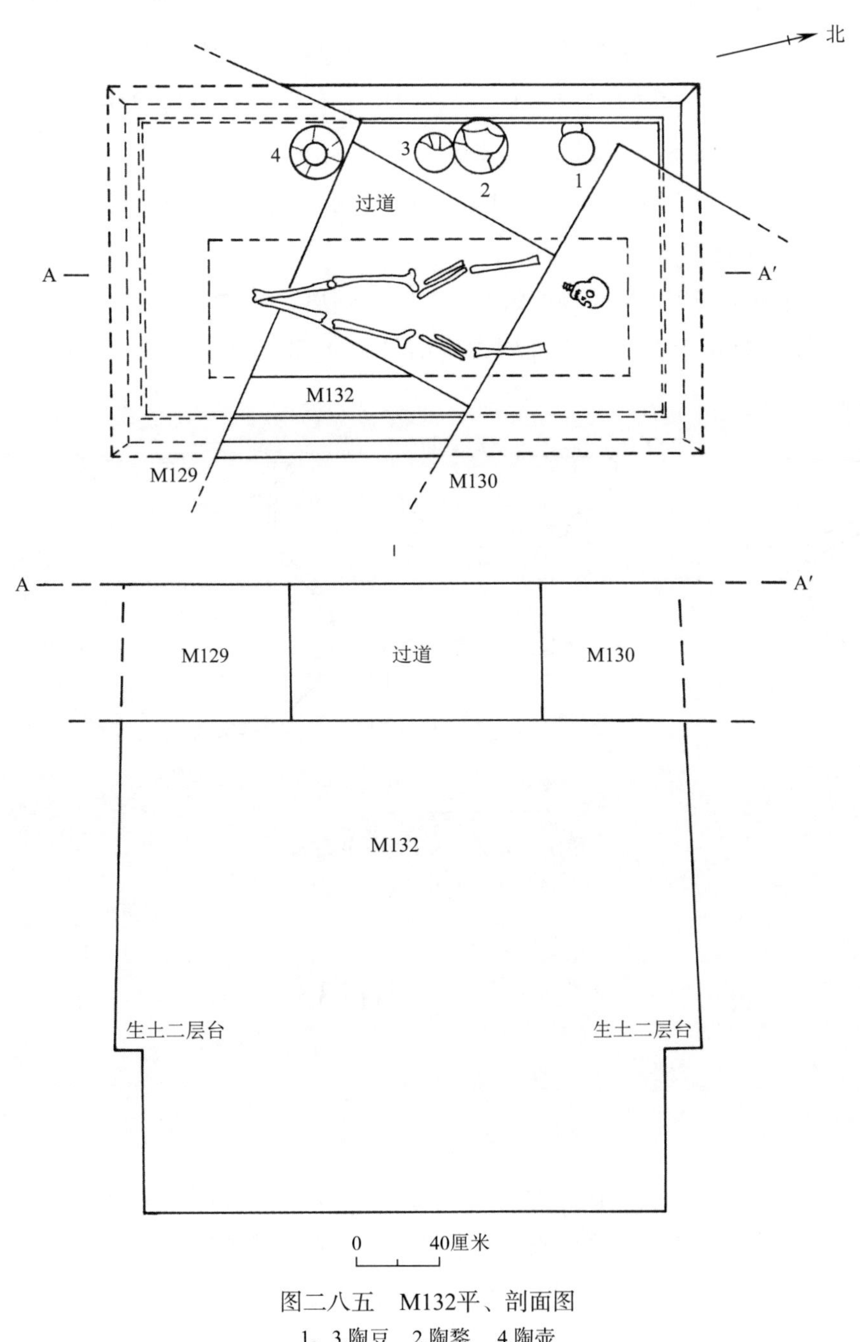

图二八五　M132平、剖面图
1、3.陶豆　2.陶鍪　4.陶壶

填褐色五花土，土质较硬。

葬具已腐朽，仅存痕迹，可以看出为一椁一棺，椁痕长2.24米，宽1.28米；棺位于椁室东部，棺痕长1.8米，宽0.6米。

人骨架1具，已腐朽殆尽，仅存头骨和部分肢骨痕迹，可知头向北，仰身直肢。

2. 出土器物

随葬品4件，其中陶豆2件，陶壶、陶鍪各1件，均置于椁室西部（图版七七，2）。

陶豆　2件。形制相同。泥质灰陶。敞口，圆唇，盘较深，盘壁向下弧收，盘内底凹弧，柄较短，喇叭状圈足。素面。标本M132：1，高12.8厘米，口径14.6厘米，盘深5厘米，圈足径8.2厘米（图二八六，1）。标本M132：3，圈足内壁上有刀削痕。高12.9厘米，口径14.2厘米，盘深4.8厘米，圈足径8.3厘米（图二八六，2）。

陶壶　1件。标本M132：4，破碎严重。泥质褐陶。盘口，上腹壁斜直，下腹缓收，上下腹之间有明显分界，平底。

陶鍪　1件。标本M132：2，夹砂灰陶。侈口，圆唇，束颈，溜肩，肩部有单半环形耳，圆鼓腹，下腹弧收，圜底近平。腹部饰斜向细绳纹，大多已漫漶不清。高18.4厘米，口径13.6厘米（图二八六，3）。

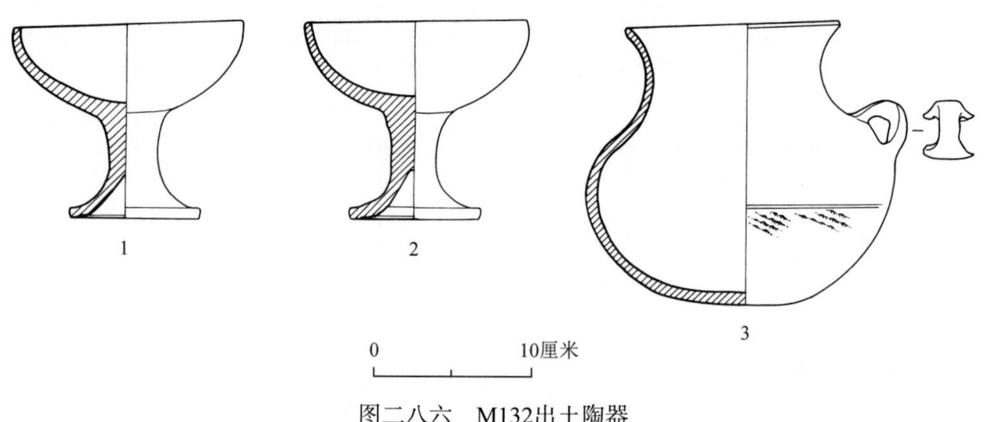

图二八六　M132出土陶器

1、2.陶豆（M132：1、M132：3）　3.陶鍪（M132：2）

一三二、M133

1. 墓葬概况

M133位于三区西部，开口于耕土层下，距地表0.3米，西北部被M131打破。方向117°。口大底小，墓口长2.06米，宽1米；墓底长1.94米，宽1.20米；墓深2.4米。坑四壁规整，向下微内收，壁面平滑，经人工修整，墓底平坦（图二八七；图版七八，1）。

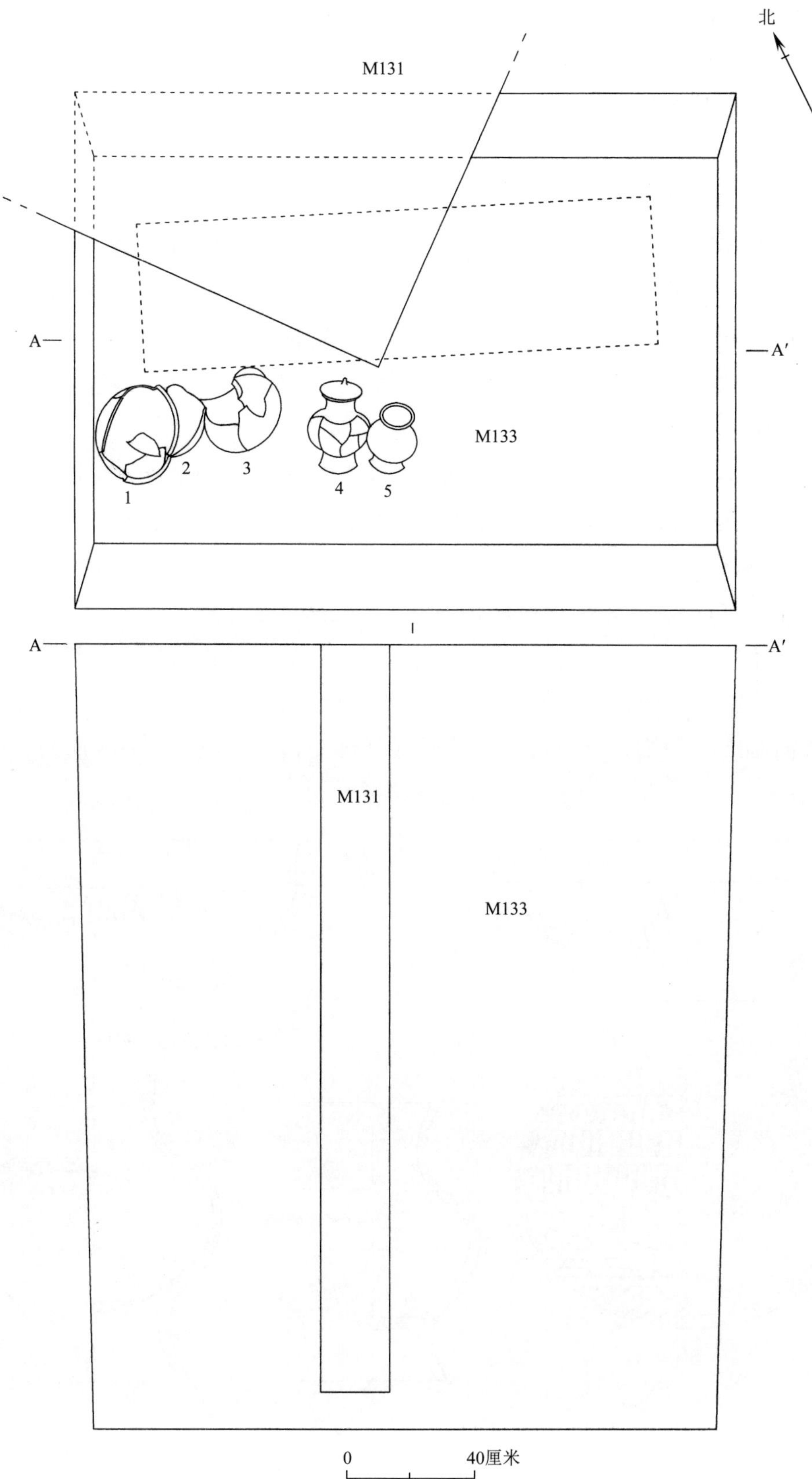

图二八七　M133平、剖面图
1、2.陶盂　3.陶圜底釜　4、5.陶壶

填褐色五花土，土质较软。

葬具已腐朽，仅存痕迹，可以看出单棺，位于墓底北部，棺痕长1.6米，宽0.46米。

人骨架1具，已腐朽殆尽，仅发现数颗牙齿，可知头向东，但葬式不详。

2. 出土器物

随葬品5件，均为陶器，陶盂、陶壶各2件，陶圜底釜1件，置于棺外西南部（图版七八，2）。

陶壶　2件。形制相同。泥质灰陶，侈口，尖唇，束颈，溜肩，圆鼓腹，最大径在中腹，下腹弧收，平底，喇叭状圈足。标本M133：4，肩部饰两周凹弦纹间饰三角形纹。高24.6厘米，口径11.4厘米，圈足径12.8厘米（图二八八，5）。标本M133：5，肩部饰三周凹弦纹。高20.1厘米，口径10厘米，圈足径11.1厘米（图二八八，4）。

陶盂　2件。形制相同。泥质灰陶。近直口，尖唇，折沿，颈壁近直，肩部微突，弧腹缓收，平底。标本M133：1，腹部饰竖向细绳纹。高11.7厘米，口径27.2厘米，底径11厘米（图二八八，1）。标本M133：2，颈部饰竖向细绳纹，大多被抹去，已漫漶不清，腹部饰竖向细绳纹。高10.9厘米，口径25.2厘米，底径11.6厘米（图二八八，2）。

陶圜底釜　1件。标本M133：3。夹砂灰陶。侈口，尖唇，折沿，束颈粗短，肩部微突，鼓腹，最大径在中腹，下腹弧收，圜底。颈部饰竖向细绳纹，大多被抹去，已漫漶不清，肩部及中腹饰竖向细绳纹间饰三周抹痕，下腹及底部饰交错粗绳纹。高19.9厘米，口径19厘米（图二八八，3）。

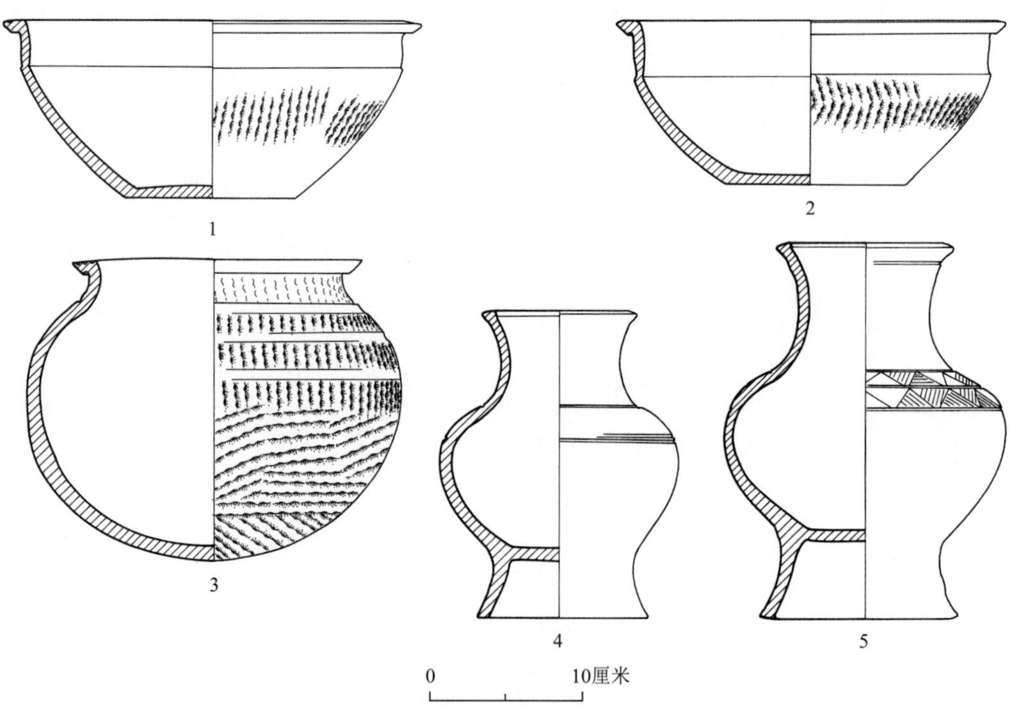

图二八八　M133出土陶器

1、2.陶盂（M133：1、M133：2）　3.陶圜底釜（M133：3）　4、5.陶壶（M133：5、M133：4）

一三三、M134

1. 墓葬概况

M134位于三区西部，开口于耕土层下，距地表0.3米，墓室后端有一个半圆形盗洞打破后墙进入墓室，墓道打破M135南部。方向300°。由墓道、甬道和墓室三部分组成。

墓道向西北，东南与甬道相连，呈长方形斜坡状，口长2.96米，前端宽0.8米，后端宽0.68米；底坡长3.36米，坡度28°；下端深1.56米。

甬道设于墓室前壁，偏右，西北与墓道相连，为土洞穴式，呈拱形，由前向后渐宽，顶部由前向后渐低，壁直，底部顺着墓底的坡度向下延伸，后端为平底。甬道进深0.54米，宽0.68～0.8米，前端高1.02米，后端高0.9米。

墓坑平面呈长方形，口底同大，长2.9米，宽1.70米，深1.68米。砖砌墓室，墙砖紧贴坑壁，长2.6米，宽1.4米，高1.46米。墙体砌于生土上，砌法为条砖直行错缝叠砌，砌至11层后用楔形砖起券，为纵向齐缝，部分券顶坍塌。铺底砖为条砖横向齐缝平铺。墓门设于墓室前壁，宽0.84米，高0.82米，封门砖为条砖横向和纵向相间错缝叠砌（图二八九）。

墙砖、铺底砖均为青灰色条砖，长0.35米，宽0.15米，厚0.075米，单长侧面饰半圆形纹间圆点、直线纹。楔形砖长0.35米，宽0.15米，厚0.06～0.07米，

葬具、人骨架无存。

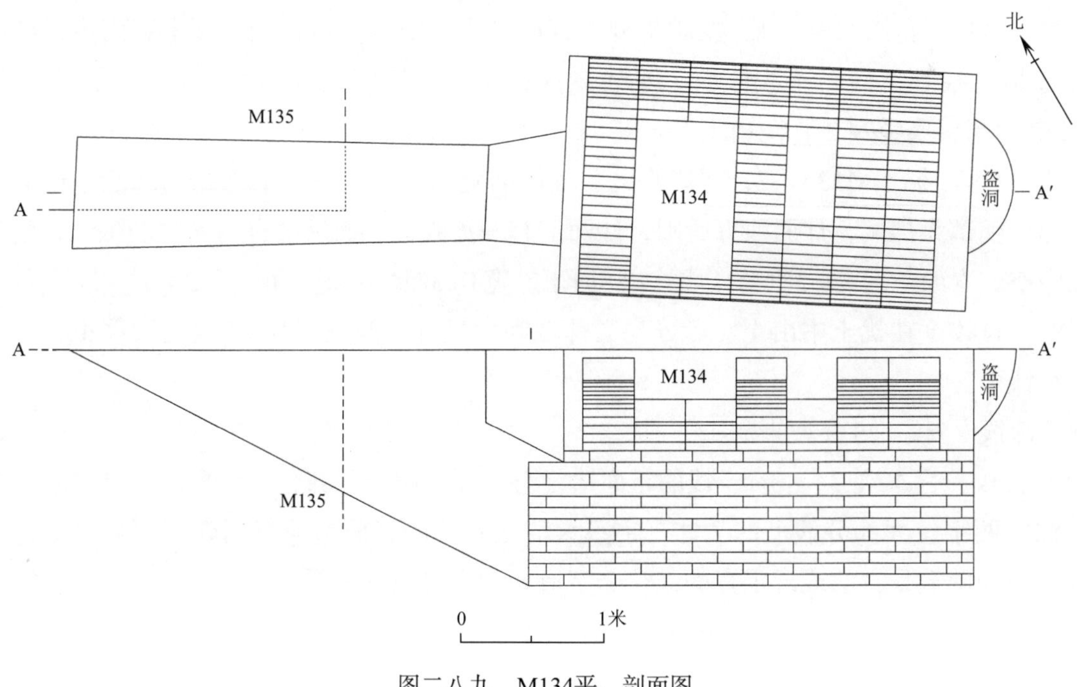

图二八九　M134平、剖面图

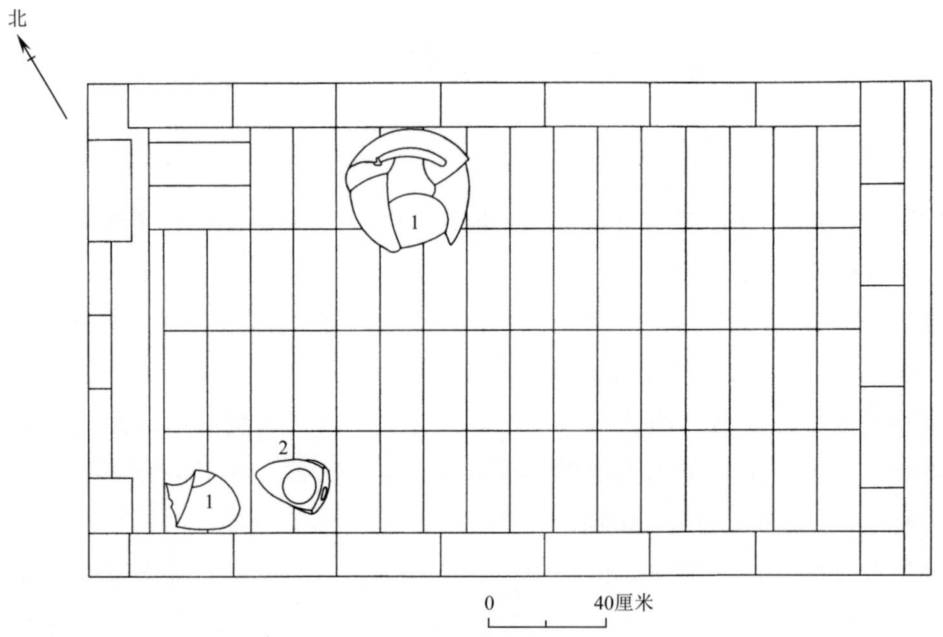

图二九○　M134随葬器物分布图
1. 陶瓮　2.陶灶

2. 出土器物

随葬品残存2件，均为陶器，计有陶瓮、灶各1件，置于墓底前部左右两侧。另外在扰土中发现铜钱11枚（图二九○）。

陶瓮　1件。标本M134：1，泥质灰陶。直口微侈，圆唇，短直领，领中部内束，圆肩，圆鼓腹，最大径在上腹，下腹弧收，平底微内凹。腹部饰竖向细绳纹。高35.7厘米，口径24.2～27.5厘米，底径24.2厘米（图二九一，1）。

陶灶　1件。标本M134：2，泥质灰陶。灶体前宽后窄，灶壁向下外张，前墙中部有一半圆形灶门，前部无挡墙，灶面前方后圆，灶面上有一火眼，灶面后部有一通穿的烟孔，烟囱已残，腹中空。素面。通高9.3厘米，灶长22.8厘米，宽16.3厘米（图二九一，2）。

铜钱　11枚。在扰土中出土。可分为五铢钱和大泉五十两种。其中2枚锈蚀严重，无法识别是何种钱币。

铜五铢钱　7枚。可分为两型。

A型　2枚。标本M134：3-1，钱的正面边缘有一周凸起的周郭，正方形穿，穿之左右有篆书“五铢”两字，大部分钱上的“铢”字不太清楚；钱的背面边缘有周郭，而且穿四边也有郭。五字中间两笔是直的或近乎直的，整个字形如两个对顶三角形；“铢”字的“金”字头近似三角形，“铢”字的“朱”字头方折。有的为剪轮五铢。郭径2.4厘米，钱径2.3厘米，穿边长1厘米（图二九二，1）。

B型　5枚。标本M134：3-3、M134：3-4，钱的正面边缘有一周凸起的周郭，正方形穿，穿之左右有篆书“五铢”两字；钱的背面边缘有周郭，而且穿四边也有郭。钱文的书体特点明显。“五”字中间两笔是弯曲的，中间两笔和上下两划相接的地方略向内靠拢，中间两笔和上下两横相接的地方是垂直的；“铢”字笔划清晰，“朱”字头方折。有的为剪轮五铢。郭径2.55厘米，钱径2.35厘米，穿边长1厘米（图二九二，2、3）。

大泉五十 2枚。分两型。

A型 1枚。标本M134：3-8，钱的正面边缘有一周凸起的周郭，正方形穿外也有郭，穿之上下左右有篆书“大泉五十”四字；钱的背面边缘有周郭，而且穿四边也有郭。“五”字中间两笔和上下两横相交处是垂直的。郭径2.65厘米，钱径2.45厘米，穿边长0.95厘米（图二九二，4）。

B型 1枚。标本M134：3-9，钱的正面边缘有一周凸起的周郭，正方形穿外也有郭，穿之上下左右有篆书“大泉五十”四字；钱的背面边缘有周郭，而且穿四边也有郭。“五”字中间两笔是屈曲的，“五”字如两个相对的炮弹形。郭径2.65厘米，钱径2.4厘米，穿边长0.9厘米（图二九二，5）。

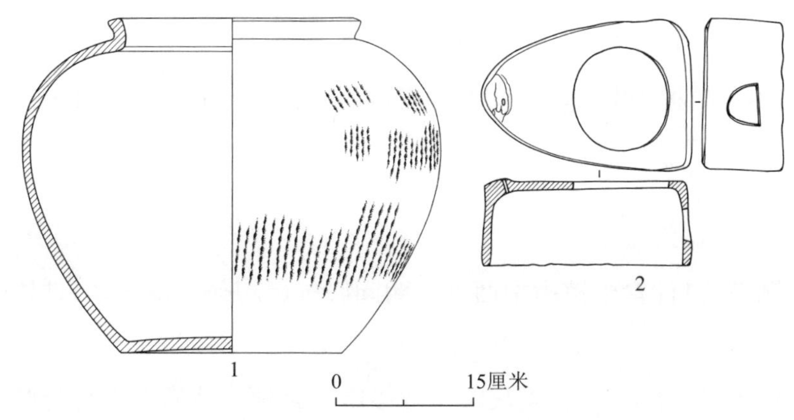

图二九一 M134出土陶器

1.陶瓮（M134：1） 2.陶灶（M134：2）

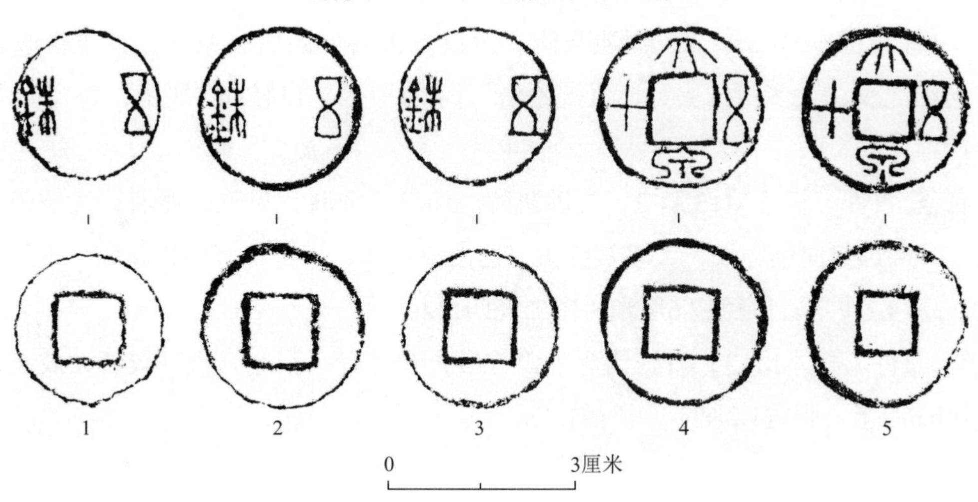

图二九二 M134出土铜钱

1.A型五铢钱（M134：3-1） 2、3.B型五铢钱（M134：3-3、M134：3-4）

4.A型大泉五十（M134：3-8） 5.B型大泉五十（M134：3-9）

一三四、M135

1. 墓葬概况

M135位于三区西部，开口于耕土层下，距地表深0.3米，墓室东南部被M134墓道打破。方向300°。口大底小，墓口长2.92米（南壁）~3.04米（北壁），东端宽2.06米，西端宽2.02米；墓底长2.05米，东端宽1.16米，西端宽1.08米；墓深2.9米。坑四壁规整，向下微内收，自墓口向下1.94~2.14米深处有生土二层台，台面平整，台面宽0.2~0.4米，高0.76米，壁面平滑，经人工修整，墓底平坦（图二九三；图版七九，1）。

填黄褐色五花土，土质较硬。

葬具已腐朽，仅存痕迹，可以看出为一椁一棺，椁痕长2米，东端宽1.06米，西端宽1.1米；棺位于椁内北部，棺痕长1.94米，宽0.6米。

人骨架已朽殆尽，根据随葬品的放置和铜带钩的位置，可推断头向西北，但葬式不详。

2. 出土器物

随葬品4件，铜带钩1件置于棺内中西部，陶圜底釜、陶壶、陶盂各1件置于椁内棺外西北部（图版七九，2）。

陶壶　1件。标本M135：4，泥质灰陶。微侈口，束颈，溜肩，肩部有两个对称的半环形耳，鼓腹，下腹斜收，平底，筒状圈足向下内收。颈部、腹部分别饰两周、四周凹弦纹。高23.5厘米，口径9.8厘米，底径10.4厘米（图二九四，3）。

陶盂　1件。标本M135：3，泥质灰陶。敛口，折沿，圆唇，束颈，弧腹缓收，平底。颈部饰竖向细绳纹，大多被抹去，已漫漶不清。高7.1厘米，口径16.7厘米，底径9.2厘米（图二九四，1）。

陶圜底釜　1件。标本M135：2，夹砂灰陶。侈口，圆唇，束颈，溜肩，微鼓腹，下腹弧收，圜底。颈部饰竖向细绳纹，大多被抹去，已漫漶不清，肩部饰竖向细绳纹，下腹及底部饰交错绳纹。高14.1厘米，口径17.6厘米（图二九四，2）。

铜带钩　1件。标本M135：1，钩弯为兽首形，背部有一圆纽，腹部较长，鼓起，并有两周铜箍。长6.8厘米，腹宽1.2厘米，纽径1.2厘米（图二九五）。

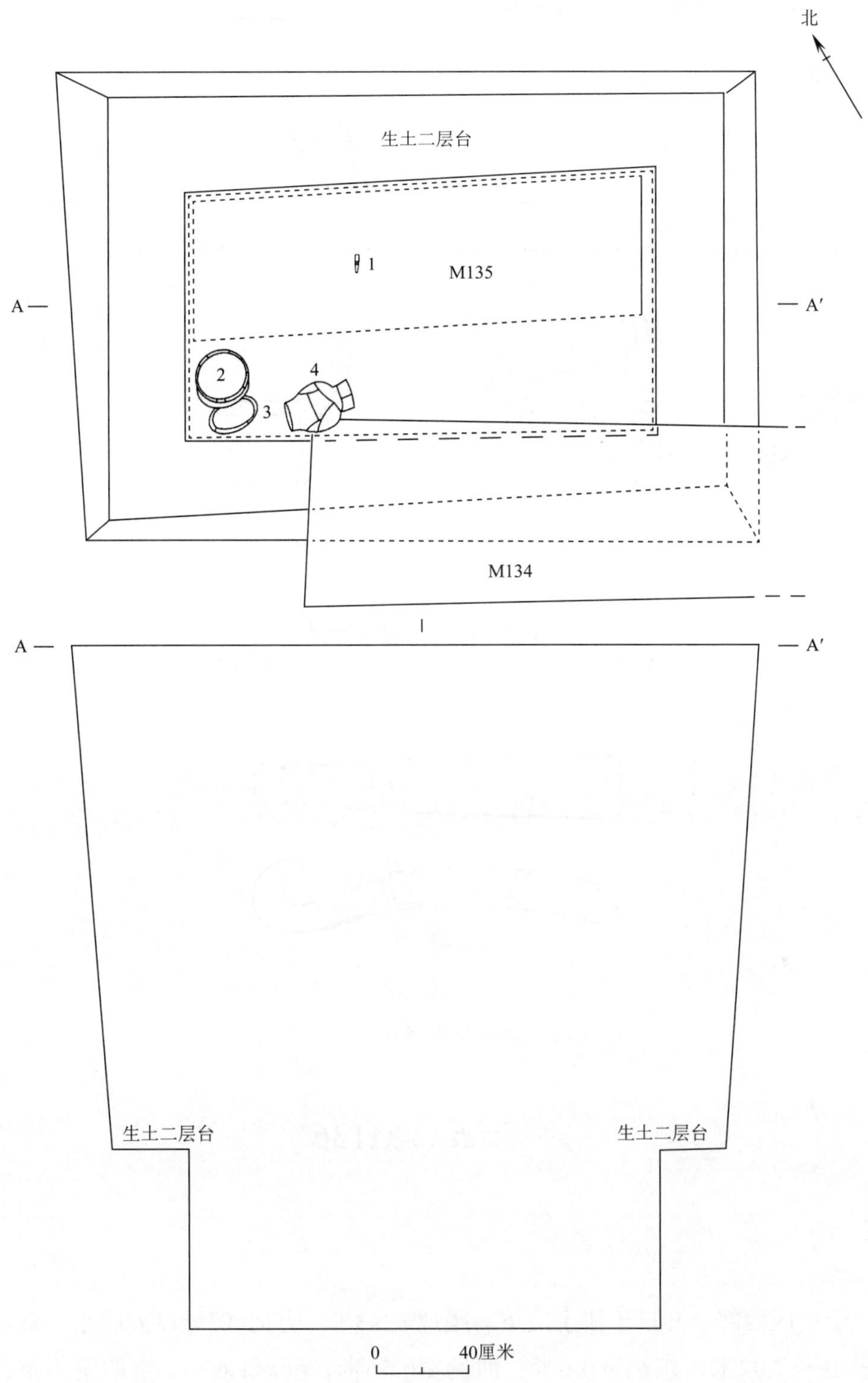

图二九三　M135平、剖面图
1.铜带钩　2.陶圜底釜　3.陶盂　4.陶壶

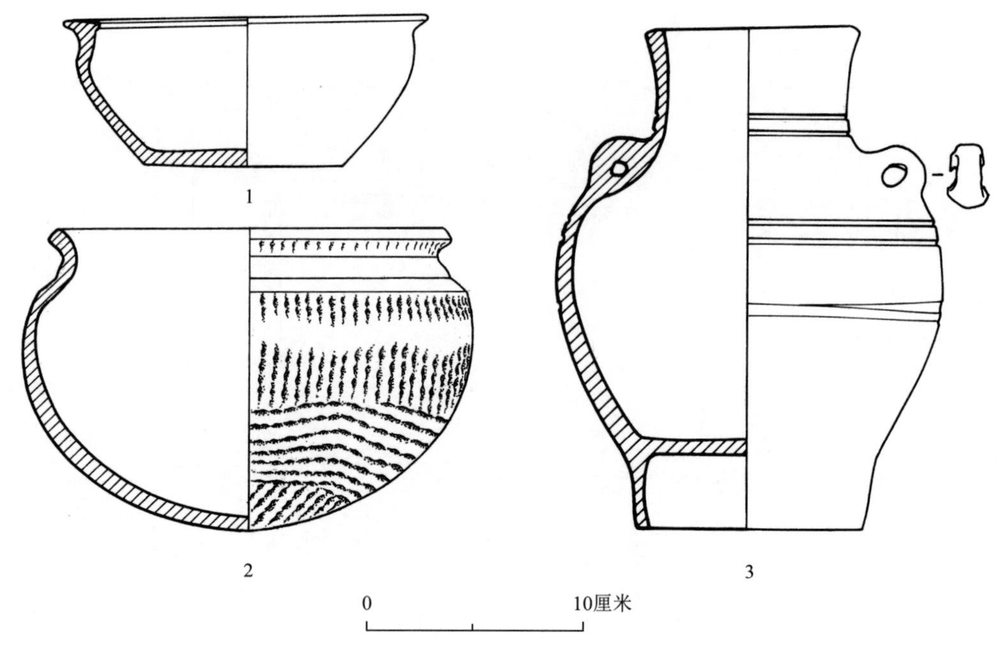

图二九四　M135出土陶器

1.陶盂（M135：3）　2.陶圜底釜（M135：2）　3.陶壶（M135：4）

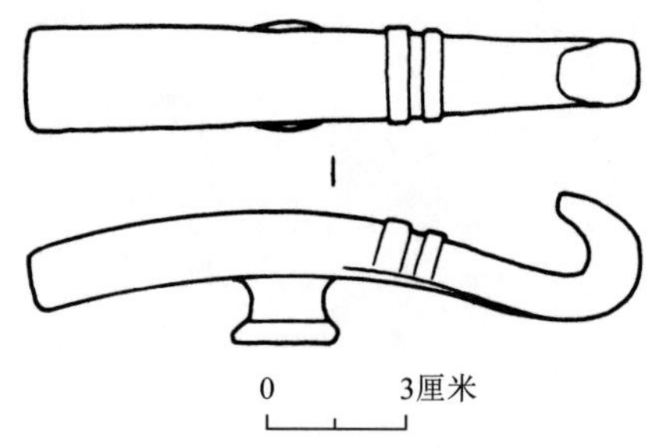

图二九五　M135出土铜带钩（M135：1）

一三五、M136

1. 墓葬概况

M136位于三区西部，开口于耕土层下，距地表0.3米。方向40°。口大底小，墓口长2.2米，宽1.3米；墓底长2.02米，东端宽0.6米，西端宽0.56米；墓深1.6米。坑四壁规整，向下微内收，南、北两壁自墓口向下至1.2米深处有生土二层台，台面平整，台面宽0.16～0.38米，高0.4米，壁面规整，墓底平坦（二九六；图版八〇，1）。

填黄褐色五花土，土质较硬。

葬具已腐朽，仅存痕迹，可以看出为单棺，棺痕长1.8米，宽0.56～0.6米。

人骨架已朽殆尽，根据随葬品的放置，可推断头向东北，但葬式不详。

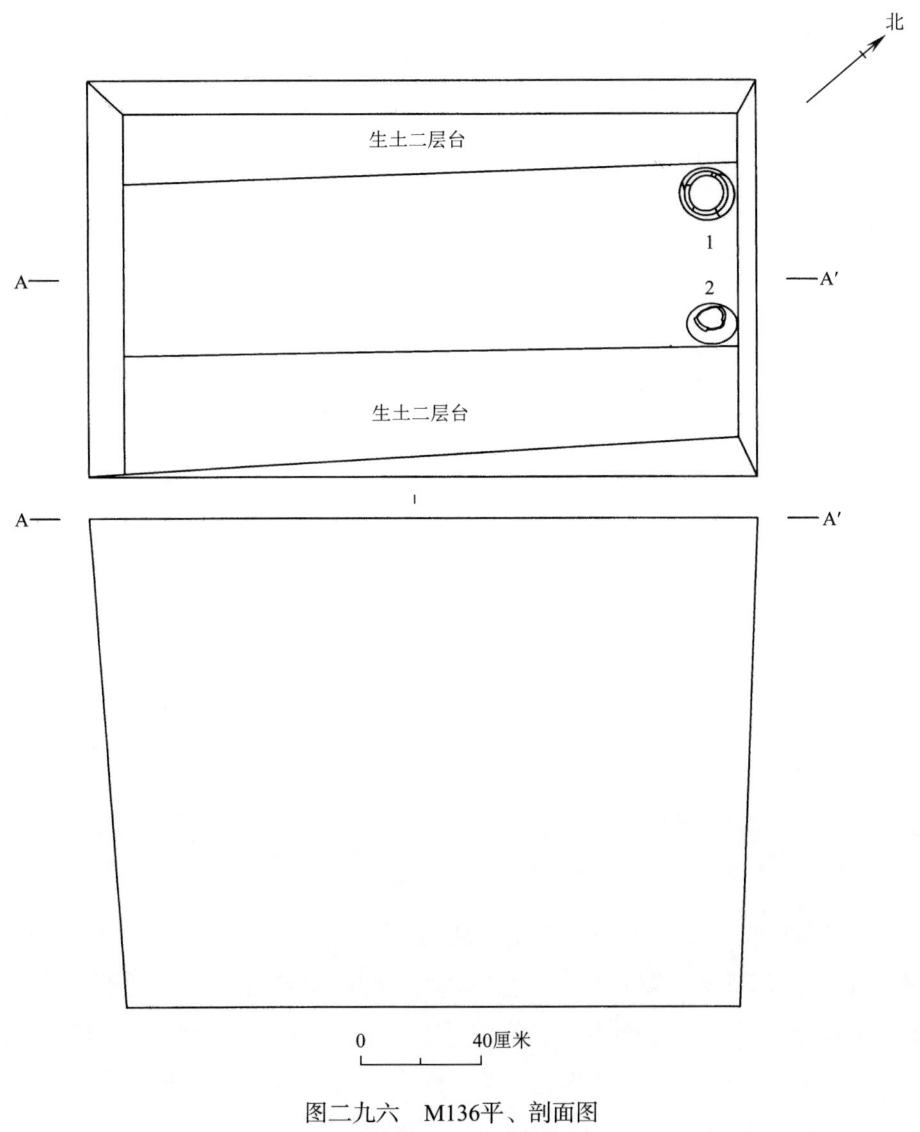

图二九六　M136平、剖面图
1.陶圜底釜　2.陶壶

2. 出土器物

随葬品2件，陶圜底釜、陶壶置于棺外墓主人头端一侧（图版八〇，2）。

陶壶　1件。标本M136：2，泥质黑皮灰陶。侈口，束颈，溜肩，鼓腹，下腹弧收，凹圜底。腹部饰交错细绳纹。高22.8厘米，口径11.8厘米，底径6.6厘米（图二九七，1）。

陶圜底釜　1件。标本M136：1，夹砂灰陶。敛口，折沿，圆唇，溜肩，鼓腹，下腹弧收，圜底。肩部饰竖向细绳纹间两周抹痕，下腹及底部饰交错细绳纹。高14.1厘米，口径16.2厘米（图二九七，2）。

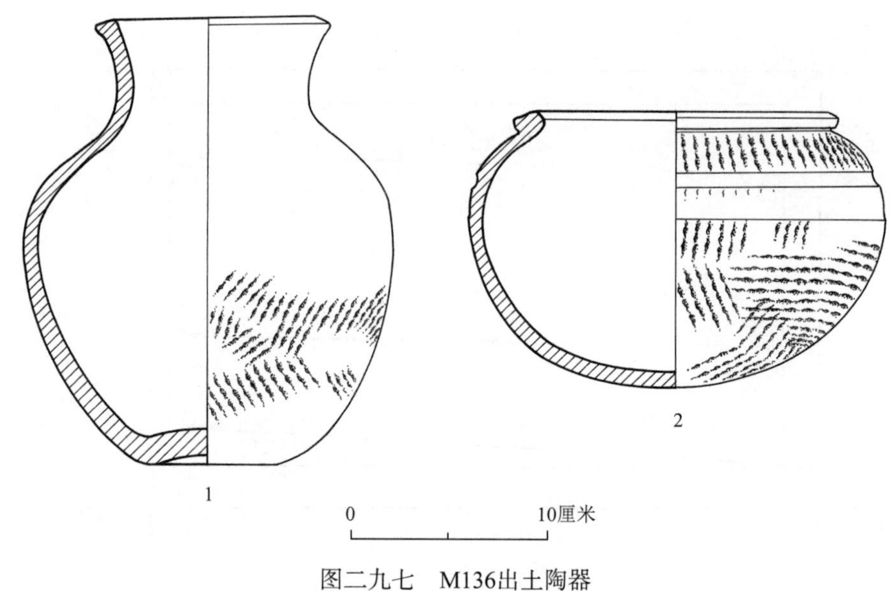

图二九七　M136出土陶器
1.陶壶（M136：2）　2.陶圜底釜（M136：1）

一三六、M137

1. 墓葬概况

M137位于三区西部，开口于耕土层下，距地表0.3米。方向35°。口大底小，墓口长2.35米，宽1.6米；墓底长2.35米，宽1.02米；墓深2米。坑四壁规整，向下垂直，东、西两壁距墓口深1.25米处有生土二层台，台面平整，台壁垂直，高0.75米。北壁距墓口深1.56米处设一长方形壁龛，宽0.98米，高0.44米，进深0.22米，壁龛底部与墓底平。壁面光滑，经人工修整，墓底平坦（图二九八；图版八一，1）。

填红褐色五花土，含有细砂，土质较硬。

葬具已腐朽，仅存痕迹，可以看出为单棺，棺痕长2.2米，宽0.7米。

人骨架已朽殆尽，根据壁龛所在的位置及随葬品的放置，可推断头向北，但葬式不详。

2. 出土器物

随葬品4件，陶无耳罐、陶双牛鼻耳罐、陶圜底釜、铁器各1件置于壁龛内。其中铁器锈蚀严重，无法提取（图版八一，2）。

陶双牛鼻耳罐　1件。标本M137：2，泥质灰陶。侈口，束颈，溜肩，肩部有两个对称牛鼻形耳，鼓腹，下腹弧收，凹圜底。颈部饰较浅的绳纹，上腹饰竖绳纹间以一周抹痕，下腹和底部饰交错绳纹。高20.1厘米，口径14.2厘米，底径6.7厘米（图二九九，3）。

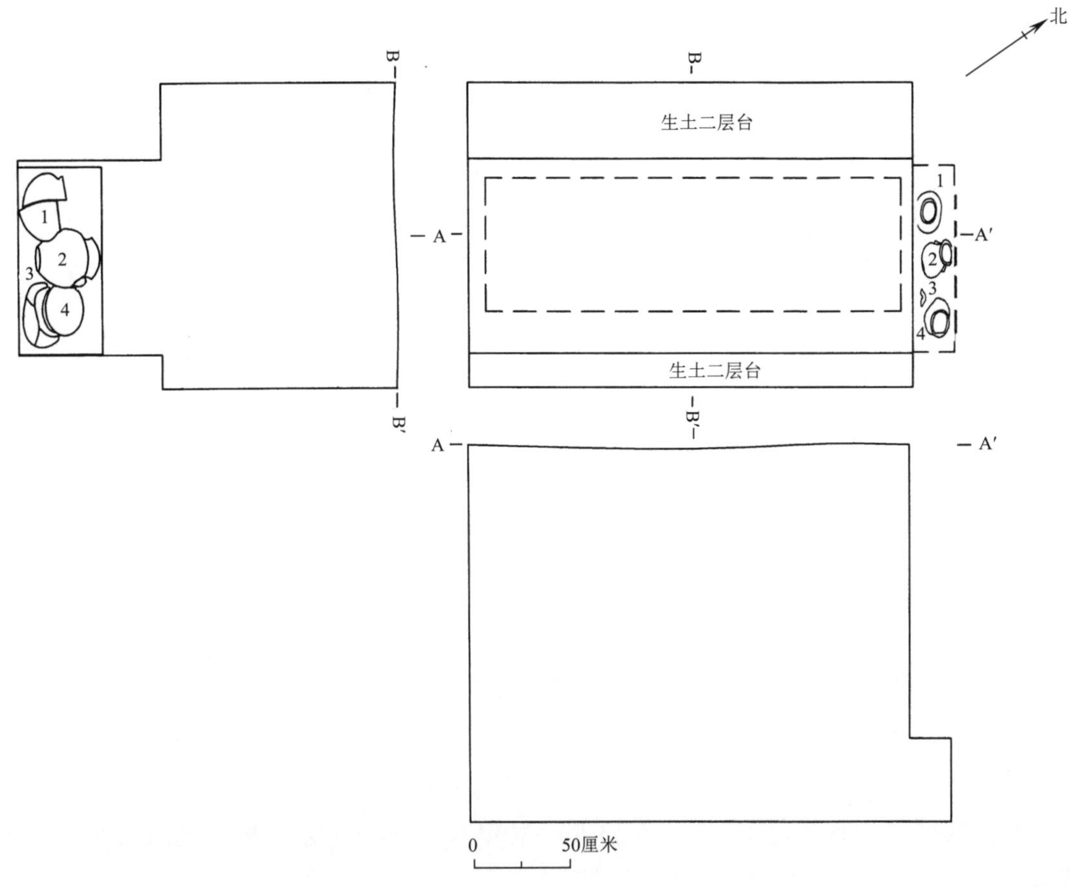

图二九八 M137平、剖面图

1. 陶圜底釜 2.陶双牛鼻耳罐 3.陶无耳罐 4.铁器

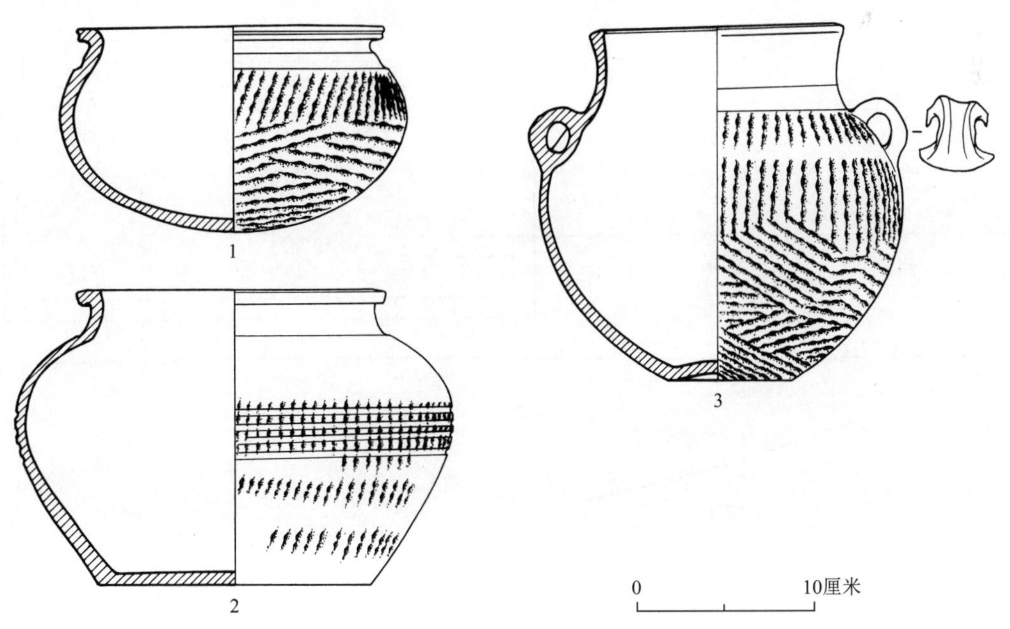

图二九九 M137出土陶器

1.陶圜底釜（M137：1） 2.陶无耳罐（M137：3） 3.陶双牛鼻耳罐（M137：2）

陶无耳罐　1件。标本M137：3，泥质灰陶。侈口，折沿，方唇，束颈，圆肩，鼓腹，最大径近肩部，下腹斜收，平底。上腹饰竖绳纹间以四周抹痕，下腹饰斜绳纹间以抹痕。高16.6厘米，口径17.3厘米，底径15.2厘米（图二九九，2）。

陶圜底釜　1件。标本M137：1，夹砂灰陶。敞口，折沿，方唇，束颈，突肩，鼓腹，下腹缓收，圜底。上腹部饰竖绳纹，下腹及底部饰横斜交错的绳纹，底部有烟熏痕。高11.6厘米，口径17.2厘米（图二九九，1）。

一三七、M138

M138位于三区西部，开口于耕土层下，距地表0.3米。墓葬破坏严重，墓室东南部打破M139西北部。方向314°。由墓道和墓室两部分组成。

墓道向西北，设于墓室前壁左侧，呈长方形斜坡状，口长2.8米，宽1米；底坡长2.95米，坡度18°；下端深0.86米。

墓坑平面呈长方形，口小底大，坑口长3米，宽1.58米，深0.98米。砖砌墓室，墙砖紧贴坑壁，后壁变形，平面呈长方形，长2.76米，宽1.34米。墙体砌于生土上，残存11层，砌法为条砖直行错缝叠砌。铺底砖多已不详，为条砖纵向错缝平铺（图三〇〇）。

墙砖和铺底砖均为青灰色条形，长0.33米，宽0.12米，厚0.07米，单长侧面饰网纹。

葬具、人骨架和随葬品无存。

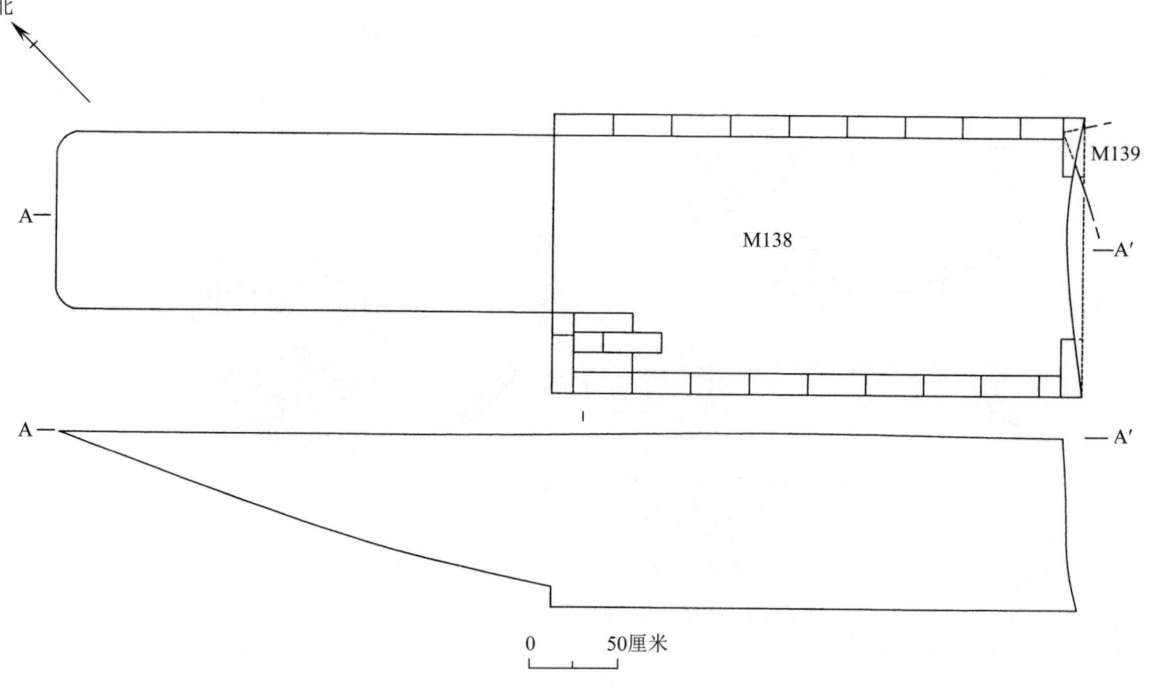

图三〇〇　M138平、剖面图

一三八、M139

1. 墓葬概况

M139位于三区西部，开口于耕土层下，距地表0.3米，西北部被M138墓室打破，南、北两壁受地层挤压中部内弧0.08米。方向303°。口大底小，墓口长2.42米，宽1.6米；墓底长1.54米，宽0.8米；墓深2.85米。坑四壁规整，向下微内收，距墓口深2.10米处有生土二层台，台面平整，台壁斜直，高0.75米，壁面平滑，经人工修整，墓底平坦，并铺一层较薄的青膏泥（图三〇一；图版八二，1）。

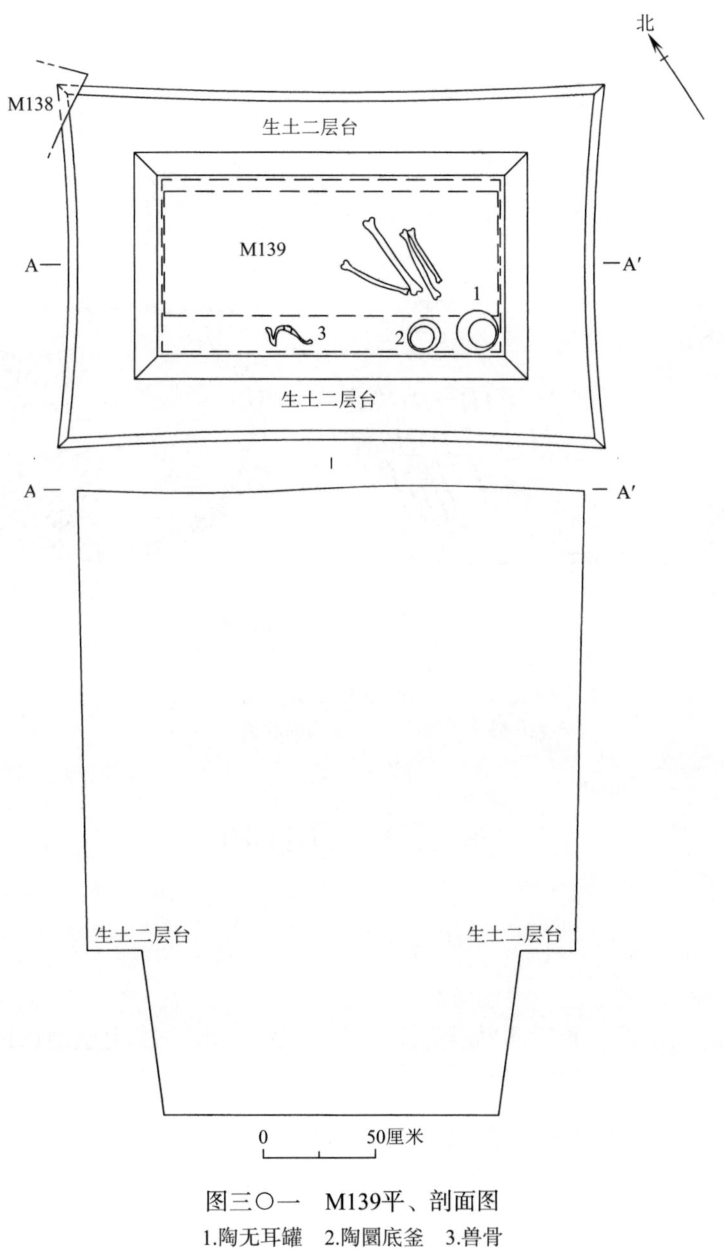

图三〇一　M139平、剖面图
1.陶无耳罐　2.陶圜底釜　3.兽骨

填红褐色五花土，土质较硬。

葬具已腐朽，仅存痕迹，可以看出为一椁一棺，椁痕长1.55米，宽0.8米；棺位于椁内东部，棺痕长1.55米，宽0.55米，棺下铺一层较薄的草木灰。

人骨架1具，已腐朽殆尽，仅存下肢骨，可知头向西北，侧身屈肢。

小动物骨架一架，位于椁内西南部，已无法知晓是何种动物。

2. 出土器物

随葬品2件，陶无耳罐、陶圜底釜位于椁内西南部（图版八二，2）。

陶无耳罐　1件。标本M139：1，泥质灰陶。侈口，折沿，方唇，束颈，圆肩，鼓腹，下腹弧收，平底。上腹饰竖绳纹，下腹饰斜绳纹间以抹痕。高16.4厘米，口径16.9厘米，底径15.6厘米（图三〇二，1）。

陶圜底釜　1件。标本M139：2，泥质灰陶。侈口，折沿，尖圆唇，颈微束，肩部微突，鼓腹，下腹缓收，圜底。沿面饰一周凹弦纹，上腹饰竖绳纹间以三周抹痕，下腹及底部饰交错绳纹。高14.7厘米，口径14.8厘米（图三〇二，2）。

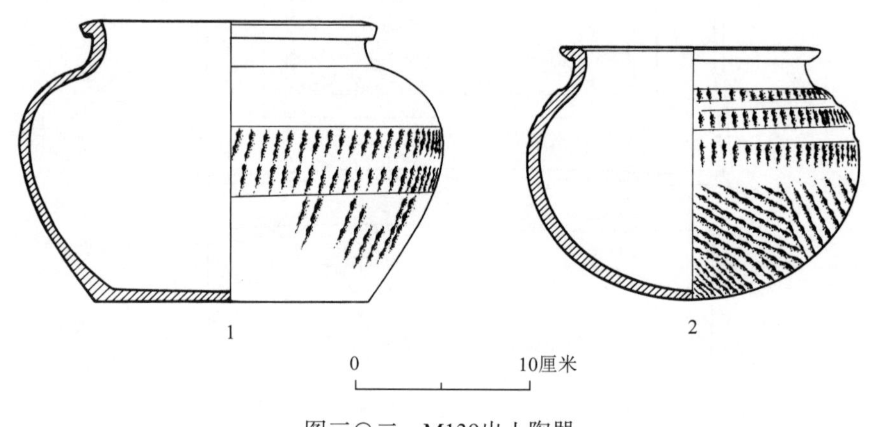

图三〇二　M139出土陶器

1.陶无耳罐（M139：1）　2.陶圜底釜（M139：2）

一三九、M140

1. 墓葬概况

M140位于三区中南部，开口于扰土层下，距地表0.3米，扰土层厚0.15米。方向298°。口大底小，墓口长2.84米，宽1.8米；墓底长2.12米，宽1.3米；墓深2.86米（南端）~2.9米（北端）。坑四壁规整，向下微外张，距墓口深2.06米处有生土二层台，台面平整，台壁垂直，南、北台面宽0.4米，东、西台面宽0.3米，高0.8米，壁面平滑，经人工修整，墓底平坦（图三〇三；图版八三，1）。

填黄褐色五花土，土质较硬。

葬具已腐朽，仅存痕迹，可以看出为一椁一棺，椁痕长2.1米，宽1.28米；棺位于椁内西部，棺痕长1.7米，宽0.55米。

人骨架1具，已腐朽殆尽，仅存部分肢骨痕迹，可知头向北，但葬式不详。

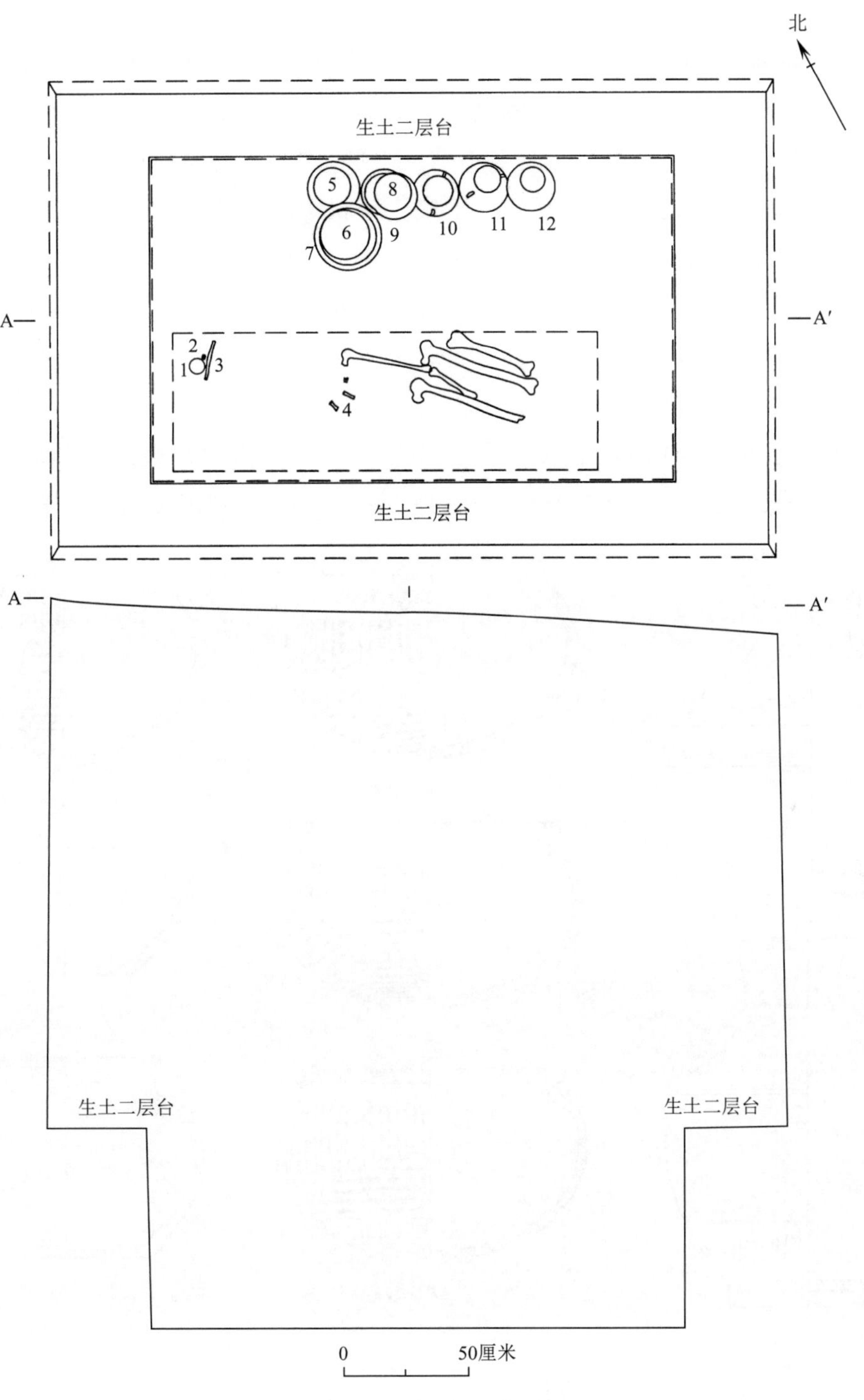

图三〇三 M140平、剖面图

1.铜环 2.铜印章 3.铜带钩 4.角鼻塞 5、7～9.陶圜底釜 6.陶盂 10.陶双桥耳罐 11、12.陶壶

2. 出土器物

随葬品13件，其中铜器3件，铜环、铜印章、铜带钩各1件，角鼻塞2件，置于棺内东北部；陶器8件，其中陶圜底釜4件，陶壶各2件，陶盂、陶双桥耳罐各1件，置于椁内棺外东部（图版八三，2）。

陶壶　2件。标本M140：11，泥质灰陶。侈口，圆唇，微束颈，溜肩，肩部有两个对称的半圆形纽，鼓腹，下腹斜收，平底，矮圈足。颈部饰一周凹弦纹，腹上下部各饰一周凹弦纹。高23.5厘米，口径9.8厘米，底径10.5厘米（图三〇四，2）。标本M140：12，泥质灰陶。侈口，圆唇，束颈，溜肩，鼓腹，下腹弧收，平底，筒状圈足，微外撇。腹部呈瓦垄状，下腹有刀削痕。高21.4厘米，口径9.1厘米，底径9.9厘米（图三〇四，1）。

陶双桥耳罐　1件。标本M140：10，泥质灰陶。近直口，微束颈，溜肩，肩部有两个对称的半圆形耳，鼓腹，下腹弧收，平底。腹部饰一周凹弦纹，上下腹有明显分界。高12.8厘米，口径12.3厘米，底径10.2厘米（图三〇四，8）。

陶盂　1件。标本M140：6，泥质灰陶。敞口，折沿，方唇，束颈，圆肩，最大径近肩部，弧腹缓收，平底。素面。高8.1厘米，口径18.2厘米，底径9厘米（图三〇四，7）。

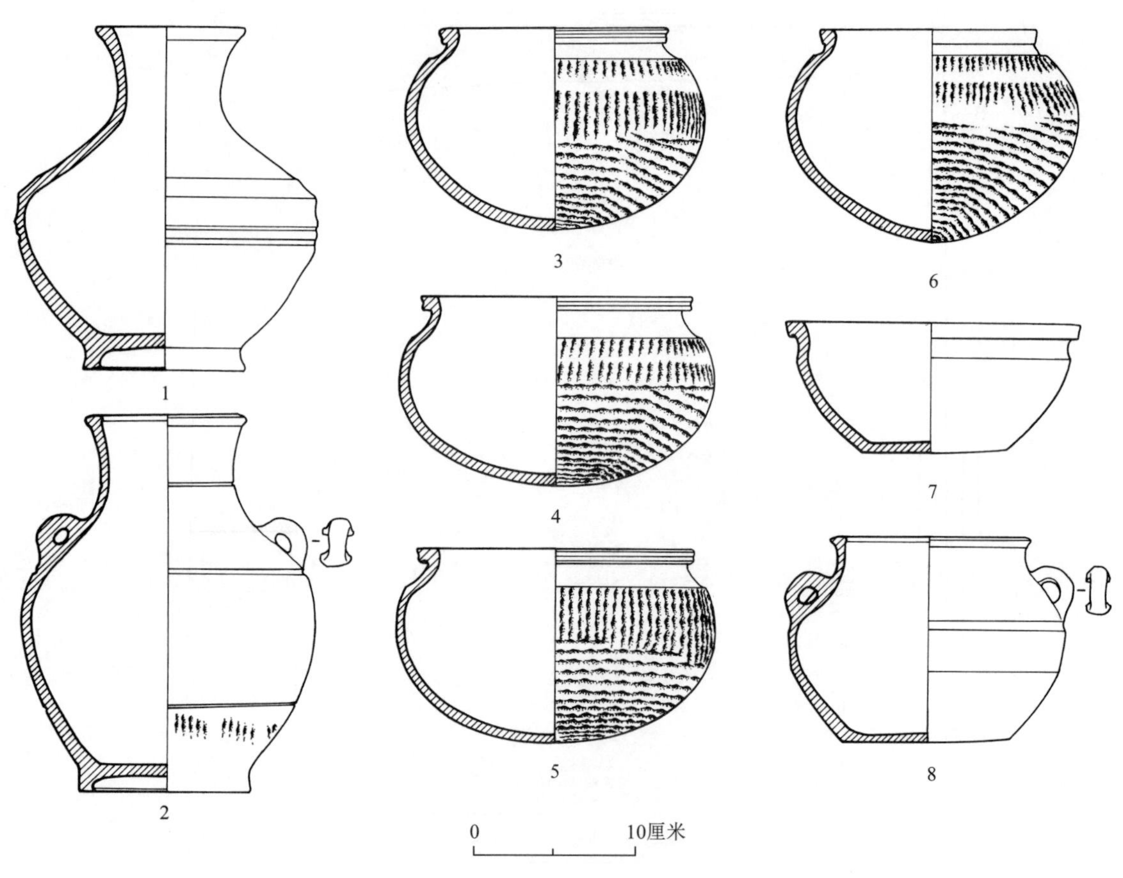

图三〇四　M140出土陶器

1、2.陶壶（M140：12、M140：11）　3～6.陶圜底釜（M140：5、M140：7、M140：9、M140：8）
7.陶盂（M140：6）　8.陶双桥耳罐（M140：10）

陶圜底釜 4件。形制基本相同。泥质灰陶。侈口，折沿，方唇，微束颈，肩部微突，鼓腹，下腹缓收，圜底。标本M140：5，沿面饰一周凹弦纹，上腹饰竖绳纹间以一周抹痕，下腹及底部饰横斜交错的绳纹。高12.4厘米，口径14.4厘米（图三〇四，3）。标本M140：7，唇部饰一周凹弦纹，上腹饰竖绳纹间以一周抹痕，下腹及底部饰横斜交错的绳纹。高11.8厘米，口径16.7厘米（图三〇四，4）。标本M140：8，圜底稍尖。上腹饰竖绳纹间以抹痕，下腹及底部饰横斜交错的绳纹。高13厘米，口径13.6厘米（图三〇四，6）。标本M140：9，上腹饰竖绳纹，下腹及底部饰横斜交错的绳纹。高12.1厘米，口径17厘米（图三〇四，5）。

铜印章 1件。标本M140：2，器呈长方形，上有一扁形环纽，上壁作叠涩状，下壁直。印面有篆书“隗猒”二字。高1.3厘米，长1.65厘米，宽1厘米（图三〇五，4）。

铜带钩 1件。标本M140：3，两端皆残。背部有一圆纽，腹部较长，鼓起。残长13.5厘米，腹宽1.15厘米，纽径1.4厘米（图三〇五，1）。

铜环 1件。标本M140：1，残。环体呈绳索状。直径5.1厘米（图三〇五，3）。

角鼻塞 2件。大小、形制相同。标本M140：4-1，黑色，角质。体呈柱状，一端粗，一端细，中间凹弧，断面呈多边形。长6.1厘米，最大径1.2厘米（图三〇五，2）。

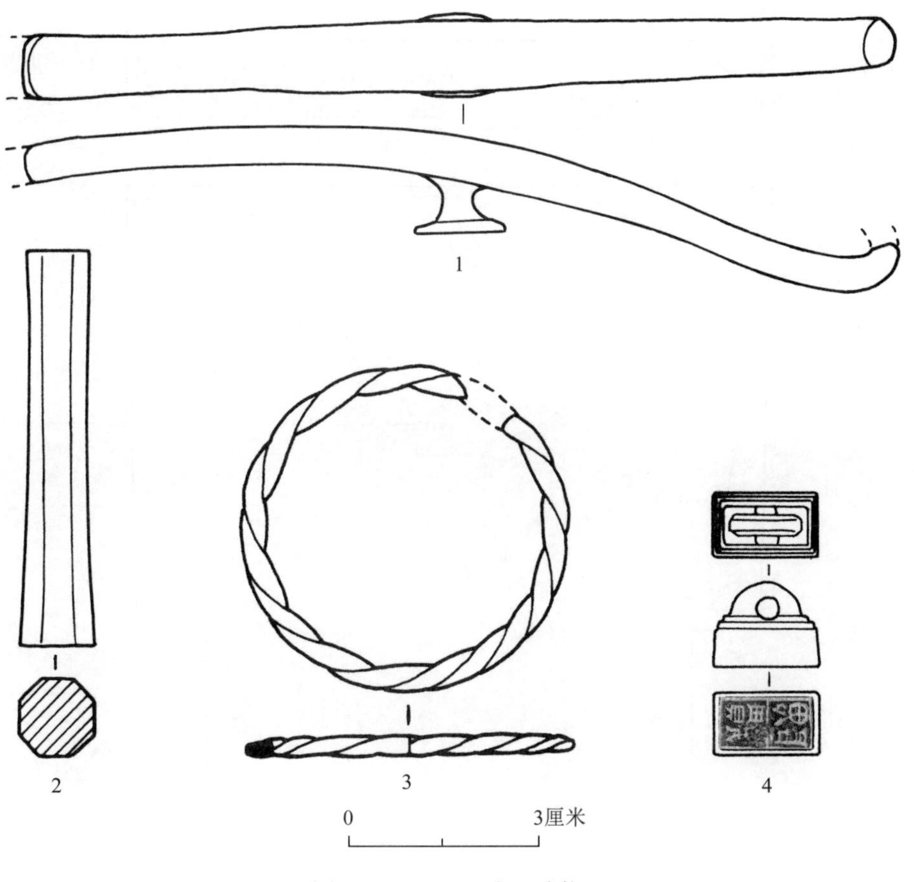

图三〇五 M140出土遗物

1.铜带钩（M140：3） 2.角鼻塞（M140：4） 3.铜环（M140：1） 4.铜印章（M140：2）

一四〇、M141

1. 墓葬概况

M141位于三区南部，开口于扰土层下，距地表0.3米，扰土层厚0.1米，方向314°。口大底小，墓口长2.8米，宽1.8米；墓底长2.1米，宽1.04米；墓深2.65米。坑四壁规整，向下微内收，自墓口向下1.9米深处有生土二层台，台面平整，台面宽0.3～0.32米，高0.75米，壁面规整，墓底平坦（图三〇六；图版八四，1）。

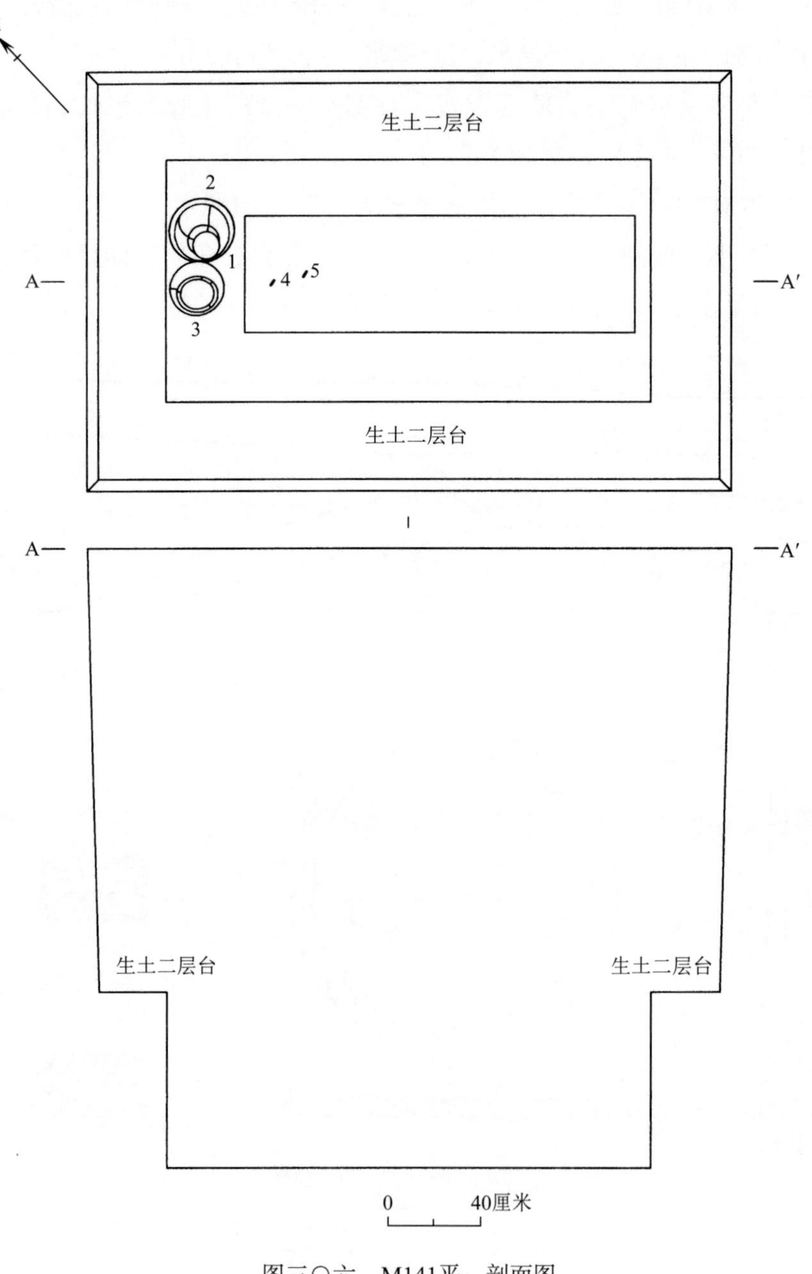

图三〇六　M141平、剖面图

1.陶壶　2.陶器盖　3.陶圜底釜　4、5.铜头饰填褐色五花土，土质较硬。

葬具已腐朽，仅存痕迹，可以看出为单棺，置于墓底中部，棺痕长1.68米，宽0.5米。

人骨架已朽殆尽，根据随葬品的放置，可推断头向西，但葬式不详。

2. 出土器物

随葬品5件，陶壶、陶器盖、陶圜底釜各1件，置于棺外西北部，铜头饰2件，位于棺内西部。其中铜头饰残碎，无法提取（图版八四，2）。

陶壶　1件。标本M141：1，泥质灰陶。敛口，方唇，束颈，溜肩，鼓腹，最大径在中腹偏上处，下腹弧收，筒形假圈足，平底。颈部饰一周凸弦纹，腹部饰两周凸弦纹间饰两周凹弦纹。高25.4厘米，口径9.6厘米，底径10.6厘米（图三〇七，1）。

陶器盖　1件。标本M141：2，泥质红陶。盖呈覆盘状，盖隆起，顶中部有一圆形乳突，盖腹部有四周半圆形凸起，并有刮痕，盖内壁有按窝。高2.7厘米，口径12.4厘米（图三〇七，2）。

陶圜底釜　1件。标本M141：3，夹砂灰陶。侈口，尖唇，折沿，束颈粗短，肩部微突，鼓腹，最大径在上腹，下腹弧收，圜底。肩部饰斜向细绳纹间饰一周抹痕，下腹及底部饰交错粗绳纹。高15.9厘米，口径15.4厘米（图三〇七，3）。

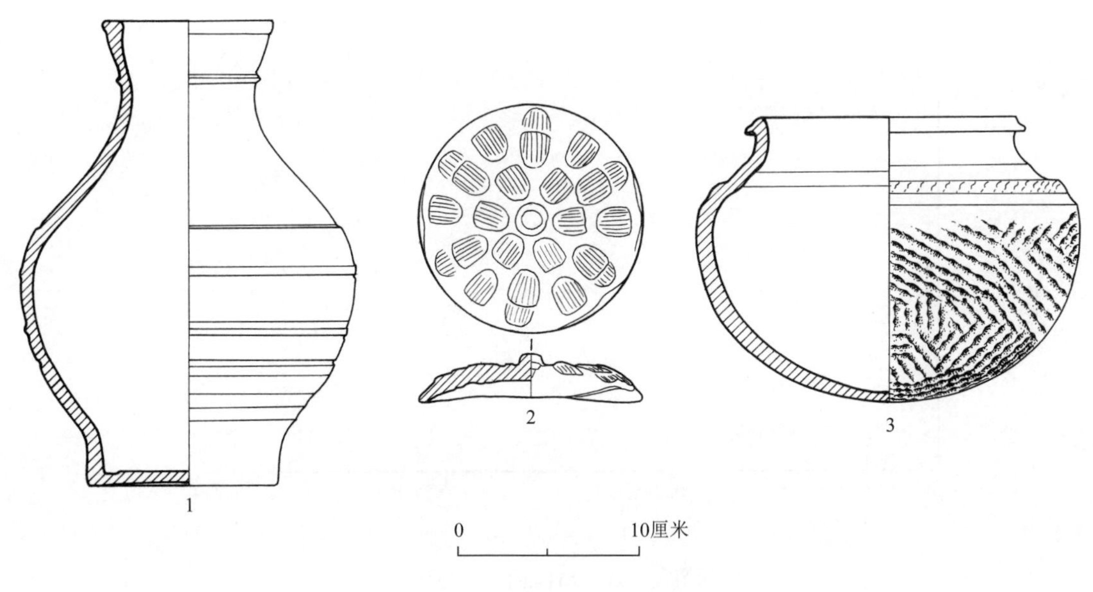

图三〇七　M141出土陶器

1.陶壶（M141：1）　2.陶器盖（M141：2）　3.陶圜底釜（M141：3）

一四一、M142

1. 墓葬概况

M142位于三区南部，开口于耕土层下，距地表0.3米。方向297°。口大底小，墓口长2.2米，宽1.3米；墓底长2.2米，宽0.85米；墓深1.3米。坑东、西两壁垂直至底，南、北两壁自墓口垂直向下0.9米深处有生土二层台，台面平整，台面宽0.2～0.24米，高0.4米，壁面平滑，经人工修整，墓底平坦（图三〇八；图版八五，1）。

填褐色五花土，土质较硬。

葬具已腐朽，仅存痕迹，可以看出为单棺，棺位于墓底中部偏东，棺痕长1.8米，宽0.5米。

人骨架1具，已腐朽，头向西，面向上，仰身直肢。

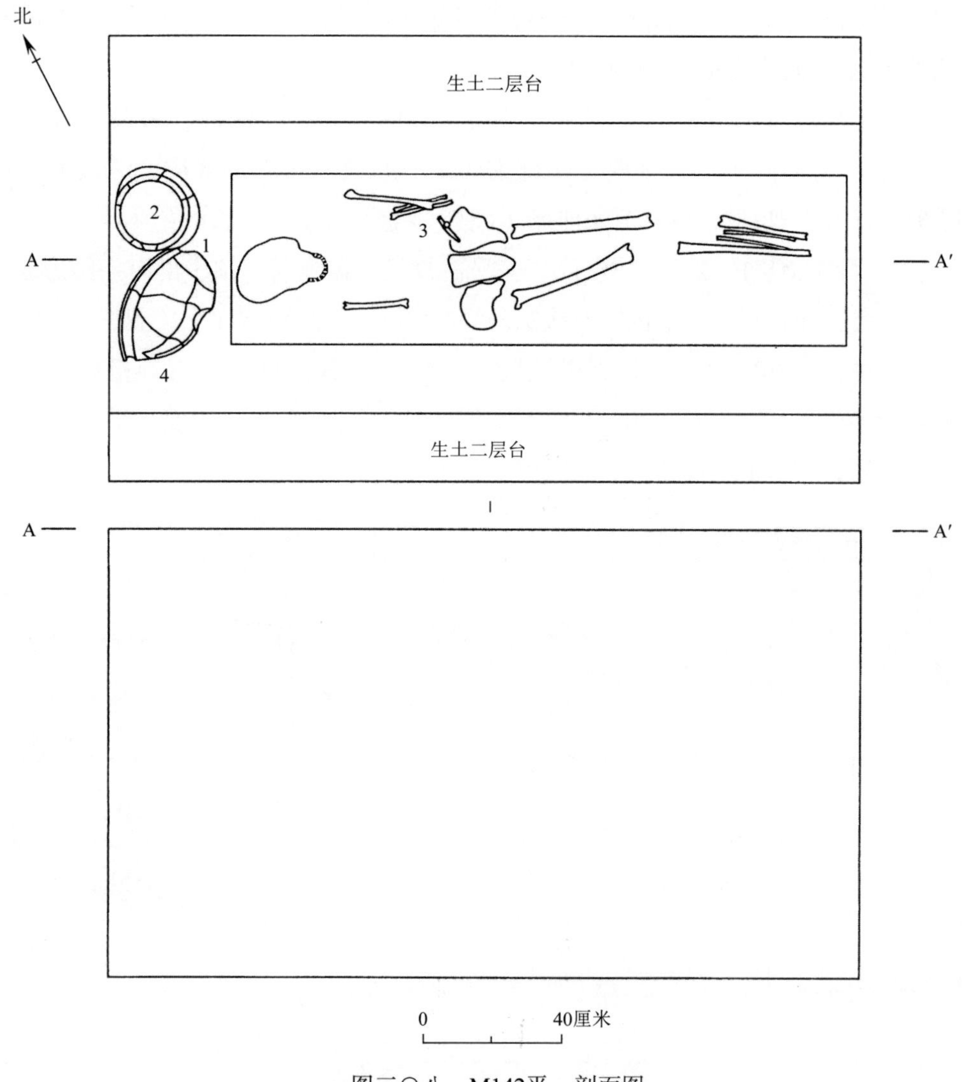

图三〇八　M142平、剖面图

1.陶圜底釜　2.陶盂　3.铜带钩　4.陶盆

2. 出土器物

随葬品4件，陶圜底釜、陶盂、陶钵（位于陶釜内）各1件，置于棺外西部，铜带钩1件置于墓主人头南部。其中铜带钩残破，无法提取（图版八五，2）。

陶盂　1件。标本M142：2，泥质灰陶。敛口，尖唇，折沿，束颈，肩部微突，弧腹缓收，凹圜底。颈部饰竖向细绳纹，大多被抹去，已漫漶不清，腹部及底部饰交错细绳纹。高

15.5厘米，口径27～30.1厘米（图三〇九，2）。

陶钵　1件。标本M142：4，泥质灰陶。敞口，尖唇，弧腹缓收，平底微内凹。素面。高5.9厘米，口径14.4厘米，底径7.2厘米（图三〇九，1）。

陶圜底釜　1件。标本M142：1，夹砂灰陶。敛口，尖唇，折沿，束颈粗短，肩部微突，圆鼓腹，最大径在中腹，下腹弧收，圜底。颈部饰竖向细绳纹，大多被抹去，已漫漶不清，肩部及中腹饰竖向细绳纹间三周抹痕，下腹及底部饰交错粗绳纹。高17.3厘米，口径19.5～20.8厘米（图三〇九，3）。

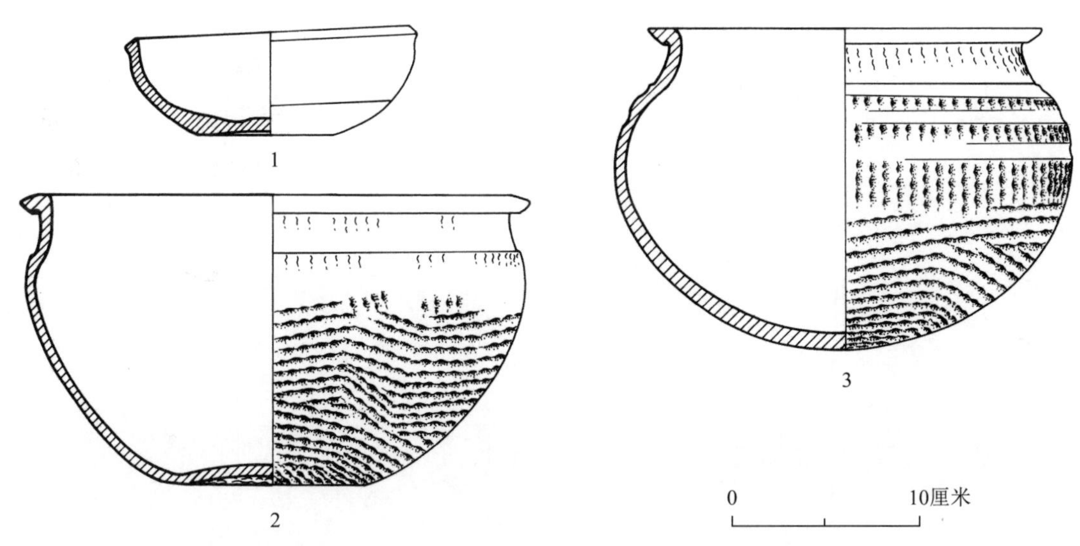

图三〇九　M142出土陶器

1.陶钵（M142：4）　2.陶盂（M142：2）　3.陶圜底釜（M142：1）

一四二、M143

1. 墓葬概况

M143位于三区南部，开口于耕土层下，距地表0.3米。方向305°。口大底小，墓口长2.74米，东端宽1.8米，西端宽1.86米；墓底长2.16米，宽1米；墓深2.9米。坑四壁规整，向下外张，自墓口向下1.96米深处有生土二层台，台面平整，台面宽0.26～0.54米，台壁向下内收，高0.94米，壁面平滑，经人工修整，墓底平坦（图三一〇；图版八六，1）。

填灰褐色五花土，土质较硬。

葬具已腐朽，仅存痕迹，可以看出为一椁一棺，椁痕长2.1米，宽0.92米；棺位于椁内北部，棺痕长1.8米，宽0.46米。

人骨架1具，已腐朽，头向西，仰身直肢。

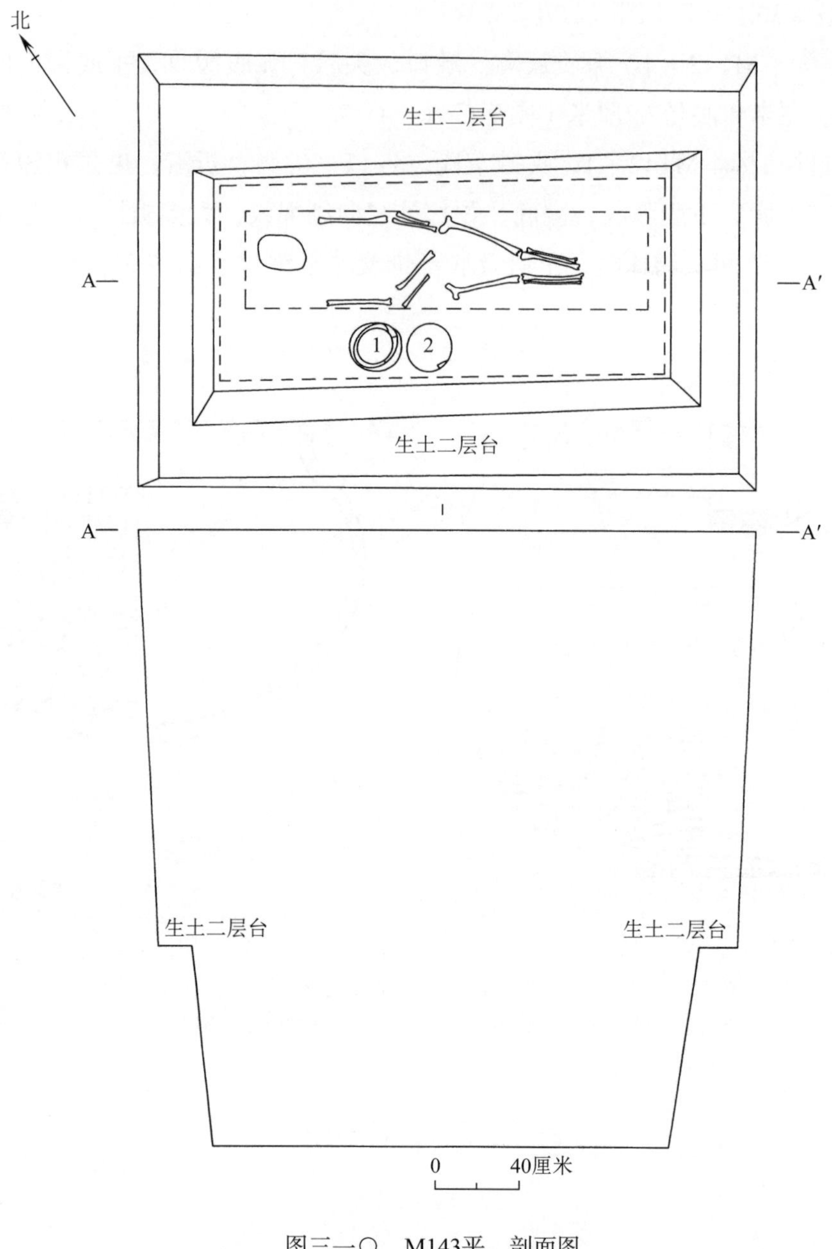

图三一〇　M143平、剖面图
1.陶圜底釜　2.陶盒盖

2. 出土器物

随葬品2件，陶圜底釜、陶盒盖置于椁室南部（图版八六，2）。

陶圜底釜　1件。标本M143：1，夹砂灰陶。敞口，折沿，尖唇，束颈，溜肩，鼓腹，下腹弧收，圜底。肩部饰竖向细绳纹，大多已漫漶不清，下腹及底部饰交错粗绳纹。高14.8厘米，口径17.9厘米（图三一一，1）。

陶盒盖　1件。标本M143：2，泥质红陶。敞口，圆唇，弧腹缓收，平底，浅筒状圈足。腹部饰四周凹弦纹。高8.7厘米，口径21.7厘米，底径13.7厘米（图三一一，2）。

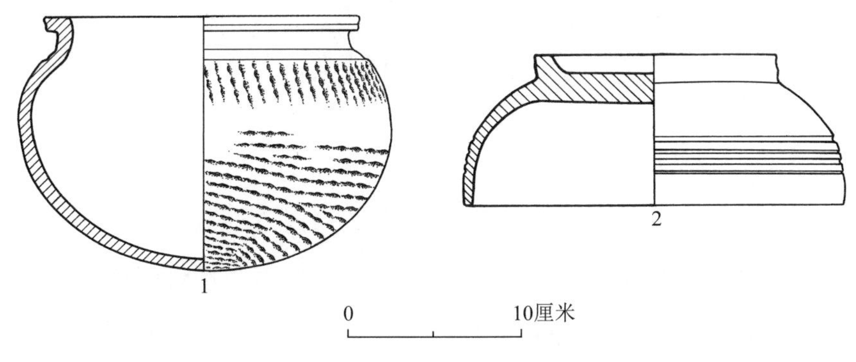

图三一一　M143出土陶器
1.陶圜底釜（M143：1）　2.陶盒盖（M143：2）

一四三、M144

M144位于三区南部，开口于耕土层下，距地表0.3米，墓葬破坏严重，墓道打破M145东壁，墓室打破M147、M153。方向320°。由墓道和墓室两部分组成。

墓道向西北，设于墓室前壁，偏右，呈长方形斜坡状，口长2.5米，前端宽0.7米，后端宽0.8米；底坡长2.58米，坡度13°；下端深0.6米。墓道下端高于墓坑底部0.2米。

墓坑平面呈长方形，口底同大，长4.4米，宽2.6米，深0.8米。砖砌墓室，墙砖紧贴坑壁，平面呈长方形，长4.12米，宽2.32米。墙体砌于生土之上，残存1层。铺底砖不详（图三一二）。

墙砖为青灰色条形，长0.36米，宽0.14米，厚0.08米，单长侧面饰同心圆纹。

葬具、人骨架和随葬品无存。

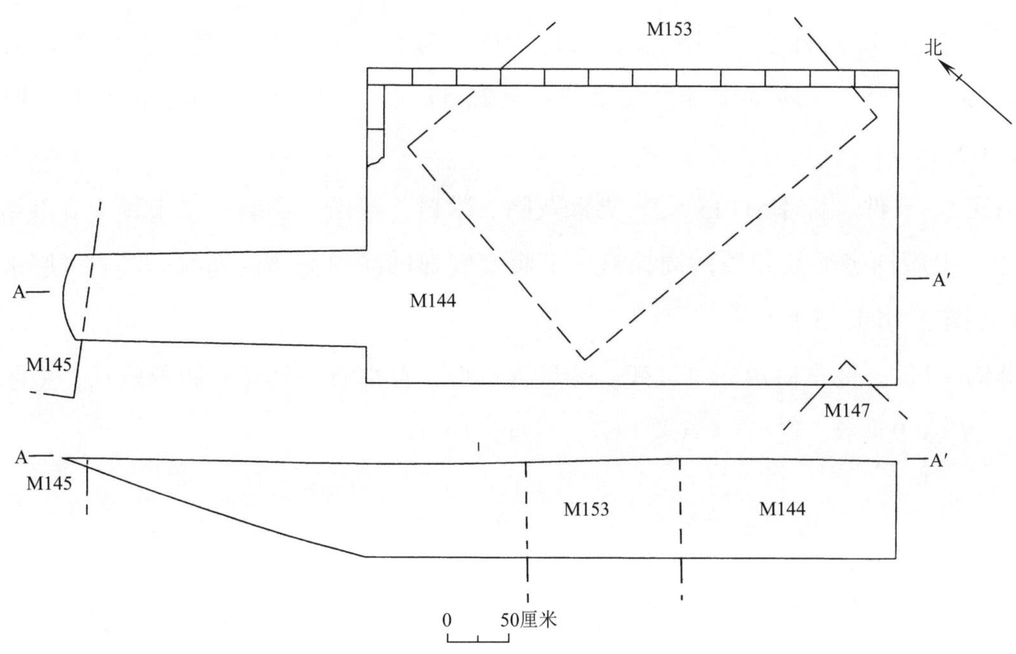

图三一二　M144平、剖面图

一四四、M145

1. 墓葬概况

M145位于三区南部，开口于耕土层下，距地表0.3米，南部被M144墓道打破。方向328°。口大底小，墓口长3.06米，宽2米；墓底长2.12米，宽1米；墓深3.3米。坑四壁规整，向下微外张，距墓口深2.4米处有生土二层台，台面平整，台壁斜直，南、北台面宽0.4米，东、西台面宽分别为0.32米、0.38米，高0.9米，壁面光滑，经人工修整，墓底平坦（图三一三；图版八七，1）。

填红褐色五花土，土质较硬。

葬具已腐朽，仅存痕迹，可以看出为单棺，棺位于墓室中部偏东，棺痕长1.8米，宽0.5米。

人骨架1具，已腐朽，头向西，仰身直肢。

2. 出土器物

随葬品3件，铜带钩位于棺内东部，陶壶、陶圜底釜位于棺外西侧中部（图版八七，2）。

陶蒜头壶　1件。标本M145：2，泥质灰陶。敛口，口呈圆球状，微束颈，溜肩，鼓腹，下腹缓收，平底。腹壁中部呈瓦垄状。高25.1厘米，口径5.4厘米，底径13.5厘米（图三一四，1）。

陶圜底釜　1件。标本M145：3，夹砂灰陶。敞口，卷沿，尖唇，微束颈，肩部微突，鼓腹，圜底。上腹饰竖绳纹间以两周抹痕，下腹及底部饰横斜交错的绳纹。高17.1厘米，口径21.7厘米（图三一四，3）。

铜带钩　1件。标本M145：1，残。钩呈兽首形，背部有一圆纽，腹部较长，鼓起。残长9.5厘米，腹宽0.9厘米，纽径1.4厘米（图三一四，2）。

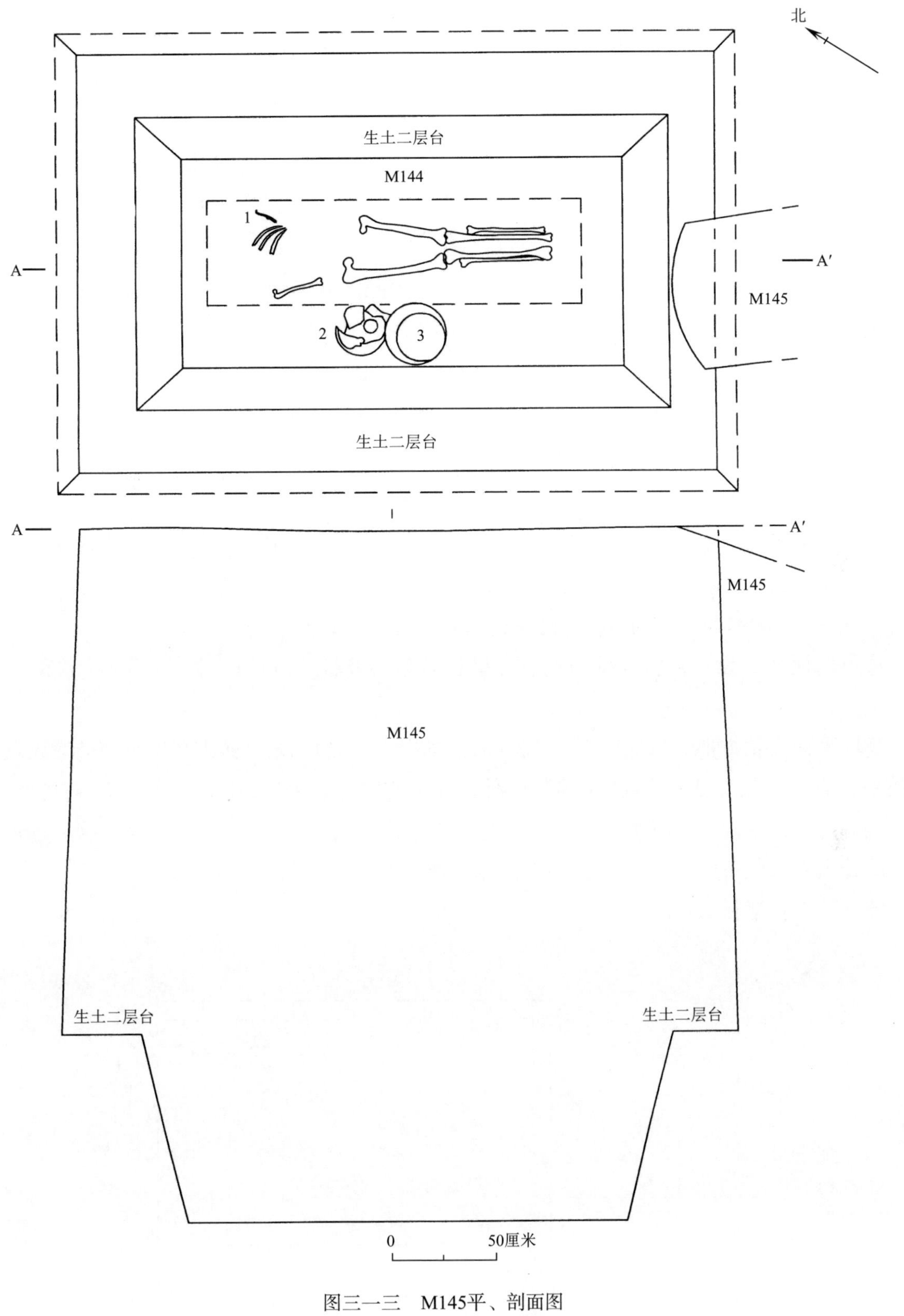

图三一三 M145平、剖面图
1.铜带钩 2.陶蒜头壶 3.陶圜底釜

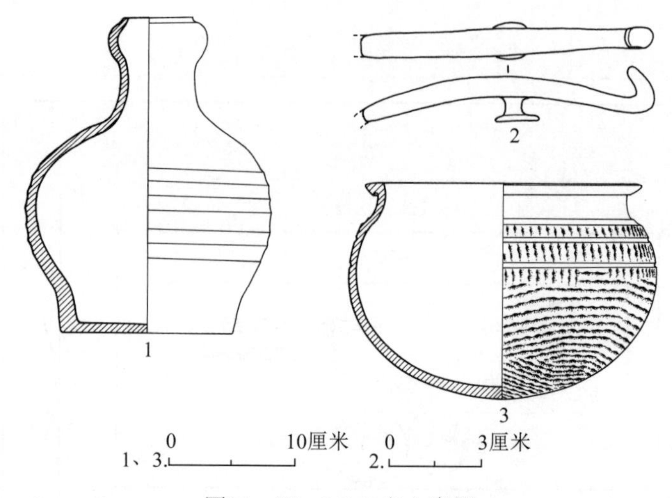

图三一四　M145出土陶器

1.陶蒜头壶（M145：2）　2. 铜带钩（M145：1）　3.陶圜底釜（M145：3）

一四五、M146

M146位于三区南部，开口于耕土层下，距地表0.3米，墓葬破坏严重，墓坑北部打破M147，东部打破M148。方向312°。由墓道和墓室两部分组成。

墓道向西北，设于墓室前壁，偏右，呈长方形斜坡状，口长1.8米，宽0.8米；底坡长1.9米，坡度16°；下端深0.5米。

墓坑平面呈长方形，口底同大，长3.1米，宽1.9米，深0.5米。砖砌墓室，墙砖紧贴坑壁，平面呈长方形，长2.82米，宽1.62米。墙体砌于生土之上，残存2层，砌法为条砖直行错缝叠砌。铺底砖不详（图三一五）。

墙砖为青灰色条形，长0.36米，宽0.14米，厚0.07米，单长侧面饰菱形纹。

葬具、人骨架和随葬品无存。

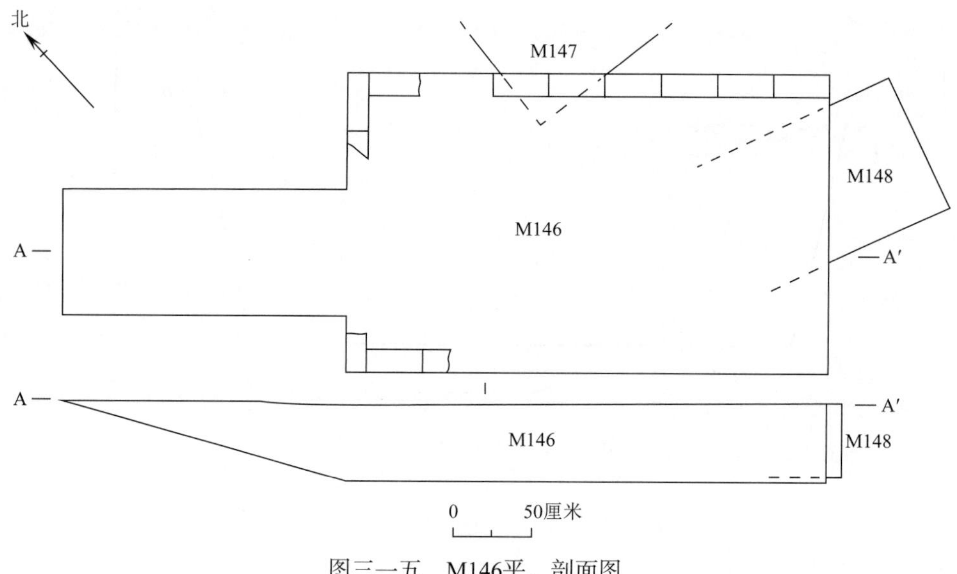

图三一五　M146平、剖面图

一四六、M147

1. 墓葬概况

M147位于三区南部，开口于耕土层下，距地表0.3米，东北角被M144打破，西南角被M146打破。方向93°。口大底小，墓口长2.36米，东端宽1.9米，西端宽1.8米；墓底长2.3米，宽0.9米；墓深2.95米。坑四壁规整，向下微外张，距墓口深2.05米处有生土二层台，台面平整，台壁垂直，东、南、西、北台面宽分别为0.14、0.33～0.37、0.08、0.33～0.37米，高0.9米。壁面光滑，经人工修整，墓底平坦，并铺一层较薄的青膏泥。在东台面向下0.35米处居中设一拱形壁龛，上部塌陷，龛宽0.68米，高0.55米，进深0.1米。龛壁粗糙，底部与墓底平（图三一六；图版八八，1）。

填灰褐色五花土，土质较硬。

葬具已腐朽，仅存痕迹，可以看出单棺，长1.82米，宽0.45米。

人骨架1具，已腐朽殆尽，仅存牙齿和部分肢骨，可知头向东、面向不详，仰身直肢。

2. 出土器物

随葬品5件，均为陶器，由南向北依次为陶无耳罐2件，陶壶、陶圜底釜、陶盂各1件，位于墓室东部壁龛内（图版八八，2）。

陶壶 1件。标本M147：2，泥质灰陶。口呈浅盘状，尖唇，微束颈，溜肩，鼓腹，下腹斜收，平底。颈、肩和上腹饰四周凸弦纹。高31.5厘米，口径10厘米，底径10厘米（图三一七，5）。

陶无耳罐 2件。形制相同。泥质灰陶。侈口，折沿，方唇，束颈，溜肩，鼓腹，下腹缓收，平底。标本M147：1，唇部饰一周凹弦纹，颈部饰两周凹弦纹，上腹饰竖绳纹间以三周抹痕，近底部饰两周凹弦纹。高20.5厘米，口径10.4厘米，底径10.4厘米（图三一七，1）。标本M147：3，沿面饰两周凹弦纹，颈部饰浅斜绳纹和两周凹弦纹，腹部饰竖绳纹间以三周抹痕。高19.6厘米，口径10.5厘米，底径10.6厘米（图三一七，4）。

陶盂 1件。标本M147：5，泥质灰陶。敞口，折沿，尖唇，微束颈，突肩，最大径近肩部，弧腹缓收，凹圜底。沿面饰三周凹弦纹，下腹及底部饰或横、或竖、或斜的绳纹。高13.2厘米，口径26.8厘米，底径11.2厘米（图三一七，2）。

陶圜底釜 1件。标本M147：4，夹砂灰陶。敞口，折沿，尖圆唇，微束颈，肩部微突，鼓腹，下腹缓收，圜底。颈部饰较浅的斜绳纹，上腹饰竖绳纹间以一周抹痕，下腹及底部饰横斜交错的绳纹。高17.4厘米，口径20厘米（图三一七，3）。

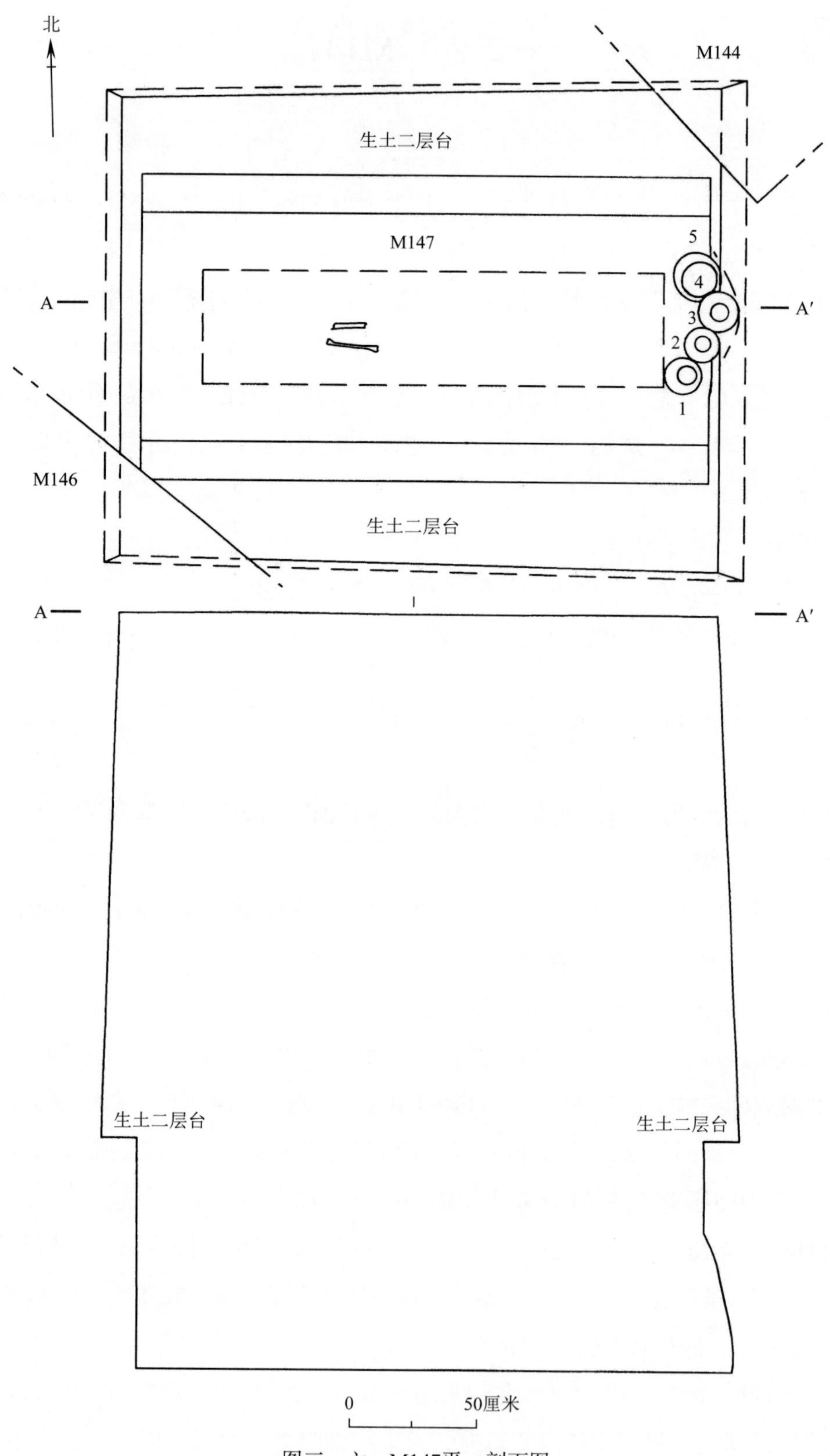

图三一六　M147平、剖面图
1、3.陶无耳罐　2.陶壶　4.陶圜底釜　5.陶盂

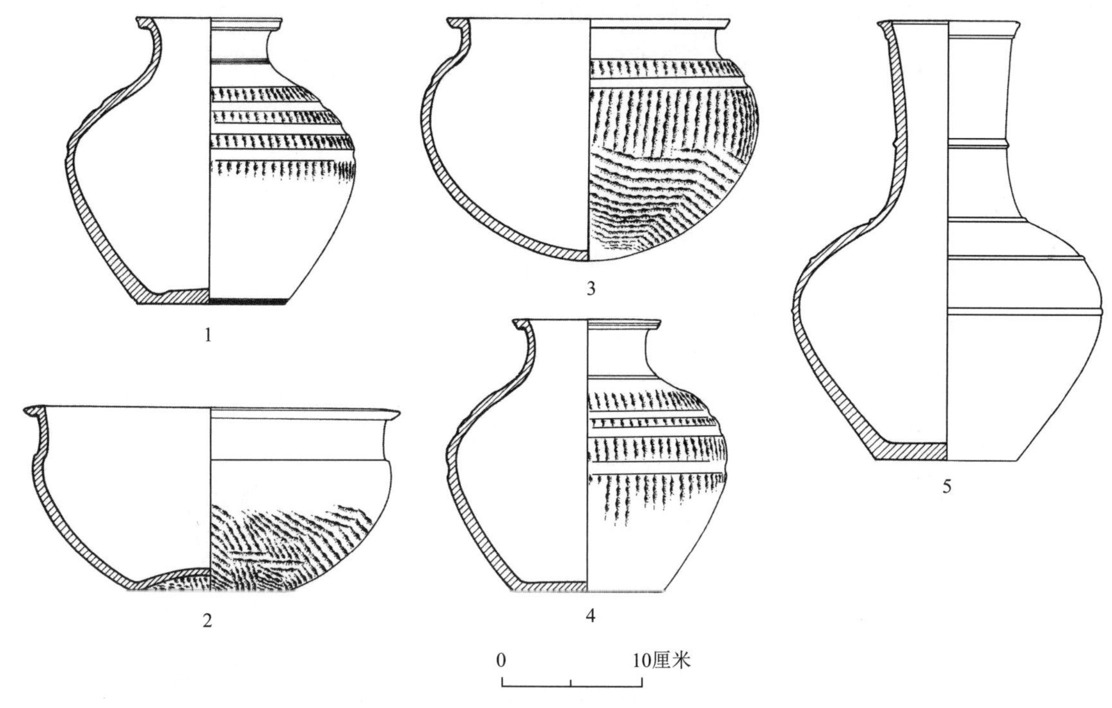

图三一七 M147出土陶器
1、4.陶无耳罐（M147：1、M147：3） 2.陶盂（M147：5）
3.陶圜底釜（M147：4） 5.陶壶（M147：2）

一四七、M148

1. 墓葬概况

M148位于三区南部，开口于耕土层下，距地表0.3米，墓坑西壁被M146打破且超过其底部。方向110°。墓坑残存部分口底同大，残长0.42米（北壁）~0.85米（南壁），宽0.92米，墓深0.46米。坑四壁规整，向下垂直，底部平坦。距墓口深0.08米处的东壁中部设一长方形壁龛，宽0.5米，高0.18米，进深0.16米，龛壁不甚规整，龛底距墓底深0.2米（图三一八；图版八九，1）。

填黄褐色五花土，土质较松软。

葬具、人骨均已不详。根据壁龛的设置和器物所放的位置，可推断该墓主头向东。

2. 出土器物

随葬品3件，均为陶器，置于壁龛内，由北向南依次为陶豆、陶罐、陶盂。其中陶罐破碎严重，无法修复。

陶豆 1件。标本M148：1，泥质灰陶。上部已残，仅存圈足，喇叭状，下端微收。素面（图三一九，2）。

陶盂　1件。标本M148：3，泥质灰陶。敞口，折沿，圆唇，微束颈，圆肩，最大径近肩部，弧腹，下腹斜收，平底。素面。高8厘米，口径16.4厘米，底径8.2厘米（图三一九，1）。

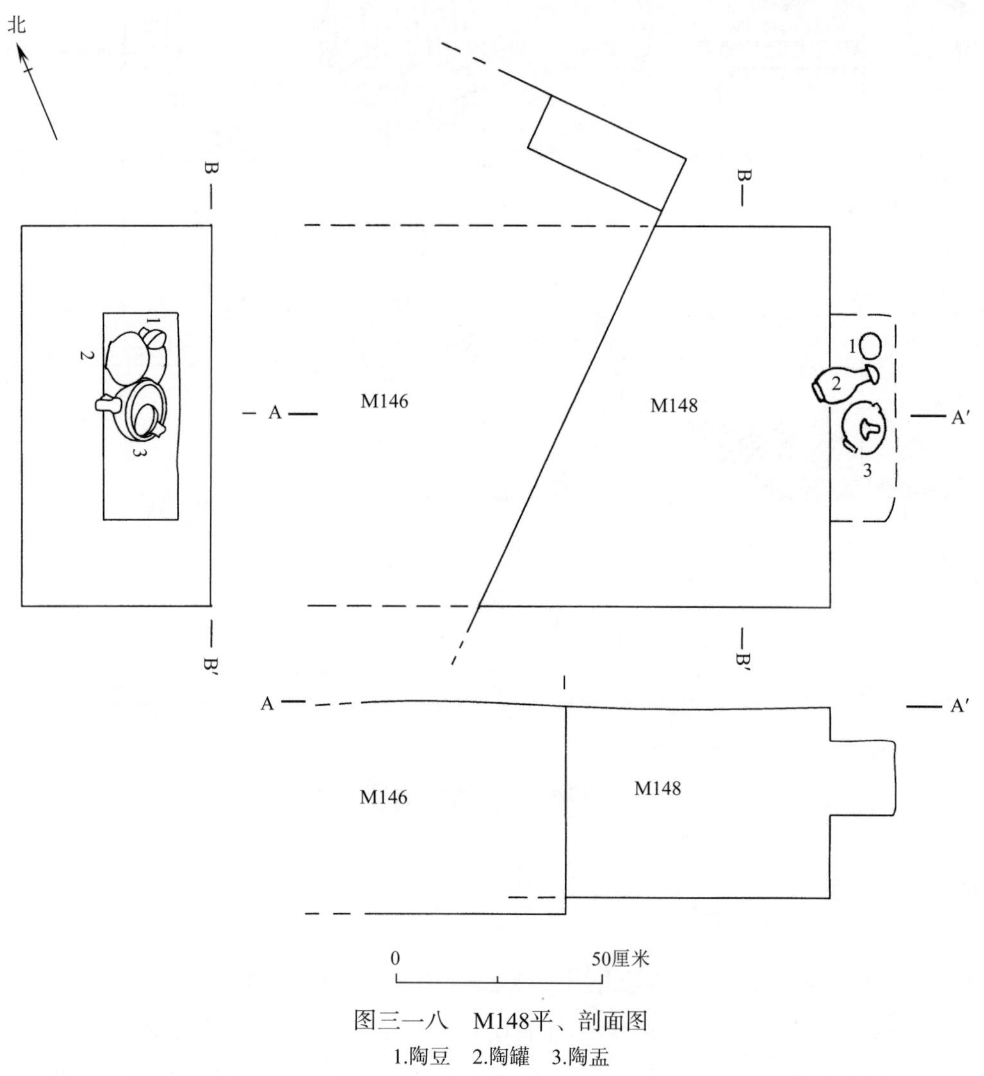

图三一八　M148平、剖面图
1.陶豆　2.陶罐　3.陶盂

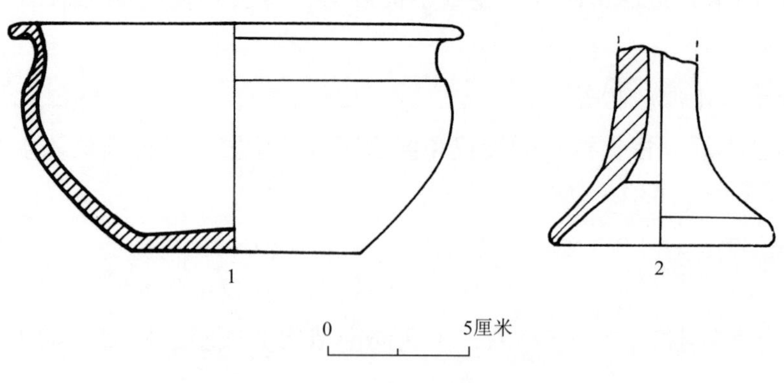

图三一九　M148出土陶器
1. 陶盂（M148：3）　2. 陶豆（M148：1）

一四八、M149

1. 墓葬概况

M149位于三区南部，开口于耕土层下，距地表0.3米。方向30°。口大底小，墓口长2.87米，北端宽1.58米，南端宽1.52米；墓底长1.97米，宽0.88米；墓深2.24米。坑东、西两壁向下外张，南、北两壁向下内收，自墓口向下1.64米深处有生土二层台，台面平整，台面宽0.26～0.46米，台壁向下内收，高0.6米，壁面平滑，经人工修整，墓底部平坦。距生土二层台面深0.24米处的北壁中部设一长方形壁龛，宽0.22米，高0.2米，进深0.1～0.14米，龛壁不甚规整，龛底距墓底0.14米（图三二〇；图版八九，2）。

填灰褐色五花土，土质较软。

葬具已朽尽。

人骨架1具，仅残存头骨痕迹，头向北，葬式不详。

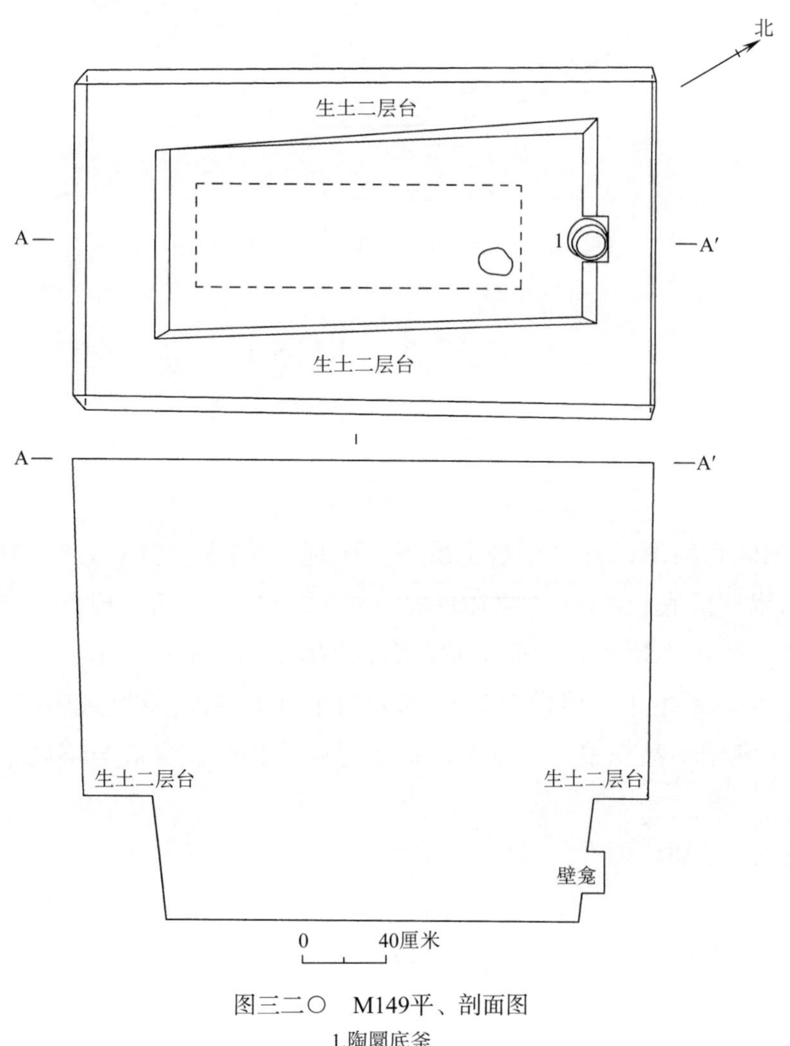

图三二〇　M149平、剖面图

1.陶圜底釜

2. 出土器物

随葬品1件，陶圜底釜置于壁龛内。

陶圜底釜　1件。标本M149：1，夹砂灰陶。口微侈，平折沿，沿面上有四周浅凹槽，尖唇，束颈，肩部微突，下腹弧收，圜底。颈部饰竖向细绳纹，大多被抹去，已漫漶不清，肩部饰竖向细绳纹，下腹及底部饰交错粗绳纹。高11.7厘米，口径15.5厘米（图三二一）。

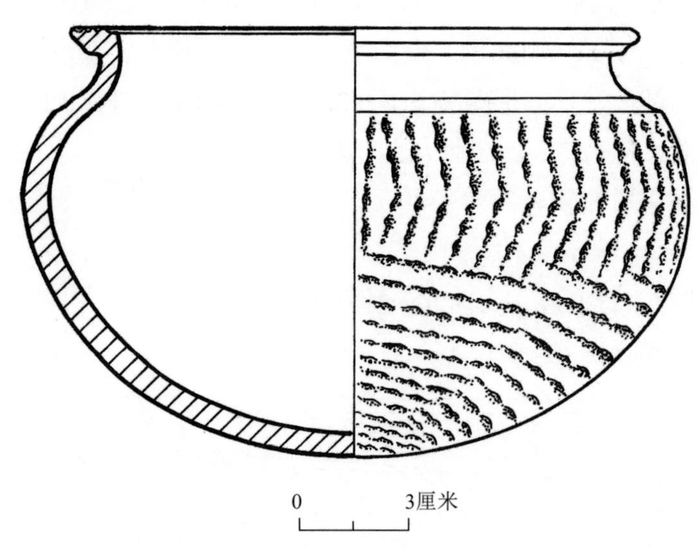

图三二一　M149出土陶圜底釜（M149：1）

一四九、M150

1. 墓葬概况

M150位于三区东南部，开口于耕土层下，距地表0.3米。方向98°。口大底小，墓口长2.42米，宽1.74米；墓底长2.1米，宽1.08米；墓深2.2米。坑四壁规整，向下外张，自墓口向下1.70米深处有生土二层台，台面平整，台面宽0.2～0.38米，高0.5米，壁面平滑，经人工修整，墓底平坦。距生土二层台面深0.1米处的东壁下部设一拱形壁龛，宽0.46米，高0.4米，进深0.2米，龛壁不甚规整，后壁由底向上呈弧形内收，龛底与墓底平（图三二二；图版九〇，1）。

填褐色五花土，土质较硬。

葬具已腐朽，仅存痕迹，可以看出为单棺，置于墓底中部，棺痕长1.7米，宽0.44米。

人骨架1具，已腐朽，头向东，面向上，双臂交叉置于腹部，仰身直肢。

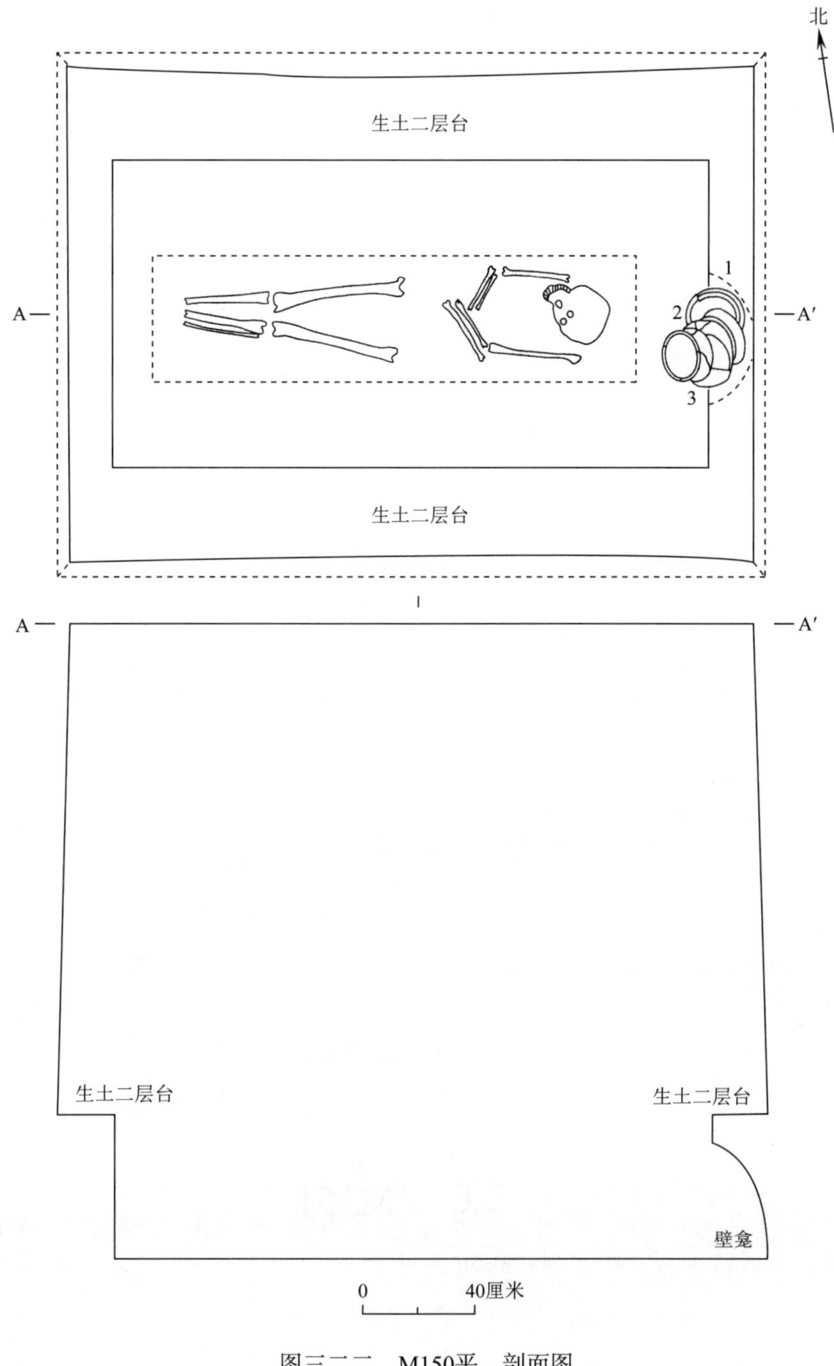

图三二二 M150平、剖面图
1.陶双牛鼻耳罐 2.陶圜底釜 3.陶盂

2. 出土器物

随葬品3件，均为陶器，计陶双牛鼻耳罐、陶圜底釜、陶盂各1件，置于壁龛内（图版九〇，2）。

陶双牛鼻耳罐 1件。标本M150：1，泥质灰陶。侈口，方唇，束颈，肩部微突，肩部有两个对称的牛鼻形耳，鼓腹，最大径在中上腹，下腹弧收，凹圜底。颈部饰竖向细绳纹，大多被抹去，已漫漶不清，腹部饰竖向细绳纹间饰三周抹痕，下腹及底部饰交错细绳纹。高20.1厘米，口径14.7厘米，底径5.8厘米（图三二三，3）。

陶盂　1件。标本M150：3，泥质灰陶。直口微敛，尖唇，折沿，颈壁近直，弧腹缓收，平底。颈肩部饰五周凹弦纹。高11厘米，口径23.4～24.2厘米，底径11.2厘米（图三二三，2）。

陶圜底釜　1件。标本M150：2，夹砂灰陶。口近直，尖唇，折沿，束颈粗短，肩部微突，圆鼓腹，最大径在中腹，下腹弧收，圜底。颈部饰竖向细绳纹，大多被抹去，已漫漶不清，并有一周凹弦纹，上腹饰竖向细绳纹间饰三周抹痕，下腹饰斜向粗绳纹，底部饰交错粗绳纹。高17.3厘米，口径20厘米（图三二三，1）。

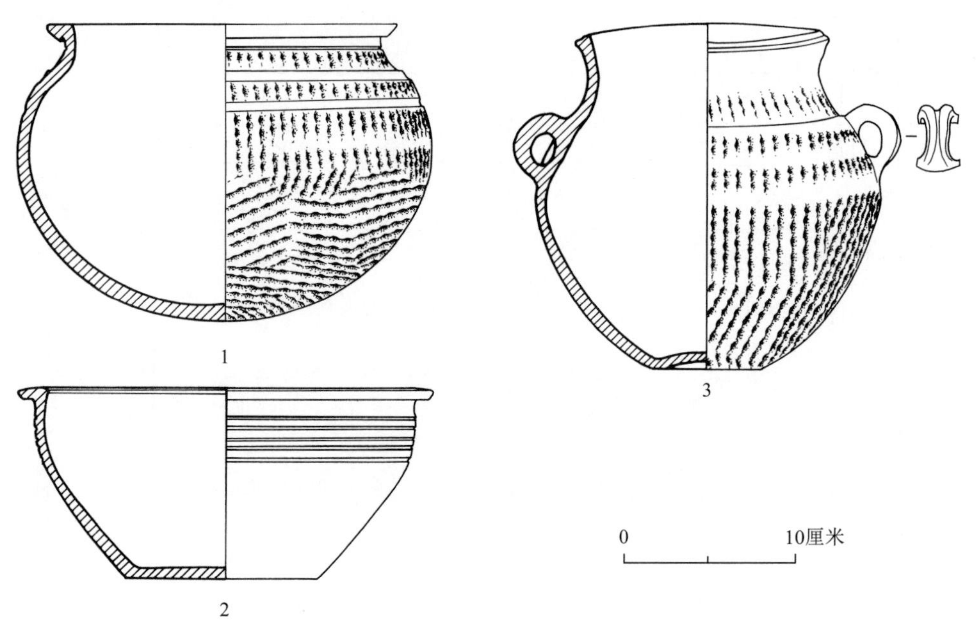

图三二三　M150出土陶器

1.陶圜底釜（M150：2）　2.陶盂（M150：3）　3.陶双牛鼻耳罐（M150：1）

一五〇、M151

1. 墓葬概况

M151位于三区东南部，开口于耕土层下，距地表0.3米。方向98°。口大底小，墓口长2.52米，宽1.8米；墓底长2.7米，宽1.1米；墓深2.7米。坑四壁规整，向下外张，南、北两壁自墓口向下2米深处有生土二层台，台面平整，台面宽0.44米，高0.7米，壁面平滑，经人工修整，墓底平坦（图三二四）。

填褐色五花土，土质较软。

葬具已腐朽，仅存痕迹，可以看出为单棺，棺痕长2米，宽0.5米。

人骨架1具，已腐朽，头向东，面向上，仰身直肢，双臂交叉置于腹部。

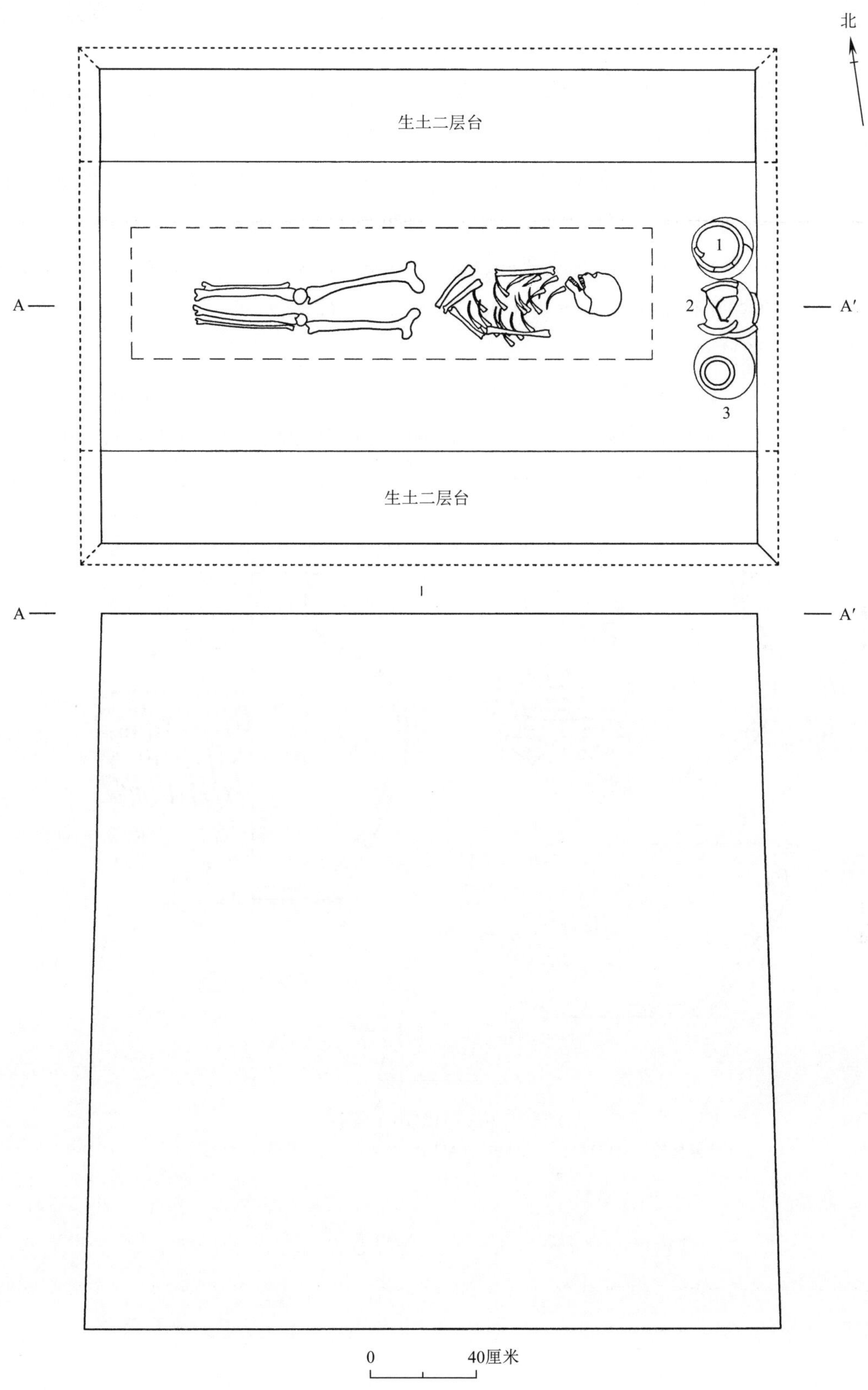

图三二四 M151平、剖面图

1.陶圜底釜 2.陶盂 3.陶无耳罐

2. 出土器物

随葬品3件，均为陶器，陶圜底釜、盂、无耳罐置于墓主人头端。

陶无耳罐　1件。标本M151：3，泥质灰陶。口微侈，尖唇，折沿，束颈，广肩，鼓腹，下腹弧收，平底微内凹。颈部饰竖向细绳纹，大多被抹去，已漫漶不清，腹部饰竖向细绳纹间饰五周抹痕。高24.1厘米，口径11.6厘米，底径12.8厘米（图三二五，3）。

陶盂　1件。标本M151：2，泥质灰陶。侈口，尖唇，平折沿，颈壁近直，圆肩，弧腹缓收，平底。颈部饰竖向细绳纹，大多被抹去，已漫漶不清，腹部饰竖向细绳纹。高12.6厘米，口径25.2厘米，底径11厘米（图三二五，2）。

陶圜底釜　1件。标本M151：1，夹砂灰陶。口近直，尖唇，折沿，微束颈，肩部微突，鼓腹，下腹弧收，最大径在中腹，圜底。颈部饰竖向细绳纹，大多被抹去，已漫漶不清，肩部饰竖向细绳纹间两周抹痕，下腹及底部饰交错粗绳纹。高16.3厘米，口径18.2厘米（图三二五，1）。

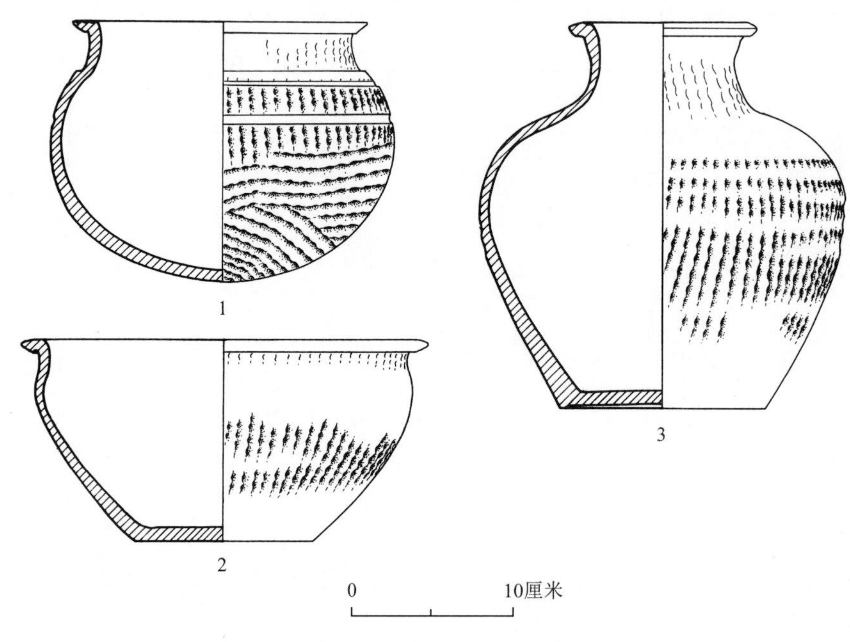

图三二五　M151出土陶器

1.陶圜底釜（M151：1）　2.陶盂（M151：2）　3.陶无耳罐（M151：3）

一五一、M152

1. 墓葬概况

M152位于三区东南部，开口于耕土层下，距地表0.3米。方向295°。口大底小，墓口长2.3米，东端宽1.44米；墓底长1.7米，宽0.86米；墓深1.6米。坑四壁自墓口垂直向下1.06米深处有生土二层台，台面平整，台面宽0.24～0.38米，高0.54米，壁面规整，墓底平坦（图三二六）。

填灰褐色五花土，土质较软。

葬具已腐朽，仅存痕迹，可以看出为单棺，棺痕长1.7米，宽0.48米。

人骨架1具，已腐朽，头向西，仰身直肢。

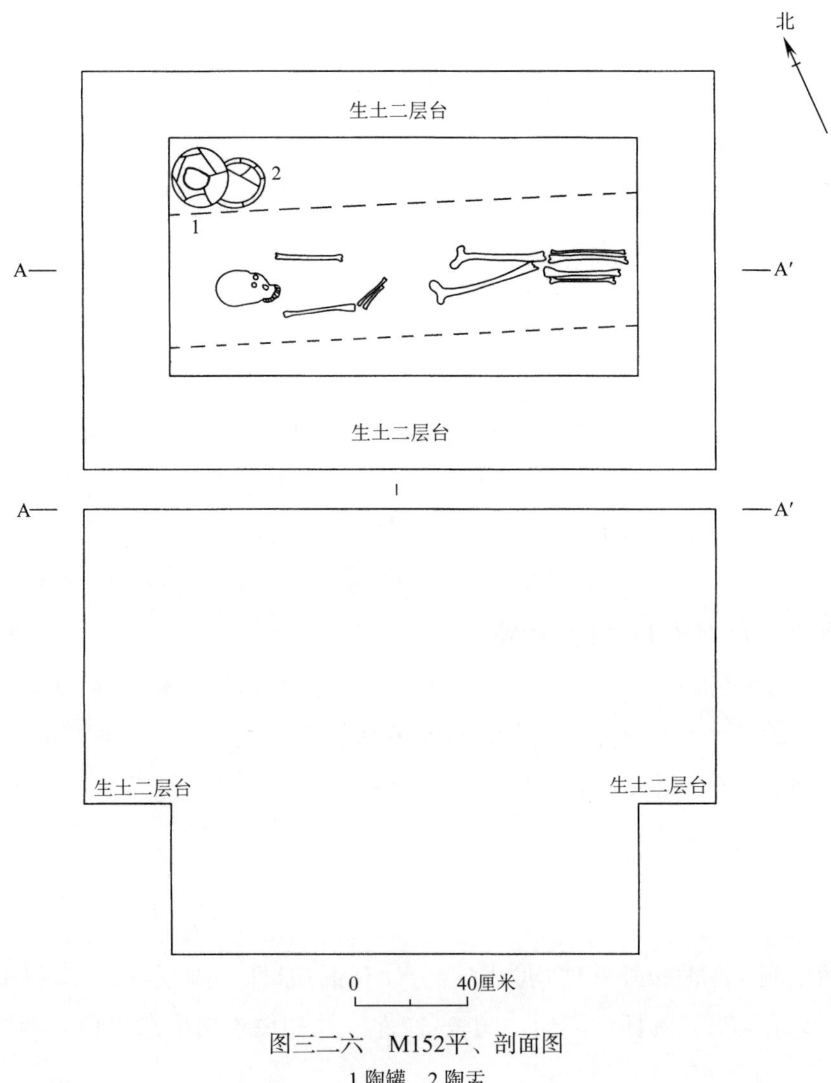

图三二六 M152平、剖面图

1.陶罐 2.陶盂

2. 出土器物

随葬品2件，均为陶器，陶盂、陶罐置于棺外西北角。其中陶罐残碎严重，无法复原。

陶盂 1件。标本M152：2，泥质灰陶。敛口，圆唇，折沿，颈壁凹弧，颈肩分界不明显，弧腹缓收，平底。腹部饰五周凹弦纹。高8.5厘米，口径19.6厘米，底径8.2厘米（图三二七）。

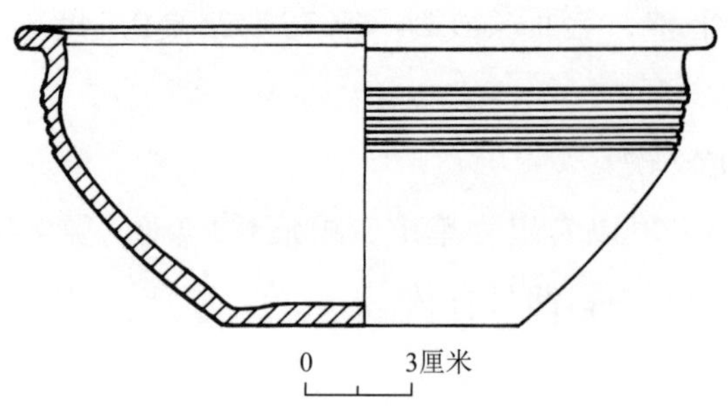

图三二七　M152出土陶盂（M152：2）

一五二、M153

1. 墓葬概况

M153位于三区东南部，开口于耕土层下，距地表0.3米。墓坑大部被M144打破。方向96°。口大底小，墓口长3.14米，宽2.3米；墓底长2.48米，宽1.46米，墓深3.15米。坑四壁规整，向下微外张，距墓口深2.25米处有生土二层台，台面平整，台壁斜直，东、西台面宽分别为0.44、0.28米，南、北台面均宽0.42米，高0.9米，壁面规整，墓底平坦（图三二八；图版九一，1）。

填白砂土和红褐色五花土，土质较硬。

葬具已腐朽，仅存痕迹，可以看出为一棺一椁，椁痕长2.34米，宽1.3米。棺位于椁室北侧，棺痕长2米，宽0.7米，棺底铺一层较薄的草木灰。

人骨架1具，已腐朽，仅存下肢骨痕迹，可知头向东，面向、葬式不详。

2. 出土器物

随葬品20件，除1件铜扣外其他均为陶器，计有铜扣1件、陶豆4件，陶双牛鼻耳罐、陶壶各3件，陶鼎、陶无耳罐、陶杯、陶勺、陶敦各2件。铜扣位于棺痕东北角，陶器均位于棺痕外南侧依次排列（图版九一，2）。

陶鼎　2件。形制相同。泥质灰陶。子口承盖，盖为覆盘状，顶部微弧，周边有三个卧狗状纽。器为子口内敛，斜折肩，腹近垂直，腹两侧各有一个长方形穿孔，内插活耳，耳呈长方形，顶端微外撇，下端一燕尾状榫插入穿孔内，平底，三半圆形蹄足，内侧有凹槽。标本M153：7，盖顶饰两组六周凹弦纹，上腹饰三周凹弦纹，足上端各饰一人面，下端各饰三半周凹弦纹。盖顶及器表饰红白相间的彩绘，多已脱落，有十字纹、卷云纹、圆点纹等。通高24.3厘米，口径17.2厘米（图三二九，2）。标本M153：18，盖顶饰两组三周凹弦纹，上腹及足下端各饰三周凹弦纹，足上端各饰一人面。盖顶及器物表面饰红白相间的彩绘，多已脱落，有十字纹、卷云纹、圆点纹等。通高25.4厘米，口径18厘米（图三二九，1；图版九二，1）。

陶豆 4件。形制相同。泥质灰陶。敞口，圆唇，浅盘，弧腹，盘外壁下部有凸棱，柄壁凹弧，喇叭状圈足。柄壁饰两组六周凹弦纹，圈足外沿饰一周凹弦纹。盘内及器物表面饰红白相间的彩绘，多已脱落，有十字纹、卷云纹、彩带等。标本M153：14，圈足中空至柄中部。

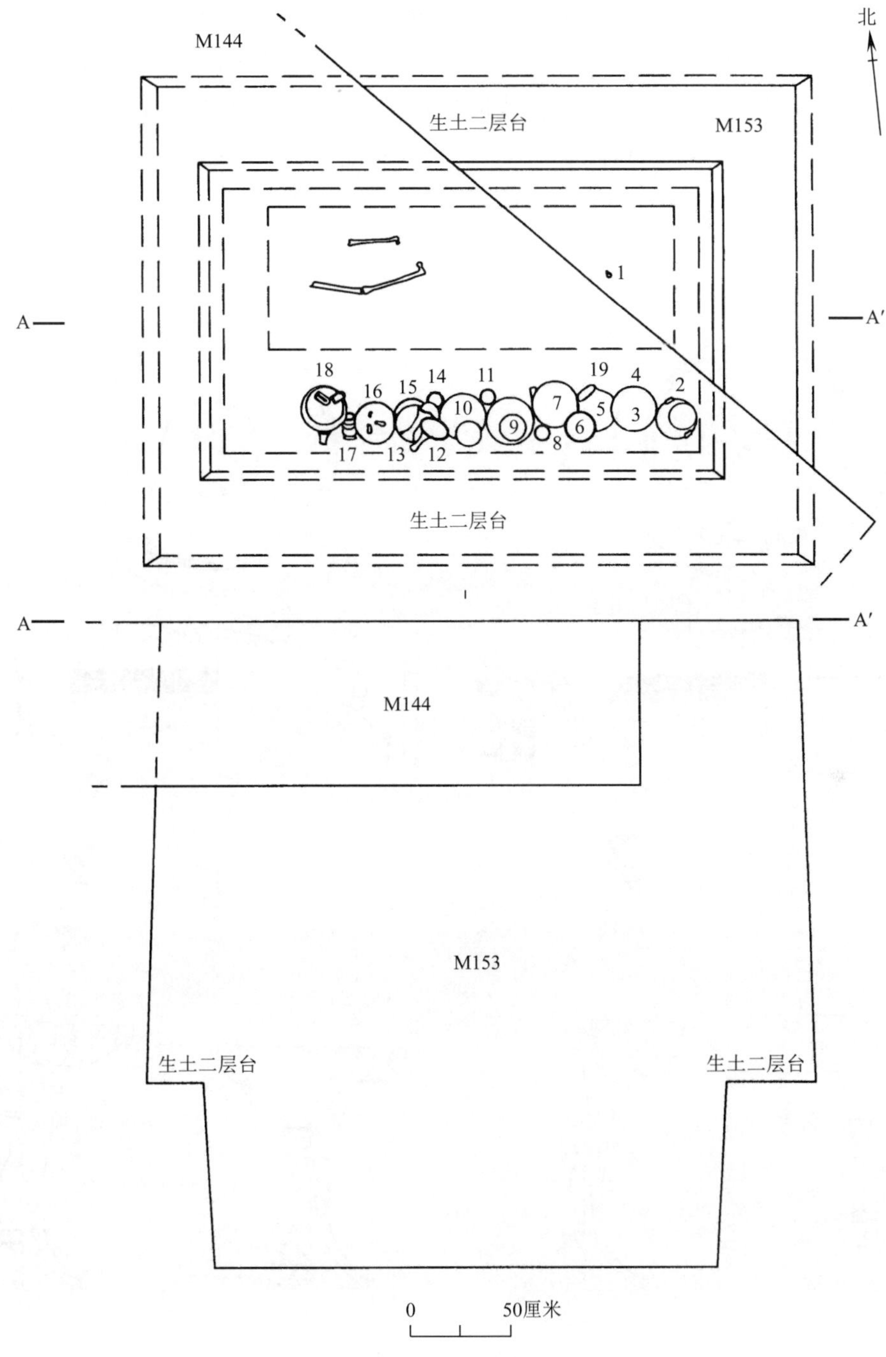

图三二八 M153平、剖面图

1. 铜扣 2、5、19. 陶双牛鼻耳罐 3、4. 陶无耳罐 6、12～14. 陶豆 7、18. 陶鼎 8-1、11-1. 陶勺 8-2、11-2. 陶杯 9、10. 陶壶 15、16. 陶敦 17. 小陶壶

高20.1厘米，口径15.2厘米，盘深3.8厘米，底径9.3厘米（图三二九，6；图版九二，6）。标本M153：6，圈足中空至柄中部。高20.3厘米，口径15.4厘米，盘深3.9厘米，底径10.2厘米（图三二九，3）。标本M153：13，圈足中空至柄中部。高21厘米，口径15.6厘米，盘深4厘米，底径10厘米（图三二九，5）。标本M153：12，圈足中空至盘底部。高20.2厘米，口径15.2厘米，盘深4厘米，底径9厘米（图三二九，4）。

陶敦　2件。形制相同。泥质灰陶。盖、器扣合呈圆形，口径小于高，盖、器上各有三组纽，每组有两个弯钩状纽组成，一大一小，大纽钩向外，小纽钩向内。盖器表面饰红白相间的彩绘，多已脱落，有卷云纹、圆点纹、线形交错纹等。标本M153：15，残高28厘米，口径19.7厘米（图三三〇，1）。标本M153：16，高32.8厘米，口径19.8厘米（图三三〇，2；图版九三，4）。

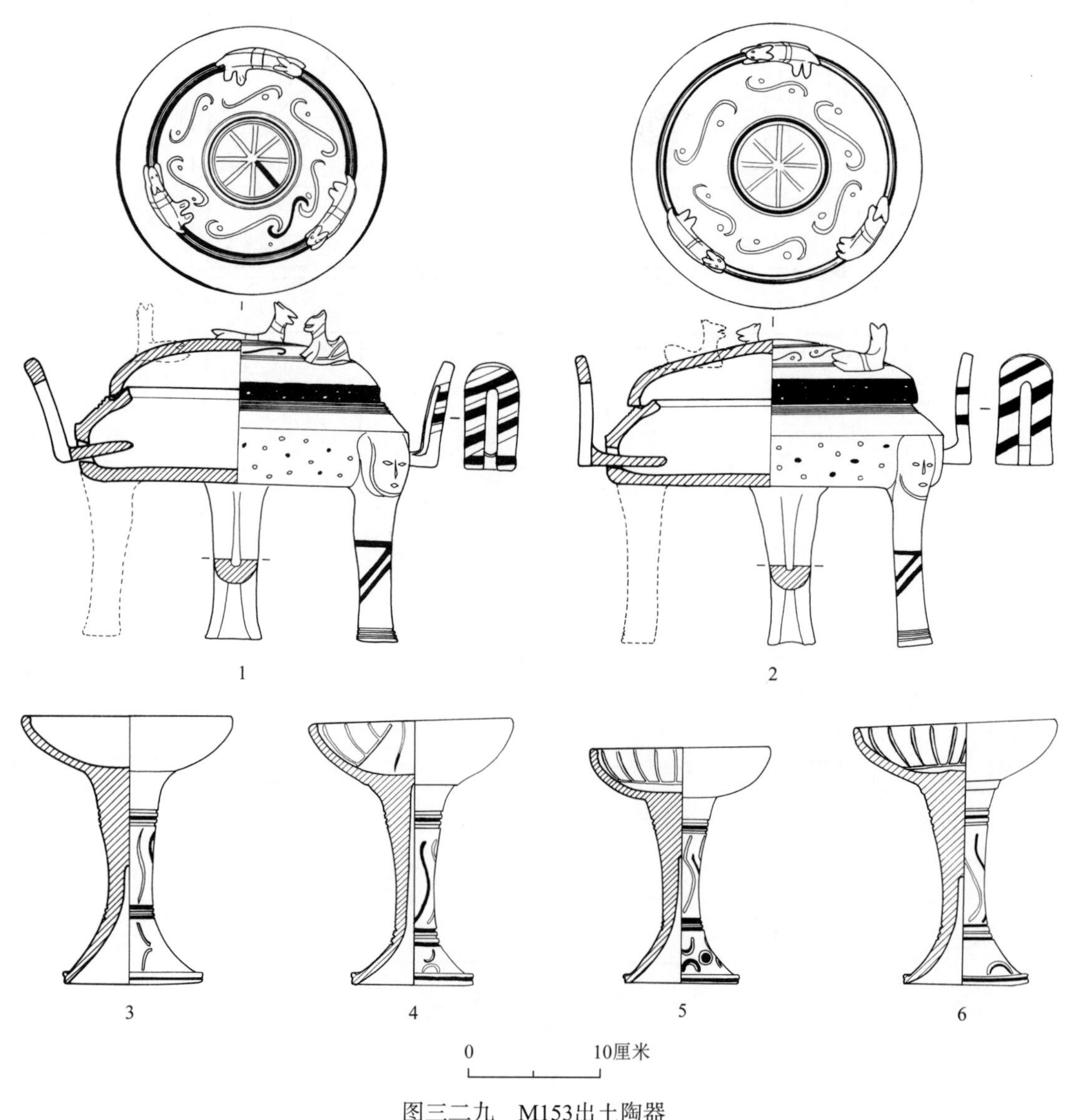

图三二九　M153出土陶器

1、2.陶鼎（M153：18、M153：7）　3～6.陶豆（M153：6、M153：12、M153：13、M153：14）

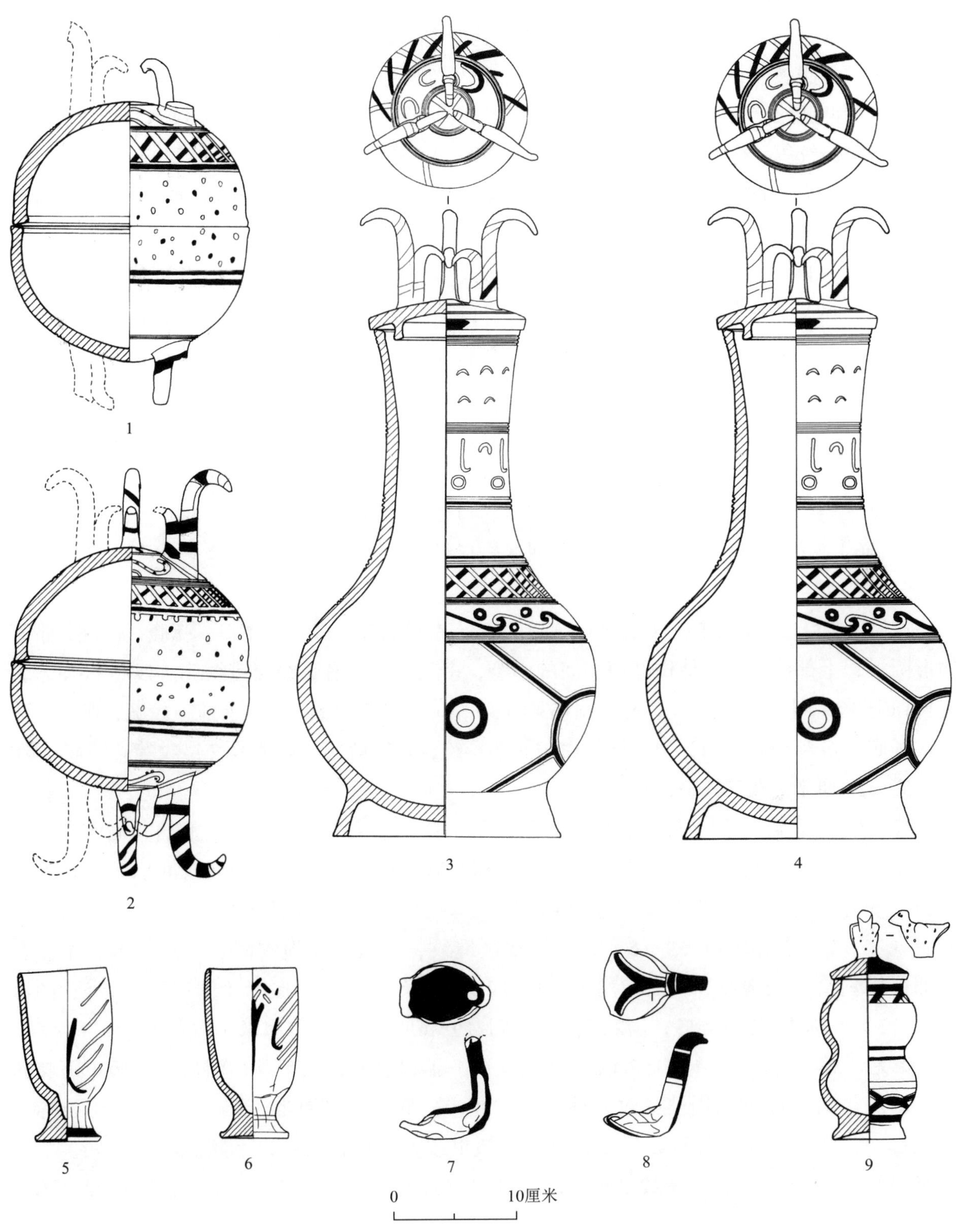

图三三〇 M153出土陶器

1、2.陶敦（M153：15、M153：16） 3、4.陶壶（M153：9、M153：10） 5、6.陶杯（M153：11-2、M153：8-2）
7、8.陶勺（M153：11-1、M153：8-1） 9.小陶壶（M153：17）

陶壶　2件。泥质灰陶。侈口承盖，盖为覆盘状，盖顶微弧，盖顶有三组纽，每组有两个弯钩状纽组成，一大一小，大纽钩向外，小纽钩向内，直口纳入器口内。器为侈口，束颈，溜肩，鼓腹，下腹缓收，圜底，矮圈足微外撇。盖顶饰两组四周凹弦纹，沿下、颈、肩及腹部饰六组十八周凹弦纹，盖顶及器物表面饰红白相间的彩绘，多已脱落，有十字纹、卷云纹、圆点纹、线形交错纹等。标本M153：9，通高51.6厘米，口径12厘米，圈足径18.8厘米；盖高10.8厘米，口径13厘米（图三三〇，3；图版九三，1）。标本M153：10，残高51厘米，口径12.2厘米，底径18厘米；盖高10.5厘米，口径8.7厘米（图三三〇，4；图版九三，2）。

小陶壶　1件。标本M153：17，泥质灰陶。敛口承盖，盖顶隆起，中间立一鸟形纽。器为敛口，圆肩，腹作葫芦状，平底微凹。盖顶及器表饰红白相间的彩绘，多已脱落，有卷云纹、圆点纹、几何纹等。通高18.4厘米，口径5.6厘米，底径6.1厘米（图三三〇，9；图版九三，3）。

陶杯　2件。形制相同。泥质灰陶。敞口，尖唇，腹部近直，向下缓收，腹较深，下部呈漏斗状，平底微外撇。近底部有削痕。内壁及器表饰红白相间的彩绘，多已脱落，有弧线交错纹、圆点纹等。标本M153：8-2，高13.8厘米，口径7.4厘米，底径5.5厘米（图三三〇，6；图版九三，6）。标本M153：11-2，高14.1厘米，口径7.4厘米，底径5.2厘米（图三三〇，7；图版九三，5）。

陶勺　2件。标本M153：8-1，勺体近三角形，前端有流，较宽，敞口，弧腹，圜底，带弯钩形圆柄，上部已残。勺体饰红白相间的彩绘，多已脱落，有弧线交错纹等。残高8.6厘米，流长1.6厘米（图三三〇，8）。标本M153：11-1，勺体呈椭圆形，前端有流，较宽，敞口，弧腹，圜底，带弯钩形圆柄，勺体饰红白相间的彩绘，多已脱落，有弧线交错纹等。残高8.4厘米，流长1.4厘米（图三三〇，7）。

陶双牛鼻耳罐　3件。形制相同。泥质灰陶。侈口，尖唇，微束颈，溜肩，肩部有两个对称牛鼻形耳，鼓腹，下腹弧收，凹圜底。标本M153：2，上腹饰竖绳纹间以三周抹痕，下腹及底部饰竖斜交错的绳纹。高20.4厘米，口径13.9厘米，底径8厘米（图三三一，1；图版九二，2）。标本M153：5，颈部饰浅竖绳纹，上腹饰竖绳纹间以两周抹痕，下腹及底部饰横斜交错的绳纹。高19.7厘米，口径13.5厘米，底径6.5厘米（图三三一，5；图版九二，5）。标本M153：19，高20.2厘米，口径13.6厘米，底径7厘米（图版九二，4）。

陶无耳罐　2件。标本M153：3，泥质灰陶。器口已残，微束颈，溜肩，鼓腹，下腹斜收，平底。肩、腹饰四周凸弦纹。残高17.5厘米，底径10.6厘米（图三三一，4）。标本M153：4，泥质灰陶。侈口，折沿，方唇，微束颈，圆肩，鼓腹，下腹斜收，平底。上腹饰竖绳纹间以两周抹痕。高22.3厘米，口径11.7厘米，底径12厘米（图三三一，2；图版九二，3）。

铜扣　1件。标本M153：1，扣呈圆形，下部有一扁形纽。高0.6厘米，直径1.4厘米（图三三一，3）。

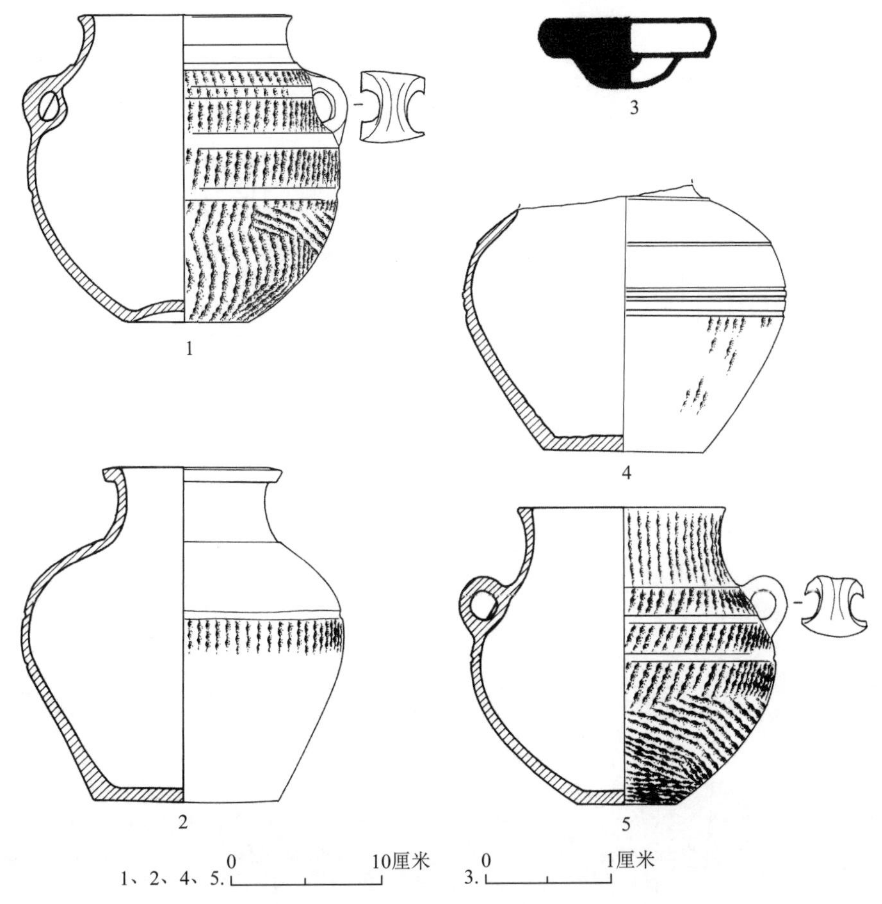

图三三一 M153出土遗物
1、5.陶双牛鼻耳罐（M153：2、M153：5） 2、4.陶无耳罐（M153：4、M153：3）
3.铜扣（M153：1）

一五三、M154

1. 墓葬概况

M154位于三区东南部，开口于耕土层下，距地表0.3米。方向100°。口大底小，墓口长2.7米，东端宽2米，西端宽1.92米；墓底长2.1米，东端宽1.08米，西端宽1.04米；墓深2.86米。坑四壁规整，向下微内收，自墓口向下1.96米深处有生土二层台，台面平整，台面宽0.26～0.4米，高0.9米至底，壁面平滑，经人工修整，墓底平坦。距生土二层台面深0.2米处的东壁下部设一长方形壁龛，宽0.9米，高0.7米，进深0.28～0.36米，龛壁已坍塌，不甚规整，后壁下部向外斜，龛底与墓底平（图三三二；图版九四，1）。

填灰褐色五花土，土质较硬。

葬具已腐朽，仅存痕迹，可以看出为单棺，置于墓底中部，棺痕长1.78米，宽0.46米。

人骨架1具，已腐朽，头向东，面向上，仰身直肢。

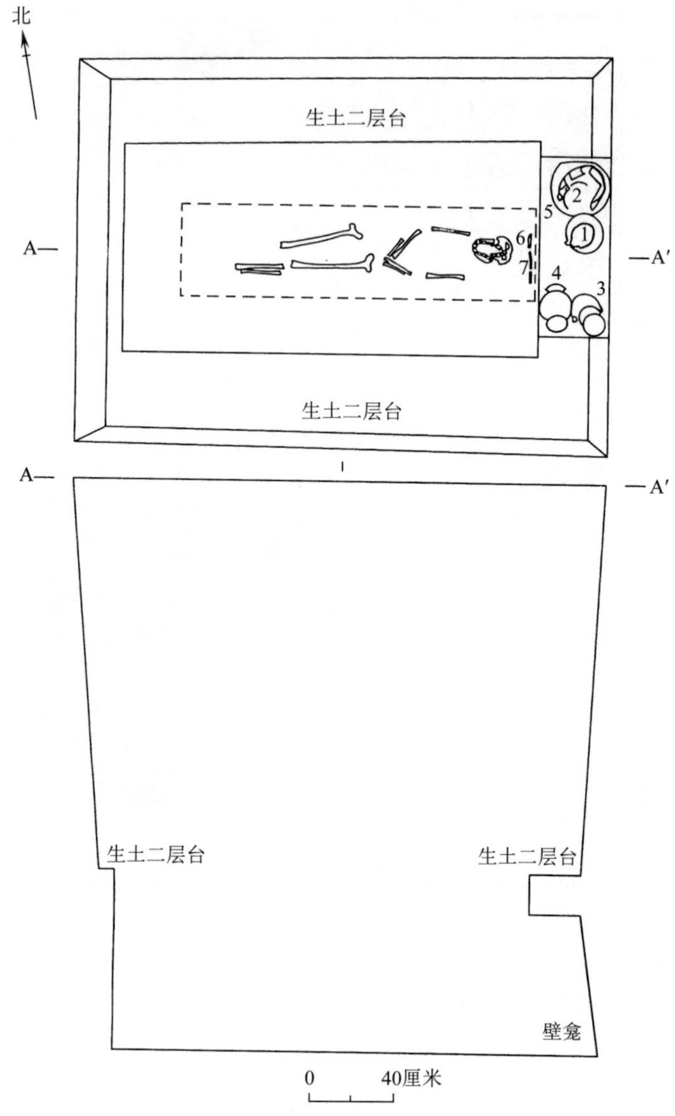

图三三二　M154平、剖面图
1、2.陶双牛鼻耳罐　3、4.陶壶　5.铁鼎　6.铜带钩　7.铁削

2. 出土器物

随葬品7件，其中陶双牛鼻耳罐、陶壶各2件、铁鼎1件置于壁龛内，并且一件陶罐置于铁鼎内；铜带钩、铁削各1件置于棺内墓主人头顶部。其中铁鼎、铁削锈蚀破碎严重，无法复原（图版九四，2）。

陶壶　2件。形制相同。侈口，尖唇，束颈，溜肩，肩部有两个对称的半环形耳，鼓腹，下腹弧收，平底，喇叭状圈足。标本M154：3，泥质灰陶。肩部一侧有一方形印记。颈部饰三周较浅的凹弦纹，腹部饰三周凹弦纹。高31.3厘米，口径11.7厘米，底径12.7厘米（图三三三，1）。标本M154：4，泥质黑皮灰陶。肩，腹部饰四周凹弦纹。高28.2厘米，口径10.4厘米，底径10.8厘米（图三三三，2）。

陶双牛鼻耳罐　2件。形制相同。泥质灰陶。侈口，尖唇，束颈，溜肩，肩部有两个对称的牛鼻形耳，鼓腹，下腹弧收，凹圜底。标本M154：1，颈部饰竖向细绳纹，大多被抹去，已漫漶不清，肩部饰竖向细绳纹，下腹及底部饰交错细绳纹。高21.8厘米，口径15厘米，底径7.8厘米（图三三三，3）。标本M154：2，肩部饰竖向细绳纹间饰两周抹痕，下腹及底部饰交错细绳纹。高22.1厘米，口径13.4厘米，底径8厘米（图三三三，4）。

铜带钩　1件。标本M154：6，钩为兽首形，背部有一圆纽，腹部较长，鼓起。腹部饰卷云纹和对顶三角形纹。长7.5厘米，腹宽1.7厘米，纽径1.3厘米（图三三四）。

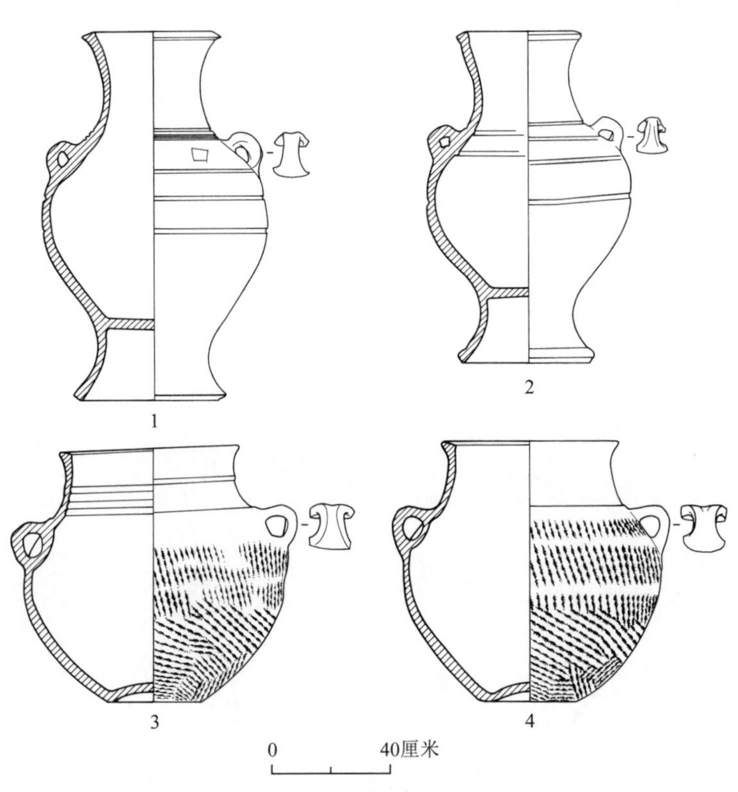

图三三三　M154出土陶器

1、2.陶壶（M154：3、M154：4）　3、4.陶双牛鼻耳罐（M154：1、M154：2）

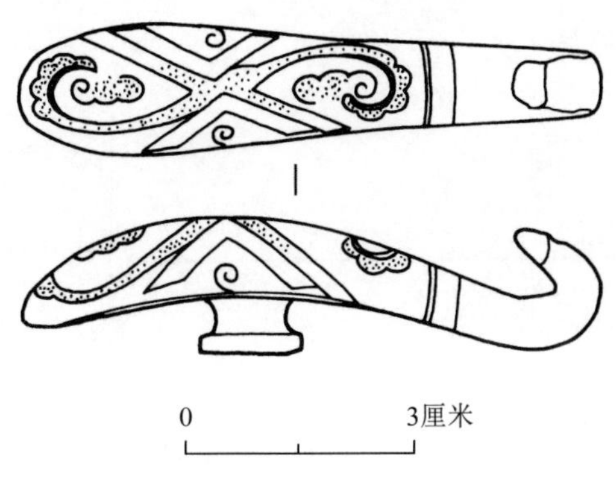

图三三四　M154出土铜带钩（M154：6）

一五四、M155

1. 墓葬概况

M155位于三区东南部，开口于耕土层下，距地表0.3米。墓葬破坏严重，东南部被一条扰沟破坏，扰土层厚0.7米，其下叠压打破M157大部。方向140°。由墓道和墓室两部分组成。

墓道向东南，设于墓室前壁，偏左，呈长方形斜坡，由前向后渐宽。墓道东南部被田间小路所压，故未发掘。已发掘部分长0.6米，宽0.86～0.9米；底坡长0.62米；坡度7°；深0.15～0.22米。墓道下端高于墓坑底部0.14米。

墓坑平面呈长方形，口底同大，长2.78米，前端宽1.68米，后端宽1.62米，残深0.36～1.1米。墙砖、铺底砖不详（图三三五）。

葬具，人骨架和随葬品无存。

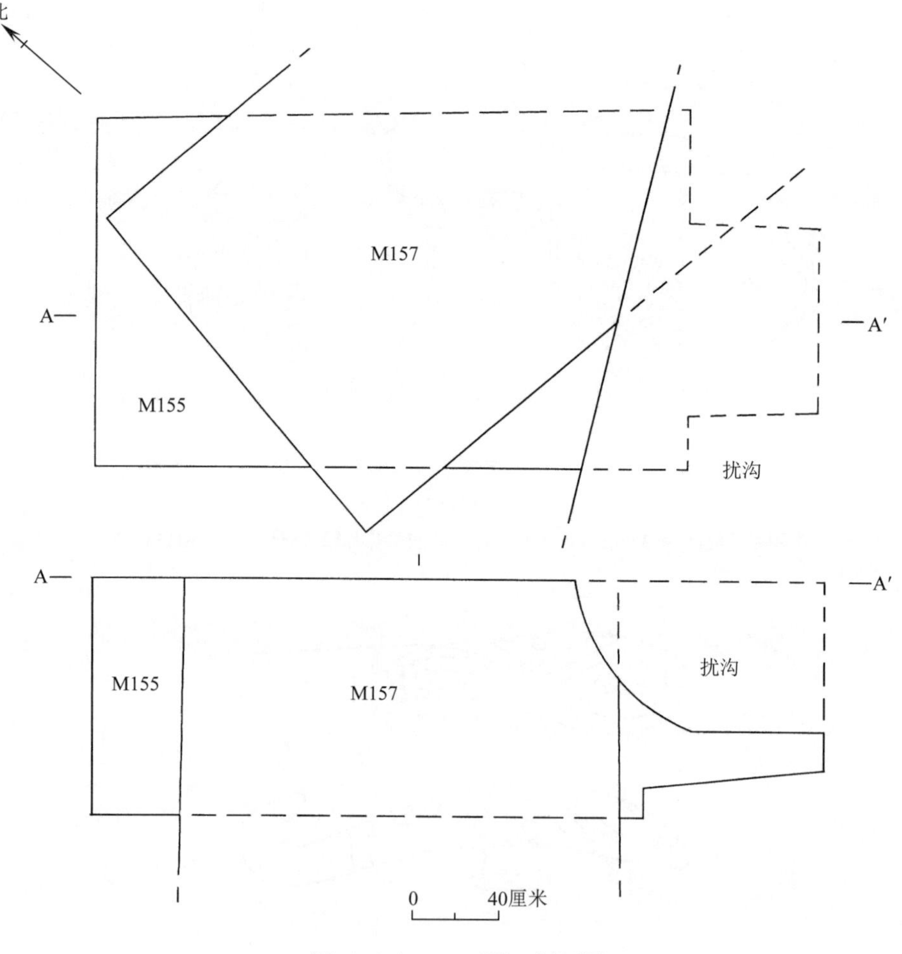

图三三五　M155平、剖面图

2. 出土器物

在扰土中发现有铜钱和碎陶片。

铜钱 2枚。可分为五铢钱和大泉五十两种。

五铢钱 1枚。标本M155：1-1，钱的正面边缘有一周凸起的周郭，正方形穿，穿之左右有篆书“五铢”两字；钱的背面边缘有周郭，而且穿四边也有郭。钱文的书体特点明显。“五”字中间两笔是弯曲的，中间两笔和上下两划相接的地方略向内靠拢，中间两笔和上下两横相接的地方是垂直的；“铢”字笔划清晰，“朱”字头方折。郭径2.55厘米，钱径2.35厘米，穿边长1厘米（图三三六，1）。

大泉五十 1枚。标本M155：1-2，钱的正面边缘有一周凸起的周郭，正方形穿外也有郭，穿之上下左右有篆书“大泉五十”四字；钱的背面边缘有周郭，而且穿四边也有郭。“五”字中间两笔是屈曲的，“五”字如两个相对的炮弹形。郭径2.65厘米，钱径2.4厘米，穿边长0.9厘米（图三三六，2）。

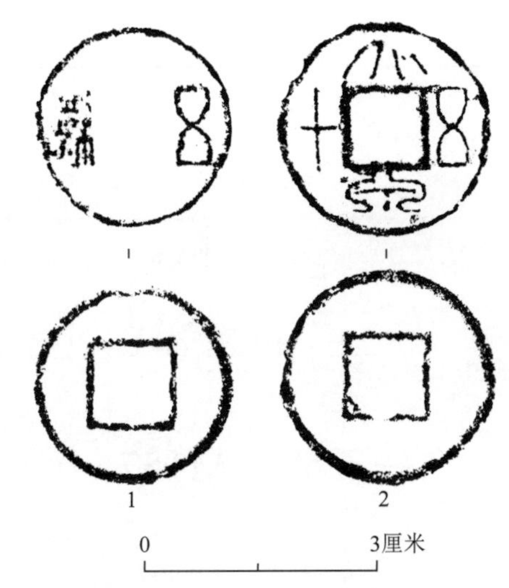

图三三六 M155出土铜钱

1.铜五铢钱（M155：1-1） 2.大泉五十（M155：1-2）

一五五、M156

M156位于三区东南部，开口于耕土层下，距地表0.3米。墓葬破坏严重，东南部被一条扰沟破坏，扰土层厚0.6米。方向133°。由墓道和墓室两部分组成。

墓道向东南，设于墓室前壁，由于墓道破坏严重，只存有痕迹，残长0.2米。

墓坑平面呈长方形，口底同大，长3.1米，宽2.04米，深0.5米，墙砖不详。在墓坑前部发现有几块铺底砖，砌法为条砖纵向齐缝平铺（图三三七）。

铺底砖均为青灰色长条形，长0.36米，宽0.14米，厚0.07米。

葬具，人骨架和随葬品无存。

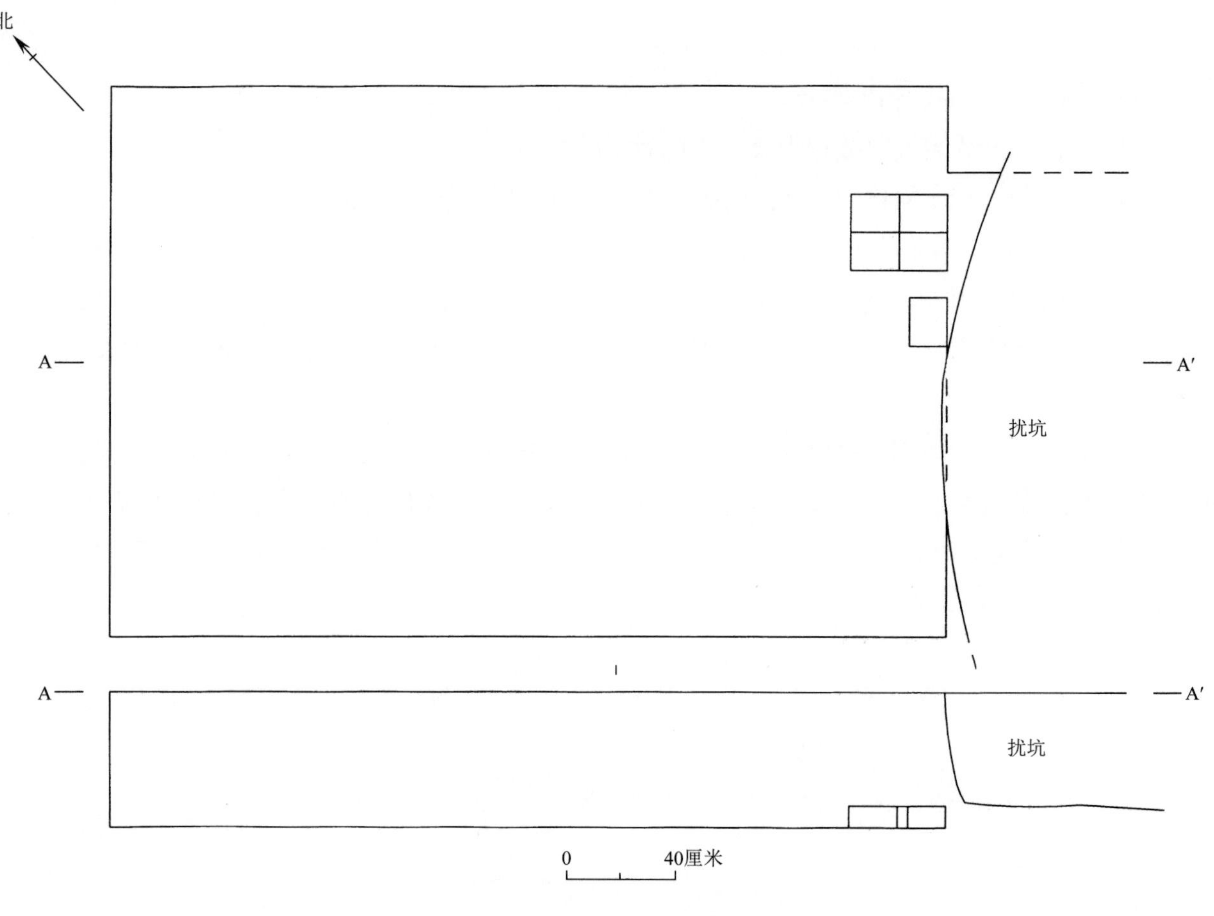

图三三七　M156平、剖面图

一五六、M157

1. 墓葬概况

M157位于三区东南部，大部分开口于耕土层下，距地表0.3米，东北角被破坏，扰土层厚0.58米，西南大部被M155打破。方向100°。口大底小，墓口长2.76米，宽1.9米；墓底长2米，宽1米；墓深2.48米。坑四壁规整，向下外张，自墓口向下1.76米深处有生土二层台，台面平整，东台坍塌，台面宽0.26～0.5米，台壁向下内收，高0.72米，壁面平滑，经人工修整，墓底平坦。距生土二层台面深0.36米处的东壁下部设一长方形壁龛，宽0.44米，高0.36米，进深0.3～0.34米，龛壁不甚规整，龛底与墓底平（图三三八；图版九五，1）。

填灰褐色五花土，土质较软。

葬具已腐朽，仅存痕迹，可以看出为单棺，置于墓底中部，棺痕长1.76米，宽0.38米。

人骨架1具，已腐朽，头向东，仰身直肢。

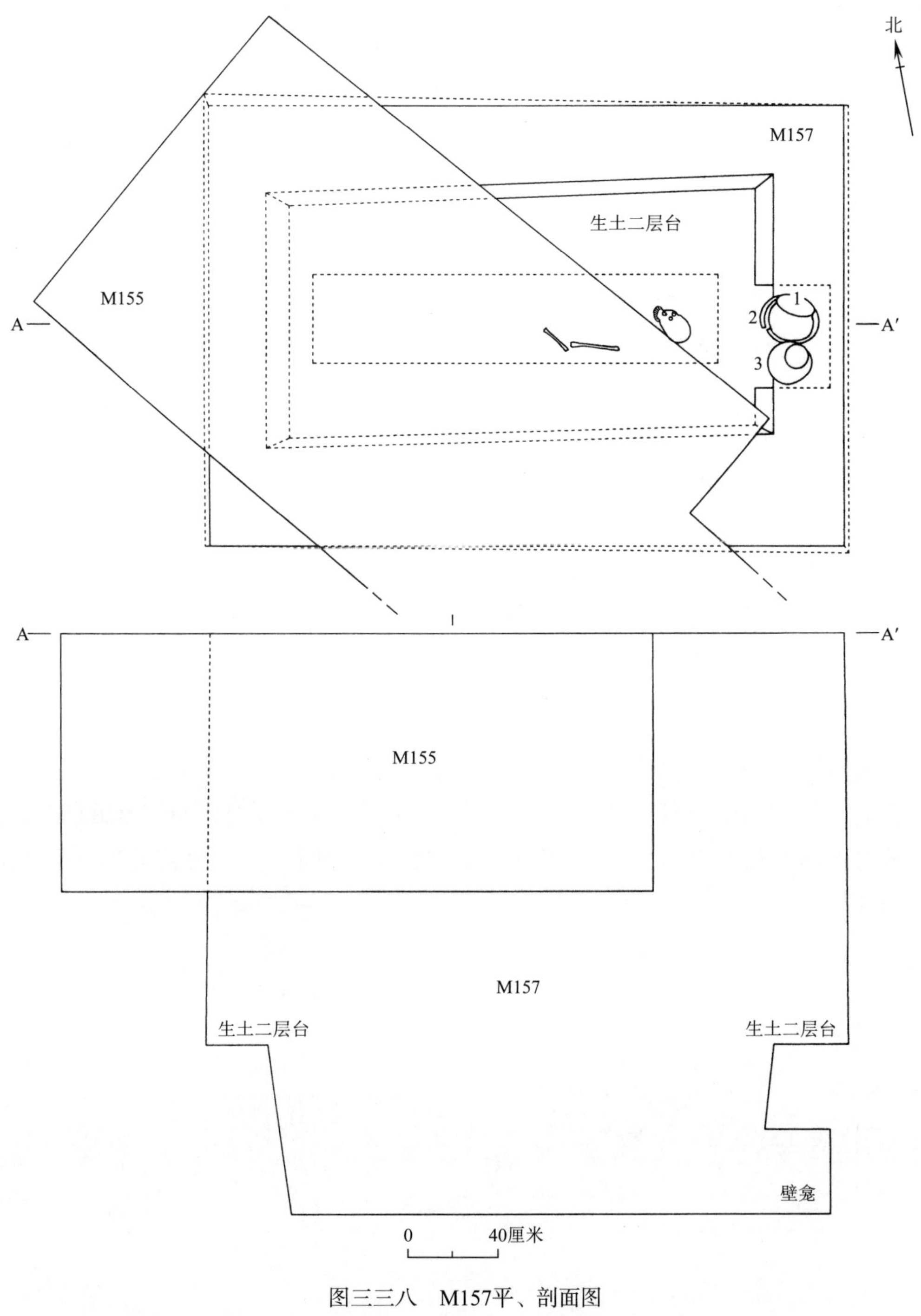

图三三八 M157平、剖面图
1.陶圜底釜 2.陶盂 3.陶无耳罐

2. 出土器物

随葬品3件，均为陶器，置于壁龛内，计陶无耳罐、陶圜底釜、陶盂各1件（图版九五，2）。

陶无耳罐 1件。标本M157：3，泥质灰陶。侈口，平折沿，沿面上有一周浅凹槽，尖唇，束颈，溜肩，鼓腹，下腹弧收，平底。肩部饰竖向细绳纹，大多被抹去，已漫漶不清，腹部饰竖向细绳纹间饰三周抹痕。高19.3厘米，口径10.6厘米，底径12.8厘米（图三三九，1）。

陶盂　1件。标本M157：2，泥质灰陶。敛口，折沿，尖唇，束颈，肩部微突，下腹弧收，平底。腹部饰竖向细绳纹。高12.1厘米，口径26.2厘米，底径12.6厘米（图三三九，2）。

陶圜底釜　1件。标本M157：1，泥质灰陶。敛口微侈，折沿，尖唇，束颈，肩部微突，下腹弧收，圜底。颈部饰竖向细绳纹，大多被抹去，已漫漶不清，肩部饰竖向细绳纹间饰一周抹痕，下腹及底部饰交错粗绳纹。高16.2厘米，口径17.2厘米（图三三九，3）。

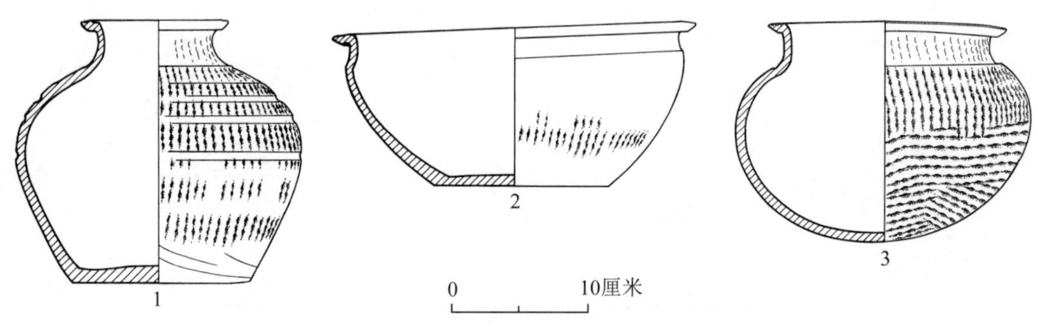

图三三九　M157出土陶器

1.陶无耳罐（M157：3）　2.陶盂（M157：2）　3.陶圜底釜（M157：1）

一五七、M158

M158位于三区东南部，开口于耕土层下，距地表0.3米，墓葬破坏严重，墓道东部被一东北—西南向的扰沟破坏，墓道打破M162，墓坑打破M160。方向135°。由墓道和墓室两部分组成（图三四〇）。

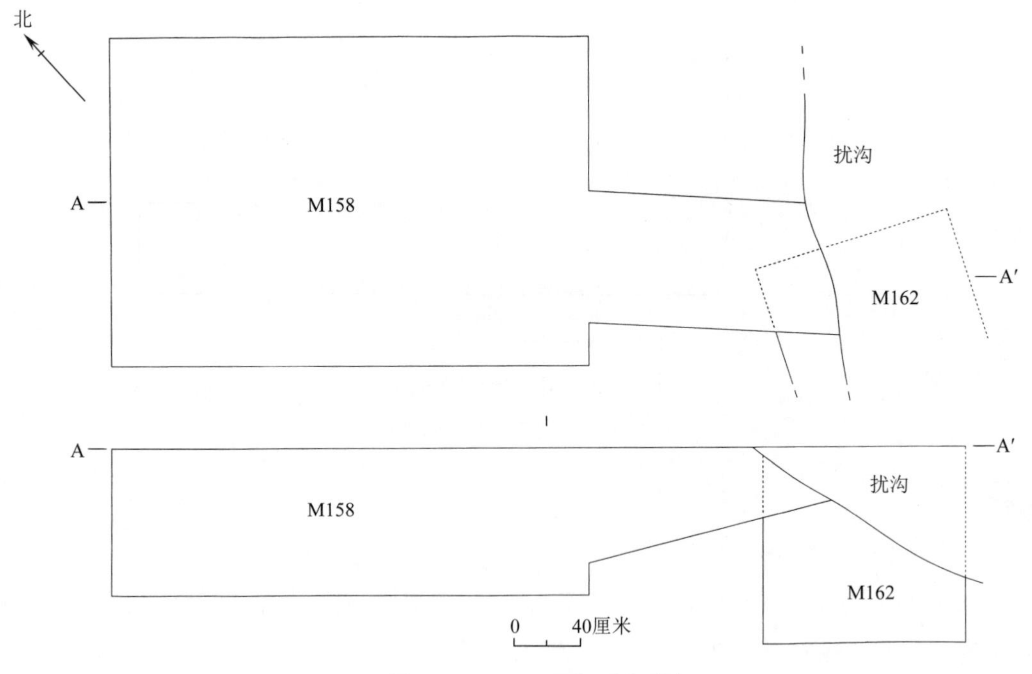

图三四〇　M158平、剖面图

墓道向东南，设于墓室前壁左侧，呈长方形斜坡状，口残长1.3～1.5米，宽0.8米；底坡残长1.36米，坡度15°；下端深0.7米。

墓坑平面呈长方形，口底同大，长2.9米，宽2米，深0.9米。砖砌墓室，砖已不详。

葬具、人骨架和随葬品无存。

一五八、M159

1. 墓葬概况

M159位于三区东南部，开口于耕土层下，距地表0.3米。墓坑中部有一直径约为0.9米的椭圆形盗洞，打破券顶进入墓室。墓室东南角打破M161，墓室西南角打破M160。方向135°。由墓道、甬道和墓室三部分组成。

墓道向东南，西北与甬道相连，呈长方形斜坡状，口残长2.4米，宽0.9米，深1.7米；底坡长2.44米，坡度9°～12°。墓道底坡分两段，自墓道前端向下坡长1.04米处垂直向下0.2米，然后再斜坡向下1.4米与甬道相接。

甬道居中设于墓室前部，为土洞穴式，顶平，壁直，底部平坦。甬道进深0.5米，宽0.9米，高0.88米。墓门设于甬道后端，宽0.8米，高1米。墓门两侧各立一块画像空心砖，其上平置一块画像空心砖组成门框。封门砖为条砖横向和纵向相间错缝叠砌，共12层；甬道内也塞满了条砖，3排，每排11层，砌法为纵向错缝叠起。

墓坑平面呈长方形，口底同大，长3.24米，宽2米，深1.98～2.06米。砖砌墓室，墙砖紧贴坑壁，平面呈长方形，长2.8米，宽1.6米，高1.76米。墙体砌于生土上，砌法条砖直行错缝叠砌，砌至16层后用楔形砖起券，为纵向齐缝，共7排，每排用30块条砖，部分券顶坍塌。在墙体内侧的铺地砖上，紧贴墙体立砌有画像实心砖，分上下两层，之间夹有厚度为0.05米的砖条，南、北两侧均有8块汉画砖，西部有4块汉画砖，东部残存两块汉画砖。由于墓室变形致使上层的部分汉画砖滑落在铺底砖之上。铺底砖为两层，下层为条砖直行齐缝平铺，上层为方砖直行齐缝平铺（图三四一；图版九六，1）。

墙砖和铺底砖均为青灰色条形，一种规格为长0.32米，宽0.16米，厚0.08米；另一种规格为长0.40米，宽0.16米，厚0.08米。券砖长0.4米，宽0.2米，厚0.06～0.08米。画像砖长0.7米，宽0.56米，厚0.08米，纹饰位于宽长的一面。画像空心砖均残，长1米，宽0.28米，厚0.18米，纹饰位于窄长的一面。画像实心砖多已残，画像内容相同，中上方为楼阁，楼阁内端坐一人，头戴冠；楼阁下方有一匹欲腾空的马；两侧由上而下布满树叶纹和柿蒂纹。画像实心砖宽65厘米，高60厘米（图三四二，1、2；图版九六，2）。

未发现葬具和人骨架。

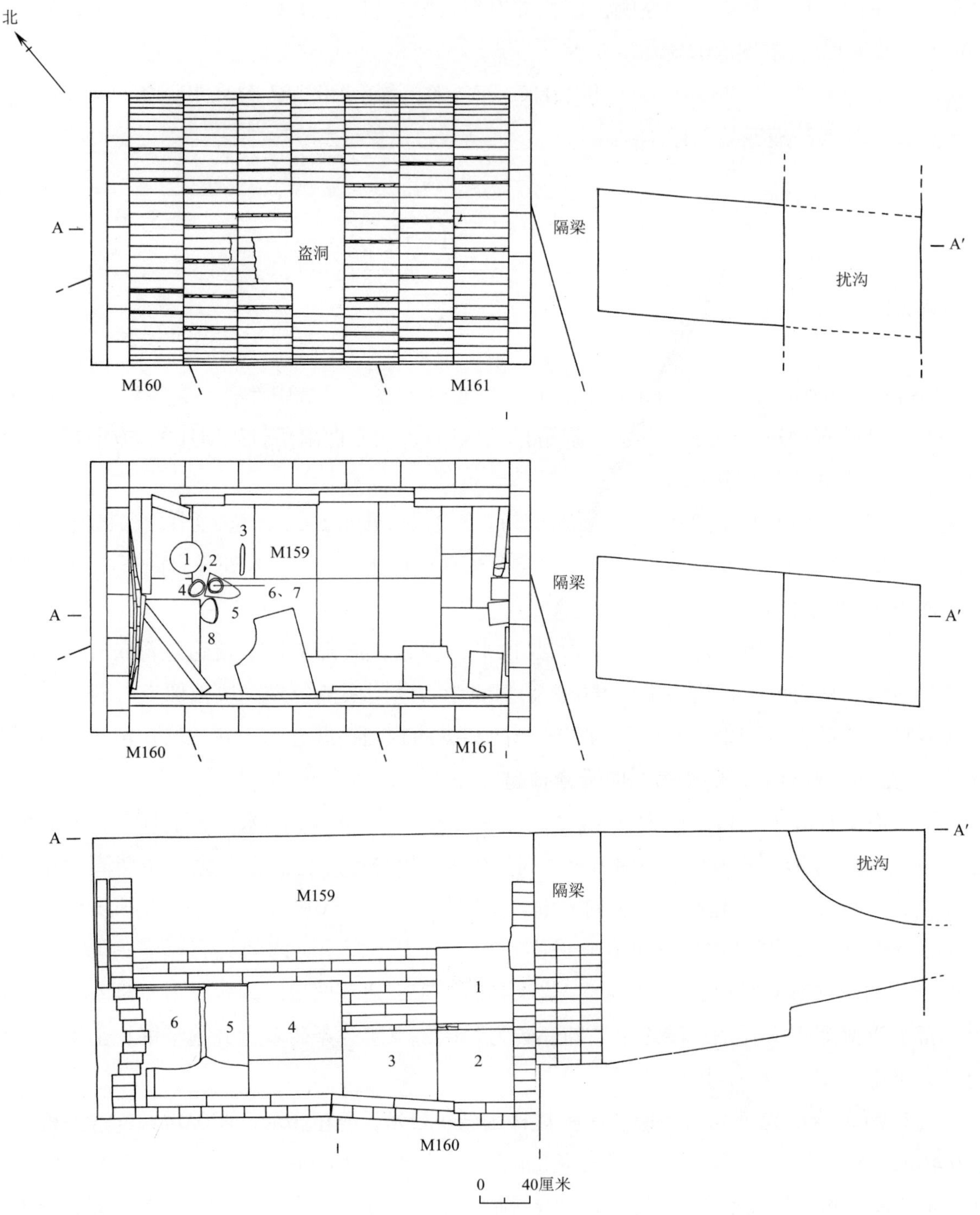

图三四一　M159平、剖面图

1、8.陶器盖　2.铜弩机　3.铁剑　4.陶碗　5.陶灶　6.陶甑　7.陶釜

图三四二　M159出土画像砖拓片
1. 1号画像砖　2. 2号画像砖

2. 出土器物

随葬品已被扰乱，残存8件，位于墓室西部的铺底砖上，计有陶器盖2件，铜弩机（位于陶器盖下）、铁剑、陶盆、陶灶、陶甑、陶釜各1件。其中陶灶和铁剑破碎严重，无法复原。

陶器盖　2件。可分为博山形器盖和覆盘形器盖两种。

博山形器盖　1件。标本M159：1，泥质灰陶。盖呈锥状，顶尖，盖面模印有半圆形山丘，山丘上有树木、动物及人物图案。动物有行走的象、奔跑的鹿等，人有行走和奔跑者，博山盖口边有一周菱形纹。高9.2厘米，口径16.4厘米（图三四三，1）。

覆盘形器盖　1件。标本M159：8，泥质灰陶。盖呈弧盘状，盖隆起，顶圜。腹壁饰两组凹弦纹，每组两周。高4.3厘米，口径21厘米（图三四三，3）。

陶盆　1件。标本M159：4，泥质灰陶。敞口，圆唇，弧腹缓收，平底。下腹至底部有刀削痕。素面。高5.3厘米，口径13.1厘米，底径5.2厘米（图三四三，4）。

陶甑　1件。标本M159：6，泥质灰陶。敞口，尖唇，折沿，弧腹缓收，平底，底部有十个圆形箅孔。下腹至底部有刀削痕。素面。高5.6厘米，口径12.5厘米，底径5.4厘米（图三四三，6）。

陶釜　1件。标本M159：7，泥质灰陶。敛口，尖唇，折腹，腹壁斜直，平底。下腹至底部有刀削痕。素面。高6.2厘米，口径7.2厘米，底径5.2厘米（图三四三，2）。

铜弩机　1件。标本M159：2，由牙、郭、键、悬刀等部分组成。牙呈三角形，分左右两片；郭呈倒梯形，郭身有二键通穿，固定了牙、悬刀的位置，郭面上刻出箭槽，中容箭括；键一端有帽，另一端有一圆形穿孔。郭长4.7厘米，望山高1.4厘米，前端宽0.9厘米，后端宽1.3厘米（图三四三，5）。

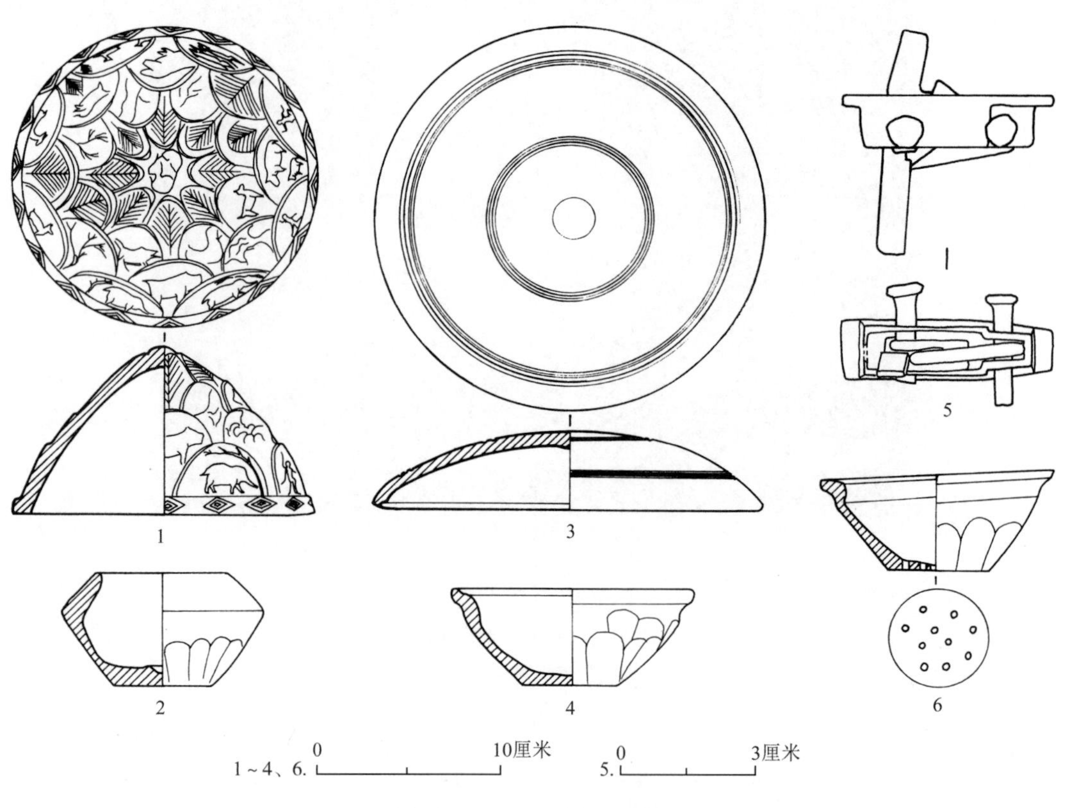

图三四三　M159出土遗物

1、3.陶器盖（M159：1、M159：8）　2.陶釜（M159：7）　4.陶盆（M159：4）
5.铜弩机（M159：2）　6.陶甑（M159：6）

一五九、M160

1. 墓葬概况

M160位于三区东南部，开口于耕土层下，距地表0.3米，墓坑西南角M158墓室打破，东北角被M159墓室打破。方向15°。口大底小，墓口长残长1.76米，残宽1.08米；墓底长2.04米，宽0.96米；墓深1.5米。坑南、北两壁垂直至底，东、西两壁自墓口垂直向下1.14米深处有生土二层台，台面平整，台面宽0.2～0.24米，高0.36米，壁面平滑，经人工修整，墓底平坦（图三四四；图版六七，1）。

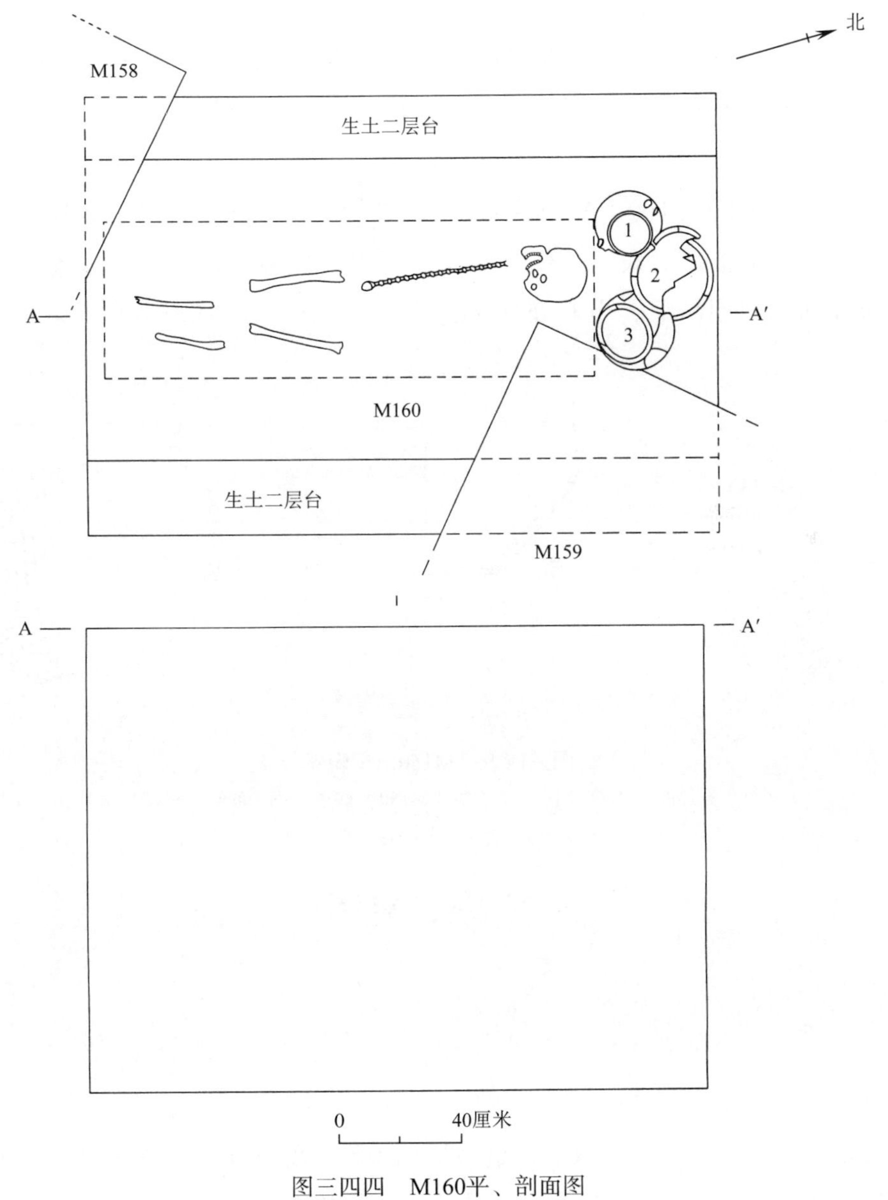

图三四四　M160平、剖面图

1.陶双牛鼻耳罐　2.陶盂　3.陶圜底釜

填褐色五花土，土质较软。

葬具已腐朽，仅存痕迹，可以看出为单棺，棺痕长1.58米，宽0.5米。

人骨架1具，已腐朽，头向北，面向上，仰身直肢。

2. 出土器物

随葬品3件，均为陶器，陶圜底釜、盂、双牛鼻耳罐置于墓主人头端（图版九七，2）。

陶双牛鼻耳罐　1件。标本M160：1，泥质灰陶。侈口，尖唇，束颈，溜肩，肩部有两个对称的牛鼻形耳，鼓腹，下腹弧收，凹圜底。颈部饰竖向细绳纹，大多被抹去，已漫漶不清，肩部及中腹饰竖向细绳纹间饰三周抹痕，下腹及底部饰交错细绳纹。高20厘米，口径13.8厘米，底径8厘米（图三四五，1）。

陶盂　1件。标本M160：2，泥质灰陶。直口微侈，尖唇，平折沿，颈壁近直，肩部微突，弧腹缓收，平底。颈肩部饰四周凹弦纹。高11.7厘米，口径25～25.4厘米，底径10.8厘米（图三四五，2）。

陶圜底釜　1件。标本M160：3，夹砂灰陶。口近直，方唇，折沿，颈壁凹弧，圆鼓腹，下腹弧收，最大径在中腹，圜底。颈部饰竖向细绳纹，大多被抹去，已漫漶不清，肩部及中腹饰竖向细绳纹间饰两周抹痕，下腹及底部饰交错粗绳纹。高19.9厘米，口径19.4厘米（图三四五，3）。

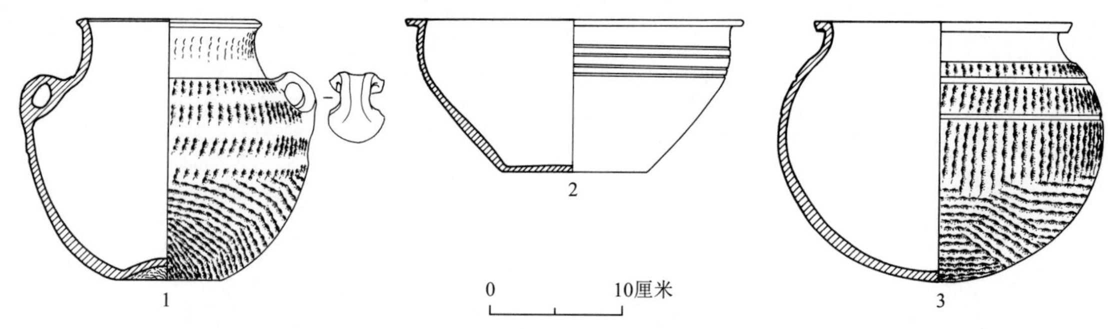

图三四五　M160出土陶器

1.陶双牛鼻耳罐（M160：1）　2.陶盂（M160：2）　3.陶圜底釜（M160：3）

一六〇、M161

1. 墓葬概况

M161位于三区东南部，开口于耕土层下，距地表0.3米，墓坑北部M159墓室打破。方向17°。口大底小，墓口长2.2米，宽1.4米；墓底长1.84米，宽0.9米；墓深3.16米。坑四壁规整，向下外张，自墓口向下2.70米深处有生土二层台，台面平整，台面宽0.16～0.28米，高0.46米，壁面规整，墓底平坦（图三四六；图版九八，1）。

填褐色五花土，土质较软。

葬具已腐朽，仅存痕迹，可以看出为一椁一棺，椁痕长1.82米，宽0.9米；棺置于椁内西侧，棺痕长1.7米，宽0.45米。

人骨架1具，已腐朽，头向北，面向上，仰身直肢。

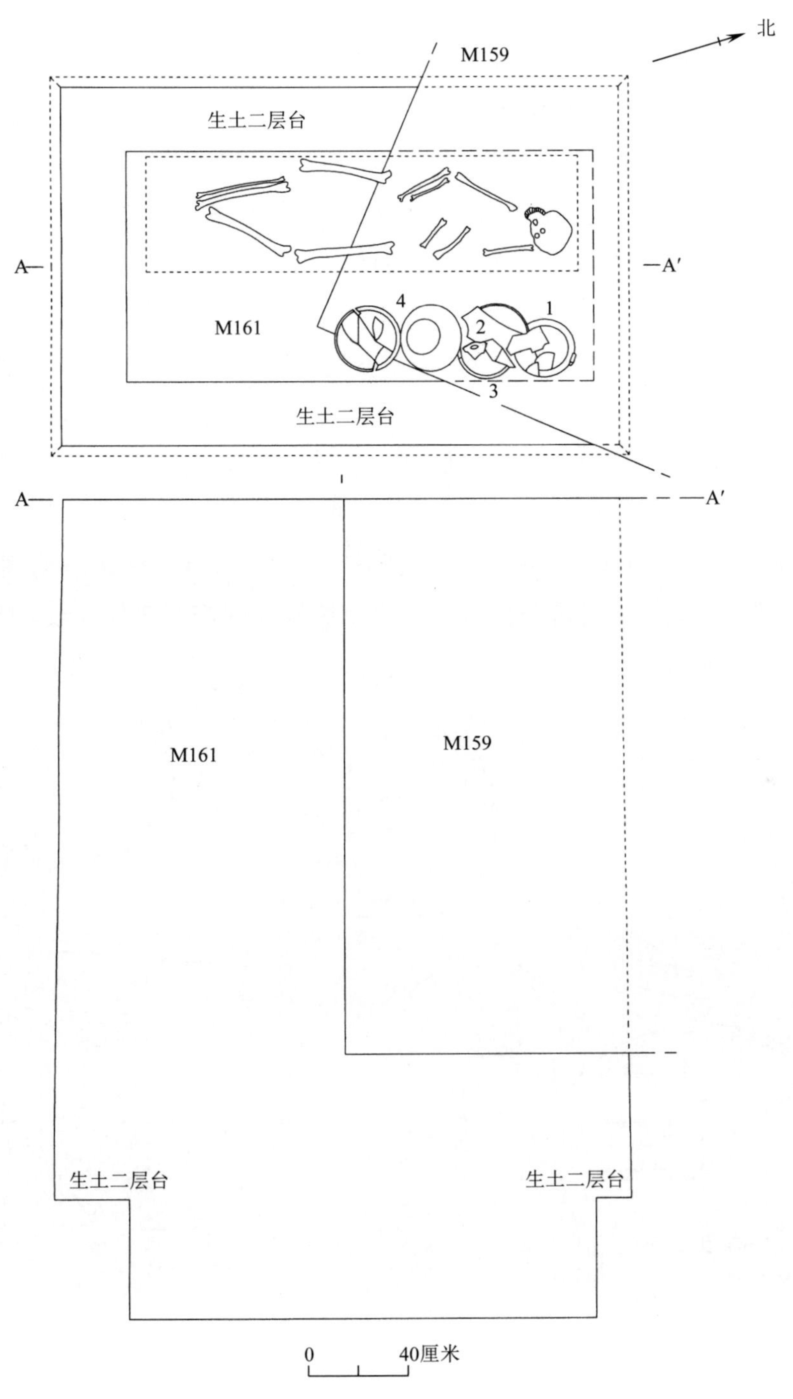

图三四六　M161平、剖面图

1.陶鼎　2.陶双牛鼻耳罐　3.陶圜底釜　4.陶盒

2. 出土器物

随葬品4件，均为陶器，置于椁内东侧北部，由北向南依次为鼎、双牛鼻耳罐、圜底釜、盒（图版九八，2）。

陶鼎　1件。标本M161：1，泥质灰陶。子口，上呈覆盘形盖，盖隆起，顶部圜，盖顶有三个纽，均已残，仅存根部，盖顶中部有一方形扁纽，纽中部有一圆穿。器为子口，弧腹缓收，腹部两侧有两个对称的方形附耳，方耳孔对穿，圜底，下附三蹄足，足上有刀削痕，横断面呈多边形。盖腹及器腹分别饰五周、两周凹弦纹。通高20厘米，口径17厘米（图三四七，1）。

陶盒　1件。标本M161：4，泥质灰陶。上呈覆碗状盖，盖隆起，平底，上附浅圆环状捉手，盖、器扣合成扁圆形，器深约为盖深的两倍。器为子口，弧腹内收，平底，浅环状圈足。盖及器腹部均饰四周较浅的凹弦纹。通高15.3厘米，口径14.8厘米，圈足径8.6厘米（图三四七，2）。

陶双牛鼻耳罐　1件。标本M161：2，泥质灰陶。侈口，尖唇，束颈，溜肩，肩部有两个对称的牛鼻形耳，鼓腹，下腹弧收，凹圜底。颈部饰竖向细绳纹，大多被抹去，已漫漶不清，肩部饰竖向细绳纹间饰三周抹痕，下腹及底部饰交错细绳纹。高20厘米，口径14.4厘米，底径7厘米（图三四七，4）。

陶圜底釜　1件。标本M161：3，夹砂灰陶。敛口，尖唇，短颈，溜肩，鼓腹，下腹弧收，最大径在肩部，圜底。肩部饰竖向细绳纹，下腹及底部饰交错粗绳纹。高10.6厘米，口径17.2～18.4厘米（图三四七，3）。

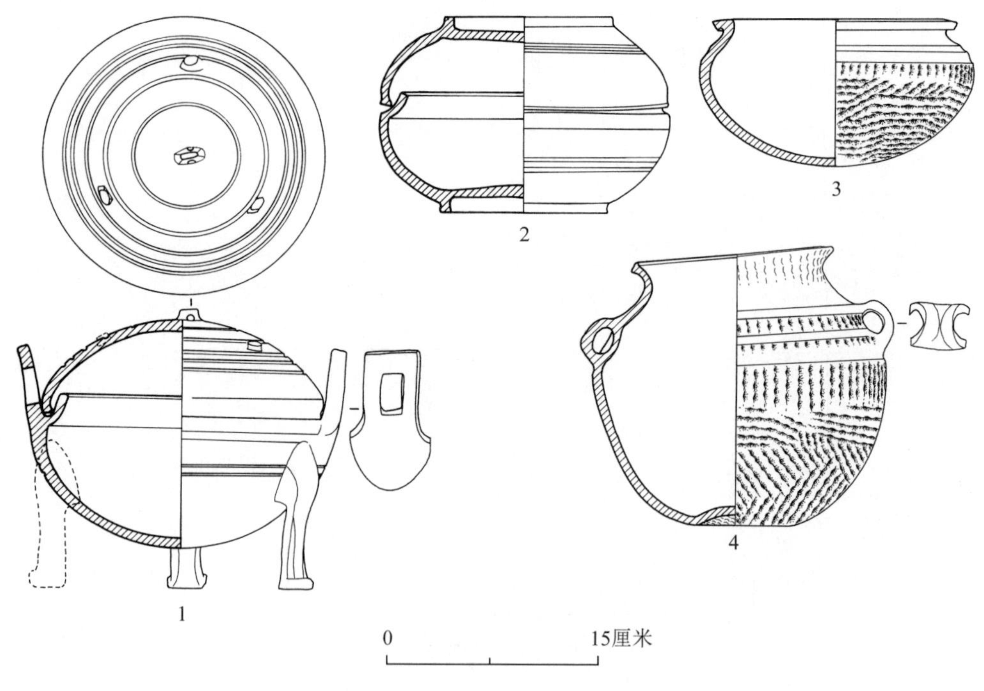

图三四七　M161出土陶器

1.陶鼎（M161：1）　2.陶盒（M161：4）　3.陶圜底釜（M161：3）　4.陶双牛鼻耳罐（M161：2）

一六一、M162

1. 墓葬概况

M162位于三区东南部，开口于扰土层下，距地表0.3米，扰土层厚0.8米，西北角被M158墓道打破。方向204°。口大底小，墓口长2米，宽1.2米；墓底长2米，宽0.8米；墓残深1.2～1.52米。坑南、北两壁垂直至底，东、西两壁自墓口垂直向下0.7～1.02米深处有生土二层台，台面平整，台面宽0.2米，高0.5米，壁面平滑，经人工修整，墓底平坦（图三四八；图版九九，1）。

填褐色五花土，土质较软。

葬具已腐朽，仅存痕迹，可以看出为单棺，棺痕长1.54米，宽0.44米。

人骨架1具，已腐朽，头向南，双臂交叉置于腹部，仰身直肢。

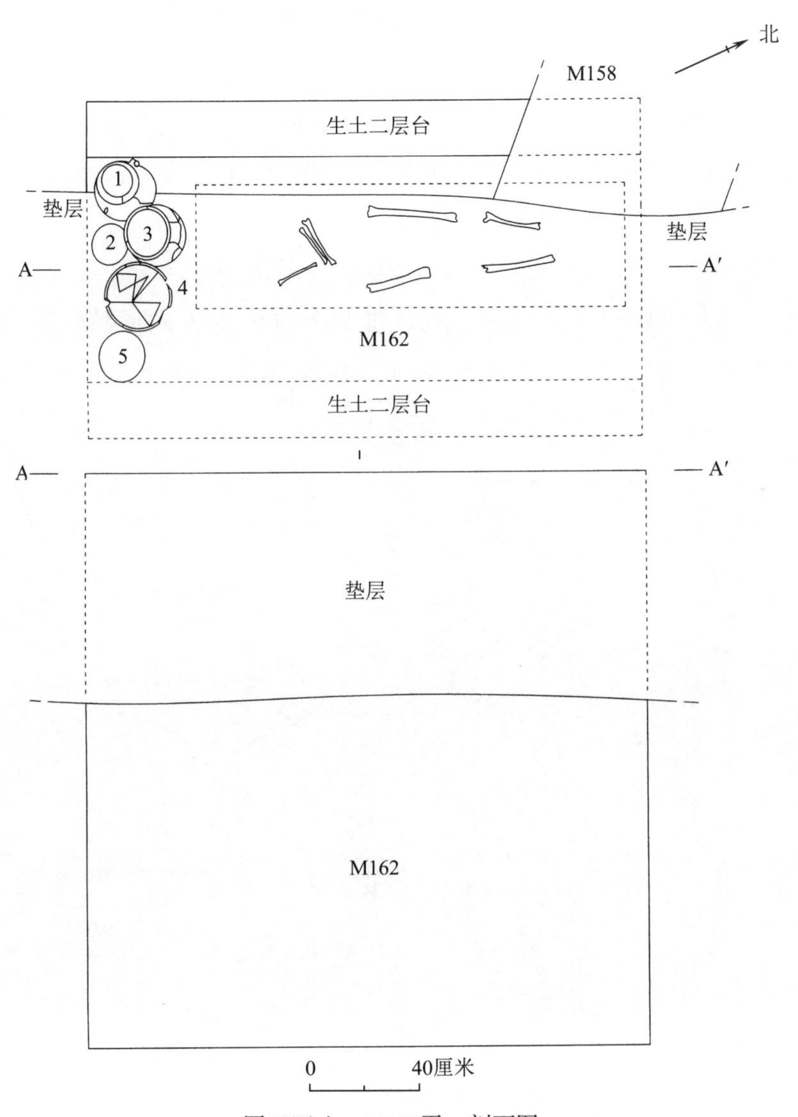

图三四八　M162平、剖面图

1.陶双牛鼻耳罐　2、5.陶豆　3.陶圜底釜　4.陶盂

2. 出土器物

随葬品5件，均为陶器，置于墓主人头端，计有陶双牛鼻耳罐、陶盂、陶圜底釜各1件，陶豆2件（图版九九，2）。

陶豆　2件。标本M162∶2，泥质灰陶。近直口，圆唇，腹壁向下弧收，盘较深，内底近平，柄较短，中空至盘下部，喇叭状圈足。素面。高10.8厘米，口径14.7厘米，盘深3.2厘米，圈足径8.1厘米（图三四九，3）。标本M162∶5，泥质灰陶。敞口，方唇，腹壁向下弧收，盘较深，内底近平，柄较短，喇叭状圈足。素面。高9厘米，口径16.8～17.3厘米，盘深3.2厘米，圈足径5.9厘米（图三四九，4）。

陶双牛鼻耳罐　1件。标本M162∶1，泥质灰陶。侈口，方唇，束颈，溜肩，肩部有两个对称的牛鼻形耳，鼓腹，下腹弧收，凹圜底。颈部饰竖向细绳纹，大多被抹去，已漫漶不清，肩部及中腹饰竖向细绳纹间饰两周抹痕，下腹及底部饰交错细绳纹。高19.8厘米，口径15.9厘米，底径7厘米（图三四九，1）。

陶盂　1件。标本M162∶4，泥质黑衣灰陶。侈口，尖唇，折沿，颈壁斜直，肩部微突，弧腹缓收，平底。颈部饰竖向细绳纹，大多被抹去，已漫漶不清，腹部饰竖向细绳纹。高11.7厘米，口径25.4厘米，底径10.4厘米（图三四九，5）。

陶圜底釜　1件。标本M162∶3，夹砂灰陶。直口微侈，方唇，折沿，束颈，溜肩，圆鼓腹，下腹弧收，最大径在中腹，圜底。颈部饰竖向细绳纹，大多被抹去，已漫漶不清，肩部饰竖向细绳纹间饰一周抹痕，下腹及底部饰交错粗绳纹。高15.8厘米，口径17.8厘米（图三四九，2）。

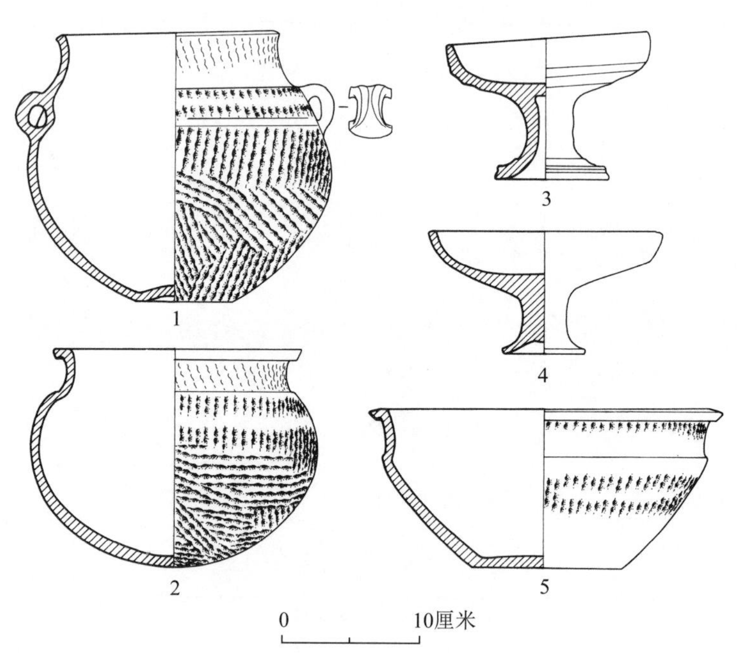

图三四九　M162出土陶器

1.陶双牛鼻耳罐（M162∶1）　2.陶圜底釜（M162∶3）　3、4.陶豆（M162∶2、M162∶5）　5.陶盂（M162∶4）

一六二、M163

1. 墓葬概况

M163位于三区东南部，开口于耕土层下，距地表0.25米，M163南部打破M164东部。方向315°。口大底小，墓口长2.6米，宽1.8米；墓底长2.6，宽1.64米；墓深2.14米。坑东、西壁垂直至底，南、北壁向下内收，壁面光滑，经人工修整，墓底平坦（图三五〇）。

填褐色五花土，土质较软。

葬具已腐朽，仅存痕迹，可以看出为双棺，置于墓底中部偏东北，东北部棺痕长2.3米，宽0.6米；西南部棺痕长2.08米，宽0.46米。

人骨架2具，已腐朽，东北部棺痕内人架头向西北，仰身直肢。西南部棺痕内人架头向和葬式均不详。

2. 出土器物

随葬品5件，铜钱17枚（按1件计），位于东北部棺痕内中部靠东北；陶器4件，计有陶瓮、陶圜底釜各1件，陶仓2件，位于双棺外西南侧。

陶瓮　1件。标本M163：2，泥质灰陶。近直口，圆唇，短直领，领中部内束，溜肩，圆鼓腹，最大径在中腹偏上处，下腹弧收，平底微内凹。肩部有三周凹弦纹。高31.7厘米，口径21.4厘米，底径20.5厘米（图三五一，2）。

陶圜底釜　1件。标本M163：3，泥质灰陶。敛口，卷沿，圆唇，束颈，肩部微突，下腹弧收，圜底。腹部饰斜向细绳纹，底部饰交错细绳纹。高12.4厘米，口径21.6厘米（图三五一，1）。

陶仓　2件。形制相同，其中1件上部已残。标本M163：4，泥质灰陶。敛口，圆唇，斜折肩，腹壁斜直内收，腹壁近底处有两个长方形气孔，孔通穿，平底。下腹至底部有刀削痕。器壁上饰竖向细绳纹，大多已漫漶不清。高22.2厘米，口径7.9厘米，底径12.7厘米（图三五一，3）。标本M163：5，泥质灰陶。口已残，壁近直，腹壁近底处有两个长方形气孔，孔通穿，平底。下腹至底部有刀削痕。素面。残高19.4厘米，底径12.4厘米（图三五一，4）。

铜钱　17枚。可分为铜五铢钱和大泉五十两种。

铜五铢钱　15枚。标本M163：1-1，钱的正面边缘有一周凸起的周郭，正方形穿，穿之左右有篆书“五铢”两字，大部分钱上的“铢”字不太清楚；钱的背面边缘有周郭，而且穿四边也有郭。“五”字中间两笔是直的或近乎直的，整个字形如两个对顶三角形；“铢”字的“金”字头近似三角形，“铢”字的“朱”字头圆折。有的为剪轮五铢。郭径2.4厘米，钱径2.3厘米，穿边长1厘米（图三五二，1）。

大泉五十　2枚。标本M163：1-16，钱的正面边缘有一周凸起的周郭，正方形穿外也有郭，穿之上下左右有篆书“大泉五十”四字；钱的背面边缘有周郭，而且穿四边也有郭。“五”字中间两笔是屈曲的，“五”字如两个相对的炮弹形。郭径2.5厘米，钱径2.35厘米，穿边长0.95厘米（图三五二，2）。

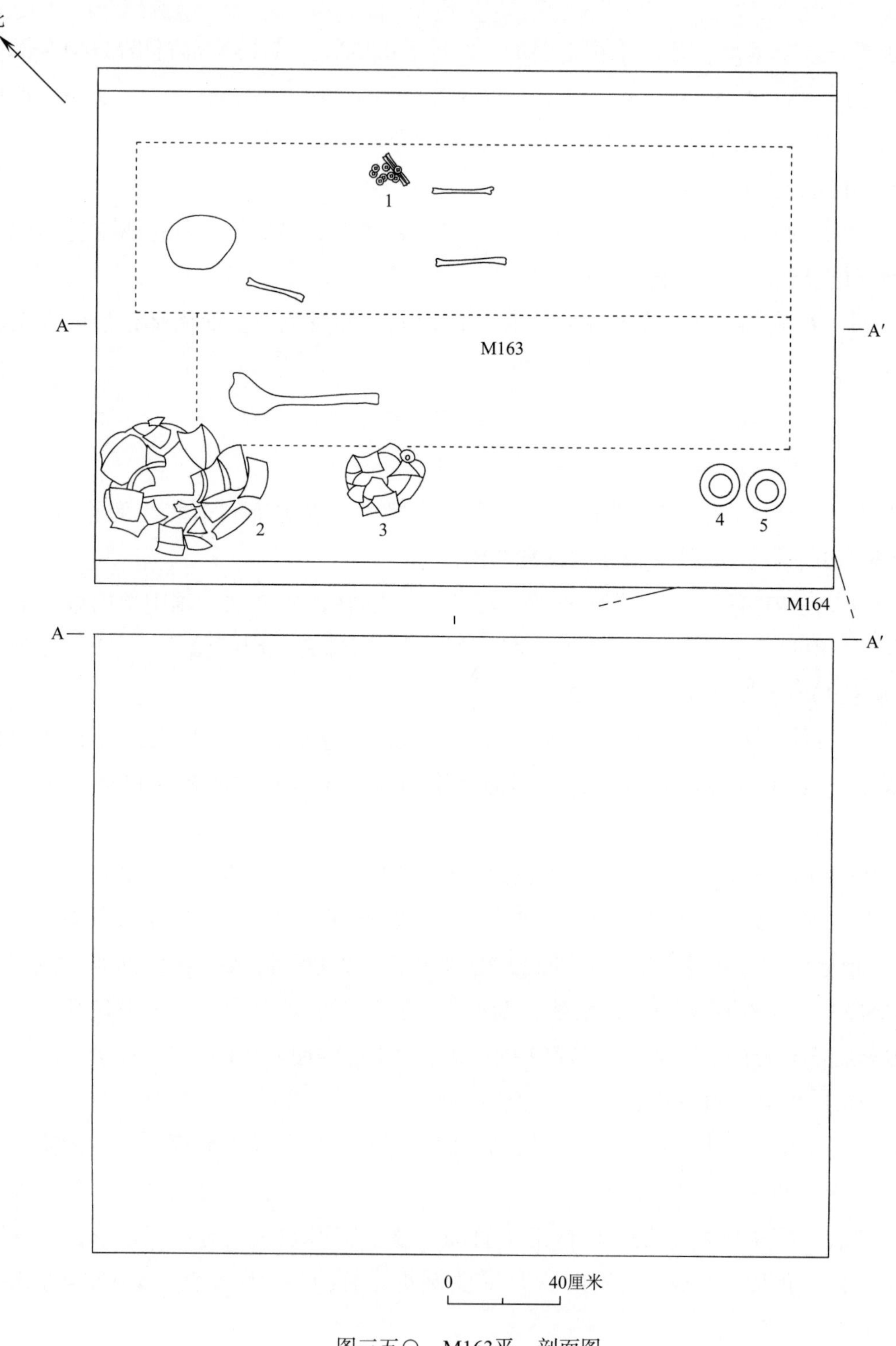

图三五〇　M163平、剖面图

1.铜钱　2.陶瓮　3.陶圜底釜　4、5.陶仓

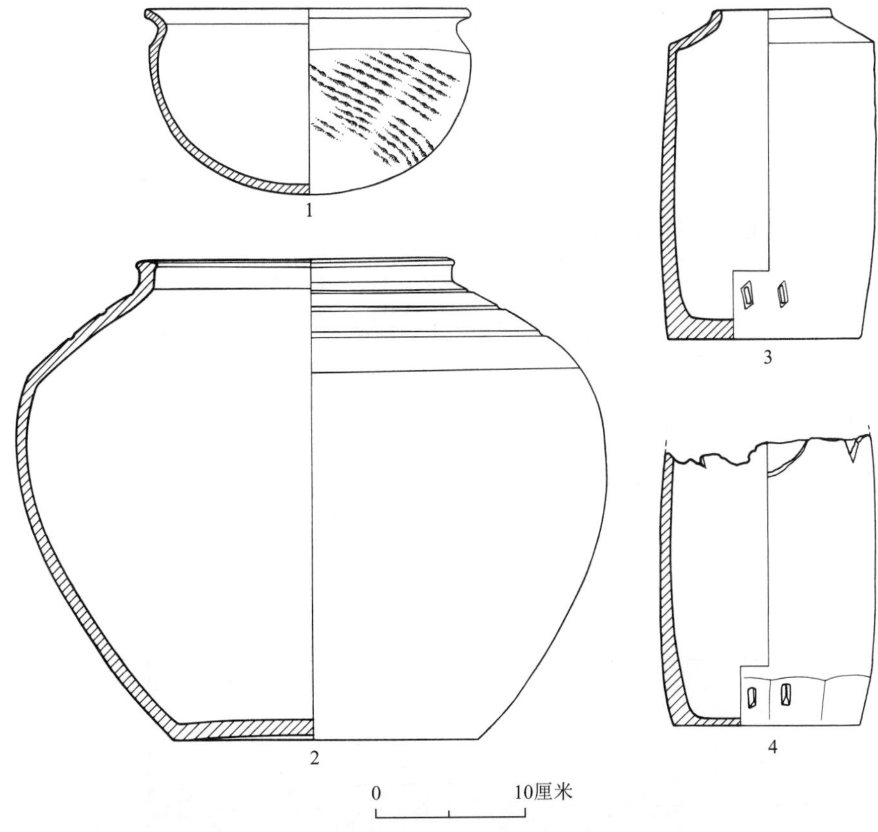

图三五一 M163出土陶器

1.陶圜底釜（M163：3） 2.陶瓮（M163：2） 3、4.陶仓（M163：4、M163：5）

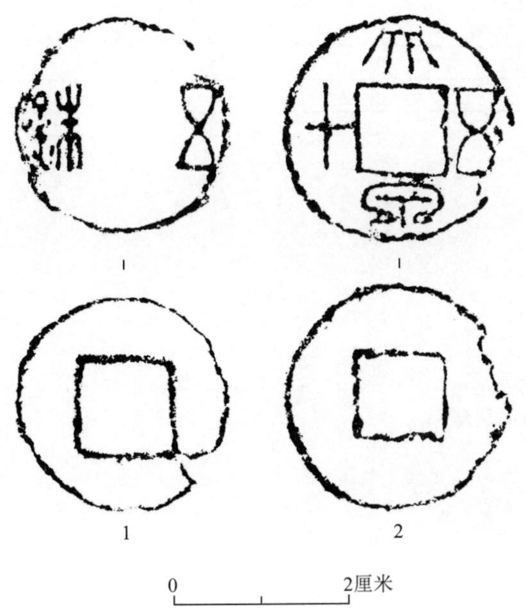

图三五二 M163出土铜钱

1.五铢钱（M163：1-1） 2.大泉五十（M163：1-16）

一六三、M164

1. 墓葬概况

M164位于三区东南部，开口于耕土层下，距地表0.25米，东北角被M163打破。方向120°。口大底小，墓口长2.1米，宽1.4米；墓底长2米，宽0.56～0.64米；墓深1.5米。坑东壁垂直至底，西壁垂直，南、北两壁向下内收，自墓口向下1.1米深处南、西、北三壁有生土二层台，台面宽0.1～0.3米，高0.4米，壁面平滑，经人工修整，墓底平坦（图三五三；图版一〇〇，1）。

填灰褐色五花土，土质较硬。

葬具已腐朽，仅存痕迹，可以看出为单棺，棺痕长1.7米，宽0.46米。

人骨架已朽尽。

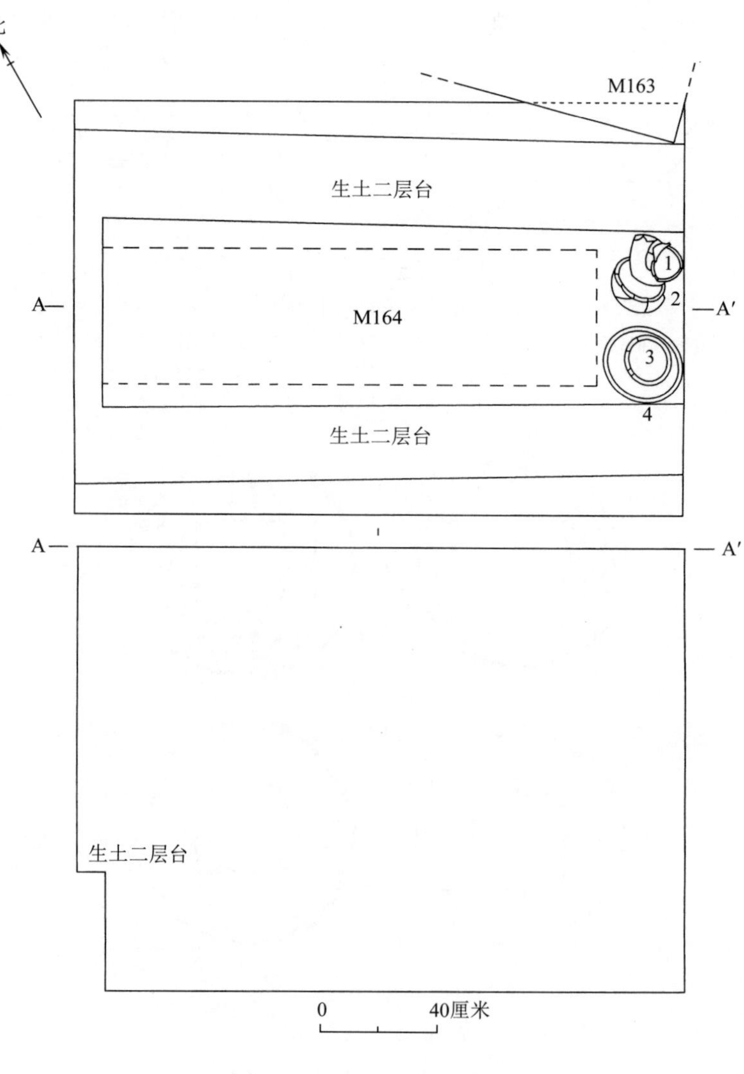

图三五三　M164平、剖面图

1.陶双牛鼻耳罐　2、4.陶盂　3.陶圜底釜

2. 出土器物

随葬品4件，均为陶器，置于墓底东端，计有盂2件，双牛鼻耳罐、圜底釜各1件，其中陶釜置于一陶盂内（图版一〇〇，2）。

陶双牛鼻耳罐　1件。标本M164：1，已残碎，无法复原。泥质红陶。敞口，束颈，溜肩，肩部有两个对称的牛鼻形耳，鼓腹，下腹弧收，凹圜底。腹部饰斜向绳纹间以几周抹痕。

陶盂　2件。标本M164：2，泥质灰陶。敛口，斜折沿，尖圆唇，肩部微突，下腹弧收，凹圜底。腹部及底部饰交错细绳纹。高9.2厘米，口径20.2厘米，底径7.6厘米（图三五四，2）。标本M164：4，泥质灰陶。近直口，折沿，沿面上有两周浅凹槽，尖圆唇，颈壁斜直，肩部微突，弧腹缓收，凹圜底。颈部饰竖向细绳纹，大多被抹去，已漫漶不清，腹部及底部饰交错细绳纹。高13.9厘米，口径27厘米，底径8.4厘米（图三五四，1）。

陶圜底釜　1件。标本M164：3，泥质灰陶。敛口，折沿，尖圆唇，颈壁斜直，溜肩，鼓腹，下腹弧收，圜底。肩部饰竖向细绳纹间饰两周抹痕，下腹及底部饰交错粗绳纹。高15厘米，口径16.6厘米（图三五四，3）。

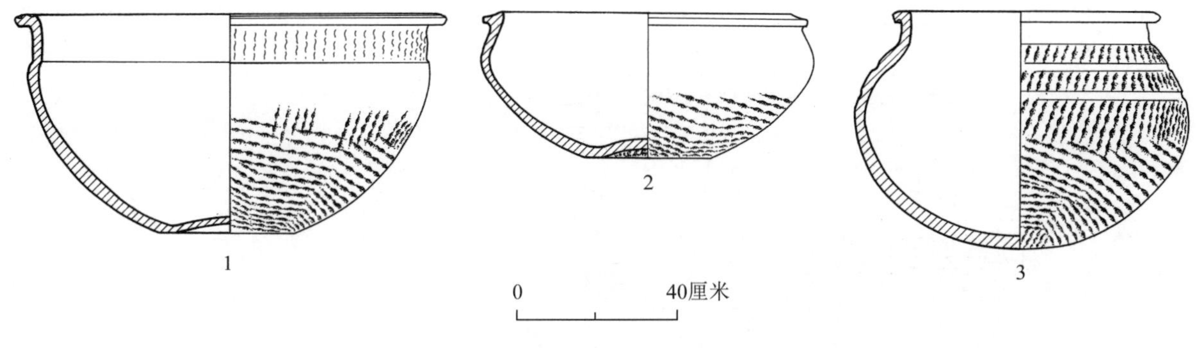

图三五四　M164出土陶器
1、2.陶盂（M164：4、M164：2）　3.陶圜底釜（M164：3）

一六四、M165

M165位于三区东南部，开口于耕土层下，距地表0.3米，墓葬破坏严重，墓室打破M166，后部被一半圆形盗洞打破，盗洞直径1.16米。方向138°。由墓道、甬道和墓室三部分组成。

墓道向东南，西北与甬道相连，平面呈长方形斜坡状，前端为小路未发掘，发掘部分长1.8米，前端宽0.8米，后端宽0.7米；下端深1.4米。发掘部分为平底，根据在路面钻探和断崖剖面情况分析前端为斜坡。

甬道设于墓室前壁，偏左，东南与墓道相连，为土洞穴式，呈拱形，顶部及底部由前向后渐低，前高后低，壁直。甬道进深0.5米，宽0.7米，高0.9～0.76米。

墓坑平面呈长方形，口底同大，长2.8米，宽1.8米，深1.68米。砖砌墓室，砖墙紧贴墓壁，平面呈长方形，长2.52米，宽1.52米，高1.28米。墙体砌于铺底砖上，墙体宽0.14米，砌法为条砖直行错缝叠砌，砌至11层后用楔形砖起券。券顶保存较好，为纵向齐缝。墓门设于墓室前壁，用10层青砖封门，为错缝间齐缝叠砌。紧靠该封门砖的甬道内，立砖斜靠3层。铺底砖为纵向齐缝平铺（图三五五）。

墙砖和铺底砖均为青灰色条形，长0.34米，宽0.14米，厚0.08米；楔形砖长0.34米，宽0.14米，厚0.06～0.08米，单长侧面饰“五”字形花纹、网纹和同心圆纹。网纹用在墙砖下面8层，上面为同心圆纹，楔形砖多为“五”字形花纹，有少量同心圆纹砖。铺底砖长0.36米，宽0.22米，厚 0.08米，通体素面。

未发现葬具、人骨架和随葬品。在填土中发现有部分陶片。

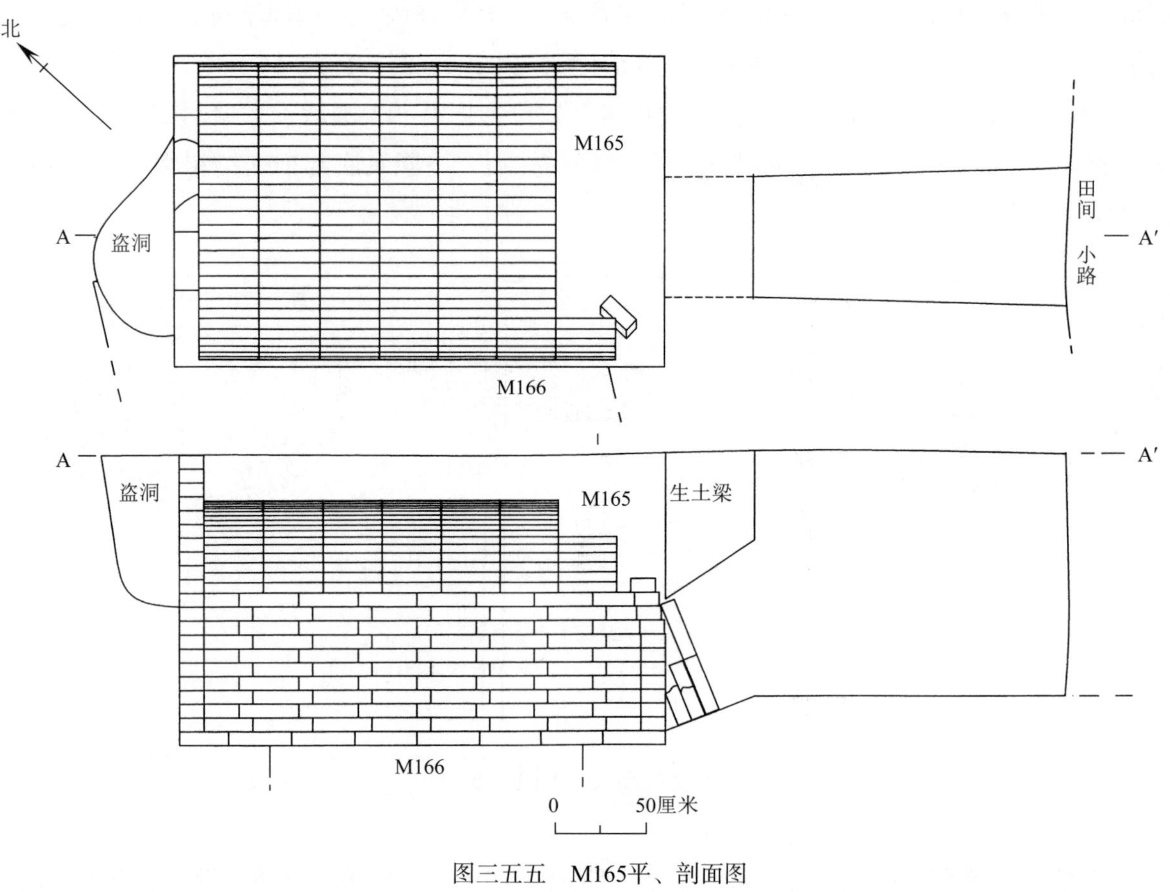

图三五五　M165平、剖面图

一六五、M166

1. 墓葬概况

M166位于三区东南部，开口于耕土层下，距地表0.25米，东北部被M165打破。方向125°。口大底小，墓口长2.76米，东端宽2米，西端宽1.88米；墓底长2米，宽1米；墓深3.5米。坑四壁规整，向下微外张，距墓口深2.75米有生土二层台，台面平整，台壁斜直，西台面宽

0.54米，东台面宽0.36米，南、北台面宽0.5～0.54米，高0.75米，壁面平滑，经人工修整，墓底平坦（图三五六；图版一〇一，1）。

填红褐色五花土，土质较硬。

葬具已腐朽，仅存痕迹，可以看出为一椁一棺，椁痕长2米，宽1米；棺置于椁内北侧，棺痕长1.86米，宽0.54米。

人骨架1具，已腐朽，头向东南，面向上，双臂交叉置于腹部，仰身直肢。

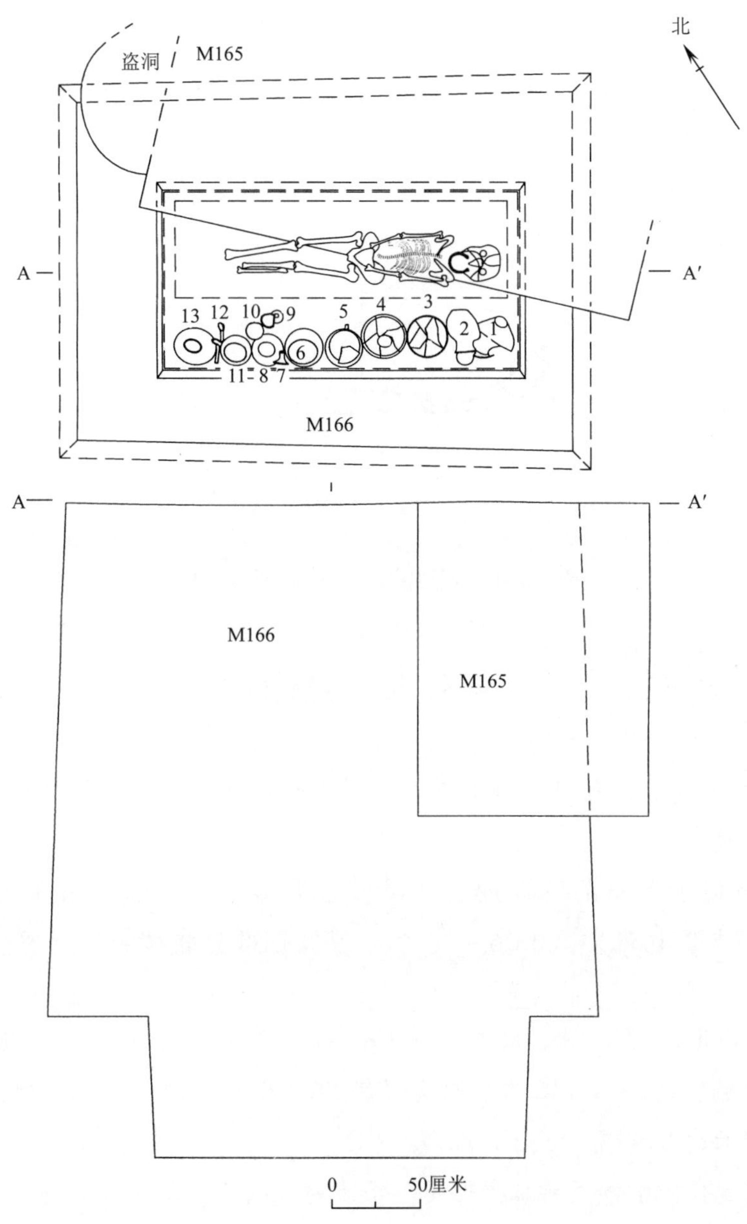

图三五六　M166平、剖面图

1、2.陶壶　3.陶盘　4.陶盂　5、6.陶鼎　7、9、10.陶豆　8.陶盒　11.陶盆　12.陶勺　13.陶罐

2. 出土器物

随葬品13件，均为陶器，置于椁内棺外南侧，计有豆3件，鼎、壶各2件，盘、盂、盒、盆、勺、罐各1件。陶器皆为泥质黑衣红陶，火候底，陶质差，多已破碎，无法复原，仅可复原1件陶盂。

陶盂　1件。标本M166：4，泥质灰陶。敞口近直，折沿，方唇，束颈，圆肩，最大径近肩部，弧腹缓收，平底。素面。高10.8厘米，口径24厘米，底径9.9厘米（图三五七）。

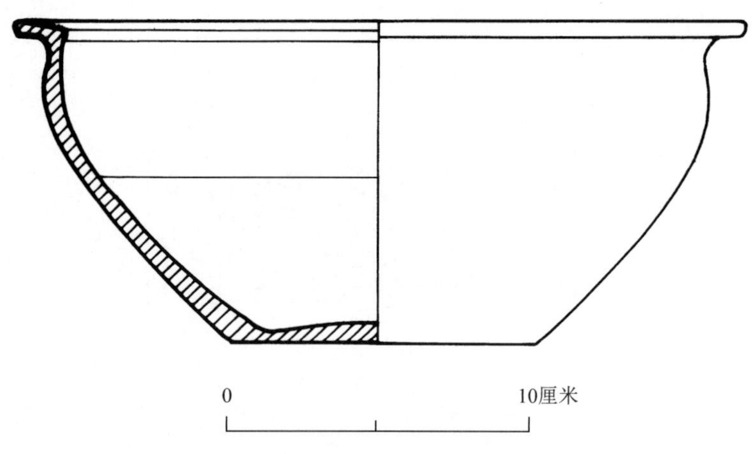

图三五七　M166出土陶盂（M166：4）

一六六、M167

M167位于三区东南部，开口于耕土层下，距地表0.3米，墓葬破坏严重，方向118°。由墓道和墓室两部分组成。

墓道向东南，设于墓室前壁，偏右，呈长方形斜坡状，因向东南为田间小路而未发掘，已发掘部分口长2.46米，宽0.66～0.7米；已发掘部分底坡长2.48米，坡度7°；下端深0.76米。

墓坑平面呈长方形，口长3米，宽1.2～1.3米；底长3米，宽1.3米；深0.76～0.8米。砖砌墓室，砖已不详。紧贴坑左、右、壁的下部残留有宽0.2米、深0.1米的墙基槽，后壁的下部残留有宽0.2米、深0.04米的墙基槽（图三五八）。

坑内填土中发现有大量残条砖和楔形砖。条砖为青灰色，单侧长面饰“五”字形花纹。另外还有陶灶等陶器残片。

葬具、人骨架和随葬品无存。

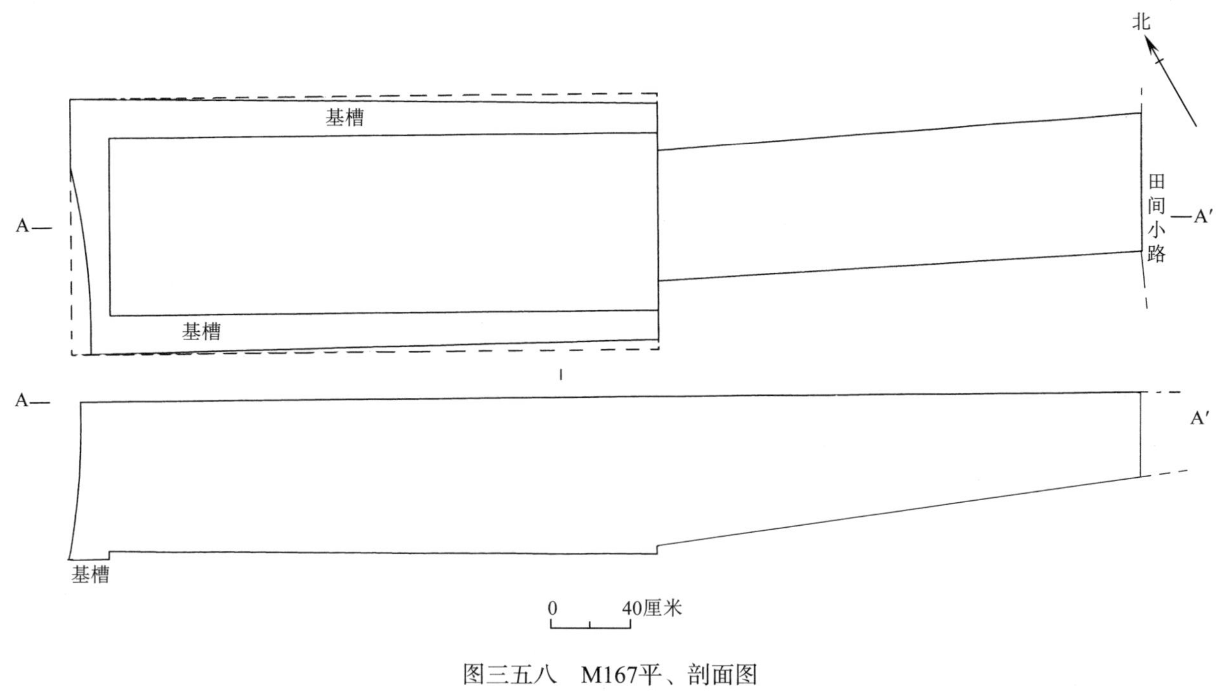

图三五八　M167平、剖面图

一六七、M168

1. 墓葬概况

M168位于三区东南部，开口于耕土层下，距地表0.3米，墓道南部打破M210。方向127°。该墓由墓道、甬道和墓室三部分组成。

墓道向东南，西北与甬道相连，呈长方形斜坡状间台阶，口长5.36米，前端宽0.76米，后端宽1.34米；下端宽0.8米，深2.2米；底坡长5.4米，坡度24 °。墓道底坡自墓道前端向下坡长2米处垂直向下0.44米，平出一台阶，台面宽0.36米，再垂直向下0.3米，然后斜坡向下3.4米与甬道相接。以台阶为界，台阶前部甬道两壁垂直，后部两壁自口向下斜直内收。

甬道居中设于墓室前壁，东南与墓道相接，为土洞穴式，呈拱形，顶部由前向后渐低，壁直，底部平坦。甬道进深0.8米，宽0.8米，高1.3～1.62米。甬道底部高出墓道和墓室均为0.2米。

墓坑平面呈长方形，口底同大，长4.7米，宽2.72～2.86米，深2.26米。砖砌墓室，平面呈长方形，长4.38米，宽2.4～2.7米，高0.32米。墓室前部墙体砌于生土上，砌法为条砖直行错缝叠砌，前堂长1.44米，宽2.4～2.54米；后部墙体砌于铺地砖上，砌法为条砖侧立错缝叠砌，后室长2.94米，宽2.68～2.7米。在壁砖与土圹之间填塞有一些薄石片，应为填充壁砖与土圹之间的空隙，以使墓室牢固。从墓底残存的铺底砖看，为条砖纵向齐缝平铺间横向齐缝平铺（图三五九）。

墙砖和铺底砖均为青灰色条形，规格为：长0.32米，宽0.16米，厚0.08米，纹饰位于窄长的一面，为“五”字形花纹。

未发现葬具和人骨架。

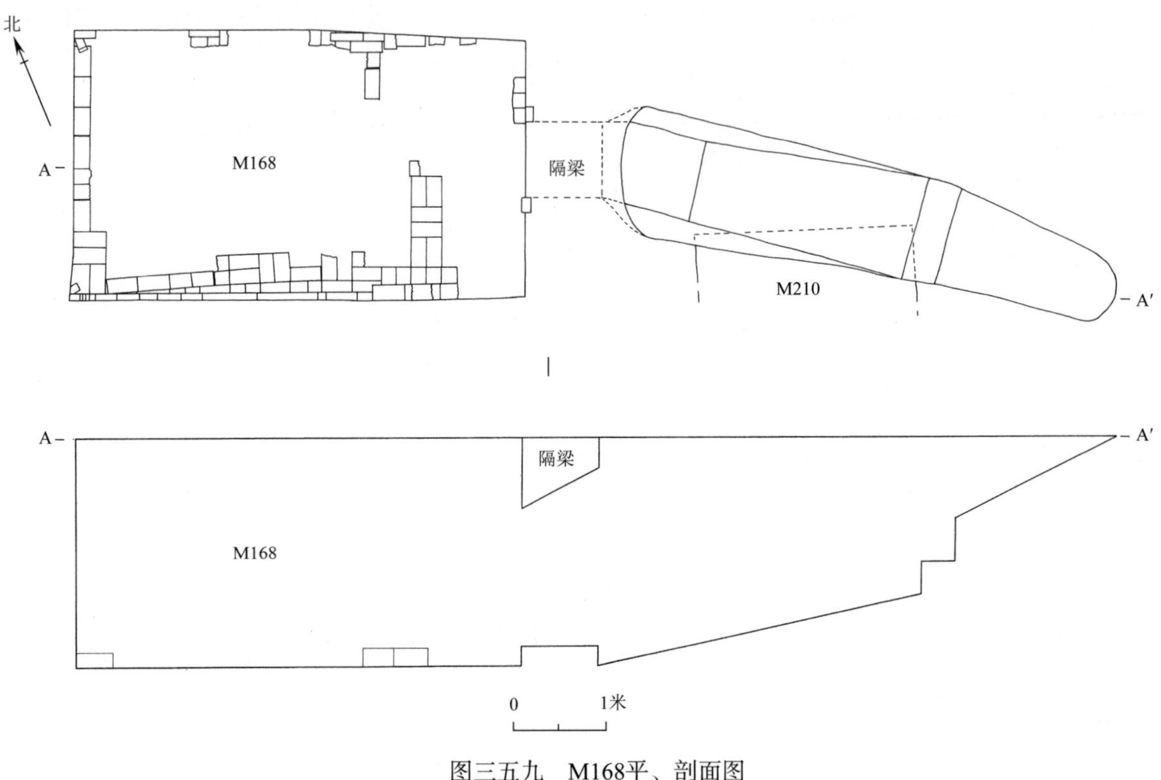

图三五九　M168平、剖面图

2. 出土器物

随葬品已被扰乱，仅在扰土中发现有陶仓、陶壶、陶瓮、陶鼎等一些器物残片和铜器盖以及铜车马器、兵器等。陶器均不能复原，铜器有铜筒形器3件，铜圆帽形器、铜盖弓帽各2件，铜器盖、铜弩机、铜车軎、铜衔镳、铜当卢、铜轙、铜兽面饰各1件，

铜器盖　1件。标本M168：14，盖作覆盘状，平顶，折腹，下腹近直。高2.3厘米，口径12.3厘米（图三六〇，1）。

铜弩机　1件。标本M168：8，由牙、望山、郭、键等部件组成，牙呈三角形，分左右两片，中容箭括，与长方形望山连铸为一体，郭呈倒梯形，面上刻出箭槽，郭固定了牙、悬刀的位置，郭身有二键通穿，其键一端有帽，另一端有一孔横穿。郭长4.6厘米，前端宽0.8厘米，后端宽1.3厘米（图三六〇，3）。

铜车軎　1件。标本M168：7，圆筒形，口端外张，壁向内曲折，平顶。器身有两周凸箍，下部有一穿，无辖。高2.85厘米，口径2.25厘米，顶径1.2厘米（图三六〇，5）。

铜衔镳　1件。标本M168：10，已残。衔由两端带圆环的两个铜柱套合而成，铜柱中部均有一圆球，两端的圆环一大一小，其上均有一缺口。“S”形镳套于环内，镳仅存一片，中间扁平，有两个小圆穿孔，镳的两端有连弧形的装饰。镳长8.3厘米（图三六〇，4）。

铜当卢　1件。标本M168：9，上部已残。扁平体，轮廓如正视的马脸，中部镂空，背部下垂一半圆形环。残长6.75厘米，最宽处3厘米，厚0.65厘米（图三六〇，2）。

铜轙　1件。标本M168：11，体作半环形，断面呈圆形。高1.9厘米，宽2.35厘米（图三六〇，9）。

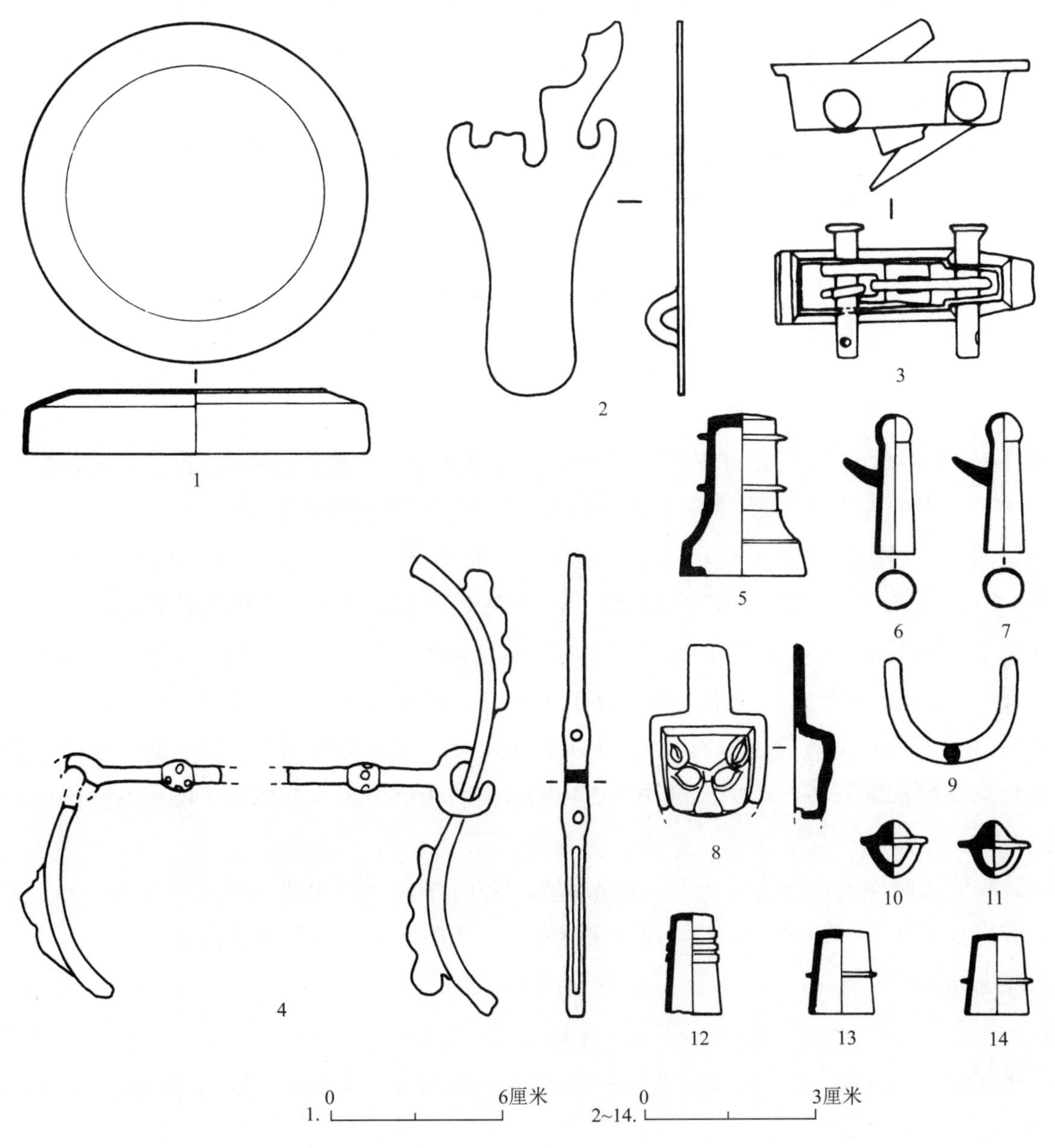

图三六〇　M168出土铜器

1.铜器盖（M168,14）　2.铜当卢（M168：9）　3.铜弩机（M168：8）　4.铜衔镳（M168：10）　5.铜车軎（M168：7）　6、7.铜盖弓帽（M168：2、M168：3）　8.铜兽面饰（M168：13）　9.铜轙（M168：11）　10、11.铜圆帽形器（M168：5、M168：6）　12~14.铜筒形器（M168：12、M168：1、M168：4）

铜筒形器　3件。标本M168：12，圆筒形，中空成銎，平顶，口径略大于底径。器中部偏上处有三周凸箍。长1.8厘米，前端銎径1厘米（图三六〇，12）。标本M168：1，圆筒形，中空成銎，平顶，口径略大于底径。器中部有一箍。长1.45厘米，前端銎径1.1厘米（图三六〇，13）。标本M168：4，圆筒形，中空成銎，平顶，口径略大于底径。器中部有一箍。长1. 5厘米，前端銎径1.15厘米（图三六〇，14）。

铜圆帽形器　2件。标本M168：5和标本M168：6，大小、形制相同。圆形，顶部中心有一乳突，背部下垂一环。长1厘米，直径1.2厘米（图三六〇，10、11）。

铜盖弓帽　2件。标本M168：2和标本M168：3，大小、形制相同。圆筒形，中空成銎，顶部半圆球形，口缘处略宽大，上端稍小，在器中部偏上处向上挑起一钩，出土时内存残木。长2.5厘米，前端銎径0.7厘米（图三六〇，6、7）。

铜兽面饰　1件。标本M168：13，器面饰一人面，上有一长方形薄片相连，背面凹进。由于腐蚀严重，下部已残失。残高3.05厘米，宽2.1厘米（图三六〇，8）。

一六八、M169

1. 墓葬概况

M169位于三区东部，开口于扰土层下，距地表0.3米，扰土层厚0.2米。方向112°。墓道东部被一近代窑破坏，墓室南部打破M188。由墓道和墓室两部分组成。

墓道向东，居中而设位于墓室前壁，因位于田间小路下而未全部发掘，已发掘部分长0.1米，宽0.7米，深1.5米。墓门设在墓道后端，封门砖残存5层，为条砖横向错缝叠砌的。

墓坑平面呈长方形，口底同大，长2.8米，宽1.36米，深1.5米。砖砌墓室，平面呈长方形，长2.44米，宽1.08米，高 1米。墙体砌于生土上，砌法为条砖直行错缝叠砌，砌至14层后用楔形砖起券，为纵向齐缝，共8排，每排用20块条砖，部分券顶坍塌。铺底砖为条砖齐缝平铺。在墓室南部的铺底砖上有两排间距为0.86米的横向条砖所组成的棺床（图三六一；图版一〇一，2）。

墙砖和铺底砖均为青灰色长条形，长0.34米，宽0.14米，厚0.06米，单长侧面饰“五”字形花纹。券砖长0.34米，宽0.14米，厚0.06～0.08米，单长侧面饰“五”字形花纹。

未发现葬具和人骨架。

2. 出土器物

随葬品10件，位于墓室北部的铺底砖上，其中陶罐4件，陶仓2件，陶灶、陶盆、陶井、陶甑各1件。

陶双牛鼻耳罐　2件。形制相同。泥质灰陶。侈口，方唇，颈壁近直，溜肩，肩部有两个对称的牛鼻形耳，鼓腹，下腹弧折内收至底，凹圜底。标本M169：9，颈部饰竖向细绳纹，大多被抹去，已漫漶不清，肩部及中腹饰竖向细绳纹间饰八周抹痕，下腹及底部饰交错粗绳纹。高26.4厘米，口径13.5厘米，底径8.6厘米（图三六二，1；图版一〇二，2）。标本M169：3，肩部及中腹饰竖向细绳纹，肩部绳纹大多已漫漶不清，下腹及底部饰交错粗绳纹。高27.8厘米，口径13.9厘米，底径8厘米（图三六二，2；图版一〇二，3）。

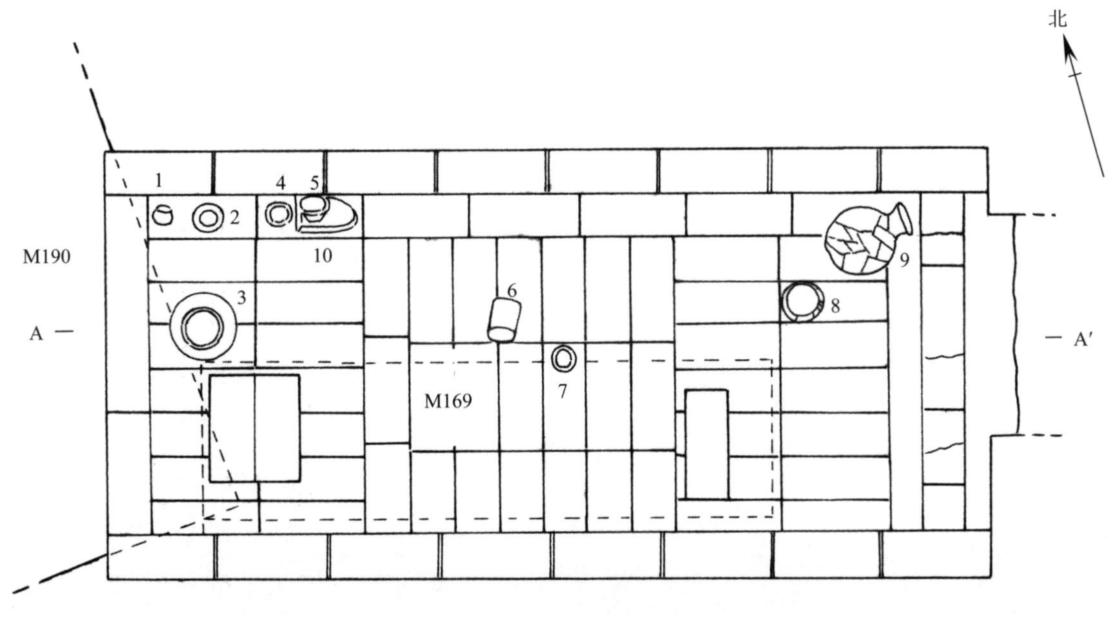

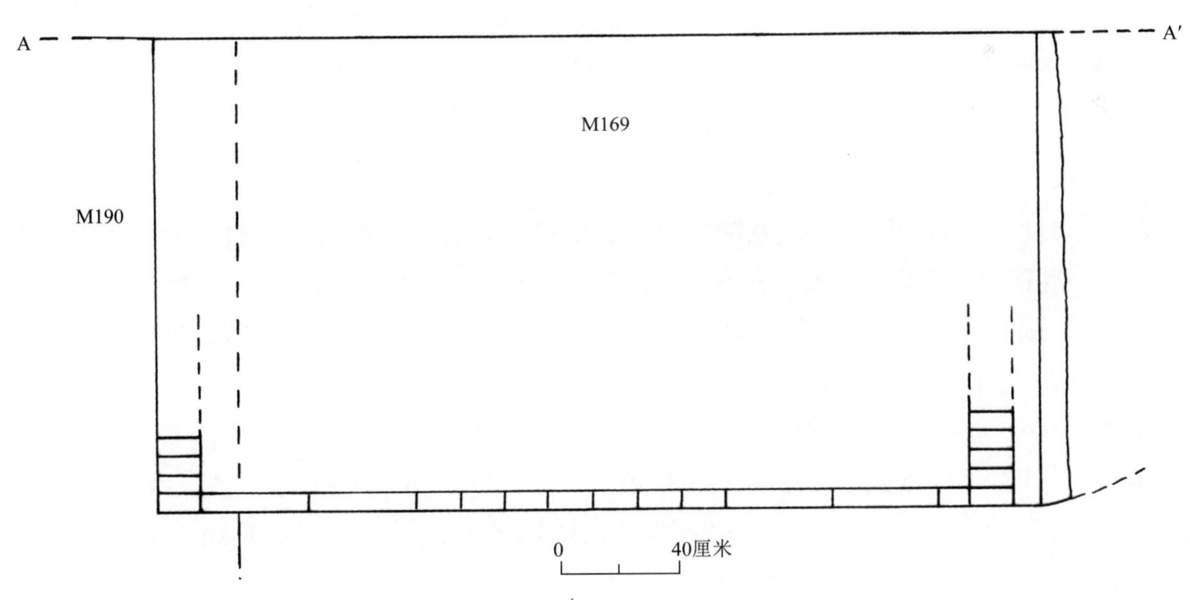

图三六一　M169平、剖面图

1、4.陶罐　2、6.陶仓　3、9.陶双牛鼻耳罐　5.陶灶　7.陶盆　8.陶井　10.陶甑

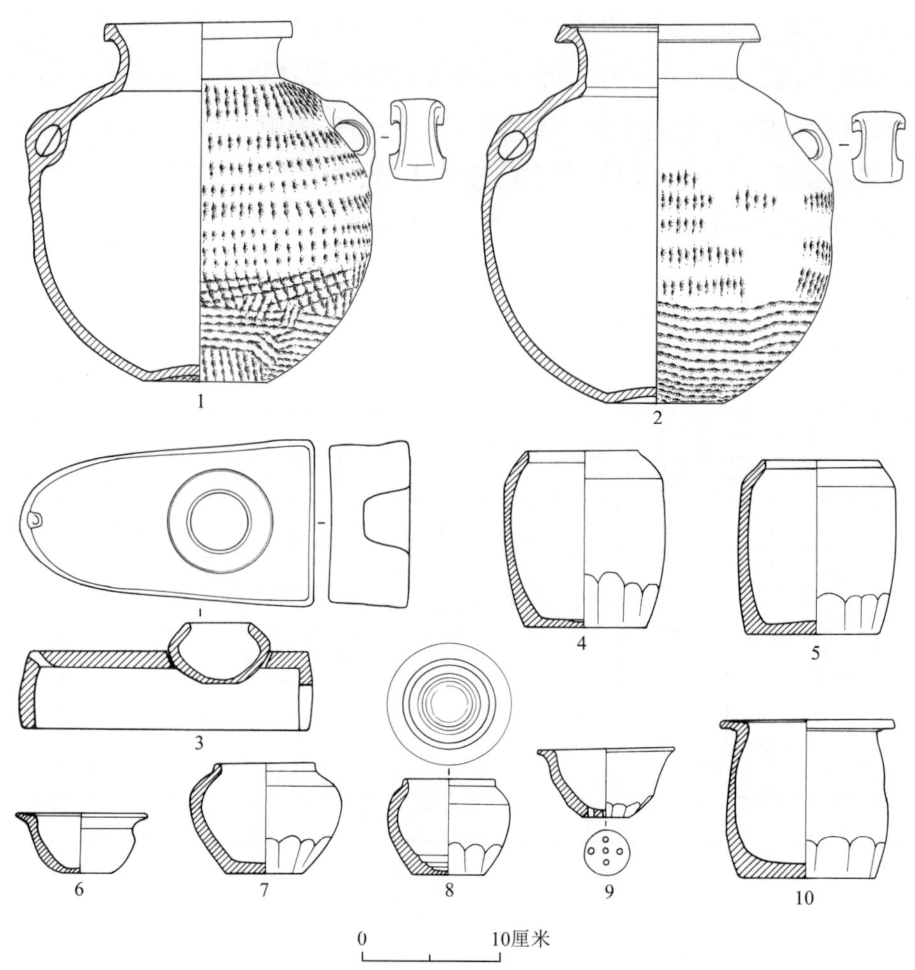

图三六二　M169出土陶器

1、2.陶双牛鼻耳罐（M169：9、M169：3）　3.陶灶（M169：5）　4、5.陶仓（M169：2、M169：6）　6.陶盆（M169：7）　7、8.陶罐（M169：1、M169：4）　9.陶甑（M169：10）　10.陶井（M169：8）

陶罐　2件。形制相同。泥质灰陶。直口，圆唇，短直颈，溜肩，鼓腹，下腹弧收，平底。下腹至底部有刀削痕。素面。标本M169：1，高8.1厘米，口径7.4厘米，底径5.8厘米（图三六二，7；图版一〇二，1）。标本M169：4，器内壁下腹至底部呈瓦棱状，器底有加工痕迹。素面。高7厘米，口径6.6厘米，底径5.2厘米（图三六二，8）。

陶仓　2件。形制相同。泥质灰陶。敛口，尖唇，斜折肩，弧腹内收，平底。下腹至底部有刀削痕。素面。标本M169：2，高12.9厘米，口径8厘米，底径8.8厘米（图三六二，4；图版一〇二，4）。标本M169：6，高12.7厘米，口径8.4厘米，底径9.7厘米（图三六二，5）。

陶灶　1件。标本M169：5，泥质灰陶。灶体前宽后窄，灶壁向下外张，前墙中部有一拱形灶门，前部无挡墙，灶面前方后圆，灶面上有一火眼，上置一釜，灶面后部有圆形烟孔，腹中空。素面。釜敛口，圆唇，鼓腹，平底，下腹至底部有刀削痕，底部有加工痕迹。通高7.8厘米，长21.2厘米，宽12.2厘米；釜高4.4厘米，口径4.6厘米，底径3厘米（图三六二，3；图版一〇二，6）。

陶盆　1件。标本M169：7，泥质灰陶。敞口，尖唇，折沿，折腹，下腹斜直缓收至底，平底。下腹至底部有刀削痕。素面。高4.4厘米，口径9.6厘米，底径3.8厘米（图三六二，6）。

陶甑　1件。标本M169：10，泥质灰陶。敞口，方唇，平折沿，斜弧腹内收至底，平底，底部有五个圆形箅孔。下腹至底部有刀削痕。素面。高5.2厘米，口径9.9厘米，底径3.4厘米（图三六二，9）。

陶井　1件。标本M169：8，泥质灰陶。敛口，方唇，宽折沿，鼓腹，中腹偏下处弧折缓收至底，平底。下腹至底部有刀削痕，底部有加工痕迹。素面。高11.6厘米，口径12.7厘米，底径9.8厘米（图三六二，10；图版一〇二，5）。

一六九、M170

1. 墓葬概况

M170位于三区东南部，开口于耕土层下，距地表0.3米。方向109°。口大底小，墓口长2.46米，宽1.56米；墓底长2.06米，宽1.16米；墓深3.32米。坑四壁规整，向下外张，自墓口向下2.7米深处有生土二层台，台面宽0.1米，台壁向下内收，高0.62米，壁面平滑，经人工修整，墓底平坦（图三六三；图版一〇三，1）。

填褐色五花土，土质较软，含料姜石。

葬具已腐朽，仅存痕迹，可以看出为一椁一棺，椁痕长2.02米，宽1.12米；棺置于椁内南侧，棺痕长1.72米，宽0.5米。

人骨架1具，已腐朽，头向东，面向上，仰身直肢。

2. 出土器物

随葬品15件，其中陶器14件，铜戈1件，呈一排置于椁内北侧。陶器有陶豆5件，陶鼎、陶敦、陶壶各2件，陶杯、陶环各1件。其中1件陶器破碎严重，无法辨别是何器形（图版一〇三，2）。

陶鼎　2件。形制相同。子口，上呈弧盘状盖，盖隆起，顶近平，顶部有两周凸棱。器为子口，弧腹缓收，腹部有两个对称的圆孔，应为粘接附耳所用，可惜耳已失，圜底，下附三蹄足，足上有刀削痕，其横断面呈多边形。盖腹壁呈瓦楞状，器腹部饰一周凹弦纹。标本M170：1，泥质灰皮红胎。通高19.4厘米，口径16.2厘米；盖高3.5厘米，口径20.8厘米（图三六四，2）。标本M170：2，泥质灰陶。通高19.8厘米，口径17.4厘米；盖高4.1厘米，口径21.6厘米（图三六四，1；图版一〇四，1）。

图三六三　M170平、剖面图

1、2.陶鼎　3、5.陶敦　4.铜戈　6、7.陶壶　8.陶环　9.陶器　10.陶杯　11~15.陶豆

陶豆　5件。可分为无盖豆和有盖豆两种。

无盖豆　4件。形制相同。泥质灰陶。敞口，尖唇，腹壁向下缓收，盘较深，内底近平，柄粗短，喇叭状圈足。素面。标本M170：12，圈足中空至盘下部。高12.3厘米，口径15.9厘米，盘深3.4厘米，圈足径9.2厘米（图三六四，7；图版一〇四，2）。标本M170：13，圈足中空至柄中上部。高12.6厘米，口径16.4厘米，盘深3.8厘米，圈足径9.9厘米（图三六四，6）。标本M170：14，圈足中空至柄中部。高13.7厘米，口径16.4厘米，盘深3.8厘米，圈足径9.6厘米（图三六四，8）。标本M170：15，圈足中空至柄中部。高14.7厘米，口径17.2厘米，盘深4.8厘米，圈足径11厘米（图三六四，9）。

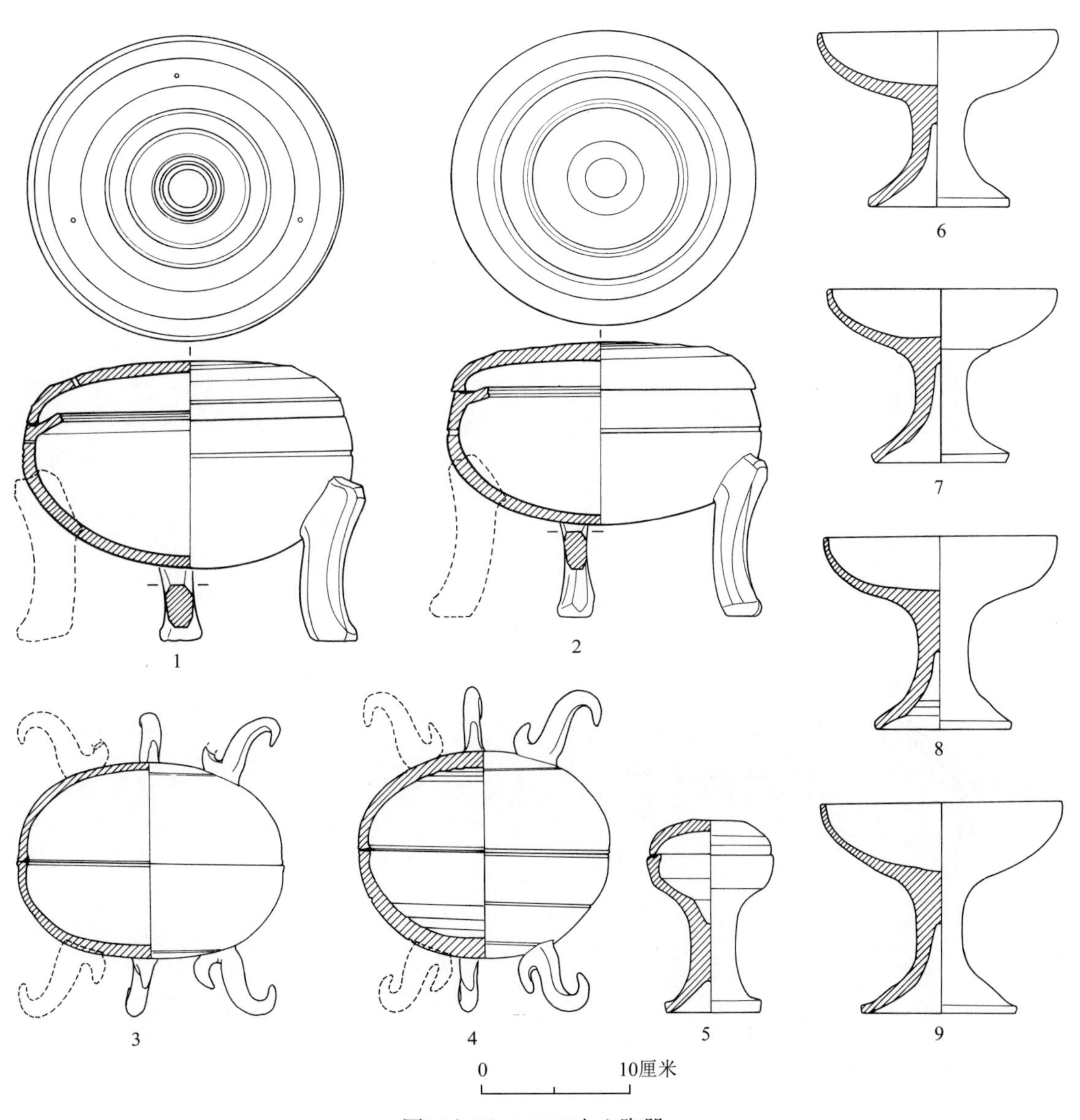

图三六四　M170出土陶器

1、2.陶鼎（M170：2、M170：1）　3、4.陶敦（M170：5、M170：3）　5.有盖豆（M170：11）

6~9.无盖豆（M170：13、M170：12、M170：14、M170：15）

有盖豆　1件。标本M170：11，泥质灰陶。子口呈覆盘状盖，盖隆起，顶近平。器为子口，弧腹，盘较深，圆柄较粗，喇叭状圈足。盖及圈足上有削痕。素面。通高13.4厘米，口径7厘米，圈足径6.9厘米；盖高2.5厘米，口径8.6厘米（图三六四，5；图版一〇四，3）。

陶敦　2件。形制相同。泥质灰陶。盖器扣合成扁圆形，口径大于身高，盖深几乎等于器深，盖顶和器底较平缓，盖顶和器底均有三个"S"形纽。标本M170：3，盖顶和器底分别饰一周、两周凹弦纹。通高22.8厘米，口径17.1～17.5厘米（图三六四，4；图版一〇四，4）。标本M170：5，盖顶和器底均饰一周凹弦纹。通高21.6厘米，口径18.4厘米（图三六四，3）。

陶壶　2件。标本M170：6，泥质灰陶。器口上呈盖，盖作子口，向下内收且纳入器口内，盖顶隆起，顶部有三个圆孔，应为粘接纽所用，可惜纽已碎。器为侈口，束颈，溜肩，肩部两侧各有一圆孔，应为粘接纽所用，可惜纽已失，鼓腹，最大径在上腹，下腹弧收，平底，喇叭状圈足。肩部饰两周凹弦纹。通高36.6厘米，口径11厘米，圈足径15.3厘米（图三六五，1）。标本M170：7，泥质灰陶。器口上呈盖，盖作子口，向下内收且纳入器口内，盖隆起，顶部有三个圆孔，应为粘接纽所用，可惜纽已碎。器为侈口，束颈，溜肩，肩部有两个对称的牛鼻形耳，鼓腹，最大径在上腹，下腹弧收，平底，喇叭状圈足。盖顶饰一周凹弦纹，肩部及腹部饰两周漫漶不清的凹弦纹，圈足下部饰漫漶不清的竖向细绳纹。通高32厘米，口径11.3厘米，圈足径14厘米（图三六五，2；图版一〇四，5）。

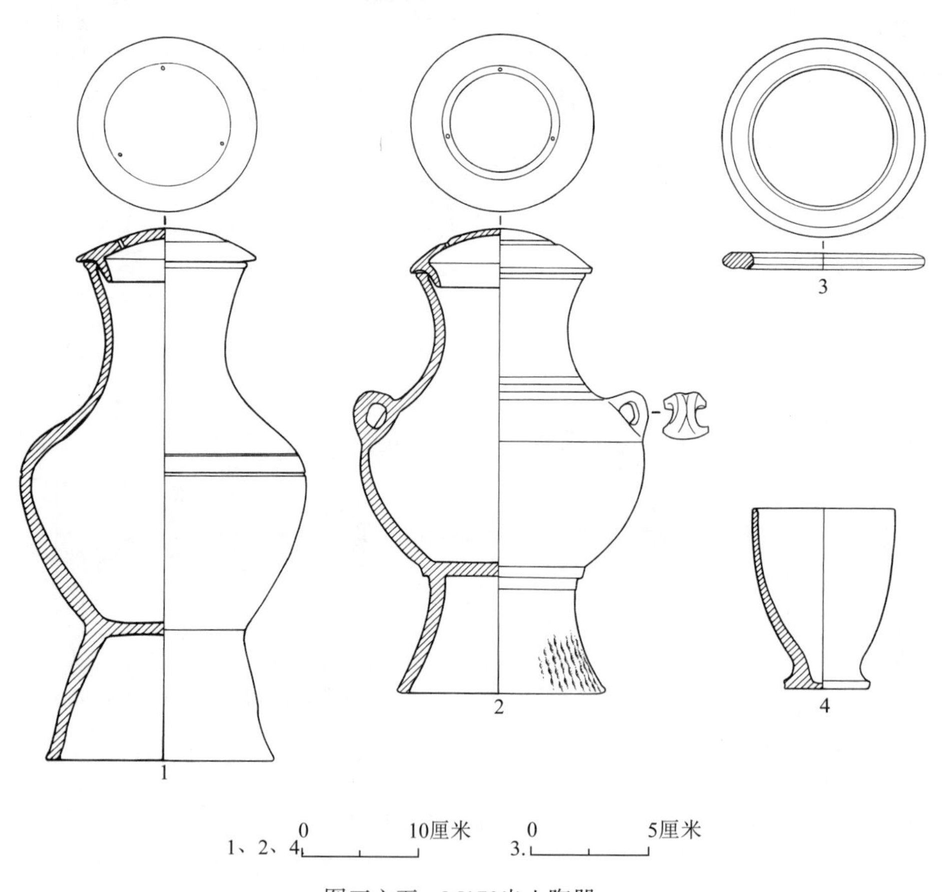

图三六五　M170出土陶器

1、2.陶壶（M170：6、M170：7）　3.陶环（M170：8）　4.陶杯（M170：10）

陶杯　1件。标本M170：10，泥质灰陶。敞口，尖唇，腹壁向下缓收，腹较深，向下呈漏斗状，平底外撇。素面。高12.4厘米，口径9.5厘米，底径5.7厘米（图三六五，4；图版一〇四，6）。

陶环　1件。标本M170：8，泥质灰陶。环呈扁平状，其横断面呈多边形。素面。直径6.8厘米，厚0.6厘米（图三六五，3）。

铜戈　1件。标本M170：4，短援较宽，前锋锐利，双面刃，有脊，援胡交角大于90°，胡下端近直角，栏侧有两个长方形穿，长内，内上有一长方形穿。内上饰卷云纹。长17.55厘米，援长11.2厘米，援宽2厘米，内长6.35厘米，内宽2.4厘米（图三六六）。

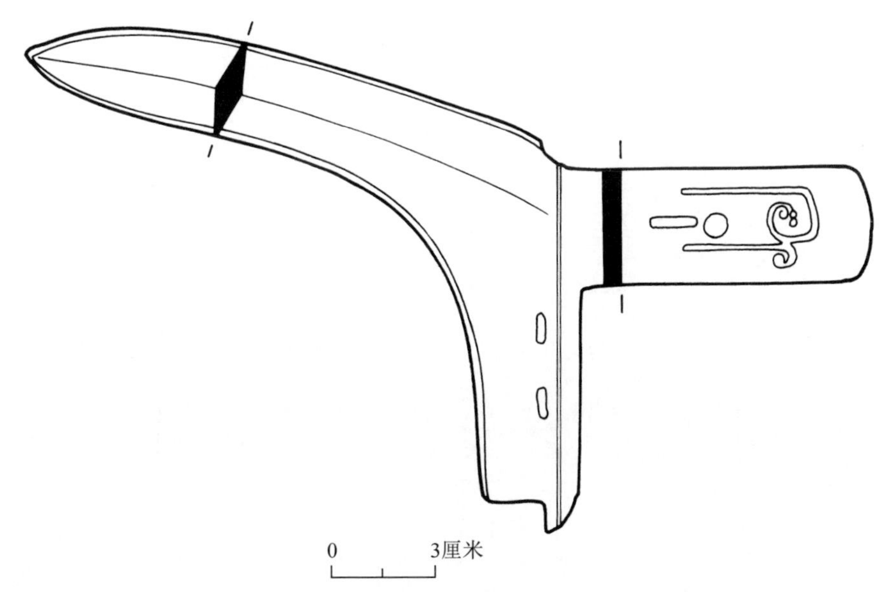

图三六六　M170出土铜戈（M170：4）

一七〇、M171

1. 墓葬概况

M170位于三区东南部，开口于耕土层下，距地表0.3米。方向184°。口大底小，墓口长2.4米，宽1.64～1.7米；墓底长2.5米，宽1.04米；墓深2.4米。坑四壁规整，向下外张，东、西两壁自墓口向下1.7米深处有生土二层台，台面宽0.3～0.4米，高0.7米，壁面平整，墓底平坦（图三六七；图版一〇五，1）。

填褐色五花土，土质较软，含料姜石。

葬具已腐朽，仅存痕迹，可以看出为单棺，棺置于墓底中北部，棺痕长1.62米，宽0.50米。棺底铺有较薄一层草木灰。

人骨架1具，已腐朽，头向南，面向上，仰身直肢。

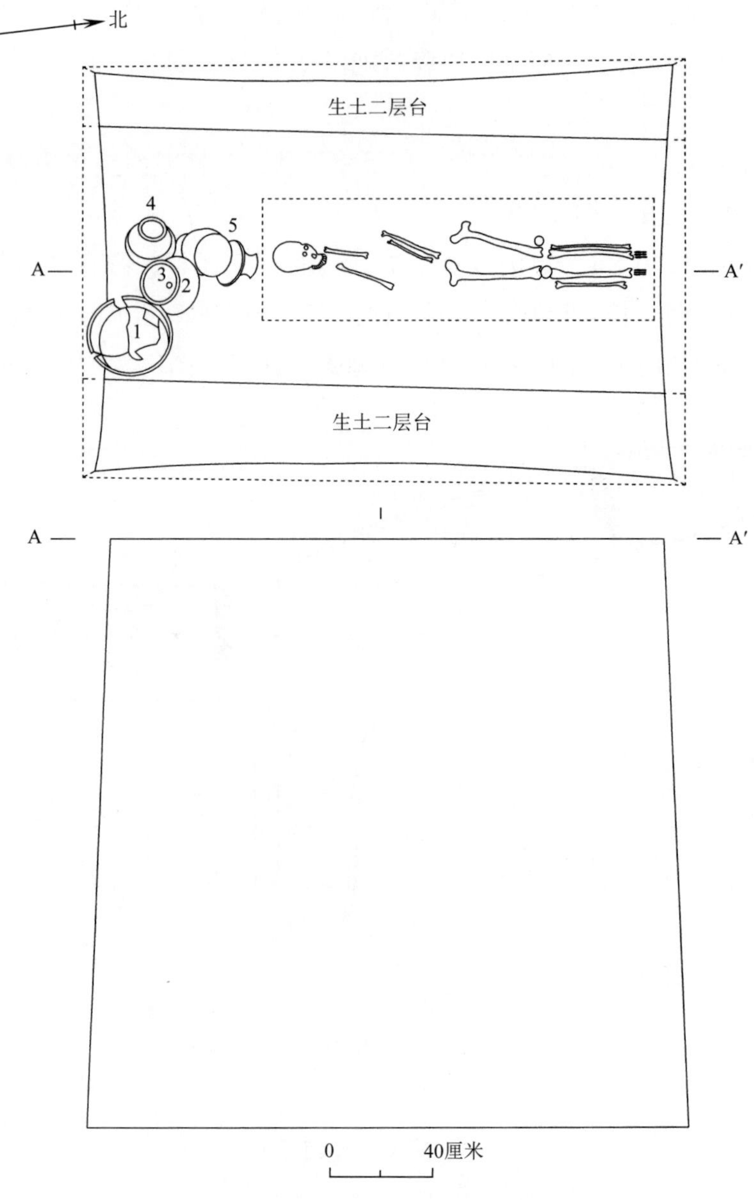

图三六七　M171平、剖面图

1.陶盂　2.陶圜底釜　3.陶豆　4、5.陶壶

2. 出土器物

随葬品5件，均为陶器，置于墓主人头端，计有陶壶2件，陶豆、陶盂、陶圜底釜各1件（图版一〇五，2）。

陶豆　1件。标本M171∶3，泥质灰陶。近直口，圆唇，豆盘较浅，盘壁向下内折缓收，盘内底平，短柄，中空至柄上部，喇叭状圈足。盘下腹壁和圈足壁呈瓦棱状。盘腹有一周凹弦纹。高10.4厘米，口径 14厘米，盘深2.4厘米，圈足径7.7厘米（图三六八，3）。

陶壶 2件。形制相同。泥质黑衣灰陶。侈口，束颈，广肩，鼓腹，下腹弧收，平底。标本M171：4，肩部饰两周凹弦纹，部分已漫漶不清，下腹饰竖向细绳纹，大多已漫漶不清。高22.5厘米，口径10.8厘米，底径9.3厘米（图三六八，1）。标本M171：5，肩部饰两周凹弦纹，部分已漫漶不清，上腹有一周较宽的凹槽，下腹饰竖向细绳纹，大多已漫漶不清。高21.2厘米，口径10.1厘米，底径9.7厘米（图三六八，2）。

陶盂 1件。标本M171：1，泥质黑衣灰陶。侈口，尖唇，折沿，长颈，颈壁凹弧，肩部微突，斜直腹内收至底，平底。颈部及腹部饰竖向细绳纹。高14.6厘米，口径131.6厘米，底径15.2厘米（图三六八，4）。

陶圜底釜 1件。标本M171：2，夹砂灰陶。直口微侈，尖唇，折沿，颈壁凹弧，溜肩，圆鼓腹，最大径在中腹，圜底。颈部饰竖向细绳纹，大多已漫漶不清，肩部及上腹饰竖向细绳纹，下腹饰横向细绳纹，底部饰交错细绳纹。高17.1厘米，口径18.1厘米（图三六八，5）。

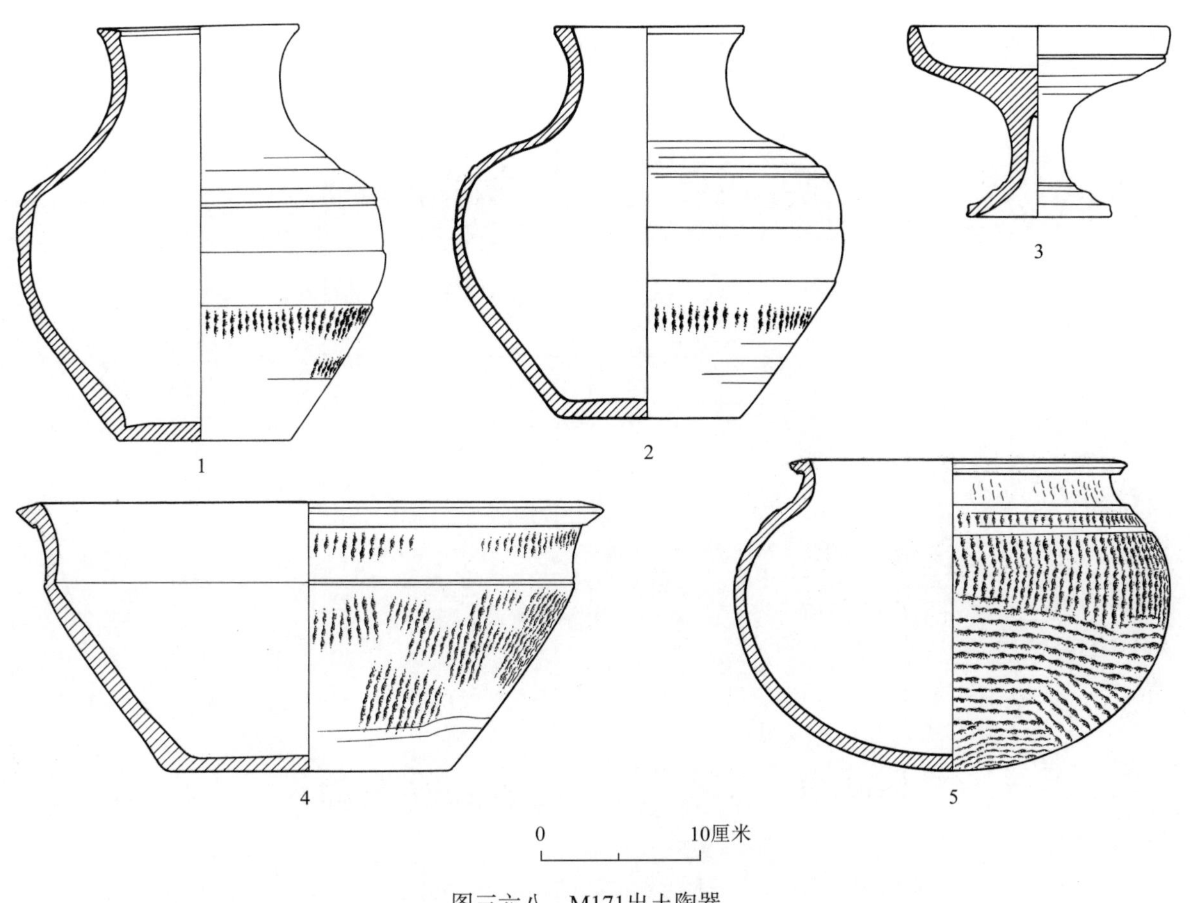

图三六八 M171出土陶器

1、2.陶壶（M171：4、M171：5） 3.陶豆（M171：3）
4.陶盂（M171：1） 5.陶圜底釜（M171：2）

一七一、M172

1. 墓葬概况

M172位于三区东南部，开口于耕土层下，距地表0.3米。方向110°。口大底小，墓口长2.46米，宽1.66米；墓底长1.8米，东端宽0.78米，西端宽0.72米；墓深2.3米。坑西壁垂直，东、南、北三壁向下外张，自墓口向下1.66米深处有生土二层台，东生土二层台坍塌，台面宽0.34～0.54米，高0.64米，壁面平滑，经人工修整，墓底平坦。自东生土二层台面向下0.24米深处设一拱形壁龛，宽0.7米，高0.4米，进深0.3米，龛壁不规整，向上皆内收，龛底与墓底平（图三六九；图版一〇六，1）。

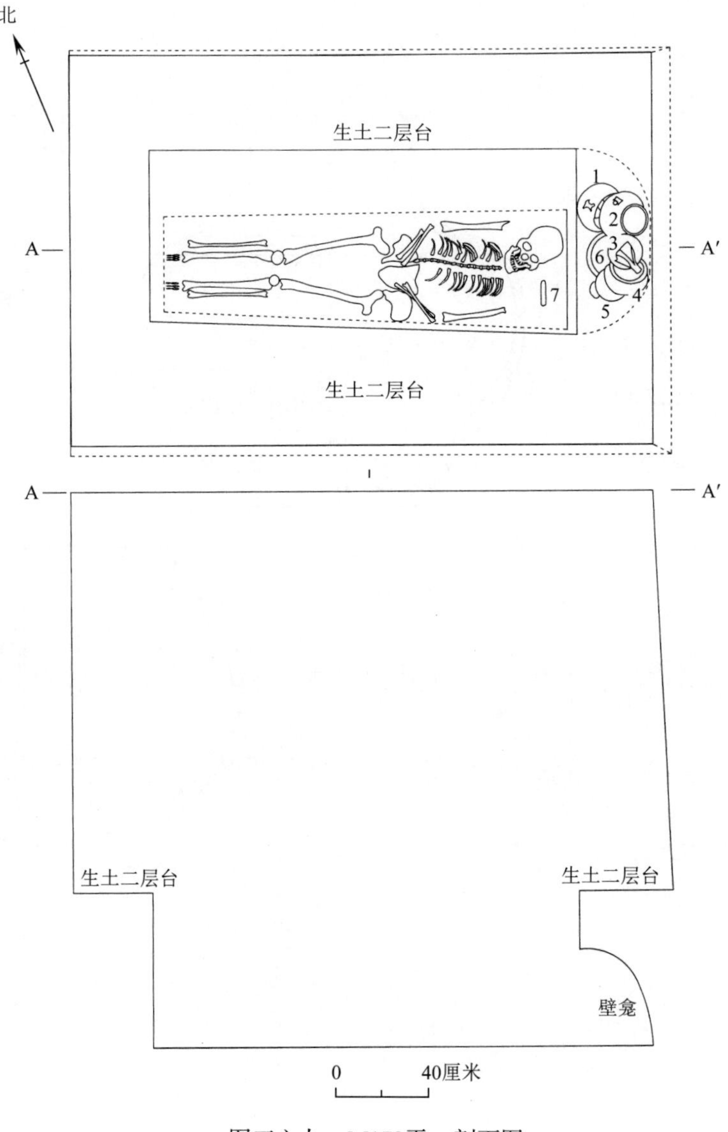

图三六九　M172平、剖面图

1、2.陶双牛鼻耳罐　3、5.陶豆　4.陶圜底釜　6.陶盂　7.铁器填灰褐色五花土，土质较硬。

葬具已腐朽，仅存痕迹，可以看出为单棺，棺置于墓底中部，棺痕长1.7米，宽0.5米。

人骨架1具，已腐朽，头向东，面向上，双臂交叉置于腹部，仰身直肢。

2. 出土器物

随葬品7件，其中陶器6件，置于壁龛中，计有陶双牛鼻耳罐、陶豆各2件，陶圜底釜、陶盂各1件；铁器1件置于墓主人头骨南侧，已破碎（图版一〇六，2）。

陶豆　2件。标本M172：3，泥质灰陶。敞口，圆唇，腹壁向下弧收，内底近平，柄较短，中空至柄中部，喇叭状圈足。素面。高13.8厘米，口径15.2厘米，盘深3.4厘米，圈足径9.8厘米（图三七〇，6）。标本M172：5，泥质灰陶。敞口近直，圆唇，腹壁向下弧收，内底近平，柄较短，中空至柄中下部，喇叭状圈足。盘壁上饰一周凹弦纹。高10.7厘米，口径14.3厘米，盘深2.8厘米，圈足径8.1厘米（图三七〇，3）。

陶双牛鼻耳罐　2件。形制基本相同。泥质灰陶。侈口或侈口近直，尖唇，束颈，溜肩，肩部有两个对称的牛鼻形耳，鼓腹，下腹弧收，凹圜底。标本M172：1，侈口近直。颈部饰竖向细绳纹，大多已被抹去，漫漶不清，肩部饰竖向细绳纹间饰两周抹痕，下腹及底部饰交错细绳纹。高17.7厘米，口径12.5厘米，底径7.4厘米（图三七〇，2）。标本M172：2，侈口。颈部饰竖向细绳纹，大多被抹去，已漫漶不清，上腹部饰竖向细绳纹间饰三周抹痕，下腹及底部饰交错细绳纹。高20.2厘米，口径14.2厘米，底径8.4厘米（图三七〇，1）。

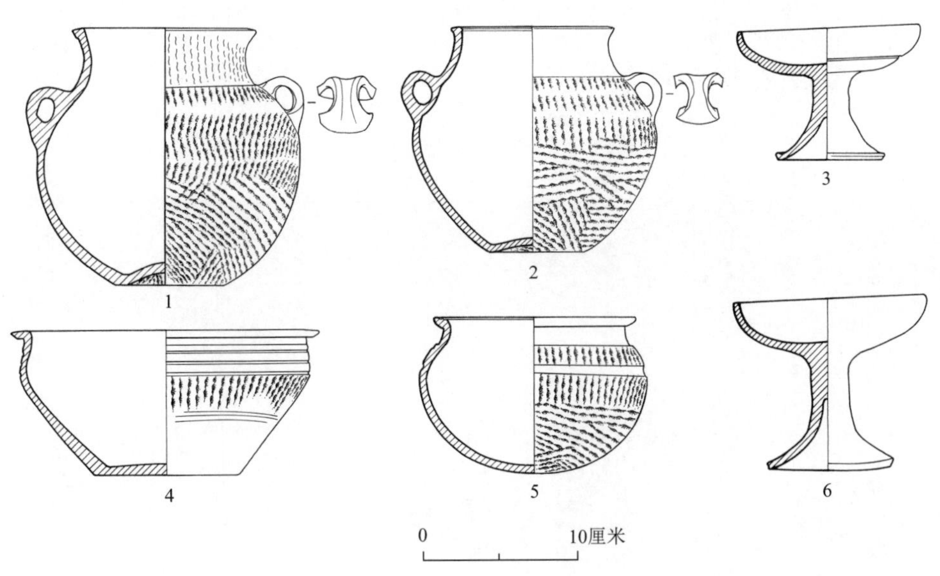

图三七〇　M172出土陶器

1、2.陶双牛鼻耳罐（M172：2、M172：1）　3、6.陶豆(M172：5、M172：3)

4.陶盂（M172：6）　5.陶圜底釜（M172：4）

陶盂　1件。标本M172：6，泥质灰陶。敛口，折沿，尖唇，颈壁斜直，肩部微突，弧腹缓收，平底。颈部饰竖向细绳纹间饰三周凹弦纹，细绳纹大多被抹去，已漫漶不清，腹部饰竖向细绳纹。高11.4厘米，口径24厘米，底径8.4厘米（图三七〇，4）。

陶圜底釜　1件。标本M172：4，夹砂灰陶。敛口，折沿，尖唇，束颈，肩部微突，鼓腹，下腹弧收，圜底。颈部饰竖向细绳纹，大多被抹去，已漫漶不清，肩部饰竖向细绳纹间一周抹痕，下腹及底部饰交错粗绳纹。高12.2厘米，口径15.5厘米（图三七〇，5）。

一七二、M173

1. 墓葬概况

M173位于三区东南部，开口于耕土层下，距地表0.3米，西壁打破M174东壁。方向300°。口大底小，墓口长2.8米，西端宽2.1米，东端宽2.06米；墓底长2.6米，西端宽1.8米，东端宽2米；墓深2.1米。坑四壁规整，向下微内收，壁面光滑，墓底平坦（图三七一；图版一〇七，1）。

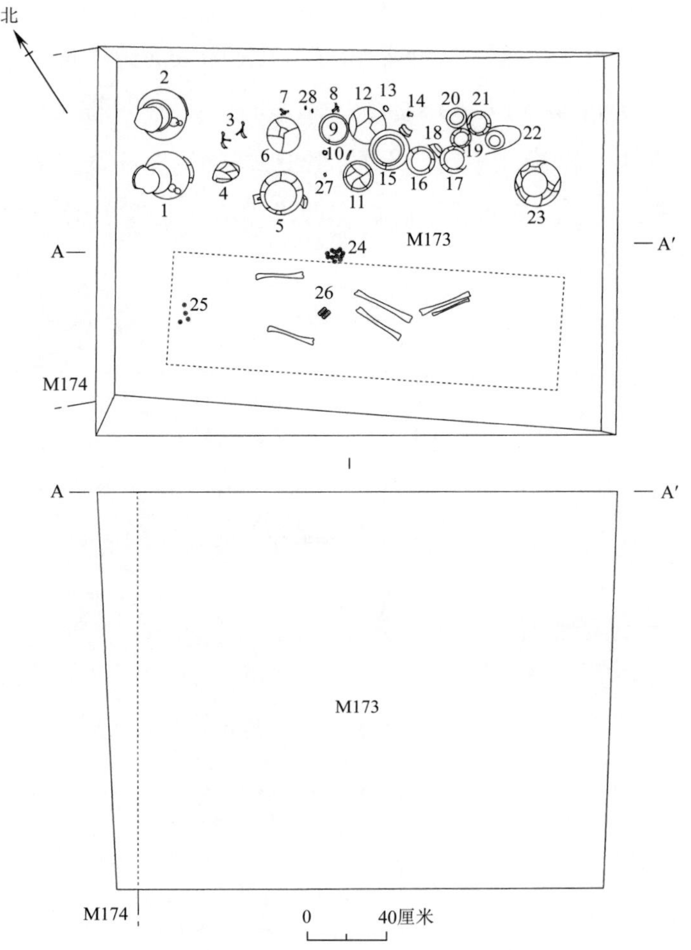

图三七一　M173平、剖面图

1、2.陶壶　3.铜衔镳　4.铜釜　5、15.陶鼎　6、12.陶鼎盖　7、8.铜弩机　9、11.陶壶盖　10.铜车轴　13、14.铜车軎　16、17.陶仓　18~20.陶釜　21.陶井　22.陶灶　23.陶罐　24～27.铜钱　28.铜盖弓帽

填褐色五花土，土质较硬。

葬具已腐朽，仅存痕迹，可以看出为单棺，置于墓底中部偏南，棺痕长2.1米，宽0.6米，高0.05米，棺痕底部铺有一层较薄的草木灰。

人骨架1具，已腐朽，头向西，侧身屈肢。

2. 出土器物

随葬品24件（铜五铢钱以4件计），铜五铢钱38枚，分别位于棺外中部和棺内中部、西部；陶器12件，计有陶壶、鼎、仓各2件，釜3件，井、灶、罐各1件，位于墓室北部；铜车马器、兵器8件，计有衔镳、铜釜、车轴、盖弓帽各1件，铜弩机、车軎各2件，位于墓室北部。其中大多数陶器和铜器破碎严重，无法修复或无法提取。

陶鼎 2件。形制相同。泥质红胎表面施黄釉。子口，上呈弧盘状盖，盖隆起，顶近平。器为子口，弧腹缓收，腹部有两个对称的方形附耳，上端外撇，方耳孔对穿，平底，下附三蹄足，足面外弧内平，其横断面近三角形。标本M173：5（器）、M173：6（盖），盖顶饰六周凹弦纹，耳面上模印菱形纹，器腹部饰两周凹弦纹。通高19.1厘米，口径16.1厘米（图三七二，3；图版一〇七，2）。标本M173：12（盖）、M173：15（器），盖顶饰七周凹弦纹，耳面上模印菱形纹，器腹部饰两周凹弦纹。通高18.7厘米，口径16厘米（图三七二，4）。

陶壶 2件。泥质红胎表面施黄釉。盘口，上呈弧盘状盖，盖隆起，顶部近平，器为盘口，束颈，溜肩，肩部有两个对称的铺首衔环，圆鼓腹，下腹弧收，最大径在中腹，圜底，喇叭状圈足。标本M173：1，盖顶有几周螺旋纹，颈肩结合处及下腹分别饰两周、一周凹弦纹，中腹饰两周凸弦纹。通高37.8厘米，口径16.1厘米，圈足径15.2厘米（图三七二，2；图版一〇七，3）。标本M173：2，素面。通高39.5厘米，口径16.8厘米，圈足径15.4厘米（图三七二，1）。

铜釜 1件。标本M173：4，由于胎薄，腐蚀严重，已残，敞口，方唇，斜折沿，上腹鼓，下腹缓收，平底。

铜弩机 2件。形制相同，均残。标本M173：7，有牙、望山、郭、键等部件组成，牙呈三角形，分左右两片，中容箭括，与长方形望山连铸为一体，郭呈倒梯形，面上刻出箭槽，郭固定了牙、悬刀的位置，郭身有二键通穿，其键一端有帽，另一端有一孔横穿。

铜车軎 2件。形制相同。圆筒形，口端外张，壁向内曲折，平顶。器中部偏上处饰一周凸弦纹，近顶部处饰一周较高的凸弦纹，下部有一穿，内套长条形辖，一端有帽，其冒略倾斜，以适应軎口的弧度。标本M173：13，残高2.5厘米（图三七三，6）。标本M173：14，高2.8厘米，口径2.3厘米（图三七三，7）。

铜衔镳 1件。标本M173：3，衔已残，衔由两端带圆环的两个杆套合而成，“S”形镳套于环内，中间扁平，有两个小圆穿孔，镳的两端有连弧形的装饰，内部镂空。

铜车轴 1件。标本M173：10，由于胎薄，腐蚀严重，已残，器如两端不闭塞的直筒，中部饰三周凸弦纹，两端各饰一周凸弦纹。

铜五铢钱　38枚，还有许多铜钱锈蚀严重，无法计数。可分为两型。

A型　10枚。标本M173：24-1，钱的正面边缘有一周凸起的周郭，正方形穿，穿之左右有篆书“五铢”两字，大部分钱上的“铢”字不太清楚；钱的背面边缘有周郭，而且穿四边也有郭。“五”字中间两笔是直的或近乎直的，整个字形如两个对顶三角形；“铢”字的“金”字头如一带翼箭镞，也有的近似三角形；“铢”字的“朱”字头圆折。有的钱上有特殊的记号，即在穿的上面有横郭一道。有的为剪轮五铢。郭径2.5厘米，钱径2.3厘米，穿边长0.9厘米（图三七三，1）。

B型　28枚。标本M173：24-11~M173：24-14，钱的正面边缘有一周凸起的周郭，正方形穿，穿之左右有篆书“五铢”两字；钱的背面边缘有周郭，而且穿四边也有郭。钱文的书体特点明显。“五”字中间两笔是弯曲的，中间两笔和上下两划相接的地方略向内靠拢，中间两笔和上下两横相接的地方是垂直的；“铢”字笔划清晰，“金”字四点较长，“朱”字头方折。有的钱上有特殊的记号，即在穿的上面有一横道。郭径2.6厘米，钱径2.4厘米，穿边长1厘米（图三七三，2～5）。

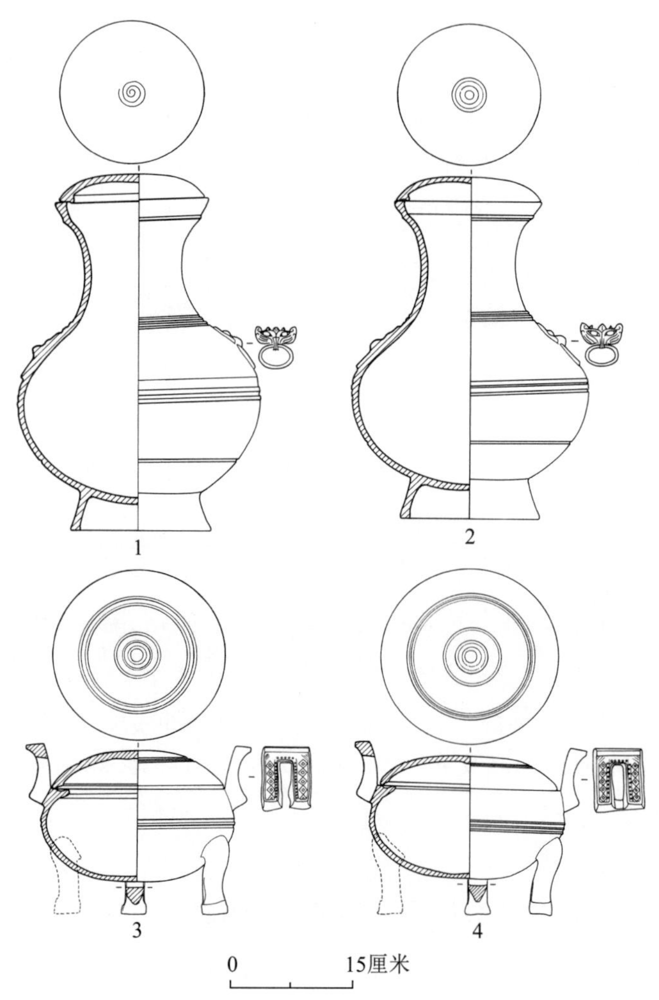

图三七二　M173出土陶器

1、2.陶壶（M173：2、M173：1）　3、4.陶鼎（M173：5、M173：6，M173：12、M173：15）

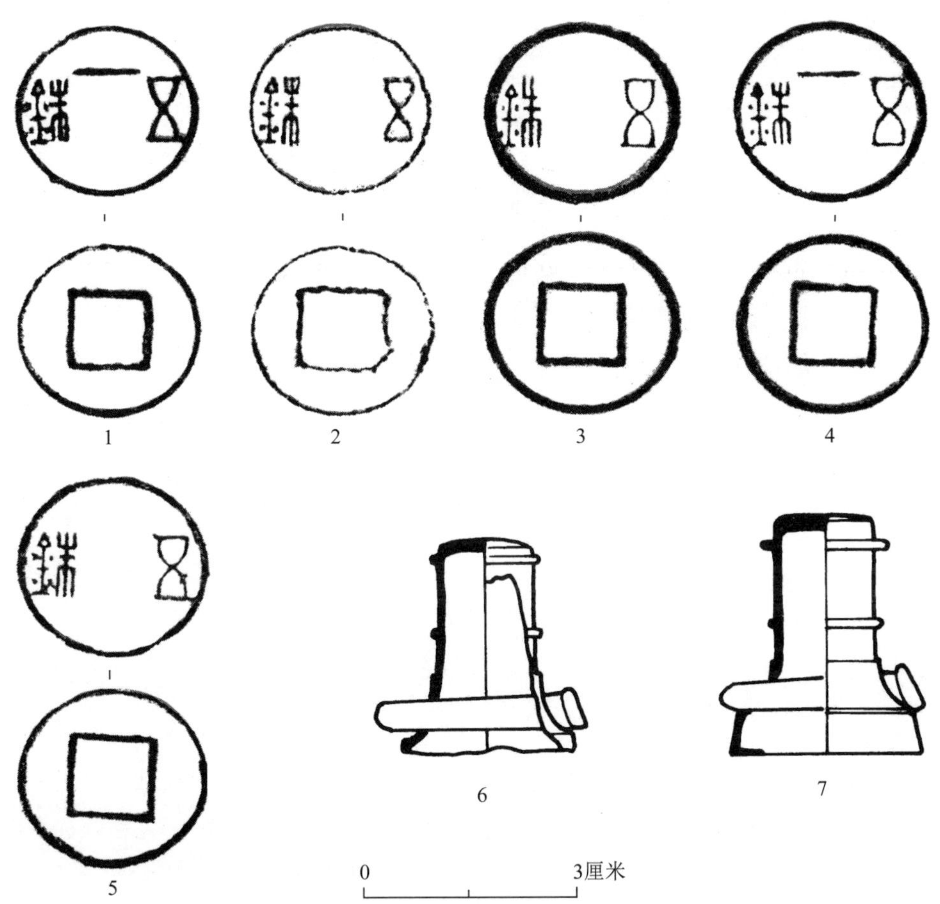

图三七三　M173出土铜器
1.A型铜五铢钱（M173：24-1）　2~5.B型铜五铢钱（M173：24-11~M173：24-14）
6、7.铜车軎（M173：13、M173：14）

一七三、M174

1. 墓葬概况

M174位于三区东南部，开口于耕土层下，距地表0.3米，东部被M173打破。方向110°。口大底小，墓口残长2.36~2.72米，宽1.86米；墓底长2.16米，东端宽1米，西端宽0.92米；墓深3.2米。坑东、西两壁垂直，南、北两壁向下内收，自墓口向下2.6米深处有生土二层台，台面宽0.3~0.42米，高0.6米，壁面平滑，经人工修整，墓底平坦（图三七四）。

填灰褐色五花土，土质较硬。

葬具已腐朽，仅存痕迹，可以看出为一椁一棺，椁痕长2.16米，宽0.92~1米；棺置于椁中南部，棺痕长1.9米，宽0.5米。

人骨架1具，已腐朽，仅存头骨和肢骨痕迹，头向东，可能为仰身直肢。

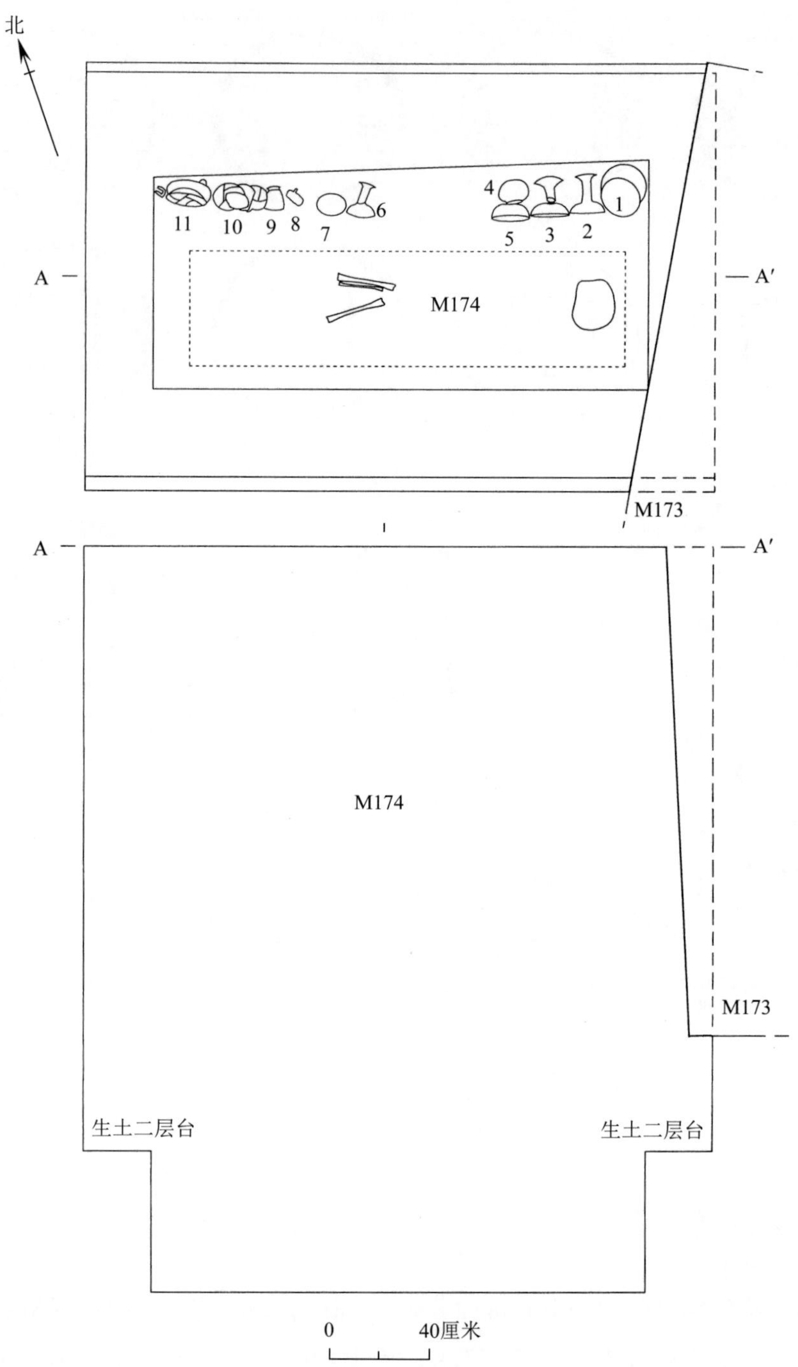

图三七四　M174平、剖面图

1.陶敦　2、3、6.陶豆　4.陶罐　5.陶甑　7.陶盘、陶匜　8、11.陶鼎　9.陶杯　10.陶壶

2. 出土器物

随葬品12件，均为陶器，置于椁内棺外北侧，计有陶豆3件，鼎2件，敦、罐、壶、甑、盘、匜、杯各1件（图版一〇八，1）。

陶鼎　2件。标本M174：8，泥质黑衣褐陶。子口呈弧盘状盖，盖隆起，顶近平。器为子口，弧腹缓收，圜底近平，下附三蹄足，足上有削痕，其横断面呈多边形。盖壁上有两周较宽的刮痕。通高9.4厘米，口径9厘米（图三七五，2）。标本M174：11，泥质黑衣褐陶。子口呈弧盘状盖，盖隆起，顶近平。器为子口，弧腹缓收，腹部有两个对称的方形附耳，上端外撇，方耳孔对穿，圜底，下附三蹄足，足上有削痕，其横断面呈多边形。盖顶饰一周凹弦纹，盖腹壁有三周刮痕。盖顶有三个小圆穿，可能为粘耳所留。耳根及足根与器壁结合处有一通穿的小圆孔。为粘耳和足所留。盖和器均为素面。通高20厘米，口径16.7厘米（图三七五，1）。

陶豆 3件。可分为无盖豆和有盖豆两种。

无盖豆 2件。形制相同。泥质黑衣褐陶。敞口，尖圆唇，腹壁向下弧收，盘内底凹弧，柄较长，喇叭状圈足。标本M174：2，盘内底饰三周凹弦纹。高15.8厘米，口径15.2厘米，盘深3厘米，圈足径9.5厘米（图三七五，12）。标本M174：3，高16.1厘米，口径16.3厘米，盘深3厘米，圈足径9.7厘米（图三七五，11）。

有盖豆 1件。标本M174：6，泥质黑衣褐陶。覆盘状盖，盖隆起，顶近平。器为子口，弧腹，盘较深，短柄，喇叭状圈足。盖顶有两周宽刮痕。通高13.8厘米，口径8.9厘米，盘深3.9厘米，圈足径7.4厘米；盖高2.4厘米，口径11厘米（图三七五，10）。

陶敦 1件。标本M174：1，纽、足已残。泥质黑衣褐陶。盖器扣合成扁圆形，口径大于身高，盖深几乎等于器深，盖顶和器底较平缓，盖顶和器底均有三组纽，每组一大一小两个弯钩纽，可惜陶质差，部分纽已残失。残高14厘米，口径18.4厘米（图三七五，9）。

陶壶 1件。标本M174：10，泥质黑衣褐陶。器口上呈盖，盖作子口，向下内收且纳入器口内，盖隆起，顶圜，顶部有三个“S”形纽。器为侈口，尖唇，束颈，溜肩，颈肩有明显分界，鼓腹，下腹弧收，平底，喇叭状圈足。器腹部饰一周凹弦纹。通高41.2厘米，口径11厘米，底径13.2厘米（图三七五，4）。

陶盘 1件。标本M174：7-1，泥质黑衣褐陶。敞口，尖圆唇，沿面平，沿面上有三周浅凹槽，弧腹向下内收，平底微内凹。素面。高3.8厘米，口径16.4厘米，底径6.2厘米（图三七五，7）。

陶匜 1件。标本M174：7-2，泥质黑衣褐陶。体圆形，敞口，短流，尾部微凹，腹壁折弧内收，平底微内凹。素面。高5厘米，口径13.8厘米，流尾长12厘米，底径6厘米（图三七五，8）。

陶罐 1件。标本M174：4，泥质黑衣褐陶。近直口，方唇，短领，溜肩，鼓腹，下腹缓收，平底。腹部饰一周凹弦纹，下腹至底部有刀削痕。高7.4厘米，口径7厘米，底径6.1厘米（图三七五，3）。

陶甑 1件。标本M174：5，泥质黑衣褐陶。敞口，平折沿，圆唇，颈壁斜直，弧腹向下内收，平底，底部有一圆形箅孔。素面。高8.2厘米，口径13.8厘米，底径4.6厘米（图三七五，5）。

陶杯 1件。标本M174：9，泥质黑衣褐陶。敞口，尖圆唇，腹壁向下缓收，腹较深，向下呈漏斗状，平底外撇。高13.2厘米，口径8.8厘米，底径5.4厘米（图三七五，6）。

图三七五　M174出土陶器

1、2.陶鼎（M174∶11、M174∶8）　3.陶罐（M174∶4）　4.陶壶（M174∶10）
5.陶甑（M174∶5）　6.陶杯（M174∶9）　7.陶盘（M174∶7-1）　8.陶匜（M174∶7-2）
9.陶敦（M174∶1）　10.有盖豆（M174∶6）　11、12.无盖豆（M174∶3、M174∶2）

一七四、M175

1. 墓葬概况

M175位于三区东南部，开口于耕土层下，距地表0.3米，东部被M173打破。方向20°。口大底小，墓口长2.5米，北端宽1.76米，南端宽1.7米；墓底长2.26米，宽1.32米；墓深3.22米。坑四壁规整，向下外张，自墓口向下2.5米深处有生土二层台，台面平整，台面宽0.24～0.4米，高0.72米，壁面平滑，经人工修整，墓底平坦（图三七六）。

填灰褐色五花土，土质较硬。

葬具已腐朽，仅存痕迹，可以看出为单棺，棺置于墓底南部，棺痕长1.73米，宽0.44米。人骨架1具，已腐朽，仅存头骨和肢骨痕迹，头向北，仰身直肢。

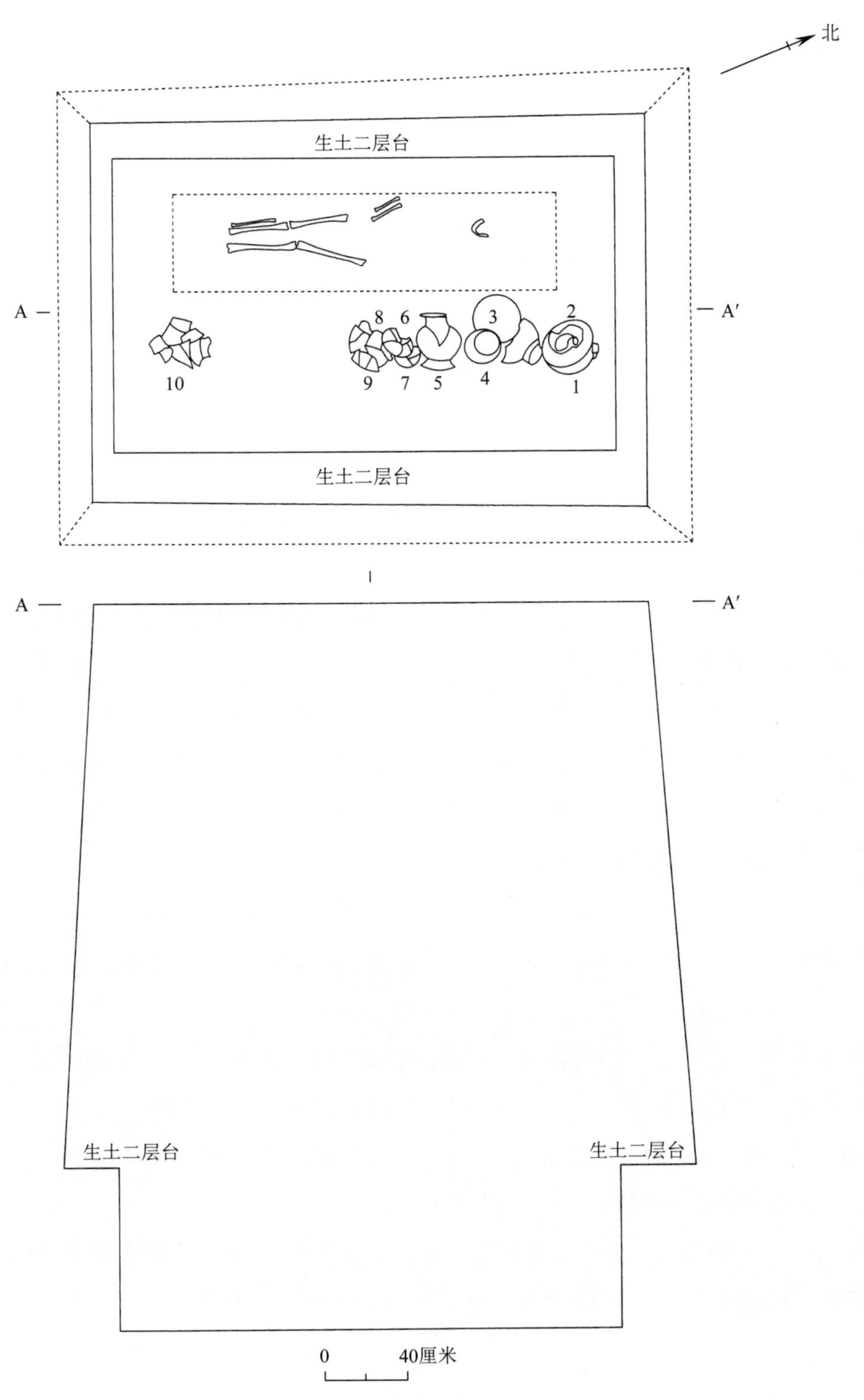

图三七六 M175平、剖面图

1.陶鼎 2.陶匜 3.陶盒 4、5.陶壶 6、7.陶豆 8.陶杯 9、10.陶罐

2. 出土器物

随葬品10件，均为陶器，置于椁内棺外西北和东北部，计有陶壶、陶豆、陶双牛鼻耳罐各2件，陶鼎、陶盒、陶匜、陶杯各1件（图版一〇八，2）。

陶鼎　1件。标本M175：1，泥质灰陶。覆盘状盖，盖隆起，顶近平，顶部有三个菱形纽。器为子口，微鼓腹，腹部有两个对称的方形附耳，上端外撇，方耳孔对穿，下腹弧收，圜底，下附三蹄足，足上有削痕，其横断面呈多边形。盖顶和器腹分别饰四周、一周凹弦纹，盖口边饰竖向细绳纹，大多已漫漶不清，器上腹饰竖向细绳纹，下腹及底部饰交错粗绳纹。通高21.1厘米，口径19.2厘米（图三七七，1）。

陶豆　2件。形制相同。泥质灰陶，敞口，尖圆唇，腹壁向下弧收，内底凹弧，柄较短，喇叭状圈足。柄壁上有刀削痕。素面。标本M175：6，圈足中空至盘下部。高12.5厘米，口径15厘米，盘深3.3厘米，圈足径9.5厘米（图三七七，8）。标本M175：7，圈足中空至柄下部。高13.9厘米，口径15.2厘米，盘深3.8厘米，圈足径8.2厘米（图三七七，7）。

陶盒　1件。标本M175：3，泥质灰陶。覆碗状盖，盖隆起，上附浅圆环状捉手，盖、器扣合成扁圆形，器深约为盖深的三倍。器为子口，弧腹内收，平底，浅环状圈足。盖和器腹部均饰一周较浅的凹弦纹，器及圈足壁上饰竖向细绳纹，大多已漫漶不清。通高17.1厘米，口径19.2厘米，圈足径12厘米（图三七七，5）。

陶壶　2件。标本M175：4，泥质灰陶。侈口，尖圆唇，束颈，肩部微突，中腹斜直，下腹内折急收，筒形假圈足，平底。颈壁及腹部分别饰两周凹弦纹。高17.2厘米，口径11厘米，底径8.4厘米（图三七七，9）。标本M175：5，泥质灰陶。器口上呈盖，盖作子口，向下内收且纳入器口内，盖隆起，顶圜，顶部有一半圆形纽，纽中部有一圆穿。器为侈口，尖唇，束颈，溜肩，鼓腹，下腹弧收，平底，喇叭状圈足。颈部及腹部饰竖向细绳纹，大多已漫漶不清，肩部饰两周凹弦纹。通高29.2厘米，口径10.8厘米，圈足径11.4厘米；盖高4.9厘米，口径7.7厘米（图三七七，3）。

陶双牛鼻耳罐　2件。其中1件破碎。标本M175：10，泥质灰陶。敛口近直，折沿，尖圆唇，束颈，溜肩，颈肩有明显分界，肩部有两个对称的牛鼻形耳，鼓腹，下腹弧收，凹圜底。颈部饰一周较浅的凹弦纹，肩部饰竖向细绳纹间饰两周抹痕，下腹及底部饰交错细绳纹。高18.6厘米，口径13.6厘米，底径6.8厘米（图三七七，2）。

陶匜　1件。标本M175：2，泥质灰陶。勺体呈椭圆形，敞口，前有管状流，其横断面外方内圆，弧腹，圜底。素面。高4.4厘米，体长径10.6厘米，流尾长11厘米（图三七七，4）。

陶杯　1件。标本M175：8，泥质灰陶。敞口，尖圆唇，斜直腹向下内收，腹较深，平底外撇。素面。高11.1厘米，口径9.6厘米，底径5.8厘米（图三七七，6）。

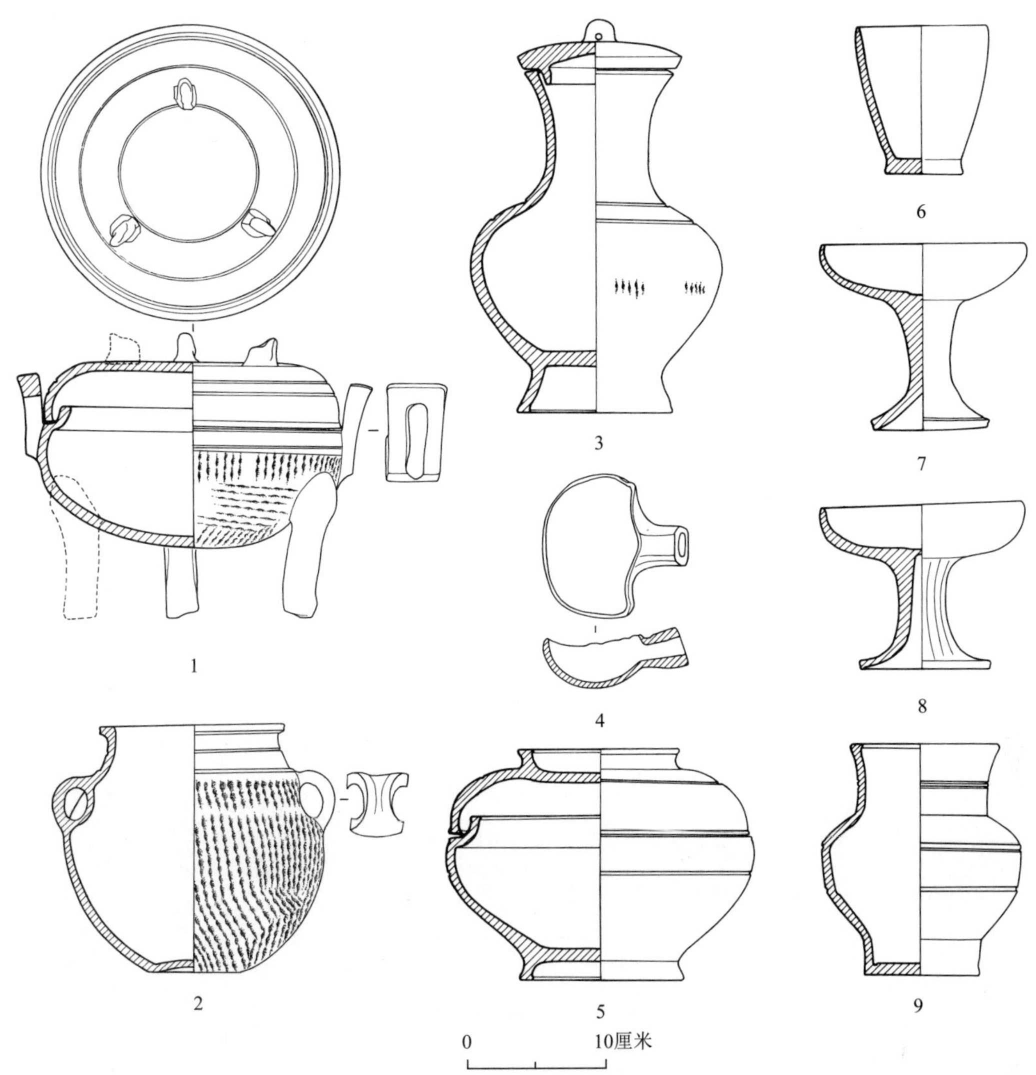

图三七七　M175出土陶器

1.陶鼎（M175：1）　2.陶双牛鼻耳罐（M175：10）　3、9.陶壶（M175：5、M175：4）
4.陶匜（M175：2）　5.陶盒（M175：3）　6.陶杯（M175：8）　7、8.陶豆（M175：7、M175：6）

一七五、M176

M176位于三区东南部，开口于耕土层下，距地表0.3米，墓葬破坏严重，墓室同时打破M177、M178、M179。方向316°。由耳室和墓室两部分组成。

墓坑平面呈长方形，口底同大，长3.6米，宽2.44米，深1.04米。墓室被破坏仅存一土圹，墓壁粗糙，墓底较平。

耳室位于墓室西南部，西壁于墓室西壁平齐，呈长方形，口底同大，长2.42米，宽1.4米，深1.04米。墓壁粗糙，底部较平（图三七八）。

砖为红色条形，仅在墓底发现2块，规格为：长0.34米，宽0.14米，厚0.08米，单长侧面饰半圆形纹。

葬具、人骨架和随葬品无存。

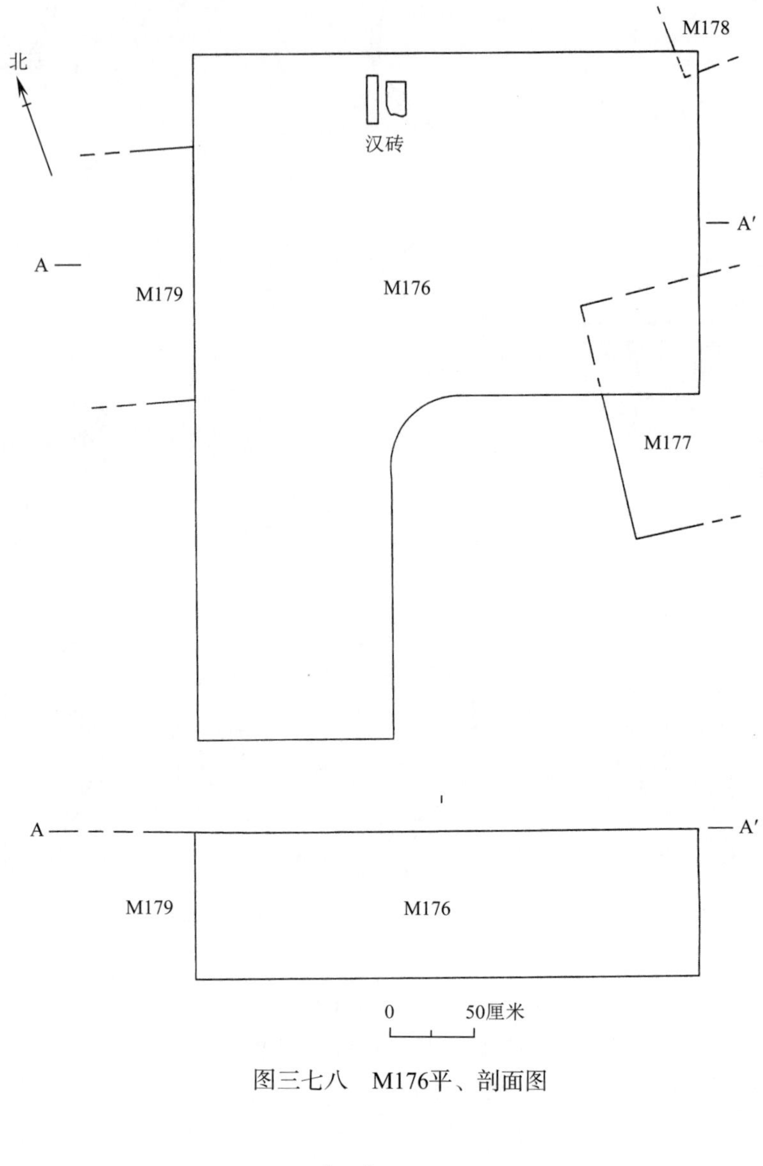

图三七八　M176平、剖面图

一七六、M177

1. 墓葬概况

M177位于三区东南部，开口于耕土层下，距地表0.3米，西北角被M176打破。方向123°。口小底大，墓口长2.5米，东端宽1.8米，西端宽1.7米，墓底长2.6米，宽1.7米，墓深3米。坑四壁规整，向下微外张，四壁因受地层挤压而变形，壁面平滑，经人工修整，墓底平坦（图三七九）。

填红褐色五花土，土质较硬。

葬具已腐朽，仅存痕迹，可以看出为一椁一棺，椁痕长2.2米，宽1.1米；棺置于椁内南部，棺痕长1.9米，宽0.58米。棺底铺一层较薄的草木灰。

人骨架1具，已腐朽，仅存头骨和肢骨痕迹，头向东，仰身直肢。

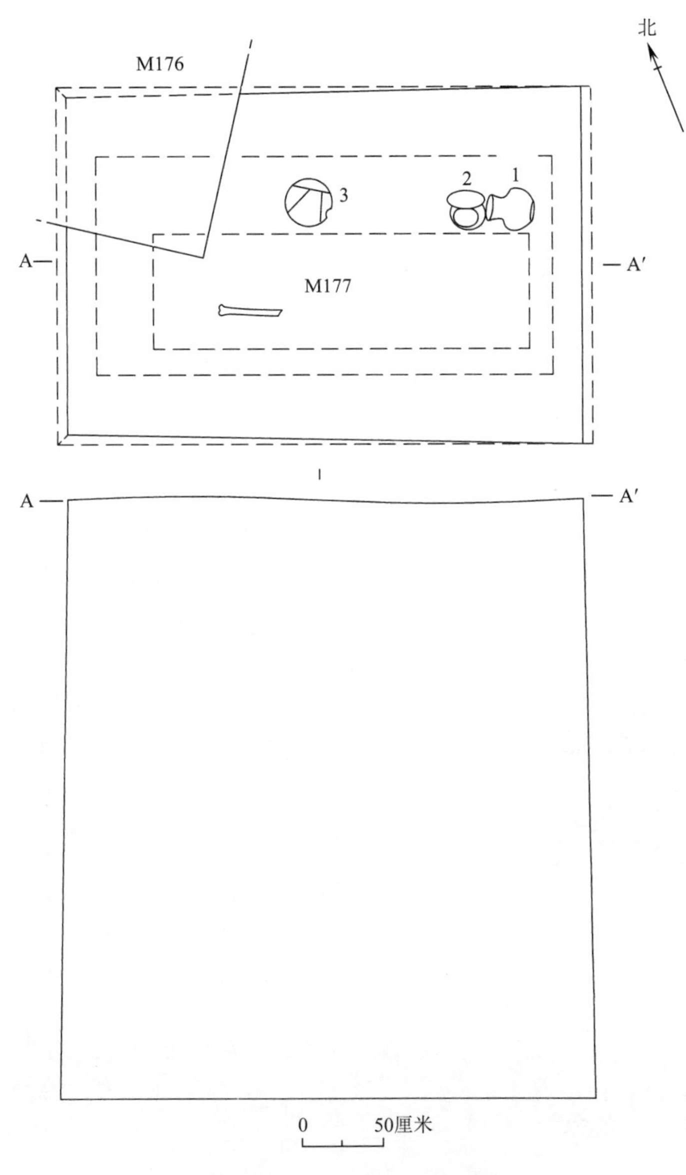

图三七九　M177平、剖面图

1.陶壶　2.陶盒　3.陶鼎

2. 出土器物

随葬品3件，均为陶器，置于椁内棺北侧，陶壶置于北侧中部，鼎、盒置于北侧东部（图版一〇九，1）。

陶鼎　1件。标本M177：3，泥质灰陶。整器近圆形，子口承盖，盖为覆盘状，顶部微弧，周边饰三个乳丁状扁纽。器为子口，弧腹，下腹缓收，附两个对称绳索状半圆形耳，圜底，三扁长方形足，微外撇。盖顶中心为十字交错的刻画纹间以三角纹和麻点纹，周边饰一周凹弦纹，向外为一周网格刻画纹和一周凹弦纹，再外为一周三角纹间以麻点纹和一周凹弦纹，最外为一周网格刻划纹和一周凹弦纹。器上腹饰一周圆圈纹，腹部和底部饰斜向绳纹。通高18.7厘米，口径15.2厘米；盖高7.6厘米，口径19.6厘米（图三八〇，1）。

陶盒　1件。标本M177：2，泥质灰陶。子口承盖，盖为覆盘状，顶部微弧，周边饰三个乳丁状扁纽。器为子口，弧腹，下腹缓收，平底，筒状圈足微外撇。盖顶中心为十字交错的刻画纹间以三角纹和麻点纹，外侧为方格和网格刻画纹及一周麻点纹，向外为一周三角纹间以麻点纹及两周麻点纹，最外为一周网格刻画纹及一周凹弦纹。通高14.4厘米，口径13厘米，底径10.6厘米；盖高5厘米，口径17.9厘米（图三八〇，3）。

陶壶　1件。标本M177：1，泥质灰陶。侈口承盖，盖为覆盘状，顶平，周边饰三个乳丁状扁纽，直口纳入器口内。器为侈口，尖圆唇，束颈，溜肩，鼓腹，下腹弧收，平底，矮圈足，微外撇。盖顶中间为一周凹弦纹和两周麻点纹，内饰两组平行且相互垂直的凹弦纹，两平行线间饰三角纹间以麻点纹，中心为十字交错的刻画纹，外侧饰方格或网格刻画纹，向外为一周三角纹间以麻点纹及一周麻点纹，最外为一周网格刻画纹。器口至颈部饰浅网格刻画纹，肩部饰一周三角纹间以麻点纹，上腹饰两周凹弦纹，中间填网格刻画纹。通高23.16厘米，口径11.4厘米，底径12厘米；盖高3.3厘米，口径6.9厘米（图三八〇，2）。

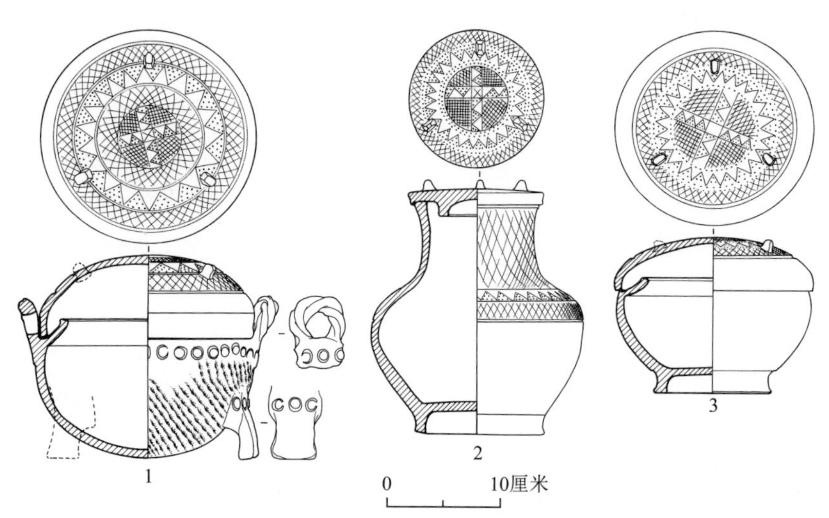

图三八〇　M177出土陶器

1.陶鼎（M177：3）　2.陶壶（M177：1）　3.陶盒（M177：2）

一七七、M178

1. 墓葬概况

M178位于三区东南部，开口于耕土层下，距地表0.3米，西南角被M176打破。方向295°。

口大底小，墓口长2.9米，东端宽2米，西端宽1.94米；墓底长2.14米，宽1.34米；墓深3.1米。坑四壁规整，向下微外张，距墓口深2.1米处有生土二层台，台面平整，台壁斜直，东、南、西、北台面宽分别为0.30、0.3～0.36、0.26、0.22米，高1米，四壁因受地层挤压而变形，壁面平滑，经人工修整，墓底平坦（图三八一）。

填红褐色五花土，土质较硬。

葬具已腐朽，仅存痕迹，可以看出为一椁一棺，椁痕长2.1米，宽1.3米；棺置于椁内中部，棺痕长1.7米，宽0.5米。

人骨架1具，已腐朽，仅存肢骨痕迹，头向西偏北，仰身直肢。

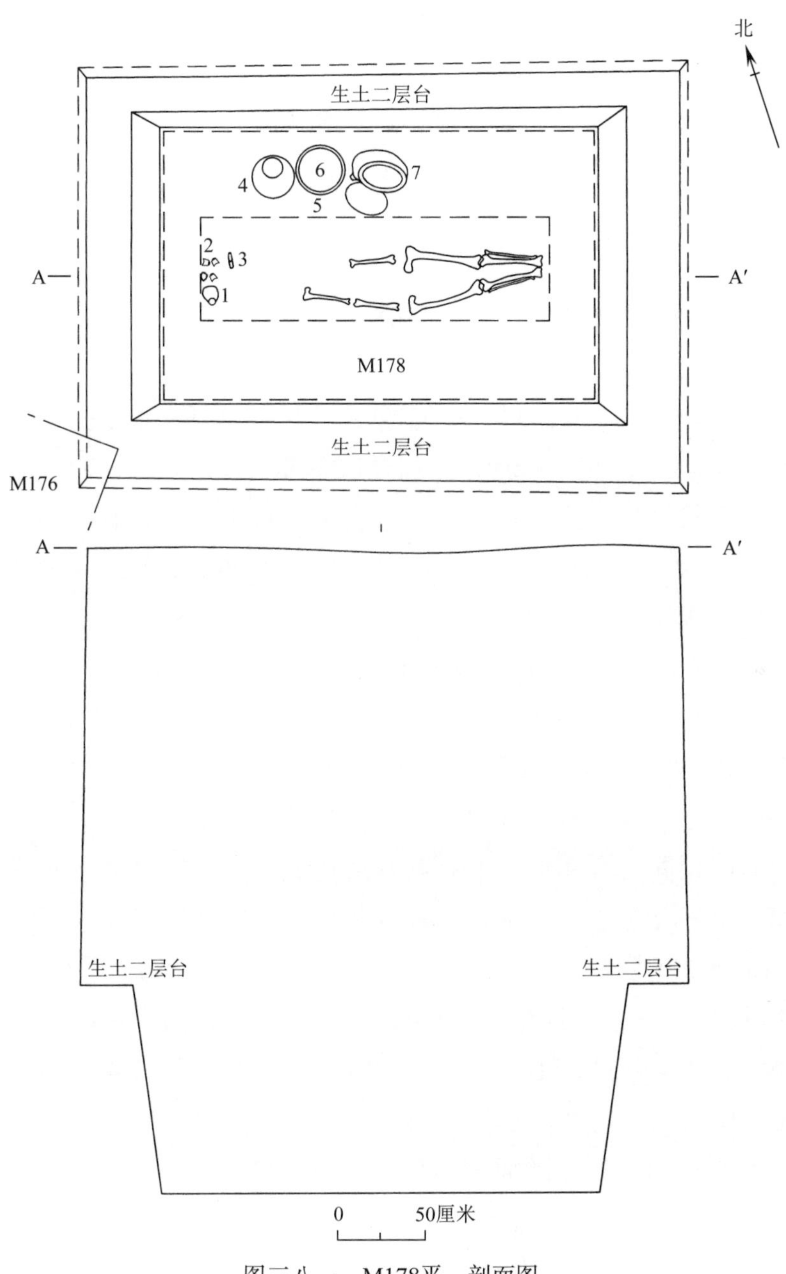

图三八一　M178平、剖面图

1、4.陶壶　2.铜珩、铜铃、铜环　3.铜带钩　5、6.陶盂　7.陶鼎

2. 出土器物

随葬品18件，其中铜铃4件，铜珩6件，铜环2件，铜带钩、小陶壶各1件，置于棺内墓主人头顶部；陶釜、壶各1件，陶盂2件，置于椁内棺外北侧中西部（图版一〇九，2）。

陶釜　1件。标本M178：7，夹砂灰陶。子口，微侈，弧腹，下腹缓收，圜底，耳足已残。上腹饰一周凹弦纹。残高14厘米，口径16.7厘米（图三八二，1）。

陶壶　1件。标本M178：4，泥质灰陶。侈口，尖唇，束颈，溜肩，鼓腹，下腹弧收，平底，矮圈足，微内收。颈部饰浅斜绳纹，肩部饰三周凹弦纹，腹部饰竖绳纹间以抹痕。高23厘米，口径10.1厘米，底径10.9厘米（图三八二，5）。

小陶壶　1件。标本M178：1，泥质灰陶。敛口，折沿，圆唇，束颈，溜肩，弧腹，腹外壁呈瓦垄形，平底。近底部有削痕。素面。高7.6厘米，口径3.6厘米，底径5.5厘米（图三八二，3）。

陶盂　2件。标本M178：5，泥质灰陶。侈口，折沿，圆唇，束颈，圆肩，最大径近肩部，弧腹渐收，平底微凹。腹部饰浅竖绳纹间以抹痕。高8.5厘米，口径19.1厘米，底径9.8厘米（图三八二，2）。标本M178：6，泥质灰陶。敛口，折沿，圆唇，束颈，圆肩，最大径近肩部，弧腹渐收，腹外壁呈瓦垄状，平底，矮圈足微外撇。素面。高9.1厘米，口径22厘米，底径13.7厘米（图三八二，4）。

铜带钩　1件。标本M178：3，残。钩应为兽首形，背部有一圆纽，腹部较长，鼓起，器身有两周凸箍。残长6.9厘米，腹宽1.2厘米，纽径1.2厘米（图三八三，7）。

铜珩　6件。扁平状，呈等腰三角形，顶角有一不规则形穿，有的顶角为弧形，有的两侧为兽首状，底边中部内凹一半圆。标本M178：2-7，顶角为弧形，两侧为兽首状，弧顶没有穿。长9厘米，厚0.1厘米（图三八三，2）。标本M178：2-8，长9.2厘米，厚0.1厘米（图三八三，1）。标本M178：2-9，长9.2厘米，厚0.1厘米（图三八三，5）。标本M178：2-10，顶角为弧形。长9.5厘米，厚0.15厘米（图三八三，6）。标本M178：2-11，顶角为弧形。长9.5厘米，厚0.1厘米（图三八三，4）。标本M178：2-12，顶角为弧形，两侧为兽首状。长7.5厘米，厚0.2厘米（图三八三，3）。

铜铃　4件。形制相同。合瓦形，上有扁环形纽，下宽与上宽的差距较大，两侧边微凹弧，下缘两角下垂，器内部顶上有一半环形纽，纽下悬一薄片状铜舌。铃身上饰卷云纹。标本M178：2-1，高4.1厘米，上宽2.8厘米，下宽5.2厘米（图三八三，11）。标本M178：2-2，残高3.75厘米，上宽2.8厘米，下宽5.4厘米（图三八三，12）。标本M178：2-3，铃舌残。高4.2厘米，上宽2.75厘米，下宽4.9厘米（图三八三，10）。标本M178：2-4，高4.3厘米，上宽2.8厘米，下宽4.75厘米（图三八三，13）。

铜环　2件。形制相同。环体断面为圆形。标本M178：2-5，直径2.25厘米，环体断面直径0.25厘米（图三八三，8）。标本M178：2-6，直径2.2厘米，环体断面直径0.3厘米（图三八三，9）。

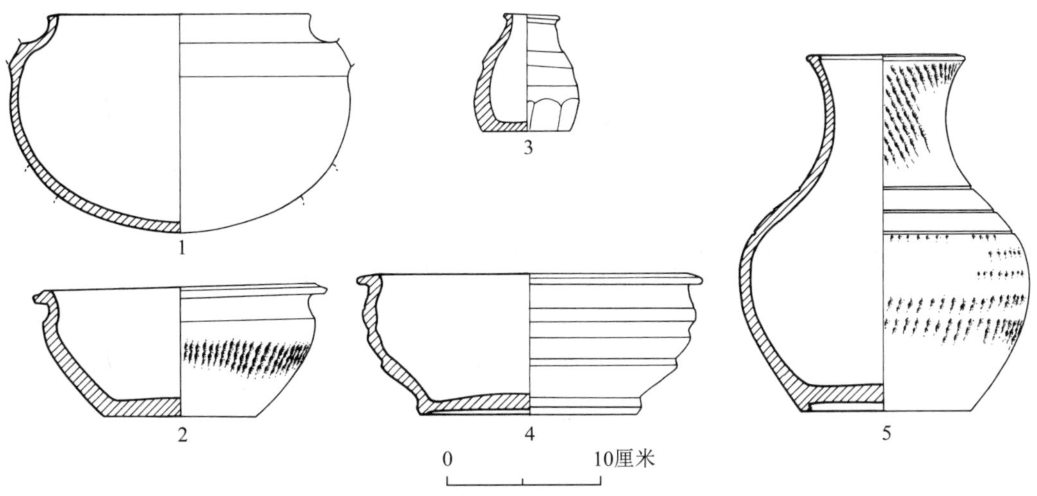

图三八二 M178出土陶器

1.陶釜（M178：7） 2、4.陶盂（M178：5、M178：6） 3.小陶壶（M178：1）
5.陶壶（M178：4）

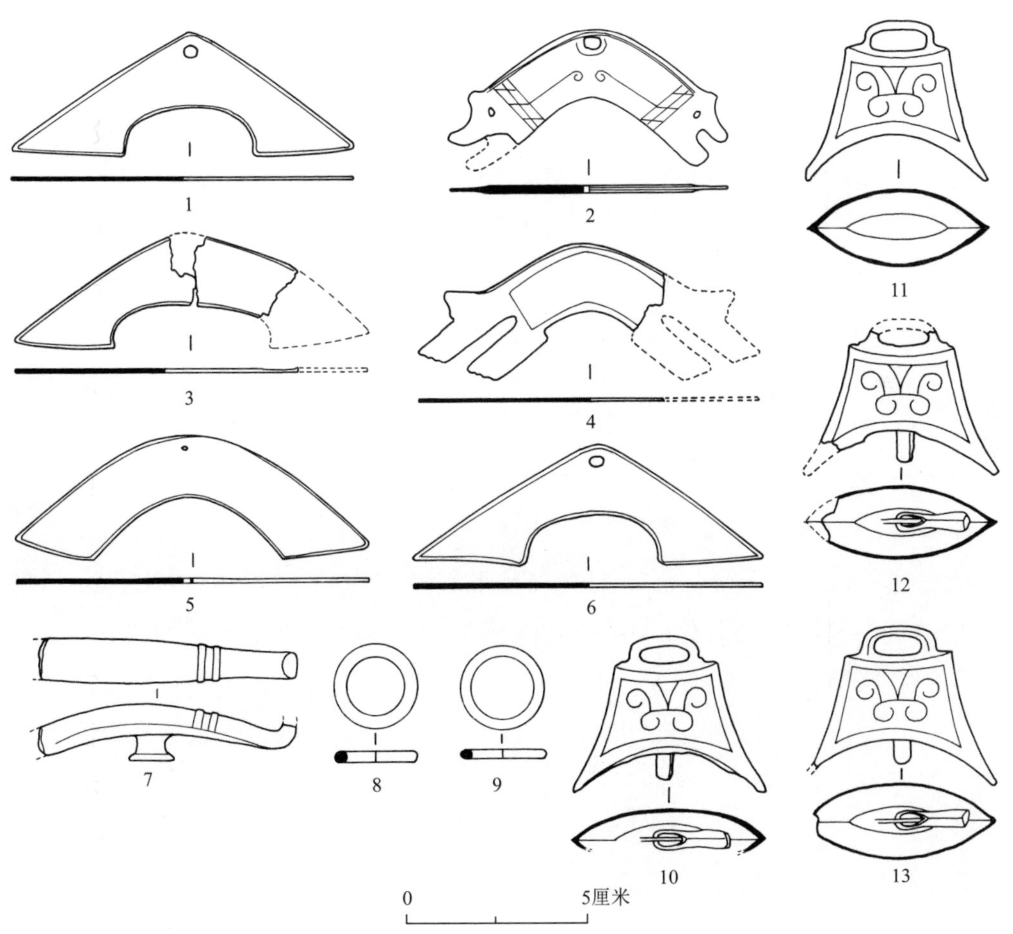

图三八三 M178出土铜器

1~6.铜珩（M178：2-8、M178：2-7、M178：2-12、M178：2-11、M178：2-9、M178：2-10） 7.铜带钩（M178：3）
8、9.铜环（M178：2-5、M178：2-6） 10~13.铜铃（M178：2-3、M178：2-1、M178：2-2、M178：2-4）

一七八、M179

1. 墓葬概况

M179位于三区东南部，开口于耕土层下，距地表0.3米，东南部被M176打破。方向132°或312°。口大底小，墓口残长2.26～2.3米，宽1.8米；墓底长2米，宽1.08米；墓深1.9米。坑四壁规整，向下垂直，距墓口深1.1米处有生土二层台，台面平整，台壁垂直，东、西台面宽0.32米，南、北台面宽0.36米，高0.8米，壁面平滑，经人工修整，墓底平坦（图三八四；图版一一〇，1）。

填红褐色五花土，土质较硬，含料姜石。

葬具已腐朽，仅存痕迹，可以看出为单棺，置于墓底中部，棺痕长1.64米，宽0.52米。

人骨架已朽尽，葬式不详。

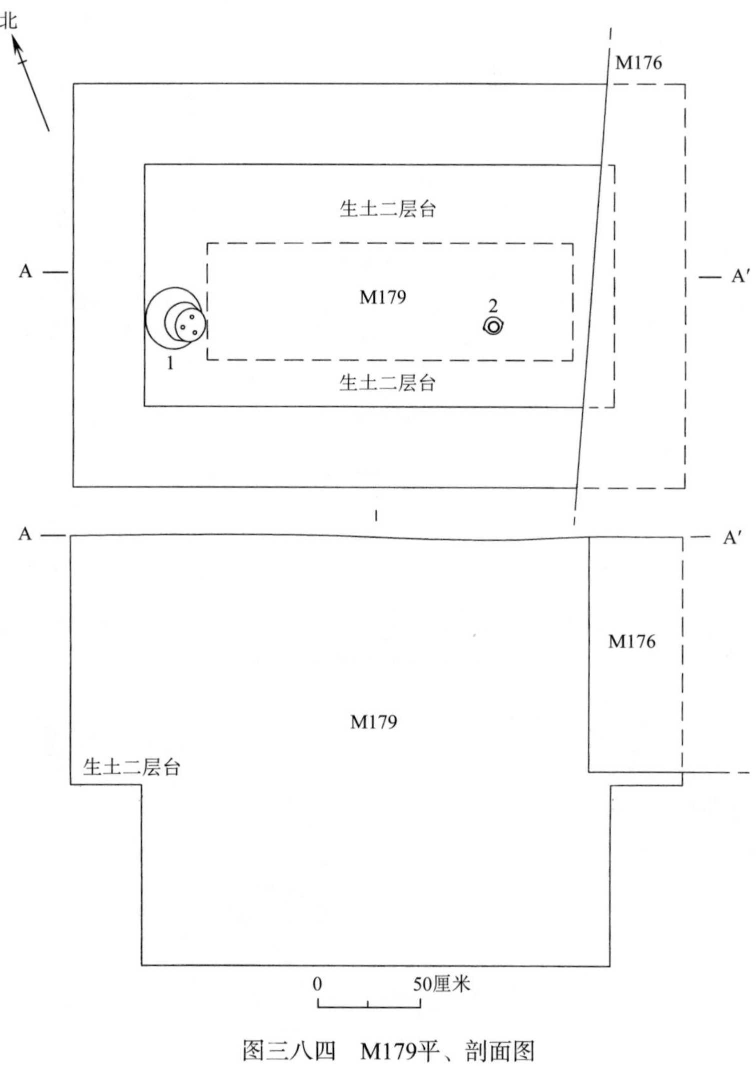

图三八四　M179平、剖面图

1.陶壶　2.陶双桥耳罐

2. 出土器物

随葬品2件，陶壶置于棺内东南部，陶双桥耳罐置于棺外西端紧贴墓壁处。

陶壶 1件。标本M179：1，泥质灰陶。侈口承盖，盖为覆盘状，盖顶近平，中部有纽已残，直口纳入器口内。器为侈口，束颈，圆肩，鼓腹，下腹弧收，平底，筒状圈足，微外撇。腹部饰三周凹弦纹。残高24.8厘米，口径13厘米，底径11.3厘米（图三八五，1）。

陶双桥耳罐 1件。标本M179：2，泥质灰陶。近直口，弧颈，溜肩，肩部有两个对称的贯耳，耳中间有圆形穿孔，鼓腹，下腹斜收，平底。腹部饰两周浅凹弦纹。高6厘米，口径5.3厘米，底径4.6厘米（图三八五，2）。

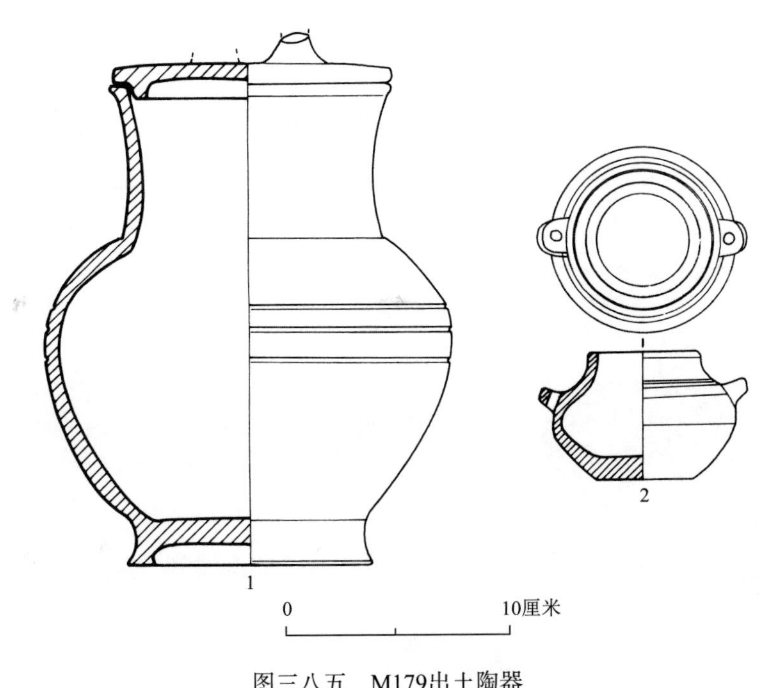

图三八五 M179出土陶器
1.陶壶（M179：1） 2.陶双桥耳罐（M179：2）

一七九、M180

1. 墓葬概况

M180位于三区东南部，开口于耕土层下，距地表0.3米，西部被扰沟破坏。方向125°。口大底小，墓口长2.5米，宽1.3～1.36米；墓底长2.2米，宽0.94米；墓深1.7～2.2米。坑四壁规整，向下垂直，坑东壁垂直至底，其余三壁距墓口深1.5米处有生土二层台，台面平整，台壁垂直，南台面宽0.12～0.18米，西台面宽0.3米，北台面宽0.24米，高0.7米，壁面平滑，经人工修整，墓底平坦（图三八六）。

填红褐色五花土，土质较硬。

葬具已腐朽，仅存痕迹，可以看出为单棺，置于墓底中部，棺痕长1.70米，宽0.55米。人骨架1具，已腐朽，头向东南，面向上，仰身直肢。

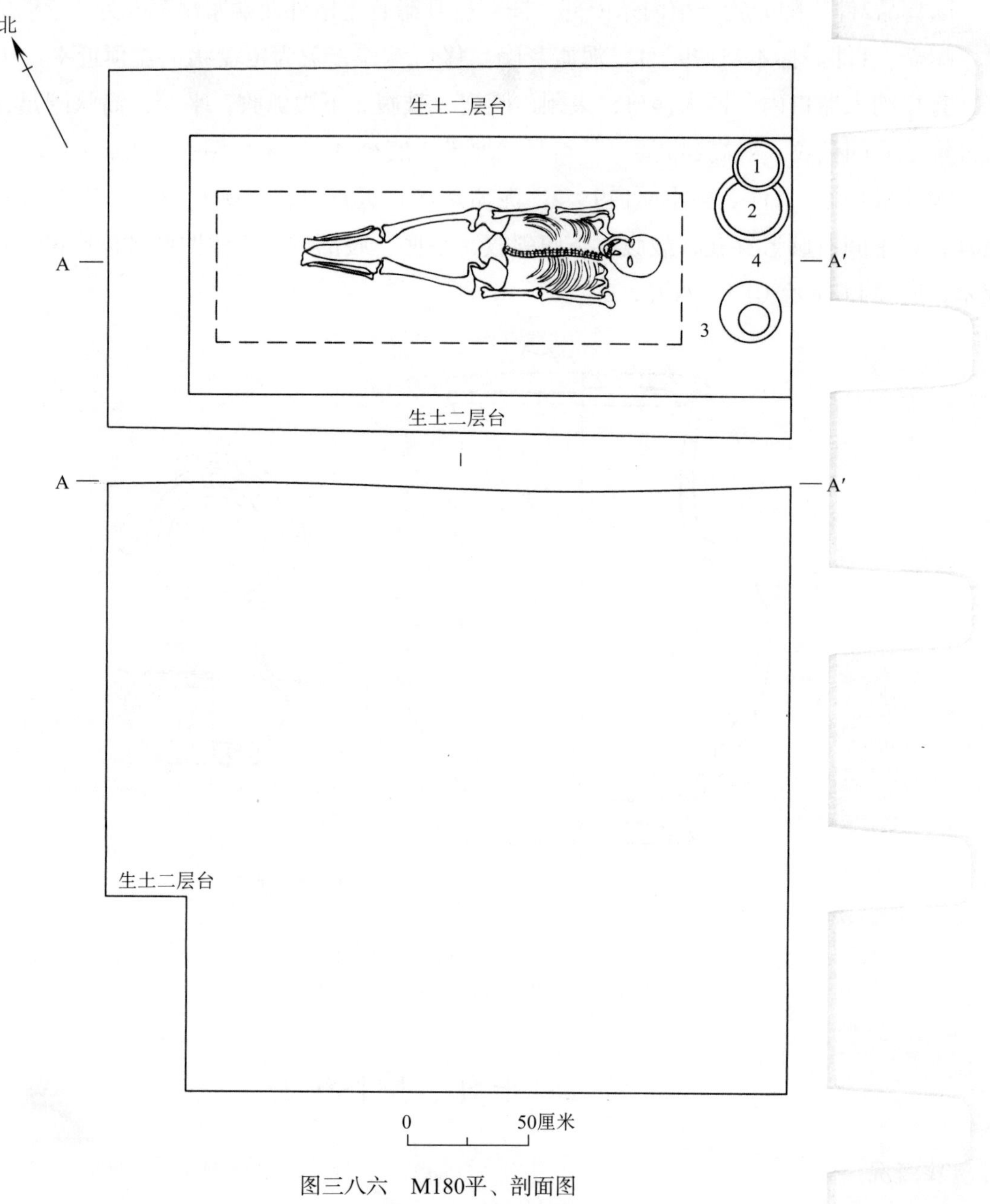

图三八六　M180平、剖面图

1.陶盂　2.陶圜底釜　3.陶壶　4.陶豆

2. 出土器物

随葬品4件，均为陶器，置于棺外墓主人头端，计陶盂、圜底釜、壶、豆各1件（图版一一〇，2）。

陶豆　1件。标本M180：4，泥质灰陶。敞口，浅盘，弧腹，柄壁凹弧，喇叭状圈足，下端近直。柄壁上有手捏痕。高11.4厘米，口径12厘米，底径6.8厘米（图三八七，3）。

陶壶 1件。标本M180：3，泥质红灰陶。侈口，折沿，方唇，微束颈，溜肩，肩腹有明显分界，鼓腹，下腹斜收，近底部较直，平底。近底部有刀削痕。素面。高29.6厘米，口径11.9厘米，底径14厘米（图三八七，1）。

陶盂 1件。标本M180：1，泥质灰陶。敛口，折沿，方唇，沿面内斜，束颈，圆肩，最大径近肩部，弧腹渐收，平底。肩部饰三周凹弦纹。高8.3厘米，口径19厘米，底径9.2厘米（图三八七，2）。

陶圜底釜 1件。标本M180：2，夹砂灰陶。敛口，折沿，方唇，沿面内斜，微束颈，肩部微突，弧腹，下腹缓收，圜底。上腹饰竖绳纹，下腹饰横斜交错的绳纹，腹部有模压痕。高17.3厘米，口径20.6厘米（图三八七，4）。

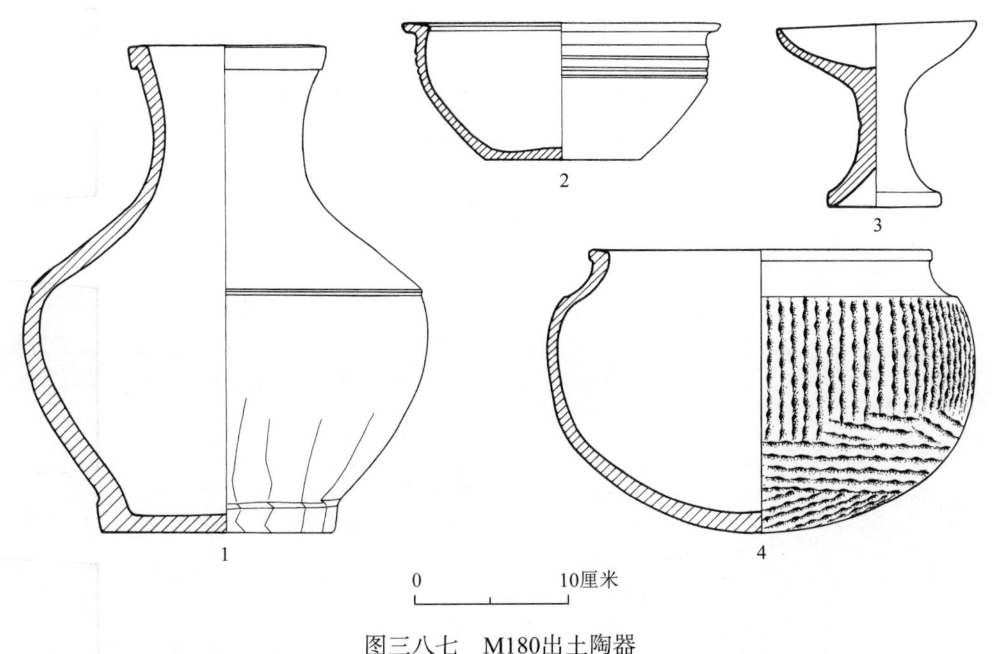

图三八七 M180出土陶器

1.陶壶（M180：3） 2.陶盂（M180：1） 3.陶豆（M180：4） 4.陶圜底釜（M180：2）

一八〇、M181

1. 墓葬概况

M181位于三区东南部，开口于扰土层下，距地表0.3米，扰土层厚0.1米。方向302°。口大底小，墓口长3.2米，东端宽2.1米，西端宽2.3米；墓底长1.92米，宽1.20米；墓深3.72米。坑四壁规整，向下外张，自墓口垂直向下2.52米深处有生土二层台，台面不平整，约从中部位置皆向内稍倾斜，台面宽0.42米，台壁向下内收，高1.2米，壁面粗糙，墓底平坦（图三八八；图版一一一，1）。

填红褐色五花土，土质较硬。

葬具已腐朽，仅存痕迹，可以看出为一椁一棺，椁痕长1.9米，宽1.18米；棺置于椁室北部，棺痕长1.7米，宽0.5～0.6米。棺底铺一层较薄青膏泥。

人骨架腐朽不详，根据石环的出土位置可判断墓主人头向西。

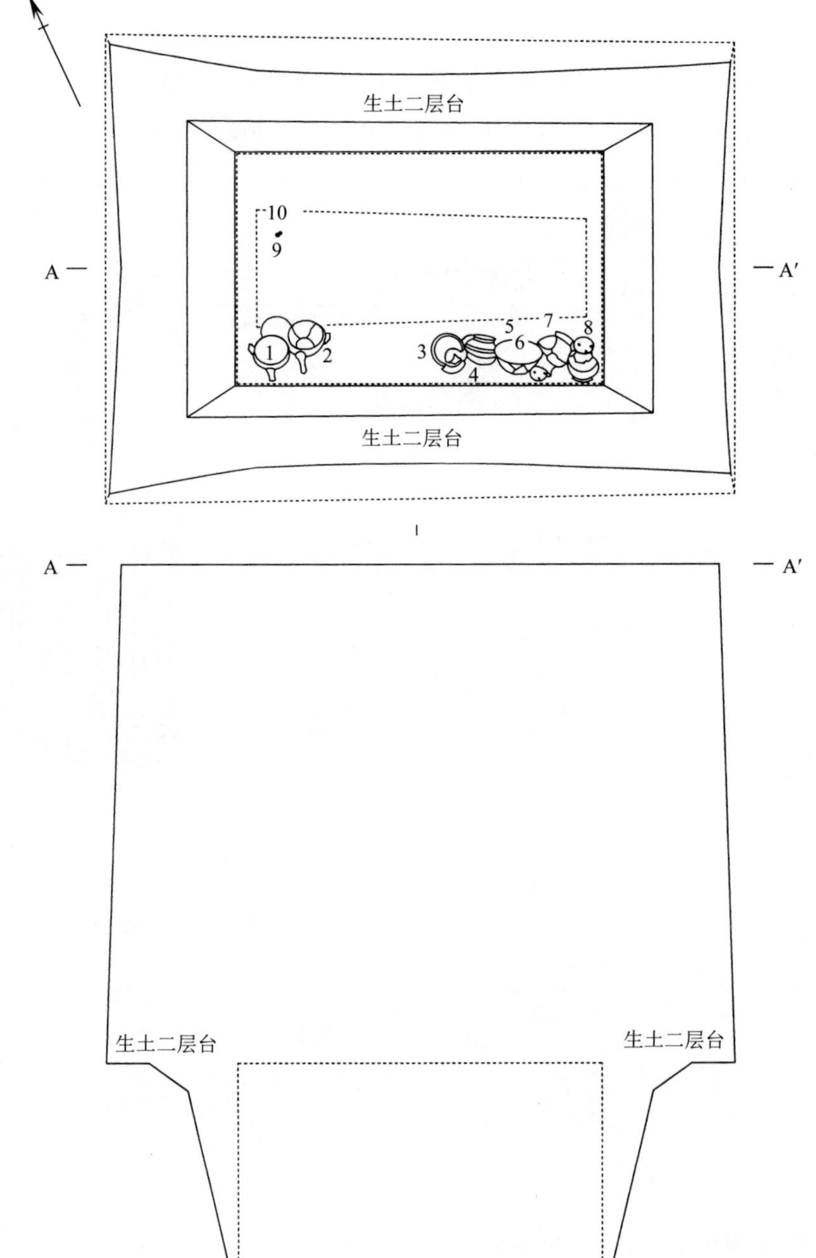

图三八八　M181平、剖面图

1、2.陶鼎　3、4.陶盒　5.陶甑　6.陶单耳罐　7、8.陶壶　9.铁器　10.石环

2. 出土器物

随葬品10件，包括陶器、石器和铁器。其中陶器置于椁内棺外南部，计有鼎、盒、壶各2件，甑、单耳罐各1件，石环和铁器置于棺内西端。其中石环和铁器破碎严重，无法提取（图版一一一，2）。

陶鼎　2件。形制相同。泥质黑皮灰陶。覆盘状盖，盖隆起，顶圜，顶部有三个扁柱形纽。器为子口，弧腹缓收，腹部有两个对称的方形附耳，向上外撇，扁圆耳孔对穿，平底，下附三柱足，足上有削痕，横断面呈多边形。盖腹壁饰一周较宽的凹弦纹，器腹部及足根部饰竖向细绳纹。标本M181：1。通高24.5厘米，口径17厘米；盖高7.3厘米，口径19.8厘米（图三八九，1）。标本M181：2，通高23.8厘米，口径15.4厘米；盖高7.9厘米，盖口径18.1厘米（图三八九，2）。

陶盒　2件。形制相同。泥质灰陶。子口，上呈覆碗状盖，盖隆起，顶部平，上附倒喇叭状捉手，盖、器扣合成扁圆形，器深约为盖深的两倍。器为子口，弧腹内收，平底，筒状浅圈足。盖腹及器腹分别饰一周、两周凹弦纹。标本M181：3，通高15.3厘米，口径14.8厘米，圈足径8.6厘米；盖高5.8厘米，口径17.2厘米，圈足径10.2厘米（图三八九，6）。标本M181：4，通高16.4厘米，口径16.1厘米，圈足径7.4厘米；盖高6.8厘米，口径18.4厘米，圈足径12.2厘米（图三八九，7）。

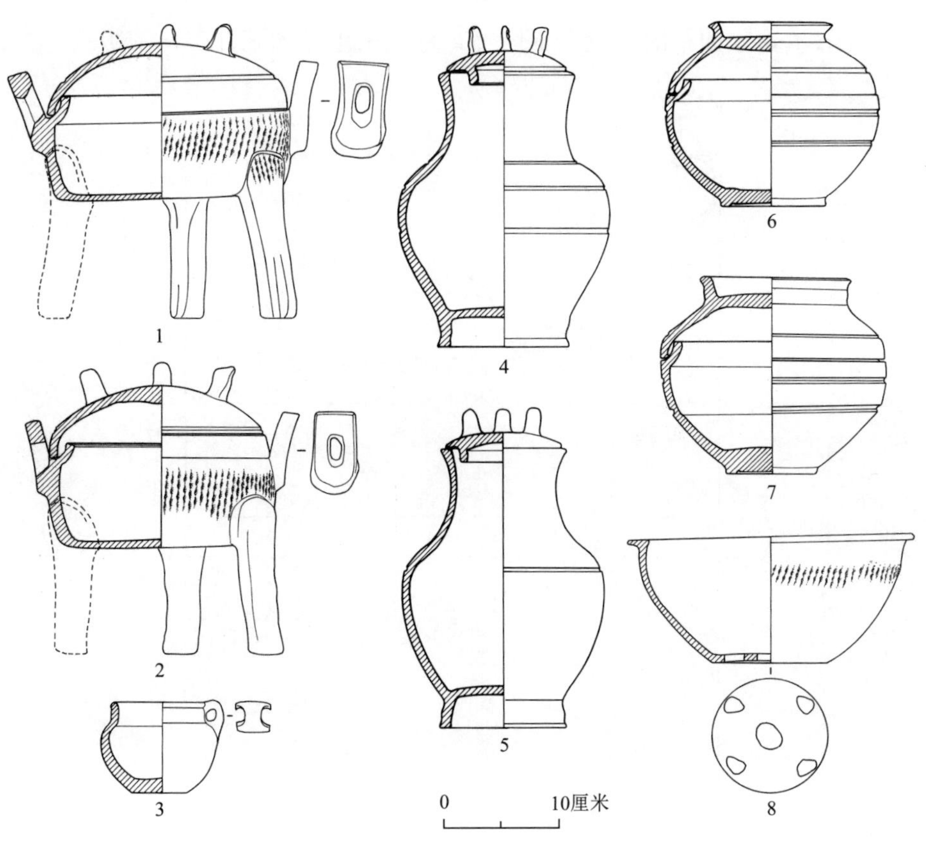

图三八九　M181出土陶器

1、2.陶鼎（M181：1、M181：2）　3.陶单耳罐（M181：6）　4、5.陶壶（M181：8、M181：7）　6、7.陶盒（M181：3、M181：4）　8.陶甑（M181：5）

陶壶　2件。形制相同。侈口，上呈覆盘状盖，盖作子口，向下近直且纳入器口内，盖隆起，顶部有三个扁圆柱形纽。器为侈口，束颈，溜肩，鼓腹，下腹弧收，平底，喇叭状圈足。标本M181：7，泥质灰陶。肩部饰一周较宽的凹弦纹。通高26.1厘米，口径10.6厘米，圈足径10.6厘米；盖高4.5厘米，口径6.5厘米（图三八九，5）。标本M181：8，泥质黑衣灰陶。肩腹部饰三周凹弦纹。通高26.6厘米，口径11.1厘米，圈足径10.8厘米；盖高4.9厘米，口径6.1厘米（图三八九，4）。

陶单耳罐　1件。标本M181：6，泥质灰陶。直口，圆唇，颈壁直，颈部一侧有一牛鼻形耳，溜肩，鼓腹，最大颈在上腹，下腹弧收，平底。素面。高7.5厘米，口径8厘米，底径4.6厘米（图三八九，3）。

陶甑　1件。标本M181：5，泥质灰陶。近直口，圆唇，平折沿，颈壁直，腹壁弧收，平底微内凹，底部有五个箅孔。肩部饰斜向细绳纹，大多已漫漶不清。高10.8厘米，口径23.6厘米，底径9.4厘米（图三八九，8）。

一八一、M182

1. 墓葬概况

M182位于三区东南部，开口于耕土层下，坑口距地表0.3米。方向206°。口底同大，长1.8米，宽1.2米，墓深1米。壁面平滑，经人工修整，墓底平坦（图三九〇；图版一一二，1）。

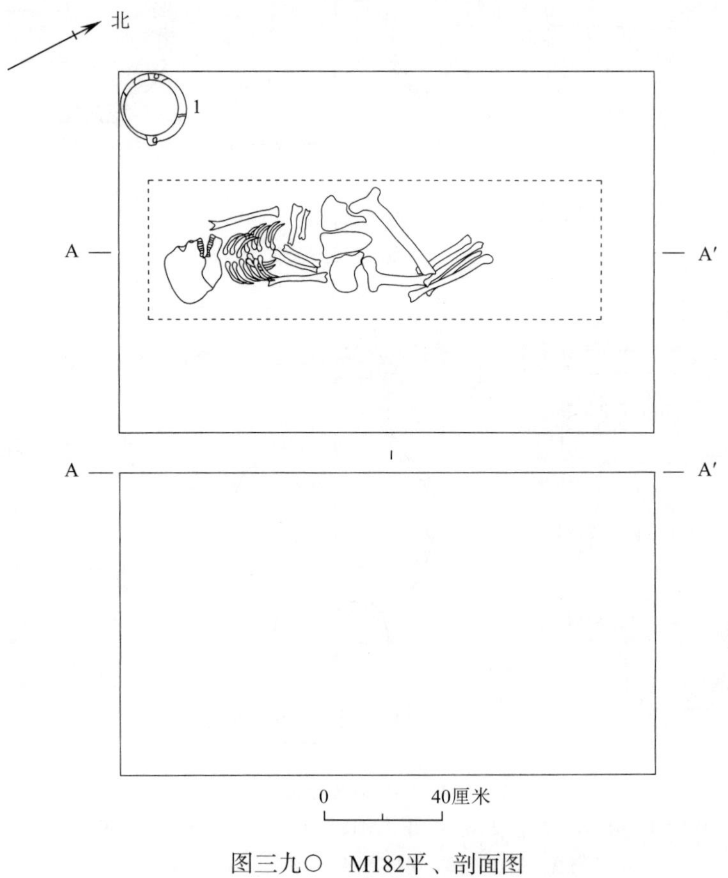

图三九〇　M182平、剖面图

1.陶双牛鼻耳罐

填褐色五花土，土质较软，含料姜石。

葬具已腐朽，仅存痕迹，可以看出为单棺，位于墓底中部，棺痕长1.52米，宽0.46米。

人骨架1具，已腐朽，头向西南，侧身屈肢。

2. 出土器物

随葬品1件，陶双牛鼻耳罐置于墓底西南角。

陶双牛鼻耳罐 1件。标本M182：1，泥质灰陶。敞口，尖圆唇，束颈，溜肩，肩部有两个对称的牛鼻形耳，弧腹，下腹弧收，凹圜底。上腹饰斜向绳纹间以两周抹痕，下腹及底部饰交错细绳纹。高20.4厘米，口径15.2厘米，底径7.2厘米（图三九一）。

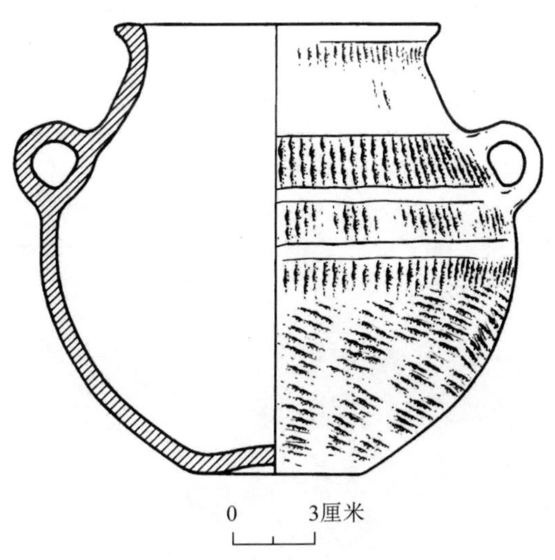

图三九一 M182出土陶双牛鼻耳罐（M182：1）

一八二、M183

1. 墓葬概况

M183位于三区东南部，开口于耕土层下，距地表0.3米。方向205°。口大底小，墓口长3.08米，宽2.04米；墓底长2.26米，南端宽1.1米，北端宽1.18米；墓深3.36米。东、西两壁垂直，南、北两壁向下内收，自墓口向下2.6米深处有生土二层台，台面平整，台面宽0.26～0.4米，台壁向下内收，高0.76米，壁面平滑，经人工修整，墓底平坦（图三九二）。

填灰褐色五花土，土质较硬。

葬具已腐朽，仅存痕迹，可以看出为一椁一棺，椁痕长2.04米，宽0.98米；棺置于椁室中西部，棺痕长1.75米，宽0.5米。

人骨架1具，已腐朽，头向南偏西，面向东，双手置于腹部，仰身直肢。

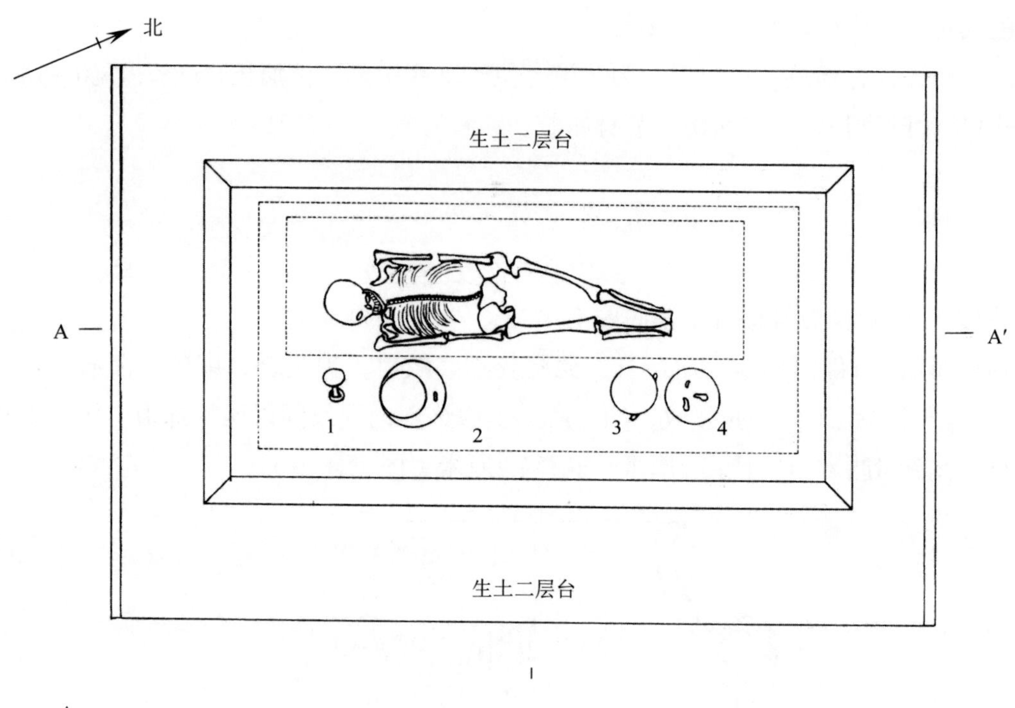

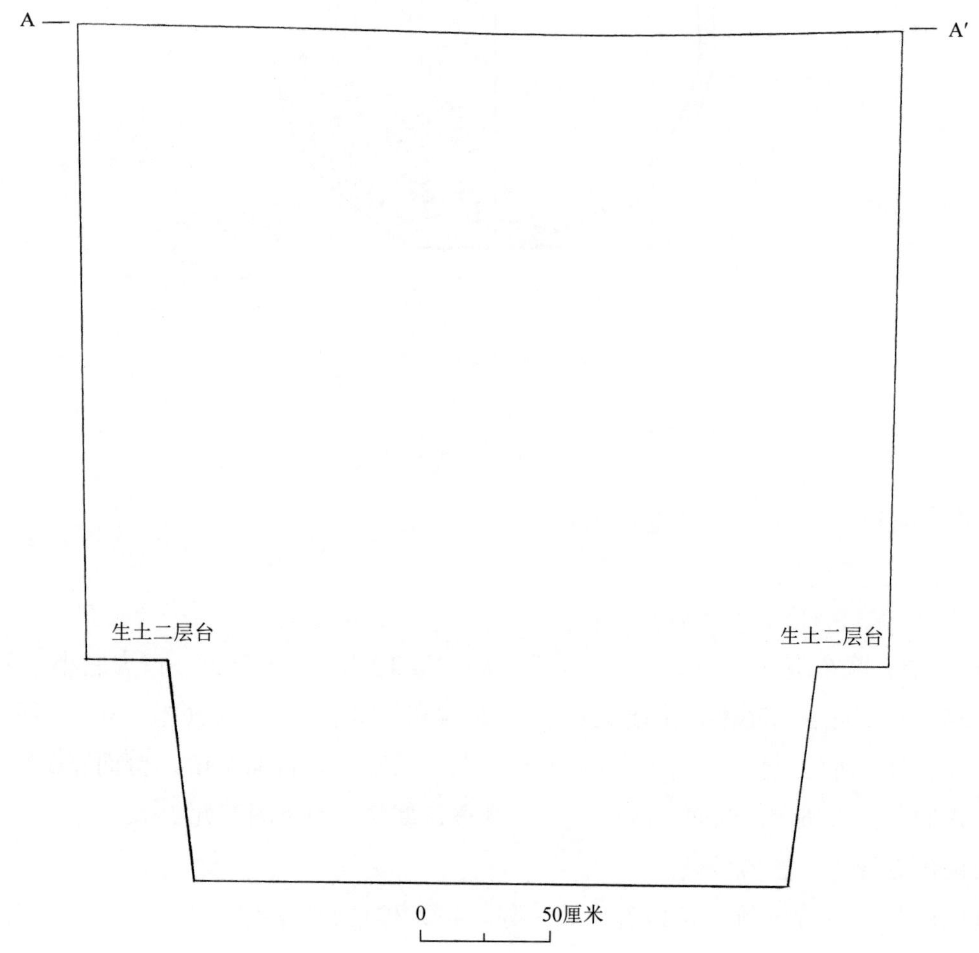

图三九二　M183平、剖面图

1.陶豆　2.陶壶　3.陶鼎　4.陶敦

2. 出土器物

随葬品4件，均为陶器，置于椁内棺外东侧，计有陶鼎、陶敦、陶壶、陶豆各1件。

陶鼎 1件。标本M183：3，泥质灰陶。器上呈弧盘状盖，盖隆起，顶近平，顶部有三个圆形兽头纽位于两周凸棱内。器为敛口，方唇，腹壁弧收，腹部有两个对称的方形附耳，向上外撇，方耳孔对穿，圜底近平，下附三蹄足，近根部处内侧有一凹槽，足外圆内平，其横断面呈半圆形。器腹饰一周凸弦纹，足根模印一兽面。通高23.6厘米，口径22.2厘米（图三九三，1）。

陶豆 1件。标本M183：1，泥质黑衣褐陶。敞口，尖圆唇，折腹，内底凹弧，柄较长，喇叭状圈足。柄中部及下端均饰一组凹弦纹，每组三周。高20.5厘米，口径16.4厘米，圈足径11厘米（图三九三，2）。

陶敦 1件。标本M183：4，泥质灰陶。盖器扣合成扁圆形，口径大于身高，盖深几乎等于器深，盖顶和器底较平缓，盖顶和器底均有三个“S”形纽。盖顶和器底均饰三周凹弦纹。通高24.6厘米，口径18.8厘米（图三九三，3）。

陶壶 1件。标本M183：2，残。泥质褐陶。器口上呈盖，盖作子口，向下内收且纳入器口内，盖隆起，顶已残失，顶部有三个“S”形纽。器为侈口，尖唇，束颈，溜肩，鼓腹，下腹以下由于陶质差，陶片碎，已无法修复。颈部饰五周凹弦纹。

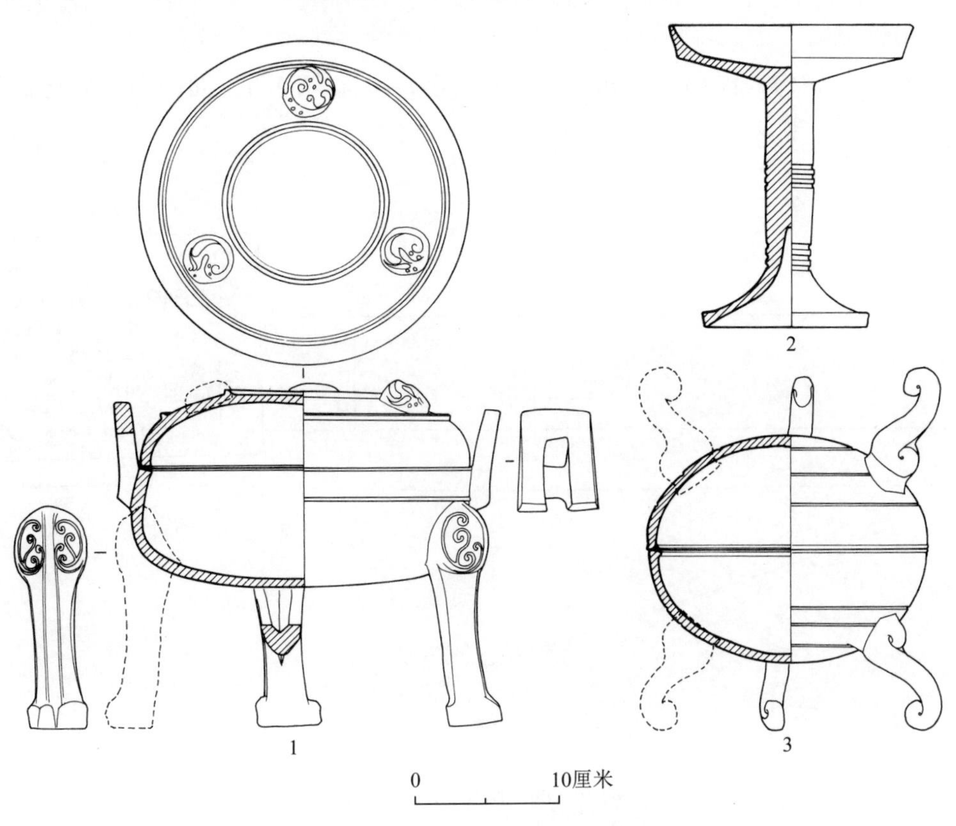

图三九三 M183出土陶器

1.陶鼎（M183：3） 2.陶豆（M183：1） 3.陶敦（M183：4）

一八三、M184

1. 墓葬概况

M184位于三区东南部，开口于耕土层下，距地表0.3米，墓室打破M185。方向305°。由墓道、甬道和墓室三部分组成。

墓道向西北，设于墓室前壁，稍偏右，东南与甬道相连，为长方形斜坡状，口底同大，两端同宽，口长5.6米，宽0.98米；底坡长5.94米，坡度19°；下端深1.9米。

甬道设于墓室前壁右侧，西北与墓道相连，为土洞穴式，呈长方形，进深0.8～0.82米，宽0.98米，高1.08～1.2米。顶部由前向后渐低，两壁垂直。底前部为斜坡状，坡长0.34米；后部为平底，长0.5米。

墓室平面呈长方形，口底同大，口长2.46米，宽1.9～1.94米，深2.1米。墓壁垂直，表面较光滑。墓底较平，并铺有河卵石，没有规律，主要位于棺下和器物附近，分析可能为棺床和用来摆放器物的作用。河卵石大小不等，长在0.1～0.13米（图三九四；图版一一二，2）。

填红褐色五花土，土质松软。

葬具已腐朽，仅存痕迹，可以看出为单棺，置于墓底南部，棺痕长1.9米，宽0.6米，下有石砌棺床，高0.12米。

人骨架1具，已腐朽，仅存头骨和部分肢骨痕迹，可知头向西，面向南，仰身直肢。

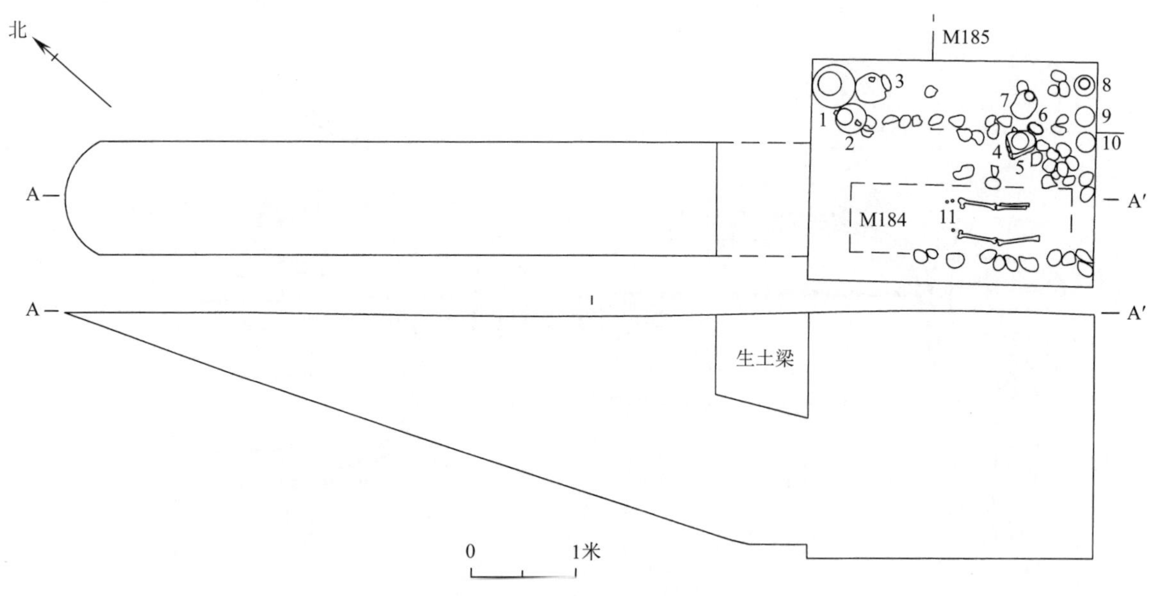

图三九四　M184平、剖面图

1.陶瓮　2、3.陶双牛鼻耳罐　4.陶灶　5.陶盆　6.陶甑　7～10.陶仓　11.铜泡钉

2. 出土器物

随葬品较为丰富，计13件。随葬品主要为陶器，计有陶仓4件，陶双牛鼻耳罐2件，陶瓮、陶灶、陶盆、陶甑各1件，铜泡钉3件。随葬品的放置无规律可循，陶器主要分布在墓底北侧，铜泡钉位于棺内。

陶瓮　1件。标本M184：1，泥质灰陶。敞口，尖唇，束颈，圆肩，鼓腹，下腹弧收，平底微凹。肩部饰两周凹弦纹。高25.8厘米，口径20厘米，底径19.8厘米（图三九五，1；图版一一三，3）。

陶双牛鼻耳罐　2件。形制相同。泥质灰陶。敞口，折沿，方唇，束颈，溜肩，肩部有两个对称的牛鼻形耳，弧腹，下腹弧收，凹圜底。标本M184：2，唇部饰一周凹弦纹，肩部及上腹饰竖绳纹间以三周抹痕，下腹及底部饰横斜交错的绳纹。高24.8厘米，口径13.2厘米，底径9.8厘米（图三九五，4；图版一一三，1）。标本M184：3，肩部及上腹饰竖绳纹间以三周抹痕，下腹及底部饰横斜交错的绳纹。高24.2厘米，口径14厘米，底径9.4厘米（图三九五，5；图版一一三，2）。

陶仓　4件。形制相同。泥质灰陶。敛口，斜折肩，腹壁微弧，近底部微收，平底。近底部有刀削痕。标本M184：7，沿面饰一周凹弦纹，肩及腹部饰竖绳纹间以五周凹弦纹。高23.7厘米，口径9.8厘米，底径18.6厘米（图三九五，3；图版一一三，4）。标本M184：8，沿下外壁竖刻“八十石”三字。沿面饰一周浅凹弦纹，肩及腹部饰竖绳纹间以五周凹弦纹，高22.9厘米，口径9.2厘米，底径17.8厘米（图三九五，6）。标本M184：9，沿下外壁竖刻“八十石”三字。沿面饰一周凹弦纹，肩及腹部饰竖绳纹间以六周凹弦纹。高22.4厘米，口径10.3厘米，底径18厘米（图三九五，8）。标本M184：10，沿下外壁竖刻“一百旦”三字。沿面饰一周凹弦纹，肩及腹部饰竖绳纹间以五周凹弦纹。高23.9厘米，口径9.6厘米，底径18.3厘米（图三九五，7）。

陶灶　1件。标本M184：4，泥质灰陶。灶体呈三角形，前壁微弧，前壁居中设一半圆形灶门，灶面有两个火眼，前端呈圆形，后端呈椭圆形，前端火眼上置一釜，后端斜立一圆柱形烟囱，烟囱中通。釜为敛口，扁鼓腹，圜底，近锥状。烟囱上有手捏痕，釜底部有削痕。素面。通高12.4厘米，长26.7厘米，宽19.5厘米；釜高5.8厘米，口径6.6厘米（图三九五，2；图版一一三，6）。

陶盆　1件。标本M184：5，泥质灰陶。侈口，方唇，沿面内斜，弧腹，下腹缓收，平底。素面。高7厘米，口径13.3厘米，底径3.4厘米（图三九五，9）。

陶甑　1件。标本M184：6，泥质灰陶。侈口，折沿，圆唇，弧腹斜收，平底，底有五个圆形箅孔。沿面饰一周凹弦纹。高7.2厘米，口径15厘米，底径4.2厘米（图三九五，10；图版一一三，5）。

铜泡钉　3件。形制相同。钉帽圆形鼓起，下有一钉尖。标本M184：11-1，直径2厘米（图三九六，1）。标本M184：11-2，直径1.8厘米（图三九六，2）。标本M184：11-3，直径1.9厘米（图三九六，3）。

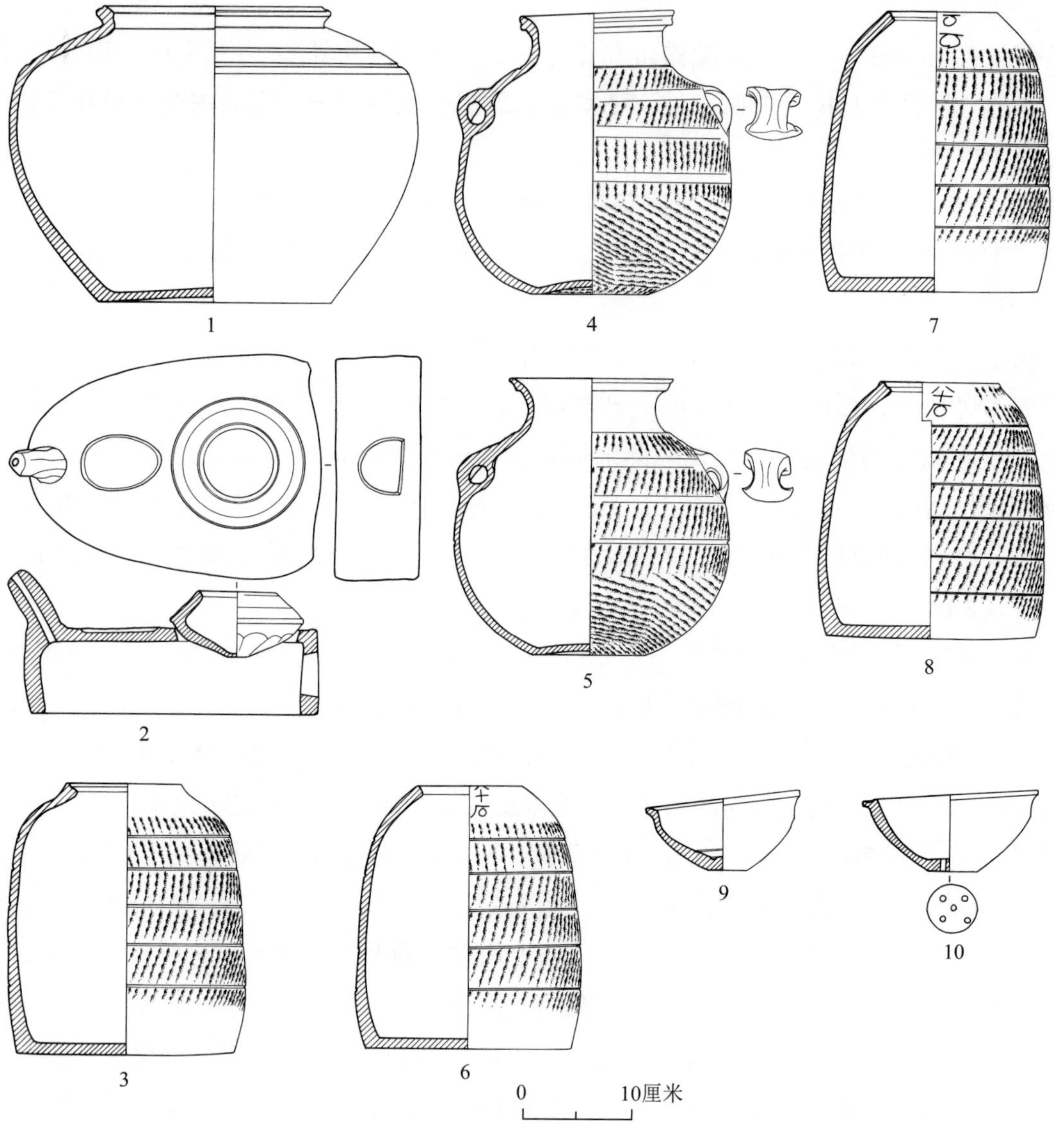

图三九五　M184出土陶器

1.陶瓮（M184：1）　2.陶灶（M184：4）　3、6～8.陶仓（M184：7、M184：8、M184：10、M184：9）
4、5.陶双牛鼻耳罐（M184：2、M184：3）　9.陶盆（M184：5）　10.陶甑（M184：6）

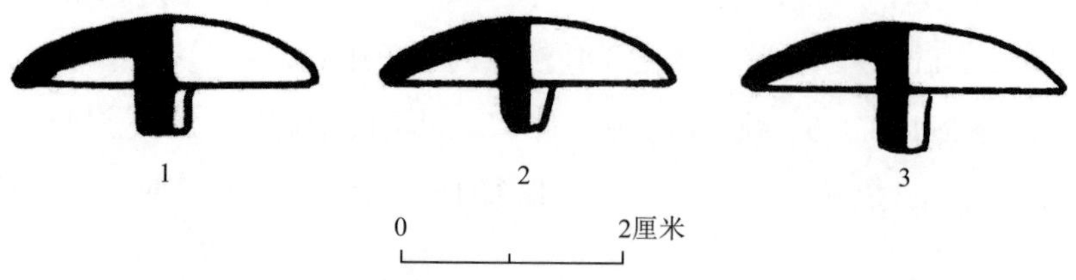

图三九六　M184出土铜泡钉

1. M184：11-1　2. M184：11-2　3. M184：11-3

一八四、M185

1. 墓葬概况

M185位于三区东南部，开口于耕土层下，距地表0.3米，西南部被M184墓室打破。方向126°。口大底小，墓口长2.5米，宽1.76米；墓底长2.4米，宽1米；墓深2.66米。坑四壁规整，向下微外张，距墓口深1.9米处的西、南、北壁有生土二层台，台面平整，台壁垂直，西台面宽0.4米，南、北台面宽0.44米，高0.76米，坑壁因地层挤压而变形，壁面粗糙，墓底平坦（图三九七；图版一一四，1）。

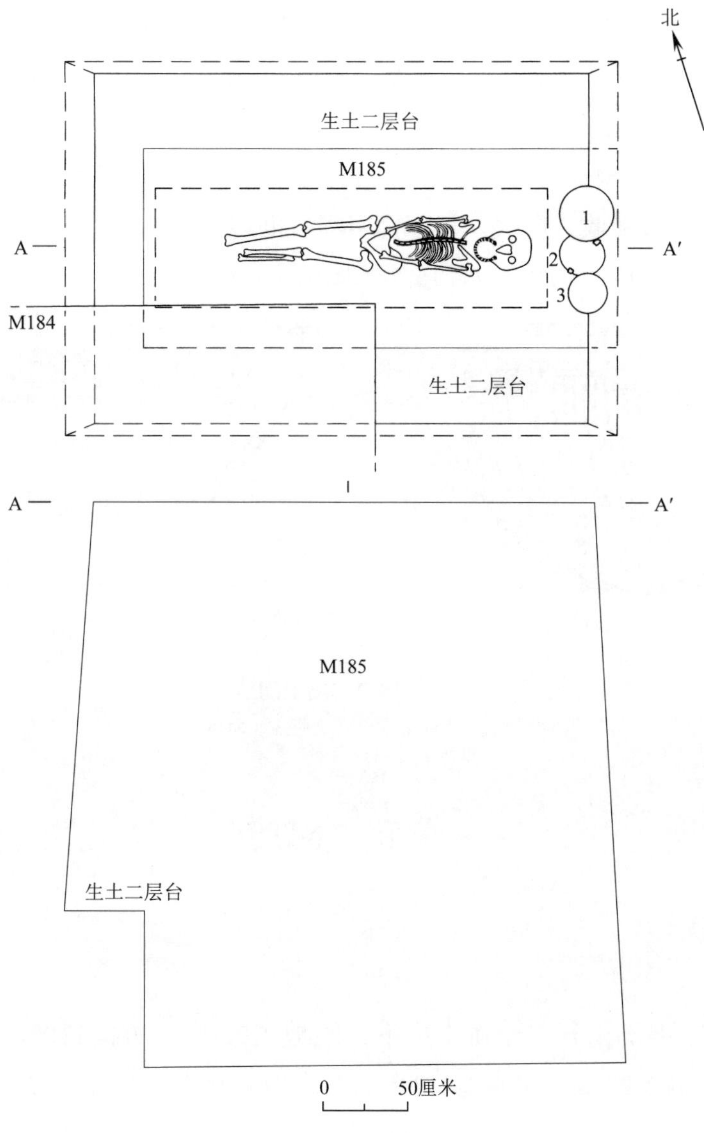

图三九七　M185平、剖面图
1.陶盂　2.陶圜底釜　3.陶壶

填红褐色五花土，土质较硬。

葬具已腐朽，仅存痕迹，可以看出为单棺，置于墓底中部，棺痕长1.98米，宽0.6米。

人骨架1具，已腐朽，头向东南，面向上，双手置于腹部，仰身直肢。

2. 出土器物

随葬品3件，均为陶器，置于棺外墓主人头端，计有陶盂、圜底釜、壶各1件（图版一一四，2）。

陶壶　1件。标本M185：3，泥质黑皮红陶。器物已残，从残片看为侈口，尖唇，微束颈，平底。腹部饰数周凹弦纹。

陶盂　1件。标本M185：1，泥质灰陶。近直口，折沿，沿面微内斜，方唇，束颈，圆肩，最大径近肩部，弧腹渐收，平底。肩部及上腹饰七周凹弦纹。高12.1厘米，口径27.2厘米，底径11.6厘米（图三九八，2）。

陶圜底釜　1件。标本M185：2，夹砂灰陶。敞口，折沿，微束颈，圆肩，肩部有两个对称牛鼻形耳，鼓腹，下腹弧收，圜底。肩部饰竖绳纹间以两周抹痕，上腹饰竖绳纹，下腹及底部饰横斜交错的绳纹。高17.2厘米，口径15.5厘米（图三九八，1）。

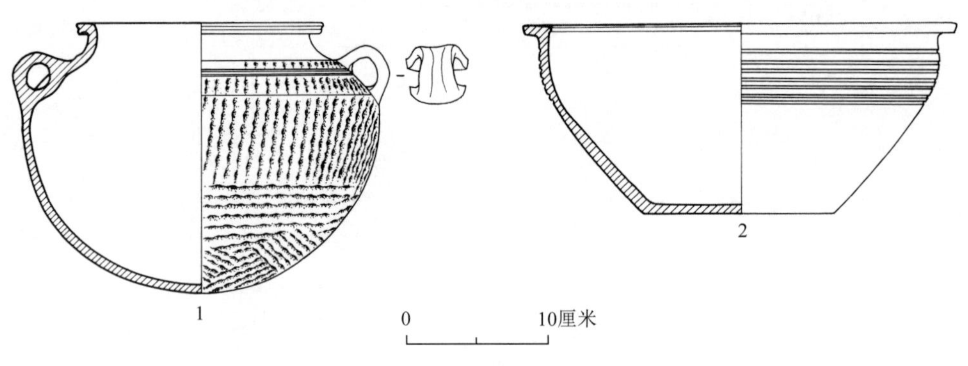

图三九八　M185出土陶器
1.陶圜底釜（M185：2）　2.陶盂（M185：1）

一八五、M186

1. 墓葬概况

M186位于三区东南部，开口于耕土层下，距地表0.3米。方向110°。口大底小，墓口长2.9米，宽2米；墓底长2.22米，东端宽1.2米，西端宽1.24米；墓深3.22～3.28米。坑四壁规整，向下外张，自墓口向下2.3～2.36米深处有生土二层台，台面平整，台面宽0.32～0.36米，台壁向下内收，高0.92米，壁面平滑，经人工修整，墓底平坦（图三九九；图版一一五，1）。

填褐色五花土，土质较软，含料姜石。

葬具已腐朽，仅存痕迹，可以看出为一椁一棺，椁痕长2.2米，宽1.18～1.22米；棺置于椁内南部，棺痕长1.8米，宽0.5米，棺底铺一层较薄的草木灰。

人骨架1具，已腐朽，头向东偏南，面向上，仰身直肢。

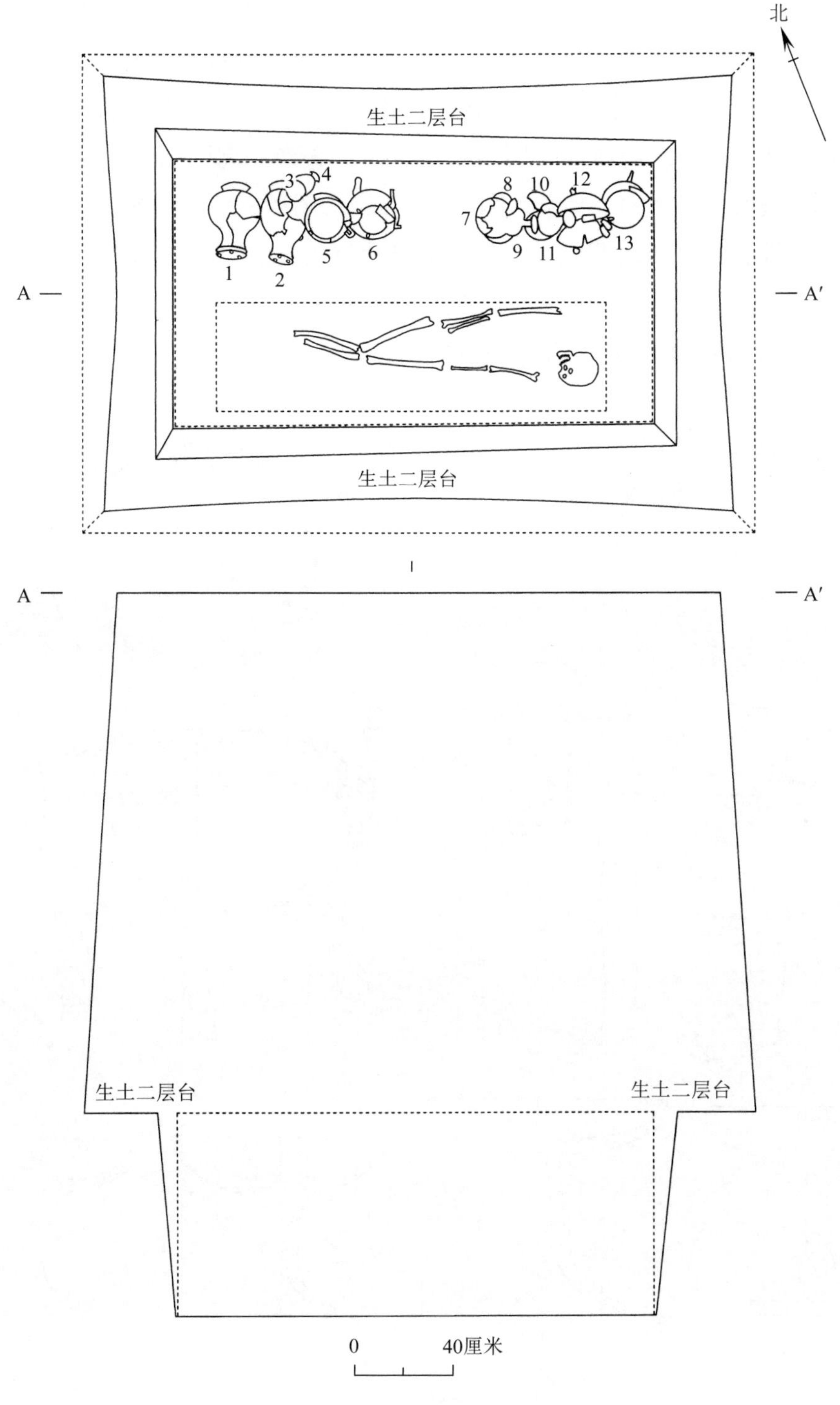

图三九九 M186平、剖面图

1~3.陶壶 4.陶环 5、6.陶鼎 7.陶盂 8～11.陶豆 12、13.陶敦

2. 出土器物

随葬品13件，均为陶器，置于椁内北侧，计陶豆4件，陶壶3件，陶鼎、陶敦各2件，陶杯、陶盂各1件（图版一一五，2）。

陶鼎　2件。形制相同。泥质黑皮灰陶。子口，上呈覆盘状盖，盖隆起，顶部有三个扁形小纽。器为子口，鼓腹，腹部有两个对称的方形附耳，耳孔对穿，下腹弧折缓收，圜底近平，下附三蹄足，足上有削痕，横断面呈多边形。盖及器壁上均有红色彩绘，大多已脱落，纹样已漫漶不清。标本M186：5，盖顶饰一周凸弦纹，器下腹饰一周凹弦纹。通高24.2厘米，口径18.9厘米；盖高4.6厘米，口径21.2厘米（图四〇〇，2；图版一一六，1）。标本M186：6，盖顶饰一周凸弦纹，器下腹饰两周凹弦纹，器底有几周同心凹弦纹。通高23.2厘米，口径18.8厘米；盖高5厘米，口径21.4厘米（图四〇〇，1）。

陶豆　4件。可分为陶直口豆和陶敞口豆两种。

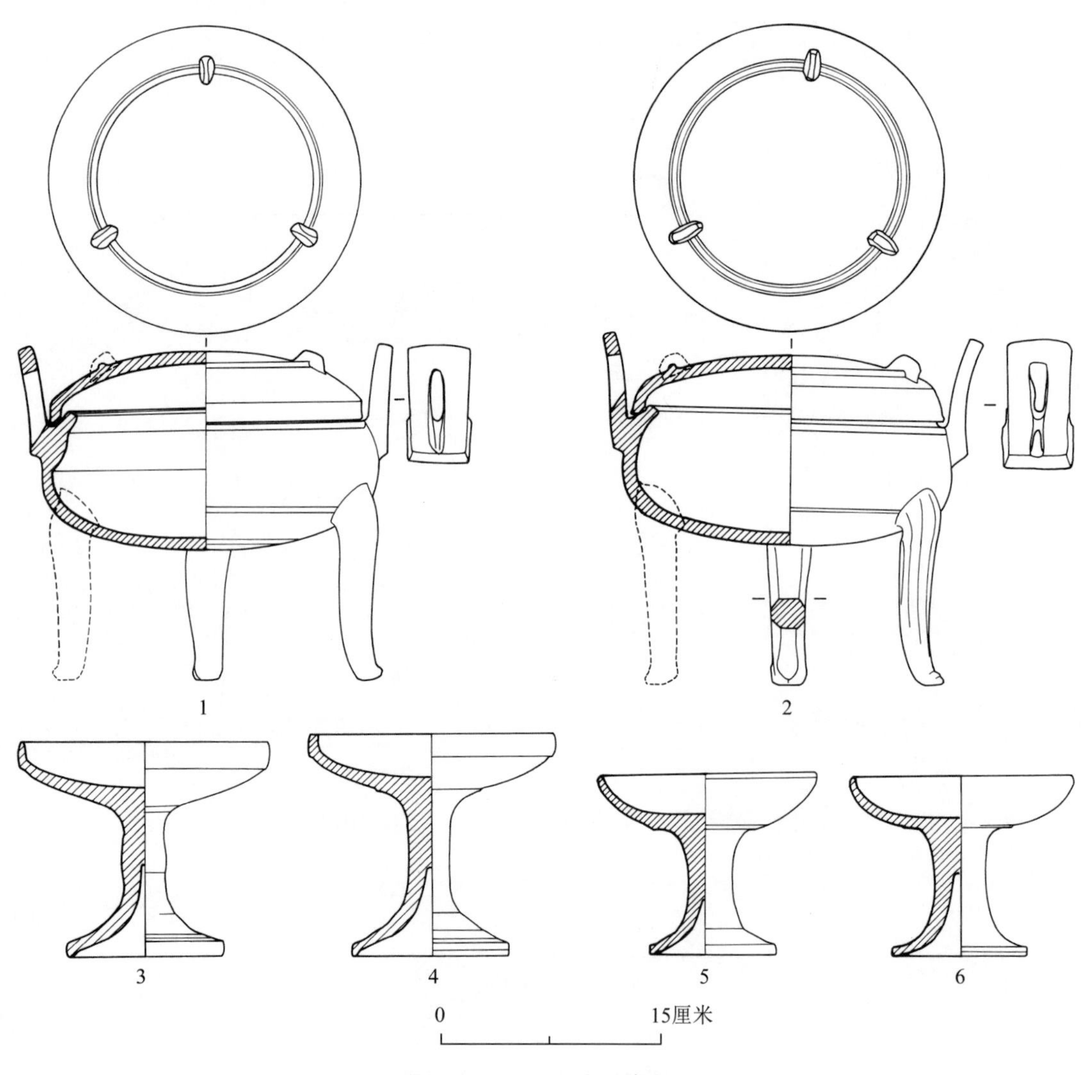

图四〇〇　M186出土陶器

1、2.陶鼎（M186：6、M186：5）　3~6.陶豆（M186：8、M186：10、M186：9、M186：11）

陶直口豆 2件。形制相同。泥质灰陶。近直口，圆唇，盘较深，盘壁向下内折弧收，内底近平，柄较长，中空至柄中部，喇叭状圈足。素面。标本M186：8，高14.9厘米，口径 17厘米，盘深3厘米，圈足径10.7厘米（图四〇〇，3；图版一一六，4）。标本M186：10，高15.4厘米，口径 16.8厘米，盘深3厘米，圈足径10.6厘米（图四〇〇，4）。

陶敞口豆 2件。形制相同。泥质灰陶。敞口，尖唇，盘壁向下弧收，盘较深，内底平，柄较短，喇叭状圈足。标本M186：9，盘底有一周凸弦纹。高12.6厘米，口径15.2厘米，盘深2.4厘米，圈足径8.7厘米（图四〇〇，5）。标本M186：11，圈足外沿上有一周浅凹槽。高12.5厘米，口径15.3厘米，盘深2.8厘米，圈足径9.2厘米（图四〇〇，6）。

陶敦 2件。形制相同。泥质灰陶。盖器扣合成扁圆形，盖深几乎等于器深，口径大于身高，盖顶和器底较平缓，盖顶和器底均有三个“S”形纽。盖和器腹部饰横向细绳纹，大多已漫漶不清，盖顶和器底均饰一周凹弦纹。盖和器腹壁有红陶色彩绘，纹样已漫漶不清。标本M186：12，通高27.5厘米，口径20.2厘米（图四〇一，7；图版一一六，2）。标本M186：13，通高25.7厘米，口径19.4厘米（图四〇一，6）。

陶壶 2件。形制相同。侈口，上承覆盘状盖，子口内收且纳入器口内，盖隆起，顶部有三个“S”形纽。器为侈口，束颈，溜肩，肩部有两个对称的小扁纽，圆鼓腹，下腹弧收，圜底近平，喇叭状矮圈足。颈壁、腹壁及圈足壁上有红陶色彩绘，纹样已漫漶不清。标本M186：1，泥质黑皮灰陶。盖顶饰四周较细的凹弦纹，器颈肩结合处有一周较宽的凹弦纹，肩部饰两周凹弦纹。通高41.8厘米，口径12.3厘米，圈足径12.8厘米（图四〇一，1；图版一一六，3）。标本M186：2，泥质灰陶。盖顶饰四周较细的凹弦纹，器颈肩结合处有一周较宽的凹弦纹，肩部饰两周凹弦纹。通高42.5厘米，口径12厘米，圈足径13.2厘米（图四〇一，2）。

小陶壶 1件。标本M186：3，泥质灰陶。直口，圆唇，短直领，溜肩，圆鼓腹，下腹弧收，平底，喇叭状圈足。下腹至圈足底部有刀削痕。颈壁、腹壁及圈足壁上有红陶色彩绘，纹样已漫漶不清。高9.1厘米，口径6.7厘米，圈足径5.4厘米（图四〇一，3；图版一一六，5）。

陶盂 1件。标本M186：7，泥质灰陶。近直口，方唇，斜折沿，外沿上有一周凹槽，束短颈，弧腹向下缓收，平底。底部有加工痕迹。素面。高5.5厘米，口径18.3厘米，底径6.6厘米（图四〇一，5）。

陶杯 1件。标本M186：4，泥质灰陶。敞口，尖唇，腹壁向下缓收，腹较深，向下呈漏斗状，平底外撇。素面。高12.2厘米，口径9.8厘米，底径6.2厘米（图四〇一，4；图版一一六，6）。

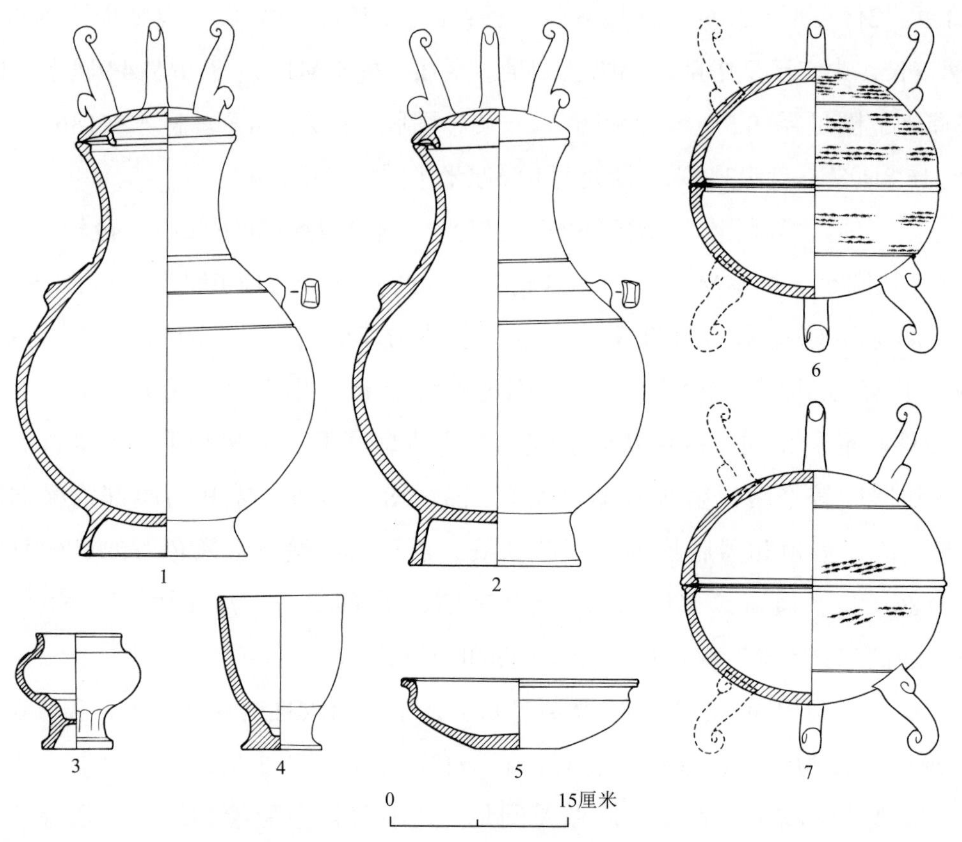

图四〇一　M186出土陶器

1、2.陶壶（M186：1、M186：2）　3.小陶壶（M186：3）　4.陶杯（M186：4）
5.陶盂（M186：7）　6、7.陶敦（M186：13、M186：12）

一八六、M187

1. 墓葬概况

M187位于三区东部，开口于耕土层下，距地表0.3米。方向130°。墓道东部被一近代窑破坏，墓室南部打破M188。该墓由墓道、甬道和墓室三部分组成。

墓道向东南，西北与甬道相连，呈长方形斜坡状，墓道残长0.16米，宽1米，下端深1.26米。墓门位于墓道与甬道结合处，宽1米，残高0.64米。封门砖残存5层，为条砖横向错缝叠砌。

甬道居中设于墓室墙壁，东南与墓道相连，平面为长方形，进深1.32米，宽1.8米，残高0.8米，墙体砌于生土上，残存11层，砌法为直行错缝叠砌。铺底砖为纵向齐缝平铺。

墓坑口底同大，长2.84米，宽2.8米，深1.34米。砖砌墓室，砖墙紧贴坑壁，长2.52米，宽2.48米，深1.26米。墙体砌于生土上，残存2层，砌法为条砖直行错缝叠砌（图四〇二；图版一一七，1）。

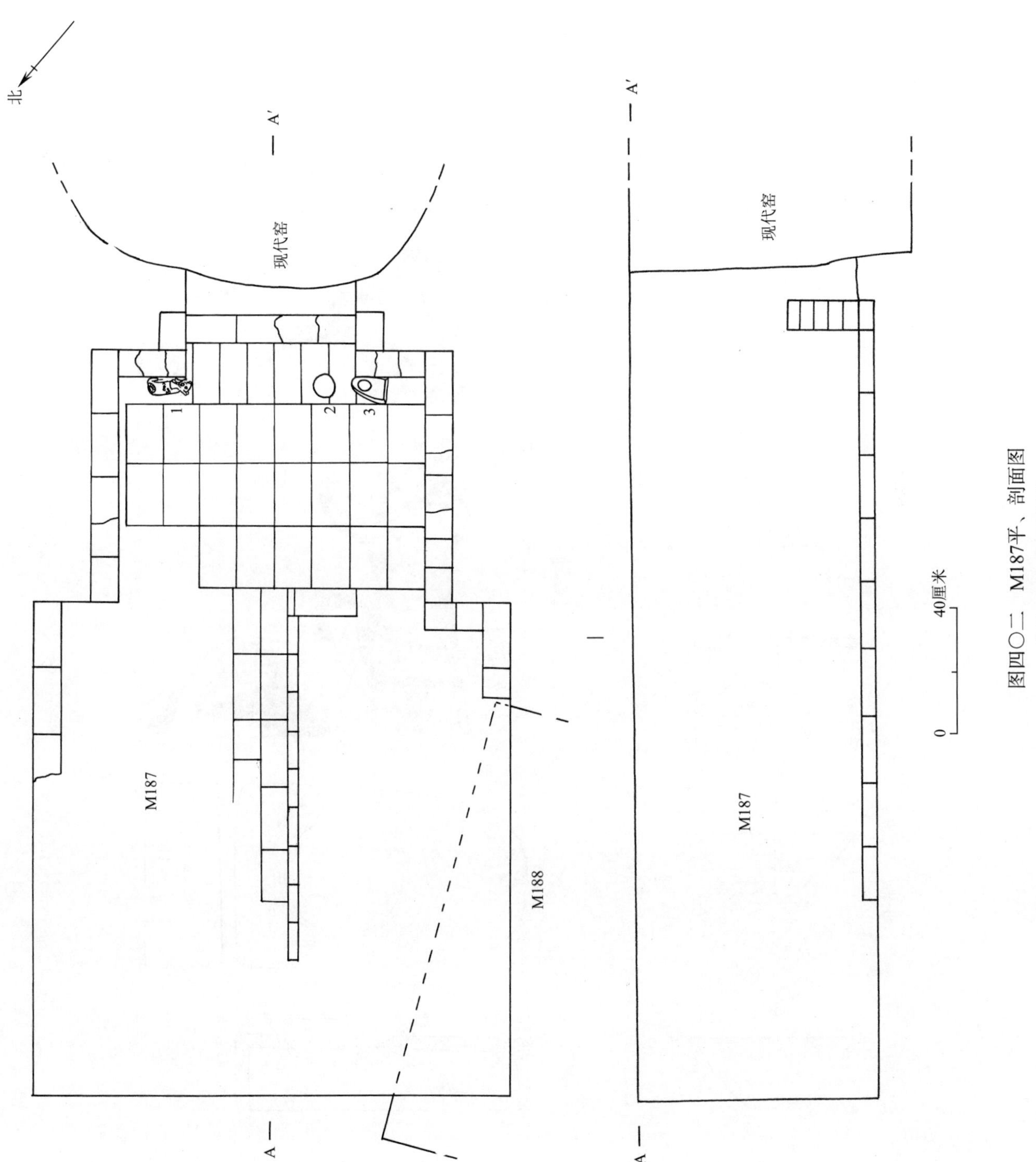

图四〇二 M187平、剖面图
1.陶狗 2.陶甑 3.陶灶

墙砖和铺底砖均为青灰色条形，第一种规格为长0.38米，宽0.16米，厚0.08米；第二种规格为长0.36米，宽0.22米，厚0.06米；第三种规格为长0.36米，宽0.16米，厚0.08米，单长侧面饰“五”字形花纹、菱形纹。

未发现葬具和人骨架。

2. 出土器物

随葬品已被扰乱，残存3件，位于甬道东部的铺底砖上，陶狗、陶井、陶灶各1件。另在扰土中出土有一些陶甑、盆、案等器物残片，有的可修复，计有陶甑、盆、案各1件。

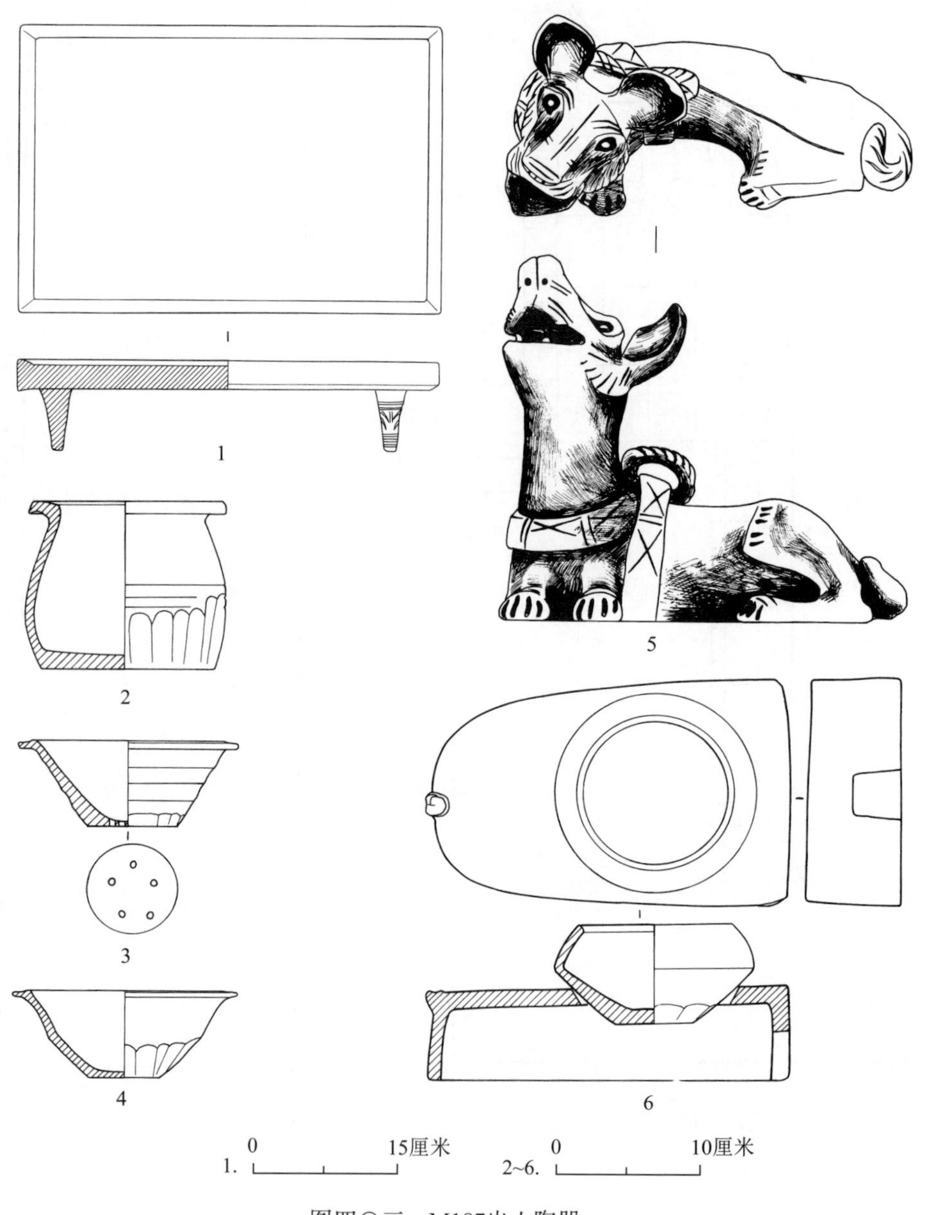

图四〇三　M187出土陶器

1.陶案（M187：5）　2.陶井（M187：2）　3.陶甑（M187：4）　4.陶盆（M187：6）　5.陶狗（M187：1）　6.陶灶（M187：3）

陶灶　1件。标本M187：3，泥质灰陶。灶体前宽后窄，灶壁近直，前墙中部有一方形灶门，前部无挡墙，灶面前方后圆，灶面上有一火眼，上置一釜，灶面后部烟囱已残，烟道不通，腹中空。素面。釜为敛口，圆唇，折腹，平底。下腹至底部有刀削痕，底部有加工痕迹。通高10厘米，长23.2厘米，宽14.6厘米；釜高6.4厘米，口径9.8厘米，底径5厘米（图四〇三，6；图版一一七，2）。

陶井　1件。标本M187：2，泥质灰陶。敛口，方唇，宽折沿，鼓腹，最大腹径在中腹偏下处，下腹弧收，平底。腹部饰三周凹弦纹。下腹至底部有刀削痕。高10.8厘米，口径12.7厘米，底径11.1厘米（图四〇三，2）。

陶狗　1件。标本M187：1，泥质红陶，表面施绿釉。卧伏式，昂首侧望，两耳直立，一耳已残失，圆睁眼，张嘴，颈及前胸系带，带穿于背部的一个椭圆环内，环上饰“V”形纹，带上饰“五”字形花纹，短尾盘翘。高23.5厘米，通长25.9厘米（图四〇三，5；图版一一七，3）。

陶甑　1件。在扰土中出土。标本M187：4，泥质灰陶。敞口，方唇，平折沿，沿面较宽，斜弧腹内收至底，平底，底部有五个圆形箅孔。腹壁呈瓦棱状。下腹至底部有刀削痕，器底有加工痕迹。高5.5厘米，口径13.9厘米，底径5.8厘米（图四〇三，3）。

陶盆　1件。在扰土中出土。标本M187：6，泥质灰陶。敞口，尖唇，平折沿，斜弧腹内收，平底。下腹至底部有刀削痕，器底有加工痕迹。高5.6厘米，口径14.2厘米，底径4.6厘米（图四〇三，4）。

陶案　1件。在扰土中出土。标本M187：5，泥质红陶，表面施绿釉。长方形，四边有边栏，平底，底部四角均有扁矮足一个。素面。高9.2厘米，长43.6厘米，宽28.9厘米（图四〇三，1）。

一八七、M188

1. 墓葬概况

M188位于三区东南部，开口于扰土层下，距地表0.3米，扰土层厚0.2米，墓坑东北部被M187墓室打破。方向325°。口大底小，墓口长2.62米，宽1.86米；墓底长2.2米，宽0.9米；墓深2.82～2.86米。坑四壁自墓口垂直向下1.96～2米深处有生土二层台，台面平整，台面宽0.2～0.48米，高0.86米，壁面平滑，经人工修整，墓底平坦（图四〇四；图版一一八，1）。

填褐色五花土，土质较软。

葬具已腐朽，仅存痕迹，可以看出为单棺，棺痕长1.6米，宽0.56米，棺底铺一层较薄的草木灰。

人骨架1具，已腐朽，头向西北，面向东北，双臂交叉置于腹部，侧身屈肢。

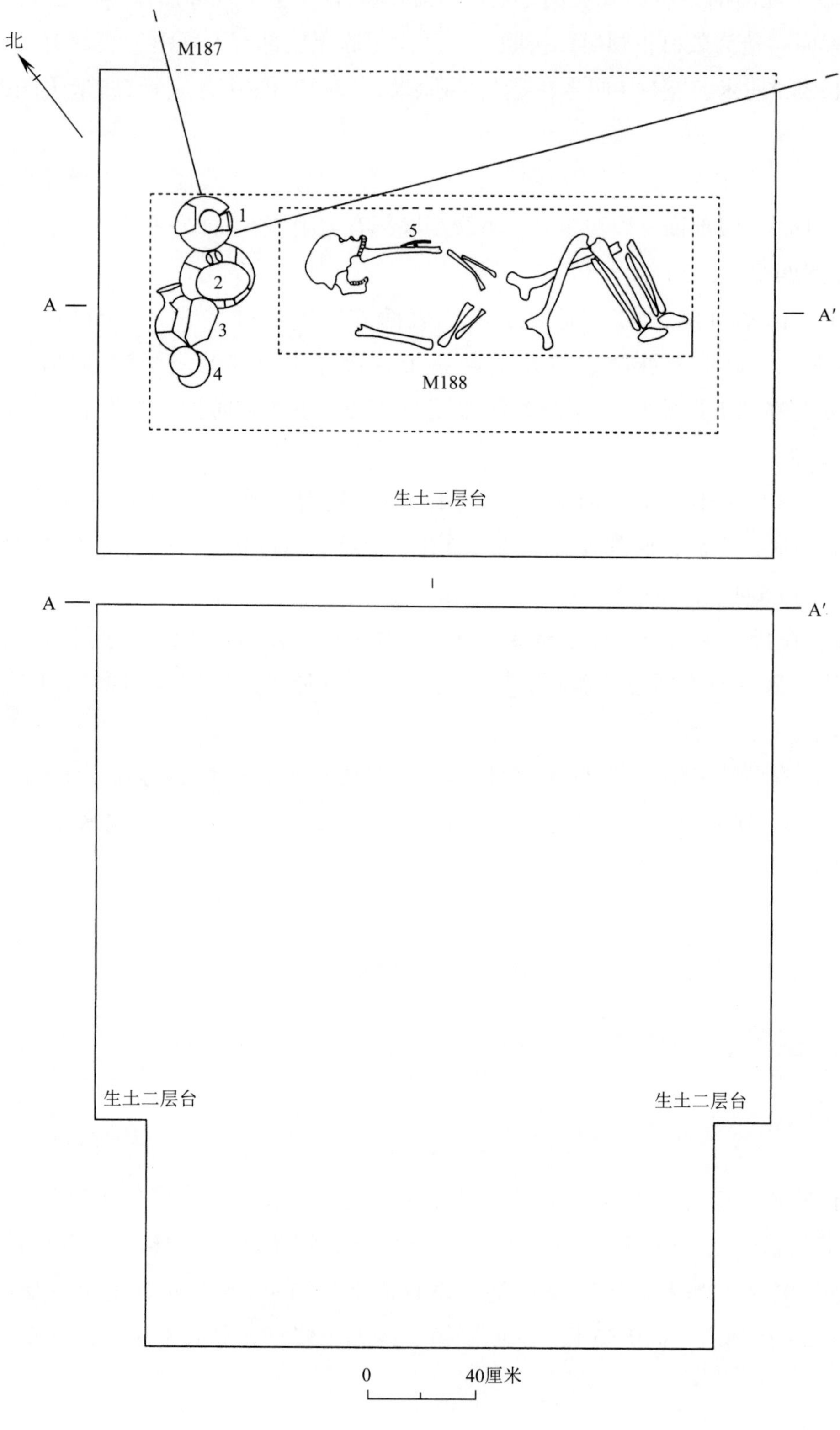

图四〇四　M188平、剖面图

1. 陶盒　2.陶盆　3、4.陶罐　5.铜带钩

2. 出土器物

随葬品5件，其中陶器4件，置于墓主人头端，计有陶罐2件，盆、盒各1件；铜带钩1件，置于棺内墓主人上肢骨左侧。其中一件陶罐和铜带钩破碎严重，无法复原（图版一一八，2）。

陶盒 1件。标本M188：1，泥质灰陶。有盖，呈覆碗状，盖隆起，顶部平，上附浅环状捉手，盖、器扣合成扁圆形，器深约为盖深的两倍。器为子口，弧腹内收，平底，喇叭状浅圈足。盖腹及器腹分别饰一周、两周凹弦纹。通高17.5厘米，口径17.5厘米，圈足径8.9厘米（图四〇五，1）。

陶壶 2件。可复原1件。标本M188：4，泥质灰陶。侈口，圆唇，束颈，溜肩，最大径在中腹，下腹弧收，筒状假圈足。肩部饰一周凹弦纹。高15.3厘米，口径10.4厘米，底径8.7厘米（图四〇五，2）。

陶盆 1件。标本M188：2，破碎严重。泥质黑灰陶。口微敛，颈部较短，肩部凸起。颈部、腹部饰竖向绳纹。

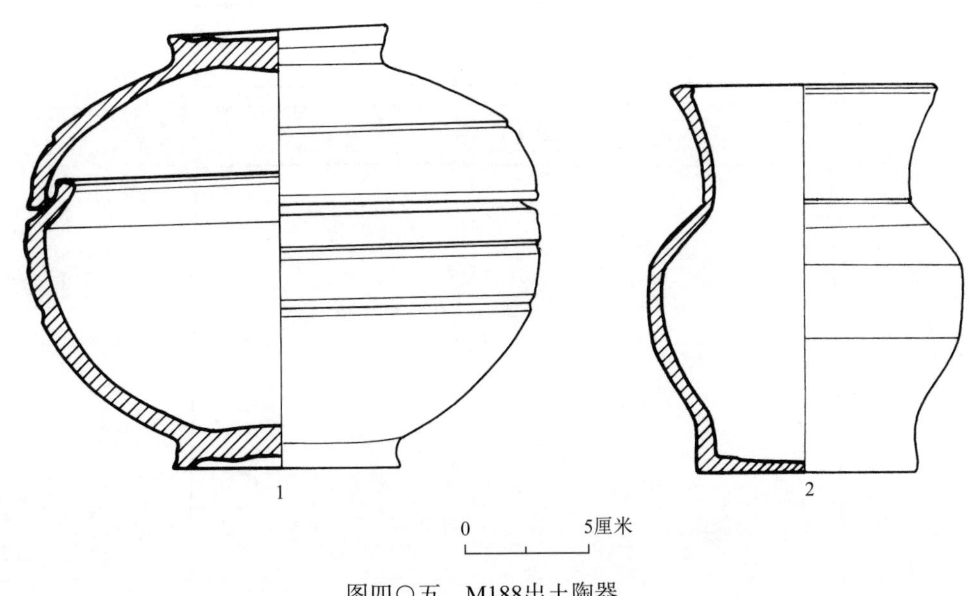

图四〇五 M188出土陶器
1.陶盒（M188：1） 2.陶壶（M188：4）

一八八、M189

1. 墓葬概况

M189位于三区东南部，开口于耕土层下，距地表0.3米。方向125°。口大底小，墓口长2.2米，宽1.48米；墓底长2.1米，宽0.9米；墓深2.3米。坑四壁规整，向下微外张，距墓口深1.7米处西、南、北壁有生土二层台，台面平整，台壁垂直，西面宽0.2米，南、北台面宽0.35米，高0.6米，坑壁因地层挤压而变形，壁面粗糙，墓底平坦（图四〇六；图版一一九，1）。

填褐色五花土，土质较硬。

葬具已腐朽，仅存痕迹，可以看出为单棺，置于墓底中部，棺痕长1.7米，宽0.5米。

人骨架1具，已腐朽，头向东南，面向上，双手置于胸部，仰身直肢。

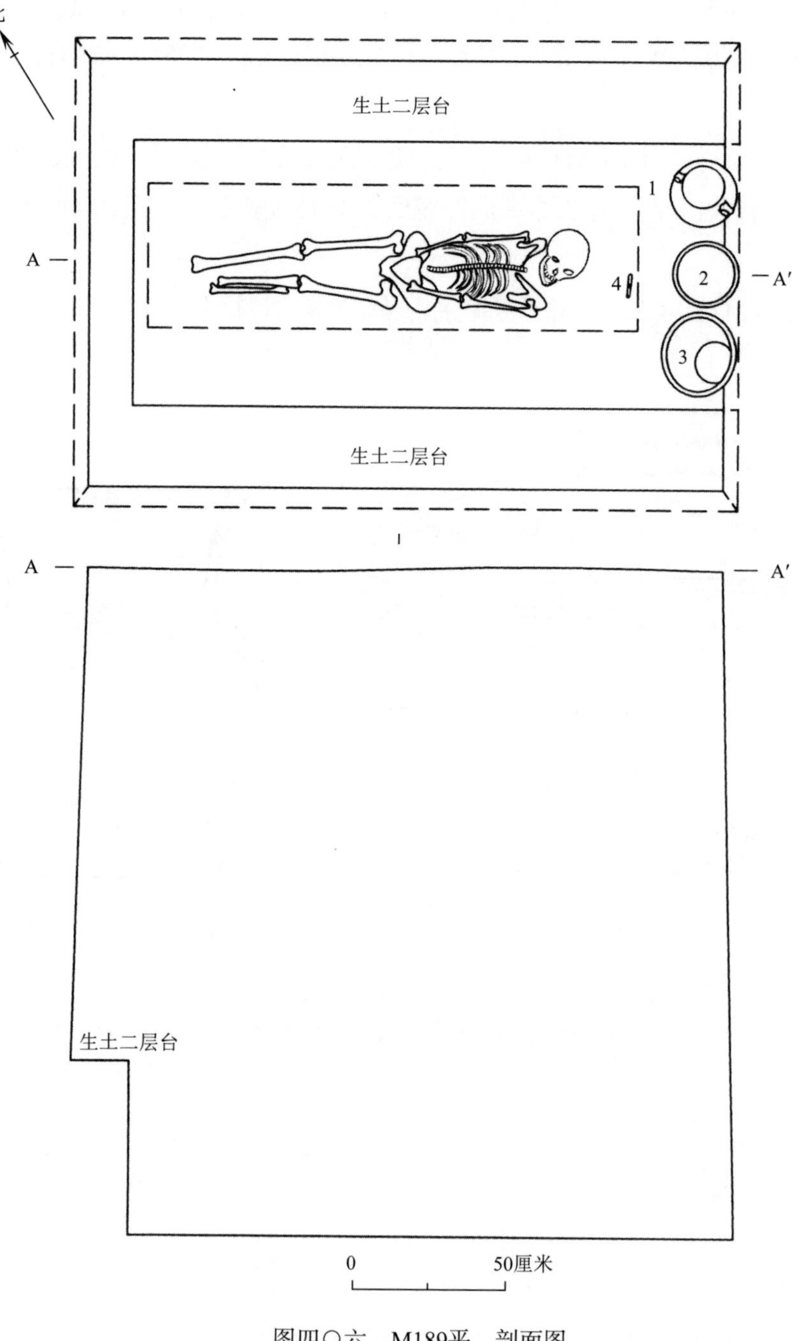

图四〇六　M189平、剖面图

1.陶双牛鼻耳罐　2.陶圜底釜　3.陶盂　4.铜带钩

2. 出土器物

随葬品4件，其中陶器3件，置于棺外墓主人头端，计有陶盂、陶双牛鼻耳罐、陶圜底釜各1件；铜带钩1件，置于棺内墓主人头顶端（图版一一九，2）。

陶双牛鼻耳罐　1件。标本M189：1，泥质灰陶。敞口，尖唇，束颈，圆肩，肩部有两个对称牛鼻形耳，弧腹渐收，凹圜底。肩部及上腹饰竖绳纹间以两周抹痕，下腹及底部饰交错绳纹。高20.5厘米，口径13.6厘米，底径8厘米（图四〇七，1）。

陶盂　1件。标本M189：3，泥质灰陶。近直口，折沿，圆唇，圆肩，最大径近肩部，弧腹渐收，平底。肩部饰五周凹弦纹。高11.2厘米，口径25.9厘米，底径11厘米（图四〇七，2）。

陶圜底釜　1件。标本M189：2，夹砂灰陶。敛口，尖唇，微束颈，肩部微突，弧腹，下腹缓收，圜底。上腹饰竖绳纹，下腹和底部饰交错绳纹被抹去。高13.3厘米，口径20厘米（图四〇七，4）。

铜带钩　1件。标本M189：4，钩端残，背部有一圆纽，腹部较长且鼓起。残长7厘米，腹宽1厘米，纽径1.1厘米（图四〇七，3）。

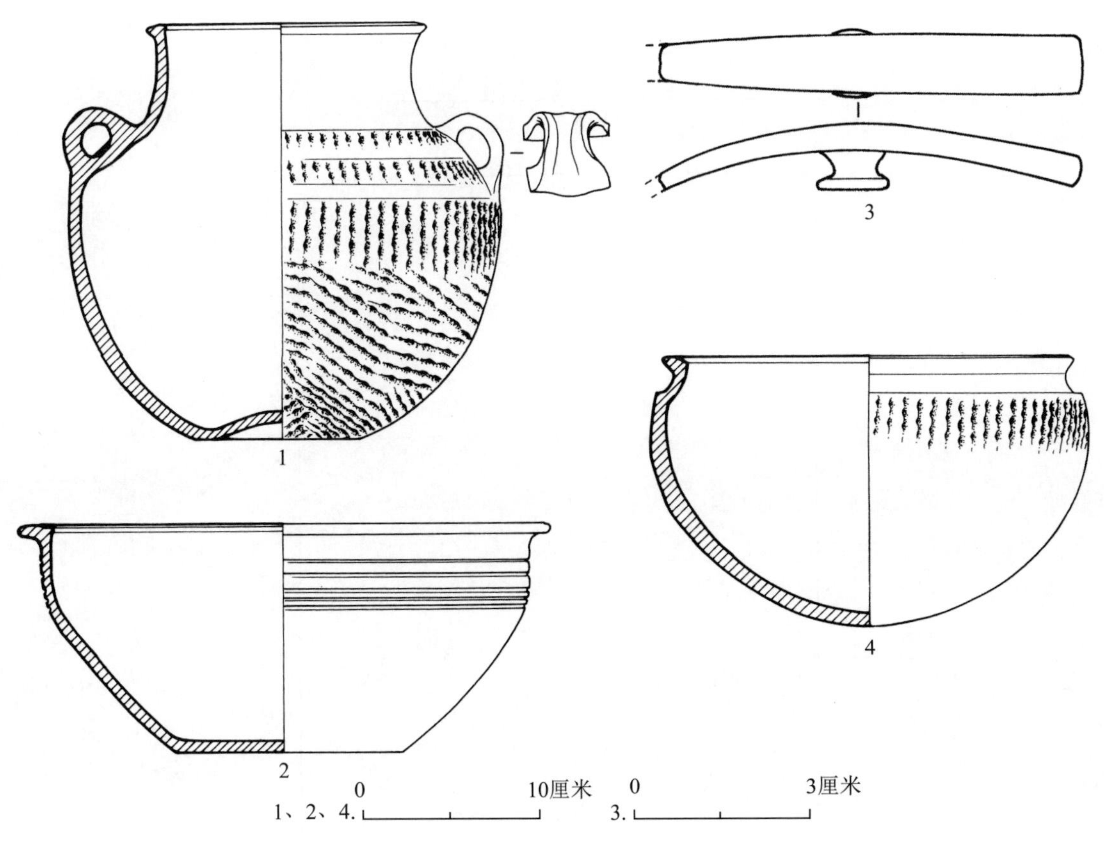

图四〇七　M189出土遗物

1.陶双牛鼻耳罐（M189：1）　2.陶盂（M189：3）　3.铜带钩（M189：4）　4.陶圜底釜（M189：2）

一八九、M190

1. 墓葬概况

M190位于三区东南部，开口于扰土层下，距地表0.3米，扰土层厚0.2米，墓坑东南部被M169墓室打破，西南角被一近代窑打破。方向183°。口大底小，墓口长2.24米，宽1.52米；墓底长2.04米，宽0.84米；墓深2.9米。坑北壁垂直至底，其他三壁自墓口垂直向下2.24米深处有生土二层台，台面平整，台面宽0.1～0.28米，高0.66米，壁面平滑，经人工修整，墓底平坦（图四〇八；图版一二〇，1）。

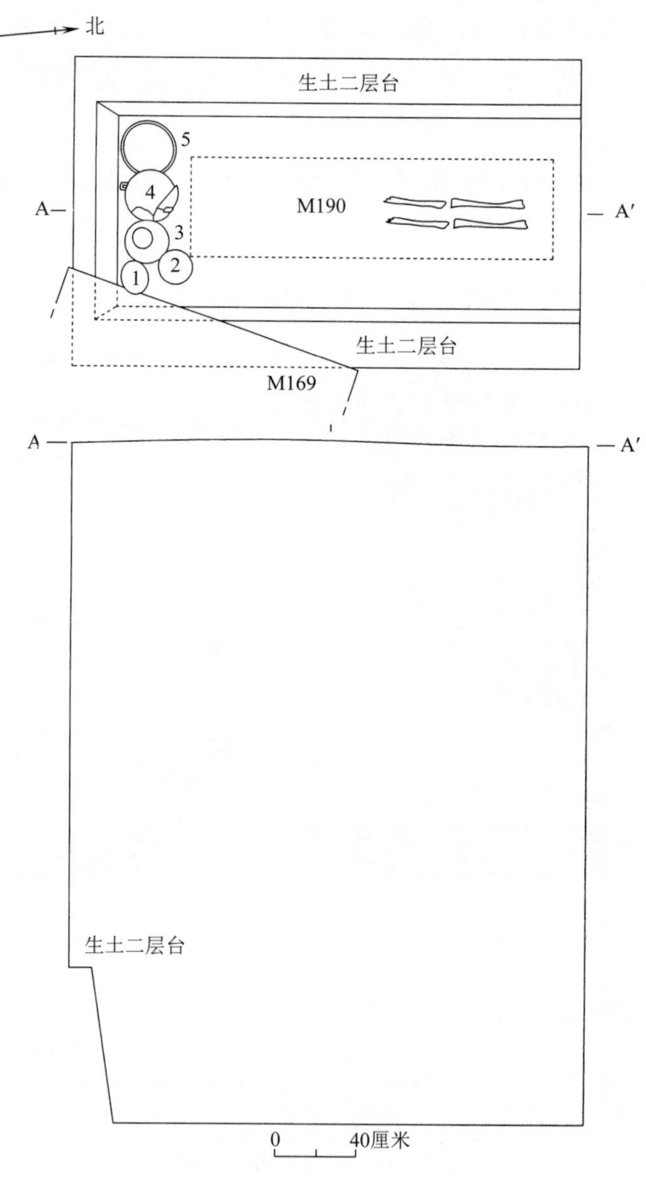

图四〇八　M190平、剖面图
1、2.陶豆　3.陶壶　4.陶鼎　5.陶盂

填褐色五花土，土质较软。

葬具朽尽，可以看出为单棺，棺痕长1.6米，宽0.44米，棺底铺一层较薄的草木灰。

人骨架1具，已腐朽，仅存下肢骨痕迹，可知头向南，但葬式不详。

2. 出土器物

随葬品5件，均为陶器，置于墓主人头端，计有陶豆2件，陶鼎、陶壶、陶盂各1件（图版一二〇，2）。

陶鼎　1件。标本M190：4，泥质灰陶。有盖，呈覆盘状，盖隆起，顶圜，顶上有三个扁形尖纽。器为子口，弧腹缓收，腹部有两个对称的方形附耳，上端外撇，圜底，下附三矮柱足，足上有削痕，横断面呈多边形。盖腹壁饰五周凹弦纹，器中腹饰竖向细绳纹，下腹及底部饰交错细绳纹。通高23.1厘米，口径17.9厘米；盖高8.4厘米，口径21.8厘米（图四〇九，1）。

陶豆　2件。标本M190：1，泥质灰陶。敞口，尖唇，斜直腹，盘较深，盘内底微凹，柄较长，喇叭状圈足。盘外壁呈瓦棱状，圈足内壁有刀削痕。高12.5厘米，口径14.8厘米，盘深2.6厘米，圈足径8.2厘米（图四〇九，3）。标本M190：2，泥质灰陶。敞口，圆唇，盘较深，弧腹，盘内底近平，柄粗短，中空至盘下部，喇叭状圈足。素面。高11.6厘米，口径15.4厘米，盘深4厘米，圈足径8.4厘米（图四〇九，2）。

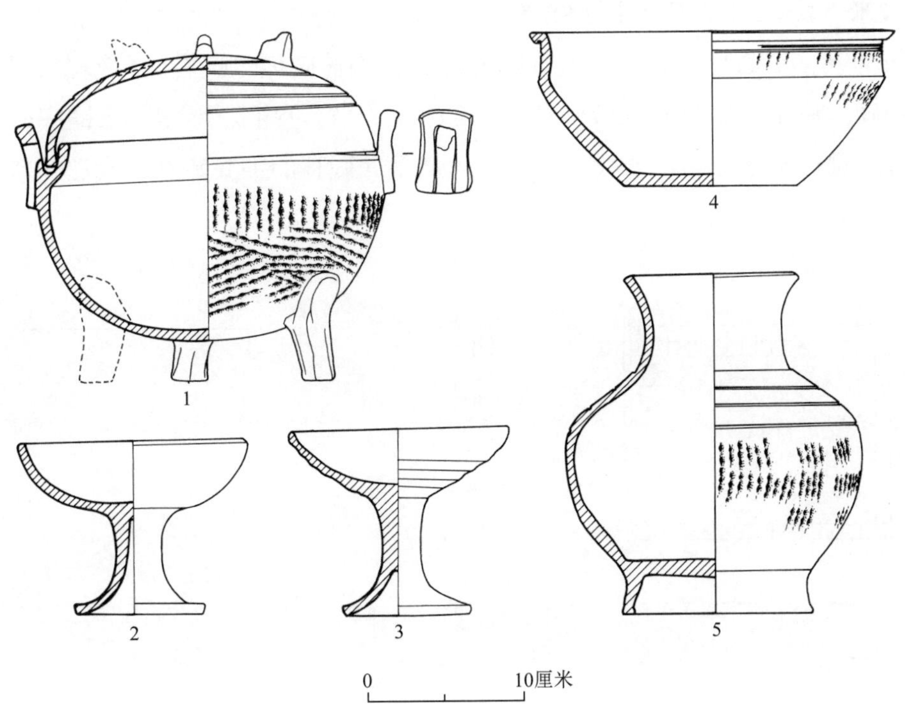

图四〇九　M190出土陶器

1.陶鼎（M190：4）　2、3.陶豆（M190：2、M190：1）
4.陶盂（M190：5）　5.陶壶（M190：3）

陶壶　1件。标本M190：3，泥质灰陶。口部变形，呈椭圆形，侈口，束颈，溜肩，圆鼓腹，最大径在中腹，下腹弧收，平底，喇叭状矮圈足。肩部饰三周凹弦纹，腹部饰竖向细绳纹。高22.6厘米，口径11.5厘米，圈足径12.6厘米（图四〇九，5）。

陶盂　1件。标本M190：5，泥质灰陶。直口微侈，尖唇，平折沿，颈壁直，肩部微凸，斜直腹内收至底，平底。颈部饰两周凹弦纹，颈壁及腹壁饰竖向细绳纹，大多被抹去，已漫漶不清。下腹至底部有刀削痕。高10.4厘米，口径24厘米，底径11.3厘米（图四〇九，4）。

一九〇、M191

1. 墓葬概况

M191位于三区东南部，开口于耕土层下，距地表0.3米，墓葬破坏严重，墓室打破M192。方向142°。由墓道、甬道和墓室三部分组成。

墓道向东南，西北与甬道相连，呈长方形斜坡状，口长5米，宽1米；底坡长5.16米，坡度15°；下端深1.3米。

甬道设于墓室前壁右侧，东南与墓道相连，为土洞穴式，呈拱形，顶部及底部由前向后渐低，壁直。进深0.4米，宽1米，高1～1.1米。

墓坑平面呈长方形，口底同大，墓室可分为前堂和后室，长4.3米，宽1.7～2.3米。前堂长1.42米，宽1.7米，深1.5米；后室长2.88米，宽2.3米，深1.7米，后室低于前堂0.2米。砖砌墓室，墙砖紧贴坑壁，平面呈长方形，前堂四壁墓砖大多被破坏，仅右后角残存5层，砌法为条砖直行错缝叠砌。后室四壁墓砖也被破坏，长2.64米，宽1.98米。墙体砌于铺底砖上，残存17层，砌法为条砖直行错缝叠砌。铺底砖多不详，从墓底残存的铺底砖看，砌法为条砖纵向齐缝平铺（图四一〇）。

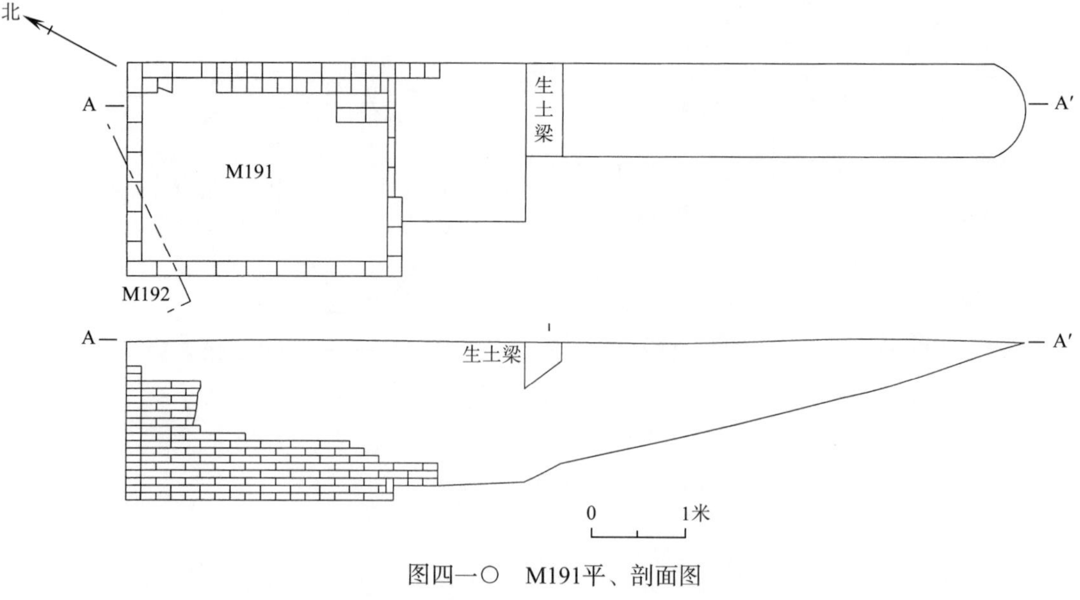

图四一〇　M191平、剖面图

砖为青灰色条形，规格为：长0.32米，宽0.16米，厚0.08米。楔形砖长0.32米，宽0.16米，厚0.06米～0.08米，单长侧面饰菱形纹和“五”字形花纹。

葬具、人骨架和随葬品无存。

2. 出土器物

在扰土中发现一些铜兵器、铜车马器、铜五铢钱和陶器残片。

铜矛　1件。标本M191：6，矛头细长，呈燕尾状，尖峰，双面刃，有脊，断面呈菱形，圆形长铤，中空，铤上端有一半环形纽。通长11.5厘米，铤长7.8厘米（图四一一，1）。

铜筒形器　2件。标本M191：3，圆筒形，中空成銎，口径略大于底径，器中部有一周凸箍。残长1.7厘米（图四一一，5）。标本M191：4，圆筒形，中空成銎，口径略大于底径，器中部有三周凸箍。残长1.9厘米（图四一一，6）。

铜瓢形器　1件。标本M191：5，器如无把的瓢，一端作兽首状。长2.5厘米（图四一一，4）。

铜U形器　2件。器呈U形，断面呈多边形。标本M191：1，残长5.2厘米（图四一一，2）。标本M191：2，残长5.5厘米（图四一一，3）。

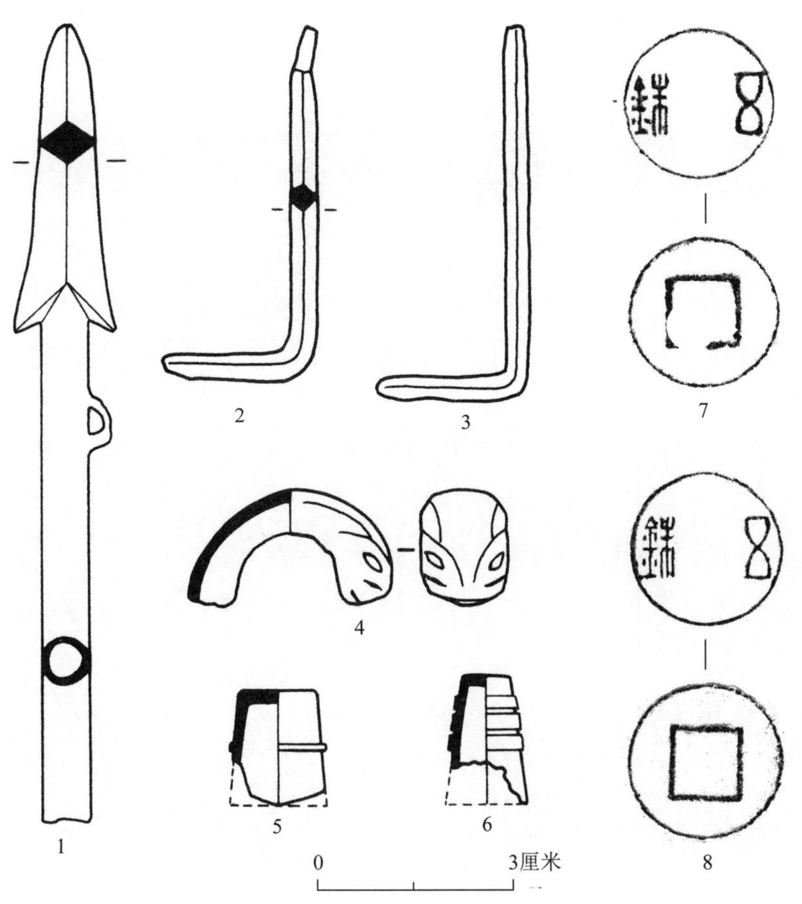

图四一一　M191出土铜器

1.铜矛（M191：6）　2、3.铜U形器（M191：1、M191：2）　4.铜瓢形器（M191：5）　5、6.铜筒形器（M191：3、M191：4）　7、8.铜五铢钱（M191：7-1、M191：7-2）

铜五铢钱　4枚。标本M191：7-1和标本M191：7-2形制、大小相同，钱的正面边缘有一周凸起的周郭，正方形穿，穿之左右有篆书“五铢”两字；钱的背面边缘有周郭，而且穿四边也有郭。钱文的书体特点明显。“五”字中间两笔是弯曲的，中间两笔和上下两划相接的地方略向内靠拢，中间两笔和上下两横相接的地方是垂直的；“铢”字笔划清晰，“金”字四点较长，“朱”字头方折。有的为剪轮五铢。郭径2.4厘米，钱径2.3厘米，穿边长1厘米（图四一一，7、8）。

一九一、M192

1. 墓葬概况

M192位于三区东南部，开口于耕土层下，距地表0.3米，东壁被M191打破。方向207°。口大底小，墓口长2.3米，宽1.6米；墓底长2米，宽0.9米；墓深2.2米。坑四壁规整，向下垂直，东、南、西三壁距墓口深1.5米处有生土二层台，台面平整，台壁垂直，南台面宽0.3米，东、西台面宽0.25米，高0.70米，壁面粗糙，墓底平坦（图四一二；图版一二一，1）。

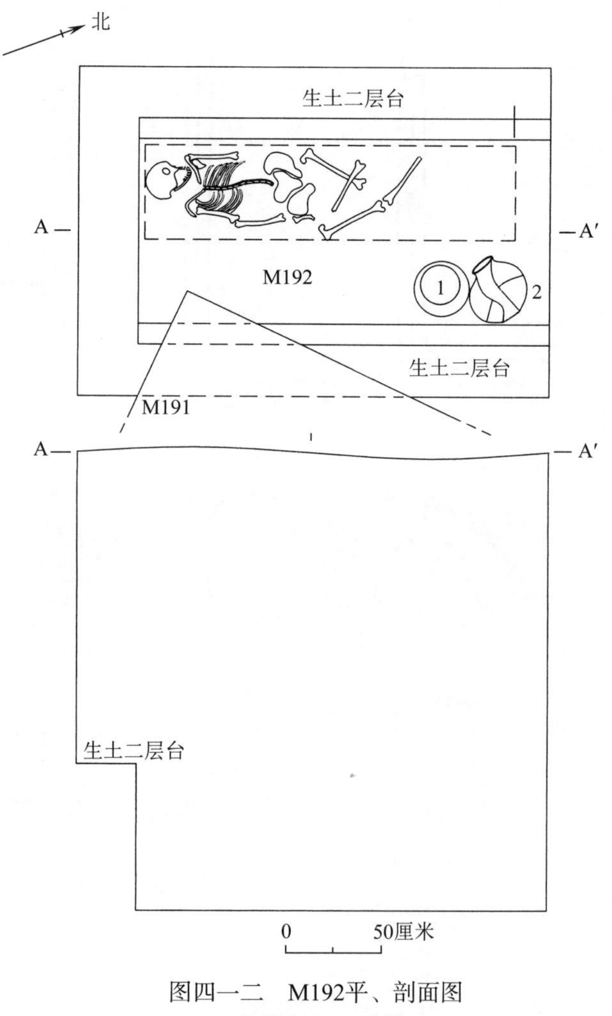

图四一二　M192平、剖面图
1.陶圜底釜　2.陶罐

填褐色五花土，土质较硬。

葬具已腐朽，仅存痕迹，可以看出为单棺，置于墓底西部，棺痕长1.8米，宽0.46米。

人骨架1具，已腐朽，头向西南，面向西，双手置于腹部，下肢交叉，仰身屈肢。

2. 出土器物

随葬品2件，均为陶器，置于棺外东北角，计有陶罐、圜底釜各1件。

陶罐　1件。标本M192：2，残。泥质红灰陶。侈口，折沿，方唇，束颈，溜肩，腹部已残，凹圜底。肩及上腹饰斜绳纹间以抹痕，下腹及底部饰斜交错绳纹。

陶圜底釜　1件。标本M192：1，夹砂灰陶。侈口，束颈，突肩，弧腹，下腹弧收，圜底。颈部饰浅竖绳纹，肩及上腹饰斜绳纹间以两周抹痕，下腹及底部饰交错绳纹。高17.9厘米，口径14.4厘米（图四一三）。

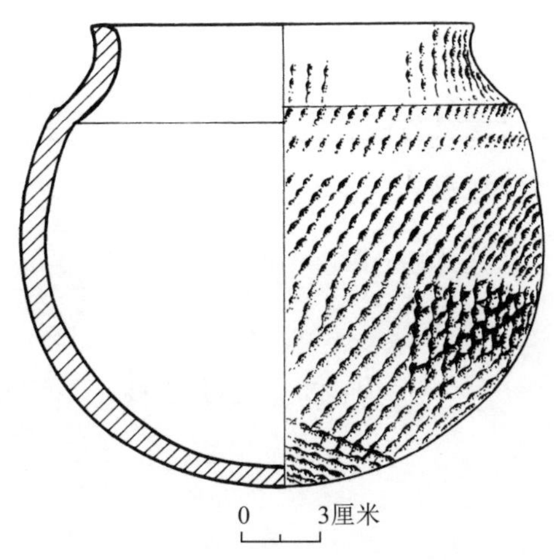

图四一三　M192出土陶圜底釜（M192：1）

一九二、M193

M193位于三区东南部，开口于耕土层下，距地表0.3米，墓葬破坏以至底部。方向305°。由墓道和墓室两部分组成。

墓道向西北，设于墓室前壁，呈长方形斜坡状，口底同大，口残长0.4米，前端宽1.2米，后端宽1.24米；底坡长0.42米，坡度15 °。

墓坑平面呈长方形，口底同大，长3.22米，前端宽1.84米，后端宽1.9米，深0.1～0.3米。砖砌墓室，墙砖紧贴坑壁，仅在左侧壁前部残存2层墙砖，砌于生土之上，砌法为条砖直行错缝叠砌。铺底砖不详（图四一四）。

砖为青灰色条形，长0.32米，宽0.14米，厚0.06米。

葬具、人骨架和随葬品无存。

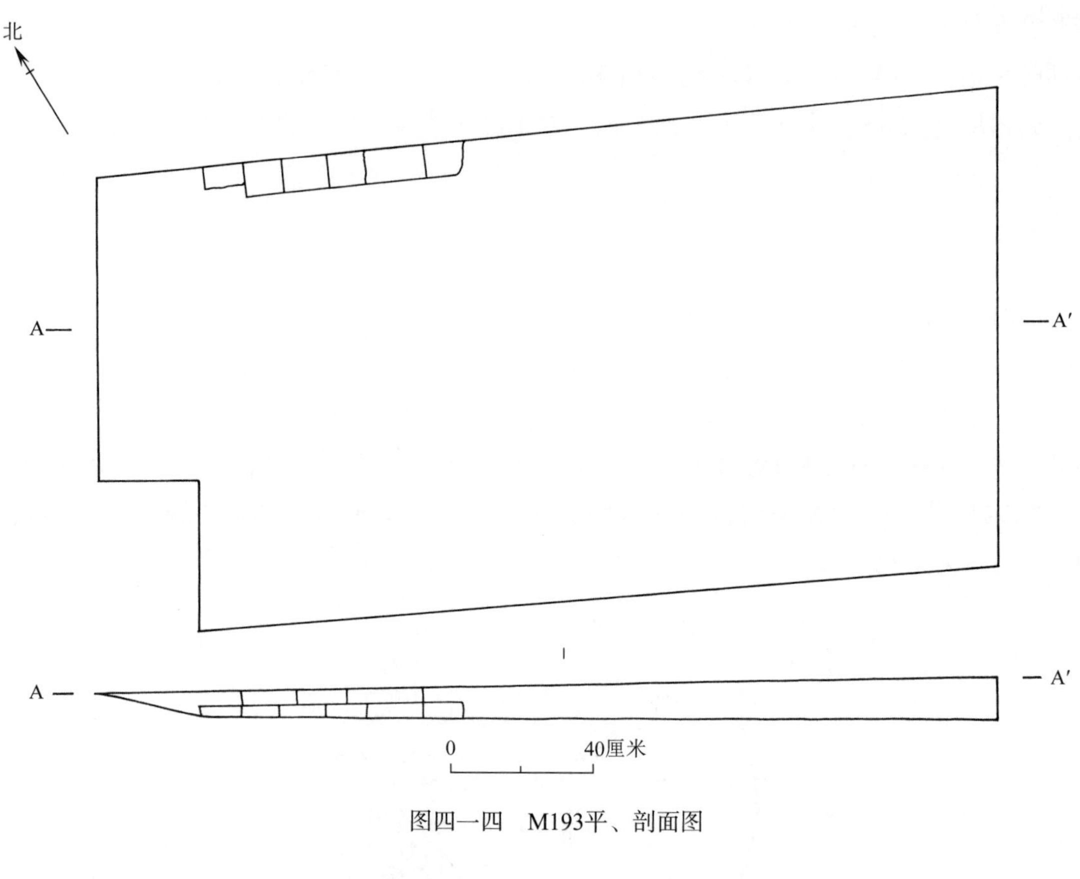

图四一四　M193平、剖面图

一九三、M194

1. 墓葬概况

M194位于三区东南部，开口于扰土层下，距地表0.3米，扰土层厚0.1米，墓葬破坏严重，墓室北部打破M195。方向308°。由墓道、甬道和墓室三部分组成。

墓道向西北，东南与甬道相连，由于墓道被帐篷所压，仅发掘一部分，呈长方形斜坡状，已发掘部分长0.4米，宽1.04米；底坡长0.44米，深1.24～1.4米，坡度16°。

甬道设于墓室前壁右侧，西北与墓道相连，砖已不详，圹平面呈长方形，长0.9米，宽1.4米，深1.4米。

墓坑平面呈长方形，口底同大，长4.18～4.42米，前端宽2.18米，后端宽2.48米，深1.4～1.5米。由于受地层挤压四壁变形。砖砌墓室，墙砖紧贴坑壁，已变形，平面呈长方形，长3.90～4.14米，宽1.9～2.22米，残高0.78米。墙体砌于生土之上，残存14层，砌法为条砖直行错缝叠砌。铺底砖为横向齐缝平铺。墓室可分为前堂、后室两部分，前堂进深1.5米，宽1.9～2米；后室进深1.9～2.2米，宽2～2.22米，前堂高于后室0.1米。前堂与后室之间横向侧立一砖。在后室左右两侧设有棺床，用条砖横向叠砌2层，左侧砌3道，右边残存1道，棺床高0.12米。以此推断该墓为双棺墓（图四一五；图版一二一，2）。

墙砖、铺底砖为青灰色条形，长0.32米，宽0.14米，厚0.06米。

葬具、人骨架不详。

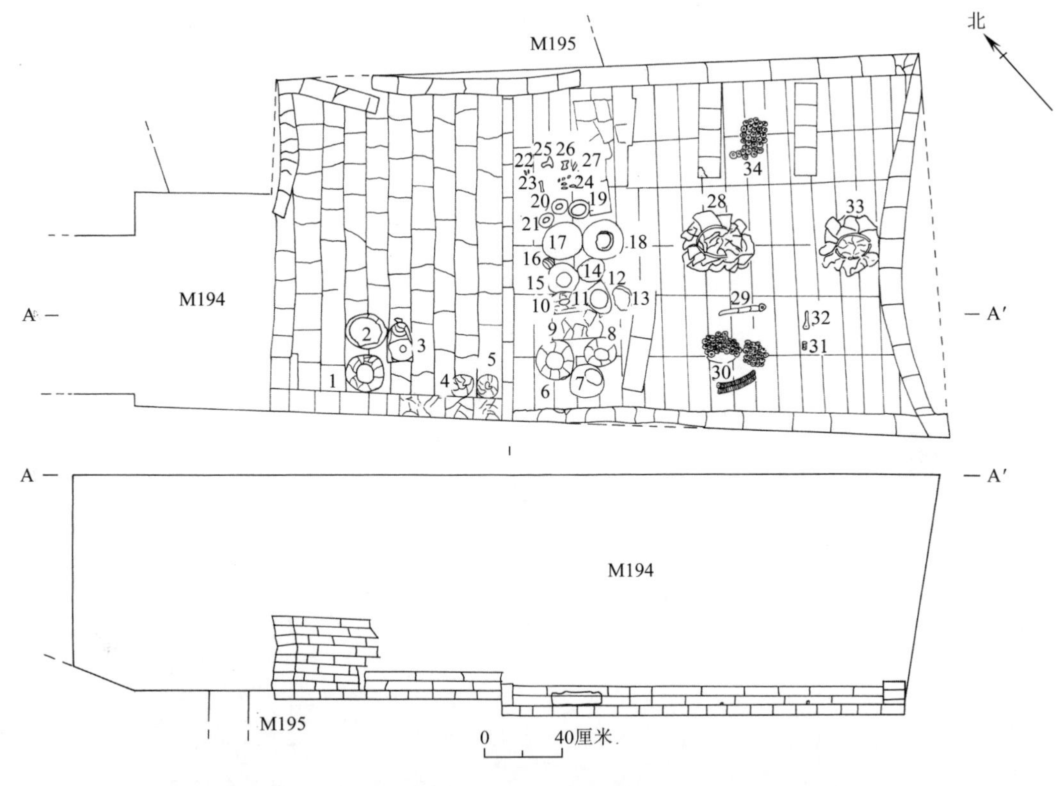

图四一五 M194平、剖面图

1、6~8、10、15、20、21.陶罐 2、19.陶盒 3、12.陶灶 4、5、9.陶仓 11.铁剑 13.陶鼎 14.陶井 16.陶釜 17、18.陶壶 22.铜弩机 23、25~27.铜车轴 24.铜盖弓帽 28、33.陶瓮 29.铁刀 30、34.铜五铢钱 31.铜印章 32.铜带钩

2. 出土器物

随葬品34件。其中铜器10件，计有铜车軎3件，铜五铢钱按2件计，铜带钩、铜印、铜弩机、铜筒形器、铜盖弓帽各1件，位于后室；陶器22件，计有陶罐8件，陶仓3件，陶灶、陶盒、陶壶、陶瓮各2件，陶鼎、陶井、陶釜各1件，分布于前室右边、后室前端和后室中间；铁器2件，铁剑位于后室前端中间，铁削位于后室后端靠右。在这些器物中，铜筒形器、铜盖弓帽、铁削等破碎严重，无法提取。另外填土中出土有陶器残片，有的可复原，计有小陶罐、陶甑各1件，陶仓、陶盆各2件。

陶鼎 1件。标本M194：13，泥质灰陶。有盖，呈覆盘状，盖隆起，顶近平，顶中部有一乳状纽。器为子口，折腹，腹部有两个对称的方形附耳，上端外撇，圆耳孔对穿，下腹弧收，圜底，下附三蹄足，足面外弧内平，其横断面呈半圆形。足面上有一竖凹槽。盖和器均为素面。通高21厘米，口径13.8厘米；盖高5.3厘米，口径16.3厘米（图四一六，1；图版一二二，1）。

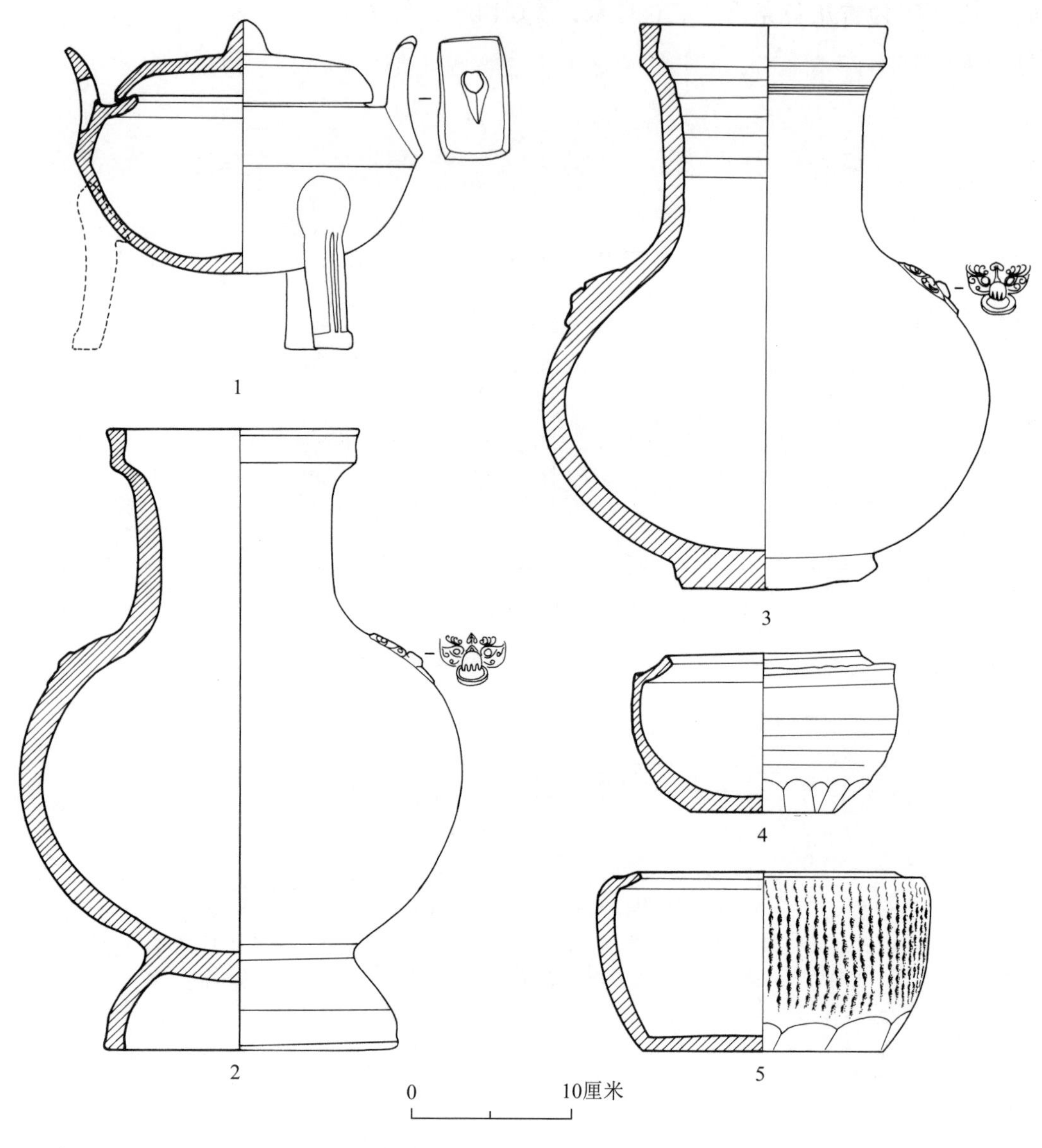

图四一六　M194出土陶器

1.陶鼎（M194：13）　2、3.陶壶（M194：18、M194：17）　4、5.陶盒（M194：19、M194：2）

陶盒　2件。形制基本相同。泥质灰陶。子口，腹壁弧收，平底。下腹至底部有刀削痕。标本M194：2，腹部饰竖向细绳纹。高11.5厘米，口径16厘米，底径15.2厘米（图四一六，5）。标本M194：19，素面。高10.4厘米，口径12.4厘米，底径9.2厘米（图四一六，4）。

陶壶　2件。形制相同。泥质灰陶。盘口，束颈，溜肩，肩部有两个对称的铺首衔环，鼓腹，最大颈在中部，下腹弧收，平底，喇叭状圈足。素面。标本M194：17，高40.4厘米，口径15.6厘米，圈足径18.5厘米（图四一六，3；图版一二二，2）。标本M194：18，高39.8厘米，口径16厘米，圈足径18.6厘米（图四一六，2）。

陶罐　8件。形制相同。泥质灰陶。直口或直口微侈，圆唇，短直领，溜肩，鼓腹，下腹弧收，平底或平底微内凹。素面。标本M194：1，高15.2厘米，口径14.1厘米，底径12.2厘米（图四一七，9；图版一二二，3）。标本M194：6，下腹至底部有刀削痕，器底有加工痕迹。高16厘米，口径13.5厘米，底径11.8厘米（图四一七，4）。标本M194：7，高15.3厘米，口径11.7厘米，底径11.3厘米（图四一七，6）。标本M194：8，器底有加工痕迹。高15.9厘米，口径10.6厘米，底径10.8厘米（图四一七，2）。标本M194：10，高12.8厘米，口径10.8厘米，底径8.3厘米（图四一七，7）。标本M194：15，高16.5厘米，口径11.5厘米，底径10.9厘米（图四一七，3）。标本M194：20，高14.4厘米，口径12.8厘米，底径11.8厘米（图四一七，8）。标本M194：40，填土中出土。高11.8厘米，口径10.8厘米，底径9.6厘米（图四一七，5）。

小陶罐　1件。标本M194：21，泥质灰陶。直口微侈，圆唇，短直领，溜肩，鼓腹，下腹弧收，平底。素面。下腹至底部有刀削痕。高7.9厘米，口径7.4厘米，底径6.4厘米（图四一七，1）。

陶瓮　2件。形制相同。泥质灰陶。直口微侈，圆唇，短领，领中部内束，圆肩，圆鼓腹，下腹弧收，平底微内凹。腹壁饰竖向细绳纹。标本M194：28，高36.6厘米，口径25.4厘米，底径22.6厘米（图四一八，1）。标本M194：33，高40厘米，口径24.6~25.4厘米，底径21.8厘米（图四一八，4）。

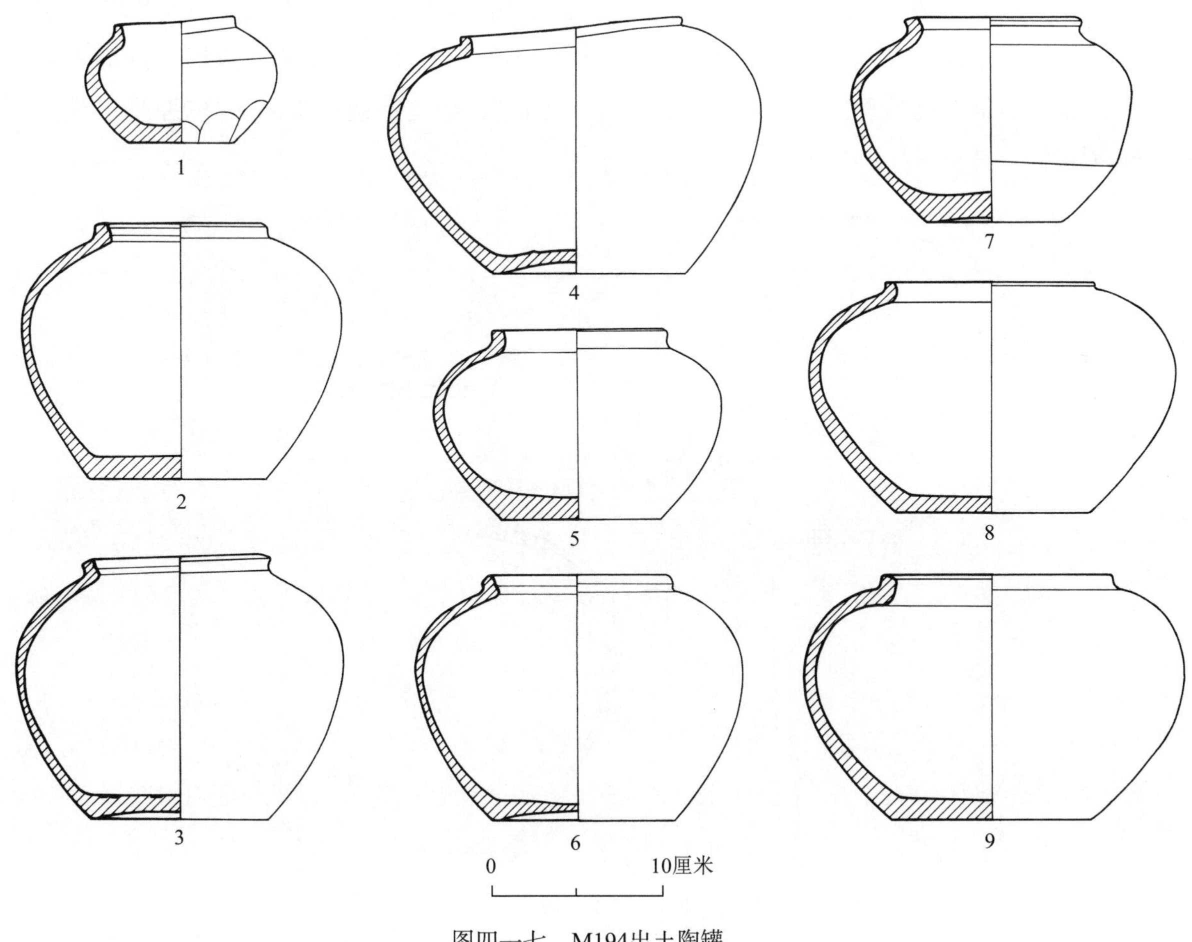

图四一七　M194出土陶罐

1.小陶罐（M194：21）　2~9.陶罐（M194：8、M194：15、M194：6、M194：40、M194：7、M194：10、M194：20、M194：1）

陶仓　5件。泥质灰陶。敛口，圆唇，斜折肩，腹壁近直，平底。标本M194：4，腹部饰三周较浅的凹弦纹，下腹至底部有刀削痕，底部有加工痕迹。高23.6厘米，口径10.3厘米，底径14厘米（图四一九，2）。标本M194：5，器内壁及底部有加工痕迹。素面。高22.6厘米，口径10.2厘米，底径14.9厘米（图四一九，3）。标本M194：9，腹部饰八周凹弦纹，器内壁及底部有加工痕迹。高23厘米，口径11.7厘米，底径15.4厘米（图四一九，1；图版一二二，4）。标本M194：35，填土中出土。高20.6厘米，口径8厘米，底径13.7厘米（图四一九，5）。标本M194：36，填土中出土。腹壁呈瓦棱状，下腹至底部有刀削痕，素面。高20.6厘米，口径8.1厘米，底径13.8厘米（图四一九，4）。

陶灶　2件。标本M194：3，泥质灰陶。灶体前宽后窄，灶壁近直，前墙中部有一方形灶门，前部有一平顶挡墙，灶面呈不规则梯形，灶面上有一大一小两火眼，上部均置一釜，大火眼位于灶面前部，灶面后部斜立一四棱柱状烟囱，烟道不通，腹中空。灶壁上饰竖向细绳纹，由于陶质差，部分已漫漶不清。大釜为敛口，圆唇，鼓腹，平底，下腹至底部有刀削痕。小釜为敛口，圆唇，鼓腹，平底，下腹至底部有刀削痕，底部有加工痕迹。通高13厘米，长26.8厘米，宽17.4厘米；大釜高6.8厘米，口径6.6厘米，底径2.8厘米；小釜高4.7厘米，口径5.6厘米，底径3.6厘米（图四一八，2；图版一二二，5）。标本M194：12，泥质灰陶。灶体前宽后窄，灶壁向下外张，前墙中部有一三角形灶门，前部无挡墙，灶面呈不规则三角形，灶面上有一火眼，上置一铜釜（已残碎），灶面后部有一方形凹槽，烟道不通。素面。高9厘米，长25厘米，宽17厘米（图四一八，3）。

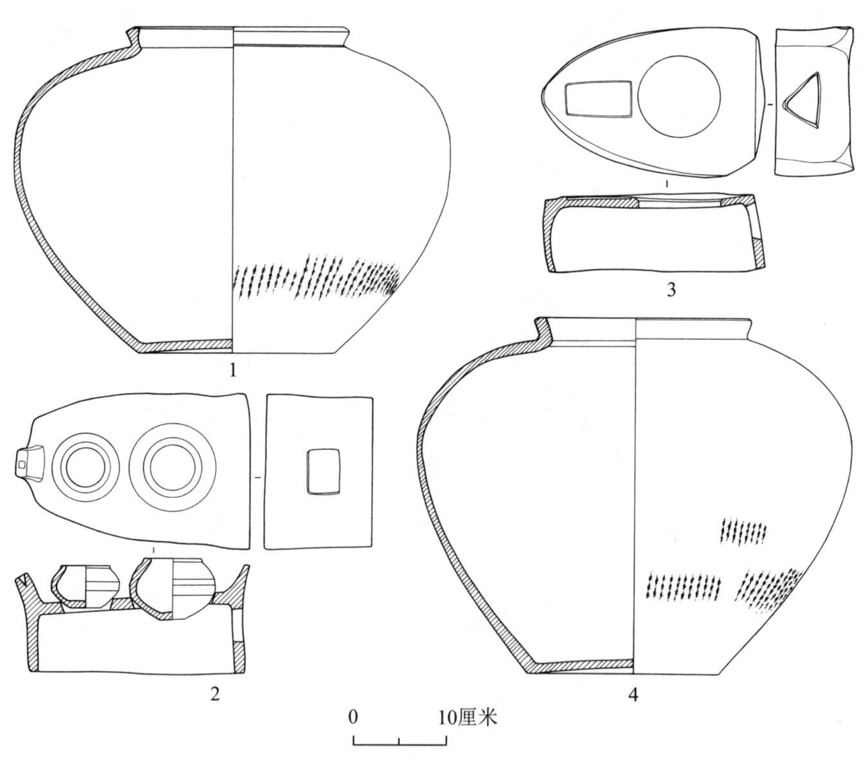

图四一八　M194出土陶器

1、4.陶瓮（M194：28、M194：33）　2、3.陶灶（M194：3、M194：12）

陶盆　2件。形制相同，均于填土中出土。泥质灰陶。敞口，宽折沿，方唇，腹壁斜直缓收，平底。素面。标本M194：38，高6.5厘米，口径14.8厘米，底径5.2厘米（图四一九，6）。标本M194：39，高5.5厘米，口径13.4厘米，底径5.2厘米（图四一九，7）。

陶釜　1件。标本M194：16，泥质灰陶。敛口，尖唇，折腹，平底。下腹至底部有刀削痕，素面。高7厘米，口径8.4厘米，底径4.3厘米（图四一九，8）。

陶甑　1件。标本M194：37，填土中出土。泥质灰陶。敞口，宽折沿，方唇，弧腹缓收，平底，底部有六个圆形箅孔。素面。高6.8厘米，口径13.6厘米，底径4.7厘米（图四一九，9）。

陶井　1件。标本M194：14，泥质灰黑陶。敛口，宽折沿，外沿下垂，鼓腹，下腹弧收，平底。腹壁刻划一周人、马、鱼、青蛙及树图案。高15.1厘米，口径14.2厘米，底径13.4厘米（图四一九，10；图版一二二，6）。

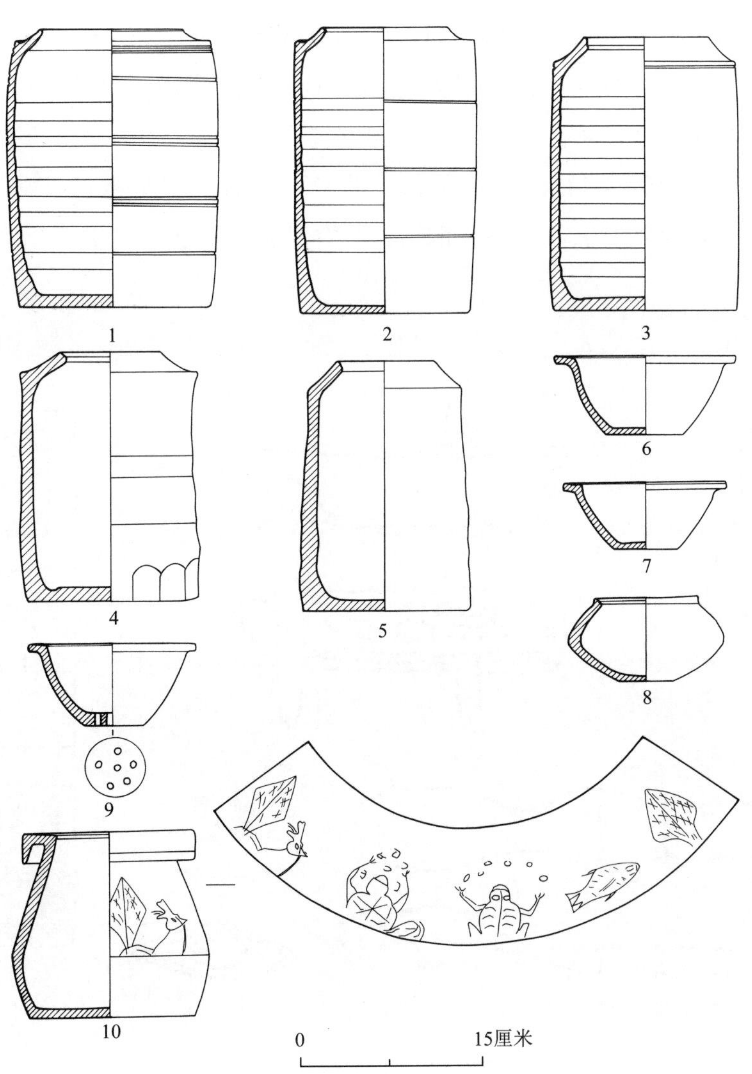

图四一九　M194出土陶器

1~5.陶仓（M194：9、M194：4、M194：5、M194：36、M194：35）　6、7.陶盆（M194：38、M194：39）　8.陶釜（M194：16）　9.陶甑（M194：37）　10.陶井（M194：14）

铜带钩　1件。标本M194：32，已残。仅知腹鼓，有纽（图四二○，3）。

铜印章　1件。标本M194：31，体作方形，上部有一半环形纽。印面有四字："何转轩印"。高1.9厘米，面边长2.1厘米（图四二○，5）。

铜弩机　1件。标本M194：22，由牙、望山、郭、键等部件组成。牙呈三角形，分左右两片，中容箭括，与长方形望山连铸为一体，郭呈倒梯形，面上刻出箭槽，郭固定了牙、悬刀的位置，郭身有二键通穿，其键一端有帽，另一端有一孔横穿。郭长4.3厘米，前端宽0.9厘米，后端宽1.1厘米（图四二○，2）。

铜车軎　3件。形制相同。其中2件破碎严重。标本M194：23，圆筒形，口端外张，壁向内曲折，平顶。器身有两周凸箍，下部有一穿，内套长条形辖。辖一端有帽，其帽略倾斜，以适应軎口的弧度。高2.8厘米（图四二○，1）。

铜盖弓帽　1件。标本M194：24，圆筒形，中空成銎，顶部半圆球形，口缘处略宽大，上端稍小，在器中部偏上处向上挑起一钩，出土时内存残木。

铜筒形器　1件。标本M194：27，已残。圆筒形，中空成銎，平顶，口径略大于底径。器中部偏上处有一周凸箍。

铜剑　1件。标本M194：11，仅剩铜镡，平素无纹饰，中间隆起成脊，两端中间稍凸。由于腐蚀严重，已断为数节，末径已残，铜格，中脊隆起，双面刃，尖锋。宽2.2厘米（图四二○，4）。

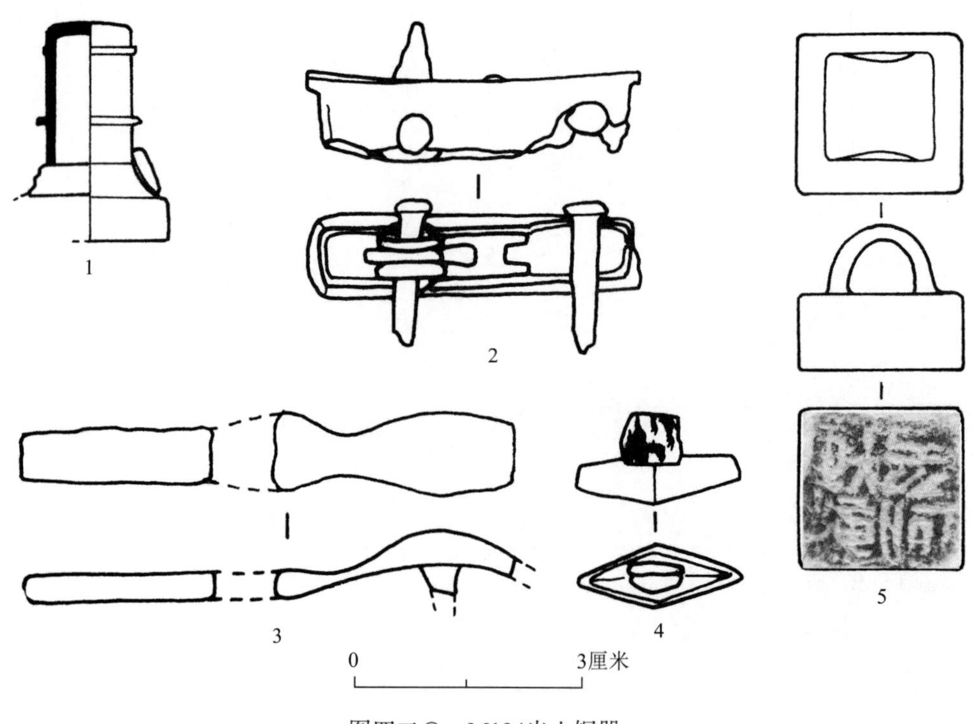

图四二○　M194出土铜器

1.铜车軎（M194：23）　2.铜弩机（M194：22）　3.铜带钩（M194：32）
4.铜剑（M194：11）　5.铜印章（M194：31）

铁削　1件。标本M194：29，由于腐蚀严重，已断为数节，厚背薄刃，把为环形。

铜五铢钱　152枚。可分三型。还有许多五铢钱锈蚀在一起，无法计数。

A型　26枚。标本M194：30-1，钱的正面边缘有一周凸起的周郭，正方形穿，穿之左右有篆书“五铢”两字，大部分钱上的“铢”字不太清楚；钱的背面边缘有周郭，而且穿四边也有郭。“五”字中间两笔是直的或近乎直的，整个字形如两个对顶三角形；“铢”字的“金”字头近似三角形；“铢”字的“朱”字头圆折。郭径2.5厘米，钱径2.3厘米，穿边长1厘米（图四二一，1）。

B型　111枚。标本M194：30-27和标本M194：30-28形制、大小相同，钱的正面边缘有一周凸起的周郭，正方形穿，穿之左右有篆书“五铢”两字；钱的背面边缘有周郭，而且穿四边也有郭。钱文的书体特点明显。“五”字中间两笔是弯曲的，中间两笔和上下两划相接的地方略向内靠拢，中间两笔和上下两横相接的地方是垂直的；还有的“五”字两笔屈曲更厉害，“五”字如两个相对的炮弹形。“铢”字笔划清晰，“金”字四点较长，“朱”字头方折。有的为剪轮五铢。郭径2.55厘米，钱径2.35厘米，穿边长1厘米（图四二一，2、3）。

C型　15枚。标本M194：30-138，钱的正面边缘有一周凸起的周郭，正方形穿，穿之左右有篆书“五铢”两字；钱的背面边缘有周郭，而且穿四边也有郭。“五”字中间两笔是弯曲的，中间两笔和上下两划相接的地方略向内靠拢，“五”字如两个相对的炮弹形；“铢”字笔划清晰，“金”字四点较长，“朱”字头方折。有的为剪轮五铢。郭径2.5厘米，钱径2.3厘米，穿边长0.9厘米（图四二一，4）。

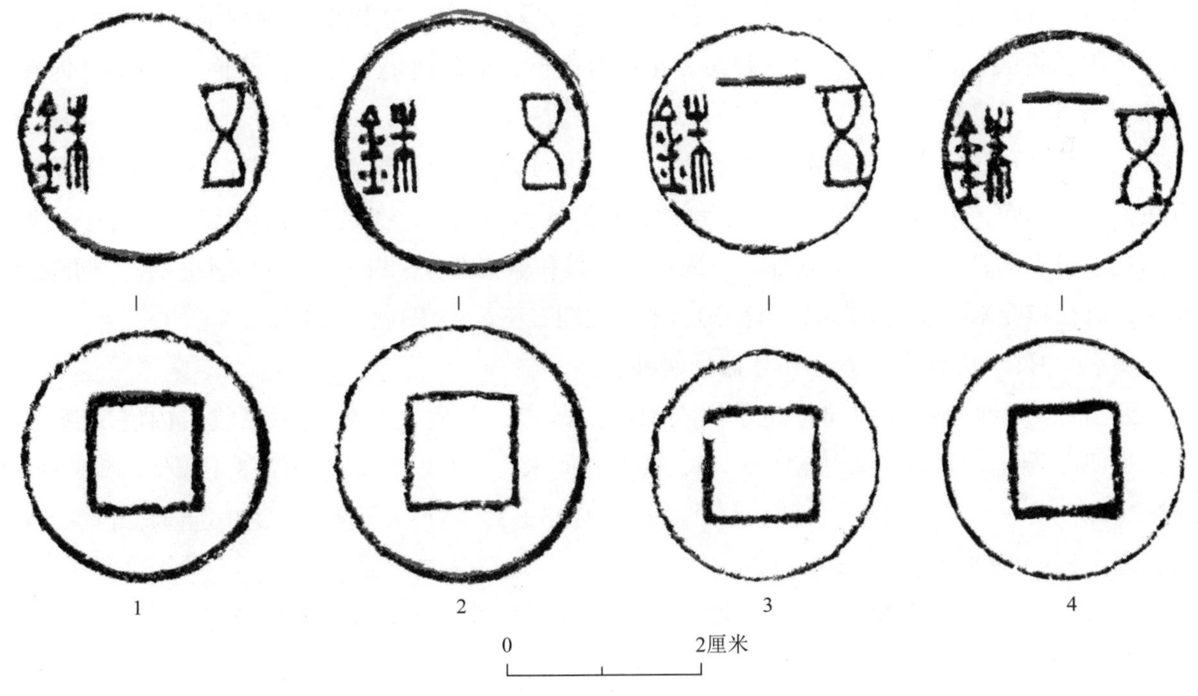

图四二一　M194出土铜五铢钱

1.A型（M194：30-1）　2、3.B型（M194：30-27、M194：30-28）　4.C型（M194：30-138）

一九四、M195

1. 墓葬概况

M195长方形土坑竖穴墓，位于三区东南部，开口于耕土层下，墓坑南部被M194打破，打破深度1.54米，墓口北部开口于扰土层下，距地表0.3米，扰土层厚0.1米。方向115°。墓坑口大底小，墓口长2.96米，宽2.14米；墓底长2.08米，宽1.4米；墓深3.14米。坑南壁垂直，其他三壁向下外张，自墓口向下2.44米深处有生土二层台，台面宽0.28～0.36米，台壁向下内收，高0.7米，墓坑受地层挤压变形，使四壁口部内收，壁面平滑，底部平坦（图四二二；图版一二三，1）。

填灰褐色五花土，土质较硬。

葬具一棺一椁，已腐朽，仅存痕迹。椁痕长2米，宽1.24米；棺放置于椁室北侧，棺痕长1.86米，宽0.54米。

人骨架已朽尽，仅存头骨和部分肢骨痕迹，头向东，仰身直肢。

2. 出土器物

随葬品14件，均为陶器，其中陶鼎、陶豆、陶壶各2件，陶盒、陶杯、陶敦、陶盘、陶匜、陶甑、陶环、陶鸟各1件，放置于椁内棺外东南部和西南角。有的陶器破碎，无法复原（图版一二三，2）。

陶鼎　2件。标本M195：6，泥质灰陶。有盖，呈覆盘状，盖隆起，顶部平。器为子口，鼓腹，下腹弧折缓收，平底，下附三蹄足，足上有削痕，横断面呈多边形。素面。通高9.4厘米，口径3.6厘米（图四二三，7）。标本M195：9，泥质灰陶。有盖，呈覆盘状，盖隆起，顶平，顶部有三个圆穿孔，应为粘纽所留。器为子口，鼓腹，腹壁上有两个对称的圆穿，应为粘耳所留，下腹弧收，圜底，下附三蹄足，足上有削痕，横断面呈多边形，在足根与器壁结合处均有一通穿的圆孔，可能为粘足所留。盖腹部有三周抹痕，盖和器腹部分别饰一周、两周凹弦纹。通高20.8厘米，口径17厘米；盖高4厘米，口径20厘米（图四二三，1；图版一二四，1）。

陶豆　3件。可分为无盖豆和有盖豆两种。

无盖豆　2件。形制相同。泥质黑衣褐陶。敞口，圆唇，腹壁向下弧收，内底凹弧，长柄，喇叭状圈足。素面。标本M195：2，高15.8厘米，口径16厘米，盘深3.4厘米，圈足径9.1厘米（图四二三，6；图版一二四，4）。标本M195：3，高15.8厘米，口径16厘米，盘深2.9厘米，圈足径9.8厘米（图四二三，11）。

有盖豆　1件。标本M195：11，泥质黑衣褐陶。有盖，呈覆盘状，盖隆起，顶近平，盖顶有一鸟形捉手，立于一根棱柱上，鸟作展翅翘尾状，惜鸟头已残失。器为子口，弧腹，盘较深，圆柄较粗，足已残失。盖顶饰一周凹弦纹。

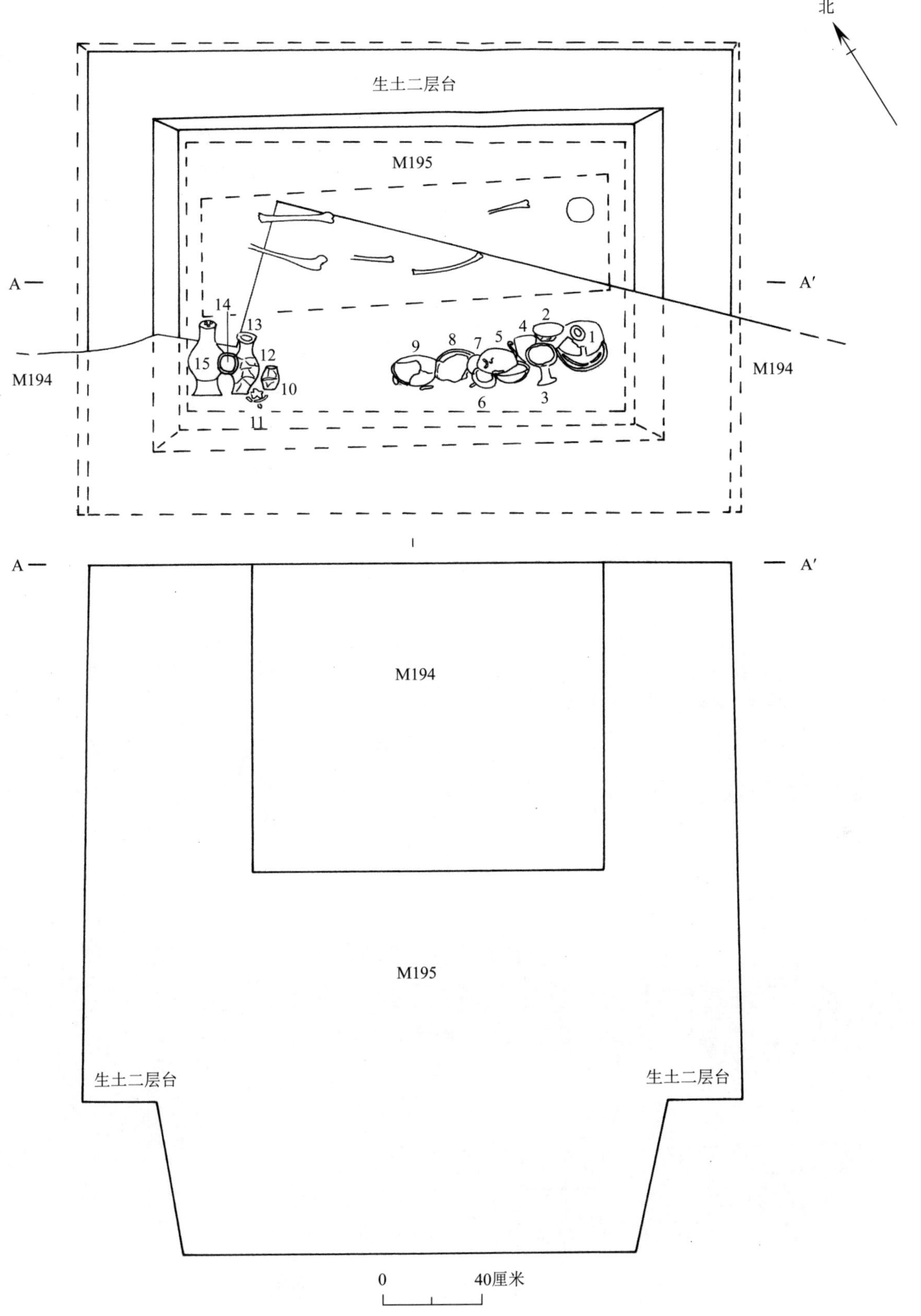

图四二二　M195平、剖面图

1.陶盒　2、3.陶豆　4.陶杯　5.陶敦　6、9.陶鼎　7.陶器盖　8.陶匜　10.陶甑　11.陶鸟
12.陶环　13、15.陶壶　14.陶盘

陶敦　1件。标本M195：5，泥质灰陶。盖器扣合成扁圆形，盖深几乎等于器深，口径大于身高，盖顶和器底较平缓，盖顶和器底均有三个“S”形纽。盖和器腹部均饰一周凹弦纹。通高23.6厘米，口径17.8厘米（图四二三，5；图版一二四，2）。

图四二三　M195出土陶器

1.陶鼎（M195：9）　2、3.陶壶（M195：15、M195：13）　4.陶盒（M195：1）
5.陶敦（M195：5）　6、11.陶豆（M195：2、M195：3）　7.小陶鼎（M195：6）
8.陶盘（M195：14）　9.陶杯（M195：4）　10.陶甑（M195：10）

陶盒 1件。标本M195：1，泥质灰陶。有盖，呈覆碗状，盖隆起，平顶，上附浅圆环状捉手，盖、器扣合成扁圆形，器深约为盖深的两倍。器为子口，弧腹内收，平底，浅喇叭状圈足。盖、器近口沿处饰竖向细绳纹，大多被抹去，已漫漶不清。通高17厘米，口径19.1厘米，底径12.1厘米（图四二三，4；图版一二四，5）。

陶壶 2件。形制基本相同。泥质灰陶。有盖，盖作子口，向下内收且纳入器口内，盖隆起，顶部平。器为侈口，尖唇，束颈，溜肩，鼓腹，下腹弧收，平底，喇叭状圈足。标本M195：13，顶部有一纽，纽中部有一圆穿。颈部饰两周凹弦纹。通高34厘米，口径10.9厘米，圈足径15.2厘米（图四二三，3）。标本M195：15，顶部有三个“S”形纽。器肩部饰一周凹弦纹。通高39.9厘米，口径11厘米，圈足径14.2厘米（图四二三，2；图版一二四，3）。

陶盘 1件。标本M195：14，泥质灰陶。敞口，尖唇，弧腹内收，平底微内凹。素面。高3.4厘米，口径15.6厘米，底径6.6厘米（图四二三，8）。

陶匜 1件。标本M195：8，泥质黑皮褐陶。已残碎。前有流，尾部内凹，腹壁弧折内收，平底微内凹。高4.8厘米，流尾长12厘米，底径6.2厘米。

陶甑 1件。标本M195：10，泥质黑衣褐陶。敞口，折沿，圆唇，颈壁斜直，肩部微突，弧腹缓收，平底，底部有一个圆形箅孔。素面。高7.2厘米，口径13.9厘米，底径4.6厘米（图四二三，10）。

陶杯 1件。标本M195：4，泥质灰陶。敞口，尖唇，腹壁向下缓收，腹较深，向下呈漏斗状，平底外撇。素面。高12厘米，口径9.3厘米，底径6厘米（图四二三，9；图版一二四，6）。

陶环 1件。标本M195：12，已残碎。泥质红灰陶。环呈扁平状，其横断面呈多边形。

一九五、M196

1. 墓葬概况

M196位于三区东南部，开口于耕土层下，距地表0.3米。方向28°。墓坑口大底小，口长3米，北端宽2米，南端宽1.9米；墓底长2.1米，宽1米；墓深3.2米。坑四壁规整，向下微外张，距墓口深2.6米处有生土二层台，台面平整，台壁斜直，东、西台面宽0.38～0.43米，北台面宽0.5米，南台面宽0.4米，高0.6米。墓壁受挤压使墓口内收，壁面平整，底部平坦。在北生土台面向下0.07米深处设一半圆形壁龛，壁面向上弧线内收，龛底长0.64米，高0.43米，进深0.24米，龛底距墓底深0.1米（图四二四；图版一二五，1）。

填红褐色五花土，土质较硬。

葬具为一棺，已腐朽，存痕迹。放置墓室东部。痕迹长1.8米，宽0.45米，棺底铺较薄一层草木灰。

人骨架保存较完整，头向北，面向上，双手放于腹部，仰身直肢。

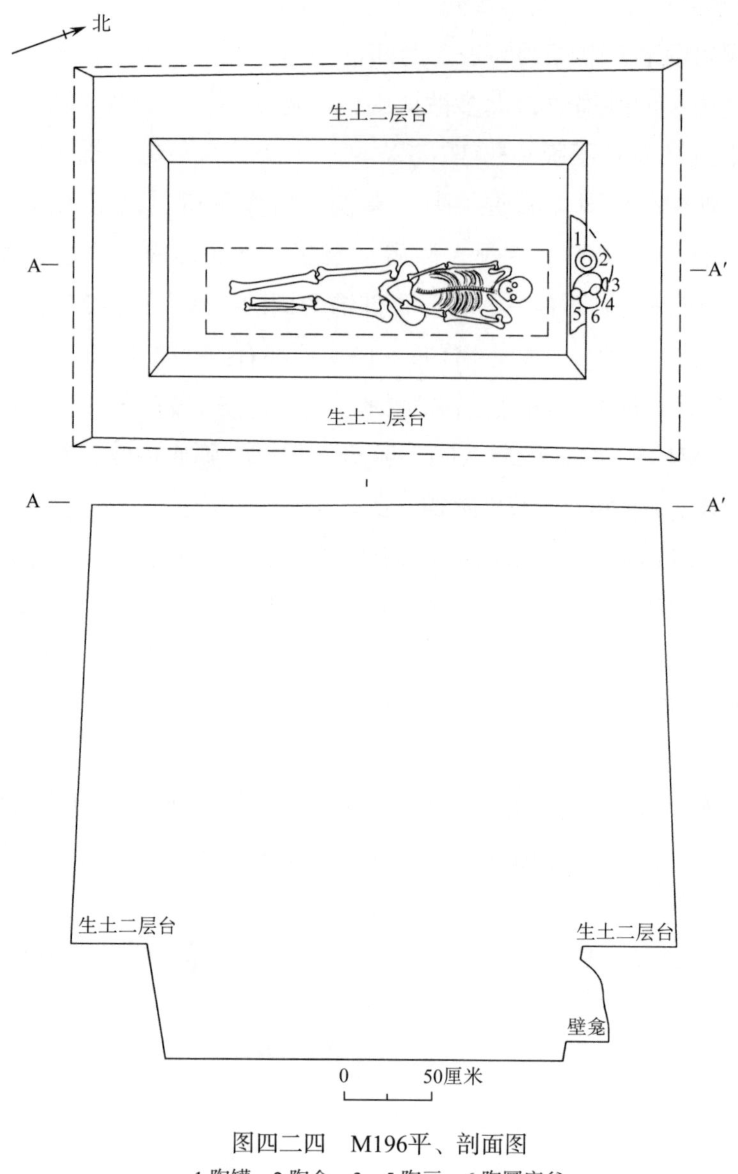

图四二四　M196平、剖面图
1.陶罐　2.陶盒　3～5.陶豆　6.陶圜底釜

2. 出土器物

随葬品6件，其中陶豆3件，陶无耳罐、陶盒、陶圜底釜各1件，放置于北端壁龛内（图版一二五，2）。

陶豆　3件。标本M196：3，泥质灰陶。敞口，尖唇，浅盘，盘底近平，柄壁凹弧，喇叭状圈足，中空至盘底部。素面。高11.6厘米，口径15.2厘米，盘深3.8厘米，底径8.2厘米（图四二五，4）。标本M196：4，泥质灰陶。敞口，浅盘，折腹，柄壁较长，微变形，喇叭状圈足。柄中部饰两组四周凹弦纹。高17.2厘米，口径13.3厘米，盘深2.6厘米，底径10.4厘米（图四二五，6）。标本M196：5，泥质灰陶。敞口，浅盘，弧腹，柄壁中部微鼓，喇叭状圈足。素面。高11.2厘米，口径12.3厘米，盘深2.8厘米，底径6.6厘米（图四二五，5）。

陶盒 1件。标本M196：2，泥质灰陶。子口内敛，弧腹，下腹缓收，平底，矮圈足。上腹饰两周较宽的凹弦纹。高10.8厘米，口径24.6厘米，底径15.2厘米（图四二五，2）。

陶无耳罐 1件。标本M196：1，泥质灰陶。敞口，折沿，圆唇，束颈，溜肩，鼓腹，下腹弧收，平底。颈部饰浅绳纹，上腹饰斜形绳纹间以两周抹痕，下部饰斜绳纹。高23.3厘米，口径10.8厘米，底径9.9厘米（图四二五，1）。

陶圜底釜 1件。标本M196：6，泥质灰陶。敛口，折沿，方唇，束颈，圆肩，肩部有两个对称的牛鼻形耳，鼓腹，下腹缓收，圜底。颈部饰浅绳纹，肩及上腹饰竖绳纹间以两周抹痕，下腹及底部饰交错绳纹。高14厘米，口径14厘米（图四二五，3）。

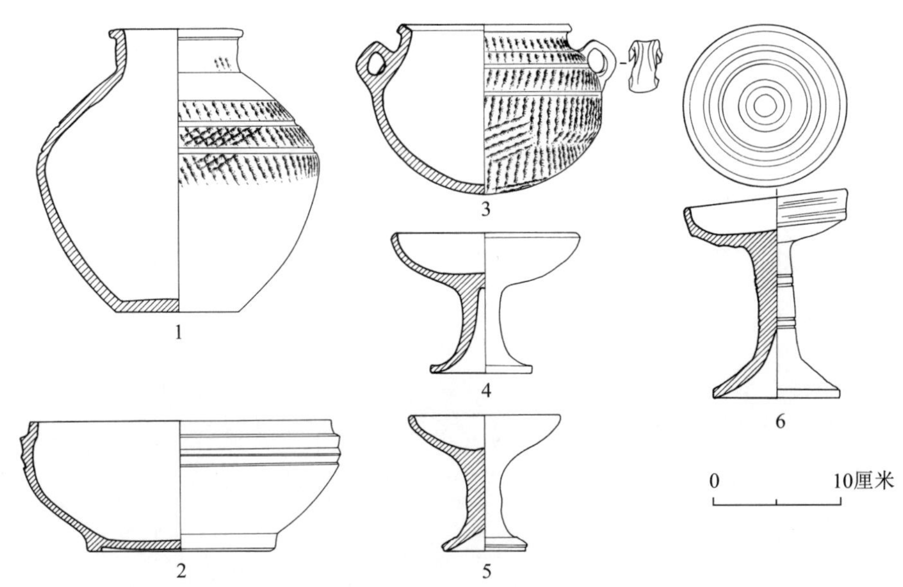

图四二五 M196出土陶器
1.陶无耳罐（M196：1） 2.陶盒（M196：2） 3.陶圜底釜（M196：6）
4~6.陶豆（M196：3、M196：5、M196：4）

一九六、M197

1. 墓葬概况

M197位于三区东南部，开口于耕土层下，距地表0.3米。墓坑打破M198。方向310°。口大底小，墓口长2.4米，宽1.7米；墓底长2.4米，宽1.5米；墓深1.8米。坑四壁规整，向下垂直，壁面规整，墓室东北角上部坍塌变形，墓底平坦（图四二六）。

填白砂土和灰褐色五花土，土质较硬。

葬具已腐朽，仅存痕迹，可以看出为单棺，置于墓底北部，棺痕长2.1米，宽0.56米。

人骨架1具，已腐朽，仅存头骨和下肢骨痕迹，可知头向西，面向上、仰身直肢。

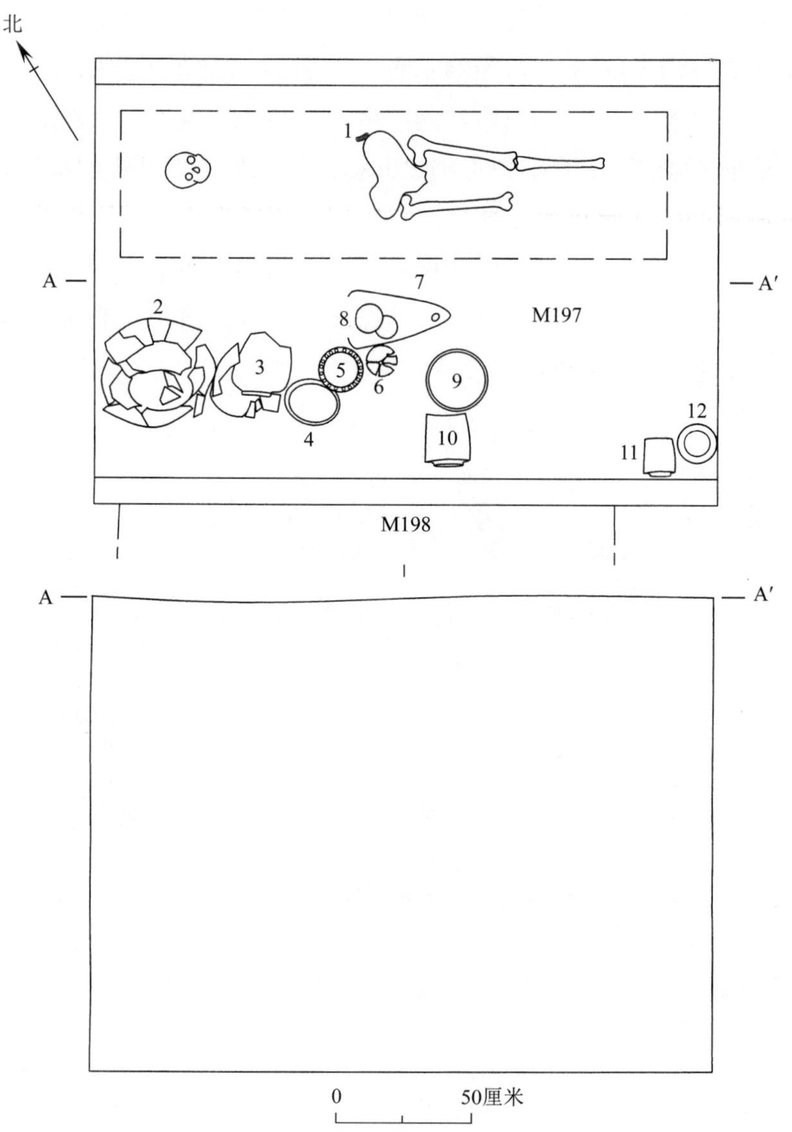

图四二六　M197平、剖面图

1.铜钱　2.陶瓮　3.陶罐　4、9.陶盒　5.陶井　6.陶盆　7.陶灶　8.陶甑　10～12.陶仓

2. 出土器物

随葬品12件（铜钱按1件计），除1件铜钱外其他均为陶器，计有陶仓3件，陶盒各2件，陶瓮、陶罐、陶井、陶盆、陶灶、陶甑各1件。铜钱位于棺痕中北部，陶器均位于棺南侧。

陶盒　2件。形制相同。泥质灰陶。有盖，为覆盘状，弧顶。器为子口内敛，弧腹，下腹缓收，平底微凹。标本M197：4，盖顶饰一周凹弦纹。通高14.4厘米，口径17.3厘米，底径11.8厘米；盖高4.6厘米，口径19.4厘米（图四二七，4）。标本M197：9，腹部饰两周凹弦纹。通高14.4厘米，口径18.2厘米，底径11厘米；盖高4.4厘米，口径19.4厘米（图四二七，3）。

陶瓮　1件。标本M197：2，泥质灰陶。敞口，尖唇，直颈，内壁凹弧，圆肩，鼓腹，下腹弧收，平底微凹。腹部饰浅竖绳纹间以抹痕。高27.5厘米，口径19厘米，底径21.4厘米（图四二七，2）。

陶罐 1件。标本M197：3，近直口，尖唇，直颈，内壁凹弧，圆肩，鼓腹，下腹弧收，平底。肩、腹部各有两周凹弦纹。高24.2厘米，口径16.4厘米，底径16.2厘米（图四二七，1）。

陶仓 3件。形制相同。泥质灰陶。直口，斜折肩，腹壁近直，下腹微收，平底，近底部有三个长方形气孔。标本M197：10，腹部内壁呈瓦垄状，外壁饰九周凹弦纹。高20.9厘米，口径11.1厘米，底径12.7厘米（图四二七，6）。标本M197：11，腹部内壁呈瓦垄状，外壁饰六周凹弦纹。高19.2厘米，口径10.2厘米，底径13.2厘米（图四二七，7）。标本M197：12，腹部饰六周凹弦纹。高19.4厘米，口径10.1厘米，底径12.8厘米（图四二七，5）。

陶灶 1件。标本M197：7，泥质黑灰陶。已残，无法复原，灶壁垂直，有一个火眼。

陶盆 1件。标本M197：6，泥质灰陶。敞口，折沿，圆唇，弧腹，下腹弧收，平底。近底部有不明显的削痕。素面。高4.2厘米，口径11厘米，底径3.7厘米（图四二七，8）。

陶甑 1件。标本M197：8，泥质灰陶。敞口，折沿，圆唇，弧腹，下腹缓收，平底，底部有五个圆形箅孔，近底部有刀削痕。素面。高4.7厘米，口径10.6厘米，底径4厘米（图四二七，9）。

陶井 1件。标本M197：5，泥质灰陶。敞口，折沿，沿面内斜，腹壁斜直，向下微撇，平底。素面。高10.3厘米，口径15.8厘米，底径12.8厘米（图四二七，10）。

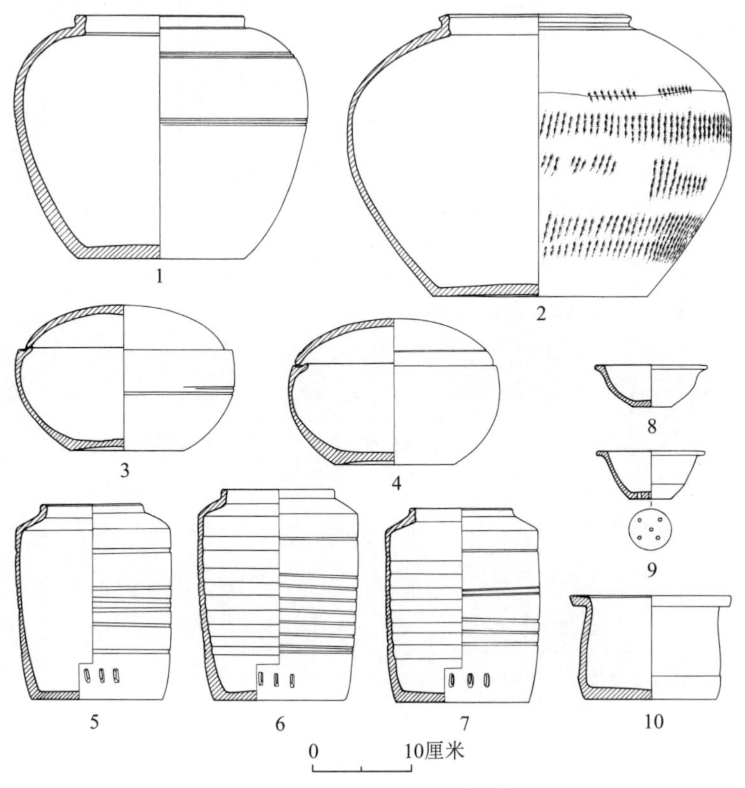

图四二七 M197出土陶器

1.陶罐（M197：3） 2.陶瓮（M197：2） 3、4.陶盒（M197：9、M197：4）
5~7.陶仓（M197：12、M197：10、M197：11） 8.陶盆（M197：6） 9.陶甑（M197：8） 10.陶井（M197：5）

铜五铢钱　标本M197：1，1串，因锈蚀在一起，无法计数。从可看出的五铢钱看，钱的正面边缘有一周凸起的周郭，正方形穿，穿之左右有篆书“五铢”两字。“五”字中间两笔是弯曲的，中间两笔和上下两划相接的地方略向内靠拢，“五”字如两个相对的炮弹形；“铢”字“朱”字头方折。

一九七、M198

1. 墓葬概况

M198位于三区东南部，开口于耕土层下，距地表0.3米，墓坑北部被M197打破。方向39°。口大底小，墓口残长2.3～2.4米，宽1.9～2米；墓底长2米，宽0.9米；墓深2.5米。坑四壁规整，向下微内收，距墓口深1.8米处有生土二层台，台面平整，台壁斜直，东、西台面宽0.32～0.37米，南台面宽0.42米，北壁被M197破坏，上部不详，高0.7米，壁面规整，墓底平坦（图四二八；图版一二六，1）。

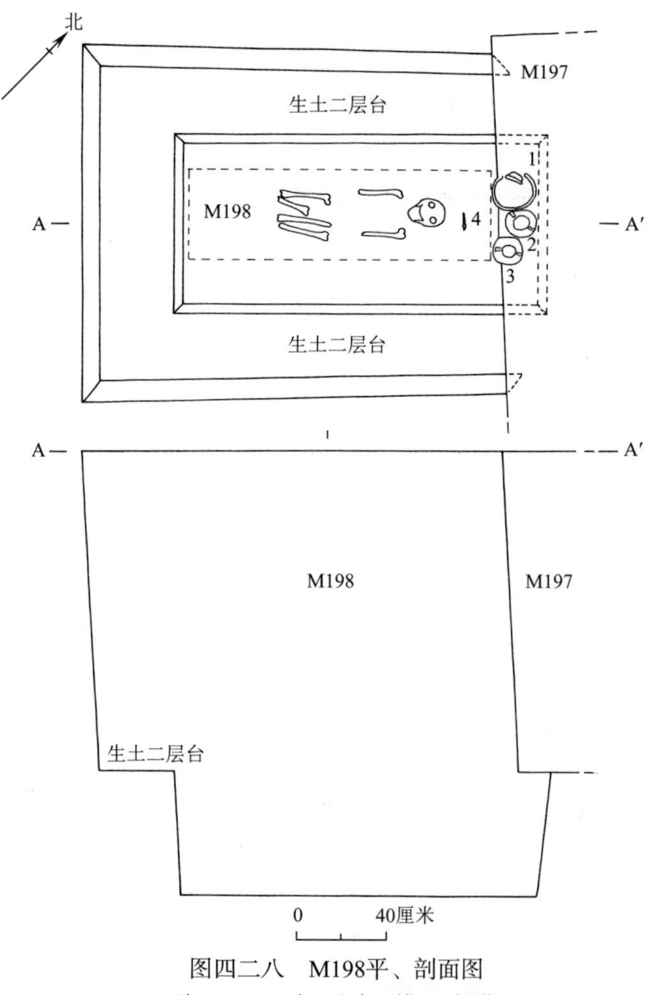

图四二八　M198平、剖面图

1.陶盂　2、3.陶双牛鼻耳罐　4.铜带钩填褐色五花土，土质较硬。

葬具已腐朽，仅存痕迹，可以看出为单棺，置于墓底中部，棺痕长1.7米，宽0.5米。

人骨架1具，已腐朽，仅存头骨和部分肢骨痕迹，可知头向北，面向上，仰身屈肢。

2. 出土器物

随葬品4件，除1件铜带钩外其他均为陶器，计有陶双牛鼻耳罐2件，陶盂1件。铜带钩位于棺痕内头骨北侧，陶器位于棺外北侧（图版一二六，2）。

陶盂　1件。标本M198：1，泥质灰陶。敞口，折沿，方唇，微束颈，圆肩，最大径近肩部，弧腹，下腹渐收，平底。上腹饰四周凹弦纹。高11.2厘米，口径24.4厘米，底径11.4厘米（图四二九，1）。

陶双牛鼻耳罐　2件。形制相同。泥质灰陶。敛口，弧颈，圆肩，肩部有两个对称牛鼻形耳，鼓腹，下腹缓收，凹圜底。标本M198：2，肩部及上腹饰竖绳纹间以一周抹痕，下腹及底部饰交错绳纹。高17厘米，口径11.6厘米，底径7.7厘米（图四二九，4）。标本M198：3，肩部及上腹饰竖绳纹间以两周抹痕，下腹及底部饰交错绳纹。高18.2厘米，口径11.8厘米，底径7.2厘米（图四二九，3）。

铜带钩　1件。标本M198：4，已残。腹较长，背部有一圆形纽。残长5.2厘米，腹宽0.8厘米，纽径1.5厘米（图四二九，2）。

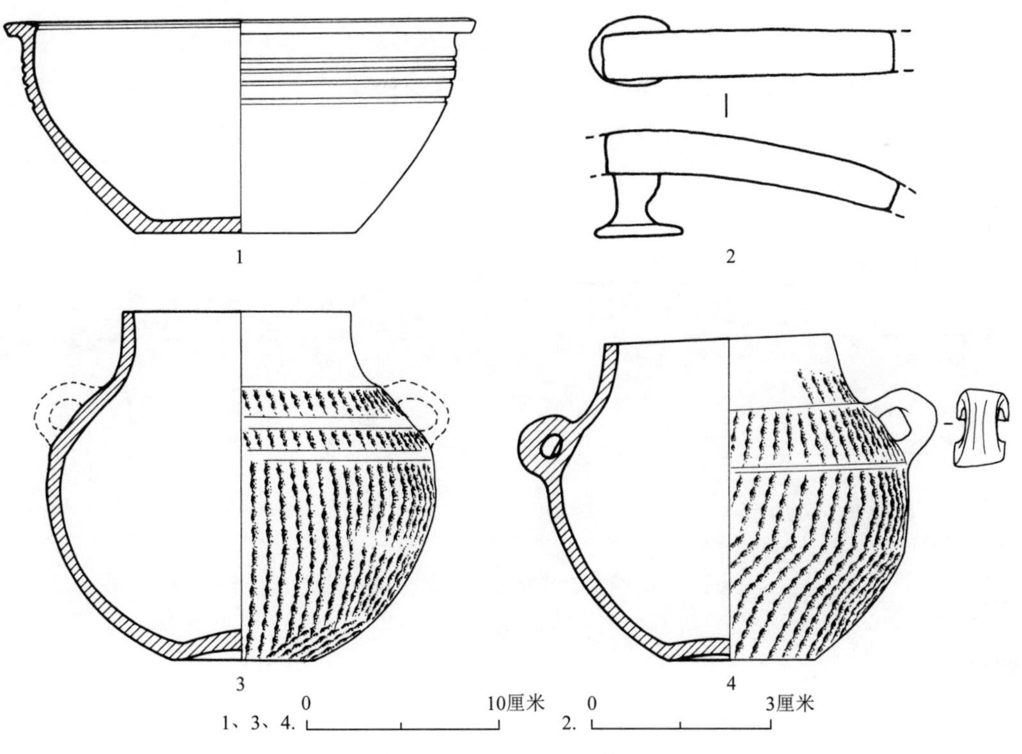

图四二九　M198出土遗物

1.陶盂（M198：1）　2.铜带钩（M198：4）　3、4.陶双牛鼻耳罐（M198：3、M198：2）

一九八、M199

1. 墓葬概况

M199位于三区东南部，开口于耕土层下，距地表0.3米，墓葬破坏严重，墓道打破M200北部。方向122°。由墓道、甬道和墓室三部分组成。

墓道向东南，西北与甬道相连，设于甬道左侧，呈长方形斜坡状，口长4.2米，前端宽0.84米，后端宽1.02米；底坡长4.4米，坡度18 °；下端深1.26米。墓门设于墓道后端，封门砖残存1层，为残条砖平砌。

甬道设于墓室前壁左侧，东南与墓道相连，平面呈长方形，进深1.44米，宽1.22米，圹高1.26米。墙体砌于宽0.2、深0.08米的基槽内，残存3层，砌法为直行错缝叠砌。铺底砖不详。

墓坑平面呈长方形，口底同大，长3.16米，宽2.1米，深1.18米。砖砌墓室，墙砖紧贴坑壁，平面呈长方形，长2.84米，宽1.78米，残高0.08米。墙体砌于宽0.18、深0.08米的基槽内，残存4层，砌法为条砖直行错缝叠砌。铺底砖多不详，从墓底北中部残存的3块铺底砖看，应为条砖横向齐缝平铺（图四三〇）。

砖为青灰色条形，长0.32米，宽0.16米，厚0.08米，单长侧面饰“五”字形花纹和半圆形纹。

葬具、人骨架和随葬品无存。

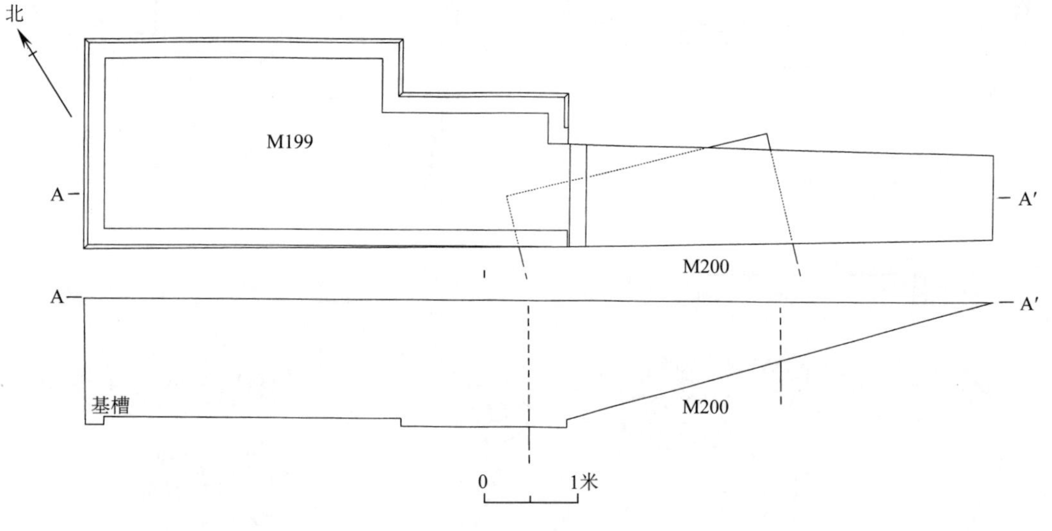

图四三〇　M199平、剖面图

2. 出土器物

在扰土中发现大量长方形条砖、楔形砖残块以及陶瓮、陶罐、陶灶等器物残片和铜五铢钱。

铜五铢钱　8枚。可分两型。

A型　6枚。钱的正面边缘有一周凸起的周郭，正方形穿，穿之左右有篆书“五铢”两字；钱的背面边缘有周郭，而且穿四边也有郭。钱文的书体特点明显。“五”字中间两笔是弯曲的，中间两笔和上下两划相接的地方略向内靠拢，中间两笔和上下两横相接的地方是垂直的。“铢”字笔划清晰，“金”字四点较长，“朱”字头方折。皆为剪轮五铢。标本M199：1-1，郭径2.35厘米，钱径2.25厘米，穿边长1厘米（图四三一，1）。

B型　2枚。钱的正面边缘有一周凸起的周郭，正方形穿，穿之左右有篆书“五铢”两字；钱的背面边缘有周郭，而且穿四边也有郭。“五”字中间两笔是弯曲的，中间两笔和上下两划相接的地方略向内靠拢，“五”字如两个相对的炮弹形；“铢”字笔划清晰，“金”字四点较长，“朱”字头方折。皆为剪轮五铢。标本M199：1-7和标本M199：1-8形制、大小相同，郭径2.45厘米，钱径2.3厘米，穿边长1厘米（图四三一，2、3）。

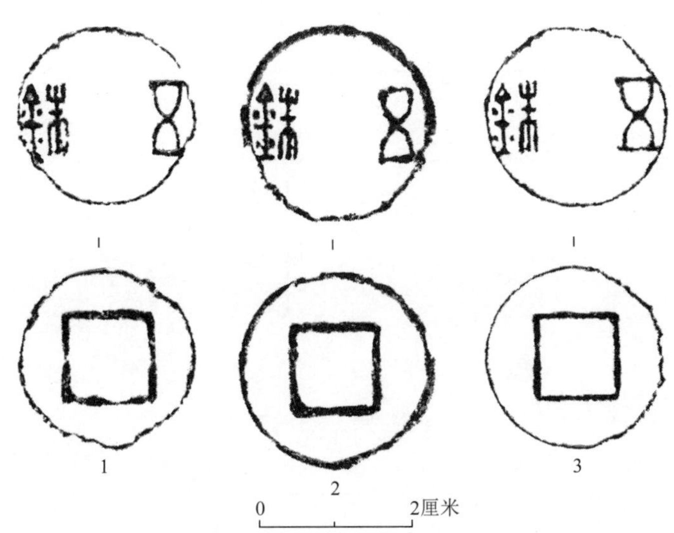

图四三一　M199出土铜五铢钱

1.A型（M199：1-1）　2、3.B型（M199：1-7、M199：1-8）

一九九、M200

1. 墓葬概况

M200位于三区东南部，开口于耕土层下，距地表0.3米，墓坑北部被M199墓道打破，南部打破M201北部。方向108°。口大底小，墓口长2.64米，宽1.86米；墓底长3.10米，宽1.72米；墓深2.9米。坑四壁规整，向下外张，南壁自墓口向下1.4米深处有生土二层台，台面平整，台面宽0.4米，高1.5米，墓壁受地层挤压而变形，壁面平滑，经人工修整，墓底平坦。

对南部生土二层台分析发现，该墓本无意留南部的生土二层台，当该墓挖深至1.4米时，发现了南部保存尚好M201的椁室，于是就在南部留下了宽0.4米的生土二层台，在北部继续下挖墓坑（图四三二；图版一二七，1）。

填褐色五花土，土质较软。

葬具已腐朽，仅存痕迹，可以看出为一椁一棺，椁痕长2.6米，宽1.48米；棺置于椁内北部，棺痕长1.80米，宽0.5米，棺底铺一层较薄的草木灰。

人骨架1具，已腐朽，仅存头骨和下肢骨痕迹，可知头向东，仰身直肢。

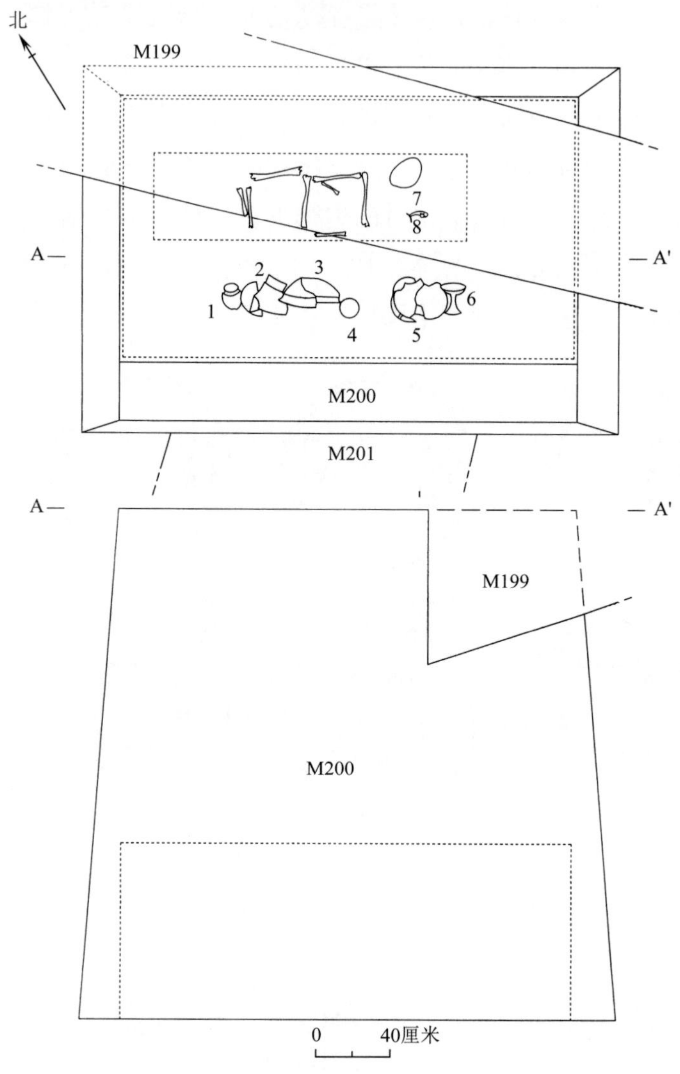

图四三二　M200平、剖面图

1、4.陶双桥耳罐　2.陶双牛鼻耳罐　3.陶盂　5.陶圜底釜　6.陶豆　7.铜带钩　8.陶珠

2. 出土器物

随葬品8件，其中陶器6件，计有陶双桥耳罐2件，陶双牛鼻耳罐、陶盂、陶豆、陶圜底釜各1件，置于椁内南侧；铜带钩、陶珠各1件，置于墓主人头南侧（图版一二七，2）。

陶豆　1件。标本M200：6，泥质灰陶。近直口，盘较浅，圆唇，盘内底近平，柄粗短，中空至柄中部，喇叭状圈足。高11.6厘米，口径11.9厘米，盘深2厘米，圈足径8厘米（图四三三，5）。

陶双桥耳罐 2件。形制相同。泥质灰陶。侈口，圆唇，束颈较短，圆肩，肩部有两个对称的桥形耳，圆耳孔对穿，鼓腹，最大颈在腹中部偏上处，下腹弧收，平底。标本M200：1，素面。高11.3厘米，口径8.1厘米，底径5厘米（图四三三，4）。标本M200：4，上腹饰两周凹弦纹。高8.4厘米，口径6厘米，底径4.9厘米（图四三三，2）。

陶双牛鼻耳罐 1件。标本M200：2，泥质灰陶。敞口，尖唇，束短径，溜肩，肩部有两个对称的牛鼻形耳，圆鼓腹，最大径在中腹，下腹弧收，凹圜底。颈部饰竖向细绳纹，大多被抹去，已漫漶不清，肩部、中腹饰竖向细绳纹间两周抹痕，下腹及底部饰交错细绳纹。高20.8厘米，口径14.8厘米，底径6.8厘米（图四三三，1）。

陶盂 1件。标本M200：3，泥质灰陶。直口微侈，尖唇，折沿，沿面外斜，颈壁近直，肩部微突，斜直腹内收至底，平底。腹部饰竖向细绳纹。高11.9厘米，口径28.2厘米，底径11.8厘米（图四三三，6）。

陶圜底釜 1件。标本M200：5，泥质灰陶。敛口，尖唇，平折沿，束颈较短，溜肩，肩部有两个对称的牛鼻形耳，圆鼓腹，最大径在中腹，圜底。颈部饰竖向细绳纹，大多被抹去，已漫漶不清，肩部及上腹饰竖向细绳纹间两周抹痕，下腹及底部饰交错粗绳纹。高12.6厘米，口径14.6厘米（图四三三，3）。

陶珠 1件。标本M200：8，器作算盘子状，中间有一孔。高1.5厘米，直径1.8厘米（图四三四，2）。

铜带钩 1件。标本M200：7，残。整体作琵琶状，钩残，背部有一椭圆形纽，腹部较长，鼓起成三平面。残长6厘米，腹宽1.45厘米，纽径1.3~1.6厘米（图四三四，1）。

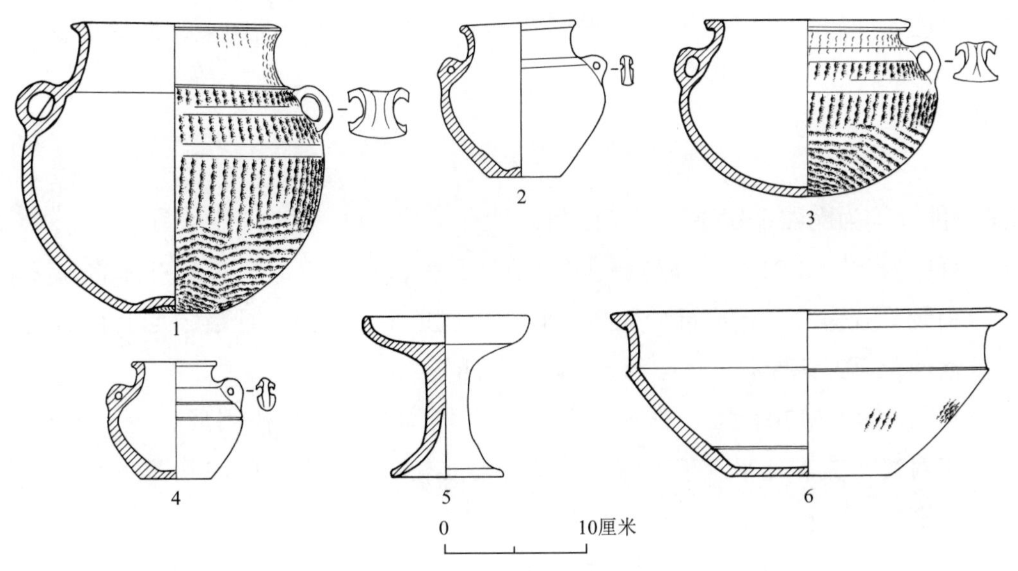

图四三三 M200出土陶器

1.陶双牛鼻耳罐（M200：2） 2、4.陶双桥耳罐（M200：4、M200：1） 3.陶圜底釜（M200：5） 5.陶豆（M200：6） 6.陶盂（M200：3）

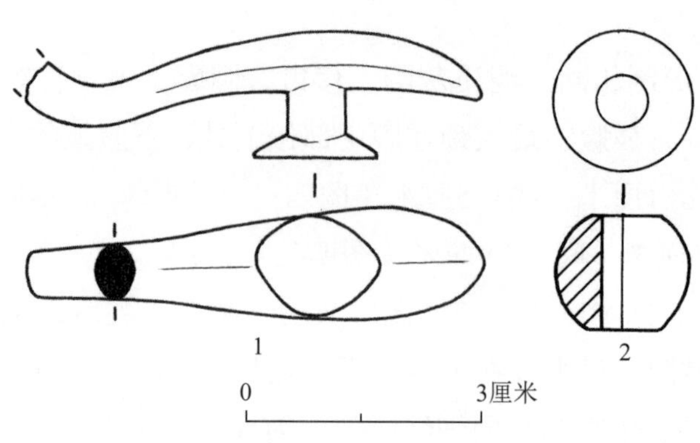

图四三四　M200出土遗物
1.铜带钩（M200：7）　2.陶珠（M200：8）

二〇〇、M201

1. 墓葬概况

M201位于三区东南部，开口于耕土层下，距地表0.3米，墓坑北部被M200打破。方向32°。口大底小，墓口长2.56米，宽1.84米；墓底长2.36米，宽1.44米；墓深2.4米。坑东、西两壁内斜收进0.2米至底，南、北两壁内斜收进0.1米，壁面平滑，经人工修整，墓底平坦（图四三五；图版一二八，1）。

填褐色五花土，土质较软。

葬具已腐朽，仅存痕迹，可以看出为一椁一棺，椁痕长2.28米，宽1.36米；棺置于椁内中部偏西，棺痕长2米，宽0.5米。

人骨架1具，已腐朽，仅存头骨和下肢骨痕迹，可知头东北，面向上，仰身直肢。

2. 出土器物

随葬品3件，均为陶器，置于椁室东南角，计有陶鼎、敦、壶各1件（图版一二八，2）。

陶鼎　1件。标本M201：1，泥质灰陶。子口，腹壁直，腹部有两个对称的方形附耳，耳上端外撇，扁圆耳孔对穿，近底部处弧折内收，圜底近平，下附三柱足，足上有削痕，横断面呈多边形。素面。高25.8厘米，口径18.6厘米（图四三六，1）。

陶敦　1件。标本M201：2，泥质灰陶。盖和器均变形，呈椭圆形，盖、器扣合成扁圆形，口径大于身高，盖深几乎等于器深，盖顶和器底较平缓，盖顶的纽和器底的足均作昂首兽状。素面。通高25.6厘米，口径18.1～20.6厘米（图四三六，2）。

陶壶　1件。标本M201：3，泥质灰陶。侈口，方唇，束颈，溜肩，圆鼓腹，最大径在中腹，下腹弧收，平底，高筒形圈足。颈部、肩部、腹部均饰两周凹弦纹，颈肩结合处饰一周凹弦纹。高36.8厘米，口径12.2厘米，圈足径12.5厘米（图四三六，3）。

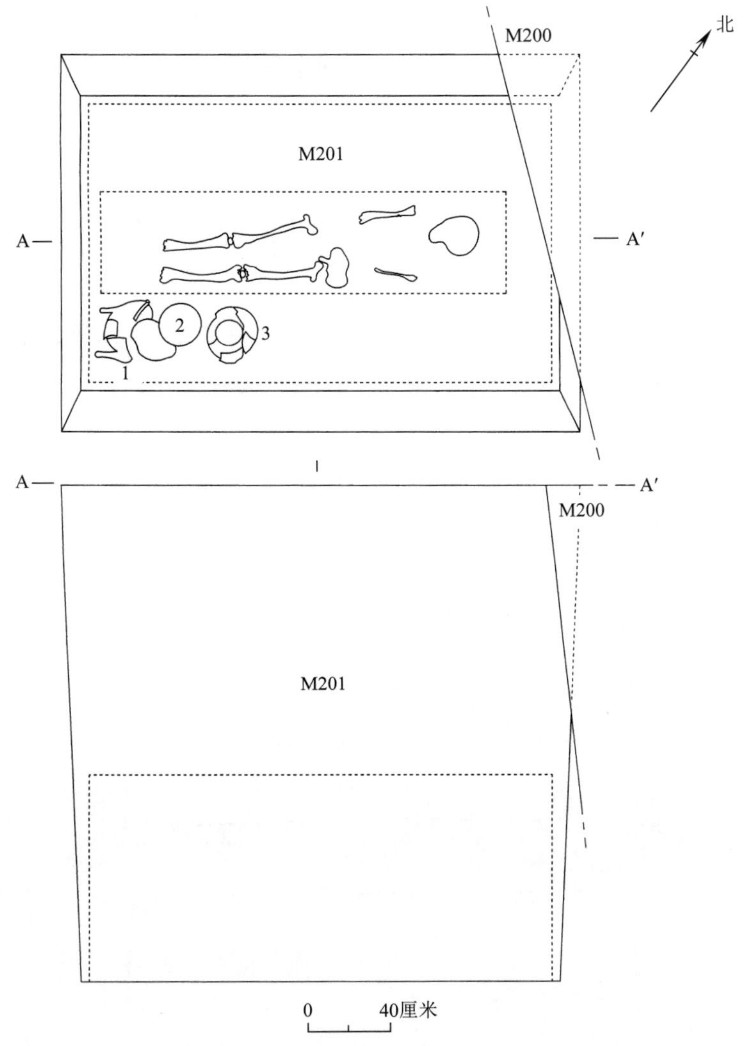

图四三五　M201平、剖面图

1.陶鼎　2.陶敦　3.陶壶

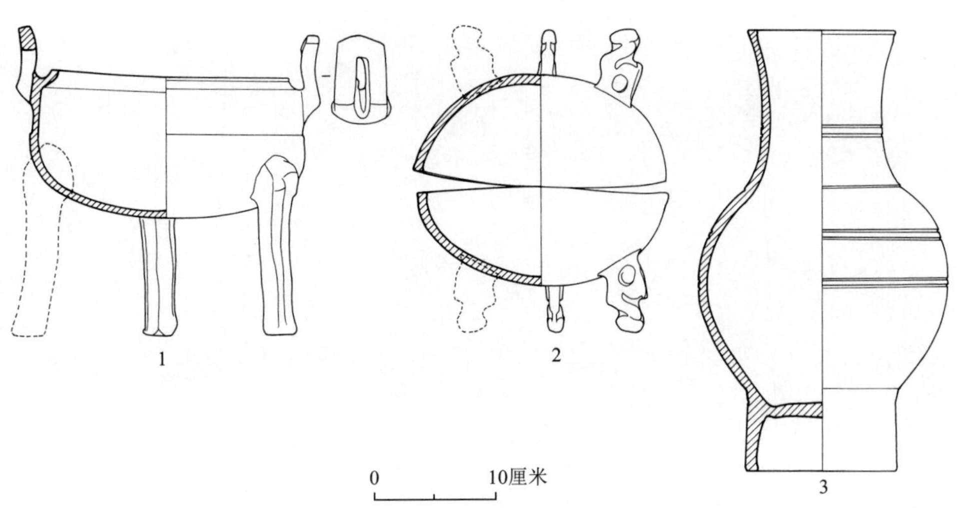

图四三六　M201出土陶器

1.陶鼎（M201：1）　2.陶敦（M201：2）　3.陶壶（M201：3）

二〇一、M202

1. 墓葬概况

M202位于三区东南部，开口于耕土层下，距地表0.3米。方向118°。口大底小，墓口长2.2米，宽1.5米；墓底长2.2米，宽0.8～0.84米；墓深2.88米。坑四壁规整，向下外张，自墓口向下2.08米深处有生土二层台，台面平整，台面宽0.2～0.4米，高0.8米，墓壁受地层挤压而变形，壁面平滑，经人工修整，墓底平坦（图四三七；图版一二九，1）。

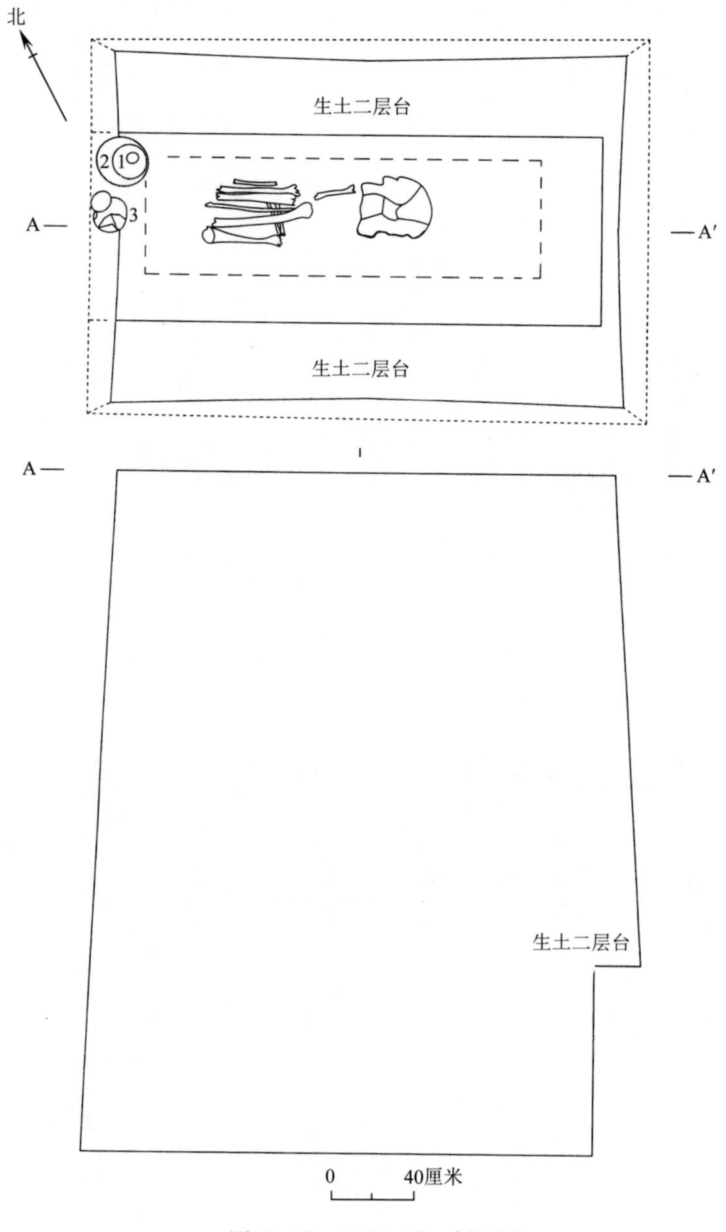

图四三七　M202平、剖面图
1.陶双牛鼻耳罐　2.陶盂　3.陶壶

填褐色五花土，土质较软。

葬具已腐朽，仅存痕迹，可以看出为单棺，置于墓底中部，棺痕长1.7米，宽0.5米，棺底铺一层较薄的草木灰。

人骨架1具，已腐朽，仅存头骨和肢骨痕迹，可知头向东南，侧身屈肢。

2. 出土器物

随葬品3件，均为陶器，计有陶双牛鼻耳罐、盂、壶各1件，置于墓底西北角（图版一二九，2）。

陶壶　1件。标本M202：3，泥质黑皮褐陶。侈口，方唇，束颈，溜肩，圆鼓腹，下腹弧收至底，平底。素面。高20.8厘米，口径10.2厘米，底径9厘米（图四三八，1）。

陶盂　1件。标本M202：2，泥质灰陶。敞口，圆唇，折沿，颈壁斜直，肩部微突，腹壁近斜直至底，平底。腹壁上有刀削痕。素面。高11.6厘米，口径24.8厘米，底径10.2厘米（图四三八，3）。

陶双牛鼻耳罐　1件。标本M202：1，泥质灰陶。侈口，方唇，束颈，颈部两侧有两个对称的牛鼻形耳，溜肩，圆鼓腹，最大颈在中腹，下腹弧收，凹圜底。颈部饰竖向细绳纹，腹部饰竖向细绳纹间两周抹痕，下腹及底部饰交错细绳纹。高17.4厘米，口径12.4厘米（图四三八，2）。

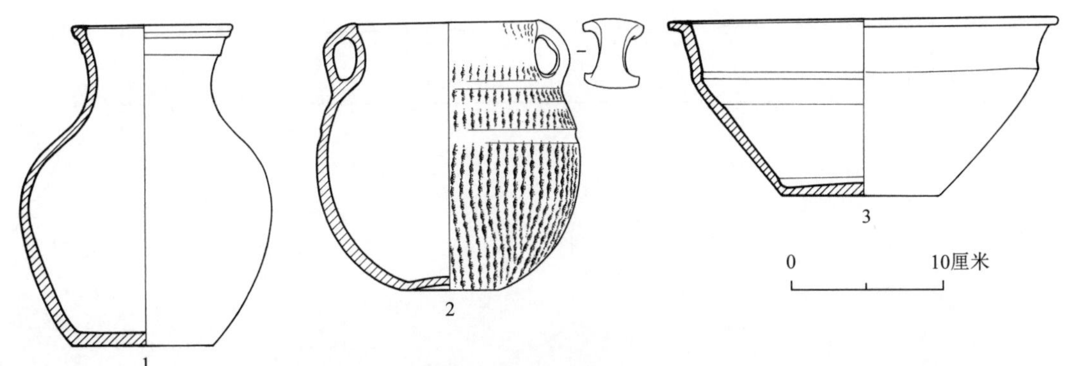

图四三八　M202出土陶器

1.陶壶（M202：3）　2.陶双牛鼻耳罐（M202：1）　3.陶盂（M202：2）

二〇二、M203

1. 墓葬概况

M203长方形形坑竖穴壁龛墓，位于三区东南部，开口于扰土层下，耕土层、扰土层厚0.76米。方向285°。口大底小，墓口长2.8米，东端宽1.68米，西端宽1.60米；墓底长1.88米，东端宽1

米，西端宽1.06米；墓深1.18米。四壁自墓口垂直向下0.42米深处有生土二层台，台面宽0.24～0.44米，台壁向下内收，高0.76米，壁面平整，底部较平。在西台面向下0.3米深处设一长方形壁龛，龛宽0.2米，高0.36米，进深0.16～0.2米，龛底距墓底0.1米（图四三九；图版一三〇，1）。

填灰褐色五花土，土质较硬。

葬具已腐朽，仅存痕迹，为单棺，放于墓室中部，棺痕长1.6米，东端宽0.6米，西端宽0.64米。

人骨架已朽尽，仅存头骨和部分肢骨痕迹，头向西，面向上，侧身屈肢。

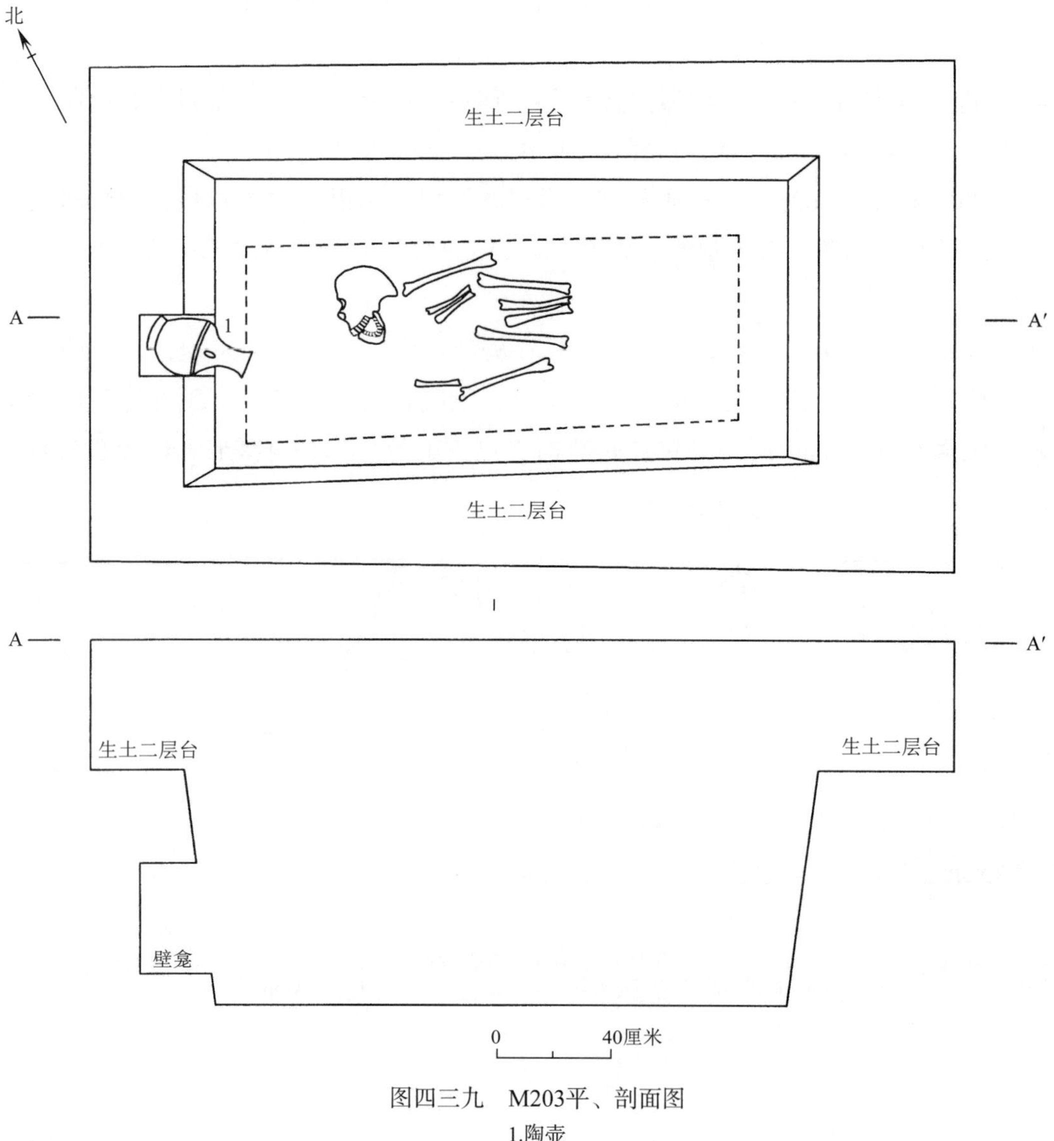

图四三九　M203平、剖面图
1.陶壶

2. 出土器物

随葬品陶壶1件，放于西壁壁龛内。

陶壶　1件。标本M203：1，泥质灰陶。尖唇，沿面平，沿面上有两周浅凹槽，束颈，溜肩，肩部有两个对称的环形耳，鼓腹，下腹弧收，平底，喇叭状圈足。颈部饰五周凹弦纹间饰以三角形纹，三角形内饰麻点纹，两耳正面均有三道凹槽，肩部饰暗网格纹，腹部饰两周凸弦纹。高33厘米，口径10.8厘米，圈足径12.5厘米（图四四〇）。

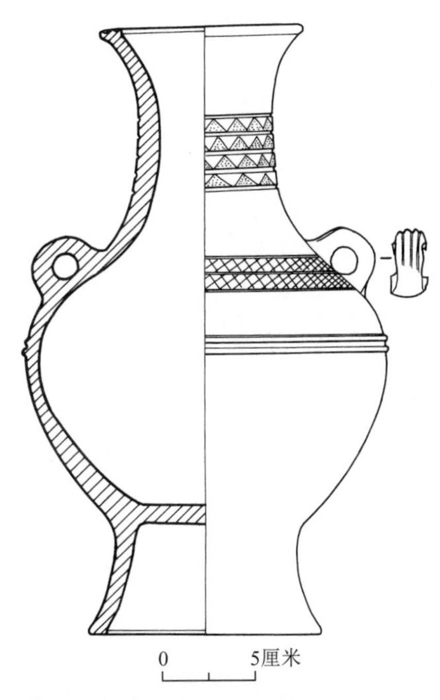

图四四〇　M203出土陶壶（M203：1）

二〇三、M204

1. 墓葬概况

M204位于二区东南部，开口于耕土层下，距地表0.3米。方向105°。由墓道、甬道和墓室三部分组成。

墓道向东南，西北与甬道相连，该墓道只清理一部分，为长方形斜坡状，口底同大，两端同宽，已清理部分口长1.36米，宽1米；底坡长1.9米，坡度50°；下端残深1.76米。

甬道设于墓室前壁右侧，东南与墓道相连，平面呈长方形，进深1.12米，宽1米，残深1.76米。甬道两壁近底部有积石积炭，底部积炭，并散见一些河卵石。墓门设于甬道后端，用河卵石封堵，河卵石间夹有木炭，已倒塌，甬道内和墓室近墓门处散落有用于封门的河卵石。

墓室平面呈长方形，口大底小，墓口长2.5米，宽1.9米；墓底长2.4米，宽1.7米；墓深2.2米。墓室四壁和墓底积石积炭，右侧壁的积石积炭保存较好，保存高度1.42米，厚度10厘米左右，左侧壁和后壁保存较差。河卵石大小不等，长在5～13厘米，与炭混杂在一起。墓底平铺一层河卵石，其间夹炭。在距墓口1.9米深处的填土中，发现一层杂乱的河卵石，推测是棺室或椁上面的积石（图四四一；图版一三〇，2）。

填红褐色五花土，土质松软。

人骨架、葬具已不详，从清理情况看发现有红色棺漆和黑色痕迹，应为一棺一椁，椁痕长2.22米，宽1.64米；棺痕长2.1米，宽0.6米。

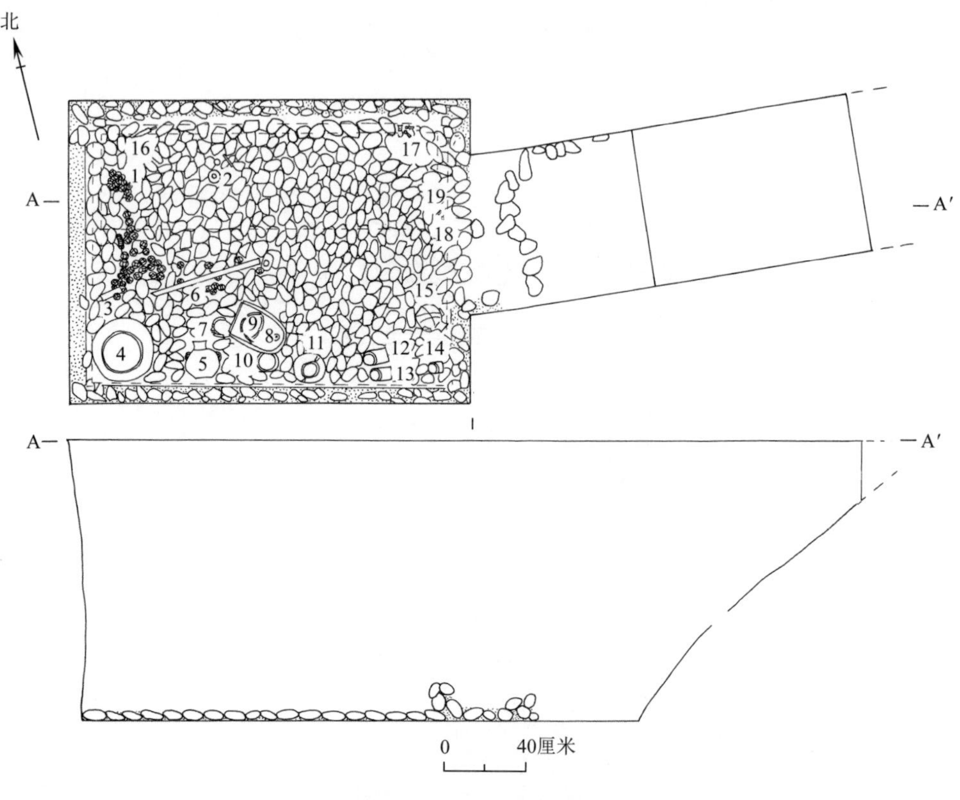

图四四一　M204平、剖面图

1.铜五铢钱　2.铜车轴　3.石器　4.陶瓮　5、11.陶双牛鼻耳罐　6.铁剑　7、9、10.铜釜　8.陶灶　12～14.陶仓　15.陶罐　16.铁矛　17-1.铜车軎　17-2.铜衔镳　17-3.铜圆帽形器　17-4、17-6、17-7.铜筒形器　17-5.铜长方形器　17-8、17-9.铜辖　17-10.铜U形器　17-11.铜瓢形器　17-12、17-13.铜盖弓帽　17-14、17-15.铜泡钉　18、19.铜弩机

2. 出土器物

随葬品较为丰富，计33件（铜钱按1件计），几乎分布于整个墓室。随葬品主要为陶器，计有陶仓各3件，陶双牛鼻耳罐2件，陶罐、陶瓮、陶灶各1件；铜器有铜釜、铜筒形器各3件，铜弩机、铜辖、铜盖弓帽、铜泡钉各2件，铜车軎、铜衔镳、铜圆帽形器、铜长方形器、铜U形器、铜瓢形器各1件，铜五铢钱1串66枚；铁剑、铁矛各1件；石器1件。随葬品的放置无规律可循，陶器主要分布在椁内南侧，有部分在棺内。其中铜釜、铜U形器、铁剑、陶罐、陶仓等破碎严重，无法复原。

陶瓮　1件。标本M204∶4，泥质灰陶。直口，尖圆唇，圆肩，鼓腹，下腹弧收，平底。素面。高30.7厘米，口径26.4厘米，底径22.4厘米（图四四二，3）。

陶双牛鼻耳罐　2件。形制相同。泥质灰陶。敞口，束颈，溜肩，肩部有两个对称的牛鼻形耳，垂腹，下腹弧收，凹圜底。标本M204∶5，肩部及上腹饰竖绳纹间以一周抹痕，下腹及底部饰横斜交错的绳纹。高24.3厘米，口径12.4厘米，底径8.2厘米（图四四二，1）。标本M204：11，泥质灰陶。器口已残，肩部及上腹饰竖绳纹间以三周抹痕，下腹及底部饰横斜交错的绳纹。残高22.4厘米，底径8.6厘米（图四四二，2）。

陶仓　3件。破碎严重。敛口，圆肩，腹壁近直，平底。腹部饰竖向细绳纹。

陶灶　1件。标本M204：8，泥质黑灰陶。灶体呈三角形，壁微弧，前壁居中设一半圆形灶门，前端有一火眼，上置一铜釜，后端斜立一圆柱形烟囱，烟囱中通。铜釜已残，敞口，折沿，弧腹，平底。素面。灶高12.7厘米，长28.2厘米，宽22厘米（图四四二，4）。

铜弩机　2件。形制相同。由牙、郭、键、悬刀等部分组成。牙呈三角形，分左右两片；郭呈倒梯形，郭身有二键通穿，固定了牙、悬刀的位置，郭面上刻出箭槽，中容箭括；键一端有帽，另一端有一圆形穿孔。标本M204：18，郭长4.5厘米，望山高0.85厘米，前端宽0.8厘米，后端宽1.2厘米（图四四三，13）。标本M204：19，郭长4.3厘米，望山高0.84厘米，前端宽0.8厘米，后端宽1.1厘米（图四四三，12）。

铜车軎　1件。标本M204：17-1，体呈圆筒形，口端外张，壁向内曲折，平顶，器壁上有两周凸弦纹，下部有一穿，内套长条形辖；辖一端有帽，略倾斜，以适应軎口的弧度。高3厘米，口径2.45厘米（图四四三，10）。

铜车轴　1件。标本M204：2，器如两端不闭塞的直筒，中部有三周凸箍，两端各有一周凸箍。出土时内存残木。长9.3厘米，直径1.6厘米（图四四三，14）。

铜衔镳　1件。标本M204：17-2，已残。衔由两端带圆环的两个铜柱套合而成，一铜柱已残，铜柱一端的圆环上均有一缺口，“S”形叶状镳套于圆环内，中间扁平，有两个小圆穿孔，镳的两端为弧形薄片。镳长10.55厘米（图四四三，1）。

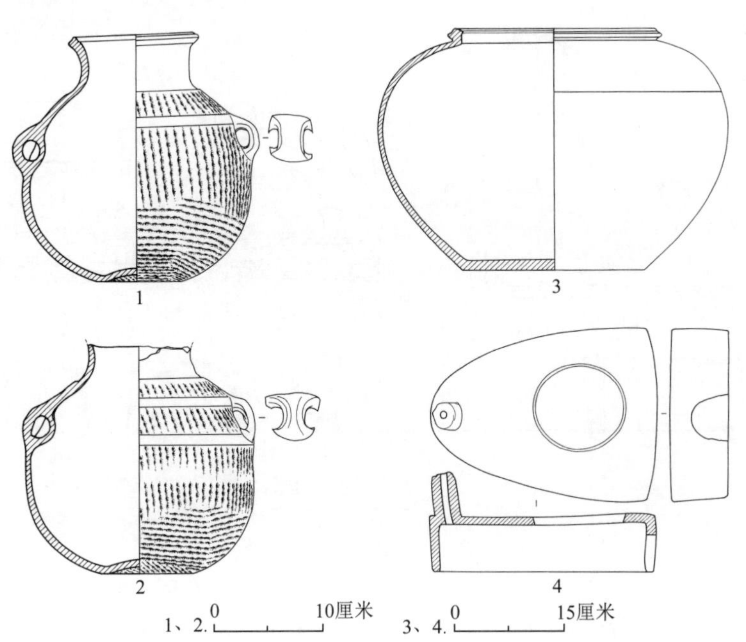

图四四二　M204出土陶器

1、2.陶双牛鼻耳罐（M204：5、M204：11）　3.陶瓮（M204：4）　4.陶灶（M204：8）

铜轙　2件。形制相同。体作半环形，断面近圆形。标本M204：17-8，长1.7厘米，宽2.2厘米（图四四三，2）。标本M204：17-9，长1.8厘米，宽2.25厘米（图四四三，3）。

铜盖弓帽　2件。形制相同。圆筒形，中空成銎，顶部半圆球形，口缘处略宽大，上端稍小，在器中部偏上处向上挑起一钩，出土时内存残木。标本M204：17-12，长2.6厘米（图四四三，8）。标本M204：17-13，长2.7厘米（图四四三，9）。

铜筒形器　3件。标本M204：17-4，器作筒形，口端外张，顶端封闭，器身有一周凸箍。高1.5厘米，口径1.2厘米（图四四三，17）。标本M204：17-6，器作筒形，口端外张，顶端封闭，器身有一周凸箍。高1.55厘米，口径1.2厘米（图四四三，18）。标本M204：17-7，器作筒形，口端外张，顶端封闭，器身有三周凸箍。高2厘米，口径1厘米（图四四三，19）。

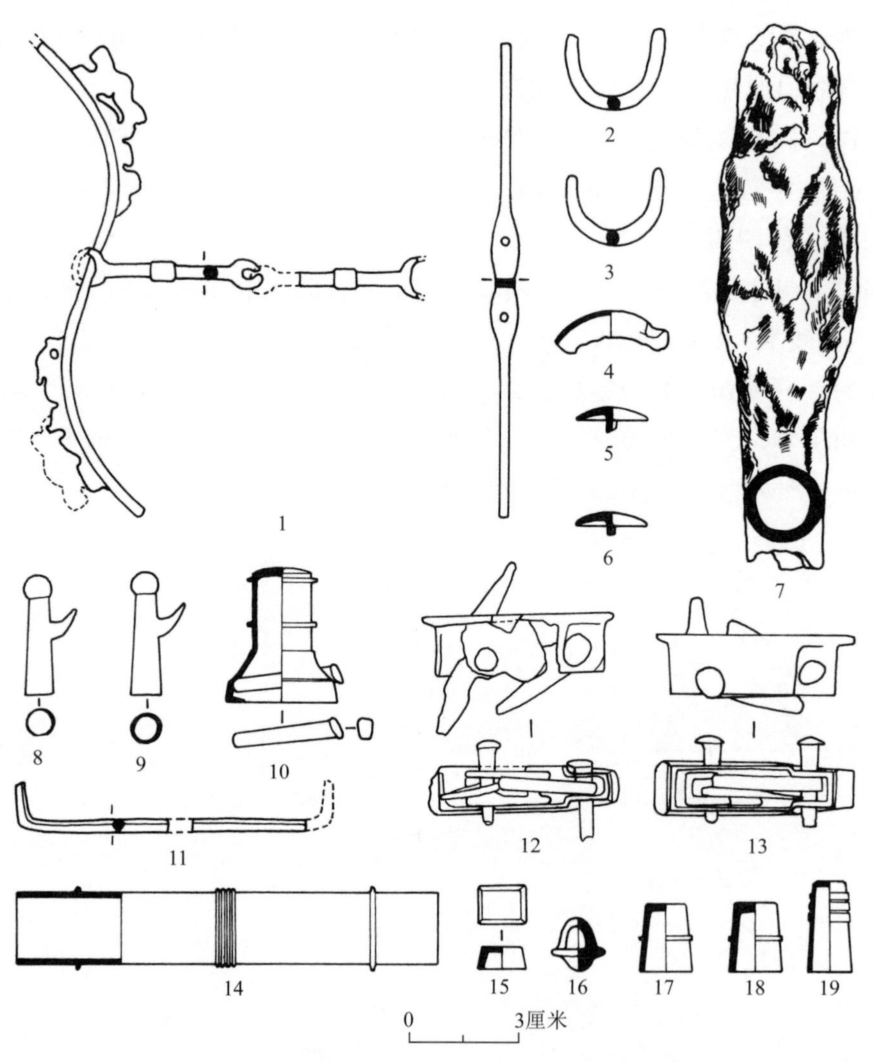

图四四三　M204出土遗物

1.铜衔镳（M204：17-2）　2、3.铜轙（M204：17-8、M204：17-9）　4.铜瓢形器（M204：17-11）　5、6.铜泡钉（M204：17-14、M204：17-15）　7.铁矛（M204：16）　8、9.铜盖弓帽（M204：17-12、M204：17-13）　10.铜车軎（M204：17-1）　11.铜U形器（M204：17-10）　12、13.铜弩机（M204：19、M204：18）　14.铜车轴（M204：2）　15.铜长方形器（M204：17-5）　16. 铜圆帽形器（M204：17-3）　17～19.铜筒形器（M204：17-4、M204：17-6、M204：17-7）

铜瓢形器 1件。标本M204：17-11，器如无把的瓢。长2.5厘米（图四四三，4）。

铜圆帽形器 1件。标本M204：17-3，圆形，顶部有一乳突，下垂一半圆形环。高1.2厘米，直径1.2厘米（图四四三，16）。

铜长方形器 1件。标本M204：17-5，器作长方形，上大下小，顶平，中空。高0.5厘米，长1.1厘米，宽0.85厘米（图四四三，15）。

铜泡钉 2件。形制相同。圆形，上部有一圆帽，下垂一乳丁。标本M204：17-14，高0.5厘米，直径1.6厘米（图四四三，5）。标本M204：17-15，高0.55厘米，直径1.6厘米（图四四三，6）。

铜U形器 1件。残。标本M204：17-10，体呈U形，断面呈多边形。残长7厘米（图四四三，11）。

铜五铢钱 66枚。标本M204：1-1～M204：1-4，钱的正面边缘有一周凸起的周郭，正方形穿，穿之左右有篆书“五铢”两字；钱的背面边缘有周郭，而且穿四边也有郭。钱文的书体特点明显。“五”字中间两笔是弯曲的，中间两笔和上下两划相接的地方略向内靠拢，中间两笔和上下两横相接的地方是垂直的；还有的“五”字两笔屈曲更厉害，“五”字如两个相对的炮弹形。“铢”字笔划清晰，“金”字四点较长，“朱”字头方折。有的钱上有特殊的记号，一种是在钱正面穿上有横郭一道；一种是在穿的下面有凸起的月牙状记号。有的为剪轮五铢。郭径2.45厘米，钱径2.3厘米，穿边长1厘米（图四四四，1～4）。

铁矛 1件。标本M204：16，残。圆锋，中脊隆起，双面刃，銎口作圆形。残长12.2厘米（图四四三，7）。

长方形石器 1件。标本M204：3，体呈长方形，一端下部有一方形足。长16厘米，宽6.1厘米，高2厘米（图四四五）。

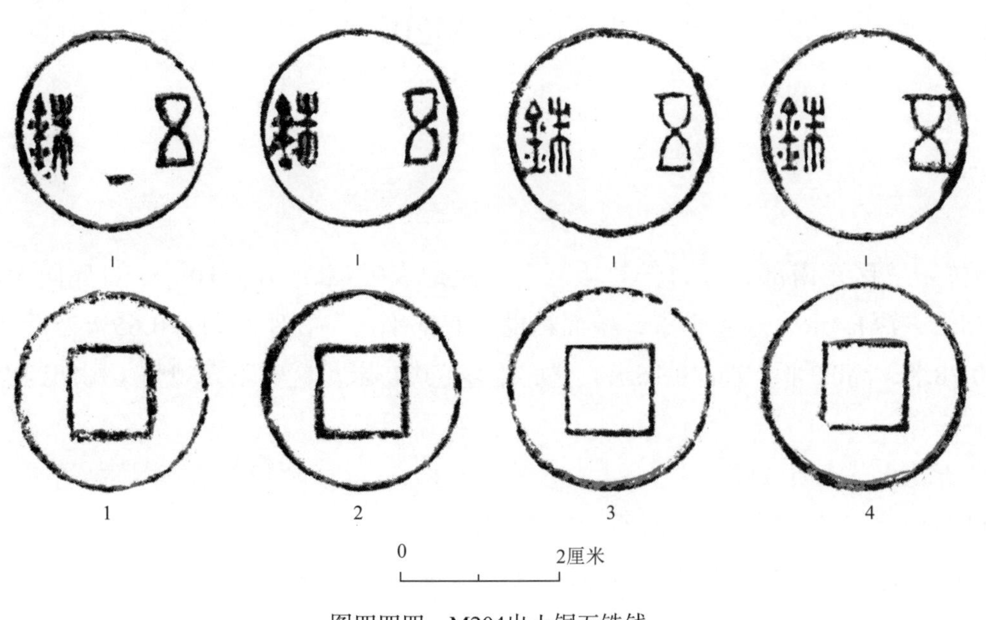

图四四四 M204出土铜五铢钱

1~4.M204：1-1~M204：1-4

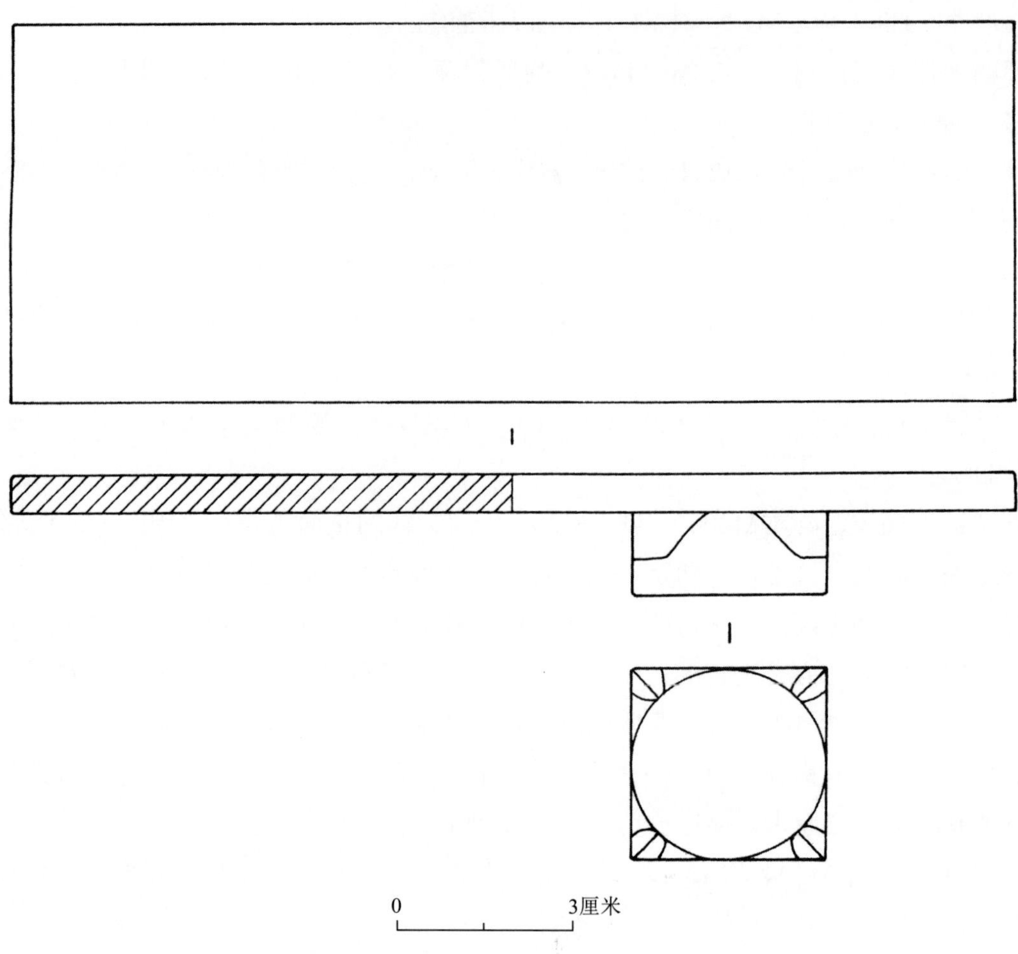

图四四五　M204出土长方形石器（M204：3）

二〇四、M205

1. 墓葬概况

M205位于三区东南部，开口于耕土层下，距地表0.3米，方向103°。口底同大，长1.7米，宽0.78米，深1.4米。墓壁垂直，壁面粗糙，底部平坦。在距墓口深0.65米处设一长方形壁龛，宽0.78米，高0.3米，进深0.16米，龛底距墓底0.45米。龛壁不太规整（图四四六；图版一三一，1）。

填褐色五花土，土质较硬。

葬具已腐朽，仅存灰痕，为单棺葬。棺痕长1.6米，宽0.46米。

人架已朽尽，从棺内保留的牙齿和部分下肢骨痕尚能看出头向东。

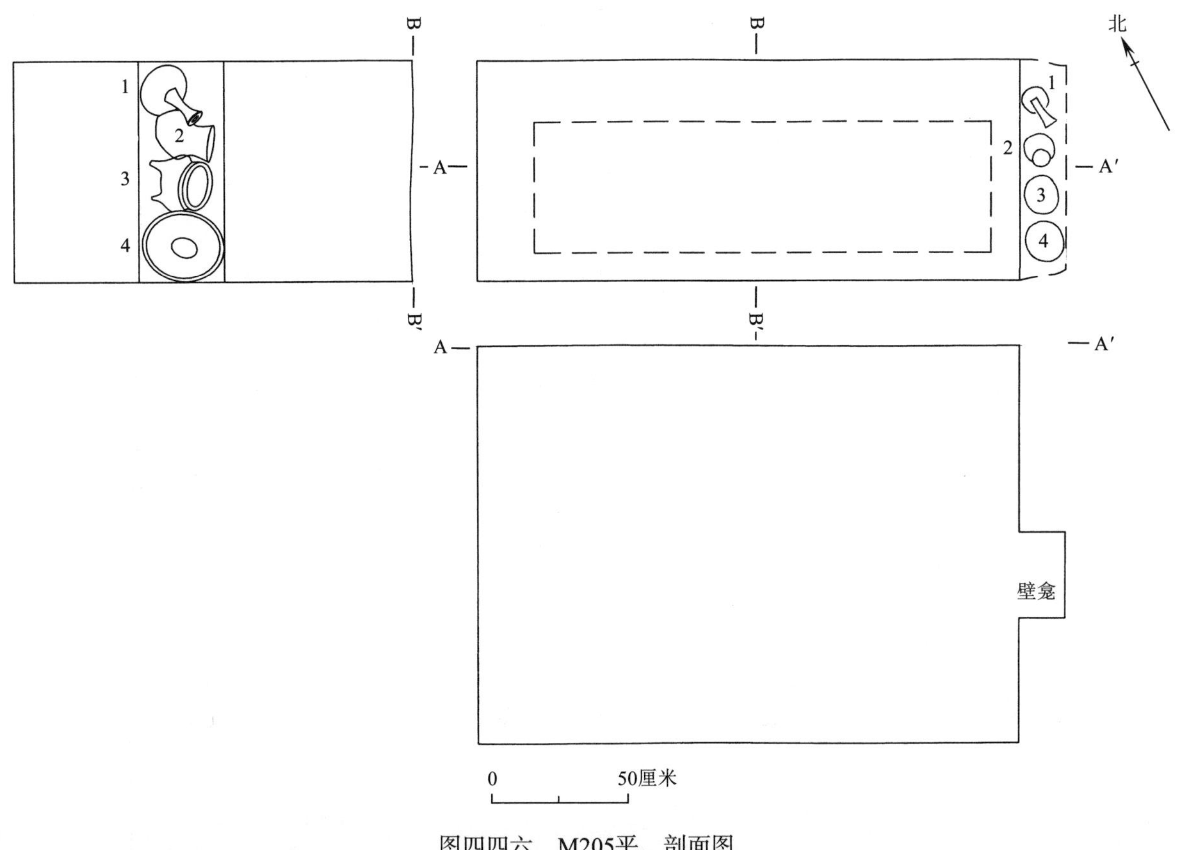

图四四六　M205平、剖面图
1.陶豆　2.陶罐　3.陶鬲　4.陶盂

2. 出土器物

随葬品4件，均为陶器，陶豆、陶无耳罐、陶鬲、陶盂各1件，由南向北排列放置于墓室东部壁龛内（图版一三一，2）。

陶鬲　1件。标本M205：3，泥质灰陶。侈口，折沿，方唇，束颈，溜肩，鼓腹，裆近平，三锥状足，足底较平。唇部饰一周浅凹弦纹，腹部饰竖绳纹间以一周抹痕，底部及足上饰交错绳纹。高16.3厘米，口径17.9厘米（图四四七，1）。

陶豆　1件。标本M205：1，泥质灰陶。敞口，圆唇，浅盘，弧腹微折，柄壁微束，喇叭状圈足，中空至柄中部。素面。高15.6厘米，口径15厘米，盘深2.6厘米，底径9.6厘米（图四四七，3）。

陶无耳罐　1件。标本M205：2，泥质灰陶。侈口，微束颈，溜肩，鼓腹，凹圜底。素面。高17.2厘米，口径11厘米，底径6.2厘米（图四四七，4）。

陶盂　1件。标本M205：4，泥质灰陶。敞口近直，折沿，方唇，微束颈，圆肩，最大径近肩部，弧腹渐收，凹圜底。上腹饰一周凹弦纹。高13.4厘米，口径22.2厘米，底径9.4厘米（图四四七，2）。

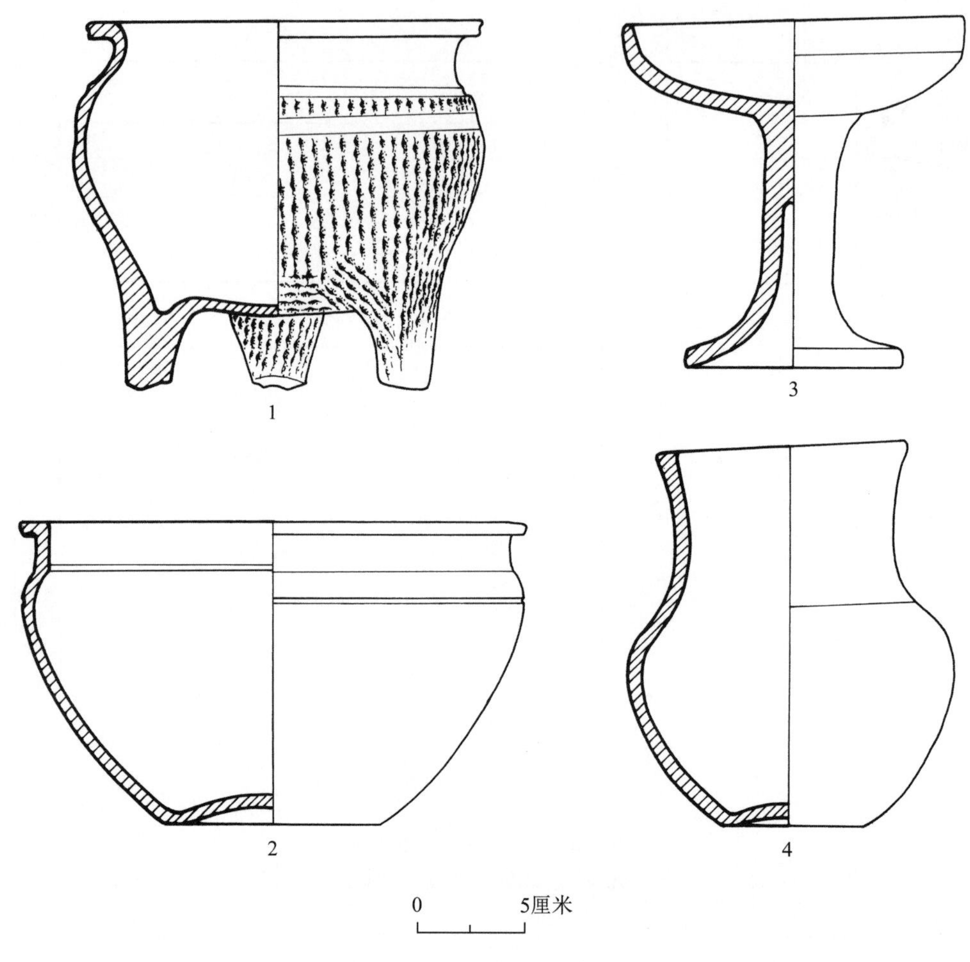

图四四七　M205出土陶器

1.陶鬲（M205：3）　2.陶盂（M205：4）　3.陶豆（M205：1）　4.陶无耳罐（M205：2）

二〇五、M206

M206位于三区东南部，开口于耕土层下，距地表0.3米，墓葬破坏严重，墓室西北打破M207东南，方向130°，由墓道、甬道和墓室三部分组成。

墓道向东南，西北与甬道相连，呈长方形斜坡状，长1.44米，前端宽0.6米，后端宽0.8米；底坡长1.5米，坡度27°；下端深0.3米。

甬道设于墓室前壁，偏右，呈长方形斜坡状，砖已不详，扩进深1.1米，宽1.2米，深0.4米。

墓坑平面呈长方形，口底同大，长3.88米，前端宽2.7米，后端宽2.9米，深0.4米。砖砌墓室，墙砖紧贴坑壁，平面呈长方形，长3.6米，宽2.42～2.62米。墙体砌于生土之上，砌法为条砖直行错缝叠砌，残存5层。铺底砖不详（图四四八）。

墙砖为青灰色长条形，长0.34米，宽0.14米，厚0.06米。

葬具，人骨架和随葬品无存。

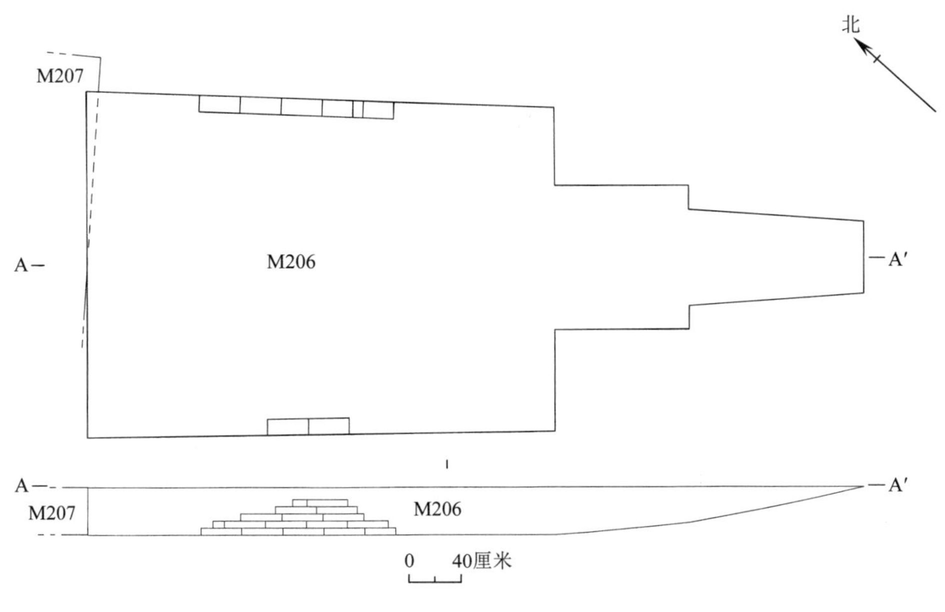

图四四八　M206平、剖面图

二〇六、M207

1. 墓葬概况

M207位于三区东南部，地势东北低，西南高，开口于耕土层下，距地表0.3米。方向230°。西北部打破M208，东南部被M206打破。墓坑口底同大，墓口长2.7米，宽1.16米，深1～1.2米。墓壁垂直，壁面粗糙，底部平坦（图四四九）。

填灰褐色五花土，土质较软。

葬具一椁一棺，已腐朽，存灰痕。椁痕长2.1米，宽1米。棺位于椁室东南部，棺痕长1.7米，宽0.54米。

人架已朽尽，仅存牙齿，由此看出头向西南。

2. 出土器物

随葬品5件，均为陶器，其中陶豆2件，陶壶、陶鬲、陶盂各1件，放置于棺外椁内西北侧（图版一三二，1）。

陶鬲　1件。标本M207：4，泥质灰陶。折沿，尖沿面向内，短颈，肩部隆起，腹壁鼓，平裆，柱状直足。腹部饰竖向细绳纹间饰一周抹痕，裆部饰细绳纹，足上有刀削痕，横断面呈多边形。高18.8厘米，口径19.5厘米（图四五〇，2）。

陶豆　2件。形制相同。泥质灰陶。敞口，尖唇，腹壁向下弧收，内底近平，柄较细，中空至柄中下部，喇叭状圈足。素面。标本M207：2，高14.5厘米，口径13.4厘米，圈足径8.4厘米（图四五〇，5）。标本M207：3，高14.5厘米，口径13.7厘米，圈足径8.1厘米（图四五〇，4）。

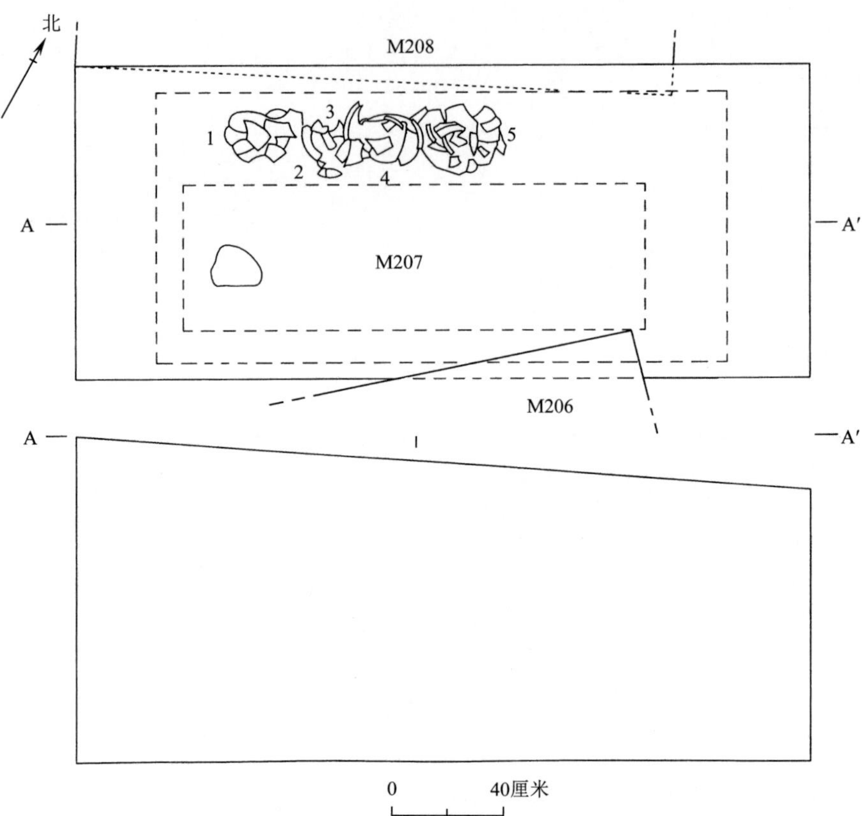

图四四九　M207平、剖面图
1.陶壶　2、3.陶豆　4.陶鬲　5.陶盂

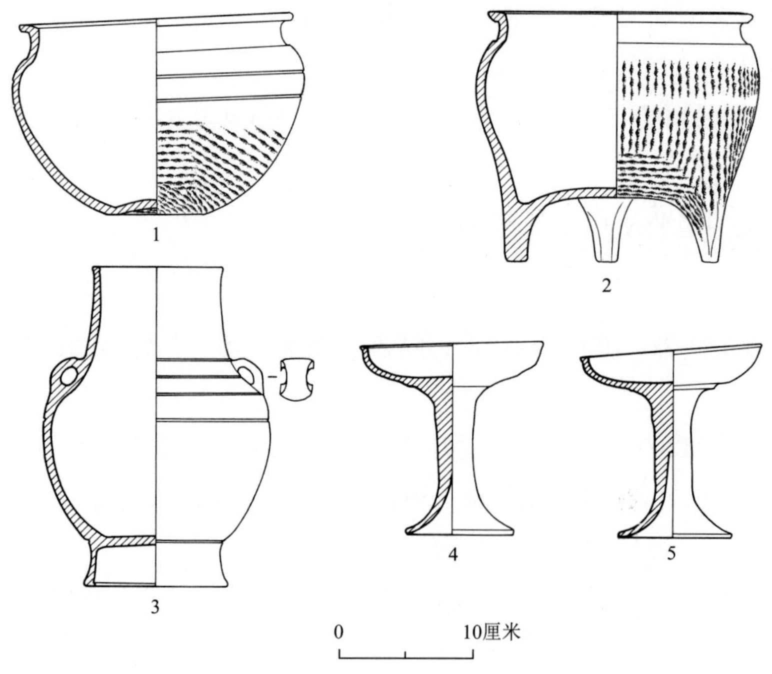

图四五○　M207出土陶器
1.陶盂（M207：5）　2.陶鬲（M207：4）　3.陶壶（M207：1）　4、5.陶豆（M207：3、M207：2）

陶壶　1件。标本M207：1，泥质黑皮灰陶。敛口，颈上细下粗，溜肩，肩部有两个对称的环形耳，鼓腹，下腹弧收，平底，喇叭状圈足。肩部饰四周凹弦纹。高24厘米，口径9.7厘米，圈足径10.8厘米（图四五〇，3）。

陶盂　1件。标本M207：5，泥质灰陶。敛口，折沿，圆唇，束颈，肩部微突，下腹弧收，凹圜底。颈部饰竖向细绳纹，大多被抹去，已漫漶不清，上腹饰两周凹弦纹，下腹及底部饰交错细绳纹。高15.1厘米，口径20.4厘米（图四五〇，1）。

二〇七、M208

M208位于三区东南部，地势东北低，西南高。开口于耕土层下，距地表0.3米。方向233°。东南部被M207打破。墓坑口底同大，长2.2米，宽0.92米，深1～1.2米。墓壁垂直，壁面平滑，底部平坦（图四五一）。

填灰褐色五花土，土质较软。

葬具、人架已朽尽，无留痕迹。无随葬品。

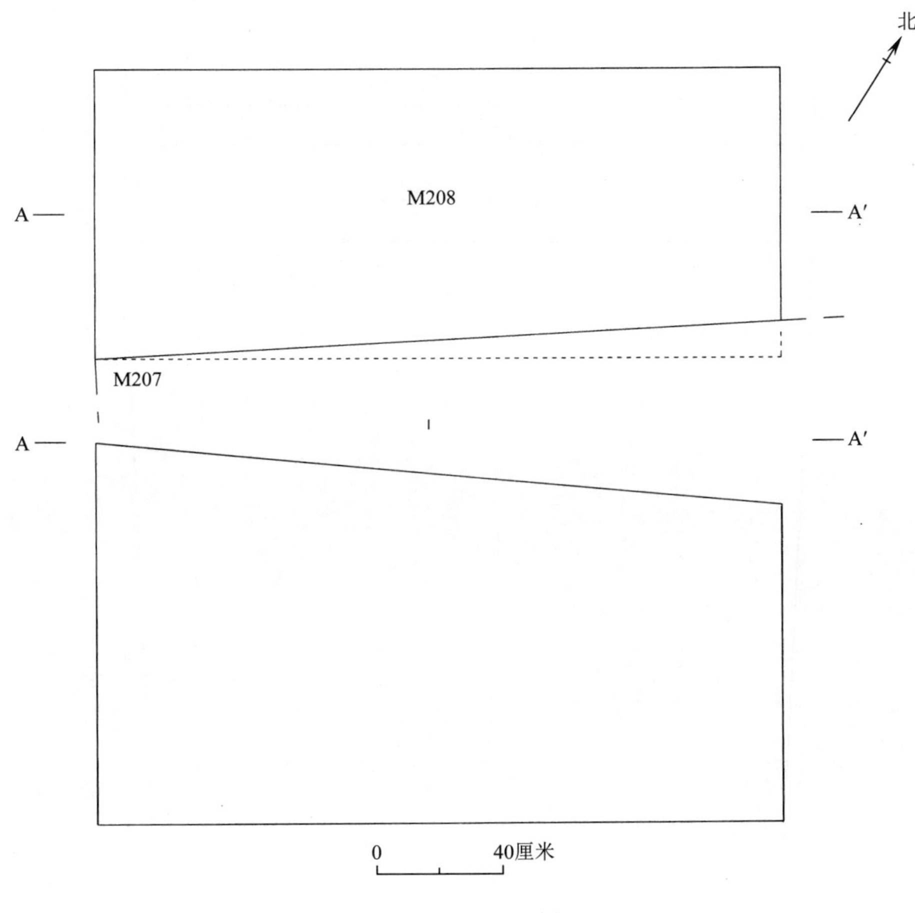

图四五一　M208平、剖面图

二〇八、M209

1. 墓葬概况

M209位于三区东南部，开口于耕土层下，距地表0.3米。方向134°。口大底小，墓口长2.26米，宽1.2～1.3米；墓底长2.06米，宽0.5米；墓深2.04米。坑四壁规整，向下微内收，南、北两壁自墓口向下1.5米深处有生土二层台，台面平整，台面宽0.12～0.26米，高0.54米，壁面规整，墓底平坦（图四五二）。

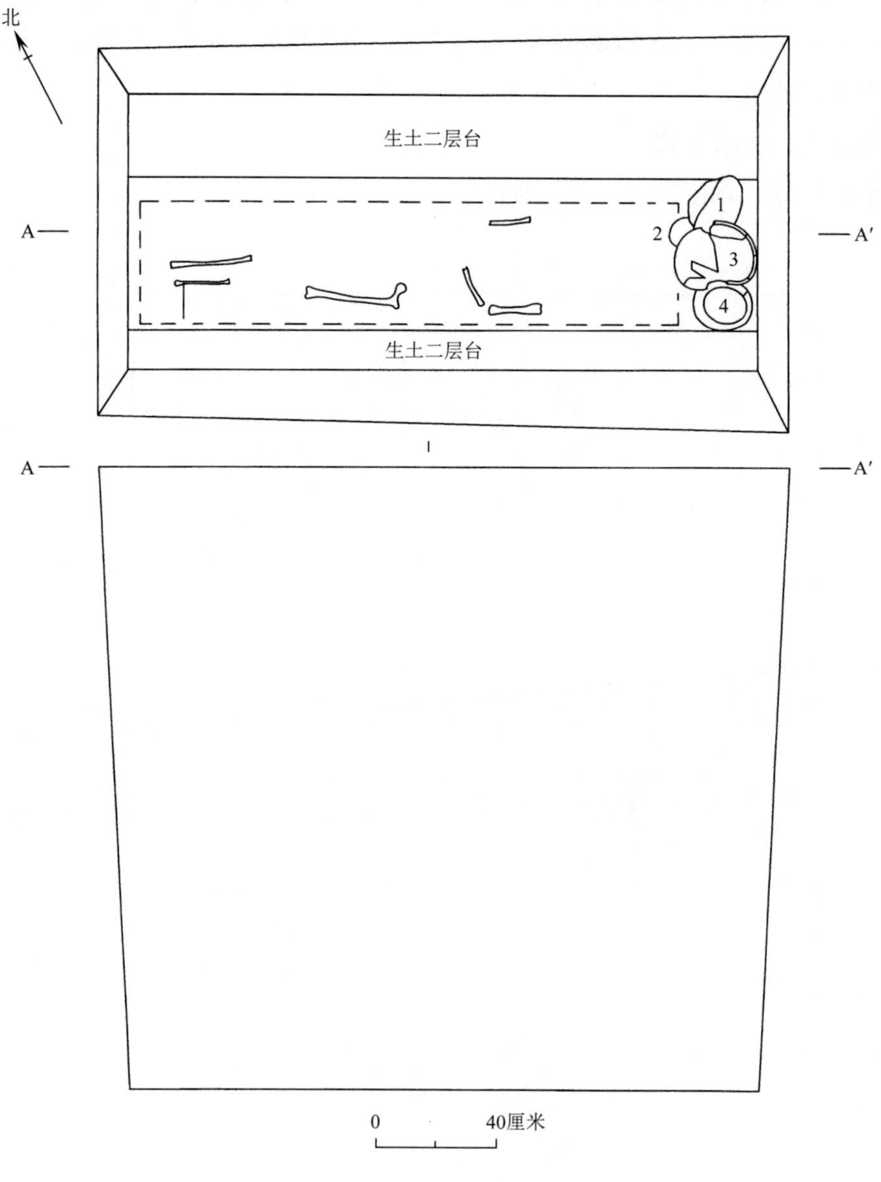

图四五二　M209平、剖面图

1、3.陶盂　2.陶豆　4.陶双牛鼻耳罐填褐色五花土，土质较硬。

葬具已腐朽，仅存痕迹，可以看出为单棺，置于墓底中部，棺痕长1.76米，宽0.4米，棺底铺一层较薄的草木灰。

人骨架1具，已腐朽，仅存头骨和肢骨痕迹，可知头向东南，面向上，仰身直肢。

2. 出土器物

随葬品4件，均为陶器，计有陶盂2件，陶双牛鼻耳罐、陶豆各1件，置于墓主人头端（图版一三二，2）。

陶豆　1件。标本M209：2，泥质灰陶。近直口，圆唇，盘较深，内底凹弧，柄粗短，中空至盘底部，喇叭状圈足。素面。高12.6厘米，口径16.2厘米，盘深4厘米，圈足径8.3厘米（图四五三，1）。

陶盂　2件。形制相同。泥质灰陶。器口部变形，呈椭圆形，近直口，圆唇，折沿，颈壁近直，下腹近斜直状缓收，平底。颈、腹饰五周凹弦纹。标本M209：1，高10.7厘米，口径24～27厘米，底径11.2厘米（图四五三，3）。标本M209：3，高12.5厘米，口径25.8～26.3厘米，底径11.1厘米（图四五三，4）。

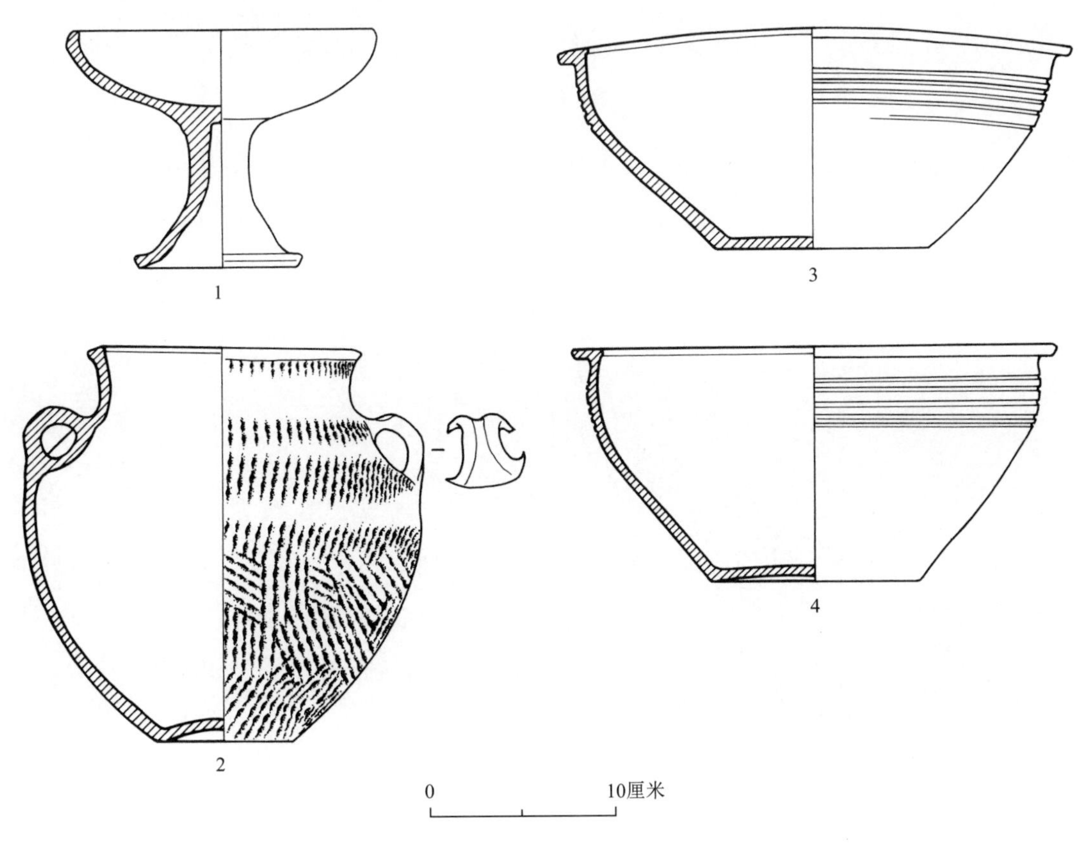

图四五三　M209出土陶器

1.陶豆（M209：2）　2.陶双牛鼻耳罐（M209：4）　3、4.陶盂（M209：1、M209：3）

陶双牛鼻耳罐　1件。标本M209：4，泥质灰陶。方唇微侈，束颈，溜肩，肩部两侧有两个对称的牛鼻形耳，鼓腹，下腹弧收，凹圜底。颈部饰竖向细绳纹，大多被抹去，已漫漶不清，肩部及上腹饰竖向细绳纹间饰两周抹痕，下腹及底部饰交错细绳纹。高21厘米，口径14.4厘米，底径7厘米（图四五三，2）。

第三章　主要陶器类型学研究

淅川阎杆岭墓地共出土862件陶器，其中可供类型学研究的530件。器类包括鬲、盂、罐、豆、釜、鼎、敦、盒、壶、仓、灶、井等。

第一节　陶器形态的类型学分析

一、鬲

鬲　共8件，出土于8座墓葬。据口沿、足部特征分为两型。

A型　7件。折沿，柱足较高。据足距不同分为二亚型。

Aa型　3件。足间距大，三足呈近垂直状，三足外切圆与口径接近。据裆、足部特征分为二式。

Ⅰ式：1件。裆近平，三足修削。

标本M207：4（图四五四，1）。

Ⅱ式：2件。裆向下弧凸，足有绳纹不修削。

标本M5：3（图四五四，2）、M205：3。

Ab型　4件。三足内敛，间距小，三足外切圆远小于口径。据裆、足部特征分为二式。

Ⅰ式：2件。裆上弧明显，三足有修削痕。

标本M3：4、M12：1（图四五四，3）。

Ⅱ式：2件。裆部微上弧，三足有绳纹无修削痕。

标本M21：1（图四五四，4）、M26：3。

B型　1件。卷沿，矮柱足。

标本M19：1（图四五四，5）。

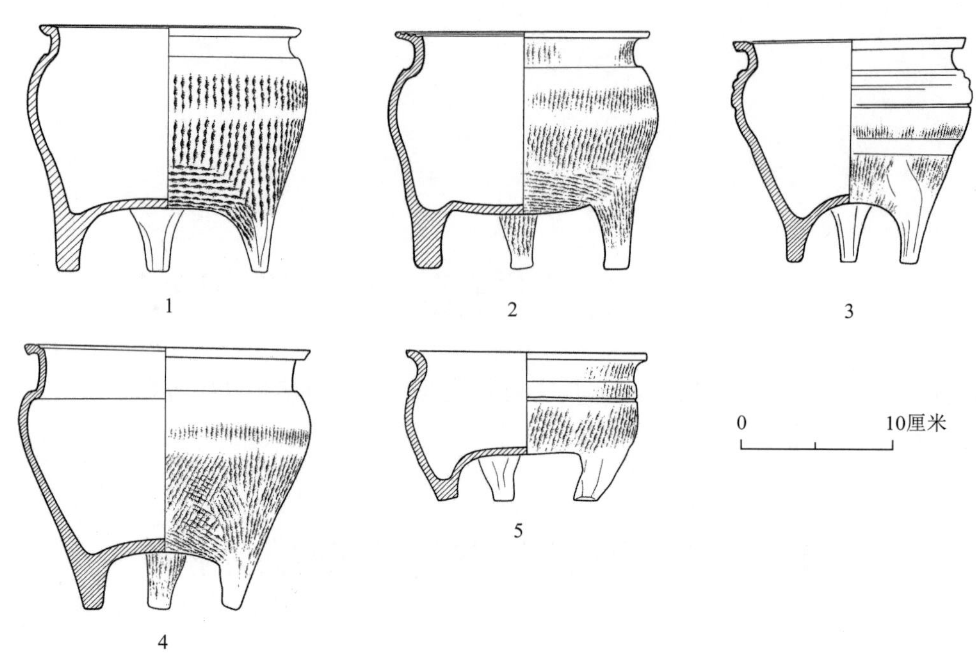

图四五四　陶鬲
1. Aa型Ⅰ式（M207：4）　2. Aa型Ⅱ式（M5：3）　3. Ab型Ⅰ式（M12：1）
4. Ab型Ⅱ式（M21：1）　5. B型（M19：1）

二、凹圜底盂

共14件。出土于14座墓葬。据颈部特征分为两型。

A型　13件。有颈。据口沿、腹部变化分为四式。

Ⅰ式：1件。口径小于肩径，仰折沿，深腹。

标本M207：5（图四五五，1）。

Ⅱ式：6件。口径略小于肩径。平折沿，腹多略变浅。

标本M3：1（图四五五，3）、M10：3（图四五五，2）、M21：2、M25：2 、M26：4、M205：4。

Ⅲ式：3件。口径略大于肩径，器形变宽大，腹略浅。

标本M142：2、M147：5、M164：4（图四五五，4）。

Ⅳ式：2件。器形宽浅变小，口径大于或等于肩径。

标本M63：4（图四五五，5）、M109：4。

B型　1件。短颈，浅腹。

标本M19：2（图四五五，6）。

C型　1件。折沿下折较甚，颈不明显，鼓肩，浅腹。

标本M164：2（图四五五，7）。

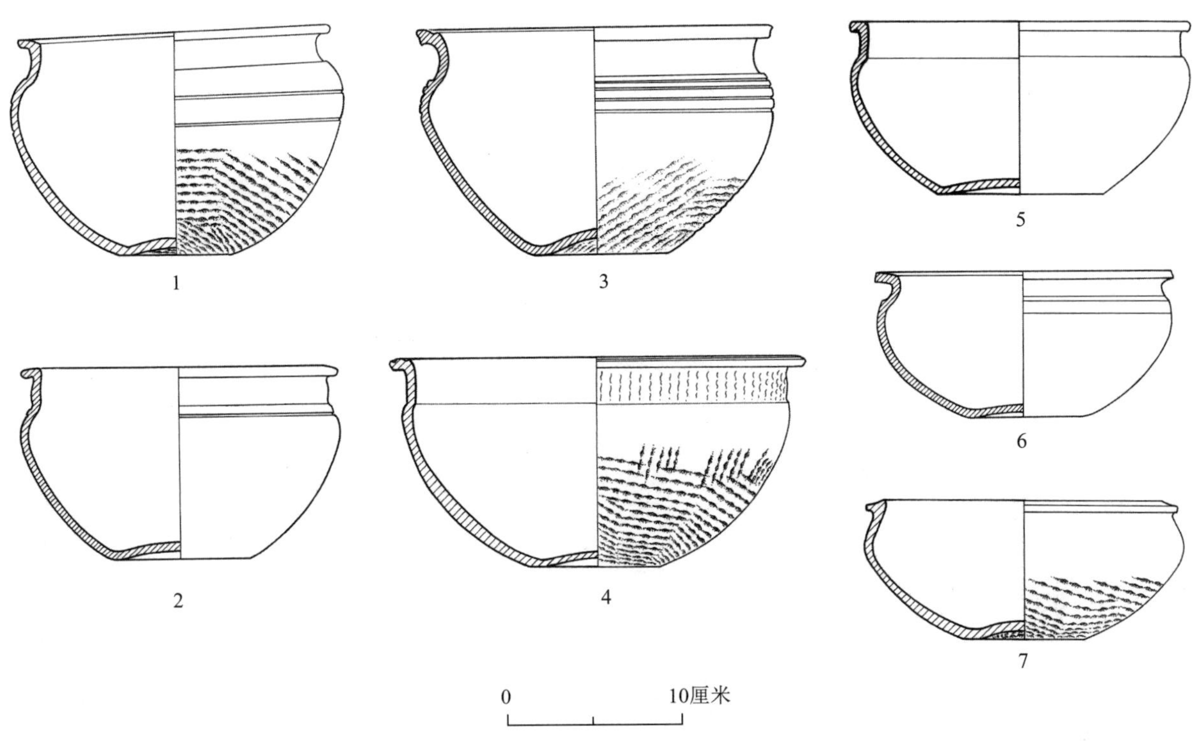

图四五五　陶凹圜底盂

1. A型Ⅰ式（M207：5）　2、3. A型Ⅱ式（M10：3、M3：1）
4. A型Ⅲ式（M164：4）　5. A型Ⅳ式（M63：4）　6. B型（M19：2）
7. C型（M164：2）

三、平　底　盂

共35件。据有无颈部分为两类。

甲类　14件。无颈。据纹饰的有无分为两型。

A型　12件。器身有凹弦纹。据器形大小及腹部深浅变化分为三式。

Ⅰ式：1件。器形较小，深腹。

标本M12：2（图四五六，1）。

Ⅱ式：8件。器形宽大，器腹较深。

标本M150：3、M160：2（图四五六，2）、M172：6、M185：1、M189：3、M198：1、M209：1、M209：3。

Ⅲ式：3件。器形小，器腹略浅。

标本M54：2（图四五六，3）、M152：1、M180：1。

B型　2件。素面。

标本M116：3（图四五六，4）、M103：5。

乙类　19件。有颈。据颈部长短分为两型。

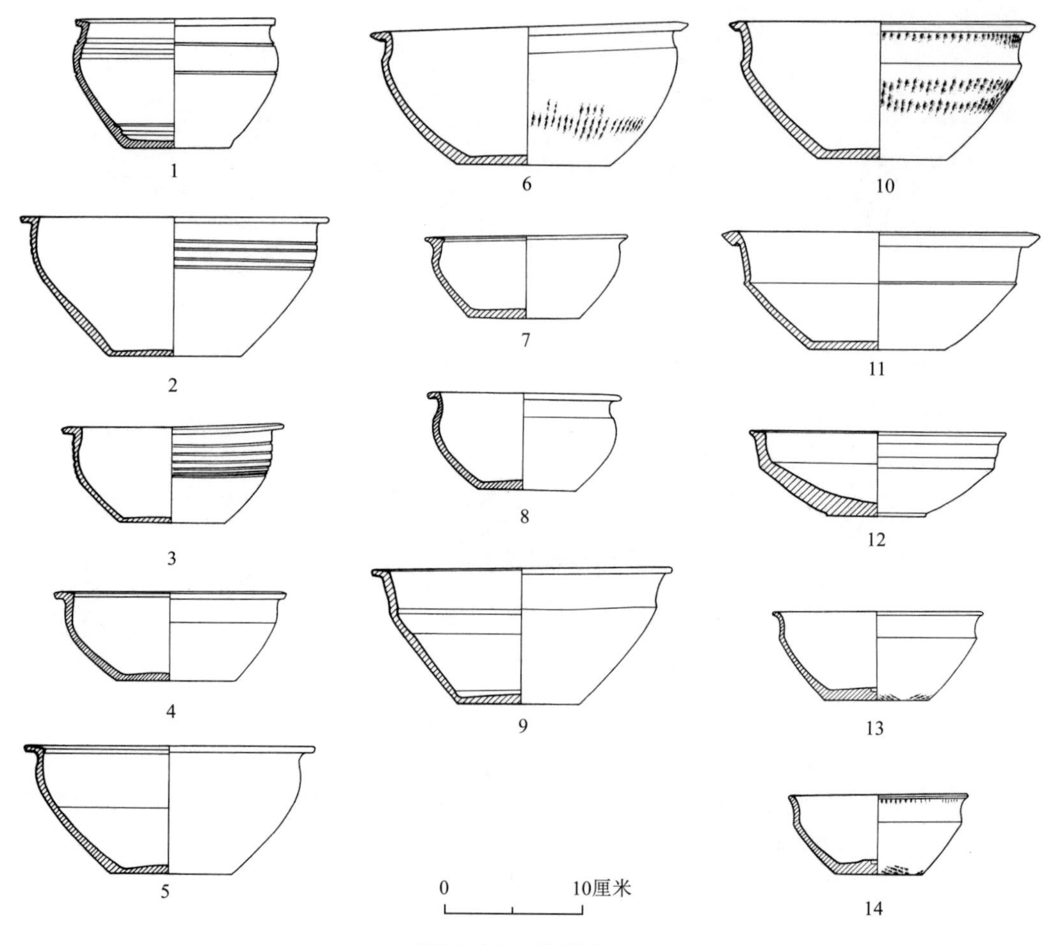

图四五六　陶平底盂

1. 甲类A型Ⅰ式（M12：2）　2. 甲类A型Ⅱ式（M160：2）　3. 甲类A型Ⅲ式（M54：2）
4. 甲类B型（M116：3）　5. 乙类A型Ⅰ式（M166：4）　6. 乙类A型Ⅱ式（M157：2）
7. 8. 乙类A型Ⅲ式（M135：3、M148：3）　9. 乙类Ba型Ⅰ式（M202：2）
10. 乙类Ba型Ⅱ式（M162：4）　11. 乙类Ba型Ⅲ式（M95：3）　12. 乙类Ba型Ⅳ式（M123：1）
13. 乙类Bb型Ⅰ式（M50：3）　14. 乙类Bb型Ⅱ式（M66：2）

A型　7件。短束颈。据器形大小、沿、颈、腹部变化分为三式。

Ⅰ式：2件。器形大，宽折沿，颈部短而不十分明显，深腹。

标本M151：2、M166：4（图四五六，5）。

Ⅱ式：1件。器腹略浅，束颈较长而明显。余同Ⅰ式。

标本M157：2（图四五六，6）。

Ⅲ式：4件。器形小，浅腹，折沿多窄。

标本M135：3（图四五六，7）、M140：6、M148：3（图四五六，8）、M178：5。

B型　12件。长颈，个别微束。据沿部特征分为二亚型。

Ba型　10件。折沿。据器形差异分为三式。

Ⅰ式：1件。仰折沿，方圆唇，深腹。

标本M202：2（图四五六，9）。

Ⅱ式：6件。折沿平或略下折，斜方唇，腹略浅于Ⅰ式，上腹浅于下腹。

标本M133：1、M133：2、M162：4（图四五六，10）、M171：1、M190：5、M200：3。

Ⅲ式：3件。上腹变深，深度与下腹接近。

标本M91：4、M95：3（图四五六，11）、M120：3。

Ⅳ式：1件。浅腹，折沿薄而窄。

标本M123：1（图四五六，12）。

Bb型　2件。卷沿。据沿部特征分为二式。

Ⅰ式：1件。卷沿略长。

标本M50：3（图四五六，13）。

Ⅱ式：1件。卷沿短促。

标本M66：2（图四五六，14）。

四、无　耳　罐

共16件。据颈部长短分为三型。

A型　6件。长束颈。据器表纹饰分为三亚型。

Aa型　3件。平底。素面。据口沿及颈肩形态的差异，分为三式。

Ⅰ式：1件。敞口无沿，长束颈，颈肩分界不明显，斜弧腹。

标本M205：2（图四五七，1）。

Ⅱ式：1件。仰折沿，沿面凹，颈略短，余同Ⅰ式。

标本M19：4（图四五七，2）。

Ⅲ式：1件。敞口，有窄内折沿，粗束颈，颈肩分界明显，斜直腹。

标本M16：13（图四五七，3）。

Ab型　2件。平底。肩部饰凹弦纹。据口沿及颈肩形态的差异，分为二式。

Ⅰ式：1件。敞口无沿，颈肩分界不明显。

标本M5：2（图四五七，4）。

Ⅱ式：1件。敞口窄折沿，颈较直，颈肩分界明显。

标本M12：4（图四五七，5）。

Ac型　1件。凹圜底。肩部饰凹弦纹，腹部饰绳纹。

标本M21：3（图四五七，6）。

B型　8件。中领。据口沿、肩部变化分为四式。

Ⅰ式：1件。平折沿，方唇，直领，长溜肩，最大径位于器中部。

标本M196：1（图四五七，7）。

Ⅱ式：2件。平折沿，斜方唇，束领，溜肩，最大径略上移。

标本M147：1（图四五七，8）、M147：3。

Ⅲ式：2件。折沿多略下仰，斜方唇，束领，圆肩，最大径位于器上部。

M151：3（图四五七，9）、M153：4。

Ⅳ式：3件。广圆肩，底多大。余同Ⅲ式。

标本M91：1、M117：1（图四五七，10）、M157：3。

C型　2件。矮领。

标本M137：3（图四五七，11）、M139：1。

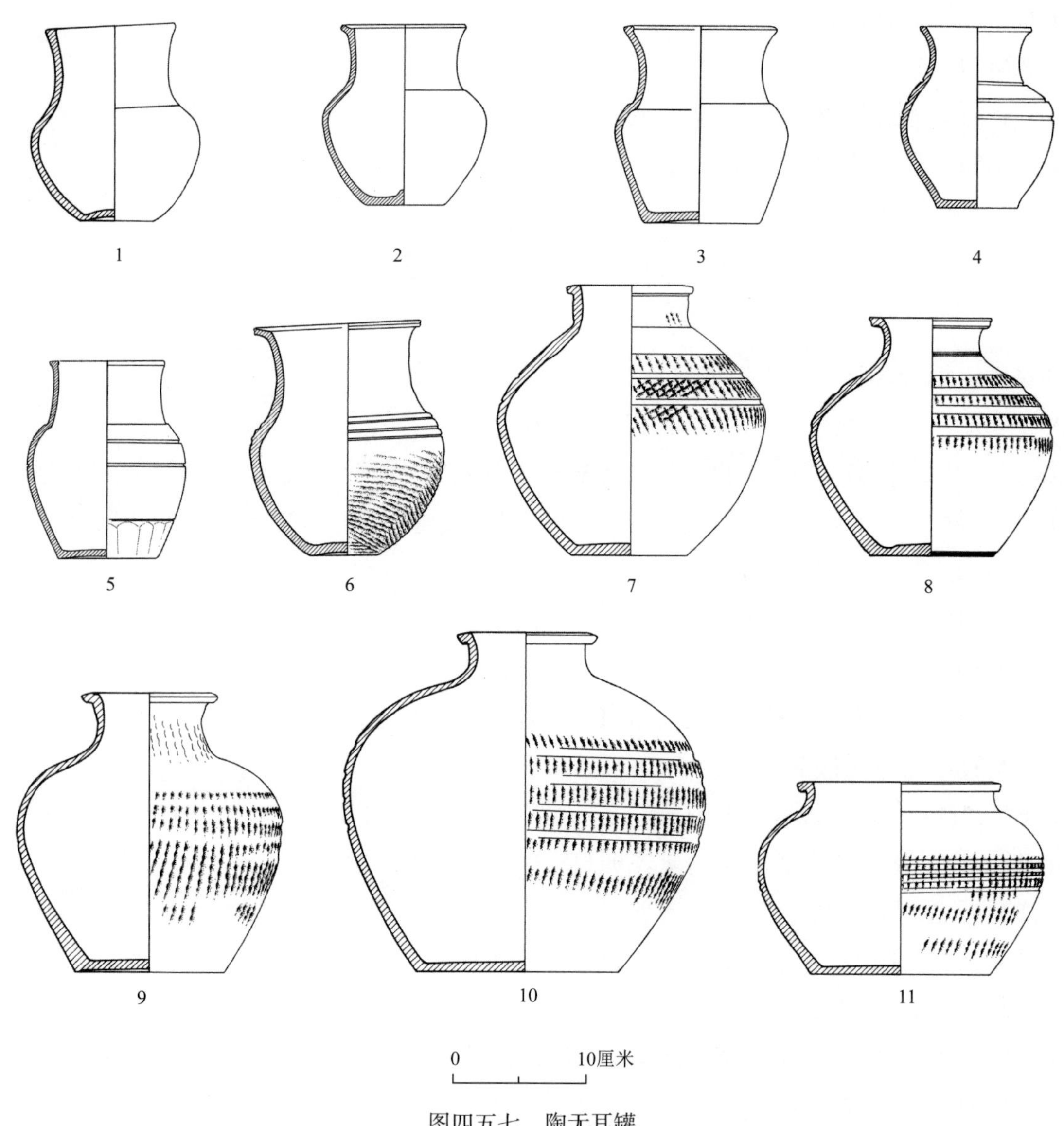

图四五七　陶无耳罐

1. Aa型Ⅰ式（M205：2）　2. Aa型Ⅱ式（M19：4）　3. Aa型Ⅲ式（M16：13）
4. Ab型Ⅰ式（M5：2）　5. Ab型Ⅱ式（M12：4）　6. Ac型（M21：3）
7. B型Ⅰ式（M196：1）　8. B型Ⅱ式（M147：1）　9. B型Ⅲ式（M151：3）
10. B型Ⅳ式（M117：1）　11. C型（M137：3）

五、双牛鼻耳罐

共46件。据双耳的位置不同分为两类。

甲类 45件。双牛鼻耳位于肩部。据颈部特征不同分为两型。

A型 3件。直颈，无沿。据腹部深浅变化分为二式。

Ⅰ式：1件。浅斜腹。

标本M88：11（图四五八，1）。

Ⅱ式：2件。弧腹较深。

标本M198：2、M198：3（图四五八，2）。

B型 42件。束颈。据耳部特征分为二亚型。

Ba型 21件。耳部耸起较高。据口、颈、腹部变化分为三式。

Ⅰ式：1件。大口外敞，方唇，短颈，弧腹略浅。

标本M162：1（图四五八，3）。

Ⅱ式：18件。敞口较Ⅰ式略小，斜弧腹多较浅。

标本M50：2（图四五八，7）、M94：1（图四五八，4）、M103：4、M120：2（图四五八，5）、M123：3、M137：2、M150：1、M153：5、M154：1、M154：2、M160：1、M172：1、M172：2、M182：1、M189：1、M200：2（图四五八，6）、M77：1（图四五八，8）、M209：4。

Ⅲ式：2件。窄折沿，圆鼓腹。

标本M82：1、M104：1（图四五八，9）。

Bb型 21件。耳部溜斜。据口、颈、腹部变化分为八式。

Ⅰ式：1件。大口外敞，圆唇，短颈，弧腹较浅。

标本M74：2（图四五八，10）。

Ⅱ式：2件。敞口较Ⅰ式略小，束颈略长，圆弧腹较Ⅰ式变深。

标本M153：2（图四五八，11）、M175：10。

Ⅲ式：2件。窄折沿，较长束颈，圆鼓腹。

标本M110：2（图四五八，12）、M161：2。

Ⅳ式：1件。宽折沿，扁球腹。

标本M104：2（图四五九，1）。

Ⅴ式：5件。卷沿，方唇，唇面多有凹槽，腹球形略扁。

标本M127：3、M127：4、M184：2（图四五九，2）、M184：3、M204：5。

Ⅵ式：6件。腹球形略显椭长。余同Ⅴ式。

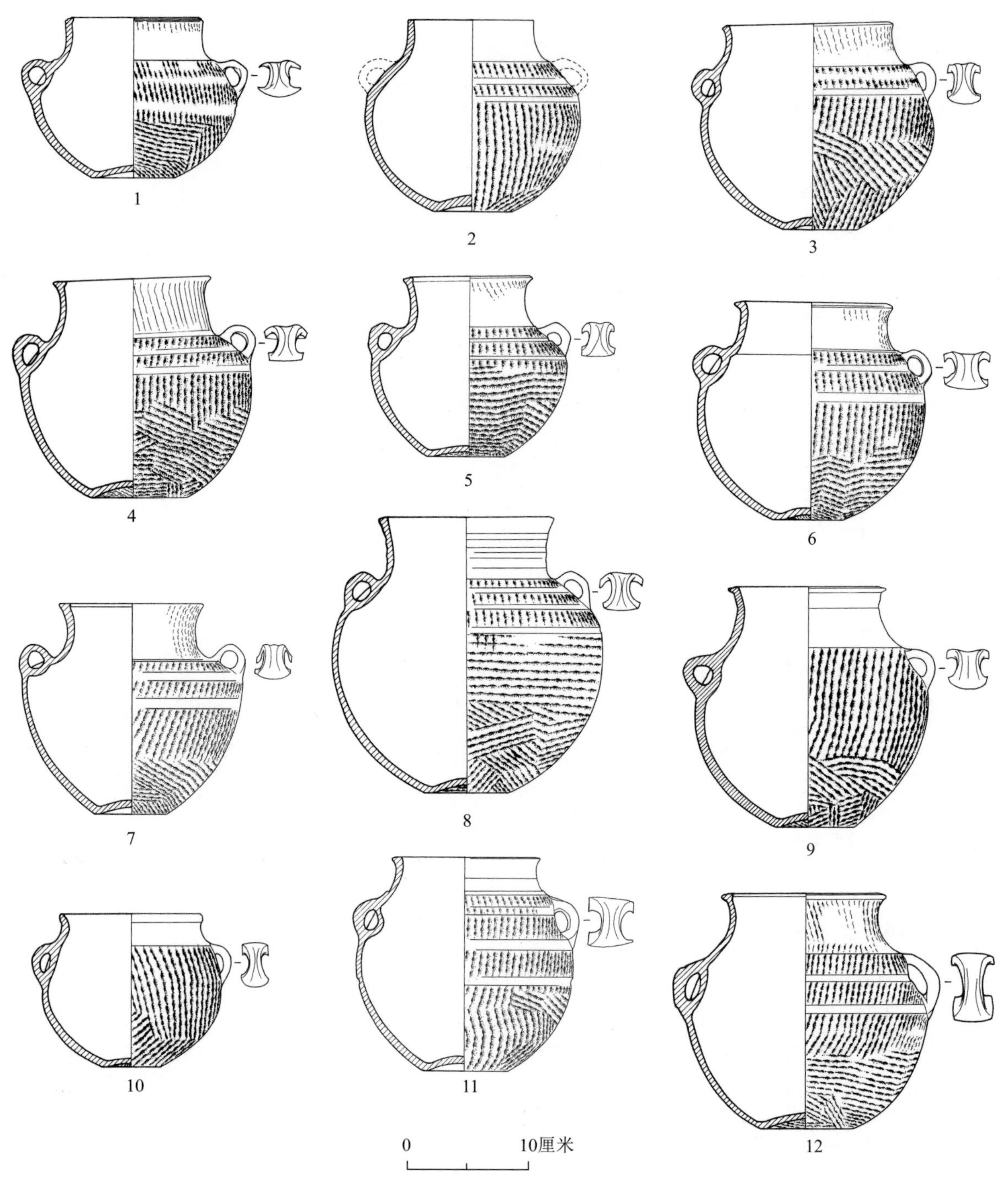

图四五八　陶双牛鼻耳罐

1. 甲类A型Ⅰ式（M88：11）　2. 甲类A型Ⅱ式（M198：3）　3. 甲类Ba型Ⅰ式（M162：1）
4. 甲类Ba型Ⅱ式（M94：1）　5~8. 甲类Ba型Ⅱ式（M120：2、M200：2、M50：2、M77：1）
9. 甲类Ba型Ⅲ式（M104：1）　10. 甲类Bb型Ⅰ式（M74：2）
11. 甲类Bb型Ⅱ式（M153：2）　12. 甲类Bb型Ⅲ式（M110：2）

标本M34：2、M35：7（图四五九，5）、M36：12（图四五九，3）、M107：9（图四五九，4）、M124：2、M124：7。

Ⅶ式：3件。厚折沿，沿面凹，颈肩分界明显，球腹较深。

标本M47：1、M169：3（图四五九，6）、M169：9。

Ⅷ式：1件。深椭腹。余同Ⅶ式。

标本M71：3（图四五九，7）。

乙类　1件。双牛鼻耳位于颈部。

标本M202：1（图四五九，8）。

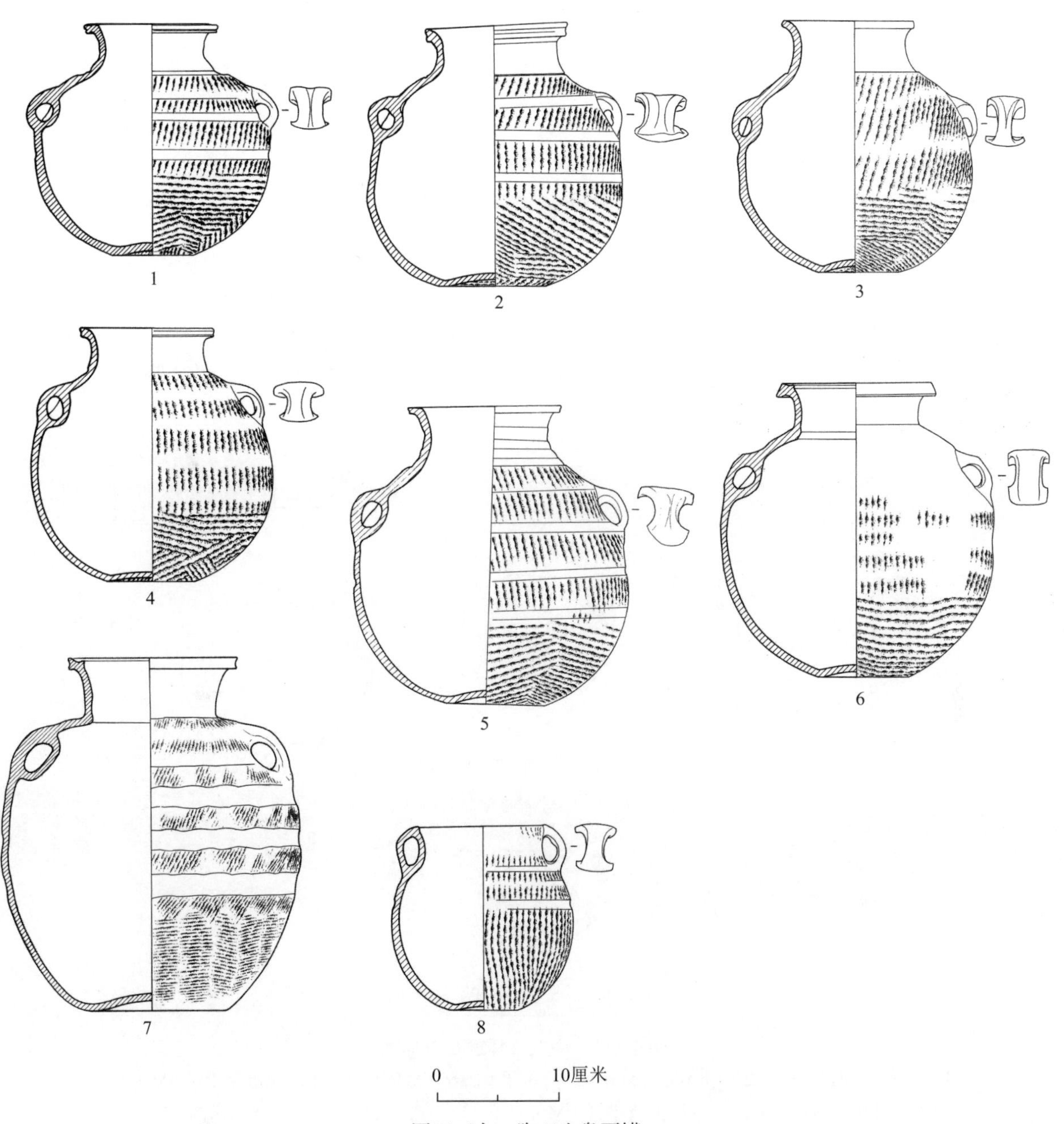

图四五九　陶双牛鼻耳罐

1. 甲类Bb型Ⅳ式（M104：2）　2. 甲类Bb型Ⅴ式（M184：2）
3～5. 甲类Bb型Ⅵ式（M36：12、M107：9、M35：7）
6. 甲类Bb型Ⅶ式（M169：3）　7. 甲类Bb型Ⅷ式（M71：3）　8. 乙类（M202：1）

六、双桥耳罐

共9件。据耳的安置方式不同分为两类。

甲类　8件。竖桥耳。据底部特征不同分为两型。

A型　2件。凹圜底。据器形及颈部特征不同分为二亚型。

Aa型　1件。器形略瘦长，长束颈。

标本M26：2（图四六〇，1）。

Ab型　1件。器形矮胖，短束颈。

标本M31：1（图四六〇，2）。

B型　6件。平底。据颈、肩特征不同分为二亚型。

Ba型　1件。折肩。

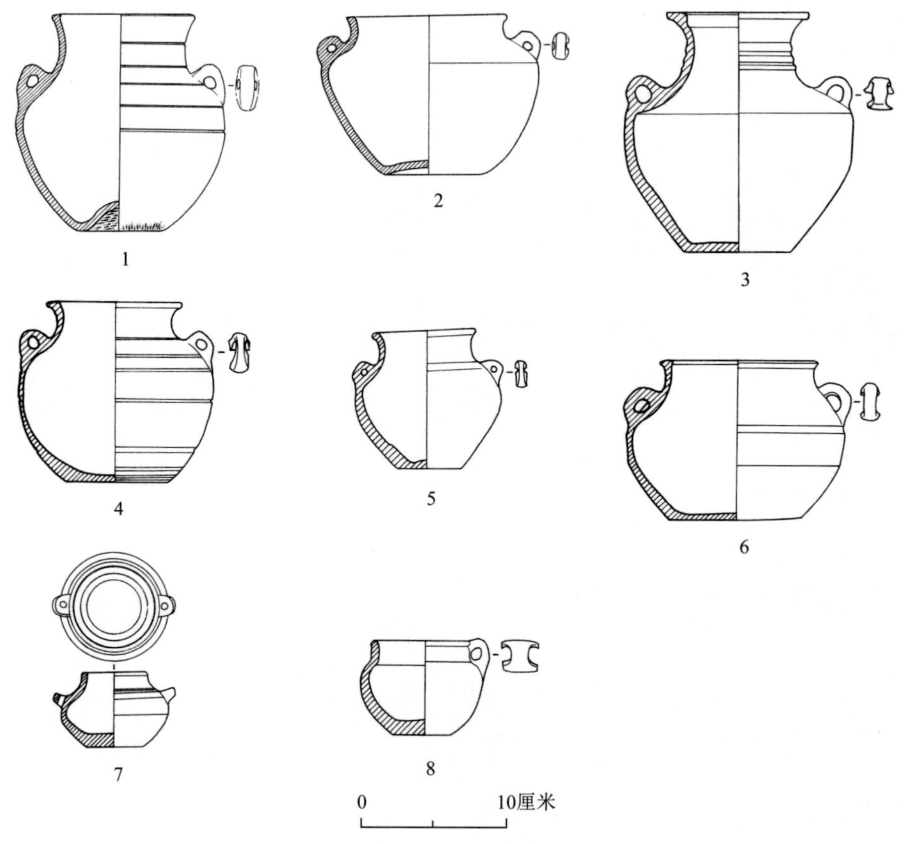

图四六〇　陶双桥耳罐及单耳罐

1. 甲类Aa型（M26：2）　2. 甲类Ab型（M31：1）　3. 甲类Ba型（M54：3）　4. 甲类Bb型Ⅰ式（M59：1）　5. 甲类Bb型Ⅱ式（M200：4）　6. 甲类Bb型Ⅲ式（M140：10）　7. 乙类（M179：2）　8. 单耳罐（M181：6）

标本M54：3（图四六〇，3）。

Bb型　5件。圆肩。据腹、底变化分为三式。

Ⅰ式：2件。弧鼓腹较深。

标本M59：1（图四六〇，4）、M59：2。

Ⅱ式：2件。斜腹较深。

标本M200：1、M200：4（图四六〇，5）。

Ⅲ式：1件。器形宽扁，折腹较浅，大平底。

标本M140：10（图四六〇，6）。

乙类　1件。横桥耳。

标本M179：2（图四六〇，7）。

七、单　耳　罐

共1件。

标本M181：6（图四六〇，8）。

八、豆

共78件。据豆盘特征分为两类。

甲类　21件。豆盘折壁。据折盘方式不同分为两型。

A型　10件。盘壁锐折。据豆柄高矮变化分为三式。

Ⅰ式：1件。豆柄最高，柄部有箍，豆座大。

标本M183：1（图四六一，1）。

Ⅱ式：4件。豆柄略矮无箍。余同Ⅰ式。

标本M25：1、M25：3（图四六一，2）、M27：6（图四六一，3）、M27：8。

Ⅲ式：5件。豆柄进一步变矮。据豆柄结构不同分为二亚式。

Ⅲa式：4件。豆柄无箍。

标本M11：1（图四六一，4）、M96：14、M113：3、M113：5。

Ⅲb式：1件。豆柄有箍。

标本M96：17（图四六一，5）。

B型　13件。盘壁弧折。据豆柄高矮变化分为三式。

Ⅰ式：6件。豆柄较高。

标本M15：8（图四六一，6）、M15：9、M21：4、M21：5、M186：8、M186：10。

Ⅱ式：6件。豆柄变矮。

标本M7：8（图四六一，7）、M7：9、M28：4、M28：5（图四六一，8）、M86：14、M196：4。

Ⅲ式：1件。矮柄。

标本M171：3（图四六一，9）。

乙类　56件。豆盘弧壁。据豆盘深浅分为两型。

A型　35件。深盘。据豆柄高矮分为二亚型。

Aa型　28件。矮柄。据柄高低变化分为二式。

Ⅰ式：1件。柄极矮。

标本M92：8（图四六二，1）。

Ⅱ式：23件。柄略高。

标本M26：1、M86：12、M86：13（图四六二，2）、M86：15、M88：1、M88：3、M91：2、M91：3、M132：1、M132：3（图四六二，3）、M162：2、M162：5、M170：12、M170：13、M170：14、M170：15、M172：3、M172：5、M175：7、M175：6、M190：2、M196：3、M209：2。

图四六一　陶豆

1. 甲类A型Ⅰ式（M183：1）　2、3. 甲类A型Ⅱ式（M25：3、M27：6）
4. 甲类A型Ⅲa式（M11：1）　5. 甲类A型Ⅲb式（M96：17）　6. 甲类B型Ⅰ式（M15：8）
7、8. 甲类B型Ⅱ式（M7：8、M28：5）　9. 甲类B型Ⅲ式（M171：3）

Ab型　7件。高柄。据柄高矮变化分为二式。

Ⅰ式：3件。柄略矮。

标本M195：2（图四六二，4）、M195：3、M205：1。

Ⅱ式：4件。高柄。

标本M153：6、M153：12（图四六二，5）、M153：13、M153：14。

B型　21件。浅盘。据豆柄高矮分为二亚型。

Ba型　18件。矮柄。据口部变化分为二式。

图四六二　陶豆

1. 乙类Aa型Ⅰ式（M92：8）　2、3. 乙类Aa型Ⅱ式（M86：13、M132：3）　4. 乙类Ab型Ⅰ式（M195：2）　5. 乙类Ab型Ⅱ式（M153：12）　6. 乙类Ba型Ⅰ式（M207：2）　7~10. 乙类Ba型Ⅱ式（M4：4、M32：10、M174：2、M200：6）　11. 乙类Ba型（M29：1）　12. 丙类（M190：1）

Ⅰ式：2件。微仰折沿。

标本M207：2（图四六二，6）、M207：3。

Ⅱ式：16件。敞口圆唇。

标本M3：2、M4：3、M4：4（图四六二，7）、M12：3、M12：5、M19：3、M32：10（图四六二，8）、M59：3、M59：4、M59：5、M174：2（图四六二，9）、M174：3、M186：9、M186：11、M200：6（图四六二，10）。

Bb型　3件。高柄。

标本M16：15、M29：1（图四六二，11）、M30：4。

丙类　4件。豆盘近斜壁。

标本M16：14、M180：4、M190：1（图四六二，12）、M196：5。

九、圜　底　釜

共48件。据颈的有无分为两类。

甲类　46件。有颈。据口沿特征分为三型。

A型　37件。折沿。据有无耳分为二亚型。

Aa型　33件。无耳。据口沿、颈部及腹部形态变化，分为四式。

Ⅰ式：1件。折沿略仰，方唇，长颈，腹较深。

标本M162：3（图四六三，1）。

Ⅱ式：13件。器形大小不一。平折沿，斜方唇，长颈，深腹。

标本M54：1、M116：4、M133：3、M139：2、M142：1、M145：3、M147：4、M150：2（图四六三，2）、M151：1（图四六三，3）、M160：3、M164：3、M171：2、M172：4。

Ⅲ式：17件。器形较小。颈部多较短，浅腹扁鼓。

标本M75：1、M91：5、M91：6、M94：2、M117：2、M120：1（图四六三，4）、M123：2、M137：1、M140：5、M140：7（图四六三，5）、M140：8、M140：9、M143：1、M149：1、M157：1、M161：3、M180：2。

Ⅳ式：2件。器形小。窄折沿下折，斜颈。

标本M67：1、M141：3（图四六三，6）。

Ab型　4件。有双耳。据口沿变化分为二式。

Ⅰ式：1件。仰折沿。

标本M196：6（图四六三，7）。

Ⅱ式：3件。平折沿。

标本M126：3、M185：2（图四六三，8）、M200：5。

B型　7件。卷沿。据口径与肩径大小比，分为二亚型。

Ba型　6件。口径小于肩径。据器形、口沿及腹部形态变化分为三式。

Ⅰ式：1件。器形大。宽卷沿近平，方唇，深腹。

标本M49：1（图四六三，9）。

Ⅱ式：3件。器形略小。卷沿上仰，器腹变浅。

标本M50：1、M135：2（图四六三，10）、M189：2。

Ⅲ式：1件。短卷沿，扁鼓腹。

标本M66：1（图四六三，11）。

另有标本M113：4下部残，从上部可知为甲Ba型。

Bb型　1件。口径大于肩径。

标本M163：4（图四六三，12）。

C型　2件。无沿。据器腹形态变化分为二式。

Ⅰ式：1件。器腹深。

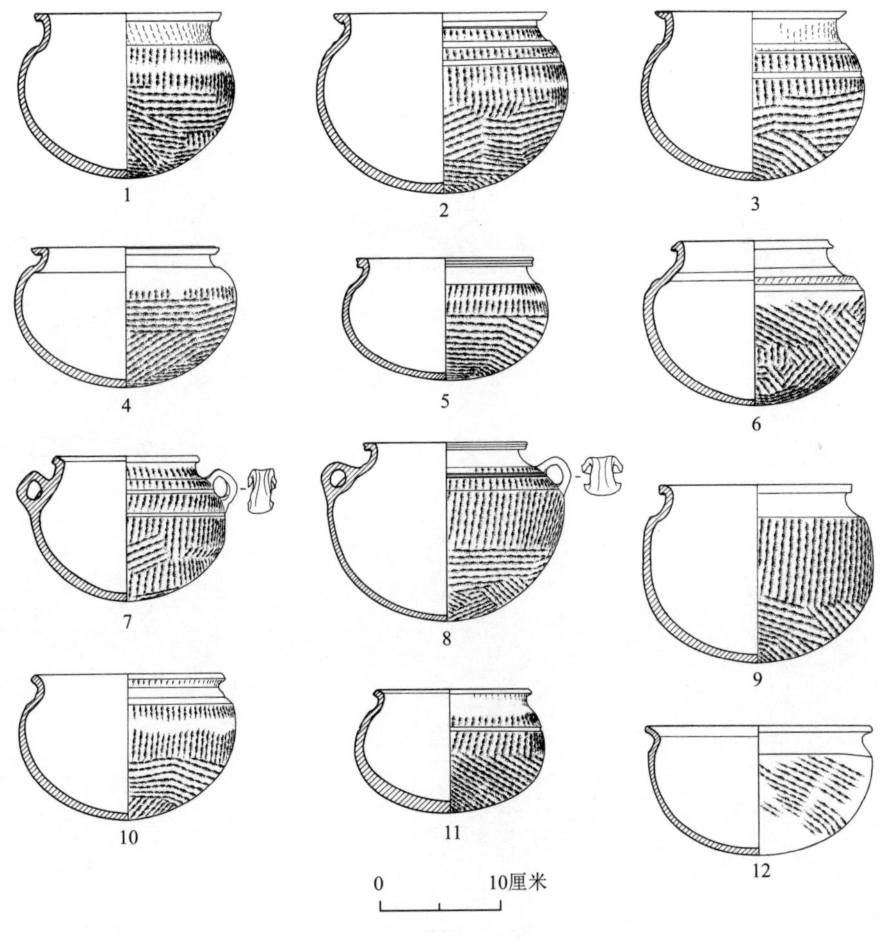

图四六三　圜底釜

1. 甲类Aa型Ⅰ式（M162：3）　2～3. 甲类Aa型Ⅱ式（M150：2、M151：1）　4～5. 甲类Aa型Ⅲ式（M120：1、M140：7）　6. 甲类Aa型Ⅳ式（M141：3）　7. 甲类Ab型Ⅰ式（M196：6）　8. 甲类Ab型Ⅱ式（M185：2）　9. 甲类Ba型Ⅰ式（M49：1）　10. 甲类Ba型Ⅱ式（M135：2）　11. 甲类Ba型Ⅲ式（M66：1）　12. 甲类Bb型（M163：4）

标本M192：1（图四六四，1）。

Ⅱ式：1件。器腹浅。

标本M72：1（图四六四，2）。

乙类　2件。无颈。据器腹变化分为二式。

Ⅰ式：1件。深腹圆鼓。

标本M101：2（图四六四，3）。

Ⅱ式：1件。浅腹扁鼓。

标本M136：1（图四六四，4）。

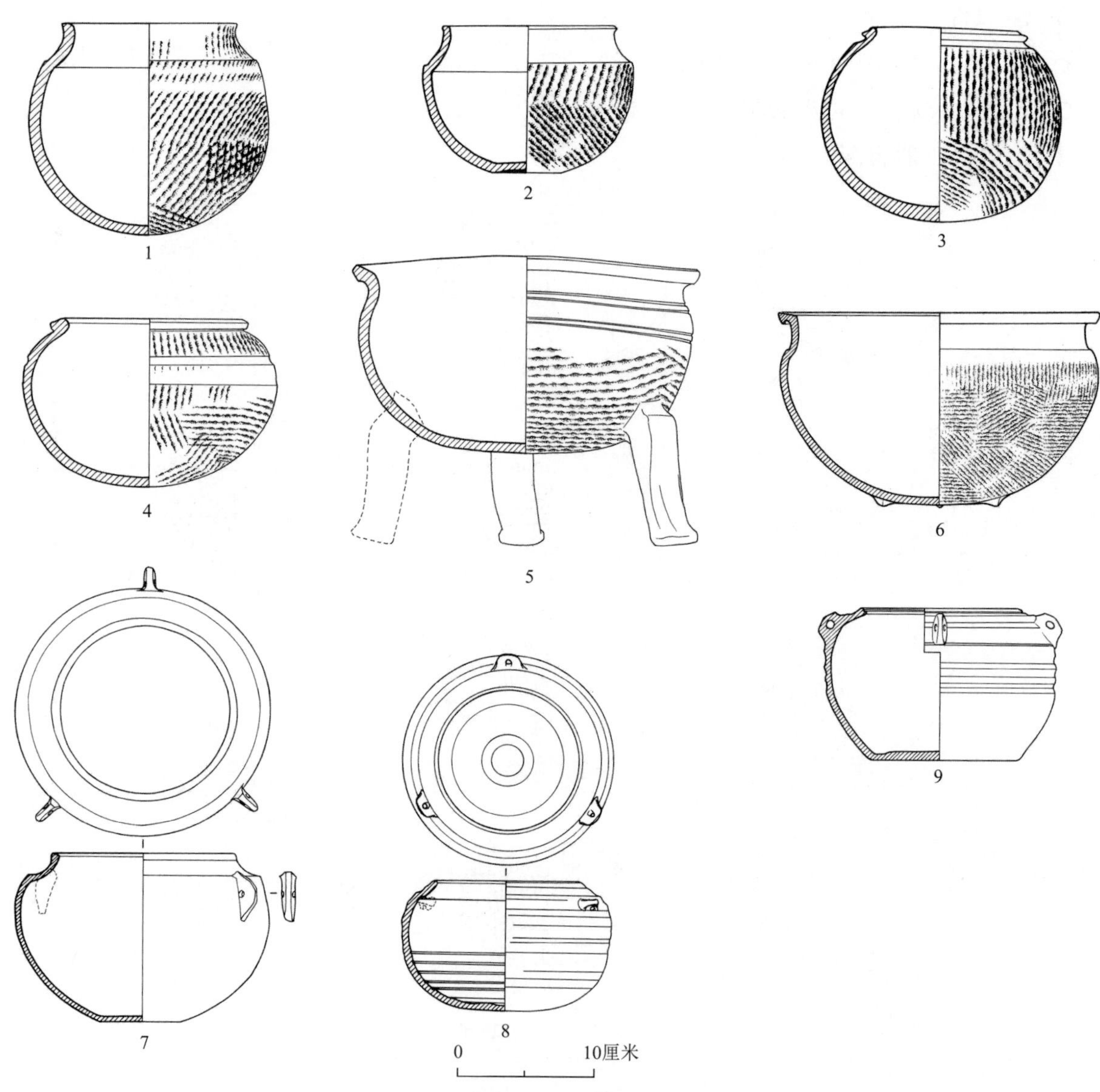

图四六四　圜底釜、三足釜及平底带系釜

1. 圜底釜甲类C型Ⅰ式（M192：1）　2. 圜底釜甲类C型Ⅱ式（M72：1）　3. 圜底釜乙类Ⅰ式（M101：2）　4. 圜底釜乙类Ⅱ式（M136：1）　5. 三足釜A型（M59:8）　6. 三足釜B型（M10：1）　7. 平底带系釜Aa型（M124：10）　8. 平底带系釜Ab型（M76：4）　9. 平底带系釜B型（M83：81）

一〇、三　足　釜

共2件。据足部形态的差异，分为两型。

A型　1件。三长条足。

标本M59：8（图四六四，5）。

B型　1件。三乳丁足。

标本M10：1（图四六四，6）。

一一、平底带系釜

共3件。据系的数量不同分为两型。

A型　2件。三系。据系的安装方式不同分为二亚型。

Aa型　1件。三竖系。

标本M124：10（图四六四，7）。

Ab型　1件。三横系。

标本M76：4（图四六四，8）。

B型　1件。四系。

标本M83：81（图四六四，9）。

一二、鼎

共49件。据鼎足的高矮不同分为三类。

甲类　18件。高足。根据腹部不同分为两型。

A型　8件。垂腹。根据耳、底不同分为二亚型。

Aa型　6件。圜底，模制耳粘贴于器表。根据底和足的变化，分为四式。

Ⅰ式：2件。浅腹，足根有模印纹饰，足侧上部有槽。

标本M183：3（图四六五，1）。

Ⅱ式：4件。腹略深，足根无纹饰，实蹄足。

标本M27：10、M186：5（图四六五，2）、M186：6、M201：1（图四六五，3）。

Ab型　2件。平底，高足内面有纵向凹槽，模制耳插入器壁内。

标本M153：7（图四六五，4）、M153：18。

B型　7件。直腹。据腹、足变化分为二式。

Ⅰ式：1件，浅腹，足较矮。

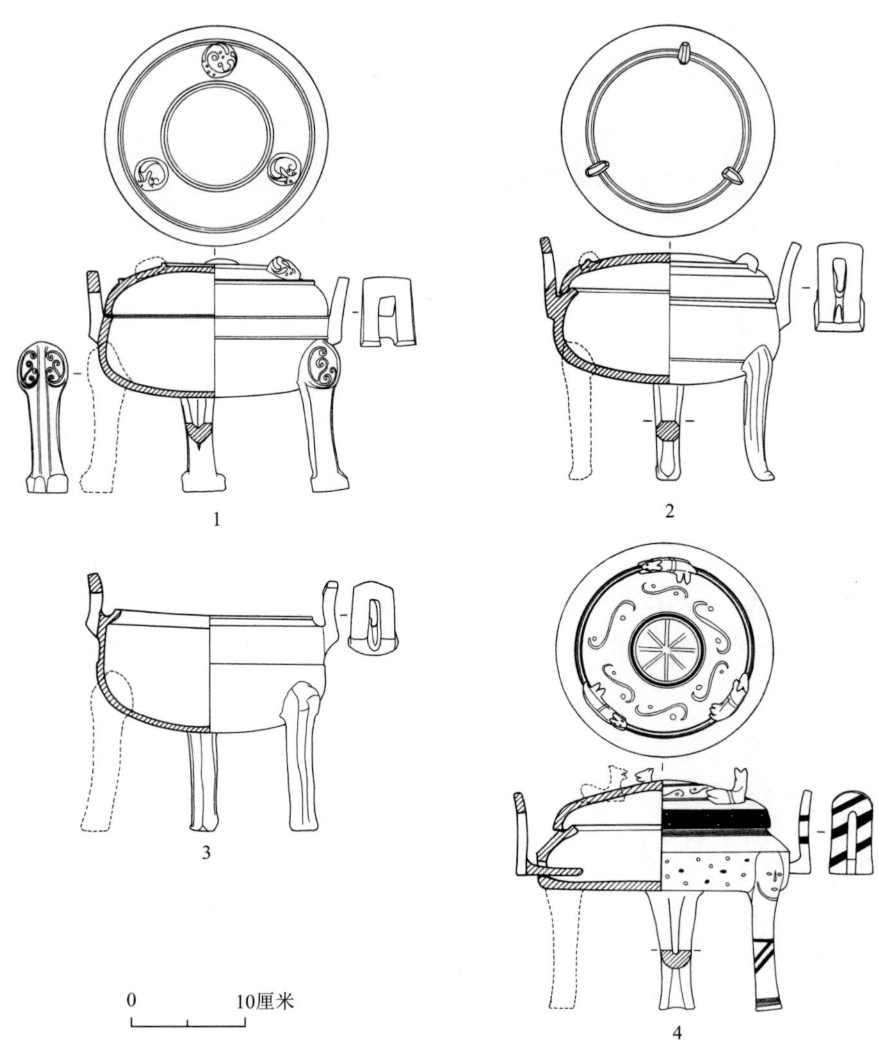

图四六五　陶鼎

1. 甲类Aa型Ⅰ式（M183：3）　2、3. 甲类Aa型Ⅱ式（M186：5、M201：1）　4. 甲类Ab型（M153：7）

标本M4：1（图四六六，1）。

Ⅱ式：6件。腹多较深，高足。

标本M11：2、M15：5、M15：6（图四六六，2）、M30：3、M32：1、M32：3。

C型　3件。弧腹。依据足部特征分二亚型。

Ca型　2件。扁条状足。

标本M181：1（图四六六，4）、M181：2。

Cb型　1件。蹄足。

标本M27：9（图四六六，3）。

乙类　22件。矮足。根据足的形态不同，分为三型。

A型　10件。削足。据盖、腹、耳、足部变化分为三式。

Ⅰ式：6件。盖顶近平，腹略深，足略高，耳方孔斜直。

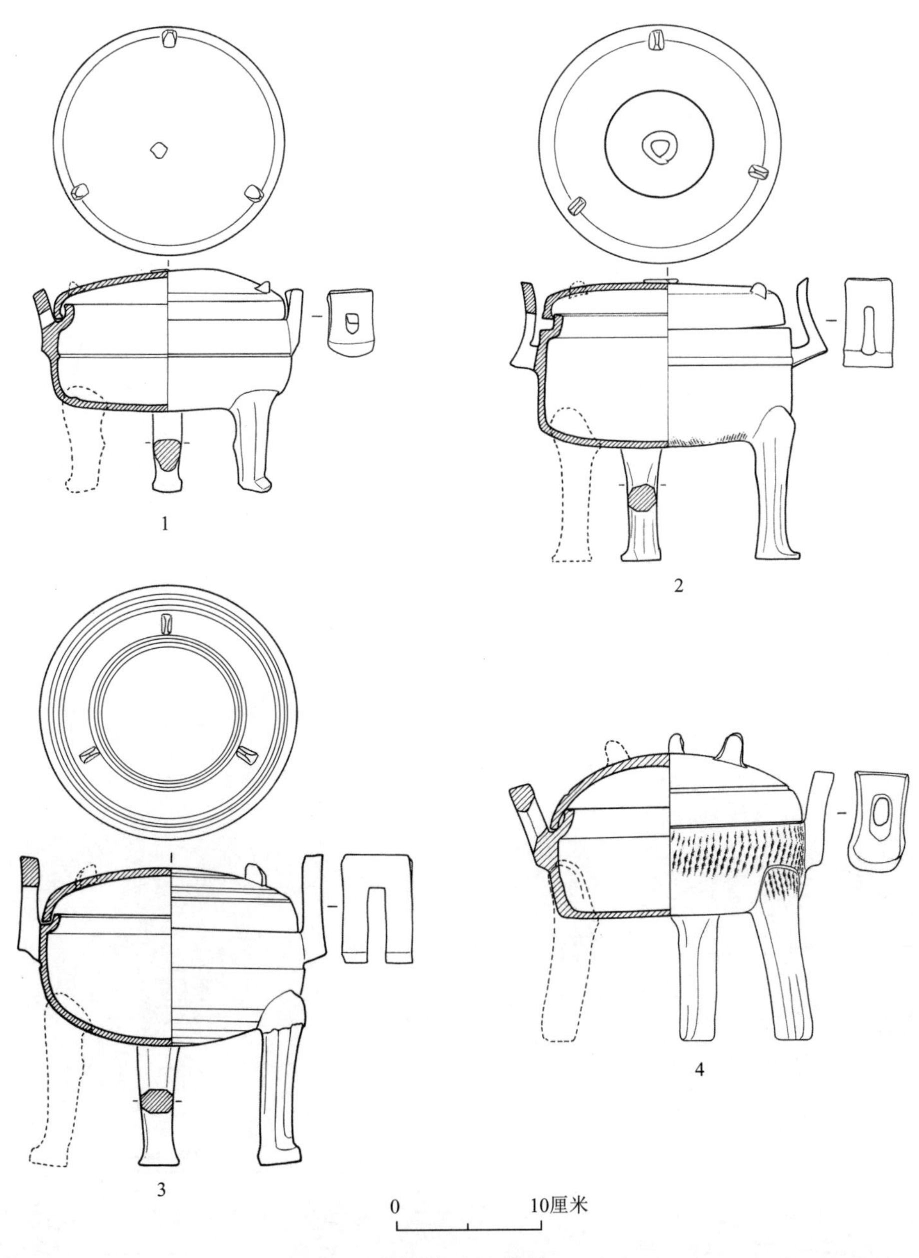

图四六六　陶鼎

1. 甲类B型Ⅰ式（M4：1）　2. 甲类B型Ⅱ式（M15：6）　3. 甲类Cb型（M27：9）　4. 甲类Ca型（M181：1）

标本M96：1、M96：4、M174：11（图四六七，1）。耳粘贴。

标本M170：1、M170：2、M195：9。插耳。

Ⅱ式：3件。盖微隆，腹略深，足较矮，位置较低，耳圆孔斜直。

标本M88：9、M86：2（图四六七，2）、M86：1。插耳。

Ⅲ式：1件。盖隆起甚高，浅腹，高足，方孔曲耳外撇。

标本M110：3（图四六七，3）。耳粘贴。

B型　4件。条足，器腹饰绳纹。据盖、腹、足、耳变化分为四式。

Ⅰ式：1件。隆盖，乳状纽，深腹，扁凿形足，绞索状耳。

标本M177：3（图四六七，5）。

Ⅱ式：1件。隆盖，纽，深腹，条形足，方附耳斜直。

标本M190：4（图四六七，4）。

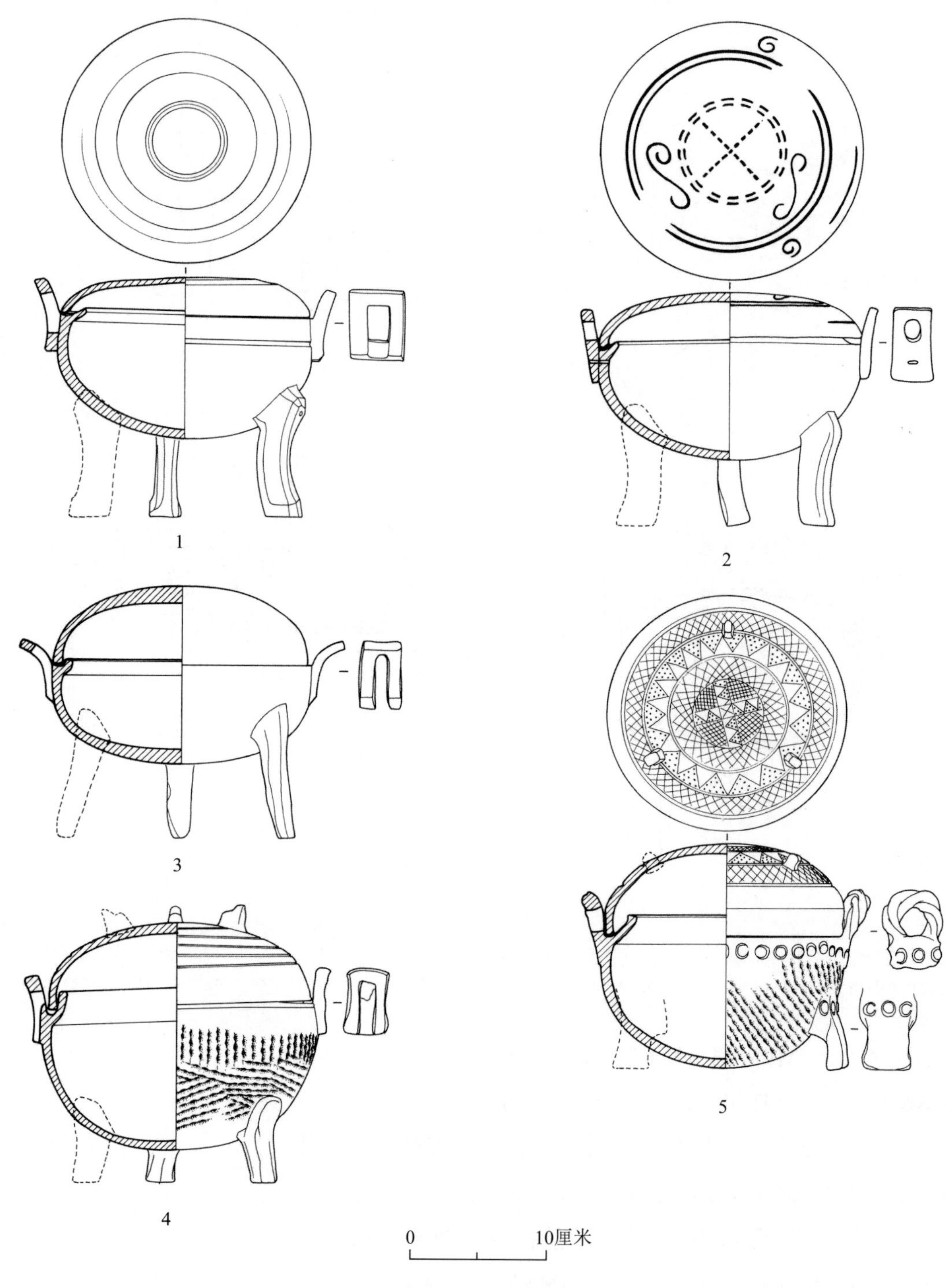

图四六七　陶鼎

1. 乙类A型Ⅰ式（M174：11）　2. 乙类A型Ⅱ式（M86：2）　3. 乙类A型Ⅲ式（M110：3）
4. 乙类B型Ⅱ式（M190：4）　5. 乙类B型Ⅰ式（M177：3）

Ⅲ式：1件。平盖，纽同Ⅱ式，浅腹，条状足略呈蹄形，方附耳斜直。

标本M175：1（图四六八，1）。

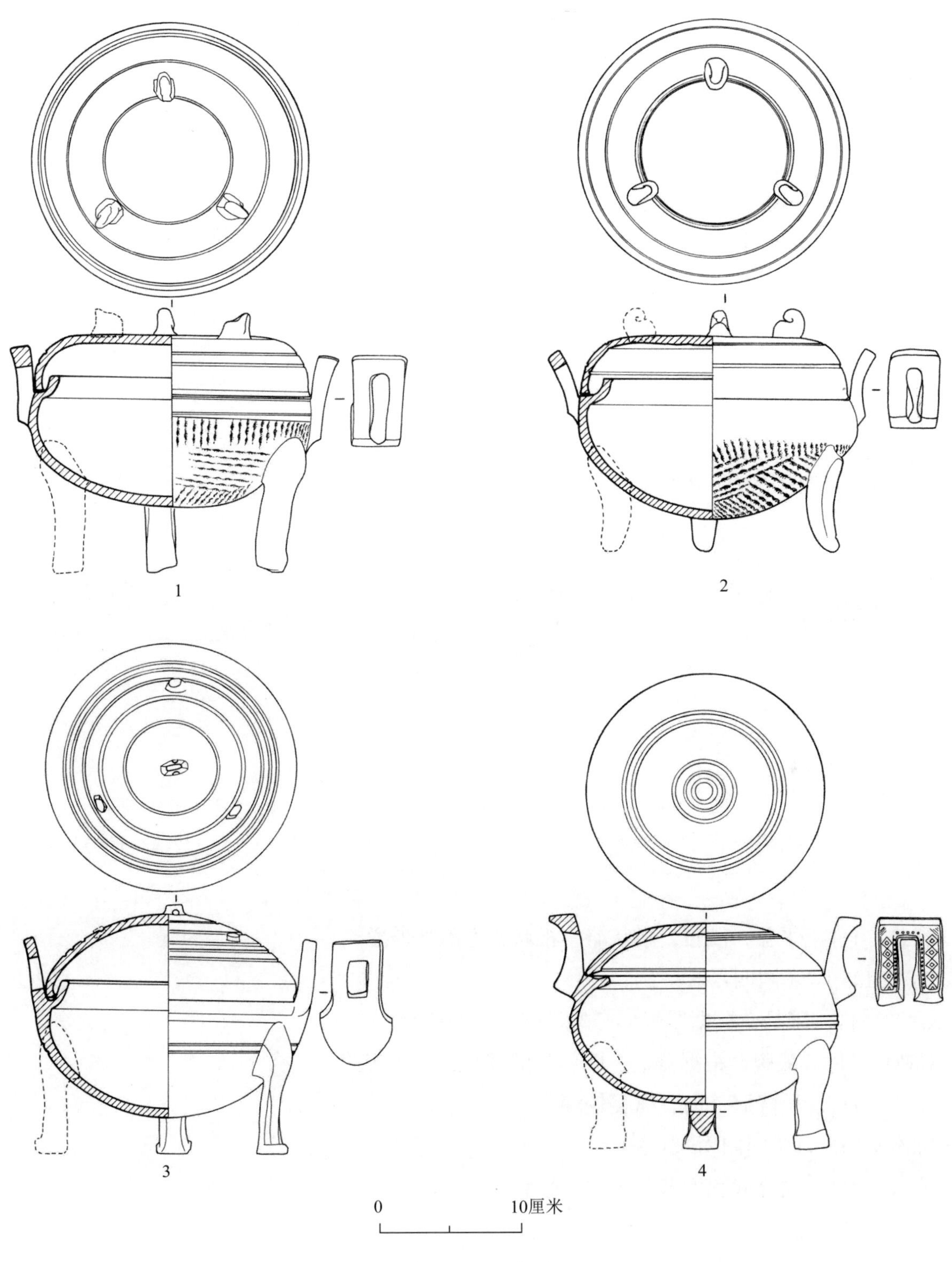

图四六八　陶鼎

1. 乙类B型Ⅲ式（M175：1）　2. 乙类B型Ⅳ式（M95：2）　3. 乙类Ca型Ⅰ式（M161：1）　4. 乙类Ca型Ⅱ式（M173：15）

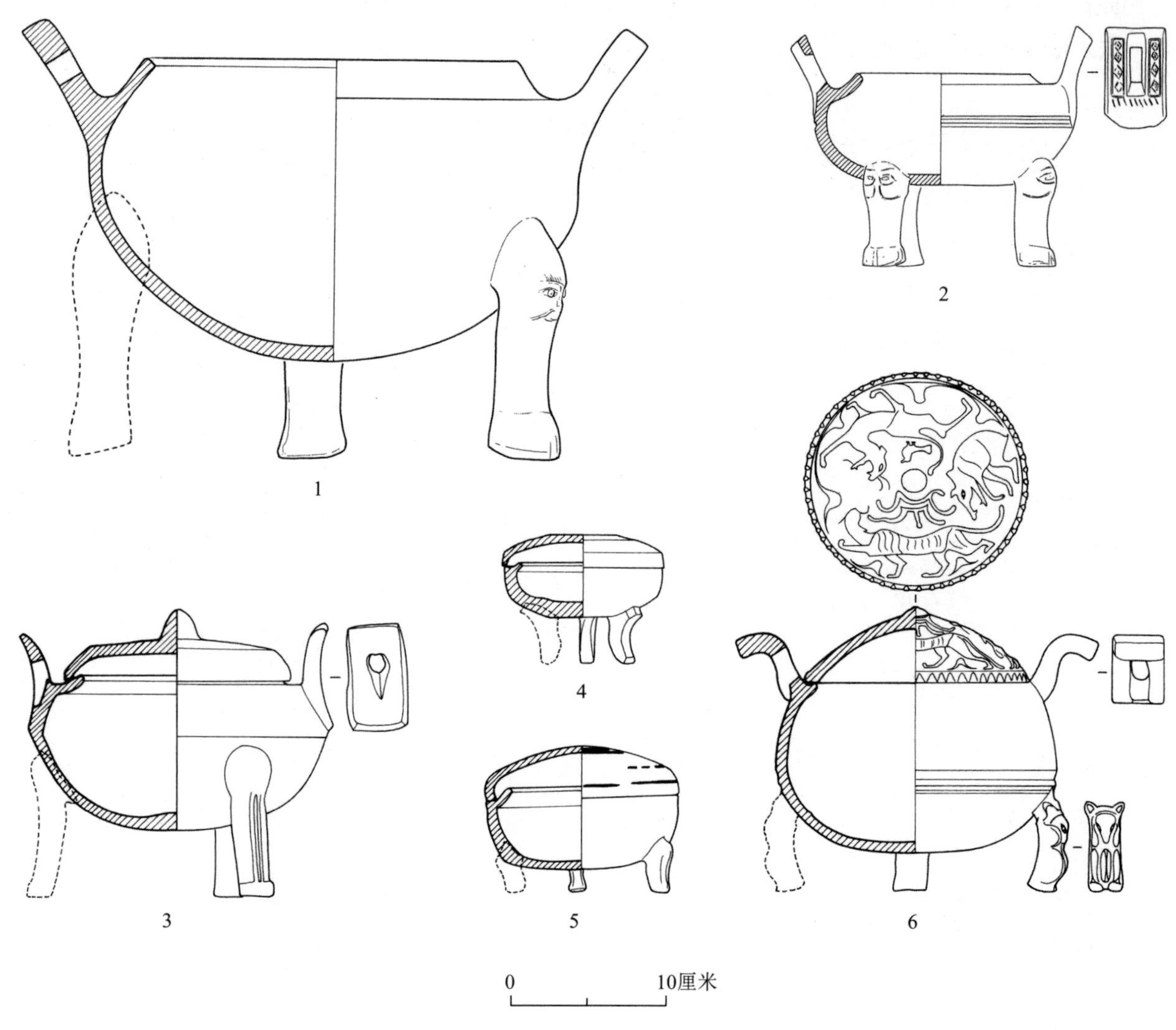

图四六九　陶鼎

1. 乙类Ca型Ⅲ式（M83：77）　2. 乙类Ca型Ⅳ式（M38：48）　3. 乙类Cb型（M194：13）　4. 丙类Ⅰ式（M174：8）
5. 丙类Ⅱ式（M86：8）　6. 乙类Ca型V式（M98：7）

Ⅳ式：1件。平盖，浅腹，条状略呈椎状，方附耳外撇。

标本M95：2（图四六八，2）。

C型　8件。蹄足，根据器腹形态的不同分为两亚型。

Ca型　7件。弧腹，根据器盖、腹和足的变化，分为五式。

Ⅰ式：1件。盖隆起甚高，弧腹较深。

标本M161：1（图四六八，3）。

Ⅱ式：2件。盖隆起程度低于Ⅰ式，鼓腹。

标本M173：5、M173：15（图四六八，4）。

Ⅲ式：1件。足饰人面纹，纹饰较复杂。

标本M83：77（图四六九，1）。

Ⅳ式：1件。足部人面纹饰简化。

标本M38：48（图四六九，2）。

Ⅴ式：1件。熊足，博山盖，垂腹。

标本M98：7（图四六九，6）、M98：8

Cb型　1件。折腹。

标本M194：13（图四六九，3）。

丙类　4件。小足极矮。据腹、底、足变化分为二式。

Ⅰ式：3件。浅腹，小平底。

标本M96：5、M174：8（图四六九，4）、M195：6。

Ⅱ式：1件。腹略深，大平底。

标本M86：8（图四六九，5）。

一三、敦

共17件。据足、纽形态不同分为两型。

A型　11件。足、纽“S”状虺龙形。据器形及足、纽形态变化分为四式。

Ⅰ式：4件。盖身相合扁圆，“S”状虺龙形上下小卷。

标本M27：5、M27：7、M183：4（图四七〇，1）、M201：2。

Ⅱ式：2件。身底及盖顶微隆起。足、纽同Ⅰ式。

标本M186：12（图四七〇，2）、M186：13。

Ⅲ式：2件。器形同Ⅱ式，足、纽上部大卷。

标本M32：6（图四七〇，3）、M32：8。

Ⅳ式：3件。足、纽上下部均大卷。

标本M11：4（图四七〇，4）、M15：3、M15：4。

B型　6件。足、纽首尾不卷呈鸟形。据器形及足、纽形态变化分为三式。

Ⅰ式：3件。盖身相合扁圆。

标本M170：3、M170：5（图四七〇，5）、M195：5。

Ⅱ式：1件。身底及盖顶隆起。足、纽同Ⅰ式。

标本M30：2（图四七〇，6）。

Ⅲ式：2件。身、盖隆起甚高，足、纽呈垂直状。

标本M153：15（图四七〇，7）、M153：16。

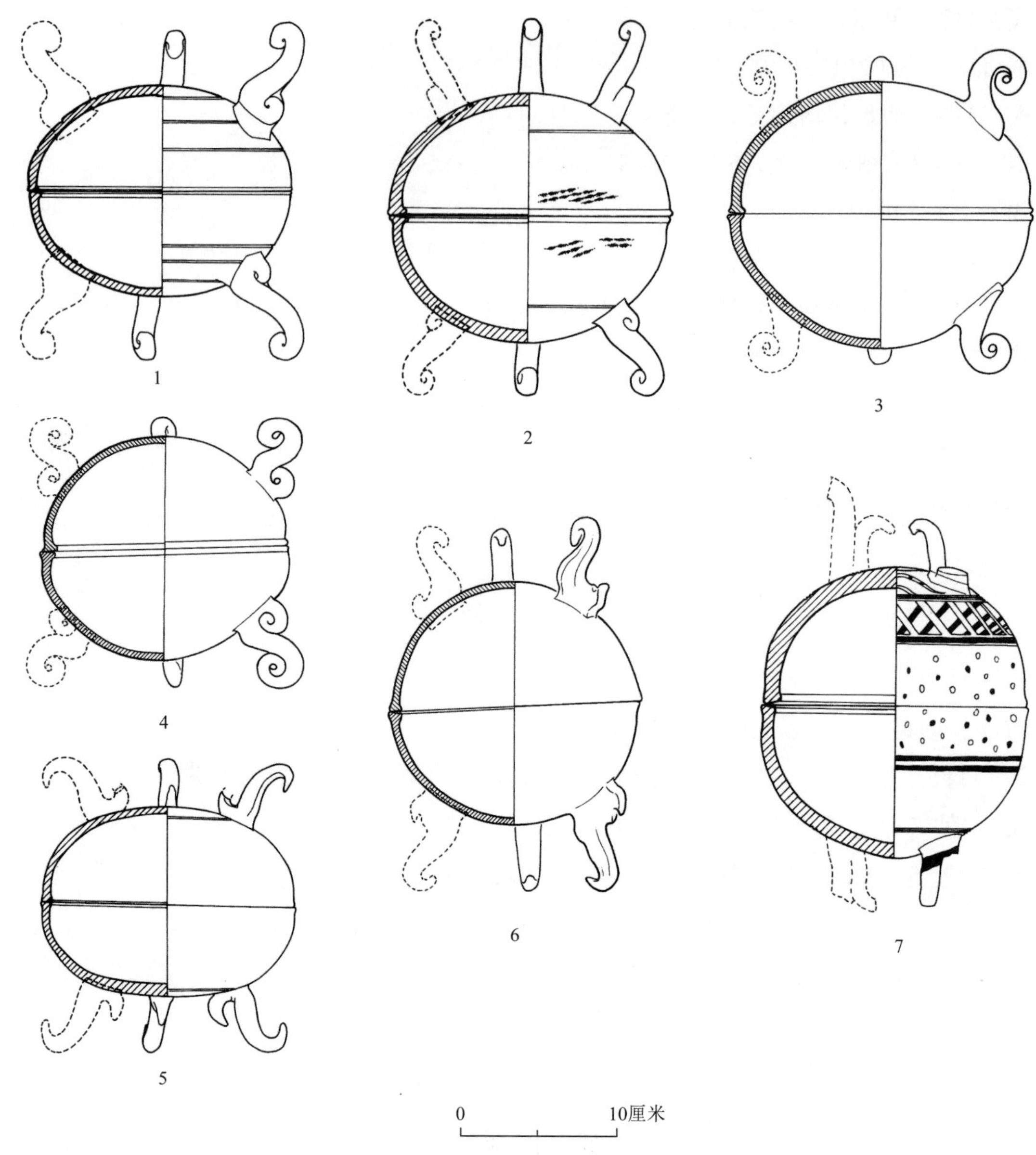

图四七〇　陶敦

1. A型Ⅰ式（M183：4）　2. A型Ⅱ式（M186：12）　3. A型Ⅲ式（M32：6）
4. A型Ⅳ式（M11：4）　5. B型Ⅰ式（M170：5）　6. B型Ⅱ式（M30：2）
7. B型Ⅲ式（M153：15）

一四、盒

共20件。根据器底结构不同分为三类。

甲类　7件。平底或内凹。据器表纹饰不同分为三型。

A型　3件。素面。据口、腹、底变化分为三式。

Ⅰ式：1件。曲腹，小底。

标本M113：6（图四七一，1）。

Ⅱ式：1件。长子口，鼓腹，大平底。

标本M194：19（图四七一，2）。

Ⅲ式：1件。口下如凸棱状，弧腹，小平底。

标本M122：1（图四七一，3）。

B型　3件。腹饰凹弦纹。据腹底变化分为二式。

Ⅰ式：1件。浅弧腹，小平底内凹。

标本M101：3（图四七一，4）。

Ⅱ式：2件。腹较深，大平底内凹。

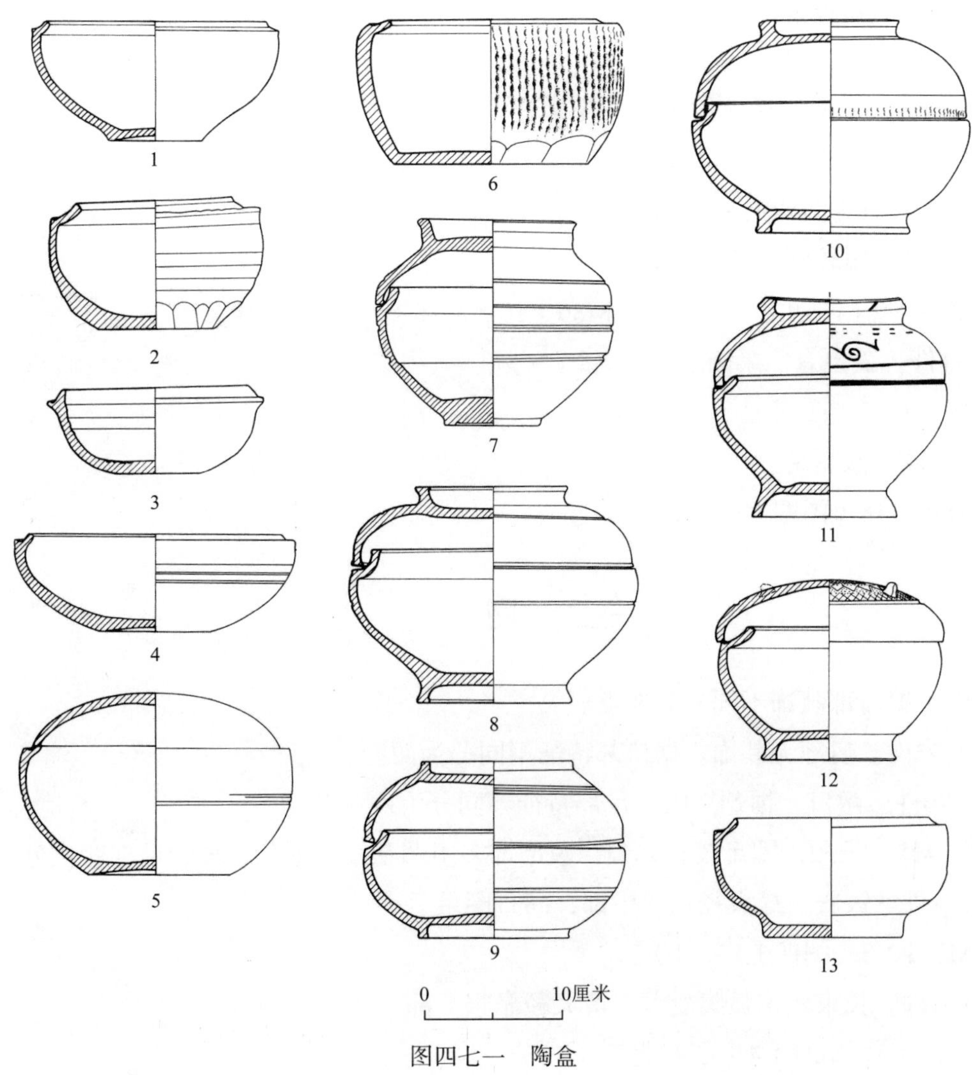

图四七一　陶盒

1. 甲类A型Ⅰ式（M113：6）　2. 甲类A型Ⅱ式（M194：19）　3. 甲类A型Ⅲ式（M122：1）
4. 甲类B型Ⅰ式（M101：3）　5. 甲类B型Ⅱ式（M197：9）　6. 甲类C型（M194：2）
7. 乙类Aa型Ⅰ式（M181：4）　8. 乙类Aa型Ⅱ式（M175：3）　9. 乙类Aa型Ⅲ式（M161：4）
10. 乙类Ab型Ⅰ式（M195：1）　11. 乙类Ab型Ⅱ式（M86：9）　12. 乙类B型（M177：2）　13. 丙类（M96：18）

标本M197：4、M197：9（图四七一，5）。

C型　1件。腹饰竖绳纹。

标本M194：2（图四七一，6）。

乙类　12件。有圈足。据有无抓手分为两型。

A型　11件。盖顶有抓手。据器表装饰分为二亚型。

Aa型　7件。器表饰凹弦纹。据足身变分分为三式。

Ⅰ式：3件。盖斜壁平顶，深腹，小矮圈足。

标本M181：3、M181：4（图四七一，7）、M188：1。

Ⅱ式：3件。器形宽大，圈足略高。

标本M31：2、M175：3（图四七一，8）、M196：2。

Ⅲ式：1件。器腹宽浅。

标本M161：4（图四七一，9）。

Ab型　4件。器表无弦纹。据足身变化分为二式。

Ⅰ式：1件。腹略浅，圈足略矮。

标本M195：1（图四七一，10）。

Ⅱ式：3件。腹较深，圈足较高。

标本M86：9（图四七一，11），M86：10、M86：11，M88：4。

B型　1件。盖顶有三半圆纽。

标本M177：2（图四七一，12）。

丙类　1件。假圈足。

标本M96：18（图四七一，13）。

一五、圈　足　壶

共55件。据肩部装饰不同分为四类。

甲类　32件。肩部无装饰。据口部特征不同分为两型。

A型　26件。敞口。据颈、腹、足部特征不同分为六亚型。

Aa型　4件。长颈，圈足较直，颈、腹部饰多组凹弦纹。据颈、腹、足部变化分三式。

Ⅰ式：1件。鼓腹，最大径在腹中部，高直圈足。

标本M201：3（图四七二，1）。

Ⅱ式：2件。长束颈，弧腹变深，最大径靠腹上部。

标本M27：3、M27：4（图四七二，2）。

Ⅲ式：1件。粗长直颈，浅斜腹。

标本M10：2（图四七二，5）。

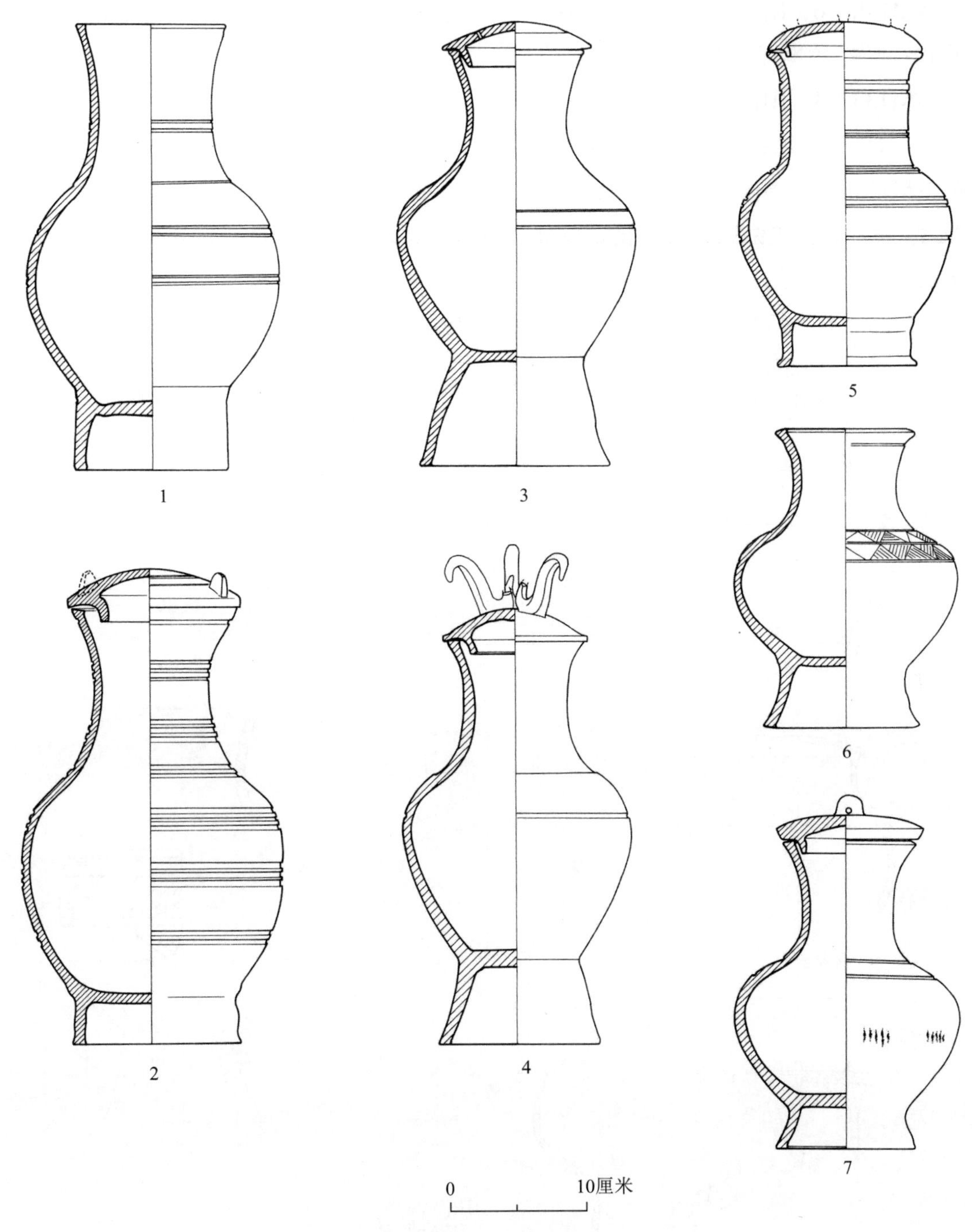

图四七二　陶圈足壶

1. 甲类Aa型Ⅰ式（M201：3）　2. 甲类Aa型Ⅱ式（M27：4）
3～4. 甲类Ab型Ⅰ式（M170：6、M174：10）　5. 甲类Aa型Ⅲ式（M10：2）
6. 甲类Ab型Ⅱ式（M133：4）　7. 甲类Ab型Ⅲ式（M175：5）

Ab型　7件。束颈较长，斜弧腹较浅，高斜圈足。肩部有凹弦纹。据颈、腹、足变化分为三式。

Ⅰ式：4件。深腹，圈足极高。

标本M170：6（图四七二，3）、M174：10（图四七二，4）、M195：13、M195：15。

Ⅱ式：2件。颈略粗短，浅腹，圈足略矮。

标本M133：4（图四七二，6）、M133：5。

Ⅲ式：1件。颈细长，浅腹，矮圈足。

标本M175：5（图四七二，7）。

Ac型　8件。粗颈微束，矮圈足。肩部饰凹弦纹。据颈、腹、足变化分为三式。

Ⅰ式：4件。束颈，斜弧腹略深。

标本M32：4、M32：5、M181：7、M181：8（图四七三，1）。

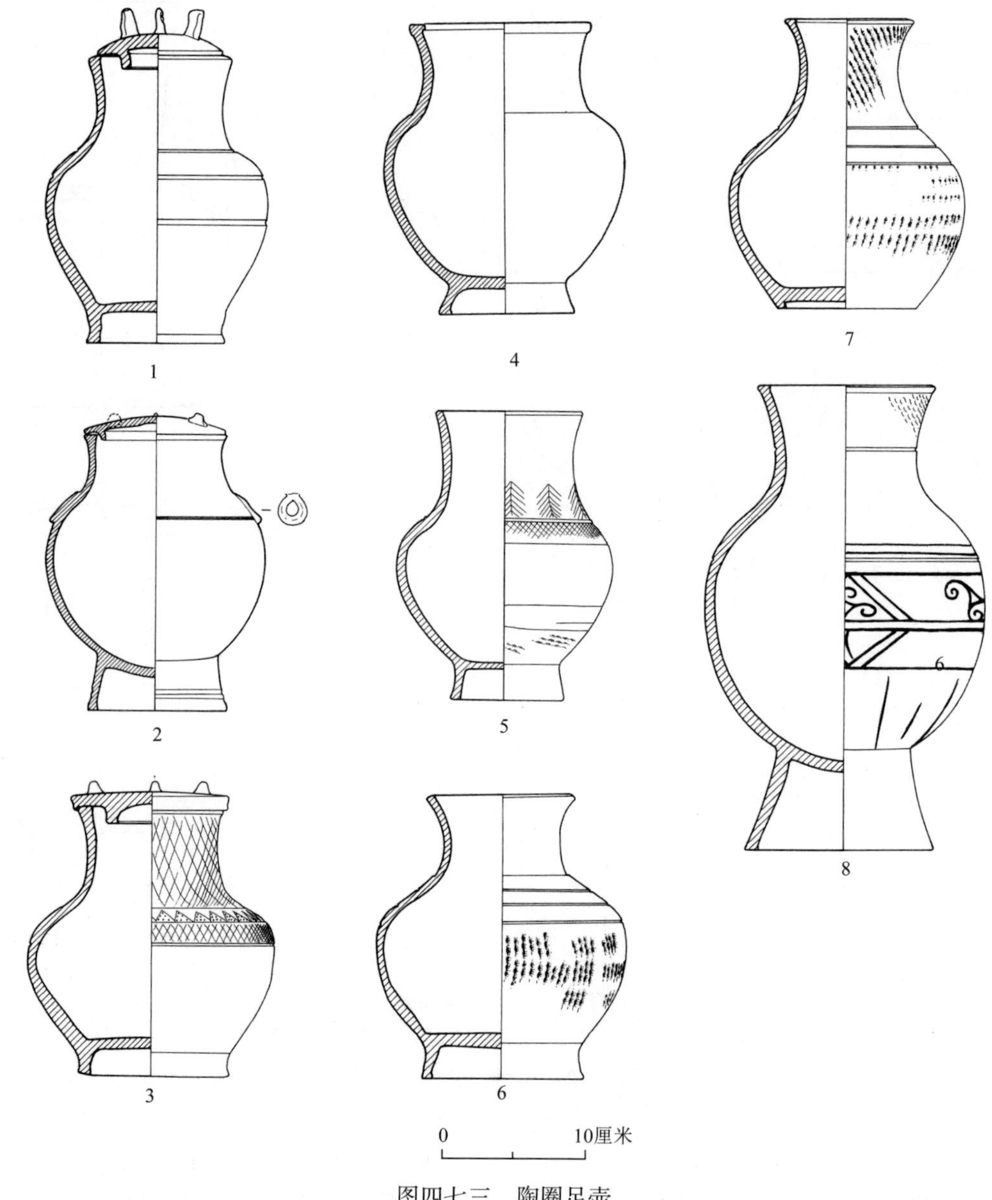

图四七三　陶圈足壶

1. 甲类Ac型Ⅰ式（M181：8）　2. 甲类Ac型Ⅱ式（M15：1）　3. 甲类Ac型Ⅲ式（M177：1）　4. 甲类Ad型（M3：3）　5. 甲类Ae型Ⅰ式（M113：1）　6. 甲类Ae型Ⅱ式（M190：3）　7. 甲类Ae型Ⅲ式（M178：4）　8. 甲类Af型（M88：8）

Ⅱ式：2件。粗短颈较直，腹近圆鼓，圈足较高。

标本M15：1（图四七三，2）、M15：2。

Ⅲ式：2件。颈粗长近直，斜腹较浅，矮圈足。

标本M177：1（图四七三，3）、M179：1。

Ad型　1件。粗短束颈，折肩，弧腹，矮圈足。

标本M3：3（图四七三，4）。

Ae型　3件。束颈较短，浅斜腹，矮圈足。器表饰绳纹。据器形变化分三式。

Ⅰ式：1件。粗颈微束较长，小圈足。

标本M113：1（图四七三，5）。

Ⅱ式：1件。粗短束颈，大圈足。

标本M190：3（图四七三，6）。

Ⅲ式：1件。细束颈较长，极矮的圈足。

标本M178：4（图四七三，7）。

Af型　1件。斜颈，圆腹，高斜圈足。器表有彩绘。

标本M88：8（图四七三，8）。

Ag型　2件。极长的细颈，扁鼓腹，矮斜圈足。颈、腹部饰多组凹弦纹，有彩绘。

标本M153：9（图四七四，1）、M153：10。

B型　6件。盘口。据口、颈、腹、足部特征不同分为二亚型。

Ba型　4件。深盘口，长束颈，鼓腹，高斜圈足。据颈腹特征变化分为二式。

Ⅰ式：2件，长束颈，鼓腹，最大径在腹上部。

标本M96：7、M96：11（图四七四，2）。

Ⅱ式：2件。束颈变短，圆腹，最大径靠近腹中部。

标本M86：4（图四七四，3）、M87：7。

Bb型　2件。浅斜盘口，短束颈，球腹，折腹状圈足。

标本M124：3、M124：4（图四七四，4）。

乙类　7件。肩部双鼻耳。据圈足特征不同分为两型。

A型　4件。束颈较长，高斜圈足。据颈、腹形态变化分为三式。

Ⅰ式：1件。长细束颈，浅弧腹，最大径在上腹。

标本M203：1（图四七四，5）。

Ⅱ式：1件。束颈变短，最大径在肩腹交界处。

标本M170：7（图四七四，6）。

Ⅲ式：2件。腹变深，最大径位于腹中部。

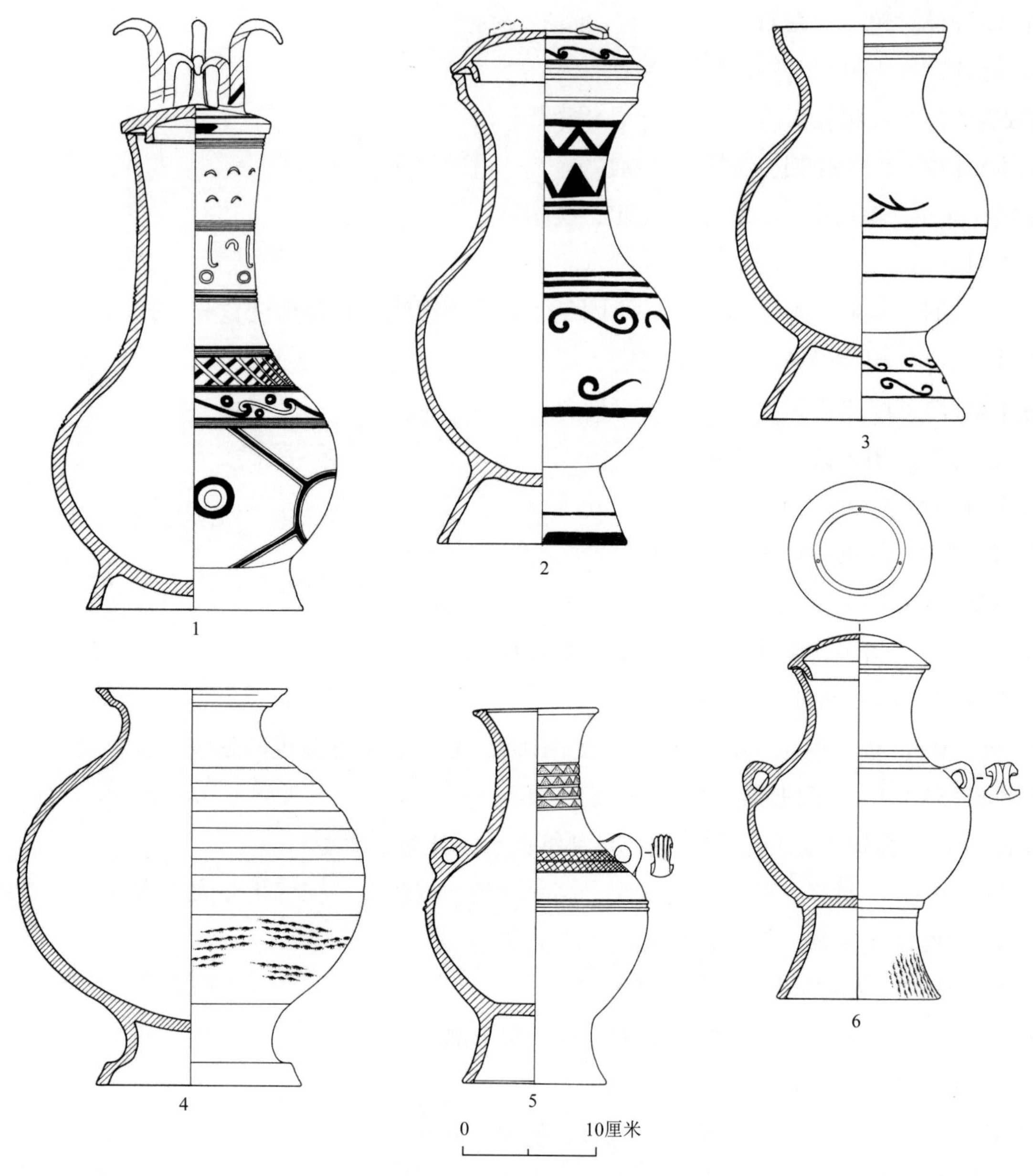

图四七四　陶圈足壶

1. 甲类Ag型（M153：9）　2. 甲类Ba型Ⅰ式（M96：11）　3. 甲类Ba型Ⅱ式（M86：4）
4. 甲类Bb型（M124：4）　5. 乙类A型Ⅰ式（M203：1）　6. 乙类A型Ⅱ式（M170：7）

标本M154：3（图四七五，1）、M154：4。

B型　3件。多直颈，较直的矮圈足。据颈、腹、足部变化分为三式。

Ⅰ式：1件。近直颈，口微敛，弧腹。

标本M207：1（图四七五，3）。

Ⅱ式：1件。口微敞，颈略短，弧腹略深。

标本M135：4（图四七五，4）。

Ⅲ式：1件。敞口，颈微束，矮圈足。

标本M140：11（图四七五，5）。

丙类　2件。肩部双半圆纽。

标本M186：1（图四七五，2）、M186：2。

丁类　14件。肩部模印一对铺首衔环。据器盖、盘口、颈部、腹部形态的差异，分为六式。

Ⅰ式：2件。弧盖近平，浅盘口，束颈，扁腹。

标本M173：1（图四七五，6）、M173：2。

Ⅱ式：2件。器盖上饰刻划纹，盘口变深，盘底有较宽的凸棱，颈变粗，扁鼓腹。

标本M83：64（图四七五，7）、M83：67。

Ⅲ式：2件。器盖上饰模印纹。余同Ⅱ式。

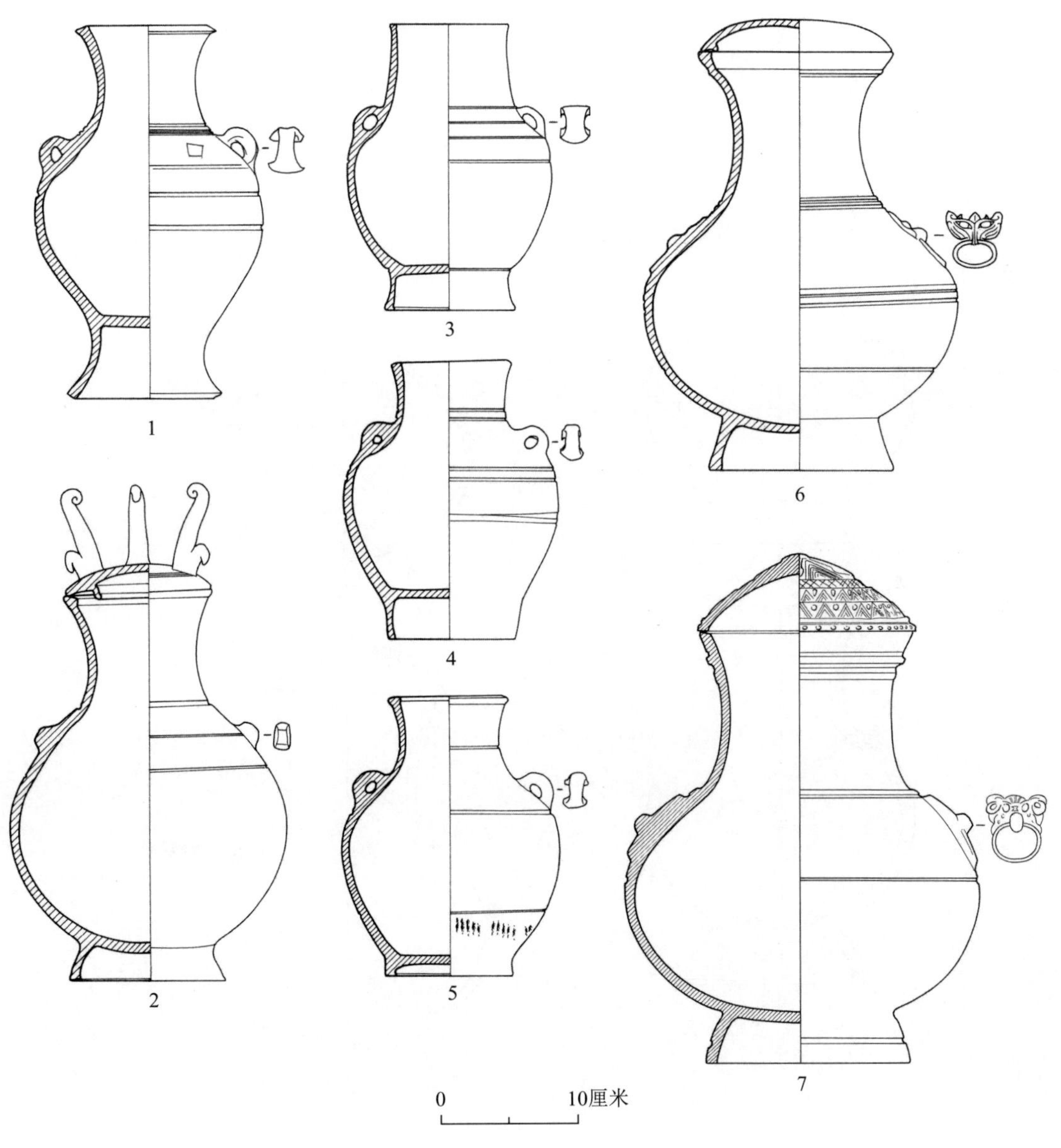

图四七五　陶圈足壶

1. 乙类A型Ⅲ式（M154：3）　2. 丙类（M186：1）　3. 乙类B型Ⅰ式（M207：1）　4. 乙类B型Ⅱ式（M135：4）　5. 乙类B型Ⅲ式（M140：11）　6. 丁类Ⅰ式（M173：1）　7. 丁类Ⅱ式（M83：64）

标本M83：78（图四七六，1）、M83：85。

Ⅳ式：4件。博山盖，盘口壁斜直。

标本M35：3（图四七六，2）、M35：5、M38：1、M38：12。

Ⅴ式：2件。器形高，盘口壁变竖直，颈变直。

标本M194：17、M194：18（图四七六，3）。

Ⅵ式：2件。器形极大，模印盖的纹饰为动物纹，盘口变深，长直颈，器腹扁鼓，圈足外撇明显。

标本M98：20、M98：22（图四七六，4）。

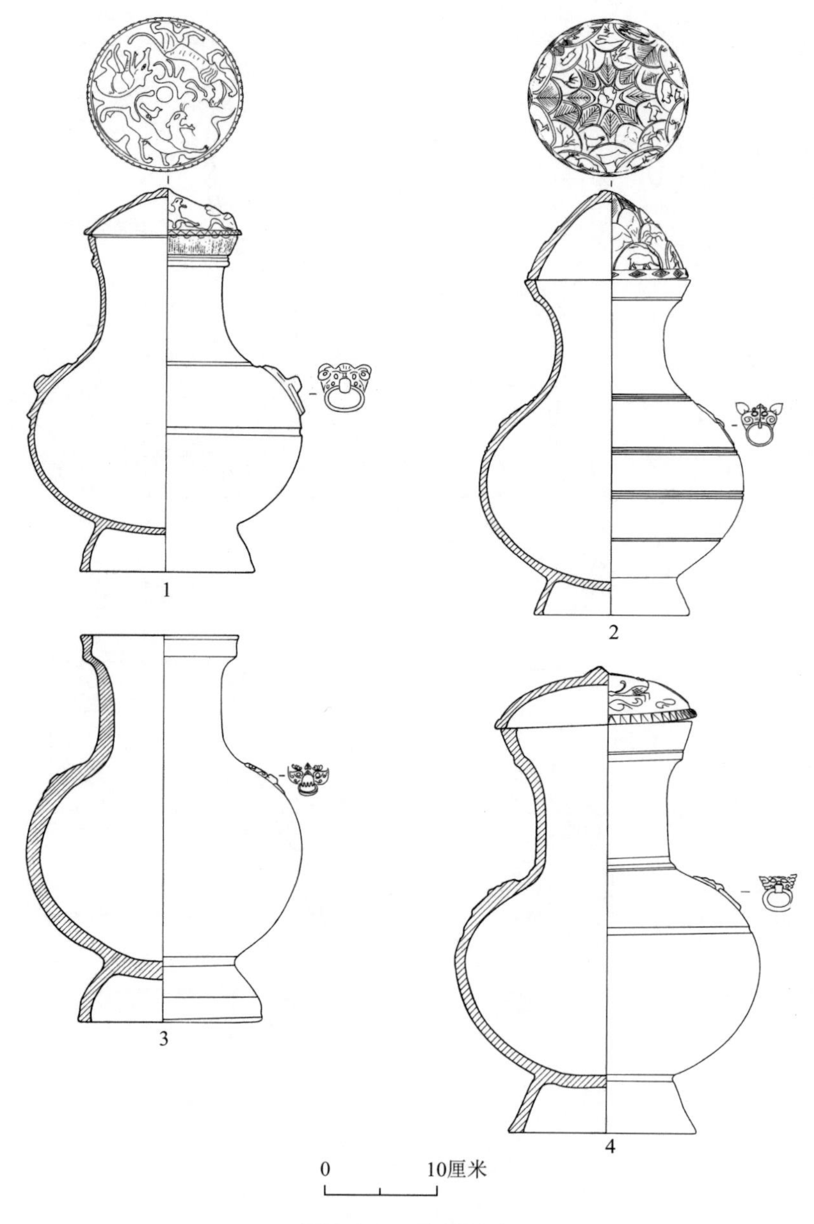

图四七六　陶圈足壶

1. 丁类Ⅲ式（M183：78）　2. 丁类Ⅳ式（M35：3）　3. 丁类Ⅴ式（M194：18）　4. 丁类Ⅵ式（M98：22）

一六、假圈足壶

共8件。据腹部特征不同分为两类。

甲类　3件。折腹。据颈、足部特征不同分为两型。

A型　2件。粗斜颈，直假圈足。

标本M175：4（图四七七，3）、M188：4。

B型　1件。束颈，折曲状假圈足。

标本M86：6（图四七七，1）。

乙类　5件。弧鼓腹。据口沿、足部特征不同分为三型。

A型　1件。敞口，直假圈足。

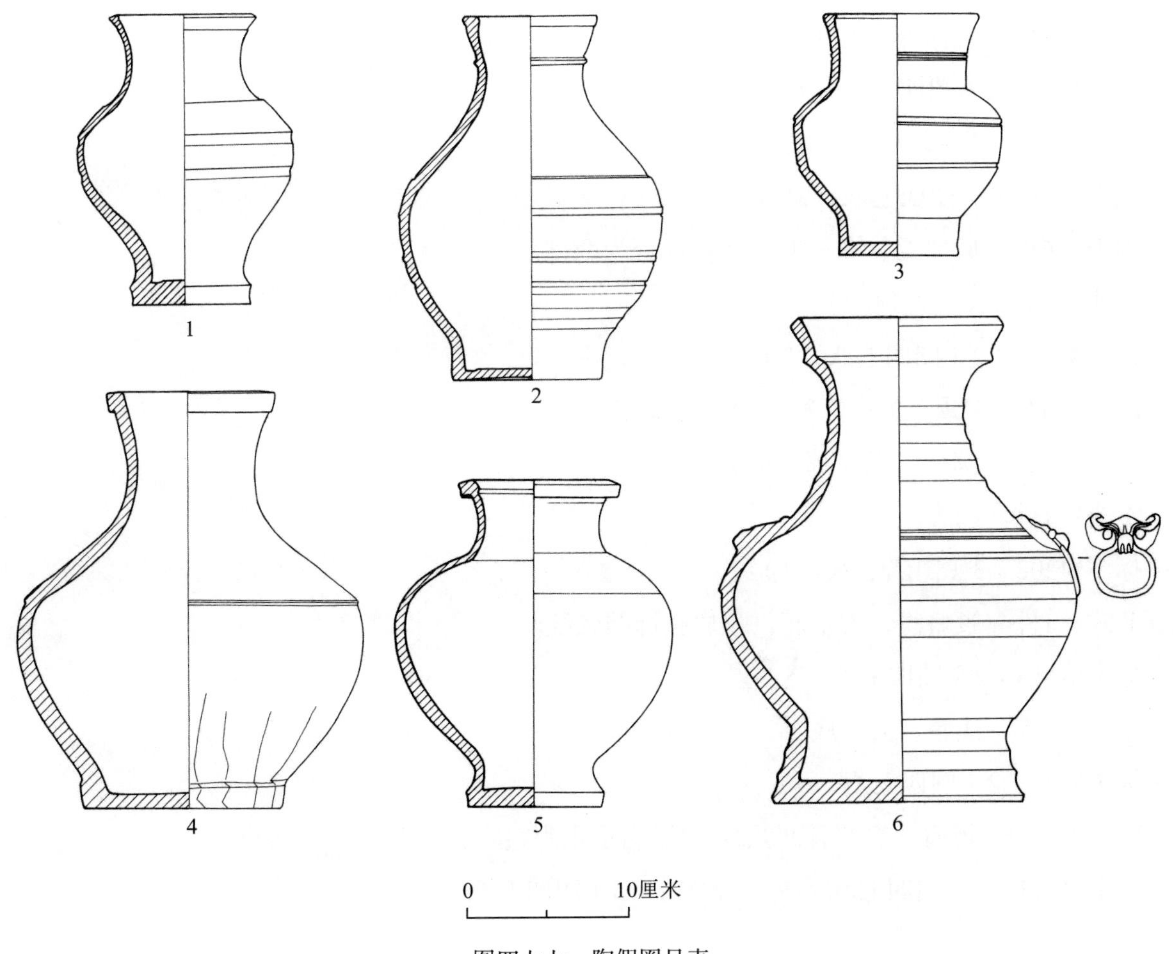

图四七七　陶假圈足壶

1. 甲类B型（M86：6）　2. 乙类A型（M141：1）　3. 甲类A型（M175：4）
4. 乙类Ba型（M180：3）　5. 乙类Bb型（M110：1）　6. 乙类C型（M40：1）

标本M141：1（图四七七，2）。

B型　2件。折沿，折曲状假圈足。据颈、肩、腹部特征不同分为二亚型。

Ba型　1件。束长颈，溜肩，浅腹。

标本M180：3（图四七七，4）。

Bb型　1件。束颈，圆肩，深弧腹。

标本M110：1（图四七七，5）。

C型　2件。盘口，高斜圈足。

标本M40：1（图四七七，6）、M40：12。

一七、平　底　壶

共8件。据肩部装饰不同分为三类。

甲类　1件。肩部饰一对竖鼻耳。

标本M74：1（图四七八，1）。

乙类　1件。肩部饰一对贴环耳。

标本M11：3（图四七八，3）。

丙类　6件。肩部无装饰。据颈部特征分为两型。

A型　1件。长细直颈。

标本M147：2（图四七八，2）。

B型　5件。束颈。据肩部特征分为二亚型。

Ba型　3件。圆肩。据腹部变化分为三式。

Ⅰ式：1件。深腹。

标本M202：3（图四七八，4）。

Ⅱ式：1件。腹略浅，大平底，颈肩腹饰凹弦纹。

标本M116：2（图四七八，5）。

Ⅲ式：1件。浅腹，大平底。

标本M75：2（图四七八，6）。

Bb型　2件。折肩。肩部有凹弦纹，腹部两周刮棱。

标本M171：4（图四七八，7）、M171：5（图四七八，8）。

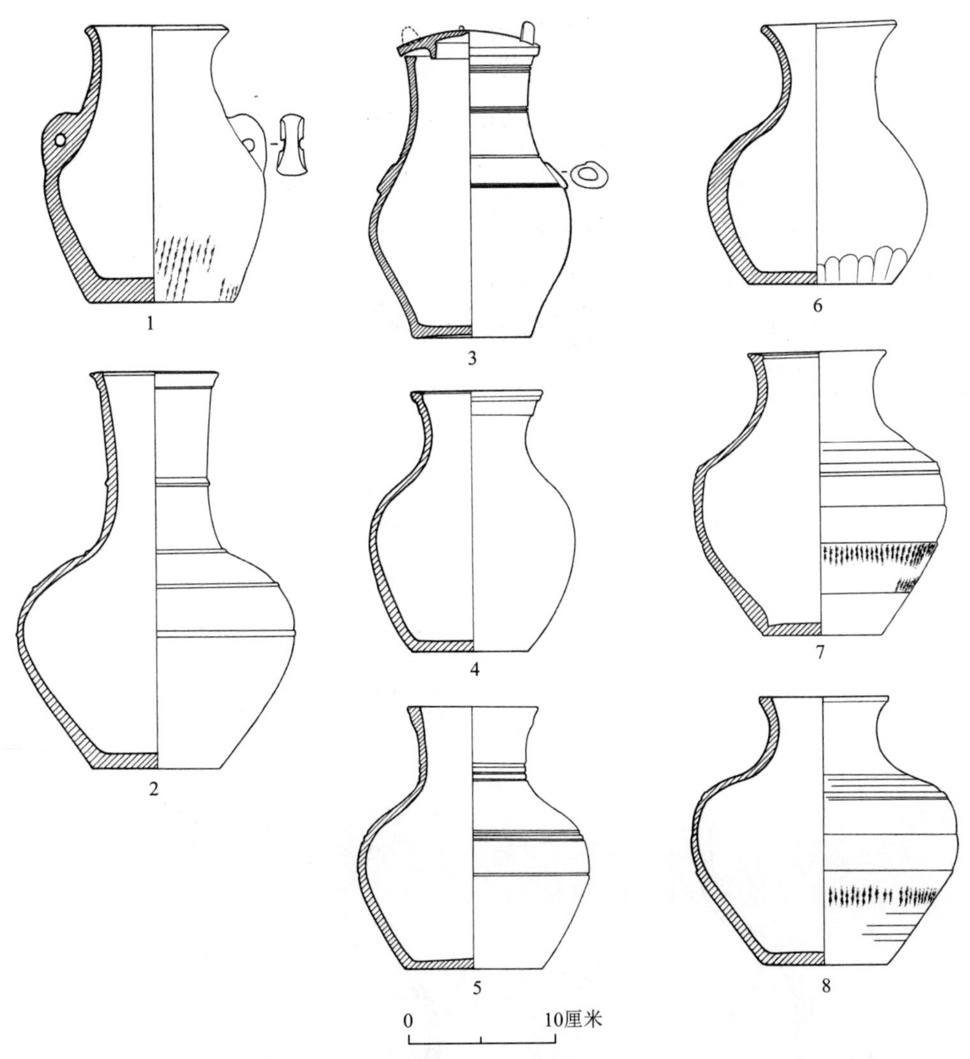

图四七八　陶平底壶

1. 甲类（M74：1）　2. 丙类A型（M147：2）　3.乙类（M11：3）
4. 丙类Ba型Ⅰ式（M202：3）　5. 丙类Ba型Ⅱ式（M116：2）　6. 丙类Ba型Ⅲ式（M75：2）
7. 丙类Bb型（M171：4）　8. 丙类Bb型（M171：5）

一八、凹 圜 底 壶

共1件。

标本M136：2（图四七九，2）。

一九、小　陶　壶

1件。标本M38：26（图四七九，1）。

二〇、蒜 头 壶

共2件。根据口、颈、底部变化分为二式。

Ⅰ式：1件。蒜瓣不明显，短颈，平底，无圈足。

标本M145：2（图四七九，4）。

Ⅱ式：1件。蒜瓣明显，长颈，平底，矮圈足。

标本M95：1（图四七九，3）。

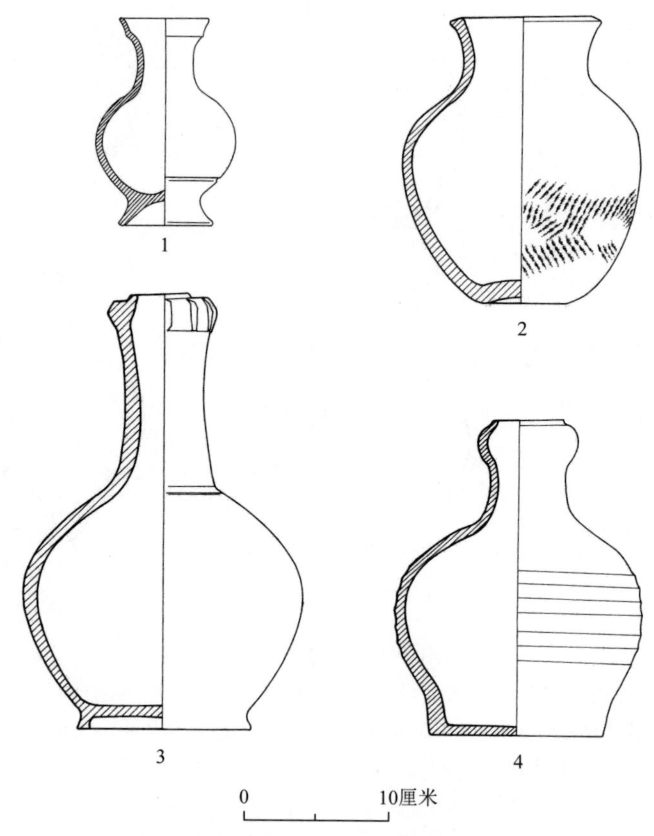

图四七九　小陶壶、凹圜底壶及蒜头壶

1. 小陶壶（M38：10）　2. 凹圜底壶（M136：2）　3. 蒜头壶Ⅱ式（M95：1）　4. 蒜头壶Ⅰ式（M145：2）

二一、仓

共77件。据器身纹饰不同分为两型。

A型　54件。器身饰若干组凹弦纹或素面。据有无领分为二亚型。

Aa型　8件。有矮领。据器形及结构变化分为三式。

Ⅰ式：2件。器形略粗短。

标本M38：2、M38：3（图四八○，1）。

Ⅱ式：5件。器形多矮胖，近底部有长方形镂孔2到3个。

标本M163：5、M163：4、M197：10（图四八○，2）、M197：11、M197：12。

Ⅲ式：2件。器形瘦长。

标本M128：1（图四八○，3）、M128：2、M128：3。

Ab型　46件。无领。据器形及大小变化分为四式。

Ⅰ式：10件。器形瘦长。

标本M36：2、M36：3、M98：10、M98：15、M98：17、M194：4（图四八○，4）、M194：5、M194：9、M194：35、M194：36。

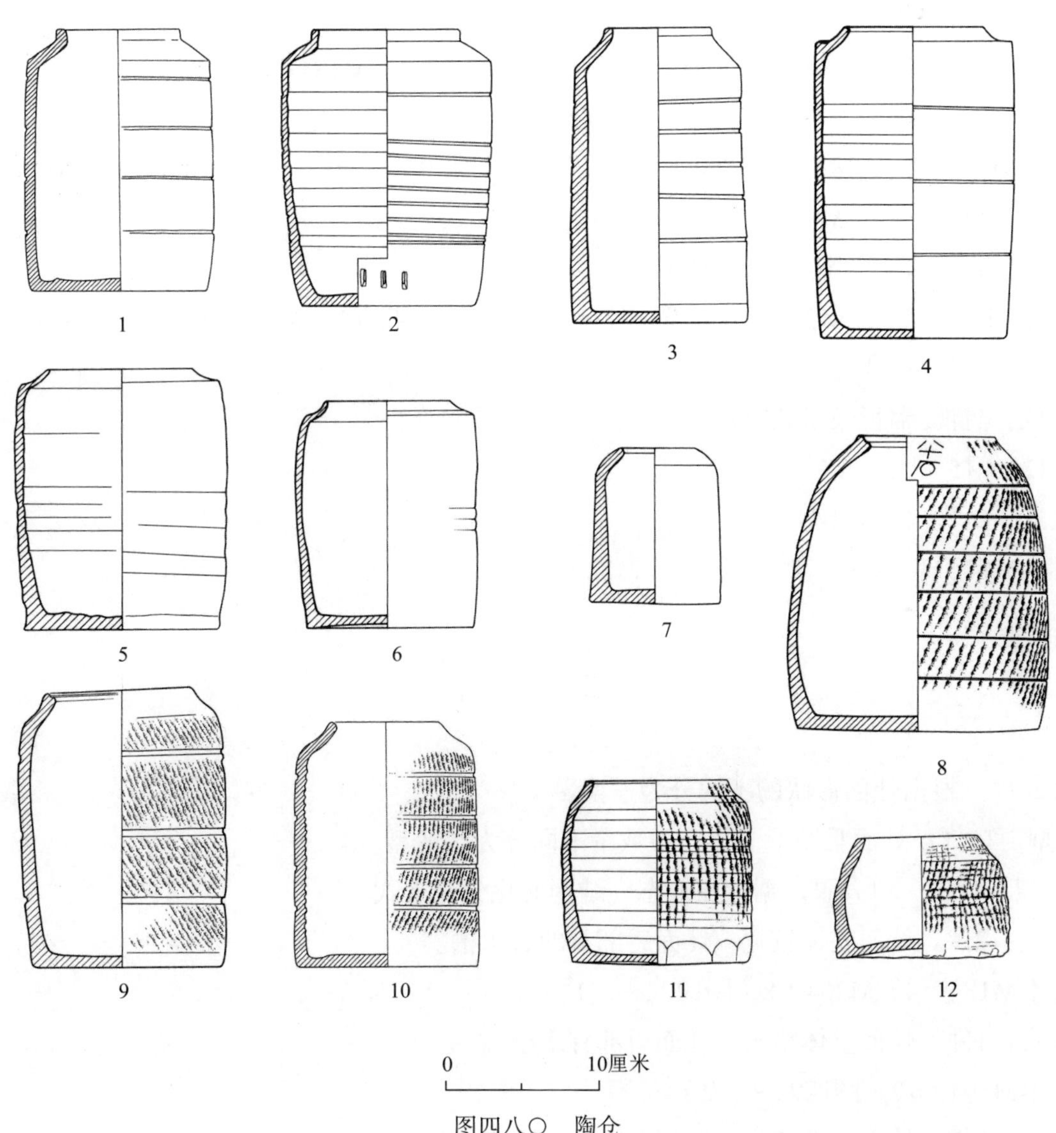

图四八○　陶仓

1. Aa型Ⅰ式（M38：3）　2. Aa型Ⅱ式（M197：10）　3. Aa型Ⅲ式（M128：1）　4. Ab型Ⅰ式（M194：4）　5. Ab型Ⅱ式（M98：14）　6. Ab型Ⅲ式（M106：5）　7. Ab型Ⅳ式（M76：8）　8. B型Ⅰ式（M184：9）　9. B型Ⅱ式（M83：57）　10. B型Ⅲ式（M38：32）　11. B型Ⅳ式（M124：15）　12. B型Ⅴ式（M81：5）

Ⅱ式：6件。器形变小变粗短。

标本M98：1、M98：14（图四八〇，5）、M98：18、M100：2、M100：3、M102：1。

Ⅲ式：11件。器形更小。

标本M89：1、M89：6、M89：4、M89：5、M106：2、M106：3、M106：5（图四八〇，6）、M111：3、M122：8、M122：9、M122：10。

Ⅳ式：14件。器形最小。

标本M40：6、M40：8、M44：1、M44：2、M46：2、M71：5、M71：7、M71：10、M76：3、M76：7、M76：8（图四八〇，7）、M85：3、M169：2、M169：6。

B型　23件。器身饰绳纹及凹弦纹。据器形大小及结构变化分为五式。

Ⅰ式：4件。器形大，斜壁外张，大平底。

标本M184：7、M184：8、M184：9（图四八〇，8）、M184：10。

Ⅱ式：9件。器形变瘦，直筒腹或略斜收。

标本M83：55、M83：56、M83：57（图四八〇，9）、M83：58、M83：59、M83：60、M83：61、M83：62、M83：63。

Ⅲ式：7件。器形变小，腹多微弧鼓。

标本M38：29、M38：32（图四八〇，10）、M107：6、M107：7、M107：8、M124：14、M124：16。

Ⅳ式：1件。器形较Ⅲ式略小。

M124：15（图四八〇，11）。

Ⅴ式　2件。器形最小。

标本M81：3、M81：5（图四八〇，12）。

二二、灶

共20件。根据灶面形状的不同分为三型。

A型　15件。灶面马蹄形。据火眼数量不同分为二亚型。

Aa型　11件。单火眼。据灶面形态、结构变化分为五式。

Ⅰ式：2件。灶面整体较宽，灶面后部有的有水槽。

标本M184：4、M204：8（图四八一，1）。

Ⅱ式：1件。灶面整体略窄，灶面后部有水槽。

标本M194：12（图四八一，2）。

Ⅲ式：3件。灶面宽度变窄，后端尤窄，火眼靠近灶面前端。

标本M107：4、M124：13（图四八一，3）、M134：2。

Ⅳ式：2件。灶面变长。

标本M169：5（图四八一，4）、M187：3、M122：6。

Ⅴ式　3件。灶面后端变宽，火眼变小。

标本M76：5（图四八一，5）、M81：1。

Ab型　4件。双火眼。据灶面形态变化分为三式。

Ⅰ式：2件。灶面较宽。

标本M83：74（图四八二，3）、M83：89。

Ⅱ式：1件。灶面后端变窄，整体呈三角形。

标本M38：44（图四八二，2）。

Ⅲ式：1件。灶面变长。

标本M111：4（图四八二，1）。

B型　3件。灶在长方形。据火眼数量不同分为二亚型。

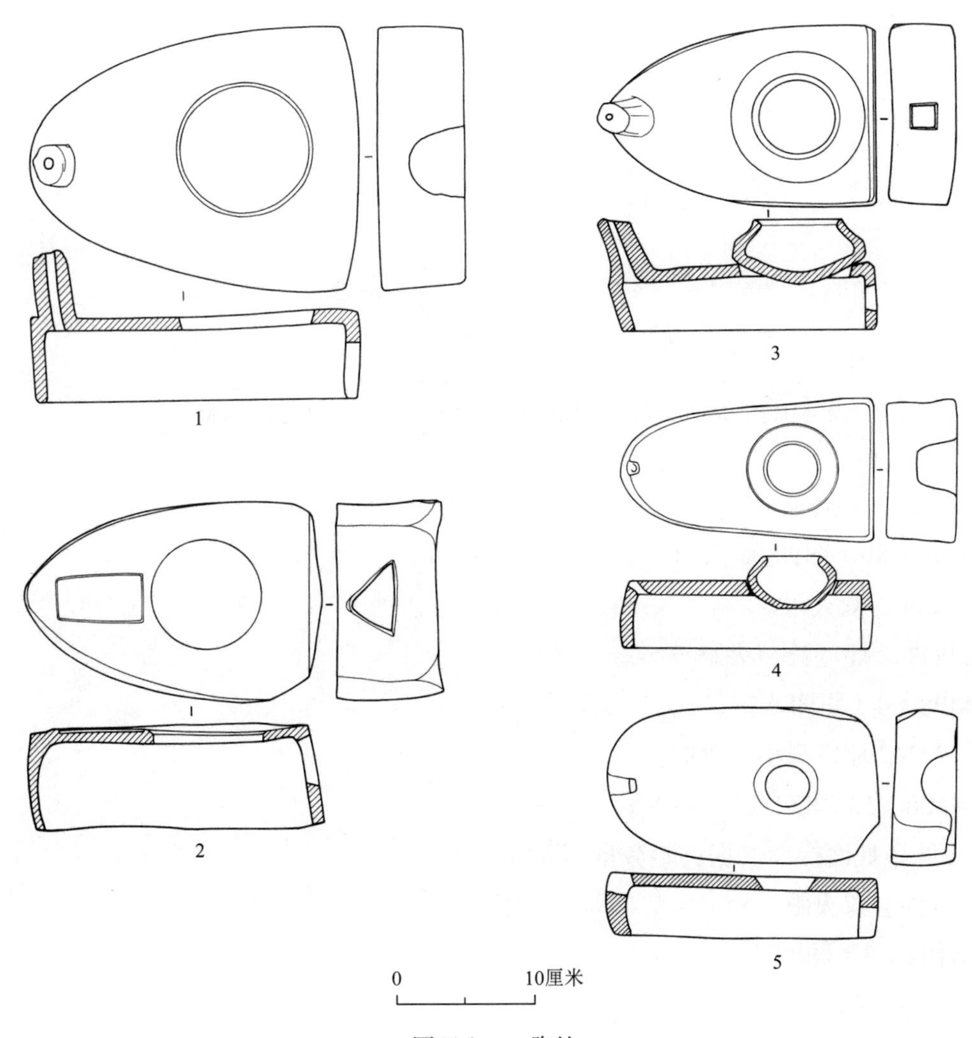

图四八一　陶灶

1. Aa型Ⅰ式（M204：8）　2. Aa型Ⅱ式（M194：12）　3. Aa型Ⅲ式（M124：13）
4. Aa型Ⅳ式（M169：5）　5. Aa型Ⅴ式（M76：5）

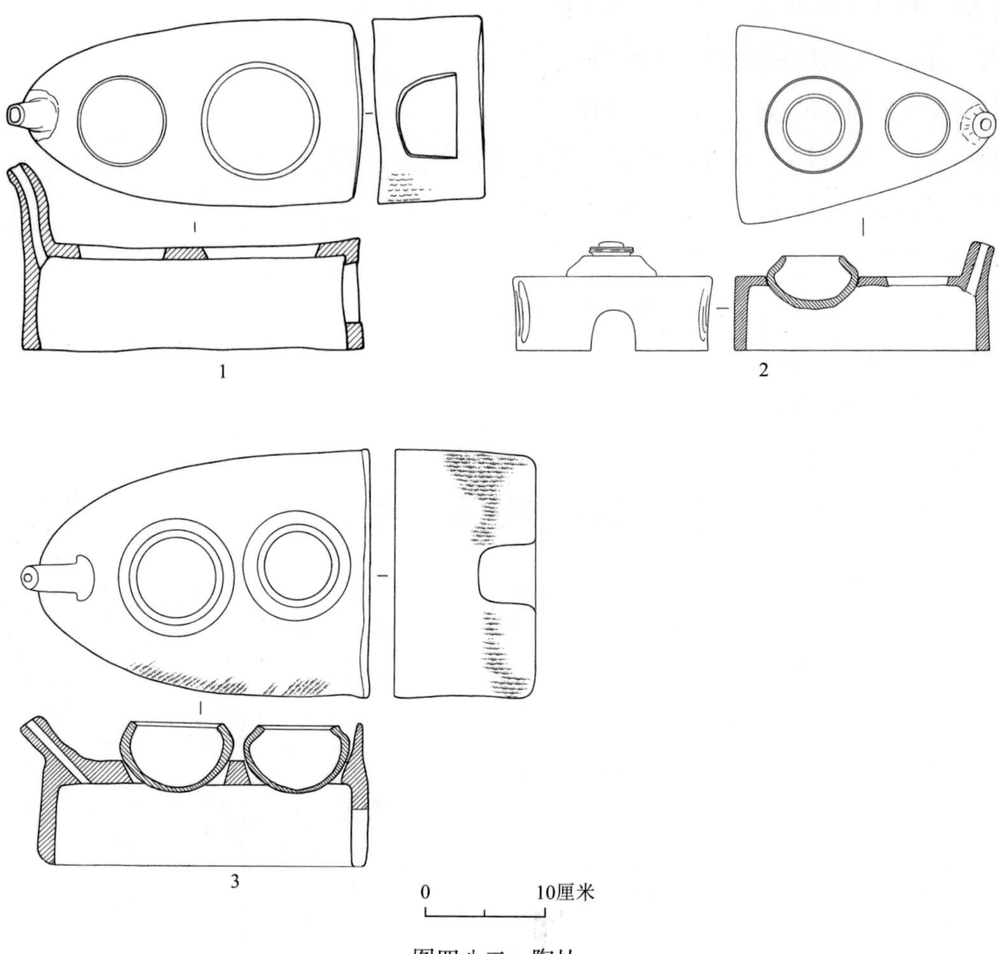

图四八二　陶灶
1. Ab型Ⅲ式（M111：4）　2. Ab型Ⅱ式（M38：44）　3. Ab型Ⅰ式（M83：74）

Ba型　1件。三火眼。

标本M83：80（图四八三，1）。

Bb型　2件。双火眼。

Ⅰ式：1件。灶宽长，火眼较小。

标本M98：4（图四八三，2）。

Ⅱ式：1件。灶较窄小，火眼大。

标本M128：5（图四八三，3）。

C型　2件。灶面梯形。据火眼数量不同分为两亚型。

Ca型　1件。双火眼。

标本M194：3（图四八三，5）。

Cb型　1件。单火眼。

标本M106：9（图四八三，4）。

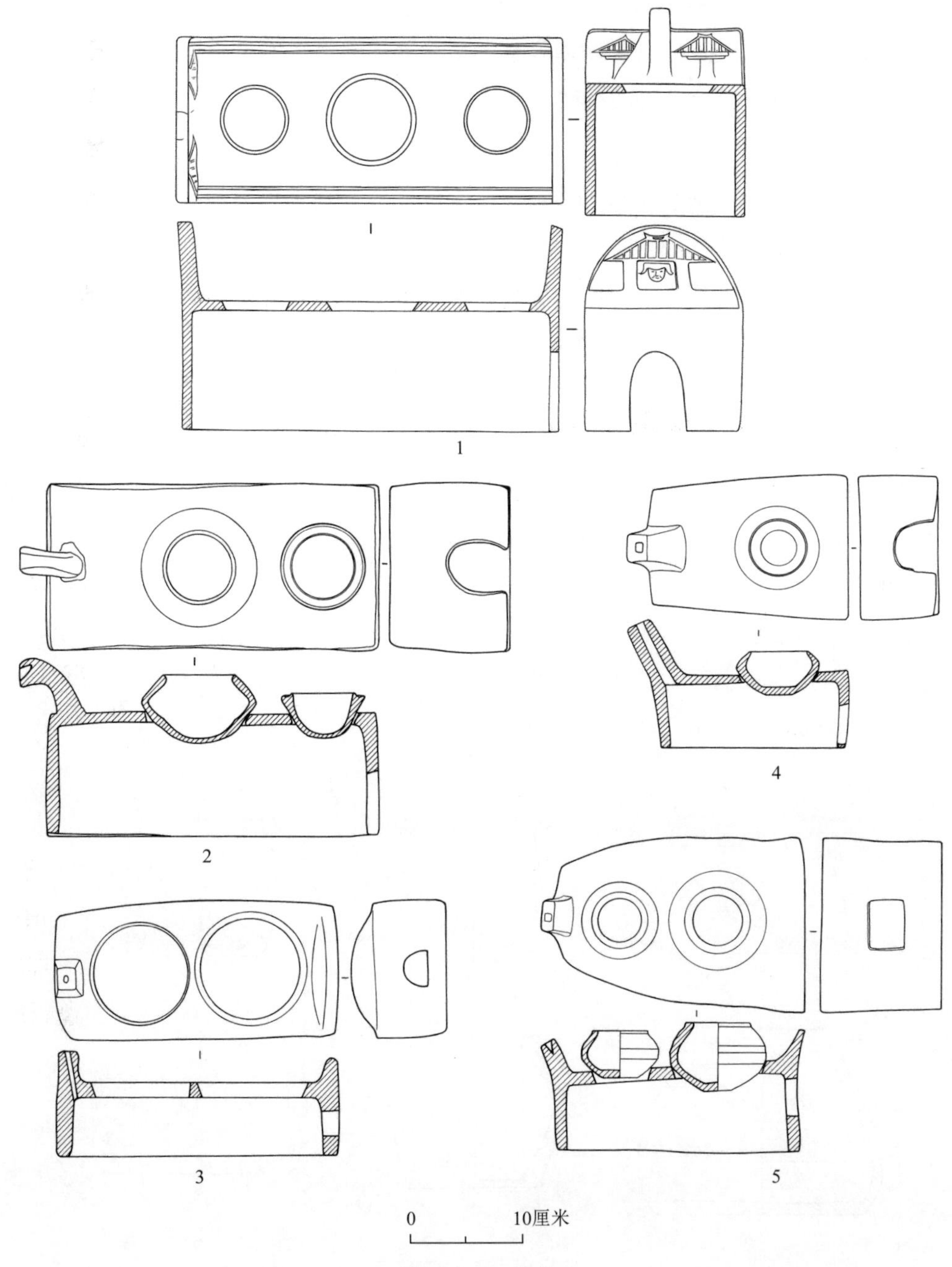

图四八三　陶灶

1. Ba型（M83：80）　2. Bb型Ⅰ式（M98：4）　3. Bb型Ⅱ式（M128：5）
4. Cb型（M106：9）　5. Ca型（M194：3）

二三、井

共12件。根据器腹形态的不同分为两型。

A型　10件。器壁弧鼓。根据沿面宽度的不同分为二亚型。

Aa型　9件。宽沿。据口沿、器腹的变化，分为五式。

Ⅰ式：2件。器形较大。唇下缘下垂，从外侧看沿极厚，垂腹。

标本M38：43-1（图四八四，1）、M194：14。

Ⅱ式：1件。器形宽大。宽折沿，垂腹。

标本M98：16-1（图四八四，2）。

Ⅲ式：1件。器形变小。弧腹略垂。

标本M106：4（图四八四，3）。

Ⅳ式：2件。器形较Ⅲ式更小。

标本M169：8（图四八四，4）、M187：2。

V式：2件。器形小。有肩，直腹或斜腹。

标本M40：9（图四八四，5）、M71：13。

Ⅵ式：1件。器形宽扁，浅弧腹。

标本M76：2（井内有一陶斗）（图四八四，6）。

Ab型　1件。窄沿。

标本M98：12（图四八四，7）。

B型　2件。直腹。据器形、口沿形态差异，分为二式：

Ⅰ式：1件。器形较大，折沿上仰，唇下缘略下垂。

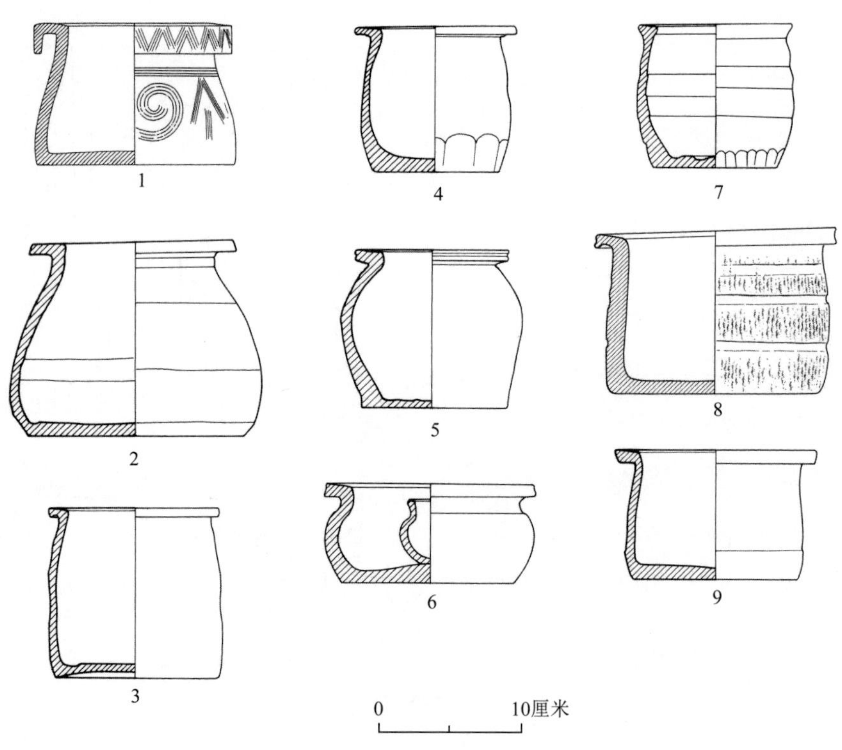

图四八四　陶井

1. Aa型Ⅰ式（M38：43-1）　2. Aa型Ⅱ式（M98：16-1）　3. Aa型Ⅲ式（M106：4）
4. Aa型Ⅳ式（M169：8）　5. Aa型Ⅳ式（M40：9）　6. Aa型Ⅴ式（M76：2）
7. Ab型（M98：12）　8. B型Ⅰ式（M83：70）　9. B型Ⅱ式（M197：5）

标本M83：70（图四八四，8）。

Ⅱ式：1件。器形小，折沿微仰。

标本M197：5（图四八四，9）。

第二节　主要陶器的组合形态分析

淅川阎杆岭墓地清理墓葬208座。组合相对清楚或单件器物能够进行型式分析的墓葬136座。这136座墓葬，依据主要器类组合形态不同，可以分为日用陶器组合，仿铜陶礼器与日用陶器组合，模型明器、仿铜陶器与日用陶器组合，模型明器与日用陶器组合四类。

一、日用陶器组合

共计48座墓葬。据组合结构不同分为四类。

甲类　6座。以鬲、盂、罐、豆为核心的组合。据鬲的型式不同分为两组。

A组　5座。以A型鬲为核心。据鬲的型式不同分为二亚组。

Aa组　2座。以Aa型鬲为核心。

鬲AaⅡ，盂，无耳罐AbⅠ。M05。

鬲AaⅡ，凹圜底盂AⅡ，无耳罐AaⅠ，豆乙AbⅠ。M205。

Ab组　3座。以Ab型鬲为核心。据鬲的型式不同分为二小组。

AbⅠ组　1座。鬲AbⅠ。

鬲A bⅠ，平底盂甲AⅠ，无耳罐AbⅡ，豆乙BaⅡ。M12。

AbⅡ组　2座。鬲A bⅡ。

鬲A bⅡ，凹圜底盂AⅡ，无耳罐Ac，豆甲BⅠ。M21。

鬲AbⅡ，凹圜底盂AⅡ，双桥耳罐甲Aa，豆乙AaⅡ。M26。

B组　1座。以B型鬲为核心。

鬲B，凹圜底盂B，无耳罐AaⅡ，豆乙BaⅡ。M19。

乙类　6座。以盂、罐、豆为核心的组合。因为盂的型式变化较敏感，故以盂作为核心线索，辅之以其他器类，据盂的类型不同分为两组。

A组　2组。凹圜底盂。据盂的型式不同分为二小组。

AⅠ组　1座。凹圜底盂AⅡ。

凹圜底盂AⅡ，罐，豆甲AⅡ。M25。

AⅡ组　1座。凹圜底盂AⅣ。

凹圜底盂AⅣ。M109。

B组　4座。平底盂。据盂的类型不同分为二亚组。

Ba组　3座。甲A平底盂。据盂的型式不同分为二小组。

BaⅠ组　2座。平底盂甲AⅡ。

平底盂甲AⅡ，双牛鼻耳罐甲BaⅡ，豆乙AaⅡ。M209。

平底盂甲AⅡ，双牛鼻耳罐甲AⅡ。M198。

BaⅡ组　1座。平底盂甲AⅢ。

平底盂甲AⅢ，罐。M152。

Bb组　1座。乙A平底盂。

平底盂乙AⅢ，罐，豆。M148。

丙类　24座。以盂、罐、釜为核心的组合。据器类组合结构不同分为四组。

A组　5座。盂、罐、豆、釜组合。据盂的类型不同分为三亚组。

Aa组　1座。平底盂甲A。

平底盂甲AⅡ，双牛鼻耳罐甲BaⅡ，豆乙AaⅡ，圜底釜甲AaⅡ。M172。

Ab组　3座。平底盂乙Ba。据盂、罐、釜等的型式不同分为三小组。

AbⅠ组　1座。平底盂乙BaⅡ，双牛鼻耳罐甲BaⅠ。

平底盂乙BaⅡ，双牛鼻耳罐甲BaⅠ，豆乙AaⅡ，圜底釜甲AaⅠ。M162。

AbⅡ组　1座。平底盂乙BaⅡ，双牛鼻耳罐甲BaⅡ。

平底盂乙BaⅡ，双牛鼻耳罐甲BaⅡ，双桥耳罐甲BbⅡ，豆乙BaⅡ，圜底釜甲AbⅡ。M200。

AbⅢ组　1座。平底盂乙BaⅢ。

平底盂乙BaⅢ，无耳罐BⅣ，豆乙AaⅡ，圜底釜甲AaⅢ。M91。

Ac组　1座。盂不明。

盂，双桥耳罐甲BbⅠ，豆乙BaⅡ，三足釜A。M59。

B组　11座。盂、罐、釜组合。在盂的类型不同分为六小组。

Ba组　1座。凹圜底盂。

凹圜底盂AⅢ，凹圜底盂C，双牛鼻耳罐，圜底釜甲AaⅡ。M164。

Bb组　4座。甲A平底盂。据盂的型式不同分为二小组。

BbⅠ组　3座。甲AⅡ平底盂。

平底盂甲AⅡ，双牛鼻耳罐甲BaⅡ，圜底釜甲AaⅡ。M150。

平底盂甲AⅡ，双牛鼻耳罐甲BaⅡ，圜底釜甲AaⅡ。M160。

平底盂甲AⅡ，双牛鼻耳罐甲BaⅡ，圜底釜甲BaⅡ。M189。

BbⅡ组　1座。甲AⅢ平底盂。

平底盂甲AⅢ，双桥耳罐甲Ba，圜底釜甲AaⅡ。M54。

Bc组　2座。乙A平底盂。据盂、罐、釜型式不同分二小组。

BcⅠ组　1座。

平底盂乙AⅠ，无耳罐BⅢ，圜底釜甲AaⅡ。M151。

BcⅡ组　1座。

平底盂乙AⅡ，无耳罐BⅣ，圜底釜甲AaⅢ。M157。

Bd组　1座。甲B平底盂。

平底盂甲B，双牛鼻耳罐甲BaⅡ，釜。M103。

Be组　2座。平乙Ba底盂。据盂的型式不同分二小组。

BeⅠ组　1座。乙BaⅢ平底盂。

平底盂乙BaⅢ，双牛鼻耳罐甲BaⅡ，圜底釜甲AaⅢ。M120。

BeⅡ组　1座。乙BaⅣ平底盂。

平底盂乙BaⅣ，双牛鼻耳罐甲BaⅡ，圜底釜甲AaⅢ。M123。

Bf组　1座。乙Bb平底盂。

平底盂乙BbⅠ，双牛鼻耳罐甲BaⅡ，圜底釜甲BaⅡ。M50。

C组　2座。盂、釜组合。盂的类型不同分二亚组。

Ca组　1座。A凹圜底盂。

凹圜底盂AⅢ，圜底釜甲AaⅡ，钵。M142。

Cb组　1座。乙Bb平底盂。

平底盂乙BbⅡ，圜底釜甲BaⅢ。M66。

D组　6座。罐、釜组合。据罐的类型不同分为三亚组。

Da组　3座。双牛鼻耳罐。

双牛鼻耳罐甲BaⅡ，圜底釜甲AaⅢ。M94。

双牛鼻耳罐甲BaⅡ，无耳罐C，圜底釜甲AaⅢ。M137。

双牛鼻耳罐，圜底釜甲AbⅡ。M126。

Db组　2座。无耳罐。据釜的型式变化分为二小组。

DbⅠ组　1座。圜底釜甲AaⅡ。

无耳罐C，圜底釜甲AaⅡ。M139。

DbⅡ式：1座。圜底釜甲AaⅢ。

无耳罐BⅣ，圜底釜甲AaⅢ。M117。

Dc组。1座。罐不明，甲C圜底釜。

罐，圜底釜甲CⅠ。M192。

丁类　10座。单类器组合。据器类不同分为两组。

A组　6座。双牛鼻耳罐。据罐的类型不同分为二亚组。

Aa组　3座。Ba双牛鼻耳罐。据型式不同分为二小组。

AaⅠ组　1座。

双牛鼻耳罐甲BaⅡ。M182。

AaⅡ组　2座。

双牛鼻耳罐甲BaⅢ。M82：

双牛鼻耳罐甲BaⅢ，双牛鼻耳罐甲BbⅣ。M104。

Ab组　3座。Bb双牛鼻耳罐。据型式不同分为三小组。

AbⅠ组　1座。

双牛鼻耳罐甲BbⅤ。M127。

AbⅡ组　1座。

双牛鼻耳罐甲BbⅥ，罐。M34。

AbⅢ组　1座。

双牛鼻耳罐甲BbⅦ。M47。

B组　4座。圜底釜。据釜的型式不同分为三亚组。

Ba组　2座。甲Aa圜底釜。据釜的型式不同分为二小组。

BaⅠ组　1座。

圜底釜甲AaⅢ。M149。

BaⅡ组　1座。

圜底釜甲AaⅣ。M67。

Bb组　1座。甲Ba圜底釜。

圜底釜甲BaⅠ。M49。

Bc组　1座。甲C圜底釜。

圜底釜甲CⅡ。M72。

戊类　2座。其他。据器类结构不同分为两组。

A组　1座。

无耳罐AaⅢ，豆乙Bb，豆丙。M16。

B组　1座。

双牛鼻耳罐甲BaⅡ，钵，另一器不明。M77。

二、仿铜陶礼器组合

4座。阎杆岭墓地单纯的仿铜陶礼器组合极少。据器类组合不同分为两组。

A组　2座。有鼎的组合。据鼎的类型不同分为二亚组。

Aa组　1座。甲Aa鼎。

鼎甲AaⅡ，敦AⅠ，圈足壶甲AaⅠ。M201。

Ab组　1座。乙B鼎。

鼎乙BⅠ，盒乙B，圈足壶甲AcⅢ。M177。

B组2座。无鼎的组合。据具体器类不同分为二亚组。

Ba组　1座。圈足壶乙A。

圈足壶乙AⅠ。M203。

Bb组　1座。盒、壶组合。

盒乙AaⅠ，假圈足壶甲A，另器不明。M188。

三、仿铜陶礼器与日用陶器组合

共55座。一般将无盖豆定性为日用陶器，而阎杆岭墓地仿铜陶礼器组合大量与无盖豆共出。据组合结构不同分为类。

甲类　11座。鼎、敦、壶为核心器类的组合。据鼎的类型不同分为四组。

A组　3座。甲Aa鼎。据鼎、敦的型式不同分为三小组。

AⅠ组　1座。鼎甲AaⅠ、敦AⅠ。

豆甲AⅠ，鼎甲AaⅠ，敦AⅠ，壶。M183。

AⅡ组　1座。鼎甲AaⅡ、敦AⅠ。

豆甲AⅡ，鼎甲AaⅡ，鼎甲Cb，敦AⅠ，圈足壶甲AaⅡ，盘，匜。M27。

AⅢ组　1座。鼎甲AaⅡ、敦AⅡ。

豆甲BⅠ、乙BaⅡ，鼎甲AaⅡ，敦AⅡ，圈足壶丙，杯，高柄杯，盘。M186。

B组　1座。鼎甲Ab。

无耳罐BⅢ，双牛鼻耳罐甲BaⅡ，双牛鼻耳罐甲BbⅡ，豆乙AbⅡ，鼎甲Ab，敦BⅢ，圈足壶甲Ag，杯，勺。M153。

C组　5座。鼎甲B。据鼎、敦的型式不同分为三小组。

CⅠ组　1座。鼎甲BⅠ。

豆乙BaⅡ，鼎甲BⅠ，敦。M04。

CⅡ组　1座。鼎甲BⅡ、敦AⅢ。

豆乙BaⅡ，鼎甲BⅡ，敦AⅢ，圈足壶甲AcⅠ，盘，匜。M32。

CⅢ组　3座。鼎甲BⅡ、敦AⅣ。

豆甲AⅢa，鼎甲BⅡ，敦AⅣ，平底壶乙。M11。

豆甲BⅠ，鼎甲BⅡ，敦AⅣ，圈足壶甲AcⅡ，盘，匜。M15。

豆乙Bb，鼎甲BⅡ，敦BⅡ，壶。M30。

D组　2座。鼎、敦、壶不明，豆甲B。

豆甲BⅡ，鼎，敦，壶，盘。M07。

豆甲BⅡ，鼎，敦，壶。M28。

乙类　2座。鼎、敦、盖豆、壶为核心器类的组合。

豆乙AaⅡ，鼎乙AⅠ，敦BⅠ，盖豆，圈足壶甲AbⅠ，圈足壶乙AⅡ，杯。M170。

罐，豆乙BaⅡ，鼎乙AⅠ、丙Ⅰ，敦，盖豆，圈足壶甲AbⅠ，甑，杯，盘，匜。M174。

丙类　1座。鼎、敦、盖豆、盒、壶为核心器类的组合。

豆乙AbⅠ，鼎乙AⅠ、丙Ⅰ，敦BⅠ，盖豆，盒乙AbⅠ，圈足壶甲AbⅠ，甑，杯，盘，匜。M195。

丁类　1座。鼎、盖豆、盒、壶为核心器类的组合。

双牛鼻耳罐甲AⅠ，罐，豆乙AaⅡ，鼎乙AⅡ，盒乙AbⅡ，盖豆，圈足壶甲Af，盘，甑，杯，勺。M88。

戊类　7座。鼎、盒、壶为核心器类的组合。据鼎的类型不同分为六组。

A组　1座。鼎甲Aa。

罐，豆乙AaⅠ，鼎甲AaⅠ，壶，杯，盘，勺等。M92。

B组　1座。鼎甲Ca。

单耳罐，甑，鼎甲Ca，盒乙AaⅠ，圈足壶甲AcⅠ。M181。

C组　2座。鼎乙A。据鼎的型式不同分为二小组。

CⅠ组　1座。鼎乙AⅠ。

罐，豆甲AⅢa、AⅢb，鼎乙AⅠ、丙Ⅰ，盒丙，圈足壶甲BaⅠ，杯，甑，盘，匜。M96。

CⅡ组　1座。鼎乙AⅡ。

豆甲BⅡ，豆乙AaⅡ、BaⅡ，鼎乙AⅡ、丙Ⅱ，盒乙AbⅡ，圈足壶甲BaⅡ，假圈足壶甲B，杯。M86。

D组　1座。鼎乙B。

双牛鼻耳罐甲BbⅡ，豆乙AaⅡ，鼎乙BⅢ，盒乙AaⅡ，圈足壶甲AbⅢ，假圈足壶甲A，杯，匜。M175。

E组　1座。鼎乙Ca。

双牛鼻耳罐甲BbⅢ，圜底釜甲AaⅢ，鼎乙CaⅠ，盒乙AaⅢ。M161。

F组　1座。仅盂复原。

平底盂乙AⅠ，罐，豆，鼎，盒，壶，盘，盆，勺等。M166。

己类　33座。以日用陶器为主，仿铜陶礼器不全的组合。据器类结构不同分为七组。

A组　2座。以鬲、盂、豆配壶的组合。据鬲的类型不同分为二亚型。

Aa组　1座。鬲Aa。

鬲AaⅠ，凹圜底盂AⅠ，豆乙BaⅠ，圈足壶乙BⅠ。M207。

Ab组　1座。鬲Ab。

鬲AbⅠ，凹圜底盂AⅡ，豆乙BaⅡ，圈足壶甲Ad。M03。

B组　3座。以凹圜底盂配釜、罐、豆、壶等的组合。据盂的型式不同分三小组。

BⅠ组　1座。凹圜底盂AⅡ。

凹圜底盂AⅡ，豆，三足釜B，圈足壶甲AaⅢ。M10。

BⅡ组　1座。凹圜底盂AⅢ。

凹圜底盂AⅢ，无耳罐BⅡ，圜底釜甲AaⅡ，平底壶丙A。M147。

BⅢ组　1座。凹圜底盂AⅣ。

凹圜底盂AⅣ，三足釜，壶。M63。

C组　11座。以平底盂配釜、壶（偶见鼎、豆、罐）为核心的组合。据盂的不同分为四亚组。

Ca组　2座。平底盂甲A。据盂的型式不同分为二小组。

CaⅠ组　1座。平底盂甲AⅡ。

平底盂甲AⅡ，圜底釜甲AbⅡ，壶。M185。

CaⅡ组　1座。平底盂甲AⅢ。

平底盂甲AⅢ，豆丙，圜底釜甲AaⅢ，假圈足壶乙Ba。M180。

Cb组　1座。平底盂甲B。

平底盂甲B，圜底釜甲AaⅡ，平底壶丙BaⅡ。M116。

Cc组　3座。平底盂乙A。据器类组合不同分为二小组。

CcⅠ组　1座。

平底盂乙AⅢ，圜底釜甲BaⅡ，圈足壶乙BⅡ。M135。

CcⅡ组　2座。

平底盂乙AⅢ，双桥耳罐甲BbⅢ，圜底釜甲AaⅢ，圈足壶乙BⅢ。M140。

平底盂乙AⅢ，釜，圈足壶甲AeⅢ，小壶。M178。

Cd组　5座。平底盂乙Ba。据盂的型式不同分为三小组。

CdⅠ组　1座。平底盂乙BaⅠ。

平底盂乙BaⅠ，双牛鼻耳罐乙，平底壶丙BaⅠ。M202。

CdⅡ组　3座。平底盂乙BaⅡ

平底盂乙BaⅡ，圜底釜甲AaⅡ，圈足壶甲AbⅡ。M133。

平底盂乙BaⅡ，豆甲BⅢ，圜底釜甲AaⅡ，圈足壶甲AcⅢ，平底壶丙Bb。M171。

平底盂乙BaⅡ，豆乙AaⅡ，豆丙，鼎乙BⅡ，圈足壶甲AeⅡ。M190。

CdⅢ组　1座。平底盂乙BaⅢ。

平底盂乙BaⅢ，鼎乙BⅣ，蒜头壶Ⅱ。M95。

D组　8座。以圜底釜配盒或壶为主的组合。据釜的类型不同分为四亚组。

Da组　4座。圜底釜甲Aa。据釜的型式不同分为三小组。

DaⅠ组　1座。圜底釜甲AaⅡ。

圜底釜甲AaⅡ，蒜头壶Ⅰ。M145。

DaⅡ组　2座。圜底釜甲AaⅢ。

圜底釜甲AaⅢ，平底壶丙BaⅢ。M75。

圜底釜甲AaⅢ，盒。M143。

DaⅢ组　1座。圜底釜甲AaⅣ。

圜底釜甲AaⅣ，假圈足壶乙A。M141。

Db组　1座。圜底釜甲Ab。

无耳罐BⅠ，豆甲BⅡ，豆乙AaⅡ，豆丙，圜底釜甲AbⅠ，盒乙AaⅡ。M196。

Dc组　1座。圜底釜甲Ba。

豆甲AⅢa，圜底釜甲Ba，盒甲AⅠ，圈足壶甲AeⅠ。M113。

De组　2座。圜底釜乙。据釜的型式不同分为二小组。

DeⅠ组　1座。圜底釜乙Ⅰ。

圜底釜乙Ⅰ，蒜头壶，盒甲BⅠ。M101。

DeⅡ组　1座。圜底釜乙Ⅱ。

圜底釜乙Ⅱ，凹圜底壶。M136。

E组　4座。双牛鼻耳罐配壶的组合。据双牛鼻耳罐的类型不同分为二亚组。

Ea组　1座。双牛鼻耳罐甲Ba。

双牛鼻耳罐甲BaⅡ，圈足壶乙AⅢ。M154。

Eb组　3座。双牛鼻耳罐甲Bb。据双牛鼻耳罐的型式不同分为三小组。

EbⅠ组　1座。双牛鼻耳罐甲BbⅠ。

双牛鼻耳罐甲BbⅠ，平底壶甲。M74。

EbⅡ组　1座。双牛鼻耳罐甲BbⅢ。

双牛鼻耳罐甲BbⅢ，鼎乙AⅢ，假圈足壶乙Bb。M110。

EbⅢ组　1座。双牛鼻耳罐甲BbⅥ。

双牛鼻耳罐甲BbⅥ，瓮，圈足壶丁Ⅳ。M35。

F组　2座。双桥耳罐配盒或壶的组合。据器类组合结构不同分为二亚组。

Fa组　1座。双桥耳罐配盒。

双桥耳罐甲Ab，盒乙AaⅡ。M31。

Fb组　1座。双桥耳罐配壶。

双桥耳罐乙，圈足壶甲AcⅢ。M179。

G组　3座。豆与仿铜陶礼器相配的组合。据器类组合结构不同分为三亚组。

Ga组　1座。

豆乙AaⅡ，鍪，壶。M132。

Gb组　1座。

豆乙Bb，鼎，壶。M29。

Gc组　1座。

豆，鼎，圈足壶甲BaⅡ，另有不明陶器。M87。

四、模型明器、仿铜陶器与日用陶器组合

10座。有仿铜陶礼器同出。因为此类墓葬多数被破坏，器类组合较为零乱。综合仿铜陶礼

器与模型明器，分为两组。

A组　7座。有鼎的组合。据鼎的类型不同分为三亚组。

Aa组　4座。鼎乙Ca。据鼎的形态不同分为四小组。

AaⅠ组　1座。鼎乙CaⅡ。

罐，釜，鼎乙CaⅡ，圈足壶丁Ⅰ，仓，灶，井。M173。

AaⅡ组　1座。鼎乙CaⅢ。

罐，瓮，平底釜B，鼎乙CaⅢ，圈足壶丁Ⅱ、丁Ⅲ，仓BⅡ，灶AbⅠ，灶Ba，井BⅠ，釜，甑，盆。M83。

AaⅢ组　1座。鼎乙CaⅣ。

双牛鼻耳罐，罐，双唇口罐，瓮，盆，鼎乙CaⅣ，圈足壶丁Ⅳ，小壶，仓AaⅠ，仓BⅢ，灶AbⅡ（附釜、甑），井AaⅠ，磨。M38。

AaⅣ组　1座。鼎乙CaⅤ、仓AaⅡ。

罐，瓮，鼎乙CaⅤ，圈足壶丁Ⅵ，仓AbⅠ，仓AbⅡ，灶BbⅠ，井AaⅡ，井Ab，磨，盆，甑。M98。

Ab组　1座。鼎乙Cb。

罐，瓮，鼎乙Cb，盒甲AⅡ、甲C，圈足壶丁Ⅴ，仓AbⅠ、AbⅡ，灶AaⅡ，灶Ca，井AaⅠ，盆，甑，釜。M194。

Ac组　2座。鼎不明。

双牛鼻耳罐甲BbⅥ，瓮，平底釜Aa，鼎，圈足壶甲Bb，仓BⅢ、BⅣ，灶AaⅢ，盆，甑。M124。

罐，瓮，奁，案，耳杯，鼎，仓AbⅡ，盆，甑，M100。

B组　3座。无鼎的组合，根据仓的类型不同分为二亚组。

Ba组　1座。仓Aa。

瓮，盒甲BⅡ，仓AaⅡ，灶，井BⅡ，盆，甑，五铢钱。M197。

Bb组　2座。仓Ab。根据仓的形态不同分为二小组。

BbⅠ组　1座。仓AbⅢ。

罐，瓮，盒甲AⅢ，仓AbⅢ，灶AaⅣ，盆，釜，甑。M122。

BbⅡ组　1座。仓AbⅣ。

罐，双唇口罐，樽，耳杯，盘，案，假圈足壶乙C，仓AbⅣ，井AaⅤ，M40。

五、模型明器与日用陶器组合

19座。少数墓葬因为破坏只存部分模型明器，亦归入此类组合。据器类结构分为两组。

A组　17座。器类较全的组合。综合双牛鼻耳罐与模型明器型式不同分为七小组。

AⅠ组　2座。双牛鼻耳罐甲BbⅤ、灶AaⅠ。

双牛鼻耳罐甲BbⅤ，瓮，仓BⅠ，灶AaⅠ，盆，甑。M184。

双牛鼻耳罐甲BbⅤ，瓮，仓，灶AaⅠ。M204。

AⅡ组　3座。双牛鼻耳罐甲BbⅥ、仓AbⅠ、灶AaⅢ。

双牛鼻耳罐甲BbⅥ，罐，瓮，鍪，仓AbⅠ，灶（附盆），五铢钱。M36。

双牛鼻耳罐甲BbⅥ，罐，瓮，仓BⅢ，灶AaⅢ。M107。

瓮，灶AaⅢ。M134。

AⅢ组　1座。仓AbⅡ。

仓AbⅡ。M102。

AⅣ组　3座。仓AbⅢ、井AaⅢ。

仓AbⅢ，盆，甑。M89。

罐，瓮，仓AbⅢ，灶Cb，井AaⅢ，盆，甑。M106。

罐，钵，仓AbⅢ，灶AbⅢ。M111。

AⅤ组　2座。双牛鼻耳罐甲BbⅦ、仓AbⅣ、灶AaⅣ、井AaⅣ。

双牛鼻耳罐甲BbⅦ，罐，仓AbⅣ，灶AaⅣ，井AaⅣ，盆，甑。M169。

灶AaⅣ，井AaⅣ，盆，甑，案，狗。M187。

AⅥ组　1座。双牛鼻耳罐甲BbⅧ、井AaⅤ。

双牛鼻耳罐甲BbⅧ，盂，罐，奁，耳杯，盘，仓AbⅣ，井AaⅤ，圈，磨，模型釜盆甑，猪，狗，鸡。M71。

AⅦ组　1座。灶AaⅤ、井AaⅥ。

双牛鼻耳罐，仓BⅤ，灶AaⅤ，M81。

罐，瓮，平底釜Ab，仓AbⅣ，灶AaⅤ（附盆），井AaⅥ，M76。

另外：

由于下面3座墓葬仅复原仓AbⅣ，而仓AbⅣ见于上述第Ⅴ、Ⅵ、Ⅶ小组，故其位置不确定。

仓AbⅣ。M44。

仓AbⅣ。M46。

罐，釜，耳杯，案，仓AbⅣ。M85。

B组　2座。仓Aa。据仓的型式不同分为二小组。

BⅠ组　1座。仓AaⅡ。

瓮，圜底釜甲Bb，仓AaⅡ。M163。

BⅡ组　1座。仓AaⅢ。

仓AaⅢ，灶BbⅡ。M128。

第四章　分期与年代

在第三章中，我们对阎杆岭墓地出土的主要陶器进行了类型学分析，在此基础上，结合器类的组成结构，将136座墓葬分为了日用陶器组合，仿铜陶礼器组合，仿铜陶礼器与日用陶器组合，模型明器、仿铜陶器与日用陶器组合，模型明器与日用陶器组合等五种组合形态。本章将利用这一分析结果进行墓地的分期与年代研究。

第一节　相 对 年 代

一、组合形态串联整合

第三章五种组合形态，根据器物型式链、器类组合链，可以整合为20组。

第一组

包括仿铜陶礼器与日用陶器组合的甲AⅠ组、戊A组，因为同出鼎甲AaⅠ而列为一组。

第二组

包括仿铜陶礼器组合Aa组，仿铜陶礼器与日用陶器组合的甲AⅡ组。因组合中鼎同为甲AaⅡ式，同时见甲AⅡ豆，故列为第二组，承接第一组。但本组两组合中的敦仍为第一组的AⅠ式。

第三组

包括仿铜陶礼器与日用陶器组合的己Aa组。

第四组

包括日用陶器组合甲Aa组。该组合的AaⅡ鬲、AⅡ凹圜底盂上承第三组的AaⅠ鬲、AⅠ凹圜底盂。

日用陶器组合甲AbⅠ组，仿铜陶礼器与日用陶器组合己Ab组。该组合的AbⅠ鬲为新出，但AⅡ凹圜底盂、乙BaⅡ豆上承第三组。

日用陶器组合乙AⅠ组，仿铜陶礼器与日用陶器组合己BⅠ组。组合中的AⅡ凹圜底盂上承第三组；仿铜陶礼器与日用陶器组合己BⅠ组还同出甲AaⅢ圈足壶，上承第二组。

仿铜陶礼器与日用陶器组合甲AⅢ组。本组合的鼎虽为第二组的甲AaⅡ式，但同出AⅡ敦及乙BaⅡ豆，AⅡ敦上承第二组的AⅠ敦，乙BaⅡ豆则上承第三组乙BaⅠ豆。故本组合与上述各组合并列为第四组。

仿铜陶礼器与日用陶器组合甲CⅠ组。本组合核心为甲BⅠ鼎，而甲BⅡ鼎见于第五组；同时组合中还见乙BaⅡ豆。故本组合列于第四组。

仿铜陶礼器合Ba组。此组合只见乙AⅠ式圈足壶，而乙AⅡ式圈足壶见于下面的第五组，故此组合列入第四组。

第五组

包括日用陶器组合甲AbⅡ组。组合中的核心器类AbⅡ鬲上承第四组，故虽出AⅡ凹圜底盂，仍列为第五组。

日用陶器组合甲B组。组合中有AaⅡ无耳罐，上承第四组；乙BaⅡ豆则见于第四组。

仿铜陶礼器与日用陶器组合甲CⅡ组。组合中甲BⅡ鼎、AⅢ敦上承第四组。

仿铜陶礼器与日用陶器组合乙类、丙类、戊CⅠ组。此类组合中的核心器类是乙AⅠ鼎，另有BⅠ敦。此类组合中的乙BaⅡ豆见于第四组及本组；乙AaⅡ豆见于本组日用陶器组合的甲AbⅡ组合；甲AⅢ豆上承第四组的甲AⅡ豆。故上述组合列入第五组。

仿铜陶礼器组合Bb组，仿铜陶礼器与日用陶器组合戊B组。两组合中均有乙AaⅠ盒，其中戊B组中有甲AcⅠ圈足壶，与仿铜陶礼器与日用陶器组合甲CⅡ组相同，故此类组合同列为第五组。

第六组

包括仿铜陶礼器与日用陶器组合甲CⅢ组。此组合所出甲BⅡ鼎虽见于第五组，但同出AⅣ敦、BⅡ敦、甲AcⅡ圈足壶的前期形态均见于第五组，故将此组合列入第六组。

仿铜陶礼器与日用陶器组合己Gb组。所出乙Bb豆见于上述甲CⅢ组合中，故列入第六组。

日用陶器组合戊A组。此组合的AaⅢ无耳罐上承第五组，同时乙Bb豆见于本组上述仿铜陶礼器与日用陶器组合甲CⅢ组，故列入第六组。

仿铜陶礼器与日用陶器组合丁组、戊CⅡ组。组合中的乙AⅡ鼎、乙AbⅡ盒、BaⅡ圈足壶甲、甲BⅡ豆上承第五组。

仿铜陶礼器与日用陶器组合甲D组。此组合仅甲BⅡ豆进入器类分析，上承第五组。

仿铜陶礼器与日用陶器组合己Db组。组合中的乙AaⅡ盒、甲BⅡ豆上承第五组。

仿铜陶礼器与日用陶器组合己Fa组。组合中的乙AaⅡ盒上承第五组。

仿铜陶礼器与日用陶器组合己Dc组。组合中的甲AⅢa豆见于本组的仿铜陶礼器与日用陶器组合甲CⅢ组合中。

仿铜陶礼器与日用陶器组合己Gc组。组合中唯一复原的甲BaⅡ圈足壶，见于本组仿铜陶礼器与日用陶器组合的戊CⅡ组合中。

仿铜陶礼器组合Ab组，仿铜陶礼器与日用陶器组合己Fb组。组合中出现乙BⅠ鼎、甲AcⅢ圈足壶，而乙BⅡ、乙BⅢ式鼎均在第七组中出现，虽然甲AcⅡ圈足壶流行于本组，但考鼎到乙BⅠ鼎与乙BⅡ鼎的形态变化要大于甲AcⅡ圈足壶与甲AcⅢ圈足壶之间的变化，故将这两个组合列入第六组。

日用陶器组合丁Bb组，仿铜陶礼器与日用陶器组合己CdⅠ组，仿铜陶礼器与日用陶器组合己EbⅠ组。上述各组合中，甲BaⅠ圜底釜、乙BaⅠ平底盂、丙BaⅠ平底壶、甲BbⅠ双牛鼻耳罐的后续形态集中出现于第七组，故上述组合列入第六组。

日用陶器组合丙AbⅠ组。此组合的乙BaⅡ平底盂虽集中于第八组，但考虑到同出甲AaⅠ圜底釜，故此组合列入第六组。

第七组

包括日用陶器组合乙BaⅠ组，丙Aa组、丙Ba组、丙BbⅠ组、丙BcⅠ组、丙Bd组、丙Bf组、丙Ca组、丙Da组的M126、丙DbⅠ组，丁AaⅠ组，戊B组；仿铜陶礼器与日用陶器组合己BⅡ组、己CaⅠ组、己Cb组、己DaⅠ组、己Ea组。上述各组合所出甲AⅡ双牛鼻耳罐、甲BaⅡ双牛鼻耳罐、甲AaⅡ圜底釜、甲AbⅡ圜底釜、甲BaⅡ圜底釜均上承第六组。

仿铜陶礼器与日用陶器组合甲B组。本组合所出甲BaⅡ、甲BbⅡ双牛鼻耳罐、BⅢ敦均上承第六组。

日用陶器组合丙AbⅡ组，仿铜陶礼器与日用陶器组合己CdⅡ组。组合中所出乙BaⅡ平底盂虽已在第六组中出现，但甲BaⅡ双牛鼻耳罐，甲AaⅡ圜底釜上承第六组，流行于第七组。

仿铜陶礼器与日用陶器组合戊DⅡ组。组合中有乙BⅢ鼎，虽然乙BⅠ鼎见于第六组，乙BⅡ鼎出现于本组，但组合中的甲BbⅡ双牛鼻耳罐集中于第六组，圈足壶甲AbⅢ上承第五组，同时此组合还出乙AaⅡ豆、乙AaⅡ盒。综合考量，此组合列入第七组。

仿铜陶礼器与日用陶器组合戊F组。此组合中唯乙AⅠ平底盂进入器类分析，乙AⅠ平底盂还见于本组日用陶器组合丙BcⅠ组合中。故此组合列入第七组。

第八组

包括日用陶器组合乙BaⅡ组，丙AbⅢ组、丙BcⅡ组、丙BeⅠ组、丙DbⅡ组，丁BaⅠ组；仿铜陶礼器与日用陶器组合戊E组，己CaⅡ组、己CdⅢ组、己DaⅡ组、己EbⅡ组。上述组合中所出甲AⅢ平底盂、乙AⅡ平底盂、乙BaⅢ平底盂、甲BbⅢ双牛鼻耳罐、甲AaⅢ圜底釜均上承第七组。

日用陶器组合乙AⅡ组，仿铜陶礼器与日用陶器组合己BⅢ组。组合中的AⅣ凹圜底盂上承第七组。

日用陶器组合丙BbⅡ组。虽然组合中的甲AaⅡ圜底釜集中于第七组，但甲AⅢ平底盂上承第七组，考虑到甲AⅢ平底盂的位置，将此组合列入第八组。

日用陶器组合丙Cb组。组合中的乙BbⅡ平底盂、甲BaⅢ圜底釜上承第七组。

日用陶器组合丙Da组。组合中的甲BaⅡ双牛鼻耳罐集中于第七组，但甲AaⅢ圜底釜上承第七组。故列入第八组。

仿铜陶礼器与日用陶器组合己CcⅠ组。组合中的甲BaⅡ圜底釜集中于第七组，但乙AⅢ平底盂流行于第九组，故列入第八组。

第九组

包括日用陶器组合乙Bb组。组合中的乙AⅢ平底盂上承第八组。

日用陶器组合丁AaⅡ组。组合中甲BaⅢ双牛鼻耳罐、甲BbⅣ双牛鼻耳罐上承第八组。

日用陶器组合丁BaⅠ组，仿铜陶礼器与日用陶器组合己DaⅢ组。组合中甲AaⅣ圜底釜上承第八组。

日用陶器组合丙BeⅡ组。组合中的甲BaⅡ双牛鼻耳罐见于第七、八两组，而甲AaⅢ圜底釜集中于第八组，但乙BaⅣ平底盂上承第八组，故列入第九组。

仿铜陶礼器与日用陶器组合己CcⅡ组。组合中的甲AaⅢ圜底釜集中于第八组，但乙AⅢ平底盂、圈乙BⅢ足壶上承第八组，故列入第九组。

第十组

包括日用陶器组合丁AbⅠ组，日用陶器与模型明器组合AⅠ组。组合中甲BbⅤ双牛鼻耳罐上承第九组，同时出五铢钱。

第十一组

包括仿铜陶礼器、日用陶器与模型明器组合AaⅠ组。该组合鼎为乙CaⅡ式，同出已出现仓、灶、井及五铢钱。

第十二组

包括仿铜陶礼器、日用陶器与模型明器组合AaⅢ组。组合中乙CaⅢ鼎、丁Ⅱ圈足壶上承第十一组；BⅡ仓上承第十组。

日用陶器组合丁AbⅡ组，日用陶器与模型明器组合AⅡ组的M36。组合中甲BbⅥ双牛鼻耳罐上承第十组。

第十三组

包括：

仿铜陶礼器与日用陶器组合己EbⅢ组，仿铜陶礼器、日用陶器与模型明器组合AaⅢ组。组合中的乙CaⅣ鼎、丁Ⅳ圈足壶、BⅢ仓、AbⅡ灶上承第十二组。出磨郭、剪轮五铢钱。

仿铜陶礼器、日用陶器与模型明器组合Ab组。组合中丁Ⅴ圈足壶虽较上述仿铜陶礼器、日用陶器与模型明器组合AaⅢ组的丁Ⅳ圈足壶晚，但AaⅠ井与上述AaⅢ组合相同，而且本组合还共出AbⅠ仓、AbⅡ仓。

第十四组

包括仿铜陶礼器、日用陶器与模型明器组合AaⅣ组。组合中乙CaⅤ鼎、丁Ⅵ圈足壶、AaⅡ井上承第十三组。

仿铜陶礼器、日用陶器与模型明器组合Ac组。组合中的甲BbⅥ双牛鼻耳罐出现于第十二组；BⅢ仓与BⅣ仓同出，BⅣ仓上承第十三组；AaⅢ灶上承第十三组。

仿铜陶礼器、日用陶器与模型明器组合Ba组。组合中AaⅡ仓上承第十三组；BⅡ井上承第十二组。

日用陶器与模型明器组合AⅡ组的M107。组合中的BⅢ仓及AaⅢ灶均见于本组仿铜陶礼器、日用陶器与模型明器组合Ac组中。

第十五组

包括日用陶器与模型明器组合AⅡ组的M134，AⅢ组，BⅠ组。上述各组合中的AaⅡ仓、AbⅡ仓、AaⅢ灶均集中于第十四组，但这几个组合都同出新莽货币。

日用陶器与模型明器组合BⅡ组。组合中的AaⅢ仓、BbⅡ灶上承第十四组。

仿铜陶礼器、日用陶器与模型明器组合BbⅠ组，日用陶器与模型明器组合AⅣ组。组合中的AbⅢ仓、AaⅣ灶、AaⅢ井上承第十四组；AbⅢ灶上承第十三组。

第十六组

包括日用陶器与模型明器组合AⅤ组。本组合中AaⅣ灶见于第十五组；AbⅣ仓、AaⅣ井上承第十五组。

日用陶器组合丁AbⅢ组。本组合中的甲BbⅦ双牛鼻耳罐，同见于本组日用陶器与模型明器组合AⅤ组合中。

第十七组

包括仿铜陶礼器、日用陶器与模型明器组合BbⅡ组，日用陶器与模型明器组合AⅥ组。组合中的AbⅣ仓见于第十六组；甲BbⅧ双牛鼻耳罐、AaⅤ井上承第十六组。

第十八组

包括日用陶器与模型明器组合AⅦ组。组合中的AbⅣ仓见于第十六、十七组；AaⅤ灶上承第十六组；AaⅥ井上承第十七组。

第十九组

包括M44、M46、M85。器物形态可辨者仅有AbⅣ仓，而AbⅣ仓见于上述第十六、十七、十八组中。故其位置只能大致设定在第十六组至第十八组之间。

第二十组

仿铜陶礼器与日用陶器组合己Ga组。此组合有乙AaⅡ豆，乙AaⅡ豆见于前述第五、六、七、八组中。考虑到此组合中有鍪，其位置大致应在第六至第八组之间。

二、各组合间形成的早晚关系链

前面我们根据器物型式链、器类组合链，将阎杆岭墓地的132座墓葬整合为20组。观察这20组器物，可以发现，除最后两组外，其余18组器物，相邻各组间一般都有部分器物的形态演变是前后相继的；还有一部分相邻器物组合间，共有个别同型式的器物。因此，这18组器物在时代上是早晚相继，环环相扣。由此，结合器物形态演变线索和器类组合结构变化，这20组器物形成了十六段连续发展的关系（图四八五～图四八八）。

第一段：包括第一组。

第二段：包括第二组和第三组。因为第四组器物中，部分承继于第二组，部分承继于第三组，而第二组与第三组两组的器物未发现前后承继关系。

第三段：包括第四组。

第四段：包括第五组。

第五段：包括第六组。

第六段：包括第七组。

第七段：包括第八组。

第二十组器物位于第五至第七段之间。

第八段：包括第九组。

第九段：包括第十组和第十一组。因为第十二组器物中，部分承继于第十组，部分承继于第十一组，而第十组与第十一组两组的器物未发现前后承继关系。

第十段：包括第十二组。

第十一段：包括第十三组。

第十二段：包括第十四组。

第十三段：包括第十五组。

第十四段：包括第十六组。

第十五段：包括第十七组。

第十六段：包括第十八组。

第十九组器物位于第十四段至第十六段之间。

第二节　绝对年代

一、分期与断代

在第一节中，我们将阎杆岭墓地132座墓葬归纳为16段连续发展的序列。在这个序列当中，有几个节点的时间点可以找到一些相对确定的线索。其中：

第四段开始有陶盒出现。就目前的考古发掘资料及学界认识，陶盒的出现一般在战国晚期。因此，阎杆岭墓地第四段的年代应不早于战国晚期。

第九段开始出现五铢钱，五铢钱始铸于西汉武帝元狩五年（前118年）。因此，阎杆岭墓地第九段的年代当不早于武帝元狩五年。

第十三段伴出新莽货币。因此，阎杆岭墓地第十三段的年代不应早于新莽时期。

第十五段见东汉五铢钱。同时，该段还出龙虎对峙铜镜一面，此类铜镜流行于东汉中晚期[①]。因此阎杆岭墓地第十五段的年代当不早于东汉中期。

根据在前面对阎杆岭墓地十六个发展阶段的认识，结合我们对其中若干节点的基本时间界定，阎杆岭墓地可以分为九期十六段。

第一期　包括第一至第三段。战国中期。分为早、中、晚三段。

第一段，战国中期早段。

① 杨平：《陕西出土汉镜研究》，《文博》1993年第5期。

第二段，战国中期中段。

第三段，战国中期晚段。

第二期　包括第四至第六段。战国晚期。分为早、中、晚三段。

第四段，战国晚期早段。

第五段，战国晚期中段。

第六段，战国晚期晚段。

第三期　第七段。秦代至西汉初。

第四期　第八段。西汉早期。

第五期　包括第九、十段。西汉中期。分为早、段两段。

第九段，西汉中期早段，约当武帝后期至昭帝。

第十段，西汉中期晚段，约当宣帝时期。

第六期　包括第十一、十二段。西汉晚期。分为早、段两段。

第十一段，西汉晚期早段。

第十二段，西汉晚期晚段。

第七期　第十三段。新莽时期至东汉初。

第八期　第十四段。东汉早期。

第九期　包括第十五、第十六段。东汉中期。分为早、晚两段。

第十五段，东汉中期早段。

第十六段，东汉中期晚段。

上述对阎杆岭墓地进行的分期与年代推断，大部分时段的结论也得到周邻地区考古材料的支持。

阎杆岭墓地第一段我们推定在战国中期早段中的M92所出AaⅠ式鼎与淅川长岭BbⅠ式鼎相近，但长岭无纹饰。其时代为战国中期早段[①]。M183所出AaⅠ式鼎与长沙楚墓M380所出DⅣ式鼎几乎完全相同，其时代定在战国中期晚段[②]。但原报告认为此鼎与江陵望山M2B型鼎及沙塚M1的B型鼎相同则有问题，望山及沙塚此类鼎皆深腹。

阎杆岭墓地第二段我们推定在战国中期中段。其中的AaⅡ式鼎与淅川长岭BbⅡ式鼎相近，时代定在战国中期晚段[③]；与丹凤古城M25所出AⅧ式鼎相近，时代定在战国中期。AaⅠ式圈足壶与丹凤古城M57所出壶相近，为AⅡ式，只是丹凤古城为圜底。时代定在战国中期[④]。阎杆岭墓地第二段所出AaⅠ式鬲与荆门罗坡岗BⅠ式鬲相近，其年代定在战国晚期早段[⑤]。与荆门子陵岗M15所出BⅢ式鬲相近，但子陵岗BⅢ式鬲无颈；与子陵岗M38所出BⅡ式鬲相近，但

① 河南省文物局：《淅川东沟长岭楚汉墓》，科学出版社，2011年。

② 湖南省博物馆等：《长沙楚墓》，文物出版社，2000年。

③ 河南省文物局：《淅川东沟长岭楚汉墓》，科学出版社，2011年。

④ 陕西省考古研究所等：《丹凤古城楚墓》，三秦出版社，2006年。

⑤ 湖北省文物考古研究所：《荆门罗坡岗与子陵岗》，科学出版社，2004年。

子陵岗鬲裆略上弧。两者时代均定在战国中期[①]。与《长沙楚墓》报告中AⅡ式鬲相似，但长沙楚墓的AⅡ式鬲足不削，时代定在战国早期后段[②]。与江陵九店BⅢ式鬲相似，但九店BⅢ式鬲足不削，时代定在战国中期晚段[③]。

阎杆岭墓地第三段我们推定在战国中期晚段。其中AaⅡ式鬲与江陵九店BⅤ式鬲相近，时代定在战国晚期早段[④]。AbⅠ式鬲与望山M1A型鬲相同，年代定在战国中期楚威王或怀王前期[⑤]。阎杆岭墓地第三段所出的AaⅠ式无耳罐，与荆门子陵岗M85所出AⅠ式罐相近，时代定在战国中期[⑥]。所出AbⅡ式无耳罐，与江陵雨台山M189所出Ⅲ式小壶相近，时代定在战国中期[⑦]。

阎杆岭墓地第四段至第六段我们推定在战国晚期。

第五段所出丙Ba型平底壶，略与宝鸡建河AⅢ式壶相近，时代为战国晚期[⑧]。所出BⅠ式无耳罐与西安尤家庄BⅡ式小口大罐相近，时代战国晚期前段[⑨]。

第六段所见BⅡ式无耳罐，与西安尤家庄BⅢ式小口大罐相近，时代为战国晚期后段[⑩]；与西安北郊BaⅠ、BaⅡ式小口罐相近，时代为战国晚期前段及后段[⑪]。所见BaⅡ、BbⅡ式双牛鼻耳罐，与南阳丰泰墓地AaⅡ式双耳罐相近，时代定在战国晚期中段[⑫]。所见甲Ab型鼎，与长沙楚墓DⅪ式鼎相近，时代战国晚期晚段[⑬]。

出现于第六段及第七段的C型无耳罐，与宝鸡建河CbⅤ式罐相近，年代为战国晚期[⑭]。

阎杆岭墓地第七段我们推定在秦代。其中BⅣ式无耳罐与西安北郊BaⅢ式小口罐相近，但是后者略瘦长，时代定在秦代[⑮]。

从战国晚期中段开始，一个重要变化，就是双牛鼻耳罐、乙B型盂、圜底釜的出现与流行。其中与乙类双牛鼻耳罐形态相近的遗存，常见于关中地区的秦墓中。如宝鸡建河墓地此类双耳罐，平底，与其中的EⅤ式较为接近，时代战国晚期[⑯]。华县东阳墓地有此类罐，为平底，其中Ⅲ式弧腹，平底，腹较深，时代为战国晚期至秦代[⑰]。陇县店子秦墓中亦有此类双耳罐，

---

① 荆门市博物馆：《荆门子陵岗》，文物出版社，2008年。
② 湖南省博物馆等：《长沙楚墓》，文物出版社，2000年。
③ 湖北省文物考古研究所：《江陵九店东周墓》，科学出版社，1995年。
④ 湖北省文物考古研究所：《江陵九店东周墓》，科学出版社，1995年。
⑤ 湖北省文物考古研究所：《汉陵望山沙塚楚墓》，文物出版社，1996年。
⑥ 荆门市博物馆：《荆门子陵岗》，文物出版社，2008年。
⑦ 湖北省荆州地区博物馆：《江陵雨台山楚墓》，文物出版社，1984年。
⑧ 陕西省考古研究所：《宝鸡建河墓地》，陕西科学技术出版社，2006年。
⑨ 陕西省考古研究院：《西安尤家庄秦墓》，陕西科学技术出版社，2008年。
⑩ 陕西省考古研究院：《西安尤家庄秦墓》，陕西科学技术出版社，2008年。
⑪ 陕西省考古研究所：《西安北郊秦墓》，三秦出版社，2006年。
⑫ 南阳市文物考古研究所等：《南阳丰泰墓地》，科学出版社，2011年。
⑬ 湖南省博物馆等：《长沙楚墓》，文物出版社，2000年。
⑭ 陕西省考古研究所：《宝鸡建河墓地》，陕西科学技术出版社，2006年。
⑮ 陕西省考古研究所：《西安北郊秦墓》，三秦出版社，2006年。
⑯ 陕西省考古研究所：《宝鸡建河墓地》，陕西科学技术出版社，2006年。
⑰ 陕西省考古研究所等：《华县东阳》，科学出版社，2006年。

其中M1、M9所出耳与口平齐，平底，斜腹，时代为秦代[①]。

乙B型盂这类遗存的年代，在《塔儿坡秦墓》[②]《西安南郊秦墓》[③]《西安北郊秦墓》等报告中，从战国晚期前段延续到秦代。

阎杆岭墓地第十段我们推定西汉中期晚段宣帝时期。其中乙CaⅢ鼎的足面装饰，与南阳丰泰墓地BⅦa鼎相同，其时代定在宣帝时期[④]。

阎杆岭墓地第十一段段我们推定在西汉晚期前段。中乙CaⅣ鼎的足面装饰，与南阳丰泰墓地BⅧa鼎相近似，其时代定在西汉晚期前段[⑤]。

阎杆岭墓地第十二段我们推定在西汉晚期晚段。其中乙CaⅤ鼎与南阳丰泰墓地BⅨ鼎相近，其时代定在西汉晚期晚段[⑥]。

据此，前述有关阎杆岭墓地的分期与年代推定，细节不免有可商榷之处，但整体脉络与结构则基本可以成立。

二、各期文化内涵

阎杆岭墓地纳入分期的墓葬共计132座。以前述分期为基础，将各期段流行的主要陶器列布如下（以有类型分析的陶器为主）。

第一期第一段

流行豆甲AⅠ、乙AaⅠ，鼎甲AaⅠ，敦AⅠ，壶。包括M92、M183 2座墓葬。

第一期第二段

流行鬲AaⅠ，凹圜底盂AⅠ，豆甲AⅡ、豆乙BaⅠ，鼎甲AaⅡ，鼎甲Cb，敦AⅠ，圈足壶甲AaⅠ、甲AaⅡ、乙BⅠ。包括M27、M201、M207 3座墓葬。

第一期第三段

流行鬲AaⅡ、鬲AbⅠ，凹圜底盂AⅡ，平底盂甲AⅠ，无耳罐AaⅠ、AbⅠ、AbⅡ，双桥耳罐甲BbⅠ，豆甲AⅡ、甲BⅠ、乙AbⅠ、乙BaⅡ，三足釜A、B，鼎甲AaⅡ、甲BⅠ，敦AⅡ，圈足壶甲AaⅢ、甲Ad、乙AⅠ、圈足壶丙，杯，高柄杯。包括M3、M4、M5、M10、M12、M25、M59、M186、M203、M205 10座墓葬。

第二期第四段

流行鬲A bⅡ、鬲B，凹圜底盂AⅡ、凹圜底盂B，无耳罐AaⅡ、Ac，双桥耳罐甲Aa，豆甲AⅢa、AⅢb、甲BⅠ、乙AaⅡ、乙AbⅠ、乙BaⅡ，鼎甲BⅡ、甲Ca、乙AⅠ、丙Ⅰ，敦AⅢ、

---

① 陕西省考古研究所：《陇县店子秦墓》，三秦出版社，1998年。

② 湖南省博物馆等：《长沙楚墓》，文物出版社，2000年。

③ 西安市文物保护考古所：《西安南郊秦墓》，陕西人民出版社，2004年。

④ 南阳市文物考古研究所等：《南阳丰泰墓地》，科学出版社，2011年。

⑤ 南阳市文物考古研究所等：《南阳丰泰墓地》，科学出版社，2011年。

⑥ 南阳市文物考古研究所等：《南阳丰泰墓地》，科学出版社，2011年。

BⅠ，盖豆，盒乙AaⅠ、乙AbⅠ、盒丙，圈足壶甲AbⅠ、甲AcⅠ、甲BaⅠ、乙AⅡ，假圈足壶甲A。包括M19、M21、M26、M32、M96、M170、M174、M181、M188、M195 10座墓葬。

第二期第五段

流行平底盂乙BaⅠ、乙BaⅡ，无耳罐AaⅢ、BⅠ，双牛鼻耳罐甲AⅠ、甲BaⅠ、甲BbⅠ，双牛鼻耳罐乙，双桥耳罐甲Ab，豆甲AⅢa、甲BⅠ、甲BⅡ、乙AaⅡ、乙BaⅡ、乙Bb、豆丙，圜底釜甲AaⅠ、甲AbⅠ、甲AeⅠ、甲BaⅠ，鼎甲BⅡ、鼎乙AⅡ、乙BⅠ、丙Ⅱ，敦AⅣ、BⅡ，盒甲AⅠ、乙AaⅡ、乙AbⅡ、乙B，盖豆，圈足壶甲AcⅡ、甲AcⅢ、甲AeⅠ、甲BaⅡ，假圈足壶甲B，平底壶乙、丙BaⅠ。包括M7、M11、M15、M16、M28、M29、M30、M31、M49、M74、M86、M87、M88、M113、M162、M177、M179、M196、M202 19座墓葬。

第二期第六段

流行凹圜底盂AⅢ，凹圜底盂C，平底盂甲AⅡ、甲B、乙AⅠ、乙BaⅡ、乙BbⅠ，无耳罐BⅡ、BⅢ，无耳罐C，双牛鼻耳罐甲AⅡ、甲BaⅡ、甲BbⅡ，双桥耳罐甲BbⅡ，豆甲BⅢ、乙AaⅡ、乙AbⅡ、乙BaⅡ、豆丙，圜底釜甲AaⅡ、甲AbⅡ、BaⅡ，鼎甲Ab、乙BⅡ、乙BⅢ，敦BⅢ，盒乙AaⅡ，圈足壶甲AbⅡ、甲AbⅢ、甲AeⅡ、甲Ag、乙AⅢ，假圈足壶甲A，平底壶丙A、丙BaⅡ、丙Bb，蒜头壶Ⅰ。包括M50、M77、M103、M116、M126、M133、M139、M142、M145、M147、M150、M151、M153、M154、M160、M164、M166、M171、M172、M175、M182、M185、M189、M190、M198、M200、M209 27座墓葬。

第三期第七段

流行凹圜底盂AⅣ，平底盂甲AⅢ、乙AⅡ、乙AⅢ、乙BaⅢ、乙BbⅡ，无耳罐BⅣ、无耳罐C，双牛鼻耳罐甲BaⅡ、甲BbⅢ，双桥耳罐甲Ba，豆乙AaⅡ、豆丙，圜底釜甲AaⅡ、甲AaⅢ、甲BaⅡ、甲BaⅢ，鼎乙AⅢ、乙BⅣ、乙CaⅠ，盒乙AaⅢ，圈足壶乙BⅡ，假圈足壶乙Ba、乙Bb，平底壶丙BaⅢ，蒜头壶Ⅱ。包括M54、M63、M66、M72、M75、M91、M94、M95、M101、M109、M110、M117、M120、M135、M136、M137、M143、M149、M152、M157、M161、M180、M192 23座墓葬。

另外，M132的时代介于第五段至第七段之间。

第四期第八段

流行平底盂乙AⅢ、乙BaⅣ，双牛鼻耳罐甲BaⅡ、甲BaⅢ、甲BbⅣ，双桥耳罐甲BbⅢ，圜底釜甲AaⅢ、圜底釜甲AaⅣ，圈足壶甲AeⅢ、乙BⅢ，假圈足壶乙A。包括M67、M82、M104、M123、M140、M141、M148、M178 8座墓葬。

第五期第九段

流行双牛鼻耳罐甲BbⅤ，瓮，鼎乙CaⅡ，圈足壶丁Ⅰ，仓BⅠ，灶AaⅠ。包括M127、M173、M184、M204 4座墓葬。

第五期第十段

流行双牛鼻耳罐甲BbⅥ，罐，瓮，平底釜B，鼎乙CaⅢ，圈足壶丁Ⅱ、丁Ⅲ，仓AbⅠ、

BⅡ，灶AbⅠ、Ba，井BⅠ。包括M34、M36、M83 3座墓葬。

第六期第十一段

流行双唇口罐，双牛鼻耳罐甲BbⅥ，瓮，鼎乙CaⅣ、乙Cb，盒甲AⅡ、甲C，圈足壶丁Ⅳ、丁Ⅴ，小壶，仓AaⅠ、AbⅠ、AbⅡ，仓BⅢ，灶AaⅡ、AbⅡ、Ca，井AaⅠ，磨。包括M35、M38、M194 3座墓葬。

第六期第十二段

流行双牛鼻耳罐甲BbⅥ，罐，瓮，平底釜Aa，鼎乙CaⅤ，圈足壶丁Ⅵ，仓AaⅡ、AbⅠ、AbⅡ、BⅢ、BⅣ，灶AaⅢ、BbⅠ，井AaⅡ、Ab、 BⅡ。包括M98、M100、M107、M124、M197 5座墓葬。

第七期第十三段

流行罐，瓮，圜底釜甲Bb，盒甲AⅢ，仓AaⅡ、AaⅢ、AbⅡ、AbⅢ，灶AaⅢ、AaⅣ、AbⅢ、BbⅡ、Cb，井AaⅢ。包括M71、M89、M102、M106、M111、M122、M128、M134、M163 9座墓葬。

第八期第十四段

流行罐，双牛鼻耳罐甲BbⅦ，仓AbⅣ，灶AaⅣ，井AaⅣ。包括M47、M169、M187 3座墓葬。

第九期第十五段

流行罐，双牛鼻耳罐甲BbⅧ，双唇口罐，假圈足壶乙C，仓AbⅣ，井AaⅤ。包括M40。

第九期第十六段

流行罐，瓮，平底釜Ab，仓AbⅣ、BⅤ，灶AaⅤ，井AaⅥ。包括M76、M81 2座墓葬。

另外，M44、M46、M85等3座墓葬的年代介于第十四段至第十六段之间。

除了以上墓葬可归入各期段外，还有一批墓葬无法根据陶器类型学的方法将其归入某一期段。但是根据墓葬形制、填土以及在发掘中观察到的无法修复的陶器特征，可将这批墓葬的时代大体推定。

属于战国中期的墓葬有M1、M6、M8、M18、M24、M33、M37、M39。

属于战国晚期至汉代初期的墓葬有M41、M43、M52、M56、M57、M60、M62、M65、M68、M70、M78、M79、M80。

属于汉时期的墓葬有M2、M13、M14、M17、M20、M/22、M23、M42、M45、M48、M51、M53、M55、M58、M61、M64、M69、M73、M84、M90（M97）、M93、M99、M105、M108、M112、M114、M118、M119、M121、M125、M129、M130、M131、M138、M144、M146、M155、M156、M158、M159、M165、M167、M168、M176、M191、M193、M199。

时代不明的墓葬有M9。

		第一期			第二期			第三期
		一段	二段	三段	四段	五段	六段	七段
鬲			AaⅠM207:4	AaⅡM5:3 AbⅠM12:1	AbⅡM21:1			
盂	凹圜底盂			AⅡM10:3			AⅢM164:4	AⅣM63:4
	平底盂			甲AⅠM12:2		乙BaⅠM202:2	甲AⅡM160:2 乙AⅠM166:1 乙BaⅡM162:4	甲AⅢM54:2 乙AⅡM157:2 乙BaⅢM95:3
罐	无耳罐			AaⅠM205:2 AbⅠM5:2　AbⅡM12:4	AaⅡM19:1	AaⅢM16:3 BⅠM196:1	BⅡM147:1　BⅢM151:3	
	双牛鼻耳罐					甲AⅠM88:11 甲BaⅠM162:1 甲BbⅠM74:2	甲AⅡM198:3 甲BaⅡM200:2 甲BbⅡM153:2	甲BbⅢM110:2

图四八五　淅川阎杆岭墓地

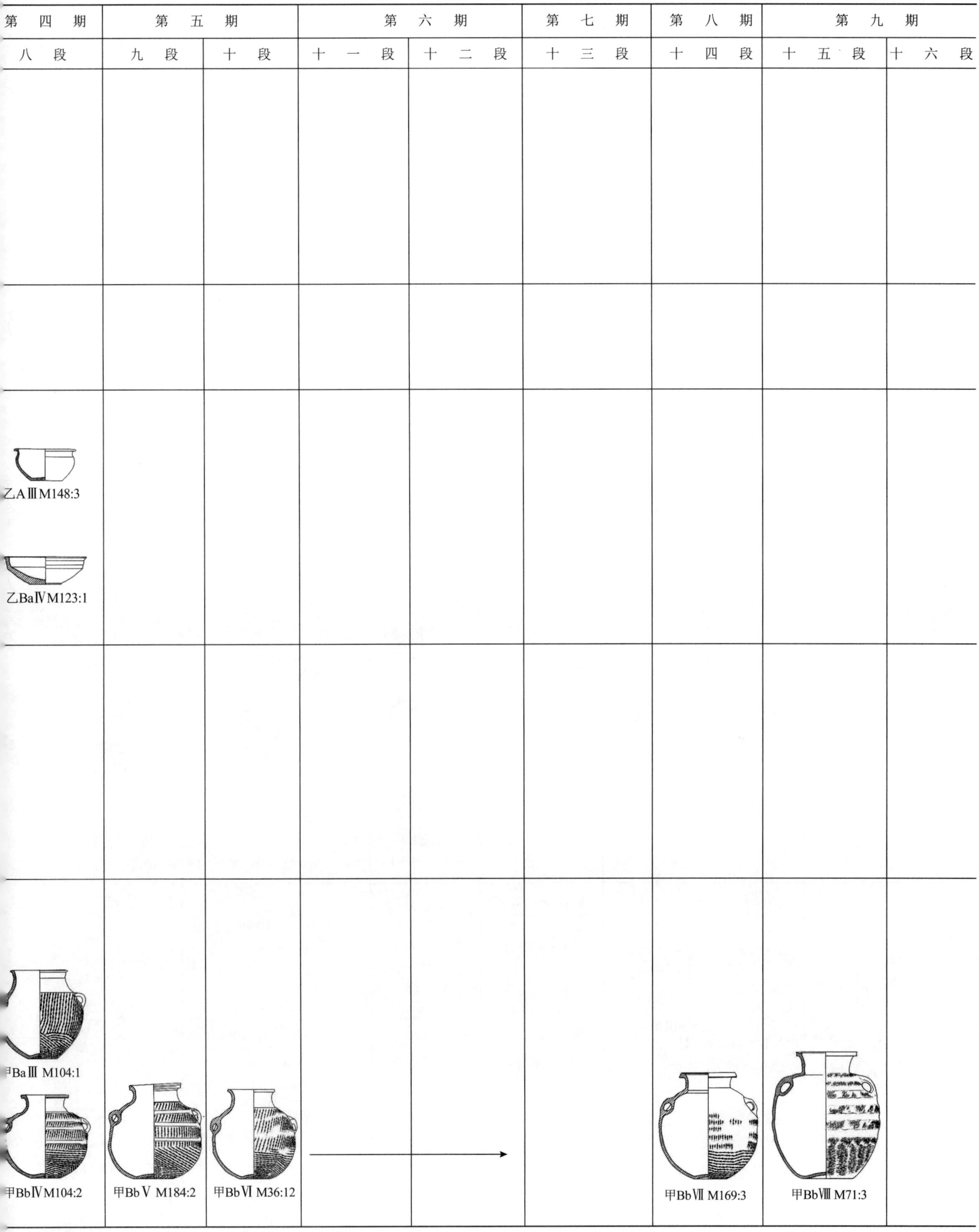

第四期	第五期		第六期		第七期	第八期	第九期	
八段	九段	十段	十一段	十二段	十三段	十四段	十五段	十六段
乙AⅢM148:3 乙BaⅣM123:1								
甲BaⅢ M104:1 甲BbⅣM104:2	甲BbⅤ M184:2	甲BbⅥ M36:12				甲BbⅦ M169:3	甲BbⅧ M71:3	

主要陶器分期图（一）

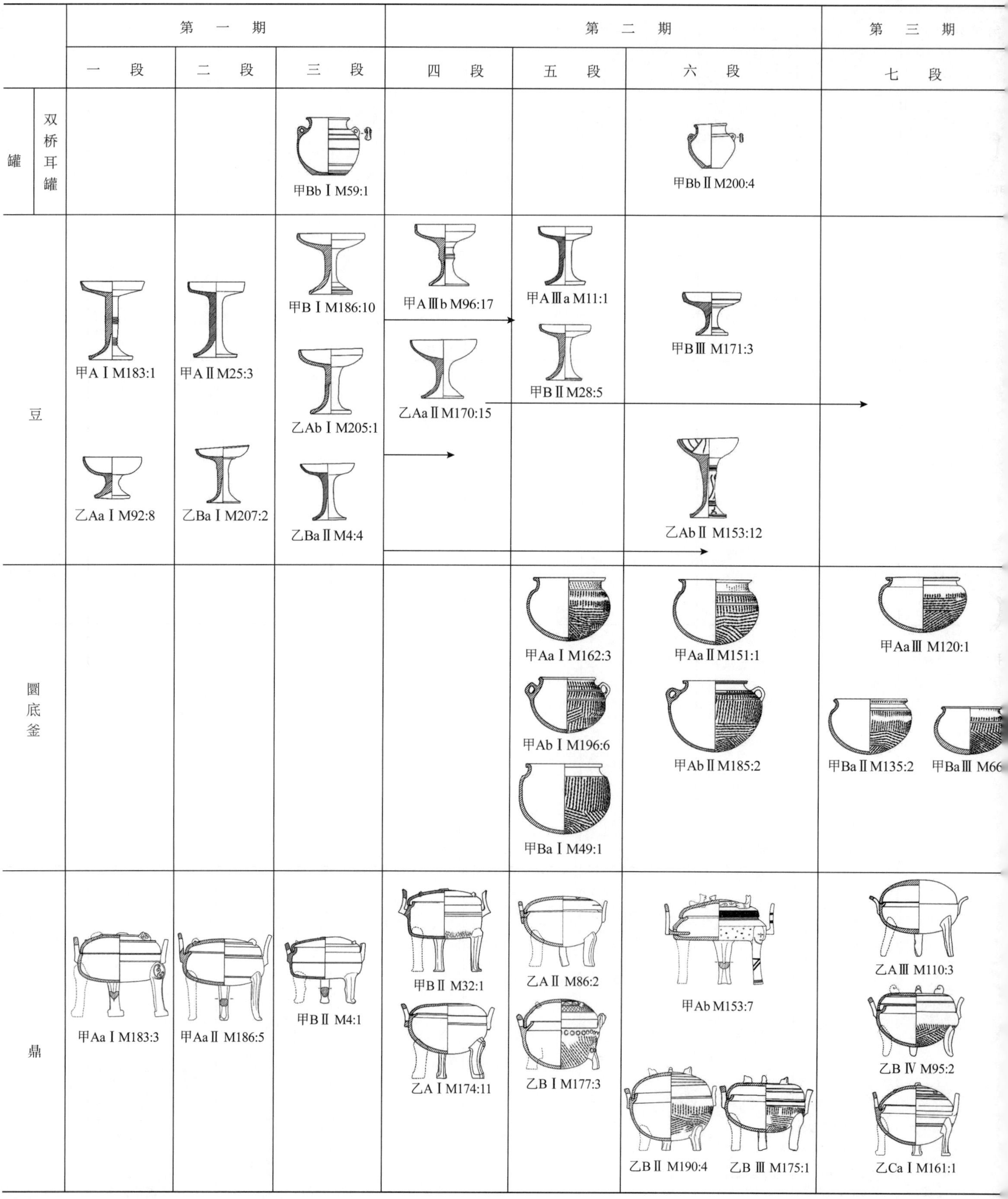

		第一期			第二期			第三期
		一段	二段	三段	四段	五段	六段	七段
罐	双桥耳罐			甲BbⅠM59:1			甲BbⅡM200:4	
豆		甲AⅠM183:1 乙AaⅠM92:8	甲AⅡM25:3 乙BaⅠM207:2	甲BⅠM186:10 乙AbⅠM205:1 乙BaⅡM4:4	甲AⅢbM96:17 乙AaⅡM170:15	甲AⅢaM11:1 甲BⅡM28:5	甲BⅢM171:3 乙AbⅡM153:12	
圜底釜						甲AaⅠM162:3 甲AbⅠM196:6 甲BaⅠM49:1	甲AaⅡM151:1 甲AbⅡM185:2	甲AaⅢM120:1 甲BaⅡM135:2 甲BaⅢM66
鼎		甲AaⅠM183:3	甲AaⅡM186:5	甲BⅡM4:1	甲BⅡM32:1 乙AⅠM174:11	乙AⅡM86:2 乙BⅠM177:3	甲AbM153:7 乙BⅡM190:4 乙BⅢM175:1	乙AⅢM110:3 乙BⅣM95:2 乙CaⅠM161:1

图四八六　淅川阎杆岭墓地

第四期	第五期		第六期		第七期	第八期	第九期	
八段	九段	十段	十一段	十二段	十三段	十四段	十五段	十六段
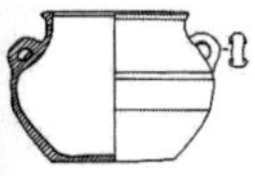 甲BbⅢ M140:10								
 甲AaⅣ M141:3								
	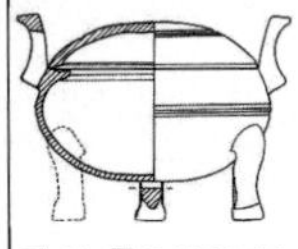 乙CaⅡ M173:15	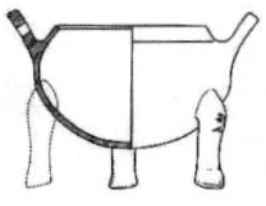 乙CaⅢ M83:77	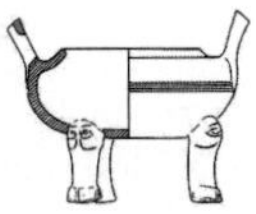 乙CaⅣ M38:48	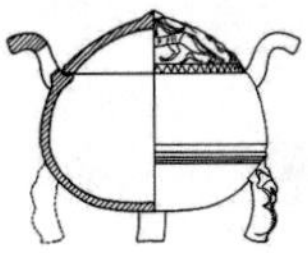 乙CaⅤ M98:7				

主要陶器分期图（二）

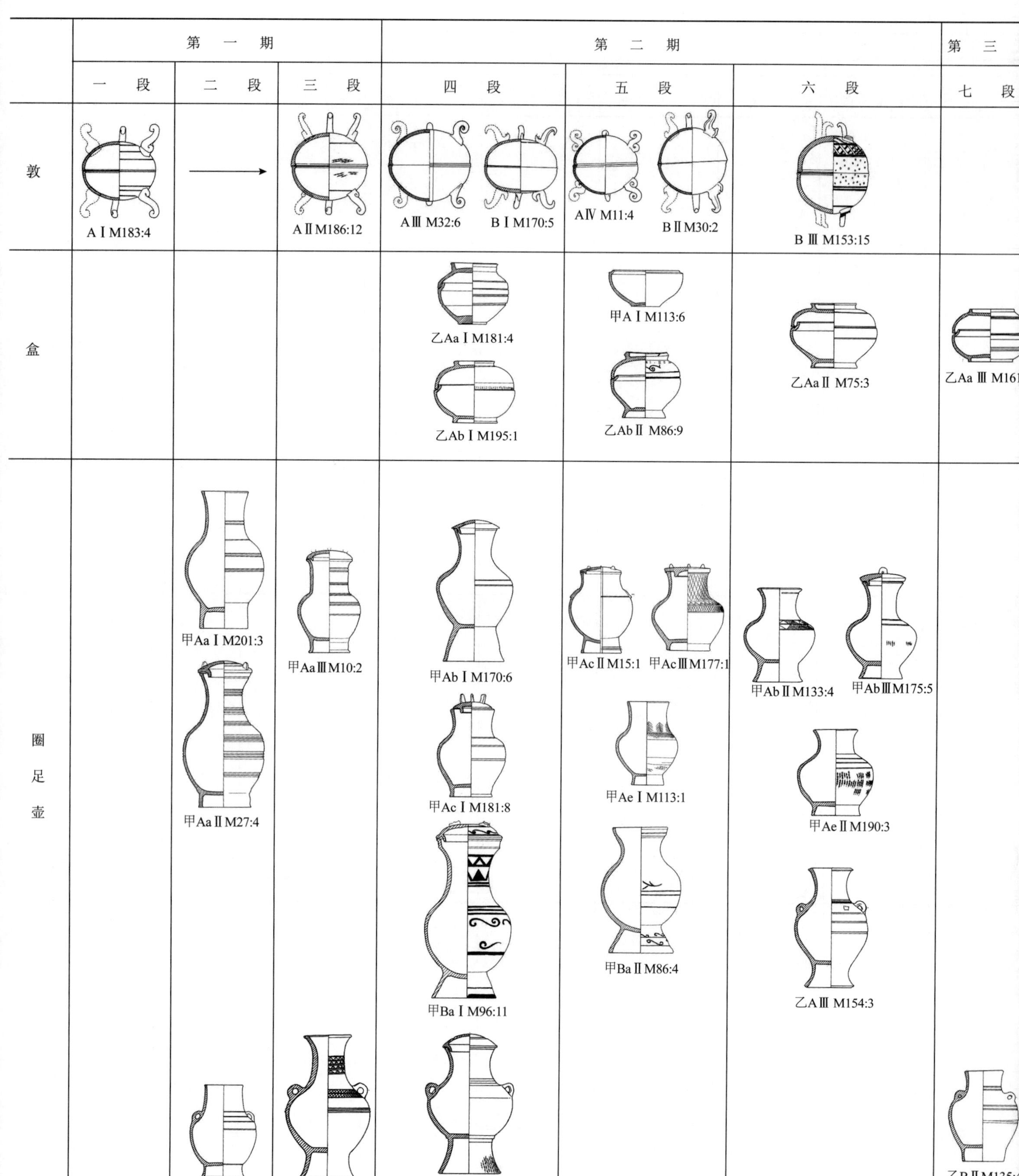

图四八七　淅川阎杆岭墓地

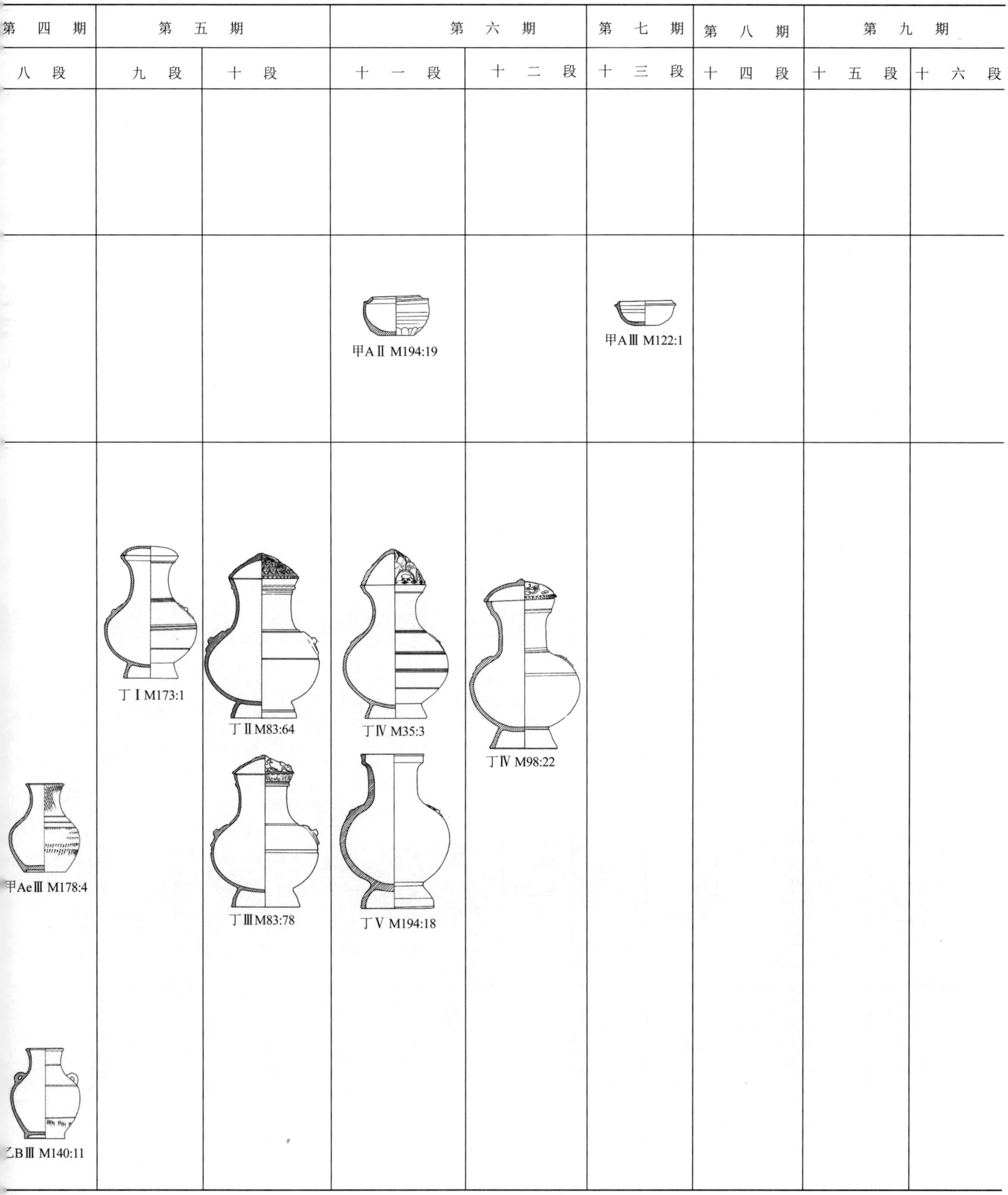

第四期	第五期		第六期		第七期	第八期	第九期	
八段	九段	十段	十一段	十二段	十三段	十四段	十五段	十六段
			甲AⅡ M194:19		甲AⅢ M122:1			
甲AeⅢ M178:4 乙BⅢ M140:11	丁Ⅰ M173:1	丁Ⅱ M83:64 丁Ⅲ M83:78	丁Ⅳ M35:3 丁Ⅴ M194:18	丁Ⅳ M98:22				

主要陶器分期图（三）

	第一期			第二期			第三期	第四期	第五期	
	一段	二段	三段	四段	五段	六段	七段	八段	九段	十段
仓									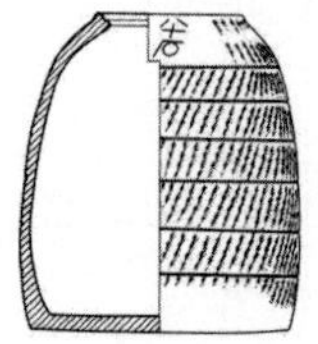 BⅠM184:9	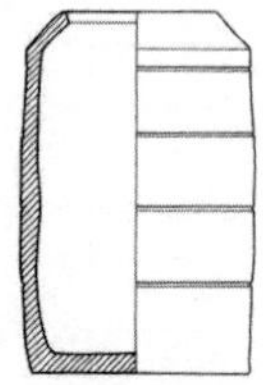 AbⅠM36:2 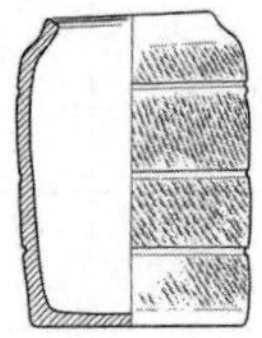 BⅡM83:57
灶									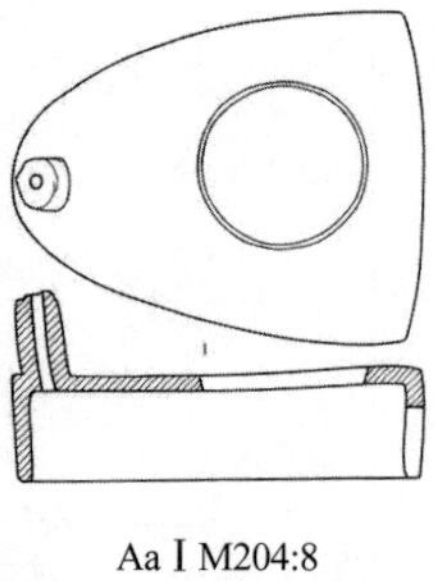 AaⅠM204:8	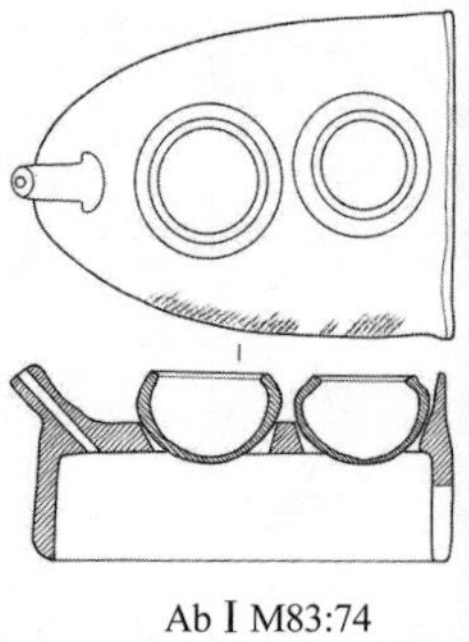 AbⅠM83:74
井										

图四八八　淅川阎杆岭墓地

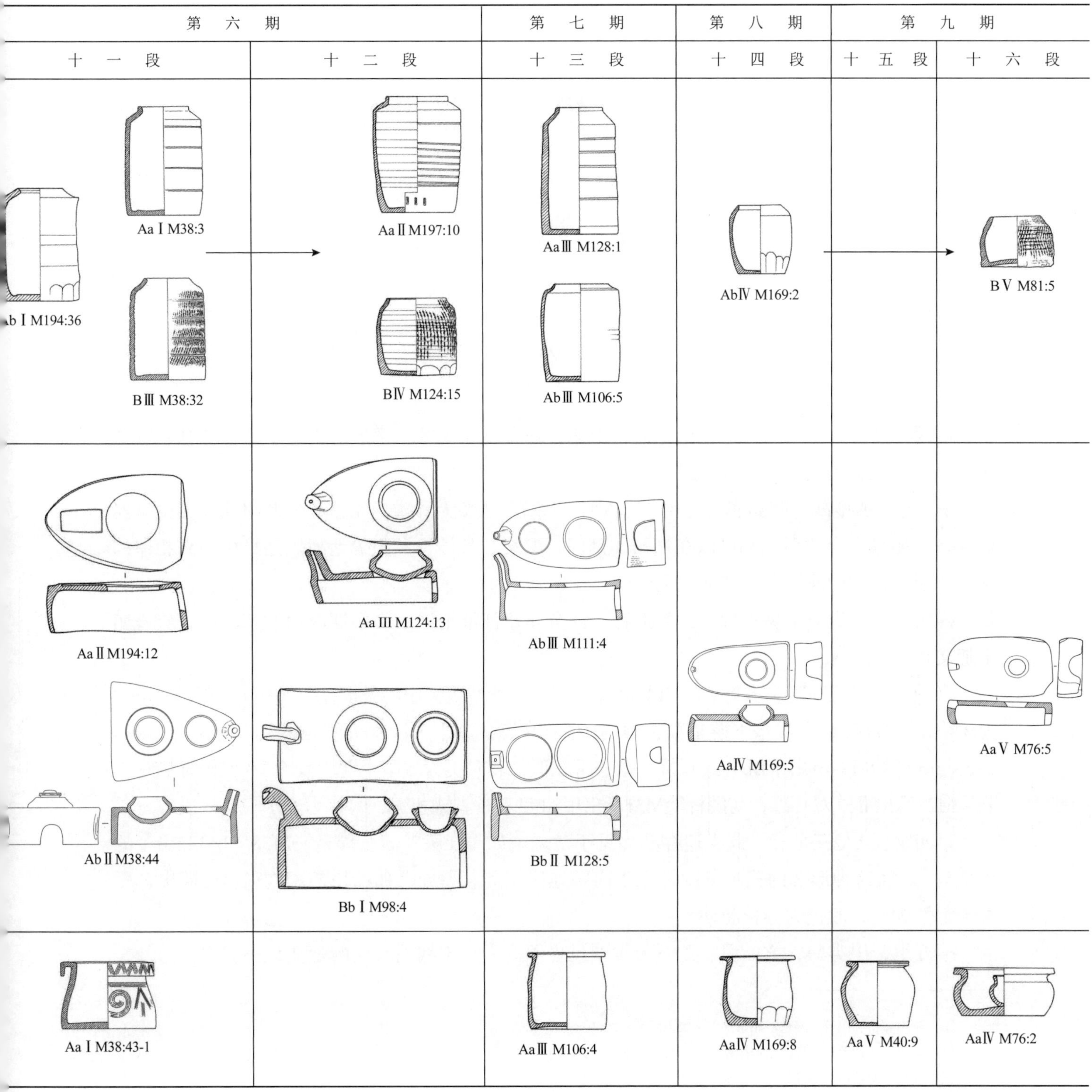

第六期		第七期	第八期	第九期	
十一段	十二段	十三段	十四段	十五段	十六段
b Ⅰ M194:36 Aa Ⅰ M38:3 B Ⅲ M38:32	Aa Ⅱ M197:10 B Ⅳ M124:15	Aa Ⅲ M128:1 Ab Ⅲ M106:5	Ab Ⅳ M169:2		B Ⅴ M81:5
Aa Ⅱ M194:12 Ab Ⅱ M38:44	Aa Ⅲ M124:13 Bb Ⅰ M98:4	Ab Ⅲ M111:4 Bb Ⅱ M128:5	Aa Ⅳ M169:5		Aa Ⅴ M76:5
Aa Ⅰ M38:43-1		Aa Ⅲ M106:4	Aa Ⅳ M169:8	Aa Ⅴ M40:9	Aa Ⅳ M76:2

要陶器分期图（四）

第五章　相关问题研究

第一节　文 化 内 涵

一、文 化 结 构

阎杆岭墓地出土的陶器，无论是器物形态，还是组合关系，都展现出一定的复杂性，其文化渊源可辨识者大致可以分为十组。

第一组，A型鬲，凹圜底盂，甲、乙A型平底盂，A型无耳罐，无盖豆。此组遗物无论是器物形态，还是组合关系，都可以在荆州、荆门、襄樊、长沙、益阳等地战国楚墓中找到相似的遗存。因此，它们属于典型楚文化无疑。

第二组，甲类双牛鼻耳罐。此类遗存广泛分布于江淮地区战国中期以后的墓葬中，应该属于楚文化。

第三组，双桥耳罐。多见于战国楚墓中。如《长沙楚墓》中的罍形器[①]，《益阳楚墓》中列为B型罍的遗存[②]，《沅水下游楚墓》中的B型双耳罐。其中《沅水下游楚墓》中的BⅠ式双耳罐，与阎杆岭M59所出甲BbⅡ式双桥耳罐非常相似，其时代为战国中期后段[③]。《江陵九店东周墓》M28所出Ⅱ式双耳罐，与阎杆岭M31所出甲Ab型双桥耳罐相近，时代为战国晚期早段[④]。

第四组，A型三足釜。此类遗存亦多见于楚墓。如《江陵九店东周墓》M38、M482出土的异型鼎[⑤]。而这种形态的三足釜则常见于南阳地区东周墓葬中，如淅川刘家沟口M13即出，原报告定性为鼎，时代为春秋晚期[⑥]。

第五组，甲类鼎，敦，甲、乙、丙类圈足壶等。常见于战国时期的楚文化墓葬中。另外，

① 湖南省博物馆等：《长沙楚墓》，文物出版社，2000年。

② 益阳市文物管理处等：《益阳楚墓》，文物出版社，2008年。

③ 湖南省常德市文物局等：《沅水下游楚墓》，文物出版社，2010年。

④ 湖北省文物考古研究所：《江陵九店东周墓》，科学出版社，1995年。

⑤ 湖北省文物考古研究所：《江陵九店东周墓》，科学出版社，1995年。

⑥ 河南省文物局：《淅川刘家沟口墓地》，科学出版社，2011年。

与乙A、乙B型鼎相近的遗存，在陕西丹凤古城村楚墓中有所发现。如阎杆岭乙A型鼎，与丹凤古城AⅤ、AⅥ式鼎相似，其时代为战国中期偏早；乙BⅡ、Ⅲ式鼎，与丹凤古城BⅡ、Ⅲ式鼎相似，但其时代为春秋晚期偏早[①]。因此，此类遗存或属楚文化的地方类型。

第六组，B型三足釜。此类遗存集中发现于以新郑为中心的区域，年代从战国早期至战国晚期。应该属于韩文化。

第七组，乙B型平底盂，B型、C型无耳罐，乙类双牛鼻耳罐，单耳罐，圜底釜，鍪，蒜头壶。此类遗存，主要见于关中战国中期以后的墓葬中（圜底釜出现的年代更早），属于秦文化。其中《陇县店子秦墓》的圜底釜出现于战国早期，折腹盂属秦代[②]。《西安北郊秦墓》折腹盂出现于最早一期即战国晚期早段，圜底釜出现于秦代[③]。《宝鸡建河墓地》折腹盂出现于最早一期即战国晚期早段。《西安尤家庄秦墓》折腹盂出现于最早一期即战国中期晚段至战国晚期早段[④]。

第八组，陶盒。阎杆岭墓地陶盒的数量不多，但形态多样。楚文化墓葬中陶盒出现的时间相对略晚，阎杆岭墓地所出陶盒的形态，就目前资料来看，多与关中秦文化同类遗存相类似。如甲BⅠ式盒与《西安南郊秦墓》Ca型盒相似[⑤]。乙AaⅠ式盒与《西安尤家庄秦墓》Ba型盒相似[⑥]；M181所出乙AaⅠ式盒与《西安北郊秦墓》01文景M21所出AcⅢ式盒基本相同[⑦]。因此，阎杆岭墓地早期的盒，大约是在秦文化影响下形成，甲A、乙Ab、乙B、丙类盒或者具有自身特征。

第九组，乙Ca型鼎、丁类圈足壶。其中乙Ca鼎应该是在南阳汉代考古学文化影响下的产物，而丁类圈足壶的主体应该是南阳本地汉代考古学文化的影响，但其中丁Ⅲ式壶器盖上的模印纹饰，则有关中汉代陶壶纹饰的风格。

第十组，仓、灶、井等。仓、灶、井这类模型明器，中原一带出现都比较晚，如在洛阳、南阳等地，都出现在西汉晚期，而在关中一带，仓、灶产生颇早。阎杆岭墓地仓、灶出现于西汉中期前段，井则出现于西汉中期后段，其中马蹄形灶明显是受关中汉文代的影响，而仓、井等遗存的形态则与南阳西汉晚期同类器相似，两者之间的关系目前尚不明瞭。

二、文化演进

淅川是关中经武关道到达南襄盆地，并进抵江汉平原的必经之地。阎杆岭墓地位于丹江南岸，正处在这条交通要道上，战国时期的楚、秦乃至中原文化都对本地文化的形成产生一定的

① 陕西省考古研究所等：《丹凤古城楚墓》，三秦出版社，2006年。

② 陕西省考古研究所：《陇县店子秦墓》，三秦出版社，1998年。

③ 陕西省考古研究所：《西安北郊秦墓》，三秦出版社，2006年。

④ 陕西省考古研究院：《西安尤家庄秦墓》，陕西科学技术出版社，2008年。

⑤ 西安市文物保护考古所：《西安南郊秦墓》，陕西人民出版社，2004年。

⑥ 陕西省考古研究院：《西安尤家庄秦墓》，陕西科学技术出版社，2008年。

⑦ 陕西省考古研究所：《西安北郊秦墓》，三秦出版社，2006年。

影响，这种影响随着这些文化背后政治、军事力量的强弱变化而变化。

战国中期的阎杆岭墓地，楚文化一统天下。

战国晚期以后，风云变幻，秦文化开始强势影响该墓地，并最终取代了楚文化。战国晚期早段，受秦文化影响，陶盒进入阎杆岭墓地，本期10座墓葬中，出土陶盒的有4座。这种新兴器类，有的融入原来的文化，构成以鼎、敦、盖豆、盒、壶为核心的器类组合，有的与鼎、壶一起，构成了鼎、盒、壶为核心的新兴器类组合。但是这种新兴组合形态并没有彻底改变原有的文化结构，因为战国晚期中段的阎杆岭墓地，仿铜陶礼器仍是鼎、敦、壶（间或有鼎、壶组合）为核心器类的组合占主流，10座出土成套仿铜陶礼器的墓葬中，有7座是这种组合形态，鼎、盒、壶的核心组合仅有3座。原来流行于陕西丹凤地区的鼎类遗存开始东移，也可以视为秦文化的影响。

战国晚期中段秦文化影响持续增强，表现在平底盂乙B、圜底釜、无耳罐B、双牛鼻耳罐乙等开始出现于阎杆岭墓地，这类遗存在此阶段的19座墓葬中，有5座墓葬伴出。从共出器类组合结构观察，它们应该是独立的秦文化墓葬，而非阎杆岭墓地原有楚文化对秦文化的吸收。与此同时，战国中晚期以来盛行于江淮流域的双牛鼻耳罐甲也开始在墓地中出现，见于3座墓葬。这3座墓葬中，一座与平底壶伴出，一座与鼎、盒、盖豆、壶共出，一座与平底盂乙B、圜底釜同出。表明此类遗存在这个阶段，可能是以一种附庸的身份进入本地。

战国晚期晚段，阎杆岭墓地原有的楚文化遗存已所剩无几。此阶段的27座墓葬，除一座墓葬的（M166）陶器因只复原一件盂而无法确定外，其余26座墓葬中，以双牛鼻耳罐甲为核心的墓葬5座；以平底盂乙B、圜底釜、无耳罐B、无耳罐C、蒜头壶为核心的墓葬9座，以圜底釜、双牛鼻耳罐甲为核心的墓葬9座（其中2座有平底盂乙B）；另外3座出土成套仿铜陶礼器的墓葬，其中2座墓葬的鼎，其渊源来自于陕西丹凤地区，同时，一座有平底盂乙B，一座有双牛鼻耳罐甲，一座有无耳罐B及双牛鼻耳罐。表明秦文化已居于绝对的统治地区，双牛鼻耳罐所代表的文化却也日渐强大起来，楚文化走向没落。

秦代至西汉早期基本上维持战国晚期晚段以后形成的文化格局。

西汉中期以后，战国秦文化的传统已完全衰落，仅偶有所见，双牛鼻耳罐依然强势存在，受关中汉文代的影响，模型明器普遍出现，并成为其后的文化潮流。

第二节　埋葬制度

阎杆岭墓地埋葬制度的分析，主要涉及战国中期至西汉早期这一阶段。

一、墓葬等级

阎杆岭墓地墓主身份的推断，可以随葬品的器类组合、数量以及墓葬结构、规模两个方面为依据。其中器类方面，阎杆岭墓地未发现铜礼器，以陶器为参照。随葬陶器与墓葬结构、规模及时代的关系如下：

两套仿铜陶礼器墓共15座①，其中时代不明者1座，墓圹规模不明者1座。规模最小的墓口长2.46米，但仅此一座，其余墓口长均在2.64米以上；超过3米的有6座，其中一座带墓道者规模最大，墓圹长3.2米。3米以上的6座墓葬，5座属于二期5段以前，1座属于二期6段；2.64~2.96米墓葬6座，二期5段以前5座，二期6段以后1座；墓口2.46米的墓葬属二期4段。

一套仿铜陶礼器墓（包括以成套仿铜陶礼器为主，个别日用器的组合）时代明确的17座②。其中3米以上2座，2.5~2.9米9座，2.2~2.4米5座，墓圹不明1座。其中一座带墓道的墓葬墓圹长2.3米。2.5米以下的5座墓葬，二期5段以前3座，二期6段以后2座；2.5米以上的11座墓葬，二期5段以前9座，二期6段以后2座；3米以上的2座墓葬分属一期1段和三期7段。

以日用陶器为主，零星仿铜陶礼器的墓葬24座。其中3米以上2座，2.5~2.9米12座，2~2.4米9座，墓圹长度不明1座。2.4米以下的9座墓葬，二期5段以前4座，二期6段以后5座；2.5米以上的墓葬，一期2段1座，二期5段3座，其余均在二期6段以后；3米以上的墓葬分别为第5段和第7段。

日用陶器组合墓葬45座。其中3米以上的墓葬3座，2.5~2.9米12座，2~2.49米20座，2米以下4座，墓圹长度不明6座。2.5米以下的24座墓葬，二期5段以前6座，二期6段以后18座；2.5米以上的18座墓葬，除一期3段和二期5段各有1座外，其余均在二期6段以后； 3米以上的分别属于二期6段、三期7段、四期8段。

据上述统计，我们可以观察到以下现象：

（1）随葬2套仿铜陶礼器及1套仿铜陶礼器（包括以成套仿铜陶礼器为主，个别日用器的组合）的墓葬，主要集中在二期5段以前，分别占同类墓葬的85.71%（含1座墓口长度不明者，以14座为总数）、76.47%。而随葬以日用陶器为主（零星仿铜陶礼器）及日用陶器组合的墓葬，主要集中在二期6段以后，分别占同类墓葬的62.50%、75.56%。

（2）随葬2套仿铜陶礼器墓葬，时代及墓坑明确的13座，除1座外，墓葬开口长度均在2.64米以上，占总数的92.31%。随葬1套仿铜陶礼器（包括以成套仿铜陶礼器为主，个别日用器的组合）的墓葬16座（1座不明此处未计入），2.5米以上11座，占总数的68.75%，其中二期5段以前9座，占总数的81.82%。2.5米以下的墓葬5座，大体均匀分布于二期5段以前及二期6段以后。随葬以日用陶器为主（零星仿铜陶礼器）的墓葬24座，2.5米以上墓葬14座，占总数的58.33%，其中二期5段以前4座，占总数的28.57%；2.5米以下的墓葬9座，呈均匀状态分布于二期5段以前及二期6段以后。日用陶器组合墓葬45座，2.5米以上的墓葬15座，占总数的

---

① M86、M87、M96鼎为3件，但其中M86、M96均各有一件乳足小鼎，其形态与同出的另2件陶鼎不同，性质或有不同。M87情况不明，推测与M86、M96相同。而且M86同出的盒为2件，豆4件；M87同出的壶为2件，豆4件；M96同出的盒、壶各为2件。这种情形与其他出2件陶鼎的墓葬情形相近似。因此，这3座墓葬也应视为2鼎墓。

② M174出2件陶鼎，但其中一件为乳足小鼎，与M86、M96情况相似，敦、盖豆、壶均为1件，而豆为2件，符合一套仿铜陶礼器的情况，因此列入一套仿铜陶礼器组合墓葬。

33.33%，其中二期5段以前2座，占总数的13.33%；2.5米以下墓葬24座，其中二期5段以前6座，占总数的25%。

（3）随葬以日用陶器为主或只有日用陶器墓葬69座，其中墓圹长2.5米以上的共计29座，并有16座伴出铜杯、铜镜、铜印章、铜带钩、铜兵器、铜珩、铜铃、铜饰、角塞等遗物。

上述现象我们可以理解为：仿铜陶礼器的使用，更集中在二期5段以前，其墓葬规模一般在2.5米以上。日用陶器为主的墓葬，更集中在二期6段以后，其墓葬规模一般在2.5米以下，但在二期6段以后，超过2.5米的现象渐多。而这些变化，当与战国晚期晚段以后，秦文化在阎杆岭墓地占有统治地位，秦文化的丧葬理念得到普及有关。

据此，对于阎杆岭墓地墓主的等级身份，我们作如下推断：

第一级，随葬2套仿铜陶礼器，墓圹规模最大，达到3.2米，带墓道。

第二级，随葬2套仿铜陶礼器，墓圹规模在2.5米以上，不带墓道。其中M28只随葬1套仿铜陶礼器，墓圹开口长度2.3米，但带墓道，综合考虑将其列入此级。

第三级，随葬1套仿铜陶礼器，墓圹规模多数在2.5米以上，不带墓道。

第四级，随葬以日用陶器为主或只有日用陶器，墓圹规模一般在2.5米以下，不带墓道。但在战国晚期晚段以后，墓圹规模在2.5米以上者渐多。

上述第一、二级墓葬，其墓主可能具有士的身份；三、四级墓主则大约属于平民阶层。秦文化的流播不影响这一推论。

二、墓地制度

1. 墓地的形成

阎杆岭墓地共发现墓葬209座，清理208座（其中M90与M97为一座墓葬），分为三区，三区之间各相距约150米左右。

三区的墓葬分布最为密集，阎杆岭墓地绝大部分墓葬集中于这一区域，共计170座。又可分为南、北、西三个墓群。时代明确的105座，另有42座墓葬属砖结构，个别出铜钱，年代可以判断属西汉晚期以后。

一区墓葬数量较少，共计32座。时代明确的19座。M2、13、14、17、20、22、23均为砖墓，应在西汉晚期以后。M1、6、8、18、24不出随葬品，土坑竖穴墓，时代为战国时期。M9时代不明。

二区仅发现7座墓葬，其中M33、M37、M39三座墓葬器物不能修复，从其器类、器形特征分析，应属战国时期。另外4座墓葬，分别属于西汉中期晚段及西汉晚期早段。

因此，以下的观察和分析主要针对一、三两区进行。

阎杆岭墓地在战国中期早段开始形成，属于这个阶段的2座墓葬分别安置于三区的南墓群北部（M183）及西墓群东部（M92），两者间的直线距离约为40米左右，似乎表明他们来自于两个不同的家庭。从其随葬陶器均为一套仿铜陶礼器（另有豆、罐），墓圹规模均在3米以上，可知其身份地位相当。

战国中期中段的3座墓葬，其中1座墓葬远离三区而开辟了一区，两者相距近400米，这座墓葬随葬的也是一套仿铜陶礼器（附豆），墓圹规模接近3米。另外2座墓葬安排在三区南墓群M183的东边，表明它们与M183的关系较为密切。

战国中期晚段的10座墓葬，其中的M59于三区的北墓群另辟一境，而且随葬一套日用陶器，其身份比三区的南、西两个墓群墓主可能略低。还有3座墓葬围绕三区南墓群的M183上下安排，相距不过数米至十余米，显示他们之间有较为密切的关系。其中的M186随葬一套仿铜陶礼器，位于M183南面，与M183的距离更近。其余6座墓葬则分布于一区，在一区战国中期中段葬入的M27南面，大致分上下两排安置，其中M3、M4、M5三座墓葬聚于南区东端，相距不过数米，关系似乎更为密切。

战国晚期早段的10座墓葬，其中1座位于北区西墓群唯一一座墓葬M92的东面数米，与M92平行并列，随葬两套仿铜陶礼器，墓圹长3.08米。5座位于北区南墓群，分三排围绕M183的南北两面布置。还有4座位于南区，在该区战国中期晚段的两排墓葬之间，东西向一字排开。

战国晚期中段的19座墓葬。1座位于三区北墓群的第一座墓葬（M59）东北面十余米，出圜底釜，开口长度虽不明，但墓底长仅1.2米；1座位于三区北墓群西南部，出双牛鼻耳罐。4座位于三区西墓群，分两排，一排3座，位于西墓群原有一排两座墓的北面，相距不足10米，均随葬仿铜陶礼器一套；一排1座，位于西墓群原有一排两座墓的西南面，相距10余米，随葬有盒、壶、豆、圜底釜。5座位于三区南墓群，其中4座分南北两排，夹杂于战国中期晚段的墓列中，北面一列的2座墓葬，其一伴出无耳罐B、豆、盒、圜底釜，其一伴出平底盂乙B、双牛鼻耳罐乙、平底壶；南面一列的2座墓葬，其一伴出一套仿铜陶礼器（鼎为乙B型），其一伴出双桥耳罐及圈足壶。1座位于南墓群南部，出平底盂乙B、圜底釜及双牛鼻耳罐。南区8座，其中的7座，在战国晚期早段的墓列南面，分上下两排布置，比较整齐，上排4座，下排3座；1座位于南区东北角。除1座为日用陶器豆罐外，其余均伴出一套仿铜陶礼器及豆。

从战国晚期晚段开始到西汉早期，阎杆岭墓地只有三区依然在延续使用。战国晚期晚段墓葬27座。2座位于三区北墓群，其一位于北部，其一位于南部。5座位于三区西墓群，在西墓群的西部呈分散状态分布。其余20座墓葬位于三区南墓群，由东北向西南大致分成8排，各排分别有2、1、4、3、2、3、3、2座墓葬，每排的走向又呈西北－东南向。其中北面的4排穿插于早期各墓之间，个别对早期墓葬还形成打破关系。这27座墓葬，都伴出平底盂B、圜底釜、无耳罐B、双牛鼻耳罐、鼎乙B、蒜头壶等器类中的1~3种。

秦代至西汉早期27座墓葬，基本上是在前期各墓间穿插葬埋，似乎是因为墓地不能再行向外扩张。

2. 墓地布局、结构与变迁

从战国中期15座墓葬均不随葬兵器的现象观察，墓地的墓主应该是普通定居的平民，与军事活动无关。至战国中期中段，阎杆岭墓地主要墓区的基本格局已经形成，初期几座墓葬的随葬品及规模显示，在这一地点定居的人群，身份相当，等级不高。

墓地一区应该是一个家庭数代的延续，大致始于战国中期中段，终止于战国晚期中段。二区情况不明确，大致可以分为早晚两个阶段，晚段的年代在西汉中晚期，从西汉中晚期墓葬往往完全叠压住早段墓葬观察，早段可能在战国时期，而且时间也非常短暂。三区墓葬分为三个墓葬群，其初应该是三个家庭数代繁衍生息并葬埋于此，战国晚期中段以后发生变故。

从战国晚期中段各墓出土遗物情况观察，伴出圜底釜、平底盂乙B、无耳罐B、双牛鼻耳罐乙、鼎乙B的墓葬，多游离于原来的墓群中心之外。如只出圜底釜的M49位于三区北墓群的北端；出双牛鼻耳罐及平底壶的M74位于三区北墓群的南端；伴出盒、壶、豆、圜底釜的M113位于三区西墓群的西南部；出平底盂乙B、双牛鼻耳罐、圜底釜、豆的M162位于三区南墓群的南端。而部分夹杂于前期墓葬之中，似已不再顾忌墓地原有的秩序，如三区南墓群北面一列的2座墓葬，插在战国中期早段至战国中期早段各墓中间。表明从战国晚期中段开始，有外来文化开始进入阎杆岭墓地，并具有极强的独立性。

战国晚期晚段的墓葬27座，除1座不明外，其余26座墓葬都伴出平底盂乙B、圜底釜、无耳罐B、双牛鼻耳罐、鼎乙B、蒜头壶等器类中的1~3种，其文化内涵结构较之以前各阶段有很大变化。各墓的位置安排，也往往穿插于前期各墓之间，个别对早期墓葬还形成打破关系，显然已不再考虑原有的墓位秩序。其中比较典型的是M200，该墓出土平底盂乙B、双牛鼻耳罐甲、双桥耳罐甲B、豆、圜底釜，与战国晚期中段的M202（出平底盂乙B、双牛鼻耳罐乙、平底壶丙）属同一文化，或者两者间有较亲近的关系，M200为毗邻M202而葬，打破了M202南侧战国中期中段的M201。因此，我们怀疑从此阶段开始，阎杆岭墓地的墓主已变换了人群，这或许也是墓地一区终止于战国晚期中段的原因。这种现象也许可以解释为：战国晚期中段，秦人占领这一地区，绝大部分本地原来的居民或死或迁，到战国晚期晚段以后，秦人和使用双牛鼻耳罐的人群成为了这片墓地的主人。

观察整个一区墓葬的墓位，刻意安排的痕迹比三区明显。最早的M27位于最北端，而身份最高的M7位于东北角。战国中期晚段的6座墓葬，在M27的南面大致分两排排列，但不够整齐。战国晚期早段的4座墓葬，则在中期晚段的两排墓葬之间，东西向相对整齐一字排开，基本上在同一条平行线上。战国晚期中段葬入的8座墓葬，其中的7座，在战国晚期早段的墓列南面，分上下两排布置，比较整齐，上排4座，下排3座。位于东北角的M7，属于战国晚期中段，带墓道，墓圹长3.2米，随葬两套仿铜陶礼器，是整个阎杆岭墓地规格最高的墓葬，因此它虽然时代较晚，但独据南区东北角。

从墓葬分布的规律性观察，阎杆岭墓地似以东北方为尊，这从墓葬的排列由东北向西南发散，每排墓葬则呈西北—东南走向，以及墓地中规格等级最高的M7位于一区东北角，可以得到印证。

3. 墓葬方向

阎杆岭墓地墓葬的方向，主要为西北—东南向，其次有部分东北—西南向，正南北向与正东西向极少（左右偏差10°内）。如果以战国中期至西汉早期作为统计时段，则西北—东南向墓葬59座，占比60.2%；东北—西南向墓葬27座，占比27.55%；正南北向墓葬5座，占比5.1%；正东西向墓葬7座，占比7.14%。这种状况不仅存在于战国至西汉早期，西汉中期到东汉晚期的墓葬，西北—东南向为主的现象更加明显。推测这种走向可能与墓地当时的地形地貌有关。

	西北—东南向	东北—西南向	正南北	正东西		西北—东南向	东北—西南向	正南北	正东西
一期1段	1	1			二期5段	10	7	1	1
一期2段		2	1		二期6段	15	6	2	4
一期3段	7	3			三期7段	12	6		1
二期4段	8		1	1	四期8段	6	2		

三、其　他

（1）单纯的仿铜陶礼器组合极少，成套仿铜陶礼器往往与豆同出，少数有罐。

（2）随葬两套仿铜陶礼器墓葬一般鼎、敦、盒、壶为2件，壶偶有3件者，其中有豆同出者14座，其中伴出5豆者1座，4豆者5座，3豆者2座，2豆者6座。随葬一套仿铜陶礼器墓葬19座，一般鼎、敦、盒、壶1件，其中与豆同出者7座，伴出1豆者4座，伴出2豆者3座；与豆、罐同出者3座，豆均2件。

（3）出铜带钩的墓葬19座，其中12座为战国中期至西汉早期；4座为西汉中期以后；3座时代不明，但大致判断应该在西汉早期以前。15座西汉早期及以前出铜带钩的墓葬中，8座有陶圜底釜同出（有与陶平底盂乙B、蒜头壶、双牛鼻耳罐同出者），2座与陶牛鼻耳罐同出，2座不出陶牛鼻耳罐及釜，有3座不同出陶器。从时间段分布来看，其中一座不出陶牛鼻耳罐及釜的墓葬年代最早，为二期4段。与陶圜底釜同出的8座墓葬，分别有二期6段5座、三期7段2座、四期8段1座。与陶牛鼻耳罐同出的2座墓葬均属四期6段。由此说明，似乎随葬圜底釜的人群更流行使用铜带钩。这15座墓葬，墓圹规模在2.5米以上者10座，其中超过3米的2座，但这15座墓葬中出零星仿铜陶礼器的墓葬只有5座（其中一座出2件仿铜陶礼器，另1件不明）。因此，这类墓主或属当时稍富裕的平民阶层。

（4）出印章的墓葬4座，其中3座属于秦代及以前，1座属西汉中期以后。秦代及以前的3座墓葬中，2座有圜底釜同出，1座与凹圜底盂同出，也以随葬圜底釜的人群据多。

附表　阎杆岭墓地墓葬登记表

编号	方向	墓葬形制	墓口/(长×宽-深)	墓底/(长×宽-深)	棺/(长×宽)	椁/(长×宽)	葬式	随葬品	分期/时代
M1	200°	长方形土坑竖穴墓	2.50×(1.65～1.80)-0.25	2.30×（1.34 ～1.48）-3.35	2×(0.72～0.74)	无	仰身直肢葬	无	战国
M2	300°	“甲”字形砖室墓	墓室：3.3×（2～2.2）-0.3 甬道：1.36×1.3-0.3 墓道：1.32×（0.9～1.3）-0.3	3.3×（2～2.2）-0.7	不详			扰土中发现陶猪1、铜五铢钱18枚及部分器物残片	汉
M3	35°	长方形土坑竖穴墓	2.02×1.62-0.30	1.70×（1.1～1.3）-2.00	不详	无	不详	陶鬲1、陶豆1、陶壶1、陶盂1	一期三段
M4	110°	长方形土坑竖穴墓	2.30×1.60-0.30	1.7×1.08-2.50	1.6×0.6	无	不详	陶鼎1、陶豆2、敦1、陶器盖1	一期三段
M5	215°	长方形土坑竖穴墓	1.60×0.70-0.30	1.90×0.70-1.30	1.80×(0.3～0.45)	无	不详	陶盂1、陶无耳罐1、陶鬲1	一期三段
M6	135°	长方形土坑竖穴墓	2.20×1.72-0.3	1.80×1.20-1.30	北棺：1.75×0.50 南棺：1.75×0.50	不详	仰身直肢葬	无	战国
M7	200°	“甲”字形土坑竖穴墓	墓道：4.90×1.10-0.3 墓室：3.2×2.60-0.30	2.35×1.55-3.20	1.50×0.35	2.00×1.20	仰身直肢葬	陶鼎2、陶豆4、陶敦2、陶壶2、陶盘1	二期五段
M8	30°	长方形土坑竖穴墓	2.56×0.90-0.6	2.06×0.90-0.70	不详	不详	不详	无	战国
M9	200°	长方形土坑竖穴墓	（2.5～2.54）×0.82-0.55	（1.98～2.02）×0.72-1.2	不详			无	时代不明
M10	130°	长方形土坑竖穴墓	2.32×1.04-0.2	1.72×0.80-1.90	不详	不详	不详	陶三足釜1、陶豆1、陶壶1、陶盂1	一期三段
M11	300°	长方形土坑竖穴墓	2.50×1.60-0.3	2.40×1.50-2.50	1.85×0.58	1.90×1.10	仰身直肢葬	陶鼎1、陶豆1、陶敦1、陶壶1	二期五段
M12	200°	长方形土坑竖穴墓	（2.4～2.46）×1. 46-0.55	2.10×1.30-1.60	不详	1.90×0.80	不详	陶鬲1、陶豆2、陶无耳罐1、陶盂1	一期三段

续表

编号	方向	墓葬形制	墓口/(长×宽-深)	墓底/(长×宽-深)	棺/(长×宽)	椁/(长×宽)	葬式	随葬品	分期/时代
M13	145°	“甲”字形砖室墓	墓室：4×（2.3～2.9）-0.3 甬道：1×（1.2～1.36）-0.3 墓道：0.82×1.2-0.3	4×（2.3～2.9）-（0.35～0.55）	不详			扰土中发现陶耳杯1、铜五铢钱1枚	汉
M14	140°	“甲”字形砖室墓	墓室：1.53×1.4-0.25 甬道：1.6×0.8-0.25 墓道：不详	1.53×1.4-0.12	不详			扰土中发现铜五铢钱1、铜剑首柄1	汉
M15	285°	长方形土坑竖穴墓	3×（2.08～2.18）-0.5	2.60×1.54-3.42	2.04×0.64	2.04×（1～1.06）	仰身直肢葬	陶壶2、陶敦2、陶鼎2、陶盘1、陶匜1、陶豆2、石环1	二期五段
M16	130°	长方形土坑竖穴墓	2.80×1.80-0.3	2.50×1.50-2.40	1.68×0.65	2.12×1.3	仰身直肢葬	陶豆 2、陶无耳罐1、铜铃12	二期五段
M17	140°	“甲”字形砖室墓	墓室：（3.2～3.3）×（2～2.2）-0.3 甬道：1.2×0.8-0.3 墓道：2.5×（0.8～0.9）-0.3	（3.2～3.3）×（2～2.2）-1.55	不详			无	汉
M18	290°	长方形土坑竖穴墓	0.90×0.75-0.30	0.90×0.75-1.50	(0.64～0.78)×0.35	无	不详	无	战国
M19	300°	长方形土坑竖穴墓	（1.2～1.6）×0.75-0.3	（1.18～1.52）×0.65-1.50	（1.1～1.26）×0.30	无	不详	陶鬲1、陶盂1、陶豆1、陶无耳罐1	二期四段
M20	135°	“甲”字形砖室墓	墓室：3.38×1.38-0.3 甬道：0.48×0.74-0.3 墓道：3.62×0.74-0.3	3.38×1.38-1.17	不详			陶器1，扰土中发现铜五铢钱40枚	汉
M21	260°	长方形土坑竖穴墓	2.04×0.94-0.3	2.04×0.8-1.40	1.72×0.45	无	不详	陶鬲1、陶盂1、陶无耳罐1、陶豆2	二期四段
M22	135°	“甲”字形砖室墓	墓室：3.44×2.68-0.3 甬道：1.32×1.38-0.3 墓道：0.8×0.8-0.3	3.44×2.68-0.5	不详			无	汉
M23	130°	多室墓	墓室：3.6×2.9-0.4 甬道：1.6×（1.04～1.14）-0.4 墓道：0.6×（1～1.04）-0.4	3.6×2.9-0.4	不详			陶狗1，扰土中发现五铢钱15枚和绿釉陶楼房顶部	汉

续表

编号	方向	墓葬形制	墓口/(长×宽-深)	墓底/(长×宽-深)	棺/(长×宽)	椁/(长×宽)	葬式	随葬品	分期/时代
M24	300°	长方形土坑竖穴墓	1.92×1.06-0.55	1.92×0.58-1.36	1.92×0.55	无	不详	无	战国
M25	290°	长方形土坑竖穴墓	2.50×1.50-0.3	2.40×1.40-2.10	1.80×0.35	1.90×1.00	不详	陶豆2、陶盂1、陶罐1	一期三段
M26	120°	长方形土坑竖穴墓	2.10×0.60-0.3	2.00×0.50-1.40	1.70×0.36	无	不详	陶豆1、陶双桥耳罐1、陶鬲1、陶盂1	二期四段
M27	190°	长方形土坑竖穴墓	2.8×1.70-0.3	2.76×1.66-3.15	1.70×0.65	2.00×1.20	仰身曲肢葬	陶匜1、陶盘1、陶壶2、陶敦2、陶豆2、陶鼎2	一期二段
M28	110°	“甲”字形土坑墓	墓室：2.30×（1.26～1.3）-0.25 墓道：2.4×（0.6～0.71）-0.25	2.12×1.22-1.96	1.82×（0.44～0.48）	1.82×0.82	仰身直肢葬	陶鼎1、陶敦1、陶壶1、陶豆2	二期五段
M29	260°	长方形土坑竖穴墓	2.70×1.60-0.3	2.50×1.40-2.30	1.90×0.50	2.06×1.00	仰身直肢葬	陶鼎1、陶器盖1、陶壶1、陶豆1	二期五段
M30	190°	长方形土坑竖穴墓	（2.24～2.40）×（1.30～1.40）-0.25	（2.16～2.32）×（1.52～1.36）-1.80	1.80×0.55	1.80×0.84	不详	陶鼎1、陶敦1、陶壶1、陶豆1	二期五段
M31	200°	长方形土坑竖穴墓	2.00×0.70-0.3	2.00×0.70-0.60	1.60×0.30	无	不详	陶双桥耳罐1、陶盒1	二期五段
M32	170°	长方形土坑竖穴墓	2.78×（1.65～1.70）-0.3	2.58×1.48-2.32	1.68×（0.6～0.7）	1.88×（1.00～1.05）	仰身直肢葬	陶豆3、陶鼎2、陶敦2、陶壶2、陶盘1、陶匜1	二期四段
M33	34°	长方形土坑竖穴墓	2.80×1.70-0.25	2.22×1.18-2.65	1.66×（0.5～0.6）	2.04×1.02	不详	陶盂2、陶壶2、陶鼎1	战国
M34	35°	长方形土坑竖穴墓	2.4×1.7-0.3	2.4×（1.35～1.5）-（0.2～0.9）	不详			陶双牛鼻耳罐2、陶罐1、铜洗1，扰土中发现铜五铢钱24枚	五期十段
M35	135°	“刀”字形积石积炭墓	墓室：2.6×1.9-0.3 甬道：1.2×0.78-0.3 墓道：3.2×0.78-0.3	2.4×1.7-1	无			陶壶2，陶双牛鼻耳罐、陶瓮、铜洗、铜弩机各1件，铜五铢钱3组	六期十一段

续表

编号	方向	墓葬形制	墓口/(长×宽-深)	墓底/(长×宽-深)	棺/(长×宽)	椁/(长×宽)	葬式	随葬品	分期/时代
M36	45°	长方形土坑竖穴墓	2.53×（1.8～1.89）-0.3	2.4×（1.68～1.75）-0.9	2.4×0.66			陶仓2、陶罐4、陶双牛鼻耳罐1、陶盆1、陶鍪1、陶灶1、陶瓮1、铜洗1，棺内有陶鍪1件和铜钱1串	五期十段
M37	215°	长方形土坑竖穴墓	2.64×1.68-0.3	2.42×1.6-1.76	不详	1.87×0.94	不详	陶壶、陶豆、陶敦、陶鼎各2，陶盘1	战国
M38	334°	“甲”字形积石积炭墓	墓室：2.72×2.48-0.3 墓道：1.44×（0.55～0.94）-0.3	2.72×2.48-（0.5～0.7）	不详			陶鼎2、陶壶5、小陶壶1、陶罐4、陶瓮1、陶坛1、陶盆1、陶仓9、陶灶1、陶甑1、陶釜1、井1、磨1、陶器盖9、陶筒瓦2、铜弩机1、铜棺钉1、铁剑2、石片3、铜五铢钱4串	六期十一段
M39	200°	长方形土坑竖穴墓	2.50×1.40-0.3	2.50×1.40-1.10	不详	2.05×1.05	不详	陶壶1、陶豆2、陶鼎1	战国
M40	130°	“甲”字形砖室墓	墓室：3.48×1.82-0.4 甬道：0.68×(0.88～0.94)-0.4 墓道：7.4×(0.4～0.94)-0.4	3.48×1.82-0.84	不详			陶仓2、陶罐、陶壶、陶坛、陶樽、陶案、陶耳杯、陶井各1，在扰土中发现陶器残片，可复原者有陶盘2，陶壶、陶罐、陶案各1	九期十五段
M41	320°	长方形土坑竖穴墓	2.12×（1.16～1.24）-0.3	1.74×（0.98～1.02）-1.83	1.48×0.54	1.74×（0.98～1.02）	不详	无	秦至汉初
M42	115°	“甲”字形砖室墓	墓室：3.62×（2.20～2.86）-0.3 甬道：0.6×1.12-0.3 墓道：不详	3.62×（2.20～2.86）-0.22	不详			无	汉
M43	60°	长方形土坑竖穴墓	0.94×（1.34～1.48）-0.3	1.4×（0.40～0.44）-1.24	1.40×（0.40～0.44）	无	侧身屈肢葬	无	秦至汉初

续表

编号	方向	墓葬形制	墓口/(长×宽-深)	墓底/(长×宽-深)	棺/(长×宽)	椁/(长×宽)	葬式	随葬品	分期/时代
M44	215°	“刀”字形砖室墓	墓室：3.32×（1.52～1.62）-0.3 墓道：2.3×0.9-0.3	3.32×（1.52～1.62）-（0.65～0.82）	不详			陶仓2，在扰土中发现铜筒形器2、铜圆帽形器3、银饰6件	东汉
M45	130°	“甲”字形土坑墓	墓室：4.4×2.2-0.3 墓道：0.8×1.1-0.3	4.4×2.2-（0.72～0.94）	不详			不详	汉
M46	135°	“甲”字形砖室墓	墓室：3.74×2.28-0.3 甬道：0.76×（0.94～1）-0.3	3.74×2.28-0.5	不详			陶仓1、铜镜1、铜五铢钱5枚、陶壶、铜镜，骨珠无法复原	东汉
M47	315°	长方形土坑竖穴墓	3×2-0.4	2.14×1.24-1.94	1.50×（0.50～0.60）	无	不详	陶双牛鼻耳罐1、铜带钩1	八期十四段
M48	310°	“甲”字形砖室墓	墓室：（2.92～3）×1.74-0.3 墓道：4×0.76-0.3	3.08×（1.88～1.9）-（1.16～0.96）	不详			不详	汉
M49	50°	长方形土坑竖穴墓	0.52×0.68-0.34	1.20×0.56-0.76	1.02×0.40	无	不详	陶圜底釜1	二期五段
M50	215°	长方形土坑竖穴墓	2.66×1.66-0.3	2.34×1.40-（1.64～1.74）	1.4×0.52	1.96×（0.90～1.00）	仰身曲肢葬	陶釜1、陶双牛鼻耳罐1、陶盂1、铜带钩1	二期六段
M51	125°	“甲”字形砖室墓	墓室：4.8×（2～2.18）-0.3 墓道：1.45×（0.72～1.08）-0.3	4.8×（2～2.18）-（0.50～1.12）	不详			陶耳杯1、陶盆1	汉
M52	50°	长方形土坑竖穴墓	不详	（0.72～1.00）×0.64-0.34	（0.48～0.66）×0.44	无	不详	无	秦至汉初
M53	35°	“甲”字形砖室墓	墓室：3.54×（2.7～2.8）-0.3 甬道：0.7×0.9-0.3 墓道：1.3×(0.9～1)-0.3	3.54×（2.7～2.8）-（0.52～0.7）	不详			不详	汉
M54	310°	长方形土坑竖穴墓	2.32×（1.46～1.52）-0.3	2.00×0.90-（1.76～1.80）	1.48×（0.50～0.58）	无	不详	陶双桥耳罐1、陶盂1、陶壶1	三期七段
M55	300°	“刀”字形砖室墓	墓室：（3.34～3.44）×（1.5～1.63）-0.3 墓道：0.86×(0.8～0.96)-0.3	（3.34～3.44）×（1.5～1.63）-（0.5～0.62）	不详			不详	汉

续表

编号	方向	墓葬形制	墓口/(长×宽-深)	墓底/(长×宽-深)	棺/(长×宽)	椁/(长×宽)	葬式	随葬品	分期/时代
M56	300°	长方形土坑竖穴墓	3.24×2.00-0.3	1.80×（0.46～0.56）-2.52	1.80×（0.46～0.56）	无	不详	无	秦至汉初
M57	325°	长方形土坑竖穴墓	2.00×（1.00～1.20）-0.3	1.86×（0.80～1.00）-0.93	1.83×（0.34～0.60）	无	仰身直肢葬	无	秦至汉初
M58	305°	“刀”字形砖室墓	墓室：（2.84～3）×（1.56～1.58）-0.3 墓道：（1.46～1.56）×（0.7～0.8）-0.3	（2.84～3）×（1.56～1.58）-（0.5～0.62）	不详			不详	汉
M59	295°	长方形土坑竖穴墓	2.54×1.90-0.3	2.77×（1.93～2.05）-1.60	不详	2.04×1.10	不详	陶双桥耳罐2、陶豆4 、陶盂1、陶三足釜1、铜杯形器1	一期三段
M60	295°	长方形土坑竖穴墓	2.80×（2.00～2.04）-0.3	1.64×（0.70～0.78）-2.63	1.51×0.50	无	侧身直肢葬	铜带钩1、铜柄1	秦至汉初
M61	300°	“刀”字形砖室墓	墓室：4.56×2.02-0.3 墓道：2.8×（0.8～0.86）-0.3	4.56×2.02-（2.4～2.6）	不详			陶瓮1，扰土中发现有铜钱79枚、陶瓮1、陶耳杯1、陶樽1、陶器盖1	汉
M62	40°	长方形土坑竖穴墓	2.60×2.00-0.3	2.00×1.00-1.25	1.45×0.55	无	仰身直肢葬	陶罐1	秦至汉初
M63	85°	长方形土坑竖穴墓	2.72×1.56-0.3	2.72×1.56-1.6	2.30×0.70	2.50×1.20	不详	铜戈1、陶三足釜1、陶壶1、陶盂1、铜剑1	三期七段
M64	130°	“甲”字形砖室墓	墓室：3.44×（2.02～2.24）-0.3 甬道：0.78×0.8-0.3 墓道：0.4×0.8-0.3	3.44×（2.02～2.24）-0.9	不详			不详	汉
M65	310°	长方形土坑竖穴墓	1.70×0.80-0.3	1.70×0.80-（0.98～1.20）	1.40×（0.46～0.5）	无	侧身屈肢葬	无	秦至汉初
M66	50°	长方形土坑竖穴墓	1.42×（0.64～0.68）—0.3	1.42×（0.64～0.68）-0.24	1.08×（0.4～0.46）	无	仰身屈肢葬	陶盂1、陶圜底釜1、铜印章1、铜带钩1	三期七段

续表

编号	方向	墓葬形制	墓口/(长×宽-深)	墓底/(长×宽-深)	棺/(长×宽)	椁/(长×宽)	葬式	随葬品	分期/时代
M67	300°	长方形土坑竖穴墓	2.44×1.66-0.3	1.84×0.85-2.00	1.64×（0.64～0.8）	无	不详	陶釜1	四期八段
M68	300°	长方形土坑竖穴墓	2.54×1.86-0.3	1.70×0.85-3.2	1.64×（0.4～0.54）	无	仰身直肢葬	陶纺轮1、铜带钩1	秦至汉初
M69	320°	“刀”字形砖室墓	墓室：(2.58～2.78)×（1.30～1.39）-0.3 甬道：0.64×(1～1.12)-0.3 墓道：1.92×（0.8～1）-0.3	(2.58～2.78)×（1.30～1.39）-(0.18～0.36)	不详			扰土中发现2件铜耳瑱	汉
M70	130°	长方形土坑竖穴墓	2.20×（0.70～0. 80）-0.3	1.66×（0.44～0.52）-0.50	不详	不详	不详	陶壶1、陶盂1、陶罐1	秦至汉初
M71	220°	“甲”字形砖室墓	墓室：3.48×（1.44～1.68）-0.3 甬道：0.82×0.86-0.3 墓道：2.76×（1～1.2）-0.3	3.48×（1.44～1.68）-1.5	棺：1.96×0.32 棺:1.6×0.32			陶罐2、陶双牛鼻耳罐2、陶仓3、陶鸡2、陶盆4，陶盘、陶盂、陶奁、陶耳杯、陶釜、陶井、陶磨、陶甑、陶狗、陶猪圈各1，铜钱6串，铜镜	七期十三段
M72	125°	长方形土坑竖穴墓	3.44×2.64-0.3	2.3×1.1-3.46	2.00×（0.4～0.58）	2.18×0.98	仰身直肢葬	陶圜底釜1	三期七段
M73	120°	“甲”字形砖室墓	墓室：3×（0.72～0.92）-0.3 墓道：3.36×（0.6～0.73）-0.3	3×（0.72～0.92）-0.28	不详			不详	汉
M74	115°	长方形土坑竖穴墓	2.5×（1.78～1.84）-0.3	2.5×（1.64～1.7）-2.88	1.66×0.52	2.22×1.24	侧身屈肢葬	陶壶1、陶双牛鼻耳罐1、铜铃4	二期五段
M75	125°	长方形土坑竖穴墓	2.32×（1.48～1.68）-0.3	2.2×（1.4～1.6）-2.3	1.6×0.54	1.88×1.16	仰身直肢葬	陶釜1、陶壶1	三期七段
M76	120°	“刀”字形砖室墓	墓室：3.48×（1.12～1.14）-0.3 墓道：3.5×（0.96～1.00）-0.3	3.48×（1.12～1.14）-（1.18～1.28）	不详			陶仓3，陶平底带系釜、陶瓮、陶井、陶灶、陶盆各1，铜车马饰1组，铜筒形器4，铜軎2，铜车軎、铜当卢、铜衔镳、铜盖弓帽各1	九期十六段

续表

编号	方向	墓葬形制	墓口/(长×宽-深)	墓底/(长×宽-深)	棺/(长×宽)	椁/(长×宽)	葬式	随葬品	分期/时代
M77	120°	长方形土坑竖穴墓	2.65×1.76-0.3	2.6×1.4-2.78	1.84×（0.52～0.56）	无	侧身屈肢葬	陶双牛鼻耳罐1、陶钵1、陶器1	二期六段
M78	30°	长方形土坑竖穴墓	2.42×（1.46～1.6）-0.3	（1.69～1.76）×（1.52～1.54）-1.2	(1.69～1.76)×(0.52～0.54)	无	侧身屈肢葬	铜带钩1	秦至汉初
M79	30°	长方形土坑竖穴墓	2.34×（1.54～1.62）-0.3	1.82×（0.56～0.6）-1.2	不详	无	侧身直肢葬	无	秦至汉初
M80	30°	长方形土坑竖穴墓	3.18×2.26-0.3	2.20×（1.24～1.3）-3.14	1.72×（0.46～0.5）	无	仰身直肢葬	玉环2	秦至汉初
M81	310°	长方形砖室墓	2.56×1.12-0.3	2.56×1.12-0.74	不详			陶仓3，陶灶、陶釜、陶双牛鼻耳罐各1	九期十六段
M82	35°	长方形土坑竖穴墓	1.84×1.24-0.3	1.62×（0.8～0.94）-1.84	1.50×0.44	1.60×0.6	不详	陶双牛鼻耳罐1	四期八段
M83	295°	“甲”字形土坑竖穴积石积炭墓	墓室：3.08×2.92-0.3 甬道：1.7×1.3-0.3 墓道：5.08×0.96-0.3	3.08×2.92-2.12	北棺：1.96×（0.5～0.6） 南棺:1.96×(0.48～0.52)			陶鼎1、陶壶4、陶平底带系釜1、陶瓮1、陶罐1、陶仓9、陶灶3、陶圜底釜1、陶甑2、陶盆5、陶井1、铜盆1、铜甑1、铜釜1、铜镜1、铜带钩1、铜弩机4、铜车軎4、铜车轴1、铜盖弓帽1、铜衔镳2、铜车轙1、铜兽面饰2、铜圆冒形器4、铜筒形器2、铜扁筒形器1、铜瓢形器2、铜圆片形器1、铜丁字形器2、铜U形器1、铁剑1、铁削1、铜五铢钱22	五期十段
M84	130°	“刀”字形砖室墓	墓室：3.06×（0.92～1.02）-0.3 墓道：1.5×（0.84～0.9）-0.3	3.06×（0.92～1.02）-（0.56～0.70）	不详			陶仓1	汉

续表

编号	方向	墓葬形制	墓口/(长×宽-深)	墓底/(长×宽-深)	棺/(长×宽)	椁/(长×宽)	葬式	随葬品	分期/时代
M85	305°	“甲”字形砖室墓	墓室：（3.18～3.24）×（1.46～1.62）-0.3 甬道：0.64×1.24-0.3 墓道：（2～2.14）×（0.88～1.04）-0.3	（3.18～3.24）×（1.46～1.62）-（0.8～1.14）	不详			陶罐1、陶仓1、陶釜1、陶耳杯1、陶案1	东汉
M86	25°	长方形土坑竖穴墓	（1.6～2.12）×（2～2.06）-0.3	2.18×1.28-（2.68～2.88）	1.95×（0.46～0.57）	2.18×1.28	仰身直肢葬	陶鼎3、陶杯1、陶壶3、陶环2、陶盒2、陶豆4	二期五段
M87	40°	长方形土坑竖穴墓	2.68×（1.86～1.9）-0.3	2.19×(1.23～1.29)-(2.87～2.98)	1.8×(0.56～0.6)	2.24×1.43	仰身直肢葬	陶鼎3、陶壶2、陶豆4、陶器3、铜镜1	二期五段
M88	115°	长方形土坑竖穴墓	2.9×（1.9～2.04）-0.3	2.3×（1.5～1.6）-4.12	1.7×0.6	1.9×1.1	仰身直肢葬	陶豆3、陶盒1、陶杯1、陶盘1、陶勺1、陶壶1、陶鼎1、陶甑1、陶罐1、陶双牛鼻耳罐1	二期五段
M89	295°	“甲”字形砖室墓	墓室：2.7×(1.36～1.44)-0.3 墓道：1.65×0.8-0.3	2.7×(1.36～1.44)-(1.05～1.2)	不详			陶仓1、陶盆1、陶甑1，在扰土中发现陶仓3件、铜钱17枚	七期十三段
M90（M97）	130°	“甲”字形砖室墓	墓室：3.46×1.9-0.3 甬道：0.7×1.32-0.3 墓道：2.74×（0.8～0.92）-0.3	3.46×1.9-（1.2～1.26）	不详			不详	汉
M91	290°	长方形土坑竖穴墓	2.56×（1.70～1.76）-0.3	2.02×0.88-2.36	1.7×（0.5～0.54）	1.94×0.84	侧身屈肢葬	陶无耳罐1、陶豆2、陶盂2、陶釜2	三期七段
M92	302°	长方形土坑竖穴墓	3×(2～2.1)-0.3	2.1×（1×1.06）-3.8	1.84×0.48	2.02×0.94	不详	陶壶1、陶盘1、陶勺2、陶鼎2、陶环1、陶豆1、陶罐1、陶盒1、陶豆1、陶杯1	一期一段
M93	305°	“甲”字形砖室墓	墓室：2.94×（0.92～1.02）-0.3 墓道：0.62×0.66-0.3	2.94×（0.92～1.02）-（1.38～1.4）	不详			不详	汉
M94	315°	长方形土坑竖穴墓	2.08×1.44-0.3	1.66×0.7-1.88	1.3×（0.4～0.46）	无	侧身屈肢葬	陶双牛鼻耳罐1、陶釜1	三期七段

续表

编号	方向	墓葬形制	墓口/(长×宽-深)	墓底/(长×宽-深)	棺/(长×宽)	椁/(长×宽)	葬式	随葬品	分期/时代
M95	320°	长方形土坑竖穴墓	（2.66～2.74）×1.76-0.3	（2.04～2.08）×（1.12～1.26）-2.64	1.7×（0.5～0.6）	（2～2.12）×（1.08～1.22）	不详	陶蒜头壶1、陶鼎1、陶盂1	三期七段
M96	295°	长方形土坑竖穴墓	3.08×(1.9～2)-0.3	2.5×(1.3～1.4)-（4.9～5）	2.2×0.7	2.4×1.24	不详	陶鼎3、陶豆5、陶盒2、陶壶2、陶杯2、陶罐1、陶盘1、陶匜1、陶甗1、陶勺1、陶环1、陶鸟1	二期四段
M98	300°	“甲”字形砖室墓	墓室：2.92×（1.44～1.46）-0.3 甬道：0.7×0.8-0.3 墓道：3.1×（0.8～0.9）-0.3	2.92×（1.44～1.46）-（2.08～2.28）	不详			陶仓6、陶罐4、陶鼎2、陶壶2、陶井2、陶盆1、陶瓮1、陶甑1、陶灶1、陶磨1、铜带钩1、铜车軎2、铁剑2、铜五铢钱2串38枚	六期十二段
M99	310°	“甲”字形砖室墓	墓室：3.2×1.98-0.3 墓道：3.36×0.76-0.3	3.2×1.98-（1.50～1.60）	不详			扰土中发现有陶器残片和铜盖弓帽残片	汉
M100	308°	“甲”字形砖室墓	墓室：（3.44～3.6）×1.64-0.25 甬道：0.5×1-0.25 墓道：3.4×（0.9～1）-0.25	（3.44～3.6）×1.64-（1.4～1.5）	不详			扰土中发现陶罐1、陶仓2、陶盆2、陶甑1、陶案1	六期十二段
M101	135°	长方形土坑竖穴墓	2.45×(1.6～1.7)-0.25	2.06×(1.04～1.12)-3.12	1.8×0.6	1.9×0.8	仰身直肢葬	陶蒜头壶1、陶圜底釜1、陶盒1	三期七段
M102	302°	“甲”字形砖室墓	墓室：4.02×1.64-0.3 甬道：0.58×1.3-0.3 墓道：（3.92～4）×（1.54～1.72）-0.3	4.02×1.64-（1.84～1.88）	不详			扰土中发现陶仓、铜车軎、铁剑各1件，圆帽形铜器2件，铜盖弓帽4件，铜钱2枚	七期十三段
M103	130°	长方形土坑竖穴墓	2.8×(1.56～1.6)-0.3	2×(0.8～0.88)-（2.26～2.3）	1.72×0.76	无	不详	陶奁1、铜镜1、铜铃6、铜珩2、料珠2、陶双牛鼻耳罐1、陶釜1、陶盂1	二期六段
M104	125°	长方形土坑竖穴墓	2.14×(1.32～1.5)-0.3	2.14×(0.8～0.86)-1.26	1.76×0.76	无	不详	陶双牛鼻耳罐2	四期八段
M105	143°	“甲”字形砖室墓	墓室：2.77×1.92-0.3 墓道：6.35×0.8-0.3	2.77×1.92-（1.6～1.76）	不详			扰土中发现铜车軎和陶仓、罐残片	汉

续表

编号	方向	墓葬形制	墓口/(长×宽-深)	墓底/(长×宽-深)	棺/(长×宽)	椁/(长×宽)	葬式	随葬品	分期/时代
M106	315°	“甲”字形砖室墓	墓室：3.98×（1.44～1.48）-0.3 墓道：1.9×0.8-0.3	3.98×（1.44～1.48）-（1.10～1.34）	不详			陶瓮1、陶仓3、陶罐1、陶井1、陶盆1、陶甑1、陶灶1	七期十三段
M107	130°	“刀”字形土坑积石墓	墓室：2.82×2-0.6 甬道：（1.7～1.72）×（1.54～1.66）-0.6 墓道：7.1×（0.8～1.2）-0.6	2.82×2-（2.82～2.96）	北棺：2.2×0.6 南棺：（2.22～2.27）×（0.76～0.8）	（2.16～2.32）×1.46		陶仓3、陶瓮1、陶双牛鼻耳罐2、陶罐1、陶灶1、铜釜1、铜匜1、铜车軎2、铜车轴1、铜当卢1、铜衔镳1、铜筒形器1、铜瓢形器1、石蝉1 、石鼻塞2、铜五铢钱1串13枚	六期十二段
M108	315°	“甲”字形砖室墓	墓室：3.16×（1～1.06）-0.3 墓道：2.42×0.74-0.3	3.16×（1～1.06）-0.66	不详			不详	汉
M109	120°	长方形土坑竖穴墓	3.1×(2～2.14)-0.3	2.35×(1.37～1.4)-3.86	1.8×（0.6～0.65）	2.35×（1.37～1.4）	不详	铜印章1、铁剑1、陶纺轮1、陶罐1	三期七段
M110	120°	长方形土坑竖穴墓	(3～3.06)×(1.86～2)-0.3	2.46×(1.18～1.26)-（3.62～3.7）	1.8×（0.6～0.65）	2.36×1.1	不详	陶壶1、陶双牛鼻耳罐1、陶鼎1	三期七段
M111	130°	“刀”字形砖室墓	墓室：3.12×（1.58～1.7）-0.3 墓道：2.94×0.7-0.3	3.12×（1.58～1.7）-1.16	不详			在扰土中发现陶罐1、陶钵1、陶仓1、陶灶1	七期十三段
M112	310°	“刀”字形砖室墓	墓室：3.04×1.64-0.3 墓道：3.16×0.76-0.3	3.04×1.64-1.25	不详			不详	汉
M113	125°	长方形土坑竖穴墓	2.5×1.74-0.3	1.76×0.98-2.38	1.62×（0.5～0.56）	1.76×0.98	仰身直肢葬	陶豆2、陶盒1、陶壶1、陶釜1、铜饰1	二期五段
M114	314°	“甲”字形砖室墓	墓室：2.62×（1.76～1.8）-0.3 甬道：1.8×1.4-0.3 墓道：4×0.9-0.3	2.62×（1.76～1.8）-(2.38～2.4)	不详			铜弩机1、铜车軎2、铜车轴1、铜当卢1、铜衔镳2、铜軙2、铜盖弓帽17、筒形器5、铜帽形器1、瓢形器 1、铜兽面饰1、铜U形器2	汉
M115	306°	长方形砖室墓	2.20×1.28-0.3	2.20×1.28-0.5	无			无	汉

续表

编号	方向	墓葬形制	墓口/(长×宽-深)	墓底/(长×宽-深)	棺/(长×宽)	椁/(长×宽)	葬式	随葬品	分期/时代
M116	40°	长方形土坑竖穴墓	2.34×(1.5～1.6)-0.3	2.34×(0.88～0.98)-（1.48～1.55）	1.5×0.5	无	仰身屈肢葬	铜带钩1、陶壶1、陶盂1、陶圜底釜1	二期六段
M117	35°	长方形土坑竖穴墓	2.7×1.88-0.3	1.96×1-2.6	1.6×0.52	1.9×0.96	不详	陶圜底釜1、陶无耳罐1	三期七段
M118	314°	不规则形瓦棺墓	3.10×1.04-0.3	2.1×0.72-0.28	不详			陶罐残片	汉
M119	316°	长方形砖室墓	2.8×1.16-0.3	2.8×1.16-（0.72～0.76）	不详			不详	汉
M120	336°	长方形土坑竖穴墓	2.3×（1.52～1.6）-0.3	2.18×1-2.06	1.6×（0.56～0.6）	无	不详	陶圜底釜1、陶双牛鼻耳罐1、陶盂1	三期七段
M121	313°	“甲”字形砖室墓	墓室：（3.1～3.3）×（1.6～1.66）-0.3 墓道：2.64×（0.8～0.88）-0.3	（3.1～3.3）×（1.6～1.66）-（0.82～0.9）	不详			不详	汉
M122	321°	“甲”字形砖室墓	墓室：2.48×（1.34～1.46）-0.3 墓道：4.7×0.74-0.3	2.48×（1.34～1.46）-（2.40～2.48）	不详			陶仓3、陶盆、陶釜、陶盒、陶瓮、陶罐、陶甑、陶灶各1，扰土中有长方形石器1	七期十三段
M123	30°	长方形土坑竖穴墓	2.4×（1.4～1.44）-0.3	2.44×1.52-2.9	1.8×0.5	2.08×0.9	不详	陶盂1、陶圜底釜1、陶双牛鼻耳罐1	四期八段
M124	135°	长方形土坑竖穴墓	3.36×2.7-0.3	2.2×1.7-1.65	1.95×0.58	2.12×1.60		陶仓3、陶罐3、陶平底带系釜1、陶壶2、陶瓮、陶盆、陶甑、陶灶各1，五铢钱3串	六期十二段
M125	154°	“甲”字形砖室墓	墓室：3.18×（2.14～2.2）-0.3 墓道：（0.92～1.02）×（0.82～0.88）-0.3	3.18×（2.14～2.2）-（0.42～0.52）	不详			不详	汉
M126	30°	长方形土坑竖穴墓	2.7 ×(1.6～1.7)-0.3	1.96×0.7-3	1.6×0.5	1.9×0.7	侧身屈肢葬	角鼻塞2、陶双牛鼻耳罐罐1、陶圜底釜1	二期六段
M127	123°	长方形土坑竖穴墓	2.5×（1.9～2）-0.3	2.44×（1.82～1.92）-2.4	2.25×0.75	2.4×1.84		铜镜1、铜钱1串8枚、陶罐2	五期九段

续表

编号	方向	墓葬形制	墓口/(长×宽-深)	墓底/(长×宽-深)	棺/(长×宽)	椁/(长×宽)	葬式	随葬品	分期/时代
M128	132°	"刀"字形砖室墓	墓室：3.34×（1.72～1.84）-0.3 墓道：3.08×（0.8～0.9）-0.3	3.34×（1.72～1.84）-1.04	不详			在扰土中发现陶仓3、陶器盖1、陶灶1、五铢钱7枚	七期十三段
M129	306°	"刀"字形砖室墓	墓室：2.66×1.32-0.3 墓道：0.88×0.82-0.3	2.66×1.32-0.58	不详			不详	汉
M130	312°	"刀"字形砖室墓	墓室：3.32×1.52-0.3 墓道：1.94×0.76-0.3	3.32×1.52-0.6	不详			不详	汉
M131	320°	"刀"字形砖室墓	墓室：2.98×1.48-0.3 墓道：5.12×（0.84～1.02）-0.3	2.98×1.48-2.3	不详			不详	汉
M132	12°	长方形土坑竖穴墓	1.84×0.36-0.3	2.26×1.3-2.7	1.8×0.6	2.44×1.28	仰身直肢葬	陶豆2、陶壶1、陶鍪1	战国晚期
M133	117°	长方形土坑竖穴墓	2.06×1-0.3	1.94×1.2-2.4	1.6×0.46	无	不详	陶盂2、陶壶2、陶圜底釜1	二期六段
M134	300°	"甲"字形砖室墓	墓室：2.6×1.4-0.3 甬道：0.54×（0.68～0.8）-0.3 墓道：2.96×（0.68～0.8）-0.3	2.6×1.4-1.68	不详			陶瓮1、陶灶1，在扰土中发现铜钱11枚	七期十三段
M135	300°	长方形土坑竖穴墓	（2.92～3.04）×(2.02～2.06)-0.3	2.05×(1.08～1.16)-2.9	1.94×0.6	2×1.06	不详	铜带钩1、陶圜底釜1、陶壶1、陶盂1	三期七段
M136	40°	长方形土坑竖穴墓	2.2×1.3-0.3	2.02×（0.56～0.6）-1.6	1.8×（0.56～0.6）	无	不详	陶圜底釜1、陶壶1	三期七段
M137	35°	长方形土坑竖穴墓	2.35×1.6-0.3	2.35×1.02-2	2.2×0.7	无	不详	陶无耳罐1、陶双牛鼻耳罐1、陶圜底釜1、铁器1	三期七段
M138	314°	"刀"字形砖室墓	墓室：2.76×1.34-0.3 墓道：2.8×1-0.3	2.76×1.34-0.98	不详			不详	汉
M139	303°	长方形土坑竖穴墓	2.42×1.6-0.3	1.54×0.8-2.85	1.55×0.55	1.55×0.8	侧身屈肢葬	陶无耳罐1、陶圜底釜1	二期六段

续表

编号	方向	墓葬形制	墓口/(长×宽-深)	墓底/(长×宽-深)	棺/(长×宽)	椁/(长×宽)	葬式	随葬品	分期/时代
M140	298°	长方形土坑竖穴墓	2.84×1.8-0.3	2.12×1.3-（2.86～2.9）	1.7×0.55	2.1×1.28	不详	铜环1、铜印章1、角鼻塞2、铜带钩1、陶圜底釜4、陶壶2、陶盂1、陶双桥耳罐1	四期八段
M141	314°	长方形土坑竖穴墓	2.8×1.8-0.3	2.1×1.04-2.65	1.68×0.5	无	不详	陶壶1、陶器盖1、陶圜底釜1、铜头饰2	四期八段
M142	297°	长方形土坑竖穴墓	2.2×1.3-0.3	2.2×0.85-1.3	1.8×0.5	无	仰身直肢葬	陶圜底釜1、陶盂1、陶钵1、铜带钩1	二期六段
M143	305°	长方形土坑竖穴墓	2.74×（1.8～1.86）-0.3	2.16×1-2.9	1.8×0.46	2.1×0.92	仰身直肢葬	陶圜底釜1、陶盒1	三期七段
M144	320°	“甲”字形砖室墓	墓室：4.12×2.32-0.3 墓道：2.5×（0.7～0.8）-0.3	4.12×2.32-0.8	不详			不详	汉
M145	328°	长方形土坑竖穴墓	3.06×2-0.3	2.12×1-3.3	1.8×0.5	无	仰身直肢葬	铜带钩1、陶壶1、陶圜底釜1	二期六段
M146	312°	“甲”字形砖室墓	墓室：2.82×1.62-0.3 墓道：1.8×0.8-0.3	2.82×1.62-0.5	不详			不详	汉
M147	93°	长方形土坑竖穴壁龛墓	2.36×（1.8～1.9）-0.3	2.3×0.9-2.95	1.82×0.45	无	仰身直肢葬	陶无耳罐2、陶壶1、陶圜底釜1、陶盂1	二期六段
M148	110°	长方形土坑竖穴壁龛墓	（0.42～0.85）×0.92-0.3	（0.42～0.85）×0.92-0.46	不详	不详	不详	陶豆1、陶罐1、陶盂1	四期八段
M149	30°	长方形土坑竖穴壁龛墓	2.87×（1.52～1.58）-0.3	1.97×0.88-2.24	不详	不详	不详	陶圜底釜1	三期七段
M150	98°	长方形土坑竖穴墓(壁龛)	2.42×1.74-0.3	2.1×1.08-2.2	1.7×0.44	无	仰身直肢葬	陶罐1、陶圜底釜1、陶盂1	二期六段
M151	98°	长方形土坑竖穴墓	2.52×1.8-0.3	2.7×1.1-2.7	2×0.5	无	仰身直肢葬	陶无耳罐1、陶圜底釜1、陶盂1	二期六段
M152	295°	长方形土坑竖穴墓	2.3×1.44-0.3	1.7×0.86-1.6	1.7×0.48	无	仰身直肢葬	陶盂1、陶罐1	三期七段

续表

编号	方向	墓葬形制	墓口/(长×宽-深)	墓底/(长×宽-深)	棺/(长×宽)	椁/(长×宽)	葬式	随葬品	分期/时代
M153	96°	长方形土坑竖穴墓	3.14×2.3-0.3	2.48×1.46-3.15	2×0.7	2.34×1.3	不详	铜扣1、陶无耳罐2、陶双牛鼻耳罐2、陶豆4、陶壶3、陶鼎2、陶杯2、陶勺2、陶敦2	二期六段
M154	100°	长方形土坑竖穴墓（壁龛）	2.7×（1.92～2）-0.3	2.1×（1.04～1.08）-2.86	1.78×0.46	无	仰身直肢葬	陶罐2、陶壶2、铁鼎1、铜带钩1、铁削1	二期六段
M155	140°	“甲”字形砖室墓	墓室：2.78×（1.62～1.68）-0.3 墓道：0.6×（0.86～0.9）-0.3	2.78×（1.62～1.68）-（0.36～1.1）	不详			在扰土中发现铜钱2枚、五铢钱1枚、大泉五十1枚	汉
M156	133°	“甲”字形砖室墓	墓室：3.1×2.04-0.3 墓道：只存痕迹	3.1×2.04-0.5	不详			不详	汉
M157	100°	长方形土坑竖穴墓(壁龛)	2.76×1.9-0.3	2×1-2.48	1.76×0.38	无	仰身直肢葬	陶无耳罐1、陶圜底釜1、陶盂1	三期七段
M158	135°	“刀”字形砖室墓	墓室：2.9×2-0.3 墓道：（1.3～1.5）×0.8-0.3	2.9×2-0.9	不详			不详	汉
M159	135°	“甲”字形砖室墓	墓室：2.8×1.6-0.3 甬道：0.5×0.9-0.3 墓道：2.4×0.9-0.3	2.8×1.6-（1.98～2.06）	无			陶器盖2、陶盆1、陶甑1、陶釜1、铜弩机1	汉
M160	15°	长方形土坑竖穴墓	1.76×1.08-0.3	2.04×0.96-1.50	1.58×0.5	无	仰身直肢葬	陶双牛鼻耳罐1、陶圜底釜1、陶盂1	二期六段
M161	17°	长方形土坑竖穴墓	2.2×1.4-0.3	1.84×0.9-3.16	1.7×0.45	1.82×0.9	仰身直肢葬	陶鼎1、陶双牛鼻耳罐1、陶圜底釜1、陶盒1	三期七段
M162	204°	长方形土坑竖穴墓	2×1.2-0.3	2×0.8-(1.2～1.52)	1.54×0.44	无	仰身直肢葬	陶双牛鼻耳罐1、陶圜底釜1、陶盂1、陶豆2	二期五段
M163	315°	长方形土坑竖穴墓	2.6×1.8-0.25	2.6×1.64-2.14	东北部棺：2.3×0.6 西南部棺：2.08×0.46	不详	不详	陶瓮1、陶圜底釜1、陶仓2、铜钱17枚	七期十三段
M164	120°	长方形土坑竖穴墓	2.1×1.4-0.25	2×（0.56～0.64）-1.50	1.7×0.46	无	不详	陶双牛鼻耳罐1、陶圜底釜1、陶盂2	二期六段

续表

编号	方向	墓葬形制	墓口/(长×宽-深)	墓底/(长×宽-深)	棺/(长×宽)	椁/(长×宽)	葬式	随葬品	分期/时代
M165	138°	“甲”字形砖室墓	墓室：2.52×1.52-0.3 甬道：0.5×0.7-0.3 墓道：1.8×0.8-0.3	2.52×1.52-1.68	无			无	汉
M166	125°	长方形土坑竖穴墓	2.76×（1.88～2）-0.25	2×1-3.5	1.86×0.54	2×1	仰身直肢葬	陶豆3、陶鼎2、陶壶2、陶盘1、陶盂1、陶盒1、陶盆1、陶勺1、陶罐1	二期六段
M167	118°	“甲”字形砖室墓	墓室：3×（1.2～1.3）-0.3墓道：2.46×（0.66～0.7）-0.3	3×（1.2～1.3）-（0.76～0.8）	不详			不详	汉
M168	127°	“甲”字形砖室墓	墓室：4.38×（2.4～2.7）-0.3 甬道：0.8×0.8-0.3 墓道：5.36×（0.76～1.34）-0.3	4.38×（2.4～2.7）-2.26	无			扰土中发现铜器盖、铜弩机、铜车軎、铜衔镳、铜当卢、铜轙各1，铜筒形器3、铜圆冒形器2、铜盖弓帽2、铜兽面饰1	汉
M169	112°	“甲”字形砖室墓	墓室：2.44×1.08-0.3墓道：0.1×0.7-0.3	2.44×1.08-1.5	无			陶双牛鼻耳罐2、陶罐2、陶仓2、陶灶1、陶盆1、陶甑1、陶井1	八期十四段
M170	109°	长方形土坑竖穴墓	2.46×1.56-0.3	2.06×1.16-3.32	1.72×0.5	2.02×1.12	仰身直肢葬	铜戈1、陶豆4、陶鼎2、陶敦2、陶壶2、陶器2、陶杯1、陶环1	二期四段
M171	184°	长方形土坑竖穴墓	2.4×（1.64～1.7）-0.3	2.5×1.04-2.4	1.62×0.5	无	仰身直肢葬	陶壶2、陶圜底釜1、陶盂1、陶豆1	二期六段
M172	110°	长方形土坑竖穴墓（壁龛）	2.46×1.66-0.3	1.8×（0.72～0.78）-2.3	1.7×0.5	无	仰身直肢葬	陶罐2、陶豆2、陶圜底釜1、陶盂1、铁器1	二期六段
M173	300°	长方形土坑竖穴墓	2.8×（2.06～2.1）-0.3	2.6×（1.8～2）-2.1	2.1×0.6		侧身屈肢葬	陶鼎2、陶壶2、铜釜1、铜弩机2、铜车軎2、铜衔镳1、铜车轴1、铜五铢钱38枚	五期九段

续表

编号	方向	墓葬形制	墓口/(长×宽-深)	墓底/(长×宽-深)	棺/(长×宽)	椁/(长×宽)	葬式	随葬品	分期/时代
M174	110°	长方形土坑竖穴墓	（2.36～2.72）×1.86-0.3	2.16×（0.92～1）-3.2	1.9×0.5	2.16×（0.92～1.00）	仰身直肢葬	陶豆3、陶鼎2、陶敦1、陶罐1、陶壶1、陶甑1、陶盘1、陶匜1、陶杯1	二期四段
M175	20°	长方形土坑竖穴墓	2.5×（1.7～1.76）-0.3	2.26×1.32-3.22	1.73×0.44	无	仰身直肢葬	陶壶2、陶豆2、陶罐2、陶鼎1、陶盒1、陶匜1、陶杯1	二期六段
M176	316°	有耳室砖室墓	墓室：3.6×2.44-0.3 耳室：2.42×1.4-0.3	3.6×2.44-1.04	不详			不详	汉
M177	123°	长方形土坑竖穴墓	2.5×（1.7～1.8）-0.3	2.6×1.7-3	1.9×0.58	2.2×1.1	仰身直肢葬	陶壶1、陶鼎1、陶盒1	二期五段
M178	295°	长方形土坑竖穴墓	2.9×（1.94～2）-0.0	2.14×1.34-3.1	1.7×0.5	2.1×1.3	仰身直肢葬	铜铃4、铜珩6、铜环2、铜带钩1、陶壶1、陶釜1、小陶壶1、陶盂2	四期八段
M179	132°或312°	长方形土坑竖穴墓	（2.26～2.3）×1.8-0.3	2×1.08-1.9	1.64×0.52	无	不详	陶壶1、陶双桥耳罐1	二期五段
M180	125°	长方形土坑竖穴墓	2.5×（1.3～1.36）-0.3	2.2×0.94-（1.7～2.2）	1.7×0.55	无	仰身直肢葬	陶壶1、陶圜底釜1、陶盂1、陶豆1	三期七段
M181	302°	长方形土坑竖穴墓	3.2×（2.1～2.3）-0.3	1.92×1.20-3.72	1.7×（0.5～0.6）	1.9×1.18	不详	陶鼎2、陶盒2、陶壶2、陶甑1、陶单耳罐1、石环1、铁器1	二期四段
M182	206°	长方形土坑竖穴墓	1.8×1.2-0.3	1.8×1.2-1	1.52×0.46	无	侧身屈肢葬	陶双牛鼻耳罐1	二期六段
M183	205°	长方形土坑竖穴墓	3.08×2.04-0.3	2.26×（1.1～1.18）-3.36	1.75×0.5	2.04×0.98	仰身直肢葬	陶鼎1、陶敦1、陶壶1、陶豆1	一期一段
M184	305°	“甲”字形积石墓	墓室：2.46×（1.9～1.94）-0.3 甬道：（0.8～0.82）×0.98-0.3 墓道：5.6×0.98-0.3	2.46×（1.9～1.94）-2.1	1.9×0.6		仰身直肢葬	陶瓮1、陶双牛鼻耳罐2、陶仓4、陶灶1、陶盆1、陶甑1、铜泡钉3	五期九段
M185	126°	长方形土坑竖穴墓	2.5×1.76-0.3	2.4×1-2.66	1.98×0.6	无	仰身直肢葬	陶盂1、陶圜底釜1、陶壶1	二期六段

续表

编号	方向	墓葬形制	墓口/(长×宽-深)	墓底/(长×宽-深)	棺/(长×宽)	椁/(长×宽)	葬式	随葬品	分期/时代
M186	110°	长方形土坑竖穴墓	2.9×2-0.3	2.22×（1.2～1.24）-（3.22～3.28）	1.8×0.5	2.2×（1.18～1.22）	仰身直肢葬	陶豆4、陶壶3、陶鼎2、陶敦2、陶杯1、陶盂1	一期三段
M187	130°	“甲”字形砖室墓	墓室：2.52×2.48-0.3 甬道：1.32×1.8-0.3 墓道：0.16×1-0.3	2.52×2.48-1.34	无			陶狗、陶井、陶灶各1，扰土中发现陶甑、陶盆、陶案各1	八期十四段
M188	325°	长方形土坑竖穴墓	2.62×1.86-0.3	2.2×0.9-（2.82～2.86）	1.6×0.56	无	侧身屈肢葬	陶罐2、陶盆1、陶盒1、铜带钩1	二期四段
M189	125°	长方形土坑竖穴墓	2.2×1.48-0.3	2.1×0.9-2.3	1.7×0.5	无	仰身直肢葬	陶盂1、陶双牛鼻耳罐1、陶圜底釜1、铜带钩1	二期六段
M190	183°	长方形土坑竖穴墓	2.24×1.52-0.3	2.04×0.84-2.9	1.6×0.44	无	不详	陶豆2、陶鼎1、陶壶1、陶盂1	二期六段
M191	142°	“刀”字形砖室墓	墓室：4.3×（1.7～2.3）-0.3 甬道：0.4×1-0.3 墓道：5×1-0.3	4.3×（1.7～2.3）-（1.5～1.7）	不详			扰土中发现铜矛1、铜筒形器2、铜瓢形器1、铜U形器2、铜五铢钱4枚	汉
M192	207°	长方形土坑竖穴墓	2.3×1.6-0.3	2×0.9-2.2	1.8×0.46	无		陶罐1、陶圜底釜1	三期七段
M193	305°	“刀”字形砖室墓	墓室：3.22×（1.84～1.9）-0.3 墓道：0.4×（1.2～1.24）-0.3	3.22×（1.84～1.9）-（0.10～0.30）	不详			无	汉
M194	308°	“刀”字形砖室墓	墓室：（3.90～4.14）×（1.9～2.22）-0.3 甬道：0.9×1.4-0.3 墓道：0.4×1.04-0.3	（3.90～4.14）×（1.9～2.22）-（1.4～1.5）	不详			陶鼎1、陶盒2、陶壶2、陶罐8、小陶罐1、陶瓮2、陶仓5、陶灶2、陶盆2、陶釜1、陶甑1、陶井1、铜带钩1、铜印章1、铜弩机1、铜车軎3、铜盖弓帽1、铜筒形器1、铁剑1、铁削1、铜五铢钱152枚	六期十一段
M195	115°	长方形土坑竖穴墓	2.96×2.14-0.3	2.08×1.4-3.14	1.86×0.54	2×1.24	仰身直肢葬	陶豆3、陶鼎2、陶壶2、陶盒1、陶杯1、陶敦1、陶匜1、陶甑1、陶环1、陶盘1	二期四段

续表

编号	方向	墓葬形制	墓口/(长×宽-深)	墓底/(长×宽-深)	棺/(长×宽)	椁/(长×宽)	葬式	随葬品	分期/时代
M196	28°	长方形土坑竖穴墓	3×（1.9~2）-0.3	2.1×1-3.2	1.8×0.45	无	仰身直肢葬	陶豆3、陶无耳罐1、陶盒1、陶圜底釜1	二期五段
M197	310°	长方形土坑竖穴墓	2.4×1.7-0.3	2.4×1.5-1.8	棺：2.1×0.56			陶盒2、陶瓮2、陶仓3、陶灶1、陶盆1、陶甑1、陶井1、铜五铢钱1串	六期十二段
M198	39°	长方形土坑竖穴墓	（2.3~2.4）×（1.9~2）-0.3	2×0.9-2.5	1.7×0.5	无	仰身屈肢葬	铜带钩1、陶双牛鼻耳罐2、陶盂1	二期六段
M199	122°	“刀”字形砖室墓	墓室：2.84×1.78-0.3 甬道：1.44×1.22-0.3 墓道：4.2×（0.84~1.02）-0.3	2.84×1.78-1.18	不详			扰土中发现铜五铢钱8枚	汉
M200	108°	长方形土坑竖穴墓	2.64×1.86-0.3	3.10×1.72-2.9	1.8×0.5	2.6×1.48	仰身直肢葬	陶双牛鼻耳罐1、陶双桥耳罐2、陶盂1、陶豆1、陶圜底釜1、铜带钩1、陶珠1	二期六段
M201	32°	长方形土坑竖穴墓	2.56×1.84-0.3	2.36×1.44-2.4	2×0.5	2.28×1.36	仰身直肢葬	陶鼎1、陶敦1、陶壶1	一期二段
M202	118°	长方形土坑竖穴墓	2.2×1.5-0.3	2.2×（0.8~0.84）-2.88	1.7×0.5	无	侧身屈肢葬	陶双牛鼻耳罐1、陶盂1、陶壶1	二期五段
M203	285°	长方形土坑竖穴壁龛墓	2.8×（1.60~1.68）-0.3	1.88×（1~1.06）-1.18	1.6×（0.6~0.64）	无	侧身屈肢葬	陶壶1	一期三段
M204	105°	“甲”字形积石积炭墓	墓室：2.5×1.9-0.3 甬道：1.12×1.00-0.3 墓道：1.36×1-0.3	2.4×1.7-2.2	2.1×0.6	2.22×1.64		陶瓮1、陶仓3、陶双牛鼻耳罐2、陶灶1、铜弩机2、铜车軎1、铜车轴1、铜衔镳1、铜軎2、铜盖弓帽2、铜筒形器3、铜瓢形器1、铜圆帽形器1、铜长方形器1、铜泡钉2、铜U形器1、铜五铢钱66枚、铁矛1、长方形石器1	五期九段
M205	103°	长方形土坑竖穴壁龛墓	1.70×0.78-0.3	1.70×0.78-1.40	1.6×0.46	无	不详	陶豆1、陶无耳罐1、陶鬲1、陶盂1	一期三段

续表

编号	方向	墓葬形制	墓口/(长×宽-深)	墓底/(长×宽-深)	棺/(长×宽)	椁/(长×宽)	葬式	随葬品	分期/时代
M206	130°	“甲”字形砖室墓	墓室：3.6×（2.42～2.62）-0.3 甬道：1.1×1.2-0.3 墓道：1.44×（0.6～0.8）-0.3	3.6×（2.42～2.62）-0.4	不详			不详	汉墓
M207	230°	长方形土坑竖穴墓	2.70×1.16-0.3	2.70×1.16-（1～1.2）	1.7×0.54	2.1×1	不详	陶豆2、陶壶1、陶鬲1、陶盂1	一期二段
M208	233°	长方形土坑竖穴墓	2.2×0.92-0.3	2.2×0.92-（1～1.2）	不详			无	时代不明
M209	134°	长方形土坑竖穴墓	2.26×（1.2～1.3）-0.3	2.06×0.5-2.04	1.76×0.40	无	仰身直肢葬	陶盂2、陶双牛鼻耳罐1、陶豆1	二期六段

后　　记

本报告是南水北调中线工程丹江口水库淹没区文物保护的成果之一，是集体智慧的结晶。本次考古发掘的领队为胡永庆，参加此次发掘的主要工作人员有蒋中华、李玉山、马新常、李聪、马安义、刘磊、林晓伟、张健、王红军等。在发掘期间，河南省文物局南水北调文物文物办公室主任张志清、副主任秦文波、董睿等莅临发掘工地检查和指导工作。监理张天恩、田亚林对发掘面积以及发掘质量进行了检查和指导。在发掘过程中，得到了南阳市文物局、淅川县文化局、滔河镇党委政府的大力支持，水田营村村委做了大量的协调工作。

本报告由胡永庆主持编写，其中第一章由胡永庆执笔，第二章由胡永庆、朱树政、祝贺、秦一、张羽、马新常、齐延广、李聪、马安义、刘磊、蒋中华、甄奎、朱金涛执笔，第三章、第四章、第五章由徐承泰、胡永庆、吴小平执笔，胡永庆通审全书。现场照片由胡永庆、蒋中华、李聪拍摄，遗物照片由祝贺拍摄。遗迹线图由李聪、胡永庆制作，器物线图由李冬月绘制。拓片由马新常制作。

在报告的编写过程中，河南省文物考古研究院的孙新民、贾连敏院长给予了大力支持。科学出版社考古分社的闫向东先生和责任编辑张亚娜女士为本书的出版给予了大力帮助。

在本报告付梓出版之际，谨向参与并给予支持和帮助的所有单位和个人表示衷心的感谢！

编　者

2015年12月

1. 一区全景（南—北）

2. 二区全景（北—南）

淅川阎杆岭墓地全景

图版二

1. 三区全景（西南—东北）

2. M3出土陶器

淅川阎杆岭墓地全景及M3出土陶器

1. M4墓底情况

2. M4出土陶器

M4墓底情况及出土陶器

1. M5全景（北—南）

2. M5出土陶器

M5全景及出土陶器

1. M10墓底情况

2. M10出土陶器

M10墓底情况及出土陶器

1. M11墓底情况

2. M11出土陶器

M11墓底情况及出土陶器

1. M12墓底情况

2. M12出土陶器

M12墓底情况及出土陶器

图版八

1. M15墓底情况

2. M15出土陶器

M15墓底情况及出土陶器

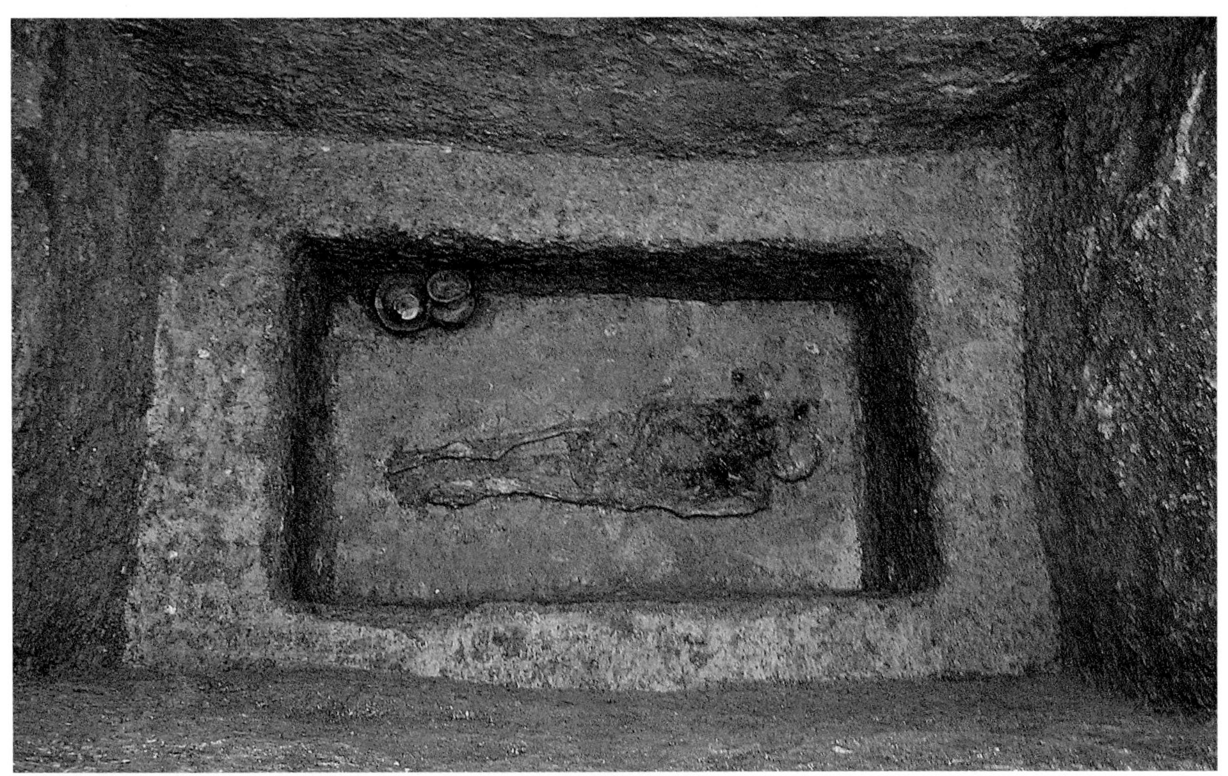

1. M16墓底情况

2. M16出土陶器

M16墓底情况及出土陶器

1. M19壁龛

2. M19出土陶器

M19壁龛及出土陶器

1. M20全景（东南—西北）

2. M21全景

M20、M21全景

1. M21壁龛（东—西）

2. M21出土陶器

M21壁龛及出土陶器

1. 陶狗（M23：1）

2. 陶楼顶部（M23：2）

3. M25出土陶器

M23、M25出土陶器

图版一四

1. M26壁龛

2. M26出土陶器

M26壁龛及出土陶器

1. M27墓底情况

2. M27出土陶器

M27墓底情况及出土陶器

1. 陶鼎（M27：9）

2. 陶敦（M27：5）

3. 陶壶（M27：4）

4. 陶豆（M27：8）

5. 陶盘（M27：2）

6. 陶匜（M27：1）

M27出土陶器

1. M28全景（西—东）

2. M28出土陶豆

M28全景及出土陶豆

图版一八

1. M30墓底情况

2. M30出土陶器

M30墓底情况及出土陶器

1. M31全景（北—南）

2. M31出土陶器

M31全景及出土陶器

1. M32墓底情况

2. M32出土陶器

M32墓底情况及出土陶器

1. 陶鼎（M32：1）

2. 陶敦（M32：6）

3. 陶壶（M32：5）

4. 陶豆（M32：10）

5. 陶盘（M32：2-1）

6. 陶匜（M32：2-2）

M32出土陶器

1. M35全景（东南—西北）

2. M35墓底情况

M35全景及墓底情况

1. 陶壶（M35：2、M35：5）

2. 陶壶（M35：3）

3. 陶瓮（M35：8）

4. 陶牛鼻耳罐（M35：7）

M35出土陶器

图版二四

1. M36全景（东南—西北）

2. M37全景（西南—东北）

M36、M37全景

1. 陶瓮（M36：13）

2. 陶鍪（M36：14）

3. 陶罐（M36：4）

4. 陶罐（M36：5）

5. 陶双牛鼻耳罐（M36：12）

6. 陶仓（M36：3）

M36出土陶器

1. M38全景（北—南）

2. M38墓底情况

M38全景及墓底情况

1. 陶鼎（M38：48）

2. 陶罐（M38：13）

3. 陶罐（M38：22）

4. 陶牛鼻耳罐（M38：23）

5. 陶壶（M38：10）

6. 陶壶（M38：12）

M38出土陶器

1. 陶井和陶斗（M38：43-2）

2. 陶灶（M38：44）

3. 陶磨（M38：20）

4. 陶器盖（M38：16）

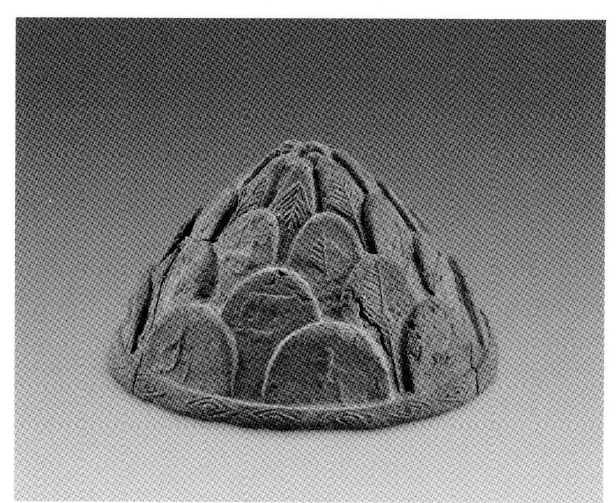

5. 陶器盖（M38：24）

6. 陶筒瓦（M38：38）

M38出土陶器

1. M40全景（东南—西北）

2. M40墓室（西南—东北）

M40全景及墓室

1. 陶壶（M40：1）

2. 陶罐（M40：7）

3. 陶坛（M40：2）

4. 陶樽（M40：3）

5. 陶耳杯（M40：4）

6. 陶案（M40：14）

M40出土陶器

1. M44全景（西南—东北）

2. M47墓底情况

M44全景及M47墓底情况

1. M50墓底情况

2. M50出土陶器

M50墓底情况及出土陶器

1. M54墓底情况

2. M54出土陶器

M54墓底情况及出土陶器

图版三四

1. M59墓底情况

2. 陶三足釜（M59：8）

3. 陶双桥耳罐（M59：2）

M59墓底情况及出土陶器

1. M63墓底情况

2. M63出土陶器

M63墓底情况及出土陶器

1. 铜剑（M63：5）

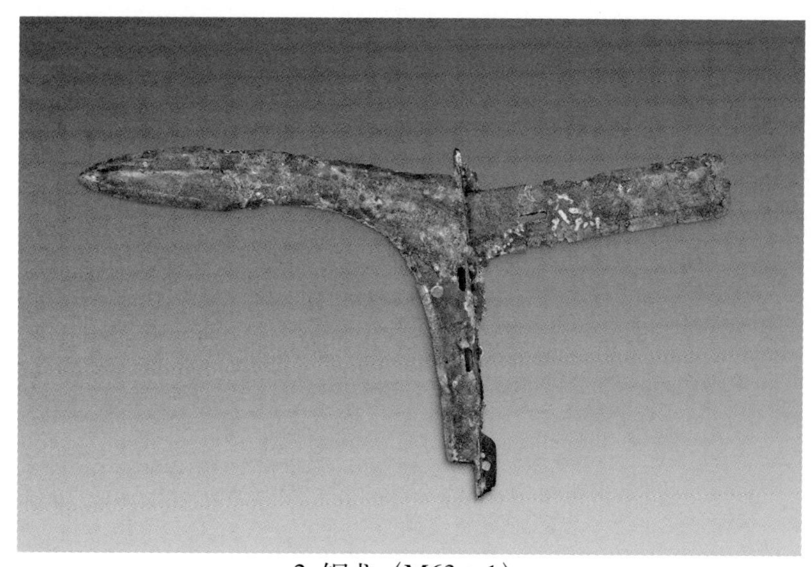

2. 铜戈（M63：1）

3. 铜戈（M63：1）铭文

M63出土铜器

1. M66全景（西南—东北）

2. M66出土陶器

M66全景及出土陶器

图版三八

1. M67全景（西南—东北）

2. M68墓底情况

M67全景及M68墓底情况

1. M71全景（西南—东北）

2. M71墓底情况

M71全景及墓底情况

1. 陶罐（M71：11）

2. 陶双牛鼻耳罐（M71：3）

3. 陶双牛鼻耳罐（M71：17）

4. 陶仓（M71：5）

5. 陶仓（M71：7）

6. 陶井（M71：13）

M71出土陶器

1. 陶磨（M71：8）

2. 陶猪圈（M71：28、M71：29）

3. 陶狗（M71：2）

4. 陶鸡（M71：22）

5. 陶鸡（M71：23）

6. 铜镜（M71：21）

M71出土遗物

1. M72墓底情况

2. M74出土陶器

M72墓底情况及M74出土陶器

1. M75墓底情况

2. M75出土陶器

M75墓底情况及出土陶器

1. M76全景（西北—东南）

2. M76出土陶器

M76全景及出土陶器

1. 1号砖正面

2. 1号砖背面

3. 2号砖

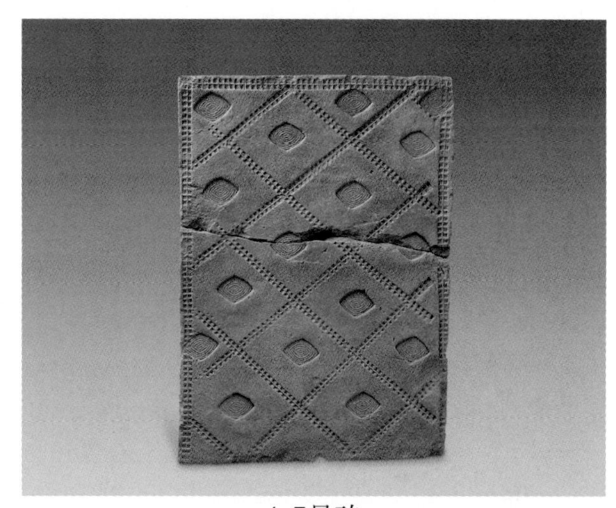

4. 7号砖

5. 11号砖

6. 5号砖

M76出土画像砖

1. M77墓底情况

2. M81墓底情况

M77、M81墓底情况

1. M83全景（东南—西北）

2. M83券顶顶部

M83全景及券顶顶部

1. M83封门空心砖

1. M83墓底全景

M83封门空心砖及墓底情况

1. 陶鼎（M83：77）

2. 陶平底带系釜（M83：81）

3. 陶罐（M83：84）

4. 陶壶（M83：64）

5. 陶壶（M83：71）

M83出土陶器

图版五〇

1. 陶仓（M83：55）

2. 陶仓（M83：56）

3. 陶仓（M83：57）

4. 陶仓（M83：58）

5. 陶仓（M83：61）

6. 陶仓（M83：63）

M83出土陶仓

1. 陶灶（M83：80）

2. 陶灶（M83：74）

3. 陶井（M83：70）

4. 陶折沿盆（M83：90）

5. 陶束颈盆（M83：68）

6. 陶甑（M83：75）

M83出土陶器

图版五二

1. 铜盆（M83：82）

2. 铜釜（M83：101）

3. 铜甑（M83：83）

4. 铜甗（M83：83、M83：101）

5. 铜镜（M83：97）

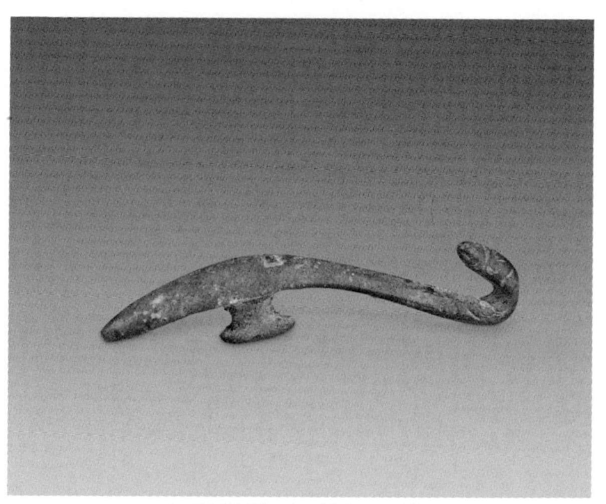

6. 铜带钩（M83：99）

M83出土铜器

1. M86墓底情况

2. M86出土陶器

M86墓底情况及出土陶器

1. 陶鼎（M86：1）

2. 陶鼎（M86：8）

3. 陶壶（M86：4）

4. 陶壶（M86：6）

5. 陶豆（M86：12）

6. 陶盒（M86：10）

M86出土陶器

1. M88墓底情况

2. M88出土陶器

M88墓底情况及出土陶器

图版五六

1. M91墓底情况

2. M91出土陶器

M91墓底情况及出土陶器

1. M92墓底情况

2. M93全景

M92墓底情况及M93全景

图版五八

1. M94墓底情况

2. M94出土陶器

M94墓底情况及出土陶器

1. M95墓底情况

2. M95出土陶器

M95墓底情况及出土陶器

1. M96墓底情况

2. M96出土陶器

M96墓底情况及出土陶器

1. M98券顶顶部

2. M98墓底情况

M98券顶顶部及墓底情况

1. 陶鼎（M98：8）

2. 陶壶（M98：22、M98：23）

3. 陶井（M98：16）

4. 陶仓（M98：18）

5. 陶灶（M98：4）

6. 陶磨（M98：11）

M98出土陶器

1. M101墓底情况

2. M101出土陶器

M101墓底情况及出土陶器

1. M103墓底情况

2. M103出土陶器

M103墓底情况及出土陶器

1. M104墓底情况

2. M104出土陶器

M104墓底情况及出土陶器

1. M105全景（西北—东南）

2. M106墓底情况

M105全景及M106墓底情况

1. 陶罐（M106：6）

2. 陶瓮（M106：1）

3. 陶仓（M106：5）

4. 陶井（M106：4）

5. 陶甑（M106：8）

6. 陶灶（M106：9）

M106出土陶器

图版六八

1. M107全景（西北—东南）

2. M107墓底情况

M107全景及墓底情况

1. 陶牛鼻耳罐（M107：9）

2. 陶罐（M107：11）

3. 陶瓮（M107：12）

4. 陶仓（M107：6）

5. 陶仓（M107：7）

6. 陶灶（M107：4）

M107出土陶器

1. M110墓底情况

2. M110出土陶器

M110墓底情况及出土陶器

1. M113墓底情况

2. M113出土陶器

M113墓底情况及出土陶器

1. M116墓底情况

2. M116出土陶器

M116墓底情况及出土陶器

1. M117墓底情况

2. M117出土陶器

M117墓底情况及出土陶器

1. M120墓底情况

2. M120出土陶器

M120墓底情况及出土陶器

1. M123墓底情况

2. M123出土陶器

M123墓底情况及出土陶器

1. M124墓底情况

2. 陶壶（M124：4）

3. 陶壶（M124：3）

M124墓底情况及出土陶壶

1. M132墓底情况

2. M132出土陶器

M132墓底情况及出土陶器

1. M133墓底情况

2. M133出土陶器

M133墓底情况及出土陶器

1. M135墓底情况

2. M135出土陶器

M135墓底情况及出土陶器

1. M136墓底情况

2. M136出土陶器

M136墓底情况及出土陶器

1. M137墓底情况

2. M137出土陶器

M137墓底情况及出土陶器

1. M139墓底情况

2. M139出土陶器

M139墓底情况及出土陶器

1. M140墓底情况

2. M140出土陶器

M140墓底情况及出土陶器

1. M141墓底情况

2. M141出土陶器

M141墓底情况及出土陶器

1. M142墓底情况

2. M142出土陶器

M142墓底情况及出土陶器

1. M143墓底情况

2. M143出土陶器

M143墓底情况及出土陶器

1. M145墓底情况

2. M145出土陶器

M145墓底情况及出土陶器

1. M147墓底情况

2. M147出土陶器

M147墓底情况及出土陶器

1. M148壁龛情况

2. M149墓底情况

M148壁龛及M149墓底情况

图版九〇

1. M150墓底情况

2. M150出土陶器

M150墓底情况及出土陶器

1. M153墓底情况

2. M153出土陶器

M153墓底情况及出土陶器

图版九二

1. 陶鼎（M153：18）

2. 陶双牛鼻耳罐（M153：2）

3. 陶无耳罐（M153：4）

4. 陶双牛鼻耳罐（M153：19）

5. 陶牛鼻耳罐（M153：5）

6. 陶豆（M153：14）

M153出土陶器

1. 陶壶（M153：9）

2. 陶壶（M153：10）

3. 小陶壶（M153：17）

4. 陶敦（M153：16）

5. 陶杯（M153：8-2）

6. 陶杯（M153：11-2）

M153出土陶器

1. M154墓底情况

2. M154出土陶器

M154墓底情况及出土陶器

1. M157墓底情况

2. M157出土陶器

M157墓底情况及出土陶器

图版九六

1. M159墓底情况

2. M159出土画像砖

M159墓底情况及出土画像砖

1. M160墓底情况

2. M160出土陶器

M160墓底情况及出土陶器

1. M161墓底情况

2. M161出土陶器

M161墓底情况及出土陶器

1. M162墓底情况

2. M162出土陶器

M162墓底情况及出土陶器

1. M164墓底情况

2. M164出土陶器

M164墓底情况及出土陶器

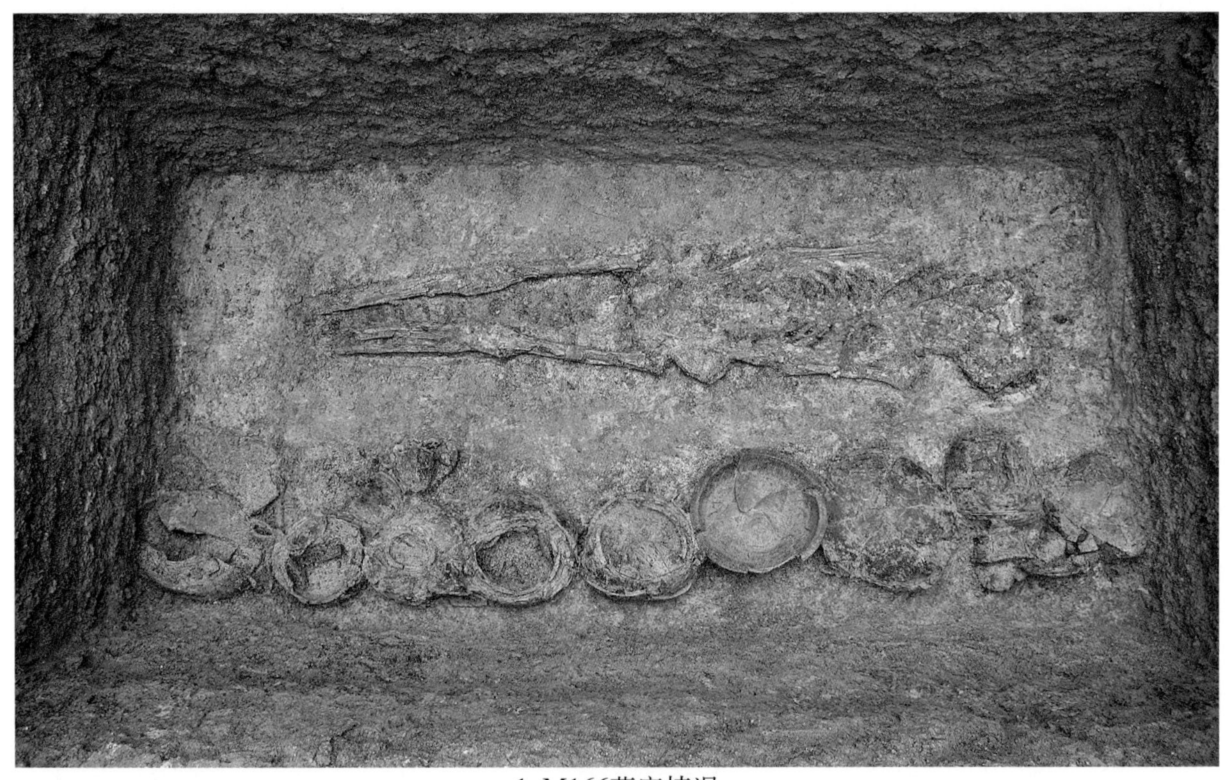

1. M166墓底情况

2. M169墓底情况

M166、M169墓底情况

1. 陶罐（M169：1）

2. 陶双牛鼻耳罐（M169：9）

3. 陶双牛鼻耳罐（M169：3）

4. 陶仓（M169：2）

5. 陶井（M169：8）

6. 陶灶（M169：5）

M169出土陶器

1. M170墓底情况

2. M170出土陶器

M170墓底情况及出土陶器

1. 陶鼎（M170：2）

2. 陶豆（M170：12）

3. 陶豆（M170：11）

4. 陶敦（M170：3）

5. 陶壶（M170：7）

6. 陶杯（M170：10）

M170出土陶器

1. M171墓底情况

2. M171出土陶器

M171墓底情况及出土陶器

1. M172墓底情况

2. M172出土陶器

M172墓底情况及出土陶器

1. M173墓底情况

2. 陶鼎（M173：5、M173：6）

3. 陶壶（M173：1）

M173墓底情况及出土陶器

1. M174出土陶器

2. M175出土陶器

M174、M175出土陶器

1. M177出土陶器

2. M178出土陶器

M177、M178出土陶器

1. M179墓底情况

2. M180出土陶器

M179墓底情况及M180出土陶器

1. M181墓底情况

2. M181出土陶器

M181墓底情况及出土陶器

1. M185墓底情况

2. M185出土陶器

M185墓底情况及出土陶器

1. M186墓底情况

2. M186出土陶器

M186墓底情况及出土陶器

1. M188墓底情况

2. M188出土陶器

M188墓底情况及出土陶器

1. M189墓底情况

2. M189出土陶器

M189墓底情况及出土陶器

1. M190墓底情况

2. M190出土陶器

M190墓底情况及出土陶器

1. M192墓底情况

2. M194墓底情况

M192、M194墓底情况

图版一二二

1. 陶鼎（M194：13）

2. 陶壶（M194：17）

3. 陶罐（M194：1）

4. 陶仓（M194：9）

5. 陶灶（M194：3）

6. 陶井（M194：14）

M194出土陶器

1. M195墓底情况

2. M195出土陶器

M195墓底情况及出土陶器

1. 陶鼎（M195：9）

2. 陶敦（M195：5）

3. 陶壶（M195：15）

4. 陶豆（M195：2）

5. 陶盒（M195：1）

6. 陶杯（M195：4）

M195出土陶器

1. M196墓底情况

2. M196出土陶器

M196墓底情况及出土陶器

1. M198墓底情况

2. M198出土陶器

M198墓底情况及出土陶器

1. M200墓底情况

2. M200出土陶器

M200墓底情况及出土陶器

1. M201墓底情况

2. M201出土陶器

M201墓底情况及出土陶器

1. M202墓底情况

2. M202出土陶器

M202墓底情况及出土陶器

1. M203墓底情况

2. M204全景（西—东）

M203墓底情况及M204全景

1. M205壁龛情况

2. M205出土陶器

M205壁龛及出土陶器

图版一三二

1. M207出土陶器

2. M209出土陶器

M207、M209出土陶器